תלמוד בבלי

— מהדורת נאה —

חולין חלק ו

KOREN

Please note that the number ranges that appear at the bottom of each daf of the Vilna pages indicate the corresponding pages of the Koren Talmud Bavli translation and commentary.

הוצאת קורן ירושלים

— מהדורת נאה —

מסכת חולין

דף קג: עד דף קכט:

COMMENTARY BY

Rabbi Adin Even-Israel Steinsaltz

EDITOR-IN-CHIEF

Rabbi Dr Tzvi Hersh Weinreb

EXECUTIVE EDITOR

Rabbi Joshua Schreier

•

STEINSALTZ CENTER
KOREN PUBLISHERS JERUSALEM

עין משפט נר מצוה

קז א ב מיי' פ"ה מהל' מאכלות אסורות הלכה ה:

קח ג ד מיי' פ"ד שם הלכה ג:

א ה מיי' פ"ט שם הל' ד ה סמג לאוין קמח טוש"ע י"ד סי' פז סעיף ג ג:

ב ו מיי' שם הלכה ב וסמג שם טוש"ע י"ד סי' פח סעיף א:

חלקו מבחוץ. פירש בקונטרס: כזית אבר מן החי חלקו לשנים, קודם שיתנגו לתוך פיו, ואכל זה לבדו ואח"כ אכל חציו השני. משמע, דאם נתן שני החלקים בפיו ובלען בבת אחת – חייב לכ"ע, ואין נראה. דאם כן, מאי קשיא ליה לריש לקיש "היכי משכחת לה דמיחייב", וכי אינו יכול לבלוע כזית בבת אחת? והא אמרינן בפרק בתרא דיומא (דף פ.) דבית הבליעה מחזיק כביצת תרנגולת, דגדולה יותר מגרוגרת, כדמוכח בפרק "חלון" (עירובין דף פ:) דאיכא כמה גרוגרות בסעודה של עירוב. וגרוגרת גדולה יותר מכזית, כדמוכח בפרק "המצניע" (שבת דף צא.), ואמרי' בפ' "אמרו לו" (כריתות דף יד.) דאין בית הבליעה מחזיק יותר משני זיתים. משמע, דשני זיתים מחזיק. ועוד: דכי היכי דלע"פ שחלקו מבחוץ והכניסו בבת אחת לתוך פיו מיחייב לר' יוחנן, דאזיל בתר אכילת פיו, לפי שנהנה גרונו כזית בבת אחת. ה"נ אפילו בלען בזה אחר זה יתחייב לריש לקיש, דאזיל בתר אכילת מעיו, כיון שיש כזית בבת אחת במעיו קודם שיתעכל, דאינו ממהר להתעכל, כדמוכח בסמוך. ונראה לפרש: דחלקו מבחוץ – פטור, ואפילו אכלו בבת אחת. דבעינן שיהא מחובר בפיו ויהיה עליו שם אבר, משום דהכא חדוש הוא. כדפירש בקונטו': דבעלמא לא מחייב אגידין ועצמות, והכא מיחייב, ואין לך בו אלא חידושו. אבל חלקו בפנים – חייב, דדרך הוא שנחלק בפיו בשעת לעיסה. וריש לקיש פטר, ואפי' חלקו בפנים. ולכך דוחק התלמוד אליביה: היכי משכחת לה שיתחייב בדרך אכילה? ומשני: בגרומיתא זעירתא, דאין אדם לועסו אלא בולעו. ומיהו לרבי אלעזר ודאי ו] חייב חלקו מבחוץ, דאפילו אכל זה אחר זה מיחייב.

הדרן עלך גיד הנשה

כל הבשר אסור לבשל בחלב. תימה: דלא תני "בארץ ובחו"ל, בפני הבית ושלא בפני הבית, בחולין ובמוקדשין", כמו בהנך פירקין, ובתוספתא תני להו! ושמא מאי דשייר במתניתין פירש בברייתא, ולאשמעינן: דחייל איסור בשר בחלב אאיסור מוקדשין. ורשב"ם פי': דאיצטריך משום חו"ל. דס"ד דאינו נוהג בח"ל, משום דאיתקש לבכורים (שמות כג) בחד קרא: "ראשית בכורי אדמתך לא תבשל גדי בחלב אמו". ולפירושו ניחא הא דאמר בפ' "ראשית הגז" (לקמן דף קלו.) ד"ארץ" דבכורים אתא למעוטי חו"ל, דלע"ג דהיא מצוה התלויה בארץ איצטריך, משום דאיתקיש לבשר בחלב*. **ואסור** להעלות עם הגבינה על השלחן חוץ מבשר דגים וחגבים. הכא "חוץ" לא איצטריך, דאפילו לבשל שרי, אלא אגב רישא נקטיה. הנודר

[וע"ע תוס' כ"ב פא. ד"ה הכות למעוטי כו' ותוס' לקמן קלו. ד"ה אלא]

שיטה מקובצת

א] הא אי אפשר ללעוס אכילה לבולעה כולה יחד: ב] מחוסר מעשה מי שלא אכל: ג] והאי דנקט גרונו משום דהנאת: ד] שאפי' חזר ואכל אותו חצי זית עצמו חייב ושמעיה לר' אסי דקא נקיט חצי זית אחר אבל ההוא: ה] הרי נהנה גרונו בכזית ולא הוי עיכול הס"ד: ו] לר' אלעזר ודאי דמחייב חלקו מבחוץ אפי' אכל:

גליון הש"ס

גמ' והקיאו וחזר ואכלו. עי' יומא דף ע"ח ובכריתות שם ומנחות סוף ע"ח תד"ה בלע ובר"ש פי"ז מ"ה דטהרות:

מִכְּלָלוֹ. אֲבָל אֵבֶר, דְּלָא הוּתַּר מִכְּלָלוֹ – לָא. כִּי אֲתָא רַב דִּימִי אֲמַר, בְּעָא מִינֵּיהּ רַבִּי שִׁמְעוֹן בֶּן לָקִישׁ מֵרַבִּי יוֹחָנָן: חִלְּקוֹ מִבַּחוּץ מַהוּ? אֲמַר לֵיהּ: פָּטוּר. מִבִּפְנִים מַאי? אֲמַר לֵיהּ: אחַיָּיב. כִּי אֲתָא רָבִין אֲמַר, חִלְּקוֹ מִבַּחוּץ – פָּטוּר. מִבִּפְנִים – רַבִּי יוֹחָנָן אָמַר: חַיָּיב, וְרֵישׁ לָקִישׁ אָמַר: פָּטוּר. רַבִּי יוֹחָנָן אָמַר חַיָּיב – הֲרֵי נֶהֱנָה גְּרוֹנוֹ בִּכְזַיִת. וְרֵישׁ לָקִישׁ אָמַר פָּטוּר – אֲכִילָה בְּמֵעָיו בָּעֵינַן, וְלֵיכָּא! אֶלָּא, לְרַבִּי שִׁמְעוֹן בֶּן לָקִישׁ, הֵיכִי מַשְׁכַּחַתְּ לָהּ דְּמִחַיֵּיב? אָמַר רַב כָּהֲנָא: בִּגְרוֹמִיתָא זְעִירְתָּא. וְרַבִּי אֶלְעָזָר אָמַר: אֲפִילּוּ חִלְּקוֹ מִבַּחוּץ – נַמִּי בחַיָּיב, *מְחוּסַּר קְרִיבָה, לָאו כִּמְחוּסַּר מַעֲשֶׂה דָּמֵי. אָמַר ר"ש בֶּן לָקִישׁ: כַּזַּיִת שֶׁאָמְרוּ – חוּץ מִשֶּׁל בֵּין הַשִּׁינַּיִם. וְרַבִּי יוֹחָנָן אָמַר: אַף עִם בֵּין הַשִּׁינַּיִם. אָמַר רַב פָּפָּא: בְּשֶׁל בֵּין שִׁינַּיִם – דְּכוּלֵּי עָלְמָא לָא פְּלִיגִי, כִּי פְּלִיגִי – בֵּין הַחֲנִיכַיִים. מָר סָבַר – גהֲרֵי נֶהֱנָה גְּרוֹנוֹ בִּכְזַיִת, וּמָר סָבַר – אֲכִילָה בְּמֵעָיו בָּעֵינַן. אָמַר רַבִּי אַסִּי אָמַר רַבִּי יוֹחָנָן: אָכַל חֲצִי זַיִת וְהִקִּיאוֹ, וְחָזַר וְאָכַל חֲצִי זַיִת אַחֵר – חַיָּיב. מ"ט? הֲרֵי נֶהֱנָה גְּרוֹנוֹ בִּכְזַיִת. בְּעָא רַבִּי אֶלְעָזָר מֵר' אַסִּי: אָכַל חֲצִי זַיִת *וְהִקִּיאוֹ, וְחָזַר וַאֲכָלוֹ, מַהוּ? מַאי קָא מִיבַּעְיָא לֵיהּ? אִי הָוֵי עִיכּוּל אִי לָא הָוֵי עִיכּוּל, וְתִיבְּעֵי לֵיהּ כַּזַּיִת! אֶלָּא, אִי בָּתַר גְּרוֹנוֹ אָזְלִינַן אִי בָּתַר מֵעָיו אָזְלִינַן. וְתִפְשׁוֹט לֵיהּ מִדְּרַבִּי אַסִּי! רַבִּי אַסִּי גְּמָרֵיהּ אִיעֲקַר לֵיהּ, וַאֲתָא ר' אֶלְעָזָר לְאַדְכּוּרֵיהּ, וְהָכִי קָאָמַר לֵיהּ: לָמָּה לִי חֲצִי זַיִת אַחֵר, לֵימָא מָר בִּדִידֵיהּ, דדְּאִיכָּא לְמִשְׁמַע מִינָּהּ תַּרְתֵּי, שְׁמַעִינַן מִינָּהּ – דְּלָא הָוֵי עִיכּוּל, וְשָׁמְעִינַן מִינָּהּ – דַּהֲרֵי נֶהֱנָה גְּרוֹנוֹ בִּכְזַיִת! אִישְׁתִּיק וְלָא א"ל וְלָא מִידֵּי, א"ל: מוֹפַת הַדּוֹר, לָא זִמְנִין סַגִּיאִין אֲמַרְתְּ קַמֵּיהּ דְּרַבִּי יוֹחָנָן, וְאָמַר לָךְ: הֲרֵי נֶהֱנָה גְּרוֹנוֹ בִּכְזַיִת.§

הדרן עלך גיד הנשה

כָּל הבָּשָׂר אָסוּר לְבַשֵּׁל בְּחָלָב – חוּץ מִבְּשַׂר דָּגִים וַחֲגָבִים. ואְאָסוּר לְהַעֲלוֹת עִם הַגְּבִינָה עַל הַשֻּׁלְחָן חוּץ מִבְּשַׂר דָּגִים וַחֲגָבִים. הַנּוֹדֵר

מִכְּלָלוֹ. אֲבָל חַיָּה. חִלְּקוֹ מִבַּחוּץ. לְכַזַּיִת אֵבֶר מִן הַחַי, חִלְּקוֹ לִשְׁנַיִם קוֹדֶם שֶׁיִּתְּנֶנּוּ לְתוֹךְ פִּיו, וְאָכַל זֶה לְבַדּוֹ וְאַחַר כָּךְ חֶצְיוֹ הַשֵּׁנִי. מַהוּ. מִי מִצְטָרְפִי לְחִיּוּבֵיהּ כְּכָל שְׁאָר אִיסוּרִים, דְּקַיְימָא לָן דְּמִצְטָרְפִי שִׁיעוּרֵיהוֹן לַחֲצָאִין בְּתוֹךְ כְּדֵי אֲכִילַת פְּרָס, כִּדְאָמְרִינַן בְּפֶרֶק בַּתְרָא דְּיוֹמָא (דף פ.). אוֹ דִּילְמָא, כֵּיוָן דְּחִידּוּשׁ הוּא, דְּהָא גִּידִין וַעֲצָמוֹת דְּעָלְמָא לָא מִיחַיֵּיב עֲלַיְיהוּ וְהָכָא מִיחַיֵּיב, וְאָמְרִינַן: אֵין לְךָ בּוֹ אֶלָּא חִדּוּשׁוֹ, וְכִי אָכֵיל לֵיהּ כְּבַת אַחַת – מִיחַיֵּיב, דְּסְתָם אֲכִילָה כְּבַת אַחַת מַשְׁמַע, אֲבָל לַחֲצָאִין – לָא? מִבִּפְנִים. לְאַחַר שֶׁבָּא סָמוּךְ לְבֵית בְּלִיעָתוֹ, בְּלָעוֹ לַחֲצָאִין. אֲכִילָה בְּמֵעָיו. כְּשֶׁהוּא יוֹרֵד לְתוֹךְ מֵעָיו, צָרִיךְ שֶׁיְּהֵא בּוֹ שִׁיעוּר אֲכִילָה. הֵיכִי מַשְׁכַּחַתְּ לָהּ דְּמִיחַיֵּיב. בְּכַזַּיִת, הָא אִי אֶפְשָׁר לִלְעוֹס אֲכִילָה א] כּוּלָּהּ יַחַד? בִּגְרוֹמִיתָא זְעִירְתָּא. עֶצֶם קָטָן שֶׁעַל כַּף הַיָּרֵךְ, שֶׁיֵּשׁ בּוֹ מַעֲשֵׂה בָּשָׂר, וְגִיד וְעֶצֶם מַשְׁלִימוֹ לִכְזַיִת, וְאֵין אָדָם לוֹעֲסוֹ אֶלָּא בּוֹלְעוֹ. מְחוּסַּר קְרִיבָה. שֶׁנִּתְקָרְבוּ זֶה מִזֶּה מְעַט. מְחוּסַּר מַעֲשֶׂה. ב] *נַמִּי, שֶׁלֹּא אָכַל אֶלָּא חֲצִי זַיִת. חוּץ מִשֶּׁל בֵּין הַשִּׁינַּיִם. צָרִיךְ שֶׁיְּהֵא כַּזַּיִת בְּמַה שֶּׁהוּא בּוֹלֵעַ, לְבַד הַנִּשְׁאָר בַּשִּׁינַּיִם. בְּשֶׁל בֵּין הַשִּׁינַּיִם. אֲפִילּוּ רַבִּי יוֹחָנָן מוֹדֶה דְּלָא מִיחַשֵּׁיב בַּהֲדֵיהּ, דְּהָא אֵין נֶהֱנָה לֹא גְּרוֹנוֹ וְלֹא מֵעָיו. שֶׁאֵין אָדָם טוֹעֵם עַד שֶׁיְּהֵא סָמוּךְ לְבֵית הַבְּלִיעָה, דִּכְתִיב (איוב יב) "וְחֵיךְ (*יִטְעַם אֹכֶל)". בֵּין הַחֲנִיכַיִים. הַמִּתְדַּבֵּק בְּחִכּוֹ, שֶׁגְּרוֹנוֹ נֶהֱנָה בּוֹ וּמֵעָיו לֹא נֶהֱנוּ. חַיָּיב. וְאַף עַל גַּב דְּלָא בָּא בְּמֵעָיו זַיִת שָׁלֵם, לֹא בְּבַת אַחַת וְלֹא בְּזֶה אַחַר זֶה. הֲרֵי נֶהֱנָה גְּרוֹנוֹ. בְּטַעַם שְׁנֵי חֲצָאֵי זֵיתִים. וְהָא דְּרַבִּי אַסִּי פְּלִיגָא אַדְּרַב דִּימִי וְרָבִין דְּאָמְרֵי לְעֵיל מִשְּׁמֵיהּ דְּרַבִּי יוֹחָנָן: חִלְּקוֹ מִבַּחוּץ – פָּטוּר. וְהַאי ג], נֶהֱנָה גְּרוֹנוֹ, מִשּׁוּם דַּהֲנָאַת גְּרוֹנוֹ הַיְינוּ טְעִימָה, וַהֲרֵי טָעַם שְׁנֵי חֲצָאֵי זֵיתִים. וְאַף עַל גַּב דְּזֶה אַחַר זֶה הוּא – לָא אִיכְפַּת לָן, הוֹאִיל וּבִכְדֵי אֲכִילַת פְּרָס הֲוָאי. אֲבָל הֲנָאַת מַעֲיִים אֵינָהּ אֶלָּא בְּמִילּוּי כְּרֵס, וְאַף עַל גַּב דְּבָלַע שְׁנֵי חֲצָאֵי זֵיתִים – לֹא נִתְמַלֵּאת כְּרֵסוֹ אֶלָּא חֲצִי זַיִת, שֶׁכְּשֶׁבְּלָעוֹ לָזֶה יָצָא כְּבָר זֶה. אִי הָוֵי עִיכּוּל. בִּבְלִיעָתוֹ, וַהֲוֵי פִּירְשָׁא בְּעָלְמָא, וַאֲכִילָה שְׁנִיָּה – לָאו כְּלוּם הִיא. תִּבְעֵי לֵיהּ כַּזַּיִת. וְלִיבְעֵי כ' מַלְקִיּוֹת. אֶלָּא אִי בָּתַר גְּרוֹנוֹ אָזְלִינַן. דִּפְשִׁיטָא לֵיהּ דְּלָאו עִיכּוּל הוּא, וְקָא מִיבַּעְיָא לֵיהּ: מִי אָמְרִינַן הֲרֵי נֶהֱנָה גְּרוֹנוֹ, אוֹ דִּילְמָא הֲרֵי לֹא נֶהֱנוּ מֵעָיו אֶלָּא חֲצִי זַיִת? תִּפְשׁוֹט לֵיהּ מִדְּרַבִּי אַסִּי. דְּבָתַר גְּרוֹנוֹ אָזְלִינַן. רַבִּי אַסִּי גְּמָרֵיהּ אִיעֲקַר לֵיהּ. כְּלוֹמַר, רַבִּי אֶלְעָזָר תַּרְוַיְיהוּ פְּשִׁיטָא לֵיהּ, וְלֹא הוֹלֵךְ לִישְׁאַל לֵיהּ כְּלוּם, אֶלָּא שְׁמַעְיָהּ לְרַבִּי אַסִּי שֶׁשָּׁכַח שְׁמוּעָתוֹ שֶׁשָּׁמְעוּ שְׁנֵיהֶם מִפִּי ר' יוֹחָנָן, שֶׁאֲפִילּוּ חָזַר וְאָכַל אוֹתוֹ ד] כַּזַּיִת עַצְמוֹ – חַיָּיב. וְשַׁמְעֵיהּ לְרַבִּי אַסִּי דְּקָא נָקֵיט "כַּזַּיִת אַחֵר", אֲבָל הַהוּא לָא. אֲלָמָה, הָוֵי עִיכּוּל. וַאֲתָא לְאַדְכּוּרֵיהּ, וְשָׁאַל לוֹ בִּלְשׁוֹן בְּעָיָא, מִשּׁוּם כְּבוֹדוֹ: אֲכָלוֹ לְאוֹתוֹ עַצְמוֹ, מַהוּ? כְּלוֹמַר, הֵיאַךְ מַה שֶּׁשָּׁמַעְתָּ עַל כָּךְ. אִישְׁתִּיק. רַבִּי אַסִּי. א"ל. ר' אֶלְעָזָר. מוֹפֵת הַדּוֹר. גְּדוֹל הַדּוֹר, כְּמוֹ (זכריה ג) "אַנְשֵׁי מוֹפֵת הֵמָּה". זִמְנִין סַגִּיאִין אָמַרְתְּ. דָּבָר זֶה לִפְנֵי רַבִּי יוֹחָנָן, דַּאֲפִילּוּ בְּהַהוּא עַצְמוֹ חַיָּיב, וְהוֹדָה לִדְבָרֶיךָ, וְאָמַר: הֲרֵי נֶהֱנָה גְּרוֹנוֹ בִּכְזַיִת ה].

הדרן עלך גיד הנשה

כָּל הַבָּשָׂר אָסוּר לְבַשֵּׁל בְּחָלָב. דְּאַף עַל גַּב דְּקָאמַר רַחֲמָנָא "גְּדִי" – הוּא הַדִּין לְחַיָּה וְעוֹף. וּמִיפְלַג פְּלִיגֵי בָּהּ לְקַמָּן (דף קיג.), אִיכָּא לְמַ"ד דְּאוֹרַיְיתָא, וְאִיכָּא לְמַ"ד דְּרַבָּנַן. וְאָסוּר לְהַעֲלוֹת. דִּילְמָא אָתֵי לְמֵיכְלִינְהוּ כִּי הֲדָדֵי, דְּקָא נָגְעֵי וּבָלְעֵי מֵהֲדָדֵי, וְאַף עַל גַּב שֶׁמּוּתָּר לֶאֱכוֹל בְּשַׂר אַחַר גְּבִינָה, כִּדְאָמְרִינַן בַּגְּמָרָא. הַנּוֹדֵר

מסורת הש"ס

[זבחים קה:]

רבינו גרשום

חלקו מבחוץ. כלומ' היה כזית חלב וחלק מבחוץ אכל חצי ז' וחזר ואכל חצי זית מה פטור שלא אכל השיע' בצירוף: מבפנים חייב כלומר הכניס השיע' השלם לתוך פיו וחלק בפיו לחצאין ובלע אעפ"כ חייב: ר' יוח' אמר חייב הרי נהנ' גרונו בכזית. ואע' דחלקו בפיו בגרונו ה' נהנה גרונו בכזית: ור"ש בן לקיש אמר פטו' אכילה במעיו. כלומ' בעינן שיבלענו יח' במעיו: אלא לריש לקי' היכי משכחת ל' דמיחייב. כלומר לרי' לקיש דאמר חלקו בפ' פטור היכי משכחת ל' בשום בר נש שאוכ' כשיעור איסורא [כבת אחת] והא אי אפש' שיבלענו יחד שלא יווה' בפיו קצת והדר בול' בפעם אחרת: אמ' רב כהנא בגרומית' זעירתא. כלומר בשומ' שעל הארכובה שדבו' ברכובה שבולעו יח' העצם והשומן שאור' שומן חשוב חלק' מחוסר קריבה. שמחוס' להקריבו לאו כמחוס' מעשה דמי. כלומ' אע"ג דאינו יר'

ואינו בצירוף כיון דאוכלו השיעור כולו אין אנו חוששין וחייב: בשל בין השינים לא פליגי. כלומר לא פליגי דלא מצטרף כי פליגי בשל בין החניכים הדבוק לחיך לפנים מן השינים: מר סבר אפי' במעיו בעינן כזית. והאי לא במעיו הוא: מאי קא מיבעיא ליה אי הוה עיכול כו'. כלומר קא מיבעיא ליה כיון דהקיאו אי חשוב בפעם ראשונה במעוכל וכיון דהדר אכלו לא חשוב אכילה דהוי כעפרא אי לא הוי עיכול: תיבעי ליה כזית. כלומ' תיבעי ליה שנתחלה אכל כזית והקיאו והדר אכלו אי חייב שתים דלא הוי עיכול או אין חייב אלא אחת דהוי עיכול: אלא בתר מעיו אזלינן כו'. כלומר אי בתר מעיו אזלינן ואין במעיו אלא חצי שיעור אי בתר גרו' אזלינן והרי נהנה גרונו בכזית: תפשוט ליה מדר' אסי. דבתר גרונו אזלינן: א"ל מופת הדור דלאו זימנין סגיאין. כלומר אדם חשוב אמרתה קמיה דר' יוחנן בענין זה שאכל חצי זית והקיאו וחזר ואכלו: ואמ' לך הרי נהנה גרונו בכזית. וחייב: סליק פירקא

אהנודר מן הבשר – מותר בבשר דגים וחגבים.§ **גמ'** הא עוף אסור מדאורייתא, כמאן – דלא כרבי עקיבא, דאי רבי עקיבא, האמר:* חיה ועוף אינו מן התורה. אימא סיפא: הנודר מן הבשר – מותר בבשר דגים וחגבים. הא עוף אסור, אתאן לרבי עקיבא, דאמר: כל מילי דמימליך עליה שליח – בר מיניה הוא. *דתניא: *הנודר מן הירק – מותר בדלועין, ור"ע באוסר. אמרו לו לר"ע: והלא אומר אדם לשלוחו "קח לנו ירק", והוא אומר "לא מצאתי אלא דלועין"! אמר *להן: כן הדבר, כלום אומר "לא מצאתי אלא קטנית"? אלא שדלועין בכלל ירק, ואין קטנית בכלל ירק. רישא רבנן וסיפא ר"ע! *אמר רב יוסף: רבי היא, ונסיב לה אליבא דתנאי, בנדרים – סבר לה כר"ע, בבשר בחלב – סבר לה כרבנן. רב אשי אמר: כולה ר"ע היא, והכי קאמר: כל הבשר אסור לבשל בחלב, גמהן מדברי תורה, דומהן מדברי סופרים, החוץ מבשר דגים וחגבים – שאינם לא מדברי תורה ולא מדברי סופרים.§ "ואסור להעלות" [וכו'].§ אמר רב יוסף: שמע מינה, בשר עוף בחלב – דאורייתא, דאי סלקא דעתך דרבנן – אכילה *גופה גזירה, ואנן נגזר העלאה אטו אכילה?! ומנא תימרא דלא גזרינן גזירה לגזירה – דתנן: *חלת חוצה לארץ נאכלת

רש"י

הנודר מן הבשר. כל הנודר אין דעתו אלא אחר לשון בני אדם, שהוא קורא שם הדבר כך. ושמועינן מתני' דכל מין בשר, אדם קורהו "בשר", חוץ מבשר דגים וחגבים. **גמ'** קס"ד האי איסור דמתניתין – מדאורייתא קאמר. דר"ע. במתניתין היא בהאי פירקא (לקמן דף קיג.). מותר בבשר דגים. שאין קורהו "בשר". הא עוף אסור. דבנדרים אחר לשון בני אדם אנו צריכין להלך, ושמועינן מתני' דדרך לקרותו "בשר". כל מידי דמימליך עליה שליח. כל דבר שאינו נשמע מן הסתם, לא בתוך הכלל ולא מוצא [מן] הכלל, וצריך השליח לחזור ולפרש ולשאול "רוצה אתה בזה?". מיניה הוא. חשוב לענין נדרים מאותו המין. כגון הכא, שאמר לשלוחו "קנה לנו בשר מן השוק" – אינו נשמע לו מן הסתם בשר עוף, והוא נמלך בבעל הבית ושואל "כלום אתה לוקח בשר עוף?". מיניה הוא. מין בשר הוא, שהרי אמר לו "קנה לי בשר", ואם לא היה עוף מין בשר, לא היה נמלך אם יקח ממנו, דהא לאו בשר הוא. לא מצאתי אלא דילועין. ואינו לוקחן מיד כשמוצאן, אלמא לא קרו ליה אינשי "ירק", דהא האי "ירק" סתם קאמר ליה, ואי בכלל ירק הוא – לא היה צריך לימלך. אמר להם כן הדבר. ומשם אני מביא ראיה שהוא מין ירק. שאילו לא מצא אלא קטנית – לא היה משיבו "לא מצאתי אלא קטנית", אלא "לא מצאתי ירק". ובדילועין היה אומר "לא מצאתי ירק אחר, אלא דילועין". ולמה היה אומר כן? אלא שיש לך ללמוד שהדילועין נקראים "ירק", ואין הקטנית בכלל "ירק". סבר לה כר"ע. דאע"ג דצריך לאימלוכי, *ולא שקיל, מיניה הוא. דאי לאו מיניה הוא – לא הוה אמר "אשקול מהאי". ויש מהן מה"ת. בשר בהמה. ויש מדברי סופרים. חיה ועוף. ש"מ. מדאסר עוף בהעלאה משום גזירת אכילה, ש"מ: איסור אכילה דידיה מדאורייתא, ולא כרב אשי. אבל בשר בהמה. אטו אכילה גופה גזירה. חלת חו"ל. אינה אסורה לזרים אלא מדרבנן, אבל חלת הארץ – "תרומה" קרייה רחמנא, ואסורה לזרים מ"וכל זר לא יאכל קדש" (ויקרא כב).

תוספות

הנודר מן הבשר מותר בבשר דגים וחגבים. בגמרא מוקי לה כר"ע, דכל מילי דמימליך עליה שליח – בר מיניה הוא. ובפ' "הנודר מן הירק" (נדרים דף נד:) פריך: דבבשר דגים נמי מימלך! ומוקי מתניתין דהכא במאן דכאיב ליה עיניה, וביומא דהקזה, דלא אכיל איניש דגים, אבל עוף אכיל בשלקא. ומיהו בפרק בתרא דמעילה (דף כ.) לא קיימא שינויא דהקזה, אלא מסיק: במאן דכאיב ליה עייניה. אבל בשאר ימים, הנודר מן הבשר – אסור נמי בדגים. **הא** עוף אסור מדאורייתא. ה"נ ה"מ למינקט *חיה. ונראה דהא דס"ד שהוא דאורייתא, משום דסמיך אסיפא דגזר העלאה אטו אכילה, כדדייק רב יוסף בסמוך. אבל אין לומר דדייק מדקתני "כל הבשר", דמשמע ליה שכל הבשר שוה זה כזה, בשר עוף כבשר בהמה – דהא הנודר מן הבשר, אין כל הבשר שוה. דאפילו ר"ע מודה דלא מיתסר בבשר עוף מדאורייתא, כדאמר בפרק "הנודר מן הירק" (נדרים דף נד.) דמודה ר"ע דלא לקי. **ומנא** תימרא דלא גזרינן גזירה לגזירה. בכמה מקומות אמר "היא גופה גזירה, ואנן ניקום ונגזור גזירה לגזירה?!", בפ"ק דשבת (דף יא:) ובפ' "במה מדליקין" (שם דף כא.) ובריש ביצה (דף ג.), והכא בעינן לאתויי ראיה לענין גזירה דהעלאה אטו אכילה. ויש מקומות נמי דגזרינן גזירה לגזירה, ולא חיישינן, אין לדמות גזירות חכמים זו לזו אלא במקומות שהתלמוד מדמה.

*__חלת__ חוצה לארץ נאכלת עם זר על השלחן. אין המשנה שנויה כן, אלא הגמרא מביאה בקיצור. וכן היא שנויה בפ' בתרא דמס' חלה (משנה ח), אמר ר"ג: שלש ארצות לחלה. מארץ ישראל עד כזיב – חלה אחת. מכזיב עד הנהר ועד אמנה – שתי חלות, אחת לאור ואחת לכהן. של אור, יש לה שיעור. ושל כהן, אין לה שיעור. מנהר (א) ועד אמנה ולפנים – שתי חלות, אחת לאור ואחת לכהן. של אור, אין לה שיעור. ושל כהן, יש לה שיעור, וטבול יום אוכלה. רבי יוסי אומר: אין צריך טבילה. ואסורה לזבים ולזבות ולנדות וליולדות, ונאכלת עם הזר על השלחן, וניתנת לכל כהן שירצה. והכי פירושו: "מכזיב עד הנהר ועד אמנה" – שהיו סמוכים לארץ העמים, ואין יכולין לשמור עצמם ופירותיהם בטהרה, והיו חלותיהם טמאות וטעונות שרפה. ולכך צריכין להפריש שתי חלות, "אחת לאור" – שהיא חלה דאורייתא, דפירותיהן גדלין בארץ ישראל. ולכך נמי יש לה שיעור, כדמפרש בירושלמי: מפני שהיא מדברי תורה. "ואחת לכהן" – מדברי סופרים, שלא תשתכח תורת חלה. ולפי שהיא מדברי סופרים, אין לה שיעור. "מנהר ועד אמנה ולפנים" – שהוא חוצה לארץ, "שתי חלות" – ושתיהן מדברי סופרים. "אחת לאור" – משום דסמוכין לארץ ישראל, ומתחזיא חלה דידהו כחלת ארץ ישראל, גזרו עליה שלא לאוכלה כלל, אפילו כהן טהור גמור, כמו בחלת אור דא"י. "ואחת לכהן" – שלא תשתכח. ויש לה שיעור, לפי שהיא נאכלת. "וטבול יום אוכלה" – ואין צריך הערב שמש, שלא החמירו בה כמו בתרומה דאורייתא. "רבי יוסי אומר: אין צריך טבילה" – ואפילו בטומאה דקרי, (ב) דבטומאה היוצאה מגופו שרי רבי יוסי, מדלא חשיב בעל קרי באיסורא דזבין וזבות. "ואסורה לזבין וזבות" כו' – בלא טבילה איירי, מדקאמר עלה בירושלמי, דלדברי יוסי נצרכה. ונראה דלרבנן נמי דבעו טבילה – דוקא לבעל קרי, שטומאה יוצאה לו מגופו. אבל טמא מת – שרי בלא טבילה, כרבי יוסי. דאי מצרכי נמי טבילה בטמא מת, תקשה להו כדמקשה גמ' בפ' "עד כמה" (בכורות דף כז:): וכי הזאה יש לנו, ומה מועיל טבילה בטמא מת? ומסתמא טמאי מתים היו כמה פעמים, כי אי אפשר להם ליזהר מטומאת מת. דנהי דמטומאת מת עצמו צריכין ליזהר מחמת הכהנים, מטומאת "חרב הרי הוא כחלל" – אין יכולים כלל ליזהר. דבשום בית שהיה בו מת מעולם, נעשה כחלל כל המתכות שבתוכו, והוי כמאהיל על המת, כדאמרינן בנזיר בפ' "כ"ג" (דף נג:). וגם לא היו צריכין ליזהר מטומאת "חרב הרי הוא כחלל", כיון שאין הנזיר מגלח עליה, כדמוכח בריש תוספתא דאהלות. וא"כ, כולן צריכין הזאה. ואין סברא כלל שתקנו חכמים חלת חו"ל שלא יאכלוה, אא"כ ילך ויזה בא"י! ולהכי מסתבר שבלא הזאה וטבילה היו אוכלין אותה, אפילו לרבנן דרבי יוסי. ובבבל, וכן לדידן שרחוקין מא"י, א"צ שתי חלות אלא אחת, כדאמרינן בפ' "עד כמה" (בכורות דף כז.), ונותנה לכהן קטן ואכיל לה. דכי ליכא כהן קטן דוקא קאמר התם דמפריש אחרת ונותנה לכהן גדול, וראשונה שורפה. וחלה של אור מנהר ועד אמנון ולפנים – אינה מותרת לכהן קטן, אלא לעולם נשרפת. דומיא דחלת אור א"י, משום דסמוכין לא"י, ומתחזיא כחלת א"י, כדפרישית. ומש"ה צריך לעולם שתים. אבל ברחוקים, כגון דבבל ודידן, דלא מתחזיא חלה דידהו כחלת הארץ טמאה – נותן לכהן קטן. ומסתבר דאף לכהן גדול שטבל לקריו, ולא בעינן הערב שמש, דאין להחמיר בה מבחלה של כהן בסמוכין לא"י. וכ"כ בה"ג בהלכות חלה, אמר רבינא: הלכה, נדה קוצה לה חלה ואכיל לה כהן קטן, או מאן דטביל לקריו. ויש קצת תימה: אמאי קאמר דנותנה לכהן קטן, כיון דאפילו כהן גדול יכול לאוכלה אחר שטבל, או לבטלה ברוב כמו תרומה, דאמרינן בפ' "עד כמה" (שם): רבה הוה מבטל לה ברוב ואכיל לה בימי טומאה! ונראה: דדוקא חלת חו"ל, לפי שאין לה שיעור ודבר מועט הוא, קאמר דיכול ליתנה לכהן קטן, כ"ש אם יש כהן גדול שטבל או רוצה לבטלה, שיכול ליתנה לו. וכן משמע דדבר מועט הוא, דקאמר התם דשקל לה בריש מסיא. אבל תרומה, שהיא מתבואה או מיין ושמן – אין ליתן לכהן קטן, לפי שהוא מאבדה. ועוד: יש לה שיעור, כמו בתרומת מעשר, ולכך אין ליתנה לקטן אלא לכהן גדול שטבל או רוצה לבטלה ברוב. וא"צ להפריש שניה, דלא תשתכח – כיון דמפרישין אחת כמו בחלה, היכא דאיכא כהן קטן. שלא מצינו בכל התלמוד שהיה צריך (ג) לפרש שתי תרומות. אלא דוקא חלה, כי ליכא כהן קטן או גדול שטבל, שאז היא נשרפת. ולכך צריך להפריש חלה שניה, שלא תשתכח תורת חלה. אבל תרומה, דאין נותנין אותה אלא לכהן גדול שטבל או רוצה לבטלה ברוב – א"צ להפריש שניה, דלא תשתכח, כיון שמפרישין אחת. ומיהו נראה: דגם בסמוכים לא"י, שמפרישין לעולם שתי חלות, לא היו מפרישין אלא תרומה אחת. לכך נראה שבחלה יש לחוש יותר שלא תשתכח, משום דשייכא בכל אדם המגלגל עיסתו. אבל תרומה – אין רגילין בה אלא בעלי קרקעות וממריחי תבואות,

והיכא

רבינו גרשום

אי ר' עקיבא האמר חיה ועוף אינן מה"ת. במשנה עצמה(א): כל מידי דמימליך עליה שליח כו'. כיצד מימליך עליה שליחא דאי א"ל רבו לך קנה לי בשר והוא חוזר ואמר לא מצאתי אלא עופות ודאי בר מיניה דבשר הוא כדאשכחן בדילועין: ואין הקיטנית בכלל ירק. כלומר הכא נמי לענין עופות אומר לא מצאתי אלא עופות מכלל דעופות בכלל בשר: ומנא תימרא דלא גזרינן גזירה לגזירה: דתנן חלת חו"ל

א) לקמן דף קיג.

מסורת הש"ס

[לקמן קיג.]
ר"מ
[נ"ל דתנן]
נדרים נג. מעילה כ:
[נ"ל לין]
[נ"ל להם]
[לעיל פד. וש"נ]
[שבת יא: ביצה ג. וש"נ]
חלה פ"ד מ"ח
נ"ל אי ליסקל

עין משפט נר מצוה

ג א מיי' פ"ט מהלכות נדרים הל' ו טוש"ע י"ד סי' ריז סעיף ח ודלא כהאי תנא:
ד ב מיי' שם הלכה י ועי' כ"מ טוש"ע שם סעיף ז:
ה ג מיי' פ"ט מהלכות מאכלות אסורות הל' ג סמג לאוין קמא טוש"ע י"ד סי' פז סעיף ב:
[ועי' קצת ישוב לזה בתוס' ע"ב סוף ד"ה עוף וגבינה]
ו ד ה מיי' שם הל' ד ה טוש"ע שם סעיף ג:

עי' מהר"ם על דבור זה

הגהות הב"ח

(א) תוס' ד"ה חלת וכו' מנהר ואמנון ולפנים כצ"ל ותיבת ועד נמחק: (ב) בא"ד בטומאה דקרי דבטומאה היוצאה מגופו היא שרי ר' יוסי: (ג) בא"ד בכל הש"ס שהיה צריך להפריש שתי:

גליון הש"ס

גמ' אמר ר"י רבי היא. מגילה דף ט ע"ב וש"נ:

ז א מיי' פ"ה מהלכות בכורים הל' יב טוש"ע י"ד סי' שכב:

ח ב ג מיי' פ"ט מהל' מאכלות אסורות הל' כ סמג לאוין קמא טוש"ע י"ד סי' פח סעיף א:

ט ד ה מיי' שם הל' כו סמג לאוין קמא טוש"ע י"ד סי' פט סעיף ב:

אנאכלת עם הזר על השלחן, וניתנת לכל כהן שירצה. אמר ליה אביי: בשלמא אי אשמועינן חלת חוצה לארץ בארץ, דאיכא למיגזר משום חלת הארץ דאורייתא ולא גזרינן — איכא למשמע מינה. אלא חו"ל משום דליכא למיגזר הוא, אבל הכא — אי שרית ליה לאסוקי עוף וגבינה, אתי לאסוקי בשר וגבינה, ומיכל בשר בחלב דאורייתא. מתקיף לה רב ששת: סוף סוף, *צונן בצונן הוא! אמר אביי: גזירה שמא יעלה באילפס רותח. סוף סוף כלי שני הוא, וכלי שני אינו מבשל! אלא: גזירה שמא יעלה באילפס ראשון.§

מתני' *העוף עולה עם הגבינה על השולחן, ואינו נאכל, דברי ב"ש. וב"ה אומרים: בלא עולה ולא נאכל, א"ר יוסי: זו מקולי ב"ש ומחומרי ב"ה. גבאיזה שולחן אמרו — בשולחן שאוכל עליו, אבל בשולחן שסודר עליו את התבשיל — נותן זה בצד זה, ואינו חושש.§

גמ' רבי יוסי היינו ת"ק! וכ"ת, אכילה גופה איכא בינייהו, דקאמר ת"ק: בהעלאה קא מיפלגי, באכילה לא פליגי, ואמר ליה רבי יוסי: אכילה גופה מקולי בית שמאי ומחומרי ב"ה. *והתניא, *רבי יוסי אומר: ששה דברים מקולי ב"ש ומחומרי ב"ה, וזו אחת מהן — עוף עולה עם הגבינה על השולחן ואינו נאכל, דברי ב"ש. ובה"א: לא עולה ולא נאכל! אלא, *הא קמשמע לן: מאן תנא קמא — רבי יוסי, *כל האומר דבר בשם אומרו מביא גאולה לעולם, שנאמר: °"ותאמר אסתר למלך בשם מרדכי" (אסתר ב). תנא אגרא חמוה דרבי אבא: עוף וגבינה נאכלין באפיקורן. הוא תני לה והוא אמר לה: יבלא נטילת ידים ובלא קינוח הפה. רב יצחק בריה דרב משרשיא איקלע לבי רב אשי, אייתו ליה גבינה — אכל, אייתו ליה בשרא אכל, ולא משא ידיה. אמרי ליה: והא תאני אגרא חמוה דרבי אבא עוף וגבינה נאכלין באפיקורן, עוף וגבינה — אין, בשר וגבינה — לא! אמר להו: ההני מילי — בליליא, אבל ביממא — הא חזינא. תניא, בית שמאי אומרים: מקנח. ובית הלל אומרים: מדיח. מאי מקנח ומאי מדיח?

(לקמן קז:) (שבת יג. עדיות פ"ה מ"ב) (עדיות פ"ה מ"ב) (מגילה טו. אבות פ"ו מ"ו [נדה יט:])

רש"י

נאכלת. לכהן עם הזר, ולא גזרינן: דילמא שקיל זר מיניה ואכיל. דהא אכילה גופה לא מיתסרא בה אלא משום גזירת אכילת חלת הארץ. לכל כהן שירצה. אפילו לעם הארץ שאין משמרה בטהרה, מה שאין כן בחלת הארץ, דכתיב (דה"ב לא): "למנת הכהנים למחזיקים בתורת ה'" — מחזיקים יש להם מנת, ולא שאין מחזיקין. אלמא, בדרבנן לא גזרינן העלאה אטו אכילה. בשלמא אי אשמועינן חלת חו"ל בארץ. שהביאה לארץ, ואשמועינן דאע"ג דיש כאן חלה דאורייתא, ואיכא למיגזר הא אטו הא. דאי מפקת חלת חוצה לארץ (לארץ), אתי לאפוקי חלת הארץ ומיכלה הזר. הוה איכא למשמע מינה א) מתניתין נמי, אי לא דאכילת עוף דאורייתא — לא הוה גזר העלאתו אטו אכילתו, ולא אטו דבהמה. אלא בחוצה לארץ, טעמא משום דליכא למיגזר אטו שום איסור דאורייתא הוא. אבל הכא. אע"ג דלא איבעי לן למיגזר העלאתו אטו אכילתו, איכא למיגזר העלאתו אטו העלאת ואכילת בשר בהמה, דכי מסיק להו היינו אכילה דאתי למיכלינהו בהדדי. מתקיף לה רב ששת. אפילו את"ל: בשר עוף בחלב דאורייתא, עדיין משכחת לה גזירה לגזירה. דהא העלאה דרבנן, משום אכילה. ואכילה גופה דרבנן, דהא סוף סוף צונן וצונן הוא, ואפי' אכיל להו כי הדדי — ליכא איסור דאורייתא, דדרך בישול אסרה תורה. גזירה שמא יעלה. בשר בהמה עם הגבינה בתוך אילפס רותח, דה"ל בישול. מתני' ואינו נאכל. עם הגבינה. א"ר יוסי דבר זה כו'. בגמ' פריך: היינו תנא קמא! בשולחן שאוכל עליו. דשייכי דמשמשי ביה ידא, אתי לאתנועי זה ע"ג זה. גמ' רבי יוסי אומר ו' דברים כו'. יש אחרות הרבה, אבל באלו ששה לא היו מודים לו חביריו שיהיו ב"ש מקילין ובית הלל מחמירין. כל האומר דבר בשם אומרו. והתנא שכח ולא הזכיר שמו בתחילה, וחזר והזכיר שמו. באפיקורן. דרך הפקר, שאינו נזהר בהן, וכדמפרש. הוא תני. כך קבלה סדורה מרבו. והוא אמר לה. והוא פירשה מסברא שלו, דמאי "אפיקורן". בלא קינוח הפה. שאם אכל זה, ובקש לאכול זה — אין צריך ליטול ידיו ולקנח. אבל בבשר בהמה — בעי קינוח, כדלקמן, שלא יהא נדבק כלום מן הראשון בחניכיו. הא קא חזינן. ידים ריקניות שאין דבוק בהם כלום. אלימא

תוספות

והיכא דליכא כהן קטן, ששורפה ומפריש שניה, נותנה לכהן טמא, אפילו הוא זב. דלא מפליג התם בשום טומאה. ולא דמיא לחלה שניה בסמוכין לא"י — דהתם לעולם צריך להפריש. אבל ברחוקים, אי איכא כהן קטן או גדול שטבל לקריו — אין צריך להפריש חלה שניה כלל. והיא קלה ביותר, אלא שאסורה לזרים — דלא אשכחן דשרי לה אלא לכהנים. ונראה: שאינה טובלת — שהרי יש כמה מקומות דלא מפרשי לה כלל, ואפילו ליכא כהן קטן. ועל אותן מקומות יש קצת תימה, אלא לפי שאינה טובלת וצריך לשומרה מלאכילה לזרים, נמנעו מלהפריש. ושמא אפילו אינה מדמעת, ואף על פי שהראשונה נראה קצת דמדמעת, מדתניא בפרק "רבי ישמעאל" (מנחות דף סז.): תרומת גוי בחו"ל — אינה מדמעת. דמשמע: הא דישראל — מדמעת. מ"מ השניה, שהיא קלה ביותר, שמא אינה מדמעת. וכמו שלא גזרו על תערובות דמאי, כמו כן שמא לא גזרו בה, כיון שהיא קלה כל כך.

וניתנת לכל כהן שירצה. פירש בקונטרס: דאפילו אינו מחזיק בתורת ה', יתנו לו חלת חוצה לארץ. ואין נראה לר"י: דהא הוו דומיא דהנהו ששונה אחר משנה זאת, "ואלו ניתנין לכל כהן שירצה" כו', וחשיב בהדייהו "הזרוע והלחיים והקבה", ואמרינן לקמן בפרק "הזרוע" (דף קל:) שאינן ניתנות למי שאינו מחזיק בתורת ה'. לכך נראה לרבינו יצחק: דהכא מיירי בדליכא כהן חבר. אי נמי: איכא כהן חבר שהוא עשיר, ואינו רוצה לקבל. ואפילו רוצה לקבל, כיון דאין צריך, וזה ע"ה עני וצריך, שמצווים להחיותו, שאם לא יתנו לו — יצטרכו לתת לו חולין. וקמ"ל דיכול ליתן, אע"פ שאין בקי בטומאה וטהרה, ולא חיישינן שמא יאכלנו בימי טומאתו. אבל חלת הארץ אינה ניתנת אלא לכהן חבר, שישמרנה בטהרה. אפי' ליכא עתה כהן חבר — אל יתננה לכהן ע"ה, אלא ימתין עד שיזדמן לו כהן חבר*.

[נ"ל והתנן] [ודוגמתו בשבת קג.] [וע"ע תוס' בכורות כז: סד"ה וכי הזאה]

מתקיף לה רב ששת. לא אאביי קא פריך, אלא ארב יוסף חבירו פריך, כדפי' בקונטרס.

רבי יוסי היינו ת"ק. אבית הלל לא פריך ב] "היינו ת"ק", דהכי קאמר: דבר זה מחלוקת ב"ש וב"ה, ואין זה סתמא ואח"כ מחלוקת, דב"ש במקום בית הלל אינה משנה*.

[ברכות לו:]

עוף וגבינה אין בשר וגבינה לא. תימה: דהיכי פריך מגבינה אחר בשר אבשר אחר גבינה, דרב יצחק גבינה ואח"כ בשר אכיל, ולא דמי, כדאמר בסמוך? ויש לומר: דהכי פריך, דברייתא דאגרא משמע עוף וגבינה נאכלין באפיקורן, בלי נטילת ידים ובלא קינוח הפה. אבל שאר בשר — בעי נטילה וקינוח הפה. והיכי דמי? אי בשר תחלה — אפילו בנטילה וקינוח לא סגי, עד סעודה אחריתי, כדאמר בסמוך. אלא לאו אגבינה תחלה! *והא דנקט הכא "בשר וגבינה" — לא דק, אלא "גבינה ובשר, לא". ואגב דמזכיר בברייתא עוף תחלה, נקט נמי הכא בשר תחלה. וברייתא נקט עוף תחלה — דאפילו עוף תחלה, נאכל באפיקורן. ור"ת מפרש, וכן הלכות גדולות: ד"אכל בשר, אסור לאכול גבינה" — היינו, בלא נטילה וקינוח. אבל בנטילה וקינוח — שרי. "אכל גבינה, מותר לאכול בשר" — אף בלא נטילה וקינוח. ו"מר עוקבא, דלא אכיל עד סעודה אחריתי" — היינו, בלא נטילה וקינוח. אי נמי: מחמיר על עצמו היה. ולפירושו קשה: מאי פריך הכא ארב יצחק? וצ"ל לפירושו: דלענין נטילת ידים אין חילוק בין בשר תחלה לגבינה תחלה, ולגבי קינוח דווקא יש חילוק. והעולם נהגו שלא לאכול גבינה אחר בשר כלל, ואפילו אחר עוף. ואע"ג דתני אגרא "עוף וגבינה נאכלין באפיקורן", דמשמע: עוף תחלה — דילמא משום דסבר בשר עוף בחלב לאו דאורייתא, ולא קיימא לן הכי. ומיהו קשה: ברייתא דאגרא, כמאן? אי כרבי יוסי הגלילי — הא אף לכתחלה שרי לבשל ולאכול זה עם זה, כדאמר לקמן (דף קטז.) דבמקומו של רבי יוסי הגלילי היו אוכלין בשר עוף בחלב. ואי כר"ע — הוה ליה למיתני "חיה" בהדי "עוף"! ודוחק להעמידה כב"ש, דאמרי: העוף עולה ואינו נאכל. ומיהו אשכחן נמי לרבי אלעזר בר' צדוק, דתניא בתוספתא כב"ש. אי נמי: כר"ע, ונקט עוף — משום דשכיח, והוא הדין חיה. דהכי נמי קאמר לעיל: הא עוף — אסור מדאורייתא, כמאן? דלא כר"ע, והוה ליה למינקט נמי חיה. ור"ת מפרש טעמא דאגרא: משום דעוף אינו נדבק בידים ובשיניים וחניכים.

[עי' מהר"מ שהאריך בכ"ז]

אי

הגהות מהר"ב רנשבורג

א] רש"י ד"ה בשלמא אי וכו' איכא למשמע מינה למתני' נמי וכו' כצ"ל: ב] תוס' ד"ה ר"י וכו' לא פריך היינו ת"ק. נ"ב היינו משנה דלעיל:

רבינו גרשום

נאכלת עם הזר על השלחן כו'. כלומר חלת חוצה לארץ אינה מדברי תורה אלא מדברי סופרים וגזרו חלת חו"ל משום חלת הארץ שלא יזלזלו בה וחזינן דלא גזרינן דנאכלת עם הזר על השלחן הכא נמי אי עוף לא הוה אסור מדברי תורה אלא משום הגזרה דבשר בחלב לא גזרינן שלא יהא נאכל עם (הזר) [הגבינה] על השלחן. א"ל אביי אי אשמעי' חלת חוצה לארץ בארץ דהביאה מחו"ל בארץ ובארץ נאכלת עם הזר על השלחן דלא גזרינן גזירה לגזירה איכא למשמע מינה דאין גוזרין גזירה לגזירה אבל הכא בחו"ל דנאכלת עם הזר על השלחן ליכא למשמע דאין גוזרין גזירה לגזירה דהאי דנאכלת עם הזר על השלחן בחו"ל היינו משום דליכא למיגזר משום חלת הארץ בארץ דזו בארץ וזו בחו"ל: ה"נ דגזרינן העלאה אטו אכילה: גזירה שמא יעלה באילפס ראשון. כלומר היכא דרותח באור: א) אבל אכיל לא. כלומר באכילה מודו ב"ש לב"ה דלא נאכל עם העוף באפיקורן כו'. כשמפרש לקמן בלא קינוח הפה ובלא נט"י: בש"א

א) נראה דצ"ל עוף וגבינה נאכלין באפיקורן כו' כדמפרש לקמן וכו'.

אילימא בית שמאי אומרים מקנח ולא בעי מדיח, ובית הלל אומרים מדיח ולא בעי מקנח, אלא הא דאמר רבי זירא: אין קינוח הפה אלא בפת, כמאן – כב"ש?! אלא, בית שמאי אומרים: מקנח ולא בעי מדיח, ובית הלל אומרים: אף מדיח – *הוי ליה מקולי בית שמאי ומחומרי בית הלל, ולתנייה גבי קולי בית שמאי וחומרי בית הלל! אלא, בית שמאי אומרים: מקנח, והוא הדין למדיח. וב"ה אומרים: מדיח, והוא הדין למקנח. מר אמר חדא, ומר אמר חדא, ולא פליגי. גופא, אמר רבי זירא: אין קינוח הפה אלא בפת. והני מילי – בדחיטי, אבל בדשערי – לא. ודחיטי נמי, לא אמרן אלא בקרירא, אבל בחמימא – משטר שטרי. והני מילי ברכיכא, אבל באקושא – לא. והלכתא: בכל מילי הוי קינוח, לבר מקמחא תמרי וירקא. בעא מיניה רב אסי מרבי יוחנן: כמה ישהה בין בשר לגבינה? א"ל: ולא כלום. איני, והא אמר רב חסדא: אכל בשר – אסור לאכול גבינה, גבינה – מותר לאכול בשר! אלא, כמה ישהה בין גבינה לבשר? א"ל: ולא כלום. גופא, אמר רב חסדא: אכל בשר – אסור לאכול גבינה. גבינה – מותר לאכול בשר. אמר ליה רב אחא בר יוסף לרב חסדא: בשר שבין השינים מהו? קרי עליה: °"הבשר עודנו בין שניהם". אמר מר עוקבא: אנא, להא מלתא, חלא בר חמרא לגבי אבא, דאילו אבא – כי הוה אכיל בשרא האידנא, לא הוה אכל גבינה עד למחר (א) עד השתא. ואילו אנא – בהא סעודתא הוא דלא אכילנא, לסעודתא אחריתא – אכילנא. אמר שמואל: אנא, להא מלתא, חלא בר חמרא לגבי אבא, דאילו אבא – *הוה סייר נכסיה תרי זמני ביומא, ואנא לא סיירנא אלא חדא זימנא. שמואל לטעמיה, דאמר שמואל: מאן דסייר נכסיה כל יומא – משכח אסתירא. אביי הוה סייר נכסיה כל יומא ויומא, יומא חד פגע באריסיה דדרי פתכא דאופי. אמר ליה: הני להיכא? אמר ליה: לבי מר. אמר ליה: *כבר קדמוך רבנן. רב אסי הוה סייר נכסיה כל יומא, אמר: היכא נינהו כל הני אסתירי דמר שמואל? יומא חד חזא צינורא דבדקא בארעיה, שקליה לגלימיה, כרכיה אותביה בגויה. רמא קלא, אתו אינשי סכרוה. (ב) א] אשכחתינהו לכולהו איסתרי דמר שמואל. § אמר רב אידי בר אבין, אמר רב יצחק בר אשיין: מים ראשונים – מצוה, ואחרונים – חובה. מיתיבי: מים ראשונים ואחרונים – חובה, אמצעיים – רשות! מצוה לגבי רשות – "חובה" קרי לה. גופא: מים ראשונים ואחרונים – חובה, אמצעיים – רשות, ראשונים – נוטלין בין בכלי בין על גבי קרקע, אחרונים – אין נוטלין אלא בכלי. ואמרי לה: אין נוטלין על גבי קרקע. מאי בינייהו? איכא בינייהו – קינסא. מים ראשונים – נוטלין בין בחמין בין בצונן, אחרונים – אין נוטלין אלא בצונן, מפני שחמין מפעפעין את הידים, ואין מעבירין את הזוהמא. § "מים ראשונים נוטלין בין בחמין בין בצונן". אמר רב יצחק בר יוסף, אמר רבי ינאי: לא שנו אלא שאין היד סולדת

רש"י

אילימא בית שמאי אומרים מקנח. פיו. **ולא מדיח.** במים, שהקינוח יפה מן ההדחה, ולא הוזכרה כאן הדחה. **ובית הלל אומרים מדיח ולא בעי קינוח.** דלא סגי ליה בקינוח, אלא מדיח במים והוא עיקר, ואין צריך קינוח. **אין קינוח פה. אלא בפת.** אם כן קנחו בפת, דקינוח הפת שאוכל הפת בינתים היא יפה. **נימא בית שמאי היא.** דאי בית הלל – הדחה בעי, ולא הוזכר קינוח. **אף מדיח.** תרוייהו בעינן, וקאמר רבי זירא דקינוח בין למר ובין למר בפת הוא. **וליתנייה.** במסכת עדיות (פ"ד ופ"ה) שכל קולי ב"ש וחומרי ב"ה נשנו שם. **והוא הדין.** דתרוייהו בעינן. **בדשערי לא.** מפני שמתפרר בתוך הפה, ואינו נקשר יחד כשלועסו, ולפיכך אינו מקנח. **שטר.** נעשה רך ונדבק בחניך. ודוגמתו ב"השוכר" (ב"מ דף פה:): אשטר משטר, מתבוששת על העין. **אקושא.** קשה יותר מדאי, וגם הוא מתפרר בתוך הפה כשל שעורים. **קמחא תמרי וירקא.** רכין הן. **בין בשר לגבינה.** משמע, שאכל בשר ורוצה לאכול גבינה. **אסור לאכול גבינה.** משום דבשר מוציא שומן, והוא נדבק בפה ומאריך בטעמו. **בשר שבין השינים.** מי חשיב בשר שלא לאכול גבינה עמו עד שיתעכל? **הבשר עודנו.** אלמא מיקרי "בשר". **אנא להא מילתא חלא בר חמרא.** לדבר זה אני גרוע מאבי, כחומץ בן יין. **להשתא.** מעת לעת. **סייר.** הולך ורואה קרקעותיו מה הן צריכות. **משכח איסתירא.** מוצא סלע, מפני שמתקנם בכל הצריך. **פתכא דאופי.** משאוי עצים שהיה גונבו. **קדמוך.** שאמרו שיהא אדם רואה נכסיו בכל יום, ויראה מה יעשה. **צינורא דבדקא.** המים יוצאין חוץ לגדותיהן, ובאין לשטוף פירותיו דרך פתח שבשפת השדה. **רמא קלא.** הרים קול וצווח. **חובה.** עדיפא ממצוה, ולקמיה מפרש מאי מצוה. **מצוה.** לשמוע דברי חכמים. **אמצעיים.** שנוטלין בין תבשיל לתבשיל בעלמא. **מצוה לגבי רשות חובה קרי לה.** משום דתני אמצעיים בהדייהו, קרי לראשוני "חובה", דאע"פ שאינן אלא מצוה – חשיבות הן אצל הרשות לקרותם "חובה". **בין בכלי.** מתחתיהם לקבלם. **קינסא.** אם נותן שפאי עצים וקסמין תחתיהן, למאן דאמר כלי – הכא לאו כלי הוא, ולמ"ד אין נוטלין על גבי קרקע – שפיר דמי. ולקמן מפרש: משום דרוח רעה שורה עליהן כשהן על גבי קרקע. **מפעפעין.** אסטנ"ט, מרככין את הידים ומבליעין בהן את זוהם התבשיל. סולדת

תוספות

אי לימא ב"ש אומרים מקנח ולא בעי מדיח. פירש בקונטרס: שהקינוח יפה מן ההדחה, ולא הוזכר כאן הדחה. "וב"ה אומרים: מדיח ולא בעי מקנח" – ולא סגי ליה בקינוח, אלא מדיח במים, והוא עיקר, ואינו צריך קינוח. וקשה לפירושו: דלא הוה ליה למימר "ולא בעי" אלא "מקנח ולא מדיח", "מדיח ולא מקנח"! ועוד: אמאי דחיק לאוקומי דלא פליגי? לימא דלבית שמאי עדיף קינוח, ובית הלל סברי דלא עדיף ההדחה לחודיה סגי כמו בקינוח לחודיה! לכן נראה: דפשיטא ליה למקשה התלמוד דהדחה עדיף מקינוח, והכי פירושו: "בית שמאי סברי מקנח ולא בעי מדיח" – כלומר, בקינוח סגי, אע"ג דגרע, ולא בעי מדיח דעדיף. וב"ה סברי: מדיח לחודיה בעינן. והשתא הוה ליה למימר "ולא סגי במקנח", דגרע, אלא איידי דנקט לב"ש "ולא בעי", נקט נמי לבית הלל. והשתא הוה ליה למיפרך: אם כן, הוה ליה מקולי בית שמאי ומחומרי ב"ה! אלא דאית ליה פירכא אחריתי. ולא מצי לשנויי דבית שמאי תרתי בעי. ונקט "מקנח", והוא הדין דבעי מדיח בהדיה. ובית הלל סברי דסגי בחד, או מדיח או מקנח – דאם כן, הוו להו לבית הלל למינקט "מקנח", דהוי רבותא טפי, דגרע ממדיח.

מקנח וה"ה למדיח. תרווייהו בעינן כדפי' בקונט', וכ"פ ר"ח.

לסעודתא אחריתא אכילנא. לאו בסעודתא שרגילין לעשות אחת שחרית ואחת ערבית, אלא אפילו לאלתר אם סילק השולחן ובירך – מותר, דלא פלוג רבנן.

מים ראשונים מצוה ואחרונים חובה כו'. בברכות בסוף פרק "אלו דברים" (דף נג: ושם) דריש תרווייהו מקרא, מ"והתקדשתם" – אלו מים ראשונים, "והייתם קדושים" – אלו מים אחרונים. ואסמכתא בעלמא הוא, דהא טעמא דמים אחרונים הוי משום מלח סדומית, כדאמר בסמוך. ואנו, לפי שאין מלח סדומית מצוי בינינו, לא נהגו במים אחרונים. והכי נמי כי דריש התם: "כי קדוש" – זה שמן, שהיו סכין את ידיהן להעביר את הזוהמא, הוי אסמכתא. דלא מצינו בשום מקום שיהא שמן, לא חובה ולא מצוה. והא דאמר התם: כשם שהמזוהם פסול לעבודה, כך ידים מזוהמות פסולין לברכה – היינו, להם. שהיה הדבר עליהם חובה ליטול אחר סעודה, לפיכך נחשבות כמזוהמות, וצריך להקדים וליטול קודם ברכה. וא"ת: למאי נפקא מינה הא דראשונים מצוה ואחרונים חובה, מה לי מצוה מה לי חובה? הא תרווייהו חובה, כדקתני בברייתא, ולא רשות! ואומר רבינו תם: דנפקא מינה לענין מלחמת הרשות, דתנן בפ"ק דעירובין (דף יז.) דפטורין מרחיצת ידים, וקאמר רב חייא בגמ': לא שנו אלא מים ראשונים, אבל אחרונים – לא. דאמר רב יהודה בריה דרב חייא: מפני מה אמרו מים אחרונים חובה? מפני שמלח סדומית כו'. ובהלכות גדולות פירש: דראשונים שהם מצוה, משום סרך תרומה – טעונין ברכה. אבל אחרונים שהם לצורך אדם, משום מלח סדומית – אין טעונין *)ברכה. *ומכאן כתב רבינו יהודה בפרק "במה מדליקין" בתוספ': שאין לברך על קריאת שמע שלפני מטתו "אשר קדשנו במצותיו וצונו לקרות שמע". ואם תאמר: אמצעיים, כגון בין גבינה לבשר, שהן לצורך מצוה יהיו טעונין ברכה! וי"ל: דאין זה כי אם הכשר אכילה, כמו ניקור חלב ומליחת בשר.

*) [וע"ע תוס' שבת כה: ד"ה חובה]

מכאן עד שמע אין זה מדברי התוס' כי אם איזה גליון וטעו הסופרים וכתבוהו בפנים. מהר"מ

מסורת הש"ס

[לעיל נב: וש"נ]

[עי' פרש"י תענית כ: ד"ה וסייר]

[שבת יט. ב"ב קסז.]

תורה אור

במדבר יא

עין משפט נר מצוה

י א ב מיי' פ"ט מהל' מאכלות אסורות הל' כו טוש"ע י"ד סימן פט סעיף ב:

יא ג מיי' שם הל' כח טור ש"ע י"ד סי' פט סעיף א:

יב ד מיי' שם הל' כז טוש"ע שם סעיף ג:

יג ה ו מיי' שם הל' כח טוש"ע שם סעיף א:

יד ז מיי' פ"ו מהלכות ברכות הל' ב סמג עשין כז טור ש"ע או"ח סי' קנח סעיף א [וכרב אלפס שוד ברכות פ"ח דף מד.]:

טו ח מיי' שם הל' ג סמג שם טוש"ע או"ח סי' קפא סעיף א:

טז ט מיי' שם הל' ג סמג שם טוש"ע או"ח סי' קעג סעיף א:

יז י מיי' שם הל' עז:

יח כ ל מיי' שם סמג שם טוש"ע או"ח סי' קפא סעיף ב:

יט מ מיי' שם סמג שם טוש"ע או"ח סי' קפא סעיף ו:

כ נ מיי' שם טוש"ע או"ח סי' קפא סעיף ...

שיטה מקובצת

א] אתו אינשי סכרוה אמר אשכחתינהו לכולהו:

הגהות הב"ח

(א) גמ' למחר כי השתא: (ב) שם סכרוה אמר אשכחתינהו:

רבינו גרשום

ב"ש אומרים מקנח. כלומר בפת: ואי בעי תימא מר אמר חדא ומר אמר חדא ולא פליגי. כלומר ב"ש אומרים מקנח זו היא הפה וב"ה אומרים מדיח אלו ידיו אבל בפה מודו ב"ה לב"ש דאין קנוח הפה אלא בפת: בשר של בין השינים מהו. כלומר אם יש לו בשר בין השינים מהו שיאכל גבינה: פתכא דאופתא. כלומר עץ גדול: פתכא דאופי. משאוי של עצים היה נושא לביתו בלא ידיעתו דאביי: אמר ליה כבר קדמוך רבנן. כלומר רבנן דאמרי דמאן דסייר נכסי מישתכח ביה איסתרא קדמוך דאנא חזיתך דאי לא הוה חזיתך היית מגנבו ממני: חזא צינורא דבדקא. כלומר א) רבוע ארעא ושטפי מיא לארעיה: מצוה לגבי רשות חובה קרי לה: ניטלין בין בכלי בין על גבי קרקע. כלומר בין שמקבלין אותו בכלי בין שניטלין ע"ג קרקע: אחרונים אין ניטלין. אא"כ מקבלין אותן המים ששופכין על הידים בכלי דבעינן למימר קמן דרוח רעה שורה עליהן ואמרי לה אין ניטלין ע"ג קרקע: איכא בינייהו קינסא כו'. כלומר דמקבלין אותן ע"ג חתיכה של עץ למ"ד אין ניטלין אלא בכלי ע"ג קינסא לאו כלי הוא למ"ד דאין ניטלין ע"ג קרקע ע"ג קינסא שפיר דמי: בין בחמין בין בצונן. כלומר בין ממים חמין בין ממים צונן: לא שנו אלא שאין היד סולדת

א) אולי צ"ל דנפחת הגדר ושטפי מיא לארעיה.

לא

לא שנו אלא בין תבשיל לתבשיל. אומר רבינו שמואל: דמיירי בשניהם של בשר או שניהם של גבינה, אבל "בין תבשיל" של בשר "לגבינה" שלפניו – חובה. אבל לגבינה של אחריו לא קאמר, דאפילו בנטילת ידים אסור לאכול עד סעודה אחרת, כדאמר לעיל "אכל בשר – אסור לאכול גבינה". ואין נראה לר"ת: ד"בין תבשיל לגבינה" משמע תבשיל תחלה, כדאמר לעיל "כמה ישהה בין בשר לגבינה? ולא כלום", ופריך: "והא אמר רב חסדא, אכל בשר – אסור לאכול גבינה! אלא כמה ישהה בין גבינה לבשר" כו'. ועוד: "בין תבשיל לתבשיל" בשניהם של בשר או של גבינה, למה יש לו ליטול כלל? ומפרש ר"ת: ד"בין תבשיל לתבשיל" – היינו, בין תבשיל דבשר לתבשיל של גבינה. דכיון דאין הבשר והגבינה בעין, וליכא אלא טעם, לא החמירו שיהא חובה ליטול ידיו בינתיים, ואינו אלא רשות. אבל בין תבשיל דבשר לגבינה, שהגבינה בעין – חובה. ויתכן פירוש זה אף לדברי האוסרין לאכול גבינה אחר בשר באותה סעודה, אפי' בנטילה וקינוח.

כא א מיי' פ"ו מהל' ברכות הלכה טז טוש"ע א"ח סי' קפא סעיף ג וע"ש:
כב ב מיי' שם טוש"ע א"ח סי' קס סעיף ו:
כג ג מיי' פ"ט מהל' מאכלות אסורות הל' כז סמג לאוין קמא טוש"ע א"ח סי' קעג סעיף א וי"ד סי' פט סעיף ג:
כד ד מיי' פ"ו מהל' ברכות הל' ג סמג עשין כז טוש"ע א"ח סי' קפא סעיף ב:
כה ה טוש"ע א"ח סי' קפ סעיף ד:

סולדת בהן, אבל היד סולדת בהן – אין נוטלין בהן. ואיכא דמתני לה אסיפא: אחרונים אין נוטלין אלא בצונן, אבל בחמין – לא. אמר רב יצחק בר יוסף, אמר רבי ינאי: לא שנו אלא שהיד סולדת בהן, אבל אין היד סולדת בהן – נוטלין. מכלל דראשונים, אף על פי שהיד סולדת בהן – מותר. "אמצעיים רשות". אמר רב נחמן: לא שנו אלא בין תבשיל לתבשיל, אבל בין תבשיל לגבינה – חובה. אמר רב יהודה בריה *דרבי חייא: מפני מה אמרו מים אחרונים חובה – שמלח סדומית יש, שמסמא את העינים. אמר אביי: ומשתכח כי קורטא בכורא. אמר ליה רב אחא בריה דרבא לרב אשי: כל מלחא מאי? אמר ליה: לא מבעיא. אמר אביי: מריש הוה אמינא האי

חזוהו

דלא משו מיא בתראי על ארעא – משום זוהמא. אמר לי *מר: משום דשריא רוח רעה עלייהו. ואמר אביי: מריש הוה אמינא, האי דלא שקיל מידי מפתורא כי נקיט איניש כסא למשתי – שמא יארע דבר קלקלה בסעודה. אמר לי מר: משום דקשי לרוח צרדא. ולא אמרן – אלא דשקיל ולא מהדר, אבל משקל ואהדורי – לית לן בה. ולא אמרן – אלא חוץ לארבע אמות, אבל תוך ארבע אמות – לית לן בה. ולא אמרן – אלא מידי דצריך לסעודתא, אבל מידי דלא צריך לסעודתא – לית לן בה. מר בר רב אשי קפיד אפילו אאסיתא ובוכנא דתבלי – מידי דצריכי לסעודתא. ואמר אביי: מריש הוה אמינא, האי דכנשי *נשוורא – משום מנקירותא. אמר לי מר: משום דקשי לעניותא. ההוא גברא, דהוה מהדר עליה שרא דעניותא, ולא הוה יכיל ליה – דקא זהיר אנשוורא טובא. יומא חד כרך *ריפתא איבלי. אמר: השתא ודאי נפל בידאי. בתר דאכיל, אייתי מרא, עקרינהו ליבלי, שדינהו לנהרא. שמעיה דקאמר: ווי, דאפקיה ההוא גברא מביתיה! ואמר אביי: מריש הוה אמינא, האי דלא שתי אופיא – משום מאיסותא. אמר לי מר: משום דקשי לכרסם. מישתיה – קשה לכרסם, מינפח ביה – קשיא לרישא, מדחייה – קשיא לעניותא. מאי תקנתיה? לשקעיה שקועי. לכרסם דחמרא – שיכרא, דשיכרא – מיא, דמיא – לית ליה תקנתא. והיינו דאמרי אינשי: *בתר ענייא אזלא עניותא. ואמר אביי: מריש הוה אמינא, האי דלא אכלי ירקא מכישא דאסר גינאה – משום דמיחזי כרעבתנותא. אמר לי מר: משום דקשי לכשפים. *רב חסדא ורבה בר רב הונא הוו קאזלי בארבא. אמרה להו ההיא מטרוניתא: אותבן בהדייכו! לא אותבוה, אמרה מילתא – אסרתה לארבא. אמרו אינהו מילתא – שריוה. אמרה להו: מאי איעביד לכו, דלא מקנח לכו בחספא, ולא קטיל לכו כינה אמאנייכו, ולא אכיל לכו ירקא מכישא דאסר גינאה. ואמר אביי: מריש הוה אמינא, האי דלא אכלי ירקא דנפל אתכא – משום מאיסותא, אמר לי מר: משום דקשה לריח הפה. ואמר אביי: מריש הוה אמינא, האי דלא יתבי תותי מרזיבא – משום שופכים. אמר לי מר: משום דשכיחי מזיקין. הנהו שקולאי דהוו דרו חביתא דחמרא. בעו לאיתפוחי, אותבוה תותי מרזיבא, פקעה. אתו לקמיה דמר בר רב אשי, אפיק שיפורי, שמתיה. אתא לקמיה, אמר ליה: אמאי תעביד הכי? אמר ליה: היכי אעביד, כי אותביה באונאי? אמר ליה: את בדוכתא דשכיחי רבים מאי בעית? את הוא דשנית, זיל שלים! אמר ליה: השתא נמי ליקבע לי מר זימנא, ואפרע. קבע ליה זימנא. כי מטא זימנא, איעכב. כי אתא אמר ליה: אמאי לא אתית בזמנך? אמר ליה: *כל מילי דצייר וחתים וכייל ומני – לית לן רשותא למשקל מיניה, עד דמשכחינן מידי דהפקרא. ואמר אביי: מריש הוה אמינא, האי דשדי מיא מפומא דחצבא – משום ציבתא. אמר לי מר: משום דאיכא מים הרעים. ההוא בר שידא דהוה בי רב פפא, אזל לאתויי מיא מנהרא, איעכב. כי אתא, אמרו ליה: אמאי איעכבת? אמר להו: עד דחלפי מים הרעים. אדהכי,

חזנהו

סולדת. נכוית, אם היד סולדת בהן – בטלו ונשתנו מתורת מים. איכא דמתני לה אסיפא. לא שנו דאחרונים בחמין לא. מכלל כו'. דבהנך דאסר לאחרונים, שרי לראשונים. שמלח סדומית יש. ואמרו חכמים: *על כל אכילתך אכול מלח. וכיון דנגע במלח, כי הדר יהיב ידו אעינים – מסמא להו, ולפיכך צריך לנטלן. ומשתכחא כי קורטא בכורא. אינה מצויה אלא קורט בכור. כל מילחא. מדד מלח, כמו (שמות טז) "וימודו בעומר": *וכלו בעומרא. מאי. צריך ליטול אחריו או לא? משום זוהמא. שריחן מסריח, ונראות מאוסות. למישתי. כשאדם שותה, אין לוקחין כלום מלפניו. דבר קלקלה. שמא יכעוס השותה, שחפץ באותו דבר הניטל, וכי יכעוס יסתכן ויחנק. רוח צרדא. אשטורדישי"ן. חוץ לארבע אמות. שמוליאו חוץ לארבע אמות של שולחן. דכנשי נשוורא. שמכבדין פירורי אוכלין מן הבית. מנקירותא. לנקר הבית, נקיון. מהדר אבתריה שרא דעניותא. שר הממונה על העניות היה רודף ללוכדו ולהביאו לידי עניות. איבלי. על עשבים שבשדה. נפל לידאי. שלא יוכל ללקט הפירורין מבין העשבים, ויהו למדרס רגלים, ואלכדנו בכך. שמעיה. ההוא גברא להאוא שרא. דקאמר ווי דאפקיה מביתיה. הוליאני זה ממקום מנוחתי. אופיא. אשקומ"א. לכרסם. רירין הבאין מן החוטם. מדחיה. בידו לצדדין. לישקעיה שקועי. בתוך המשקה, עד שיכלה מאליו. לכרסם דחמרא. שבא לו מחמת אופיא דחמרא. שכרא. רפואתו לשתות שכר. לכרסם דשכרא. שבא מחמת אופיא דשכרא, לישתי מיא. בתר ענייא. זה שלא היה לו אלא מים לשתות. מכישא דאסר גינאה. שאין מוליאין שום או כרישין מאגודה שאוגדין מוכרי ירק לאוכלו. כרעבתנותא. שאין יכול להמתין עד שיתירנו. לכשפים. הרואה אותו יכול לעשות לו כשפים, והנשמר ממנו אין כשפים נוחין לחול עליו. מטרוניתא. גויה. אותבן בהדייכו. הושיבוני עמכם בספינה. אמרה מילתא. לחש של מכשפות. אסרתה לארבא. שלא זזה ממקומה. אמרי אינהו מילתא. אף הן היו בקיאין בדבר, ועושין להציל עצמם מיד המכשול. ואיכא דאמרי שאמרו שם, ולא מוכחא מילתא. מאי איעבד לכו. שאין מכשפות שולטת בכם, שאתם נשמרין מכל דבר הקשה להן. דלא מקנח לכו בחספא. אין אתם מקנחין עצמכם בחרס בבית הכסא, ואין אתם הורגין כינה במלבושכם. מרזיבא. צינור המקלח מים מן הגג. שופכים. שמא ירדו עליו מים מאוסין המקלחים מתשמיש המשתמשין על הגג, ושופכין מי תשמיש, והן באין לצינור. שקולאי. נושאי משאות בשכר. פקעה. שנשברה המזיק. שמתיה. למזיק. דאותביה באונאי. הושיבוה באזני, שהייתי ישן שם. דצייר וחתים. כלומר, באחד מכל אלו אין לנו רשות. דשדו מיא. השותה בכד, שופך תחלה מן המים לארץ. משום ציבתא. קסמין וקשין שעל פני המים. מים רעים. פעמים ששתה מהן שד, וזו תקנתן. דהוה בי רב פפא. שהיה משמשו. עד דחלפי מים הרעים. ששתו המזיקין מהן.

האכילו

[ברכות מ.] [נ"ל תרגום וכלו בעומרא] עירובין יז: ע"ש [נ"ל דרב חייא] [והיינו רבה בר נחמני עיין רש"י שבת כב.] [פסחים קיא:] [נ"ל ריפתא כ"א בע"ין] [ב"ק לב. וש"נ] שבת פא. [עי' תוס' תענית ח: ד"ה אלא]

גליון הש"ס

רש"י ד"ה איבלי על עשבים. וכן בגיטין דף סח ע"ב חולפה דימא ויבלא:

רבינו גרשום

סולדת בהן. כלומר אלא שאין היד נכוית בהן אבל היד נכוית בהן אסור: כי קורטא בכורא. כלומר בקרטין של מלח בשלשים סאין: שמא יארע דבר קלקלה בסעודה. כלומר שמא יקפיד בשעה דנקיט כסא בידיה או מאכל או משקה וישפכנו ויארע קלקלה בסעודה: דקשי לרוח צרדא. שנופל מאותו חולי: ולא אמרן אלא חוץ לד' אמות. כלומר הא דאמרן דלא לישקול איניש מידי מפתורא כי נקיט איניש כסא ויתיב אתכא: חוץ לד' אמות. כלומר שרוצה ליטלו חוץ לד' אמות מן השלחן ואי עביד קשה לרוח צרדא למאן דנקיט כסא בידיה: האי דכנשי נשוורא. כלומר האי דמיכנשי פירורין מתחת השלחן: משום מנקרותא. כלומר שרוצה לנקר ביתו: א"ל מר. זהו רבה: הוה קא אכיל נהמא (איכלא) [איבלי]. כלומר ביני עשבים: אפקוה לההוא גברא מביתיה. כלומר לעניות: חופיא. אשקומא בלע"ז: לכרסם. קדרן בלע"ז מי שאינו יכול להוציא ניעו זהו קדרן בלע"ז: מנפחביה קשי לרישא. כלומר לחולי של ראש: מדחיה קשי לעניותא. כלומר מדחהו בידו קשי לעניותא: שיכרא מעבר ליה. כלומר לישתי שיכרא אחריו וירפא: דשיכרא מים. כלומר מאן דשתי אופיא משיכרא לישתי מיא בתריה וירפא: דמים לית ליה תקנתא: [בתר עניא]. דעני אורחיה למישתי מיא: מכישא דאסר גינאה. כלומר מאותו קישור שקשר בעל הגינה למכור: אמרה מלתא אסרה לארבא. כלומר אמרה מלתא דכשפים: לא קטיל לכו כינה. על בגד שלך: תותי מרזבא. צינור: משום שופכין. כלומר ששופך הצינור מים עליו: הנהו שקולאי. בני אדם שנושאין משואות: בעי לאיתפוחי תותי מרזבא. [את הוא דשנית]. כלומר אתה עשית שינוי דבמקום רבים חזקתה: האי דשדי מיא מפומא דחצבא. כלומר כשאדם רוצה לשתות ושופך מעט מים תחלה קודם שישתה: משום ציבוואתא. כלומר כשראיתי ששופכין מים בתחלה אמרתי משום צבי דאית ביה במיא עושין כן: משום דאיכא מים הרעים. כלומר דשרי עלייהו רוח רעה: מים

חַזְנְהוּ דְּקָא שָׁדוּ מַיָּא מִפּוּמָא דְּחַצְבָא, אֲמַר: אִי הֲוָה יָדַעְנָא דִּרְגִילִיתוּ לְמֶיעְבַּד הָכִי – לָא אִיעַכְבִי. א) *כִּי אֲתָא רַב דִּימִי אֲמַר: מַיִם הָרִאשׁוֹנִים – הֶאֱכִילוּ בְּשַׂר חֲזִיר, אַחֲרוֹנִים – הוֹצִיאוּ אֶת הָאִשָּׁה מִבַּעְלָהּ. כִּי אֲתָא רָבִין אֲמַר: רִאשׁוֹנִים – הֶאֱכִילוּ בְּשַׂר נְבֵלָה, אַחֲרוֹנִים – הָרְגוּ אֶת הַנֶּפֶשׁ. אָמַר רַב נַחְמָן בַּר יִצְחָק, וְסִימָנֵיךְ: אֲתָא רַב דִּימִי – אַפְקָהּ, אֲתָא רָבִין – קְטָלָהּ. ר' אַבָּא *מַתְנֵי חֲדָא מֵהָנֵי וַחֲדָא מֵהָנֵי לְחוּמְרָא. אִיתְּמַר, חַמֵּי הָאוּר. חִזְקִיָּה אָמַר: אֵין נוֹטְלִים מֵהֶן לַיָּדַיִם, וְרַבִּי יוֹחָנָן אָמַר: אנוֹטְלִין מֵהֶם לַיָּדַיִם. אָמַר רַבִּי יוֹחָנָן: שָׁאַלְתִּי אֶת רַבָּן גַּמְלִיאֵל בְּנוֹ שֶׁל רַבִּי, וְאוֹכֵל טְהָרוֹת, וְאָמַר לִי: כָּל גְּדוֹלֵי גָלִיל עוֹשִׂין כֵּן. חַמֵּי טְבֶרְיָא, חִזְקִיָּה אָמַר: באֵין נוֹטְלִין מֵהֶם לַיָּדַיִם, אֲבָל מַטְבִּילִין בָּהֶם הַיָּדַיִם. וְרַבִּי יוֹחָנָן אָמַר: כָּל גּוּפוֹ טוֹבֵל בָּהֶן, אֲבָל לֹא פָּנָיו יָדָיו וְרַגְלָיו. הַשְׁתָּא כָּל גּוּפוֹ טוֹבֵל בָּהֶם, פָּנָיו יָדָיו וְרַגְלָיו לֹא כ"שׁ?! אָמַר רַב פַּפָּא: בִּמְקוֹמָן – דְּכוּלֵּי עָלְמָא לָא פְּלִיגִי דְּשָׁרֵי. מִשְׁקַל מִינַּיְיהוּ בְּמָנָא – דְּכ"ע לָא פְּלִיגִי דַּאֲסִיר. כִּי פְּלִיגִי – דְּפַסְקִינְהוּ בְּבַת בִּירְתָא, מָר סָבַר: גָּזְרִינַן בַּת בִּירְתָא אַטּוּ מָנָא וּמָר סָבַר: לָא גָּזְרִינַן. כְּתַנָּאֵי: *גמַיִם שֶׁנִּפְסְלוּ מִשְּׁתִיַּית בְּהֵמָה, בְּכֵלִים – פְּסוּלִים, בַּקַּרְקַע – כְּשֵׁרִין. רַבִּי שִׁמְעוֹן בֶּן אֶלְעָזָר אוֹמֵר: אַף בַּקַּרְקַע, טוֹבֵל בָּהֶן כָּל גּוּפוֹ, אֲבָל לֹא פָּנָיו יָדָיו וְרַגְלָיו. הַשְׁתָּא כָּל גּוּפוֹ טוֹבֵל בָּהֶן, (א) יָדָיו וְרַגְלָיו לֹא כ"שׁ? אֶלָּא לָאו דְּפַסְקִינְהוּ בְּבַת בִּירְתָא, וּבְהָא פְּלִיגִי: דְּמָר סָבַר – גָּזְרִינַן בַּת בִּירְתָא אַטּוּ מָנָא, וּמָר סָבַר – לָא גָּזְרִינַן. אָמַר רַב אִידִי בַּר אָבִין, אָמַר רַב יִצְחָק בַּר אַשְׁיָאן: נְטִילַת יָדַיִם לְחוּלִּין מִפְּנֵי סְרַךְ תְּרוּמָה, וְעוֹד מִשּׁוּם מִצְוָה. מַאי "מִצְוָה"? אָמַר אַבַּיֵי: *מִצְוָה לִשְׁמוֹעַ דִּבְרֵי חֲכָמִים. רָבָא אָמַר: מִצְוָה לִשְׁמוֹעַ דִּבְרֵי ר"א בֶּן עֲרָךְ, דִּכְתִיב: °"וְכֹל אֲשֶׁר יִגַּע בּוֹ הַזָּב וְיָדָיו לֹא שָׁטַף בַּמָּיִם" – אָמַר ר"א בֶּן עֲרָךְ: מִכָּאן סָמְכוּ חֲכָמִים לִנְטִילַת יָדַיִם מִן הַתּוֹרָה. אֲמַר לֵיהּ רָבָא לְרַב נַחְמָן: מַאי מַשְׁמַע – דִּכְתִיב: "וְיָדָיו לֹא שָׁטַף בַּמָּיִם" – הָא שָׁטַף טָהוֹר? הָא טְבִילָה בָּעֵי! אֶלָּא הָכִי קָאָמַר: וְאַחֵר שֶׁלֹּא שָׁטַף – טָמֵא. אָמַר ר' אֶלְעָזָר, אָמַר רַבִּי אוֹשַׁעְיָא: לֹא אָמְרוּ נְטִילַת יָדַיִם לְפֵירוֹת אֶלָּא מִשּׁוּם נְקִיּוּת. סְבוּר מִינַּהּ: חוֹבָה הוּא דְּלֵיכָּא, הָא מִצְוָה אִיכָּא. אָמַר לְהוּ רָבָא: לֹא חוֹבָה וְלֹא מִצְוָה אֶלָּא רְשׁוּת. וּפְלִיגָא דְּרַב נַחְמָן, *דְּאָמַר רַב נַחְמָן: דהַנּוֹטֵל יָדָיו לְפֵירוֹת – אֵינוֹ אֶלָּא מִגַּסֵּי הָרוּחַ. אָמַר רַבָּה בַּר בַּר חָנָה: הֲוָה קָאֵימְנָא קַמֵּיהּ דְּרַבִּי אַמִּי וְרַבִּי אַסִּי, אַיְיתוּ לְקַמַּיְיהוּ כַּלְכָּלָה דְּפֵירֵי, וְאָכְלוּ וְלָא מְשׁוּ יְדַיְיהוּ, וְלָא יָהֲבוּ לִי מִידֵּי, וּבְרִיךְ חַד חַד לְחוּדֵיהּ. שְׁמַע מִינַּהּ תְּלָת: שְׁמַע מִינַּהּ, אֵין נְטִילַת יָדַיִם לְפֵירוֹת. וש"מ, האֵין מְזַמְּנִין עַל הַפֵּירוֹת. וּשְׁמַע מִינַּהּ, ושְׁנַיִם שֶׁאָכְלוּ – מִצְוָה לֵיחָלֵק. *תַּנְיָא נַמִּי הָכִי: שְׁנַיִם שֶׁאָכְלוּ – מִצְוָה לֵיחָלֵק. זבַּמֶּה דְּבָרִים אֲמוּרִים – שֶׁהָיוּ שְׁנֵיהֶם סוֹפְרִים, אֲבָל אֶחָד סוֹפֵר וְאֶחָד בּוּר – סוֹפֵר מְבָרֵךְ וּבוּר יוֹצֵא. תָּנוּ רַבָּנַן: חנְטִילַת יָדַיִם לְחוּלִּין – עַד הַפֶּרֶק, טלִתְרוּמָה –
עַד

רש"י

הֶאֱכִילוּ בְּשַׂר חֲזִיר. שֶׁהָיָה חֶנְוָנִי יִשְׂרָאֵל מוֹכֵר בְּשַׂר שְׁחוּטָה לְיִשְׂרָאֵל, וּמְבַשֵּׁל וּמַאֲכִילָם. וּכְשֶׁהַגּוֹי בָּא בַּחֲנוּתוֹ – מַאֲכִילוֹ נְבֵלוֹת. וּבָא יְהוּדִי אֶחָד לֶאֱכוֹל, וְלֹא נָטַל יָדָיו, וּכְסָבוּר זֶה שֶׁגּוֹי הוּא, וְהֶאֱכִילוֹ בְּשַׂר חֲזִיר. הוֹצִיאוּ אִשָּׁה מִבַּעְלָהּ וְהָרְגוּ אֶת הַנֶּפֶשׁ. בְּפֶרֶק בַּתְרָא דְּיוֹמָא בְּעוּבְדָא דְּכִידּוֹר אִיכָּא לְמ"ד קְטָלָהּ, וְאִיכָּא לְמ"ד לָא קְטָלָהּ אֶלָּא אַפְקָהּ. וְסִימָנֵיךְ. שֶׁלֹּא תִּטְעֶה מִי מֵהֶם אָמַר "הוֹצִיאוּ", וּמִי מֵהֶם אָמַר "הָרְגוּ". אֲתָא רַב דִּימִי אֲמַר אַפְקָהּ אֲתָא רָבִין אֲמַר קְטָלָהּ. הָרִאשׁוֹן הוֹצִיאָהּ, וְהַשֵּׁנִי הֲרָגָהּ. אֱחוֹז הַסִּימָן כְּאִילּוּ שְׁנֵיהֶם נַעֲשׂוּ בָּהּ, גֵּירוּשִׁין וַהֲרִיגָה, וְשׁוּב לֹא תִּטְעֶה. דְּוַדַּאי אֵין לְהַחֲלִיף וְלוֹמַר הָרִאשׁוֹן הֲרָגָהּ, וְהַשֵּׁנִי הוֹצִיאָהּ. וְהֵם הָיוּ יוֹדְעִין דְּרַב דִּימִי אָתָא מֵאֶרֶץ יִשְׂרָאֵל מִקַּמֵּי רָבִין. חֲדָא מֵהָנֵי כו' לְחוּמְרָא. רִאשׁוֹנִים – בְּשַׂר חֲזִיר, כְּרַב דִּימִי. אַחֲרוֹנִים הָרְגוּ, כְּרָבִין. בְּשַׂר חֲזִיר חָמוּר מִנְּבֵלָה, דְּאִית בֵּיהּ תְּרֵי אִיסּוּרֵי. אֵין נוֹטְלִין מֵהֶם. מַיִם הָרִאשׁוֹנִים. וּפָלֵיג אַדִּלְעֵיל, וְחִזְקִיָּה תַּנָּא הוּא. רַבָּן גַּמְלִיאֵל בְּרַבִּי. בְּנוֹ שֶׁל רַבִּי, וְאוֹכֵל טְהָרוֹת הָיָה. חַמֵּי טְבֶרְיָא חִזְקִיָּה אָמַר אֵין נוֹטְלִין מֵהֶם לַיָּדַיִם אֲבָל מַטְבִּילִין בָּהֶן הַיָּדַיִם. אִי אִיכָּא מ' סְאָה. כָּל גּוּפוֹ טוֹבֵל בָּהֶן. אִם נִטְמָא, רְאוּיוֹת הֵן לִטְבִילַת כָּל גּוּפוֹ. אֲבָל לֹא פָּנָיו יָדָיו וְרַגְלָיו. אִם טָבַל בָּהֶם פָּנָיו יָדָיו וְרַגְלָיו – אֵין טְבִילָה עוֹלָה לַיָּדַיִם וְלַאֲכִילָה. הַשְׁתָּא כָּל גּוּפוֹ כו'. הֲלֹא אַף טְבִילָה עוֹלָה לַיָּדַיִם יוֹתֵר מִן הַנְּטִילָה, כִּדְאָמְרִינַן בַּחֲגִיגָה (דף יח:): נוֹטְלִין לַיָּדַיִם לְחוּלִּין וּלְמַעֲשֵׂר, וְלַקֹּדֶשׁ – מַטְבִּילִין. אַלְמָא, טְבִילַת יָדַיִם עֲדִיפָא, וּלְכָל גּוּפוֹ חֲזוּ לִטְבִילָה – לְיָדָיו לֹא כָּל שֶׁכֵּן! בִּמְקוֹמָן. בְּחִיבּוּרָן, אִם בָּא לְהַטְבִּיל יָדָיו בָּהֶן. דְּכ"ע שַׁפִּיר דָּמֵי. דְּשֵׁם טְבִילָה עֲלֵיהֶם, כְּכָל מַעְיָינוֹת וּמִקְוָואוֹת. מִשְׁקַל מִינַּיְיהוּ בְּמָנָא. לִשְׁפּוֹךְ עַל יָדָיו, כְּדִין הַנְּטִילָה. דְּכ"ע אָסוּר. דְּכִי תַּקּוּן רַבָּנַן נְטִילָה – לָאו בְּחַמִּין תַּקּוּן, וְהָנֵי גְּרִיעִי מֵחַמֵּי הָאוּר, שֶׁלֹּא הָיְתָה לָהֶן שְׁעַת הַכּוֹשֶׁר. דְּאַפְסְקִינְהוּ בְּבַת בִּירְתָא. חָרִיץ קָטָן, וְהַמַּיִם פּוֹנִים שָׁם, וְאֵין שָׁם שִׁיעוּר מִקְוֶה, אֲבָל מְחוּבָּרִין לַמִּקְוֶה, דִּגְזֵירָה בְּעָלְמָא הוּא אַטּוּ מָנָא. שֶׁנִּפְסְלוּ מִשְּׁתִיַּית בְּהֵמָה. כְּגוֹן סְרוּחִין אוֹ חַמֵּי טְבֶרְיָא. בַּקַּרְקַע כְּשֵׁרִין. לְהַטְבִּיל יָדָיו, דְּהָא מִקְוֶה נִינְהוּ. אֲבָל נְטִילָה לֹא תִּקְנוּ רַבָּנַן אֶלָּא בִּרְאוּיִן לִשְׁתִיַּית בְּהֵמָה. אֲבָל לֹא פָּנָיו יָדָיו וְרַגְלָיו. אֲפִילּוּ דֶּרֶךְ טְבִילָה, "פָּנָיו וְרַגְלָיו" – מִשּׁוּם "יָדָיו" נָקַט לְהוּ, וְאוֹרְחָא בְּעָלְמָא נָקַט. נט"י לְחוּלִּין מִפְּנֵי סְרַךְ תְּרוּמָה. הוּצְרְכָה. שֶׁהַיָּדַיִם שְׁנִיּוֹת, וּפוֹסְלוֹת אֶת הַתְּרוּמָה. אֲבָל חוּלִּין לֹא מְהַנֵּי בְּהוּ שֵׁנִי, וּמִפְּנֵי סְרַךְ תְּרוּמָה שֶׁיִּרְגִּילוּ אוֹכְלֵי תְרוּמָה לִיטּוֹל יְדֵיהֶם *הַנּוֹהֶגֶת בְּחוּלִּין א]. מִצְוָה לִשְׁמוֹעַ דִּבְרֵי חֲכָמִים. שֶׁתִּקְּנוּהָ. רָבָא אָמַר. דְּאוֹרַיְיתָא הִיא מִצְוָה, כְּרַבִּי אֶלְעָזָר בֶּן עֲרָךְ. מִכָּאן סָמְכוּ. כִּדְמְפָרֵשׁ וְאָזֵיל. הָא שָׁטַף. בַּמַּיִם אֶת יָדָיו – טָהוֹר מִנְּגִיעָתוֹ בְּזָב, בִּתְמִיָּה? אֶלָּא ה"ק. הַנּוֹגֵעַ בְּזָב, וּמִי שֶׁאֵינוֹ שׁוֹטֵף אֶת יָדָיו שְׁנֵיהֶם טְמֵאִין, וְאַסְמַכְתָּא בְּעָלְמָא הִיא. וּפְלִיגָא דְּרַב נַחְמָן דְּאָמַר גַּסּוּת הוּא. וְאָסוּר לִנְהוֹג עַצְמוֹ בְּגַסּוּת רוּחַ, וְלָאו רְשׁוּת הִיא. וְלָא יָהֲבוּ לִי מִידֵּי. שֶׁלֹּא חָשׁוּ לְצָרְפֵנִי עִמָּהֶם לְזִימּוּן, דִּקְסָבְרֵי: אֵין מְזַמְּנִין עַל הַפֵּירוֹת, לוֹמַר "נְבָרֵךְ". וש"מ. מִדְּבָרְכוּ כָּל חַד וְחַד לְחוּדֵיהּ לַאֲחֲרֵיהֶם, וְלֹא יָצָא הָאֶחָד בְּבִרְכַּת חֲבֵירוֹ – שְׁמַע מִינַּהּ: בִּשְׁנַיִם מִצְוָה לֵיחָלֵק, הוֹאִיל וְאֵין כָּאן שְׁלֹשָׁה.

תוספות

חזנהו דהוו שדו מיא מפומא דחצבא. והא דאיעכב ולא עשה בעצמו כן, או שלא הודיעם – לפי שהיה ירא שיקפידו עליו שאר השדים, אם היה מודיע. אי נמי: אין מועיל אא"כ שדי להו ההוא גברא גופיה דשמי. **חמי** האור חזקיה אמר אין נוטלין מהם לידים. והא דתניא לעיל (דף קה.): מים ראשונים נוטלין בין בחמין בין בצונן – מוקי (ב) חזקיה כלישנא קמא דר' ינאי דלעיל, כשאין היד סולדת, וכאן איירי כשהיד סולדת בהן. ורבי יוחנן דשרי הכא בלשון בתרא – דמוקי לה אע"פ שהיד סולדת מותר. ובחנם פירש בקונטרס דחזקיה תנא הוא, ופליג אברייתא דלעיל. **דפסקינהו** בבת בירתא. והא דאמרינן בפרק "ג' מינין" (נזיר לח.) דרביעית דמקוה בטלי בטלוה – היינו, לענין מחטין וצינורות, אבל שרי להטביל בהן ידיו. א"נ: לגמרי בטלוה אף לידים, והכא במחוברין למקוה. וכן פירש בקונטרס. **מים** שנפסלו משתיית בהמה בכלים פסולין בקרקע כשרין. בפ"ג דזבחים (דף כב.) אמרינן: כל המשלים למי מקוה – משלים למי (ג) באר, ולרביעית אינו משלים. למעוטי מאי? אילימא למעוטי טיט הנרוק – היכי דמי: אי דפרה שוחה ושותה ממנו – אפילו לרביעית נמי משלים. פירש שם בקונטרס: וכשרים הן לידים, כדאמר בפרק "כל הבשר": מים שנפסלו משתיית בהמה, בין בכלים בין בקרקע – פסולין. הא לא נפסלו – כשרין. ואגב ריהטא לא עיין *כן. ואם תאמר: דהתם קאמר, ואי דאין פרה שוחה ושותה ממנו – אפילו למקוה נמי לא, והכא משמע דלכ"ע טובל בהן כל גופו? ונראה לפרש: דהתם מיירי שנפסלו משתיית בהמה, מחמת שהטיט עב כל כך שאינה יכולה לשתות, דאז אין שם מים עליו. אבל הכא איירי בצלולין הרבה, אלא דמאיס ומסרחי, ומחמת כך אין הפרה יכולה לשתות*. **מצוה** לשמוע דברי חכמים. וא"ת: והלא משום סרך תרומה תקנוה, וא"כ מאי "ועוד"? וי"ל: דתקנו משום נקיות. **מצוה** לשמוע דברי רבי אלעזר בן ערך. פירוש: דאסמיך ליה קרא, דלאו דרשה גמורה, (ד) דעיקר קרא אתא לכדדרשינן בנדה (דף מג.): מה ידיו מאברים. **ושמע** מינה שנים שאכלו מצוה ליחלק. תימה לר"י: מנא ליה דמצוה ליחלק, דילמא רשות, כמ"ד בריש פ' "שלשה שאכלו" (ברכות מה.) דאם רצו לזמן מזמנין. דפלוגתא היא דרב ורבי יוחנן! ועוד קשה: דהתם לא פליגי אלא בפת, שיש עליו תורת זמון בג'. אבל פירות, דאין מזמנין עליהן כלל, כדאמר ש"מ דאין מזמנין על הפירו', פשיטא דמצו' ליחלק

עין משפט נר מצוה

כו א מיי' פ"ו מהלכות ברכות הלכה טז וע"ש סמג עשין כז טוש"ע א"ח סי' קס סעיף ו [וברב אלפס בברכות פ"ח דף מג:]

כז ב מיי' שם הלכה ט וע"ש טוש"ע שם סעיף ז [וברב אלפס שם]:

כח ג מיי' שם טוש"ע שם סעיף ט:

כט ד מיי' שם הלכה ג וע"ש סמג שם טוש"ע א"ח סי' קנח סעיף ה:

ל ה טוש"ע א"ח סי' ריג סעיף א:

לא ו ז מיי' פ"ה מהל' ברכות הלכה טו סמג עשין כז טוש"ע א"ח סי' קצג סעיף א [וברב אלפס שם מה.]:

לב ח מיי' פ"ו מהלכות ברכות הלכה ד סמג עשין כז טור ש"ע א"ח סי' קסא סעיף ד:

לג ט מיי' פי"א מהלכות תרומות הלכה ז ופי"א מהלכות מקוואות הלכה יח:

שיטה מקובצת

א] מצוה לשמוע דברי חכמים שתקנוה. נ"ב כאן רמוז מה שתירץ הרשב"א ז"ל בקושיא שיש כאן ע"ש.

הגהות הב"ח

(א) גמ' השתא כל גופו טובל בהן פניו ידיו: (ב) תוס' ד"ה חמי וכו' מוקי לה חזקיה וכו' ורבי יוחנן: (ג) ד"ה מים וכו' למי מקוה משלים למי כיור ולרביעית: (ד) ד"ה מצוה וכו' גמורה היא לעיקר:

גליון הש"ס

גמ' האכילו בשר חזיר. עיין ב"י יו"ד סי' קיז:

מסורת הש"ס

יומא פג: [וע"ש דאיתא והיינו דתקן כו' וצריך תיקון שם]

[וזה כהיינו דתקן כו' דאיתא ביומא הנ"ל ואפשר דהך ר' אבא גופו תני להך דאיתא מים ראשונים כו' הנזכר ביומא הנ"ל וע' כתובות פא. והתניא ר' אבא כו' ולפ"ז צ"ל ביומא הנ"ל והיינו דתניא]

[תוס' ידיים פ"א מ"ב]

[יבמות כ. וכם נסמן]

ויקרא טו

חגיגה יח:

ברכות מה:

ברכות מה.

[נ"ל כאן]

[וע"ע תוס' סוכה יט: ד"ה טיט ותוס' זבחים כב. ד"ה למעוטי]

הגהות מהר"ב רנשבורג

א] גמ' כי אתא רב דימי אמר מים הראשונים. נ"ב עיין ב"י ... [טקסט חלקי]

רבינו גרשום

מים ראשונים האכילו בשר חזיר. א) כלומר ההוא דישב לשלחן כי לא נטל ידיו וכסבור דעובד כוכבים הוה והביאו לפניו בשר חזיר: אחרונים הוציאו אשה מבעלה. דההוא דאפקיד כסא לאינתתיה אבל עדשים ובדלא נטל ידיו מים אחרונים והיה רשע אחד שראה כשנתן הבעל הכיס לאשתו ובא לאשה ואמר לה תני לי הכיס שנתן ליך בעליך א"ל תן לי סימן נתן לה שאכל עדשים וכשבא לביתו וסיפרה לו הדברים וגירשה. מהני וחד מהני לחומרא. כלומר מים הראשונים האכילו בשר חזיר אחרונים הוא הנפש כלומר לא כביריא ליה דגירשה אלא קטלה: חמי האור חזקיה אמר אין נוטלין מהם לידים. כלומר מים ראשונים: פסקינהו במנא.

כלומר דנטל מהם בכלי: דפסקינהו בבת בירתא כלומר שהיו עושין בצידי הנהר כמו צינורות שהולכות לשדות ומשקין מהם שדותיו דלא היו המים במקום רביתא דנהרא אלא בצינורות דהיא בת בירתא ובאותו מקום פליגי אם יכול אדם ליטול ידיו אם לאו: מים שנפסלו משתיית בהמה. כלומר שלא היו נקיים בכלים פסולים ליטול מהם ידיו בקרקע כשרים: טובל בהם כל גופו אבל לא ידיו ורגליו לענין קידוש ידיו ורגליו לעבוד עבודה: מר סבר גזרינן כלומר דר' שמעון בן אלעזר סבר אבל לא ידיו ורגליו דגזרינן אטו מנא ות"ק סבר בקרקע כשרים אפי' בבר בירתא דלא גזרינן אטו מנא (אלא) משום סרך תרומה כלומר שאם אכלו חולין בלא נטילת ידים היו מסרכין כן לתרומה והיו אוכלין אפי' תרומה בלא נטילת ידים: הא אחר שלא שטף ידיו טמא כלומר אפי' טהור שלא שטף ידיו טמא לאכול אפי' חולין. ופליגא דרב נחמן כלומר מה דאמרינן רשות הוא ליטול ידיו לפירות

א) נ"ל דהוא ישב על השולחן לאכול ולא נטל ידיו וכו'.

עין משפט נר מצוה

לד א מיי' פ"א מהל' מקוואות הלכה ב טוש"ע או"ח סי' קסא סעיף א:

לה ב מיי' פ"ה מהל' ביאת מקדש הלכה טז:

לו ג מיי' פ"ו מהלכות ברכות הלכה יז סמג עשין כז טוש"ע או"ח סי' קסד סעיף א:

עַד הַפֶּרֶק, *קִידּוּשׁ יָדַיִם וְרַגְלַיִם בַּמִּקְדָּשׁ – עַד הַפֶּרֶק, אוְכָל דָּבָר שֶׁחוֹצֵץ בִּטְבִילָה בַּגּוּף – חוֹצֵץ בִּנְטִילַת יָדַיִם לְחוּלִּין, בוּבְקִידּוּשׁ יָדַיִם וְרַגְלַיִם בַּמִּקְדָּשׁ. אָמַר רַב: עַד כָּאן – לְחוּלִּין, עַד כָּאן – לִתְרוּמָה. וּשְׁמוּאֵל אָמַר: עַד כָּאן – בֵּין לְחוּלִּין בֵּין לִתְרוּמָה, לְחוּמְרָא. וְרַב שֵׁשֶׁת אָמַר: עַד כָּאן – בֵּין לְחוּלִּין בֵּין לִתְרוּמָה, לְקוּלָּא. אֲמַר בַּר הֶדְיָא: הֲוָה קָאֵימְנָא קַמֵּיהּ דְּרַבִּי אַמֵּי, וַאֲמַר: עַד כָּאן – בֵּין לְחוּלִּין בֵּין לִתְרוּמָה, לְחוּמְרָא. וְלָא תֵּימָא: רַבִּי אַמֵּי – מִשּׁוּם דְּכֹהֵן הוּא, דְּהָא רַבִּי מְיָישָׁא בַּר בְּרֵיהּ דְּרַבִּי יְהוֹשֻׁעַ בֶּן לֵוִי – הוּא לֵיוָאֵי, וַאֲמַר: עַד כָּאן – בֵּין לְחוּלִּין בֵּין לִתְרוּמָה, לְחוּמְרָא. אָמַר רַב: גנוֹטֵל אָדָם אֶת שְׁתֵּי יָדָיו שַׁחֲרִית וּמַתְנֶה עֲלֵיהֶן כָּל הַיּוֹם כּוּלּוֹ. אֲמַר לְהוּ רַבִּי אֲבִינָא לִבְנֵי פַּקְתָא

*עַד הַפֶּרֶק. הַשֵּׁנִי שֶׁבְּאֶמְצַע אֶצְבָּעוֹת. דְּכֵיוָן דְּמִשּׁוּם סְרַךְ תְּרוּמָה בְּעָלְמָא הוּא, דַּיּוֹ אִם נָטַל בַּמֶּה שֶׁנּוֹגֵעַ בַּמַּאֲכָל. דְּהַיְינוּ, רָאשֵׁי אֶצְבָּעוֹת. לִתְרוּמָה עַד הַפֶּרֶק. פֶּרֶק הַשְּׁלִישִׁי, וְהוּא בְּגַב הַיָּד. קִידּוּשׁ יָדַיִם וְרַגְלַיִם. מִן הַכִּיּוֹר. עַד הַפֶּרֶק. הָעֶלְיוֹן, מְקוֹם חִבּוּר הַיָּד וְהַזְּרוֹעַ. עַד כָּאן לְחוּלִּין. מַרְאֶה הָיָה בְּיָדוֹ, כְּמוֹ שֶׁפֵּירַשְׁתִּי. וּשְׁמוּאֵל אָמַר. פֶּרֶק הַחוּלִּין וְהַתְּרוּמָה שָׁוִין, וּלְחוּמְרָא, בַּפֶּרֶק הַשְּׁלִישִׁי, וְהוּא שֶׁבְּגַב הַיָּד. מִשּׁוּם דְּכֹהֵן הוּא. וְרָגִיל בִּתְרוּמָה, לְפִיכָךְ הֶחְמִיר עַל עַצְמוֹ לְהַרְגִּיל אַף בְּחוּלִּין כֵּן, כְּדֵי שֶׁיְּהֵא רָגִיל בָּהּ. וּמַתְנֶה. לַאֲכִילָה, וּבִלְבָד שֶׁיִּזָּהֵר מִלְּטַנְּפָם וּמִלְּטַמְּאָם. פַּקְתָא

ליחלק! וי"ל: דה"ק, "ש"מ: אין מזמנין על הפירות" – פירוש: אין חובה לזמן על הפירות, אפילו כשהן שלשה, מדלא נתנו לו. ואין חילוק בפירות בין ג' לב'. ואכתי לא ידעינן אם יכול לזמן בשנים בפת, או בפירות אפילו בג', או אסור, כמ"ד: אם רצו לזמן – אין מזמנין. אלא מדבריך כל חד וחד לחודיה, שמע מינה: דמצוה ליחלק דאם איתא דמותר לזמן, לא היה מברך כל אחד לעצמו, אלא היה מברך אחד לחברו, ואומר "נברך שאכלנו משלו", כדי להוסיף שבח למקום. ואכתי לא ידעינן אלא שבשנים אסור לומר "נברך שאכלנו משלו". אבל בלא "נברך", שמא יכול אחד לברך ולפטור חברו. אבל מדתניא "שנים שישבו, מצוה ליחלק. בד"א כו' – אלמא דבשניהם יודעים לברך, חייבים שניהם לברך. וא"ת: ומ"ש ברכה דבסוף, דכל אחד מברך לעצמו, מברכה דבתחלה, דאחד מברך לכולן, כדמוכח ב"כילד מברכין" (ברכות דף לט.) גבי תלמידי (דרב) דהוו יתבי קמיה דבר קפרא. ואייתו קמייהו פרגיות, כרוב ודורמסקין, ונתן בר קפרא רשות לאחד מהן לברך. ובסוף "אלו דברים" (שם דף נג.) תניא: היו יושבים בבית המדרש, הביאו אור לפניהם – בית הלל אומרים: אחד מברך לכולן. ובפרק "כילד מברכין" (שם מג:) תנן גבי מוגמר: דאחד מברך לכולן! ויש לומר: דשאני ברכה לכתחלה, שכל אחד מרויח באותה ברכה, שע"י כן מותרין לאכול וליהנות, לפיכך מצטרפין לה. אבל בסוף, שכבר אכלו – לא מצטרפין. והא דאמרינן בפרק "כילד מברכין" (שם דף לז.): רבן גמליאל וזקנים שהיו מסובים בעליה ביריחו, והביאו לפניהם כותבות, ואכלום. ונתן ר"ג רשות לר' עקיבא לברך, וקפץ ובירך ברכה אחת מעין ג' – היינו, משום דר"ג לטעמיה דחשיב להו כפת. דקאמר התם: כל שהוא מז' המינים – רבן גמליאל אומר: ג' ברכות. ואע"ג דר' עקיבא כרבנן סבירא ליה, דאמרי: ברכה אחת מעין ג' – לא בשביל להוציא כולם ברך, אלא ברך לעצמו בקול רם, להודיע להם דהלכה כרבנן. ומה שאין אנו נוהגין עכשיו לברך בתחלה אחד לכולן, אלא בפת לחודיה, לפי שאין אנו קובעים עצמנו להסב על היין ועל הפירות. ואפילו גבי פת תנן ב"כילד מברכין" (שם דף מב.): היו יושבין – כל אחד מברך לעצמו, היסבו – אחד מברך לכולן. וגבי יין פליגי התם בגמרא (דף מג.) רב ור' יוחנן, דרב סבר: לא מהניא ליה היסבה, ואיכא דאמרי: לא בעיא היסבה. ור' יוחנן אמר: מהניא ליה היסבה. ומיהו צריך עיון: דפשט המשנה משמע דמיירי בברכה לכתחלה, ובגמרא משמע דמיירי בברכה דבסוף, גבי "תלמידי דרב דאמרי: ניכול לחמא אנהר דינק, בתר דכריכו יתבי וקא מבעיא להו: היסבו – אין, לא היסבו – לא. או דלמא כו'. משמע דלכ"ע דברכה לכתחלה הוה פשיטא להו דלא בעי היסבה, דלא נסתפקו אלא לברכת המזון לבתר דכריכו! ועוד: דאי בברכה לכתחלה פליגי רב ורבי יוחנן, לרב מ"ש יין ממוגמר ואור, דאחד מברך לכולן? וי"ל: משום דמוגמר ואור לא להם הנאה בבת אחת. אבל קשה: דהדיא תנן התם, בא להם יין לאחר המזון – אחד מברך לכולם. ואע"ג דאיכא למימר, דשאני התם דמגו דמהניא היסבה לפת, מהניא נמי ליין. דהכי נמי משני התם כי פריך ליה לרב מברייתא דאורחין, מ"מ הוה ליה לאקשויי טפי לרב ממתניתין, ולשנויי הכי! אלא להכי לא פריך ליה ממתניתין, דעל כרחך איירי בברכה דמתחלה, דומיא דיין שבתוך המזון. אבל ברייתא ע"כ איירי בברכה דבסוף, מדבעי היסבה. ולפי זה בברכה דלכתחלה – לא בעי לאקבועי דוכתא, לא בפת ולא בשאר דברים. ובברכה דבסוף – בעי לאקבועי דוכתא, בין בפת בין בשאר דברים, דהלכה כרבי יוחנן. ומיהו יש ליישב כולה מלתא בברכה דבתחלה. והא דפריך לרב מברייתא ולא ממתניתין – משום דמברייתא פריך לתרי לישני דרב. ומה שלא נסתפקו תלמידי דרב עד אחר המזון – לפי שבתחלה לא באו בבת אחת לאכול לחם אנהר דינק, אלא היו מתקבצין שם ליקבע מהם בבת אחת, וכל אחד שהיה מגיע שם היה יושב ואוכל, והיה מברך לעצמו. והא דמייתי שם ראיה ממתניתין, דמיירי בברכה לכתחלה, אע"ג דברכת המזון בשנים מצוה ליחלק, ודבתחלה אחד מברך לחבירו – מ"מ מייתי ראיה, דכי אמרי "ניזול וניכול נהמא בדוכתא פלוני" – כהיסבה דמיא, והוי קביעות. ובכל מקום שהאחד מברך לכולם, בין ברכה ראשונה בין ברכה אחרונה – אין מברך אחד לכולם עד דקביעי. **וכל** דבר שחוצץ בטבילה חוצץ בנטילת ידים לחולין. הקשה הרב ר' אברהם בן הרב ר' משה: דבתוספתא דמקוואות תניא בפרק ז', כל החוצץ בכלים – חוצץ בנדה ובגר בשעת טבילה, ובחולין – אין חוצצין. והכא קאמר דחוצצין! וי"ל: דהכא איירי לאכילה, כדמוכח כוליה שמעתא, והחמירו באכילה כמו בטבילה. והתם – בנגיעה, ואיירי אף בחולין שנעשו על טהרת תרומה, דלא החמירו. וצריך ליזהר בשעת נטילה מטיט ובצק שתחת הצפורן, דחוצצין בטבילה, כדתנן במסכת מקוואות (פ"ט, מ"ג), וכל דבר שחוצץ בטבילה צריך כמו כן ליזהר בנטילה לאכילה. אבל במיעוט שאינו מקפיד – אין לחוש, דבטבילה נמי אינו חוצץ, כדאמרינן בפ"ק דעירובין (דף ד:). **אמר** רב עד כאן לחולין ועד כאן לתרומה. כדקתני בברייתא: "לחולין עד הפרק, לתרומה עד הפרק" כו'. והיה מראה רב בידיו. ופירש בקונטרס: ד"עד הפרק" לחולין – הוא פרק ב' שבאמצע אצבעות, ולתרומה – עד הפרק שבגב היד, ובקדוש ידים – עד הפרק העליון מקום חבור היד והזרוע. ולא רצה לפרש בקונטרס ד"פרק" דחולין – הוא פרק ראשון שבראש האצבעות, לפי שאינו שוה בכל האצבעות, כמו באגודל. אבל פרק האמצעי – שוה בכולם. ושמואל אמר ד"פרק" דחולין ודתרומה שוין לחומרא, ולא פליג אברייתא, אלא משום דכהן הוא, ורגיל בתרומה, לכך החמיר על עצמו להרגיל אף בחולין. אבל לרב ששת קשה: דאמר "עד כאן, בין לחולין בין לתרומה, לקולא"! וי"ל: דרב ששת מפרש הברייתא בפרק הראשון שבראש אצבעות – לחולין, ושני – לתרומה, שהוא פרק אמצעי. ולא להקל על הברייתא קאמר, אלא אדרב ושמואל דאמרי ד"פרק" דתרומה הוא מקום חבור אצבעות ותפיסת היד. ור"ת פירש: "ע"כ לחולין" – פרק ראשון, כמו *שפירש רב ששת. ולפירוש זה קשה ברייתא לרב ששת: דלפירושו צריך לומר דלרב ששת דחולין ותרומה – בפרק ראשון, לקולא! ומיהו יש לדחות: ד"לשמואל לחומרא" – היינו פרק שבגב היד, כמו קדוש ידים. ובא רב ששת להקל משמואל. אבל אין לפרש כמו שפירש הרב ר' אברהם: דחולין – עד פרק שלישי דאצבעות, ולתרומה – כל פיסת היד, פירוש: עד הקנה. ולקדוש ידים – עד העצילה שקורין קוד"א בלע"ז. והביא ראיה מספר הזהיר, שכתוב שם: אמר שמואל, לחולין כל היד. ואי אפשר לומר כן – מדתניא בפרק "האומר משקלי עלי" (ערכין יט:): משקל ידי ומשקל רגלי עלי – ר' יהודה אומר: ממלא אדם חבית, ומכניס ידו עד העציל. וברגל, עד הארכובה. ופריך: וביד עד העציל? ורמינהו: קדוש ידים ורגלים במקדש עד הפרק! ומשני: דאורייתא – עד הפרק, בנדרים – הלך אחר לשון בני אדם. אלמא, אין קדוש ידים עד העציל. ומיהו יתכן פירושו, לפי מה שמפרש שם ד"עציל" היינו אישיל"א, והוא בית השחי, מקום חבור הזרוע והכתף. וכן פירש בקונטרס בפרק "הזרוע" (לקמן קלד:). אבל קשה לר"ת: דאמר בזבחים (דף יח:), "ולא יחגרו ביזע" – אין חוגרין במקום שמזיעין, לא למטה ממתניהם, ולא למעלה מאציליהם, אלא כנגד אצילי ידיהם. והיינו, כנגד קוד"א, ששם דרך לחגור. דאי במקום שחי – אדרבה, הוא מקום זיעה יותר! ועוד: דמה שייך לומר "ולא למעלה", דלמעלה הוי צואר, ואיך יחגרו שם? ועוד: דבערכין (דף יט:) קאמר: ביד – עד העציל, וברגל – עד הארכובה. משמע, דעציל באמצע היד, כמו הארכובה באמצע הרגל! ועוד: דבאהלות (פ"א מ"ח) כשמונה רמ"ח אברים, קתני ל' בפיסת היד, ששה בכל אצבע, שנים בקנה ושנים במרפק, אחד בזרוע וארבעה בכתף. משמע, דמרפק הוא קוד"א, שכן הוא הסדר. ומרפק ועציל, הכל אחד. דהא בערכין (דף יט.) קתני ר' יהודה במתניתין דהתם: מכניס ידו עד מרפקו, ותרגום "כל אצילי ידים" דיחזקאל (יג): כל מרפוקי ידיא. ואין לפרש: דקידוש ידים הוא עד בית השחי, דהיינו עד הכתף – דהא פריך בערכין: ודאורייתא עד הפרק? והא גבי תפילין כתיב "ידך", ותני דבי מנשה: "ידך" – זו קיבורת! ומשני: דאורייתא – קיבורת כו', קידוש ידים ורגלים – הלכתא גמירי לה משמע, ד"פרק" דקידוש ידים ורגלים אין מגיע עד קיבורת. ו"קיבורת" מפרש רבינו תם: קבוצת בשר שבזרוע, כמו (ב"ב דף ה.) "קיבורא דאהינא", שהוא לשון קבוצת תמרים*. **נוטל** אדם ידיו שחרית ומתנה עליהן כל היום. תימה: דאמרינן ב"ערבי פסחים" (דף קו:), הנוטל ידיו – לא יקדש, משום דקידוש מפסיק בין נטילת ידים לסעודה. ואמר בפרק "אלו דברים" (ברכות נב:): ב"ה אומרים: מוזגין כוס ואח"כ נוטלין, משום דתיכף לנטילת ידים סעודה. והשתא הא מועיל תנאי אפילו כל היום! ואומר ר"ת: דהני מילי כשמתנה שחרית. ועוד י"ל: דאע"ג דמועיל תנאי לרב אף שלא בשעת הדחק, היינו, אם אין מים בסמוך לו. אי נמי: יש לו, וצריך לדברים אחרים. האי

רבינו גרשום

לפירות (זו היא) פליגא דרב נחמן דאמר רב נחמן כו' כלומר דאפי' רוצה ליטול ידיו לא שבקינן ליה: לחולין עד לפרק. עד פרק העליון של אצבעות: לתרומה עד פרק שני. לקדוש ידים ורגלים במקדש עד לפרק שלישי: עד כאן לחולין כלומר עד פרק ראשון לחולין עד פרק שני לתרומה: א) ושמואל דאמר ע"כ בין לחולין ובין לתרומה לקולא. כלומר עד פרק ראשון: לחומרא. עד פרק שלישי: לבני

א) לכאורה נ"ל ורב ששת דאמר וכו' ולמאי אפשר דרבינו היה גורס כדברי שמואל בין לתרומה בין לקולא.

מסורת הש"ס

שייך לעיל

[ערכין יט. תוספתא דידים פ"ב]

[דף מג:]

נ"ל שפירשו לרב ששת. מהר"ס

[וע"ע תוס' שבת לג. ד"ה במרפקו וכו']

פקתא דערבות: כגון אתון, דלא שכיחי לכו מיא, משום דידיכו מצפרא ואתנו עלייהו לכולא יומא. איכא דאמרי: בשעת הדחק – אין, שלא בשעת הדחק – לא, ופליגא – דרב. ואיכא דאמרי: אפילו שלא בשעת הדחק נמי, והיינו דרב. אמר רב פפא: האי אריתא דדלאי – אין נוטלין ממנו לידים, דלא אתו מכח גברא. ואי מיקרב לגבי דוולא, דקאתו מכח גברא – נוטלין ממנו לידים. ואי בזיע דוולא בכונס משקה, מילף לייפי – ומטביל בה את הידים. ואמר רבא: כלי שניקב בכונס משקה – אין נוטלין ממנו לידים. ואמר רבא: כלי שאין בו רביעית – אין נוטלין ממנו לידים. איני, והאמר רבא: כלי שאין מחזיק רביעית – אין נוטלין ממנו לידים. הא מחזיק – אע"ג דלית ביה! לא קשיא, הא – לחד, הא – לתרי. דתניא: מי רביעית נוטלין לידים לאחד, ואפילו לשנים. אמר ליה רב ששת לאמימר: קפדיתו אמנא? א"ל: אין. אאחוותא? א"ל: אין. אשיעורא? אמר ליה: אין. איכא דאמרי, הכי אמר ליה: אמנא ואחוותא – קפדינן, אשיעורא – לא קפדינן. דתניא: מי רביעית נוטלין לידים לאחד, ואפי' לשנים. ולא היא, שאני התם – משום דקאתו משירי טהרה. אתקין רב יעקב מנהר פקוד נטלא בת רביעתא. אתקין רב אשי בהוצל כוזא בת רביעתא. ואמר רבא: מגופת חבית שתקנה – נוטלין ממנה לידים. תניא נמי הכי: מגופת חבית שתקנה – נוטלין ממנה לידים. חמת וכפישה שתקנן – נוטלין מהם לידים. שק וקופה, אע"פ שמקבלים – אין נוטלין מהם לידים. איבעיא להו: מהו לאכול במפה? מי חיישינן דלמא נגע, או לא? ת"ש: כשנתנו לו לרבי צדוק אוכל פחות מכביצה – נוטלו במפה, ואוכלו חוץ לסוכה, ואין מברך אחריו. מאי לאו, הא כביצה – בעי נטילת ידים! דלמא – הא כביצה בעי סוכה ובעי ברכה. תא שמע, דשמואל אשכחיה לרב דקאכיל במפה, אמר ליה:

עבדין

רש"י

פקתא דערבות. בקעה של אותה מדינה, ואין מים מצוין לשם*. ופליגא דרב. דשרי אפי' בלא דחק. האי אריתא דדלאי. ציגור ששופכין לו מים מן הבור בדלי, והוא מוליך מים לשדות. אין נוטלין ממנו לידים. דלאו מכח גברא אתו, וכבר עבר כח השופך, והן מקלחין מאליהם, ואין כאן לא נטילה ולא טבילה. נטילה – דלאו מכח גברא קאתו, טבילה – דאינו ליתא, שאין כאן שעור מקוה. ואי מיקרב גבי דולא. כשהדולה שופך, וזה נותן ידיו סמוך למקום השפיכה, והמים מקלחין מכח השפיכה לתוך ידיו – שפיר דמי. ואי בזיע דולא בכונס משקה. כשהנקב מכניס משקה, גדול הוא קצת, וקילוח היוצא ממנו נראה, והשופך דרך פיו לציגור, והנקב מקלח מאחוריו לציגור. מילף לייף. הציגור עם היאור ע"י דלי, ומטבילין בציגור את הידים – דלאו טבילה גמורה היא, ודיה בחבור זה, ולא בעינן כשפופרת הנוד לדין עירוב מקואות דעלמא. כלי שניקב כו'. לאו כלי הוא, דרבנן כלי תקון. הא לחד והא לתרי. לחד רביעית בעינן מתחלה. אבל לתרי, שהיה בו רביעית ונטל הראשון, ואח"כ נטל השני. אע"ג דלא הוי רביעית בנטילת שני – שפיר דמי, הואיל ומשירי טהרה אתו, כדמפרש לקמיה מי רביעית*. קפדיתו אמנא. שיהא כלי שלם? אחוותא. שיהא בהן מראה מים? אשיעורא. דרביעית? דקאתו משירי טהרה. אבל מעיקרא צריך שיהא בו רביעית. נטלא בת רביעית. של זכוכית קרי "נטלא", והיתה מוגנעת לשער בה כלי של כל איש ואיש, שמתקנו ליטול ידיו. כוזא. של חרס. שתקנה. חקקה לקבל רביעית. אף על גב דמעיקרא לאו לאשתמושי בגווה עבידא, ואין מלאכה עשוי לתוכו. חמת וכפישה. מיני נודות של עור הן. שק וקופה. אין מלאכתן למים, דרבנן אין מקבלין מים. במפה. מי שלא נטל ידיו, מהו לפרוש מפה על ידיו ולא יגע באוכלין, ויאכל? וכשנתנו לו לר' צדוק. במסכת סוכה: כשהיו נותנין לו לרבי צדוק אוכל שהוא פחות מכביצה, נטלו במפה ואכלו. ולא היה נוטל ידיו, ולא היה מצריכו סוכה, ולא ברכת המזון. לא הא דנקט פחות מכביצה משום סוכה וברכה נקט ליה.

עבדין

תוספות

האי אריתא. פי' בקונטרס: ציגור ששופכין לו מים מן הבור בדלי, והוא מוליך מים בשדה. אין נ"ל שיהא הציגור קרוי "אריתא" – דהא "יאורים" מתרגמינן: אריתי, ובפ' "הפרה" (ב"ק נ:) אמר: ההוא תורא דנפל לאריתא, ומשמע שם שהוא עמוק עשרה טפחים.

דלא אתו מכח גברא. פירש בהלכות גדולות: שמותר להטביל ידים בתוך הכלי, דחשיבה נטילה. והביא ראיה מפ"ב דזבחים (דף כב.) דאיבעיא להו: מהו לקדש ידיו ורגליו בכיור. "ממנו" אמר רחמנא – ולא לתוכו. משמע דבקידוש ידים מבעי ליה, משום דכתיב "ממנו", אבל בנטילת ידים – אפילו בתוכו מותר. וקשה לפירושו: דהכא אמר "אינו נוטל ממנו, דלא אתי מכח גברא" – משמע דבעינן כח גברא השופך! ומיהו י"ל: דבעינן נטילה מן הכלי, בין טובל ידיו בתוך הכלי ובין שופך מן הכלי על ידיו, יש כאן נטילה מן הכלי. אבל הכא ידיו חוץ לכלי הן, וכבר פסק מן הכלי כשהמים באים עליו. הלכך אין כאן נטילה מן הכלי. וגם טבילה אין כאן – שהן שאובין. והא דנקט "דלא אתו מכח גברא" – לאו דוקא מכח גברא, אלא משום דלא אתו מכח כלי, דבעינן נטילה מן הכלי. א"נ: משום דתנן במס' ידים בפ"ק (מ"ה) "הכל כשרין ליתן מים לידים, אפילו חרש שוטה וקטן. ומניח חבית בין ברכיו, ונוטל. ומטה חבית על צדו, ונוטל. והקוף נותן לידים. רבי יוסי פוסל בשניהם" – פירוש: בקוף, ובחבית נוטה על צדו והמים נשפכים מאליהן. דבעי רבי יוסי מכח גברא, ות"ק לא בעי אלא שיהא כח כלי. והשתא משמעות דנקט "כח גברא", אתי כרבי יוסי. אבל ההלכות גדולות אי אפשר להעמיד אלא כרבנן. וצריך להחמיר, כיון דסוגיא דשמעתין כרבי יוסי. ואם אדם נוטל ידו אחת, וחוזר ומשפשף בחברתה – צריך לחזור וליטול, כדאמרינן בפרק שני דידים (מ"ג): נטל ידו אחת ושפשף בחברתה – טמאה. ואם שרה פתו במים או הדיח בהן את הכלים – פסולים לנטילה. ואם הדיח בהן ידיו – כשרין. דהכי תנן במסכת ידים. וצריך לשפוך מים על ידיו ג' פעמים: פעם ראשונה – כדי להעביר טיט ודבר החוצץ מעל ידיו, ופעם שניה – לטהר ידיו, ופעם שלישית – לטהר אותן מים. וכן מוכח בכמה דוכתין במסכת ידים שצריך מים ראשונים ושניים. ומיהו אם בפעם אחת שופך מים הרבה כשיעור רביעית – ידיו טהורות. דתנן במסכת ידים (פ"ב מ"א): ידו אחת בשטיפה אחת – ידו טהורה. שתי ידיו משטיפה אחת – ר"מ מטמא, עד שיטול מי רביעית. פירוש: ואפילו באין משירי טהרה. דלא בעו רביעית כשנוטל בשתי שטיפות, והשתא דליכא אלא שטיפה אחת – צריך רביעית בשטיפה זו. אבל בנוטל ידו אחת – לא צריך רביעית, כי אתו משירי טהרה, אלא שתהא אותה שטיפה מרובה כשתים. ואי בזיע דולא בכונס משקה מילף לייפי – ואע"ג דלענין טבילת כל גופו – לא מהני, מתרי טעמי: דנקוק אינו חבור, וגם בעינן כשפופרת הנוד. לענין עירוב מקוואות גבי רביעית ידים – לא החמירו.

קפדיתו אחוותא. והא דתנן במסכת ידים (פ"א מ"ג): נפל בהן דיו או קנקנתוס ונשתנו מראיהן – פסולין. דלמא הני מילי לתרומה.

ולא היא שאני התם דקא אתו משירי טהרה. משמע דמעיקרא בעי למימר דאפילו הראשון לא בעי שיעור, ותימה: דהא בהדיא קתני "מי רביעית לאחד"! וי"ל: דמתניתין לתרומה, והוה דייק מיניה דכי היכי דאפילו לתרומה לא בעינן שיעור לשני, ה"ה בחולין אף לראשון. ומסיק: דשאני התם, דאתו משירי טהרה.

מגופת חבית שתקנה. פי' בקונטרס: שחקקה. [א] נראה דבלא חקיקה היא רביעית, אלא שמשופעת היא ואינה יושבת אלא מסומכת, כעין כסוי כוסות של כסף וכסוי קנקנים. ו"תקנה" היינו שהרחיבה מלמטה, עד שיושבת שלא מסומכת. וקודם שתקנה אין נוטלין ממנה – דאין בית קבול שלה חשוב, כיון שאם בא להושיב בלא סמיכה, היו המים נשפכין ואין נשאר בהם רביעית, ואמר לעיל: כלי שאין מחזיק רביעית – אין נוטלין ממנה. וכן משמע במסכת ידים (שם מ"ב) דחשיב מגופת חבית בהדי דפנות הכלים, דאין מחוסרין חקיקה, אלא לפי שאין יושבין שלא מסומכין, כדפרישית.

ולא ברך אחריו. סבר כרבי יהודה דבעי כבילה, דדריש: "ואכלת ושבעת" – אכילה שיש בה שביעה, דהיינו כבילה, בפרק "ג' שאכלו" (ברכות מט:). ודוקא לאחריו, אבל לפניו – משמע דמברך. וכן לר"מ דפוטר בפחות מכזית – היינו דוקא לבסוף. אבל בתחלה – מברך אף בפחות מכזית. ובהדיא מדקדק בירושלמי הכי. ואע"ג דבריש "כיצד מברכין" (שם לה.) נפקא לן ברכה דלכתחלה מק"ו מברכה דלסוף, כשהוא שבע – מברך, כשהוא רעב – לא כ"ש! מ"מ לא שייך לומר "דיו", ומברך בתחלה אמשהו. ואע"ג דלא מברך בסוף. דאותו ק"ו אינו אלא גילוי בעלמא, דברכה דלפניו – לאו דאורייתא, כדתנן בפרק "מי שמתו" (שם דף כ:): בעל קרי – על המזון מברך לאחריו, ואינו מברך לפניו. וכן בפרק "היה קורא" (שם טז.) תניא: הפועלים שהיו עושים מלאכה אצל בעל הבית, ואוכלין פתן – אין מברכים לפניהם, אבל מברכים לאחריהם שתי ברכות.

מאי לאו הא כביצה בעי נטילת ידים. תימה: היכי מצי למימר הכי, הא ע"כ בתרומה אפי' כבילה לא בעי נטילת ידים, דהא התירו מפה לאוכלי תרומה. דרבי צדוק כהן הוה, כדמוכח בפ' "מי שמתו" (שם כ:) גבי "מדלגים היינו ע"ג ארונות" כו', ובפ' "כל פסולי המוקדשין" (בכורות לו.) גבי "ההוא בוכרא דהוה ליה לר' צדוק", ובספ"ק דיבמות (דף טו:), והיה אוכל חולין על טהרת תרומה! *וי"ל: דהוה מצי למימר "וליטעמיך" [ע' תוס' יומא עט: ד"ה "הא", ותוס' סוכה כז. ד"ה "הא כבילה"].

נלם

רבינו גרשום

פקתא דערבות כו'. פקתא דערבות אין בו מים: ואתנו עלייהו כולי יומא. אתנו דאימת שתרצו ביום תאכלו לחם על אותה נטילה: בשעת הדחק אין. כלומר היכא דלא שכיחי מיא. האי אריתא דדלאי אין נוטלין כו' כיצד הם עושין דולין מן הבור וממלאין צינורות סביביו להשקות השדות וה"ק כשממלאין הצינורות אין נוטלין מצינורות ואין מטבילין בה ידים מי שהיו ידיו טמאות. ואי מקרב לגבי דוולא כו' כלומר כשהדולה שופך אי מקריב ידיו לגבי דוולא כו'. ואי בזיע דוולא בכונס משקה כו' כלומר אם נקוב דוולא כשממלא מן האריתא בכונס משקה: מילף לייפי חשובין כמחוברין לאריתא ואף מטבילין: כלי שניקב בכונס משקה אין נוטלין ממנו לידים כלומר דלאו חשוב כלי: ל"ק הא לחד הא לתרי כלומר לחד אע"ג דלית ביה לתרי אי אית ביה רביעית אין אי לא לא. קפדיתו אמנא כלומר דאי נקיב בכונס משקה (אין) [תו] לא נטליתו מיניה: קפדיתו אחוותא שיהא להן מראה יפה: קפדיתו אשיעורא שיהא בו רביעית: ולא היא התם דקא אתו משירי טהרה. כלומר אם יש בו רביעית ממנו אפי' לשנים אע"ג דלא מטו לכל חד וחד אלא חצי רביעית דקא אתו משירי טהרה מרביעית אבל אם אין בו מתחלה אלא חצי רביעית או משהו פחות מרביעית כיון דמתחלה לא היה בם כדי טהרה אין נוטלין: נטלא בת רביעית. כלומר כלי שמחזיק רביעית ליטול בה ידים. כוזא כלי חרש: מגופת חבית שתיקנה (בו) [הוא] דבר שסותמין בו כלי חרש ותיקן המגופה עצמה. חמת וכפישה. חמת כלי עור הוא. כפישה [...] הסל וחקופה. כלומר מפני שמנוקבין: מהו לאכול במפה. כלומר [מי] שלא נטל ידיו מהו שיכרוך ידו במפה כדי שלא יגע בפת ויאכל מי חיישינן שמא יגע או לא: נטלו במפה ואכלו חוץ לסוכה כלו' בלא נ"י אכלו והיכן הלכה זו במס'

עין משפט נר מצוה

לז א מיי' פ"ו מהל' ברכות הלכה יג:

לח ב מיי' שם הלכה יד ועי' בכ"מ סמג עשין כ' טוש"ע א"ח סי' קנט סעיף ז וברב אלפס ברכות פ"ח דף מה: וגרסתו אמר רבא וע"ש עוד דגרסת אחרת היה לו בסוגיין הכלל ובכיתוב הרא"ש הכל כשין יב:

לט ג ד מיי' שם הלכה יא יב ועיין בכ"מ טוש"ע שם סעיף ח וסי' קס סעיף יג וברב אלפס שם דף מו. וגרסתו א"ל רב אשי לאמימר:

מ ה מיי' פי"א מהלכות מקוואות הלכה ח וע"ש סמג שם טוש"ע א"ח סי' קס סעיף ח:

מא ו מיי' פ"ו מהל' ברכות הל' ו טוש"ע שם סעיף א:

מב ז מיי' פ"ו מהלכות ברכות הלכה יח טוש"ע א"ח סי' קנט סעיף ג:

מג ח ט מיי' שם הלכה יא טוש"ע שם סעי' ז:

מד י מיי' פ"ו מהלכות ברכות הלכה יט ועי' בהשגות ובכ"מ סמג עשין כ' טוש"ע א"ח סי' קסג סעיף א:

שיטה מקובצת

א] פי' בקונטרס שחקקה ונראה דבלא חקיקה היא מחזקת רביעית וכו'. וג"ב ואיצטריך לדיוקא:

גליון הש"ס

גמ' ואי בזיע. ועיקרו שמלוטש (בראשית מב ומו יג) מתרגמינן ובוש לבוקיהון: תוס' ד"ה ולא סי' לא התחירו. עי' נדה דף מט ע"א תוס' ד"ה אם:

עי' מהרש"א שהאריך ואסיק שטעות נפל בספרים ע"ש

מסורת הש"ס

[כלאיתא במו"ק טו. זבוני מיא בפקתא דערבות וכו'] פרש"י פקתא דערבות בשוק של אותו מקום

[בערוך ערך ארת גרס רבא וכן גרסו הרי"ף ורא"ש]

נזיר לח. גיטין טו: ידים פ"א מ"א

[נ"ל דתנן]

[נ"ל סי']

[נ"ל דתנן]

[תוס' ידים פ"א ע"ש]

בר"ש פ"א דידים גרס אף על פי שמתוקנין וע"ש

יומא עט. סוכה כו.

בלם ליה אומצא. פירוש: ופת עמה. **התם** משום שיבתא. פירש בקונטרס: רוח רעה שורה על הידים שלא נטלו שחרית. ורבינו תם מפרש: דבלא נתינת פת לתינוק מותר ליטול ידיו שחרית ביום הכפורים. דלא גרע ממלוכלכות בטיט ובצואה, דאמרינן* שרוחץ כדרכו ואינו חושש, ואין לך מלוכלכות יותר מזה שאין יכול ליגע בפיו ובעיניו בחוטמו ובאזניו, דבכולהו אמרינן בפ' "שמונה שרצים" (שבת דף קט.) דתקלץ ידו, משום בת מלך. ו"שיבתא" דהכא יש לפרש: כמו שפירש ר"ח, שהוא רוח רעה השורה על האוכל כשבא ליתן הפת לתנוק בן ד' וה' שנים, ותונקת אותו אם לא נטל ידיו באותה שעה, אע"פ שנטל שחרית. ומה שאין אנו נזהרים עכשיו מזה – לפי שאין אותה רוח רעה מצויה בינינו, כמו שאין אנו נזהרין על הזוגות ועל הגילוי**.

כעין תפיסה אחת. ואם יש דבר מפסיק – לא הוי כעין תפיסה אחת כההיא דמסכת ע"ז בפרק "רבי ישמעאל" (דף נ.) גבי אבני מרקולים, דאמר: כאן – בתפיסה אחת, כאן – בשתי תפיסות. והיכי דמי? כגון דאיכא גובה ביני וביני. ולפיכך נוהגין עכשיו, כשזה אוכל בשר וזה אוכל גבינה על שלחן אחד – מניחין לחם או קנקן או שאר כלים, להפסיק בינתיים. או אוכל על מפה אחרת, דהוי כעין שתי תפיסות. וי"מ: ד"לא אסרו אלא בתפיסה אחת" – כלומר, שהן בהוצאה אחת, כגון אחים שקנו אתרוג בתפיסת הבית, ד"יש נוחלין" (ב"ב קלז:). ופריך: "תפיסה אחת ס"ד?" – מה לי בהוצאה אחת, ומה לי בשתי הוצאות, אם מכירין זה את זה? ומשני: "כעין תפיסה אחת" – דהיינו, שמכירין זה את זה. ולפי' זה לא איירי כלל שיהא מותר לאכול על שלחן אחד בשביל הפסק שבינתיים.

טיפת

עָבְדִין כְּדֵין? אֲמַר לֵיהּ: דַּעְתִּי קְצָרָה עָלַי. כִּי סְלֵיק ר' זֵירָא, אַשְׁכַּחִינְהוּ לְר' אַמִי וְר' אַסִי דְּקָאָכְלִי בְּבִלָּאֵי חֲמָתוֹת. אֲמַר: *תְּרֵי גַּבְרֵי רַבְרְבֵי כְּוָותַיְיכוּ לִיטְעוּ בִּדְרַב וּשְׁמוּאֵל! הָא "דַּעְתִּי קְצָרָה" קָאָמַר. אִשְׁתַּמִּיטְתֵיהּ הָא דְּאָמַר רַב תַּחֲלִיפָא בַּר אֲבִימִי אָמַר שְׁמוּאֵל: *הִתִּירוּ מַפָּה לְאוֹכְלֵי תְרוּמָה, וְלֹא הִתִּירוּ מַפָּה לְאוֹכְלֵי טָהֳרוֹת, וְרַבִּי אַמִי וְרַבִּי אַסִי כֹּהֲנִים הָווּ. אִיבַּעְיָא לְהוּ: אוֹכֵל מֵחֲמַת מַאֲכִיל, צָרִיךְ נְטִילַת יָדַיִם אוֹ לֹא? ת"ש, דְּרַב הוּנָא בַּר סְחוֹרָה הֲוָה קָאֵי קַמֵּיהּ דְּרַב הַמְנוּנָא, בְּלַם לֵיהּ אוּמְצָא וְאָכֵיל. אֲמַר לֵיהּ: אִי לָאו דְּרַב הַמְנוּנָא אַתְּ, לָא סָפֵינָא לָךְ. מַאי טַעְמָא, לָאו מִשּׁוּם דְּזָהִיר וְלָא נָגַע? לָא, דְּזָרִיז קָדֵים, וּמָשֵׁי יְדֵיהּ מֵעִיקָּרָא. תָּא שְׁמַע, דְּאָמַר רַבִּי זֵירָא אָמַר רַב: אלֹא יִתֵּן אָדָם פְּרוּסָה לְתוֹךְ פִּיו שֶׁל שַׁמָּשׁ, אא"כ יוֹדֵעַ בּוֹ שֶׁנָּטַל יָדָיו, בוְהַשַּׁמָּשׁ מְבָרֵךְ עַל כָּל כּוֹס וְכוֹס, גוְאֵינוֹ מְבָרֵךְ עַל כָּל פְּרוּסָה וּפְרוּסָה. וְר' יוֹחָנָן אָמַר: מְבָרֵךְ עַל כָּל פְּרוּסָה וּפְרוּסָה. (א) אָמַר רַב פַּפָּא: בִּשְׁלָמָא דְּרַב וְרַבִּי יוֹחָנָן לָא קַשְׁיָא, הָא – דדְּאִיכָּא אָדָם חָשׁוּב, הָא – דְּלֵיכָּא אָדָם חָשׁוּב. מִכָּל מָקוֹם הָא קָאָמַר "אא"כ יוֹדֵעַ שֶׁנָּטַל יָדָיו"! שָׁאנֵי שַׁמָּשׁ, דְּטָרִיד. תָּנוּ רַבָּנַן: הלֹא יִתֵּן אָדָם פְּרוּסָה לַשַּׁמָּשׁ, בֵּין שֶׁהַכּוֹס בְּיָדוֹ בֵּין שֶׁהַכּוֹס בְּיָדוֹ שֶׁל בַּעַל הַבַּיִת, שֶׁמָּא יֶאֱרַע דָּבָר קַלְקָלָה בַּסְּעוּדָה. וְהַשַּׁמָּשׁ שֶׁלֹּא נָטַל יָדָיו – אָסוּר לִיתֵּן פְּרוּסָה לְתוֹךְ פִּיו. אִיבַּעְיָא לְהוּ: מַאֲכִיל, צָרִיךְ נְטִילַת יָדַיִם אוֹ אֵינוֹ צָרִיךְ? ת"ש, *דְּתָנֵי דְּבֵי מְנַשֶּׁה, רַבָּן שִׁמְעוֹן בֶּן גַּמְלִיאֵל אוֹמֵר: ואִשָּׁה מְדִיחָה אֶת יָדָהּ אַחַת בַּמַּיִם, וְנוֹתֶנֶת פַּת לִבְנָהּ קָטָן. אָמְרוּ עָלָיו עַל שַׁמַּאי הַזָּקֵן שֶׁלֹּא רָצָה לְהַאֲכִיל בְּיָדוֹ אַחַת, וְגָזְרוּ עָלָיו שֶׁיַּאֲכִיל בִּשְׁתֵּי יָדָיו. *אָמַר אַבַּיֵי: הָתָם מִשּׁוּם שִׁבְתָּא. ת"ש: דַּאֲבוּהּ דִּשְׁמוּאֵל אַשְׁכְּחֵיהּ לִשְׁמוּאֵל דְּקָא בָּכֵי. אֲמַר לֵיהּ: אַמַּאי קָא בָּכֵית? דְּמָחְיָין רַבַּאי. אַמַּאי? דַּאֲמַר לִי: קָא סָפֵית לִבְרַאי וְלָא מָשֵׁית[א] *יְדֵיהּ. וְאַמַּאי לָא מָשֵׁית? א"ל: הוּא אָכֵיל וַאֲנָא מָשֵׁינָא?! א"ל: לָא מִיסְתַּיֵּיהּ דְּלָא גָּמֵיר, מִימְחָא נַמִּי מָחֵי! זוְהִלְכְתָא: אוֹכֵל מֵחֲמַת מַאֲכִיל – צָרִיךְ נְטִילַת יָדַיִם, מַאֲכִיל – אֵינוֹ צָרִיךְ נְטִילַת יָדַיִם.§

מתני' חצוֹרֵר אָדָם בָּשָׂר וּגְבִינָה בְּמִטְפַּחַת אַחַת, וּבִלְבַד שֶׁלֹּא יְהוּ נוֹגְעִין זֶה בָּזֶה. *רַבָּן שִׁמְעוֹן בֶּן גַּמְלִיאֵל אוֹמֵר: טשְׁנֵי אַכְסְנָאִין אוֹכְלִין עַל שֻׁלְחָן אֶחָד זֶה בָּשָׂר וְזֶה גְּבִינָה, וְאֵין חוֹשְׁשִׁין.§ **גמ'** וְכִי נוֹגֵעַ זֶה בָּזֶה מַאי הָוֵי? *צוֹנֵן בְּצוֹנֵן הוּא! אָמַר אַבַּיֵי: נְהִי דִּקְלִיפָה לָא בָּעֵי, יהֲדָחָה מִי לָא בָּעֵי?!§ "רשבג"א שְׁנֵי אַכְסְנָאִין אוֹכְלִין עַל שׁוּלְחָן" וכו'.§ *אָמַר רַב חָנָן בַּר אַמִי, אָמַר שְׁמוּאֵל: לֹא שָׁנוּ – אֶלָּא שֶׁאֵין מַכִּירִין זֶה אֶת זֶה, אֲבָל כמַכִּירִין זֶה אֶת זֶה – אָסוּר. תַּנְיָא נַמִּי הָכִי, *רַבָּן שִׁמְעוֹן בֶּן גַּמְלִיאֵל אוֹמֵר: ב' אַכְסְנָאִים שֶׁנִּתְאָרְחוּ לְפוּנְדָּק אֶחָד, זֶה בָּא מִן הַצָּפוֹן וְזֶה בָּא מִן הַדָּרוֹם, זֶה בָּא בַּחֲתִיכָתוֹ, וְזֶה בָּא בִּגְבִינָתוֹ – אוֹכְלִין עַל שֻׁלְחָן אֶחָד זֶה בָּשָׂר וְזֶה גְּבִינָה, וְאֵין חוֹשְׁשִׁין. וְלֹא אָסְרוּ אֶלָּא לבְּתְפִיסָה אַחַת. תְּפִיסָה אַחַת סָלְקָא דַּעְתָּךְ? אֶלָּא: כְּעֵין תְּפִיסָה אַחַת. א"ל רַב יֵימַר בַּר שֶׁלֶמְיָא לְאַבַּיֵי: שְׁנֵי אַחִין וּמַקְפִּידִין זֶה עַל זֶה, מַהוּ? אֲמַר לֵיהּ: *יֹאמְרוּ כָּל הַסְּרִיקִין אֲסוּרִין וּסְרִיקֵי בַּיְיתוֹס מוּתָּרִין. וּלְטַעֲמָיךְ, הָא *דְּאָמַר רַבִּי אַסִי, אָמַר רַבִּי יוֹחָנָן: ממִי שֶׁאֵין לוֹ אֶלָּא חָלוּק אֶחָד – מוּתָּר לְכַבְּסוֹ בְּחוּלּוֹ שֶׁל מוֹעֵד, יֹאמְרוּ כָּל

עָבְדִין כְּדֵין. וְכִי עוֹשִׂין כֵּן לֶאֱכוֹל בְּלֹא נְטִילָה? דַּעְתִּי קְצָרָה. אִסְטְנִיס אֲנִי, דְּאַעַ"פ שֶׁנָּטַלְתִּי יָדַי, אִי אֶפְשִׁי לֶאֱכוֹל בְּיָדַי. בְּבִלָּאֵי חֲמָתוֹת. חֲמָתוֹת בְּלוּיִין. וְכוֹרְכִין יְדֵיהֶן בָּהֶם, וְאוֹכְלִים בְּלֹא נְטִילַת יָדַיִם. לִיטְעוּ בִּדְרַב [וּשְׁמוּאֵל]. כִּסְבוּרִים אַתֶּם דְּהָא דְּאַשְׁכַּחְתֵּיהּ שְׁמוּאֵל לְדְרַב דְּאָכֵיל בְּמַפָּה, מִשּׁוּם שֶׁלֹּא נָטַל יָדָיו הוּא? וְהָא דַּעְתִּי קְצָרָה קָאָמַר לֵיהּ. אַלְמָא, נָטַל יָדָיו. הִתִּירוּ מַפָּה לְאוֹכְלֵי תְּרוּמָה. דְּהַכֹּהֲנִים זְרִיזִין הֵן, וְלָא נָגְעֵי. וְלֹא הִתִּירוּ. לְאוֹכְלֵי חוּלִּין בְּטָהֳרָה, לְפִי שֶׁאֵינָם לְמוּדִין לְהִשָּׁמֵר כְּמוֹ כֹּהֲנִים. אוֹכֵל מֵחֲמַת מַאֲכִיל. אָדָם שֶׁאוֹכֵל מִיַּד חֲבֵירוֹ הַתּוֹחֵב לְתוֹךְ פִּיו – צָרִיךְ הָאוֹכֵל נְטִילַת יָדַיִם אוֹ אֵין צָרִיךְ? בָּלַם לֵיהּ אוּמְצָא. חָתַךְ לוֹ חֲתִיכַת בָּשָׂר. בְּלַם. בְּמַ"ס סְתוּמָה, כְּמוֹ (תהלים לב) "עֶדְיוֹ לִבְלוֹם", שֶׁסּוֹתֵם וְהָרֶסֶן מַחְסְמִין עֶדְיוֹ (לִבְלוֹם) שֶׁל סוּס. וְלִי נִרְאֶה: "בְּלַם לֵיהּ אוּמְצָא" – לְשׁוֹן הַטְמָנָה בְּגֶחָלִים, כְּמוֹ (בכורות דף מ:) "פִּיו בָּלוּס" גַּבֵּי מוּמִין שֶׁל בְּכוֹר, שֶׁפִּיו סָגוּר, שֶׁאֵין יָכוֹל לְפוֹתְחוֹ אֶלָּא מְעַט, וְ"רַגְלָיו מְבוּלָּמוֹת". אִי לָאו דְּרַב הַמְנוּנָא אַתְּ. אָדָם חָכָם וְזָרִיז, כִּדְמְפָרֵשׁ וְאָזֵיל, לָא הֲוֵינָא סָפֵינָא לָךְ בְּלֹא נְטִילָה. מַאי. הוֹכַחְתֵּיהּ? לָאו דְּזָהִיר וְלָא נָגַע. אַלְמָא, אֵין צָרִיךְ נְטִילַת יָדַיִם, וּבִלְבַד שֶׁלֹּא יִגַּע. לָא. הָכִי קָא"ל: אִי לָאו דְּרַב הַמְנוּנָא אַתְּ, וְיוֹדֵעַ אֲנִי בְּךָ שֶׁנְּטִילַת יָדֶיךָ. זָרִיז עָדִיף מִזָּהִיר, זָהִיר – שֶׁיּוֹדֵעַ לְהִזָּהֵר בִּשְׁעַת מַעֲשֶׂה שֶׁלֹּא יַעֲבוֹר עַל הַמִּצְוָה, זָרִיז – הָרוֹאֶה אֶת הַקִּלְקוּל, וּמְתַקֵּן עַצְמוֹ שֶׁלֹּא יָבֹא לִידֵי כָּךְ. וְהַיְינוּ דְּאָמְרִינַן בְּע"ז (דף כ:): זְהִירוּת מְבִיאָה לִידֵי זְרִיזוּת. הַשַּׁמָּשׁ מְבָרֵךְ עַל כָּל כּוֹס וָכוֹס. לְפִי שֶׁאֵין קֶבַע לִשְׁתִיַּית הַשַּׁמָּשׁ, שֶׁאֵינוֹ יוֹדֵעַ אִם יִתְּנוּ לוֹ עוֹד. הִלְכָּךְ, נִסְּחָה דַּעְתּוֹ מִן הַשְּׁתִיָּה. וְאֵינוֹ מְבָרֵךְ עַל כָּל פְּרוּסָה וּפְרוּסָה. דִּבְטוּחַ הוּא שֶׁלֹּא יִמָּנְעוּ מִמֶּנּוּ לֶחֶם. אִי אִיכָּא אָדָם חָשׁוּב. בַּסְּעוּדָה, בָּטוּחַ הַשַּׁמָּשׁ שֶׁיִּתֵּן לוֹ לֶחֶם כָּל הַצּוֹרֶךְ. דְּטָרִיד. לְשַׁמֵּשׁ אֶת הַמְסוּבִּין, וְשׁוֹכֵחַ שֶׁלֹּא נָטַל, וְנוֹגֵעַ בָּאוֹכָלִין שֶׁיֹּאכַל. וְאַעַ"פ שֶׁנּוֹגֵעַ בְּכָל הַסְּעוּדָה – לָא אִיכְפַּת לָן, שֶׁלֹּא הִצְרִיכוּ נְטִילָה לַנּוֹגְעִין אֶלָּא לָאוֹכְלִין. לֹא יִתֵּן אָדָם פְּרוּסָה לַשַּׁמָּשׁ. בְּאֶחָד מִן הָאוֹרְחִים קָאָמַר (ב), שֶׁלֹּא יִכְעוֹס בַּעַה"ב כְּשֶׁהוּא שׁוֹתֶה, חוֹנְקוֹ לוֹ יַיִן וּמַזִּיק לוֹ. וּבְלֹא כַּעַס נַמִּי, מִתּוֹךְ שֶׁחָשַׁשׁ שֶׁלֹּא יִכְלֶה הַלֶּחֶם לָאוֹרְחִים, הוּא מַבִּיט וּמַלְעִין כַּמָּה שֶׁזֶּה נוֹתֵן, וְהַכּוֹס נִשְׁפָּךְ מִיָּדוֹ. וַאֲפִילּוּ הַכּוֹס בְּיַד הַשַּׁמָּשׁ, שֶׁמָּא יִשְׁפְּכֶנּוּ. אִשָּׁה מְדִיחָה יָדָהּ בְּמַיִם. בְּיוֹם הַכִּפּוּרִים. דְּאַעַ"פ שֶׁאָסוּר בִּרְחִיצָה, הִתִּירוּ לָאִשָּׁה לְהָדִיחַ יָדָהּ אַחַת וְלִיגַּע בַּפַּת. שֶׁלֹּא רָצָה לְהַאֲכִיל בְּיָדוֹ אַחַת. אֲפִילּוּ יָדוֹ אַחַת לֹא רָצָה לְהָדִיחַ כְּדֵי לִיתֵּן פַּת לַתִּינוֹק בְּיוֹה"כ, וּמוֹנֵעַ מִלְּהַאֲכִילוֹ. אַלְמָא, מַאֲכִיל צָרִיךְ נְטִילָה. הָתָם מִשּׁוּם שִׁבְתָּא. רוּחַ רָעָה שׁוֹרָה עַל יָדַיִם שֶׁלֹּא נְטָלוּם שַׁחֲרִית. אֲבָל נָטַל יָדָיו שַׁחֲרִית, וְלֹא נִזְהַר בָּהֶן, וּבָא לְהַאֲכִיל אֶת חֲבֵירוֹ – אֵין צָרִיךְ נְטִילָה, וְלָא אָמְרִינַן דְּאַסְּפַס נוֹתֵן לְתוֹךְ פִּיו תִּקּוּן רַבָּנַן נְטִילָה. דְּמָחְיָין רַבַּאי. קָסָפֵית לִבְרַאי בִּדְלָא מָשֵׁית. הֶאֱכַלְתָּ אֶת בְּנִי וְלֹא רָחַצְתָּ יָדַיִם תְּחִלָּה! לָא מִסְתַּיֵּיהּ דְּלָא גָּמֵיר. לֹא דַּי לוֹ שֶׁאֵינוֹ בָּקִי בְּהִלְכוֹת נְטִילָה שֶׁהַמַּאֲכִיל אֵין צָרִיךְ לִיטּוֹל. **מתני'** שְׁנֵי אַכְסְנָאִין. אֵין לָחוּשׁ שֶׁיֹּאכַל זֶה מִשֶּׁל חֲבֵירוֹ. **גמ'** זֶה בָּא מִן הַצָּפוֹן כו'. אַלְמָא, דַּוְקָא בְּשֶׁאֵין מַכִּירִין זֶה אֶת זֶה קָאָמַר. וְלֹא אָסְרוּ. לְהַעֲלוֹת בָּשָׂר עִם הַגְּבִינָה עַל הַשּׁוּלְחָן. אֶלָּא בִּתְפִיסָה אַחַת. בְּכֶרֶךְ אֶחָד. תְּפִיסָה אַחַת ס"ד. הָא בְּלֹא שֻׁלְחָן (ג) אוֹכֵל עָלָיו נַמִּי אָסוּר! מַהוּ. כֵּיוָן דְּמַקְפִּידִין, שֶׁאֵין זֶה אוֹכֵל מִשֶּׁל זֶה – מוּתָּר אוֹ לֹא? כָּל

לְתוֹךְ פִּיו תִּקּוּן רַבָּנַן נְטִילָה.

רבינו גרשום

במס' סוכה: א"ל דעתי קצרה כלומר אני נטלתי ידיי אלא מה שאני אוכל במפה דעתאי אנינא ואין אני יכול ליגע באוכל: דקא אכלי בבלאי חמתות כלומר כרכי ידייהו בחמת ישן ואכלי בלא נ"י: תרי גברי רברבי כרבנן ליטעו בדרב ושמואל כלו' דסבורין אתון דרב אכיל בלא נטילת ידים במפה הא קאמר ליה דעתי קצרה ונטל ידיו: ולא התירו מפה לאוכלי טהרות כלומר לאוכלי חולין שנעשו על טהרת הקדש: אוכל מחמת מאכיל צריך נ"י כלומר אם האוכל צריך נ"י: בלם ליה אומצא. כלומר תיקן אומצא: מאי לאו משום דזהיר ומשי ידיה מעיקרא. א) כלומר והא קא חזינן הכא דאוכל מחמת מאכיל צריך נט"י: הא דאיכא אדם חשוב כו' כלומר אם השמש אדם חשוב דיתנו לו פת כל צורכו אינו צריך לברך על כל פרוסה ופרוסה אבל אם אין אדם חשוב דלא יתנו לו כל צורכו אלא פרוסה אחת כי חוזרין ונותנין לו פרוסה אחרת דומה כנמלך ושוב צריך לברך: שאני שמש דטריד כלו' וחיישנן שמא יגע: מברך על כוס וכוס כלומר דעל כוס וכוס דמי כנמלך דעבדי אינשי דלא שתו אלא חד כסא ובאידך כסא דמי כנמלך. שמא יארע דבר קלקלה בסעודה כלומר שמא כשיטול הבעל הבית הכוס בידו יקפיד על אותה פרוסה שיתנו לשמש וישפוך מחמת כעס הכוס מידו ויקלקל הסעודה. מדיחה אשה ידה כו'. כלומר לא רצה ליטול ידו אחת וגזרו עליו שיטול שתי ידיו כשיאכיל בנו: התם משום שיבתא כלומר משום רוח רעה שלא נטל ידיו שחרית משום יוה"כ שאסור להושיט אצבעו במים ואסור ליגע בפת מי שלא נטל ידיו בשחרית אבל אדם שנוטל ידיו שחרית אינו צריך ליטול ידיו בשביל שמאכיל אחר: נהי דקליפה לא בעי הדחה מי לא בעי כלומר אם יהו נוגעים זה בזה נהי דלא בעי קליפה דצונן וצונן הוא אבל הדחה מי לא בעי מקום מגען: לא אסרו אלא בתפיסה אחת כלומר בהדי הדדי: בתפיסה אחת סלקא דעתך כלומר ג) בלא תפיסה על שלחן אחד מי שרי. אלא כעין תפיסה אחת שמכירין זה את זה. יאמרו כל הסריקין אסורין דאמרינן במס' פסחים מפני מה אמרו כל הסריקין אסור מפני שהאשה שוהה עליהן ומחמצתן דאיבעי' להו מהו שיקבענה ברפוס שעושה סריקין בבת אחת כשהיו עושין בבית ביתוס. יאמרו כל הסריקים אסורים וסריקי בייתוס מותרין ביתוס כו' הכא נמי יאמרו כל האחים אסורין לאכול על שלחן אחד בשר וגבינה מפני שסתם אחין אין מקפידין זה על זה ואחין המקפידין זה על זה יהו מותרין שמא יבוא הדבר לידי תקלה לפי שכל אדם אין יודעין שמקפידין זה על זה ויהיו מקילין במקום אחר:

התם

א) נראה דל"ל לא יתן אדם פרוסה וכו' אא"כ יודע בו שנטל ידיו כלומר והא קא חזינן כו'. ב) נראה דל"ל בתפיסה אחת אפי' שלא על שולחן אחד אסור.

עין משפט נר מצוה

מה א מיי' פ"ו מהלכות ברכות הלכה יט סמג עשין כז טוש"ע א"ח סי' קסג סעיף א [וברב אלפס ברכות פ"ח דף מו.]:

מו ב ג ד מיי' שם פ"ז הלכה ז ועיין בכ"מ טוש"ע שם סעיף ג:

מז ה טוש"ע שם סעיף ו:

מח ו מיי' פ"ג מהל' שביתת עשור הלכה ב:

מט ז מיי' פ"ו מהלכות ברכות הלכה יח ועי"ש סמג עשין כז טוש"ע א"ח סי' קסג סעי' ב [וברב אלפס שם]:

נ ח מיי' פ"ט מהלכות מאכלות אסורות הלכה יז סמג לאוין קמא טוש"ע י"ד סי' פח סעיף ב:

נא ט מיי' שם הלכה כא סמג שם טוש"ע י"ד סי' פח סעיף ב:

נב י מיי' שם הלכה יז סמג שם טוש"ע י"ד סי' פח סעיף ב:

נג כ ל מיי' שם הלכה כא סמג שם טוש"ע י"ד סי' פח סעיף ב וע"ש בהג"ה:

נד מ מיי' פ"ג מהל' י"ט הלכה כא סמג לאוין עה טוש"ע א"ח סי' תקלד סעיף א:

מסורת הש"ס

[יומא עז:] [וע"ע תוס' יומא מז:] ערובין סה: [ועיין תוס' יומא עט: ד"ה הא] רש"ל מ"ז יומא עז: [שם ע"ש] [נ"ל ידיך רש"ל] [שבת יג.] [לעיל קד:] [שבת יג.] [תוספתא פ"ח] פסחים לז. [מו"ק יז.] תענית כט: מו"ק יז. יח.

הגהות הב"ח

(א) גמ' ואמר רב פפא בשלמא וכו' יודע בו שנטל: (ב) רש"י ד"ה לא יתן וכו' קאמר כדי שלא יכעוס וכו' ותונקו וכו' שמא ישפכנו מלהאכילו כמש בעל הבית הס"ל: (ג) ד"ה תפיסה וכו' שאוכל:

הגהות מהר"ב רנשבורג

א] גמ' דאמר לי קא ספית לבראי ולא משית ולאמאי וכו' כנ"ל.

כָּל הַסְּרִיקִין אֲסוּרִין, וּסְרִיקֵי בַּיְיתוֹס מוּתָּרִין! הָתָם, הָא אָמַר מָר בַּר רַב אַשִׁי: אֵיזוֹרוֹ מוֹכִיחַ עָלָיו.§ **מתני'** אטִיפַּת חָלָב שֶׁנָּפְלָה עַל הַחֲתִיכָה, אִם יֵשׁ בָּהּ בְּנוֹתֵן טַעַם בְּאוֹתָהּ חֲתִיכָה – אָסוּר. בנִיעֵר אֶת הַקְּדֵרָה, אִם יֵשׁ בָּהּ בְּנוֹתֵן טַעַם בְּאוֹתָהּ קְדֵרָה – אָסוּר.§ **גמ'** אָמַר אַבַּיֵי: טַעְמוֹ וְלֹא מַמָּשׁוֹ בְּעָלְמָא – דְּאוֹרָיְיתָא, דְּאִי סָלְקָא דַּעְתָּךְ דְּרַבָּנַן, מִבָּשָׂר בְּחָלָב מַאי טַעֲמָא לָא גָּמְרִינַן – דְּחִדּוּשׁ הוּא, אִי חִדּוּשׁ הוּא, אַף עַל גַּב דְּלֵיכָּא נוֹתֵן טַעַם נָמֵי! אֲמַר לֵיהּ רָבָא: *דֶּרֶךְ בִּשּׁוּל אָסְרָה תּוֹרָה. אָמַר רַב: *כֵּיוָן שֶׁנָּתַן טַעַם בַּחֲתִיכָה – חֲתִיכָה עַצְמָהּ נַעֲשֵׂית נְבֵלָה, וְאוֹסֶרֶת כָּל הַחֲתִיכוֹת כּוּלָּן, מִפְּנֵי שֶׁהֵן מִינָהּ. אֲמַר לֵיהּ מָר זוּטְרָא בְּרֵיהּ דְּרַב מָרִי לְרָבִינָא: מִכְּדֵי רַב כְּמַאן אֲמַר לִשְׁמַעְתֵּיהּ – כְּרַבִּי יְהוּדָה, דְּאָמַר: מִין בְּמִינוֹ לָא בָּטֵיל, לֵימָא פְּלִיגָא אַדְּרָבָא, *דְּאָמַר רָבָא: קָסָבַר רַבִּי יְהוּדָה, כָּל שֶׁהוּא מִין וּמִינוֹ וְדָבָר אַחֵר – סַלֵּק אֶת מִינוֹ כְּמִי שֶׁאֵינוֹ, וְשֶׁאֵינוֹ מִינוֹ רַבֶּה עָלָיו וּמְבַטְּלוֹ! אֲמַר לֵיהּ: אִי דְּנָפַל בְּרוֹטֶב רַבָּה – הָכִי נָמֵי, הָכָא בְּמַאי עָסְקִינַן – דְּנָפַל בְּרוֹטֶב עָבֶה. וּמַאי קָסָבַר, אִי קָסָבַר: אֶפְשָׁר לְסוֹחֲטוֹ מוּתָּר – חֲתִיכָה אַמַּאי נַעֲשֵׂית נְבֵלָה? אֶלָּא קָסָבַר: אֶפְשָׁר לְסוֹחֲטוֹ – אָסוּר. דְּאִיתְּמַר, רַב וְרַבִּי חֲנִינָא וְרַבִּי יוֹחָנָן דְּאָמְרִי: אֶפְשָׁר לְסוֹחֲטוֹ – אָסוּר, שְׁמוּאֵל וְרַבִּי שִׁמְעוֹן בַּר רַבִּי וְרֵישׁ לָקִישׁ דְּאָמְרִי: אֶפְשָׁר לְסוֹחֲטוֹ – מוּתָּר. וְסָבַר רַב אֶפְשָׁר לְסוֹחֲטוֹ – אָסוּר? וְהָאִיתְּמַר, כַּזַּיִת בָּשָׂר שֶׁנָּפַל לְתוֹךְ יוֹרָה שֶׁל חָלָב, אָמַר רַב: גבָּשָׂר – אָסוּר, וְחָלָב – מוּתָּר. וְאִי סָלְקָא דַּעְתָּךְ אֶפְשָׁר לְסוֹחֲטוֹ אָסוּר,

חָלָב

כָּל הַסְּרִיקִין אֲסוּרִין. לְעִנְיַן מַצּוֹת דְּפֶסַח תְּנָא: אֵין עוֹשִׂין סְרִיקִין הַמְּצוּיָּירִין בְּפֶסַח, מִפְּנֵי שֶׁהָאִשָּׁה שׁוֹהָה עֲלֵיהֶן, וּמַחְמַצְתָּן. וְנַחְתּוֹם אֶחָד וּבַיְיתוֹס שְׁמוֹ, הָיָה לוֹ דְּפוּס אֶחָד מְצוּיָּיר, וְהָיָה מוֹשִׁיב לְתוֹכוֹ אֶת הַסְּרִיק וְהוּא מְצוּיָּיר מִיָּד. אָמַר לָהֶם: אֶפְשָׁר יַעֲשֶׂנָּה בִּדְפוּס, וְיִקְבָּעֶנָּה מִיָּד! אָמְרוּ לוֹ: א"כ, יֹאמְרוּ "כָּל הַסְּרִיקִין אֲסוּרִין, וּסְרִיקֵי בַּיְיתוֹס מוּתָּרִין?!" וְהָכָא נָמֵי יֹאמְרוּ "כָּל הַחֲלוּקִין אֲסוּרִין, וְאֵלּוּ מוּתָּרִין?!". אֵיזוֹרוֹ מוֹכִיחַ עָלָיו. הָאֵיזוֹר תָּמִיד הוּא קָבוּעַ בַּחֲלוּקוֹ, וּכְשֶׁהוּא פּוֹשֵׁט חֲלוּקוֹ וְלוֹבֵשׁ חָלוּק אַחֵר, נוֹטֵל הָאֵיזוֹר מִזֶּה וְקוֹבְעוֹ בָּזֶה. וְזֶה שֶׁאֵין לוֹ אַחֵר – מְכַבְּסוֹ עִם אֵיזוֹרוֹ, וְהָרוֹאֶה כְּשֶׁהוּא מְכַבְּסוֹ וְאֵיזוֹרוֹ עִמּוֹ יוֹדֵעַ שֶׁאֵין לוֹ חָלוּק אַחֵר, וּלְכָךְ הִתִּירוּ לוֹ חֲכָמִים. **מתני'** טִיפַּת חָלָב שֶׁנָּפְלָה עַל הַחֲתִיכָה. בְּתוֹךְ הַקְּדֵירָה עַל אַחַת מִן הַחֲתִיכוֹת, וְלֹא הֵגִיס אֶת הַקְּדֵירָה, וְלֹא נֶחְלַק טַעַם הַטִּיפָּה אֶלָּא לְאוֹתָהּ חֲתִיכָה בִּלְבַד. אִם יֵשׁ בָּהּ בְּנוֹתֵן טַעַם. בְּאוֹתָהּ חֲתִיכָה. כְּלוֹמַר, שֶׁאֵין בְּאוֹתָהּ חֲתִיכָה לְבַדָּהּ שִׁשִּׁים לְבַטֵּל הַטִּיפָּה מִיָּד – נֶאֱסֶרֶת הַחֲתִיכָה. וּבִשְׁאָר חֲתִיכוֹת דִּקְדֵירָה לָא אַיְירֵי תַּנָּא דְּמַתְנִי'. וּבַגְּמָרָא פְּלִיגִי בָּהּ אִם אוֹסֶרֶת אוֹתָהּ חֲתִיכָה וְאוֹסַרְתָּן אוֹ לָאו. נִיעֵר אֶת הַקְּדֵרָה. הֵגִיס בָּהּ מִיָּד, קוֹדֶם שֶׁקִּבְּלָה הַחֲתִיכָה טַעַם מִן הַטִּיפָּה, דְּהַשְׁתָּא נִתְעָרְבָה הַטִּיפָּה בְּכוּלָּן. אִם יֵשׁ בָּהּ בנ"ט בְּאוֹתָהּ קְדֵרָה. כְּלוֹמַר, אֵין כָּאן בַּטִּיפָּה לֶאֱסוֹר כּוּלָּן אא"כ יֵשׁ בנ"ט לִיתֵּן בְּכָל הַקְּדֵירָה. **גמ'** אָמַר אַבַּיֵי טַעְמוֹ וְלֹא מַמָּשׁוֹ בְּעָלְמָא דְּאוֹרָיְיתָא. הָא דְּאָמְרִינַן בְּכָל אִיסּוּרִין מַשֶּׁנָּתְנוּ טַעַם בַּהֶיתֵּר, אע"פ שֶׁאֵין אוֹכֵל מַמָּשׁ, כְּגוֹן סִילֵּק הָאִיסּוּר וְאֵין כָּאן אֶלָּא טַעְמוֹ – דְּאוֹרָיְיתָא הִיא, דְּגָמְרִינַן מִבָּשָׂר בְּחָלָב דְּאַסְרֵיהּ רַחֲמָנָא בַּאֲכִילָה, כִּדְגָמְרִינַן לְקַמָּן (דף קטו:) מ"לֹא תְבַשֵּׁל" שְׁלֹשָׁה פְּעָמִים הָאֲמוּרִים בַּתּוֹרָה. וְאַע"ג דְּכִי מְסַלֵּק זֶה מִתּוֹךְ זֶה לְאַחַר בִּשּׁוּלוֹ, אֵין כָּאן אֶלָּא הַטַּעַם, וּמִינֵּיהּ גָּמְרִינַן לְכָל אִיסּוּרִין כַּמָּה מִלֵּינוּ. דְּאִי ס"ד. בְּכָל שְׁאָר אִיסּוּרִין טַעְמוֹ דְּרַבָּנַן הִיא, דְּלָא גָּמְרִינַן לְהוּ מִבָּשָׂר בְּחָלָב. מ"ט לָא גָּמְרִינַן מִינֵּיהּ מִשּׁוּם דְּחִדּוּשׁ הוּא. דִּשְׁנֵיהֶם מִין הֶיתֵּר, זֶה לְבַדּוֹ וְזֶה לְבַדּוֹ, וּכְשֶׁנִּתְעָרְבוּ – נֶאֱסְרוּ. וְעוֹד: שֶׁדֶּרֶךְ בִּשּׁוּל נֶאֱסְרוּ, בְּלֹא אֲכִילָה. הִילְכָּךְ, לָא גָּמְרִינַן חוּמְרָא מִינַּיְיהוּ. אִי חִדּוּשׁ הוּא. אַמַּאי קָתָנֵי מַתְנִי' דְּבָעְיָא טַעְמָא? בְּלֹא נוֹתֵן טַעַם נָמֵי אָסוּר, דְּהָא חִדּוּשָׁא חַדֵּישׁ בֵּיהּ רַחֲמָנָא, וַאֲפִי' כָּל דְּהוּ, דְּהָא בָּשָׂר בְּחָלָב הוּא! אֶלָּא ש"מ: לָאו חִדּוּשָׁא, דְּאַהָכִי קָפֵיד רַחֲמָנָא. דּוּמְיָא דְּכִלְאֵי הַכֶּרֶם, דְּמִתַּסְרֵי נָמֵי מִשּׁוּם כִּלְאֵי תַּעֲרוֹבֶת. דְּכֵיוָן דְּלָאו חִדּוּשׁ הוּא, גָּמְרִינַן לֵיהּ (לעיל דף צח.) מִ"זְּרוֹעַ בְּשֵׁלָה" דְּמִישְׁתְּרֵי כָּל כַּמָּה דְּלֵיכָּא טַעְמָא. אֲמַר לֵיהּ רָבָא. לְעוֹלָם אֵימָא לָךְ: חִדּוּשׁ הוּא. וּדְקָאָמְרַתְּ, אע"ג דְּלֵיכָּא טַעְמָא לִיתְּסַר, דְּהָא לֵיכָּא לְמִגְמְרֵיהּ מִ"זְּרוֹעַ בְּשֵׁלָה" – עַל כָּרְחָךְ בְּגוּפֵיהּ גַּלֵּי קְרָא דְּבָעֵינַן טַעְמָא, מִדְּלָא אֲסָרָתוֹ תּוֹרָה אֶלָּא דֶּרֶךְ בִּשּׁוּל, שֶׁאָסַר הַבָּשָׂר לְהִתְבַּשֵּׁל בֶּחָלָב וְאֵין לָךְ כְּגוֹן זוֹ שֶׁלֹּא יִתֵּן טַעַם. אָמַר רַב. הָא דִּתְנַן בְּמַתְנִיתִין: "אִם יֵשׁ בְּנוֹתֵן טַעַם בְּאוֹתָהּ חֲתִיכָה" – (א) וְאוֹסֶרֶת אֶת כָּל הַקְּדֵרָה. א] דְּכֵיוָן דְּנֶאֶסְרָה הַחֲתִיכָה, הִיא עַצְמָהּ כּוּלָּהּ נַעֲשֵׂית אִיסּוּר, וְאוֹסֶרֶת כָּל הַחֲתִיכוֹת כּוּלָּן. וַאֲפִילּוּ יֵשׁ בָּהֶן כְּדֵי לְבַטֵּל הַחֲתִיכָה כּוּלָּהּ, נֶאֱסָרוֹת כּוּלָּן. מִפְּנֵי שֶׁהֵן מִינָהּ. וְרַב סָבַר לָהּ כְּרַבִּי יְהוּדָה דְּאָמַר: מִין בְּמִינוֹ – לָא בָּטֵיל. לֵימָא פְּלִיגָא אַדְּרָבָא דְּאָמַר. בְּפ' "גִּיד הַנָּשֶׁה" (לעיל דף ק:) קָסָבַר רַבִּי יְהוּדָה: כָּל מִין וּמִינוֹ וְדָבָר אַחֵר שֶׁעִם מִינוֹ. כְּלוֹמַר, מִין דְּאִיסּוּר שֶׁנִּתְעָרֵב עִם מִינוֹ וּבְשֶׁאֵינוֹ מִינוֹ דְּהֶיתֵּר – סַלֵּק אֶת מִינוֹ דְּהֶיתֵּר, כְּמִי (ב) שֶׁאֵינוֹ מוֹעִיל לֹא לְבַטְּלוֹ לָאִיסּוּר, דְּמִין בְּמִינוֹ לֹא בָּטֵיל. וְלֹא תּוֹסֶפֶת הוּא נוֹסָף עָלָיו לִהְיוֹת שְׁנֵיהֶם אִיסּוּר. וְלֹא יוּכַל מִין הָאַחֵר לִרְבּוֹת עָלָיו וּלְבַטְּלוֹ, אֶלָּא סַלְּקֵהוּ כְּאִילּוּ אֵינוֹ כָּאן, וְיִרְבֶּה שֶׁאֵינוֹ מִינוֹ שֶׁל הֶיתֵּר עַל הָאִיסּוּר וִיבַטְּלֶנּוּ. וְהָכָא נָמֵי יֵשׁ כָּאן רוֹטֶב שֶׁיּוּכַל לְבַטֵּל אֶת כָּל הַחֲתִיכָה הַנֶּאֱסֶרֶת, וְאַמַּאי אוֹסֶרֶת? בְּרוֹטֶב עָבֶה. דַּק דַּק שֶׁל בָּשָׂר וְשׁוּמָּן, דְּכוּלֵּיהּ מִין בָּשָׂר הוּא. וּמַאי קָסָבַר. רַב בְּאֶפְשָׁר לְסוֹחֲטוֹ, בְּאִיסּוּר שֶׁנִּבְלַע בְּהֶיתֵּר וְנָתַן בּוֹ טַעַם וַאֲסָרוֹ, וְחָזַר וּבִישֵּׁל הַהֶיתֵּר הַזֶּה עִם הֶיתֵּר אַחֵר. שֶׁאֶפְשָׁר הָאִיסּוּר הַנִּבְלָע בָּזֶה לִיסָּחֵט מִמֶּנּוּ וְלֵיחָלֵק בַּהֶיתֵּר הָאַחֲרוֹן, וְאֵין בּוֹ כַּשִּׁיעוּר לֶאֱסוֹר אֶת הָאַחֲרוֹן? אִי קָסָבַר. הוּתַּר גַּם הָרִאשׁוֹן, מִפְּנֵי שֶׁנִּפְלַט הָאִיסּוּר מִמֶּנּוּ. וּלְכַתְּחִלָּה הוּא דְּאָסוּר, שֶׁאֵין מְבַטְּלִין אִיסּוּר לְכַתְּחִלָּה. וּמִיהוּ דִּיעֲבַד שָׁרֵי לֶאֱכוֹל אַף הָרִאשׁוֹן. אַמַּאי חֲתִיכָה נַעֲשֵׂית נְבֵלָה. הָא אֶפְשָׁר הִיא לִיסָּחֵט מִמֶּנָּה וְלֵיחָלֵק לָאֲחֵרִים שֶׁלֹּא קִבְּלוּ מִמֶּנָּה כְּלוּם, וְאֵין לָנוּ לֶאֱסוֹר עַד שֶׁיִּתֵּן הֶחָלָב טַעַם בְּכוּלָּן, דְּלֵיכָּא לְמֵימַר: אֶפְשָׁר לִיסָּחֵט מִזֶּה וְלִיבָּלַע בָּזֶה, שֶׁהֲרֵי כּוּלָּן שָׁוִין בְּטַעְמוֹ, וְאֵיזֶה מוּתָּר וְאֵיזֶה נֶאֱסָר? אֶלָּא קָסָבַר. מִשֶּׁנֶּאֶסְרָה הַחֲתִיכָה, שׁוּב אֵין לָהּ הֶיתֵּר בִּסְחִיטָה. וְהַשְׁמוּעִינַן: אַף הַהֶיתֵּר שֶׁבָּהּ נַעֲשָׂה אִיסּוּר, לִהְיוֹת כָּאן שִׁיעוּר גָּדוֹל לֶאֱסוֹר אֲחֵרִים הַרְבֵּה. מוּתָּר. אַף הָרִאשׁוֹן שֶׁנֶּאֱסַר. בָּשָׂר אָסוּר. שֶׁנָּתַן הֶחָלָב טַעַם בּוֹ.

חָלָב

טיפת חלב שנפלה על חתיכת בשר אם יש בנותן טעם באותה חתיכה. נאסרת. כשהחתיכה כולה חוץ לרוטב איירי, כדאמרינן בפ' "גיד הנשה" (לעיל דף צו:*). ולכך משערינן באותה חתיכה לבטל הטיפה, ולא בשאר חתיכות. משום דחלב מפעפע על כל החתיכה, ואין מפעפע מחתיכה לחברתה אלא ע"י ניעור וכסוי. כדאמרינן בגמ': אילימא לא ניער כלל, אמאי כל החתיכות אסורות? מיבלע בלע מפלט לא פליט! **מבשר** בחלב מ"ט לא גמרינן כו'. וא"ת: דהכא משמע דנפקא ליה לאביי טעם כעיקר מבשר בחלב, ואילו בפ' "אלו עוברין" (פסחים דף מד:) ובפ' "ג' מינין" (נזיר דף לז.) פליגי ר' עקיבא ורבנן, למר נפקא ליה טעם כעיקר מ"מִשְׁרַת", ולמר מגיעולי גויים. ואביי דאיירי בההיא סוגיא משמע דידע לההיא ברייתא! וי"ל: דאביי קבלה מרבא, שדחה לו, וחזר בו. **דחדוש** הוא. פי' בקונטרס: דשניהן מין היתר, זה לבדו וזה לבדו, וכשנתערבו – נאסרין. וטעם זה לא קאמר ב"אלו עוברין" (פסחים דף מד:) ובפ' "ג' מינים" (נזיר דף לז.), דהא כלאים נמי הכי הוו. ומסיק דהיינו חדושו: דאי תרו ליה כוליה יומא בחלבא – שרי, אע"ג שנבלע החלב בבשר, אע"פ שהוא לונן, לפי שהוא צלול והבשר שוהה בתוכו. וכי בשיל ליה – אסור. **אמר** רבא דרך בשול אסרה תורה. דיחויא בעלמא הוא, דמהכא ליכא למילף, אבל טעם כעיקר הוי דאורייתא כדפי' *(בקונטרס) פ' "גיד הנשה" (לעיל דף צח: ד"ה רבא). **דאמר** רבא קסבר רבי יהודה כו'. פי' בקונטרס: דאמר רבא בפ' "גיד הנשה" (שם דף ק:). ואין לשון זה שם. אבל בפ' "הקומץ רבה" (מנחות דף כג. ושם ד"ה אמר): איתיה גבי "רבי יהודה אומר: מנחת כהנים כמנחת כהן משיח" כו'. ומדרבא דאמר הכי בפ' "גיד הנשה" (לעיל דף ק:) אליבא דרב לא בעי לאקשויי הכא דרב אדרב – דאיכא לשנויי, כדמשני אביי התם: כשקדם וסלקו. אבל בההיא ד"הקומץ רבה" (מנחות דף כג.) ליכא טעמא אחרינא לרבי יהודה, אלא כמו שמפרש רבא, ולהכי פריך שפיר מינה. וא"ת: אמאי לא פריך מדרבי יהודה גופיה, דלקמן קאמר רבי יהודה בברייתא האי לישנא גופיה דקאמר רב הכא אדרבא דמפרש טעמא דרבי יהודה? וי"ל: דלא שמיע ליה ברייתא, כי היכי דלא שמיע ליה לרב. דאי ידע ליה רב, לא הוה ליה למימר אלא "הלכה כרבי יהודה" ותו לא. ועוד י"ל: דברייתא דרבי יהודה משמע שפיר דאין ברוטב ששים לבטל החתיכה, מדאמור רבנן "עד שתתן טעם ברוטב ובחתיכות" – משמע דליכא ברוטב לחודיה כדי לבטל. **אפשר** לסוחטו מותר. פי': דיעבד, אי נסחט האיסור ונתבטל – מותרת (ג) עם החתיכה שכבר נאסרת, אבל לכתחלה אין מבטלין איסור, כדפירש בקונטרס.

אמאי

שייך לעיל | ע"ב | [סנהדרין ד:] לעיל דף [illegible] | מנחות כג. לעיל ק:

הגהות הב"ח

(א) רש"י ד"ה אמר רב וכו' באותה חתיכה אסור לאסור כל הקדירה קאמר דכיון: (ב) ד"ה לימא וכו' כמי שאינו שאינו מועיל: (ג) תוס' ד"ה אפשר וכו' מותרת גם החתיכה:

[ד"ה אם יש]

נה א ב מיי' פ"ט מהל' מאכלות אסורות הל' ח' סמג לאוין קמא טוש"ע י"ד סי' צב סעיף ב:

נו ג מיי' שם הלכה ח טוש"ע שם סעיף א:

ר"מ מ"ז

שיטה מקובצת

א] לאסור את כל הקדירה קאמר דכיון דנאסרה החתיכה עצמה:

רבינו גרשום

התם איזורו מוכיח עליו כלומר הא קא חזינן דלית ליה [illegible] ומדהמיינה מנחא בביתיה דליתיה עילויה ש"מ דלית ליה חלוק אחר: טיפת חלב שנפלה על חתיכה כו' כלומר הקדירה של בשר היתה אצל האור והיתה מבשלת ונפלה טיפת חלב על חתיכה של בשר בקדירה: ש"מ טעמו ולא ממשו בעלמא. [דאורייתא] כגון ירך שנתבשל בה גיד הנשה ושאר איסורין כגון נבלה שבישלה עם בשר טהור דהוא בנותן טעם: מבשר בחלב מ"ט לא גמרינן דחידוש הוא. כלומר מאי חדוש דאי זה בפ"ע וזה בפ"ע מותר ואם נתבשל בשר בחלב אסור: דרך בישול אסרה תורה. כלומר ומהו דרך בישול דכל דבר שמתבשל בקדירה דרכו ליתן טעם והאי נמי לא אסרה תורה אלא דרך בישול: אמר רב כיון שנתן טעם באותה חתיכה כו'. כלומר לא צריך ליתן טעם בכל הקדירה כולה. אלא כיון שנותן טעם בחתיכה אחת כו': כל מין ומינו ודבר אחר כו' כלומר מין ומינו והן חתיכה שנפל עליה החלב ושאר חתיכות ודבר אחר הו הרוטב. כלומר דכיון דהחלב אינו נותן טעם אלא בחתיכה אחת ולא ברוטב הרוטב רבה עליו ומבטלו: הכא במאי עסקינן ברוטב עבה כלומר דדמי כבשר ואינו דומה כמי שאינו מינו: ומאי קסבר אפשר לסוחטו כו' כלומר מאי קסבר רב אי קסבר אף על פי שנפלה חלב על חתיכה כיון שנסחט ממנו כשרותה מירתח החתיכה דליכא לאיסורא בעיניה אמאי חתיכה נעשית נבילה ואי סלקא דעתך אפשר לסוחטו אסור כלומר מאי חדוש דאי אע"פ שנסחט

עין משפט נר מצוה

נז א ב מיי' פ"ט מהל' מ"א הלכה ח ועי"ש טוש"ע יו"ד סי' לב סעיף א:

נח ג מיי' שם פ"ט הלכה ה:

נט ד ה ו מיי' שם הל' י ועי' בהשגות ובמ"מ ובכ"מ סמג שם טוש"ע יו"ד סי' לב סעיף ב:

מסורות הש"ס

חָלָב אַמַּאי מוּתָּר? חֵלֶב נְבֵלָה הוּא! לְעוֹלָם קָסָבַר רַב אֶפְשָׁר לְסוֹחֲטוֹ — אָסוּר, וְשָׁאנֵי הָתָם דְּאָמַר קְרָא: °"לֹא תְבַשֵּׁל גְּדִי בַּחֲלֵב אִמּוֹ" — גְּדִי אָסְרָה תּוֹרָה, וְלֹא חָלָב. וְסָבַר רַב גְּדִי אָסְרָה תּוֹרָה וְלֹא חָלָב? וְהָא אִיתְּמַר, חֲצִי זַיִת בָּשָׂר וַחֲצִי זַיִת חָלָב שֶׁבִּשְּׁלָן זֶה עִם זֶה, אָמַר רַב: לוֹקֶה עַל אֲכִילָתוֹ, וְאֵינוֹ לוֹקֶה עַל בִּשּׁוּלוֹ. וְאִי ס"ד גְּדִי אָסְרָה תּוֹרָה וְלֹא חָלָב, אֲכִילָה אַמַּאי לוֹקֶה? חֲצִי שִׁיעוּר הוּא! אֶלָּא, לְעוֹלָם קָסָבַר רַב: חָלָב נַמִּי אָסוּר, וְהָכָא בְּמַאי עָסְקִינַן — כְּגוֹן שֶׁנָּפַל לְתוֹךְ יוֹרָה רוֹתַחַת, אדְּמִבְלַע בָּלַע, מִפְלַט לָא פָּלַט. סוֹף סוֹף כִּי נַיְיחַ הֲדַר פָּלֵיט! בכְּשֶׁקְּדָם וְסִילְּקוֹ. גּוּפָא, חֲצִי זַיִת בָּשָׂר וַחֲצִי זַיִת חָלָב שֶׁבִּשְּׁלָן זֶה עִם זֶה, אָמַר רַב: לוֹקֶה עַל אֲכִילָתוֹ, וְאֵינוֹ לוֹקֶה עַל בִּשּׁוּלוֹ. מַה נַּפְשָׁךְ, אִי מִצְטָרְפִין — אַבִּשּׁוּל נַמִּי לִילְקֵי! אִי לָא מִצְטָרְפִין — אַאֲכִילָה נַמִּי לָא לִילְקֵי! לְעוֹלָם לָא מִצְטָרְפִי, וּבְבָא מִיּוֹרָה גְּדוֹלָה. וְלֵוִי אָמַר: גאַף לוֹקֶה עַל בִּשּׁוּלוֹ. וְכֵן תָּנֵי לֵוִי *בְּמַתְנִיתִין: *כְּשֵׁם שֶׁלּוֹקֶה עַל אֲכִילָתוֹ, כָּךְ לוֹקֶה עַל בִּשּׁוּלוֹ. וּבְאֵי זֶה בִּשּׁוּל אָמְרוּ — בְּבִשּׁוּל שֶׁאֲחֵרִים אוֹכְלִין אוֹתוֹ מֵחֲמַת בִּשּׁוּלוֹ. וְאֶפְשָׁר לְסוֹחֲטוֹ עַצְמוֹ — תַּנָּאֵי הִיא, דְּתַנְיָא: *טִפַּת חָלָב שֶׁנָּפְלָה עַל הַחֲתִיכָה, כֵּיוָן שֶׁנָּתְנָה טַעַם בַּחֲתִיכָה — הַחֲתִיכָה עַצְמָהּ נַעֲשֵׂית נְבֵלָה, וְאוֹסֶרֶת כָּל הַחֲתִיכוֹת כּוּלָּן מִפְּנֵי שֶׁהֵן מִינָהּ, דִּבְרֵי ר' יְהוּדָה. וחכ"א: עַד שֶׁתִּתֵּן טַעַם בְּרוֹטֶב וּבְקִיפָה וּבַחֲתִיכוֹת. אָמַר רַבִּי: דנִרְאִין דִּבְרֵי ר' יְהוּדָה — בְּשֶׁלֹּא נִיעֵר וְשֶׁלֹּא כִּסָּה, וְדִבְרֵי חֲכָמִים — *בְּשֶׁנִּיעֵר וְכִסָּה. מַאי "לֹא נִיעֵר וְלֹא כִּסָּה"? אִילֵימָא לֹא נִיעֵר כְּלָל, וְלֹא כִּסָּה כְּלָל, מִבְלַע בָּלַע מִפְלַט לָא פָּלַט! וְאֶלָּא, הלֹא נִיעֵר — בַּתְּחִלָּה אֶלָּא בַּסּוֹף, וְלֹא כִּסָּה — בַּתְּחִלָּה אֶלָּא בַּסּוֹף, אַמַּאי, הָא בָּלַע וְהָא פָּלַט! קָסָבַר: ואֶפְשָׁר לְסוֹחֲטוֹ — אָסוּר, מִכְּלָל

תורה אור

שמות כג

חָלָב אַמַּאי מוּתָּר. הֲרֵי חָלָב מְעַט שֶׁנִּבְלַע בַּבָּשָׂר נַעֲשָׂה נְבֵלָה, שֶׁהֲרֵי נֶאֱסַר. וּכְשֶׁחָזַר וְנִפְלַט בִּשְׁאָר הֶחָלָב — הֲוָה לֵיהּ מִין בְּמִינוֹ, חָלָב אָסוּר בְּחָלָב הֶיתֵּר, וְרַב אִית לֵיהּ מִין בְּמִינוֹ לָא בָּטֵיל. **חֵלֶב נְבֵלָה הוּא.** זֶה שֶׁנִּבְלַע וְנִסְחַט. **גְּדִי אָסְרָה תּוֹרָה וְלֹא חָלָב.** וַאֲפִילּוּ חָלָב — מוּתָּר, וַאֲפִילּוּ הָיָה כַּבָּשָׂר שִׁיעוּר גָּדוֹל לָתֵת טַעַם בָּשָׂר בְּכָל הֶחָלָב — ס"ל נַמִּי לְרַב דְּחָלָב מוּתָּר. **חֲצִי זַיִת חָלָב.** הָכִי מַשְׁעֲרִינַן יַיִן וְחָלָב וְכָל מַשְׁקֶה לְשִׁיעוּר כַּזַּיִת: מֵבִיא כּוֹס מָלֵא מַשְׁקִין, וּמֵבִיא זַיִת, וְנוֹתֵן לְתוֹכוֹ הַזַּיִת, וְהַמַּשְׁקֶה יוֹצֵא לַחוּץ. וְהַהוּא דְּנָפֵיק הָוֵי כַּזַּיִת. וְכָךְ הִיא שְׁנוּיָה בַּתּוֹסֶפְתָּא בְּפֶרֶק "נָזִיר שֶׁאָכַל". **לוֹקֶה עַל אֲכִילָתוֹ.** דְּכַזַּיִת אִיסּוּר אָכַל. **וְאֵינוֹ לוֹקֶה עַל בִּשּׁוּלוֹ.** לְקַמָּן מְפָרֵשׁ טַעְמָא בְּמַתְנִיתִין. **אֶלָּא לְעוֹלָם קָסָבַר רַב חָלָב נַמִּי אָסוּר.** גָּרְסִי', הֵיכָא דְּיֵשׁ בּוֹ טַעַם אִיסּוּר אוֹ אִיסּוּר מִינוֹ בְּלָא טַעַם. **וְהָכָא בְּמַאי עָסְקִינַן.** דְּאָמַר רַב לְעֵיל: "בָּשָׂר אָסוּר, חָלָב מוּתָּר" — כְּגוֹן שֶׁנָּפַל אוֹתוֹ זַיִת לְתוֹךְ יוֹרָה רוֹתַחַת, דְּמָה שֶׁבּוֹלֵעַ אֵינוֹ פּוֹלֵט, שֶׁכָּל זְמַן שֶׁאֵינוֹ נָח מֵרְתִיחוֹתָיו, אֵינוֹ פּוֹלֵט. **בְּשֶׁקְּדָם וְסִילְּקוֹ.** לְאוֹתוֹ זַיִת קוֹדֶם שֶׁתָּנוּחַ. **לְעוֹלָם לָא מִצְטָרְפִי.** לַעֲשׂוֹת אִיסּוּר אא"כ הָיָה בּוֹ בַּתְּחִלָּה כַּשִּׁיעוּר. וְכִי אָמַר רַב "לוֹקֶה עַל אֲכִילָתוֹ" — בְּבָא מִיּוֹרָה גְּדוֹלָה. וּלְלֵוִי דְּאָמַר רַב לְמִילְּתֵיהּ: "אָכַל חֲצִי זַיִת בָּשָׂר וַחֲצִי זַיִת חָלָב" — הַבָּא מִיּוֹרָה גְּדוֹלָה שֶׁנִּתְבַּשֵּׁל בָּהּ שִׁיעוּר מִזֶּה וּמִזֶּה וְנֶעֶקְרוּ, "לוֹקֶה עַל אֲכִילָתוֹ" — שֶׁאָכַל שִׁיעוּר שָׁלֵם אִיסּוּר שֶׁל שֵׁם אֶחָד. "וְאֵין לוֹקֶה עַל בִּשּׁוּלוֹ" — דְּאִם בִּשֵּׁל כַּחֲצִי זַיִת בָּשָׂר וְכַחֲצִי זַיִת חָלָב זֶה עִם זֶה, לְפִי שֶׁאֵין מִצְטָרְפִין מִכְּלַל הֶיתֵּרָן לִקְרוֹת אִיסּוּר, עַד שֶׁיְּהֵא בְּכָל אֶחָד לַעֲשׂוֹת אִיסּוּר לְעַצְמוֹ. **אֲחֵרִים.** גּוֹיִם. כְּלוֹמַר, שֶׁנִּתְבַּשֵּׁל כָּל צָרְכּוֹ. **כֵּיוָן שֶׁנָּתְנָה טַעַם בְּאוֹתָהּ חֲתִיכָה.** כְּלוֹמַר, כֵּיוָן שֶׁיֵּשׁ בָּהּ כְּדֵי לִיתֵּן טַעַם בְּאוֹתָהּ חֲתִיכָה — הַכֹּל אָסוּר. וַאֲפִילּוּ נִיעֵר אֶת הַקְּדֵרָה, דְּלֵיכָּא לְמֵימַר נֶחְלַק לְכוּלָּן, וַהֲרֵי אֵין בּוֹ כְּדֵי לֶאֱסוֹר — אפ"ה, אָסוּר. וְטַעְמָא מְפָרֵשׁ לְקַמֵּיהּ. **מִפְּנֵי שֶׁהֵן מִינָהּ.** לְפִיכָךְ אוֹסֶרֶת כּוּלָּן, וַאֲפִילּוּ הֵן אֶלֶף, שֶׁיֵּשׁ בָּהֶן כְּדֵי לְבַטֵּל חֲתִיכַת הָאִיסּוּר *כו'. דְּכֵיוָן דְּמִינוֹ נִינְהוּ — לָא בָּטֵיל טַעְמָא דְּבָשָׂר דְּנָפֵיק מִינֵּיהּ, שֶׁאַף טַעַם הַבָּשָׂר נֶאֱסַר. **וחכ"א עַד שֶׁתִּתֵּן טַעַם כו'.** קס"ד דְּאַטִּפָּה קָיְימִי, עַד שֶׁיְּהֵא בָּהּ כְּדֵי לִיתֵּן טַעַם בְּכוּלָּם אֵין כָּאן אִיסּוּר אֲפִילּוּ בַּחֲתִיכָה רִאשׁוֹנָה, מִפְּנֵי שֶׁהוּא חוֹזֵר וְנִסְחָט. **קִיפָה.** דַּק דַּק שֶׁל בָּשָׂר שֶׁיּוֹרֵד לְשׁוּלֵי קְדֵרָה. **נִרְאִין כו'.** מְפָרֵשׁ לְקַמֵּיהּ כּוּלָּהּ מִילְּתָא דְּרַבִּי. **נִיעֵר.** הֵגִיס בָּהּ בְּמָגֵיס. הַמְנַעֵר אֶת הַקְּדֵרָה, מִתְפַּשֵּׁט הַטַּעַם בְּכוּלָּהּ. וְכֵן הַמְכַסֶּה אוֹתָהּ, מִפְּנֵי שֶׁמֵּי הַשּׁוּלַיִים עוֹלִין עַד (א) פֶּה וְיוֹרְדִין. **אִילֵימָא לֹא נִיעֵר כְּלָל.** אַמַּאי נֶאֱסָרוֹת הָאֲחֵרוֹת? מִבְלַע בָּלַע. הַהִיא חֲתִיכָה. **מִפְלַט לָא פָּלֵיט.** בָּאֲחֵרוֹת אֶת טַעַם הֶחָלָב, שֶׁהֶחָלָב בְּגַגָּהּ שֶׁל חֲתִיכָה הֲוָה. **לֹא נִיעֵר בַּתְּחִלָּה.** וְקִבְּלָה הַחֲתִיכָה אֶת הַטַּעַם, וְאח"כ נִיעֵר, וְחָזְרָה וּפִלַּטְתָּהּ בָּאֲחֵרוֹת. **הָא בָּלַע וְהָא פָּלַט.** מַה שֶּׁבָּלְעָה וְחָזְרָה לַהֲתִירָהּ, וְהָאִיסּוּר שֶׁיָּצָא מִמֶּנָּה אֵין בּוֹ כַּשִּׁיעוּר לֶאֱסוֹר! **קָסָבַר אֶפְשָׁר לְסוֹחֲטוֹ אָסוּר.** מִפְּנֵי שֶׁכּוּלָּהּ נַעֲשֵׂית אִיסּוּר, וְכָל הַנִּסְחָט מִמֶּנָּה — אָסוּר, וְכָל הַנִּשְׁאָר בָּהּ — אָסוּר. וְכֵיוָן דְּאַף טַעַם בָּשָׂר שֶׁבָּהּ נֶאֱסַר — חוֹזֵר וְאוֹסֵר הָאֲחֵרוֹת, אֲפִילּוּ הֵן אֶלֶף, דְּמִין בְּמִינוֹ לָא בָּטֵיל.

וּפָרְכִינַן

נִרְאִין

ג"ל במתניתא רש"ל

(תוספתא פ"ח)

[ג"ל כולה]

אמאי מותר חלב נבלה הוא. מכאן היה מדקדק רבינו שמואל: דלמ"ד מין במינו לא בטיל, צריך תרי ששים. ששים ברוטב – לבטל טעם חתיכת נבלה, וששים בחתיכת היתר – לבטל רוטב היוצא מן הנבלה. וקשה לר"י לדבריו: דמשני "גדי אסרה תורה ולא חלב", והלא בעלמא חתיכה של היתר נעשית נבלה מדרבנן, וצריך ששים כנגד כולה. דמדאורייתא לא צריך ס' אלא כנגד האיסור הנבלע בה. א"כ, אע"ג דגדי אסרה תורה ולא חלב, מ"מ מדרבנן החלב עצמו נאסר כשאר איסורין, דמאי שנא משאר איסורין, ויאסור כל חלב שביורה! אלא ודאי כיון שהחלב הנפלט מן הבשר לא נעשה נבלה, אלא מטעם בשר המעורב בו – אין לו דין חלב טמא, אלא מתבטל בחלב שביורה, כמו שמתבטל טעם בשר האסור, ולא חשיב מין במינו. והכי נמי רוטב הנפלט מן הנבלה, אין לו דין מים אסורין, שלא להתבטל במים אחרים. אלא יש לו דין בשר נבלה, שמתבטל שפיר במים שבקדרה. והא דקאמר: "חלב נבלה הוא", וקאי הכי במסקנא – היינו, דוקא בבשר בחלב, שכל אחד לבדו היתר, וכשנתבשל יחד עשה הכתוב הכל כנבלה. והוא כחלב היוצא מן הטרפה, ולכך לוקה על חצי זית חלב הנבלע מחצי זית שמנונית בשר. אבל מים הנפלטים מן הנבלה – אין נאסרין אלא מחמת טעם הנבלה המעורב בהן, ואין מצטרפין ללקות עליהן משום נבלה. ומכאן יש להוכיח דתבלין הבלועים מחלב או מדם, ונפלו לקדרה – מתבטלין בששים, ואע"ג דנותנין טעם – אפי' באלף מותר, דאינו חמור מן האיסור הנבלע בהן.

גדי אסרה תורה ולא חלב. והא דנקט "כזית בשר בתוך יורה גדולה" – משום דאם נפל לתוך חלב מועט, היה נחשב הכל כגדי, משום שמנונית הבשר המעורב בחלב, ולא נתבטל.

שנפל לתוך יורה רותחת דמבלע בלע מפלט לא פלט. תימה: דדבר הנראה לעינים הוא דפליט. דכשנותנין ירק בקדרה רותחת, משתנה מראית המים מן הירק, וכן בשר שומן נימוח לתוכה ונראה השמנונית על הרוטב! ופי' רבינו שמואל: דהא דקאמר "מפלט לא פליט" – היינו, עד שיהא שבע מלבלוע. אבל לאחר ששבע, חוזר ופולט. וכן פירש הרב רבינו שמעיה: "סוף סוף כי נייח הדר פליט" – היינו, כי נייח מבליעתו. ומשני: "שקדם וסלקו" – קודם שגמר בליעתו. ואותן כלים וקערות האסורות, כשמגעילים אותם בתוך יורה גדולה ומניחין אותן מבפנים כשהמים רותחין – היה מצריך רבינו שמואל להניחם שעה גדולה, עד כדי שיהא להם שהות לגמור בליעה ולחזור ולפלוט אח"כ. ודבר תימה הוא: דמי בקי לידע שיעור זה? ואומר ר"ת: דהא דקאמר הכא "מבלע בלע, מפלט לא פליט" – היינו, לא פליט מה שבלע עכשיו. אבל מה שהיה בלוע מקודם – פליט. ואין להתיר מטעם זה להגעיל כלי שהוא בן יומו, כשאין במים ששים לבטל האיסור, ולהניחן בפנים כשהן רותחין – משום דמים מבלע בלעי האיסור שבכלי, ולא פלטי. דבמים שהן צלולים לא שייך לומר בליעה, דלא בלעי, אלא שמתערב בהן האיסור. וגם אין סברא לומר דכי היכי דאמר "מבלע בלע, מפלט לא פליט מה שבלע", הכי נמי מפלט פליט מבלע לא בלע מה שפלט. ועוד: דא"כ, יהא אסור להגעיל שני כלים זה אחר זה – דבהגעלת הראשון נאסרו המים, והשני יבלע מן המים האסורין. דודאי פליטת עצמו לא יבלע, אבל פליטת כלי אחר יבלע. וגם כלי הראשון אינו מכניס כולו בבת אחת במים רותחים. וא"כ, מה שנכנס תחלה – פולט, וצד השני שמכניס אח"כ בולע מה שפלט צד הראשון. לכך נראה דאין להגעיל כלי בן יומו כשאין במים ס' לבטל. והגעלה דמדין, דלא אסרה תורה אלא בן יומו* – לא הגעילו אלא כלים קטנים בתוך הגדולים, שהיה במים ששים לבטל האיסור. ובערב פסח קודם ארבע שעות – מותר להגעיל כלי של חמץ, אע"פ שאין במים ס'. דאיכא ג' נותני טעם של היתר: החמץ נ"ט בכלי, והכלי נ"ט במים, והמים חוזרין ונבלעין בכלי, ועדיין הוא היתר, שהוא קודם הפסח. **ודברי** חכמים בשניער מאי ניער **אילימא** ניער בסוף **ולא בתחלה.** ה"מ למיפרך: מכלל דלרבנן אפילו לא ניער כלל – מבלע בלע מיפלט לא פליט! אלא דפריך טפי שפיר.

(תוספתא למכות פ"ג)

[עי' תוספות לעיל לו: ד"ה אם]

[פסחים מז:]

הגהות הב"ח

(א) רש"י ד"ה ניער וכו' עד פיה ויורדין:

רבינו גרשום

שנסחט החלב מ[illegible] ברתיחה אסור הב[illegible] חלב אמאי שרי כו': אמר לוקה על אכיל[illegible] כלומר דאכל כשיעור בשר ובין חלב וא[illegible] לוקה על בישולו כלו[illegible] דלא בשיל אלא [illegible] שיעור: לעולם מצטרפי והכא בב[illegible] עסקינן בבא מיו[illegible] גדולה של בשר. בר[illegible] מבושל ולקח חצי [illegible] מאותו בשר וחצי [illegible] מאותו חלב וז[illegible]

ובישלן פעם אחת אבישולו לא לקי דבר מבושל אאכילה לקי דאכיל כזית איסור. באי זה בישול אמרו כל שאחרים אוכלין אותו כלומר דמתחלה לא נתבשל כל צרכו ובא הוא ונטל חצי זית מזה וחצי זית מזה ובישלו צרכו: ואפשר לסוחטו עצמו תנאי היא. כלומר ר' יהודה דס"ל חתיכה עצמה נעשית נבילה הוא [ס"ל] אפשר לסוחטו אסור וחכמים דסבירא להו עד שיתן [illegible] אפשר לסוחטו מותר ולפי' [illegible] אסור עד שיתן טעם ברוטב: א"ר נראין דברי רבי יהודה בשלא ניער כו'. כלומר ר' יהודה דסבירא ליה חתיכה עצמה נעשית נבלה בשלא ניער ושלא כיסה [illegible] ניצוצות בכל הקדרה ולכל חתיכה ונעשית נבילה ואוסרת כל החתיכות ודברי חכמים בשניער ושכסה דאזלי ניצוצות בכל הקדירה ולא מצי למיבלע בחתיכה אחת ואזיל החלב בכולהו חתיכות ואינו אסור עד שיתן טעם בכולהו חתיכות ובקיפה וברוטב מכלל

מִכְּלָל דְּר' יְהוּדָה סָבַר: כִּי נִיעַר מִתְּחִלָּה וְעַד סוֹף וְכִסָּה מִתְּחִלָּה וְעַד סוֹף – אָסוּר. אַמַּאי, הָא לָא בָּלַע כְּלָל? אֵימָא "לֹא נִיעַר יָפֶה יָפֶה, וְלֹא כִּסָּה יָפֶה יָפֶה". אָמַר מָר: "וְדִבְרֵי חֲכָמִים כְּשֶׁנִּיעֵר וְכִסָּה", מַאי "נִיעַר" וּמַאי "כִּסָּה"? אִילֵימָא נִיעַר בַּסּוֹף וְלֹא נִיעַר בַּתְּחִלָּה, וְכִסָּה בַּסּוֹף וְלֹא כִּסָּה בַּתְּחִלָּה – הָאָמַרְתְּ "נִרְאִין דִּבְרֵי ר' יְהוּדָה בְּהָא"? אֶלָּא, נִיעַר – מִתְּחִלָּה וְעַד סוֹף, וְכִסָּה – מִתְּחִלָּה וְעַד סוֹף. מִכְּלָל דְּרַבָּנַן סָבְרִי: נִיעַר בַּסּוֹף וְלֹא נִיעַר בַּתְּחִלָּה, כִּסָּה בַּסּוֹף וְלֹא כִּסָּה בַּתְּחִלָּה – מוּתָּר. אַלְמָא קָסָבְרִי – אֶפְשָׁר לְסוֹחֲטוֹ – מוּתָּר. א"ל רַב אַחָא מִדִּיפְתִּי לְרָבִינָא: מִמַּאי דְּבְאֶפְשָׁר לְסוֹחֲטוֹ פְּלִיגִי, דִּלְמָא, אֶפְשָׁר לְסוֹחֲטוֹ – דִּבְרֵי הַכֹּל אָסוּר. וְהָכָא בְּמִין בְּמִינוֹ קָא מִיפַּלְגִי, וְרַבִּי יְהוּדָה לְטַעֲמֵיהּ *דְּאָמַר מִין בְּמִינוֹ לֹא בָּטֵיל, וְרַבָּנַן לְטַעֲמַיְיהוּ דְּאָמְרִי מִין בְּמִינוֹ בָּטֵיל! הַאי מַאי? אִי אָמְרַתְּ בִּשְׁלָמָא דְּרַבָּנַן בְּמִין בְּמִינוֹ הָכָא כְּרַבִּי יְהוּדָה סְבִירָא לְהוּ וּבְאֶפְשָׁר לְסוֹחֲטוֹ פְּלִיגִי – הַיְינוּ דְּקָאָמַר רַבִּי "נִרְאִין דִּבְרֵי רַבִּי יְהוּדָה בְּהָא וְדִבְרֵי חֲכָמִים בְּהָא". אֶלָּא אִי אָמְרַתְּ אֶפְשָׁר לְסוֹחֲטוֹ דִּבְרֵי הַכֹּל אָסוּר, וְהָכָא בְּמִין בְּמִינוֹ קָמִיפַּלְגֵי – הַאי "נִרְאִין דִּבְרֵי ר' יְהוּדָה וְאֵין נִרְאִין" מִבְּעֵי לֵיהּ!* וְתוּ לָא מִידֵי.§ **מתני'** *[א]הַכְּחָל – קוֹרְעוֹ וּמוֹצִיא אֶת חֲלָבוֹ, לֹא קְרָעוֹ – אֵינוֹ עוֹבֵר עָלָיו. *[ב]הַלֵּב – קוֹרְעוֹ וּמוֹצִיא אֶת דָּמוֹ, [ג]לֹא קְרָעוֹ – אֵינוֹ עוֹבֵר עָלָיו.§ **גמ'** אָמַר

וּפְלִיגִינַן: **מִכְּלָל דְּר' יְהוּדָה סָבַר כִּי נִיעַר כו'.** נַמִּי אָסְרִי. דְּמִדְּקָאָמַר "רוֹאֶה אֲנִי דִּבְרֵי ר' יְהוּדָה בְּשֶׁלֹּא נִיעַר בַּתְּחִלָּה, אֲבָל אֵינִי רוֹאֶה אֶת מַה שֶּׁהוּא אוֹסֵר אַף בְּשֶׁנִּיעֵר" – מִכְּלָל דְּאִיהוּ, אַף בְּשֶׁנִּיעֵר אָסַר. מִדְּלָא קָתָנֵי "אָמַר רַבִּי: לֹא אָמַר ר' יְהוּדָה אֶלָּא בְּשֶׁלֹּא נִיעֵר". **הָא לָא בָּלְעָה.** חֲתִיכָה רִאשׁוֹנָה יוֹתֵר מִן הָאַחֲרוֹנָה, וְטִיפָּה הַזֹּאת אֵין שִׁיעוּר לֶאֱסוֹר אֶת כּוּלָּן. **שֶׁמָּא לֹא נִיעַר תְּחִלָּה יָפֶה.** וּבָלְעָה, וְאח"כ פָּלְטָה כְּשֶׁנִּיעֵר בַּסּוֹף. וְהָא גְּזֵירָה לָא סָבַר לָהּ רַבִּי כְּוָותֵיהּ, אֲבָל בְּדְאֶפְשָׁר לְסוֹחֲטוֹ אָסוּר, וּבְמִין בְּמִינוֹ לָא בָּטֵיל – סָבַר לָהּ כְּוָותֵיהּ. **אָמַר מָר וְדִבְרֵי חֲכָמִים.** הַמַּתִּירִין אֶת הַכֹּל, נִרְאִין לְרַבִּי כְּשֶׁנִּיעֵר, אֲבָל בְּשֶׁלֹּא נִיעַר – לֹא נִרְאֶה לוֹ. מִכְּלָל, דְּהֵם מַתִּירִין אַף בְּשֶׁלֹּא נִיעַר. **וּמַאי נִיעַר.** דְּקָאָמַר רַבִּי? **אִילֵימָא נִיעַר בַּסּוֹף וְלֹא בַּתְּחִלָּה.** דְּאע"ג דְּקִבְּלָה אֶת הַטַּעַם קָאָמַר רַבִּי דְּרוֹאֶה הוּא אֶת דִּבְרֵי הַמַּתִּירִין, הוֹאִיל וְנִיעַר בַּסּוֹף וְחָזַר וְנִסְחַט, דְּקָסָבַר: אֶפְשָׁר לְסוֹחֲטוֹ מוּתָּר – הָאָמַרְתְּ "נִרְאִין דִּבְרֵי ר' יְהוּדָה בְּהָא"? **נִיעַר מִתְּחִלָּה וְעַד סוֹף.** רָאָה אֶת דִּבְרֵי הַמַּתִּירִין בְּזוֹ. דְּכֵיוָן דְּפָשַׁט מִתְּחִלָּה הַטַּעַם בְּכוּלָּהּ קְדֵרָה, וְאֵין בָּהּ כְּדֵי לֶאֱסוֹר אֶת כּוּלָּהּ – מוּתָּר. וְלֹא רָאָה דִּבְרֵי ר' יְהוּדָה הַחוֹשֵׁשׁ שֶׁמָּא לֹא נִיעַר יָפֶה יָפֶה. **מִכְּלָל דְּרַבָּנַן סָבְרִי כו'.** מִדְּקָאָמַר "רוֹאֶה אֲנִי אֶת דִּבְרֵיהֶם בְּשֶׁנִּיעֵר בַּתְּחִלָּה, וְאֵין אֲנִי רוֹאֶה אֶת דִּבְרֵיהֶם מַה שֶּׁהִתִּירוּ בְּשֶׁלֹּא נִיעַר מִתְּחִלָּה, וְהֵן מַתִּירִין אוֹתוֹ (א) בְּנִיעוּר שֶׁבַּסּוֹף, וּמִשּׁוּם סְחִיטָה" – מִכְּלָל, דְּקָסָבְרִי: אֶפְשָׁר לְסוֹחֲטוֹ – מוּתָּר. **וּמִמַּאי דְּבְאֶפְשָׁר לְסוֹחֲטוֹ פְּלִיגִי.** וְהַאי "עַד שֶׁתִּתֵּן" דְּקָאָמְרִי רַבָּנַן – אַטִּיפָּה קָאֵי, וְשָׁרֵי אַף הַחֲתִיכָה? דִּילְמָא חֲתִיכָה קַמַּיְיתָא וַדַּאי אֲסִירָא, וְאַטִּיפָּה דְּמִילְּתֵיהּ דְּרַבִּי יְהוּדָה דְּאָסַר אֶת הַשְּׁאָר אֲפִילּוּ הֵן אֶלֶף מִפְּנֵי שֶׁהֵן מִינָהּ, פְּלִיגִי רַבָּנַן. וְאָמְרִי: לְעוֹלָם אֵין חֲתִיכָה זוֹ אוֹסֶרֶת אֶת הַשְּׁאָר, עַד שֶׁיְּהֵא בַּחֲתִיכָה כְּדֵי לָתֵת טַעַם בְּכוּלָּן. דְּמִין בְּמִינוֹ נַמִּי בָּטֵיל. וְרַבִּי הָכִי קָאָמַר: רוֹאֶה אֲנִי אֶת דִּבְרֵי רַבִּי יְהוּדָה לֶאֱסוֹר אַף בִּשְׁאָר הַחֲתִיכוֹת – בְּשֶׁלֹּא נִיעַר בַּתְּחִלָּה, וְקִבְּלָה טַעַם הָאִיסּוּר וְנַעֲשֵׂית אִיסּוּר אֶלָּא (ב) בַּסּוֹף, וְחָזְרָה וּפָלְטָה בָּאֲחֵרוֹת, וּמִין בְּמִינוֹ לָא בָּטֵיל. וְאֵין אֲנִי רוֹאֶה דְּבָרָיו בְּשֶׁנִּיעֵר בַּתְּחִלָּה – דְּהָא לֹא נַעֲשֵׂית אִיסּוּר. וּלְשֶׁמָּא לֹא נִיעַר יָפֶה לָא חָיְישִׁינַן. וְרוֹאֶה אֲנִי אֶת דִּבְרֵי הַמַּתִּירִין – כְּשֶׁנִּיעֵר בַּתְּחִלָּה, כְּדְפָרֵישִׁית, דְּלֹא נַעֲשֵׂית אִיסּוּר, וּלְשֶׁמָּא לֹא נִיעַר לָא חָיְישִׁינַן. וְאֵין אֲנִי רוֹאֶה הֶיתֵּר אֲפִילּוּ בָּאֲחֵרוֹת – בְּשֶׁלֹּא נִיעַר בַּתְּחִלָּה אֶלָּא בַּסּוֹף, דְּנַעֲשֵׂית אִיסּוּר מִתְּחִלָּה וְאוֹסֶרֶת בַּסּוֹף אֶת חַבְרוֹתֶיהָ בְּמַשֶּׁהוּ, דְּמִין בְּמִינוֹ לָא בָּטֵיל. **הַאי מַאי אִי אָמְרַתְּ בִּשְׁלָמָא בְּמִין בְּמִינוֹ.** כּוּלָּם מוֹדִים דְּלָא בָּטֵיל, וּבַחֲתִיכָה קַמַּיְיתָא שָׁרוּ רַבָּנַן מִשּׁוּם דְּאֶפְשָׁר לְסוֹחֲטוֹ מוּתָּר, וְ"עַד שֶׁתִּתֵּן" דְּקָתָנֵי – אַטִּיפָּה קָאֵי. הַיְינוּ. דְּשַׁיָּיךְ לְמֵימַר "נִרְאִין דִּבְרֵי חֲכָמִים הַמַּתִּירִין בְּשֶׁנִּיעֵר בַּתְּחִלָּה", דְּלֹא בָּלְעָה. **אֶלָּא אִי אָמְרַתְּ אֶפְשָׁר לְסוֹחֲטוֹ** לְרַבָּנַן נַמִּי **אָסוּר.** וְהַאי דְּקָשָׁרוּ רַבָּנַן בֵּין שֶׁנִּיעֵר בַּתְּחִלָּה וּבֵין שֶׁלֹּא נִיעַר בַּתְּחִלָּה – אַאַחֲרָנְתָא הוּא דְּקָשָׁרוּ, וּמִשּׁוּם דְּמִין בְּמִינוֹ בָּטֵל, וְ"עַד שֶׁתִּתֵּן" דְּקָתָנֵי – אַחֲתִיכָה קָאֵי. הֵיכִי מָצֵי רַבִּי לְמִיתְנֵי "נִרְאִין דִּבְרֵי חֲכָמִים בְּשֶׁנִּיעֵר"? וְהָא רַבָּנַן נַמִּי אָסְרִי לַחֲתִיכָה, דְּאִית לְהוּ גְּזֵירָה שֶׁמָּא לֹא נִיעַר יָפֶה יָפֶה. וְרַבִּי, מִדְּתָלֵי טַעְמָא דְּהֶיתֵּרָא בְּשֶׁנִּיעֵר, מִכְּלָל דְּשָׁרֵי אַף בְּקַמַּיְיתָא מִשּׁוּם דְּלָא בָּלְעָה. וְאֵין נִרְאִין לוֹ בָּהּ, לֹא דִּבְרֵי רַבִּי יְהוּדָה הָאוֹסֵר בְּכוּלָּן, וְלֹא דִּבְרֵי חֲכָמִים הַמַּתִּירִין בָּאֲחֵרוֹת וְאוֹסְרִין מִיהָא בָּרִאשׁוֹנָה. וְאִם בָּא רַבִּי לְהַשְׁמִיעֵנוּ דְּמִין בְּמִינוֹ לָא בָּטֵיל, וְעוֹד דְּלָא חָיְישִׁינַן לְשֶׁמָּא לֹא נִיעַר יָפֶה? הָכִי אִיבָּעֵי לֵיהּ לְמִיתְנֵי: נִרְאִין דִּבְרֵי רַבִּי יְהוּדָה שֶׁאוֹסֵר בְּכוּלָּן, בְּשֶׁלֹּא נִיעַר אֶלָּא נִיעַר בַּסּוֹף. דְּכֵיוָן שֶׁקִּבְּלָה הַטַּעַם וְנֶאֶסְרָה אוֹסֶרֶת חַבְרוֹתֶיהָ בְּכָל שֶׁהוּא, דְּמִין בְּמִינוֹ לָא בָּטֵיל. וְאֵין נִרְאִין דְּבָרָיו – כְּשֶׁנִּיעֵר. דְּאִיהוּ חוֹשֵׁשׁ לְשֶׁמָּא לֹא נִיעַר יָפֶה, וְאוֹסֶרֶת כּוּלָּן. דְּכֵיוָן דְּנִיעַר לָא חָיְישִׁינַן לְהָכִי, וְאַף הָרִאשׁוֹנָה מוּתֶּרֶת. וּמִדְּקָאָמַר "נִרְאִין דִּבְרֵי חֲכָמִים" – מִכְּלָל דְּרַבָּנַן בְּקַמַּיְיתָא נַמִּי שָׁרוּ, וְ"עַד שֶׁתִּתֵּן" – אַטִּיפָּה קָאֵי, וְקָסָבְרִי: אֶפְשָׁר לְסוֹחֲטוֹ מוּתָּר, וְלֹא נַעֲשֵׂית הַחֲתִיכָה נְבֵלָה. **וְתוּ לָא מִידֵי.** אֵין לְשַׁנּוֹת אֶת הַסּוּגְיָא. וְהַשְׁתָּא דְּקָם לֵיהּ רַבִּי בְּשִׁיטָתֵיהּ דְּר' יְהוּדָה דְּאֶפְשָׁר לְסוֹחֲטוֹ אָסוּר, וְרַב וְרַבִּי יוֹחָנָן וְרַבִּי חֲנִינָא נַמִּי כְּוָותֵיהּ סָבְרִי, אע"ג דְּאִיפְּלִיגוּ עֲלַיְיהוּ שְׁמוּאֵל וְר"ל – הָא קַיְימָא לַן: שְׁמוּאֵל בְּאִיסּוּרֵי בִּמְקוֹם רַב, לֵיתָא. וְכֵן לְגַבֵּי רַבִּי יוֹחָנָן לֵיתָא. וְעָבְדִינַן *כְּרַבִּי יְהוּדָה, בֵּין בְּחָלָב שֶׁנָּפַל עַל הַחֲתִיכָה וְלֹא נִיעַר וְיֵשׁ בּוֹ כְּדֵי לִיתֵּן טַעַם בְּאוֹתָהּ חֲתִיכָה, וּבֵין בְּחֵלֶב הַדָּבוּק בַּחֲתִיכַת בָּשָׂר וְיֵשׁ בּוֹ לִיתֵּן טַעַם בָּהּ, וַאֲפִילּוּ אֵין בּוֹ כַּזַּיִת, דְּהָוֵי חֲצִי שִׁיעוּר אָסוּר מִן הַתּוֹרָה. וְהַחֲתִיכָה עַצְמָהּ נַעֲשֵׂית נְבֵלָה, וְאֵין מוֹעִילִין שְׁאָר הַחֲתִיכוֹת לְבַטְּלָהּ, דְּכוּלָּן נֶאֱסָרוֹת, וַאֲפִילּוּ הֵן אֶלֶף. דְּהָא נַמִּי קַיְימָא לָן כְּרַבִּי יְהוּדָה דְּמִין בְּמִינוֹ לָא בָּטֵיל, דְּהָא קָם לֵיהּ רַבִּי בְּשִׁיטָתֵיהּ. וְרַב וּשְׁמוּאֵל נַמִּי בְּשִׁיטָתֵיהּ קַיְימִי, דְּרַב וּשְׁמוּאֵל דְּאָמְרִי תַּרְוַויְיהוּ: כָּל אִיסּוּרִין שֶׁבַּתּוֹרָה – בְּמִינוֹ בְּמַשֶּׁהוּ, וְתַנְיָא כְּוָותַיְיהוּ בְּמַסֶּכֶת עֲבוֹדָה זָרָה (דף עג:). וְאע"ג דְּאִיפְּלִיגוּ עֲלַיְיהוּ רַבִּי יוֹחָנָן וְר"ל הָתָם, וְחַיָּיא נַמִּי כְּוָותַיְיהוּ – שְׁמַעִינַן לְאַבָּיֵי וְרָבָא, דְּבַתְרָאֵי הָווּ, דְּקָמוּ כְּרַב וּשְׁמוּאֵל. דְּאִיתְּמַר: חַלָּא לְגוֹ חַמְרָא כו', בְּמַסֶּכֶת עֲבוֹדָה זָרָה (דף סו.). וּבִפְסָחִים (דף ל.) נַמִּי פָּסַק רָבָא הִלְכְתָא כְּרַב, דְּמִין בְּמִינוֹ בְּמַשֶּׁהוּ. דְּאָמַר רָבָא, הִלְכְתָא: חָמֵץ בִּזְמַנּוֹ, בֵּין בְּמִינוֹ בֵּין שֶׁלֹּא בְּמִינוֹ – בְּמַשֶּׁהוּ. וּמְפָרְשִׁינַן טַעְמָא: בְּמִינוֹ, בְּמַשֶּׁהוּ – רַב לְטַעְמֵיהּ, דְּאָמַר: כָּל אִיסּוּרִין שֶׁבַּתּוֹרָה בְּמִינוֹ בְּמַשֶּׁהוּ, וּבְשֶׁלֹּא בְּמִינוֹ גָּזַר רַב בְּחָמֵץ אַטּוּ מִינוֹ, מִשּׁוּם דְּלָא בְּדִילֵי אֱינָשֵׁי מִינֵּיהּ, וְאָתוּ לְזַלְזוּלֵי בֵּיהּ. שְׁמַע מִינָּהּ: בְּתַרְוַויְיהוּ הֲלָכָה כְּר' יְהוּדָה, בֵּין בְּאֶפְשָׁר לְסוֹחֲטוֹ אָסוּר וְכוּלָּהּ נַעֲשֵׂית נְבֵלָה, בֵּין בְּמִין בְּמִינוֹ לָא בָּטֵיל. אֲבָל אִם יֵשׁ בָּרוֹטֶב לְבַדּוֹ יוֹתֵר מִשִּׁשִּׁים בְּכָל הַחֲתִיכָה שֶׁקִּבְּלָה אֶת הַטַּעַם – הָרוֹטֶב מְבַטְּלָהּ, וּמַשְׁלִיכָהּ וְכוּלָּן מוּתָּרוֹת. דְּבְהָא אֲפִי' רַבִּי יְהוּדָה מוֹדֵי, דְּכָל מִין וּמִינוֹ וְדָבָר אַחֵר – סַלֵּק אֶת מִינוֹ כְּמִי שֶׁאֵינוֹ, וְשֶׁאֵינוֹ מִינוֹ רַבֶּה עָלָיו וּמְבַטְּלוֹ. וְאִית סְפָרִים דְּמַתְנְיָא בְּהוּ אִיפְּכָא: אָמַר רַבִּי נִרְאִין דִּבְרֵי רַבִּי יְהוּדָה בְּשֶׁנִּיעֵר וְכִסָּה כו' – וְלָא אֶפְשָׁר לְאוֹקְמָא. דְּא"כ, כּוּלְּהוּ מוֹדוּ בְּקַמַּיְיתָא דַּאֲסִירָא. דְּכֵיוָן דְּמוֹקֵי פְּלוּגְתַּיְיהוּ נַמִּי בְּשֶׁלֹּא נִיעַר כְּלָל, א"כ עַל כָּרְחָךְ לְרַבָּנַן נַמִּי קַמַּיְיתָא אֲסוּרָה, דְּהָא בָּלַע וְלֹא פָּלַט, וְאֵין כָּאן מַחֲלוֹקֶת אֶלָּא בָּאַחֲרוֹנוֹת, וְלָא אַיְירֵי בְּאֶפְשָׁר לְסוֹחֲטוֹ מִידֵי. הִילְכָּךְ לָא גָּרְסִינַן לָהּ.

מתני' לֹא קְרָעוֹ אֵינוֹ עוֹבֵר. עַל אֲכִילָתוֹ לִלְקוֹת, וְלֹא עַל בִּשּׁוּלוֹ, דְּלָאו "חָלָב" מִקְּרֵי. וּבַגְּמָרָא מְפָרֵשׁ אִי אִיכָּא מִיהָא אִיסּוּרָא דְּרַבָּנַן אוֹ לָא.

הַלֵּב קוֹרְעוֹ וּמוֹצִיא אֶת דָּמוֹ לֹא קְרָעוֹ אֵינוֹ עוֹבֵר עָלָיו. לִהְיוֹת בְּכָרֵת. וּבְמַס' כְּרֵיתוֹת (דף כב.) מוֹקִים לָהּ בְּלֵב עוֹף, שֶׁאֵין בְּדָמוֹ כַּזַּיִת. אֲבָל בִּבְהֵמָה – חַיָּיב כָּרֵת אִם לֹא קְרָעוֹ לְאַחַר בִּשּׁוּלוֹ, אֲבָל בְּשָׂרוֹ – אֵינוֹ נֶאֱסָר, שֶׁהַלֵּב חָלָק הוּא, וְאֵינוֹ בּוֹלֵעַ. וְהָכִי נַמִּי אָמְרִינַן בִּפְסָחִים (דף עד:): שָׁאנֵי לֵב, דְּשִׁיעַ. **גמ'** אָמַר

נראין דברי ר' יהודה ואין נראין מבעיא ליה. תימה: לימא דכ"ע מין במינו לא בטיל, וה"ק: נראין דברי ר' יהודה לחכמים – בשלא ניער בתחלה אלא בסוף, שחכמים לא נחלקו עליו אלא כשניער מתחלה ועד סוף. דכי האי גוונא משני לעיל בפרק קמא (דף יב.) גבי "אבדו לו גדייו ותרנגוליו", ובפרק "המוכר את הספינה" (ב"ב דף עט.) גבי "בור ושובך", וכהאי דוכתין! ויש לומר: דלא קאמר אלא היכא דלא אפשר ליה למימר בענין אחר*.

הלב קורעו ומוציא את דמו לא קרעו אינו עובר עליו. פירש בקונטרס: במס' כריתות (דף כב.) מוקי לה בלב עוף, דאין בדמו כזית. אבל בבהמה – חייב כרת אם לא קרעו לאחר בשולו. ואי אפשר לומר כן, דהכדיא אמרינן ב"הקומץ רבה" (מנחות דף כא.) דדם שבשלו – אינו עובר עליו אם אכלו. והא דמוקי לה בפ' "דם שחיטה" (כריתות דף כב.) בלב עוף – משום דבכל ענין קתני מתניתין דאינו עובר עליו, בין חי בין מבושל. ומה שפירש בקונטרס דבשר הלב אינו נאסר, שהלב חלק הוא ואינו בולע, דהכי אמרינן בפסחים (דף עד:) "שאני לב דשיע", אומר ר"ת: דאין לסמוך על זה לעשות מעשה, דדחייה בעלמא הוא בפ' "כיצד צולין" (פסחים דף עד:). דהוה בעי למיפשט מיניה דאמרינן כבולעו כך פולטו, מדקתני "קורעו לאחר בשולו". ודחי: שאני לב דשיע. אבל למאי דמסיק דכבולעו כך פולטו – תו לא אמרי' דשיע ולא בלע. ו"קורעו לאחר בשולו" – היינו, לאחר צלייתו. דשייך ביה "כבולעו כך פולטו", שהדם נופל לחוץ. אבל בקדרה – אסור, ולא אמרינן דשיע ולא בלע.

אינו

ס א מיי' פ"ט מהלכות מאכלות אסורות הל' יב סמג לאוין קמא טוש"ע י"ד סי' ל סעיף ח:

סא ב מיי' פ"ו מהל' מ"א הלכה ו ועי' בהשגות ובכ"מ סמג לאוין קלז טוש"ע י"ד סי' עב סעיף ה:

סב ג מיי' שם הל' ו:

[וע"ע תוס' ב"מ נג. ד"ה מכלל ותוס' נדה נג. ד"ה שאני]

[לעיל ק. וש"נ]

[פי' הדד של בהמה ערוך]

[סוכה לו: וש"נ]

פסחים עד: כריתות כב.

[השגת תוס' עי' תוס' ע"ז ... לעיל לג. ד"ה אמר רבה וכן בתוס' פסחים ל. ד"ה אמר]

הגהות הב"ח

(א) רש"י ד"ה מכלל וכו' מתירין אותו בשניער בסוף ומשום: (ב) ד"ה וממאי וכו' אלא שבסוף חזרה ופלטה:

רבינו גרשום

מכלל דר' יהודה סבר וכו'. כלומר מדאמר ר' נראין דברי ר' יהודה בהא מכלל דר' יהודה מחמיר טפי ואפי' ניער כו' ורהדל דרבנן סברי (א) אפי' ניער בסוף דפלט ואפי' כסה בסוף ולא ניער בתחלה דבלע ואפילו כיסה בסוף ולא כיסה בתחלה מותר כיון דלבסוף נסחט ממנו האיסור קסברי אפשר לסוחטו מותר: ורבי יהודה לטעמי' מין במינו לא בטיל. כלומר לפי' חתיכה עצמה נעשית נבלה ואוסרת כל החתיכות כולן לא צריך ליתן טעם כל החתיכות כולן אלא באותה חתיכה והיא אוסרת חתיכות אחרות ורבנן לטעמייהו דאמרי מין במינו בטל לפי' לא יהא אסור עד שיתן טעם בחתיכות כולן: האי מאי אי אמרת בשלמא רבנן דהכא במין ומינו כר' יהודה סבירא להו ובאפשר לסוחטו פליגי היינו דאמר ר' נראין דברי ר' יהודה בהא. כלומר בשלא ניער בתחילה אלא לבסוף (כלומר) דבלע ופלט לבסוף נסחט ממנו האיסור ואע"ג דלבסוף נסחט ממנו אסור דקסבר אפשר לסוחטו אסור ודברי חכמים בשניער מתחלה ועד סוף דלא בלע ולפיכך צריך שיתן טעם החלב שנפל על החתיכה אחת בכל החתיכות ואם לא נתן טעם בכל החתיכות לא אמרינן חתיכה עצמה נעשית נבילה דלא הוה להו פנאי לבלוע איסורא אלא אי אמרת אפשר לסוחטו דברי הכל אסור כלומר דרבנן סבירא להו כר' יהודה דאפשר לסוחטו דאסור ... ג) ודלא מיירי במין ומינו אלא באפשר לסוחטו נימא נראין דברי ר' יהודה בשלא ניער מתחלה ועד סוף דלא בלעה החתיכה ולא נעשית החתיכה של נבילה וה"ה לרבנן דלא פליגי באפשר לסוחטו אלא ודאי באפשר לסוחטו פליגי לפיכך אמר נראין דברי ר' יהודה בהא ודברי חכמים בהא: הכחל קורעו ומוציא את חלבו. כלומר לענין בישול בפני עצמו:

לימא

א) נ"ל אפי' ניער בסוף ולא בתחלה או כיסה בסוף ולא כיסה בתחלה אף דבכה"ג בלע מתחלה מותר כיון דלבסוף נסחט וכו'. ב) נראה דצ"ל ולא מיירי אלא במין ומינו כו' באפשר לסוחטו.

אמר רבי זירא, אמר רב: אינו עובר עליו, ומותר. והא אנן תנן "אינו עובר עליו" – מיעבר הוא דלא עבר, הא איסורא איכא! בדין הוא דאיסורא נמי ליכא, ואיידי *דבעא למיתנא סיפא "הלב קורעו ומוציא את דמו, לא קרעו אינו עובר עליו", התם – מיעבר הוא דלא עבר, הא איסורא איכא, תנא נמי רישא "אינו עובר עליו". לימא מסייע ליה: *הכחל – קורעו ומוציא את חלבו, לא קרעו – אינו עובר עליו. הלב – קורעו ומוציא את דמו, לא קרעו – בקורעו לאחר בשולו, ומותר. לב הוא דבעי קריעה, אבל כחל – לא בעי קריעה. דלמא: לב הוא דסגי ליה בקריעה, אבל כחל – לא סגי ליה בקריעה. ואיכא דאמרי, א"ר זירא אמר רב: אינו עובר עליו, ואסור. לימא מסייע ליה: "אינו עובר עליו" – מיעבר הוא דלא עבר, הא איסורא איכא. בדין הוא דאיסורא נמי ליכא, ואיידי דבעא למיתנא סיפא "הלב קורעו ומוציא את דמו, לא קרעו אינו עובר עליו", דהתם – מיעבר הוא דלא עבר, הא איסורא איכא, תנא נמי רישא "אינו עובר עליו". ת"ש: הכחל – קורעו ומוציא את חלבו, לא קרעו – אינו עובר עליו. הלב – קורעו ומוציא את דמו, לא קרעו – קורעו לאחר בשולו, ומותר. לב הוא דבעי קריעה, אבל כחל – לא בעי קריעה! דלמא: לב הוא דסגי ליה בקריעה, אבל כחל – לא סגי ליה בקריעה. תניא כלישנא קמא דרב: *כחל שבשלו בחלבו – מותר, גקבה שבשלה בחלבה – אסור, ומה הפרש בין זה לזה – זה כנוס במעיו, וזה אין כנוס במעיו. כיצד קורעו? אמר רב יהודה: דקורעו שתי וערב וטחו בכותל. א"ל ר' אלעזר לשמעיה: קרע לי ואנא איכול. מאי קמ"ל? מתניתין היא! ההא קמ"ל: דלא בעינן שתי (א) וערב וטחו בכותל. *אמרה ליה ילתא לרב נחמן: מכדי, כל דאסר לן רחמנא שרא לן כוותיה, אסר לן דמא – שרא לן כבדא, נדה – דם טוהר, חלב בהמה – חלב חיה, חזיר – מוחא דשיבוטא, גירותא – לישנא *דכוורא, אשת איש – גרושה בחיי בעלה, אשת אח – יבמה, גויה – יפת תאר, בעינן למיכל בשרא בחלבא! אמר להו רב נחמן לטבחי: זויקו לה כחלי. והאנן תנן "קורעו"? ההוא לקדרה. והא קתני "שבשלו" – דיעבד – אין, לכתחלה – לא! ה"ה דאפי' לכתחלה, *ואיידי דקא בעי למיתנא סיפא קבה, שבשלה

רש"י

אמר רב אינו עובר עליו. מדאורייתא, ומותר לכתחלה באכילה אם בשלו. ולא אמרינן: אסור מיהא מדרבנן – דהא אפילו נתעט ממנו וגלה, אמרינן לקמן (דף קיא.): חלב שחוטה, מדרבנן הוא. והאי, כיון דמובלע ולא פירש – אפי' איסור דרבנן ליכא. דהתם מיעבר הוא דלא עבר. לגלות, דאין בו כזית. הא איסורא איכא. דהא שיעור אסור מה"ת. הא כחל לא בעי קריעה. לאחר הבישול, מדלא תנא ביה "לא קרעו, קורעו לאחר בשולו". דלמא. משום הכי לא תנייה, משום דלב הוא דסגי ליה בקריעה דלאחר בשול, משום דבשעת בשול לא בלע, דקשיא. אבל כחל, שהוא רך, כבר נבלע בו החלב ע"י בשול, ולא סגי ליה תו בקריעה. קבה. של טלה או של עגל שיונקים החלב לתוך קבתן. זה כנוס במעיו. ומשאלה מדדי הבהמה – חלב הוא. וכחל אינו כנוס במעיו – שלא יצא מדדי הבהמה בחייה, ולא נאסף אלא מובלע כבשר הוא, ולא בא לכלל חלב. ומיהו לכתחלה בעי קריעה מדרבנן. וטחו בכותל. כותשו בידיו לכותל, כדי שיפלט חלבו. קרע לי. כחל קודם שתבשלנו, ואנא איכול. מתניתין היא. דקורעו מתחלתו ומותר. הא קמ"ל. קריעה בעלמא קא"ל, או שתי או ערב, לפי שהחלב הנוטף יוצא למטה. ומשאלה, והרי הוא חלב – לא חזר. ולא בעי שתי וערב אלא לקדרה, דהתם ודאי צריך להוציא כולו מתחלה. לפי כשהוא יוצא – הרי הוא חלב גמור, וחוזר ומתבשל עמו. ודקתני לעיל "שבשלו מותר" – בגלי קאמר, דגלי נמי קרי בשול, דכתיב בדברי הימים (ב לה): "ויבשלו (את) הפסח". ילתא. אשתו. הכבד. כולו דם *הוא, קרוש – טעם דם לו. דם טוהר. של בתולין ושל ימי טוהר של יולדת. מוח. של דג ששמו שיבוטא, טעמו כטעם חזיר. גירותא. עוף טמא הוא*. לישנא דכוורא. יש לו טעם גירותא. אסר לן אשת איש. שרא לן גרושה, ואע"פ שבעלה חי. בעינא למיכל בישרא בחלבא. ומה אמלא היתר דוגמתו? זויקו. שפודו, תנו לה כחל בשפוד. והא אנן קורעו תנן ההוא לקדרה. דכי נפיק מיניה – הוי חלב שחוטה, וכי הדר ומיבלע ליה אסר ליה. ודקתני "לא קרעו אינו עובר עליו" – רב נחמן סבירא ליה כלישנא בתרא דרב, וברייתא מוקי לה בגלי, דכתיב: "ויבשלו (את) הפסח" בדברי הימים. והא

תוספות

אינו עובר עליו ומותר – פירש בקונטרס: דמותר אם בשלו, משום דחלב שחוטה דרבנן הוא. והאי, כיון דאבלע ולא פירש – אפילו איסורא דרבנן ליכא. משמע שרוצה להעמיד כולה שמעתתא דכחל בגלי, דאי לקדרה – אמאי מותר? הא יצא חלב וחזר ונבלע! וכן פירש לקמן בהדיא גבי "זויקו לה כחלי", דפריך: והא "בשלו" קתני דיעבד, ופירש בקונטרס: והא ודאי בגלי הוא, מדקתני "מותר". דאי בקדרה – אמאי מותר? הא יצא החלב וחזר ונבלע. ולקמן בתר שמעתתא דכבד פי' בקונטרס: והלכות כחל כבר אמרנו למעלה, דלגלי – בעי קריעה שתי *או ערב, ואי לא קרעו – מותר, כלישנא קמא דרב, דהא תניא כוותיה. ולקדרה – קורעו שתי וערב וטחו בכותל. ומה שכתוב בספרים בפ' "גיד הנשה" (לעיל דף צז:) "כחל עצמו אסור היכא דלא קרעיה ובשליה בהדי בשרא" ל"ג ליה, דאפי' בשליה לחודיה אסור לפירוש הקונטרס, לפי שפירש וחזר ונבלע. ומיהא גם לפירוש הקונטרס היכא דאיכא ס' במים שנתבשל בהן הכחל – לא היה נאסר הכחל היכא שבשלו לחודיה, לפי שהחלב הנפלט נתבטל במים. אבל היכא דבשלו עם בשר – אסור משום טעם בשר הנבלע בחלב שבכחל. וכן יש ספרים דגרסי בסמוך "כחל שבשלו בחלבו – מותר, היכא דבשליה לחודיה בלא בשר". ויש להעמידו לפירוש הקונטרס שיש במים ששים כדפרישית שמתבטל בהן חלב היוצא מן הכחל. **הא** איסורא איכא. וא"ת: לפירוש הקונטרס, דלמא הא איסורא איכא לקדרה, אבל לגלי – מותר? וי"ל: דא"כ ה"ל למתני דאם לא קרעו – מותר, דהוי חדוש, וממילא הוה מוקמינן ליה בגלי. **לב** הוא דבעי קריעה אבל כחל לא בעי קריעה. וא"ת: אדרבה, דוק מינה איפכא: אינו עובר עליו – הא איסורא איכא, כדדייק לעיל. דהכא לא שייך למימר "איידי דבעי למימר בסיפא" כדקאמר לעיל. וי"ל: דדלמא איידי דקתני במתניתין "ואינו עובר עליו", נקט נמי בברייתא הכי. (ב) **הא** כחל לא בעי קריעה. מדלא קתני "קורעו לאחר בשולו", והוה מוקמינן לה בגלי, כדקתני גבי לב. וא"ת: ומאי קסבר? אי מהניא ביה קריעה אחר בשול – אמאי מותר בלא קריעה, יותר מקודם בשול דצריך קריעה? ואי לא מהניא ביה קריעה – היכי מייתי סייעתא לרב מהך ברייתא מדלא קתני "קורעו לאחר בשולו", הא אין קריעה מועלת לו כלום לאחר שנתבשל! וי"ל: דודאי ס"ד דמועלת לו קריעה לאחר בשולו, והא דקאמר רב: ואינו עובר עליו ומותר בלא קריעה – במבושל, ובחי – קורעו. היינו, משום דכי נתבשל כבר פלט במקצת, אבל חי שיש לו רוב חלב בעי קריעה.

דלמא לב הוא דסגי ליה בקריעה. פירוש: משום דקשיא ולא בלע אפילו לקדרה או לגלי, משום דכשבולעו כך פולטו, כמסקנא דפסחים (דף עד:). אבל כחל לא סגי ליה בקריעה אפילו לגלי – משום דכשבולעו כך פולטו לא שייך בשאר איסורים, אלא בדם לחודיה. **נדה** דם טוהר. בסלוק של פרשת פרה יסד ר' אליעזר הקליר: מן הדם – טחול, הדם מטומאת נדה (אשה) – טהרת בתולי אשה, ומאשת איש – יפת תואר לאיש. וכנגד כותית לא פירש, והכל עשה ע"פ הירושלמי. **זויקו** לה כחלי. פירש בערוך: כמו זיקים מלאים, ודמי לזויקני דארמאי בפ' שני דמסכת ע"ז (דף לג.), כלומר נפוחין. וכן הכא, כחל כמו נוד נפוח מלא חלב ולא נקרע. ובקונטרס פירש: שפודו, תנו לה כחל בשפוד. **ההוא** לקדרה. פירש בקונטרס: דרב נחמן ס"ל כלישנא בתרא דרב, וברייתא מוקי לה בגלי, דכתיב: "ויבשלו (את) הפסח" בדברי הימים. ואין זה דוחק, דה"נ מוקמינן בפ' "כיצד צולין" (פסחים דף עד.): קורעו לאחר בשולו – היינו, אחר צלייתו. ואינו רוצה לומר דסבר לגמרי כלישנא בתרא – דהא מיקל טפי אפילו מלישנא קמא, דשרי אפילו לכתחלה. אלא כפירוש דמתניתין סבר כלישנא בתרא, דכיון דשרי רב נחמן לגלי לכתחלה בלא קריעה, א"כ, הא דקתני "קורעו" – היינו, לקדרה, דקאמר הכא. וכי קתני "לא קרעו, אינו עובר עליו" – ע"כ, אינו עובר עליו ואסור, כיון דמיירי לקדרה. ורבינו תם פירש: דהא דצריך קריעת שתי וערב וטחו בכותל לקדרה – היינו, קדרה עם בשר. ד"לקדרה" משמע עם בשר. כדתנא: אם (ג) בנותן טעם בקדרה. אבל לקדרה בלא בשר, או לגלי – שרי לכתחלה בקריעה קלה. וטעמא דהחמירו בה עם הבשר – לפי דטעם *החלב נכנס בבשר ומשתנה טעם הבשר, ויש בו טעם בשר בחלב, ולכך גזרו חכמים. וכשאין הבשר עם הכחל בקדרה, אף על פי שלא קרעו שתי וערב – כיון שקרעו קלת לכתחלה, מותר, דאין

עין משפט נר מצוה

סג א מיי' פ"ט מהל' מאכלות אסורות הל' יב סמג לאוין קמא טוש"ע י"ד סי' ל סעיף א:

סד ב מיי' פ"ט שם הל' ו סמג לאוין קלו וכש"ע שם סי' פז סעיף ב"כ לא פסק כן:

סה ג עי' מ"ש הרי"ף ההלכה גשנית קודם חזרה וכן פסקו המיי' פ"ט שם הלכה טו וש"ע וסמג לאוין קמח וטוש"ע י"ד סי' פז סעיף ט:

(עי' ב"י סי' ל ד"ה ומ"ש גלגלי לריך)

סו ד ה מיי' שם הלכה יב סמג לאוין קמא טוש"ע י"ד סי' ל סעיף א:

מסורת הש"ס

[שבת ל. וש"נ]

[תוספתא פ"ח]

[תוספתא פ"ח]

נ"ל קרוש הוא וטעם

[כלאיתא לעיל סב:]

נ"א אי נמי לקדירה

[עי' תוס' מ"ק יא. ד"ה כוורא]

[שבת ל. וש"נ]

נ"ל הבשר נכנס בחלב מהרש"ם

הגהות הב"ח

(א) גמ' הא קמ"ל דלא בעינן שתי וערב נ"ב ע' בר"ן: (ב) תוס' ד"ה הא כחל וכו' והא דקאמר רב דאי כחל לריך להתחיל אבל כחל וכו': (ג) ד"ה ההוא וכו' אם בה בנותן טעם בקדרה

רבינו גרשום

לימא מסייע ליה להא וזה אינו כנוס במעיו כלומר הכחל אינו כנוס במעיו (ואינו) [אלא] בולע אבל קיבה כיון דחלב כנוס בקיבה בולעת: אי נמי לקדירה. כלומר הא קורעו אפי' לקדרה מותר: דשיבוטא. מין דג: גירותא. עוף טמא: דם טהור כלומר כל שרואה אשה בכל ימי טהרה טהור: זויקו בחלא כלומר שפדו בחלא וצלו לה דהוי כבישול בשר בחלב והא קתני שבשלו דיעבד אין כו' כלומר אפילו קורעו דיעבד אין לכתחלה לא והיאך רב נחמן ההוא לקדרה כלומר קורעו אפילו לכתחלה: א) אין תנא דאתניה לרב כלומר דאמר אינו עובר עליו ואסור.

א) שייך לדף שאחר זה.

שֶׁבִּשְּׁלָהּ בַּחֲלָבָהּ — אֲסוּרָה, דַּאֲפִילּוּ דִּיעֲבַד נַמִי לָא, תְּנָא נַמִי רֵישָׁא שֶׁבִּשְּׁלָהּ. *כִּי סְלֵיק רַבִּי אֶלְעָזָר אַשְׁכְּחֵיהּ לִזְעֵירִי, אֲמַר לֵיהּ: אִיכָּא תַּנָּא דְּאַתְנְיֵיהּ לְרַב כְּחָל? אַחֲוְיֵיהּ לְרַב יִצְחָק בַּר אֲבוּדִימִי. אֲמַר לֵיהּ: אֲנִי לֹא שָׁנִיתִי לוֹ כְּחָל כָּל עִיקָּר, *וְרַב — בִּקְעָה מָצָא וְגָדַר בָּהּ גָּדֵר. דְּרַב אִיקְלַע לְטַטְלְפוּשׁ, שְׁמָעָהּ לְהַהִיא אִיתְּתָא דְּקָאָמְרָה לַחֲבֶירְתָּהּ: רִיבְעָא דְּבִשְׂרָא כַּמָּה חֲלָבָא בָּעֵי לְבַשּׁוּלֵי? אֲמַר: לָא גְּמִירִי דְּבָשָׂר בְּחָלָב אָסוּר! אִיעַכַּב וְקָאָסַר לְהוּ כַּחְלֵי. רַב כָּהֲנָא מַתְנֵי הָכִי. רַבִּי יוֹסֵי בַּר אַבָּא מַתְנֵי: אֲנָא כְּחָל שֶׁל מֵנִיקָה שָׁנִיתִי לוֹ, וּמִפִּלְפּוּלוֹ שֶׁל רַבִּי חִיָּיא שָׁנָה לֵיהּ כְּחָל סְתָם. רָבִין וְרַב יִצְחָק בַּר יוֹסֵף אִיקְלְעוּ לְבֵי רַב פַּפִּי, אַיְיתוּ לְקַמַּיְיהוּ תַּבְשִׁילָא דִּכְחָל. רַב יִצְחָק בַּר יוֹסֵף — אֲכַל, רָבִין — לָא אֲכַל. אֲמַר אַבַּיֵי: *רָבִין תַּכְלָא, אַמַּאי לָא אֲכַל? מִכְּדֵי, דְּבֵיתְהוּ דְּרַב פַּפִּי — בְּרַתֵּיהּ דְּר' יִצְחָק נַפָּחָא הֲוַאי, וְר"י נַפָּחָא — *מָרֵיהּ דְּעוּבְדָא הֲוָה, אִי לָאו דִּשְׁמִיעַ לָהּ מִבֵּי נָשָׁא, לָא הֲוָה עָבְדָא! בְּסוּרָא לָא אָכְלֵי כַּחְלֵי, בְּפוּמְבְּדִיתָא אָכְלֵי כַּחְלֵי. רָמֵי בַּר תַּמְרֵי, *דְּהוּא רָמֵי בַּר דִּיקוּלֵי מִפּוּמְבְּדִיתָא, אִיקְלַע לְסוּרָא בְּמַעֲלֵי יוֹמָא דְּכִפּוּרֵי, אַפְּקִינְהוּ כּוּלֵּי עָלְמָא לְכַחְלַיְינְהוּ שַׁדְיִנְהוּ. אֲזַל אִיהוּ, נַקְטִינְהוּ, אַכְלִינְהוּ. אַיְיתוּהּ לְקַמֵּיהּ דְּרַב חִסְדָּא. אֲמַר לֵיהּ: אַמַּאי תַּעֲבֵיד הָכִי? אֲמַר לֵיהּ: מֵאַתְרָא דְּרַב יְהוּדָה אֲנָא, דְּאָכֵיל. אֲמַר לֵיהּ: וְלֵית לָךְ "נוֹתְנִין עָלָיו חוּמְרֵי הַמָּקוֹם שֶׁיָּצָא מִשָּׁם וְחוּמְרֵי הַמָּקוֹם שֶׁהָלַךְ לְשָׁם"? אֲמַר לֵיהּ: חוּץ לַתְּחוּם אֲכַלְתִּינְהוּ. וּבַמֶּה טְוִיתִינְהוּ? אֲמַר לֵיהּ: בְּפוּרְצְנֵי. וְדִלְמָא מִיַּין נֶסֶךְ הֲוָיָא? אֲמַר לֵיהּ: אלְאַחַר שְׁנֵים עָשָׂר חֹדֶשׁ הֲווּ. וְדִלְמָא דְּגָזֵל הֲוָה? אֲמַר לֵיהּ: ביֵאוּשׁ בְּעָלִים הֲוָה, דְּקָדְחוּ בְּהוּ חִילְפֵי. חַזְיֵיהּ דְּלָא הֲוָה מַנַּח תְּפִילִּין, אֲמַר לֵיהּ: מַאי טַעְמָא לָא מַנַּחַת תְּפִילִּין? אֲמַר לֵיהּ: חוֹלֵי מֵעַיִין הוּא, וְאָמַר רַב יְהוּדָה, *גחוֹלֵי מֵעַיִין — פָּטוּר מִן הַתְּפִילִּין. חַזְיֵיהּ דְּלָא הֲוָה קָא רָמֵי חוּטֵי, אֲמַר לֵיהּ: מַאי טַעְמָא לֵית לָךְ חוּטֵי? אֲמַר לֵיהּ: טַלִּית שְׁאוּלָה הִיא, וְאָמַר *רַב יְהוּדָה
טַלִּית

*וְהָא קָתָנֵי שֶׁבִּשְּׁלוֹ בְּדִיעֲבַד. וְהָא וַדַּאי בִּכְלִי הוּא, מִדְּקָתָנֵי "מוּתָּר", דְּאִי בִּקְדֵרָה אַמַּאי מוּתָּר? הָא יָצָא הֶחָלָב וְחָזַר וְנִבְלַע! אִיכָּא תַּנָּא. בְּהַאי דּוּכְתָּא. דְּאַתְנְיֵיהּ לְרַב כְּחָל. יֵשׁ כָּאן מִי שֶׁשָּׁנָה לְרַב: כְּחָל שֶׁבִּשְּׁלוֹ בְּלֹא קְרִיעָה – אָסוּר בַּאֲכִילָה? וְלִישָּׁנָא בַּתְרָא דְּרַב הוּא שְׁמִיעָה לֵיהּ לְרַבִּי אֶלְעָזָר. אַחֲוְיֵיהּ. בְּנֵי הַמָּקוֹם. לְרַב יִצְחָק. אָמְרוּ לוֹ לְרַבִּי אֶלְעָזָר: זֶה שְׁנָאָהּ לוֹ. אֲנִי לֹא שָׁנִיתִי לוֹ כְּחָל כָּל עִיקָּר. כְּלוֹמַר, שׁוּם כְּחָל לֹא שָׁנִיתִי לוֹ לְאִיסּוּר, בֵּין כְּחָל מֵנִיקָה וּבֵין כְּחָל שֶׁאֵינָהּ מֵנִיקָה. וְרַב. שֶׁשָּׁנָה לָהֶם כְּחָל שֶׁאָסוּר. בִּקְעָה מָצָא. כְּלוֹמַר, רָאָה שֶׁהָיוּ מְזַלְזְלִים בְּאִיסּוּר בָּשָׂר בְּחָלָב, וְהֶחְמִיר עֲלֵיהֶן. לְטַטְלְפוּשׁ. רִיבְעָא. לִיטְרָא. רַב כָּהֲנָא מַתְנֵי הָכִי. כְּמוֹ שֶׁאָמַרְנוּ, שֶׁכֵּן הֵשִׁיבוֹ רַב יִצְחָק לְרַבִּי אֶלְעָזָר: לֹא שָׁנִיתִי לוֹ כָּל עִיקָּר. כְּחָל מֵנִיקָה. שֶׁהָיְתָה מֵנִיקָה, וְיֵשׁ בְּדַדֶּיהָ חָלָב כָּנוּס הַרְבֵּה. וּמִתּוֹךְ פִּלְפּוּלוֹ שֶׁל רַבִּי חִיָּיא. שֶׁהוּא מְחוּדָּד מְאֹד וּמֵבִין מֵעַצְמוֹ, וְכִסָּבוּר שֶׁתַּלְמִידָיו מְחוּדָּדִין כְּמוֹתוֹ. כְּשֶׁחָזַר וּשְׁנָאָהּ לִפְנֵי ר' חִיָּיא, שָׁנָה לוֹ סְתָם, וְסָבוּר שֶׁיָּבִין רַב שֶׁאֵין אָסוּר אֶלָּא מֵנִיקָה, וְלֹא הֵבִין. תַּכְלָא. שָׁכוּל, קוֹבֵר אֶת בָּנָיו. מָרָא דְּעוּבְדָא. זָהִיר בְּמַעֲשִׂים טוֹבִים. לָא אָכְלֵי כַּחְלֵי. לְגַמְרֵי, אֲפִילּוּ צָלִי, וַאֲפִילּוּ קְרָעוֹ. בַּמַּאי טְוִיתִינְהוּ. הֵיכָן צָלוּ לָךְ שָׁם עֲצִים? בְּפוּרְצְנֵי. חַרְצַנִּים שֶׁאַחַר הַיְקָבִים, וְהַבְּעֵצִים. לְאַחַר שְׁנֵים עָשָׂר חֹדֶשׁ הֲוָה. וּתְנַן בְּמַס' ע"ז (דף לד.): לַחִים – אֲסוּרִין, יְבֵשִׁין – מוּתָּרִין. וְאֵלּוּ הֵם לַחִים – כָּל שְׁנֵים עָשָׂר חֹדֶשׁ. דְּקָדְחוּ בְּהוּ *חִילְפֵי. גָּדְלוּ בָהֶם, מֵחֲמַת שֶׁנִּרְקְבוּ וְנַעֲשׂוּ עָפָר. חִילְפֵי. אורטיי"ש. וְהוֹאִיל וּמִתְקַלְקְלִין וְנִרְקָבִין וְלֹא נִטְּלוּ מִשָּׁם, ש"מ: אֵינוֹ חוֹשֵׁשׁ. פָּטוּר מִן הַתְּפִילִּין. מִפְּנֵי שֶׁצָּרִיךְ לְהַלְּכָן תָּדִיר. דְּלָא הֲוָה רָמֵי חוּטֵי. לֹא הִטִּיל צִיצִית לְטַלִּיתוֹ.
כְּפָתוּהוּ

דאין החלב בעינה עוד בכחל, כמו שהיה קודם. ואע"פ שנפלט וחוזר ונבלע תוך הכחל – לא גזרו בו חכמים, כיון שאין שם בשר אחר, ולא נשתנה טעמו של כחל מפני בליעה זו, ולא אתי למיכל בשר בחלב. ודיעבד שרי אפילו לא קרעו כלל, ואין חילוק בין כלי לקדרה בלא בשר, ואין שום טעם להקל בכלי יותר. דבכלי נמי נוטף החלב ונופל על הכחל מבחוץ, וחוזר ונבלע. ולא שייך "כבולעו כך פולטו" אלא בדם, אבל טיפת חלב שנפלה על חתיכת צלי – לא, כמו בשמנונית דנבלה, דאפילו צלי אינו חוזר ופולט שמנונית שבלע. והכי פירושו: "הכחל קורעו ומוציא את חלבו" – פירוש: שתי וערב וטחו בכותל, כדמפרש בגמרא. דמוקי ליה רבי אלעזר לקדרה, והיינו, עם בשר, כדפרישית. ומוקי לה הכי, משום דמתניתין סתמא קתני – משמע שבא להתיר בכל ענין בשול. "לא קרעו" – פירוש: לא עשה דין קריעה, שלא קרעו שתי וערב וטחו בכותל, אלא קריעה קלה. "אינו עובר עליו. אמר רב: אינו עובר עליו, ומותר" – כיון דקרעו קלת, אבל אם לא קרעו כלל ובשלו בהדי בשר – אסור מדרבנן, כדאמרינן בפ' "גיד הנשה" (לעיל דף צז:): כחל בס', דחלב שחוטה אסור מדרבנן. "כילד קורעו" – אמתניתין קאי. "אמר ליה ר' אלעזר: (א) קרע לי ואנא איכול" – פי': קרע לי קריעה קלת, ואנא איכול בקדרה בלא בשר. "מאי קמ"ל, דלא בעי שתי וערב" – אלא לקדרה בהדי בשר. "אמר להו רב נחמן: זויקו לה כחלי" – פירוש: בשלו לה בקדרה בלא בשר כחלי נפוחים כנודות – פירוש: שלא נקרעו שתי וערב אלא קריעה קלת, מ"מ קרי "זויקו" – לפי שלא נקרעו שתי וערב. "והא אנן תנן: קורעו" – פירוש: שתי וערב, אבל קריעה קלת לא מהני! "ההוא לקדרה" – פירוש: בהדי בשר. "והא קתני כחל שבשלו בחלבו מותר" – אלמא אפילו בקדרה בלא בשר אסור לכתחלה לבשל. דבלא בשר איירי, מדקתני "שבשלו בחלבו", דמשמע דליכא איסורא אלא איהו גופיה, ורב נחמן מתיר לכתחלה כו'. והוה מצי לשנויי: דמיירי בשלא קרעו כלל, אלא דעדיפא משני. וא"ת: היכי מייתי סייעתא מהך ברייתא ללישנא קמא דרב, והא רב איירי אפילו בקדרה בהדי בשר, וברייתא איירי בקדרה בלא בשר, כדפרישית? ויש לומר: משום דלישנא בתרא דרב קאמר: אינו עובר עליו, ואסור בין בהדי בשר בין בלא בשר. והך ברייתא שריא מיהא בלא בשר. ומשום דפליגא אלישנא בתרא קאמר: תניא כלישנא קמא. והשתא רב נחמן כלישנא קמא, דתניא כוותיה, והילכתא כוותיה. ולמאי דפרישית דמתניתין איירי נמי בקדרה בהדי בשר משום דקתני סתמא, א"כ רישא דברייתא דקתני נמי "הכחל קורעו ומוציא את חלבו", הוי נמי אפילו בהדי בשר. ולא הוי דומיא ד"לב קורעו. לא קרעו, קורעו לאחר בישולו" – דלא איירי בהדי בשר. דאי בהדי בשר – נעשה הבשר נבלה, וחוזר ואוסר את הלב. דטעם דלב דשיע לא קאי לפי המסקנא דפסחים (דף עד:), לפירוש ר"ת*. **איכא** תנא דאתנייה לרב כחל אחוייה ליה לרב יצחק בר אבודימי. וכן בפרק "המוכר את הספינה" (ב"ב דף פז.): איכא תנא דאתנייה לרב מידות? אחוי ליה רב יצחק בר אבודימי. והקשה רבינו שמואל: דהא רב יצחק בר אבודימי היה רבו של רבה, כדאמר בריש יבמות (דף ג.) ובריש פ' "אלו הן הנשרפין" (סנהדרין דף עו.): אמר רבה: א"ל רב יצחק בר אבודימי אתיא "הנה" "הנה" וכו', ואיך יתכן דרב יצחק בר אבודימי שהיה רבו של רב, שהיה חי עד רבה? והלא ביום שמת רב יהודה, שהיה תלמידו של רב, נולד רבה!* וגרס התם רבינו שמואל "איכא תנא דאתנייה רב מדות". וקשה לר"ת: דהכא בשמעתין אין שייך לומר כן, דקאמר: "אני לא שניתי לו"! ומיהו יש לפרש "לו" כמו "ממנו". *כמו (ב"מ דף לג.) "תלמיד ורבו צריך לו". אבל הא דקאמר "ומתוך פלפולו של רבי חייא שנה לו כחל סתם" לא אתי שפיר. ואור"ת: דשנים היו, אחד היה בימי רבינו הקדוש, דאמרינן פרק "כירה" (שבת דף מ:): דאמר רב יצחק בר אבודימי, פעם אחת נכנסתי אחר רבי לבית המרחץ. ואותו יכול להיות שהיה רבו של רב. וקשה קצת: דאם רב יצחק בר אבודימי ד"המוכר את הספינה" היה רבו של רב, היכי קאמר לרבי אלעזר התם "הא איתמר עלה אמר ר' אבהו אמר ר' יוחנן"? והלא ר' יוחנן שהיה רבו של ר' אבהו היה קורא לרב "רבינו", כדאמרינן *ב"אלו טרפות" (לעיל דף נד)*. **דאתנייה** לרב כחל. פי' בקונטרס: יש כאן מי ששנה לרב כחל שבשלו בלא קריעה אסור באכילה, ולישנא בתרא דרב הוה שמיע ליה לר' אלעזר. ונראה: דלא קאי אהנהו לישני דלעיל, אלא שמע שהיה רב אוסר כחל, ואפילו בקריעת שתי וערב, כדאמרינן בסמוך: בסורא לא אכלי כחלי, אע"ג דמתניתין שריא ליה בקריעה, והיה תמיה ר"א. והשיב לו רבי יצחק בר אבודימי: דרב בקעה מצא וגדר בה גדר. ורב יוסף קאמר דכחל מניקה שנה לו, לאסור אפילו בקריעה, ומתניתין – כשאינה מניקה. ור' חייא שנה לו "כחל" סתם, והיה סבור שיבין רב מעצמו, ולא הבין וטעה בדבריו. והיה סבור שמכח שום ברייתא היה בא לחלוק על משנתנו, לאסור כל כחל, אפילו בקריעה. ואנן דאכלינן כחלי, אפילו של מניקה בקריעה – סמכינן אלישנא דרב בקעה מצא, ואין חילוק בין מניקה לשאינה מניקה. וגם אעובדא דרבין ורב יצחק בר יוסף דאייתו קמייהו תבשיל דכחלי, ואכל רב יצחק, ומסתמא של מניקה היה, מדלא רצה רבין לאכול. ורב יצחק עיקר, מדאמר אביי: "רבין תיכלא אמאי לא אכל". וגם מעובדא דרמי בר תמרי דנקטינהו לכולהו כחלי, ואפילו של מניקה ואכל.
טלית

נז א מיי' פי"ח מהל' מאכלות אסורות הל' יד סמג לאוין קמא טוש"ע י"ד סי' פז סעיף יד:
נח ב מיי' פי"א מהל' גזילה הל' ד ופי"ג הל' טז סמג עשין עג טוש"ע ח"מ סי' שסח סעיף ב ג וסי' רס סעיף א:
נט ג מיי' פ"ד מהל' תפילין הל' יג סמג עשין כב טוש"ע א"ח סי' לח סעיף א [וכרב אלפס הל' תפילין דף עג:]

שייך לעיל
[כ"ב פז.]
[עירובין ו. ק:]
[פסחים ע: ע"ש]
[שבת לז: ביצה כט.]
[במנחות כט: איתא רמי בר תמרי דהוא חמוה דרמי בר דקולי]
פי' גמחי עשבים הנקראים חילפי והם קמשונים שמוגזין בכרמים כלומר שנים היו מזמן רב. רש"ל בשם הערוך
[ועי' בפרש"י דהכא ותוס' כתובות קז. ד"ה ומנח כתבו הטעמים לפי שאין יכולין לשמור היטב]
לעיל יח: פסחים ג.
[לקמן קלו. מנחות מד.]
[לעיל קט. ד"ה הלב]
[קדושין עב:]
[ועי' תוס' מנחות לג. סד"ה רב חסדא]
[שם לא מצאתי אולי צ"ל בגיד הנשה דף צה:]
[ועי"ע תוס' חגיגה יא: ד"ה דאמר ותוס' יבמות ג. ד"ה דאמר ותוס' כ"ב פז. ד"ה מכאן ותוס' מנחות לג. ד"ה רב חסדא]

הגהות הב"ח

(א) תוס' ד"ה (בדף הקודם) הכול וכו' א"ל ר"א לשמעיה קרע:

רבינו גרשום

בקעה מצא וגדר בה גדר. כלומר עמי הארץ מצא שהיו מקילין בבשר בחלב והחמיר להן: לטטלפוש ריבעא דבשרא. כלומר ליטרא דבשרא: אני כחל מניקת שניתי לו. דאסיר דמלא חלב: אבין תכלא. כלומר אמאי קרי ליה אבין תכלא שמתו בניו ובשביל עגמת נפש היו קורין אותו תכלא: מרי דעובדא הוה. כלומר אדם גדול היה: מבי נשא. מבית אביה: ובאתריה דרב אכלי כחלי. דהוא סבר אינו עובר עליו ומותר ואתי דקאמרינן דרב סבר אינו עובר עליו ואסור בקעה מצא וגדר בה גדר: לאחר י"ב חדש הוו. כלומר לאחר י"ב חדש חשובין כעין: דקדיח בהו חילפי. כלומר עשבים דשמיהו אורטייש: חוזה. דלית ליה חוטי ציצית: פטורה מן הציצית כל ל' יום. כלומר בתוך ל' יום אבל אם שאלה יותר מל' יום חייבת בציצית:
אין

אטַלִּית שְׁאוּלָה, כָּל שְׁלשִׁים יוֹם – פְּטוּרָה מִן הַצִּיצִית. אַדְּהָכִי, אַיְיתוּהּ לְהַהוּא גַּבְרָא דְּלָא הֲוָה מוֹקַר אֲבוּהּ וְאִמֵּיהּ, בכְּפָתוּהוּ. אֲמַר לְהוּ: שַׁבְקוּהוּ, דְּתַנְיָא: כָּל מִצְוַת עֲשֵׂה שֶׁמַּתַּן שְׂכָרָהּ בְּצִדָּהּ – אֵין בֵּית דִּין שֶׁלְּמַטָּה מוּזְהָרִין עָלֶיהָ. אֲמַר לֵיהּ: חָזֵינָא לָךְ דַּחֲרִיפַת טוּבָא! אֲמַר לֵיהּ: אִי הֲוֵית בְּאַתְרֵיהּ דְּרַב יְהוּדָה, אַחֲוֵינָא לָךְ חוּרְפָאִי! אֲמַר לֵיהּ אַבַּיֵּי לְרַב סַפְרָא: כִּי סָלְקַתְּ לְהָתָם בְּעֵי מִינַּיְיהוּ, כַּבְדָּא מָה אַתּוּן בֵּיהּ? כִּי סְלֵיק, אַשְׁכְּחֵיהּ לְרַב זְרִיקָא, אֲמַר לֵיהּ: אֲנָא שָׁלְקִי לֵיהּ לְרַבִּי אַמִּי, וְאָכַל. כִּי אֲתָא לְגַבֵּיהּ, אֲמַר לֵיהּ: לְמֵיסַר נַפְשָׁהּ – לָא קָא מִיבַּעְיָא לִי, כִּי קָמִבַּעְיָא לִי – לְמֵיסַר חֲבֵירְתָּהּ. מ"ש לְמֵיסַר נַפְשָׁהּ דְּלָא מִיבַּעְיָא לָךְ – דִּתְנַן: אֵינָהּ נֶאֱסֶרֶת, לְמֵיסַר חֲבֵירְתָּהּ נַמִּי לָא תִּבָּעֵי לָךְ – דִּתְנַן: *הַכָּבֵד גאוֹסֶרֶת וְאֵינָהּ נֶאֱסֶרֶת, מִפְּנֵי שֶׁהִיא פּוֹלֶטֶת וְאֵינָהּ בּוֹלַעַת! אֲמַר לֵיהּ: דִּילְמָא הָתָם בְּכַבְדָּא דְּאִיסּוּרָא, וּמִשּׁוּם

רש"י

כְּפָתוּהוּ. עַל הָעַמּוּד לְהַלְקוֹתוֹ, כִּדְתַנְיָא (כתובות דף פו.): בד"א דַּאֲרַבָּעִים וְתוּ לָא – בְּמִצְוֹת לֹא תַעֲשֶׂה, שֶׁכְּבָר נַעֲשֵׂית הָעֲבֵירָה. אֲבָל מִצְוַת עֲשֵׂה שֶׁלְּפָנָיו, וְאֵינוֹ רוֹצֶה לְקַיְּימָהּ. כְּגוֹן אוֹמְרִין לוֹ "עֲשֵׂה סוּכָּה!", וְאֵינוֹ עוֹשֶׂה. "עֲשֵׂה לוּלָב!", וְאֵינוֹ עוֹשֶׂה – מַכִּין אוֹתוֹ עַד שֶׁתֵּצֵא נַפְשׁוֹ. שֶׁמַּתַּן שְׂכָרָהּ בְּצִדָּהּ. "לְמַעַן יַאֲרִיכוּן יָמֶיךָ" (שמות כ). לְכָךְ פֵּירֵשׁ מַתַּן שְׂכָרָהּ – לוֹמַר: אִם לֹא תְּקַיְּימֶנָּה, זֶהוּ עָנְשׁוֹ, שֶׁלֹּא תִּטּוֹל שָׂכָר זֶה. כַּבְדָּא מָה אַתֶּם נוֹהֲגִין בּוֹ. מוּתָּר לְבַשֵּׁל בִּקְדֵרָה אוֹ אָסוּר, מִפְּנֵי שֶׁפּוֹלֵט דָּם? וְאַע"פ שֶׁכּוּלּוֹ דָּם, אפ"ה לְאַחַר שֶׁפֵּירֵשׁ וְיָצָא, הֲרֵי הוּא דָּם, וְאָסוּר. כִּי סְלֵיק. רַב סָפְרָא. אַשְׁכְּחֵיהּ לְרַבִּי זְרִיקָא. וּבָעָא מִינֵּיהּ. אֲמַר לֵיהּ. ר' זְרִיקָא. אֲנָא שָׁלְקִי לְר' אַמִּי וְאָכַל. בִּשַּׁלְתִּי לוֹ הַכָּבֵד, וַאֲכָלוֹ. כִּי אֲתָא. רַב סָפְרָא. לְגַבֵּיהּ. דְּאַבַּיֵּי, סִיפֵּר לוֹ מַה שֶּׁשָּׁמַע. א"ל. אַבַּיֵּי. לְמֵיסַר נַפְשָׁהּ. שֶׁיְּהֵא דָּם הַנִּפְלָט מִמֶּנָּה חוֹזֵר לְתוֹכָהּ וְאוֹסֶרֶת. לָא מִיבַּעְיָא לִי. דִּפְשִׁיטָא לִי, דְּכֵיוָן דִּטְרוּדָה הִיא לִפְלוֹט וּלְהוֹצִיא כָּל שָׁעָה – לֹא בָּלְעָה. כִּי קָמִיבַּעְיָא לִי לְמֵיסַר חֲבֵירְתָּהּ. אִם דָּם הַיּוֹצֵא מִמֶּנָּה אוֹסֵר בָּשָׂר אַחֵר הַמִּתְבַּשֵּׁל עִמּוֹ. דִּתְנַן הַכָּבֵד [אוֹסֶרֶת] וְאֵינָהּ נֶאֱסֶרֶת. כְּלוֹמַר, מִדְּפָשׁוּט לָךְ בְּדִידָהּ דְּשַׁרְיָא, אַלְמָא שְׁמִיעָא לָךְ הָא מַתְנִי'. אִם כֵּן, לְמֵיסַר נַמִּי חֲבֵירְתָּהּ לֹא תִּיבָּעֵי לָךְ, דְּהָא הַךְ מִשְׁנָה גּוּפָהּ תְּנַן בָּהּ דְּאוֹסֶרֶת. אֲמַר לֵיהּ דִּלְמָא הַהִיא בְּכַבְדָּא דְּאִיסּוּרָא. וּבְסֵדֶר זְרָעִים הִיא. כְּגוֹן דִּטְרֵפָה. וּמִשּׁוּם

תוספות

טלית שאולה פטורה כל שלשים יום כו'. מדאורייתא פטורה לעולם, כדקאמר ב"ראשית הגז" (לקמן דף קלז.) "כסותך" – ולא של אחרים. אלא לפי שנראית כשלו, חייבוהו חכמים משלשים יום ואילך, דאין דרך לישאל יותר משלשים יום. ומכאן מדקדק ר"ת דסתם שאלה – שלשים יום, כמו הלואה. דאמרינן במכות (דף ג:): המלוה את חבירו סתם – אין רשאי לתובעו פחות משלשים יום. ונראה: דאין ראיה מזה, דה"נ אמרינן ב"התכלת" (מנחות דף מד.): השוכר בית בחוצה לארץ – כל שלשים יום פטור מן המזוזה, אע"ג דסתם שכירות לא הויא שלשים יום. ולענין ברכה נראה שאין לברך על השאולה. אע"פ שאומר ר"ת דנשים מברכות אסוכה, אע"ג דפטורות, דהוי אינה מצווה ועושה. מדאשכחן *רב יוסף דאמר: מאן דאמר לי הלכה כרבי יהודה דאמר סומא פטור מן המצות, עבידנא יומא טבא לרבנן. ואם לא היה יכול לברך כל הברכות – לא היה שמח בדבר. מ"מ לא דמי לטלית שאולה: דהתם – אדם אחר היה חייב, שאינו סומא או שאינה אשה. אבל הכא – כל אדם פטור כשאינו שלו. ואעפ"כ, המברך לא הפסיד. וי"מ: דאם היא של כלאים, כגון תכלת, דאסורה, כיון דפטורה מדאורייתא. ואומר ר"ת: דאין לחוש, מדאמרינן בריש "התכלת" (מנחות דף מ:): ותכלת אין בה משום כלאים, ואפילו בטלית פטורה. ומסיק: "כגון שהטיל למוטלת" – פירוש: טלית שיש בה ציצית כבר. ולא בעי למימר "כגון שאחר כך הסיר הראשונים", וקמ"ל דלא הויא פסולה משום "תעשה ולא מן העשוי" – דאם כן למה ליה למימר: אין בה משום כלאים, לימא: הטיל למוטלת כשרה. אלא הא קמ"ל: כל טלית דאשתרי בה כלאים, דהיינו בתכלת – מותר בכל עניינים, בין להתעטף בין להציע תחתיו, בין לו בין לחבירו בין לאשתו, בין ביום בין בלילה. דלגמרי שרא ביה כלאים. והא דאמרינן בפרק "במה מדליקין" (שבת דף כה:): גזירה משום כסות לילה – לא כמו שפירש בקונטרס: *שמא יתכסה בה בלילה. אלא גזירה משום כסות המיוחד ללילה, דלא אשתרי בה כלאים כלל, דאימעיט מ"וראיתם". ור' אלעזר ממי"ץ הקשה לו: דאמר בריש ערכין (דף ג.): הכל חייבים בציצית, כהנים לוים וישראלים. ומפרש: דכהנים אצטריך ליה – דסלקא דעתך אמינא: הואיל ואשתרי כלאים גבייהו, לא ליחייבו. קמ"ל: נהי דאישתרי בעידן עבודה, שלא בעידן עבודה – לא אישתרי, ולא אמרינן דאישתרי בכל ענין. ואומר ר"ת: דהתם נמי אישתרו בכל ענין, אפילו שלא בעידן עבודה, כדאמרינן בפרק "בא לו" (יומא דף סט.) גבי "בגדי כהונה ניתנו ליהנות בהם או לא": מ"ש, "לא היו ישנים בבגדי כהונה" – שינה הוא דלא, הא הלוכי מהלכי! ועוד תניא התם, גבי בגדי כהונה: דלצאת בהם במדינה, אסור – פירוש: משום איסור הקדש. ובמקדש – בין בשעת עבודה בין שלא בשעת עבודה – מותר. *והא דקאמר "נהי דאשתרו בשעת עבודה" – כלומר, בגדים שלובשים בשעת עבודה. "שלא בשעת עבודה" – פירוש: בגדי חול, "מי אישתרו בכלאים?!". ומיהו משמע התם דלא שרו אלא דרך לבישה. דבעי למידק התם דניתנו ליהנות בהם, מדקתני "פושטים אותם ומקפלים ומניחין אותם תחת ראשיהם". ודחי: לא תימא "תחת ראשיהם", אלא אימא "כנגד ראשיהם". וה"נ מסתברא, דאי ס"ד "תחת ראשיהם" – נהי דנתנו ליהנות בהם, תיפוק ליה משום כלאים. ולפי זה בטלית שאולה, היה אסור להציעו תחתיו. ומיהו נראה שיש לחלק בין טלית, שכל עיקר לבישתה לצורך הנאתו. ובין בגדי כהונה, שעיקר לבישתן לצורך עבודה.

כל מצות עשה שמתן שכרה כו'. ואת"ה: והרי צדקה, דכתיב: "פתוח תפתח את ידך" וגו' "כי בגלל הדבר הזה יברכך" וגו' (דברים טו) ואמרינן בפ"ק דב"ב (דף ח:) דרבא אכפייה לרב נתן בר אמי, ואפיק מיניה ארבע מאות זוז לצדקה! ואומר ר"ת: ד"אכפייה" – היינו בדברים, כדאשכחן פ' "נערה" בכתובות (דף נג.): אכפייה ועל. ועוד: דבצדקה נמי איכא לאו, "לא תקפוץ ולא תאמץ" (דברים טו)*.

כבדא מה אתון ביה. אומר ר"ת: דכולה הך שמעתא איירי בכבד שלא נמלח, דאי בתר מליחה ושהייה במלח – פשיטא דשרי לבשלה בהדי בשר, שעל ידי מליחה יצא כל הדם. שכך נוהגין העולם לבשל אחר צלייה, והוא הדין דשרי אחר מליחה. דשיעור מליחה פי' בה"ג דהוי כשיעור צלייה, משום דמליח הרי הוא כרותח דצלי. ופולט על ידי מליחה, כמו שפולט על ידי צלייה. *אבל בלא מליחה מיבעיא ליה אי שרי לבשל עם בשר, דשמא דם הכבד אע"פ שפירש מותר, אע"פ שדם שאר האברים שפירש אסור, כדאמרינן בפ' קמא דכריתות (דף ד:): חד, לדם האברים, ולכך אמרינן לקמן (דף קיג.) דאין מולחין בשר אלא בכלי מנוקב. דם הכבד שמא שרי, דהא כל הכבד דם הוא, ושרייה רחמנא, כדאמר לעיל (דף קט:): שרא לן כבדא. ונראה: דמדאורייתא פשיטא ליה דדם הכבד מותר, אף על פי שפירש, משום דכולו דם הוא, כדפירשתי, מדלא חשיב *פרק "דם שחיטה" (כריתות דף כא:) דם הכבד. *דקתני: דם הטחול ודם הלב ודם הכליות ודם האברים – הרי אלו בלא תעשה. אלא מדרבנן מבעיא ליה. ואפילו נאסור מדרבנן דם היוצא ממנו על ידי מליחה, לפי שהוא בעין, גזירה אטו שאר דם, כי היכי דגזרינן בדם מהלכי שתים, דאמרינן (שם כא:): שבין השיניים – מוללו, שעל הככר – גוררו. מ"מ מיבעיא ליה בבשול, לפי שאינו ניכר הדם כלל, ולכך יהא מותר, ולא נגזור בשול כבד אטו בשול בשר אחר בלא מליחה. ועוד יש לומר בע"א: דבלא מליחה – פשיטא דאסור, ועל ידי מליחה הוא דמבעיא ליה. כיון שיש בכבד רוב דם, שמא אינו יוצא כולו על ידי מליחה, או שמא יוצא? ומיהו קשה קצת: דקאמר בסמוך "למיסר חברתה נמי לא תבעי לך, דתנן: הכבד אוסרת" – הא איכא לאוקמי בשלא נמלחה! ולפירוש רבינו תם ניחא. וי"ל: דמשמע ליה דמיירי אחר מליחה, כמו שדרך לבשל בשר. ולקמן (דף קיא.) גבי בר שבא דאייתו לקמיה כבדא שליקא, ולא אכל – לפירוש ר"ת צריך לומר: דיודע היה שלא נמלחה הכבד. והא דנמי דפשיט מההוא דקרבי קניא בקופיה – יודע היה שלא נמלחה הכבד, אף על פי שנ"ל כי הריאה והלב שהיו עם הכבד נמלחו. ואין לתמוה על זה: דכמה דברים היו עושין כדי להראות הלכה לתלמידים. אי נמי: כל שלשתן נמלחו, אלא לכבד לא מהניא מליחה אלא בקריעת שתי וערב ותחוביה לתחת, כדקאמר בסמוך. ולקמן (שם) נמי דקאמר "אבל *לטחול, שומנא בעלמא הוא", ומייתי מדשמואל דעבדי ליה תבשילא לטחלי ביומא דהקזה – היו יודעים דבלא מליחה היו עושין לו, דבמליחה – כבדא נמי שרי. א"נ: התם קאי אקריעה שתי וערב. הני מילי – כבדא, אבל טחלא – לא בעי קריעה, כי הא דשמואל כו'. ויודעין היו דמטחול שלם עבדי ליה. ורב אלפס כתב שמנהג בכל ישראל שלא לבשל כבד, אפילו אחר מליחה בלא צלייה.

דתנן הכבד אוסרת ואינה נאסרת מפני שהיא כו'. משנה היא במסכת תרומות (פ"י מ"א). ותימה: רב ספרא מעיקרא מאי סבר, שלא הביא לו המשנה כמו שמביאה לבסוף. דבשמעתא גם מתחלה היה יודע, דמשניות *אפילו זורעים ודטהרות היו שגורות בפיהם, כדפי' בפרק "חולין" (שבת דף קלח:) גבי "עתידה תורה שתשתכח מישראל", הא נמי מתניתין היא הערך שנמצא בתנור, הפת שבתוכו שניה מפני שהתנור תחלה! ויש לומר: דגם בתחלה היה יודע המשנה, אבל היה סבור שאביי הוה מסופק בשלוקה אם נאסרת או אינה נאסרת, כמבושלת דפליגי בה תנאי בסמוך, והיה מסופק היאך הלכה. ועל כן הביא לו ראיה מר' זריקא ור' *אמי שלקו ליה ואכיל. והשיב לו אביי: דלמיסר נפשה לא קמיבעיא ליה דאינה נאסרת – כמ"ק דרבי ישמעאל בנו של רבי יוחנן בן ברוקה וכסתם מתניתין דתרומות. והשיב לו: למה אין פשוט לך מתוך אותה משנה עצמה, שאתה למד ממנה שאינה נאסרת אפילו בשליקה, *שאפילו בבישול אוסרת חבירתה?

כי

עין משפט נר מצוה

ע א מיי' פ"ג מהלכות ציצית הלכה ד סמג עשין כו טוש"ע א"ח סי' יד סעיף ג [וברב אלפס הלכות ציצית דף עח.]:

עא ב מיי' פ"ה מהל' ממרים הל' טו:

עב ג מיי' פ"ו מהל' מאכלות אסורות הל' ז ועי' במ"מ ובכ"מ שהאריך סמג לאוין קלז טוש"ע י"ד סי' עג סעיף א:

מסורת הש"ס

[קדושין לא.]

תרומות פ"י מ"א

[עי' היטב בפי' רש"י שלפנינו שם כה: ד"ה ואינהו וכו']

[וע"ע תוס' מנחות מ: ד"ה תכלת]

[וע"ע תוס' כתובות מט: ותוס' ב"ב ח: ד"ה אכפייה]

נ"ל אלא מהר"מ

[נ"ל בפרק]

[נ"ל כדקתני]

נ"ל טחלא

[וע"ע תוס' ב"מ קיז: ד"ה ה"ג]

[נ"ל אמי]

נ"ל ואפילו

גליון הש"ס

גמ' מ"ש למיסר נפשה. כעין זה לעיל דף יב ע"ב: רש"י ד"ה כפתוהו וכו' אבל מצות עשה. עי' ברא"ם פרשת יתרו י"ח פסוק כ': תוס' ד"ה טלית וכו' דנשים מברכות. עי' בהגהות אשר"י פ"ג דסוכה סי' לד:

רבינו גרשום

אין ב"ד שלמטה מוזהרין עליה. כלומר וזו מתן שכרה בצידה למען יאריכון: דלמא התם בכבדא דאיסורא. לרב ספרא לא מיירי באינה נאסרת אלא הכי קאמר ליה לר' זירא דלמא מה דאמר אוסרת בכבדא דאיסורא ומשום שמנונית:

וּמִשּׁוּם שַׁמְנוּנִית. קָאָמַר דְּאוֹסֶרֶת אֶת הַמִּתְבַּשֵּׁל עִמָּהּ, לְפִי שֶׁבּוֹלַעַ מִן הַטְּרֵפָה. "וְאֵינָהּ נֶאֱסֶרֶת" – אִם שֶׁל הֶיתֵּר הִיא, וּבִשְּׁלָהּ עִם טְרֵפָה, אֵינָהּ נֶאֱסֶרֶת. לְפִי שֶׁטְּרוּדָה לִפְלוֹט כָּל שָׁעָה, וְאֵינָהּ בּוֹלַעַת כְּלוּם. אֲבָל דָּמָא דְּנָפֵיק מִינָהּ דְּכַשֵּׁרָה מִיבָּעֲיָא לִי: אִי אָסֵיר אַחֲרִינֵי, אִי לָא? דְּאִיכָּא לְמֵימַר. עָנָא דְּהֶיתֵּירָא הוּא, שֶׁהֲרֵי עִיקָּרָהּ דָּם. וְכָל זְמַן שֶׁלֹּא פֵּירַשׁ – פְּשִׁיטָא לִי דְּמוּתָּר, וְכִי פֵּירַשׁ – מִיבָּעֲיָא לִי מַאי? קַנְיָא בְּקוֹפֵיהּ. הַקָּנֶה עִם כָּל הַמְחוּבָּר לוֹ, הָרֵיאָה וְהַלֵּב וְכָבֵד, וְכוּלָּן נִתְבַּשְּׁלוּ יַחַד. דִּלְמָא פִּי קָנֶה חוּץ לַקְּדֵרָה הֲוָה. וְסִימְפּוֹנֵי הַכָּבֵד שׁוֹפְכִין דֶּרֶךְ קְנֵה הַכָּבֵד לְתוֹךְ קָנֶה הַגָּדוֹל שֶׁל רֵיאָה, וְיוֹצֵא דָּם דֶּרֶךְ חֲלָלוֹ חוּץ לַקְּדֵרָה. אִי נַמִי חָלֵיט הֲוָה מֵעִיקָּרָא. וְנִתְבַּשֵּׁל דָּמוֹ בְּתוֹכוֹ, כְּדֵי שֶׁלֹּא יִפְלוֹט עוֹד כְּשֶׁיְּבַשְּׁלֵהוּ עִם הָאַחֵר. וְדָמוֹ הַמּוּבְלָע בְּתוֹכוֹ – מוּתָּר, כָּל זְמַן שֶׁלֹּא יָצָא. חָלְטֵי לֵיהּ בְּחַלָּא. לוֹמְתוֹ בְּחוֹמֶץ, שֶׁהַחוֹמֶץ לוֹמְתוֹ. אשטרוינ"ט. וְשׁוּב אֵינוֹ פּוֹלֵט עוֹלָמִית, וַהֲדַר מְבַשְּׁלֵי לֵיהּ עִם בָּשָׂר אַחֵר. חַלָּא אֲסִיר. אוֹתוֹ חוֹמֶץ שֶׁנִּצְמַת בּוֹ – אָסוּר, דְּקָסָבַר: מוֹצִיא מִקְצָת מִן הַדָּם. כִּי הֵיכִי דְּפָלֵיט הֲדַר בָּלַע. מֵאוֹתוֹ חוֹמֶץ עַצְמוֹ, דְּכֵיוָן שֶׁנִּצְמַת וְאֵינוֹ טָרוּד לִפְלוֹט – חוֹזֵר וּבוֹלֵעַ. אָמְרוּ לֵיהּ בַּר בֵּי רַב דִּלְגָיו לָא אָכֵיל. אָמְרוּ לוֹ לְרַב נַחְמָן: תַּלְמִיד שֶׁנִּתְחָרֵם אֶצְלְךָ, אֵינוֹ אוֹכֵל מַה שֶּׁהֵבִיאוּ לְפָנָיו. גָּאמוּ לְשַׁבָּא. הַגְמִיאֵהוּ וְהַלְעִיטֵהוּ לְשַׁבָּא עַל כָּרְחוֹ. עַל שֵׁם אָבִיו קְרָאוֹ. מְתוּבֶּלֶת. הַתַּבְלִין מְרַכְּכִין אוֹתָהּ. שְׁלוּקָה. הַרְבֵּה מְאֹד. נֶאֱסֶרֶת. לְפִי שֶׁלְּאַחַר שֶׁגָּמְרָה פְּלִיטָתָהּ חוֹזֶרֶת וּבוֹלַעַת. תְּלָת סָאוֵי טְחַאי. שָׁלֹשׁ סְאִין פַּת נְקִיָּה, פָּנֶיהָ טוּחִין בְּשֶׁמֶן וּדְבַשׁ. מִי עֲדִיפַתְּ לָן מִינָהּ. יוֹם הַשַּׁבָּת הָיָה. אַמַּאי עֲבַדִיתוּ הָכִי. אַע"פ שֶׁדָּם הַנִּבְלָע בּוֹ הֶיתֵּר הוּא, מִיהוּ דָּם הַכָּנוּס בַּסִּמְפּוֹנוֹת – דָּם הוּא. וְחִתּוּכָא לְתַחַת. חִתּוּכוֹ לְמַטָּה, כְּשֶׁנּוֹתְנוּהוּ בַּתַּנּוּר לִצְלוֹת, כְּדֵי שֶׁיָּזוּב הַדָּם וְיֵצֵא. וְהָנֵי מִילֵּי. דְּבָעֵי קְרִיעָה בְּכַבְדָּא – מִפְּנֵי שֶׁדָּם כָּנוּס לְתוֹכוֹ, אֲבָל טְחָלָא – אֵין בּוֹ דָּם, וַאֲפִילּוּ לִקְדֵרָה שָׁרֵי. כִּי עָבֵיד מִילְתָא. הַקָּזָה. כַּבְדָּא עִילָּוֵי בִּשְׂרָא. בַּתַּנּוּר הָיוּ צוֹלִין כָּל צְלִי שֶׁלָּהֶן, וְחוּדּוֹ שֶׁל שַׁפּוּד תָּלוּי לְמַטָּה. וּכְשֶׁהַכָּבֵד נָתוּן תְּחִלָּה, וְאַחַר כָּךְ הַבָּשָׂר – נִמְצָא הַכָּבֵד עֶלְיוֹן כְּשֶׁתּוֹלִין אוֹתוֹ. דָּמָא מִשְׁרַק שָׁרֵיק. אַע"פ שֶׁזָּב מִן הַכָּבֵד עַל הַבָּשָׂר – אֵין בְּכָךְ כְּלוּם, לְפִי שֶׁהַדָּם ע"י צְלִי אֵינוֹ נוֹחַ לִיבָּלַע, אֶלָּא מַחֲלִיק וְנוֹפֵל. מְסָרַךְ סָרֵיךְ. נִדְבָּק וְנִבְלָע. הִלְכְתָא כו'. וְלְדִידָן אָסוּר לְגַמְרֵי לְכַתְּחִלָּה – לְפִי שֶׁשַּׁפּוּדִים שֶׁלָּנוּ אֵינָן תְּלוּיִין אֶלָּא שׁוֹכְבוֹת. וּפְעָמִים שֶׁמְּגַרִּים זְנַב הַשַּׁפּוּד, וְנִמְצָא הַתַּחְתּוֹן עֶלְיוֹן. וּפְעָמִים שֶׁמַּשְׁפִּילוֹ, וְנִמְצָא חֲבֵרוֹ עֶלְיוֹן. הִלְכָּךְ, בֵּין שֶׁהַכָּבֵד לְצַד הָרֹאשׁ וּבֵין שֶׁהוּא לְצַד הַזָּנָב – אָסוּר.

וּמִשּׁוּם שַׁמְנוּנִיתָא, מִשּׁוּם דָּמָא מַאי? כִּי הֲדַר סְלֵיק אַשְׁכְּחֵיהּ לְר' זְרִיקָא. אֲמַר לֵיהּ: הַאי נַמִי לָא תִּבְעֵי לָךְ, דַּאֲנָא וְיַנַּאי בְּרֵיהּ דְּרַבִּי אַמִּי אִיקְלַעַן לְבֵי יְהוּדָה בְּרֵיהּ דְּר' שִׁמְעוֹן בֶּן פָּזִי, וְקָרִיבוּ לָן קַנְיָא בְּקוֹפֵיהּ – וַאֲכַלְנָא. מַתְקִיף לָהּ רַב אַשִׁי, וְאִיתֵימָא ר' שְׁמוּאֵל מִזְּרוֹקִינְיָא: וְדִלְמָא פִּי קָנֶה חוּץ לַקְּדֵרָה הֲוָה? אִי נַמִי, אמִיחְלַט הֲוָה חָלֵיט לֵיהּ מֵעִיקָּרָא? כִּי הָא, דְּרַב הוּנָא – חָלְטֵי לֵיהּ בְּחַלָּא, וְרַב נַחְמָן – חָלְטֵי לֵיהּ בבְּרוֹתְחִין. וְסָבַר רַב פָּפָּא קַמֵּיהּ דְּרָבָא לְמֵימַר: חַלָּא אֲסִיר, אֲמַר לֵיהּ: אִי חַלָּא אֲסִיר – אִיהוּ נַמִי אֲסִיר, כִּי הֵיכִי דְּפָלֵיט הֲדַר בָּלַע. רַב בַּר שַׁבָּא אִיקְלַע לְבֵי רַב נַחְמָן, אַיְיתוּ לֵיהּ כַּבְדָּא שְׁלִיקָא וְלָא אֲכַל, אָמְרוּ לֵיהּ: בַּר בֵּי רַב דִּלְגָיו לָא אָכֵיל! וּמַנּוּ? רַב בַּר שַׁבָּא, אֲמַר לְהוּ רַב נַחְמָן: גָּאמוּ לְשַׁבָּא. כְּתַנָּאֵי, ר' אֱלִיעֶזֶר אוֹמֵר: הַכָּבֵד אוֹסֶרֶת וְאֵינָהּ נֶאֱסֶרֶת, מִפְּנֵי שֶׁפּוֹלֶטֶת וְאֵינָהּ בּוֹלַעַת. ר' יִשְׁמָעֵאל בְּנוֹ שֶׁל ר' יוֹחָנָן בֶּן בְּרוֹקָה אוֹמֵר: מְתוּבֶּלֶת – אוֹסֶרֶת וְנֶאֱסֶרֶת, א] שְׁלוּקָה – אוֹסֶרֶת וְנֶאֱסֶרֶת. *רַבָּה בַּר רַב הוּנָא אִיקְלַע לְבֵי רַבָּה בַּר רַב נַחְמָן, אַיְיתֵי לְקַמֵּיהּ תְּלָת סָאוֵי טְחַאי. אֲמַר לְהוּ: מִי הֲוָה יְדַעִיתוּ דְּאָתֵינָא? אָמְרוּ לֵיהּ: מִי עֲדִיפַתְּ לָן מִינָּהּ דִּכְתִיב: °"וְקָרָאתָ לַשַּׁבָּת עֹנֶג"?! (ישעיה נח) אַדְּהָכִי, אַשְׁכַּח הַהוּא כַּבְדָּא דַּהֲוָה בָּהּ סִמְפּוֹנָא דִּבְלִיעָא דָּמָא. אֲמַר לְהוּ: אַמַּאי עֲבַדִיתוּ הָכִי? אָמְרוּ לֵיהּ: אֶלָּא הֵיכִי נַעֲבֵיד? אֲמַר לְהוּ: גקְרָעוּ שְׁתִי וָעֵרֶב וְחִיתּוּכָא לְתַחַת. וְה"מ – בְּכַבְדָּא, אֲבָל דטְחָלָא – שׁוּמְנָא בְּעָלְמָא הוּא. כִּי הָא *דִּשְׁמוּאֵל עָבְדֵי לֵיהּ תַּבְשִׁילָא דִּטְחָלֵי בְּיוֹמָא דַּעֲבֵיד מִילְּתָא. אִתְּמַר: כַּבְדָּא עִילָּוֵי בִּשְׂרָא – שָׁרֵי, דָּמָא *מִשְׁרַק שָׁרֵיק. כְּחָלָא עִילָּוֵי בִּשְׂרָא – אָסוּר, מַאי טַעְמָא – חָלָב סְרוּכֵי מַסְרִיךְ. רַב דִּימִי מִנְּהַרְדְּעָא מַתְנֵי אִפְּכָא: כְּחָלָא עִילָּוֵי בִּשְׂרָא – שָׁרֵי, מ"ט – חֲלֵב שְׁחוּטָה דְּרַבָּנַן, כַּבְדָּא עִילָּוֵי בִּשְׂרָא – אָסוּר, דָּם דְּאוֹרַיְיתָא. דָּרֵשׁ מָרֵימָר, ההִלְכְתָא: בֵּין כַּבְדָּא בֵּין כְּחָלָא, תּוּתֵי בִּשְׂרָא – שָׁרֵי. עִילָּוֵי בִּשְׂרָא, דִּיעֲבַד – אִין, לְכַתְּחִלָּה – לָא. רַב אַשִׁי אִיקְלַע לְבֵי רָמֵי בַּר אַבָּא חֲמוּהּ, חַזְיֵיהּ לִבְרֵיהּ דְּרָמֵי בַּר אַבָּא דְּקָא שַׁפֵּיד

כי הא דרב הונא חלטי ליה בחלא ורב נחמן חלטי ליה ברותחין. וא"ת: ותפשוט מינה דאסור, מדהוו צריכי למחלטיה! וי"ל: דלדידהו נמי הוה מספקא להו, ולכך היו מחמירין. ודוקא לבשל עם הבשר הוו חלטי ליה, אלא אחתור הבשר, אבל בכלי עצמה אינה נאסרת.

רב בר שבא איקלע לבי רב נחמן אייתו ליה כבדא שליקא ולא אכל. צריך לומר: שלא היה נחלט ברותחין, ולפי שלא היה בשר אחר עמו – לא הוצרכו לחלטו. אע"פ שפולט דם ואוסר הרוטב והכלים – מזה לא היו חוששין, כיון שהכבד עצמו מותר. שאין לומר שנחלט, וע"י כן היה רב נחמן מתירו, אבל אם לא נחלט היה אוסרו, ובר שבא היה סבור דחליטה אינה מועלת – א"כ, לא מייתי שפיר "כתנאי", דתנאים לא נחלקו בזה.

וחתוכיה לתחת. לבשלו בקדרה אחר צלייתו או מליחתו איירי. דאי לאוכלו צלי – למה לי חתוכה? דמה שפולט – שריק ונופל, ב] *דמה שלא נפלט – הוי דם האברים שלא פירש, ושרי, (א) פ' "דם שחיטה" *(כריתות דף כא). ואי משום דם סמפונות הכבד צריך קריעה אף לצלי, דהוי בכרת אע"פ שלא פירש – א"כ, בטחול נמי אי איכא סמפונות, למה לא יצטרך קריעה? ועוד: דסברא הוא דאין בטחול סמפונות, וא"כ מה בא להשמיענו "אבל דטחלא, לא"? ובה"ג כתב: האי מאן דמלגי כבדא בשלומיה – צריך לחתוכיה. מ"ט? דאזיל דמא ומכניס בסמפונות. והיכא דלא קרעיה – לקרעיה לאחר בשולו. וחותך, ויצא דם הכנוס בסמפונות. ולא חיישינן שמא דם הסמפונות חזר ונבלע בכבד – דהא מסקינן ב"כיצד צולין" (פסחים דף עד:) דכבולעו כך פולטו.

אבל טחלא שומנא בעלמא הוא. היינו, דוקא גוף הטחול הוא שומן, אבל דם היוצא ממנו – אסור, כדתניא פ' "דם שחיטה" (כריתות דף כא:).

כבדא עילוי [בשרא] אסור. לכתחלה אסור לכ"ע, אע"ג דבשרא עילוי בשרא שרי, אפי' למאן דלית ליה בפרק "כיצד צולין" (פסחים דף עד:) כבולעו כך פולטו, משום דדם מישרק שריק. בכבד, שיש בו רוב דם, שאינו יכול לצאת ע"י מליחה כמו בשאר בשר כדמשמע כוליה שמעתין – לא שריק שפיר. ולפירוש ר"ת לא ניחא כולי האי – דבכולה שמעתין לא נסתפק בדם הכבד כ"א להקל ולהתיר בלא מליחה, ולא להחמיר. ואע"פ שדברנו לעיל שאינה בולעת מחמת שטרודה לפלוט לעולם, מ"מ עיקר השמועה אינה מדבר זה. ולכאורה משמע שמאותו טעם שדברנו בכה השמועה הוא בא לאסור כבדא עילוי בישרא. ומיהו י"ל: דקאי אמאי דאמרינן מקמי הך מילתא: הני מילי כבדא, שיש בו רוב דם. אבל טחלא – שומנא בעלמא הוא.

דמא משרק שריק. וא"ת: למה לי האי טעמא? תיפוק ליה דכבולעו כך פולטו! וכ"ת: דאצטריך להתיר אפילו למאן דלית ליה ב"כיצד צולין" (גז"ש) כבולעו כך פולטו – אכתי קשה: דמסקינן התם דמולייתא שריא אפילו לכתחלה מהאי טעמא, והכא פסקינן דאסור לכתחלה לכולי עלמא! ואי משום דפעמים נגלה הבשר שלמטה מן הכבד תחלה, והכבד עדיין פולטת, ונופל על הבשר. וכשמסירין הבשר הרי בלע, ולא היה לו שהות לפלוט – א"כ, בשרא עלוי בשרא נמי ליתסר מהאי טעמא כשהתחתון נגלה קודם, ומסירין אותו מן השפוד! ויש לומר: דכבד שיש בו שפע דם לא אמרינן כבולעו כך פולטו. והא דאמרינן ב"כיצד צולין" (גז"ש) דלב קורעו אחר בישולו משום דכבולעו כך פולטו, אע"פ שיש בו שפע דם – ג] הלב מתבשל ומתייבש במקומו בחלל הלב.

דם דאורייתא. אע"ג דאמר ב"הקומץ רבה" (מנחות דף כא.): דם שבשלו אינו עובר עליו, מ"מ תחלה כשנפלט, עד שלא נתבשל – היה דאורייתא. אבל חלב שחוטה – תחלתו דרבנן. ומיהו קשה: לפי מה שפירש *הקונטרס לעיל* דדם כבד אפילו פירש – לאו דאורייתא, מדלא חשיב ליה בפרק "דם שחיטה" (כריתות דף כא:) בהדי לב וטחול וכליות.

תותי בשרא שרי. וא"ת: כחל היאך מותר תותי בשרא? והלא שמנונית הבשר נוטף על הכחל! ואי דקרעו שתי וערב וטחו בכותל – א"כ, עילוי בשרא נמי ליתשרי, דהא מותר לבשלו עם הבשר בקדרה! וי"ל: דהכא גרע טפי, דאע"פ שקרעו – עדיין נוטף החלב מן הכחל על הבשר, וניכר שהוא בעין. ויש ללמוד מכאן היתר פשוט: דהיכא דקרעו שתי וערב וטחו בכותל – דמותר לבשלו עם בשר בקדרה, כדברי ר"ת, ולא מלינו בקונט' שחולק עליו בזה, דהא בהדיא שרי הכא תותי בשרא, אע"פ ששמנונית הבשר על הכחל. ומה שנזהרים שלא לחתוך כחל רותח בסכין של בשר – מנהג של הבל הוא, דאפי' בשפוד אחד שרינן הכא לכתחלה, כשהכחל למטה. ואפי' עילוי בשרא – לכתחלה הוא דאסור מטעם דפרישית, אבל דיעבד שרי.

מליח

עין משפט נר מצוה:

עג א ב מיי' פ"ו מהל' מאכלות אסורות הל' ז סמג לאוין קלז טוש"ע י"ד סי' עג סעיף ב:

עד ג טוש"ע שם סעיף א:

עה ד מיי' שם הל' ט וסמג שם טוש"ע י"ד סי' עד:

עו ה מיי' שם הלכה ח טוש"ע י"ד סי' עג סעיף ד וסי' ע סעיף ד:

שיטה מקובצת

א] שלוקה אוסרת ונאסרת. נ"ב ע' תוס' זבחים דף צ"ה ע"ב: ב] דמה שפולט שריק ונופל ומה שלא נפלט הוי דם האברים שלא פירש ושרי ואפי' מצות פרוש אין בו כדאמרי' פ' דם שחיטה ואי: ג] אע"פ שיש בו שפע דם דם הלב מתבשל:

הגהות הב"ח

(א) תוס' ד"ה וחתוכיה וכו' וכרי כדאמרי' פ' דם שחיטה.

הגהות מהר"ב רנשבורג

א] תוס' ד"ה כבדא עילוי בשרא שרי וכו' כצ"ל.

מסורת הש"ס: [שבת קיט.] [שם קכט.] נ"ל משריג שריג ערוך ערך שרג ב' [נ"ל ומה] [לימא שם ועיין תוס' לעיל יד. ד"ה ונסבין] [דף קי: ד"ה כבדא]

רבינו גרשום

קריבו ליה קניא בקופיה ואכלן. כלומר קריבו ליה לכבד עם הריאה הקנה והלב דנשלק במו שהוא ואכלן ש"מ אינה נאסרת: דלמא פי קנה חוץ לקדירה הוה. כלומר שהדם פלט חוץ לקדירה: אי נמי מחלט הוה חליט מעיקרא. כלומר חלטו ליה בחלא מעיקרא דשלקו ליה נפק כולי דמא מעיקרא: חלא אסיר. כלומר דפליט דמא בחלא: גמעוה לשבא. כלומר אכלוה בעל ברחיה: מתובלת אוסרת ונאסרת. כלומר דמחמת תבלין יש בה סרכון ובולעת: טחאי. מיני מאכל: דמא משריק שריק. כלומר הדם שלה כבר משלשל למטה אינו בו לבשר שקרוב לו: חלבא מסריך סריך. כלומר אינו זב למטה אלא סריך למעלה ונכנס לבשר ובולע הבשר:

שַׁפִּיד כַּבְדָּא עִילָּוֵי בִּשְׂרָא, אֲמַר: כַּמָּה יָהִיר הַאי מֵרַבָּנַן! אֵימַר דַּאֲמוּר רַבָּנַן — דִּיעֲבַד, לְכַתְּחִלָּה מִי אֲמוּר? וְאִי אִיכָּא בֵּי דוּגֵי — בִּשְׂרָא עִילָּוֵי כַּבְדָּא נַמִי אֲסִיר. ומ"ש מִדְּמָא דְּבִשְׂרָא? דְּמָא דְּבִשְׂרָא — שְׁכַן, דְּמָא דְּכַבְדָּא — קָפֵי. אָמַר רַב נַחְמָן, אָמַר שְׁמוּאֵל: א] אסַכִּין שֶׁשָּׁחַט בָּהּ — אָסוּר לַחְתּוֹךְ בָּהּ רוֹתֵחַ. *צוֹנֵן — אָמְרִי לָהּ: (א) בְּבָעֲיָא הֲדָחָה, וְאָמְרִי לָהּ: לָא בָּעֲיָא הֲדָחָה. אָמַר רַב יְהוּדָה, אָמַר שְׁמוּאֵל: גקְעָרָה שֶׁמָּלַח בָּהּ בָּשָׂר — אָסוּר לֶאֱכוֹל בָּהּ רוֹתֵחַ. וּשְׁמוּאֵל לְטַעֲמֵיהּ, *דְּאָמַר שְׁמוּאֵל: מָלִיחַ — הֲרֵי הוּא כְּרוֹתֵחַ, וְכָבוּשׁ — הֲרֵי הוּא כִּמְבוּשָּׁל. כִּי אֲתָא רָבִין א"ר יוֹחָנָן: מָלִיחַ — אֵינוֹ כְּרוֹתֵחַ, וְכָבוּשׁ — אֵינוֹ כִּמְבוּשָּׁל. אָמַר אַבָּיֵי: הָא דְּרָבִין לֵיתָא, דְּהַהִיא פִּינְכָא דַּהֲוָה בֵּי ר' אַמִּי דְּמָלַח בֵּיהּ בִּשְׂרָא — וְתַבְרֵיהּ. מִכְּדֵי רַבִּי אַמִּי תַּלְמִיד דְּר' יוֹחָנָן הֲוָה, מַאי טַעְמָא תַּבְרֵיהּ? לָאו מִשּׁוּם דִּשְׁמִיעָא לֵיהּ מִינֵּיהּ דְּר' יוֹחָנָן דַּאֲמַר: מָלִיחַ — הֲרֵי הוּא כְּרוֹתֵחַ! *יָתֵיב רַב כָּהֲנָא אֲחוּהּ דְּרַב יְהוּדָה קַמֵּיהּ דְּרַב הוּנָא, וְיָתֵיב וְקָאָמַר: קְעָרָה שֶׁמָּלַח בָּהּ בָּשָׂר — אָסוּר לֶאֱכוֹל בָּהּ רוֹתֵחַ, וְצוֹנוֹן שֶׁחֲתָכוֹ בְּסַכִּין — מוּתָּר לְאָכְלוֹ בְּכוּתָּח. מַאי טַעְמָא? אָמַר אַבָּיֵי: הַאי — הֵיתֵּרָא בָּלַע, וְהַאי — אִיסּוּרָא בָּלַע. א"ל רָבָא: כִּי בָּלַע הֵיתֵּרָא, מַאי הָוֵי! סוֹף סוֹף, הַאי הֵיתֵּרָא דְּאָתֵי לִידֵי אִיסּוּרָא הוּא, דְּאִיסּוּרָא קָאָכֵיל! אֶלָּא אֲמַר רָבָא: הַאי — אֶפְשָׁר לְמִטְעֲמֵיהּ, וְהַאי — לָא אֶפְשָׁר לְמִטְעֲמֵיהּ. א"ל רַב פַּפָּא לְרָבָא: וְלִיטַעֲמֵיהּ קְפֵילָא אֲרַמָּאָה, מִי לָא *תְּנַן, *קְדֵרָה שֶׁבִּישֵּׁל בָּהּ בָּשָׂר — לֹא יְבַשֵּׁל בָּהּ חָלָב, וְאִם בִּשֵּׁל — בְּנוֹתֵן טַעַם. בִּשֵּׁל בָּהּ תְּרוּמָה — לֹא יְבַשֵּׁל בָּהּ חוּלִּין, וְאִם בִּשֵּׁל — בְּנוֹתֵן טַעַם. וְאָמְרִינַן: *בִּשְׁלָמָא תְּרוּמָה — טָעֵים לָהּ כֹּהֵן, אֶלָּא בָּשָׂר בְּחָלָב — מַאן טָעֵים לָהּ? *וְאָמַר לָן לִיטַעֲמֵיהּ קְפֵילָא. ה"נ — לִיטַעֲמֵיהּ קְפֵילָא! ה"נ, כִּי קָאָמִינָא — דְּלֵיכָּא קְפֵילָא.§ אִיתְּמַר, דָּגִים שֶׁעָלוּ בִּקְעָרָה, רַב אָמַר: אָסוּר לְאָכְלָן בְּכוּתָּח, וּשְׁמוּאֵל אָמַר: מוּתָּר לְאָכְלָן בְּכוּתָּח. רַב אָמַר אָסוּר — נוֹתֵן טַעַם הוּא, וּשְׁמוּאֵל אָמַר מוּתָּר — נוֹתֵן טַעַם בַּר נ"ט הוּא. וְהָא דְּרַב, *לָאו בְּפֵירוּשׁ אִיתְּמַר אֶלָּא מִכְּלָלָא אִיתְּמַר. דְּרַב אִיקְלַע לְבֵי רַב שִׁימִי בַּר חִיָּיא בַּר בְּרֵיהּ, חָשׁ בְּעֵינָיו, עֲבַדוּ לֵיהּ שְׁיָיפָא בִּצְעָא. בָּתַר הָכִי רְמוּ לֵיהּ בִּשׁוּלָא בְּגַוֵּוהּ, טְעֵים לֵיהּ טַעֲמָא דִּשְׁיָיפָא, אֲמַר: יָהֵיב טַעֲמָא כּוּלֵּי הַאי! וְלָא הִיא, שָׁאנֵי הָתָם — דְּנָפֵישׁ מְרָרֵהּ טְפֵי. רַבִּי אֶלְעָזָר הֲוָה קָאֵים קַמֵּיהּ דְּמָר שְׁמוּאֵל, אַיְיתוּ לְקַמֵּיהּ דָּגִים שֶׁעָלוּ בִּקְעָרָה וְקָא אָכֵיל בְּכוּתָּח, יָהֵיב לֵיהּ וְלָא אֲכַל. א"ל: *לְרַבָּךְ יָהֲבִי לֵיהּ — וַאֲכַל, וְאַתְּ לָא אָכְלַתְּ? אֲתָא לְקַמֵּיהּ דְּרַב, א"ל: הֲדַר בֵּיהּ מָר מִשְּׁמַעֲתֵיהּ? א"ל: *חַס לֵיהּ לְזַרְעֵיהּ דְּאַבָּא בַּר אַבָּא דְּלִיסְפֵּי לִי מִידֵי (ב) וְלָא סְבִירָא לִי. רַב הוּנָא וְרַב חִיָּיא בַּר אַשִׁי הֲווּ יָתְבִי, חַד בְּהַאי גִּיסָא דְּמַבְרָא דְּסוּרָא, וְחַד בְּהַאי גִּיסָא דְּמַבְרָא. לְמָר אַיְיתוּ לֵיהּ דָּגִים שֶׁעָלוּ בִּקְעָרָה וַאֲכַל בְּכוּתָּח, לְמָר אַיְיתוּ לֵיהּ תְּאֵנִים וַעֲנָבִים בְּתוֹךְ הַסְּעוּדָּה וַאֲכַל וְלָא בְּרֵיךְ. מָר א"ל לְחַבְרֵיהּ: *יַתְמָא! עֲבַד רַבָּךְ הָכִי?! וּמָר א"ל לְחַבְרֵיהּ: יַתְמָא! עֲבַד רַבָּךְ הָכִי?! מָר א"ל לְחַבְרֵיהּ: אֲנָא כִּשְׁמוּאֵל סְבִירָא לִי, וּמָר א"ל לְחַבְרֵיהּ: אֲנָא כְּר' חִיָּיא סְבִירָא לִי. *דְּתָנֵי ר' חִיָּיא: דפַּת פּוֹטֶרֶת כָּל מִינֵי מַאֲכָל, הוְיַיִן פּוֹטֵר כָּל מִינֵי מַשְׁקִין. אָמַר חִזְקִיָּה מִשּׁוּם אַבָּיֵי, הִלְכְתָא: ודָּגִים שֶׁעָלוּ בִּקְעָרָה — מוּתָּר לְאוֹכְלָן בְּכוּתָּח, יצְנוֹן שֶׁחֲתָכוֹ בְּסַכִּין שֶׁחָתַךְ בָּהּ בָּשָׂר — אָסוּר לְאוֹכְלוֹ בְּכוּתָּח. וְה"מ צְנוֹן, דַּאֲגַב

רש"י

שָׁפִיד. נוֹתֵן בַּשְּׁפוּד, וְלֹא הָיָה חָשׁ לָמָּה שֶׁהַכָּבֵד יִהְיֶה עֶלְיוֹן. בֵּי דוּגֵי. שֶׁמַּתְקִינִין כְּלִי לְקַבֵּל הַשּׁוּמָן, כְּדֶרֶךְ שֶׁאָנוּ עוֹשִׂין לְאַוָּזִין, וְהוּא נִקְרָא "בֵּי דוּגֵי" בִּלְשׁוֹן אֲרַמִּי. בִּשְׂרָא עִילָּוֵי כַּבְדָּא נַמִי אָסוּר. לְפִי שֶׁדַּם הַכָּבֵד נוֹטֵף לְתוֹךְ הַבֵּי דוּגֵי, וְנִמְצָא אוֹכְלוֹ. ומ"ש מִדְּמָא דְּבִשְׂרָא. וַהֲרֵי אַף דַּם הַבָּשָׂר, כְּשֶׁאֵין שָׁם כָּבֵד, זָב עִם הַשּׁוּמָן, וְאָנוּ אוֹכְלִין אוֹתוֹ? וּמְשַׁנֵּי: דְּמָא דְּבִשְׂרָא שְׁכַן. יוֹרֵד לְשׁוּלֵי הַכְּלִי, וְהַשּׁוּמָן צָף לְמַעְלָה, וּמַנִּיחִין לְתוֹךְ הַכְּלִי מַרְאֶה אֲדַמְדָּמִית שֶׁבַּשּׁוּלַיִם. קָפֵי. צָף לְמַעְלָה, כְּמוֹ (מלכים ב ו): "וַיָּצֶף הַבַּרְזֶל", וּמְתַרְגְּמִינַן: וּקְפָא פַּרְזְלָא. וְהִלְכוֹת כָּחָל כְּבָר לָמַדְנוּ לְמַעְלָה: לְגַלֵּי — בָּעֵי קְרִיעָה שְׁתִי וָעֵרֶב, וְאִם לֹא קְרָעוֹ — מוּתָּר, כְּלִישָּׁנָא קַמָּא דְּרַב, דְּהָא תַּנְיָא כְּוָותֵיהּ. וְלִקְדֵרָה — קוֹרְעוֹ שְׁתִי וָעֵרֶב וְטָחוֹ בַּכּוֹתֶל. סַכִּין שֶׁשָּׁחַט בָּהּ. אַיְּידֵי דְּבֵית הַשְּׁחִיטָה רוֹתֵחַ, בּוֹלֵעַ הַסַּכִּין מִן הַדָּם, וְאָסוּר לַחְתּוֹךְ בָּהּ רוֹתֵחַ מִפְּנֵי שֶׁחוֹזֵר וּפוֹלֵט בּוֹ. צוֹנֵן. וְאִם חָתַךְ בָּהּ צוֹנֵן. בָּעֵי הֲדָחָה. הַהוּא צוֹנֵן. קְעָרָה שֶׁמָּלַח בָּהּ בָּשָׂר אָסוּר לֶאֱכוֹל בָּהּ דָּבָר רוֹתֵחַ. לְפִי שֶׁנִּבְלַע בָּהּ הַדָּם, וְנוֹתֵן טַעַם רִאשׁוֹן הָוֵי כְּאִיסּוּר גָּמוּר. הָא דְּרָבִין. דְּאָמַר: רַבִּי יוֹחָנָן מֵיקֵל — לֵיתָא. דְּהַהִיא פִּינְכָּא גָּרְסִינַן. קְעָרָה שֶׁל חֶרֶס, שֶׁאֵין לָהּ תַּקָּנָה בְּהַגְעָלָה. מִכְּדֵי רַבִּי אַמִּי תַּלְמִיד דְּר' יוֹחָנָן כו'. אַבַּיֵּי מַסִּיק לֵיהּ לְמִילְּתֵיהּ. וּצְנוֹן שֶׁחֲתָכוֹ בְּסַכִּין. אַע"ג דַּאֲגַב חוּרְפֵּיהּ דִּצְנוֹן, אִיגר"ש בְּלַעַ"ז, הוּא בּוֹלֵעַ מִשַּׁמְנוּנִית הַסַּכִּין הַקָּרוּשׁ עָלָיו, וְהָוֵי הַאי צְנוֹן נְתִינַת טַעַם רִאשׁוֹן, שֶׁהֲרֵי בָּלַע אִיסּוּר מַמָּשׁ וְהָוֵי כְּבָשָׂר. מוּתָּר לְאָכְלוֹ. לְאוֹתוֹ צְנוֹן בְּכוּתָּח שֶׁיֵּשׁ בּוֹ נְסִיוּבֵי דַּחֲלָבָא, כִּדְמְפָרֵשׁ טַעְמָא: דְּכֵיוָן שֶׁבָּלַע מִן הַשַּׁמְנוּנִית, דְּהֶיתֵּרָא בָּלַע. וְהַאי אִיסּוּרָא בָּלַע. קְעָרָה בָּלְעָה דָּם. סוֹף סוֹף הַאי הֶיתֵּירָא לִידֵי אִיסּוּרָא אָתֵי. כְּשֶׁנּוֹתְנוֹ בְּכוּתָּח. הַאי. צְנוֹן אֶפְשָׁר לוֹ לְיִשְׂרָאֵל לְטוֹעֲמוֹ קוֹדֶם שֶׁיִּתְּנֶנּוּ בְּכוּתָּח, וְהַאי "מוּתָּר" דְּקָאָמַר כְּגוֹן שֶׁטְּעָמוֹ בַּתְּחִלָּה, וְלֹא הָיָה בּוֹ טַעַם שַׁמְנוּנִית. וְהַאי. דַּם הַקְּעָרָה. לָא אֶפְשָׁר לְמִטְעֲמֵיהּ. לְפִי שֶׁאָסוּר הוּא, הִלְכָּךְ אֵין לוֹ תַּקָּנַת הֶיתֵּר. קְפֵילָא. נַחְתּוֹם גּוֹי. כִּי קָאָמִינָא. דְּאָסוּר לֶאֱכוֹל בָּהּ רוֹתֵחַ, כִּדְלֵיכָּא קְפֵילָא. דָּגִים שֶׁעָלוּ בִּקְעָרָה. מִן הַכְּלִי, כְּשֶׁהָיוּ רוֹתְחִין נְתָנָן לְתוֹךְ הַקְּעָרָה שֶׁאָכְלוּ בָּהּ בָּשָׂר. אָסוּר לְאוֹכְלָן בְּכוּתָּח. לְפִי שֶׁהַבָּשָׂר נוֹתֵן בָּהֶם טַעַם. נוֹתֵן טַעַם בַּר נוֹתֵן טַעַם הוּא. אִם הָיוּ מְבוּשָּׁלִים עִם בָּשָׂר מַמָּשׁ, הָיָה אָסוּר לְאוֹכְלָן בְּכוּתָּח. אִי נַמִי: מוֹדֶה שְׁמוּאֵל שֶׁאָסוּר לֶאֱכוֹל חָלָב רוֹתֵחַ בִּקְעָרָה — דְּנוֹתֵן טַעַם רִאשׁוֹן הָוֵי כְּבָשָׂר גָּמוּר. אֲבָל קְעָרָה זוֹ הִיא עַצְמָהּ אֵינָהּ בָּשָׂר, אֶלָּא עַל יְדֵי נוֹתֵן טַעַם, וְאֵינָהּ כְּבָשָׂר. שְׁיָיפָא. מְשִׁיחָה מִסַּמְמָנִים. בִּצְעָא. קְעָרָה. רְמוּ בִּשּׁוּלָא. בְּאוֹתָהּ קְעָרָה לְאַחַר זְמַן. אֲמַר יָהֵיב טַעֲמָא. בַּקְּעָרָה. כּוּלֵּי הַאי. שֶׁחוֹזֵר וְנוֹתֵן טַעַם בַּבִּישּׁוּל, וּמֵאן דְּשָׁמַע סָבַר: דְּאִית לֵיהּ לְרַב נְתִינַת טַעַם בַּר נְתִינַת טַעַם נַמִי בְּעַלְמָא. וְלָא הִיא. דְּגַבֵּי סַמְמָנִים נָפִישׁ מְרָרַיְיהוּ, מֵרִיס הֵס מְאֹד. קָאֵים קַמֵּיהּ. מְשַׁמֵּשׁ לְפָנָיו בִּסְעוּדָּה. לְרַבָּךְ. רַב שֶׁלָּמַדְתָּ מִמֶּנּוּ שֶׁאָסוּר. אַבָּא בַּר אַבָּא. אֲבוּהּ דִּשְׁמוּאֵל הֲוָה, וְחָסִיד גָּדוֹל הָיָה. דְּלִיסְפֵּי לִי מִידֵי דְּלָא סְבִירָא לִי. לֹא הָיוּ דְּבָרִים מֵעוֹלָם. בְּהַךְ גִּיסָא דְּמַבְרָא דְּסוּרָא. שֶׁהָיָה הַנָּהָר מַפְסִיקָן. תְּאֵנִים וַעֲנָבִים. לָא אָתוּ לְלִיפְתָּן, וְקַיְימָא לָן (ברכות דף מא:): דְּבָרִים הַבָּאִים לְאַחַר סְעוּדָּה, כְּלוֹמַר הָרְגִילִים לָבֹא לְאַחַר סְעוּדָּה — טְעוּנִין בְּרָכָה בֵּין לִפְנֵיהֶם וּבֵין לְאַחֲרֵיהֶם, אֲפִילּוּ הֱבִיאָן בְּתוֹךְ הַסְּעוּדָּה. דְּכֵיוָן דְּאֵינָן לִיפְתָּן, אֵין הַפַּת פּוֹטַרְתָּן. יַתְמָא. בְּלֹא דַּעַת.

קִישּׁוּת

תוספות

מליח אינו כרותח. והא דתניא (לקמן דף קיג.) דטמא מליח וטהור תפל אסור — היינו בדגים, דרפו קרמייהו. אמר אביי האי היתרא בלע כו'. *לא ר"ל משום דהוי נותן טעם בר נותן טעם כמו דגים שעלו בקערה — דאביי לטעמיה, דחשיב ליה חד טעמא משום חורפיה דצנון. ואע"ג דלקמן אסר אביי — אליבא דרב כהנא קאמר לה. ולא היא שאני התם דנפיש מרריה. כלומר, מכאן אין להוכיח, אבל הוא בפירוש אמרה, כדמוכח בסמוך. אבא בר אבא. אבוה דשמואל הוה, כדאמרינן בפרק "מי שמתו" (ברכות דף יח:). כרבי חייא בר אבא ס"ל. אין הלכה כן, אלא כדפסקינן בפרק "כילד מברכין" (שם דף מא:). הלכתא דגים שעלו בקערה. של בשר, מותר לאוכלן בכותח. אם הקערה והדגים צוננים — לא איצטריך לפסוק, דליכא מאן דפליג. אלא כשהאחד מהן רותח, דבין עלאה גבר בין תתאה גבר, קליפה מיהא בעי, כדאמרי' בפ' "כיצד צולין" (פסחים דף עו.): אדמיקר ליה בלע. בשם רש"יב] פי' ריב"ן חתנו: דוקא עלו — שרו, אבל נתבשלו — אסור, דכחד טעמא חשיב. ובא מעשה לפניו בבילים שנתבשלו בקדרה של חלב, ואסר לעשות מהם מולייתא של בשר. ויש להביא ראיה לדבריו מצנון שחתכו בסכין, דאסור לאוכלו בכותח משום דאגב חורפיה בלע טפי, וחשיב כחד טעמא, ונתבשלו לא גרע מצנון. ומיהו לפירוש לשון אחר שפי' בקונט' דטעמא דאסור משום שהשומן קרוש על הסכין ואינו ניכר, והוי טעם ראשון בצנון — אין ראיה משם. ומתוך לשון הקונט' משמע דאין חלוק בין עלו לנתבשלו. דלעיל גבי נותן טעם בר נותן טעם פירש בקונטרס: דאם היו מבושלים עם בשר ממש או לאכול חלב בקערה — מודה שמואל דאסור, דהוי נותן טעם ראשון. משמע מתוך פירושו דמבושלים עם בשר — הוא דאסור, אבל מבושלים עם הקערה — שרי. והא

עין משפט נר מצוה

עי' מהר"ם

עז א ב מיי' פ"ו מהל' מאכלות אסורות הל' כ סמג לאוין קלז טוש"ע י"ד סימן י סעיף ב:

עח ג מיי' שם הל' כא סמג שם טוש"ע י"ד סי' סט סעיף עז:

עט ד מיי' פ"ד מהלכות ברכות הל' ו וע"ש סמג עשין כז טוש"ע או"ח סי' קעז סעיף א:

פ ה מיי' וסמג שם טוש"ע או"ח סי' קעד סעיף ב:

פא ו מיי' פ"ט מהל' מאכלות אסורות הל' כג סמג לאוין קמא טוש"ע י"ד סימן צה סעיף א:

פב ז מיי' שם הל' כד סמג שם טוש"ע י"ד סי' צו סעיף א:

שיטה מקובצת

א] סכין ששחט בה. נ"ב עי' תוס' לעיל דף ח' ע"ב: ב] כן פי' ריב"ן חתנו. נ"ב עי' תוס' זבחים דף צ"ו ע"א:

הגהות הב"ח

(א) גמ' אמרי לה בעי הדחה וכו' לא בעי הדחה: (ב) שם דליספי לי מידי דלא סבירא:

מסורת הש"ס

[עי' תוס' לעיל ח: ד"ה והלכתא וכו' שהשיגו אפרש"י דהכא]

פסחים עו. לעיל לז: [לקמן קיב. קיג.]

[ברכ אלפס איתא יתיב רב כהנא וקאמר קערה וכו' אבל בכת"י איתא יתיב רב כהנא אחוה דרב יהודה ויתיב ר"י קמיה דר"ה וקאמר]

[תוספתא דתרומות פ"ח] לעיל צז. זבחים צו:

[לעיל צז.]

נ"ל ואמרת

[ברכות מ. וש"נ]

[עי' בספר באר שבע]

[קדושין מד:]

[ע"ז יג:]

ברכות מא: ע"ש

רבינו גרשום

אסור לחתוך בה רותח. ואי איכא בי דוגי. כלי שמשימין תחת השפוד לקבל בו השומן אסור משום דמא דכבדא. ומ"ש מדמא דבשרא. כלומר שמשימין כלי תחת הבשר לקבל בו את השומן. דמא דבשרא שכן ולא מתערב בהדי שומן אלא שכן לתחת ומישרא כל השומן ולא יאכל דם אבל דמא דכבדא קפי ומתערב בהדי שומן ואסור: אסור לחתוך כו'. כלומר דמחמת דהוא רותח בולע הדם שבסכין: צונן אמרי לה בעי הדחה. הסכין: אסור לאכול דמחמת רתיחא בולע הדם שבקערה: שמואל לטעמיה דאמר מלוח הרי הוא כרותח. כלומר מחמת מלח בלעה הקערה הדם: כבוש הרי הוא כמבושל לענין בישולי גוים דאם גוי כובש שלקות כאילו מבשלן: צונן שחתכו בסכין שחתך בה בשר מותר לאכול אותו צונן בכותח. מ"ט (אמר אביי האי היתירא בלע מאי) אמרי' קערה שמלח בה בשר אסור ואמר קערה מחמת מלח בלע קערה דם והאי לענין סכין מקילין בצונן: אמר אביי האי היתירא בלע. כלומר סכין בלע היתירא. כלומר כי חתך הצונן בסכין ויש בו טעם בשר דבלע צונן מחמת חורפיה כי אכיל ליה בכותח איסורא אכיל. האי אפשר למיטעמיה (א) דאיטעמיה אוכל דם: קפילא. אופה: דגים שעלו בקערה. כלומר קערה שאוכלין בה תבשיל של בשר אסור לאוכלן בכותח בקערה יש בה נותן טעם בר נותן טעם בשר. נותן טעם בר נותן טעם הוא: שייפא. קילורית: בצעא. כלומר קערה: א"ל הדר ביה מר משמעתיה. דהוא היה בר אבא: אנא עבדי כשמואל. דאמר דגים שעלו בקערה מותר לאוכלן בכותח: אבל

(א) נ"ל והאי לא אפשר למטעמיה לאו אוכלה דם.

דַּאֲגַב חוּרְפֵּיהּ בָּלַע, אֲבָל קִישּׁוּת – גָּרֵיר לְבֵי פִּסְקֵיהּ וְאָכִיל. קִילְחֵי דְלִיפְתָּא – שָׁרֵי, דְּסִילְקָא – אֲסִירֵי. וְאִי פָּתַךְ בְּהוּ דְּלִיפְתָּא – שַׁפִּיר דָּמֵי. בְּעָא מִינֵּיהּ רַב דִּימִי מֵרַב נַחְמָן: מַהוּ לְאַנּוֹחֵי כַּדָּא דְּמִלְחָא גַּבֵּי כַּדָּא דְּכַמְכָּא? אָמַר לֵיהּ: אָסוּר. דְּחַלָּא מַאי? אָמַר לֵיהּ: שָׁרֵי. וּמַאי שְׁנָא? לְכִי תֵּיכוֹל עָלַהּ כּוֹרָא דְּמִלְחָא! מַאי טַעְמָא – הַאי אִיתֵיהּ אִיסּוּרָא בְּעֵינֵיהּ, וְהַאי לֵיתֵיהּ אִיסּוּרָא בְּעֵינֵיהּ. הַהוּא בַּר גּוֹזָלָא דִּנְפַל לְכַדָּא דְּכַמְכָּא, שַׁרְיֵיהּ רַב חִינָּנָא בְּרֵיהּ דְּרָבָא מִפַּשְׁרוֹנְיָא. אָמַר רָבָא: מַאן חָכִים לְמִישְׁרֵי כִּי הַאי גַּוְונָא, אִי לָאו רַב חִינָּנָא בְּרֵיהּ דְּרָבָא מִפַּשְׁרוֹנְיָא! קָסָבַר: כִּי אָמַר שְׁמוּאֵל מָלִיחַ הֲרֵי הוּא כְּרוֹתֵחַ, הָנֵי מִילֵּי – הֵיכָא דְּאֵינוֹ נֶאֱכָל מֵחֲמַת מִלְחוֹ, אֲבָל הַאי כּוּתָחָא – הֲרֵי נֶאֱכָל מֵחֲמַת מִלְחוֹ. וְהָנֵי מִילֵּי – חַי, אֲבָל צְלִי – בָּעֵי קְלִיפָה. וְאִי אִית בֵּיהּ פִּילֵי – כּוּלֵּיהּ אָסוּר, וְאִי מְתַבֵּל בְּתַבְלִין – כּוּלֵּיהּ אָסוּר. אָמַר רַב נַחְמָן, אָמַר שְׁמוּאֵל: כִּכָּר שֶׁחָתַךְ עָלֶיהָ בָּשָׂר – אָסוּר לְאָכְלָהּ. וְהָנֵי מִילֵּי – דְּאַסְמִיק, וְהָנֵי מִילֵּי – דְּאַבְרֵיהּ, וְהָנֵי מִילֵּי – דְּאַסְמְכֵיהּ, אֲבָל קְלִישְׁתָּא – לֵית לָן בָּהּ. שְׁמוּאֵל שְׁדֵי לֵיהּ לְכַלְבֵּיהּ, רַב הוּנָא יָהֵיב לֵיהּ לְשַׁמָּעֵיהּ. מַה נַּפְשָׁךְ, אִי אָסוּר – לְכוּלֵּי עָלְמָא אָסוּר, אִי שָׁרֵי – לְכוּלֵּי עָלְמָא שָׁרֵי! שָׁאנֵי רַב הוּנָא – דַּאֲנִינָא דַּעְתֵּיהּ. רָבָא אָכֵיל לֵיהּ, וְקָרֵי לֵיהּ "חֲמַר בָּשָׂר". אָמַר רַב נַחְמָן, אָמַר שְׁמוּאֵל: אֵין מַנִּיחִין כְּלִי תַּחַת בָּשָׂר, עַד שֶׁיִּכְלֶה כָּל מַרְאֶה אַדְמוּמִית שֶׁבּוֹ. מְנָא יָדְעִינַן? מָר זוּטְרָא מִשְּׁמֵיהּ דְּרַב פָּפָּא אָמַר: מִשֶּׁתַּעֲלֶה תִּימָרְתוֹ. מַתְקִיף לָהּ רַב אַשִׁי: וְדִלְמָא, תַּתָּאָה מְטָא, עִילָּאָה לָא מְטָא? אֶלָּא אָמַר רַב אַשִׁי: לֵית לֵיהּ תַּקַּנְתָּא אֶלָּא – מִשְׁדָּא בֵּיהּ תַּרְתֵּי גִּלְלֵי מִלְחָא, וּמְשַׁפְּיֵיהּ

קישות. מתוקה היא, ואינו נבלע בתוכה, אלא השמנונית צף ועומד על מקום החתך. הלכך, "גריר לבי פסקיה" – למקום החתך גורר מעט בסכין, "ואכיל" – אף בכותח. הלכך, דגים שעלו בקערה – מותר לאוכלן בכותח, כדאמר דאין נותן טעם הבא מן הממש אלא נותן טעם הבא מנותן טעם. דפסס קערה מקנחין אותה משומן הקרוש עליה משום מיאוס. אבל (א) לסכין, פעמים שהשמנונית קרוש עליו, ואינו ניכר. וכשחותך בצלים – הוי נותן טעם הבא מן הממש. ועוד: דמשום חורפיה בלע טפי מדגים רותחים, ואגב דוחקא דסכינא פליט סכינא ובלע בצון. קלחי. קלחים. ליפתא. לפת אינו חריף אלא מתוק ואין טעם שומן ניכר בו. דסילקא אסירי. לפי שנותן טעם כהן. ואי פתך בהו דליפתא. ערבן בעת חתוכן, שחתך אחת של לפת ואחת של תרדין – הלפת מבטל טעם השמנונית מן הסכין, ואין התרדין מקבלין טעם הימנו. כמכא. כותח. מי חיישינן שמא יפול מן הכותח במלח, והוא לא ידע ויתלח ממנו קדרת בשר? דחלא מאי. דרך לתת חומץ לתוך התבשיל. מי חיישינן שמא יפול מן הכותח בחומץ, ויחזור ויתן ממנו לתבשיל? לכי תיכול. "כשתמדוד לי עליה כור של מלח בשכרי, אומר לך טעמו של דבר". האי. כותח הנופל במלח, נראה וניכר, מפני שהוא עב ולא בטיל. אבל כותח הנופל בחומץ ליתיה בעיניה, וטעמא נמי לא יהיב כותח בחומץ. שריה רב חיננא. אע"פ שהכותח מליח הוא. דאינו נאכל מחמת מלחו. אינו נוח ליאכל מרוב מלח שבו, עד ששורין ומדיחין אותו במים, כעין מליחת בשר להכשיר. נאכל מחמת מלחו הוא. כלומר, נאכל במלחו הוא. קליפה. מלמעלה סביב. ואי אית ביה פילי. בקעים והוא גלי – לא סגיא ליה בקליפה, לפי שנבלע דרך הנקבים, וכולו אסור. ואי מתבל בתבלין. התבלין שנתבשלו עמו מרככין אותו ונוח לבלוע, וכשנפל לכותח היה נוח לבלוע, ובלע. שחתך עליה בשר. כשהוא חותך מן הצלי. אסור לאכלה. מפני שהדם יוצא ונבלע בו. וה"מ דאסמיק. שהיה הבשר אדום שנקטורד"א. והני מילי דאבריה. שנקב הדם את הככר. כלומר, עבר מצדו לצדו, עד שנראה מצדו לצדדין. הכי גרסינן: והני מילי דאסמכיה. שהיה אותו מוהל היוצא מן הבשר עבה, אבל צלול – לאו דם הוא. שדי ליה לכלביה. להיות ככר. מה נפשך. דאיהו לא בעי למיכליה ולשמעיה ספי ליה איסורא? דאנינא דעתיה. האי דלא אכיל ליה משום דאיסטניס הוה, ולאו משום איסורא. חמר בשר. יין הבשר. אין מניחין כלי. "בי דוגי" דלעיל (דף קיא:). עד שיכלה. שיהא כל דמו ככר נפלט ממנו. משתעלה תימרתו. שהבשר מעלה עשן. לישנא אחרינא: שיהו הגחלים מעלין עשן. שכל זמן שהדם שותת עליהן, אינן אלא כבין והולכים. אבל כשהשומן נוטף, הן מעלין עשן. לשון מורי. ודילמא תתאה מטא. צד התחתון של צד גחלים נצלה, והעליון לא נצלה? תרי גללי דמלחא. בין על הבשר ובין בתוך שוליו, והדם נגרר אצל המלח לשוליים. ומשפייה

והא דאמרינן פרק "כל שעה" (פסחים דף ל.): אין טשין התנור באליה, ואם טש, כל הפת אסורה, עד שיוסק התנור, ולא סגי בקנוח – אין ראיה משם דנתבשל אסור, מדלא חשיב ליה בקנוח נותן טעם בר נותן טעם. דאומר ר"ת: דאי אפשר לתנור להתקנח יפה כשנדבק בו השמנונית, והוי כעין עד שיוסק. ויש לדקדק: דאפילו נתבשלו – שרי, כדאמרינן פרק "דם חטאת" (זבחים דף צו.) דכל יום ויום נעשה גיעול לחבירו, ומותר לבשל שלמים באותה קדירה שבשל בה שלמים אתמול. דלא אמרינן דקא ממעט באכילת שלמים האידנא, משום דטעם שני הוא ונתבשל קודש שיבא לידי איסור! ואין לומר: דשאני התם דהוי טעם שלישי, לפי שיש מים בקדרה – מטעם זה יהיו נמי הדגים מותרים שנתבשלו במים בקדרה! ועוד: דגבי שפוד ואסכלה מייתי בסוף מסכ' ע"ז (דף עו.) ההיא דכל יום ויום נעשה גיעול לחבירו. א] ומיהו ע"כ אין ראיה משם, דהא אפילו בשל בה חטאת – שרי לבשל באותה קדרה שלמים, בסוף מסכת ע"ז (שם). והרי ממעט באכילתה, דמתסרי לזרים ולנשים ולעבדים, דאין נאכלת אלא לזכרי כהונה. וגם מספקי בזולה, דהוי טעם שני באיסור. ועל כרחך התם הוי טעמא משום דמין במינו מדאורייתא בטל ברוב, ובכלי מקדש אוקמוה אדאורייתא. וקערות שמשתמשין בהן בשר, שהודחו במחבת של חלב בכלי ראשון, ושניהם בני יומן – יש לאסור, אפילו אם נאמר לאו דוקא עלו אלא אפילו נתבשלו, אם השמנונית בעין על הקערות. דהוי כסכין שלא נתקנח, דאסר בקונטרס ללשון אחר. ואפילו אין שמנונית בעין – אסור, דהקערות נוגעות במחבת, ונפלט טעם מזה לזה, והוי טעם שני באיסור. ועוד: דלא דמי כלל לדגים שעלו בקערה, דהא כשהטעם שני של בשר ושל חלב נכנס במים – מיד נאסרו המים, וחוזרין ואוסרין הקערות והמחבת. ואם האחד אינו בן יומו, אז אותו שהוא בן יומו מותר.

אגב חורפיה בלע. יש ליזהר שלא לחתוך שומין כרישין ובצלים בסכין חולבת, משום דחריפי טובא. והיכא דחתך ונתנן בקדרה מלאה מים רותחת – מותר בששים, לבטל טעם הבלוע בירק (ב) ונפלט מן הסכין. אבל חתכו בסכין של גוי – נעשה הירק כולו נבלה, וצריך ששים לבטל הירק. וצריך עיון אם הסכין מקונח ואין בן יומו, אי חורפא דידהו מחליא לשבח, כדאמר גבי חלתית פרק "אין מעמידין" (ע"ז דף לט.).

מהו לאנוחי כדא דמלחא בהדי כדא דכמכא א"ל אסור. אין לאסור מטעם זה להניח בתבה אחת כד של בשר אצל כד של חלב – דהתם נזהר יפה שלא יפול מזה על זה, אבל הכא – לא מסקי אדעתייהו ליזהר שלא יפול מן הכותח במלח, ולא ידע, ויתלח ממנו בשר. וכן דחלא, כי דרך לתת חומץ בתבשיל, וחיישינן שמא יפול מן הכותח לתוכו ויחזור ויתן לתוך התבשיל.

הני מילי דאינו נאכל מחמת מלחו. הר"ר יעקב ישראל התיר פעם אחת גיגית מלאה בשר שנמלחה יפה עם חזירה ודלי, ואמר דלא חשיב אינו נאכל מחמת מלחו אא"כ נמלח כעין עבוד, כדאמר פרק "כלל גדול" (שבת דף עה:): האי מאן דמלח בישרא בשבת – חייב משום מעבד, ומוקי לה: דבעי לאורחא, אבל לביתא – לא משוי איניש מיכליה עץ. ובקונטרס נמי פירש: אינו נאכל מרוב מלח שבו, עד ששורהו ומדיחו במים, כעין בשר שמולחים להכשיר. וקשיא לר"ת: דאטו הנהו אטמהתא דאימליחו בגידא דנשיא בי ריש גלותא, בפרק "גיד הנשה" (לעיל דף צז:), דמייתי עלה "מליח הרי הוא כרותח", וכי נמלחו לאורחא? וכן (לעיל דף קיא:) קערה שנמלח בה בשר אסור לאכול בה רותח, והיא פינכא דהוה בי רבי אמי, וכן רב מרי דאימלח ליה בשר שחוטה בהדי טרפה בסמוך – אטו כל הני הוו לאורחא או להכשיר כפי' הקונטרס? ואור"ת: דכל מליחות שאנו עושין לקדרה – חשיבי אין נאכלין מחמת מלחן, מדפירש בהלכות גדולות דשיעור מליחה כשיעור צלייה, משום דמליח הרי הוא כרותח דצלי. וכן משמע ב"הקומץ רבה" (מנחות דף כא.) דקאמר: טעמא דמעטיה קרא, הא לאו הכי [הו"א] דם ליבעי מלח, והא נפק ליה מתורת דם. דאמר רב יהודה: דם שמלחו – אינו עובר עליו! אלמא, מליחת קדשים הוי אין נאכל מחמת מלחו, מדפטר דם שמלחו כמו דם שבשלו, דאמרינן התם דאין עובר עליו. וקאמר התם רבה על מליחת קדשים: וכן לקדרה – אלמא, למליחת קדרות צריך שלא יהו נאכלים מחמת מלחן*.

תרי גללי דמלחא ומשפייה. שהדם נגרר אצל המלח בשולים. ואפילו למ"ד (לעיל דף קח:) אפשר לסוחטו אסור – יש להתיר כאן. ולא אמרינן: מיד כשנוטף השומן מן הבשר, נאסר מחמת דם המעורב בו, ושוב לא יועיל לו תרי גללי דמלחא – דכיון שהדם נפרש ממנו לגמרי, אין נשאר בו טעם, ואפילו משהו. (ג) המותר. ולא דמי לאפשר לסוחטו דלעיל – דהתם אין האיסור יוצא לגמרי אלא שמתבטל. ועכשיו אין להתיר על ידי תרי גללי דמלחא, לפי מה שפירש בהלכות גדולות דדוקא נקט תרי גללי, אבל הרבה מלח – פוסק כח הדם, ואין אנו בקיאין בדבר, שלא להרבות ושלא למעט.

דגים

פג א ב מיי' פ"ט מהל' מאכלות אסורות הל' כד טוש"ע י"ד סי' צו סעיף ה:
פד ג (מיי' שם) ע"ש בכ"מ טוש"ע שם סעיף ה:
פה ד (מיי' שם) ע"ש בכ"מ טוש"ע שם סעיף ה:
פו ה ו מיי' שם הל' כה וע"ש בהשגות ובכ"מ סמג לאוין קמא טוש"ע י"ד סי' לה סעיף ה:
פז ז מיי' שם הל' יח וע"ש בהשגות ובכ"מ סמג שם טוש"ע י"ד סי' לה סעיף א:
פח ח ט י מיי' שם הל' יט טור ש"ע שם סעיף ז:
פט כ מיי' פ"ו שם הל' יז סמג לאוין קל טוש"ע י"ד סי' סט סעיף יד:
צ ל מיי' שם הל' טו טוש"ע שם סעיף ו:

שבת ד. לעיל יב. [עירובין עו.]
[פסחים עו.]
[לעיל נז: קיח: לקמן קיג. פסחים עו.]

הגהות הב"ח
(א) רש"י ד"ה קישות וכו' אבל סכין כל"ל ואות ל' נמחק: (ב) תוס' ד"ה אגב וכו' בירק שנפלט: (ג) ד"ה תרי וכו' בקיאין בדבר ומותר:

הגהות מהר"ב רנשבורג
א] תוס' ד"ה (בעמוד הקודם) הלכתא וכו' ומיהו ע"כ. נ"ב עי' מהרש"א ועי' בשו"ת עבודת הגרשוני סי' קט"ו ודו"ק:

[ועי' תוס' לעיל קז. ד"ה ונסבין ותוס' מנחות כא. ד"ה דם ותוס' פסחים עד. ד"ה האי מוליתא]

רבינו גרשום
אבל קשות גריר ליה לפסקיה. כלומר גורר קישות במקום חתך ואח"כ מותר לאוכלה בכותח: קולסי דליפתא שרי. כלומר סכין שחתך בה בשר ופסק בה קולסא דליפתא שרי למיכליה בכותח דאין בה חורפא כל כך ולא בלע אבל דסילקא לא דבלע: ואי פתך בהו דליפתא כו'. כלומר סכין שחתך בה בשר וקודם שנתחך סלקא חתך בו דליפתא דמה שהיה בו טעם בשר בסכין העביר הליפתא אחרי כן שרי למיפסקיה סלקא ומיכליה בכותח: מהו לאנוחי כדא דמלחא. כלומר מילחא שמולחין בו בשר מהו לאנוחי גבי כדא דכמכא. כלומר כמכא עשוי הוא מחלב ומבעיא ליה מי חיישינן אי מנוחי גבי כדא דכמכא דלמא נפל (מפמה) [מינה] במילחא ומולח בו בשר ובלע הבשר חלב שבמלח: דחלא מאי. כלומר חלא שחולטין בו בשר: האי אית ליה איסורא בעיניה. כלומר במלח [איתא] איסורא בעיניה אבל בחלא ליתא לאיסורא בעיניה דעיים בחלא: ההוא בר יונה דנפל לכדא דכמכא. חי צלי לא צלי ולא מבושל אבל מליח היה: הני מילי דאינו נאכל מחמת מלחו דהוי מליח יותר מדאי דאין כל אדם יכול לאוכלו מפני מלח שבו: אבל האי ואריל מחמת מלחו. כלומר האי בר יונה לא היה מליח ביותר ולא בלע הני: הני מילי חי אבל צלי בעי קליפה. כלומר דמחמת צלייה בלע: ואי מתבל בתבלי כולה אסור. כלומר דמחמת תבלין בולע: והני מילי דאסמיק. כלומר דאסמיק הבשר מחיים שהוא הבהמה באותו מקום ונצרר הדם: והני מילי דאבריה. כלומר שהדם נקבה להלחם: והני מילי קלישתא אבל סמיכתא לא. כלומר אם הלחם קלוש ודאי הלך הדם בכל הלחם ופשט איסורו בכל אבל סמיכתא א) שעבר הלחם קולפו מלמעלה והשאר מותר: שמואל שדי להו לכלבא. כלומר הככר שחתך עליה בשר: שאני רב הונא דאנינא דעתיה. כלומר ודאי לכ"ע שרי אבל הוא לא יכיל למיכליה: אין מניחין כלי תחת הבשר. כלומר תחת השפוד בשעת צלייתו: משיעלה תמרתו. כלומר משיתחילו הפחמין ליבבות תחתיו מפני שמנו: דלמא תתאה מיטוי עילאה לא מיטוי. כלומר תתאה דבקרוב לאור נצלה כל צרכו וכלה אדמומית שבו אבל עילאה התיכה שאינה קרובה לאור כל כך אימא עדיין יש בו אדמומית: אלא אמר רב אשי לית ליה תקנתא. כלומר אין בו תקנה שמקבלין תחת השפוד עד שיזרוק בו בכלי מעט מלח שישכון הדם שבו למטה מן השומן: ובתר הכי שפי ליה. כלומר אחר שיהיה הדם בכלי ומה שירוק מבלי השומן יריקנו מכלי אל כלי השומן וישאר הדם בכלי וכולה הוא מותר דודאי אין בו דם:

א) נראה דצ"ל בודאי לא עבר בכל הלחם וקולפו וכו'.

צא א מיי' פ"ו מהל' מאכלות אסורות הל' (טו) [טז] סמג לאוין קלז קמא טוש"ע י"ד סי' ע סעיף א:

צב ב מיי' שם פט"ו הל' לד וע"ש בכ"מ טוש"ע שם סעיף ג:

וּמְשַׁפְּיֵיהּ. אֲמַר לֵיהּ רַב אַחָא בְּרֵיהּ דְּרַב אִיקָא לְרַב אַשִׁי: וּמִי אָמַר שְׁמוּאֵל הָכִי? וְהָאָמַר שְׁמוּאֵל כְּכַר שֶׁחָתַךְ עָלֶיהָ בָּשָׂר — אָסוּר לְאָכְלָהּ! שָׁאנֵי הָתָם, דְּאַגַּב דּוּחְקָא דְסַכִּינָא פָּלֵיט. אָמַר רַב נַחְמָן: דָּגִים וְעוֹפוֹת שֶׁמְּלָחָן זֶה עִם זֶה — אֲסוּרִין. הֵיכִי דָּמֵי? אִי בִּכְלִי שֶׁאֵינוֹ מְנוּקָּב — אֲפִי' עוֹפוֹת וְעוֹפוֹת נַמִי אֲסִירִי! אִי בִּכְלִי מְנוּקָּב — אֲפִי' דָּגִים וְעוֹפוֹת נַמִי שָׁרֵי! לְעוֹלָם — בִּכְלִי מְנוּקָּב, וְדָגִים מִשּׁוּם דְּרָפוּ קַרְמַיְיהוּ קָדְמִי וּפָלְטִי, וְעוֹפוֹת קָמִיטִי, בָּתַר דְּנַיְיחִי דָּגִים פָּלְטִי עוֹפוֹת, וְהָדַר בָּלְעִי מִינֵּיהּ. רַב מָרִי בַּר רָחֵל אִימְּלַח לֵיהּ בְּשַׂר שְׁחוּטָה בַּהֲדֵי בְּשַׂר טְרֵפָה, אֲתָא לְקַמֵּיהּ דְּרָבָא, אֲמַר לֵיהּ: "הַטְּמֵאִים" (ויקרא יא) — לֶאֱסוֹר צִירָן וְרוֹטְבָן וְקִיפָה שֶׁלָּהֶן, וְלֵימָא

רש"י

וּמְשַׁפְּיֵיהּ. כְּמוֹ (ב"מ דף ס.): הַשּׁוֹפֶה יַיִן לַחֲבֵירוֹ, קולי"ר. כְּלוֹמַר, יַעֲרֶה הַשּׁוּמָן הָעֶלְיוֹן בְּנַחַת מִכְּלִי אֶל כְּלִי, כְּדֵי שֶׁלֹּא יִתְעָרֵב הַדָּם בּוֹ. וְרָאִיתִי בַּהֲלָכוֹת גְּדוֹלוֹת דְּדַוְקָא נָקַט תְּרֵי גִּלְלֵי. כְּלוֹמַר, מְעַט מֶלַח. אֲבָל מֶלַח הַרְבֵּה פּוֹסֵק כֹּחַ הַדָּם, וְעוֹשֵׂהוּ כַּמַּיִם, וְהוּא נֶעְכָּר וּמִתְעָרֵב עִם הַשּׁוּמָן. וּמִי אָמַר שְׁמוּאֵל הָכִי. דִּלְאַחַר שֶׁיִּכְלֶה כָּל מַרְאֵה אֲדְמוּמִית שֶׁבּוֹ מוּתָּר? וְהָאָמַר שְׁמוּאֵל כו'. וְהַאי בָּשָׂר כְּבָר נִגְלָה. שָׁאנֵי הָתָם דְּאַגַּב דּוּחְקָא דְסַכִּינָא פָּלֵיט. לְעוֹלָם כְּשֶׁמַּעֲלֶה תַּמְרָתוֹ אֵין הַדָּם יוֹצֵא מִמֶּנּוּ ע"י הָאוּר, וְשַׁמְנוּנִית הוּא, וּמוּתָּר. אֲבָל כְּשֶׁחוֹתְכוֹ וְכוֹבֵשׁ עָלָיו אֶת הַסַּכִּין, הוּא דּוֹחֲקוֹ, וְאִם נִשְׁאַר בּוֹ דָּם — דּוֹחֲקוֹ וְהוּא יוֹצֵא. דָּגִים וְעוֹפוֹת. לָאו דַּוְקָא עוֹפוֹת, דְּכָל שֶׁכֵּן בָּשָׂר אַחֵר, לְפִי שֶׁהוּא קָשֶׁה מִבְּשַׂר עוֹפוֹת. אֲסוּרִין. [הַדָּגִים לְבַדָּן], שֶׁהַדָּם יוֹצֵא מִן הַבָּשָׂר וְנִבְלָע בַּדָּגִים. אֲפִילוּ עוֹפוֹת וְעוֹפוֹת [נַמִי] אֲסִירִי. כִּדְאָמְרִינַן לְקַמָּן (דף קיג.): אֵין מוֹלְחִין בָּשָׂר אֶלָּא עַל גַּבֵּי כְּלִי מְנוּקָּב, לְפִי שֶׁהַדָּם הַיּוֹצֵא נִשְׁאָר בַּכְּלִי, וְחוֹזֵר וְנִבְלָע בַּבָּשָׂר. אֲפִילוּ עוֹפוֹת וְדָגִים [נַמִי] שָׁרֵי. שֶׁהֲרֵי הַדָּם יוֹצֵא. דְּמָה לִי דָּגִים, וּמַה לִּי שְׁאָר שְׁתֵּי חֲתִיכוֹת הַנִּמְלָחוֹת זוֹ עַל גַּב זוֹ, שֶׁאע"ג שֶׁהַדָּם יוֹצֵא מֵעֶלְיוֹנָה לַתַּחְתּוֹנָה – אֵין נֶאֱסָרִין אִם הַכְּלִי מְנוּקָּב. לְעוֹלָם בִּכְלִי מְנוּקָּב. וְהַיְינוּ טַעְמָא דְּדָגִים אֲסוּרִין. מִשּׁוּם דְּדָגִים רָפוּ קַרְמַיְיהוּ. קְרוּם שֶׁלָּהֶן רַךְ. וְקָדְמִי וּפָלְטִי. מְמַהֲרִין לִפְלוֹט צִיר שֶׁלָּהֶן. וְעוֹפוֹת קָמִיטִי. צוֹמְתִין, אשטרינ"ט. כְּלוֹמַר, אֵין מְמַהֲרִין לִפְלוֹט, וּכְבָר נָחוּ הַדָּגִים מִלִּפְלוֹט, וַעֲדַיִין עוֹפוֹת פּוֹלְטִין. הִלְכָּךְ, בָּלְעֵי דָּגִים. אֲבָל בָּשָׂר וּבָשָׂר — כְּמָה שֶׁזֶּה שׁוֹהֶה לִפְלוֹט, כָּךְ זֶה שׁוֹהֶה לִפְלוֹט, וְשְׁנֵיהֶם פּוֹלְטִין יַחַד. וְכָל זְמַן שֶׁהַתַּחְתּוֹן טָרוּד בִּפְלִיטָה, אֵינוֹ בּוֹלֵעַ. אִימְּלַח לֵיהּ בְּשַׂר שְׁחוּטָה בַּהֲדֵי בְּשַׂר נְבֵלָה. וּבִכְלִי מְנוּקָּב, כְּמִשְׁפַּט הַמּוֹלֵחַ בָּשָׂר. וְקָמִיבַּעְיָא לֵיהּ: מִי אָמְרִינַן כִּי הֵיכִי דְּגַבֵּי דָּם לָא חָיְישִׁינַן לִדְלְמָא פָּלַט עֶלְיוֹן וְנִבְלַע תַּחְתּוֹן, דְּאָמְרִינַן: כָּל זְמַן שֶׁטְּרוּדִים בִּפְלִיטָה, אֵינָן בּוֹלְעִין וּשְׁנֵיהֶם נָחִין יַחַד מִפְּלִיטָתָן. ה"נ לָא שְׁנָא, אוֹ לָא? אֲמַר לֵיהּ הַטְּמֵאִים. ה"א יְתֵירָה דִּגְבֵי "הַטְּמֵאִים לָכֶם בְּכָל הַשֶּׁרֶץ" (ויקרא יא). לֶאֱסוֹר צִירָן וְרוֹטְבָן וְקִיפָה. פִּירְמָא, בָּשָׂר וְתַבְלִין הַנִּקְפָּה בְּשׁוּלֵי הַקְּדֵירָה. וְכֵיוָן דְּצִירָן אָסוּר, מִיתְּסַר הַבָּשָׂר הַשָּׁחוּט מֵחֲמַת צִיר הַטְּרֵפָה, שֶׁהוּא נוֹחַ לִיבָּלַע מִן הַדָּם.

תורה אור

תוספות

דגים ועופות שמלחן זה עם זה אסורין. הדגים לבדן. והקשה רבינו שמואל: דא"כ, הול"ל "דגים שמלחן עם עופות אסורין"! וי"ל: דא"כ, הוה משמע אפילו העופות תפל והדגים מלוחים, כמו דג טהור שמלחו עם דג טמא דבסמוך, דמיירי בטהור מליח וטמא תפל – וזה אינו, כי בענין זה לא היו הדגים אסורין. ונראה דאין העופות נאסרים מהדגים שנאסרו, אפילו לאותו פירוש שבכל איסורין אמרינן חתיכה עצמה נעשית נבלה אם האיסור עצמו הולך ומתפשט, ונאמר שגם מן הדם שנבלע בדגים נפלט מקצת עם ציר הדגים ונבלע בעופות אף על פי שכולה אין פולטין להיות מותרין על ידי כן כיון דכבר גמרו פליטתן – דמ"מ אין סברא לאסור העופות, דדם משרק שריק במליחה כמו בצליה. ובדגים, דרפו קרמייהו, הוא דאמר א] לעיל דלא שריק דם עופות מינייהו. **ודגים** רפו קרמייהו ופלטי ועופות קמיטי. פירש בקונטרס: אבל בשר ובשר, כמו שזה שוהה לפלוט, כך זה שוהה לפלוט, ושניהם פולטין יחד. וכל זמן שהתחתון טרוד לפלוט – אינו בולע. וכמו כן פירש בסמוך (לקמן דף קיג.) גבי רב ששת דמלח גרמא גרמא, דמסיק: אלא לא שנא. ופירש בקונטרס: ל"ש, ומותר. דכל זמן שטרודים לפלוט – אינן בולעים, וכשנח זה, כבר נח זה. ולפירושו תימה: כשמולחין הרבה חתיכות יחד זו אחר זו, ומניחין שניה על הראשונה וכן שלישית וכן רביעית, אפילו יש כמה חתיכות, אע"פ שהראשונה גומרת פליטתה תחלה. ופשטיה ד"אלא לא שנא" (נמי) משמע: *(שמותר למלוח כל אחד ואחד בפני עצמו. וכן מפרש ר"ת: "אלא לא שנא") – שאע"פ שהתחתון פולט תחלה – אינו נאסר. ולמה מותר? כיון שפליטת התחתון קודמת. ונראה דהיינו טעמא: משום דדם מישרק שריק במליחה כמו בצליה. וכי היכי דשרי צלי בשרא עלוי בשרא אפילו לכתחלה, אע"פ שכלה תחלה פליטתה בלא התחתון של לא האש משום דמשרק שריק, הוא הדין נמי במליחה דשרי כה"ג. ודגים דוקא משום דרפו קרמייהו אסירי – משום דרכיכי ונבלע הדם בתוכן, ולא שריק מינייהו. ומיהו היכא דליכא גומות בלא עליון של תחתונות, דלא מצי שריק, קשה: למה יהא מותרין? דמעשים בכל יום שמולחין גומות [בחתיכות] התחתונות מלאות ציר, ונוהגין בדבר היתר. וי"מ: משום דפליטת ציר מוסכת הרבה אחר פליטת הדם, וכל זמן שמושך פליטת הציר, פולטות מה שבולעות מן העליונות אחר פליטת דמן. ומה שנמצא בגומות – ציר הוא, ולא דם. אבל בדגים אין לומר כן – לפי שפליטת דם העופות מוסכת אחר פליטת ציר הדגים. וה"ר יוסף מאורלינ"ש היה אומר: לפי שפליטת הדגים נגמר קודם התחלת פליטת העופות, לכך אינן פולטין עוד מה שבולעין מן העופות. אבל בשר ובשר, כיון שלא נגמר פליטת דם תחתון קודם התחלת בליעתה מן העליון – אין דרך פליטתה נפסקת. דהואיל ופתוח לפלוט – לא יפסק עד שיגמר פליטת החתיכה שעליה. וכן אם מלחו שלישית ונתנו על העליונות קודם גמר פליטה – התחתונה פולטת עד שתגמור השלישית פליטתה. וכן לעולם כל מה שיתנו עליה תבלע ותפלוט, כיון שלא נחה רגע אחת. וא"ת: נהי דלפי שני הטעמים האלו אין לאסור מחמת פליטת חתיכה העליונה, מ"מ נאסור מחמת דם הבלוע במלח שבין חתיכה לחתיכה שנמחה בציר שבגומות אחר פליטת כל הדם והציר. דנשלמא בכל חתיכה מלוחה דעלמא, אין המלח שעליה אוסרה – לפי שמועט הוא הדם הבלוע במלח, ואינו יכול עוד לזוז משם כלל. אבל כאן שנמחה המלח בציר שבגומא ונעשה לגלול – היה לו לדם זה לאסור כדי קליפה! ושמא לא אמרינן מליח הרי הוא כרותח אלא בשעת פליטה, אבל אחר גמר פליטה – לא חשיב כרותח, דפסק כח המלח מחמת שהפליט את הבשר, ויוצא כח המלח עם הדם. אי נמי י"ל: שהמלח שעל הבשר מעכב הדם הזה מליכנס בבשר. ולפי אותן השני טעמים שפירשתי, דכל זמן שהתחתונה פולטת ציר בולעת ופולטת דם העליונות עם ציר שלה, בן אז כל זמן שפתוחה לפלוט בולעת ופולטת – צריך להמתין לתחתונה עד שתשהה העליונה שיעור צלייה, שעד אותה שעה אין התחתונה יוצאת מידי דמה. ומיהו עדיין י"ל טעם אחר: דכל זמן שהבשר טרוד לפלוט ציר – אין בולע דם, וזמן פליטת הציר אינו כלה כל כך מהרה. ומכל מקום בשר שבתוך הציר, כגון בכלי שאינו מנוקב, אין להתיר מטעם זה – דאין לו שם כח לפלוט, מחמת שהוא שקוע בתוך הציר ובולע. והיינו טעמא דשמואל דאמר לקמן (דף קיג.): אין מולחין אלא בכלי מנוקב – דאע"ג דעדיין לא גמר הבשר פליטת דמו, בולע, כדפרישית. והיכא דמליח של חתיכה בתוך הציר ותליא בחוץ – מה שבתוכו אסור, ומה שבחוץ מותר, כדפרישית לעיל בפרק "גיד הנשה" (דף צז:) גבי גדי שצלאו בחלבו. והיכא ששהה הבשר במלח כשיעור צליה על דף אחד, ואח"כ הודח והשהוהו ששהה בגיגית ושהה שם כל הלילה. ואחר כך נמצא מלח הכלי מלא מיץ מן המליח שיצא מן הבשר. אירע מעשה בביתו של רש"י, והשיב: דמאחר ששהה הבשר במלח כדי שיעור, קודם שהושם בכלי – אין המים הנמצאים בכלי מין דם, אלא מוהל בעלמא. וכן נראה. ותדע שאותו המוהל הוא היתר, מיד כששהה שיעור צליה הוא מותר להדיחו ולבשלו בקדרה, אע"פ שלא נפלט ממנו המוהל היוצא אח"כ. ואין לאסור נמי המוהל מחמת המלח שעל הבשר – דאם מכח זה באנו לאסור בשר הנופל באותו מוהל, לפי שיש בו רוב מלח שעל הבשר, ואין נאכל מחמת מלחו ליחשב כרותח ואוסר את הבשר. א"כ גם מטעם זה יאסר כל הבשר שבעולם, כשמניחין אותו בתוך הכלי להדיחו, שנמחה המלח שעל הבשר במים. דמה לי מים מה לי מוהל, כיון דשניהם של היתר! אלא צריך לומר: שהדם שבמלח מתייבש בו, ואין בו כח ליבלע בבשר אלא עומד במקומו, אע"פ שנמחה בתוך אותו מוהל. כמו שפי' גבי אותן גומות שבבשר, דמה לי גומא מלאה ציר ומה לי כל הבשר בתוך הציר. או מטעם שפסק כח המלח, מחמת שהפליט הבשר, ולא חשיב כרותח, כדפרישית לעיל. ומ"מ אין להקל, שכבר נהגו העם איסור. **הטמאים** לאסור צירן. דרשה גמורה היא גבי שרצים ובהמה, חוץ מגבי דגים, כדפרישית בפרק "גיד הנשה" (לעיל דף צט:) גבי "שאני ציר, דזיעה בעלמא הוא".

ורוטבן וקיפה שלהן. וא"ת: ותיפוק ליה מ"משרת" ליתן טעם כעיקר. דמשם אתה דן לכל התורה, כדאיתא פרק "אלו עוברין" (פסחים דף מד:)! וי"ל: דעיקר דרשה לא איצטריך אלא לצירן, ושאר הוו אסמכתא בעלמא. כדאמר פרק "אלו מציאות" (ב"מ דף ל:) גבי "והתעלמת" דעיקר קרא לזקן ואינו לפי כבודו. אי נמי: איצטריך נמי לרוטבן וקיפה, ואשמעינן דמחוי כממש. אם המחה השרץ וגמעו, דהוי כאכילה. דס"ד דבשתיה לא מיחייב, כיון דאכילה כתיבה ביה. והכי איתא ב"העור והרוטב" (לקמן דף קכ.) דמייתי לה א"המחה את החלב וגמעו". ואם תאמר: אם כן, היכי דריש מינה דלירן אסור, כיון דאיצטריך להכי? ויש לומר: דשקולים הם. ומציר גופיה לא הוה שמעינן להוי שתיה כאכילה, דהוי מצינן לאוקומי כשקפהו ואכלו. **וקיפה** שלהן. ב"העור והרוטב" (נז"ס) מפרש: "קיפה" – פירמא. ופריך: הוא עצמו ליטמא טומאת אוכלין! אלא מאי "קיפה"? תבלין. *והיה יכול להיות בין פירמא בין תבלין, דאתא לאשמועינן דשתיה כאכילתה. וכן פירש בקונטרס: "פירמא" – בשר ותבלין הנקפה בשולי הקדרה. ומיהו לא היה לו לומר "הנקפה".

ולימא

בכורות ו: לקמן קכ.

[עי' תוס' לעיל לט: סוף ד"ה שאני ציר מה שהניחו בקשת תימה]

מהר"מ מ"ז [נ"ל שאע"פ שהתחתון גמר פליטתו תחלה אינו נאסר וכן מפרש ר"ת אלא לא שנא ועי' לשון הרא"ש בסי' ל"ו]

(נ"ל והכא)

גליון הש"ס

נמ' אר"נ דגים וכו'. בכרו"ף והרא"ש הגי' ואר"נ. [illegible] שם לאסור צירן ורוטבן וכו'. ע"ל דף קכב ע"ב תוס' ד"ה למינהו וקף קכו ע"ב תוס' ד"ה כנבלתה:

הגהות מהר"ב רנשבורג

א] תוס' ד"ה דגים וכו' במליחה כמו בצליה ובדגים וכו' הוא דאמר דלא שריק וכו' כל"ל: ב] ד"ה ודגים וכו' ופולטת דם העליונות עם ציר שלה אז. מלת אז נמחק. ונ"ב או:

רבינו גרשום

מי אמר שמואל הכי והאמר שמואל ככר שחתך. כלומר מי אמר שמואל אין מניחין כלי תחת הבשר (כלומר) [עד שיכלה וכו'] הא כלה אדמומית מניחין ומותר אע"ג דעדיין לא נצלה כל צרכו והאמר שמואל ככר שחתך עליה כו' והא הכא דגמר צלי הוא ואף על פי כן אסור: אגב (חורפיה) [דוחקא] דסכינא פליט הדם: הטמאין לרבות צירן. כלומר אלה הטמאין וגו' טמאים לא כתיב אלא הטמאים לרבות צירן וזהו ציר כשיוצא ממנו כשהוא מלוח: רוטב. שומנא: קיפא. כדמפרש בהעור והרוטב פירמא. [והוא] בשר מבושל יותר מדאי שאינו דומה שיהא בשר אעפ"כ טמא:

ולימא ליה מדשמואל, דאמר שמואל: *מליח – הרי הוא כרותח, וכבוש – הרי הוא כמבושל! אי מדשמואל, הוה אמינא: הני מילי – דמן, אבל צירן ורוטבן – לא, קמשמע לן. מיתיבי: דג טהור שמלחו עם דג טמא – מותר, מאי לאו שהיו שניהן מלוחין? לא, כגון שהיה טהור מליח וטמא תפל. והא מדקתני סיפא *(אבל אם היה טהור מליח וטמא תפל), מכלל דרישא בששניהם מלוחין עסקינן! [א] פרושי קא מפרש, טהור שמלחו עם דג טמא – מותר. כיצד – שהיה טהור מליח וטמא תפל. ה"נ מסתברא, דאי סלקא דעתך רישא שניהם מלוחים, השתא שניהם מלוחים – שרי, טהור מליח וטמא תפל מיבעיא! אי משום הא – לא איריא, תנא סיפא לגלויי רישא, דלא תימא: רישא טהור מליח וטמא תפל, אבל שניהם מלוחין – אסור. תנא סיפא טהור מליח וטמא תפל, מכלל דרישא שניהן מלוחין, ואפ"ה שרי. ת"ש מסיפא דסיפא: אבל אם היה טמא מליח וטהור תפל – אסור, טמא מליח וטהור תפל – הוא דאסור, הא שניהן מלוחין – שרי! אידי דתנא רישא טהור מליח וטמא תפל, תנא נמי סיפא טמא מליח וטהור תפל. (סימן: בישרא דמנח נפקותא). אמר שמואל: אאין הבשר יוצא מידי דמו אלא א"כ מולחו יפה יפה, ומדיחו יפה יפה. איתמר, רב הונא אמר: מולח ומדיח, במתניתא תנא: במדיח ומולח ומדיח. ולא פליגי, גהא – דחלליה בי טבחא, הא – דלא חלליה בי טבחא. רב דימי מנהרדעא מלח ליה במילחא גללניתא, דומנפיץ ליה. אמר רב משרשיא: האין מחזיקין דם בבני מעיים, תרגמא – אכרכשא ומעייא והדרא דכנתא. אמר שמואל: ואין מניחין בשר מליח אלא ע"ג כלי מנוקב. רב ששת מלח ליה גרמא גרמא, תרי מאי טעמא לא – משום דפריש מהאי ובלע האי. חד נמי, פריש מהאי גיסא ובלע האי גיסא! אלא: זלא שנא. אמר שמואל משום ר' חייא: השובר מפרקתה של בהמה קודם שתצא נפשה – הרי זה מכביד את הבשר, וגוזל את הבריות, ומבליע דם באברים. *איבעיא להו: היכי קאמר מכביד את הבשר וגוזל את הבריות משום דמבליע דם באברים, הא לדידיה – שפיר דמי, או דלמא – חלדידיה נמי אסור? תיקו.

מתני' המעלה את העוף עם הגבינה על השלחן אינו עובר בלא תעשה. **גמ'** הא אוכלו – עובר בלא תעשה, שמע מינה: בשר עוף בחלב דאורייתא! אימא: המעלה את העוף עם הגבינה על השולחן אינו בא לידי לא תעשה.

מתני' טבשר בהמה טהורה בחלב בהמה טהורה – אסור לבשל ואסור בהנאה. יבשר בהמה טהורה בחלב בהמה טמאה, בשר בהמה טמאה בחלב בהמה טהורה – מותר לבשל ומותר בהנאה. *ר"ע אומר: כחיה ועוף אינם מן התורה, שנאמר: °"לא תבשל גדי בחלב אמו" ג' פעמים, פרט לחיה ולעוף ולבהמה טמאה. *רבי יוסי הגלילי אומר: נאמר °"לא תאכלו כל נבלה", ונאמר "לא תבשל גדי בחלב אמו", את שאסור משום נבלה – אסור לבשל בחלב, עוף שאסור משום נבלה, יכול יהא אסור לבשל בחלב – ת"ל: "בחלב אמו" – יצא עוף שאין לו חלב אם. **גמ'** מנא הני מילי? א"ר אלעזר, אמר קרא: °"וישלח יהודה את גדי העזים" כאן

תורה אור: שמות כג, דברים יד, בראשית לח

רש"י:

הני מילי דמן. כלומר, הני מילי לגבי דם, וכגון בכלי שאינו מנוקב, דבתר דפלט הדר בלע. אבל צירן. זיעה הוא ולא מיתסר. והכא נמי לא ליכא למיחש – דמנוקב הוא. (א) ואי"כ, כשרה וכשרה נמי. קמ"ל. דג טמא – אסור, וציר טוא ליבלע הוא. מאי לאו שניהם מלוחים. ושמע מינה: ציר נמי לא מיבלע כל זמן שעסוקים בפליטה. "וש"מ צירן מותר" לא גרסינן. תפל. מבלי מלח, דהשתא לא פליט טמא מידי. אבל שניהם מלוחים, דטמא נמי פליט – אסור, וכ"ש טמא מליח וטהור תפל. הא שניהם מלוחים שרי. דשניהם טרודים בפליטה. רב הונא דלא בעי הדחה בראשונה דבחלליה בי טבחא. כל רחיצת הבשר מתרגמינן: חיזול. מילחא גללניתא. מלח גסה, שלמי"ל. ומנפיץ ליה. למילחא לאחר זמן, מפני שהדם נבלע בה. אבל מלח דקה אין צריך לנפץ, שהיא נמקת מעצמה. אין מחזיקין דם. אינן בחזקת דם ליאסר אם לא נמלחו. הדרא דכנתא. דקין שמסביב הכנתא, אנטרי"ל. ומעייא. קבה וכרס ושאר הדקין. וכרכשא. טבחיי"א. אבל הלב והריאה והכבד וכנתא גופה – יש בהן דם, וצריכין לימלח. אלא ל"ש. ומותר. וטעמא, כדפרשינן לעיל (דף קיב: ד"ה ועופות): דכל זמן שטרודים לפלוט אינן בולעים, ולשאת זה – כבר נח זה. הרי זה מכביד את הבשר. לפי שבשעת שמיתתה היא טרודה להוציא דם, ולשובר מפרקתה מתוך צרתה אין בה כח להתחלחל ולהוציא דם. והיא נחה ושוקטת, והדם נבלע באבריה ומכביד הבשר. ונמצא גוזל את הבריות, כשהוא מוכרה במשקל, והדם שוקל. איבעיא להו היכי קאמר. האי "ומבליע דם" דקתני – כוליה חד איסורא הוא, וה"ק: מכביד את הבשר, ונמצא גוזל את הבריות הוא, משום דמבליע דם, שמכביד את משקלה. והבלעת דם – לפרושי "גוזל את הבריות" נקט לה. הא לדידיה. דליכא למימר משום גזילה – שרי, לפי שהוא חוזר ויוצא ע"י מלח. או דילמא לדידיה נמי אסור. ותרתי איסורי קחשיב: חדא, דגוזל את הבריות. וחדא, דמבליע דם, ושוב אינו יוצא, ואוכל דם. **מתני'** אינו עובר בלא תעשה. היא גופה לא איצטריך, דהעלאה לאו דאורייתא. אלא דיוקא דילה איצטריך, למידק מינה: הא אוכל עוף בחלב עובר, ולאפוקי מדרבי עקיבא דאמר: פרט לעופות. **גמ'** אינו בא לידי לא תעשה. כלומר, אין לחוש שמא יאכלנו ויעבור עליו, דאי נמי אכיל ליה – לא עבר. **מתני'** מותר לבשל ומותר בהנאה. דאין בו משום בשר בחלב, כדיליף בגמרא. ובאכילה מיהא אסור – משום איסור טמאה. פרט לעוף וחיה ובהמה טמאה. "גדי" – פרט לעוף, שאינו בהמה; "גדי" – פרט לחיה, שאינה בהמה. דאע"ג דחיה בכלל בהמה – אתא קרא יתירא ומפקיע. "גדי" – ולא את הבהמה טמאה. אבל בהמה טהורה דלאו גדי, כגון פרה ורחל אתרבאי מקראי, כדקתני בברייתא בגמרא. נאמר לא תאכלו כל נבלה ונאמר. באותו פסוק עצמו "לא תבשל גדי בחלב אמו", דמשמע: כל שהוזהר בו איסור נבלה, יש בו משום בשר בחלב. **גמ'** מנהני מילי. דכל בהמה במשמע.

תוספות:

ולימא ליה מדשמואל. אע"ג דברייתא עדיפא, בברייתא לחוד לא סגי, אלא מכח מילתיה דשמואל דמייתי בהדה, אבל בדשמואל לחוד סגי. ומשני: הוה אמינא, הני מילי דמן, וכאן אין שייך לאסור, משום דמשרק שריק או כבולעו כך פולטו. מאי לאו שניהם מלוחין. אלמא, לא בלע. ולא גרסינן "וש"מ דצירן מותר" – דהא משנה שלמה היא *במסכת ע"ז (דף לה) דדג טמא צירו אסור, ובסיפא דהך ברייתא נמי קתני "טמא מליח וטהור תפל – אסור". טהור מליח וטמא תפל מותר. גבי מליח כרותח לא שייך לא עילאה גבר ולא תתאה גבר ואפילו קליפה לא בעי, אע"ג דאמרינן (פסחים דף עו.) גבי עילאה ותתאה: אדמיקר ליה בלע. ויש ללמוד מכאן דא"צ להגעיל דפוסי גבינות הגויים, ומותר לעשות בהם גבינות לישראל ולמולחן בתוכן, דהוי כמו טהור מליח וטמא תפל. דאין שייך מליחה בעץ, ולא נעשה עץ רותח ע"י מליחה. ומעשים בכל יום דמלח בקערה שמשתמשין בה בשר, לוקחים ממנו לתת ממנו בחלב. והמחמיר תבא עליו ברכה. אין מחזיקין דם בבני מעיים. *לאסור מטעם זה למלוח בני מעיים עם שאר בשר, משום דלא טרידי לפלוט, (ב) דבלעי דם כמו דגים. דהכא דם משרק שריק, אבל דגים רפו קרמייהו, כדפי' לעיל (דף קיב: ד"ה ודגים). ואין להתיר מטעם שריקה אם היו שופכין דם על הבשר בשעת צליה – דדוקא דם הנפלט נופל עם הציר ע"י צליה או ע"י מליחה, כדאמר לעיל (דף קיא.) דשריק, אבל היכא דהוי הדם בעיניה לא אשכחן. אלא ל"ש. ומותר בכל ענין, אע"פ שמניח השניה על אותה שנמלחה תחלה, כדפרישית לעיל. בשר בהמה טהורה בחלב בהמה טהורה כו'. הוא הדין בשר עוף לרבנן דאסור מן התורה, דדוקא ר"ע הוא דאמר חיה ועוף אינם מן התורה, ונפקא לן מדדרשינן לקמן: את שאסור משום נבלה, אסור לבשלו בחלב. אלא

עין משפט נר מצוה:

צג א מיי' פ"ו מהל' מאכלות אסורות הל' י ועי' בהגהות ובכ"מ סמג לאוין קלז טוש"ע יו"ד סי' סט סעיף ...
צד ב ג מיי' שם טוש"ע שם סעיף ...
צה ד מיי' שם הל' יא טוש"ע שם סעיף ...
צו ה מיי' שם הל' יח סמג שם טוש"ע יו"ד סי' ...
צז ו מיי' שם הל' יא סמג שם טוש"ע יו"ד סי' ...
צח ז מיי' שם טוש"ע יו"ד סי' ע סעיף ...
צט ח מיי' שם הל' ... ועי' בכ"מ ובמגיה סמג שם טוש"ע יו"ד סי' ...
ק ט מיי' פ"ט שם הל' ... סמג לאוין קמח טוש"ע יו"ד סי' פז סעיף ...
קא י מיי' שם הל' ד טוש"ע שם.

רבינו גרשום:

שהיה טהור מליח וטמא תפל. כלומר טמא שאינו מלוח שמלחו וטהור יוצא ציר ומתפל אינו יוצא ציר: טמא מליח וטהור תפל הוא דאסור. כלומר דהתפל בולע הא שניהם מלוחין שרו דאינו בולע: הא דחלליה בי טבחא. כלומר מולח ומדיח. הא דלא חלליה בי טבחא מדיח ומולח ומדיח ומה לשון חללי רוחצין כדמתרגם וירחץ את הקרב וחללי ית גוא: מלח ליה במילחא גללניתא. כלומר מלח ליה מילחא גסה ומניח המלח שעה בתוך הבשר שיוציא הדם ואח"כ מנפץ ליה למלח בהדי דם ולא בעי הדחה אחרית: הדרא דכנתא. אלו הדקין אבל כנתא עצמה שמשו אינטריה בלע"ז בו מחזיקים דם וצריך למולחו יפה ולהדיחו יפה: דאי בעי למיכל מיניה אומצא אסור כלומר עד שידיחנו וימלחנו: ואסור בהנאה. לכלבו: מנהני מילי. דכל בשר בכל מיני חלב אסור אע"ג דלא חזינן בקרא אלא גדי:

שיטה מקובצת:

א] פרושי קמפרש. נ"ב עי' תוס' בכורות דף ל"א ע"ב:

הגהות הב"ח:

(א) רש"י ד"ה אבל צירן וכו' דא"כ כשרה: (ב) תוס' ד"ה אין וכו' ובלעי דם:

מסורת הש"ס:

[לעיל נו: קיא: קיב. פסחים עו.]
[נ"ל היה טהור מליח וטמא תפל מותר וכ"א בתוספתא תרומות רפ"ט וכן כתוב' בכורות לא: ד"ה א"כ]
[בתרומות פ"י מ"ח]
[נ"ל אין לאסור]
[גי' הרי"ף והרא"ש איבעיא להו הואיל ומבליע דם באברים מי שרי למיכל מיניה באומצא או לא ויש חילוק לענין דינא בין הגירסאות ועי' בב"י סי' סז ד"ה השובר]
[לעיל קד.]
שבת קל.

תוספות

אלא למאן דאמר שני כתובים כו'. תוכא כתיבי, אלא כל הנהו לרבקה חשיב להו כחד, וכן הנהו דיהודה כחד.

עזים העזים. *תימה: דבחד מיעוטא סגי, וכן לקמן בסוף פרקין (דף קיז:) גבי תרומת הדשן. **קסבר** שמואל איסור חל על איסור. בחנם מוחק בקונטרס זאת הגירסא, דלהכי קאמר דקסבר שמואל איסור חל על איסור – *דאי הוה ס"ל בעלמא דאין איסור חל על איסור, אלא הוה יליף מהכא, לא הוה מפיק חלב ומתה תרווייהו מחד קרא, אלא הוה מוקי קרא בדדמי. ולמאי דמשני בסמוך דבעלמא קסבר אין איסור חל על איסור, נפקי תרווייהו מחד קרא, כדפירש בקונט': משום דתרווייהו מין גדי הם. **דם** לאו גדי הוא. ואם תאמר: מכל מקום לא אמעיט אלא מ"גדי"? וי"ל: דאפילו לא הוה כתיב אלא "לא תבשל בשר בחלב אמו" הוה ממעטינן דם, דלא איקרי בשר, כדאמר בפ' "כל שעה" (פסחים דף כג:): כשהותרה נבלה – היא וחלבה וגידה הותרה, אבל דמה לא קאמר שהותרה, דלאו בכלל נבלה היא. **ושאני** הכא דרבי רחמנא גדי. אי לאו "גדי" לא הוה ילפינן שיחול איסור בשר בחלב על איסור חֵלֶב, מדאמרינן סוף פרק "גיד הנשה" (לעיל דף קג.): יבא איסור נבלה ואיסור טרפה ויחול על איסור חלב. דשאני נבלה דמטמאה, וטרפה נמי משום דמחיים. דכה"ג אמרינן בזבחים פרק "חטאת העוף" (דף ע.). והא דאמר בפ' "גיד הנשה" (לעיל דף קג.) דאיסור טרפה חל על איסור אבר, מידי דהוה אאיסור חלב, אע"ג דאבר מן החי מטמא – מ"מ כיון דחלב בכרת, ואפ"ה חייל עליה, כל שכן אבר מן החי.

גמרא

כָּאן – גְּדִי עִזִּים, הָא כָּל מָקוֹם שֶׁנֶּאֱמַר "גְּדִי" סְתָם – אֲפִילּוּ פָּרָה וְרָחֵל בְּמַשְׁמָע. וְלֵילַף מִינֵּיהּ! כְּתִיב קְרָא אַחֲרִינָא: "וְאֵת עוֹרֹת גְּדָיֵי הָעִזִּים", כָּאן גְּדָיֵי הָעִזִּים, הָא כָּל מָקוֹם שֶׁנֶּאֱמַר "גְּדִי" סְתָם – אֲפִילּוּ פָּרָה וְרָחֵל בְּמַשְׁמָע. וְלֵילַף מִינֵּיהּ! הָווּ לְהוּ שְׁנֵי כְּתוּבִין הַבָּאִין כְּאֶחָד, *וְכָל שְׁנֵי כְתוּבִים הַבָּאִים כְּאֶחָד אֵין מְלַמְּדִין. הָנִיחָא לְמ"ד אֵין מְלַמְּדִין, אֶלָּא לְמ"ד מְלַמְּדִין, מַאי אִיכָּא לְמֵימַר? תְּרֵי מִיעוּטֵי כְּתִיבֵי "עִזִּים" "הָעִזִּים". אָמַר שְׁמוּאֵל: "גְּדִי" – לְרַבּוֹת אֶת הַחֵלֶב, "גְּדִי" – לְרַבּוֹת אֶת הַמֵּתָה, "גְּדִי" – לְרַבּוֹת אֶת הַשָּׁלִיל, "גְּדִי" – לְהוֹצִיא אֶת הַדָּם, "גְּדִי" – לְהוֹצִיא אֶת הַשִּׁלְיָא, "גְּדִי" – לְהוֹצִיא אֶת הַטְּמֵאָה. "בַּחֲלֵב אִמּוֹ" – וְלֹא בַּחֲלֵב זָכָר, "בַּחֲלֵב אִמּוֹ" – וְלֹא בַּחֲלֵב שְׁחוּטָה, "בַּחֲלֵב אִמּוֹ" – וְלֹא בַּחֲלֵב טְמֵאָה. הָא תְּלָתָא "גְּדִי" כְּתִיבֵי, וַאֲנַן שִׁיתָּא דָּרְשִׁינַן! קָסָבַר שְׁמוּאֵל: *אִיסּוּר חָל עַל אִיסּוּר, וְאִיסּוּר חֵלֶב וּמֵתָה – מֵחַד קְרָא נָפְקִי, דָּם נַמִי – לָאו גְּדִי הוּא, וְשִׁלְיָא נַמִי – פִּירְשָׁא בְּעָלְמָא הוּא. פָּשׁוּ לְהוּ תְּרֵי, חַד – לְרַבּוֹת אֶת הַשָּׁלִיל, וְחַד – לְמַעוּטֵי בְּהֵמָה טְמֵאָה. וְסָבַר שְׁמוּאֵל אִיסּוּר חָל עַל אִיסּוּר? וְהָאָמַר שְׁמוּאֵל מִשּׁוּם ר' *אֱלִיעֶזֶר: מִנַּיִן לְכֹהֵן טָמֵא שֶׁאָכַל תְּרוּמָה טְמֵאָה שֶׁאֵינוֹ בְּמִיתָה – שֶׁנֶּאֱמַר: "וּמֵתוּ בוֹ כִּי יְחַלְּלֻהוּ" – פְּרָט לְזוֹ שֶׁמְּחוּלֶּלֶת וְעוֹמֶדֶת! אִיבָּעֵית אֵימָא: בְּעָלְמָא – אִיסּוּר חָל עַל אִיסּוּר, וְשָׁאנֵי הָתָם – דְּמִיעֵט רַחֲמָנָא "וּמֵתוּ בוֹ". אִיבָּעֵית אֵימָא: בְּעָלְמָא קָסָבַר שְׁמוּאֵל *אֵין אִיסּוּר חָל עַל אִיסּוּר, וְשָׁאנֵי הָכָא *דְּרַבֵּי רַחֲמָנָא "גְּדִי". וְאִיבָּעֵית אֵימָא: הָא – דִּידֵיהּ, הָא – דְּרַבֵּיהּ. בָּעָא מִינֵּיהּ רַב אַחְדְּבוּי בַּר אַמֵּי *מֵרַב: הַמְבַשֵּׁל בַּחֲלֵב גְּדִי שֶׁלֹּא הֵנִיקָה, מַהוּ? א"ל: מִדְּאִיצְטְרִיכָא לִשְׁמוּאֵל לְמֵימַר "בַּחֲלֵב אִמּוֹ" – וְלֹא בַּחֲלֵב זָכָר, זָכָר הוּא – דְּלָא אָתֵי לִכְלַל אֵם, אֲבָל הַאי כֵּיוָן דְּבָא לִכְלַל אֵם – אָסוּר. אִתְּמַר, הַמְבַשֵּׁל חֵלֶב בְּחָלָב – רַבִּי אַמֵּי וְרַבִּי אַסִּי, חַד אָמַר: לוֹקֶה, וְחַד אָמַר: אֵינוֹ לוֹקֶה. לֵימָא בְּהָא קָמִיפַּלְגִי, דְּמ"ד לוֹקֶה קָסָבַר: אִיסּוּר חָל עַל אִיסּוּר, וּמַאן דְּאָמַר אֵינוֹ לוֹקֶה, קָסָבַר: אֵין אִיסּוּר חָל עַל אִיסּוּר! לָא, דְּכ"ע אֵין אִיסּוּר חָל עַל אִיסּוּר, אַאֲכִילָה – דְּכ"ע לָא פְּלִיגִי דְּלָא לָקֵי, כִּי פְּלִיגִי – אַבִּשּׁוּל, מ"ד לוֹקֶה – חַד אִיסּוּרָא הוּא. וּמ"ד אֵינוֹ לוֹקֶה – לְהָכִי אַפְּקֵהּ רַחֲמָנָא לַאֲכִילָה בִּלְשׁוֹן בִּשּׁוּל, כֵּיוָן

רש"י

כָּאן. פֵּירֵשׁ לְךָ הַכָּתוּב שֶׁגְּדִי זֶה מֵעִזִּים הָיָה. הָא. אִם לֹא פֵּירֵשׁ, יֵשׁ בְּמַשְׁמַע אַף שְׁאָר בְּהֵמָה, מִדְּאִיצְטְרִיךְ בֵּיהּ לְפָרוֹשֵׁי. וְנֵילַף. גְּזֵירָה שָׁוָה מִינֵּיהּ: מַה "גְּדִי" הָאָמוּר כָּאן – עִזִּים, אַף "גְּדִי" הָאָמוּר בְּבָשָׂר וְחָלָב – עִזִּים הוּא? תְּרֵי מִיעוּטֵי כְּתִיבֵי. ה"ל דִּכְתִיב בְּכָל חַד מִיעוּטָא הוּא. אָמַר שְׁמוּאֵל. קְרָא יְתֵירָא כְּתִיב, לְדָרְשָׁה, וְדָרְשִׁינַן לְהוּ. וּלְקַמָּן פָּרֵיךְ: תְּלָתָא קְרָאֵי כְּתִיבֵי, וּשְׁמוּאֵל שִׁיתָּא דָּרֵישׁ! לְרַבּוֹת אֶת הַחֵלֶב. שֶׁאִם בִּשֵּׁל חֵלֶב בְּחָלָב, וַאֲכָלוֹ – עוֹבֵר מִשּׁוּם חֵלֶב, וּמִשּׁוּם בָּשָׂר בְּחָלָב. אֶת הַמֵּתָה. שֶׁאִם בִּשֵּׁל בְּשַׂר נְבֵלָה בְּחָלָב, וַאֲכָלוֹ – עוֹבֵר מִשּׁוּם בָּשָׂר בְּחָלָב. וְאַף עַל גַּב דִּבְעָלְמָא אֵין אִיסּוּר חָל עַל אִיסּוּר, וְכָאן הֲרֵי קָדְמוּ אִיסּוּר חֵלֶב וְאִיסּוּר נְבֵלָה לְאִיסּוּר בָּשָׂר בְּחָלָב – אֲתָא קְרָא וְרַבִּינְהוּ. לְהוֹצִיא אֶת הַטְּמֵאָה. בָּשָׂר בְּהֵמָה טְמֵאָה שֶׁבִּשֵּׁל אֲפִילּוּ בַּחֲלָב בְּהֵמָה טְהוֹרָה. וְלֹא בַּחֲלֵב זָכָר. שֶׁהָיָה לוֹ חָלָב מוּעָט מִן הַדַּדִּים, כְּגוֹן אִם נִתְפַּטְּמָה וְהָיוּ לוֹ דַּדִּים. וְלֹא בַּחֲלֵב שְׁחוּטָה. דְּ"אִמּוֹ" מַשְׁמַע: הָרְאוּיָה לִהְיוֹת אֵם, וְלֹא מְשֻׁחֶטֶת. בַּחֲלֵב אִמּוֹ. מַשְׁמַע שֶׁלֹּא נֶאֱסַר חָלָב אֶלָּא מִמִּין שֶׁנֶּאֱסַר בָּשָׂר, וּ"גְדִי" הָא אִיתְרַבֵּי בֵּיהּ כָּל בְּהֵמָה טְהוֹרָה, וְלֹא טְמֵאָה. הִלְכָּךְ, חֲלָב כִּגְדִי, דְּהָא "אִמּוֹ" כְּתִיב, וְקָא מְמַעֵט חֲלֵב טְמֵאָה, אֲפִילּוּ הַבָּשָׂר טָהוֹר. אִיסּוּר חָל עַל אִיסּוּר. אֲנִי שָׁמַעְתִּי דְּגָרֵס לֵיהּ, וְהָכִי פֵּירוּשׁוֹ: אִיסּוּר חָל עַל אִיסּוּר, וְלָא אִצְטְרִיךְ קְרָא לֹא לְחֵלֶב וְלֹא לְמֵתָה. מֵחַד קְרָא. כְּלוֹמַר, מֵהַהוּא קְרָא דַּאֲתָא לְגוּפֵיהּ נָפְקִי דְּאִם בִּשֵּׁל חֵלֶב אוֹ בְּשַׂר נְבֵלָה בְּחָלָב, אַף הֵם בְּמַשְׁמַע. וְקַשְׁיָא לִי הָא דְּאָמְרִינַן לְקַמָּן בְּפִירְקִין (דף קטז.): לְר"ע, מִשּׁוּם דְּאִית לֵיהּ אִיסּוּר חָל עַל אִיסּוּר, מִיַּיתְרֵי לֵיהּ כּוּלְּהוּ תְּלָתָא "גְּדִי" לְדָרְשָׁה, וְאָמְרִינַן: חֵלֶב וּמֵתָה לָא צְרִיכִי קְרָא. וְהָכָא לִשְׁמוּאֵל נַמִי, דְּאִית לֵיהּ אִיסּוּר חָל עַל אִיסּוּר, אָמְרִינַן: חֵלֶב וּמֵתָה מֵחַד קְרָא נָפְקִי, וְלָא מִיַּיתְרֵי כּוּלְּהוּ אֶלָּא תְּרֵי! וְנִרְאֶה בְּעֵינַי דְּלָא גָּרְסִינַן לְהַאי "קָסָבַר שְׁמוּאֵל אִיסּוּר חָל עַל אִיסּוּר", אֶלָּא הָכִי גָּרְסִינַן: "חֵלֶב וּמֵתָה מֵחַד קְרָא נָפְקִי" כו'. דְּכוּלְּהוּ תְּלָתָא "גְּדִי" מִיַּיתְרֵי לְדָרְשָׁה – דַּהֲוָה לֵיהּ לְמִיכְתַּב "לֹא תְבַשֵּׁל בַּחֲלֵב אִמּוֹ", כָּל מִי שֶׁיֵּשׁ לוֹ חֲלֵב אֵם בְּהֵמָה, כֵּיוָן דְּסוֹפֵיהּ לְהָבִיא בְּמַשְׁמַע "גְּדִי" אַף עֵגֶל וְטָלֶה, כְּדַאֲמַרַן לְעֵיל. וּמִדְּכָתַב "גְּדִי" – לְדָרְשָׁה אָתֵי: חַד, לְחֵלֶב וּמֵתָה – לְאַשְׁמוּעִינַן שֶׁיְּהֵא אִיסּוּר חָל עַל אִיסּוּר, וְאִיתְרַבּוּ לְהוּ תַּרְוַיְיהוּ, דְּהָא מִין גְּדִי הֵן, וְהֵי מִינַּיְיהוּ מַפְקַתְּ? וְחַד לְשָׁלִיל, וְחַד לְמַעוּטֵי טְמֵאָה. וּלְקַמָּן נַמִי בִּשְׁמַעְתִּין אָמְרִינַן: שָׁאנֵי הָכָא, דְּרַבֵּי רַחֲמָנָא "גְּדִי". אַלְמָא אִיסּוּר חָל עַל אִיסּוּר לִשְׁמוּאֵל, הָכָא מִ"גְּדִי" נָפְקָא לֵיהּ מֵרִיבּוּיָא. וְהָא דְּפָרֵיךְ לְקַמָּן: קַשְׁיָא לֵיהּ: דְּמִדְּרַבֵּי שְׁמוּאֵל חֵלֶב וּמֵתָה, אַלְמָא אִיסּוּר חָל עַל אִיסּוּר. דָּם וְשִׁלְיָא. לָא בָּעֲיָא קְרָא לְמַעוּטִינְהוּ, לְאִיסּוּרָא. וּמֵתוּ בוֹ. בְּאוֹכֵל תְּרוּמָה בְּטוּמְאַת גּוּפוֹ כְּתִיב, דְּהָא לְעֵיל מִינֵּיהּ כְּתִיב: "אִישׁ אִישׁ מִזֶּרַע" וגו'. טוּמְאַת הַגּוּף, שֶׁהוּא בְּמִיתָה בִּידֵי שָׁמַיִם, וְחָיֵיל אַאִיסּוּר טוּמְאַת תְּרוּמָה, שֶׁאֲסוּרָה וְעוֹמֶדֶת עָלָיו בְּאִיסּוּר עֲשֵׂה, כִּדְמְפָרֵשׁ בִּיבָמוֹת בְּפ' "הֶעָרֵל" (דף עג:): מִ"בִּשְׁעָרֶיךָ תֹּאכְלֶנּוּ הַטָּמֵא וְהַטָּהוֹר", דְּמַשְׁמַע: טָמֵא וְטָהוֹר אוֹכְלִין בִּקְעָרָה אַחַת בְּשַׂר פְּסוּלֵי הַמּוּקְדָּשִׁין, דְּאֵין בָּהֶן אִיסּוּר טוּמְאָה. וּכְתִיב "תֹּאכְלֶנּוּ" – לָזֶה, וְלֹא לְאַחֵר. כְּלוֹמַר, בָּזֶה הִתַּרְתִּי לַטָּהוֹר לֶאֱכוֹל עִם הַטָּמֵא, וְאַף עַל פִּי שֶׁאוֹכֵל בָּשָׂר בֵּין בְּטוּמְאַת הַגּוּף וּבֵין בְּטוּמְאַת עַצְמָן. אֲבָל בִּתְרוּמָה לֹא הִתַּרְתִּי לְךָ לֶאֱכוֹל בְּטוּמְאַת עַצְמָהּ, וְלָאו הַבָּא מִכְּלַל עֲשֵׂה – עֲשֵׂה. אֲבָל אוֹכֵל תְּרוּמָה בְּטוּמְאַת הַגּוּף מְפוֹרָשׁ בּוֹ לֹא תַעֲשֶׂה, דִּכְתִיב: "בַּקֳּדָשִׁים לֹא יֹאכַל", וּכְתִיב בַּתְרֵיהּ: "וּבָא הַשֶּׁמֶשׁ וְטָהֵר וְאַחַר יֹאכַל" וגו', וּמוֹקְמִינַן לֵיהּ בִּתְרוּמָה, בִּיבָמוֹת (דף עד:). ה"ג: בְּעָלְמָא סָבַר שְׁמוּאֵל אִיסּוּר חָל עַל אִיסּוּר וְשָׁאנֵי הָכָא דְּגַלֵּי רַחֲמָנָא וּמֵתוּ בוֹ כִּי יְחַלְּלֻהוּ וְאִבָּעֵית אֵימָא בְּעָלְמָא קָסָבַר אֵין אִיסּוּר חָל עַל אִיסּוּר וְשָׁאנֵי הָכָא דְּרַבֵּי רַחֲמָנָא גְּדִי. וְלָשׁוֹן שֶׁשָּׁמַעְתִּי קַשְׁיָא לִי: כֵּיוָן דְּחַד לְגוּפֵיהּ, הֵי רַבִּי וְהֵי מִיַּיתַּר, וְהָא דָּרְשִׁינְהוּ? הָא דְּרַבֵּיהּ. רַבִּי *אֱלִיעֶזֶר, שֶׁאָמַר לְעֵיל שְׁמוּאֵל מִשְּׁמוֹ. וְכָל הֵיכָא דְּקָתָנֵי "מִשּׁוּם פְּלוֹנִי" – לֹא שָׁמַע מִפִּיו, אֶלָּא מִפִּי אֲחֵרִים שֶׁאֲמָרוּהוּ מִפִּיו. וּשְׁמוּאֵל לֹא רָאָה אֶת רַבִּי *אֱלִיעֶזֶר מִיָּמָיו, דְּר' *אֱלִיעֶזֶר בַּחוּרְבָּן הָיָה (גיטין דף נו.), מִתַּלְמִידֵי רַבָּן יוֹחָנָן בֶּן זַכַּאי, וּשְׁמוּאֵל מִדּוֹרוֹת הָאַחֲרוֹנִים הָיָה, בְּסוֹף שְׁנוֹתָיו דְּרַבִּי*. שֶׁלֹּא הֵנִיקָה. לֹא יָלְדָה מֵעוֹלָם, וְיֵשׁ לָהּ חָלָב כְּשֶׁהִיא קְרוֹבָה לִימֵי לֵידָתָהּ – מִי דַּיְיקִינַן "אִמּוֹ", שֶׁהָיְתָה אִמּוֹ כְּבָר, אוֹ לָאו? חַד אָמַר לוֹקֶה. קס"ד דַּאֲכִילָה קָאָמַר, *(וְהֵם) הִתְרוּ בוֹ מִשּׁוּם בָּשָׂר בְּחָלָב. אֵין אִיסּוּר חָל עַל אִיסּוּר. וְלָא לֵית לָן לְרַבּוּיֵי – דְּאִיכָּא לְמֵימַר: חַד לְרַבּוּיֵי שָׁלִיל אָתָא, דְּחַד אִיסּוּר הוּא דְּאִיכָּא. וְחַד לְמַעוּטֵי שִׁלְיָא אֲתָא וְלָא לְמַעוּטֵי. דְּאִילּוּ לְמַעוּטֵי דָּם וּטְמֵאָה לָא אִיצְטְרִיךְ – דְּכֵיוָן דְּאֵין אִיסּוּר חָל עַל אִיסּוּר, מֵהֵיכָא תֵּיתֵי לָן דְּלִילְקֵי? אַבִּשּׁוּל. שֶׁהֲרֵי הַחֵלֶב וְכָל שְׁאָר אִיסּוּרִין לֹא נֶאֶסְרוּ לְבַשֵּׁל, אֶלָּא בָּשָׂר בְּחָלָב. הִלְכָּךְ, גַּבֵּי בִּשּׁוּל אֵין כָּאן אֶלָּא חַד אִיסּוּר בָּשָׂר בְּחָלָב. וּמַר

רבינו גרשום

ונילף מיניה כו'. מאותו גדי עזים ולא נרבי בשר בחלב אלא גדי בחלב אמו: תרי מיעוטי כתיבי עזים העזים. כלומר מצי למיכתב תרווייהו עזים למה כתב העזים כאן עזים אבל במקום אחר שנאמר גדי סתם אפי' פרה ורחל: גדי לרבות את החלב. כלומר שאם בישל חלב בחלב עובר בלאו: גדי לרבות את המתה. כלומר בהמה שמתה מאליה: גדי להוציא את הדם. כלומר שאם בישל דם בחלב פטור: ולא בחלב זכר. שיש לו חלב מעט וכך העידו לפנינו שראו חלב בזכר: ולא בחלב שחוטה. כלומר שהוציאו מן הדדים חלב לאחר שנשחטה: חלב ומתה מחד קרא נפקא. כלומר מתחלה היה חייב בכזית של חלב משום חלב בישלו חייב נמי משום בשר בחלב וכן במתה מתחלה היה חייב משום נבלה בכזית בישלו חייב משום בשר בחלב מחד קרא נפקא מחד גדי: דם ושליא פירשא בעלמא נינהו. כלומר ולא צריך קרא לאפוקי: מנין לכהן טמא שאכל תרומה טמאה. כלומר אם לא היה טמא ואכל תרומה טמאה עובר בלאו כדאשכחן בתרומה ובטומאת הגוף אי איסור חל על איסור ליתי איסור מיתה וליחול על איסור לאו: שאני הכא דגלי רחמנא גדי. כלומר דרביה. כלומר לרבות החלב והמתה: הא דידיה הא דרביה. כלומר דרביה [סבר] אין איסור חל על איסור: המבשל

גליון הש"ס

גמ' שאינו במיתה שנאמר. עי' יבמות דף לב ע"א רש"י ד"ה תרומה טמאה ובגיטין דף נד ע"א ברש"י ד"ה לאכול. ועי' תוס' ד"ה בנטמאת ועי' פי"א משנה ג' דפרה וכרש"י שם: רש"י ד"ה הא דרביה וכו'. עי' ב"ב דף קיד ע"ב ברשב"ם ד"ה משום ר"י:

עין משפט נר מצוה

קב א מיי' פ"ט מהל' מאכלות אסורות הל' ג טוש"ע י"ד סי' פז סעיף ב:

קג ב ג ד ה ו מיי' שם הל' ו ז טוש"ע שם סעיף ו ז:

קד ז מיי' פ"ז מהלכות תרומות הל' א:

קה ח ט מיי' פ"ט מהל' מאכלות אסורות הלכה ז:

מסורת הש"ס

[עי' תוס' יומא ס. ד"ה תרי ומש"נ בלגוס] [עי' רש"י] שמות כו; ויקרא כב; [קדושין כב. וש"נ]; [נזכר לקמן קטז.]; [לקמן קיד. קטז. ולעיל קא. יבמות לב. קדושין עז: סנהדרין פא. כריתות יד: יד: כג. מעילה טז.]; [נ"ל אליעזר]; [יבמות יג:]; [נ"ל מרבא]; [הא דלא יליף מבשר בחלב עי' תוס' לעיל קא: ד"ה ת"ל שבת היא]; [נ"ל אליעזר]; [נ"ל אליעזר]; [נ"ל אליעזר]; [ב"מ פה:]; [נ"ל אם]; סנהדרין פג.

א) ביבמות דף עג ע"ב מבואר דבתרומה טמאה ליכא איסור לאו רק איסור עשה וע"ש ברש"י ד"ה מה שאין כן בתרומה ובתוס' שם ד"ה ואוכלן וצ"ע.

כיון דעל אכילה לא לקי – אבישול נמי לא לקי. ואיכא דאמרי: אבישול – כולי עלמא לא פליגי דלקי, כי פליגי – אאכילה. מאן דאמר אינו לוקה – דהא אין איסור חל על איסור. ומאן דאמר לוקה – להכי אפקה רחמנא לאכילה בלשון בישול, כיון דאבישול לקי – אאכילה נמי לקי. ואיבעית אימא: מר אמר חדא ומר אמר חדא, ולא פליגי. מיתיבי: *המבשל אבמי חלב – פטור, בדם שבישלו בחלב – פטור. גהעצמות והגידים והקרנים והטלפים שבשלן בחלב – פטור. הפגול והנותר והטמא שבשלן בחלב – חייב! האי תנא סבר *איסור חל על איסור. "המבשל במי חלב פטור". מסייע ליה לריש לקיש, דתנן: *דמי חלב – הרי הן כחלב, הוהמוחל הרי הוא כשמן. אמר ריש לקיש: לא שנו אלא להכשיר את הזרעים, אבל לענין בישול בשר בחלב – מי חלב אינו כחלב. תנו רבנן: "בחלב אמו" – אין לי אלא בחלב אמו, בחלב פרה ורחל מנין? אמרת, קל וחומר: ומה אמו שלא נאסרה עמו בהרבעה – נאסרה עמו בבשולו. פרה ורחל שנאסרו עמו בהרבעה – אינו דין שנאסרו עמו בבשולו! תלמוד לומר: "בחלב אמו". והא למה לי קרא? הא אתיא ליה! אמר רב אשי: משום דאיכא למימר, מעיקרא דדינא פירכא. מהיכא קא מייתית לה – מאמו, מה לאמו – שכן נאסרה עמו בשחיטה, תאמר בפרה שלא נאסרה עמו בשחיטה! תלמוד לומר: "בחלב אמו". תניא אידך: "בחלב אמו" – אין לי אלא בחלב אמו, בחלב אחותו גדולה מנין? אמרת, ק"ו: ומה אמו שנכנסה עמו לדיר להתעשר – נאסרה עמו בבשול. אחותו שלא נכנסה עמו לדיר להתעשר – אינו דין שנאסרה עמו בבשול! תלמוד לומר: "בחלב אמו". והא למה לי קרא? הא אתיא ליה! אמר רב אשי: משום דאיכא למימר, מעיקרא דדינא פירכא, מהיכא קא מייתית לה – מאמו, מה לאמו – שכן נאסרה עמו בשחיטה, תאמר באחותו גדולה – שלא נאסרה עמו בשחיטה! תלמוד לומר: "בחלב אמו". אשכחן אחותו גדולה, אחותו קטנה מנין? אתיא מבינייא. מהי תיתי? תיתי מאמו – מה לאמו שכן נאסרה עמו בשחיטה! אחותו גדולה תוכיח. מה לאחותו גדולה שלא נכנסה עמו לדיר להתעשר! אמו תוכיח. *וחזר הדין, לא ראי זה כראי זה, ולא ראי זה כראי זה. הצד השוה שבהן: שהוא בשר, ואסור לבשל בחלב. אף אני אביא אחותו קטנה, שהוא בשר, ואסור לבשל בחלב. אי הכי, אחותו גדולה נמי, תיתי מבינייא! אין הכי נמי, אלא "בחלב אמו" למה לי? מבעי ליה לכדתניא: "בחלב אמו" – אין לי אלא בחלב אמו, היא

רש"י

ומר אמר חדא כו'. מ"ד לוקה – קאי אבישול, דהדא איסורא הוא. ומ"ד אין לוקה – קאי אאכילה, דהא לא התרו בו משום אכילת חלב אלא משום בשר בחלב – אינו לוקה, דלא חיילי איסור בשר בחלב וחייל אאיסור חלב. במי חלב. מיסג"א בלע"ז. הפגול והנותר. אלמא, אע"ג דאסירי וקיימי, חיילי איסור בשר בחלב וחייל עלייהו, והוא הדין נמי אם בישל חלב בחלב. אלמא, מרבויא ד"גדי" נפקא לן דחייל על כל איסורין. האי תנא. נמי סבר בכל איסורין דאיסור חל על איסור, ואינהו סברי לה כמ"ד אין איסור חל על איסור, ותנאי נינהו דאיפליגו בה. הרי הן כחלב. להכשיר את הזרעים. וחלב נקרא משקה, דכתיב (שופטים ד) "ותפתח את נאד החלב ותשקהו". והמוחל. משקה הזב מן הזיתים. הרי הוא כשמן. ושמן איקרי משקה, דכתיב (ישעיהו כה) "משתה שמנים". אין לי אלא בחלב אמו. כלומר, עז. ת"ל. מקרא שני. בחלב אמו. דמייתר לרבויי כל חלב בהמה טהורה. דהאי תנא לא מצריך ליה לכדשמואל – חלב זכר וחלב שחוטה וחלב טמאה מחד קרא לגופיה נפקי. דהא "אמו" כתיב – ולא שחוטה ולא זכר. ולא טמאה – דהא "גדי" א] כתיב, ובטהורה משתעי, כדאמרן: להוציא את הטמאה. ועל כרחיך אמו נמי טהורה. דאי אמו טמאה, לא הוי איהו טהור. הלכך להכי ב] לא אתא. ו"גדי" משמע ליה גדי דווקא, ובשר חיה ובשר עוף ושאר בהמות – מ"גדי" יתירא נפקי לאיסורא. דאי סבירא ליה "גדי" הכל במשמע, אפילו עגל וטלה – למה ליה לרבויי חלב פרה ורחל, והא "אמו" כתיב. ולקמן (דף קטו.) דמשמע לן יתורא ד"גדי" "גדי" "גדי" לר"ע למעוטי חיה ועוף – הני מילי למאן דמשמע ליה "גדי" ואפילו עגל וטלה, הלכך קרא יתירא למעוטי. אבל למאן דמשמע ליה "גדי" דווקא – קראי יתירי לרבויי אתו. דאי למעוטי – לא איצטריך וחד למעוטי טמאה, ולשליל לא איצטריך קרא, דמתמשמעות נפקא ליה, כדמשמע בגמ' ר"ע לקמן דקאמר: שליל גדי מעליא. הא אתיא ליה. שפיר בק"ו. מעיקרא דדינא. מתחלת הדין, דקתני "מה אמו שלא נאסרה עמו בהרבעה, נאסרה עמו בבשול" – זהו תחלתו של ק"ו. ויש להקשות: מה לאמו שכן נאסרה לישחט עמו ביום אחד. ולהכי נקט "מעיקרא דדינא פירכא" – משום דפעמים מקשה על סוף הדין, כגון דקתני סיפא "פרה ורחל שנאסרו עמו בהרבעה, אינו דין שנאסרו עמו בבשול" זהו סוף הדין. ואם היה מקשה ואומר "בהמה טמאה תוכיח, שנאסרה עמו בהרבעה, ולא נאסרה עמו בבישול. אף אתה אל תתמה על פרה ורחל" כו' – זו היא פירכא על סוף הדין. חלב אחותו גדולה מנין. אני שמעתי: דהיינו פרה, שהיא מין בהמה כמותה, אבל מין גדול הוא. ומהאי קרא גופיה דריש, ותנא אחרינא הוא, ולישניה הוא דשני. ועוד: דלא נפק ליה פרה ורחל מיתורא דחד קרא, אלא פרה לחודה – דחלוקה מן הגדי בשני חילוקין: חדא, דנאסרה עמו בהרבעה. וחדא, דאין נכנסת עמו לדיר להתעשר. אבל רחל, שנכנסת עמו לדיר להתעשר, דהא "מעשר בקר וצאן" כתיב (ויקרא כז), וכל צאן במשמע – לא נפקא ליה מיניה שתאסר עמו בבישול. הלכך יליף בריש' פרה, והדר אתיא ליה רחל בהצד השוה, כדלקמן. בקר אינו נכנס עם הצאן להתעשר, בפרק בתרא דבכורות (דף נג.). ומה אמו. שאינה חלוקה ממנו לענין מעשר, דהא מינה היא, ואע"פ שכבר ילדה – עדיין היא ראויה ליכנס עמו לדיר להתעשר. דגדייה יולדת בתוך שנתה, ונכנסת עם בנה לדיר להתעשר, כשעדיין לא נכנסה להתעשר, כדתניא בבכורות (דף כ:): גדייה שילדה שלש בנות, וכל בנותיה ילדו שלש [שלש] – כולן נכנסות לדיר להתעשר, ואפ"ה חלקה הכתוב ממנו לאוסרה עמו בבישול. אחותו גדולה. פרה שאינה נכנסת כו'. תלמוד לומר בחלב אמו. קרא יתירא – לרבויי כל חלב, ומיניה איתרבאי פרה. דאשכחן דנחלקה ממנו לענין מעשר, תיחלק ממנו לבישול. אחותו קטנה. רחל. מבינייא. מאמו ומאחותו גדולה. תיתי מאמו. דמה אמו שלא נאסרה עמו בהרבעה, נאסרה עמו בבישול. אחותו קטנה, שנאסרה עמו בהרבעה, אינו דין שנאסרה עמו בבישול! מה לאמו כו'. אי הכי אחותו גדולה נמי תיתי מבינייא. מאמו ומאחותו קטנה, ומהני הדין, שהרי אין להשיב עליו. והכי דנינן: מה אמו, שנכנסת עמו לדיר, נאסרה עמו בבשול – אחותו גדולה, לא כל שכן! וכי פרכת: מה לאמו, שכן נאסרה עמו בשחיטה. תאמר באחותו גדולה! אחותו קטנה תוכיח. ותו ליכא למיפרך: מה לאחותו קטנה, שכן לא נכנסה כו'. אלמא מפלגי דינא נפקא לן. כך שמעתי. וקשיא לי: היכי נימא "אחותו קטנה תוכיח"? הא אכתי לא קיימא לן אחותו קטנה לאיסורא! ואני שמעתי דהכי פריך: מאי חזית דאחותו גדולה נפקא לן מקרא, וקטנה מבינייא? תיפוק ליה אחותו קטנה מרבויא דקרא, וגדולה מבינייא! וקשיא לי: חדא, דמסתברא קרא כי רבי לאחותו גדולה, לאיסורא

תוספות

כיון דעל אכילה לא לקי. תימה: אימא איפכא, כדאמר בסמוך: כיון דאבשול לקי, אאכילה נמי לקי. המבשל במי חלב פטור. איסורא מיהא איכא, דהא כותח מנסיובי דחלבא עבדי ליה, כדאמר בריש "אלו עוברין" (פסחים דף מב.), ואמרינן לעיל (דף קיא:) דאסור לאכול בשר בכותח. בחלב פרה ורחל מנין. לא איצטריך ליה אלא לרבות בשאין מינו, כגון פרה בחלב גדי או גדי בחלב פרה. אבל פרה בחלב עצמה, הא דרשינן לעיל (דף קיג:): כל מקום שנאמר "גדי" – אפילו פרה ורחל במשמע. ובחנם דחק בקונטרס. פרה ורחל שנאסרו עמה בהרבעה. וא"ת: חיה ועוף יוכיחו לר' עקיבא, או עוף לחודיה לר' יוסי הגלילי, דנאסרו בהרבעה עם שאינו מינו, כדאמרינן בסוף "שור שנגח את הפרה" (ב"ק דף נה.) ולא נאסרו בבשול! וי"ל: דעדיפא פריך. מה לאמו שכן נאסרה עמו בשחיטה. תימה: לרבנן, חיה תוכיח, דאין אותו ואת בנו נוהג בחיה. תלמוד לומר בחלב אמו. עוד דריש מינה בסמוך: היא עצמה בחלבה. אע"ג דשמואל דריש ליה למלתייהו לעיל (דף קיג:), הכא דריש מ"בחלב" – דתרי מינייהו מייתרי. דהוה מצי למכתב "באמו", ואנא ידענא דבחלב אמו קאמר, כיון דבחד מינייהו הוה כתיבא "בחלב אמו". ורבי יוסי הגלילי דממעט עוף שאין לו חלב אם – מוי"ו ד"אמו" קא דריש.

עד

עין משפט נר מצוה

קו א ב ג מיי' פ"ט מהל' מאכלות אסורות הלכה ו ז סמג לאוין קמח טוש"ע י"ד סימן פז סעיף ו:

קז ד מיי' פ"י מהלכות טומאת אוכלין הלכה ז:

קח ה מיי' שם הלכה יג:

מסורת הש"ס

(תוספתא פ"ח)

(לעיל קיג. וש"נ)

מכשירין פ"ו מ"ה

(קדושין ה: כה. וש"נ)

שיטה מקובצת

א] דהא גדי בטהורה משתעי כדאמרן גדי להוציא את הטמאה: ב] הלכך להכי אתא וגדי משמע ליה:

רבינו גרשום

המבשל חלב בחלב. איבעית אימא מר אמר חדא ומר אמר חדא ולא פליגי כלומר מ"ד לוקה אבישול אבל אאכילה לא לקי. ומ"ד אינו לוקה אאכילה דאין איסור חל על איסור אבל אבישול לקי. מותיבי המבשל במי חלב כו' הפיגול והנותר והא הכא חזינן דאיסור בשר בחלב חל על פיגול ועל נותר: והמוחל שמרים של שמן כו' פ"א מוחל שבא תחלה כשדורכין הזיתים לעשות שמן מה שבא תחלה כמים הוא ואין שמן גמור. תאמר בפרה ורחל שלא נאסרה עמו בשחיטה הואיל ואינו נאסרה עמו בשחיט' עם הגדי לא יאסר עמו בבישול ת"ל בחלב אמו כל שיש לו חלב אסר. בחלב אחותו גדולה מנין כגון פרה. אחותו גדולה שלא נכנסה עמו לדיר להתעשר כלומר כל מעשר בקר וצאן בקר בפ"ע וצאן בפ"ע. מה לאמו שכן נאסרה עמו בשחיטה תאמר באחותו הקטנה ברחל שלא נאסרה עמו בשחיטה אחותו גדולה תוכיח שלא נאסרה עמו בשחיטה ואסורה עמו בבשול אף אני אוסר אחותו קטנה מה לאחותו קטנה כו' אי הכי אחותו גדולה נמי תיתי מבינייא כו' כלומר מאמו מה לאמו שכן נאסרה עמו בשחיטה תאמר באחותו גדולה שלא נאסרה עמו בשחיטה אחותו קטנה תוכיח שלא נאסרה עמו בשחיטה ונאסרה עמו בבשול ואם נקשי מה לאחותו קטנה שלא נכנסה עמו לדיר להתעשר אין אנו יכולין להקשות שהוא נכנסה עמו לדיר להתעשר

קטו א מיי' פ"ח מהל' מאכלות אסורות הלכה טו סמג לאוין קלט:
קי ב מיי' פ"י מהלכות עבודת כוכבים הלכה ד:

היא עצמה בחלבה מנין? אמרת, ק"ו: ומה במקום שלא נאסר פרי עם פרי בשחיטה — נאסר פרי עם האם בשחיטה. מקום שנאסר פרי עם פרי בבשול, אינו דין שנאסר פרי עם האם בבשול? ת"ל: "בחלב אמו". הא למה לי קרא? הא אתיא לה! אמר רב אחדבוי בר אמי: משום דאיכא למימר, סוס בן סוסיא אחי פרדה יוכיח, שאסור פרי עם פרי, ומותר פרי עם האם! התם זרע האב הוא דקא גרים, דהא פרד בן סוסיא אחי פרדה יוכיח, שמותר פרי עם פרי, ואסור פרי עם האם. אלא אמר מר בריה דרבינא: משום דאיכא למימר, עבד בן שפחה אחי משוחררת יוכיח, שאסור פרי עם פרי, ומותר פרי עם האם! התם גט שיחרור הוא דקא גרים, דהא עבד בן משוחררת אחי שפחה יוכיח, שמותר פרי עם פרי, ואסור פרי עם האם. אלא אמר רב אידי בר אבין: משום דאיכא למימר, כלאי זרעים יוכיחו, שאסור פרי עם פרי, ומותר פרי עם האם! כלום נאסר פרי עם פרי אלא ע"י האם, דהא חיטי ושערי בכדא, ולא מיתסרו. אלא אמר רב אשי: משום דאיכא למימר, מה לפרי עם פרי שכן שני גופים, תאמר בפרי עם האם שכן גוף אחד, משום הכי איצטריך קרא. אמר רב אשי: מנין לבשר בחלב שאסור באכילה? שנאמר: "לא תאכל כל תועבה" (דברים יד) — *כל שתעבתי לך, הרי הוא ב"בל תאכל". ואין לי אלא באכילה, בהנאה מנין? כדרבי אבהו, דאמר ר' אבהו, א"ר אלעזר: *כל מקום שנאמר "לא יאכל", "לא תאכל", "לא תאכלו" — אחד איסור אכילה ואחד איסור הנאה במשמע, עד שיפרוט לך הכתוב כדרך שפרט לך בנבלה — לגר בנתינה ולגוי במכירה. *דתניא: (שם) "לא תאכלו כל נבלה לגר אשר בשעריך תתננה ואכלה או מכור לנכרי" — אין לי אלא לגר בנתינה, ולגוי במכירה, לגר במכירה מנין? ת"ל: "לגר תתננה או מכור". לגוי בנתינה מנין? ת"ל "תתננה או מכור לנכרי". נמצא, אחד גר ואחד גוי — בין במכירה בין בנתינה, דברי ר"מ. *רבי יהודה אומר: דברים ככתבן, לגר — בנתינה, ולגוי — במכירה. מ"ט דרבי יהודה? אי ס"ד כדקאמר ר"מ, לכתוב רחמנא "לא תאכלו כל נבלה לגר אשר בשעריך תתננה ואכלה ומכור", "או" למה לי? ש"מ: לדברים ככתבן הוא דאתא, לגר — בנתינה, ולגוי — במכירה. ור"מ אמר לך: האי "או" — להקדים נתינה דגר למכירה דגוי. ורבי יהודה — להקדים נתינה דגר למכירה דגוי לא צריך קרא, סברא הוא: זה אתה מצווה להחיותו, וזה אי אתה מצווה להחיותו.§ (סימן: שבת חורש וכלאי זרעים אותו ואת בנו ושילוח הקן)§ אלא מעתה

מעשה

לאיסורא רבי, שנאסרה עמו במעשר. אבל קטנה — לא! ועוד: מאי קא מותיב לקמיה "שבלב אמו למאי אתא" — טובא איצטריך, לאחותו קטנה! ורואה אני את דברי ר' יוסף טוב עלם ז"ל שראיתי תשובת כתב ידו: ד"אחותו קטנה" ו"אחותו גדולה" — אמינו ממש קאמר, שהן מין גדי כמותו. ו"גדולה" — זו היא זקנה, שכבר נתעשרה.

תורה אור

ו"קטנה" — זו היא גדייה שלא נתעשרה עדיין. והאי תנא היינו תנא דגופיה דלעיל, דקאתי ליה פרה ורחל ממד מקרא יתירי, והשתא קא דריש לאידך. וה"ק: אחותו גדולה, שנתעשרה כבר, מנין. וע"כ נקט גדולה — משום דקמו ילפין לה מרבויא. וקטנה לא מיתרביא ליה מיניה — משום דמסתברא כי רבי קרא לאיסורא, גדולה רבי, דנאסרה עמו במעשר. דאילו מקרא יתירא קמא לא מצי לרבויי — דאיכא למימר: כי רבי לאיסורא, לא רבי אלא פרה ורחל, דאסורין עמו בהרבעה, אבל אחותו — לא. ולהכי אשמעינן קרא אחרינא לאחותו גדולה, וקטנה אתיא מבינייא. אי הכי. קטנה אתיא לה מבינייא, אחותו גדולה נמי. לא תיבעי קרא, ותיתי מבינייא דאמו ופרה, ודרוש הכי: מה אמו, שכן נכנסה עמו לדיר — נאסרה עמו בבשול. אחותו גדולה — לא כ"ש! מה לאמו, שכן נאסרה עמו בשחיטתה! פרה תוכיח. מה לפרה, שכן נאסרה עמו בהרבעה ובמעשר! אמו תוכיח, שמותרת עמו בהרבעה ובמעשר. וחזר הדין, הצד השוה שבהן: שהם חלב כו'. ואתיא מבינייא בין אחותו גדולה ובין קטנה. אלא. קרא שלישי למאי אתא? קמא — לגופיה, תניינא — לפרה ורחל, ואידך — למאי*. היא עצמה בחלבה. שלא תמנה בעודה חיה, מנין כו'. ואף מדרשה זו נראין הדברים דלאחותו ממש מצריך תלמודא, או מקרא או מבינייא — דהא אפילו להיות עצמה מצרכינן תלמודא. אלמא לא נפקא לן מקרא דלגופיה כל מין גדי אלא אמו דווקא, אבל היא עצמה — לא, וה"ה אחותו גדולה וקטנה. פרי עם פרי בשחיטה. ששוחטין שני בני פרה אחת ביום אחד. פרי עם פרי בבשול. גדי עם טלה. אמר רב אחדבוי כו'. הכא לא אמרי "מעיקרא דדינא פירכא" כדלעיל, משום דמקשי על סוף הדין. אחי פרדה. שילדתה הסוסיא מן החמור, והויא לה בן אחר מן הסוס — הרי בן מותר עם אמו, ואסור עם אחותו. התם זרע אב קא גרים. ואיסורא לאו משום פרי עם פרי הוא, אלא משום פרי עם שאינו פרי. כלומר, משום לד אביהן שהוא חלוק. אבל גדי בחלב אמו — שניהם על שם אמן קראן הכתוב, ואפ"ה אסרינהו. ותדע דטעמא משום חלוק האב הוא — דהא זימנין דהוי איסור איפכא, דפרי עם האם — אסור, ופרי עם פרי — מותר. דהא פרד בן סוסיא. שילדתו מן החמור, והוא אחי פרדה. שהיתה לה לסוסיא זו עוד בת אחת מן החמור. עבד בן שפחה. מותר במין אמו, ואסור בבת חורין. ופרכינן: התם גט שחרור קא גרים. ולאו משום פרי עם פרי הוא, דהא זימנין דהוי איפכא, ומיתסר. כלאי זרעים. חטין עם עדשין, שאסור לזרוע זה עם זה. ומותר. לזרוע כל אחד עם אמו, עם הקרקע. ופרכינן: התם פרי עם פרי מי מיתסר. כלום נאסר פרי עם פרי אלא בזריעה, דהיינו ע"י האם? הא חטי ושערי בכדא. שהניח בכד להצניע שם. כל שתיעבתי לך. כל שאסרתי לך לתעבו ולהתרחק ממנו. הרי הוא בבל תאכל. עולמית בכל ענין שהוא, בין שבא בעבירה ובין שלא בא בעבירה, כגון ע"י קטן או ע"י גוי, מאחר שתיעבתי לך — אסור. והאי הרי תיעבתיו לך להתרחק מבשולו, שלא לבשלם יחד. עד שיפרוט לך הכתוב שהוא מותר בהנאה כדרך שפרט לך בנבלה. שאע"פ שלא כתב לך אלא לא תאכל — הוצרך לפרש בה היתר הנאה. הא כל מקום שלא פירש לך בה היתר הנאה — הוי במשמע איסור הנאה מ"לא תאכל". מדכתיב מכירה ונתינה באמצע שמע מינה: אחד מכירה ואחד נתינה קיימי, בין אגר ובין אגוי. דאי דווקא כתיב — הוה ליה למכתב הכי "תתננה לגר ותמכרנה לנכרי".

עד שיפרוט לך הכתוב כדרך שפרט לך בנבלה. בפרק "כל שעה" (פסחים דף כא:) אמרינן דלא מתוקמא דרבי אבהו אלא כר"מ, דלרבי יהודה איצטריך לדברים ככתבן. ולר' יהודה נפקא לן מ"לכלב תשליכון אותו" — אותו אתה משליך לכלב, ואי אתה משליך לכלב כל איסורין שבתורה. וא"ת: לר"מ נמי, היכי יליף מיניה ד"לא תאכלו" משמע איסור הנאה, מדפרט היתר? הא איצטריך קרא להקדים נתינת גר למכירת גוי! וי"ל: דמסברא בלא שום קרא הוה ידעינן להקדים, אלא השתא דכתיב נתינה ומכירה ללמד בעלמא איסור הנאה — אי לאו דכתיב "או" להקדים, ה"א דאתא קרא להשוותם. וא"ת: ולא ליכתוב אלא חד מינייהו, או מכירה דגוי או נתינה דגר, ולא יצטרך "או" להקדים, כיון דידעי ליה מסברא! וי"ל: דה"א דאתי קרא למעוטי נתינה דגוי. וא"ת: ויכתוב נתינה דגוי! וי"ל: דה"א דאתי למעוטי נתינה דגר, דלא ליספו ליה, אע"פ דלא קבל עליו *אלא לאכול נבלות, כדי שימהר להתגייר. ודוקא נבלה בא"י, שאין גוים מצויין שם, ואם בא למוכרה לגוי, צריך ליתנה בדמים מועטין, נתינת גר קודמת. אבל פשיטא שאם יש חפץ לאדם למכור — קודם ימכרנו לגוי ממה שיתננו אפילו לישראל חברו. **כדרך** שפרט לך בנבלה. לא גרס "לגר בנתינה ולגוי במכירה", כדפירש בקונט' בפסחים (שם) — דא"כ הוה משמע דאיירי אליבא דר' יהודה, דאמר דברים ככתבן, ודר' אבהו לא מתוקמא אלא כר"מ, כדפרישית. ואי גרס ליה — יש לפרש: דלישנא דקרא בעלמא נקט, ולא משום דלהוו דברים ככתבן. אי נמי: נקט הכי, משום דנתינת הגר קודמת.

רבי יהודה אומר דברים ככתבן. ואסור ליתן לגוי מתנת חנם. ועל זה מביאה בפ"ק דמסכת ע"ז (דף כ.). וא"ת: והתנן (לעיל דף צג:), שולח אדם לגוי ירך שגיד הנשה בתוכה, ו"שולח" משמע בחנם, ובפרק "כל שעה" (פסחים דף כב.) משמע דאתיא אפילו כר' יהודה! ויש לומר: דתניא בתוספתא,* אם היה שכנו — מותר, מפני שהוא כמוכרו לו. **או** למה לי ש"מ לדברים ככתבן. משמע: דאי לאו "או" הוה אמינא "תתננה ומכור" א"גר" דלעיל וא"גוי". והכי נמי אמרינן בריש "איזהו נשך" (ב"מ דף סא.) "ובמרבית" קאי א"כסף" וא"אוכל" דבתריה. ותימה: דבפרק קמא דקדושין (דף לג:) איכא פלוגתא דתנאי גבי קימה והדור דשיבה וזקן, דאיכא למ"ד דלא קיימי אתרוייהו, משום דכתיב: "מפני שיבה תקום והדרת פני זקן"! ויש לומר: משום דאין לשון "מפני" נופל על "והדרת", ולא לשון "פני" נופל על "תקום". ואם תאמר: דבפרק "הוציאו לו" (יומא נב.) קאמר איסי בן יהודה: חמש פסוקים אין להם הכרע "שאת" "מחר" "ארור" "משוקדים" ו"קם", ואמאי לא קאי אלעיל ולתחת? ועוד: דאיסי גופיה סבר בקדושין דקימה והדור קיימי אתרוייהו! ויש לומר: דהכא וב"איזהו נשך" (ב"מ סא.) ופרק קמא דקדושין (דף לג:) דאיכא תרי מילי — קאי חד ודאי אלעיל, וחד ודאי אלתחת, אית לן למימר דתרוייהו קיימי אהכא והכא. אבל התם אית לן למימר דקאי אחד דוכתא, או אלעיל או אלתחת

[נ"ל שלא לאכול]
[ספ"ג דע"ז]
[נ"ל שאת משוקדים מחר ארור וקם]
ע"כ שייך לעיל
[ע"ז סו.]
ב"ק מא. פסחים כא: ע"ש [קדושין נו:]
[ע"ז כ.]
[ע"ז שם פסחים כא: כב:]

רבינו גרשום

להתעשר. במקום שלא נאסר פרי עם פרי בשחיטה שני בנים מותר לשחוט ביום אחד אבל אותו ואת בנו אסורין. מקום שנאסר פרי עם פרי בבישול חלב עם הגדי. סוס בן סוסה אחי פירדה יוכיח שאסור פרי עם פרי כלומר דסוס בן סוסה אסור עם פרדה שבא חמור על סוסה וילדה פירדה שכן הסוס אסור עם אחותו הפירדה שבת חמור היא משום כלאים ומותר עם אמו שהוא סוס והוא סוסה דהא פרד בן סוסה אחי פירדה יוכיח שמותר פרי עם פרי כו' כלומר חמור שבא על סוסה וילדה פרד ובא גם עליה והוליד פירדה שמותר פרד עם פרידה ואסור פרד עם האם. כלאי זרעים יוכיח שאסור פרי עם פרי חטה עם שעורה ומותר פרי עם האם זה בעצמו וזה בעצמו לזרוע בקרקע וזה בעצמו לזרוע בלא כלאים. כלום נאסר פרי עם פרי כלומר אלא ע"י קרקע [illegible] תאכלו וכו' והכא בבשר בחלב כתיב לא תאכל כל תועבה. אחד גר ואחד גוי בין במכירה בין בנתינה כלומר כתיב לגר אשר בשעריך תתננה ואכלה או מכור לגוי ותתננה או מכור לגוי שבאמצע גר וגוי שניהם נתינה ומכירה

מדאסר

מעשה שבת. כגון המבשל בשבת, ליתסרו באכילה לכל ישראל, דהא הזהרתיך לטעמו ולהתרחק ממנו, ואנן תנן: במזיד – לא יאכל הוא משום קנס, אבל אחרים – אוכלין, בפ"ק (לעיל טו.). ליתסרו. הזרעים והדישה, דהא הרחקתיך מהם. כל הנך דקאמר "ליתסרו" – באכילה ובהנאה קאמר דליתסרו. הני לא כ"ש. אבל בבשר בחלב לא אמרינן האי ק"ו, דהא כתיב: לא תאכל כל שתיעבתי לך, ומשמעותא דאיסורא דקרא – עליה קאמר, דהא אכיל תועבה גופה. אבל האי לא אכיל החרישה עצמה, אלא הבא ממנה. והחוסם והדש נמי לאו חסימה גופה קאכיל, אלא מעשה הבא על ידה, וילפינן משבת דאין הבא מכחה קדש. כלאי זרעים. הן עצמן תועבה, וליתסרו. כלאים. אסירי לגבוה, דתניא: "שור או כשב או עז" – פרט לכלאים, בגמרא ד"השוחט" (לעיל עט:). אותו ואת בנו. אינו אלא מחוסר זמן, שהיום אסור ומחר מותר. שילוח הקן ליתסר. כגון נטל את האם מעל הבנים, ולא לפניגוהו לשלח, כדתנן לקמן (דף קמא.): משלח ואינו לוקה, ואסר לאכילה עולמית, דהא נעבדה בה עבירה! לא אמרה תורה שלח לתקלה. וכאן הרי אמרה "שלח", דכתיב (דברים כב): "לא תקח האם" והדר "שלח תשלח" – דאם לקחת אותה, חזור ושלחה. ואם היתה אסורה – לא היה אומר לך שלחה ויכשלו בה בני אדם. וה"ה דמצי למימר נמי בכל הני: מה שבת דחמירא כו'. ומיהו מידי דמשכח פירוקא מגופיה, לא יליף מאחריני. לישנא אחרינא: "שילוח הקן ליתסר" – כל שילוח הקן ליתסר האם לעולם, ואפילו שלחה. דהא "כל שתיעבתי לך" הרי הוא לך לעולם בבל תאכל, והרי אסרתיה לך באותה שעה. וזה נראה לי עיקר, דהא לא קאמר רב אשי דכל דבר שנעבדה בו עבירה ומתחלה הוא מותר אסור – דאם כן, החורש בשור וחמור והמרביע כלאים והחוסם יאסרו הבהמות, ואנן לא פרכינן מינייהו מידי, אלא מן היוצא מהן. שהוא כזה. שאסור באכילה כזה.
כעורה

[כתובות לז. ב"ק עא.]
[קידושין נו:]
[לקמן קמ. יומא סז: קידושין נז:]

מעשה שבת ליתסרו, דהא "תיעבתי לך" הוא! אמר קרא: "כי קדש היא לכם" – "היא" קדש, ואין מעשיה קדש. חורש בשור ובחמור, וחוסם פי פרה ודש בה ליתסרו, דהא "תיעבתי לך" הוא! השתא, ומה שבת דחמירא – מעשיה מותרים, הני – לא כל שכן? א] כלאי זרעים ליתסרו, דהא "תיעבתי לך" הוא! מדגלי רחמנא גבי כלאי הכרם: "פן תקדש" – פן תוקד אש, מכלל דכלאי זרעים שרו. ואימא: כלאי כרם – אסורין בין באכילה בין בהנאה, כלאי זרעים – באכילה אסירי, בהנאה שרו! איתקוש לכלאי בהמה דכתיב: "בהמתך לא תרביע כלאים שדך לא תזרע כלאים". מה בהמתך – היוצא ממנה מותרת, אף שדך – היוצא ממנו מותר. וכלאי בהמה גופייהו מנא לן? מדאסר רחמנא כלאים לגבוה – מכלל דלהדיוט שרי. אותו ואת בנו ליתסר! מדאסר רחמנא מחוסר זמן לגבוה – מכלל דלהדיוט שרי. שילוח הקן ליתסר! *לא אמרה תורה שלח לתקלה. אמר ריש לקיש: מנין לבשר בחלב שאסור – ת"ל: "אל תאכלו ממנו נא ובשל מבושל". שאין תלמוד לומר "מבושל", מה תלמוד לומר "מבושל" – לומר לך: יש לך בישול אחר שהוא כזה, ואי זה – זה בשר בחלב. א"ל רבי יוחנן:
כעורה

שמות לא
דברים כב
ויקרא יט
שמות יב

אלתחת. ובזבחים בפ"ב (דף כד.) דפליגי תנאי גבי "ולקח הכהן מדם החטאת באצבעו ונתן", דאיכא דמוקי "באצבע" אלפניו, א"ולקח", ולא אנתינה של אחריו. ואיכא דמוקי לה אנתינה של אחריו, ולא אלקיחה דלפניו. ואיכא דמוקי לה אתרווייהו – היינו טעמא, דחזינן דקרא משמע טפי אלקיחה דלקמיה. ואשכחן בדוכתא אחרינא "ולקחת מדם הפר ונתת על קרנות המזבח באצבעך" דהוי "באצבע" אנתינה. והשתא פליגי: דחד מוקי אלקיחה – כמשמעותיה דקרא, וחד מוקי לה אנתינה – דיליף סתום מן המפורש. ולא בעי נמי לאוקומי אלקיחה – דלא שייך לקיחה א"אצבע" אלא בדעבד אוזן לשפת המזרק. והך דמוקי אתרווייהו אלקיחה – משום משמעותא, ואנתינה – דיליף נמי מן המפורש. *וצריך עיון: כל היכא דאמר "מקרא נדרש לפניו ולאחריו" אם נוכל ליישב שלא יקשה: למה ידרשנו לפניו ולאחריו, יותר מאותם שאין להם הכרע? (לעיל

כל שתיעבתי לך הרי הוא בבל תאכל. וא"ת: היאך אנו אוכלין אילים, אפילו סירסן גוי, מ"ש מבשר בחלב? וי"ל: מדאסר רחמנא מעוך וכתות לגבוה, מכלל דלהדיוט שרי. [א] וא"ת: לורס אוזן בכור ליתסר, אפילו לרמו גוי! וי"ל: (א) דשרי רחמנא קדשים שהוממו כצבי ואיל, א"כ אינו דבר מתועב*.

היא קדש ואין מעשיה קדש. וא"ת: ואימא למשרי בהנאה, אבל באכילה – אסירי, כדפריך בסמוך גבי זרעים? וי"ל: דהיתר הנאה נפקא לן מ"לכם", כדאמר ב"מרובה" (ב"ק דף עא.) וב"אלו נערות" (כתובות לד.), אפילו לרבי יוחנן הסנדלר דאוסר במבשל בשבת. וקצת תימה: לרבי יוחנן, למה ליה למימר מ"קדש" דמעשה שבת אסירי, תיפוק ליה מ"כל שתיעבתי", והיתר הנאה מ"לכם"*. **חורש** בשור וחמור וחוסם פי פרה ודש בה ליתסרו. פי': השור והחמור. ויש ספרים דגרסי: השתא לגבוה שרו, להדיוט מבעיא?! א] ולגבוה מנא לן דשרו? דכתיב (ויקרא כג): "ומיד בן נכר לא תקריבו את לחם אלהיכם מכל אלה", מכל אלה אי אתה מקריב – פי': מעוך וכתות ונתוק וכרות, אבל אתה מקריב קדשים שנעבדה בהן עבירה. וא"ת: הזרעים והדישה ליתסרו, דמקרא ד"אלה" על כרחך לא מישתרו לגבוה אלא בעלי חיים, דאי כל מילי – א"כ, כל מעשה שבת נמי תיפוק ליה מ"אלה", ול"ל "היא קדש"! וי"ל: דלא שייך (ב) "מכל שתיעבתי לך" הזרעים והדישה, ד"לא תחסום" אסור משום בהמה, וכן "לא תחרוש", ולא משום חרישה וזריעה, דאפילו בלאו חרישה אסור להנהיג בשור וחמור. ב] וא"ת: ובסמוך בסוגיין פריך "שילוח הקן ליתסר" – תיפוק ליה דאף לגבוה שרי מהאי קרא ד"אלה"! וי"ל: דקרא ד"אלה" בבהמה כתיב, ולא בעופות. ועוף מבהמה לא אתי, משום דאין גדלות וקטנות פוסל בבהמה כמו בתורים ובני יונה. *וא"ת: למה לי קרא ד"אלה", הא מדאיצטריך קרא בפרק "כל האסורין" (תמורה כח:): "מן הבהמה" – להוציא הרובע והנרבע, מכלל דשאר קדשים שנעבדה בהן עבירה לא אסירי מ"כל שתיעבתי"! וכי תימא: דלא אתא "מן הבהמה" אלא לאשמעינן: מכלל להדיוט שרי, ולא מיתסר מ"כל שתיעבתי" – מ"מ נילף חורש בשור וחמור וחוסם פי פרה בק"ו מנרובע ונרבע דבמיתה, ושרי להדיוט! וי"ל: דאי לאו "אלה", הוה אסרינן להו מדכתיב "מן הבקר", כי היכי דממעטינן מיניה נעבד. ואית ספרים דגרסי: ומה שבת דחמירא, אמרת: "היא קדש" ואין מעשיה קדש. הני – לא כל שכן! וכן גרים בקונטרס, ופי': דבבשר וחלב לא אמרינן האי *קושיא – דמסתברא ד"כל שתיעבתי" עליה רמינן, דקא אכיל תועבה גופה. אבל האי, לא אכיל החרישה עצמה. וכן חוסם – לאו חסימה גופה קאכיל, אלא הבא על ידה ממנה. וילפינן משבת, דאין הבא מכחה קודש. וקשה: דלמה לא יחשב בישול של שבת תועבה גופה, כמו בישול של בשר בחלב? ונראה, דהיינו טעמא: משום דבבשר בחלב הבישול ניכר, אבל מעשה שבת אין ניכר שנעשה בשבת. ו"אותו ואת בנו" ושילוח הקן דפריך ליה מינייהו – נ"ל דניכר בהם האיסור יותר מנעוה שניכר בחורש בשור וחמור וחוסם פי פרה ודש בה. **פן** תקדש פן תוקד אש. וא"ת: והא איצטריך לאחשווין דהוייהו הבריתה, הא כלאי זרעים אין מגותן בתריפה, אבל מעולם אסירין! וי"ל. דבלאו הכי פריך שפיר. ה"נ: ליכתוב "פן תשרף", ומדכתיב "תקדש" משמע דאתא לאסור הנאה כקדש. **כלאי** זרעים באכילה אסירי בהנאה שרו. וא"ת: לקמן (דף קטז.) גבי "מעביר עליך", דלא מיתסר כי אם בהוסיף מאתים, אבל לא הוסיף – שרי באכילה, מדכתיב תרי קראי "המלאה" ו"הזרע" – נימא: ה"מ בהנאה, אבל באכילה – אסירי מ"כל שתעבתי לך", כדבעי למימר הכא! וי"ל: דנהאמר דאשכחן כלאי זרעים דשרו באכילה, דאיתקוש לבהמה, וכלאי הכרם אסורין, אם כן סברא הוא בלא הוסיף. כיון דלא מיתסר לגמרי כשאר כל כלאי הכרם, יש לו להתיר אף באכילה כמו בכלאי זרעים. **מדאסר** רחמנא כלאים לגבוה מכלל דלהדיוט שרי. וא"ת: ודלמא איצטריך קרא להקדישה, ואח"כ הרביעה כלאים, כדאמר פרק "כל האסורים" (תמורה כט.) גבי טרפה, דאיצטריך לאסור לגבוה היכא דהקדישה ואח"כ נטרפה! וי"ל: דמ"מ הכא אי אתינן למיסר של הדיוט מ"כל שתעבתי לך" – כ"ש דלגבוה אסירא מ"כל שתעבתי לך", אע"ג דהוקדש תחלה. וכן י"ל גבי "אותו ואת בנו" בסמוך. אי נמי: מדגלי לך בטרפה שאין חילוק, ה"ה בכלאים ומחוסר זמן. **מדאסר** רחמנא מחוסר זמן לגבוה. דכתיב: "ומיום השמיני והלאה ירצה", דאמר לעיל בפרק "אותו ואת בנו" (דף פא.): נתקו הכתוב ללאו ד"אותו ואת בנו" לעשה. **לא** אמרה תורה שלח לתקלה. תימה: דשרינן הכא מהא סברא בלא שום קרא, ובסוף פרק שני דקדושין (דף נז.) גבי צפרי מצורע דריש: "כל צפור טהורה תאכלו" – לרבות המשולחת, ו"זאת אשר לא תאכלו" – לרבות השחוטה. ופריך: ואיפוך אנא? ומשני רבא: לא אמרה תורה שלח לתקלה. והשתא, למה לן קרא *ד"כל צפור טהורה תאכלו" להתיר, דהכא שרינן מהאי טעמא שילוח הקן? וי"ל: דהתם כיון דכתיב "לא תאכלו" לאסור האחת, הוה אמינא דאידך נמי אסירא, משום דאתקוש צפרים אהדדי, ולא הוה שרינן מטעם ד"לא אמרה תורה שלח לתקלה" אי לאו דאיכא עדיין יתורא ד"כל צפור טהורה תאכלו". ולא דמי ל"כל שתעבתי לך" דהכא, דלא כתיב בהדיא אשלוח הקן, ומהך סברא איכא לאוקומי במילי אחריני.

שאין ת"ל מבושל. לית ליה לר"ל הנך דרשות דדרשינן בסוף פרק "כל שעה" (פסחים דף מא.) מינה: ללאו ואח"כ בשלו, או לשאר משקים כו'.
בשני

[ועי' תוס' פסחים כה: ד"ה ליכתוב]
[ועיין תוס' תמורה ל: ד"ה רבא וכו']
[ועיין תוס' כתובות לד. ד"ה אמר קרא ותוס' ב"ק עא. ד"ה מה קודש וכו' כתבו תירוץ נכון]
[נ"ל ק"ו]

שיטה מקובצת

א] כלאי זרעים ליתסרו. נ"ב ע' תוס' בכורות דף נד ע"א:

רבינו גרשום

מדאסר רחמנא כלאים לגבוה. והיכן אסר רחמנא שור או כשב פרט לכלאים: מדאסר רחמנא מחוסר זמן לגבוה. דכתיב מיום השמיני והלאה:

הגהות הב"ח

(א) תוס' ד"ה כל וכו' וי"ל מדשרי: (ב) ד"ה חורש וכו' וי"ל דלא שייך לאסור מכל:

עיין מהר"ם המסך דברי התוס'

הגהות מהר"ב רנשבורג

א] תוד"ה חורש וכו' ולגבוה מנא לן. נ"ב עיין נזיר דף לה ע"א רש"י ד"ה מן הכבשים וכו' ותוס' שם ד"ה רבא אמר וכו' ותוס'. ב] בא"ד ולפי הנראה עיין היטב וכו' ע"ש:

הגהות מהר"י לנדא

[א] תוד"ה כל שתיעבתי לך וכו' וא"ת לורס אוזן בכור. נכתב על הגליון עי' פרש"י בחומש פרשת ראה בפסוק לא תאכל כל תועבה ובמכילתא דף לז ע"א בד"ה ומי קניס ר"ל.

[ועמ"ש רש"י קידושין נז: ד"ה רבא אמר וכו' וקרא דלקמן לעיל וכו' אסמכתא בעלמא היא עכ"ל]

קיא א מיי' פי"ט מהל' מאכלות אסורות הלכה א טוש"ע י"ד סי' פז סעיף א:

*כעורה זו ששנה רבי: "לא תאכלנו" — בבשר בחלב הכתוב מדבר. אתה אומר — בבשר בחלב הכתוב מדבר, או אינו אלא באחד מכל האיסורין שבתורה? אמרת: צא ולמד מי"ג מדות שהתורה נדרשת בהן, *דבר הלמד מענינו. במה הכתוב מדבר — בשני מינין, אף כאן — בשני מינין. אי מההיא — הוה אמינא: הני מילי — באכילה, אבל בהנאה — לא, קמ"ל. ורבי, בהנאה, מנא ליה? נפקא ליה מהכא, נאמר כאן: °"כי עם קדוש אתה לה'" (דברים יד), ונאמר להלן: °"ולא יהיה קדש בבני ישראל" (שם כג). מה להלן — בהנאה, אף כאן — בהנאה. דבי רבי אליעזר תנא: °"לא תאכלו כל נבלה" [וגו'] (שם יד) אמרה תורה — כשתמכרנה, לא תבשלנה ותמכרנה. דבי רבי ישמעאל *תנא: °"לא תבשל גדי בחלב אמו" (שמות כג ולד ודברים יד) ג' פעמים, אחד — לאיסור אכילה, ואחד — לאיסור הנאה, ואחד — לאיסור בשול. תניא, איסי בן יהודה אומר: מנין לבשר בחלב שאסור — נאמר כאן: °"כי עם קדוש אתה", ונאמר להלן: °"ואנשי קדש תהיון לי ובשר בשדה טרפה לא תאכלו" (שמות כב). מה להלן — אסור, אף כאן — אסור. ואין לי אלא באכילה, בהנאה מנין? אמרת: ק"ו, ומה ערלה שלא נעבדה בה עבירה — אסורה בהנאה, בשר בחלב שנעבדה בו עבירה — אינו דין שאסור בהנאה! מה לערלה — שכן לא היתה לה שעת הכושר. חמץ בפסח יוכיח — שהיתה לו שעת הכושר, ואסור בהנאה. מה לחמץ בפסח — שכן ענוש כרת! כלאי הכרם יוכיחו — שאין ענוש כרת, ואסור בהנאה. למה לי גז"ש? לייתי כולה בק"ו מערלה, ומה ערלה שלא נעבדה בה עבירה — אסורה בין באכילה בין בהנאה, בשר בחלב שנעבדה בו עבירה — אינו דין שאסור בין באכילה בין בהנאה! משום דאיכא למימר: חורש בשור ובחמור, וחוסם פי פרה ודש בה יוכיח, שנעבדה בהם עבירה — ושרו! למה לי למימר כלאי הכרם יוכיחו, לימא: ערלה תוכיח, ולהדר דינא, ולייתי במה הצד! אמר רב אשי: משום דאיכא למימר, נבלה תוכיח — שאסורה באכילה ומותרת בהנאה. אמר ליה רב מרדכי לרב אשי, הכי אמרינן משמיה דריש לקיש: כל מה הצד — מגופו פרכינן, מעלמא — לא פרכינן. אי הכי, תיתי במה הצד! משום דאיכא למיפרך: מה להצד השוה שבהן — שכן גדולי קרקע. אי הכי, השתא נמי איכא למיפרך: מה לכלאי הכרם שכן גדולי קרקע! א"ל רב מרדכי לרב אשי, הכי אמרינן משמיה דר"ל: כל מה הצד — פרכינן כל דהו, לא אם אמרת (חדא מחדא) — קל וחומר פרכינן, כל דהו לא פרכינן. וליפרוך לכולהו: מה לכולהו: שכן גדולי קרקע! אלא, אמר ליה רב מרדכי לרב אשי, הכי אמרינן משמיה דר"ל:
חדא

רש"י

כעורה זו ששנה רבי. כלומר, וכי מכוערת היא בעיניך משנה זו ששנה רבי ולמדה לנו לבשר בחלב ממקרא הזה? לא תאכלנו. יתירא, דכתיב ב"ראה אנכי" גבי פסולי המוקדשין שנפדו "רק הדם לא תאכלנו על הארץ תשפכנו כמים", והדר כתיב "לא תאכלנו למען ייטב לך" וגו'. לכם לא איצטריך, דהא כתיבי קראי טובא, ומוקי ליה לבשר בחלב. דבר הלמד מענינו. דבר סתום שאין מפורש בו במה מדבר, הוי לומדו מן הענין, פרשה שנכתב בה, במה הענין מיירי. בשני מינין. פסולי המוקדשין שנפדו שני מינין הן: מותרין באכילה כחולין, ואסורין בגיזה ועבודה כקדשים, כדאמר בבכורות (דף טו.): "תזבח" — ולא גיזה, "בשר" — ולא חלב. אבל בהנאה לא קמ"ל. מהאי קרא דכתיבא אזכרה דידיה גבי פסח. מה פסח מבושל — אסור באכילה ובהנאה, דכל קדשים שאינם ראוים לאכילה טעונים שריפה ולא לבית השריפה, אף זה אסור בהנאה. כי עם קדוש אתה. "לא תבשל גדי". מה להלן בהנאה. [בעילה] הנאה היא. לא תאכלו כל נבלה. בספיה דקרא כתיב בשר בחלב. לא תבשלנה. תבשלנו ותמכרנה, אלמא אסורה בהנאה. שנעבדה בו עבירה. בבישול. לא היתה לו שעת הכושר. פרי הערלה מאיסור גדל, אבל בשר בחלב היתה לו שעת הכושר קודם שניתן בשר בחלב. כלאי הכרם יוכיחו. לקמן פריך: ל"ל כלאי הכרם? נימא: ערלה תוכיח, וחזר הדין? ועוד פריך: נימא, מה לכלאי הכרם שכן לא היתה [להן] שעת הכושר! למה לי גז"ש לאיסור אכילה? כי היכי דיליף לאיסור הנאה מערלה, ניליף נמי לאיסור אכילה! משום דאיכא למימר חורש בשור ובחמור יוכיח. שנעבדה בו עבירה, ומותר באכילה. אבל השתא דקיימא לן באכילה מג"ש, ילפינן הנאה בק"ו. וליכא למימר: חורש בשור וחמור יוכיח — דמה לחורש בשור וחמור דמותר באכילה, תאמר בבשר בחלב שאסור באכילה. למה ליה למימר. לעיל כלאים יוכיחו, דאיצטריך ליה לאהדורי אכלאים, דהוה ליה למד חדא מתלת: בשר בחלב מערלה וחמץ וכלאים? לימא: ערלה תוכיח, ותיתי חדא מתרתי שפיר. ולהדר דינא. ולימא: וחזור הדין: מה לערלה, שכן לא היתה לה שעת הכושר — חמץ יוכיח. מה לחמץ, שכן ענוש כרת — ערלה תוכיח. ונמרינן וניתיתיה לה במה הצד, כגון: לא ראי ערלה כראי חמץ, ולא ראי חמץ כראי ערלה. הצד השוה שבהן שאסורין באכילה ואסורין בהנאה — אף אני אביא בשר בחלב, דהואיל ואסור באכילה מגז"ש, יהא אסור אף בהנאה. הכי אמרינן משמיה דר"ל. האי "נבלה תוכיח" אינה תשובה — דכל הבאה במה הצד, מגופיה פרכינן. אם יש להשיב בשניהם: מה להצד השוה שבשניהם, שכן כך וכך יש בהם — תאמר בזה שלא הושוה להן במדה זו (היא) פרכינן. אבל מעלמא, כגון: פלוני יוכיח — לא פרכינן. שכן גדולי קרקע. אע"ג דאין חומר להיות נאסרין בכך, אפ"ה אמרינן. כל מה הצד פרכינן כל דהו. כל דבר הלמד בהצד השוה, ויש להשיב שום דבר שהמלמדין שוין בו והלמד אינו שוה להן בו — אפילו שאינו לא קל ולא חמור, פרכינן ליה. לא אם אמרת כו'. אי הוה הדר דינא ואתי במה הצד — הוה פרכינן כל דהו. אבל השתא דאתי מכלאים, ואתה בא להשיב "לא אם אמרת בכלאים, שכן גדולי קרקע" — אין זו תשובה. "דקולא וחומרא פרכינן" — אם אנו צריכין ללמוד קולא, יש לך להשיב "לא אם אמרת בזה, שכן יש בו צד קל אחר. ואם אנו לומדים חומר, צריך אתה להשיב "לא אם אמרת בזה, שכן יש בו צד חמור", כגון הני דאמרינן לעיל "מה לערלה שכן לא היתה לה שעת הכושר", וכגון חמץ בפסח שהשבנו "לא אם אמרת בחמץ בפסח שכן כרת". אבל "כל דהו", כי האי "שכן גדולי קרקע" — לאו פירכא היא. וליפרוך לכולהו כו'. דכיון דלאו חדא מחדא היא, אלא חד מתלת — כ"מה הצד" דמי. הלכך ליפרוך בכולהו, ואע"ג דלאו קולא וחומרא היא. דקא ס"ד: דכי אמרינן ב"לא אם אמרת" דלא פרכינן ביה כל דהו — ה"מ היכא דאתיא חדא מחדא, כגון בריש מלתא דבעי לאתויי מערלה לחודה. אבל חדא מתרתי או מתלת — כ"מה הצד" דמיא, ואף על גב דלא אמרינן "וחזר הדין", פרכינן לכולהו פירכא כל דהו.
חדא

תוספות

בשני מינין. פי' בקונטרס: מותרין באכילה כחולין, ואסורין בגיזה ועבודה כקדשים. ואין נראה: דלא שייך משום הכי למקרי "שני מינים". אלא נראה משום דאיתקש ל"צבי ואיל", חשיב להו כשני מינין. כדאמר פ' "אלו הן הלוקין" (מכות דף כב.): אמר רבי יצחק, המרביע שור פסולי המוקדשין — לוקה, ור' אושעיא נמי קאמר: המנהיג שור פסולי המוקדשין, לוקה — גוף אחד הוא, ועשאו הכתוב ב' גופים. פירוש: שעשאו הכתוב כצבי ואיל. ובהכי מיישב ר"ת הא דאמר בפ' "כל פסולי המוקדשין" (בכורות לג.) תלת "צבי ואיל" כתיבי — חד לכדרבי יצחק ורבי אושעיא, ופי' שם בקונטרס דלא אתפרש היכא. ונאמר להלן לא יהיה קדש. ואי לאו קרא ד"לא תאכלנו" ה"א: דהנאת הגוף בלא אכילה אסר הכתוב. ומה ערלה. ליכא למפרך: מה לערלה שכן צריך מאתים לבטלה — דמדרבנן הוא דצריך מאתים. מה לחמץ בפסח שכן כרת. וכרת גופיה לא שייך למילף — שאין עונשין מן הדין. כלאי הכרם יוכיחו. מכלאי הכרם גרידא הוה מצי למילף במה מצינו, אלא ניחא ליה למעבד תחלת הדין בק"ו. °ואין להקשות: מה לערלה וחמץ וכלאי הכרם, שכן בשריפה, כדתנן בתמורה (דף לג:) א] דהיא גופה נילף. ועוד: דהיינו דוקא לרבי יהודה, דאמר:* אין ביעור חמץ אלא שריפה. [פסחים דף כא.] אבל לרבנן, לא הוי חמץ בשריפה. הקשה ה"ר יעקב מאורליינ"ש: מה לכולהו שכן לא הותרו מכללן, תאמר בבשר בחלב שהותר מכללו אצל בהמה טמאה וחלב בהמה טמאה, וטובא דאמר לעיל! וי"ל: דאין זה קרוי "הותר מכללו", דדוקא חלב דכתיב (ויקרא ג): "כל חלב" דמשמע: אפילו דחיה, והדר שרא — דחיה זה חשיב "הותר מכללו", אבל בבשר בחלב לא כתיב "כל". חורש בשור וחמור כו'. אבל השתא עבדינן ק"ו, דכשם שאסור באכילה אסור בהנאה. וליפרוך מה לכולהו שכן גדולי קרקע. ואע"ג דמכלאי הכרם איכא למילף במה מצינו, ולא פרכינן כל דהו, מ"מ אהא דיליף בק"ו משלשתן פריך.
חדא

[קדושין נו: לקמן קיז.]
[סנהדרין פו. לקמן קמ. כריתות ה.]
קדושין נז:
פסחים כב:
רש"ל מ"ז

גליון הש"ס

גמ' ומה ערלה שלא וכו'. עיין בב"מ דף נג ע"א תוס' ד"ה ושלה: רש"י ד"ה משום דאיכא למימר וכו' דמה לחורש. עי' נדה נה ע"ב תוס' ד"ה כי: תוס' ד"ה כלאי וכו' ואין להקשות מה לערלה. עי' סוכה דף לה ע"א תוס' ד"ה לפי:

הגהות מהר"ב רנשבורג

א] תוס' ד"ה כלאי וכו' דהיא גופה נילף. נ"ב עשו"ת מהריב"ל חלק ג' סי' י"ג.

רבינו גרשום

כעורה זו ששנה ר' לא תאכלנו על הארץ תשפכנו כמי' לא תאכלנו למען ייטב לך ואמר ר' למה כתב שני פעמים לא תאכלנו אח' לא תאכלנו מדבר בבשר בחלב: במה הכתוב מדבר בשני מינין. כלומר דכתיב לא תאכל הנפש עם הבשר אלו שני מינין בשר ודם וזהו אבר מן החי אף כאן בשני מינין בבשר בחלב אבל בהנאה אימא לא קמ"ל: כל מקום שנאמר לא תאכל לא יאכל לא תאכלו אחד איסור אכילה ואחד איסור הנאה: לא יהיה קדש מבני ישראל מה להלן הנאה כלומר הנאה דתשמיש המטה אף כאן הנאה דאפי' בהנאה אסור: אמרה תורה כשתמכרנה לא תבשלנה ותמכרנה כלומר כתיב לא תאכלו כל נבלה לגר אשר בשעריך וגו' לא תבשל גדי בחלב אמו כלומר כשתמכרנה לא תבשלנה בחלב ותמכרנה דאם תבשלנה בחלב לא תוכל למוכרה דאסורה בהנאה: מה להלן אסור כלומר דטרפה אסורה באכילה. מה לערלה שלא היתה לה שעת הכושר כו' כלומר תאמר בבשר בחלב שהיתה לה שעת הכושר דאפילו משנתן הבשר בחלב לא נאסר בצונן דיכול להדיחו אבל לאחר שנתבשל אסור: למה לי למימר כלאי הכרם יוכיח כשאמר מה לחמץ בפסח שכן ענוש כרת נימא ערלה תוכיח שאין ענוש כרת ואסורה בין באכילה ובין בהנאה ואי פריך מה לערלה שכן לא היתה שעת הכושר נימא חמץ בפסח יוכיח ונימא חזר הדין לא ראי זה כראי זה ולא ראי זה כראי זה הצד השוה שבהן שאסורין בין באכילה ובין בהנאה אף אני אביא בשר בחלב שהוא אסור ואסור בין באכילה ובין בהנאה: א"ל רב מרדכי לרב אשי כל מן הצד כו' כלומר משום פירכא זו שאתה אומר משום דאיכא למימר נבלה תוכיח לא הוה למישבק למהדר דינא וליתי מן הצד דלא מצית למיפרך נבלה תוכיח דהכי אמרינן משמא דריש לקיש כל מן הצד מגופיה פרכינן כלומר כל וחזר הדין כו' והצד השוה שבהן כו' אי מצינן למיפרך מה להצד השוה שבהן מגופיה דדינא פרכינן אבל אי לא מצינן למיפרך לא פרכינן פירכא אחריתי לפיכך לא פרכינן נבלה תוכיח שהיא אסורה באכילה: אי הכי תיתי מן הצד. כלומר כיון דאמרת דלא יכלינן למיפרך נבילה תוכיח תיתי מן הצד דערלה וחמץ דבשר בחלב והא אסור בהנאה: אי הכי (כיון) [השתא נמי] דאמרת כלאי הכרם יוכיח איכא למיפרך שכן גדולי קרקע. א"ל רב מרדכי לרב אשי כל במה הצד פרכינן כל דהוא כלומר אי הוה אתי בשר בחלב במה הצד מערלה ומחמץ מצינו למיפרך מה להצד השוה שבהן שכן גדולי קרקע השתא דלא אתי במה הצד לא מצינן למפרך. בלא אם אמרת קולא וחומרא פרכינן כו' כלומר כגון הכא דבעינן לאפוקי בשר בחלב מערלה ואמרינן מה לערלה שלא היתה לו שעת הכושר תאמר בבשר בחלב שהיתה לו שעת הכושר. חמץ בפסח יוכיח לא אם אמרת חמץ בפסח שכן ענוש כרת תאמר בבשר וחלב שאין ענוש כרת קולא וחומרא פרכינן

תורה אור

חדא מחדא – קולא וחומרא פרכינן, כל דהו – לא פרכינן. חדא מתרתי – אפילו כל דהו פרכינן. חדא מתלת, אי הדר דינא ואתי במה הצד – פרכינן כל דהו, ואי לא – קולא וחומרא פרכינן, כל דהו – לא פרכינן. *ולפרוך: מה לכלאי הכרם – שכן לא היתה להן שעת הכושר! אמר רב אדא בר אהבה, זאת אומרת: כלאי הכרם עיקרן נאסר, והיתה להן שעת הכושר קודם השרשה. מתיב רב שמעיה בר זעירא: *המעביר עציץ נקוב בכרם – אם הוסיף מאתים אסור. הוסיף – אין, לא הוסיף – לא! אמר אביי: תרי קראי כתיבי, כתיב °"פן תקדש המלאה", וכתיב "הזרע". (דברים כב) הא כיצד? זרוע מעיקרו – בהשרשה, ב זרוע ובא, הוסיף – אין, לא הוסיף – לא. מתני' דלא כי האי תנא, *דתניא, רבי שמעון בן יהודה אומר משום רבי שמעון: בשר בחלב אסור באכילה ומותר בהנאה, שנאמר: °"כי עם קדוש אתה", (דברים יד) ונאמר להלן: °"ואנשי קדש תהיון לי". (שמות כב) מה להלן – אסור באכילה ומותר בהנאה, אף כאן – אסור באכילה ומותר בהנאה.§ "רבי עקיבא אומר חיה ועוף" וכו'.§ הני, הא אפקינהו *לכדשמואל! קסבר רבי עקיבא איסור חל על איסור, חלב ומתה – לא צריכי קרא, שליל – גדי מעליא הוא, אייתרו להו כולהו, פרט לחיה ועוף ולבהמה טמאה.§ רבי יוסי הגלילי אומר: נאמר "לא תאכלו".§ מאי איכא בין רבי יוסי הגלילי לרבי עקיבא? איכא בינייהו חיה. רבי יוסי הגלילי סבר: חיה דאורייתא, ור' עקיבא סבר: חיה דרבנן. איבעית אימא: עוף איכא בינייהו, ר' עקיבא סבר: חיה ועוף אינן מן התורה – הא מדרבנן אסירי. ור' יוסי הגלילי סבר: עוף אפילו מדרבנן נמי לא אסיר. תניא נמי הכי: *במקומו של רבי אליעזר היו כורתין עצים, לעשות פחמין לעשות *ברזל. במקומו של רבי יוסי הגלילי היו אוכלין בשר עוף בחלב. לוי איקלע לבי יוסף רישבא, אייתו לקמיה רישא *דטיוסא בחלבא, ולא אמר להו ולא מידי. כי אתא לקמיה דרבי, אמר ליה: אמאי לא תשמתינהו? אמר ליה: אתריה דרבי יהודה בן בתירא הוא, ואמינא, דרש להו כרבי יוסי הגלילי דאמר יצא עוף שאין לו חלב אם.§

מתני' *קבת גוי ושל נבלה – הרי זו אסורה. ג המעמיד בעור של קבה (א) כשרה – אם

רש"י

חדא מחדא. כגון בריש מילתא, דבעי לאתויי מערלה לחודה, פרכינן קולא וחומרא ולא כל דהו. **חדא מתרתי.** כגון שהשבנו "מה לערלה שכן לא היתה" כו', וסייעתנו ראיית דברינו בדבר אחר, כגון "חמץ בפסח יוכיח" – פרכינן אפילו כל דהו, אם לא היה בידינו תשובת קולא וחומרא, שהשבנו "מה לחמץ בפסח שכן ענוש כרת", והיה בידינו תשובה כל דהו השוה בשני המלמדין – היינו מקשין אותה, אע"פ שלא חזר הדין, ולא באנו להצד השוה. **אבל חדא מתלת.** כגון זו שאמרנו "כלאים יוכיחו", אי הדר דינא ואתי במה הצד – אם היה בידינו תשובת קולא וחומרא להשיב על כלאים, כגון "מה לכלאים שכן קדש וכו'", דליטעריך מיהדר דינא ומייתי במה הצד – פרכינן כל דהו על מה הצד. אבל כל כמה דלא הדר דינא – לא פרכינן כל דהו אפילו שויא בכולהו. כך המדות מסורות בידינו מסיני. **ולפרוך מה לכלאי הכרם שכן לא היתה להם שעת הכושר.** דקס"ד אין הזריעה נאסרת אלא הגידולים, ולהם לא היתה שעת הכושר מעולם. **זאת אומרת.** מדלא פריך הכי, ש"מ: כלאי הכרם עיקרן נאסר, אפילו הזריעה עצמה נאסרת משנשרשה. **עיקרן.** השרשתן נאסרת. ולזריעה הזאת היתה לה שעת היתר כל ימיה, משבאה לעולם עד שנשרשה. **עציץ נקוב.** וזרעים בו, והעבירו בכרם, וכיון דנקוב הוא יונק מן הכרם. **הוסיף מאתים.** הוסיף בתוך הכרם אחד ממאתים, שגדל הירק או גרעיני הזרעים בתוכו. דהוו להו מאה ותשעים ותשעה דהיתר, והחלק המאתים הוי איסור – אסור. וכל שכן אם הוסיף יותר – דבכלאי הכרם אין בטלים, עד שיהו בו [א] מאתים דהיתר, והאחד (ומאתים) של איסור. **לא הוסיף.** מאתים, אלא פחות כל דהו, וכגון שיש בהיתר מאתים בו, דהוי איהו אחד ומאתים מותר. **המלאה.** משמע: מילואו ותוספתו. **וכתיב הזרע.** דמשמע: זריעה עצמה. **זרוע מעיקרו.** בתוך הכרם – נאסר מיד בהשרשה. **זרוע ובא.** שהיה נשרש כבר בהיתר חוץ לכרם – בעינן "מלאה". **מתניתין.** דקתני "בשר בחלב אסור בהנאה" – דלא כי האי תנא. **מה להלן מותר בהנאה.** דכתיב ביה: "לכלב תשליכון אותו". **הא דרשינהו לכדשמואל.** חד לחלב ומתה, וחד לרבות שליל, וחד להוציא טמאה (לעיל דף קיג:). **קסבר ר"ע כו'.** וכל הני "גדי" – קראי יתירי נינהו, לדרשה. מדהוה ליה למיכתב בכולהו "לא תבשל בהמה", וכתב "גדי" – שמע מינה לדרשה: פרט לבהמה טמאה ולחיה ולעוף. וחלב ומתה – ממשמעותיה ד"גדי" משמע נמי חלב ומתה. ואי משום דאסירי ונייני, ואין איסור חל על איסור, אי לא כתיב רבויא – קסבר ר"ע איסור חל על איסור. הילכך, חלב ומתה לא צריכי קרא לרבויי, ואתו ממשמעותא, וכן שליל. **מאי איכא בין ר"ע.** דנפקא ליה מ"גדי" פרט לעוף, ובין רבי יוסי הגלילי דנפקא ליה מ"בחלב אמו"? **רבי יוסי הגלילי סבר חיה דאורייתא.** דכל שהוא אסור משום נבלה, נוהג בו בשר בחלב. חוץ מן העוף, שאין לו חלב אם. **עוף איכא בינייהו.** ר"ע, דפריש דליתו מן התורה – משמע: הא מדרבנן יש לו. אבל לרבי יוסי הגלילי, דלא פריש האי לישנא – שרי ליה לגמרי. **תניא נמי הכי.** דלרבי יוסי הגלילי אפילו איסורא דרבנן לית ליה בעוף. רבי אליעזר אית ליה מכשירי מצוה דוחין את השבת, במילה שדוחה את השבת, ואם אין לו איזמל למול בשבת כורתין עצים לעשות פחמין ועושין איזמל. **רישבא.** לשון "אין *) פורסין רישבין לעופים"[א]. **טווסא.** פואו"ן. **מתני' קבה.** זהו חלב קרוש שבתוך הקבה. בגמרא פריך: מאי דגוי לאו נבלה היא. **המעמיד.** חלב. **בעור הקבה.** דהוא בשר. **ושל נבלה.**

*) [illegible]

תוספות

חדא מתרתי אפילו כל דהו פרכינן. משמע: אע"ג דלא הדר דינא. וא"ת: א"כ, מיד כשאמר "חמץ בפסח יוכיח", נפרוך: "שכן גדולי קרקע"! ושוב לא יוכל לומר "כלאי הכרם יוכיח"! וי"ל: דמתחלה היה יכול לומר "חמץ בפסח וכלאי הכרם יוכיחו", דהוו להו תלתא. ועוד: דהוה מצי למימר "בשר תקרובת עבודה זרה יוכיח". וכי תימא: מה לתקרובת שכן מטמא! – הא דמטמא היינו מדרבנן, כדפרישית בפ"ק (לעיל דף יג: ד"ה "תקרובת").

עיקרן נאסר. משמע: שאף הקשים והעץ נאסרין. וכן משמע בפרק "כל שעה" (פסחים דף כו:) דאמרינן: תנור שהסיקוהו בקליפי ערלה או בקשים של כלאי הכרם – חדש, יותץ. ותימה: דבפרק "האשה שנפלו לה נכסים" (כתובות דף פ.) משמע דשרו, גבי "המוציא הוצאות על נכסי אשתו", עבד רב יהודה עובדא בחבילי זמורות. רב יהודה לטעמיה, דאמר: אכלה ערלה שביעית וכלאים, הרי זו חזקה" – פירוש: דאז אינו יכול לאכול אלא זמורות! וי"ל: דקשין ועץ שהיו קודם שנזרע כלאים – מותר, עד שיוסיף מאתים. *ורוב פעמים שהפרי הוסיף מאתים, ונאסרו הקשין והעץ שהיו מקודם ככר גדולין ושוב לא יוסיפו מאתים. אבל ודאי כל מה שגדל אחר שנזרע כלאים – אסור אף הקשין והעץ.

והיתה להם שעת הכושר קודם השרשה. הקשה הרב רבי משה כהן: דבפ"ק דמנחות (דף ו.) אמר, אי ממשקה ישראל ה"א (ב) היכא דלא היתה להן שעת הכושר, דומיא דערלה וכלאי הכרם. והכא משמע דהיתה להן שעת הכושר! וי"ל: דהתם מיירי ביין שעושין ממנו נסכים למזבח, דבעי שיהיה ממשקה ישראל. ואותו לא היה לו שעת הכושר, דמה שגדל לאחר זריעת הכלאים – הוא אסור (ואותו לא היתה לו שעת הכושר) ומה שגדל קודם – מותר. ואינו נאסר כשהוסיף מאתים אלא משום תערובת שנתערב עם מה שגדל אח"כ, והגרעינים שנזרעו הוא דהיתה להן שעת הכושר.

מה להלן אסור באכילה ומותר בהנאה. א] אע"ג דאיכא למילף איסור הנאה בקל וחומר כדלעיל, קא סבר: אין ג"ש למחצה, ויליף מיניה אף היתר הנאה. וההוא דלעיל סבר: דאהני ג"ש ואהני ק"ו. אי נמי: משום דההוא קרא דטרפה איירי נמי בקדשים שיצאו חוץ למחיצתן, כדאמר פרק "בהמה המקשה" (לעיל דף סח:) דאסירי אף בהנאה. וגלי לן ק"ו דילפינן מינייהו. ור"ש דהכא סבר דפשטיה דקרא בטרפה מיירי*.

המעמיד בעור של קבה אם יש בה כו'. תימה: דבגמרא מפרש טעמא דאסרו גבינות הגוים מפני שמעמידין אותם בעור קבת נבלה, ואי אורייתא "נבלה", אמאי כשרה נמי?! ויש לומר: דמשום בשר בחלב לא היו אוסרין מספק, משום דליכא אלא איסורא דרבנן, דדרך בישול אסרה תורה.

חיישינן

פסחים כה.

ג"ז שם ע"ש כלאים פ"ז מ"ה

קדושין נז: בכורות י. מנחות קא.

[לעיל קיג: וש"נ]

שבת קל. יבמות יד.

[נ"ל ברזל בשבת]

[בערוך איתא דטווסא]

הגהות הב"ח

(א) במשנה המעמיד בעור של קבה אם יש כו' כל"ל ותיבת כשרה נמחק: (ב) תוס' ד"ה והיתה וכו' ה"א למעוטי היכא דלא:

קיב א ב מיי' פ"ה מהל' כלאים הל"ג סמג עוש"ע יו"ד סי' רצו סעי' ט יז:

קיג ג מיי' פ"ט מהל' מאכלות אסורות הל"ד ופ"ט הלט"ו ועי' בהשגות ובכ"מ ובל"מ סמג לאוין קלז טוש"ע יו"ד סי' פז סעי' יא:

שיטה מקובצת

א] אע"ג דאיכא למילף איסור הנאה בק"ו כדלעיל. נ"ב ע' תוס' מנחות ק"א ע"ב:

נ"ל ורוב פעמים שהפרי מוסיף מאתים ונאסרו הקשין והעץ שהיו מקודם ככר גדולין שוב לא כו' רש"ל וכ"מ

הגהות מהר"ב רנשבורג

א] רש"י ד"ה הוסיף וכו' מאתים להיתר והאחד של איסור כצ"ל:

הגהות מהר"י לנדא

[א] רש"י ד"ה טווסא. פואו"ן. נכתב על הגליון עי' לעיל ד' סג ע"א ברש"י ד"ה שהוא כפות ומ"ש על הגליון שם:

ע"ז ל"ה.

[וע"ע תוס' פסחים כב: ד"ה למרק]

רבינו גרשום

אי מצינן למיפרך כל דהו לא פרכינן. כלומר ולא מצינן למיפרך מה להצד השוה שבהן שכן גדולי קרקע דהדא פירכא לאו קולא וחומרא הוא: וליפרוך מה לכולהו שכן גדולי קרקע כלומר דערלה וחמץ וכלאי הכרם: אלא אמר ריש לקיש חדא מחדא. כלומר כדבעינן לאפוקי חדא מחדא קולא וחומרא פרכינן דאי בעינן לאפוקי בשר בחלב מערלה ומחמץ קולא וחומרא פרכינן כלומר אי אית לן פירכא דמצינן למיפרך מה לערלה שכן חמור כך וכך תאמר בבשר בחלב שקיל כך וכך הדא היא פירכא פרכינן. אבל פירכא אחרינא לא כגון מה לכולהו לערלה שכן גדולי קרקע דהיא לא קולא ולא חומרא: חדא מתרתי פרכינן אפי' כל דהו. אע"ג דלא הדר דינא. חדא מתלת. כגון הכא דמפקינן בשר בחלב דאסור בהנאה מתלת מערלה וחמץ וכלאי הכרם אי הדר דינא ואתי מן הצד פרכינן אפי' פירכא אחרינא אע"ג דלית חומרא וקולא כגון מה לכולהו שכן גדולי קרקע אבל אי לא אתי במה הצד כגון הכא דלא אתי במה הצד קולא וחומרא פרכינן פרכא אחרינא לא פרכינן מה לכולהו שכן גדולי קרקע דהוא לא קולא ולא חומרא הוא: ולפרוך מה לכלאי הכרם שכן לא היתה להן שעת הכושר כו'. כלומר תאמר בבשר וחלב שהיתה להן שעת הכושר דהוא קולא וחומרא: זאת אומרת כלאי הכרם עיקרן נאסר כלומר. משעה שנשרש עיקרו נאסר ולא נאסר קודם השרשה והיתה לו שעת הכושר קודם שנשרש: מתיב רב שמעיה המעביר עציץ נקוב בכרם כלומר עציץ שיש בו זרע והוא כלאים בכרם: אם הוסיף במאתים כלומר אם הוסיף במאתים בכרם ותשעים ותשע חלקים כלומר אצבעות והתוספת משלים למאתים דהיינו זה [אסור] עד שיהא במאתים ואחד: הוסיף (א) ודאי בטל לא הוסיף לא וכיצד אמרת דנאסר משעת השרשה: אמר רבא תרי קראי כתיבי פן תקדש המלאה הזרע. כלומר המלאה משמע עד שתוסיף. הזרע משמע משעה שזורע בהשרשה. כגון (ב) המעביר עציץ בכרם דהוא זרוע מעיקרו זרוע ובא הוסיף אין לא הוסיף לא: מתניתין דלא כי האי תנא דתני בשר בחלב אסור בהנאה. קא סבר ר"ע איסור חל על איסור כו' כלומר ולא צריכי קרא לכדשמואל בין ר' יוסי הגלילי לר"ע איכא בינייהו חיה כו'

א) נראה דצ"ל הוסיף אין כלומר אם הוסיף מאתים נאסר לא הוסיף לא. ב) נראה דצ"ל כגון שזרע בתוך הכרם דהוא זרוע מעיקרו בהשרשה זרוע ובא כגון המעביר עציץ נקוב בכרם הוסיף אין וכו'

אם יש בנותן טעם – הרי זו אסורה. כשרה שינקה מן הטרפה – קבתה אסורה, טרפה שינקה מן הכשרה – קבתה מותרת, מפני שכנוס במעיה.§ **גמ'** אטו קבת גוי לאו נבלה היא? אמר רב הונא: הכא, בלוקח גדי מן הגוי עסקינן, וחיישינן שמא ינק מן הטרפה. ומי חיישינן שמא ינק מן הטרפה? *והתנן: *לוקחים ביצים מן הגוים, ואין חוששין לא משום נבלה ולא משום טרפה! אלא אימא: חיישינן שמא ינק מן הטמאה. ומאי שנא טרפה – דלא חיישינן, ומאי שנא טמאה – דחיישינן? טרפה – לא שכיחא, טמאה – שכיחא. אי שכיחא – אפילו גבי דידן ניחוש! אנן דבדלינן מינייהו, וכי חזינן להו מפרשינן להו – לא גזרו בהו רבנן. אינהו דלא בדילי מינייהו, וכי חזו להו לא מפרשי להו – גזרו בהו רבנן. *ושמואל אמר: חדא קתני, קבת שחיטת גוי נבלה. ומי אמר שמואל הכי? והאמר שמואל: *מפני מה אסרו גבינת הגוים – מפני שמעמידין אותה בעור קבת נבלה, הא קבה גופה שריא! לא קשיא, כאן – קודם חזרה, כאן – לאחר חזרה.§ "כשרה שינקה מן הטרפה" (וכו').§ והא קתני רישא "קבת גוי ושל נבלה – הרי זו אסורה"! אמר רב חסדא: רישא – נראה כאוכל נבלות, הכא איכא שחיטה. א"ל רבא: ולאו כל דכן הוא? ומה נבלה דמאיסה, דאי שרית ליה קבתה, לא אתי למיכל מינה – אמרת לא. טרפה שחוטה, דאי שרית אתי למיכל מינה – לא כ"ש! אלא אמר רב יצחק, אמר רבי יוחנן: לא קשיא, כאן – קודם חזרה, כאן – לאחר חזרה, *ומשנה לא זזה ממקומה. אמר רבי חייא בר אבא, אמר רבי יוחנן: מעמידין בקבת נבלות, ואין מעמידין בקבת שחיטת גוי. אמר לפניו רבי שמעון בר אבא: כמאן – כרבי אליעזר, *דאמר: סתם מחשבת גוי – לעבודה זרה! א"ל: ואלא כמאן? כי אתא רב שמואל בר רב יצחק, אמר רבי יוחנן: מעמידין בין בקבת נבלה בין בקבת שחיטת גוי, שלא לחוש לדברי רבי אליעזר. והלכתא: אאין מעמידין בעור קבת נבלה, באבל מעמידין בקבת נבלה ובקבת שחיטת גוי, *ובקבת גכשרה שינקה מן הטרפה, וכ"ש בקבת טרפה שינקה מן הכשרה. מ"ט – חלב המכונס בה, פירשא בעלמא הוא.§

מתני' א] חומר בחלב מבדם, וחומר בדם מבחלב. חומר בחלב – שהחלב מועלין

רש"י

אם יש בה ליתן טעם בחלב. הרי זו אסורה. וחלב הנמלח קרוש בעור הקבה שמולחין אותה בעורה, בין שנותנין עמו חלב אחר, ובין שמולחין אותה עמה – נראה בעיני איסור גמור, כבשר בחלב ממש, לאסור הגבינה איסור גמור, ואין בידי כח להתיר. ויש מתירין אותו, ומביאין ראיה מדגים שעלו בקערה, שפסקנו (לעיל דף קיא:) שמותר לאוכלן בכותח, משום דהוה ליה נותן טעם בר נותן טעם. שחלב הקבה לא נאסר אלא משום נתינת טעם, וכי הדר יהיב טעמא בגבינה – הוה ליה נותן טעם בר נותן טעם. ורחוקות זו מזו כרחוק מזרח ממערב מהאי טעמא, דדגים שעלו בקערה, אע"פ שבלעו את טעמה – עדיין היתר גמור הן לאוכלן. וכשבא לאוכלן בכותח, למה אתה אוסר עליו? מפני טעם בשר שלה – ההוא טעם בשר לאו טעם הוא, שהרי לא בא מן הממש אלא מנ"ט אחר. אבל חלב הנמלח בבשר – משנתנו טעם זה בזה, נעשו שניהם איסור. כדקיימא לן (לעיל דף קח.): חתיכה עצמה נעשית נבלה. וכל טעם היוצא עוד מן החלב, בין טעם חלב שבו בין טעם בשר שבו – הכל אסור, לפי שכולה נבלה. וכשמתערב חלב זה עם חלב הגבינות, הוה ליה מין במינו, חלב נבלה בחלב היתר. וכבר פסקנו: חתיכה עצמה נעשית נבלה, ואוסרת כל החתיכות כולן. ולא אמרינן נותן טעם בר נותן טעם הוא, מפני שאף טעם חלב שבו שהיה מתחלה, נעשה כולו נבלה, וכן הלכה כרב. וגם פסקנו בפסחים (דף כט:) הלכה: דמין במינו – בכל שהוא. ואני הייתי נוהג היתר עד הנה, ובלבד שלא יתנו בה חלב אחר. וטועה הייתי בכך, שהייתי סבור כדאמרינן בע"ז (דף כט:) גבי קבת עולה: כהן שדעתו יפה שורפה חיה – שמע מינה: פירשא בעלמא היא, ולא מיתסרא. ולא היא, חלב גמור הוא, מדקתני במתניתין "כשרה שינקה מן הטרפה, קבתה אסורה" – שמע מינה: חלב הוא. ותניא נמי: *קבה שבשלה בחלבה – אסורה. וקבת עולה דשריא – משום דלאו גופה היא, אלא שינקתו מאמו, והוה ליה כנוס במעיה כנתון בקערה, ומותר. *כדתניא: טרפה שינקה מן הכשרה קבתה מותרת, מפני שכנוס במעיה. ודמייתי ראיה במסכת ע"ז מינה דאיסורי הנאה שרי פירשייהו, וגבי עגלי עבודה זרה דאסור פירשייהו, מדקתני "קבת עגלי עבודה זרה אסירא" – לאו משום דקבה פירשא חשיב לה לענין עיכול, דתיהוי כפירשא, למפקע שם חלב מינה. אלא הכי מייתי ראייה מינה: מדאסר קבת עבודה זרה, ש"מ פירשא אסור, דהא קבתה נמי לאו גופה היא, ומיתסר משום דניחא ליה בנפח, כשהבהמה נראית שמנה ויפה לעבודה זרה, וה"ה לשאר הפרש. ומדשרי לה גבי עולה, ש"מ: לא מיתסר אלא גופה, אבל פירשא שרי כי האי גוונא. דאין קדושה חלה אלא על הראוי ממנה למזבח, מידי דהוי אעור של עולה, שהוא מתחלק לכהנים. כן מצאתי בנימוקי רבינו שלמה ברבי מאיר. **גמ'** בלוקח גדי מן הגוי. ושחטו, קרי ליה "קבת גוי", ואסורה. חיישינן שמא ינק. חלב זה מן הטרפה. **לא** משום נבלות. שמא נמצא בתרנגולת נבלה. **ולא** משום טרפה. שמא מעוף טרפה היא, דאמרינן ב"אלו טרפות" (לעיל דף נח.): ומודים בבילת טרפה שאסורה. גבי דידן. גדיים שלנו נמי תהא אסורה קבתן, משום דחיישינן שמא ינק חלב זה מן (הטמאה) בהמה טמאה! **חדא** קתני. משום דשל נבלה היא אסר לה. ומי **אמר** שמואל. קבת נבלה אסורה, אלמא כגופה דמי? והאמר שמואל. במסכת ע"ז: מפני שמעמידין אותה בעור קבת נבלה, "הא קבה גופה" – חלב הקרוש קרי "קבה", וקאמר דשריא. **כאן** קודם חזרה כו'. בפרק "אין מעמידין" (ע"ז דף כט:): שאל רבי ישמעאל את רבי יהושע: מפני מה אסורין גבינות הגוים? אמר לו: מפני שמעמידין אותה בקבת נבלה. כלומר, בחלב הקרוש שבה. אמר לו: והלא קבת העולה חמורה מקבת נבלה, ואמרו "כל כהן שדעתו יפה, שורפה חיה"! אמר לו: מפני שמעמידין אותה בקבת עגלי עבודה זרה. אלמא חזר בו מקבת נבלה, משום דלאו גופה היא. ואסורה משום עבודה זרה, דאפילו פירשא דידה אסור, כדמפרש התם: משום דניחא ליה בנפחיה. הלכך משנתינו זאת נשנית קודם חזרה, ומשום הכי אסר. וכי תימר דשמואל דעור קבה הוא דאסור, הא קבה שריא – לאחר חזרה קאמר. ומשנתינו זאת, מכיון שנשנית, אף על פי שחזר בו – לא זזה ממקומה ולא סילקוה, ולא אמרו שלא לשנותה עוד. **והא** קתני **רישא** קבת נבלה אסורה. והדר קתני "קבת טרפה מותרת", דקתני: "טרפה שינקה מן הכשרה – קבתה מותרת". **איכא** שחיטה. ולא מאיסה כולי האי כנבלה. ואיסור אין כאן לא בזו ולא בזו, כדקתני: "מפני שכנוס במעיה" – נאסף הוא במעיה מן אחרים, ולא משל עצמה. משנה הראשונה קודם חזרה נשנית, וכיון שנשנית – לא זזה ממקומה, וחזרו ושנו אחרונה להיתר. **מחשבת** גוי לעבודה זרה. הילכך, אף על גב דלאו גופה הוא, מיתסר. כדפרישית דאפילו פירשא מיתסר, משום דניחא ליה בניפחיה. **ואלא** כמאן. כלומר, לא הוצרכת לשאול. מעמידין בין בקבת נבלה כו'. דלאו מגופה הוא, אלא כנוס במעיה.

מתני'

תוספות

חיישינן שמא ינק מן הטמאה. לא קיימא לן הכי, דהלכה כשמואל דמשני מתניתין בשינויא אחרינא. ואנו מעמידין בקבת עגלים שאנו לוקחים מן הגוים, ולא חיישינן שמא ינק מן הטמאה. **חדא** קתני. תימה: מאי קא משמע לן דקבת גוי נבלה? הא שמעינן מפרק קמא במתניתין, *ולא הוה ליה למיתני הכא אלא "קבת גוי אסורה"! **ומי** אמר שמואל הכי. *דאלו הכי הוה מצי למיפרך ממתניתין על שמואל, אלא הא עדיפא ליה. דמדמפרש שמואל מתניתין, אלמא סבר כוותה. **כאן** לאחר חזרה. ולפי זה שריא קבת נבלה. אלא עכשיו נהגו העולם הדבר לאיסור, ואין להקל ליקח קבת גוי. ובדיעבד מותר, דאפילו לכתחלה שרי היכא דידעינן שלא נמלחה בעורה, אם לא שמכוער הדבר הואיל והחזיקו בו איסור. ומיהו היכא דנמלחה הקבה בעורה – אסורה ודאי משום בשר בחלב. **הכי** גרסינן ברוב ספרים: והלכתא אין מעמידין בעור קבת נבלה, אבל מעמידין בקבת נבלה ובקבת שחיטת גוי ובקבת כשרה שינקה מן הטרפה, וכ"ש בקבת טרפה שינקה מן הכשרה. מ"ט? חלב המכונס בה פירשא בעלמא הוא – ולכאורה לגירסא זו קשיא מתני', דתנא "כשרה שינקה מן הטרפה – קבתה אסורה", וכן בריתא דלעיל בפירקין (דף קטז:): קבה שבשלה בחלבה – אסורה! ואומר ר"ת: דהני מילי חלב צלול שבתוך הקבה, דלא חשוב פירשא. אבל הקרוש שבתוך הקבה, חשוב פירשא. ואותו הקרוש לפי דבריו, אפילו נמלח בתוך הקבה – מותר.

אמר

עין משפט נר מצוה

קיד א מיי' פ"ד מהל' מאכלות אסורות הל' יט ועי' פ"ט שם הל' טז ובהשגות שם ובכ"מ:

קטו ב מיי' פ"ד שם הל' יט ועיין בטוש"ע יו"ד סי' פז סעי' י בהג"ה:

קטז ג מיי' פ"ט שם הל"ט טוש"ע יו"ד סי' פז סעיף ו:

מסורת הש"ס

[לעיל דף יג.]

[צ"ל והתניא]

לעיל סג: [תוספתא פ"ג]

[ע"ז לה.]

שם

[לעיל לב: יבמות ל. וש"נ]

לעיל יג. לח: [גיטין מה: ע"ז לב: ע"ש]

לפי פירש"י צ"ג כל זה עד פירשא בעלמא הוא לא היה ס"ל דהלכה גמור הוא דלא פירשא. רש"ל וכ"מ

שיטה מקובצת

א] חומר בחלב מבדם. עי' תוס' מנחות עד ע"ב:

גליון הש"ס

רש"י ד"ה הרי זו וכו' הוה ליה מין במינו. עי' לעיל דף קח ע"ב תד"ה שאני: תד"ה ומי וכו' דאלו הכי וכו' עי' כתובות נה ע"ב תד"ה מתנת יבמות דף כז ע"ב תד"ה ורב ולקמן קלא ע"ב תד"ה ומי:

רבינו גרשום

כו'. כלומר לר' יוסי הגלילי חיה (חייב בבהמה) [נוהג בשר בחלב כבהמה] שהיא אסורה משום נבלה כבהמה: רישבא צייד: ולא משום נבלות ולא משום טרפות כלומר אין חוששין שמא מנבלות או מטרפות היו אותן ביצים. אי שכיחי אפי' גבי דידן כו' כלומר אפי' דידן קיבתו תהא אסורה דניחוש שמא יינק מן הטמאה: קיבת שחיטת גוי נבלה. כלומר אפי' ישראל ששחט לגוי כלומר א) דאמרינן סתם מחשבת גוי לע"ז: הא קיבה גופה שריא כלומר דאמרינן פירשא בעלמא לא קשיא כאן קודם חזרה [דאיתא התם] מפני מה אסרו גבינת גויים א"ל מפני שמעמידין אותו בקיבת נבלה ופרכה ר' ישמעאל וחזר וא"ל ר' יהושע מפני שמעמי' אותו בקיבת עגלי ע"ז. והכי קאמר [הכא] קודם חזרה אוסר שמואל ב) לאחר חזרה משום עור קיבה אבל משום קיבה לא אסר: והקתני רישא קיבת הגוי ושל נבלה הרי זו אסורה. כלומ' כיצד אמרת טרפה שינקה מן הכשרה קיבתה מותרת והא קא חזינן הכא ושל נבלה הרי זו [אסורה] מה

לי נבלה ומה לי טרפה: סיפא שחוטה היא. כלומר טרפה שינקה מן הכשרה שחוטה היא: אלא א"ר יצחק א"ר יוחנן לא קשיא כאן קודם חזרה. כלומר מה דאמרינן ושל נבלה הרי זו אסורה קודם חזרה אוסר למתיר כדאמרינן לעיל ומה דאמרינן טרפה קיבתה מותרת לאחר חזרה ומשנה לא זזה ממקומה כלומר אע"פ שחזר לא זזה ממקומה: ואין מעמידין בקיבת שחיטת גוי ישראל ששחט לגוי: שהחלב מועלין בו וחייבין עליו משום פיגול כלומר האוכל מעילה חייב כשאר קדשים ואם אוכלו פיגול ונותר וטמא חייב כשאר קדשים: מה

א) דברי רבינו צריך באור כאשר דלקמן בסמוך דאמרינן הלכה כר' יוחנן דאמר מעמידין וכו'. ב) נראה דצ"ל לאחר חזרה לא אסר רק מפני שמעמידין אותה בעור הקיבה אבל וכו'.

מתני' מועלין בו. אם קרבן הוא, דהא קדשי ה' הן, ואינם לכהנים. והדם אין מועלין בו, כדיליף בגמרא. וטמא. אם אכלו בטומאת הגוף – חייב שתי חטאות: אחת משום חלב, ואחת משום טומאת הגוף שהיא בכרת. משא"כ בדם. מפרש בגמרא. אלא בבהמה טהורה. כדכתיב (ויקרא ז) "מן הבהמה אשר יקריבו ממנה" וגו'.
גמ' מנה"מ. דחלב יש בו מעילה? ולא מפליג, דאפילו חלב קדשים קלים, אע"ג דאין כהן מעילה בחייהן, דהא ממון בעלים הן, יש בו מעילה באימוריהם לאחר שנזרק דמן. כאשר יורם. באימורי פר כהן משיח כתיב. ומה למדנו. דקאמר: ככל מה שמפרישים אימורים משלמים, כך יפרישו מזה? אף כאן האימורים מפורשים, "את החלב המכסה [על הקרב] ואת כל החלב ואת שתי הכליות" וגו'! מה פר כהן משיח יש מעילה. באימורים, דהא מחיים הוה ביה מעילה, דקדשי קדשים הוא. יש בו מעילה. בחלבו. כל חלב לה'. בקדשים קלים כתיב, ולהכי כתיב בהו "לה'" למימרא ד"קדשי ה'" קרינא ביה, לענין מעילה. יותרת ושתי הכליות לא. דלאו "חלב" איקרו. כאשר יורם. לימד על כל האימורים, שהוקשו לאימורי פר כהן משיח. אליה דליתא בשור לא. נמעלו בה, כי מייתו כבש לשלמים, ד"אלית הכבש" קרינא ביה? כתב רחמנא "כל חלב", ואשכחן אליה דאיקרי "חלב", דכתיב (ויקרא ג) "חלבו האליה תמימה". תיתסר. כל אלית כבש באכילה. כל חלב שור וכשב ועז. אסרה תורה אלא הנוהג בכולן, ואליה אינה נוהגת לא בשור ולא בעז. לא ימעלו בה. דהא מעילה מ"כל חלב לה'" נפקא לן, והא אמרת דלאו "חלב" איקראי! לכם. "ואני נתתיו לכם" וגו' – שלכם יהא. אלמא, לאו קדשי גבוה הוא. לכפרה נתתיו. ולא שיהא קרוי "שלי" למעול בו, שאינה עומדת אלא לכפר בעדיכם. הוא. משמע: כהוייתו יהא, לעולם דינו שוה, בין לפני כפרה ובין לאחר כפרה שנתן מתנותיו ונשארו השיריים. מה לאחר כפרה אין מעילה. בשיריים, כדלקמן, דאין לך דבר שנעשה מצותו ומועלין בו, שהרי כבר נעשה לורך גבוה ממנו ולאו "קדשי ה'" קרינא ביה. תרומת הדשן. כל בקר תורם מדשן מזבח מלא מחתה, ונותנו בלדי המזבח, ונבלעת שם במקומה, כדכתיב: "והרים את הדשן אשר תאכל האש וגו' ושמו אצל המזבח" – מלמד שטעון שימה וגניזה. אלמא, אסור בהנאה. בגדי כהונה. שלובש בגדי לבן כה"ג בכניסתו לפני ולפנים ביום הכפורים, וטעונין גניזה עולמית, ואין הדיוט עובד בהן כל השנה, ולא [כ"ג] ליום כפורים אחר, כדכתיב: "ופשט את בגדי הבד והניחם שם". אלא לרבי דוסא דאמר. כשרין הן לכהן הדיוט כל השנה, שכהן הדיוט משמש בהן בארבעה כלים, ומה ת"ל "והניחם שם" – מלמד שלא ישתמש הוא ליוה"כ אחר, מאי איכא למימר? עגלה ערופה. אף על פי שנעשה מצותה, אסורה בהנאה, דכתיב: "וערפו שם" – שם תהא קבורתה (כריתות דף ו.).

מועלין בו, וחייבין עליו משום פיגול, נותר, וטמא, א) ימה שאין כן בדם. וחומר בדם – שהדם נוהג בבהמה וחיה ועוף, בין טמאים ובין טהורים, והחלב אינו נוהג אלא בבהמה טהורה בלבד.§ **גמ'** מנא הני מילי? אמר ר' ינאי: דאמר קרא "כאשר יורם משור זבח השלמים". וכי מה למדנו מ"שור זבח השלמים"? מעתה "הרי זה בא ללמד ונמצא למד, מקיש "שור זבח השלמים" לפר כהן משיח, מה פר כהן משיח – יש בו מעילה, אף שור זבח השלמים – יש בו מעילה. א"ל ר' חנינא: כעורה זו ששנה רבי "כל חלב לה'" – לרבות אימורי קדשים קלים למעילה! אמר אביי: איצטריך, דאי כתב רחמנא "חלב", הוה אמינא חלב – אין, יותרת ושתי כליות – לא, כתב רחמנא "כאשר יורם". ואי כתב רחמנא "כאשר יורם", הוה אמינא חלב אליה דליתא בשור – לא, כתב רחמנא "כל חלב". א"ל רב מרי לרב זביד: אי אליה איקראי "חלב", תיתסר באכילה! א"ל: עליך אמר קרא "כל חלב שור וכשב ועז" – דבר השוה בשור וכשב ועז. רב אשי אמר: "חלבו האליה" – איקראי, "חלב" סתמא לא איקראי. אלא מעתה לא ימעלו בה! אלא, מחוורתא כדרב זביד.§ "משא"כ בדם". מנה"מ? אמר עולא, דאמר קרא: "לכם" – שלכם יהא. דבי רבי ישמעאל תנא: "לכפר" – לכפרה נתתיו ולא למעילה. ורבי יוחנן אמר: אמר קרא "הוא" – הוא לפני כפרה כלאחר כפרה, מה לאחר כפרה אין בו מעילה, אף לפני כפרה אין בו מעילה. ואימא: "הוא" – לאחר כפרה כלפני כפרה, מה לפני כפרה יש בו מעילה, אף לאחר כפרה יש בו מעילה! אין לך דבר שנעשה מצותו ומועלין בו. ולא? והרי תרומת הדשן דנעשה מצותו ומועלין בו, דכתיב: "ושמו אצל המזבח"! משום דהואי תרומת הדשן ובגדי כהונה שני כתובין הבאין כאחד, וכל שני כתובין הבאין כאחד אין מלמדין. הניחא לרבנן דאמרי: "והניחם שם" – מלמד שטעונין גניזה. אלא לר' דוסא דאמר: שלא ישתמש בהן ליום הכפורים אחר, מאי איכא למימר? אלא, משום דהואי תרומת הדשן ועגלה ערופה שני כתובים הבאין כאחד, וכל שני כתובים הבאין כאחד אין מלמדין. הניחא למ"ד אין מלמדין, אלא למאן דאמר מלמדין מאי איכא למימר? תרי מיעוטי

אמר רבי ינאי דאמר קרא כאשר יורם כו'. בפרק "איזהו מקומן" (זבחים דף מט.) מוקמינן לה לדבר הלמד בהיקש, דאינו חוזר ומלמד בהיקש. דיותרת ושתי הכליות ילפינן בשעיר עבודה זרה מפר העלם דבר של ליבור, ופר העלם מפר כהן משיח, ואיתר "כאשר יורם" בפר כהן משיח לאוקומי בפר העלם דבר, לתהוי כמאן דכתיב בגופיה, דלא ליהוי שעיר עבודה זרה "למד מן הלמד". ורבי ינאי דהכא סבר לה כמאן דיליף בפרק "ב"ש" (שם דף מא:): יותרת ושתי הכליות בשעירי עבודה זרה מ"ועשה לפר" כו'. ועוד י"ל: דרבי ינאי דהכא – אסמכתא בעלמא הוא, [דהא] מעילה בפרק "קדשי מזבח" (דף טו.) א"ר ינאי: אין חייבין משום מעילה אלא קדשי בדק הבית בלבד, ולא בקדשי מזבח דאית בהו לכהנים ולבעלים. ופריך ליה ממשניות טובא, ומוקי לה מדרבנן. ופריך: והא קרא קא נסיב! פי': "כל חלב" – לרבות האימורים! ומשני: אסמכתא בעלמא, וה"ה קרא דהכא. והא דתנן בפרק "אמרו לו" (כריתות יג:): יש אוכל אכילה אחת, וחייב עליה ד' חטאות ואשם – איכא לאוקומי בעולה. ואע"פ דעורה לכהנים – אין לחוש, כיון דכל הבשר למזבח. **הוא** לפני כפרה כלאחר כפרה. הקשה ר"ת: דבמעילה פ' "ולד חטאת" (דף יב:) אמרינן: המקיז דם לבהמת קדשים – מועלין בו. אלמא, יש מעילה בדם! ותירץ: דהתם מחיים, דלא שייכא כפרה. אבל לאחר שחיטה, אף לפני כפרה – אין מועלין. וא"ת: דהתם תנן (דף יא.), ומייתי לה בפרק "כל שעה" (פסחים דף כב.), דם בתחלה אין מועלין בו, יצא לנחל קדרון – מועלין בו! וי"ל: דמעילה דהתם, מדרבנן היא. וא"ת: א"כ, ברים מעילה (דף ב:) דדחיק לאשכוחי מעילה מדרבנן, לייתי מהך משנה! וי"ל: דהתם א"קדשים שמתו בדרוס" קאי, דכתנקינהו דמי. וכי האי גוונא דחיק לאתויי דתקון רבנן (כמה) מעילה, אע"ג דבדילי מינייהו. ומייתי ראייה מר' יוחנן דאמר: קדשים שמתו – יצאו מידי מעילה דבר תורה. וא"ת: בסוף תמורה (דף לג:) גבי "מקדיש עולה לבדק הבית" קאמר: אי מדרבנן, אימא סיפא "ומועלין בה שתי מעילות". ואי מדרבנן, אמאי? – ומאי קושיא? הא איכא מעילה דרבנן בדם ובקדשים שמתו! וי"ל: דהתם שיש מעילה דאורייתא משום עולה, אין לחכמים לתקן שם מעילה, כיון דבלאו הכי בדילי מינייהו. ומשני: ראוי למעול בו ב' מעילות: בבשר, מעילה דאורייתא, משום עולה. ובעור, דליכא מעילה דאורייתא, לא בדילי מיניה, ותקנו רבנן מעילה. **אין** לך דבר שנעשה מצותו ומועלין בו. וא"ת: אדרבה, לא נמעט לפני כפרה, דאין לך דבר שלא נעשה מצותו שלא ימעלו בו! ואע"ג דאיכא קדשים קלים – היינו, משום דלא אקרו קדשי שמים! וי"ל: דאשכחן טובא, דהא דשן אין מועלין בו עד שעת תרומה, ועגלה ערופה עד לאחר ירידתה*.

ולא והרי תרומת הדשן. וא"ת: דתנן במעילה פרק "ולד חטאת" (דף יא.), דישון מזבח פנימי והמנורה – לא נהנים ולא מועלין. וקאמר בגמרא: בשלמא מזבח החיצון – דכתיב ביה "ושמו", אלא מזבח פנימי מנלן? מדכתיב מ"ושמו" דריש דאין מועלין, ובמשמעותין אדרבה משמע דמועלין. וי"ל: דמתניתין דהתם משמע דאין מועלין בדישון הפנימי, שהדישון מוליאו מידי מעילה. אבל קודם, מועלים. א"כ, מלוה לדשן. ועל זה קאמר: בשלמא חיצון, דכתיב "ושמו" – לכך מלוה לדשן, ומ"מ אף לאחר הרמה איכא מעילה, כדדרשינן בסוף *מעילה (דף לד.): "ושמו" – בנחת, שלא יפזר אלא פנימי. מנא לן דמלוה לדשן, שאתה אומר שהדישון מוליאו מידי מעילה? ומשני: דאמר קרא "והסיר מורלתו והשליך אותה אל מקום הדשן" – אם לענין מזבח החיצון, לא לריך דהא כתיב "ושמו אלל המזבח" כו'. והתם פריך: והא אילטריך למזבח החיצון לקבוע לו מקום, דכתיב "קדמה".

משום דהוי תרומת הדשן ובגדי כהונה כו'. במעילה בפרק "ולד חטאת" (דף יא:) מאריך יותר, ומסקינן כי הכא. תרי

שיטה מקובצת

א) מה שאין כן בדם. נ"ב עי' תוס' מנחות דף עד:

רבינו גרשום

מה שאין בדם שאין בו מעילה בדרעינן למימר בגמרא. ואין בו משום פיגול א) ונותר אלא בבשר והנותר מבשר הובח פגול: וכי מה למדנו משור זבח השלמים. כלומר והלא פר כהן משיח נמי כתיבי ביה אימורין: מה פר כהן משיח יש בו מעילה. כלומר דקדשי קדשים הוא שכולו נשרף ואין בו אכילה אף שור זבח השלמים דקדשים קלים הוא אפי' הכי יש בו מעילה: כתב רחמנא כאשר יורם. כלומר כל מה שיורם: דבר השוה בשור וכשב והוי חלב ויותרת אבל אליה ליתיה בשור: אלא מעתה אל ימעלו בו כלומר כיון דלאו חשוב חלב ולאו חשוב אימורין אל ימעלו בו בקדשים קלים כשאר בשר שאוכלים הבעלים: אלא מחוורתא כרשנין מעיקרא. כלומר דבר השוה בשור וכשב ועז אסור באכילה ולא אליה דליתא בשור: אמר קרא לכם. כלומר ואני נתתיו לכם על המזבח לכפר: אלא לר' דוסא דאמר שלא ישתמש בהן כלומר אבל ראוין הן לכהן הדיוט כל השנה כולה: ואין מועלין בהן

א) נראה דצ"ל דנותר אינו אלא בבשר דכתיב והנותר מבשר הזבח וגו' ופיגול לא לריך קרא דפיגול אינו רק בדבר שיש לו מתירין ודם גופיה מתיר הוא וכדאמרינן בזבחים דף מו.

עין משפט נר מצוה

[ע"ע מ"ש שם על הגליון]

קכג א מיי' פ"ח מהל' פסולי המוקדשין הלכה יז:

קכד ב מיי' פ"ב מהל' מעילה הלכה יא:

קכה ג מיי' פ"ח מהל' פסולי המוקדשין הלכה יז:

קכו ד מיי' שם הל"ז:

[כלומר דתנא נמי ביה שחיטה שאינה ראויה תוי"ט]

א ה מיי' פ"ד מהל' טומאת אוכלין הל"ד:

ב ו מיי' פ"ח מהל' שאר אבות הטומאה הל"ב: עיין כס"מ

ג ז מיי' פ"ב מהל' טומאת אוכלין הל"ט ופ"ג הל"ד:

ד ח מיי' פ"ב מהלכות שאר אבות הטומאה הלכה ח:

[לקמן קכח.]

מִיעוּטֵי כְּתִיבֵי, הָכָא כְּתִיב "וְשָׁמוֹ", הָתָם כְּתִיב "הָעֲרוּפָה". וּתְלָתָא קְרָאֵי ל"ל בְּדָם? חַד לְמִיעוּטֵי מִנּוֹתָר, וְחַד לְמִיעוּטֵי מִמְּעִילָה, וְחַד לְמִיעוּטֵי מִטּוּמְאָה. אֲבָל מִפִּגּוּל לָא צְרִיךְ קְרָא, דִּתְנַן: כָּל שֶׁיֵּשׁ לוֹ מַתִּירִין בֵּין לָאָדָם וּבֵין לַמִּזְבֵּחַ – חַיָּיבִין עָלָיו מִשּׁוּם פִּגּוּל, וְדָם גּוּפֵיהּ מַתִּיר הוּא.§

הדרן עלך כל הבשר

הָעוֹר וְהָרוֹטֶב וְהַקִּיפָה וְהָאָלָל וְהָעֲצָמוֹת וְהַגִּידִין וְהַקַּרְנַיִם וְהַטְּלָפַיִם – מִצְטָרְפִין לְטַמֵּא טוּמְאַת אוֹכְלִין, אֲבָל לֹא טוּמְאַת נְבֵלוֹת. כַּיּוֹצֵא בּוֹ, הַשּׁוֹחֵט בְּהֵמָה טְמֵאָה לְגוֹי וּמְפַרְכֶּסֶת – מְטַמְּאָה טוּמְאַת אוֹכְלִין, אֲבָל לֹא טוּמְאַת נְבֵלוֹת, עַד שֶׁתָּמוּת אוֹ עַד שֶׁיַּתִּיז אֶת רֹאשָׁהּ. רִיבָּה לְטַמֵּא טוּמְאַת אוֹכְלִין מִמַּה שֶּׁרִיבָּה לְטַמֵּא טוּמְאַת נְבֵלוֹת. ר' יְהוּדָה אוֹמֵר: הָאָלָל הַמְכוּנָּס, אִם יֵשׁ בּוֹ כַּזַּיִת בְּמָקוֹם אֶחָד – חַיָּיב עָלָיו.§ גמ' תְּנֵינָא לְהָא, דת"ר: שׁוֹמְרִים – לְטוּמְאָה קַלָּה, וְלֹא שׁוֹמְרִים לְטוּמְאָה חֲמוּרָה. שׁוֹמְרִים לְטוּמְאָה קַלָּה מְנָלַן? דְּתָנָא דְּבֵי רַבִּי יִשְׁמָעֵאל: "עַל כָּל זֶרַע זֵרוּעַ" – כְּדֶרֶךְ שֶׁבְּנֵי אָדָם מוֹצִיאִין לִזְרִיעָה, חִטָּה בִּקְלִיפָּתָהּ, וּשְׂעוֹרָה בִּקְלִיפָּתָהּ, וַעֲדָשִׁים בִּקְלִיפָּתָן. וְלֹא שׁוֹמְרִים לְטוּמְאָה חֲמוּרָה מְנָלַן? דְּתָנוּ רַבָּנַן: "בְּנִבְלָתָהּ" – וְלֹא בְּעוֹר שֶׁאֵין עָלָיו כַּזַּיִת בָּשָׂר. יָכוֹל

רש"י

*מִיעוּטֵי כְּתִיבֵי. אֲפִילּוּ לְמ"ד בְּעָלְמָא מְלַמְּדִין – הָנֵי אֵין מְלַמְּדִין, דְּמִיעוּטֵי כְּתִיבֵי בְּהוּ, דְּמַשְׁמַע: הָנֵי, וְלֹא אַחֲרִינֵי. תְּלָתָא קְרָאֵי בְּדָם. "לְכַפֵּר", "הוּא". לְנוֹתָר. שֶׁאִם נוֹתַר, וְשָׁגַג בֵּין בְּדָם וּבֵין בְּנוֹתָר וַאֲכָלוֹ – אֵינוֹ חַיָּיב אֶלָּא מִשּׁוּם דָּם. מִטּוּמְאָה. אִם אֲכָלוֹ בְּטוּמְאַת הַגּוּף – אֵינוֹ חַיָּיב אֶלָּא מִשּׁוּם דָּם. אֲבָל מִפִּגּוּל לָא צְרִיךְ. לְמַעוּטֵי. דְּאִם הָיָה הַזֶּבַח פִּגּוּל וְאָכַל מִדָּמוֹ – פְּשִׁיטָא לָן דְּאֵין בּוֹ מִשּׁוּם פִּגּוּל. דִּתְנַן כָּל שֶׁיֵּשׁ לוֹ מַתִּירִין. שֶׁדָּבָר אַחֵר מַתִּיר אוֹתוֹ. בֵּין שֶׁהוּא מַתִּירוֹ לָאָדָם כְּגוֹן בְּשַׂר קָדָשִׁים, שֶׁהַדָּם מַתִּירוֹ לַכֹּהֲנִים בִּזְרִיקָתוֹ. וּבֵין שֶׁיֵּשׁ לוֹ מַתִּירִין לַמִּזְבֵּחַ וְלֹא לָאָדָם – כְּגוֹן עוֹלָה, שֶׁדָּמָהּ מַתִּירָהּ לַמִּזְבֵּחַ. דְּאִם לֹא נִזְרַק דָּמָהּ – אֵין אֵבָרֶיהָ נִקְטָרִים, כִּדְכְתִיב (ויקרא יז): "וְזָרַק הַכֹּהֵן אֶת הַדָּם עַל מִזְבַּח ה'" וְהָדַר: "וְהִקְטִיר הַחֵלֶב לְרֵיחַ נִיחֹחַ". חַיָּיבִין עָלָיו מִשּׁוּם פִּגּוּל. אִם פִּיגֵּל אֶת הַזֶּבַח בְּאַחַת מֵאַרְבַּע עֲבוֹדוֹת הַדָּם, וְאַח"כ אָכַל מִן הַבָּשָׂר שֶׁהָיָה בִּכְלַל הֶיתֵּר הַדָּם, אוֹ מִן הָאֵימוּרִים שֶׁאַף הֵן בְּהֶיתֵּר הַדָּם חַיָּיב כָּרֵת. אֲבָל כָּל דָּבָר שֶׁאֵין אַחֵר מַתִּירוֹ, אֶלָּא הוּא מַתִּיר עַצְמוֹ, כְּגוֹן הַדָּם וְהַקּוֹמֶץ וְהַקְּטוֹרֶת וּמִנְחַת כֹּהֲנִים שֶׁכּוּלָּהּ כָּלִיל – אֵין חַיָּיבִין עֲלֵיהֶם מִשּׁוּם פִּגּוּל. מִשּׁוּם דְּעִיקַּר פִּגּוּל בִּשְׁלָמִים כְּתִיב, וּמִינַּיְיהוּ יָלְפִינַן: מַה שְּׁלָמִים יֵשׁ לָהֶם מַתִּירִין לָאָדָם וְלַמִּזְבֵּחַ – חַיָּיבִין עֲלֵיהֶם מִשּׁוּם פִּגּוּל, אַף כָּל כו'.

הדרן עלך כל הבשר

הָעוֹר וְהָרוֹטֶב. הָעוֹר שֶׁל בְּהֵמָה שְׁחוּטָה, כְּגוֹן פָּחוֹת מִכְּבֵיצָה בָּשָׂר וְעוֹרָהּ אָדוּק בָּהּ וּמַשְׁלִימָהּ לִכְבֵיצָה, מִצְטָרֵף – מִפְּנֵי שֶׁהוּא שׁוֹמֵר. וּבַגְּמָרָא יָלְפִינַן שֶׁהַשּׁוֹמְרִים מִצְטָרְפִין לְטוּמְאָה קַלָּה, טוּמְאַת אוֹכְלִין [ג]. רוֹטֶב. גליי"א, שֶׁאֵינָהּ אוֹכֶל לְקַבֵּל טוּמְאָה בִּפְנֵי עַצְמָהּ, אֲבָל מִצְטָרֶפֶת לְהַשְׁלִים [ג], לְפִי שֶׁדֶּרֶךְ לְאוֹכְלָהּ כְּשֶׁהִיא קְרוּשָׁה עַל הַבָּשָׂר. הַקִּיפָה. תַּבְלִין, וְהֵן עַצְמָן לָאו אוֹכְלִין חֲשִׁיבֵי, אֲבָל לְאִצְטָרוּפֵי מִצְטָרְפִין. וְהָאָלָל. בַּגְּמָרָא מְפָרֵשׁ. וְהָעֲצָמוֹת. שֶׁיֵּשׁ בָּהֶן מוֹחַ וְהוּא אוֹכֶל, וְהָעֶצֶם שׁוֹמֵר לוֹ, לְפִיכָךְ מִצְטָרֵף עִמּוֹ. וְהַקַּרְנַיִם [ד]. מְפָרֵשׁ בַּגְּמָרָא:* כָּל שֶׁחוֹתְכוֹ וְיוֹצֵא מֵהֶם דָּם, אֶלָּא עִיקָּרָן מִלְּמַטָּה שֶׁהֵן רַכִּין. וּמִיהוּ בְּאַנְפֵּי נַפְשַׁיְיהוּ – לָאו [ה] אוֹכְלָא נִינְהוּ. וְהַטְּלָפַיִם. מִשּׁוּם שׁוֹמֵר. אֲבָל לֹא טוּמְאַת נְבֵלוֹת. אִם מִנְּבֵלָה הֵן – אֵין מְטַמְּאִין, וְאֵין מִצְטָרְפִין לְכַזַּיִת לְהַשְׁלִים שִׁיעוּר נְבֵלָה לְטַמֵּא. דְּתַנְיָא: *"בְּנִבְלָתָהּ" – וְלֹא בָּעֲצָמוֹת וְלֹא בַּגִּידִים וְלֹא בָּעוֹר. וְאע"ג דְּשׁוֹמֵר הָוְיָא – אֵין שׁוֹמֵר מִצְטָרֵף לְטוּמְאָה חֲמוּרָה, כִּדְמְפָרֵשׁ בַּגְּמָרָא. וְכֵן קִיפָה וְרוֹטֶב – לָאו מִנְּבֵלָה נִינְהוּ, וְאָלָל וְגִידִים – לָאו בָּשָׂר הֵן. אֲבָל אוֹכְלִין בְּעָלְמָא הָווּ, בַּהֲדֵי בָּשָׂר. כַּיּוֹצֵא בוֹ. יֵשׁ [ו] שֶׁהוּא מְטַמֵּא טוּמְאַת אוֹכְלִין לִהְיוֹת מְקַבֵּל טוּמְאָה מִן הַשֶּׁרֶץ, וּמְטַמֵּא אוֹכְלִין אֲחֵרִים, וְאֵינוֹ מְטַמֵּא מֵאֵלָיו טוּמְאַת נְבֵלוֹת לְטַמֵּא אֲחֵרִים. הַשּׁוֹחֵט בְּהֵמָה טְמֵאָה לְגוֹי. וְדַוְקָא יִשְׂרָאֵל, וְדַוְקָא שְׁחִיטָה, וְדַוְקָא טְמֵאָה, וְדַוְקָא לְגוֹי. יִשְׂרָאֵל שֶׁשָּׁחַט בְּהֵמָה טְמֵאָה לְצוֹרֶךְ גּוֹי וְעוֹדָהּ מְפַרְכֶּסֶת, אַף עַל גַּב דְּלָא חֲזְיָא לְגוֹי, דִּבְמִיתָה תַּלְיָא מִילְּתָא לִבְנֵי נֹחַ וְלָא שַׁרְיָא לְהוּ שְׁחִיטָה עַד שֶׁתָּמוּת – אפ"ה, הוֹאִיל וְיִשְׂרָאֵל שָׁחַט, שְׁחִיטָה מַעַלְיְיתָא הִיא [ז]. וְאַשְׁכְּחַן לְגַבֵּי יִשְׂרָאֵל דִּשְׁחִיטָה שַׁרְיָא לְגַבֵּיהּ בִּטְהוֹרָה, הִלְכָּךְ מַשְׁוְיָא לֵיהּ מַחְשַׁבְתּוֹ אוֹכְלָא בִּשְׁחִיטָה אַף בִּטְמֵאָה לְגוֹי. אֲבָל גּוֹי בִּשְׁחִיטָה – לָא מַשְׁוְיָא לֵיהּ מַחְשַׁבְתּוֹ אוֹכְלָא, דְּלָא אַשְׁכְּחַן שְׁחִיטָה לְגַבֵּיהּ. וְכֵן יִשְׂרָאֵל בִּנְחִירָה – לָאו אוֹכְלָא מַשְׁוְיָא לָהּ, דְּלָא אַשְׁכְּחַן נְחִירָה גַּבֵּיהּ. וְהָכִי תַּנְיָא: [ח] (א) נְחָרָהּ – אֵין בָּהּ טוּמְאָה שֶׁל כְּלוּם. וּבִטְהוֹרָה לְיִשְׂרָאֵל – [ט] לָא אִיצְטְרִיךְ לְמִתְנֵי, דְּכ"ש דְּהָוְיָא אוֹכְלָא מִיָּד בִּשְׁחִיטָתָהּ. וּטְמֵאָה לְיִשְׂרָאֵל – לָא מַשְׁוְיָא לֵיהּ אוֹכְלָא, דְּבָטְלָה מַחְשַׁבְתּוֹ. אֲבָל לֹא טוּמְאַת נְבֵלוֹת עַד שֶׁתָּמוּת. דְּהָא "וְכִי יָמוּת מִן הַבְּהֵמָה" כְּתִיב (ויקרא יא). עַד שֶׁיַּתִּיז אֶת רֹאשָׁהּ. דַּהֲוָה לֵיהּ [י] גִּיסְטְרָא וּנְבֵלָה הִיא, דַּחֲשׁוּבָה מֵתָה, וַאֲפִילּוּ הִיא מְפַרְכֶּסֶת. רִיבָּה. הַכָּתוּב לְטַמֵּא טוּמְאַת אוֹכְלִין מִמַּה שֶּׁרִיבָּה כו'. דְּהָא אִיכָּא כָּל הָנֵי דִּלְגַבֵּי אוֹכְלִין אוֹכְלָא נִינְהוּ, וּנְבֵלָה לָא מִיקַּרְיָא, אע"ג דְּשַׁיְּיכֵי בָּהּ. הַמְכוּנָּס. הַנֶּאֱסָף בְּמָקוֹם אֶחָד. דְּהוֹאִיל וְאַחְשְׁבֵיהּ – [יא] לָא בָּטֵיל, וְחַיָּיב [ב] הַבָּשָׂר נְבֵלָה, וְחַיָּיב עָלָיו אִם נָגַע וְנִכְנַס לַמִּקְדָּשׁ אוֹ אָכַל קֹדֶשׁ. גמ' תְּנֵינָא. בְּמַתְנִיתִין דְּעוֹר עַצְמוֹ אֵין מִצְטָרֵף לְכַזַּיִת דִּנְבֵלָה, אע"ג דְּשׁוֹמְרִין הֵן. לְהָא דְּתָנוּ רַבָּנַן שׁוֹמְרִין. יֵשׁ לְטוּמְאָה קַלָּה [יב], שֶׁשּׁוֹמְרִין הָאוֹכֶל – מִצְטָרְפִין לִכְבֵיצָה לְטוּמְאַת אוֹכְלִין. אֲבָל לֹא לְכַזַּיִת דִּנְבֵלָה, שֶׁהִיא טוּמְאָה חֲמוּרָה, לְטַמְּאוֹת אָדָם וְכֵלִים. עַל כָּל זֶרַע זֵרוּעַ. לְגַבֵּי טוּמְאַת אוֹכְלִין כְּתִיב. וְאע"ג דְּבַהַהוּא קְרָא "טָהוֹר הוּא" כְּתִיב בֵּיהּ – טַעְמָא מִשּׁוּם דְּלָא הוּכְשַׁר. דְּסָמִיךְ לֵיהּ "וְכִי יוּתַּן מַיִם עַל זֶרַע" – דְּהוּכְשַׁר, "טָמֵא הוּא". קְלִיפָּה. הוּא שׁוֹמֵר לָאוֹכֶל. וְהִיא קְלִיפָּה הַחִיצוֹנָה הַחוֹפָה אוֹתָהּ בְּעוֹדָהּ בְּשִׁבּוֹלֶת, אֲבָל הַנּוֹשֶׁרֶת כְּשֶׁכּוֹתְשִׁין [יג] בְּמַכְתֶּשֶׁת – אוֹכֶל גָּמוּר הוּא. מִדִּתְנַן לְקַמָּן (דף קיט:): [יד] הַמְּלָאִין שֶׁבַּשִּׁבֳּלִין לָא הָווּ שׁוֹמֵר – מִכְּלָל [טו] דְּהָוְיָא שׁוֹמֵר. וְכֵן עֲדָשִׁין – אוֹתָהּ קְלִיפָּה שֶׁהָעֲדָשָׁה חֲבוּיָה לְתוֹכָהּ, שֶׁאֵין מַקְפִּידִין עָלֶיהָ בִּשְׁעַת זְרִיעָה אֶלָּא בִּשְׁעַת אֲכִילָה, וּמִשּׁוּם הָכִי נָקַט "אֲשֶׁר יִזָּרֵעַ". *מַאי קָאָמַר. רֵישָׁא קָתָנֵי "וְלֹא בְּעוֹר" – אַלְמָא לָאו "נְבֵלָה" מִיקְרֵי, וּפָחוֹת מִכַּזַּיִת לָאו שִׁיעוּרָא הוּא, וַהֲדַר תָּנֵי דִּמְטַמֵּא [טז]. וְעוֹרָהּ מַשְׁלִימוֹ לְכַזַּיִת. וְאַשְׁמְעִינַן דְּאֵין שׁוֹמֵר מִצְטָרֵף לְטוּמְאַת נְבֵלוֹת.

תוספות

תרי מיעוטי כתיבי. תימה: דבחד סגי, וכן לעיל גבי העזים (דף קיג:*)! חד למעוטי מנותר וחד למעוטי מטומאה. תימה: דלנותר וטומאה סגי בחד מיעוטא, דילפינן מהדדי "חלול" "חלול" אף לקולא, *כדמוכח בסוף "פרק בית שמאי" בזבחים (דף מה:)!

הדרן עלך כל הבשר

העור והרוטב. משום דתנן פרק "בהמה המקשה" (לעיל דף עז.) אשליא: "ואינה מטמאה טומאת אוכלין ולא טומאת נבלות", תנא "העור והרוטב". ומאי דאפסקיה – משום דתנא פרק "בהמה המקשה" (לעיל דף עד.): "מצא בה בן ט' חי – טעון שחיטה וחייב באותו ואת בנו", תנא אח"כ "אותו ואת בנו". ואיידי דאיירי ביה בשחיטה שאינה ראויה, תנא בתריה "כסוי הדם". *ואיידי דתנא ב"כסוי הדם": ונוהג בחיה ובעוף, תנא "גיד הנשה", דנוהג בחיה ולא בעוף. ואיידי דאיירי ביה בירך שנתבשל בה גיד הנשה בבליעת איסור, תנא "כל הבשר", ובתריה הדר לעניינא קמייתא.

האלל. איכא דמפרש בגמרא: (א) *אף מרטקא, ופי' בקונטרס: גיד הצואר. ואי תנא גידין ולא מרטקא – הוה אמינא דמרטקא שהיא קשה לא מצטרף, דלא הוי בכלל שאר גידים. ואי תנא אלל – ה"א: שאר גידים מטמו אפילו טומאת נבילות בצירוף.

הקרנים. בגמרא* מפרש: מקום שחותכו ויוצא דם.

והטלפים. ול"ג "ולפרניס" – דלא שייכי אלא בעוף, ומתניתין לא איירי במילי דעוף, מדלא קתני "והחרטום", כדקתני במשנה דמייתי בגמרא (שם). ואפשר דגרס "ולפרניס", וחרטוס דלא פירש הכא, [פירש] במשנה אחריתי. ועל צפרניס מפרש בגמרא: מקום המובלע בבשר, ועל טלפיס לא מפרש מידי. ואפשר דבטלפיס אף מה שאין מובלע בבשר צריך לבשר טפי מבצפרניס.

שומר לטומאה קלה מנלן דתנא דבי רבי ישמעאל וכו'. [יז] ולהוציא ולהכניס לא אצטריך דמטמי – דמיד נפיק, כדמסיק וכי אצטריך לצירוף.

חטה בקליפתה. והא דאמר בסוף כתובות (דף קיא:): "חטה שנקברה ערומה" – ה"ק: אף כשנקברה ערומה, יוצאה בכמה לבושים.

ולא שומר לטומאה חמורה מנלן. וא"ת: ל"ל קרא, דמזרעים לא אתי – שכן טומאתן מרובה, כדפריך בסמוך! וי"ל: דס"ד לרבויי מריבויא ד"יטמא". וא"ת: דאמר בפרק "כל שעה" (פסחים דף לג:) ענבים שנטמאו – דורכן פחות פחות מכביצה, דקסבר: משקין מפקד פקידי, ולא נטמאו המשקין עם האוכל. ואמאי לא נטמאו בנגיעת הטומאה לקליפה משום שומר? וי"ל: דאין שם משקין עליהם, עד שיצאו לחוץ.

שיטה מקובצת

א] על כל זרע זרוע אשר יזרע כדרך: ב] טומאת אוכלין קרי טומאה קלה דאינה מטמאה אדם וכלים: ג] אבל מצטרפת להשלים לכביצה לפי שדרך לאכלה: ד] והקרנים משום שומר מפרש בגמ' כל שחותכן: ה] ומיהו באנפי נפשייהו לאו אוכלין נינהו אבל מצטרפין להשלים הס"ד: ו] כיוצא בו יש עוד שהוא מטמא: ז] שחיטה מעלייתא היא דאשכחן: ח] והכי תניא בגמרא נחרה אין בה: ט] ובטהרה לישראל או לעובד כוכבי' לא אצטריך: י] דה"ל גיסטרא: יא] ואחשביה שכנסו לא בטיל וחשיב כבשר נבלה וחייב עליו אם נגע בו ונכנס למקדש או אכל קדש: יב] ששומרי האוכל מצטרפין עמו לכביצה: יג] כשכותשין אותה במכתשת: יד] המלאי שבשבלין: טו] דקליפה החיצונה הויא שומר וכן עדשים: טז] והדר תני דמטמא במאי אוקמיה ליה: ועוד וכו' כן כתוב בקצת פירושי רש"י ז"ל: יז] ולהכניס ולהוציא לחוד לא איצטריך דמטמא דמיד: שייך לדף שאח"ז

מסורת הש"ס

[נ"ל תרי מיעוטי וכן איתא בכל מקום]

[יומא ס.]

[זבחים מג. מו. יומא ס.]

[מעילה יז] [טהרות פ"א מ"ד]

[טהרות שם] לעיל ל. [ע"ש בתוס' ד"ה והתנן]

[תוס' פ"ח לקמן קכח.]

[ע' תוס' לקמן קכח. ד"ה ר' יהודה וכו']

[מנחות ע: לקמן קיט:]

[דף קכח.]

[לעיל עז:]

הגהות הב"ח

(א) תוס' ד"ה האלל וכו' בגמ' מרטקא כצ"ל ותיבת אף נמחק:

רבינו גרשום

בהן ועכשיו לא הו תרומות הדשן ובגד כהונה שני כתובים הבאין כאחד: תר מיעוטי כתיבי. כלומר בהני תרתי מועלין בה אבל לאחריני לא מועל בהן: אלא תלתא קרא דכתיב בדם למה לי כלומר תלתא מעוט דכתיב למה לי חד למעוטי מנותר כלומר האוכל דאמרינן לעיל אבל מפגול לא צריך קרא כלומר (דחייבין [דאין חייבין] עליו משום פגול דתנן כל שיש לו מתירין וכו' לאדם קומץ דמתיר שירי מנחה לכהנים אחר הקטרת למזבח. [למזבח דהיינו הדם שאין מקטי אימורין עד שיזרוק הדם

סליק פירקא

העור והרוטב כו' כולן מפרש לקמן מצטרפין לטומאר אוכלין לכביצה אבל לא טומא' נבלות לכזית. כיוצא בו השוחט בהמה טמאה לעובד כוכבים כו' כלומר אע"פ שעדיין מפרכסת מטמא טומאת אוכלין: תנינא להא דת"ר שומרין לטומאה קלה כלומר תנינא במתניתין מה דת"ר במקום אחר שומרין לטומאה כו' כלומר שומר מצטרף לאוכלין לטמא טומאת אוכלין שהוא (חשוב) טומאה קלה: ואין מצטרף לטומאת נבלות שהיא טומאה חמורה שמטמא במשא. מנלן דשומר מצטרף לטומאה קלה דתנא דבי ר' ישמעאל כו חטה בקליפתה ושעורה בקליפתה זהו שומר: ולא שומר לטומאה חמורה מנלן. כלומר דאין מצטרף שומר: דת"ר בנבלתה ולא בעור. כלומר עור זהו שומר לבשר: מאי קאמר כלומר בעור שאין עליו כזית בשר אמרינן הנוגע

א) [לקמן קכח:] ב) נ"ל כבשר

יכול שאני מוציא כו'. שהנוגע כנגד הבשר – לא יהא טמא, דאפילו מעשה יד ג] לא עבד, להכנים ולהוציא טומאה לא נעביד האי שומר. דכיון דלימעיט מאיצטרופי, אפילו תורת יד האוכל לא ליהוי ליה. דשאם נגע יד האוכל הטמא בדבר אחר, ילפינן לקמן דמוציא טומאה מן הטמא לטהור. והאי שומר, לאו יד הוא, ושמירתו לא תשוייה אפילו לחשיבות יד? תלמוד לומר "יטמא" ד]. כל שהוא יד. עצם שאין בו מוח, ובראשו האחד בשר. **טמא.** אם היה טהור, ונגע היד בשרץ – מכנסת טומאה לאוכל. דאע"ג דאיהו לאו אוכל הוא, מקבל טומאה כאוכל עצמו.

ה א מיי' פ"א מהל' שאר אבות הטומאה הל' ז:
ו ב מיי' שם הל' י"א:
ז ג מיי' פ"ה מהל' טומאת אוכלין [הל' ה] [הל' ב]:
ח ד מיי' שם הל' י"ה:

יכול הנוגע כנגד בשר מאחוריו לא יהא טמא? תלמוד לומר °"יטמא". מאי קאמר? אמר רבא, ואמרי לה כדי: חסורי מיחסרא והכי קתני, "בנבלתה" – אולא בעור שאין עליו כזית בשר ועור משלימו לכזית. יכול שאני מוציא אף עור שיש עליו כזית בשר, הנוגע כנגד בשר מאחוריו, יכול לא יהא טמא, א] ואפילו מעשה יד נמי לא עביד? בתלמוד לומר "יטמא". *תנן התם: גכל שהוא יד ולא שומר – טמא ומטמא ואינו מצטרף. שומר, ואע"פ שאינו יד – טמא ומטמא ומצטרף. לא יד ולא שומר – לא טמא ולא מטמא. ידות היכא כתיבי? דכתיב: °"וכי יותן מים על זרע ונפל מנבלתם עליו טמא הוא לכם". ד"לכם" – לכל שבצרכיכם, לרבות את הידות. וכתיב: °"וכי ימות מן הבהמה אשר היא לכם", "לכם" – לכל שבצרכיכם, לרבות את הידות, יד להכנים ולהוציא. שומר להכנים ולהוציא לא צריך קרא, ק"ו, מיד אתי: ומה יד שאינה מגינה – מכנסת ומוציאה, שומר – לא כ"ש! שומר דכתב רחמנא למה לי – ש"מ: לצרף. ואימא: יד – להכנים ולא להוציא, שומר – להכנים ולהוציא, אבל יד להוציא, ושומר לצרף – לא! יד להכנים ולא להוציא לא מצית אמרת, השתא עיולי מעיילא, אפוקי מיבעיא?! ואימא: יד – להוציא ולא להכנים, שומר – להוציא ולהכנים, אבל יד להכנים ושומר לצרף – לא! ב]°יד יתירא כתיב °"תנור וכירים יותץ" וגו'. "לכם" – לכל שבצרכיכם, לרבות את הידות. הי מינייהו מייתר? לכתוב רחמנא בזרעים, וליתו הנך מינייהו – מה לזרעים שכן טומאתן מרובה! לכתוב רחמנא בתנור, וליתי הנך מיניה – מה לתנור שכן מטמא מאוירו! לכתוב רחמנא בנבלה, וליתי הנך מינה – מה לנבלה שכן מטמאה אדם, ומטמאה במשא, וטומאה יוצאה מגופה! חדא מחדא לא אתיא, תיתי חדא מתרתי. הי תיתי? לא לכתוב רחמנא בזרעים ותיתי מהנך – מה להנך שכן *מטמאין שלא בהכשר, תאמר בזרעים שאין *מטמאין אלא בהכשר! אמר רב הונא בריה דרב יהושע: פירות שלא הוכשרו, כתנור שלא נגמרה מלאכתו דמי. אלא פריך הכי: מה להנך שכן *מטמאין שלא בנגיעה, תאמר בזרעים שאין *מטמאין אלא בנגיעה! לא לכתוב רחמנא בתנור ותיתי מהנך – מה להנך שכן אוכל! (א) לא לכתוב רחמנא בנבלה ותיתי מהנך – (אין הכי נמי. אלא) יד דנבלה למה לי? אם אינו ענין ליד נבלה, תנהו ענין ליד דעלמא, יד – להכנים, יד – להוציא, שומר – לצרף. ואכתי יד דנבלה אצטריך, דאי לא כתב רחמנא בנבלה הוה אמינא: דיו לבא מן הדין להיות כנדון, מה הנך לא מטמא אדם אף נבלה לא מטמאה אדם! אלא, יד דנבלה מיצרך צריך, ושומר דנבלה הוא דלא צריך, למאי הלכתא כתביה רחמנא? אי לאיצטרופי (ב) – אמרת: לא מצטרף, ולהוציא – קל וחומר מיד אתי, אלא, אם אין ענין לשומר דנבלה – תנהו ענין ליד דנבלה, ואם אינו ענין ליד דנבלה – תנהו ענין ליד דעלמא, יד – להוציא, יד – להכנים, ושומר – לצרף. ואימא

תורה אור: ויקרא יא / שם / שם / שם

שומר דכתב רחמנא למה לי ש"מ לצרף. וא"ת: לפי' ר"ת ורבינו שמואל* דבעו כבילה לקבל טומאה, מנלן לירוף בשומר להכנים? דאימא: קרא אתא להוליא! וי"ל: כיון דיד מכנים ומוליא, ושומר מכנים ומוליא – לענין לירוף שומר נמי לא שנא.

[עיין תוס' שבת לג. ד"ה או ותוס' פסחים לג: ד"ה (לאיזה) [לאימת]]

עוקצין פ"א מ"א

נ"ל מיטמאין

נ"ל מיטמאין

נ"ל מיטמאין

רש"ל מ"ז

ומטמא. אם אוכל טמא הוא, ונגע ידו באוכל טהור – מטמאו. **ואינו מצטרף.** לכביצה. **וכל שהוא שומר** אע"פ שאינו יד. כגון עור שכנגדו כזית בשר. **טמא.** אם היה טהור, מקבל טומאה ומכניסה לאוכל. **ומטמא.** אם היה אוכל טמא, ונגע שומרו בטהור מוציא שומר את הטומאה מזה לזה. **לא יד ולא שומר.** כגון שער. **טמא הוא לכם** לכל שבצרכיכם. לכל דבר שהוא צורך לכם באוכל הזה, הכל טמא. הרי לך שהיד מביאה טומאה לאוכל, דהא יד גבי הכשר טומאה כתיב. **וכי ימות וגו'.** הרי יד להוציא, דהא נבלה לאו בת הכנסה היא שטומאה מגופה ויד דכתיב בה – לטמויי אחריני כתיב. **יד להכנים ולהוציא.** כלומר, הרי לגו יד להכנים דטומאת אוכלין, ויד נבלה להוציא. **שומר.** דכתב רחמנא לעיל מ"על כל זרע זרוע", למה לי? ה"ג: **ואימא יד להכנים ולא להוציא ושומר להכנים ולהוציא.** כלומר, יד האמורה באוכלין – להכנים היא, אבל לא להוציא. ומנבלה לא ילפא להוציא כדאמרינן לקמן, דשאני נבלה דטומאה חמורה היא וכי כתב שומר – להוציא כתיב, דלהכנים – אתי בק"ו מיד. אבל יד להוציא ושומר לצרף לית לך? ומשני: יד להכנים ולא להוציא לא מצית אמרת דהשתא עיולי מעיילא. ואע"פ שעדיין לא ירדה לו טומאה, אפוקי מיבעיא?! הלכך, כיון דמכנסת, כ"ש דמוציאה. ושומר אתי להכנים ולהוציא בק"ו, והאי דכתביה רחמנא – לצרף כתביה. **ואימא יד.** דכתיבא באוכלים – להוציא כתיבא, ולא להכנים. והכנסה לא אתי מהוצאה. וכתב שומר – לרבות בו אף הכנסה. אבל יד להכנים ושומר לצרף – לא. ולקמיה משני: מעיקרא כי כתיבא יד באוכלין – אתחלת טומאה כתיבא, דהיא הכנסה. ומיהו השתא משני ליה שינויא אחרינא. **יד יתירא כתיבא.** ועל כרחך תרתי להוצאה לא איצטריך, דל חד מינייהו להכנסה. וכיון דאיתא הכנסה והוצאה ביד – יליף שומר בק"ו, וכי כתביה רחמנא – לצרף כתביה. **הי מינייהו מייתר.** כולהו להוצאה צריכי! וליתו הנך. **תנור ונבלה. זרעים טומאה מרובה.** שמקבלין טומאה מוולדי טומאה, תאמר בתנור שאינו מקבל טומאה אלא מאב הטומאה! וכן מנבלה מרובה טומאת אוכלין – כדתנן מתניתין: ריבה לטמא טומאת אוכלין ממה שריבה לטמא טומאת נבלות. **תנור מטמא אוכלין באוירו.** שהתנור תחלה ה] הוי, ואוכלין שניים, כדתניא בפסחים בפרק ראשון (דף כ:). דת"ר: "תוכו" – אע"פ שלא נגע. מה תוכו האמור לטמא כו'. אלמא תנור מטמא לאוכלין, אע"פ שאינן נוגעין בו, תאמר בנבלה ובזרעים שאינן טמאין ומטמאין אחרים אא"כ נגעו בהן. כל הנך דקאמר "תיתי מינייהו" – בבנין אב קאמר, טימא כאן וטימא כאן, מה מצינו כאן שהיד מוליאה טומאה לאחרים, אף כאן יד מוליאה טומאה לאחרים. הי תיתי. איזו מהן לא תכתוב, ותיתי מינייהו? ותיתי מהנך. הצד השוה שבהם שהן טמאין, וידן מוליאה טומאתן לאחרים. אף אני אביא זרעים טמאים, שתהא ידן מוליאה טומאתן לאחרים. **אמר רב הונא בריה דרב יהושע.** הא דהכשר – לאו פירכא היא. דהיינו גמר מלאכה דידהו, ותנור נמי בלאו גמר מלאכה – לאו טמא הוא ו]. מה להנך שכן מיטמאין. קבלו הטומאה שלא בנגיעה. דהא אשכחן נ' של טומאה (לעיל דף קטו.) דמה הצד פרכינן כל דהו. **אלא יד דנבלה.** מייתר, דליתי מהנך. דלי פרכת: מה לזרעים שכן טומאתן מרובה! – תנור יוכיח. מה לתנור שכן מטמאין אחרים מאוירו! – זרעים יוכיחו. וחזר הדין, הצד השוה שבהם שהן טמאין וידן מוליאה ז] טומאה לאחרים, אף אני אביא נבלה. אלמא, מייתר יד דנבלה להוליא. למה לי דאם אינו ענין לה. דהא אתיא במה הצד. **תנהו ענין ליד דעלמא** ח]. לאוכלין. ואם אינו ענין להוצאה, דהא דידהו יד כתיבא, תנהו להכנסה – הרי יד להכנים ולהוציא ושומר לצרף. שלא תאמר דיו. אי לא הוה כתיבא בגופה וגמרה מהנך – הוה אמינא: דיו ליד נבלה הלמדה מאלו, להיות כאלו. דמה אלו – לא מטמאו אדם, אף נבלה, הואיל ויד דידה מהנך אתיא – לא תטמא אדם דרך ידה. כגון אחז קיסם בכזית בשר נבלה, להיות לו יד, ונגע אדם בו – לא יטמא עד שיגע בנבלה עצמה. וכן עצם של נבלה עצמה נמי, דהויא יד. ושומר דנבלה. דרבינן לה לעיל, דאמר: יכול אף עור שיש עליו כזית בשר, הנוגע כנגד בשר מאחוריו לא יהא טמא? ת"ל "יטמא", לא צריך למיכתביה, דלמאי הלכתא כתביה? אי לאצטרופי. הא מעטיה מהכי, דקתני רישא: "בנבלתה" – ולא בעור שאין עליו כזית בשר ועור משלימו לכזית. תנהו ענין ליד דנבלה. שאף ע"פ שאינו שומר, תוליא. ואם אינו ענין לה. דהא בגופיה כתיבא, תנהו ענין ליד דעלמא. ולהוליא לא איצטריך אלא להכנים. האי דנקט "תנהו ענין ליד דנבלה", והדר איצטריך ליה למימר "תנהו ענין ליד דעלמא", ולא נקט הכי "אם אינו ענין לשומר דנבלה, תנהו ענין ליד דעלמא" – הכי שייך למיתני שפיר. מדכיון דיתורא דשומר בנבלה כתיבא – תנהו ענין לנבלה, דנבלה ונבלה היא. וכיון דמשום יד אתא – תנהו ענין ליד דעלמא, דיד ויד הוא. אבל שומר דנבלה להיות ענין ליד דעלמא לא שייך למימר. ואימא

[ותחתיה בשר כראשו או עלם דק וקטן שמחובר בו אוכל ואינו ראוי להיות יד מחמת קטנו לא טמא ומיטמא כו' כן הוא בס"א ועיין רש"ל]

גליון הש"ס
גמ' יד יתירא כתיב. עיין נדה קף ט ע"א תוס' ד"ה מן התטול:

הגהות הב"ח
(א) גמ' מה להנך שכן אוכל תלא לא לכתוב וכו' ולהלן יד: (ב) שם לאיצטרופי האמרת:

שיטה מקובצת
א] יכול לא יהא טמא דאפי' מעשה יד: ב] יד יתירא כתיב. נ"ב ע' תום' לעיל דף כד ע"ב: ג] לא יהא טמא דאפי' מעשה יד להכנים ולהוציא: ד] ת"ל יטמא יו"ד יתיר קא דרי' דהו"ל למיכתב טמא וכתב יטמא לרבויי טומאות. הס"ד ומה"ד כל שהוא: ה] שהתנור תחלה והאוכלים שניים כדתניא בפסחים. נ"ב ואמרי' נמי לעיל בפ' ראשון [ד' כד:] דת"ר תוכו כו' נ"ל: ו] מה להנך שכן מיטמאין קבלו ובי' נ"א בקצת פירושי רש"י ז"ל בו' שכן מיטמאין מקבלין טומאה שלא בנגיעה שהנבילה מטמאה מגופה והתנור קבל מאוירו: מה להנך שכן אוכל ואע"ג דהדך פירכא לאו קולא וחומרא הוא הוה אמינא דהא אמרינן בכל הכשר וכו': ז] וידן מוציאה טומאתם לאחרים אף אני: ח] תנהו ענין ליד דעלמא דאוכלין ואם אינו ענין:

רבינו גרשום
הנוג' כנגד בשר מאחוריו דאינו טמא ואמר ונסיב לה קרא יטמא חסורי מחסרא והכי קתני וכו' דאפ' מעשה יד נמי לא עביד כלומר דהעור לא יהא חשוב אפי' כיד ת"ל יטמא: ההעור חשוב כיד טמא: כל שהוא יד ולא שומר כגון ידות של שבלים ועוקצין של פרי טמא ומטמא ואין מצטרף כלומר טמא מחמת אוכל שאם נטמא האוכל נטמא היד: ומטמא: שאם נטמא היד מטמא האוכל: ואין מצטרף: כלומר שאם אין באוכל כביצה אלא בכלל יד אין מצטרף עמו לטמא טומאת אוכלין: שומר אע"פ שאין יד.

כגון קליפה של אגוזים וקליפה של רמונים: לא יד ולא שומר. כגון נץ של רמון ושל תמר עליו דקין שעל הפרי בראשו: ידות היכא כתיבן. כלומר דיד יהא כאוכל: דכתיב וכי ימות מן הבהמה אשר היא לכם לאכלה. זו היא יד דנבלה: יד להכנים ולהוציא כלומר להכנים הטומאה מן הידות לאוכלין דאי נטמא היד נטמא האוכל. ולהוציא כלומר להוציא את הטומאה מן האוכל לידות דאי נטמא האוכל נטמא היד: שומר שמגין. כלומר ואימא יד להכנים ולא להוציא שומר להכנים ולהוציא כלומר שומר לצרף לא כלומר שומר דפרי. אבל יד להוציא ושומר לצרף לא כלומר שומר דפרי. יד יתירא כתיב ביה כלומר מאותו יד יתירא מפקינן יד להכנים [ולהוציא] ומעל זרע זרוע מפקינן שומר לצרף: מה לזרעים שכן טומאתן מרובה. כלומר כשמצינו במתני' ריבה לטמא טומאת אוכלין ממה שריבה לטמא טומאת נבלות: אמר רב הונא בריה דר' יהושע פירות שלא הוכשרו כו' כלומר את אמרת תאמר בזרעים שאין מטמא אלא בהכשר ודבר קל הוא ואין מדין קל מחמור להחמיר אלא להקל בענין זה אין תנור חמור מזרעים שפירות שלא הוכשרו כתנור שלא נגמרה מלאכתו: מה להנך. שמטמאין שלא בנגיעה דתנור מטמא מאוירו ונבלה מיטמאה מעצמה: [illegible] אם אינו ענין ליד נבלה. כלומר דנפק מתנור ומזרעים. דהיא חמורה מכולן: [illegible] להכנים ויד להוציא מיד דכתיב בהו בזרעים ויד להכנים

ואימא: אם אינו ענין לשומר דנבלה — תנהו ענין לשומר דעלמא, שומר להכנים ושומר לצרף, אבל יד להכנים — לא! אלא, מעיקרא כי כתיבא יד — אהכנסה כתיבא. אלא שומר דנבלה למה לי? לגופיה. ולמאי? אי לאצטרופי — אמרת: לא מצטרף. אי להכנים ולהוציא — ק"ו מיד אתיא! *מילתא דאתיא בקל וחומר טרח וכתב לה קרא. אי הכי, שומר דעלמא *אימא לך — להכנים, ומלתא דאתי בקל וחומר טרח וכתב לה קרא! *היכא דאיכא למידרש, דרשינן. רב חביבא אמר: שאני שומר דנבלה, כיון דמעשה יד קא עביד — איד שדינן ליה. מתקיף לה רב יהודה בר ישמעאל, הא דתנן: *הפיטמא של רמון — מצטרפת, והנץ שלו — אין מצטרף. ואמאי? קרי כאן "על כל זרע זרוע", וליכא! ותו, הא דתנן: העור והרוטב והקיפה וכו' — מצטרף לטמא טומאת אוכלים, מנלן? אלא, תלתא קראי כתיבי: ○ב"על כל זרע זרוע אשר יזרע", חד — לשומר דזרעים, וחד — לשומר דאילנות, אידך — לשומר בשר וביצים ודגים. אמר רב חייא בר אשי אמר רב: יש יד לטומאה ואין יד להכשר. ור' יוחנן אמר: גיש יד לטומאה ולהכשר. במאי קמיפלגי? *איבעית א] אימא סברא, איבעית אימא קרא. איבעית אימא קרא — מר סבר: *מקרא נדרש לפניו, ולא לפני פניו. ומר סבר: מקרא נדרש לפניו ולפני פניו. איבעית אימא סברא — מר סבר: הכשר תחלת טומאה הוא. ומר סבר: הכשר לאו תחלת טומאה הוא. תניא כוותיה דרבי יוחנן: כשם שיש יד לטומאה, כך יש יד להכשר. וכשם דשאין מקבלין טומאה אלא לכשיתלשו, כך האין מקבלין הכשר אלא ב] עד שיתלשו. אמר רב: אין יד לפחות מכזית, ואין שומר לפחות מכפול. ורבי יוחנן אמר: ויש יד לפחות מכזית, ויש שומר לפחות מכפול. מיתיבי: *ז ב' עצמות ועליהן ב' חצאי זיתים והכנים ראשיהן (א) ג] ב' לבית, והבית מאהיל עליהן — הבית טמא. יהודה בן נקוסא אומר משום רבי יעקב: היאך שני עצמות מצטרפין לכזית? ורב

תורה אור: ויקרא יא

מעיקרא כי כתיבא יד אהכנסה כתיבא. הקשה רבי אליהו: מנלן ידות בכלים דטמאי? דמיד דזרעים ותנור ונבלה לא אתו — דמה להנך שאין להם טהרה במקוה! ונראה: משום דדרשינן בתורת כהנים: "והנוגע בהן" — לרבות את הידות. והוא הפשר לאשר כלים איצטריך. ואי לא כתיב אלא ההוא קרא לחודיה, הוה מוקמינן ליה בדמתקבר טפי. **וכשם שאין** מקבלין טומאה אלא לכשיתלשו. וא"ת: אדרבה יותר ראוי לתלות טומאה בהכשר, דמה שאין מטמא זה תלוי בהכשר, דמעיקרא לא הוכשרו! וכו' וי"ל: דאפשר באילן אלא פירות שנתלש והוכשר, וחזר ונטעו — אי אפשר לומר כן, דהא כשחזר ונטעו, בטל ליה הכשר כשהשרים. שאפילו טומאה בטלה, כדאמרינן (תרומות פ"ט מ"ז) גבי גידולי תרומה! וי"ל: דפשיטא ליה שאין מקבלין טומאה אלא לכשיתלשו, כדפי' בקונטרס: שאם (ד) אומר מחוברין טמאין — טימאת [את] הכל. וקאמר דה"ה אין מקבלין הכשר אלא לכשיתלשו, אפילו לקבל טומאה אחר התלישה. וא"ת: מהאי טעמא דפשוט לו בטומאה, תפשוט לו בהכשר. שאם אתה אומר כן, הכשרת הכל במחובר! וי"ל: דאין זה תימה כל כך אם נאמר דהוכשר הכל במחובר ע"י גשמים שנופלין על הזרעים. **אין** יד לפחות מכזית. פי' בקונטרס: כגון פול או חצי זית בשר ולו יד, והרי הוא *עם כבילה אוכלין. ואין נראה: דאפילו היה נוגע בחצי זית עצמו — לא היה טמא. מדאמרי' בפ"ק (לעיל דף כד:): התורה העידה על כלי חרס, אפילו הוא מלא חרדל. אלמא, אי לאו אויר כלי חרס — לא הוי כמו במחובר, אע"פ שנוגעין יחד. ותנן נמי בפרק בתרא דחגיגה (דף כ:): הכלי מצרף כל מה שבתוכו לקדש, אבל לא לתרומה. ומבעיא לן ב"הקומץ רבה" (מנחות דף כד.) אי דוקא דנגעי אהדדי או לא. ואי נגיעה חשיב כמחובר — א"כ פשיטא דבלא נגיעה איירי, דבנגיעה לא היה צריך צירוף כלי! ונראה לפרש: שזה חצי זית מחובר עם כבילה אוכלין, אבל אינו מחובר כל כך. ואם היה מגביה אותו — היה ניתק אותו כבילה אוכלין מאותו פחות מכזית, דלא הוי יד לשאר אוכל, אלא לפחות מכזית. ולפי' הקונטרס שמפרש בעלמא דאוכל כל שהוא מקבל טומאה — א"נ לומר שהוא מחובר עם שאר אוכלין, אלא בעי אם מכנים טומאה לאותו חצי זית. אבל להוציא, אפילו היה זית שלם ונגע בו — לא היה טמא, דצריך כבילה. ואפילו אם אין מקבל טומאה בכל שהוא מדאורייתא, איכא למימר דמבעיא ליה אי מקבל טומאה מדרבנן. דמדרבנן מקבל טומאה בכל שהוא. **והבית** מאהיל *עליה הבית טמא. ויד למת נפקא לן במה הלד מנבלה ותנור: דמה נבלה, שאין מטמא באהל כו'. ואי פרכת: מה לנבלה שכן אוכל, תאמר במת שאין אוכל! כדאמרינן בפרק "דם שחיטה" — י] *תנור יוכיח. מה לתנור, שכן מטמא מאוירו! נבלה תוכיח. הצד השוה שבהם: שמטמא, וידיהם כיוצא בהם כו'. וא"ת: לענין אהל נימא "דיו"! וי"ל: דמעיקרא *ודאי לא אשכחן בטומאה חמורה ידות, הוה פרכינן על נבילה "דיו". אבל השתא דאשכחן יד בטומאה חמורה דהוי כגוף, לענין מת נמי משוינן יד כגוף. ורב

ואימא אם אינו ענין לשומר דנבלה תנהו ענין לשומר. דאוכל, דהא שומר ושומר הוא. ואע"ג דכתיב בהו שומר אחרינא, חד להכנים, דהא לא כתיבא ביד, דליתי שומר מינה, וחד לצרף. ושומר להוציא — מיד יליף, אבל יד להכנים — לא איתרבאי. **אלא מעיקרא כי כתיבא יד אהכנסה כתיבא.** כלומר, הא דפרכינן מרישא "אימא יד להוציא, ולא להכנים" — לאו פירכא היא. דכי כתיבא יד באוכלין — אתחלת טומאתן כתיבא, כשהן מקבלין אותה מן השרץ. וכיון דמכנסת, כל שכן דמוציאה. ושומר להכנים ולהוציא — מק"ו אתי, ושומר דזרעים — לצרף. **אלא שומר דנבלה ל"ל.** בשלמא כולהו צריכי, ואפילו יד דנבלה — שלא תאמר דיו, אלא שומר דנבלה למה לי, הא לא מצטרף! **ואי להכנים ולהוציא בא.** כיון דכתיבא יד בנבלה, אתי שומר בק"ו מינה. **א"ה.** דאמרת טרח וכתב, שומר מנא לך דמצטרף? הא לאו צירוף בהדיא כתיבא! ומשום דלא איצטריך להכנים ולהוציא, שדית ליה אצירוף — אימא: להכנים ולהוציא אתא. ואע"ג דבקל וחומר מיד אתי, מילתא דאתיא בק"ו טרח וכתב לה קרא. **רב חביבא אמר.** לעולם כדאמרינן מעיקרא דשומר דנבלה דלא איצטריך, תנהו ענין ליד. ודקפרכת: אימא, תנהו ענין לשומר דעלמא, אבל יד להכנים לא אשכחן — לאו פירכא היא. דכיון דמעשה יד עביד, שאין מצטרף כשאר שומרים אלא מכנים ומוציא כמעשה יד, מסתברא דיתורא דידיה דלא איצטריך. **איד שדינן ליה.** להיות ענין ליד דעלמא. והשתא כולהו צריכי, כל ידות דכתיבי להוציא צריכי: דחדא מאידך לא אתיא, כדאמרן. ודנבלה — משום שלא תאמר דיו, שומר דנבלה — להיות ענין ליד דהכנסה, ושומר דאוכלים — לצרף. **הפיטמא של רמון** ד]. הוא שומר על פיו, והנץ שומר אחר ע"ג הפיטמא, כמו שיש על אגוזים שומר ע"ג שומר. **אין מצטרף.** דאין שומר ע"ג שומר, כדאמרינן לקמן. פיטמא מיהא מצטרף, ואמאי? הא ליכא למימר "כדרך שבני אדם מוציאין לזריעה" ה], הא לאו זרעים נינהו. וכשנוטעין אילן, אין נוטעין אלא יחור. ואם נוטעין רמון — כבר נקרה אותה פטמא, שהיא כעין פרח שבראש התפוחים! ומתניתין נמי דקתני: עור מצטרף משום שומר — הא לא כתיב שומר אלא בזרעים, וטעמא: משום דזרעי ליה בהדיה הוא! ו]. **ג' קראי.** "זרע" "זרוע" "יזרע". **יש יד לטומאה.** להכנים ולהוציא, כדאמרינן. **ואין יד להכשר.** אין תורת יד לענין הכשר. שאם הוכשרה היד — לא הוכשרו הזרעים. **מקרא נדרש** ז]. *)לכל דנפקי ידות מיניה, נדרש לפניו — א"טמא הוא". ולא לפני פניו — א"וכי יותן מים", דהוא רישא דקרא. **תחלת טומאה הוא.** ויש לו יד ח] (ב) טומאה. **וכשם שאין.** זרעים מקבלין טומאה אלא לכשיתלשו, כדאמרינן בת"כ: אם אתה אומר מחוברין טמאין — טימאת את הכל, שאין לך מחוברין שאין שרצים מצויין אצלם. **פול.** פחות הרבה מכזית. **אין יד לפחות מכזית.** אם יש אוכל פחות מכזית, כגון פול או חצי זית בשר, ולו יד, והרי (ג) הן עם אוכלין כביצה. ונגעה טומאה ביד — הואיל ועיקרו אינו כזית ביחד, אין חשוב להיות לו יד, והכל טהור. אבל יש שומר לפחות מכזית, ובלבד שיהא כפול. **וכן אין שומר לפחות מכפול.** לא להצטרף לענין כביצה, ולא להכנים ולהוציא. כגון עצם ובו מוח פחות מכפול, והוא עם אוכלין כביצה, או עדשים כשרביטיהם. **ורבי יוחנן אמר כו' ויש שומר לפחות מכפול.** אבל יד לפחות מכפול — לא, מדלא ערבינהו ותני "יש יד ויש שומר לפחות מכפול". **והכנים ראשיהן השנים.** אותן ראשין שאין בשר עליהן, והן של מת. **הבית טמא.** המאהיל על היד, כמאהיל על הבשר. עצם בלא בשר מטמא במגע ובמשא, ואינו מטמא באהל. **היאך שני עצמות.** אם היה עצם אחד, ובראשו אחד כזית — ט] מודינא דיש לו יד להביא טומאה לבית. אבל יד לפחות מכזית לא אמרינן. ורב

*) נ"ל לכם

ט א מיי' פ"ב מהל' טומאת אוכלין הל' כא:
י ב מיי' שם הל"ד:
יא ג מיי' שם הל"ג:
יב ד מיי' פ"ב שם הל"א:
יג ה מיי' פ"ב שם הל"ח:
יד ו מיי' פ"ה שם הל"ב:
טו ז מיי' פ"ד מהל' טומאת מת הל"ט:

גליון הש"ס
גמ' ואין שומר לפחות מכפול. ע"ל דף קכז ע"ב תוס' ד"ה אבל:

נ"ל עם אוכלין כביצה

שיטה מקובצת
א] אי בעית אימא קרא איבעית אימא סברא: ב] אלא לכשיתלשו אמר רב: ג] והכנים ראשיהן השנים לבית: ד] הפיטמא של רמון שומר הוא לו על פיו: ה] מוציאין לזריעה דהא לאו זרעים: ו] משום דזרעי ליה בהדיה הוא. נ"ב נ"א בקצת פירושי רש"י ז"ל בהדיה הוא כדגרסינן מקרא זרוע אשר יזרע הס"ד ומה"ד יש יד וכו': ז] מקרא נדרש לפניו לכם דנפקי ידות מיניה לכם: ח] ויש לו יד בטומאה: ט] ובראשו אחד כזית בשר: י] בדאמרינן בפרק דם שחיטה לאפוקי מת שאע"ג דמלא ליה לא מטמא טומאת אוכלים משום דבטלה דעתו אצל כל אדם. כן מצאתי בתוס' שאנץ:

נ"ל עליהם

נ"ל דלא אשכחן

[פסחים יח: ושם נסמן]
[וגירסת הילקוט אימא לך להכנים ולהוציא ומילתא כו' ועיין רש"י]
[פסחים עז: קידושין ז:]
[עוקצין פ"ב מ"ג ברכות לו:]

הגהות הב"ח
(א) גמ' והכנים ראשיהן השניים לבית: (ב) רש"י ד"ה תחלת וכו' טומאה: (ג) ד"ה אין יד וכו' והרי הוא עם אוכלין: (ד) תוס' ד"ה וכשם וכו' שאם אתה אומר:

[ברכות ז: ושם נסמן]
[שבת לב: וש"נ]

תוספתא דאהלות פ"ד

[כריתות דף כא:]

רבינו גרשום
להכנים מיד דנבלה ושומר לצרף שומר דאוכלין מעל כל זרע זרוע אשר יזרע וגו' בדרך שבני אדם מוציאין לזריעה. ושומר דנבלה הוא דלא צריך ומי הוא שומר הנבלה הנוגע בנבלתה טמא דאוקימנא בעור שהוא שומר ואם אינו ענין [לשומר דנבלה תנהו ענין] ליד דעלמא יד להוציא ויד להכנים ושומר לצרף מעל כל זרע זרוע אשר יזרע: אלא מעיקרא כי כתיבא יד אהכנסה כתיבא כי יותן מים על זרע וכו' טמא הוא לכם דאפקינן ידות דאוכלין מעיקרא כי כתב יד אהכנסה כתיב שמכנים הטומאה מן הידות לאוכלין ומ
דאמרינן דמוציא את הטומאה מאוכלין לידות מק"ו אתי השתא עיולי מעיילא אפוקי מיבעיא: אלא שומר דנבלה למה לי אי לאצטרופי כלומר מעיקרא אמרינן שומר בנבלה ואיצטריך יד להוציא ויד להכנים והשתא אמרת מעיקרא כי כתיבא יד אהכנסה כתיב והוצאה ק"ו א"כ שומר דנבלה לא איצטריך אלא לגופיה: אי להכנים ולהוציא ק"ו מיד אתי. כלומר מה יד שאינה מגינה מכנסת ומוציאה: אי הכי שומר דעלמא נמי אימא להכנים ולהוציא כלומר ולא לצרף: כל היכא דאיכא למידרש דרשינן ומאי דרשא דרשינן ביה לצרף. רב חביבא אמר שומר דנבלה כו' כלומר לא מצית למיפרך ואימא אם אינו ענין לשומר דנבלה תנהו ענין לשומר דעלמא אלא ליד דעלמא שדינן שומר דנבלה להוציא ולהכנים מ"ט כיון דמעשה יד קעביד דהעור שהוא שומר מעשה יד קא עביד שיכול לאוחזו בעור ונמשך הבשר בכלל העור: הפיטמה של רימון זו היא קליפה שומר של רימון: קרי כאן על כל זרע זרוע וליכא. כלומר דבעינן בדרך שבני אדם מוציאין לזריעה וליכא: אלא תלתא קראי כתיבי ואלו הן תלתא קראי. זרע זרוע אשר יזרע ג' פעמים חד לשומר דזרעים. כלומר שמצטרף להשלים האוכל. וחד לשומר דאילנות כלומר שומר של פרי וחד לשומר דבשר בצים ודג כלומר כולן מצטרפין להשלים. שומר דבשר העור. שומר דביצים הקליפה. שומר דדגים הקשקשים: ידות לטומאה כלומר להוציא ולהכנים: ואין יד להכשר. דאי הוכשר היד לא הוכשר האוכל: מר סבר מקרא נדרש לפניו כלומר כתיב וכי יותן מים על זרע ונפל מנבלתם עליו טמא הוא לכם אלו הידות ונדרש לפניו כלומר היכא אמרי' לכם לרבות את הידות לענין טומאה שלפניו דלכם הוא ולא לפני פניו וכי יותן זה הוא ההכשר והוא לפני פניו דלכם: מר סבר הכשר תחלת טומאה היא. כלומר כשם שיד לטומאה כך יד להכשר: אין מקבלין הכשר אלא לכשיתלשו. כלומר שאם הוכשר במחובר לא חשוב הכשר: אמר רב אין שומר לפחות מכפול. כלומר מה דאמרי' דשומר מכנים ומוציא ומצטרף אין חשוב שומר לפחות מכפול ואין יד לפחות מכזית כלומר מה דאמרי' דיד מוציא ומכנים אין חשוב יד לפחות מכזית אוכלין. מיתיבי שני עצמות ועליהן שני חצאי זיתים. כלומר והכנים הידות לבית והבית מאהיל עליהן הבית טמא אע"ג דשני חצאי זיתים חוץ לבית דאמרי' דמצד זה שבשר המת שעליו בא הטומאה לצד אחר
יהודה

וְרַב, הַאי בְּמַאי אוֹקִים לַהּ? אִי בְּיָד – קַשְׁיָא רֵישָׁא, אִי בְּשׁוֹמֵר – קַשְׁיָא סֵיפָא! אִיבָּעֵית אֵימָא א) בְּשׁוֹמֵר, אִיבָּעֵית אֵימָא בְּיָד. אִיבָּעֵית אֵימָא בְּיָד, וְהוּא דְּאָמַר – *(כְּרַבִּי יְהוּדָה) בֶּן נְקוֹסָא. וְאִיבָּעֵית אֵימָא בְּשׁוֹמֵר, וְהוּא דְּאָמַר – כְּתַנָּא קַמָּא. וְר' יוֹחָנָן אָמַר: כּוּלָּהּ בְּיָד, וְהוּא דְּאָמַר – כְּת"ק. ת"ש, *רַבִּי יְהוּדָה אוֹמֵר: קוּלִית שֶׁיֵּשׁ עָלֶיהָ כְּזַיִת בָּשָׂר – גּוֹרֶרֶת כּוּלָּהּ לְטוּמְאָה. אֲחֵרִים אוֹמְרִים: אֲפִילּוּ אֵין עָלֶיהָ אֶלָּא כְּפוֹל – גּוֹרֶרֶת כּוּלָּהּ לְטוּמְאָה. וְרַב, הַאי בְּמַאי מוֹקִים לַהּ? אִי בְּיָד – קַשְׁיָא סֵיפָא, אִי בְּשׁוֹמֵר – קַשְׁיָא רֵישָׁא! אִיבָּעֵית אֵימָא בְּיָד – וְהוּא דְּאָמַר כְּרַבִּי יְהוּדָה, וְאִיבָּעֵית אֵימָא בְּשׁוֹמֵר, וְהוּא דְּאָמַר – כַּאֲחֵרִים. וְרַבִּי יוֹחָנָן אָמַר: כּוּלָּהּ בְּשׁוֹמֵר, וְהוּא דְּאָמַר – כַּאֲחֵרִים. אֲחֵרִים? הָא כְּפוֹל קָא אָמְרִי! אֵיידֵי דְּקָאָמַר תַּנָּא קַמָּא שִׁיעוּרָא, קָאָמְרִי אִינְהוּ נַמִי שִׁיעוּרָא. אָמַר ב) רָבָא: דַּיְקָא נַמִי דִּבְשׁוֹמֵר עָסְקִינַן, דְּקָתָנֵי קוּלִית, שְׁמַע מִינַּהּ. אִיתְּמַר, רַבִּי חֲנִינָא אָמַר: זֶהוּ שִׁיעוּר. וְר' יוֹחָנָן אָמַר: אֵין זֶה שִׁיעוּר. אֵין זֶה שִׁיעוּר? וְהָא קָתָנֵי "כְּפוֹל"! אֵיידֵי דְּקָאָמַר ת"ק שִׁיעוּרָא, קָאָמְרִי אִינְהוּ נַמִי שִׁיעוּרָא. ת"ש: *רַבִּי אֶלְעָזָר בֶּן עֲזַרְיָה מְטַהֵר בְּשֶׁל פּוֹל וּמְטַמֵּא בְּשֶׁל קְטָנִית, מִפְּנֵי שֶׁרוֹצֶה בְּמִשְׁמְשָׁן! כִּדְאָמַר רַב אַחָא בְּרֵיהּ דְּרָבָא: בְּקוּלְחָא, וּמִשּׁוּם יָד, הָכָא נַמִי: בְּקוּלְחָא וּמִשּׁוּם יָד. וּמַאי "בְּמִשְׁמְשָׁן" – בְּתַשְׁמִישָׁן. ת"ש, *דְּתָנָא דְּבֵי רַבִּי יִשְׁמָעֵאל: °"עַל כָּל זֶרַע זֵרוּעַ (אֲשֶׁר יִזָּרֵעַ)" – כְּדֶרֶךְ שֶׁבְּנֵי אָדָם מוֹצִיאִין (א) – חִטָּה בִּקְלִיפָּתָהּ, וּשְׂעוֹרָה בִּקְלִיפָּתָהּ, וַעֲדָשִׁים בִּקְלִיפָּתָן! *)בְּרִיָּה שָׁאנֵי. בָּעֵי רַב אוֹשַׁעְיָא: שְׁנֵי

ויקרא יא

*) [לעיל ע. ק.]

רש"י

ורב האי במאי מוקים לה. שלא יהא אחד מאלו חלוק עליו? אי ביד. שבעצם הזה אין בו מוח, אבל בשר יש בראשו האחד. קשיא רישא, דקתני "הבית טמא" אלמא, יש יד לפחות מכזית. ואי בשומר. כגון בעצמות שיש בהן מוח, וכנכים שני ראשיהן סדוקין לבית, ומשום הכי הבית טמא, דיש שומר לחלאי זית, ואע"פ שאין המוח בבית – שומר מכנים ומוציא טומאה ומביאה לבית. וא"ת: עצם הזה הנכנס לבית אינו שומר למוח, שהרי אין המוח כנגדו אלא בראשו האחר. ואנן תנן: הנוגע כנגד הבשר מאחוריו, דלא הוי שומר אלא מה שכנגד האוכל! על כרחך שומר הוא, שכל זמן שהקולית קיימת – אוכל שבתוכה נשמר, נפתחה – אין מה שבתוכה נשמר. קשיא סיפא. דקא מטהר ר' יהודה בן נקוסא, ורב קאמר לעיל: אין שומר לפחות מכפול, הא לכפול – יש שומר. וחלי זית יותר על כפול! ואר' יוחנן נמי הוה מצי לאקשויי מרבי יהודה בן נקוסא, כל היכי דמוקמת לה, אי ביד אי בשומר תקשה קמא. אי בשומר מוקמינן לה – מדקתני "שני חלאי זיתים" משמע דבד' וה' עצמות וככל אחת פחות מכפול – מודי הוא דטהור, ור' יוחנן אמר: יש שומר לפחות מכפול! ומיהו לחד מינייהו פריך, והדר מתרצי לה ג) תרוייהו, מר לטעמיה ומר לטעמיה. איבעית אימא ביד כו'. בין ביד בין בשומר ליכא לאוקמה – דא"כ, רב דאמר כמאן? הא רב – ביד מטהר ובשומר מטמא, ות"ק – מטמא בתרווייהו, ד) ורבי יהודה בן נקוסא – מטהר בתרווייהו! אלא כדאמרן מוקים, וקאים כחד מינייהו. איבעית אימא ביד קאי, והוא דאמר כרבי יהודה. אבל בשומר, אפילו רבי יהודה מודי. ואיבעית אימא בשומר. מוקי לה. והוא דאמר כתנא קמא. וביד, אפילו תנא קמא מודי. ור' יוחנן. מוקי לה ביד, ואשמעינן תנא קמא דאית יד לפחות מכזית. דאי בשומר – אפילו בד' עצמות נמי הוי מטמא, דיש שומר לפחות מכפול. אלא ביד קאי, הילכך בעי חלאי זית, דהייני מינה כפול. ומודה ר' יוחנן דאין יד לפחות מכפול, כדפרישית לעיל מדלא עריב ותנא להו. בשומר לא מצי לאוקומה – דקשיא ליה: אם כן, אפילו ד' עצמות נמי, דיש שומר לפחות מכפול. קולית. הוא עצם שעליו של ירך וגו מוח תמיד. רדונדי"ל בלע"ז. גורר את כולה לטומאה. אותו זית גורר את כל הקולית לטומאה. שאם היה עם כביצה אוכלין, ונגע השרץ בה בכל מקום שבה – טמא. קשיא סיפא. דאחרים, דקאמר רב: אין יד לפחות מכזית! אי בשומר קשיא רישא. דקאמר ת"ק: כזית – אין, בציר מכזית – לא. ורב אמר: אין שומר לפחות מכפול, הא לכפול – יש שומר! ורבי יוחנן אמר לך כולה בשומר והוא דאמר כאחרים. דיש שומר מיהא לפחות מכזית. הא כפול קאמרי. ורבי יוחנן אמר: יש שומר לפחות מכפול. אמרי אינהו נמי שיעור. ולעולם לפחות מכפול נמי אמרי. וכל שכן דאי הוה מוקי לה ר' יוחנן ביד, הוה ניחא ליה טפי, הואיל והוא דאמר כאחרים. אלא משום דקתני "קולית", ולא נקט עצם אחר – אי הוה מוקי לה ביד, ודוקא כפול קאמרי אחרים, הוה מקשינן ליה: והא "קולית" קתני, וסתם קולית שומר היא, ואפילו הכי קאמרי אחרים כפול! ורבי יוחנן הכי גמיר לה דאחרים לאו דוקא כפול אמרו, כדאמר לקמן, רבי יוחנן אמר: אין זה שיעור, הילכך מוקי לה בשומר. דיקא נמי דבשומר עסקינן מדקתני קולית. וסתם קולית יש בה מוח. אתמר רבי חנינא אמר. [illegible] זהו שיעור. דכל מכפול ליכא שומר, כלב. אין זה שיעור. לאו דוקא קאמרי. רבי אלעזר בן עזריה מטהר. בטומאה של פול דלאו שומר הוא, כגון אותן שרביטים שהפולים גדלין בהן, קוס"ט בלע"ז, מפני שהפולין נאין ואין צריכין לשומר, דנוח למחשן ולנקרן ה). לפיכך אין שומר זה מכנים ומוציא ומצטרף כשאר שומרין. ומטמא בשל קטנית. דשומר הוא. דדקים הן, ואין יכולין לנקרן. וניחא ליה שיהו באותם שרביטין, ואל יתערב בהן פסולת. במשמישן. שממשמש בהן על ידי השרביטין. ורישא דהך מתניתין הכי: "שרביט שריקנו טהור. שייר בו גרגיר אחד – טמא" ו). שיש שרביטין הרבה, וכגון שיש בין השרביט והפול כביצה. "ר' אלעזר בן עזריה מטהר בשל פול" – דאין שומר מצטרף לו לכביצה. "ומטמא בשל קטניות". אלמא, יש שומר לפחות מכפול! בקולחא. הא דמטמא בשל קטנית – לאו בשרביט, ומשום שומר. אלא בקלח נגעה טומאה, ומשום יד. דהשתא הוי האי יד, יד לדבר חשוב שהוא יותר מכזית. שהרי כל השרביטים מחוברין בו. ובפול הואיל ונפיס הן – לא איכפת ליה דליהוי להו יד. בתשמישן. שמטלטלן באותו קלח, ואותו קלח משמיש לאוכל. עדשים בקליפתן. אלמא, יש שומר לפחות מכפול. בריה שאני. וכי קאמר רב שאין שומר לפחות מכפול – כגון חלי פול, שאין ברייתו שלמה, או בשר שיעור חלי פול ועור עליו שמשלימו לכביצה. ולעיל נמי גבי שרביטין מצי לתרוצי: בריה שאני.
שני

[נ"ל כיהודה]

תוספתא דעוקצין פ"ב

עוקצין פ"א מ"ה

מנחות ע: [לעיל קיז:]

רש"ל מ"ז

תוספות

ורב במאי מוקי לה אי ביד קשיא רישא. ה"מ למימר "לר' יוחנן, אי ביד אי בשומר – קשיא סיפא". ולאו קושיא גמורה היא דמקשה לרב, אלא פירוש בעלמא דמפרש מילתיה אליבא דכולהו תנאי. ורבי יוחנן אמר כולה ביד וכת"ק. ה"מ למימר: "כולה בשומר, וכת"ק". דלת"ק אפילו בשלשה עצמות שיש בכל אחד פחות מכפול – מצטרפין לכזית. ושני עצמות דנקט – להודיעך כחו דר' יהודה בן נקוסא. אלא משום דאמר התלמוד לרב "אי ביד קשיא רישא" דקאמר דרבי יוחנן מוקי לה ביד, ולא קשיא רישא, הוא הדין בשומר. ומשום דלרבי יוחנן א"ש בין ביד בין בשומר כת"ק, דייק מעיקרא אליבא דרב. ורבי יוחנן אמר כולה בשומר והוא דאמר כאחרים. וביד לא בעי לאוקומי, אע"ג דהוה ניחא טפי, כדפירש בקונטרס – משום דמשמע דבשומר מיירי. והא דמוקי לה ביד לרב – כי היכי דליקום כרבי יהודה, דהלכתא כוותיה לגבי ז) ר"מ, ד"אחרים" היינו ר' מאיר. רבי יוחנן אמר אין זה שיעור. אין להקשות: הא א"ר יוחנן לעיל (קיח:): יש יד לפחות מכזית, ושומר לפחות מכפול. וא"כ ע"כ אחרים לאו שיעורא קאמרי, כדאקשינן ושנינן לעיל – דהכא אתא לפרושי מילתא דאחרים, דלא תטעה לאוקמיה ביד, ולמימר דהוי דוקא. ומהך מילתא לא הוה שמעינן דסבירא ליה כאחרים, דדלמא הא דאיצטריך ח) לאחרים דאין זה שיעור, משום דהכי הוה שמיע ליה מרביה. דהשתא נמי דסבר ר' יוחנן הכי, צ"ל כדפי' מדלא מוקי לה ביד, והוי כפול דוקא. כי היכי דמוקי לה רב ביד למיקם כר' יהודה, אף ע"ג דמשמע דבשומר מיירי, הכי נמי ה"ל לר' יוחנן לאוקומי ביד, כי היכי דלהוי כפול דוקא.

שרביט שריקנו. פירש בקונטרס: קופא, קוס"ט. ולא משמע כן, דהא כתיב בכל הספרים "שייר גרגיר אחד בכל שומר – טמא", מכלל דשרביט לאו היינו קופא, שהוא שומר עצמו, אלא הוא הקלח שהשומרים דבוקים בו, שקורין ריי"ס. "שריקנו" – שהוציא האוכל מן השומרים, "טהור". שייר גרגיר אחד לכל שומר ושומר טמא. ט) וקס"ד המקשה דמיירי כשנגע טומאה בשומר, וכל הגרגרין שבשאר שומרים מצטרפין לכביצה – אלמא, יש שומר לפחות מכפול, וקשיא לרבי חנינא דאמר "הרי זה שיעור". ואע"ג דאליבא דאחרים קאמר, מ"מ פריך: ה"ל לפרושי מלתייהו כמו שמפרש רבי יוחנן, דאין זה שיעור, ולא לפלוגי אחרים אהך ברייתא! ומשני: "בקולחא" – דנגע בקולחא, ומשום יד ולא בשומר. ולפי מה שפי' מייתי מינה שפיר ראייה לקמן גבי אוכל. י) דקס"ד דמיירי כגון שנגע בשומרים ומשום שומר, ומצטרפין כל השומרים יחד. *אבל לפירוש הקונטרס דגרים "שייר בה גרגיר אחד טמא" צ"ל דלקמן ס"ד דמיירי בהרבה שרביטים, כדפירש בקונטרס לקמן. דאי לא מיירי אלא בחד – א"כ, לא איירי מידי בצירוף, דלא איירי אלא בשומר אחד. הכא נמי בקולחא ומשום יד. ואם תאמר: א"כ, מ"ל ריקנו, ומה לי לא ריקנו, כיון דקולחא הוי יד ליותר מכזית. דלמאי דס"ד מעיקרא ניחא, דקמשמע לן דאף על גב דליכא כפול הוי שומר! ויש לומר: דקמשמע לן דאף על גב דליכא כזית במקום אחד, אלא כאן גרגיר וכאן גרגיר – הוי קולחא יד.
שומר

עיין רש"א

עין משפט נר מצוה

טז א מיי' פ"ה מהל' טומאת אוכלין הלכ' ז:

יז ב מיי' שם הל' ד:

שיטה מקובצת

א] איבעית אימא ביד איבעית אימא בשומר: ב] אמר רבא דייקא נמי דבשומר: ג] לה לתרוייהו מר לטעמיה ומר לטעמיה: ד] ות"ק מטמא בתרוייהו (אלא בחדא מוקי לה) ור' יהודה מטהר בתרוייהו אלא בחדא מוקי לה וקאי כחד מינייהו: ה] לפיכך אין שומר זה מכנים ומוציא ומצטרף כשאר שומרין כל זה נמחק: ו] שייר בו גרגיר אחד טמא וכגון שיש בין השרביט וכו' כצ"ל וגם ע"ב כך מצאתי מוגה בקצת פירושי רש"י ז"ל כתיבת יד ובקצת פירושי רש"י ז"ל מצאתי כך שרביטין הרבה וכגון שיש בין השרביטין והפול כביצה ואין במשמע לשון התוס' שהיה להם כן בפי' רש"י ז"ל דוק ותשכח: ז] כר' יהודה דהלכתא כוותיה לגבי דר"מ דאחרים: ח] דדילמא הא דאצטריך למימר לאחרים: ט] קס"ד דמקשה דמיירי: י] לקמן גבי אוכל שלחקו דקא סלקא דעתין דמיירי:

הגהות הב"ח

(א) גמ' שבני אדם מוציאין לזריעה תא"מ:

רבינו גרשום

יהודה בן נקוסא אומר האיך שני עצמות כו' כלומר [כיון] דאין כשיעור על עצם אחד הבית טהור: ורב האי במאי מוקים ליה אי ביד קשיא רישא. כלומר אי מוקים [שיש] עליהן שני חצאי זיתים בשר על העצמות קשיא רישא דברישא חזינן דכחצי זית חשוב יד והוא סבר אין יד לפחות מכזית: אי בשומר. דמוקים [שיש] עליהן שני חצאי זיתים במוח שבתוכן קשיא סיפא דהוא סבר אין חשוב שומר לפחות מכפול הא כפול חשוב שומר וכספא לר' יהודה בן נקוסא [דאמר] האיך שני זיתים כו' [הרי] דלא חשוב שומר פחות מכזית ואין מכניס את הטומאה: ולר' יוחנן קשיא סיפא דהוא אמר יש שומר לפחות מכפול ואנן חזינן בסיפא דאין חשוב שומר לפחות מכזית: איבעית אימא ביד והוא דאמר כר' יהודה בן נקוסא [דאמר] דאין יד לפחות מכזית: ואיבעית אימא בשומר והוא דאמר כת"ק. כלומר דת"ק סבר יש שומר לפחות מכזית כרב דאמר אין שומר לפחות מכפול הא כפול יש שומר אע"ג דפחות מכזית: ור' יוחנן אמר כולה ביד. כלומר כולה ברייתא (מוקים א) לה כר' יהודה בן נקוסא ות"ק) והוא דאמר כתנא דיש יד לפחות מכזית: ת"ש קולית שיש עליה כזית בשר כו' כלומר גוררת כולה לטומאה אפי' הטומאה בראש הקולית מי שנגע בצד אחר טמא ורב האי במאי מוקים לה אי ביד דמוקים שיש עליה כזית בשר וחשוב הקולית יד קשיא סיפא דרב סבר אין יד לפחות מכזית ואנן חזינן בסיפא אפי' אין עליה אלא כפול גוררת כולה לטומאה. אי בשומר כלומר דמוקמינן לה קולית שיש עליה כזית בשר במוח והוי קולית שומר קשיא רישא דרב סבר אין שומר לפחות מכפול הא כפול חשוב שומר ומכנים ומוציא הטומאה לצד אחר קשיא רישא דברישא חזינן כזית בשר גוררת כולה לטומאה אבל פחות מכזית לא: איבעית אימא ביד כו' כלומר כולה מוקים לה ביד והוא דאמר כתנא קמא דס"ל כזית אין פחות מכזית לא: ואיבעית אימא בשומר והוא דאמר כאחרים דסברי לה כפול הוי שומר כרב: ור' יוחנן כולה בשומר כלומר כולה מוקים לה בשומר והוא דאמר כאחרים: אחרים הא כפול אמרי כלומר והוא סבר יש שומר לפחות מכפול. אידי דקאמר ת"ק שיעורא כלומר כזית קאמרי אחרים נמי כפול ולא אמרי דוקא אלא סבירא להו אפי' פחות מכפול: מדקתני קולית. כלומר מאי שנא דקתני קולית יותר משאר אלא ש"מ בקולית שיש בו מוח איירי ומשום שומר נגעו בה: איתמר ר' חנינא אמר זהו שיעור כלומר אין שומר לפחות מכפול הא כפול יש שומר: אין זה שיעור והא קתני כפול כלומר לאחרים: איידי דקאמר ת"ק כזית קאמרי אחרים כפול ב) ואפי' לפחות מכפול יש שומר ומוציא ומכנים ומצטרף: ת"ש ר' אלעזר בן עזריה מטהר בשל פול. כלומר שאם נטמא השומר לא נטמא האוכל שבתוכו שאין חשוב לו שומר שאין צריך לו שהפול גם הוא יכול לטלטלו בלא קליפה. ומטמא בשל קטנית כלומר בשל עדשין שאם נטמא הקליפה נטמא האוכל והא הכא דפחות מכפול וחשוב לו שומר וכיצד א"ר חנינא זהו שיעור: בקולחא ומשום יד. כלומר מה ששנינו ומטמא בשל קטנית לאו בשומר אלא בקלח ומשום יד דיד מכנים הטומאה לאוכל. ומאי במשמושן בתשמישן שמטלטלו בידות. ת"ש דתנא דבי ר' ישמעאל על כל זרע זרוע אשר יזרע כו'. כלומר והא הכא דחטה ושעורה הוא פחות מכפול וחשוב שומר: בריה שאני כלומר אבל בשר אם יש בעור פחות מכפול אין חשוב לו העור שומר ואין מכנים ומוציא את הטומאה: בעי רב אושעיא
שני

א) נראה דצ"ל כולה ברייתא ת"ק ור"י בן נקוסא מוקי לה ביד והוא דאמר כת"ק וכו'. ב) אולי צ"ל אחרים כפול אבל באמת אפי' לפחות וכו'.

יח א מיי' פ"ה מהל' טומאת אוכלין הל' י:
יט ב מיי' שם הל' יא:
כ ג מיי' שם הל' יג:
כא ד ה מיי' פ"א מהל' תפילין הל' כ סמג עשין כב טוש"ע או"ח סי' לב סעיף יג:
כב ו מיי' פ"ה מהל' טומאת אוכלין הל' יב:

שני שומרין מהו שיצטרפו? היכי דמי, אילימא בזה על גב זה – אומי איכא שומר על גב שומר? *והתנן, רבי יהודה אומר: בשלש קליפות בבצל, פנימית, בין שלמה בין קדורה – מצטרפת. אמצעית, שלמה – מצטרפת, קדורה – אין מצטרפת. חיצונה – בין כך ובין כך טהורה! רב אושעיא שומר אוכל שחלקו קמיבעיא ליה. כיון דהאי לא מגין אהאי, והאי לא מגין אהאי – גלא מצטרפת. או דלמא, כיון דהאי מגין אדידיה, והאי מגין אדידיה – מצטרפין? תא שמע: רבי אלעזר בן עזריה מטהר בשל פול, ומטמא בשל קטנית, מפני שרוצה במשמשן. אמר רב אחא בריה דרבא: בקולחא, ומשום יד, ומאי "במשמשן" – בתשמישן. ת"ש, *דתנא דבי רבי ישמעאל: °"על כל זרע זרוע (אשר יזרע)" – כדרך שבני אדם מוציאין לזריעה, חטה בקליפתה, ושעורה בקליפתה, ועדשים בקליפתן. כדאמר רב אחא בריה דרבא: בקולחא, ומשום יד. הכא נמי: בשדרה, ומשום שומר. בשלמא עיליתא צריכי לתתיתא, אלא תתיתא מאי צריכי לעיליתא? בחד דרא. ומי איכא כביצה אוכלין בחד דרא? *בחטי דשמעון בן שטח. השתא דאתית להכי, חדא א] חטה נמי – בחטי דשמעון בן שטח. גופא, שני עצמות ועליהן שני חצאי זיתים, והכנים ראשיהן שנים לבית, והבית מאהיל עליהן – הבית טמא. יהודה בן נקוסא אומר משום רבי יעקב: היאך שני עצמות מצטרפין לכזית? אמר ריש לקיש: לא שנו אלא עצם דהוי יד, אבל נימא – לא הויא יד. ורבי יוחנן אמר: אפילו נימא נמי הויא יד. א] איתיביה ר' יוחנן לר"ל: *עור שיש עליו כזית בשר, הנוגע בציב היוצא ממנו ובשערה שכנגדו – טמא. מאי לאו משום יד? ב] לא, משום שומר. ומי איכא שומר על גבי שומר? חלחולי מחלחל. מתקיף לה רב אחא בר יעקב: אלא מעתה תפילין היכי כתבינן? יהא בעינן כתיבה תמה, וליכא! אשתמיטתיה הא *דאמרי במערבא: יכל נקב שהדיו עובר עליו – אינו נקב. ואיבעית אימא: כוליה משום יד, כדאמר רבי אלעא במלאי שבין המלאים, הכא נמי: בנימא שבין הנימין. והיכא אתמר דר' אלעא? אהא: *מלאי שבשבלים – מיטמאין ומטמאין ואינן מצטרפין. מלאי למאי חזי? אמר רבי אלעאי – במלאי שבין המלאים. לישנא אחרינא אמרי לה: הכי נמי מסתברא דמשום שומר, דאי סלקא דעתך משום יד, נימא אחת למאי חזי? כדאמר ר' אלעא במלאי שבין המלאין, הכא נמי – בנימא שבין הנימין. והיכא איתמר דר' אלעאי? אהא. דתנן: *יהמלאי שבשבלים – מיטמאין ומטמאין ואין מצטרפין. מלאי למאי חזי? אמר רבי אלעאי: במלאי שבין המלאים. ואיכא דמתני לה אמתני'

תורה אור: ויקרא יא | תענית כג. | [לעיל קיז.]

תוספות

שומר אוכל שחלקו. לא שחלקו לגמרי, דא"כ פשיטא דלא מצטרף, כדפרישית לעיל, ולהכי נקט נמי דווקא "חלקו". אבל שני אגוזים שהן שני אוכלים שלמים – פשיטא דלא מצטרפין. אלא מיירי כגון שיש כאן בשר ועליו עור, וחלקו לעור, והיה תלוי מצד זה ותלוי מצד זה. ומייתי ראיה מר' אלעזר בן עזריה דמטמא בשל קטנית משום דכל השומרים שבשרביט מצטרפין, אע"ג דכל חד לא מגין אלא אדידיה. וא"ת: ואמאי לא משני דאין השומרין מצטרפין, ומיירי כגון שיש בין כל הגרגרין כביצה בלא שומרין, והשומרין מכניסין ומוציאין ואין מצטרפין. ואמאי משני ליה "בקולחא, ומשום יד"? וי"ל: דבלאו הכי ניחא ליה טפי לאוקומי בקולחא ומשום יד, ומעיקרא לא הוה מוקי לה משום שומר אלא משום ד"במשמישן" הוה משמע ליה משום שומר. אבל השתא דמפרש "מאי במשמישן? – בתשמישן", ניחא ליה טפי לאוקומא בקולחא. **בחטי** דר"ש בן שטח. ועדשים נמי – כעדשים דר' שמעון בן שטח שהיו כדינרי זהב, ועם שומריהם יש בהם כביצה.

לא משום שומר. וא"ת: אמאי קאמר *ר"ש לעיל "אבל נימא לא הוי יד", מטעם שומר מיהא ליטמא! וי"ל: דלעיל מיירי בנוגע בנימא שלא כנגד הבשר, וכן פירש בקונטרס. וא"ת: ורבי יוחנן דמוקי לה משום יד, אמאי נקט "ובשער שכנגדו"? וי"ל: דכ"שכנגדו" – לאו דווקא, כדפירש בקונטרס.

איכא דמתני לה אמתניתין כו' עד לא שנו אלא עצם. ה"נ הוה מצי למימר: "לא שנו *אלא קרנים וטלפים", שהן עצמן משום שומר. אלא איידי דנקט לעיל "לא שנו אלא עצם" נקט נמי הכא "עצם". הוה

[צ"ל ר"ש בן לקיש]

רש"י

שני שומרין מהו שיצטרפו. לאוכל שבתוכן לכביצה? **פנימית.** היינו אותה לגנה הראשונה, הראויה לאכול. **קדורה.** נקובה. **מצטרפת.** שהרי היא עצמה אוכל. **אמצעית.** שומר היא. **שלמה מצטרפת.** דהוי שומר. **קדורה אינה מצטרפת.** דלא הויא שומר. **חיצונה טהורה.** שאין שומר על גבי שומר חשוב שומר. **שומר אוכל שחלקו.** כגון אוכל כביצה ושומרו עליו, וחלקו. ג] או כגון שני בצלים קטנים, שאין בשניהם אלא כביצה עם שומריהם, וקמבעיא ליה אי מצטרפי הני ג] שומרין עם האוכל אי לא. **ומטמא בשל קטנית.** קא סלקא דעתיה: שאם יש שלשה שרביטים מצטרפין לכביצה עם אוכלין שבהן, דודאי אין בשרביט אחד כביצה. אלמא, שני שומרין מצטרפין ד] עם שני אוכלין לכביצה, אע"ג דהאי לא מגין אהאי. **בקולחא.** האי "מטמא" ו"מטהר" ה] בקולחא קאי, ומשום יד, דהוי יד לכולהו שרביטין. **חטין בקליפתן.** אלמא, חטין עם שומריהן מצטרפין לכביצה. אלמא, שני שומרין מצטרפין, וה"ה לאוכל שחלקו. ו] וה"נ הוה מצי לתרוצי "בריה שאני", אלא מילתא דפשיטא דחיקא הוא. **כדאמר רב אחא בקולחא ומשום יד.** דיד אחד הוא. **חד קליפה נמי בשדרה.** קאמר בספסא דשבולת, שהחטין קבועין בשדרה בהיקף סביב. ומשום שומר דכל השבולת שלמה, וכל הספסא הויא חד שומר. דכולה צריכין זה לזה, שאם יפול אחד – ז] כולם נופלין, ולא הוו שומרין. **בשלמא עילייתא צריכי לתתייתא.** כלומר, דשורות עליונות שבשחטין קבועין בהן ח] צריכות שיהו שורות התחתונות קיימות. שאם נשרה הקליפה התחתונה של שבולת, נושרת הקליפה הסמוכה לה, עד שיפלו כל הקליפות והחטין עד ראש השבולת. **אלא דרא תתייתא מי צריכי לעילייתא.** בלא עילייתא נמי מקיימי תתייתא, ואפילו הכי מצטרפין שומרים דדרי עילייתא בהדי אוכלים תתאי ושומרין תתאי. **בחד דרא.** קאמר דמצטרפי שומרים, דחד שומר הוא. דמתוך שקבועים דוחק מתקיימת, ואם יטול אחד מביניהם – יש ריוח לחבירו, ליפול. **חטי דשמעון בן שטח.** כחטי כליות של שור הגדול, כמס' תענית (ד' כג. ע"ש). **השתא דאתית להכי.** מתרצינא לך נמי: הא דקאמר "חטין בקליפתן" – לאו דלצטרפו שני חטין עם שומריהם, אלא אם יש בין חטה אחת וקליפתה כביצה, כגון חטי דשמעון בן שטח – מצטרף שומר לחטין. **לא שנו אלא** עצם דהוי יד אבל נימא. אמת לא חשיבא למיהוי יד, דפסקא, אלא שומר הויא. ויש חומר ביד מבשומר: דיד מביאה את הטומאה בכל ענין שהיא, אבל שומר אם יש חתיכת עור ועליה בראשה אחד כזית בשר, ונגע באחד מן הנימין בראש האחר – טהור, דשומר אין מביא טומאה כמעשה יד, אא"כ נגע כנגד הבשר, כדאמרינן בריש פרקין (לעיל דף קיז.): הנוגע כנגד הבשר מאחוריו. **ורבי יוחנן אמר אפילו נימא הויא יד.** ומביאה טומאה אפילו נגע בנימא שלא כנגד הבשר. **בציב.** חוט הבשר. **מאי לאו משום יד.** ו"שכנגדו" לאו דוקא. **לא משום שומר.** כיון דאיכא כזית – עביד שומר מעשה יד, להכניס ולהוציא. **שומר על גבי שומר.** נימא על גבי עור. **חלחולי מחלחל.** ומנקיב נימא לעור, ויורד על הבשר, ולא הוי שומר ע"ג שומר. **אי חלחולי מחלחל תפילין היכי כתבינן.** והלא העור חלול כנגד השער, ובעינן "כתיבה תמה" – שלמה ולא פסוקה, דכתיב (דברים ו): "וכתבתם" – שיהא כתיבה תמה. **איבעית אימא כולה.** ציב ושערה – משום יד. וכי קאמר דהוי יד – בנימא שבין הנימין, דאיכא נימין הרבה. דאי מטלטל הבשר ע"י נימין, לא פסקי. **מלאי.** זקן העליון של שבולת. **מיטמאין ומטמאין ואין מצטרפין.** דיד היא, ואינה שומר. **למאי חזי.** הא נפסק מאליו כשאוחזין בו? **שבין המלאין.** שאוחז בכל המלאין של שבולת, ולא באחד מהן. **לישנא אחרינא אמרי לה כו'.** מאן דתני הך לישנא סבר דבנימין הרבה אמר ריש לקיש נמי דלא הוי יד (א). ולותביה מהא מתניתא, ותריץ ליה: משום (יד) שומר. והכי נמי מסתברא דמשום שומר מדקתני "שערה", דאי משום יד – נימא אחת למאי חזיא? לעולם משום יד, ומאי "שערה" דקתני? נימא שבין הנימין. **המלאין שבשבלין מיטמאין ומטמאין.** מוליאין ומכניסין טומאה לשבולותיה, ואין מצטרפין, דאינן שומר אלא יד. **ואיכא דמתני לה.** להא פלוגתא דר' יוחנן ור"ל. אמתניתין

עוקצין פ"ב מ"ד | [לעיל קיז: וש"נ] | ר"ל מ"ז | שבת קח. | [עוקצין פ"א מ"ג וכס' איתא מלען שבשבלין] | עוקצין פ"א משנה ג

הגהות הב"ח

(א) רש"י ד"ה לישנא אחרינא וכו' דלא הוי יד ואותביה מהא:

הגהות מהר"ב רנשבורג

א] גמ' איתיביה ר"י לר"ל עור. כ"ב מיי' פ"א מה' אבות הטומאות הל' יא: ב] שם לא משום שומר. כ"כ מיי' שם וע"ש בכ"מ:

ג' ר"מ ל"ש אלא עור אבל נימא לא הוי שומר אלא אגב דנקט בלישנא קמא עצם נקט נמי הכא עצם

שיטה מקובצת

א] חטה נמי כחטי שמעון: ב] (או כגון שני בצלים קטנים שאין בשניהם אלא כביצה עם שומריהם) נרשם עליו ונ"ב שלא נמצא בשום פירוש כ"י: ג] אי מצטרפי הני שני שומרים עם האוכלים אי לא: ד] אלמא שני שומרין מצטרפין לכביצה עם אוכלין שבהן אע"ג דהאי: ה] האי מטמא ומטהר דקאמר בקולחא קאי: ו] והכא נמי ה"מ לתרוצי בריה שאני אלא תירוצא דחיקא הוא נרשם עליו ונ"ב שלא נמצא בספר כ"י: ז] כולן נופלין ולא הוי שני שומרין: ח] צריכות שיהו שורות התחתונות קיימות שאם נשרה הקליפה התחתונה דהיינו שורה התחתונה של שבולת נושרת נמי הקליפה הסמוכה לה עד שיפלו כל הקליפות והחיטין עד כצ"ל ונ"ב נ"א בס"י בשלמא עילייתא צריכין שתהא ספאה תתייאתא קיימת שאם נשרה הקליפה תחתונה וכו':

רבינו גרשום

שני שומרין מהו שיצטרפו. לכביצה לטומאת אוכלין: ומי איכא שומר על גבי שומר. כלומר ומי חשוב שומר על גבי שומר להצטרף: קדורה לשון נקובה. פנימית בין קדורה כלומר דחשוב כאוכל עצמו: שומר אוכל שחלקו כו'. כלומר שחלק האוכל עם השומר קא מיבעיא ליה: ת"ש ר' אלעזר בן עזריה מטהר בשל פול כו' כלומר והא הכא בקליפה של קטנית מיחזי כשומר אוכל שחלקו וקתני ומטמא בשל קטנית דמכנים ומוציא הטומאה ומצטרף כולו. ת"ש על כל זרע זרוע כו' והא הכא חטה בקליפה דדמי השבולת כשומר אוכל שחלקו וחזינן דחשוב כשומר לכל האוכל: הכא נמי בשדרה ומשום שומר כלומר לאו כדסברת דהשדראות של שבולת ארבעתן והן מצטרפין ומכניסין ומוציאין את הטומאה שדרה אחת לחברתה אלא כל שדרה בפני עצמה מכנסת ומביאה הטומאה ומצטרפא. בשלמא עילייתא צריכין לתתייתא כלומר אמרת דשדרה חשובה שומר לעצמה בשלמא שדראות עליות כו' חשובות שומר שהתחתונות צריכות להן להגן עליהן אלא תתייתא מי צריכי להעליונות שיהו חשובות שומר. בחד דרא כלומר לא כדסברת חטה בקליפה דקליפה חשוב שומר בשיבולת של ארבע שדראות שהוו שומר אוכל שחלקו אלא בחד דרא כלומר לא כדסברת חטה בקליפתה דליהוי שומר וליהוי מכנים ומוציא חדא שדרה לשדראות אחרות אלא ודאי אין מכנסת ומוציא ומצטרפת אלא שדרה לעצמה. ומי איכא כביצה אוכלין בחד דרא כלומר אמרת שדרה הוי שומר לעצמה לענין להכנים ולהוציא ולהצטרף לכביצה: ומי איכא כביצה אוכלין בחד דרא: השתא דאתי להכי בחדא חטה נמי כלומר האי דאמרינן חטה עד כאן נמצא כב"י וחבל על דאבדין.

תם ונשלם העתקת פירוש רגמ"ה על מס' מנחות, בכורות, ערכין, כריתות, תמורה, מעילה, תמיד וחולין, ותהי השלמתו ברומא בבית אוצר הספרים באנגייליקא מכתב יד אחד חסר בראשו וסופו ביום רביעי י"א לחדש סיון שנת ומשיו"י אהודנ"ו לפר"ק. המעתיק מרדכי יעקב יוסף בן הז"ה כ' אברהם יצחק מקאפואה ז"ל.

אמתניתין. דקתני: עצמות מצטרפין, ועל כרחך – משום שומר, דהא יד לא מצטרף. אבל גימא לא הוי שומר, ולא מצטרף – דאין שומר על גבי שומר. שומנא. שומן שעל הפרק. אמר ליה אביי. שומן למה לי לאצטרופי? דקתני: מצטרפין לטמא טומאת אוכלין בהדי בשר, הא בפני עצמו – לא. ושומן אמאי לא? אוכל מעליא הוא! חלב דקריש. לאפוקי האוצלא מן הבשר, שקורין גליי"ר. ציר שעל גבי ירק. משקה היוצא מן הירק. ל"א: [ד] שהיו מטבילין מאכלן בציר. מצטרפין לכותבת. ואע"ג דלא קריש, כיון דבהדי אוכל מיחבר – אוכל הוא. ומשני: התם טעמא דיוה"כ לאו משום אוכלא הוא, דאי נמי לאו אוכלא – כיון דמייתבא דעתיה, מחייב. דהא "לא תעונה" כתיב (ויקרא כג), וזה לא התענה. אבל הכא אוכל ומשקה אין מצטרפין, דהא לא שוו שיעורייהו. ואע"ג דהתם נמי תנן (יומא דף עג:): אכל ושתה, אין מצטרפין – ה"מ אכל ושתה, דקים להו לרבנן דלא מייתבא דעתיה בהכי. אבל ציר שע"ג ירק, קים להו לרבנן דמייתבא. קיפה. [ה] פונדרייל"א. דק שבבשר שנוגע ליסוד הקדרה, שקורין פונדרייל"א. תבלין. באפי נפשייהו, ולא אכלי להו אינשי. הקפה. הקרישו על [ו] גבי האור. לרבות את השותה. מדכתיב (ויקרא ז) "ונכרתה הנפש", "נפש" – משמע כל דבר המיישב דעתו של אדם, ואפילו שותה, כמו (בראשית כג) "אם יש את נפשכם", שהיא לשון תאוה וקורת רוח, שהנפש נהנה ממנו. המחהו. התיכו לעוף טהור באור, שקורין פונדר"א, וגמעו – מטמא בגדים אבית הבליעה. המחהו בחמה. וגמעו – טהור, וטעמא מפרש לקמן. וכל [ז] נפש אשר תאכל נבלה וגו'. גבי נבלת עוף טהור כתיב (ויקרא יז). משלחן גבוה זכו. והטרפה משום גבוה הוא, אבל לגבי הדיוט לא אשכחן דהותר. הטמאים. בשרצים כתיב, והה"א יתירה קא דריש. ליגמר. מחלב וחמץ ונבלה דמיחוי שלהם כמותם. שרצים

אמתניתין: העור והרוטב והקיפה וכו' מצטרפין לטמא טומאת אוכלין. אמר ריש לקיש: לא שנו אלא עצם דהוי שומר, אבל גימא לא הוי שומר. ור' יוחנן אמר: [א] אפילו גימא נמי הוי שומר. א"ל ר"ל לר' יוחנן: ומי איכא שומר על גבי שומר? חלחולי מחלחל. מתקיף לה רב אחא: אלא מעתה תפילין היכי כתבינן? הא בעינן כתיבה תמה, וליכא! אישתמיטתיה *הא דאמרי במערבא: כל נקב שהדיו עובר עליו – אינו נקב. איתיביה ר' יוחנן לריש לקיש: עור שיש עליו כזית בשר, הנוגע בציב היוצא ממנו ובשערה שכנגדו – טמא. מאי לאו משום שומר? לא, משום יד. נימא אחת למאי חזיא? כדאמר רבי אילעא: במלאי שבין המלאין, ה"נ: בנימא שבין הנימין. והיכא איתמר דרבי אילעא? אהא, דתנן: המלאי שבשבלין – מטמאין ומיטמאין ואין מצטרפין. מלאי למאי חזיא? אמר רבי אילעא: במלאי שבין המלאין. § "והרוטב". § מאי רוטב? אמר רבא: שומנא. א"ל אביי: הוא עצמו יטמא טומאת אוכלין! אלא, [א] *חלב דקריש. מאי איריא קריש כי לא קריש נמי, *דאמר ריש לקיש: ציר שעל גבי ירק מצטרף לכותבת ביום הכפורים! התם משום יתובי דעתא הוא – בכל דהו מיתבא דעתיה. הכא משום איצטרופי הוא, אי קריש – מצטרף, אי לא קריש – לא מצטרף. § "והקיפה". § מאי *קיפה? אמר [ב] *רבה: פירמא. א"ל אביי: הוא עצמו יטמא טומאת אוכלין! אלא אמר רב פפא: *תבלין. **תנן התם: *הקפה את הדם ואכלו, או שהמחה את החלב וגמעו – חייב. בשלמא הקפה את הדם ואכלו – כיון דאקפיה, אחשוביה אחשביה. אלא, המחה את החלב וגמעו, אכילה כתיבא ביה, והא לאו אכילה היא! אמר ר"ל: אמר קרא °"נפש" – לרבות את השותה.

תניא נמי גבי חמץ כה"ג: *המחהו וגמעו, אם חמץ הוא – ענוש כרת, ואם מצה היא – אין אדם יוצא בה ידי חובתו בפסח. בשלמא אם מצה היא אין אדם יוצא בה ידי חובתו בפסח °"לחם עוני" אמר רחמנא, והאי [ג] לאו "לחם עוני" הוא, אלא אם חמץ הוא ענוש כרת, אכילה כתיבא ביה! אמר ריש לקיש: אמר קרא °"נפש" – לרבות את השותה. ותניא נמי גבי נבלת עוף טהור כה"ג: *המחהו באור – טמא, בחמה – טהור, והוינן בה, אכילה כתיב ביה! אמר ריש לקיש: אמר קרא °"נפש" – לרבות את השותה. אי הכי בחמה נמי! בחמה איסרוחי מסרח. וצריכי, דאי כתב רחמנא חלב – חמץ לא אתי מיניה, שכן לא היתה לו שעת הכושר. נבלה לא אתי מיניה – שכן ענוש כרת. ואי כתב רחמנא חמץ – חלב לא אתי מיניה, שכן לא הותר מכללו. ונבלה לא אתיא מיניה, שכן ענוש כרת. ואי כתב רחמנא בנבלה – הנך לא אתיא מינה, שכן מטמאה. חדא מחדא לא אתיא, תיתי חדא מתרתי! הי תיתי? לא לכתוב רחמנא בנבלה ותיתי מהנך – מה להנך שכן ענוש כרת! לא לכתוב רחמנא בחמץ ותיתי מהנך – מה להנך שכן לא היתה להן שעת הכושר! לא לכתוב רחמנא בחלב ותיתי מהנך – מה להנך שכן לא הותר מכללן, תאמר בחלב שהותר מכללו! ומאי ניהו? אילימא חלב בהמה לגבוה – נבלה נמי אשתראי מליקת עוף לגבוה! ואלא חלב חיה להדיוט – נבלה נמי אשתראי, מליקה דחטאת העוף לכהנים! לעולם חלב חיה להדיוט, ודקא קשיא לך כהנים – *כהנים משלחן גבוה קא זכו. והא דתניא: "הטמאים" – לאסור צירן ורוטבן וקיפה שלהן, למה לי? ליגמר מהני! צריכי, דאי לא כתב רחמנא, הוה אמינא: דיו לבא מן הדין להיות כנדון, מה התם עד דאיכא כזית, אף הכא נמי עד דאיכא כזית. וליכתוב

הוא עצמו יטמא טומאת אוכלין. הוה מצי למימר: יטמא טומאת נבלות. א"נ: טומאת נבלות לא מטמא – דלהכי מילי טובא דמטמאי טומאת אוכלין ולא מטמאי טומאת נבלות, כדתנן (לעיל דף קיז:): השוחט בהמה לגוי ומפרכסת כו'.

הקפה הדם ואכלו. הקפהו בחמה מיירי, כדפרשינן ב"הקומץ רבה" (מנחות דף כא.). אבל באור – לא, דדם שבשלו אינו עובר עליו.

לרבות השותה. וא"ת: ולמה לי קרא, הא שתיה הויא בכלל אכילה, *כדדרשי' בפ"ג דשבועות (דף כג.) מדכתיב: "ואכלת לפני וגו' מעשר דגנך תירושך", וקרי תירוש אכילה! וי"ל: דהתם מילי דשתיה, כגון יין ושמן. והכא במידי דבר אכילה, דממחי להו ושתי להו. **לחם** עוני אמר רחמנא. הוה מצי למימר נמי: אכילה כתיב ביה. **אלא** אם חמץ הוא ענוש כרת הא אכילה כתיב ביה. ואע"ג דהוה אסור בהנאה – הנאת חמץ לית ביה כרת אלא לאו. **חמץ** לא אתי מיניה שכן לא היתה לו שעת הכושר. וא"ת: חלב נמי הוי לו שעת הכושר, כשהיה במעי אמו. דאפילו רבי יוחנן דאמר (לעיל דף עה.): חלב מבן ט' חי, דמפסיס גרמי כבן ח', מודה! ויש לומר: דחמץ כמו שהוא עתה היתה לו שעת הכושר, ושוב לא נשתנה. אבל חלב, אחר שילא לאויר העולם לא היתה לו שעת הכושר להיתר. **חלב** לא אתי מיניה שלא הותר מכללו. הקשה הר"ר שמואל מוורדו"ן: לר' יוסי, דלא חייש להא פירכא בפסחים (דף כג.), וחשיב חלב לא הותר מכללו. דקאמר: ורבי יוסי הגלילי אנן בבהמה קאמרינן, בבהמה מיהא לא אשתרי. [ח] וליכא למיפרך נמי: מה לחמץ שכן אסור בהנאה – דהא לר' יוסי הגלילי חמץ מותר בהנאה, כדאמר התם. וי"ל: דלרבי יוסי [הגלילי] ודאי אתא "נפש" לדרשה אחריתי. **מה** להנך שכן לא היתה להם שעת הכושר. דנבלה כמו שהיא עתה מתה, לא היה לה שעת הכושר. א"נ: מחיים היה בה איסור אבר מן החי. ואפילו למ"ד (לאו) [לא] לאיברים עומדת, היה בה איסור אטימה וגוסס*. **שכן** טומאתן במשהו. תימה: דבכל מקום מוזכר "כעדשה", וכאן נקט "משהו". וכן בפרק "השוחט והמעלה" (זבחים דף קז:) דפריך: לאו החלב למה לי כו', תיתי משרצים – מה לשרצים שכן מטמאין במשהו! ומיהו בלאו הכי התם נראה דלא גרסינן ליה, דלא מצינו למימר "משהו" גבי חלב, דהא חלב לא מטמא כלל. וספרים שבסו, משום דבתר הכי קאמר "ומי משרצים טהורים – מה לשרצים טהורים, שכן איסורן במשהו", פירוש: משום בריה, וכתבו כמו כן גבי טמאים.

והא דתנן הטמאים כו'. דתניא גרסינן דאינה משנה.

ליכתוב

כג א מיי' פ"ב מהל' שביתת עשור הל' ז סמג לאוין סט טוש"ע א"ח סי' תריב סעיף ב:

כד ב מיי' פ"א מהל' חמץ הל' א סמג לאוין טו:

כה ג מיי' פ"ו שם הל' ו טוש"ע א"ח סי' תסא סעיף ז:

כו ד מיי' פ"ג מהל' שאר אבות הטומאות הלכה ז:

שיטה מקובצת

א] אלא חלב דקריש מאי איריא: ב] אמר רבא פירמא: ג] לחם עוני אמר רחמנא והאי כיון דפרתיה לאו לחם הוא אלא אם חמץ: ד] ל"א ציר ממש שהיו מטבילין: ה] קיפה פירמא דק של בשר: ו] הקפה הקרישו ע"י האור: ז] וכל הנפש אשר תאכל נבלה וגו': ח] אנן בבהמה קאמרינן בבהמה מיהא לא אישתרי אמאי איצטריך קרא בחלב וליכא למיפרך נמי מה לחמץ כו' דהא לר' יוסי הגלילי מותר בהנאה ושמא האי נפש אתא לדרשא אחריתי:

הגהות מהר"ב רנשבורג

א] גמ' אחר' וכו' וזה וזה הויא שומר. נ"ב מיי' פ"ד מהל' אבות הטומאות הל' י"א וע"ש בכ"מ ודו"ק:

גליון הש"ס

גמ' תנן התם הקפה. עי' שבועות דף כג ע"א תוס' ד"ה גמר ול"ע: תוס' ד"ה לרבות וכו' ושתי להו. עי' נדה דף לב ע"א תוס' ד"ה שתיה:

תורה אור | [שבת קח.] | [נ"ל חלב דקריש. ערוך ערך חל' ו] | יומא פא: | [עי' תוס' לעיל קיב: ד"ה וקיפה] | [עי' תוס' נדה נ. ד"ה כל] | [אינה משנה ועי' מהרש"ל על הגליון] | ויקרא ז | פסחים לה. | דברים טז | שמות יב | [נזיר ג.] | ויקרא יז | [ביצה כא. וש"נ] | לעיל קיב: בכורות ו:

[עי' תוס' נדה לב. ד"ה שתיה] | נ"א רבא רש"ל | מנחות כא. | רש"א מ"ז | [ועי' תוס' בכורות כה. ד"ה בחזקת ותוס' שבועות כב. ד"ה האוכל]

כז א מיי' פ"י מהלכות מאכלות אסורות הלכה כב:
כח ב מיי' פ"ב מהל' בכורים הלכה ז:
כט ג מיי' פי"א מהל' תרומות הל' ב:
ל ד מיי' פ"י מהלכות מאכלות אסורות הלכה כב:

ולכתוב רחמנא בשרצים, וליתו הנך ולגמרו מינייהו! משום דאיכא למיפרך: מה לשרצים — שכן טומאתן במשהו. והא דתניא: הטבל והחדש וההקדש והשביעית והכלאים, כולן — משקין היוצאין מהן כמותן, מנלן? וכי תימא: ליגמר מהנך, מה להנך שכן איסור הבא מאליו הוו. תינח היכא דאיסור בא מאליו, היכא דלאו איסור הבא מאליו, מנלן? גמרינן מבכורים. ובכורים גופייהו מנלן? דתני ר' יוסי: [א] "פרי" — פרי אתה מביא, ואי אתה מביא משקה. הביא ענבים ודרכן, מנין? תלמוד לומר: "תביא". איכא למיפרך: מה לבכורים — שכן טעונין קרייה והנחה! אלא, גמר מתרומה. ותרומה גופה מנלן? דאיתקש לבכורים. דאמר מר: "ותרומת ידך" — אלו בכורים. מה לתרומה — שכן חייבין עליה מיתה וחומש! אלא גמר מתרווייהו מתרומה ובכורים. מה לתרומה ובכורים — שכן חייבין עליהם מיתה וחומש! אלא, אתיא מתרומה וחד מהנך, או מבכורים וחד מהנך. והא דתנן: דבש תמרים ויין תפוחים וחומץ סיתווניות ושאר [ב] מיני פירות של תרומה — רבי אליעזר מחייב קרן וחומש, ור' יהושע פוטר. במאי פליגי? — בדון מינה ומינה, ובדון מינה ואוקי באתרה קמיפלגי. דר' אליעזר סבר: דון מינה ומינה, מה בכורים — משקין היוצא מהן כמותן, אף תרומה נמי — משקין היוצא מהן כמותן. ומינה, מה בכורים — אפי' שאר מינין, אף תרומה נמי — אפילו שאר מינין. ורבי יהושע סבר: דון מינה, מה בכורים — משקין היוצאין מהן כמותן, אף תרומה — משקין היוצאין מהן כמותן. ואוקי באתרה, מה משקין דקדשים בתרומה תירוש ויצהר — אין, מידי אחרינא — לא. אף משקין היוצאין מהן כמותן, תירוש ויצהר — אין, מידי אחרינא — לא. והא דתנן: אין מביאין בכורים משקה אלא היוצא מן הזיתים ומן הענבים מני? רבי יהושע היא, דאמר: דון מינה ואוקי באתרה, וגמר להו לבכורים מתרומה. והא דתנן: אין סופגין את הארבעים משום ערלה, אלא על היוצא מן הזיתים ומן הענבים מני? רבי יהושע היא, דאמר: דון מינה ואוקי באתרה, וגמר להו לבכורים מתרומה והדר

רש"י

שרצים. איסור אכילתם בכעדשה, כטומאתן. דתני ר' יוסי בר' חנינא: "והבדלתם בין הבהמה הטהורה לטמאה" וגו' — פתח הכתוב באכילה, וסיים בטומאה, לומר לך: מה טומאה — בכעדשה, אף אכילה — בכעדשה. במעילה, בפרק "קדשי מזבח" (דף טז:). הילכך אי לא כתיב מיחוי בגופייהו, וליף מהנך, ה"א: לא מחייב אמיחויין בפחות מכזית. מה לשרצים. דין הוא שיהא מיחוי שלהן כמותן. שכן טומאתן. ואיסורן במשהו. החדש. קודם שקרב העומר, ועושה שכר מן השעורין. והשביעית. משקין היוצאין מהן נוהגת בהן שביעית, וחייבין בביעור כמותן. מהנך. חלב וחמץ ונבלה. שכן איסור הבא מאליו. ותינח למילף מינייהו טבל וחדש ושביעית וכלאי הכרם, אבל הקדש לא אתי מינייהו! בכורים. אין איסורן בא מאליו, שע"י שמפרישן הן קדושים. פרי. "מראשית כל פרי". תביא. "אשר תביא מארצך", דהוה ליה למיכתב "אשר מארצך". בכורים טעונין קרייה. "ארמי אובד אבי". והנחה. על הרצפה, "והנחתו לפני ה'". מה לתרומה ובכורים שכן חייבים עליהן מיתה. במזיד וחומש בשוגג, וכי פרכת: מה לתרומה שכן חייבין עליה מיתה וחומש ליכא למימר בכורים יוכיחו. מתרומה וחד מהנך. חמץ או נבלה דכי פרכת מה לתרומה שכן מיתה! — נבלה תוכיח. מה לנבלה שכן איסור הבא מאליו! — תרומה תוכיח. וחזר הדין, הצד השוה שבהן — שאסורין הן עצמן, ומשקין היוצאין מהן כמותן. אף אני אביא את אלו. סיתווניות. ענבים המתמלאין בגפנים בימות החורף, שאין מתבשלין לעולם, ועושין מהן חומץ. ושאר כל מיני פירות. חוץ מענבים וזיתים, שדרכן בכך. מחייב קרן וחומש. אם אכלן בשוגג. במאי קמיפלגי. הואיל דילפינן תרומה מבכורים למשקין היוצאין מהן כמותן? בדון מינה ומינה. דכל גזירות שוות ובנין אב שבתורה שאנו למדים דבר מחבירו, אי דיינינן ליה וגמרינן ליה לכל מילי. או "דון מינה" — מה שאנו צריכין לו, "ואוקי באתרה" — למילי אחרנייתא דמיפרשי בגופיה קמיפלגי. בכורים. מביאין מכל שבעת המינין. אף תרומה נמי. שהפרישה בפירות, כגון תמרים ותפוחים. כיון דתרומה נוהגת בפרי, אף על גב דאינה נוהגת במשקין שלהן אלא בתירוש ויצהר בלבד הנך משקין, כיון דמפירות תרומה אתו, הרי הן כתרומה. והאי "דון מינה ומינה" לאו דוקא קאמר, דהא תמרים ותפוחים גופייהו אין תרומתן מן התורה אלא מדברי סופרים. והכי הוא דקאמרינן: כיון דבמידי דאורייתא אית לן דון מינה ומינה, ואי הואי תרומת תמרים דאורייתא — הוה גמרי לה מבכורים למשקין היוצאין מהן כמותן. הכי נמי רבנן בדידהו, כעין דאורייתא תקון. ורבי יהושע סבר. אי נמי [ג] הוא דאורייתא לא הוין משקין היוצאין מהן כמותן, דאית לן "דון מינה (א) [א] ומינה ואוקי באתרה", "דון מינה" — למה שהיא צריכה ללמוד הימנה, דהיינו שיהו המשקין ממנה כמותה. ותו לא תדון מינה, אלא העמד אותה במקומה. תירוש ויצהר. כתיבי בה, ולא שאר משקין. והנך משקין דנהגו בה תרומה הוא דילפינן מבכורים, דאם קרא עליהן שם תרומה קודם שדרכן — נאסרין משקה היוצא מהן. אבל שאר משקין, דלא כתיבא בהו תרומה, אפילו היא כתיבא בפירות עצמן — לא. אין מביאין בכורים משקה. לגמרי משמע, אפילו הביא פירות ודרכן. דאי בדרוכין ועומדין, אפילו ענבים נמי לא, דהא אמרן "פרי אתה מביא, ואי אתה מביא משקה". רבי יהושע היא דאמר. גבי תרומה לא קדישי, דאית ליה "דון מינה ואוקי באתרה". וכיון דבתרומה לא מתסרי, הדר גמר לבכורים מינה. דהא דרבי רחמנא בהו "תביא" — זיתים וענבים הוא דרבי. אין סופגין. משום משקה הבא מפירות ערלה. רבי יהושע היא דאמר. בתרומה לא מיתסרי, ואתו בכורים גמרי מתרומה בהיקשא, דאיקרו "תרומה", ואתיא ערלה וגמר מבכורים מגזירה שוה.

מרטקא

תוספות

ליכתוב בשרצים וליתו הנך כו'. וכמה הלך חד מכולהו לא אתי, דחמץ מכולהו לא אתי — שלא היה להם שעת הכושר, וחלב נמי לא אתי מכולהו — שכן לא הותרו מכללן. אך קשה: דאתי נבלה מכולהו! ושמא לא הייתי אומר אלא לענין איסור אכילה, אבל לענין טומאת נבלת עוף טהור — לא, ואע"ג דאפקיה בלשון אכילה "לא יאכל לטמאה בה". היכא דלאו איסור הבא מאליו מנלן. וא"ת: בהי מבעיא ליה? דחדש ושביעית — איסור הבא מאליו, ואי טבל — הא יליף "חלול" "חלול" מתרומה בסוף "אלו הן הנשרפין" (סנהדרין דף פד.), ותרומה — ילפינן מבכורים, וכסמוך משמע דלריך למילף במה הלד. ואי כלאים — הא לא כתיב בהו אכילה, והקדש נמי לא כתיב ביה אכילה. ועוד: דאיכא למילף "חטא" "חטא" מתרומה. וי"ל: דלכלאים בעי, דאע"ג דלא כתיב בהו אכילה, סברא היא דלא אסרה תורה אלא כשהאיסור בעין. ולעיל דפריך "אלא חלב, אכילה כתיב ביה" — בלאו הכי ה"מ למיפרך, אלא כיון דכתב בה בהדיא אכילה, פריך מינה. וה"ר שמואל היה אומר: דגבי חלב שהמחהו — אי לא הוה כתיב ביה אכילה, הוה מחייבין, כיון שהוא גוף החלב. וכן החמץ, אלא שנמוח. אבל משקה היוצא מכלאים — אפילו לא כתיב בהו אכילה, כמאן דכתיב בהו דמי, שאין זה גוף הפרי. ומה שפירש בקונטרס: דכולהו קרי "איסור הבא מאליו", לבר מהקדש — אי אפשר לומר כן, אלא אכלאים קאמר, כדפירשתי. שאין זה איסור הבא מאליו, שע"י מעשה של זריעה נאסרין הכלאים, וגם העבירה היה בשעת זריעה. וא"ת: ושביעית היכי אתי מכולהו — דאית בהו לאו, ובשביעית עשה — כלה לחיה מן השדה כו'? וי"ל: דילפינן מטומאת שרצים, דלא שייך בהו לאו. הביא ענבים ודרכן כו'. אע"ג דשתיה בכלל אכילה בענבים וזיתים — לענין הבאת בכורים לא כתיבא אכילה, דתהוי שתיה בכלל [ד] פרי. מה לתרומה שכן חייב עליה מיתה וחומש. לרבי דאמר בסנהדרין (דף פג.): הזיד במעילה, במיתה — ע"כ לאו אהקדש בעי לעיל, כדפי' בקונט', דהא בהקדש נמי איכא מיתה וחומש לרבי. אלא אי מתרומה וחד מהנך כו'. פי': מנבלה ובכורים או תרומה, או משרצים ובכורים או תרומה. אבל לא כמו שפי' בקונטרס: חמץ ובכורים או תרומה — דמה להנך שכן יש בהן נטילת נשמה מיתה וכרת. וכן מחלב ותרומה או בכורים לא אתי — מהאי טעמא. דון מינה ומינה. פי' בקונטרס: דלאו דוקא. ומיהו אפשר דהוי דוקא, משום דגן שהמחהו, [ה] *דתרומת דגן דאורייתא. דרבי אליעזר מחייב דגן מדאורייתא, ושאר מינין מדרבנן. ורבי יהושע פוטר בדגן שהמחהו, דדון מינה ואוקי באתרה. תירוש ויצהר — אין, שאר מינין — לא, ואפילו דגן. ולהכי פטר נמי בשאר מינין, שאין להחמיר בהן יותר מדגן. אף תרומה אפילו שאר מינין. ואם תאמר: אכתי אימא דוקא שבעה מינים שהבכורים נוהגים בהן, ויין תפוחים מנלן? וי"ל: כיון דהויא אפילו במילי דרבנן, הויא בכולהו.

שיטה מקובצת

[א] פרי פרי אתה מביא. נ"ב עי' תוס' תמורה דף ד' ע"א: [ב] שאר מיני פירות. נ"ב נ"א מי פירות וכו': [ג] ור' יהושע סבר אי נמי הוא דאורייתא: [ד] אכילה דתהוי שתיה בכלל אלא פרי בצ"ל: [ה] משום דגן שהמחהו. נ"ב עי' תוס' בכורות דף נ"ד ע"א:

גליון הש"ס

גמ' דאיתקש לבכורים. עי' מנחות דף יח ע"ב תוס' ד"ה לחם.

הגהות מהר"ב רנשבורג

[א] רש"י ד"ה ור' יהושע סבר וכו' דאית לן דון מינה ומינה. מלת ומינה נמחק:

הגהות הב"ח

(א) רש"י ד"ה ור' יהושע כו' דון מינה ואוקי באתרה כצ"ל ותיבת ומינה נמחק:

מסורת הש"ס

תורה אור — דברים כו; שם יב

[לאו כולהו קאמר דהא חמץ וחלב לא אפשר כדאמרן אלא נבלה קאמרי. כ"כ הרשב"א בחדושיו]

[ערכין יח.]

[עי' תוס' מנחות טו. ד"ה לחם לאיקרי תודה ותוס' יבמות עג. ד"ה טעונין]

מעילה טז: [פסחים לו: יבמות עג: מכות יז.]

תרומות פי"א מ"ב ברכות לח.

[יבמות עח: ב"ק כה. סנהדרין עה: שבועות לא. זבחים לא: מנחות סב. קז. נדה מג:]

[תרומות פי"א מ"ג]

פסחים כד: תרומות פי"א מ"ג

[כבגון מלילות שריסקן וסחטן כלאותא שבת יט: וכ"כ תוס' בכורות נד. ד"ה ושני ע"ש]

והדר מייתי לה לערלה, "פרי" "פרי" מבכורים.§ "והאלל".§ מאי "אלל"? רבי יוחנן אמר: *מרטקא, ור"ל אמר: בשר שפלטתו סכין. מיתיבי: "ואולם אתם טופלי שקר רופאי אליל כולכם", בשלמא למאן דאמר מרטקא – היינו דלאו בר רפואה הוא, אלא למאן דאמר בשר שפלטתו סכין, בר רפואה הוא! באלל דקרא – דכ"ע לא פליגי, כי פליגי – באלל דמתניתין. ת"ש, *ר' יהודה אומר: האלל המכונס, אם יש כזית במקום אחד – חייבין עליו. ואמר רב הונא: והוא שכנסו. בשלמא למ"ד בשר שפלטתו סכין – היינו דכי איכא כזית מיחייב, אלא למ"ד מרטקא – כי איכא כזית מאי הוי? עץ בעלמא הוא! אליבא דר' יהודה לא פליגי, כי פליגי אליבא דרבנן. ר' יוחנן אמר: מרטקא נמי מצטרף, וריש לקיש אמר: דווקא בשר שפלטתו סכין, אבל מרטקא לא מצטרף. האי בשר שפלטתו סכין היכי דמי? אי דחשיב עליה – אפי' באנפי נפשיה מיטמא! ואי דלא חשיב עליה – בטוליה בטליה! רבי אבין ורבי מיישא, חד אמר: מקצתו חישב עליו, וחד אמר: מקצתו פלטתו חיה ומקצתו פלטתו סכין. *תנן התם: החרטום והצפרנים – מיטמאין ומטמאין ומצטרפין. חרטום – עץ בעלמא הוא! אמר רבי אלעזר: בחרטום התחתון. תחתון נמי עץ בעלמא הוא! אמר רב פפא: תחתון של עליון. "צפרנים" – אמר רבי אלעזר: מקום המובלעים בבשר. "קרניים" – אמר רב פפא: במקום שחותכין ויוצא מהן דם.§ "כיוצא בו השוחט בהמה".§ אמר רבי אסי, שונין: ישראל בטמאה וגוי בטהורה – צריכין מחשבה והכשר א] מים ממקום אחר. הכשר למה לי? סופו לטמא טומאה חמורה, וכל שסופו לטמא טומאה חמורה לא בעי הכשר. דתני דבי רבי ישמעאל: "וכי יותן מים על זרע" מה *זרעים שאין סופן לטמא טומאה חמורה צריכין הכשר, אף כל שאין סופו לטמא טומאה חמורה צריך הכשר. ותניא, א"ר יוסי: מפני מה אמרו נבלת עוף טהור צריכה מחשבה ואינה צריכה הכשר – מפני שסופה

רש"י

מרטקא. גיד השדרה והצואר, והוא רחב ולבן וקשה מאד, וקורין אותו ייבו"ל. בשר שפלטתו סכין. כשמפשיטין את הבהמה, פעמים שהסכין פולט מן הבשר אצל העור, ולא חשיב. ולקמיה פריך: היכי דמי? דאצרופי מצרף, ובאפי נפשיה אין מקבל טומאה? ואולם אתם טופלי שקר. איוב אמר לחביריו: מחברי דברי שקר אתם, ודבר שאין בו רפואה אתם אומרין לרפואתי. ומרטקא משנפסק, אין לו רפואה להתחבר עוד. בשר שפלטתו סכין בר רפואה הוא. המדלדל בשר מן החי, פעמים שקושרין אותו במקומו והוא נדבק ומעלה ארוכה. המכונס. הנאסף יחד ב] יפה. חייבין עליו. משום נבלה, בין שאוכלו בין שנוגע בו, ונכנס למקדש. ופליג אמתני' דקתני: אבל לא טומאת נבלות. והוא שכנסו. דאחשביה ג], וגלי דעתיה דלא בטליה מעיקרא. אבל מתכנס מאליו, או ע"י תינוקות שלא במתכוין – לא פליג ר' יהודה דליהוי נבלה. בשלמא למ"ד. "אלל" היינו בשר שפלטתו סכין – היינו דמחייב, דאיכא למימר: כיון דכנסו אחשביה, והדר למילתיה וגלי דעתיה דלא בטליה מעיקרא. באלל דר' יהודה לא פליגי. דודאי רבי יהודה א"בשר שפלטתו סכין" קאי. ורבי יוחנן נמי מודי דבשר שפלטתו סכין ד] איקרי "אלל", ובמרטקא הוא דפליגי. ולת"ק ר' יוחנן אמר מרטקא נמי מיקרי "אלל", כדאשכחן בקרא, ו"אלל" דמתני' דקאמר מצטרף בכולהו אלל קאמר ובאפי נפשייהו לא מיטמו. ואתא רבי יהודה למימר: באלל מרטקא מודינא דלא הוי בשר באנפי נפשיה לענין נבלות. אבל ה] בשר שפלטתו סכין, אם חזר וכינסו – גלי אדעתיה דלא בטליה, וחייבין עליו משום נבלה. אבל מרטקא לא מצטרף. דעץ בעלמא הוא. אי דחשיב עליה. אפילו בתר הכי. באנפי נפשיה. נמי ליטמא טומאת אוכלין, דקי"ל דמחשבה ו] שויא אוכלא כל מידי דחזי למיכליה, ואע"ג דלאו אורחיה, כדאמרן בפרק "בהמה המקשה" (לעיל דף עז:): עור שמלקו ושליא שחישב עליה – מטמא טומאת אוכלין. ונהי דתו לא הדר הוי בשר לענין טומאת נבלות, דהא נעשה עור בבטולו הראשון, אבל *לאוכלו מיהא הוי לטמא טומאת אוכלין, אם נגע בשרץ, דלא גרע מעור שמלקו. *מקצתו חישב עליו. ולא פי' איזה קצת. הלכך, כבולה מיניה לא מקבל טומאה – דהא לא חישב על כולו. אבל כי מצטרף בהדי שאר אוכלין – מצטרף ההוא קצת מחשבה דאית ביה לאשלומי שיעורא. פלטתו חיה. נשכה כלב ודלדל מן הבשר לצד העור, ואח"כ שחטה והפליט גם הסכין עוד, ואין ידוע אי זה מהן פלטה חיה ואיזה סכין. וההוא דפלטתו חיה – לא בטיל מספקא, וההוא דסכין – בטליה מדעת. וכולה, בדלא חשיב עליה. הלכך, כי הוי בהדי שאר אוכלין – מצטרף ההוא קצת דחיה בהדייהו, ולטומאת נבלות – לא. ואע"ג דפלטתו חיה – דמתניתין רבי עקיבא היא, דאמר: העור מבטלו מטומאת נבלות, ואפילו פלטתו חיים, לקמן (דף קכב.). תנן התם. במסכת טהרות (פ"א מ"ב) בסדר טהרות גבי נבלת עוף טהור. החרטום. בי"ק בלע"ז. מיטמאין. אם קבלו טומאה מן הארץ (א) אלו נעשין יד להביאו ולהוציא טומאת עוף אין לו טומאת מגע משום נבלה אלא קבלה מאחרים. שהרי אין לך אלא האמור בה, טומאת אכילה לטמא בבית הבליעה. ומצטרפין. לכביצה. תחתון של עליון. קליפת רלועה דקה יש בתוך הפה דבוקה לחרטום בעליון לארכו. צפרנים. היכא הוו אוכל. מקום המובלע בבשר. שרשי הצפרנים. השוחט בהמה טמאה לגוי. הא פרשית לה (לעיל קיז:): דכיון דדכוותה בשחיטת ישראל בטהורה משויא לה אוכלא בעודה מפרכסת. ולישראל שריא, דהא בשחיטה תליא ז] להו מילתא – השתא נמי, הואיל וישראל שחטה שחיטה מעליא. אע"ג דבטמאה לא שייכא שחיטה, ולגוי לא משתרי עד שתמות, דאבר מן החי הוא לגביה – אפ"ה, מהניא מחשבת ישראל ח] להאכילה לגוי לשויה אוכלא בעודה מפרכסת. וכ"ש טהורה, שאוכל היתר גמור הוא בעודה מפרכסת. והא דאמרינן: *אסור לאכול מבהמה קודם שתצא נפשה – מדרבנן הוא. וכן גוי בטהורה תניא נמי לקמן, דהואיל וטהורה היא, ואשכחן היתר בטהורה ט] מפרכסת כששחטה ישראל – השתא נמי כי שחטה גוי, הויא אוכל לטמא טומאת אוכלין מן הארץ. שאם תחזור ותגע באוכלין אחרים קודם שתמות ותעשה נבלה – תטמאם. י] אבל ישראל בטהורה – אין צריכה מחשבה, וגוי בטמאה – לא מהניא לה מחשבה בעודה מפרכסת, דלא אשכחן היתר בדכוותה. שונים. יש תנאים ששונים שישראל בטמאה צריך מחשבה להאכילה לגוי, ואי לא חישב – לא הויא אוכל עד שתמות. והכשר. וכן גוי בטהורה. והכשר מים. ממקום אחר. דדם שחיטה דילה לא מכשר לה דלא איקרי "משקה" אלא "דם חללים", כדאמרינן ב"השוחט" (לעיל דף לה:). ומיהו דם שחיטה הוגנת – מכשיר, דאיתקש למים, דכתיב: "על הארץ תשפכנו כמים", כדאמרינן ב"השוחט" (שם). אבל דגוי – לאו "דם שחיטה" הוא, ולא "דם חללים" הוא, והוי כדם מגפתו וכדם המת. ד"חלל" לא מיקרי אלא על ידי גיסטרא ומגואר, כדאמרינן בסוטה (דף *): לתת אותך על צוארי חלל רשע. הרי סופה לטמא טומאה חמורה. אדם וכלים כבזית, ואפילו במשא כשתמות. זרעים. אינן נעשין אב הטומאה עולמית, ואפילו נגעו במת שהוא אבי אבות, ואינן נעשין אב א] לטמא אדם וכלים. דמהיכא נפקא דנוגע במת מטמא אדם? מהאי קרא דכתיב (במדבר יט): "וכל אשר יגע בו הטמא יטמא, והנפש הנוגעת" באותו טמא "תטמא עד הערב". וכי כתיב האי קרא – בדבר שיש לו טהרה בהזאה ובטבילה כתיב. דכתיב לעיל מיניה: "והזה הטהור על הטמא" וגו', ובההוא טמא קאי "והנפש הנוגעת" – יצאו אוכלין ומשקין וכלי חרס, הואיל ואין להם טהרה במקוה, אין נעשין אב הטומאה. נבלת עוף טהור צריכה מחשבה. לקבל טומאת אוכלים מן הארץ. שאם לא חישב עליה לאוכלה – אינה מקבלת טומאה. ואם חזרה ונגעה באוכלים – לא טמאתו. ואינה צריכה הכשר. משנה היא במסכת טהרות (פ"א מ"א): שלשה עשר דברים נאמרו בעוף טהור, וזו אחת מהן. שסופה

תוספות

והדר מייתי [לה] לערלה פרי פרי מבכורים. וא"ת: דבפ' "כל שעה" (פסחים כד:) פשיט מהך משנה דכל איסורים שבתורה אין לוקין עליהם אלא כדרך הנאתן, והכא קאמר משום דגמר לה מבכורים? *וי"ל: דרבוי דהכא לריכי, דלא נימא זיעה בעלמא הוא.

מרטקא. פי' ר"ח: בשר מת, וכן נראה לר"ת. ולא כפי' הקונטרס שפי': גידי הצואר, מדאמרינן פרק "כל הפסולים" (זבחים דף לה.): פגל באלל – נתפגלה מוראה, פגל במוראה – לא נתפגלה אלל. ובעוף אין גידי צואר קשין, ומוראה לא שייך אלא בעוף. ולמאן דמפרש בשר שפלטתו סכין – לא קשה ליה מהתם, דהא אמרי' בסמוך דלכ"ע מרטקא נמי הוי אלל. ר' יהודה אומר חייבים עליו. הא דלא קאמר: "מטמא טומאת נבלות" – דלא תימא: מדרבנן, להכי קאמר "חייבין עליו".

והוא שכנסו. תימה: מה שייכא מחשבה לאיסור? דגבי טומאה שייך לחלק, דאי מבטל ליה – עץ בעלמא הוא, אבל (ב) משום דבטליה – לא משתרי באכילה! לכך נראה ד"חייבין עליו" לא איירי לענין אכילה, דלא לריך כנסו אלא לענין אם נכנס למקדש, כמו שפי' בקונטרס בלשון אחר. והא דלא נקט "טמא" – דלא תימא: מדרבנן, כדפי'. וכן נראה: דאי אאכילה – הא כיון דאכלו, אין לך כינוס גדול מזה.

ורבי יוחנן אמר יא] אף מרטקא מצטרף. ולאו בכה"ג דהוי שומר – דא"כ, מ"ט דר"ל (ג) יב] עור ועלם מלטרפים משום שומר, ולירוף שומר מקראי דרשינן לעיל (דף קיח.)? אלא מיירי כגון שיש בראשו כזית בשר, דאע"ג דלא הוי שומר – מלטרף, דראוי הוא שיאכל אגב בשר. וריש לקיש סבר דלא מלטרף – דאין ראוי לאכילה, דעץ בעלמא הוא.

ה"ג במשנה בטהרות: החרטום והצפרנים מטמאין כו'. ולא גרסינן בה "קרניים", וקרניים דמפרש בה רב פפא בסמוך – אמתני' דהכא קאי. הואיל

עין משפט נר מצוה

לא א מיי' פ"ג מהל' טומאת אוכלין הל' ג:

עי' ר"מ שכתב שתוס' שלפנינו חסר ולוי אפשר לייסב רק כל מעיינות בפסחים תמלא מבואר הכל על נכון

לב ב ג מיי' פ"ג שם הל' ד ופ"א מהל' שאר אבות הטומאות הלכה ח:

לג ד מיי' פ"ג מהלכות טומאת אוכלין הל' ג:

לד ה ו מיי' שם הל' ג:

לה ז מיי' שם הל' ג:

שיטה מקובצת

א] והכשר ממקום אחר: ב] המכונס הנאסף יחד הס"ד ותיבת יפה נמחק: ג] והוא שכנסו דאחשביה וכו' אבל נתכנס מאליו כגון ע"י תינוקות. וג"ב ב"א בס"י כגון שלא במתכוון או ע"י תינוקות וכו': ד] דבשר שפלטתו סכין נמי איקרי אלל: ה] לענין נבלות אבל באלל שפלטתו סכין: ו] דקי"ל דמחשבה משויא אוכלא: ז] דהא בשחיטה תליא מלתא השתא נמי: ח] אפ"ה מהניא מחשבת ישראל שחשיב להאכילה לנכרי לשוויה אוכלא: ט] במפרכסת כי שחטה ישראל השתא נמי: י] נבלה תטמאם הס"ד ומה"ד שונים יש כו' בטהורה אבל ישראל בטהורה אין צריכה מחשבה כו' דלא אשכחן היתר בדכוותה הס"ד ומה"ד והכשר: יא] ור' יוחנן אמר מרטקא נמי מצטרף: יב] דר"ל הא עור ועצם:

הגהות מהר"ב רנשבורג

רש"י ד"ה זרעים וכו' ואינן נעשין אב הטומאה לטמא אדם וכו' נ"ב:

הגהות הב"ח

(א) רש"י ד"ה מיטמאין וכו' מן הארץ אפי' הן נעשין יד: (ב) תוס' ד"ה והוא שכנסו וכו' אבל גבי איסור משום דבטליה לא: (ג) ד"ה ור' יוחנן וכו' מ"ט דר"ל הלא עור ועצם:

מסורת הש"ס

[גי' הערוך מדרקא ע"ש ערך אלל]

איוב יג

לעיל קיז:

טהרות פ"א מ"ב

ויקרא יא

נה. כריתות כא. זבחים קה.

נ"ל אוכלא

עיין רש"ל שהעתיק גליון מהרש"י ישן

[סנהדרין סג.]

[מה: כדכתיב ביחזקאל כ"א לתת אותך אל צוארי חללי רשעים כל"ל ועי' תוס' לעיל לה: ד"ה דם]

שֶׁסּוֹפָהּ לְטַמֵּא טוּמְאָה חֲמוּרָה! אָמַר חִזְקִיָּה: הוֹאִיל וְיָכוֹל לְגוֹרְרָהּ וּלְהַעֲמִידָהּ עַל פָּחוֹת מִכַּזַּיִת. א"ל ר' יִרְמְיָה לְרַבִּי זֵירָא: וּמִי אָמַר חִזְקִיָּה הָכִי? וְהָא אִיתְּמַר, שָׁחַט בָּהּ שְׁנַיִם אוֹ רוֹב שְׁנַיִם וַעֲדַיִין הִיא מְפַרְכֶּסֶת. חִזְקִיָּה אָמַר: אֵינָהּ לְאֵבָרִים, ר' יוֹחָנָן אָמַר: יֶשְׁנָהּ לְאֵבָרִים. חִזְקִיָּה אָמַר אֵינָהּ לְאֵבָרִים – מֵתָה הִיא. רַבִּי יוֹחָנָן אָמַר יֶשְׁנָהּ לְאֵבָרִים – לָאו מֵתָה הִיא! א"ל: יָצְתָה מִכְּלַל חַיָּה, וְלִכְלַל מֵתָה לֹא בָּאת. גּוּפָא, שָׁחַט בָּהּ שְׁנַיִם אוֹ רוֹב שְׁנַיִם וַעֲדַיִין הִיא מְפַרְכֶּסֶת. חִזְקִיָּה אָמַר: אֵינָהּ לְאֵבָרִים. ר' יוֹחָנָן אָמַר: יֶשְׁנָהּ לְאֵבָרִים. אָמַר ר' אֶלְעָזָר: נְקוֹט לְהָא דְּר' יוֹחָנָן בִּידָךְ, דְּתָנֵי רַב אוֹשַׁעְיָא כְּווֹתֵיהּ. דְּתָנֵי רַב אוֹשַׁעְיָא: *איִשְׂרָאֵל שֶׁשָּׁחַט בְּהֵמָה טְמֵאָה לְגוֹי, שָׁחַט בָּהּ שְׁנַיִם אוֹ רוֹב שְׁנַיִם וּמְפַרְכֶּסֶת – א] מְטַמְּאָה טוּמְאַת אוֹכָלִין, אֲבָל לֹא טוּמְאַת נְבֵלוֹת. אֵבֶר הַפּוֹרֵשׁ מִמֶּנָּה – כְּפוֹרֵשׁ מִן הַחַי, וּבָשָׂר הַפּוֹרֵשׁ מִמֶּנָּה – כְּבָשָׂר הַפּוֹרֵשׁ מִן הַחַי, וְאָסוּר לִבְנֵי נֹחַ, וַאֲפִי' לְאַחַר שֶׁתֵּצֵא נַפְשָׁהּ. בשָׁחַט בָּהּ אֶחָד אוֹ רוֹב אֶחָד – אֵינָהּ מְטַמְּאָה טוּמְאַת אוֹכָלִין, גנְחָרָהּ – אֵין בָּהּ טוּמְאָה שֶׁל כְּלוּם. דוְגוֹי שֶׁשָּׁחַט בְּהֵמָה טְהוֹרָה לְיִשְׂרָאֵל וּמְפַרְכֶּסֶת – מְטַמְּאָה טוּמְאַת אוֹכָלִין, אֲבָל לֹא טוּמְאַת נְבֵלָה. אֵבֶר הַפּוֹרֵשׁ מִמֶּנָּה – כְּפוֹרֵשׁ מִן הַחַי, וּבָשָׂר הַפּוֹרֵשׁ מִמֶּנָּה – כְּפוֹרֵשׁ מִן הַחַי. וְאָסוּר לִבְנֵי נֹחַ, וַאֲפִילּוּ לְאַחַר שֶׁתֵּצֵא נַפְשָׁהּ. שָׁחַט בָּהּ אֶחָד אוֹ רוֹב אֶחָד – אֵינָהּ מְטַמְּאָה טוּמְאַת אוֹכָלִין. נְחָרָהּ – אֵין בָּהּ טוּמְאָה שֶׁל כְּלוּם. *השָׁחַט גּוֹי בְּמָקוֹם שֶׁאֵין עוֹשֶׂה אוֹתָהּ טְרֵפָה, וּבָא יִשְׂרָאֵל וּגְמָרָהּ – כְּשֵׁרָה. שָׁחַט יִשְׂרָאֵל, בֵּין בְּמָקוֹם שֶׁעוֹשֶׂה אוֹתָהּ טְרֵפָה וּבֵין בְּמָקוֹם שֶׁאֵין עוֹשֶׂה אוֹתָהּ טְרֵפָה, וּבָא גּוֹי וְגָמַר – שְׁחִיטָתוֹ פְּסוּלָה. *והָרוֹצֶה שֶׁיֹּאכַל מִבְּהֵמָה קוֹדֶם שֶׁתֵּצֵא נַפְשָׁהּ – חוֹתֵךְ כַּזַּיִת בָּשָׂר מִבֵּית שְׁחִיטָתָהּ, וּמוֹלְחוֹ יָפֶה יָפֶה וּמְדִיחוֹ יָפֶה יָפֶה, וּמַמְתִּין לָהּ עַד שֶׁתֵּצֵא נַפְשָׁהּ, וְאוֹכְלוֹ. אֶחָד גּוֹי וְאֶחָד יִשְׂרָאֵל מוּתָּרִין בּוֹ. מְסַיַּיע לֵיהּ לְרַב אִידִי בַּר אָבִין, דְּאָמַר רַב אִידִי בַּר אָבִין, א"ר יִצְחָק בַּר אַשְׁיָין: הָרוֹצֶה שֶׁיַּבְרִיא – חוֹתֵךְ כַּזַּיִת בָּשָׂר מִבֵּית שְׁחִיטָה, וּמוֹלְחוֹ יָפֶה יָפֶה וּמְדִיחוֹ יָפֶה יָפֶה, וּמַמְתִּין לָהּ עַד שֶׁתֵּצֵא נַפְשָׁהּ, אֶחָד גּוֹי וְאֶחָד יִשְׂרָאֵל מוּתָּרִים בּוֹ. בָּעֵי ר' אֶלְעָזָר: שָׁהָה בָּהּ, דָּרַס בָּהּ, מַהוּ? א"ל הַהוּא סָבָא: הָכִי א"ר יוֹחָנָן, צְרִיכָה הֶכְשֵׁר שְׁחִיטָה כִּבְהֵמָה טְהוֹרָה. הֶכְשֵׁר לְמַאי? אָמַר רַב שְׁמוּאֵל בַּר יִצְחָק: בְּדִיקַת סַכִּין. בְּעָא מִינֵּיהּ רַבִּי זֵירָא מֵרַב שֵׁשֶׁת: מַהוּ שֶׁתַּצִּיל עַל הַבְּלוּעִין שֶׁבְּתוֹכָהּ? א"ל: מְטַמְּאָה טוּמְאַת אוֹכָלִין, וּמַצֶּלֶת? א"ל: אֵינָהּ מְטַמְּאָה טוּמְאַת נְבֵלוֹת, וְלֹא תַּצִּיל? אָמַר אַבַּיֵי: זאֵינָהּ מַצֶּלֶת עַל הַבְּלוּעִים שֶׁבְּתוֹכָהּ – דְּהָא מְטַמְּאָה טוּמְאַת אוֹכָלִין, חוְהָרוֹבְעָהּ חַיָּיב – דְּהָא אֵינָהּ מְטַמְּאָה טוּמְאַת נְבֵלָה.§ "רַבִּי יְהוּדָה אוֹמֵר הָאֲלָל" [וכו'].§ אָמַר רַב הוּנָא: טוְהוּא שֶׁכְּנָסוֹ. וְאָמַר רַב הוּנָא: ישְׁנֵי חֲצָאֵי זֵיתִים שֶׁיֶּשְׁנָן עַל גַּבֵּי הָעוֹר – הָעוֹר מְבַטְּלָן.

אַלִּיבָּא

שֶׁסּוֹפָהּ לְטַמֵּא טוּמְאָה חֲמוּרָה. אָדָם וּבְגָדִים, אִם יֹאכְלֶנָּה. הִילְכָּךְ, אֵינָהּ צְרִיכָה הֶכְשֵׁר – דִּלְאו מִיפְּסִין מַזְרִיעִים, וְטוּמְאָה ב] דְּמַחְשָׁבָה: מִשּׁוּם דִּסְתָמָא לָאו לַאֲכִילָה קַיְימָא, וּבִכְפָרִים קַיְימִינַן, שֶׁאֵין רְגִילִים לֶאֱכוֹל עוֹפוֹת. אֲבָל בִּכְרַכִּים תְּנַן ג] (עוקצים פ"ג משנה ג) דְּאֵין צְרִיכִין מַחְשָׁבָה – דִּסְתָמָא לַאֲכִילַת גּוֹיִם עוֹמֶדֶת. אָמַר חִזְקִיָּה. שָׁאנֵי מַתְנִיתִין דִּמְפַרְכֶּסֶת קַיְימִינַן, שֶׁעֲדַיִין אֵין בָּהּ טוּמְאָה חֲמוּרָה. וְסוֹפָהּ נַמִי – שֶׁמָּא לֹא תָּבֹא לִידֵי טוּמְאָה חֲמוּרָה, שֶׁהֲרֵי הוּא יָכוֹל לְגוֹרְרָהּ לְגִירוּרִים דַּקִּים פְּחוּתִים, פְּחוּתִים מִכַּזַּיִת, עַד שֶׁתִּכְלֶה כּוּלָּהּ, וְשׁוּב לֹא תְּטַמֵּא טוּמְאַת נְבֵלוֹת. אֲבָל נִבְלַת עוֹף טָהוֹר – כְּבָר מֵתָה, וּרְאוּיָה לְטַמֵּא טוּמְאָה חֲמוּרָה. וּמִי אָמַר חִזְקִיָּה הָכִי. אַלְמָא סְבִירָא לֵיהּ לְחִזְקִיָּה הָא דִּתְנַן דְּאֵין טוּמְאַת נְבֵלוֹת בִּמְפַרְכֶּסֶת. שָׁחַט בָּהּ. בִּטְמֵאָה. אֵינָהּ לְאֵבָרִים. אֵין בֶּן נֹחַ מוּזְהָר עָלֶיהָ מִשּׁוּם אֵבֶר מִן הַחַי. וכ"ש בִּטְהוֹרָה – דְּלֵיכָּא מִידֵּי דְּלְיִשְׂרָאֵל שָׁרֵי וּלְגוֹי אָסוּר, וַאֲפִילּוּ רַבִּי יוֹחָנָן מוֹדֶה בָּהּ בִּטְהוֹרָה. א"ל. מוֹדֶה חִזְקִיָּה דְּאֵינָהּ מְטַמְּאָה כִּנְבֵלָה, וְאַעַ"פ שֶׁמּוּתֶּרֶת לִבְנֵי נֹחַ – דְּיָצְאָה מִכְּלַל חַיָּה, וְלִכְלַל מֵתָה לֹא בָּאת, וּבְטוּמְאַת נְבֵלוֹת כְּתִיב "וְכִי יָמוּת". דְּתָנֵי רַב אוֹשַׁעְיָא כְּווֹתֵיהּ. דַּאֲסוּרָה לִבְנֵי נֹחַ. מְטַמְּאָה טוּמְאַת אוֹכָלִין. אִם נָגְעָה בְּשֶׁרֶץ וְחָזְרָה וְנָגְעָה בָּאוֹכָלִין, הוֹאִיל וְיִשְׂרָאֵל שְׁחָטָהּ שְׁחִיטָה מְעַלְיָיתָא וְחִישֵּׁב עָלֶיהָ לַאֲכִילָה לְגוֹי, כִּדְפָרֵישִׁית לְעֵיל. כְּפוֹרֵשׁ מִן הַחַי. וּמְטַמֵּא מִיָּד כְּאֵבֶר מִן הַנְּבֵלָה, דְּאָמְרִי' בְּהַאי פִּירְקָא (לקמן דף קכח:): אֵבֶר מִן הַחַי מְטַמֵּא כִּנְבֵלָה. וּבָשָׂר הַפּוֹרֵשׁ מִמֶּנָּה כְּפוֹרֵשׁ מִן הַחַי. אֵין בּוֹ טוּמְאָה, דְּבָשָׂר הַפּוֹרֵשׁ מִן הַחַי – טָהוֹר. וּלְהָכִי הָוֵי ד] כְּמִן הַחַי, שֶׁאָסוּר לִבְנֵי נֹחַ. אֲפִילּוּ לְאַחַר שֶׁתֵּצֵא נַפְשָׁהּ. הוֹאִיל וְנֶחְתַּךְ מֵחַיִּים, וְהַיְינוּ כְּר' יוֹחָנָן. שָׁחַט בָּהּ אֶחָד אֵינָהּ מְטַמְּאָה טוּמְאַת אוֹכָלִין. דְּלָא אַשְׁכְּחַן הֶיתֵּר אֲכִילָה בִּדְנְוָותָהּ, לֹא לְיִשְׂרָאֵל וְלֹא לִבְנֵי נֹחַ, וְכֵן בִּנְחָרָהּ וְעוֹדָהּ מְפַרְכֶּסֶת. מְטַמְּאָה טוּמְאַת אוֹכָלִין. הוֹאִיל וְיֵשׁ הֶיתֵּר אֲכִילָה בִּדְוגְמָתָהּ אִם שְׁחָטָהּ יִשְׂרָאֵל, הָשְׁתָּא נַמִי מְהַנְּיָא לָהּ הַךְ מַחֲשֶׁבֶת גּוֹי לְצוֹרֶךְ יִשְׂרָאֵל לְשַׁוּוֹיֵיהּ אוֹכֶל. בְּמָקוֹם שֶׁאֵין עוֹשֶׂה אוֹתָהּ טְרֵפָה. כְּגוֹן חֲצִי קָנֶה. שָׁחַט יִשְׂרָאֵל. וְגָמַר גּוֹי, הוֹאִיל וּגְמָרוֹ בְּיַד גּוֹי – טְרֵפָה. יָפֶה יָפֶה. יוֹתֵר מִבָּשָׂר אַחֵר, מִפְּנֵי שֶׁלֹּא הִסְפִּיק דָּמוֹ לָצֵאת, וּכְשֶׁחוֹתְכוֹ נִבְלָע בְּתוֹכָהּ, לְפִי שֶׁכְּשֶׁהַבְּהֵמָה מוֹצִיאָה נִשְׁמָתָהּ הִיא מִתְחַמֶּמֶת, וּמוֹצִיאָה דָּמָהּ יָפֶה. וּמַמְתִּין לָהּ עַד שֶׁתֵּצֵא נַפְשָׁהּ. כִּדְתַנְיָא בְּ"אַרְבַּע מִיתוֹת" (סנהדרין דף סג.): מִנַּיִן לָאוֹכֵל מִבְּהֵמָה קוֹדֶם שֶׁתֵּצֵא נַפְשָׁהּ שֶׁהוּא בְּלֹא תַעֲשֶׂה? שֶׁנֶּאֱמַר: "לֹא תֹאכְלוּ עַל הַדָּם", וְאַסְמַכְתָּא דְּרַבָּנַן בְּעָלְמָא הִיא. אֶחָד גּוֹי וְאֶחָד יִשְׂרָאֵל מוּתָּרִים בּוֹ. דְּהוֹאִיל וּמוּתָּר לְיִשְׂרָאֵל, הוּתַּר אַף לְגוֹי. דְּלֵיכָּא מִידֵּי דְּלְיִשְׂרָאֵל שָׁרֵי וּלְגוֹי אָסוּר. אֲבָל הָנָךְ דִּלְעֵיל, שְׁחִיטַת טְמֵאָה וְכֵן שְׁחִיטַת גּוֹי בִּטְהוֹרָה – אֵין בָּהּ הֶיתֵּר לְיִשְׂרָאֵל, וּלְגוֹי נַמִי לָא מִשְׁתַּרְיָא, דְּחַיָּה הִיא. הָא דְּקָתָנֵי שֶׁאַף הַגּוֹי מוּתָּר בּוֹ. מְסַיַּיע לֵיהּ לְרַב אִידִי. שֶׁיַּבְרִיא. בָּשָׂר זֶה טוֹב לִרְפוּאָה. בָּעֵי רַבִּי אֶלְעָזָר. ה] מַתְנִיתִין דְּיִשְׂרָאֵל בִּטְמֵאָה וְגוֹי בִּטְהוֹרָה, דְּטַעְמָא דִּמְשַׁוֵּינַן לָהּ אוֹכְלָא מִשּׁוּם שְׁחִיטָה הִיא, דְּהָא נְחָרָהּ אֵין בָּהּ טוּמְאָה. שָׁהָה בָּהּ אוֹ דָּרַס מַהוּ. מִי הָוֵי כִּנְחִירָה וְלֹא מְטַמְּאָה? כִּבְהֵמָה טְהוֹרָה. כְּאִילּוּ מְטַהֲרָהּ לַאֲכִילָה. לְמַאי. הִלְכְתָא קָא דָּיֵיק כּוּלֵּי הַאי "הֶכְשֵׁר שְׁחִיטָה בִּטְהוֹרָה"? מַהוּ שֶׁתַּצִּיל עַל הַבְּלוּעִין שֶׁבְּתוֹכָהּ. יִשְׂרָאֵל בִּטְמֵאָה וְגוֹי בִּטְהוֹרָה, וּמְפַרְכֶּסֶת, וּבָלְעָה כֵּלִים בְּחַיֶּיהָ, וַהֲרֵי הִיא בְּאֹהֶל הַמֵּת, מַהוּ שֶׁתַּצִּיל עֲלֵיהֶן? כִּדְאָמְרַן בִּ"בְהֵמָה הַמַּקְשָׁה" (לעיל דף עא.): בָּלְעָה טַבַּעַת טְהוֹרָה וְנִכְנְסָה לְאֹהֶל הַמֵּת – לֹא נִטְמֵאת. הָכָא מַאי? כֵּיוָן דְּאֵינָהּ מְטַמְּאָה טוּמְאַת ו] נְבֵלוֹת – חַיָּה הִיא, (א) אוֹ דִּילְמָא כֵּיוָן דִּמְטַמְּאָה טוּמְאַת אוֹכָלִין – אֵינָהּ מַצֶּלֶת, דְּלָאו בָּלוּעַ הוּא. וּבְיִשְׂרָאֵל בִּטְהוֹרָה לָא מִיבַּעְיָא לָן – דְּוַדַּאי אֵינָהּ מַצֶּלֶת, הוֹאִיל וְאַף בַּאֲכִילָה מוּתֶּרֶת. וְגוֹי בִּטְמֵאָה – פְּשִׁיטָא לָן דְּמַצֶּלֶת, הוֹאִיל וְאֵין בָּהּ טוּמְאָה שֶׁל כְּלוּם, אַלְמָא מֵתָה הִיא. וּמַצֶּלֶת. בְּחַיֶּיהָ. א"ל מְטַמְּאָה טוּמְאַת אוֹכָלִין. אַלְמָא מֵתָה הִיא, אַלְמָא חַיָּה הִיא. אָמַר אַבַּיֵי אֵינָהּ מַצֶּלֶת כו'. לְחוּמְרָא. חַיָּיב. מִיתָה בְּמֵזִיד וְחַטָּאת בְּשׁוֹגֵג. וְהוּא שֶׁכְּנָסוֹ. דִּגְלֵי דַּעְתֵּיהּ דְּלָא בַּטְלֵיהּ מֵעִיקָּרָא. אֲבָל נִתְכַּנֵּס מֵאֵלָיו ז], כְּמוֹ שֶׁכְּנָסוּהוּ תִּינוֹקוֹת אַחַר הַפֶּשֶׁט – לָא, הוֹאִיל וּבָטֵל מִתְּחִלָּה וְנַעֲשָׂה עוֹר, תּוּ לָא הָדַר הָוֵי בָּשָׂר. דִּלְטוּמְאַת אוֹכָלִין הוּא דְּמַהְנְיָא מַחֲשָׁבָה לְשַׁוּוֹיֵיהּ אוֹכְלָא, דַּאֲפִילּוּ עוֹר שֶׁשְּׁלָקוֹ מְטַמֵּא טוּמְאַת אוֹכָלִין אַחֲרֵי שֶׁעֲשָׂאוֹ רַךְ. אֲבָל לְשַׁוּוֹיֵיהּ בָּשָׂר – לָא.

פְּלוּגְתָּא

הואיל ויכול לגוררה ולהעמידה על פחות מכזית. פי"ה: שיכול לחותכה בחתיכות קטנות פחותות מכזית בעודה מפרכסת. ולא היה צריך לפרש כן, אלא אפילו חתיכות גדולות, ובלבד שלא יהיו אברים. דבשר מן החי לא מטמא, כדאמר לקמן בפרקין (דף קכח:). ועל הנבלה הוא דקאמר דצריך שישייר ויעמיד על (טומאה) פחות מכזית.

ולהעמידה על פחות מכזית. וא"ת: השתא נמי סופו לטמא טומאה חמורה, כיון דאילו מצטרף ליה עם חלי זית אחר – מטמא, כדאמר פ' "דם שחיטה" (כריתות דף כא.)! וי"ל: דהתם בנבלה שמתה לגמרי מהני צירוף. אבל הכא, הואיל וסופו לטמא טומאה חמורה אחר שתמות, שילרפנה לכזית – לא אמרי'. **ומי** אמר חזקיה הכי. דחזקיה ניחא ליה לאקשויי, אע"ג דהוי מלי לאקשויי בלאו הכי ממתניתין דקתני "אבל לא טומאת נבילות" לחזקיה דאמר מתה היא.

נחרה אין בה טומאה של כלום. היינו נמי אין מטמאה טומאת אוכלין, דקתני גבי שחט בה סימן אחד. אלא משום דלא עשה בה דרך שחיטה נקט האי לישנא, כלומר נחרה. *והתם פשוט דאין בה טומאה כלל, כיון דלא עבד כלל דרך שחיטה.

וגוי ששחט בהמה טהורה לישראל. רבותא נקט, דאפי' לישראל, דבשחיטה תליא מילתא, אבר הפורש ממנה כפורש מן החי.

אביי אמר אינה מצלת כו'. וטעמא: משום דכי חיה היא לכל דבריה, ולכך רובעה חייב. ומ"מ מטמא טומאת אוכלין – כיון דבת אכילה היא, ובקונט' פירש: משום דלחומרא. ותימה: אי ספיקא היא, אמאי רובעה חייב? אי

לו א ב ג ד מיי' פ"ג מהל' טומאת אוכלין הלכה ז:
לז ה מיי' פ"ד מהלכות שחיטה הל' יג טוש"ע יו"ד סי' כ סעיף י:
ר"מ מ"ז
לח ו מיי' פ"א שם הל' ב סמג לאוין קלו טוש"ע יו"ד סי' כז:
לט ז מיי' פ"ב מהל' טומאת מת הל' ג:
מ ח מיי' פ"א מהלכות איסורי ביאה הל' יב:
מא ט מיי' פ"א מהל' שאר אבות הטומאות הלכה ח:
מב י מיי' שם הל' יב:

נ"ל התם בלא וי"ו. מהר"מ

[תוספתא אהלות רפ"ב]

לעיל יט:

לעיל לג.

שיטה מקובצת

א] מטמאה טומאת אוכלים. נ"ב עי' תוס' לעיל דף כ"ב: ב] וטעמא דצריכה מחשבה משום: ג] אבל בכרכים תנן בבכורות דאין צריכין: ד] ולהכי הוי כפורש מן החי שאסור: ה] בעי ר"א מתניתא: ו] כיון דאינה מטמאה טומאת [נבלות] חיה היא ומצלת או דלמא: ז] אבל נתכנס מאיליו כגון שהכניסוהו תינוקות או חיה אחר הפשט:

הגהות הב"ח

(א) רש"י ד"ה מהו שתציל וכו' חיה היא ומצלת או דלמא:

גליון הש"ס

תום' ד"ה ומי וכו' ניחא ליה. עי' לעיל דף קכז ע"ב תוד"ה ומי:

אליבא דמאן? אי אליבא דר' ישמעאל — האמר לא מבטל עור! ואי אליבא דר"ע — פשיטא, האמר מבטל עור! לעולם אליבא דרבי ישמעאל, וכי אמר רבי ישמעאל לא מבטל עור — ה"מ שפלטתו חיה, אבל פלטתו סכין — בטיל. ת"ש, ר' יהודה אומר: האלל המכונס, אם יש כזית במקום אחד — חייבין עליו. ואמר רב הונא: והוא שכנסו. אי אמרת בשלמא פלטתו סכין לרבי ישמעאל נמי לא בטיל — רב הונא דאמר כרבי ישמעאל. אלא אי אמרת פלטתו סכין לר' ישמעאל בטיל — רב הונא דאמר כמאן? אלא, לעולם פלטתו סכין לר' ישמעאל לא בטיל, ורב הונא דאמר כר"ע. פשיטא! מהו דתימא: כי קאמר ר"ע — ה"מ פלטתו סכין, אבל פלטתו חיה — לא בטיל, קמ"ל טעמא דר"ע מפני שהעור מבטלן, ל"ש פלט חיה, ול"ש פלט סכין. כדקתני סיפא: מפני מה ר"ע מטהר בעור — מפני שהעור מבטלן.§ **מתני'** *אלו שעורותיהן כבשרן: עור האדם, ועור חזיר של ישוב. *ר' יהודה אומר: אף עור חזיר הבר. ועור *חטרת של גמל הרכה, ועור הראש של עגל הרך, ועור הפרסות, ועור בית הבושת, ועור השליל, ועור של תחת האליה, ועור האנקה והכח והלטאה והחומט. *ר' יהודה אומר: הלטאה כחולדה. *וכולן שעבדן, או שהילך בהן כדי עבודה — טהורין, חוץ מעור האדם. *ר' יוחנן בן נורי אומר: שמונה שרצים יש להן עורות.§ **גמ'** *אמר עולא: דבר תורה עור אדם טהור, ומה טעם אמרו טמא — גזירה שמא יעשה אדם עורות אביו ואמו שטיחין. ואיכא דמתני לה אסיפא, וכולן שעיבדן או שהילך בהן כדי עבודה — טהורין, חוץ מעור אדם. אמר עולא: דבר תורה עור אדם שעבדו — טהור, ומה טעם אמרו טמא — גזירה שמא יעשה אדם עורות אביו ואמו שטיחין. מאן דמתני לה ארישא — כ"ש אסיפא, ומאן דמתני אסיפא, אבל ארישא — טומאה דאורייתא.§ "ועור חזיר" [וכו'].§ במאי קמיפלגי? מר סבר: האי אשון, והאי רכיך, ומר סבר: האי נמי רכיך.§ "עור חטרת של גמל הרכה".§ וכמה גמל הרכה? אמר עולא, א"ר יהושע בן לוי: כל זמן שלא טענה. בעי ר' ירמיה: הגיע זמנה לטעון ולא טענה, מהו? בעי אביי: לא הגיע זמנה לטעון וטענה, מהו? תיקו. יתיב ר"ל וקמבעיא ליה: כמה גמל הרכה? א"ל רבי ישמעאל בר אבא, הכי א"ר יהושע בן לוי: כל זמן שלא טענה. א"ל תיב לקבלי. יתיב רבי זירא וקמבעיא ליה: כמה גמל הרכה? א"ל רבין בר חיננא, הכי אמר עולא, א"ר יהושע בן לוי: כל זמן שלא טענה, הוה קתני לה. א"ל: חדא הויא לך [א] אמרת. *תא חזי מה בין תקיפי ארעא דישראל לחסידי דבבל.§ "ועור הראש" וכו'.§ וכמה עגל הרך? עולא אמר: בן שנתו. ר' יוחנן אמר: כל זמן שיונק. איבעיא להו: היכי קאמר עולא, בן שנתו, והוא שיונק. ואמר

פלוגתא דר' ישמעאל ור"ע בפירקין (לקמן דף קכד.) במתני', דקתני: היו עליו שני חצאי זיתים — מטמאין במשא, שהרי נשא כזית נבלה. ואין מטמא במגע, דאין נוגע וחוזר ונוגע. ור"ע אומר: לא במגע ולא במשא. אלמא, לר' ישמעאל לא מבטל עור, ולר"ע מבטל. ה"ג: אי אליבא דר"ע פשיטא. דהא מתניתין היא! לעולם אליבא דרבי ישמעאל. ואשמועינן רב הונא דכי אמר רבי ישמעאל לא מבטל עור, הני מילי — בפלטתו חיה, שנעשה שלא מדעת. אבל פלטתו סכין — מדעת ביטלו. ואמר רב הונא והוא שכנסו. אחר הפשט, דגלי דעתיה דלא בטליה מעיקרא, אבל לא כנסו — לא. מדמוקים לה בשכנסו, מכלל דבשפלטתו סכין בשנים ושלשה מקומות קאמר, וקתני "חייבין עליו", אלמא אי בטלינהו איהו במתכוין — בטילי, אבל עור — לא מבטל. דאי בטלינהו עור, תו לא הדרי למיהוי נבלה. אי אמרת בשלמא פלטתו סכין לרבי ישמעאל נמי לא מבטל. עור. רב הונא. דאוקמה לרבי יהודה בשהיה זית מתחלה לחצאין, ואפ"ה לא בטלינהו עור מעיקרא הוא דאמר כרבי ישמעאל, דאוקמיה לרבי יהודה אליבא דרבי ישמעאל, ורבנן כר"ע. אלא אי אמרת פלטתו סכין. רבי ישמעאל מודי דמבטל עור. רב הונא. דאוקמה לדר' יהודה כשהיה זית זה מתחלה לחצאין, ואפ"ה לר' יהודה לא בטיל. דאמר כמאן. בשלמא אי לא דרב הונא דאמר "והוא שכנסו" — הוה מוקמינא לר' יהודה בשפלטתו תחלה כאחד. ומש"ה לא בטיל — דכי פליגי רבי ישמעאל ור"ע, בשני חצאי זיתים פליגי, אבל בכזית שלם — מודו, דקתני ריש פלוגתייהו "עור שיש עליו כזית בשר" כו'. ורבנן סברי: כי מודו רבי ישמעאל ור"ע, בכזית שלם — הני מילי בפלטתו חיה, אבל פלטתו סכין — אפילו כזית בטל. אבל השתא דאוקמה רב הונא בשני חצאי זיתים — דאמר כמאן? הכי גרסינן: אלא לעולם פלטתו סכין לרבי ישמעאל נמי לא בטיל ורב הונא דאמר אליבא דר"ע. כלומר, הא דאמר רב הונא לעיל "העור מבטלו" — אליבא דר"ע אמרה, והכיא דר' יהודה — אליבא דר' ישמעאל. קמ"ל. רב הונא דאפי' פלטתו חיה, [ג] מפני ש"עור מבטלו" משמע טעמא בעור תליא, ואף על גב דלא בטלינהו איהו. **מתני'** אלו שעורותיהן. מטמאין כבשרן. ועור חזיר של ישוב. מפני שהוא רך, ואוכלין אותו. חטרת. חלדרוב"א שיש לו לגמל. גמל הרכה. מפרש בגמרא עד כמה נקרא "רכה". עגל הרך. נמי מפרש בגמרא עד כמה. ועור הפרסות. כעין שמוכרין הרגלים, וכל אותו העור — רך הוא.

בית הבושת. בית הרחם של נקבה. ועור של תחת האליה. עור הזנב מתחת מקום שאין שער, מפני שהוא רך. האנקה. הריצו"ן. הלטאה. ליזיירד"א. חומט. לימצ"א, שתחלת בריתו כעדשה. לא ודלוק בתיק שלה, שגדל והולך עמה, תחלתו כעדשה ממש הוא בשוליו. הלטאה כחולדה. עורה חלוק מבשרה. וכולן שעיבדן. כל אלו שאמרו שהן מטמאין כבשר, אם עיבדן — נעשה עור, ובטלו מתורת בשר, וטהורין. או שהילך בהן. שפשטן לדרוס עליהן ברגלים, שהוא קלת עיבודן. יש להן עורות. ואין מטמאין כבשרן. **גמ'** דבר תורה עור האדם טהור. דלאו בשר הוא, ולא הוי בכלל מת. שטיחין. למטה ולקתדרא, לישב עליהן. ששוטחין עור על גבי מטה במקום חבלים. מאן דמתני לה. לדעולא. דאפילו כי לא עיבדו נמי לא מטמא אלא מדרבנן — כל שכן אסיפא, דהא דקתני "חוץ מעור האדם", דאף על גב דעיבדו טמא מדרבנן הוא, ומשום דעולא. ומאן דמתני לה. גזירה דעולא אסיפא. אבל ארישא. כשלא עיבדו, סבירא ליה דטומאתו מן התורה. אשון. קשה. שלא טענה. משוי. תיב לקבלי. שאמרת לי דבר טעם, ויישר כחך. הוה קתני לה. חוזר ושונה פעם שניה, כסבור שלא שמעה. חדא הויא לך אמרת. דבר חידוש אחד היה בידך שאין בידינו, הרי אמרתו, ולמה תחזור ותשנהו פעם שניה להראות חכמתך? ר"ל מתקיפי דארעא דישראל הוה, כדאמרינן בפרק קמא דיומא (דף ט:): מאן דמשתעי ריש לקיש בהדיה, יהבי ליה עיסקא בלא סהדי. והכא א"ל: תיב לקבלי. ורבי זירא, דמבבל סלק להכא, כדאמרינן ב"השוכר את הפועלים" (ב"מ דף פה.): רבי זירא אותיב ארבעין תעניתי, דנשתכח מיניה תלמודא דבבלאי. ומחסידי דבבל הוה, כדאמרינן [ד] ב"השוכר את הפועלים" (שם): רבי זירא (אותיב) כל תלתין יומין בדיק נפשיה, ושגר תנורא וסליק בגויה, חזי מאי אכספיה להוא מדרבנן. והוא שיונק. אבל פירש מלינק, אף על פי שעדיין הוא בתוך שנתו — כבר הוקשה עורו. ואם עבר שנתו נמי, אף על פי שיונק — לא, דתרתי בעינן. וקאמר

אי אמרת בשלמא פלטתו סכין לרבי ישמעאל לא בטלה רב הונא דאמר כר' ישמעאל. וא"ת: והא ר' ישמעאל בלא כנסו קאמר, ור' יהודה בעי כנוס, כדאמר רב הונא! וי"ל: דפלוגתייהו דר' ישמעאל ור"ע בפלטתו חיה, לכך לא בעי ר' ישמעאל כנוס. אבל פלטתו סכין — אי לא בטל לרבי ישמעאל, צריך נמי כניסה. ועוד: דרבי ישמעאל נמי (א) בכנסו איירי, ואין זה דוחק, (ה) כמו דמפרש מילתיה דרבי יהודה הכי. **רב** הונא דאמר כמאן. לעיל (דף קכא.) כי קאמר: וחד אמר מקלת פלטתו חיה ומקלת פלטתו סכין, דבעי למימר דפלטתו סכין הוי פלוגתא דר' יהודה ורבנן, דלר' יהודה לא בטל — *לא מצי למפרך: דאמר כמאן, אי אמרת לר' ישמעאל דבטל כדפריך הכא — דאיכא לאוקומי דר' יהודה דאית ביה כזית יחד. אבל לרב הונא פריך שפיר, כדפי' בקונט'. **דאמר** כמאן. וא"ת: ודילמא הא דאמר רב הונא ב' חצאי זיתים שישנן על העור העור מבטלו — מיירי בלא כנסו, אבל כנסו — מודה דלא בטלו! וי"ל: דהא פשיטא, ולא איצטריך ליה לרב הונא לאשמועינן דעור מבטלן. (*ועוד: ד"העור מבטלן" משמע: מתחלה העור מבטל, ותו לא מהני להו כנוס). **עור** אדם טהור. כדמפרש טעמא בריש "דם הנדה" (נדה דף נה.) דלא הוי דומיא דעצם אדם, דעור גזעו מחליף. **עורות** אביו ואמו שטיחין כו'. ואע"ג דמת אסור בהנאה, ובכל אדם אסור לעשות מעורו שטיחין כו' — *מ"מ לא הוו גזרי רבנן משום הך חששא שיהיה טמא, אלא משום אביו ואמו דחמיר טובא. וא"ל לומר דנקט אביו ואמו משום דשכיחי גביה. **אבל** רישא טומאה דאורייתא היא. והשתא חשיב עור אין גזעו מחליף — משום דמקומו נעשה צלקת על בשר, כדאמרינן פרק "דם הנדה" (גז"ש). ואם

עין משפט נר מצוה

מג א ב מיי' פ"א מהל' שאר אבות הטומאות הלכה ט ופ"ד מהלכות מאכלות אסורות הלכה א [?] כו:

עיין מהר"מ שהאריך על דבור זה

[נ"ל ועוד דמשמע דהעור מבטלן ותו לא מהני להו כנוס והשאר נמחק. מהר"מ וע"ש]

[פי' גבנון של גמל דבשת גמלים תרגום חטוריית דגמלייא. ערוך]

[ועי' תוס' זבחים עב. ד"ה ובטריפה כתבו דעור המת מותר ע"ש ועי' תוס' נדה נה. ד"ה שמא ותוס' ב"ק י. ד"ה שהעור ותוס' ערכין ל. ד"ה נפשות ותוס' סנהדרין מח. ד"ה משמשין]

מסורת הש"ס

לעיל נה: [זבחים כח. נדה נה.]

[במשנה איתא ר' יוסי]

[שבת קז:]

פסחים מו. נדה נה.

שבת קז.

[נדה נה.]

[תענית כג: מגילה כח:]

הגהות הב"ח

(א) תוס' ד"ה אי אמרת וכו' דר' ישמעאל נמי איכא למימר דבכנסו איירי:

הגהות מהר"ב רנשבורג

א] בעין משפט סוי' מ"ג לכשוך. כ"ב ובפ"ד מהל' אבות הטומאות הל' ח:

שיטה מקובצת

א] חדא הויא לך ואמרתה תא חזי: ב] בשפלטתו תחלה לכוליה כזית ביחד: ג] קמ"ל רב הונא דאפי' פלטתו חיה מדנקט העור מבטלו ולא נקט בטלן כו' איתמר דרב הונא בשפלטתו חיה איתמר חש"ד ומח"ד מפני שהעור מבטלן משמע טעמא בעור תליא מלתא ואע"ג דלא בטלינהו איהו הס"ד: ד] ומחסידי דבבל הוה כדאמרי' נמי התם כל תלתין יומין בדיק: ה] ואין זה דוחק כיון דמפרשינן מילתיה דר' יהודה הכי:

ואם איתא והוא שיונק מבעי ליה. תימה: אכתי ה"מ למבעי, או דילמא ה"ק: עולא בן שנתו, בין יונק בין שאין יונק. ואמר ליה ר' יוחנן: כל זמן שיונק, בין בן שנתו בין שאין בן שנתו! וי"ל: דלא מסתברא דבעי לאיפלוגי כולי האי, ולהכי לא בעי הכי. וה"ר יעקב מקורבי"ל תירץ: דכולה שמעתין סברה דיותר קשה אפילו תוך שנתו כשאין יונק, מיונק אחר שנתו. ולכך כיון דר' יוחנן "כל זמן שיונק" קאמר – א"כ, פשיטא דעולא "והוא שיונק" קאמר. דאי תוך שנתו, בין יונק בין שאינו יונק קאמר – א"כ, כ"ש לאחר שנתו אם הוא יונק, דחשיב ליה "רך". א"כ, מה הוסיף ר' יוחנן "כל זמן שיונק"? הא עולא מודה, דכל שכן הוא! **עור** הראש של עגל הרך מהו שיטמא. על מעשה היה שואל, היאך הלכה. דממתני' הוה ידע, כדפריך מינה לרבי יוחנן בסמוך. **למינהו** הפסיק הענין. תימה: דהאמר לעיל (דף קיז:) דהאי "הטמאים" לאסור ליכן ורוטבן, דהשתא נמי למינהו הפסיק הענין, דפסוק אחד הוא, לפירוש הקונט'! וי"ל: דהכא כל הנהו דממעטינן, אית להו גישתא, סברא הוא (ב) לאוקומי האיך דכתיב בתר "למינהו". ואע"ג דכתיבה תנשמת בהדייהו, דיש לה גישתא, ומרבינן לה. אבל ליכן ורוטבן דלעיל – סברא הוא לאוקומי בכולהו. **למינהו** הפסיק הענין. קצת תימה: כיון דהפסיק הענין, למה לי "אלה"? (ג) **כרבי** יהודה דאזיל בתר גישתא. פירש בקונטרס: דלית ליה דרשה ד"הטמאים". ה) ולפירושו לא הוי תנא דברייתא, לא רבי יהודה ולא בר פלוגתיה, ובחנם קאמר "רב תנא הוא ופליג", דהא תנא דברייתא כוותיה! ויש לפרש: דכולהו אית להו דרשה ד"הטמאים", ומוקי מסברא רבויא בהנהו דלית להו גישתא, ומיעוטא בהנהו דאית להו גישתא, ולית להו "למינהו" הפסיק הענין. אבל רב דאית ליה "למינהו" הפסיק הענין – ע"כ פליג עלייהו, וחשיב תנשמת. **אוזן** חמור שטלאה לקופה טהור. ונתבטל הבשר שהיה באזן. פ"ה: דפריך דהכא נמי במתני' להוי סגי בהנחה לפני הדורסן בלא הלוך. ותימה: א"כ, מאי משני "טלאה, אפילו דלא הילך", דהכי תקשה: ליתני במתני' הנחה לפני הדורס בלא הלוך! ע"כ נראה דה"פ: הילך – אין, טלאה – לא. מדלא קתני במתניתין "טלאה", דס"ד דטלאה גרע מהילך. ומשני: "טלאה, אף על גב דלא הילך" – כלומר, כך לי זה כמו זה, ואין חדוש בזה יותר מבזה. **לגבל**. פ"ה: מי שיש לו לגבל עיסת חבירו בטהרה, צריך לטרוח עד ד' מילין להטביל כליו. ולפי זה לא קאי "לפניו" ו"לאחריו" אגבל – דאין רגילות להשכיר אדם בדרך לעשות לו עיסה. ונראה כפירוש הערוך, דפי': אם יש גבל העושה עיסה בטהרה ברחוק ד' מילין – ימתין עד שיגיע לאותו גבל, ומיירי באדם ההולך בדרך. ומיהו מה שפירש בערוך* לתפלה: לרחוץ ידיו לתפלה – אין נראה. דהיכי דמי? אי דמטא זמן צלויי – הא לייט עלה *אביי בברכות (דף טו.) אמאן דמהדר אמיא בעידן צלותא, דכתיב: "ארחץ בנקיון כפי", כל מידי דמנקי. ואי לא מטא זמן תפלה – מאי אירייא ד' מילין, אפילו טובא נמי! ונראה כפירוש הקונטרס: דלענין להתפלל בעשרה איירי. ותימה: דאמאי לא חשיב עבודה, דבסמוך? ועוד: למאן דחשיב עבודה, אמאי לא חשיב שלשים ריס, דפרק "לא יחפור" (ב"ב דף כג.),* דמדת המיל ז' ומחצה ריס? ור"ח פי': לתפלה – לטבול לתפלתו. דאע"ג דקי"ל (לקמן דף קלו:) כרבי יהודה בן בתירא בדברי תורה – ה"מ, ללמוד ולק"ש, אבל לתפלה – *לא. אי נמי: לא סבירא ליה דרבי יהודה בן בתירא. ולפירוש ר"ח ניחא דלא חשיב עבודה, דלא חשיב אלא הנך תלתא שהן ענין טהרה. מאן דחשיב עבודה – שהיא כמו מענין טהרה, שמטהר העור מן הטומאה, ולהכי חשיב לה ולא חשיב ההיא דשלשים ריס.

טהור

ואמר ליה ר' יוחנן: כל זמן שיונק. או דלמא: עולא בן שנתו קאמר, בין יונק ובין שאינו יונק, ואמר ליה ר' יוחנן: בן שנתו – והוא שיונק? ת"ש: ר' יוחנן אמר, כל זמן שיונק. ואם איתא, "והוא שיונק" מיבעי ליה. ש"מ. *בעא מיניה ריש לקיש מר' יוחנן: עור הראש של עגל הרך מהו שיטמא? אמר ליה: אינו מטמא. אמר ליה: לימדתנו רבינו "אלו שעורותיהן כבשרן, ועור הראש של עגל הרך"! *א"ל: אל תקניטני, בלשון יחיד אני שונה אותה. דתניא: השוחט את העולה להקטיר כזית מעור שתחת האליה, חוץ למקומו – פסול ואין בו כרת, חוץ לזמנו – פיגול וחייבין עליו כרת. אלעזר בן יהודה איש אבלום אומר משום ר' יעקב, וכן היה ר' שמעון בן יהודה איש כפר עיכום אומר משום רבי שמעון: אחד עור פרסות, ואחד עור הראש של עגל הרך, ואחד עור של תחת האליה, וכל שמנו חכמים גבי טומאה שעורותיהן כבשרן, להביא עור של בית הבושת, חוץ למקומו – פסול ואין בו כרת, חוץ לזמנו – פיגול וחייבין עליו כרת. §"ועור בית הפרסות". מאי "בית הפרסות"? רב אמר: בית הפרסות ממש. רבי חנינא אמר: רכובה הנמכרת עם הראש. §"ועור האנקה". א) תנו רבנן: "הטמאים" (ויקרא יא) – *לרבות עורותיהן כבשרן. יכול אפי' כולן – ת"ל "אלה" (שם). והא "אלה" אכולהו כתיבי! אמר רב: "למינהו" הפסיק הענין. וליחשוב נמי תנשמת! אמר רב שמואל בר יצחק: *רב תנא הוא, ותני תנשמת. והא תנא דידן לא תני תנשמת! *אמר רב ששת בריה דרב אידי: תנא דידן סבר לה *כר' יהודה, דאזיל בתר גישתא, ובגישתא דהלטאה קמיפלגי. §"וכולן שעיבדן" (וכו'). §היליך – אין, לא הילך – לא. והא תני ר' חייא: [ד] אוזן חמור שטלאה לקופתו – טהורה. טלאה – אע"ג דלא הילך! לא, טלאה. הילך – אין, לא הילך – לא.[א] *כמה כדי עבוד? אמר רב הונא אמר רבי ינאי: [ה] ארבעת מילין. *(רבי אבהו משום דריש לקיש אמר:) *אלגבל, בולתפלה, גולנטילת ידים – ארבעת מילין. אמר רב נחמן בר יצחק:

איבו

וקאמר ליה ר' יוחנן כל זמן שיונק. ואפילו לאחר שנתו, דבהנקה נמי תליא מילתא, דחדא הוא דבעינן. וה"ק ר' יוחנן: בבן שנתו שפיר קאמרת דהוי "רך", אבל הנקה לא הוזכר לפטות: דאם פירש בתוך שנתו – לא יהא רך, אלא להוסיף: אפילו לאחר שנתו. או דילמא עולא בן שנתו קאמר. אבל הנקה לא מעלה ולא מוריד, וקאמר ליה ר' יוחנן: אף הנקה נמי בעינן. כל זמן. משמע להוסיף בא. אל תקניטני. להשיב לי מענה. שבלשון יחיד אני שונה אותה. משנה, ולא בלשון חכמים משנה. שאלני אומר: אלעזר בן יהודה אמרה, כדמתניא ב). המחשב בדבר שאין דרכו לאכול כגון לאכול למחר דבר שאין דרכו לכך, כגון חלב. או להקטיר למחר דבר שאין דרכו להקטיר, כגון בשר שלמים וחטאת ואשם ושירי מנחה או עור העולה אינה ג) לא לפסול ולא לפגל, עד (א) שיחשוב לאכול למחר דבר שדרכו לאכול, או להקטיר למחר דבר שדרכו להקטיר. ועור שתחת האליה הרי הוא כבשר, ו"דבר שדרכו להקטיר" קרינא ביה, אם עולה היא, ומועיל לפגל את הקרבן במחשבת חוץ לזמנו או לפסול במחשבת חוץ למקומו. וחייבין עליו כרת. האוכל ממנו, אפילו בזמנו. וכל שמנו חכמים לענין טומאה שהוא כבשר. שלא מצינו כאן וישנו בבהמה טהורה. להביא עור בית הבושת. של נקבה בחטאת או בשלמים. והאי דלא מייתי בראשא כי הנך – משום דליתיה בעולה, ותנא בעולה קאי. אלמא, האי תנא הוא דחשיב להו בשר, אבל ת"ק לא קרי בשר, אלא עור שתחת האליה לחודיה. עור הפרסות ממש. ולא עור שעל עצם השוק מן הקרסולים עד הארכובה. רכובה הנמכרת עם הראש. כל עור שעל עצם השוק מארכובה התחתונה שחותכין בשעת הפשטת בהמה. הטמאים. ה"א יתירא קדריש. לרבות עורות. שרצים הרכין, שיהו כבשר. ומהאי ה"א יתירא נמי רבינן (לעיל דף קיז:) ליכן ורוטבן וקיפה שלהן, ועור הרך נמי איתא בהדייהו, דהי מינייהו מפקת, איהו נמי אוכלא הוא. האי הטמאים בתר דחשבינהו לכולהו כתיב ד). הפסיק הענין. ולא קאי האי "אלה" אלא אקרא בתרא "האנקה והכח והלטאה והחומט והתנשמת אלה הטמאים" וגו', ולאו אקרא קמא, ד"למינהו" האמור בסוף פסוק ראשון, הפסיקו לומר שאינן מין אחד. אותן האמורים בפסוק ראשון חלוקים מהאמורים בפסוק השני. וליחשב נמי. במתניתין. תנשמת. דהא איהו נמי בקרא בתרא כתיב! רב תנא הוא ותני תנשמת. רב דמשני "למינהו" הפסיק, אלמא "הטמאים" אכל הני דקרא בתרא קאי, תנא הוא, ותני תנשמת בעורותיהן כבשרן. תנא דידן סבר לה כרבי יהודה. כלומר, לא יליף טעמא מ"הטמאים", אלא מסברא דגישתא: כל שאין ממש בעורן, שהוא רך ואין לו ממש עור, קרי "בשר". כרבי יהודה, דאמר: הלטאה כחולדה – אלמא, לאו אקרא סמיך. והאי דלא מודי ליה תנא דידן בהלטאה – בהא פליגי, תנא קמא סבר: גישתא דידה – לאו גישתא הוא. ורבי יהודה סבר: גישתא הוא. שטלאה. לשון טלאי. אלמא, מכיון שנטלה מתורת בשר ונתנה לתורת עור – בטלה. והאי נמי, כיון שטמנן לפני הדורסן או שכרכן על רגלו להלוך בהן אף על פי שלא הילך. טלאה. הוי מעשה לבטלו. ב] (עבוד) לגבל. הלש עיסתו בטהרה, והוא שכיר לבעל הבית, וצריך למים להטביל כליו – יטריח עצמו ארבעה מילין, עד שיגיע למקוה ויטביל. ויותר מכאן אין עליו לטרוח מן הסתם, אלא אם כן נותן לו בעל הבית שכר הליכה. ולתפלה. המהלך בדרך וגמר בלבו ורוצה ללון מבעוד יום – אם יש בית הכנסת לפניו עד ארבעת מילין, יטריח וילך שם כדי שיתפלל. ולנטילת ידים. לאכילה, ואין לו מים, ויש מים לפניו לסוף ארבעה מילין – ימתין עד שיגיע למים.

איבו

עין משפט נר מצוה

מד א מיי' פ"ח מהל' בכורים הל' יא:

מה ב מיי' פ"ד מהל' תפלה הל' ב סמג עשין יט טוש"ע א"ח סי' צב סעיף ד:

מו ג [מיי' פ"ו מהל' ברכות טוש"ע א"ח סימן קסג סעיף א] [בהרמב"ם לא נזכר מזה גם בטור לא נזכר]

[ד מיי' פ"א מהל' אבות הטומאות הל' ט:]

[ה מיי' שם]

שיטה מקובצת

א) ת"ר הטמאים. נ"ב עי' תוס' בכורות דף ו' ע"ב: ב) כדתניא המחשב בדבר שאין דרכו לאכול למחר דבר שאין דרכו לאכול כגון חלב: ג) או עור העולה אינה מחשבה לא לפסול ולא לפגל: ד) למינהו הפסיק הענין ולא קאי האי הטמאים אלא אקרא בתרא האנקה והכח והלטאה והחומט והתנשמת אלה הטמאים וגו' ולאו אקרא קמא דהיינו החולד והעכבר והצב למינהו יש להם עור ואין עורן מטמא כבשר דלמינהו האמור בסוף ראשון הפסיק: ה) ולפיכך לא הוי תנא דברייתא:

[גי' הערוך אמר רב אשי תנא דידן וכו' פי' גישתא הוא ממשות העור ביד אם הוא רך או קשה ע"ש ערך גשת א']

גליון הש"ס

תוס' ד"ה לגבל כו' דמדת המיל ז' ומחצה ריס. כלומר ביומא דף סז ע"א:

מסורת הש"ס

פסחים פב:

לעיל נה. ודף עז. [פסחים שם לקמן קלב.]

[שבת קז.]

[עירובין נ: וש"נ]

[שבת קז:]

פסחים מו.

[נ"ל אמר ר' אבהו אמר ר"ל כך איתא בערוך ערך גבל א']

[ברכות טו. נדה נה: פסחים מו.]

ערך גבל א'

[לפנינו שם איתא רב חסדא]

[והוא משנה בב"ק עט:]

[עי' תוס' ברכות כב: ד"ה ולית]

הגהות הב"ח

(א) רש"י ד"ה המחשב וכו' ולא לפגל עד שיחשב לאכול למחר: (ב) תוס' ד"ה למינהו וכו' סברא הוא לאוקומי. נ"ב פי' ר"ח הטמאים: (ג) ד"ה כרבי יהודה וכו'. נ"ב ועי' כמה שכתבו התוס' ריש פרק שמונה שרצים:

הגהות מהר"ב רנשבורג

א] גמ' כמה כדי עבוד. נ"ב מיי' שם ובפ"ב מה' שם הלכה ח': ב] רש"י ד"ה עבוד לגבל. נמחק מלת עבוד:

איבו אמרה, וארבעי אמר בה, וחדא מינייהו עבודה. *א"ר יוסי בר' חנינא: לא שנו אלא לפניו, אבל לאחריו — אפילו מיל אחד אינו חוזר. *רב אחא בר יעקב אמר: ומינה, מיל הוא — דאינו חוזר, הא פחות ממיל — חוזר.§ ת"ר:* ליגיון העובר ממקום למקום ונכנס לבית — הבית טמא, שאין לך כל ליגיון וליגיון שאין לו כמה קרקפלין. ואל תתמה — שהרי קרקפלו של ר' ישמעאל מונח בראש מלכים.§ **מתני'** אהמפשיט בבהמה ובחיה, בטהורה ובטמאה, בדקה ובגסה, לשטיח — כדי אחיזה, ולחמת — עד שיפשיט את החזה. בהמרגיל — כולו חבור לטומאה, ליטמא ולטמא. עור שעל הצואר — רבי יוחנן בן נורי אומר: אינו חבור. וחכ"א: גחבור, עד שיפשיט את כולו.§ **גמ'** מכאן ואילך מאי? אמר רב: דטהור המופשט. רבי אסי אמר: טפח הסמוך לבשר טמא. מיתיבי: המפשיט כשיעור הזה, מכאן ואילך — הנוגע במופשט טהור. מאי לאו אפי' בטפח הסמוך לבשר? לא, לבד מטפח הסמוך לבשר. תא שמע: בעור שכנגד הבשר — טמא, עור שכנגד הבשר — טמא. הא בטפח הסמוך לבשר — טהור! תנא, כל טפח הסמוך לבשר — "עור שכנגד הבשר" קרי ליה. ת"ש: *המפשיט בבהמה ובחיה, בטהורה ובטמאה, בדקה ובגסה, לשטיח — כדי אחיזה, וטפח הסמוך לבשר טהור! הכא במאי עסקינן — בטפח ראשון. תנא: כמה "כדי אחיזה" — טפח. והא תניא טפחיים! אמר אביי: טפח הכפול. תניא נמי הכי: *כמה "כדי אחיזה" — טפח כפול. *תנן התם: הטלית שהתחיל בה לקורעה, כיון שנקרע רובה — שוב אינו חבור, וטהורה. אמר רב נחמן אמר רבה בר אבוה: זלא שנו אלא בטלית טבולת יום, דמיגו דלא חס עלה ואטבלה, לא חיים עלה וקרע לה רובה. אבל טלית שאינה טבולת יום — לא, גזרה דלמא לא אתי למיקרעה רובה. אמר רבה: שתי תשובות בדבר, חדא — *שמא יאמרו טבילה בת יומא עולה, ועוד,

עולת

רש"י

איבו אמרה. להא שמעתא משמיה דריש לקיש, והשומע טעה בין איבו לאבהו. וארבעי אמר בה. וארבעה דברים היה אומר בה בשיעור ד' מילין. עבודה. האי "כדי עבודה" דמתניתין. ליגיון. גדוד העובדים להלחם על בית מלחמתם. קרקפלין. עור ראש אדם מת, וזה למכשפות במלחמה.

מתני' המפשיט בבהמה ובחיה בטהורה. שחוטה והוא טמא, או בטמאה נבלה והוא טהור. אם מפשיטו לעשות מן העור שטיח למטה ושלחן, א] דמפשיטו פשוט, כדרך שאנו עושין. כדי אחיזה. הוי חבור, יד להוציא טומאה מן הנבלה אם נוגע בו, ולהכניס טומאה לבשר אם טהורה היא. וטפי מהכא לא הוי יד להכניס ולהוציא טומאה. ולקמן מפרש כמה "כדי אחיזה". ולחמת. אם מפשיטו *כפול, ב] לעורך חמת. כעין אותן שעושין לעורך דבש, ומתחיל מפיה והופכו כלפי זנבה. עד שיפשיט את החזה. הוי חבור, והנוגע בעור כנוגע בבשר, בין ליטמא בין לטמא, מפני שהחזה קשה להפשיט מכל האברים. המרגיל. שהתחיל לחותכו מרגליה כלפי ראשה, ומפשיטה כפול לחמת — כולו חבור, מפני שהחזה לסוף הפשטו הוא, לפיכך כולו חבור, והנוגע אף בעור המופשט כנוגע בבשר. עור שעל הצואר. מעצמו נפשט, לפיכך אינו חבור לעשות המופשט הראשון חבור כדרך שהחזה עושה. ג] דהא "כולו חבור" דקתני — לאו דוקא כולו, אלא עד החזה.

גמ' מכאן ואילך. משהפשיט כדי אחיזה בפשוט על פני כולו, לאחר שהדביקו מן הצואר עד הזנב באמצעית כדרך המפשיטין, והפשיט כדי אחיזה סביבות כולו. טהור המופשט. עד מקום חבורו. אבל מחבורו ואילך הוא טמא, משום "שומר", כדאמרן כנוגע כנגד הבשר מאחוריו. טפח. מן העור המופשט סמוך ד] למקום חבור סביבות כולו הוי "בית יד", וטמא. מפני שצריך לו, שאוחז שם ומושך ומפשיט מאליו. ולרב — לאו "יד" חשיב ליה, ה] אא"כ מטלטלין בו את האוכל. כשיעור הזה. כדי אחיזה. בעור שכנגד הבשר. שלא נפשט עדיין. בטפח ראשון. הסמוך לכדי אחיזה. כגון שלא הפשיט אלא טפחיים, דאותו טפח הסמוך לכדי אחיזה אינו אוחז בו ומושך, לפי שנוח לו לאחוז בשפת העור ולמשוך. ולא זה ולא זה טוב לו, אלא מפשיט בסכין. אבל לאחר שהפשיט קצת שלשה טפחים וארבעה, והעור המופשט מכביד כלפי מטה — אוחז בטפח הסמוך לבשר, ומושך, וכובד העור מסייעו. יש טפח ששיעורו כפול. טלית שהתחיל בה לקורעה. שנטמאה, ובא לקורעה, לבטלה מתורת טלית. ומאחר שאינה ראויה למלאכה הראשונה, ואין שמה עליה — מטהרת, ואע"פ שיש בשיריה שלש על שלש, ועדיין ראויה לקבל טומאה, טהורה מטומאתה ראשונה. דומיא דכלי חרס, דשבירתו מטהרתו, ושבריו מקבלין טומאה, כדאמרי' ב"אלו טרפות" (לעיל דף נד:): הן וקרקרותיהן ודופנותיהן. ואף על גב דאמר ב"בהמה המקשה" (לעיל דף עב:): שלשה על שלשה שהיה טמא מדרס ומגע הזב, וחלקו — טהור מן המדרס, ועדיין טמא מגע הזב. אלמא, טומאת א] שלשה על שלשה דחזי ליה לא בטלה מיניה! התם הוא דהוו עליה ב' טומאות, טומאת מדרס חמורה וטומאת מגע קלה, אהניא ליה חלוקה לבטל ממנו טומאת מדרס, דתו לא חזי ליה, ופשה לה טומאת מגע, דחזיא לשלש אצבעות. אבל הכא — חד שמא הוא, כולה טומאה ב] ו] דשלשה על שלשה היא, וקריעה מהניא לבטולי שמא מינה, דתו לא פש עלה מידי. לא שנו אלא בטלית טבולת יום. שנטמאה והטבילה, וצריך להשתמש בה טהרות קודם שיעריב שמשה, ולפיכך בא לקורעה — דהכא הוא דלא גזרינן דליקרעיה כולה. אבל רובא — לא, דילמא חיים עלה, ולא אתי למקרע רובא. דכיון דלא חס ז] עליה אטבילה, שהמים קשין לה ולא חס, לכך לא חייס עלה נמי וקרע רובא. אבל. טמאה ולא הטבילה ובא לטהרה בקריעה זו — לא סגי לה ברובא, עד שיקרענה כולה. דילמא לא אתי. למעבד רובא אלא פלגא, ואמר: רובא הוא. חדא. בטבולת יום ליכא לאוקומה ולהשתמש בה ביום שהטבילה — שהרואה אינו מבין בה שנקרעה לטהר, וסבור: על ידי טבילתה משתמשין בה, ויאמרו: טבילה בת יומא עולה בלא הערב שמש. ועל כרחך מתניתין לאו ביום טבילה עסקינן, אלא בשלא הוטבלה כל עיקר, וקרעה ביום המחרת לטומאתה, דהרואהו משתמש בה אומר שהטבילה אתמול. ועוד. דקאמרת גזירה רובא אטו חציה.

עולת

תוספות

טהור המופשט. למאי דפירש בקונטרס דסבר רב דכל יד שאין מטלטלין בו את האוכל אינו יד, תימה: דלמאי עד כדי אחיזה חשיב יד טפי? ונראה: משום דבכדי אחיזה ואילך יכול לאחוז בבשר עצמו ולטלטלו. אי נמי: משום דכל זמן שלא הפשיט כדי אחיזה, הוא קשה להפשיטו, ופעמים שמניחו כך וצריך לו לטלטלו ממקום למקום. אבל משהפשיט כדי אחיזה — שוב אין קשה להפשיט, ואין זו משם עד שיפשיט כולו. וכן בחמת, עד שיפשיט את החזה — לפי שהחזה קשה להפשיט, ולכך לפעמים מניחו כך שעה אחת, ותוך כך יצטרך לטלטלו. אבל משהופשט החזה — (א) ח] אין דרך להניחו כך. ועוד יש לפרש טעמא דרב דאמר מכאן ואילך טהור המופשט: מפני שכדי אחיזה צריך העור להיות יד לצורך הפשטה, אבל ביותר מכדי אחיזה — לא. לפי שאם מחזיק בשפת העור — אין יכול למשוך בכח ולהפשיט. ובכדי אחיזה סמוך לבשר — אין יכול להחזיק בידו העור היטב ולמשוך. הלכך, עד [כדי] אחיזה יכול להחזיק ולמשוך בשפת העור, טפי — לא, כדפי' הקונט' גבי הא דמשני בסמוך "ההוא בטפח ראשון": שכשהפשיט *שלשה טפחים, שאין יכול להחזיק לא בשפת העור ולא באמצע העור. וי"מ כולה מתני' משום שומר: דעד כדי אחיזה הוי חבור, וכ"ש פחות אם נגע שרץ בעור המופשט, מכניס טומאה לבשר משום "שומר". ואע"ג דאמר לעיל (דף קיח.) דעור כנגד הבשר דוקא הוי "שומר" — הכא חשיב "כנגד הבשר", כיון דחשיב הכל כמחובר. וכן לחמת, כל זמן שהחזה מחובר — חשיב הכל מחובר. אבל משום "יד" אין לפרש — דלרב אסי דאמר טפח סמוך לבשר טמא משום "יד", (ב) דלחמת אמאי כל העור חבור? לא היה לטמא אלא טפח הסמוך לחזה! דמאי שנא בין חזה לשאר אברים? אלא ודאי משום "שומר" הוי, דחשיב כל העור מחובר. וכן לשון ד"הרי זה חבור" משמע דהוי משום "שומר". דב"יד" מה שייך לשון חבור? והכי מוכח בת"כ, דתניא התם: "בנבלתה" — ולא במפשיט לשטיח כדי אחיזה, ולחמת עד שיוציא כל החזה. יכול שאני מוציא פחות מכשיעור? ת"ל: "יטמא". אלמא דטעמא דשטיח כדי אחיזה הוי משום "שומר", דהא מ"יטמא" דרשינן לעיל (שם) "שומר" דנבלה, ו"יד" דריש לעיל מ"לכם". כך פי' הרב רבינו יעקב מאורלינ"ש. ואין הגי' כן בת"כ, ולפי פירושו לא מטמא בת"כ, וגם בשמעתין, אלא עד כדי אחיזה ולא כדי אחיזה בכלל. דהיינו, פחות מכשיעור שמזכיר לשם. **בפירוש** ר"ח גרסינן: "בטפח הסמוך לבשר טמא" — ופריך לרב דאמר טהור המופשט. ומשני: הכא במאי עסקינן בטפח [illegible] וטפח הוי טפח כפול, כמו שמפרש בסמוך, ופרושי קא מפרש: עד כמה כדי אחיזה — היינו טפח סמוך לבשר. **טלית** שהתחיל בה לקורעה כו'. פר"ת: כיון שנקרע רובה הוא טהורה למפרע, מתחלת קריעה. ולשון "שהתחיל לקורעה" משמע כפירושו. ומה שקשה לפירוש הקונטרס מפורש בפרק "בהמה המקשה" (לעיל דף עב: ד"ה "בשעת").

עולת

עין משפט נר מצוה

מז א ב ג ד ה מיי' פ"א מהלכות שאר אבות הטומאות הל' י:
מח ו ז מיי' פכ"ג מהל' כלים הלכה יא:

מסורת הש"ס

[פסחים מו. ברכות טו. ע"ש]
[בפסחים מו. איתא אמר רב אחא ומינה מיל הוא דאינו]
[בכורות ע: פסחים נ]
[תוספתא פ"ח]
[כלומר שהעור נשארת כפולה כמות שהיא כלה שטות. תוי"ט]
[תוספתא פ"ח]
[תוספתא שם]
כלים פכ"ח מ"ח
שבת טז:
[נ"ל כ']

שיטה מקובצת

א] אם מפשיטו לעשות מן העור שטיח למטה ושלחן לשכב עליו או לישב עליו דמפשיטו פשוט כדרך שאנו עושין לא הוי העור חבור לבשר שהנוגע בעור לאו כנוגע בבשר דמי אלא כדי אחיזה הוי חבור וכו': ב] ולחמת אם מפשיטו כפול שלם לצורך חמת: ג] כדרך שהחזה עושה דהא כולו חבור: ד] סמוך לבשר למקום חבור סביבות: ה] ולרב לאו יד חשיב ליה דאין יד אלא א"כ: ו] דשלש על שלש היא וקריעה: ז] דכיון דלא חס עלה ואטבלה והמים קשים לה ולא חיים לכך לא חיים עלה נמי: ח] אבל משהופשט החזה כהופשט כולה דמי ואין דרך להניחו כך וכו':

הגהות הב"ח

(א) תוס' ד"ה טהור וכו' אבל משהופשט החזה שוב אין קשה להפשיט ואין לכך להניחו כך: (ב) בא"ד משום יד קשה לחמת אמאי כל העור חבור לא היה לו לטמא אלא טפח:

הגהות מהר"ב רנשבורג

א] רש"י ד"ה טלית וכו' ואע"ג דאמר בבהמה המקשה שלשה על שלשה שהיה טמא וכו' אלמא טומאת שלש על שלש דחזי ליה וכו' כל"ל: ב] בא"ד כולה טומאה דשלש על שלש היא וכו' כל"ל וכ"ה בכ"מ פכ"ג מהל' כלים הל' יא: ד"ה תנן וכו':

*עוֹלַת הָעוֹף לְרַבִּי אֶלְעָזָר בַּר' שִׁמְעוֹן, לִיגְזַר דִּילְמָא לָא אָתֵי לְמֶעֱבַד רוֹב שְׁנַיִם! א"ל רַב יוֹסֵף: דְּקָא אָמְרַתְּ גְּזֵירָה שֶׁמָּא יֹאמְרוּ טְבִילָה בַּת יוֹמָא עוֹלָה – קְרָעָהּ מוֹכִיחַ עָלֶיהָ. וּדְקָא אָמְרַתְּ, עוֹלַת הָעוֹף לְר' אֶלְעָזָר בַּר' שִׁמְעוֹן לִיגְזַר – *כֹּהֲנִים זְרִיזִים הֵן. תָּא שְׁמַע: הַמַּפְשִׁיט בִּבְהֵמָה וּבַחַיָּה, בִּטְמֵאָה וּבִטְהוֹרָה, בַּדַּקָּה וּבַגַּסָּה, לְשָׁטִיחַ – כְּדֵי אֲחִיזָה, הָא יָתֵר מִכְּדֵי אֲחִיזָה – טָהוֹר, אַמַּאי? לִיגְזַר דִּילְמָא לָא אָתֵי לְמֶעֱבַד אֶלָּא כְּדֵי אֲחִיזָה, וְקָא נָגַע בְּטוּמְאָה, וְקָא מְטַהֲרִינַן לֵיהּ! אִי בְּטוּמְאָה דְּאוֹרָיְיתָא – הָכִי נַמִּי, הָכָא בְּמַאי עָסְקִינַן – בְּטוּמְאָה דְּרַבָּנַן. תֵּינַח טָמֵא בִּטְהוֹרָה, טָהוֹר בִּטְמֵאָה טוּמְאָה דְּאוֹרָיְיתָא הִיא! בִּטְרֵפָה. טְרֵפָה בַּת טַמּוֹיֵי הִיא? אִין, כִּדַאֲבוּהּ דִּשְׁמוּאֵל. *דְּאָמַר אֲבוּהּ דִּשְׁמוּאֵל: טְרֵפָה שֶׁשְּׁחָטָהּ מְטַמְּאָה בְּמוּקְדָּשִׁין. ת"ש: *רַבִּי דּוֹסְתַּאי בֶּן יְהוּדָה מִשּׁוּם ר"ש אוֹמֵר: אהַמַּפְשִׁיט בִּשְׁרָצִים – חִבּוּר, עַד שֶׁיַּפְשִׁיט אֶת כּוּלּוֹ. הָא בְּגָמָל – אֵינוֹ חִבּוּר! לָא תֵּימָא: הָא בְּגָמָל אֵינוֹ חִבּוּר, אֶלָּא אֵימָא: בְּעוֹר שֶׁעַל הַצַּוָּאר אֵינוֹ חִבּוּר, וְר' יוֹחָנָן בֶּן נוּרִי הִיא. *אָמַר רַב הוּנָא מִשּׁוּם ר"ש בַּר' יוֹסֵי: לֹא שָׁנוּ אֶלָּא שֶׁלֹּא שִׁיֵּיר בָּהּ כְּדֵי מַעֲפּוֹרֶת, אֲבָל שִׁיֵּיר בָּהּ כְּדֵי מַעֲפּוֹרֶת – חִבּוּר. אָמַר רֵישׁ לָקִישׁ: לֹא שָׁנוּ אֶלָּא טַלִּית, אֲבָל עוֹר – חָלֵים. וְרַבִּי יוֹחָנָן אָמַר: אֲפִי' עוֹר נַמִּי לָא חָלֵים. אֵיתִיבֵיהּ רַבִּי יוֹחָנָן לְרֵישׁ לָקִישׁ: *עוֹר טָמֵא מִדְרָס, חִישֵּׁב עָלָיו לִרְצוּעוֹת וְסַנְדָּלִים, כֵּיוָן שֶׁנָּתַן בּוֹ אִיזְמֵל – טָהוֹר, דִּבְרֵי רַבִּי יְהוּדָה. וַחכ"א: בעַד שֶׁיְּמַעֲטֶנּוּ מֵחֲמִשָּׁה טְפָחִים, כִּי מְמַעֵיט לֵיהּ (א) מִיהָא טָהוֹר, אַמַּאי? לֵימָא חָלֵים! כִּי קָאָמְרִי דְּחָלֵים – הֵיכָא דְּקָא צָרֵי לֵיהּ לְהֶדְיָא. הב"ע – בִּמְקַצֵּעַ וּבָא לוֹ דֶּרֶךְ סְבִיבוֹתָיו. מְתִיב ר' יִרְמְיָה: הַמַּפְשִׁיט בִּבְהֵמָה וּבַחַיָּה, בִּטְהוֹרָה וּבִטְמֵאָה, בַּדַּקָּה וּבַגַּסָּה, לְשָׁטִיחַ – כְּדֵי אֲחִיזָה. הָא יָתֵר מִכְּדֵי אֲחִיזָה – טָהוֹר. וְאַמַּאי? לֵימָא חָלֵים! תַּרְגְּמָהּ ר' אָבִין: רִאשׁוֹן רִאשׁוֹן עוֹשֶׂה נִיפּוּל. מְתִיב רַב יוֹסֵף: עוֹר שֶׁעַל הַצַּוָּאר, רַבִּי יוֹחָנָן בֶּן נוּרִי אוֹמֵר אֵינוֹ חִבּוּר, אַמַּאי? הָא חָלֵים וְקָאֵי! אָמַר לֵיהּ אַבָּיֵי: אֵימָא סֵיפָא, וַחכ"א: חִבּוּר. אֶלָּא אָמַר אַבָּיֵי: בְּשׁוֹמֵר הֶעָשׂוּי לִינָּתֵק מֵאֵלָיו קָא מִיפַּלְגִי, מָר סָבַר הָוֵי שׁוֹמֵר, וּמָר סָבַר לָא הָוֵי שׁוֹמֵר. מְתִיב רַבִּי יִרְמְיָה: *גתַּנּוּר שֶׁנִּטְמָא כֵּיצַד מְטַהֲרִין אוֹתוֹ – חוֹלְקוֹ לִשְׁלֹשָׁה, וְגוֹרֵר אֶת הַטְּפֵילָה. עד

עוֹלַת הָעוֹף לְרַבִּי אֶלְעָזָר בְּרַבִּי שִׁמְעוֹן. דְּאָמַר (בְּ"הַשּׁוֹחֵט") בְּפ"ק (לעיל דף כא.): רוֹב שְׁנַיִם בְּעוֹף, וְאָסוּר לִמְלוֹק כָּל הַשְּׁנַיִם, דְּגָמַר מֵחַטָּאת דִּכְתִיב בֵּיהּ "לֹא יַבְדִּיל", הֵיכִי א] שָׁרֵינַן הָכִי? לִיגְזוֹר דִּילְמָא לָא אָתֵי לְמֶיעֱבַד רוּבָּא! **בְּטוּמְאָה דְּרַבָּנַן.** שֶׁהָיָה הַמַּפְשִׁיט טָמֵא טוּמְאָה דְּרַבָּנַן, כְּגוֹן הָנָךְ, ב] דְּגַבֵּי "שְׁמֹנָה עָשָׂר דָּבָר" (שבת דף יג:): הַבָּא רֹאשׁוֹ וְרוּבּוֹ בְּמַיִם שְׁאוּבִים. וּבְהֵמָה זוֹ, קָדָשִׁים הִיא. וְאִם נָגַע בָּהּ – טְמֵאָה מִדְּרַבָּנַן, הִלְכָּךְ לָא מַחְמְרִינַן בָּהּ כּוּלֵּי הַאי. **תֵּינַח טָמֵא בִּטְהוֹרָה טָהוֹר בִּטְמֵאָה טוּמְאָה דְּאוֹרָיְיתָא הִיא.** דְּהָא מַתְנִיתִין בֵּין בִּטְמֵאָה בֵּין בִּטְהוֹרָה קָתָנֵי, ג] תְּנָא "טְהוֹרָה" – לְעִנְיַן הַכְנָסַת טוּמְאָה לְקַבָּלָה מִן הַמַּפְשִׁיט, וּתְנָא "טְמֵאָה" – לְעִנְיַן הוֹלָאַת טוּמְאָה. שֶׁתְּטַמֵּא הִיא אֶת הַמַּפְשִׁיט הָרִאשׁוֹן ד] הַנּוֹגֵעַ בִּכְדֵי אֲחִיזָה, וּלְטַהֵר אֶת הַשֵּׁנִי הַמַּפְשִׁיט מִכְּדֵי אֲחִיזָה וְאֵילָךְ, וְלֹא נָגַע בַּבָּשָׂר. וְהָכָא לִיגְזַר, דְּהָא כָּל בְּהֵמָה טְמֵאָה נְבֵלָה הִיא, אֲפִי' שְׁחָטָהּ, וְטוּמְאָתָהּ דְּאוֹרָיְיתָא. **בִּטְרֵפָה.** הַאי "טְמֵאָה" דְּמַתְנִי' – לָאו בְּהֵמָה טְמֵאָה, אֶלָּא בְּהֵמָה טְהוֹרָה טְרֵפָה וּשְׁחָטָהּ, וְהִיא מְטַמְּאַתּוֹ אִם נוֹגֵעַ בָּהּ, כִּדְמְפָרֵשׁ וְאָזֵיל. **מְטַמְּאָה בְּמוּקְדָּשִׁין.** כְּלוֹמַר, אִם שֶׁל מוּקְדָּשִׁין הִיא. **שְׁרָצִים.** אֵין נוֹחִין לְהַפְשִׁיט. **כּוּלּוֹ.** חִבּוּר, וַאֲפִילּוּ יוֹתֵר מִכְּדֵי אֲחִיזָה, ה] הַנּוֹגֵעַ בַּמּוּפְשָׁט – טָמֵא. מִדְּנָקַט "שְׁרָצִים" – טַעְמָא: מִשּׁוּם דְּקָשִׁים לְהַפְשִׁיט, אֲבָל גָּמָל – לֹא, וְאַע"פ שֶׁטּוּמְאָתוֹ דְּאוֹרָיְיתָא הִיא, שִׁיעוּר הַפְשָׁטָה בִּכְדֵי אֲחִיזָה, וְלָא גָּזְרִינַן ו] מִשּׁוּם פָּחוֹת מִכְּדֵי אֲחִיזָה. וְקַשְׁיָא לְרַב נַחְמָן דְּגָזַר דִּילְמָא לָא אָתֵי לְמֶעֱבַד שִׁיעוּרָא. **לא תֵּימָא הָא בְּגָמָל.** בְּיוֹתֵר מִכְּדֵי אֲחִיזָה אֵינוֹ חִבּוּר, אֶלָּא הַךְ דִּיוּקָא דְּדָיְיקִינַן לְמַעוּטֵי גָּמָל – אַעוֹר הַצַּוָּאר הוּא דְּדָיְיקִינַן. וְהָכִי קָאָמַר: שְׁרָצִים הוּא דְּעַד שֶׁיַּפְשִׁיט אֶת כּוּלּוֹ, אֲבָל גָּמָל שֶׁהִפְשִׁיט עַד הַצַּוָּאר – אֵינוֹ חִבּוּר. וּבְמַפְשִׁיט לַחֶמֶת וּבְמַרְגִּיל קָאֵי. וּלְעוֹלָם לְשָׁטִיחַ אַף בְּיוֹתֵר מִכְּדֵי אֲחִיזָה – טָמֵא, דְּגָזְרִינַן בִּבְהֵמָה טְמֵאָה הוֹאִיל וְטוּמְאָתָהּ דְּאוֹרָיְיתָא. **וְר' יוֹחָנָן בֶּן נוּרִי הִיא.** דְּאָמַר בְּמַתְנִי': אֵינוֹ חִבּוּר. וְהָכָא לֵיכָּא לְמִיגְזַר מִידֵּי, דִּלְמָא לָא אָתֵי לְמֶעֱבַד עַד הַצַּוָּאר – דְּהֶיכֵּרָא טוּבָא אִיכָּא. אֲבָל בֵּין פַּלְגָּא לְרוּבָּא לָא מוּכְחָא מִילְּתָא ז], וְכֵן בֵּין כְּדֵי אֲחִיזָה לְפָחוֹת מִכְּדֵי אֲחִיזָה. **מַעֲפּוֹרֶת.** סוּדָר. "וַיִּתְחַפֵּשׂ בָּאֲפֵר" דִּכְתִיב ח] גַּבֵּי מִיכָה (מלכים א כ) מְתַרְגְּמִינַן: "וְאִישְׁתַּנִּי ט] בְּמַעֲפּוּרְתָא". **שִׁיֵּיר.** בְּהַפְשָׁטָה מִיעוּט, שֶׁלֹּא נִקְרַע כְּדֵי מַעֲפּוֹרֶת – חָשׁוּב הוּא לִהְיוֹת חִבּוּר. **לא שָׁנוּ.** דִּכְדִי לָא שִׁיֵּיר הָוֵי חִילּוּק. **אֶלָּא טַלִּית.** דְּכֵיוָן שֶׁנִּקְרַע בָּטֵל שְׁמָהּ, דַּאֲפִי' חוֹזֵר וְתוֹפְרָהּ – אֵינָהּ חוֹזֶרֶת לְקַדְמוּתָהּ. **אֲבָל עוֹר.** שֶׁנִּטְמָא וּסְדָקוֹ, וְשִׁיֵּיר מִקְצָת. **חָלֵים.** חָזָק הוּא ע"י אוֹתוֹ מִקְצָת. וּכְשֶׁחוֹזֵר וְתוֹפְרוֹ, הֲרֵי הוּא כִּבְתְחִלָּתוֹ. הִלְכָּךְ, לֹא בָּטַל שְׁמוֹ מֵעָלָיו. **שֶׁנָּתַן בּוֹ אִיזְמֵל.** שֶׁהִתְחִיל לְבַטְּלוֹ – טָהוֹר, וְאַע"פ שֶׁעֲדַיִין יֵשׁ בְּגָדוֹל חֲמִשָּׁה עַל חֲמִשָּׁה טְפָחִים, שֶׁכֵּן שִׁיעוּר לְמִדְרַס עוֹר, כִּדְאָמְרִינַן בְּסוּכָּה (דף יז:*): הַבֶּגֶד – שְׁלֹשָׁה עַל שְׁלֹשָׁה, הַשַּׂק – ד' עַל ד', הָעוֹר – ה' עַל ה'. **עַד שֶׁיְּמַעֲטֶנּוּ.** דְּלָא דָּמֵי לְטַלִּית. דְּהָתָם – קוֹדֶם קְרִיעָה הָיָה שְׁמָהּ טַלִּית וְעוֹמֶדֶת לְהִתְכַּסּוֹת, וּבִקְרִיעָתָהּ – בָּטֵל שְׁמָהּ. הִלְכָּךְ, אַף עַל גַּב דִּשְׁיָירִים בְּנֵי קַבּוּלֵי טוּמְאָה – טָהֲרוּ מִטּוּמְאָה רִאשׁוֹנָה. אֲבָל הָכָא – כָּל שָׁעָה שֵׁם עוֹר עָלָיו. הִלְכָּךְ, עַד שֶׁיְּמַעֲטֶנּוּ מִכַּשִּׁיעוּר. **כִּי מִיעֲטוּ מִיהָא טָהוֹר.** וְאַע"פ שֶׁלֹּא סְדָקוֹ כּוּלּוֹ, אֶלָּא בְּאֶחָד מֵרָאשָׁיו. **דְּקָא צָרֵי לֵיהּ לְהֶדְיָא.** סוֹדְקוֹ לְאָרְכּוֹ אוֹ לְרָחְבּוֹ. "צָרֵי" לְשׁוֹן סֶדֶק, כְּמוֹ "לְצָרְיָיה דְּחִיטֵּי" בִּפְסָחִים (דף מ.), וּכְמוֹ "טִילְיָא חֲרִיפָא דְּמִצָּרֵי זִיקֵי" בְּמַסֶּ' ע"ז (דף ל.). **דֶּרֶךְ סְבִיבוֹתָיו.** דְּתוּ לָא חָלֵים שַׁפִּיר. **חָלֵים.** מְחוּבָּר וְעוֹמֵד הוּא לַבָּשָׂר. **רִאשׁוֹן רִאשׁוֹן.** הַמּוּפְשָׁט עוֹשֶׂה נִיפּוּל, הָוֵי כִּנְקְרַע לְגַמְרֵי, דְּהָא אֵין סוֹפוֹ לַחֲזוֹר לַבָּשָׂר עוֹד. **הָא חָלֵים וְקָאֵי.** דְּהָא לֹא הוּפְשַׁט, וְקָאָמַר דְּאֵינוֹ חִבּוּר, וְהַנּוֹגֵעַ בָּעוֹר כְּנֶגֶד הַצַּוָּאר אֵינוֹ טָמֵא! **א"ל אַבָּיֵי.** וְאַדְּמוֹתְבַתְּ מִדְּבְרֵי יוֹחָנָן בֶּן נוּרִי, סַיְּיעֵיהּ מִדְּרַבָּנַן. **אֶלָּא אָמַר אַבָּיֵי.** אִי סְבִירָא לָן דְּחָלֵים – דְּכוּלֵּי עָלְמָא הָוֵי חִבּוּר, וְהָכָא טַעְמָא מִשּׁוּם דְּלָא חָלֵים, וְהוּא שֶׁעָשׂוּי לִינָּתֵק מֵאֵלָיו. י] **בְּשׁוֹמֵר הֶעָשׂוּי לִינָּתֵק קָא מִיפַּלְגִי.** דְּרַבָּנַן סָבְרֵי: אע"ה לֹא בָּטֵיל תּוֹרַת "שׁוֹמֵר" מִינֵּיהּ, כָּל זְמַן שֶׁלֹּא נִיתַּק. **תַּנּוּר.** תְּחִלָּתוֹ עָשׂוּי כְּלִי יא] כִּקְדֵרָה, וּמִטַּלְטֵל. וּכְשֶׁבָּא לְקוֹבְעוֹ – מַעֲמִידוֹ בָּאָרֶץ, וּמַדְבִּיק טִיט סְבִיבָיו וּמַעֲבֵהוּ. וְקָרֵי לֵיהּ "טְפֵילָה" – שֶׁמִּטַּפְּלָה וּמִתְחַבֶּרֶת לוֹ. פְּלַסְטֵר"א בְּלַעַ"ז. **חוֹלְקוֹ לִשְׁלֹשָׁה.** לִבְלִי עַצְמוֹ מִתְפָּרֵק. דְּאִי לִשְׁנַיִם – הַגָּדוֹל טָמֵא, דְּאִיכָּא רוּבָּא. **וְגוֹרֵר אֶת הַטְּפֵילָה.** שֶׁדִּיבֵּק עָלָיו, שֶׁגַּם הוּא מִתְחַבַּרְתּוֹ, וְאַע"פ שֶׁעֲדַיִין הוּא עוֹמֵד – טָהוֹר. עד

עולת העוף לרבי אלעזר בר' שמעון לגזור. וא"ת: ומאי קושיא, שאני התם דגזירת הכתוב הוא שלא להבדיל! וי"ל: דמשמע דלא מצריך אלא רוב מלומלם, ולהכי פריך דלגזור וה"ל לאצרוכי רוב הנראה לעינים. **אבל** שייר בה כדי מעפורת לא. בפרק "דם חטאת" (זבחים דף צד:) אמרינן: אפילו שייר בה כדי מעפורת, אינו טמא אלא מדרבנן. **לא** שנו אלא טלית אבל עור חלים ור' יוחנן אמר אפילו עור נמי לא חלים. נראה (ב) דר' יוחנן לא סגי בעור כדי מעפורת כמו בטלית, אלא כל אחד למאי דחשיב לגבי דידיה סגי, וצריך בעור ה' על ה'. והשתא פריך שפיר בסמוך "כי אמעט ליה מה' טפחים – טהור". (ג) דאי בעור נמי סגי לרבי יוחנן כדי מעפורת, לא יתיישב בסמוך: דאי כדי מעפורת פחות מה', כמו שמשמע באיכא דאמרי – תקשה ליה לר' יוחנן: אמאי טהור כי ממעט ליה מה'? ואם הוא יותר מה' – כשיש בו נמי ה', אמאי טמא? הא אין בו כדי מעפורת! ומיהו יש ליישב: דלהאי לישנא סגי לר' יוחנן בעור בחשיבות מעפורת, שהוא פחות מה', כדמשמע לקמן. והא דקאמר (ד) "וכי ממעט ליה מה' – טהור", אע"פ שיש בו כדי מעפורת. כגון דקא בעי ליה למושב זב, כדאמר לקמן לר"ל. אבל לאיכא דאמרי לרבי יוחנן ודאי בעי ה'. (לעיל)

דלמא לא אתי למעבדי[יב] כדי אחיזה. תימה לר"י: דמאי פריך, הא לא חייש עלה, דמפשיט הבהמה (ה) והיה רוצה שיהיה כולה מופשטו! וי"ל: דהכא חייש שלא להפשיט הרבה, שאז הוא נוח לטלטל ולהפשיט. **הא** יותר מכדי אחיזה טהור ואמאי והא חלים. תימה לר"י: דהיכי מדמה דין ד"יד" להא דאיירי ביה לעיל? וי"ל: דנראה לו לדמות, דכי היכי דאמרינן דעור הקרוע חשוב כמחובר, הכי נמי נימא דעור המופשט ליחשב כמחובר, ולהוי "יד" כאילו לא הופשט. **עור** שעל הצואר רבי יוחנן בן נורי אומר אינו חבור ואמאי הא חלים וקאי. וא"ת: לרבי יוחנן נמי דאמר עור לא חלים, מודה היכא שכבר תפר, שטמא, וכ"ש היכא שלא נקרע מעולם! וי"ל: דקס"ד שעל גב הצואר, אע"פ שהוא ניתק מאליו, לא גרע מעור שעדיין לא נתפר ולא נתחבר, דהוי כמחובר. וכי היכי דעור הנקרע הוי כחלים, עור שעל גב הצואר נמי, אע"ג דניתק מאליו, הוי ליה למימר דהוי חבור. ומשני: כיון דעשוי לנתק מאליו, גרע מעור הנקרע, ולא הוי חבור. כי

מט א מיי' פ"א מהל' שאר אבות הטומאות הלכה י:
נ ב מיי' פכ"ד מהל' כלים הל' ח:
נא ג מיי' פט"ו שם הלכה ב:

[לעיל כח.]
[שבת כ. וש"נ]
לעיל עג.
[תוספתא פ"ח]
זבחים לד: ע"ש
כלים פכ"ו מ"ט
שם פ"ה מ"ז
כלים פכ"ו מ"ב

שיטה מקובצת

א] היכי שרי הכי ליגזור: ב] כגון הנך דיו"ח דבר: ג] קתני ותנא טהורה לענין הכנסת: ד] המפשיט הראשון שנוגע: ה] מכדי אחיזה ואילך: ו] ולא גזרינן יותר מכדי אחיזה משום כדי אחיזה וקשיא: ז] וכן בין כדי אחיזה לפחות מכדי. נ"ב נראה ליותר מכדי: ח] ויתחפש באפר דכתיב במלכים גבי מיכה: ט] ואישתני במעפרתא: י] ובשומר העשוי לינתק מאליו קמיפלגי: יא] תנור תחלתו עשוי כלי כמין קדרה ומיטלטל: יב] דלמא לא אתי למעבד אלא כדי אחיזה תימה:

הגהות הב"ח

(א) גמ' כי ממעיט ליה מחמשה מיהא: (ב) תוס' ד"ה לא שנו וכו' נראה דלר' יוחנן וכו': (ג) בא"ד עיסור וכו' דאי בעור וכו': (ד) בא"ד דקאמר וכו': (ה) ד"ה דלמא וכו' דמפשיט הבהמה היה רוצה שתהיה כולה מופשטת וי"ל:

עד שיהא בארץ רבי מאיר אומר: אינו צריך לא לגרור את הטפילה, ולא עד שיהא בארץ, אלא ממעטו מבפנים מארבע טפחים. כי ממעט לה מד' מיהא טהור, אמאי? לימא הא חלים וקאי! אמר ליה רבא: ואימא מדרבנן, גורר את הטפילה עד שיהא בארץ! אלא אמר רבא, הכי קאמר: תנור שנטמא, כיצד מטהרין אותו? דברי הכל חולקו לשלשה, וגורר את הטפילה, עד שיהא בארץ. והרוצה שלא יבא תנורו לידי טומאה, כיצד הוא עושה — חולקו לשלשה, וגורר את הטפילה עד שיהא בארץ. רבי מאיר אומר: אינו צריך לא לגרור את הטפילה ולא עד שיהא בארץ, אלא ממעטו מבפנים מארבעה טפחים. אמר מר: חולקו לשלשה, ורמינהו: *אתנור תחלתו ארבעה ושיריו ארבעה, דברי רבי מאיר. וחכמים אומרים: במה דברים אמורים — בגדול, אבל בקטן — תחלתו כל שהוא. משתגמר מלאכתו, שיריו — ברובו. *וכמה כל שהוא? אמרי דבי רבי ינאי: טפח, שכן עושים תנורים בנות טפח. טעמא דאיכא שיריו ד', הא ליכא שיריו ד' — טהור! אמרי: התם — דצלקיה מצלק, הכא — דעבדיה גיסטרא. אמר מר: שיריו ברובו, רובו דטפח למאי *הוי? אמר אביי: שירי גדול ברובו. והאמרי רבנן ארבעה! לא קשיא, הא — בתנורא בר תשעה, הא — בתנורא בר שבעה. ל"א אמרי לה, אמר רב הונא משום רבי ישמעאל ברבי יוסי: ואפילו שייר בה כדי מעפורת. אמר ריש לקיש: לא שנו אלא טלית, אבל עור — חשיב. ורבי יוחנן אמר: אפילו עור נמי לא חשיב. איתיביה רבי יוחנן לריש לקיש: *עור טמא מדרס, חישב עליו לרצועה וסנדלין — כיון שנתן בו איזמל, טהור, דברי רבי יהודה. וחכמים אומרים: עד שימעיטנו מחמשה טפחים. כי ממעט מיהא טהור, אמאי? לימא חשיב! הכא במאי עסקינן — דקא בעי ליה *למושב זב.§

מתני' *עור שיש עליו כזית בשר, הנוגע בציב היוצא ממנו, ובשערה שכנגדו — טמא. היו עליו כשני חצאי זיתים — מטמא במשא ולא במגע, דברי רבי ישמעאל. רבי עקיבא אומר: לא במגע ולא במשא. א] ומודה רבי עקיבא בשני חצאי זיתים שתחבן בקיסם והסיטן שהוא טמא, ומפני מה רבי עקיבא מטהר בעור — מפני שהעור מבטלן.§

גמ' אמר עולא, אמר רבי יוחנן: לא שנו אלא פלטתו חיה, אבל פלטתו סכין — בטיל. אמר ליה רב נחמן לעולא: אמר רבי יוחנן אפילו כתרטא? אמר ליה: אין. ואפילו כנפיא? א"ל: אין. א"ל: האלהים! ב] אם אמר לי רבי יוחנן מפומיה, לא צייתנא ליה! כי סליק רב אושעיא אשכחיה ג] לרבי אמי, אמרה לשמעתיה קמיה: הכי אמר עולא והכי אהדר ליה רב נחמן. א"ל: ומשום דרב נחמן חתניה דבי נשיאה הוא, מזלזל בשמעתיה דר' יוחנן? זמנין אשכחיה דיתיב וקאמר לה אסיפא: היו עליו שני חצאי זיתים — מטמאים במשא ולא במגע, דברי ר' ישמעאל. ר"ע אומר: לא במגע ולא במשא. א"ר יוחנן: לא שנו אלא פלטתו חיה, אבל פלטתו סכין — בטיל. א"ל: מר אסיפא מתני לה? ד] א"ל: אין, ואלא עולא ארישא אמרה ניהליכו? א"ל: אין. א"ל: האלהים! אי אמר לי יהושע בן נון ה] משמיה, לא צייתנא ליה! כי אתא רבין וכל נחותי *)אמרוה ארישא. ואלא קשיא! *כדאמר רב פפא במרודד.

*) גי' רש"ל נחותי ימא

רש"י

עד שיהא בארץ. כלומר, עד הקרקע מפילה. הא חלים וקאי. שהטפילה מעמידו יפה. ואימא מדרבנן. אדמותבת ליה מדר"מ, סייעיה מדרבנן. אלא אמר רבא. בשנטמא, כ"ע לא פליגי דכל כמה דחלים — לא טהר ו]. והכא הכי קאמר. כיצד הוא עושה. מתחלתו שלא יהא שם תנור עליו. ר"מ אומר. בהא שעדיין לא ירד ז] טומאה אינו צריך לגרור כו'. תנור תחלתו ד'. אין תנור פחות מארבעה, ואפילו נגמרה מלאכתו. ושיריו. אם היה גדול ונטמא ושברו צריך שלא יהא בו שבר של ד'. בד"א. דתחלתו ארבעה ושיריו ד' בגדול. התנורים העשויים לאפות ולגלות, כדרכן. אבל קטן, שעושין לתינוקות — תחלתו כל שהוא ח]. שתגמר מלאכתו. לאחר שנגמר והסיקו, אפילו הוא טפח — מקבל טומאה. קתני מיהא: בד"א בגדול דשיריו ד' — אבל בליר מארבעה — לא ט] טמא הוא. והתם קתני "חולקו לשלשה", אבל לשתים — לא סגי, ואע"ג דליכא בחלקיו ד'. דמדקא מיקל ר"מ ואומר "אינו צריך, אלא ממעטו מבפנים מד'" מכלל דרבנן נמי בהא פליגי, דאע"ג דלא הוי השבר ד' — אפ"ה בעינן דלא ליהוי רובא. התם. דקתני דבעינן ד', ואי לא לא הוי טמא. דצלקיה מצלק. לרחבו י], דשוב אינו עומד יפה. הכא. דקתני ברובא טמא, ואע"ג דלא הוי ד'. דעבדיה גיסטרא. שחלקו לארכו בגובהו כזה: יא]. ה"ג: "אמר מר שיריו ברובו". הא אמרי רבנן ד'. דקתני "בד"א, בגדול" — אלמא בין תחלתו בין שיריו מודו ליה לר"מ בגדול. בתנורא בר שבעה. קאמרי ד', הואיל ורובו בליר מד' הוא לא מטמינן ליה ברובו. דלא חמירי שיריו מתחלתו, דהא תחלתו כשהוא שלם — לא הוי תנור בליר מארבעה. והאי דקתני רובו בתנור בר תשעה. דאע"ג דבחלקיו איכא ארבעה — לא מטמא עד דהוי רובא, ובהא רבנן לקולא. לא שנו. דאע"ג דשייר בה כדי מעפורת בטלה, אלא טלית. אבל עור. כי האי שיעורא חשיב. ולא בטיל. למושב זב. פלא"שטוי"ל. ובציר מהכי, לא חזי למילתיה. מתני' עור שיש עליו כזית בשר. במקום אחד. הנוגע בציב היוצא ממנו. היינו, באותו בשר או בשערה שכנגד אותו בשר. טמא. דשערה הוי שומר, כדאמרינן (לעיל דף קיט:): חלחולי מחלחל. ציב. רצועה ותלתל היוצא מאותו בשר, ותלוי ודבוק במקצת. ובאותו ציב ליכא כזית, אבל מעורה הוא לכזית. מטמא במשא. שהרי נשא כזית נבלה. ולא במגע. דאי אפשר ליגע יב] ביחד, ושתי נגיעות אין מצטרפות. לא במגע ולא במשא. כדמפרש: שהעור מבטלו. ומודה רבי עקיבא. דאע"ג דלא הוי כזית מעורה יג] במקום אחד, (א) א] דלאו עור חיבור, שהמסיט שתי חצאי זיתים ביחד — טמא. גמ' לא שנו. דכזית שלם דברי הכל לא בטיל אלא פלטתו חיה. כתרטא. רובע הקב, לשון מורי. ל"א: כף מאזנים. זימנין. פעם אחרת. אשכחיה. רב אושעיא לר' אמי. דיתיב וקאמר. "לא שנו דשתי חצאי זיתים לר' ישמעאל לא בטלי אלא פלטתו חיה". מר אסיפא. אשתי חצאי זיתים. מתני לה. לדר' יוחנן ד"פלטתו סכין בטל", הכי מתוקמא שפיר. אי הוו תני לה קמיה דרב נחמן הכי, לא הוה מזלזל בה. א"ל ר' אמי. ואלא עולא ארישא, דמיירי בכזית שלם. מתני לה. בתמיה. ואלא קשיא. אי כזית שלם בטיל, לעולם בטיל, ואפילו כתרטא. והא ליכא למימר דכולי האי מבטל אינש!

תוספות

כי ממעט ליה מד' מיהא הוי טהור ואמאי והא חלים וקאי. ה"נ הא תנור דקאי ע"י טפילה לא חשיב, והוי כעור שלא נתחבר.

הכי גרסינן — במשנת כלים *(בפ"ק): וחכ"א בד"א — בגדול, אבל בקטן — תחלתו כל שהוא, שיריו ברובו משתגמור מלאכתו. ולא קאי "משתגמור מלאכתו" א"שיריו ברובו", אלא אשני תנורים, גדול וקטן השנויים בה קאי, דאין טמא עד שתגמור מלאכתו. ובתר הכי מפרשה איזהו גמר מלאכתו*.

הא בתנורא בר תשעה והא בתנורא בר שבעה. כמו שפירש בקונטרס: לקולא, כן נראה. דאין לפרש לחומרא: דבר תשעה בארבעה, ובר שבעה ברובו — דלא עדיף שיריו מתחלתו, דהוי בארבעה. והכא לא בעי לשנויי: הא דצלקיה מצלק — בארבעה, הא דעבדיה גיסטרא — ברובו. דכיון דמשנה אחת היא, מסתבר בענין אחד איירי: או תרווייהו דצלקיה מצלק, או תרווייהו דעבדיה גיסטרא. הילכך הוצרך לתרץ בב' תנורים ובענין אחד. ריב"א.*.

אבל פלטתו סכין בטל. וא"ת: למאן *דמשני לה ארישא, דאפי' כזית פלטתו סכין בטליה, היכי מוקי מילתיה דר' יהודה דאמר: האלל המכונס כו'? אי כשכנסו, וכי עדיף כנסו מפלטתו יחד כזית? וי"ל: דאין ה"נ. אי נמי: לדידיה ר' יהודה פליג אר' ישמעאל ור' עקיבא, וס"ל: בכזית, אפילו פלטתו סכין לא בטל. ות"ק דר' יהודה — יד] כר' ישמעאל ור"ע, דאפי' בכזית בפלטתו סכין בטל. ולמאן דתני לה אסיפא א"ש, דהא דקאמר הכא בטל — היינו, בלא כנסו. אבל אם כנסו — לא בטיל.

(לעיל) שהם תחובים בקיסם והסיטן. וה"ה בלא תחובים, ונגע בהם, דטמא. דאי לא תימא הכי — אפילו במשא לא ליטמו, ד"את שבא לכלל מגע, בא לכלל משא" לר"ע, כדאמר בגמרא, וקסבר: יש נוגע וחוזר ונוגע. אלא משום דפליג ר"ע ארבי ישמעאל בעור שיש עליו שתי חצאי זיתים, קאמר דבקיסם כה"ג מודה ליה. אבל

עין משפט נר מצוה

נב א ב מיי' פט"ז מהל' כלים הל' ה:

נג ג מיי' פ"ה מהל' שאר אבות הטומאות הל' יח:

נד ד ה מיי' שם הל' יב:

נה ו ז מיי' שם הל' יא:

[נ"ל בכפ"ה]

[וע"ע תוס' נדה כו: ד"ה תחלתו]

[ועי' היטב תוס' נדה כו: ד"ה תחלתו כל שהוא]

נ"ל דמתני

[לעיל קיט:]

מסורת הש"ס

כלים פ"ה משנה א נדה כו:

נדה שם ע"ש ערוכין יד: וש"נ

[נ"ל חזי]

[כלים פכ"ו מ"ט]

גי' הערוך למשבוב פירוש לתקן כסא של עור סקורין בלע"ז פלנקטורון כו' ע"ש

הגהות הב"ח

(א) רש"י ד"ה ומודה ר"ע וכו' במקום א' מ"מ כיון דלאו עור הוא הוה חיבור שהמסיט:

גליון הש"ס

גמ' וכמה כל שהוא. עי' ב"ב קף קנ ע"א תוס' ד"ה מכל:

הגהות מהר"ב רנשבורג

א] רש"י ד"ה ומודה ר"ע וכו' במקום אחד שהמסיט וכו' כצ"ל:

שיטה מקובצת

א] ומודה ר"ע בשני חצאי זיתים. נ"ב עי' תוס' בכורות דף כב ע"א: ב] א"ל האלקים אפי' אמרה לי ר' יוחנן: ג] אשכחיה לר' אמי אמרה לשמעתא קמיה: ד] א"ל מר אסיפא מתני לה ולא עולא: ה] יהושע בן נון מפומיה לא צייתנא ליה כי אתא רבין וכל נחותי ימא אמרוה ארישא: ו] והכי קאמר כיצד הוא עושה: ז] ר"מ אומר בהא שעדיין לא ירד לטומאה אינו צריך לגרור וכו': ח] תחלתו כל שהוא משתגמר: ט] לא טמא הוא והתם קתני חולקו: י] דאע"ג דלא הוי כזית

י] דצלקיה מיצלק לרחבו נ"ב כזה [ ]: יא] לארכו בגובהו כזה [ ]: יב] ולא במגע דאי אפשר ליגע כזית ביחד: יג] דאע"ג דלא הוי כזית מעורה יחד במקום אחד. ונ"ב נ"א בקצת ס"י מעורה יחד במקום אחד כיון דלאו בעור המסיט שני חצאים יחד טמא: יד] ות"ק דר' יהודה ס"ל כר' ישמעאל וכו':

בִּמְרוּדָּד, הָכָא נַמִי: בִּמְרוּדָּד. § "הָיוּ עָלָיו". אָמַר
בַּר פְּדָא: לֹא שָׁנוּ אֶלָּא מֵאַחֲרָיו, אֲבָל מִלְּפָנָיו –
יֵשׁ נוֹגֵעַ וְחוֹזֵר וְנוֹגֵעַ. וְרַבִּי יוֹחָנָן אָמַר: אֵין נוֹגֵעַ
וְחוֹזֵר וְנוֹגֵעַ. וְאָזְדָא רַבִּי יוֹחָנָן לְטַעְמֵיהּ, דְּאָמַר
רַבִּי יוֹחָנָן: רַבִּי יִשְׁמָעֵאל וְרַבִּי דּוֹסָא בֶּן הַרְכִּינָס
*אָמְרוּ דָּבָר אֶחָד. רַבִּי יִשְׁמָעֵאל – הָא דַּאֲמַרַן,
רַבִּי דּוֹסָא בֶּן הַרְכִּינָס, דִּתְנַן: *כָּל הַמִּטַּמְּאִין
בְּאֹהֶל שֶׁנֶּחְלְקוּ, וְהִכְנִיסָן לְתוֹךְ הַבַּיִת – ר' דּוֹסָא
בֶּן הַרְכִּינָס מְטַהֵר, וַחֲכָמִים *מְטַמְּאִים. לָאו
אָמַר רַבִּי דּוֹסָא בֶּן הַרְכִּינָס הָתָם: אֵין מַאֲהִיל
וְחוֹזֵר וּמַאֲהִיל, הָכָא נַמִי: אֵין נוֹגֵעַ וְחוֹזֵר וְנוֹגֵעַ.
וּמִדְּרַבִּי דּוֹסָא בֶּן הַרְכִּינָס כְּרַבִּי יִשְׁמָעֵאל, רַבָּנַן
כְּרַבִּי עֲקִיבָא. וְהָא ר' עֲקִיבָא מְטַהוֹרֵי קָא מְטַהֵר!
עַד כָּאן לָא קָא מְטַהֵר רַבִּי עֲקִיבָא אֶלָּא בְּעוֹר
אֲבָל בְּעָלְמָא מְטַמֵּא. כִּדְקָתָנֵי סֵיפָא, וּמוֹדֶה
רַבִּי עֲקִיבָא בִּב' חֲצָאֵי זֵיתִים שֶׁתְּחָבָן בְּקֵיסָם
וְהֵסִיטָן שֶׁהוּא טָמֵא, וּמִפְּנֵי מָה ר"ע מְטַהֵר
בְּעוֹר – מִפְּנֵי שֶׁהָעוֹר מְבַטְּלָן. מְתִיב רַב עוּקְבָא
בַּר חָמָא: °"בְּנִבְלָתָם" – וְלֹא בְּעוֹר שֶׁיֵּשׁ עָלָיו ב'
חֲצָאֵי זֵיתִים. יָכוֹל אַף בְּמַשָּׂא? ת"ל: °"וְהַנּוֹשֵׂא
יִטְמָא" – דִּבְרֵי רַבִּי יִשְׁמָעֵאל. רַבִּי עֲקִיבָא אוֹמֵר:
"הַנּוֹגֵעַ וְהַנּוֹשֵׂא", *אֶת שֶׁבָּא לִכְלַל מַגָּע – בָּא
לִכְלַל מַשָּׂא, לֹא בָּא לִכְלַל מַגָּע – לֹא בָּא לִכְלַל
מַשָּׂא. וְאִם אִיתָא, הֲרֵי בָּא לִכְלַל מַגָּע מִלְּפָנָיו!
אָמַר רָבָא, הָכִי קָאָמַר: אֶת שֶׁבָּא לִכְלַל מַגָּע
בְּכָל צַד – בָּא לִכְלַל מַשָּׂא, לֹא בָּא לִכְלַל מַגָּע
בְּכָל צַד – לֹא בָּא לִכְלַל מַשָּׂא. בְּעָא מִינֵּיהּ רַב
אָוְיָא סָבָא מֵרַבָּה בַּר רַב הוּנָא: קוּלִית סְתוּמָה
לְרַבִּי יִשְׁמָעֵאל, מַהוּ שֶׁתְּטַמֵּא? אִית לֵיהּ
לְר' יִשְׁמָעֵאל אֶת שֶׁבָּא לִכְלַל מַגָּע – בָּא לִכְלַל
מַשָּׂא, לֹא בָּא לִכְלַל מַגָּע – לֹא בָּא לִכְלַל מַשָּׂא,
וְהָכָא הַיְינוּ טַעְמָא – מִשּׁוּם דְּבָא לִכְלַל מַגָּע
מִלְּפָנָיו. אוֹ דִּלְמָא: לֵית לֵיהּ? *אָמַר לֵיהּ: עוּרְבָא
פָּרַח! א"ל רָבָא בְּרֵיהּ: וְלָאו הַיְינוּ רַב אָוְיָא סָבָא
מִפּוּמְבְּדִיתָא דְּמִשְׁתַּבַּח לָן מָר בְּגַוֵּיהּ, דְּגַבְרָא
רַבָּה הוּא? א"ל: *אֲנִי הַיּוֹם °"סַמְּכוּנִי בָּאֲשִׁישׁוֹת",
וּבָעָא מִינַּאי מִילְּתָא דִּבְעֵי טַעְמָא. אָמַר עוּלָּא:
שְׁנֵי חֲצָאֵי זֵיתִים א) שֶׁתְּחָבָן בְּקֵיסָם, אֲפִי' מוֹלִיךְ
וּמֵבִיא כָּל הַיּוֹם כּוּלּוֹ – טָהוֹר. מ"ט – כְּתִיב °"וְנָשָׂא" וְקָרֵינַן "נוֹשֵׂא", בָּעֵינַן נוֹשֵׂא – וְהוּא
דְּנִישָּׂא בְּבַת אַחַת. תְּנַן: הָיוּ עָלָיו שְׁנֵי חֲצָאֵי זֵיתִים מְטַמְּאִין בְּמַשָּׂא וְלֹא בְּמַגָּע, דִּבְרֵי
ר' יִשְׁמָעֵאל אַמַּאי? וְהָא לָאו נִישָּׂא הוּא! א"ר פָּפָּא: בִּמְרוּדָּד. ת"ש: מוֹדֶה ר"ע בִּשְׁנֵי חֲצָאֵי
זֵיתִים שֶׁתְּחָבָן בְּקֵיסָם וְהֵסִיטָן שֶׁהוּא טָמֵא, אַמַּאי? וְהָא לָאו נִישָּׂא הוּא! ה"נ בִּמְרוּדָּד.
א) כְּתַנָּאֵי: אֶחָד הַנּוֹגֵעַ וְאֶחָד הַמֵּסִיט, ר' אֱלִיעֶזֶר אוֹמֵר: אַף הַנּוֹשֵׂא. אַטּוּ נוֹשֵׂא לָאו
מֵסִיט הוּא? אֶלָּא לָאו הָכִי קָאָמַר: אֶחָד הַנּוֹגֵעַ וְאֶחָד הַמֵּסִיט בְּלֹא נִישָּׂא, וַאֲתָא ר'
אֱלִיעֶזֶר לְמֵימַר: וְהוּא דְּנִישָּׂא, וּמַאי "אַף"? אֵימָא: וְהוּא דְּנִישָּׂא. § **מתני'** קוּלִית הַמֵּת
וְקוּלִית

רש"י

בִּמְרוּדָּד. דַּק וְקָלוּשׁ וְאָרוֹךְ וְרָחָב, דְּכִי מִצְטָרֵף לֵיהּ הָוֵי כַּזַּיִת, וּמִיהוּ לָא טָרַח אִינִישׁ וּמְלַקֵּט לֵיהּ. וּמִיהוּ פְּלַטְתּוֹ חַיָּה, דְּלָאו אִיהוּ בַּטְּלֵיהּ – לָא בָּטֵיל. מְרוּדָּד. לְשׁוֹן "וַיְרַקְּעוּ" ג] (שמות לט) וּרְדִידוֹ. **לֹא שָׁנוּ.** לְרַבִּי יִשְׁמָעֵאל דְּאָמַר: דְּאע"ג דְּלָא בָּטְלֵי לְעִנְיַן מַשָּׂא, בְּמַגָּע לָא מְטַמּוּ. **אֶלָּא מֵאַחֲרָיו.** שֶׁלֹּא ג] נוֹגֵעַ בַּבָּשָׂר אֶלָּא בָּעוֹר מֵאֲחוֹרָיו. דְּכֵיוָן דְּלָא הָוֵי כַּזַּיִת ד] שָׁלֵם יַחַד – אֵין לוֹ "יָד" וְלֹא "שׁוֹמֵר". וְאע"ג דַּאֲמַרַן לְעֵיל (דף קיח:): אֵין "שׁוֹמֵר" לִפְחוֹת מִכַּפּוֹל, הָא כַּפּוֹל יֵשׁ שׁוֹמֵר – הָא אִיכָּא ת"ק דְּאַחֲרִים דִּפְלִיג, ב] כִּדְאָמְרִינַן לְעֵיל: אֵין זֶה שׁוֹמֵר, וְרַבִּי יִשְׁמָעֵאל ס"ל כְּת"ק דְּאַחֲרִים. **יֵשׁ נוֹגֵעַ וְחוֹזֵר וְנוֹגֵעַ.** כְּלוֹמַר, שְׁתֵּי נְגִיעוֹת מִצְטָרְפוֹת. **כָּל הַמִּטַּמְּאִים בְּאֹהֶל.** כְּגוֹן כַּזַּיִת מִן הַמֵּת וְרוֹבַע עֲצָמוֹת וּמְלֹא תַּרְוָד רָקָב. **שֶׁנֶּחְלְקוּ.** הַשִּׁיעוּר נֶחְלַק לִשְׁנַיִם, וְהִכְנִיס שְׁתֵּי הַחֲלָאִים לְתוֹךְ הַבַּיִת. **מְטַהֵר.** ה] דְּאֵין לוֹ אֲהִילוֹת מִצְטָרְפִין, שֶׁהַבַּיִת מַאֲהִיל כָּאן וְחוֹזֵר וּמַאֲהִיל כָּאן. **מִדְּקָאָמַר** רַבִּי יוֹחָנָן "רַבִּי יִשְׁמָעֵאל וְרַבִּי דּוֹסָא אָמְרוּ דָּבָר אֶחָד", אַלְמָא טַעְמֵיהּ דְּרַבִּי יִשְׁמָעֵאל מִשּׁוּם אֵין נוֹגֵעַ וְחוֹזֵר וְנוֹגֵעַ. וּפָרְכִינַן מִדְּרַבִּי דּוֹסָא כְּרַבִּי יִשְׁמָעֵאל, מִכְּלָל דְּרַבָּנַן דִּפְלִיגֵי עֲלֵיהּ – כְּרַבִּי עֲקִיבָא קַיְימֵי, וְהָא ר"ע טְפֵי מֵיקֵל! **כִּדְקָתָנֵי סֵיפָא.** דְּטַעְמֵיהּ דר"ע דְּעוֹר מְבַטְּלוֹ הוּא, אֲבָל בְּעָלְמָא – אֲפִילּוּ בְּמַגָּע נַמִי מְטַמֵּא. דְּאִי לָא מְטַמֵּא בְּמַגָּע – לָא הָוֵה מְטַמֵּא בְּמַשָּׂא, דְּהָאָמַר ר"ע לְקַמָּן: אֶת שֶׁבָּא לִכְלַל מַגָּע בָּא לִכְלַל מַשָּׂא. **וּתְחָבָן בְּקֵיסָם.** נַמִי רְחוֹקִין זֶה מִזֶּה, קָאָמַר דְּנוֹגֵעַ וְחוֹזֵר וְנוֹגֵעַ הוּא, כִּדִלְקַמָּן אַמִּילְּתֵיהּ דְּעוּלָּא. **וְלֹא בְּעוֹר שֶׁיֵּשׁ עָלָיו שְׁנֵי חֲצָאִים.** דְּלָא קָרֵינָא בֵּיהּ "הַנּוֹגֵעַ בְּנִבְלָתָם" (ויקרא יא) – דְּאֵין בְּכָל נְגִיעָה כְּשִׁיעוּר נְבֵלָה. **יָכוֹל אַף הַנּוֹשֵׂא ת"ל וְהַנּוֹשֵׂא יִטְמָא.** וַהֲרֵי זֶה נוֹשֵׂא אֶת הַנְּבֵלָה. **וְהַנּוֹגֵעַ וְהַנּוֹשֵׂא.** קְרָאֵי נִינְהוּ הֲדָדֵי כְּתִיבִי בְּהַהִיא נְבֵלָה, דִּכְתִיב בָּהּ "הַנּוֹגֵעַ יִטְמָא" וּבַהֲדַהּ קָאֵי "וְהַנּוֹשֵׂא יִטְמָא". **לֹא בָּא לִכְלַל מַגָּע.** כְּלוֹמַר, לְדִידָךְ כֵּיוָן דְּאָמְרַתְּ לָא מְטַמֵּא בְּמַגָּע – תּוּ לֵית לָךְ לְטַמּוּיֵי בְּמַשָּׂא. **וְאִם אִיתָא.** לְבַר פַּדָּא, מַאי קָמְהַדַּר לֵיהּ ר"ע לְרַבִּי יִשְׁמָעֵאל? הָא מוֹדֵי דְּבָא לִכְלַל מַגָּע מִלְּפָנָיו. **בְּכָל צַד.** אַף מֵאֲחוֹרָיו. דְּהָא בְּהַהוּא קְרָא דִּלְעֵיל כְּתִיבָא נַמִי נְגִיעַת אֲחוֹרַיִים, כִּדְאָמְרִינַן בְּרֵישׁ פִּירְקִין (דף קיח.): יָכוֹל אֲפִילּוּ יֵשׁ עָלָיו כַּזַּיִת, הַנּוֹגֵעַ בָּעוֹר שֶׁכְּנֶגֶד הַבָּשָׂר מֵאֲחוֹרָיו לֹא יְהֵא טָמֵא? ת"ל "יִטְמָא". **קוּלִית סְתוּמָה.** וְאֵין עָלֶיהָ בָּשָׂר, וְיֵשׁ בְּתוֹכָהּ מוֹחַ, וּתְנַן בְּמַתְנִיתִין: קוּלִית נְבֵלָה וְקוּלִית הַשֶּׁרֶץ סְתוּמִים – טְהוֹרִין אַף מִן הַמַּשָּׂא, דְּלָא בָּאוּ לִכְלַל מַגָּע. מִי פָּלֵיג עֲלֵיהּ רַבִּי יִשְׁמָעֵאל אוֹ לָא? מִי אָמְרִינַן: אִית לֵיהּ לְרַבִּי יִשְׁמָעֵאל כּוּ'. **וְהָכָא.** בְּעוֹר שֶׁל שְׁנֵי חֲלָאִין. **הַיְינוּ טַעְמָא.** דִּמְטַמֵּא בְּמַשָּׂא – מִשּׁוּם דְּבָא לִכְלַל מַגָּע מִלְּפָנָיו, אֲבָל גַּבֵּי קוּלִית לֹא בָּא לִכְלַל מַגָּע כְּלָל, דְּהָא עֲצָמוֹת נְבֵלָה אֵין לָהֶם טוּמְאָה, כִּדְאָמְרַן "בְּנִבְלָתָהּ" – וְלֹא בַּעֲצָמוֹת, וּבְמוֹחַ אֵינוֹ יָכוֹל לִיגַּע – דְּהָא סְתוּמָה הִיא. **עוּרְבָא פָּרַח.** "רְאֵה עוֹרֵב פּוֹרֵחַ בָּאֲוִיר", כְּלוֹמַר הִשִּׂיאוֹ לְדָבָר אַחֵר. **סַמְּכוּנִי בָּאֲשִׁישׁוֹת.** כְּלוֹמַר, צְרִיכַנִי חִיזּוּק, לְפִי שֶׁסָּר כֹּחִי מִכֹּחַ הַדְּרָשָׁה שֶׁדָּרַשְׁתִּי הַיּוֹם בָּרַבִּים, דְּשַׁבַּת הָרֶגֶל הָיְתָה. **הוֹלִיךְ וְהֵבִיא.** שֶׁנְּשָׂאָן כָּל הַיּוֹם. **כְּתִיב נָשָׂא.** "וְהַנֹּשֵׂא אֶת נִבְלָתָהּ" חָסֵר הוּא, בְּלֹא וָי"ו. וּסְתַם קְרִיאָתוֹ, כֵּיוָן דְּלָא כָּתַב וָי"ו, נִקְרָא "נִישָּׂא", וַאֲנַן קָרֵינַן "נוֹשֵׂא". **וְהוּא דְּנִישָּׂא.** שֶׁיְּהֵא כַּזַּיִת מְחוּבָּר הַנִּיטָּל כּוּלּוֹ כְּאֶחָד, בְּלֹא בֵּית יָד אַחֵר. **דִּבְרֵי רַבִּי יִשְׁמָעֵאל.** אַלְמָא, כֵּיוָן דְּאֵין עוֹר מְבַטְּלוֹ – מְטַמֵּא בְּמַשָּׂא, וְאַף עַל גַּב דְּלָאו מְחוּבָּר הוּא כְּיַחַד. **בִּמְרוּדָּד.** שֶׁיֵּשׁ כָּאן חֲצִי זַיִת, וְרָחוֹק מִמֶּנּוּ חֲצִי זַיִת, וּרְצוּעַת בָּשָׂר מְרוּדָּד מִזֶּה לָזֶה וּמְחַבְּרָתוֹ. **אֶחָד הַנּוֹגֵעַ.** בִּשְׁנֵי חֲלָאֵי זֵיתִים. **וְאֶחָד הַמֵּסִיטָן.** טָמֵא בְּלֹא נִישָּׂא, אַף עַל פִּי שֶׁאֵין מְחוּבָּרִין יַחַד. **וְהוּא דְּנִישָּׂא.** וְקָאֵי בֵּין אַמַּגָּע בֵּין אַמַּשָּׂא, דְּאֵין מְטַמְּאִין אֲפִילּוּ בְּמַשָּׂא אא"כ מְחוּבָּרִין. **מתני'** קוּלִית הַמֵּת. טָמֵא, דְּהָא עֶצֶם כִּשְׂעוֹרָה בְּמֵת מְטַמֵּא בְּמַגָּע וּבְמַשָּׂא, כִּדִכְתִיב: "אוֹ בְעֶצֶם אָדָם".
וְקוּלִית

תוספות

אבל מלפניו יש נוגע וחוזר ונוגע. וסבר כת"ק דאחרים דריש פירקין (דף קיט.), דאין "שומר" לפחות מכזית. **אין** מאהיל וחוזר ומאהיל. וא"ת: מ"ש אהל ממשא? וי"ל: דמשא מרבינן בסמוך מ"יטמא". דקתני: יכול אף במשא כן? ת"ל "והנושא יטמא". ואע"ג דבמגע נמי כתיב "יטמא" יתירא, דאמרינן בריש פירקין (דף קיח:): מילתא דאתיא בק"ו טרח וכתב לה קרא, ולא מוקמינן לנוגע וחוזר ונוגע! *ונראה דגבי משא דרשינן, מדהוה ליה למכתב "והנוגע בנבלתה יטמא עד הערב", "והנושא יטמא" דסיפא למה לי? אלא לאוסופי טומאה בנושא שאין בנוגע. **רבי** עקיבא אומר הנוגע והנושא כו'. לר"ע גופיה לא צריך קרא, דאיהו ס"ל דעור מבטלם. אלא לדברי רבי ישמעאל קאמר: לדידך דלית לך עור מבטלו, תיפוק ליה מיהא דכיון דאין בא לכלל מגע כו'.

והכא היינו טעמא משום דבא לכלל מגע לפניו. רב אויא סבר כבר פדא, דאית ליה נוגע וחוזר ונוגע.

אמר רב פפא במרודד. וא"ת: ואי חשיב מרודד לצרופינהו לשני חצאי זיתים, כגון שאינו מרודד יותר מדאי – במגע נמי ליטמא. ואי לא חשיב – במשא נמי לא ליטמא, דלאו "נישא" הוא! וכ"ת: דאתא (א) ו] כר"א *דאמר: לא שנו אלא מלאחריו כו', וקסבר: כיון דלא מצטרף אלא ע"י מרודד, לא חשיב למהוי "שומר", ומ"מ "נישא" הוא – מ"מ תקשה: דהא רישא ד"עור שיש עליו כזית בשר" אוקימנא במרודד, וקאמר "הנוגע בשערה שכנגדו, טמא" – אלמא דאיכא "שומר" אפילו למרודד! ודוחק לומר: דהאי "מרודד" דהכא גרע מאותו שלמעלה. ונראה: דקסבר, אוחז בקטן ואין גדול עולה עמו – אין כמוהו, וה"נ איירי באוחז בקטן ואין גדול עולה עמו. לכך אין מטמא במגע, אבל במשא מטמא, ד"נישא" – הוא.

אימא והוא דנישא. תימה: אמאי מגיה הברייתא? אימא איפכא: דרבנן סברי, אחד הנוגע ואחד המסיט, והוא דנישא, אבל לא נישא – לא. ואתא ר' אליעזר למימר: אף הנושא, אע"פ שאין נישא. ויתיישב שפיר לשון "אף"! ונראה: דסבר ז] התלמוד דמסיט בכל ענין, אפילו אין נישא. לכך דחק לפרש כן.
נוגע

עין משפט נר מצוה

נו א מיי' פ"ד מהל' טומאת מת הל' ח:

נ"ל נראה מהר"ס

[עי' היטב תוס' ב"ק סט: ד"ה ה"א לנוטעים]

עי' רש"ל ור"מ

[פי' אותו היום סמכוהו בישיבה והושיבוהו בראש ערוך ערך סמך א']

שיטה מקובצת

א] אמר עולא שני חצאי זיתים. נ"ב עי' תוס' בכורות דף כג ע"א: ב] וירקעו ומתרגמינן ורדידו: ג] אלא מאחוריו שלא נגע: ד] דכיון דלא הוי כזית כנוס יחד אין לו יד: ה] מטהר דאין שני אהלות מצטרפין: ו] כר' אלעזר בן פרת דאמר לא שנו: ז] ונראה דסבר תלמודא דמסיט מטמא בכל ענין:

תורה אור

ויקרא יא — שם — שיר ב — ויקרא יא

מסורת הש"ס

(שמות לט)

[אהלות פ"ג מ"א עדיות פ"ג מ"א]

[לקמן קכה.]

[ביצה כח.]

הגהות הב"ח

(א) תוס' ד"ה דאמר וכו' וכי תימא דאתא ככר פדא דאמר לא שנו:

הגהות מהר"ב רנשבורג

א] גמ' כתנאי אחד הנוג[ע] ואחד המסיט. נ"ב ע[י'] זבים פ"ה משנה ג וברע"[ב] ותי"ט שם: ב] רש[י] ד"ה אלא מאחוריו וכ[ו'] כדאמרינן לעיל אין [ז]ה שומר. נ"ב רש"א מוחק [ו]כדאמרינן עד שומר וכ[ן] מהרמ"ל ומהרש"ל:

[לעיל עז:] [ויקרא יא] [לעיל קכב:] [כריתות כח:] [פסחים פג.] [אהלות פ"ג מ"א] [שם]

תורה אור

א וְקוּלִית הַמּוּקְדָּשִׁין, הַנּוֹגֵעַ בָּהֶן, בֵּין סְתוּמִים בֵּין נְקוּבִים – טָמֵא. קוּלִית נְבֵלָה וְקוּלִית הַשֶּׁרֶץ, הַנּוֹגֵעַ בָּהֶם סְתוּמִים – טְהוֹרִים, נְקוּבִים כָּל שֶׁהוּא – מְטַמֵּא בְּמַגָּע. מִנַּיִן שֶׁאַף בְּמַשָּׂא – ת"ל: °"הַנּוֹגֵעַ... וְהַנּוֹשֵׂא", *אֶת שֶׁבָּא לִכְלַל מַגָּע – בָּא לִכְלַל מַשָּׂא, לֹא בָּא לִכְלַל מַגָּע – לֹא בָּא לִכְלַל מַשָּׂא.§

גמ' נוֹגֵעַ – אִין, אֲבָל מַאֲהִיל – לָא. הֵיכִי דָּמֵי? אִי דְּאִיכָּא כַּזַּיִת בָּשָׂר – בְּאֹהֶל נַמִּי לִיטַמָּא! דְּלֵיכָּא כַּזַּיִת בָּשָׂר. וְאִי דְּאִיכָּא ב כַּזַּיִת מוֹחַ מִבִּפְנִים – *טוּמְאָה בּוֹקַעַת וְעוֹלָה, בְּאֹהֶל נַמִּי לִיטַמָּא! דְּלֵיכָּא כַּזַּיִת מוֹחַ בִּפְנִים. וְאִי מוֹחַ מִבִּפְנִים מַעֲלֶה אֲרוּכָה מִבַּחוּץ, אֵבֶר מְעַלְּיָא הִיא, בְּאֹהֶל נַמִּי לִיטַמָּא! אָמַר רַב יְהוּדָה בְּרֵיהּ דְּרַבִּי חִיָּיא: זֹאת אוֹמֶרֶת, מוֹחַ בִּפְנִים אֵינוֹ מַעֲלֶה אֲרוּכָה מִבַּחוּץ. בְּמַאי אוֹקִימְתָּא – דְּלֵיכָּא כַּזַּיִת, אִי הָכִי, בְּמוּקְדָּשִׁים אַמַּאי מְטַמֵּא? וְתוּ, קוּלִית נְבֵלָה *וְקוּלִית הַשֶּׁרֶץ כִּי נִיקְּבוּ אַמַּאי מְטַמְּאוּ? הָא לָא קַשְׁיָא, רֵישָׁא – דְּלֵיכָּא כַּזַּיִת, סֵיפָא – דְּאִיכָּא כַּזַּיִת, וּמַאי קמ"ל? מִילֵּי מִילֵּי קָא מַשְׁמַע לָן: רֵישָׁא קמ"ל – דְּמוֹחַ מִבִּפְנִים אֵינוֹ מַעֲלֶה אֲרוּכָה מִבַּחוּץ. א] מוּקְדָּשִׁין מַאי קמ"ל? שִׁימּוּשׁ נוֹתָר מִילְּתָא הִיא. דְּאָמַר *מָרִי בַּר אֲבוּהּ, אָמַר רַבִּי יִצְחָק: *עַצְמוֹת קָדָשִׁים שֶׁשִּׁימְּשׁוּ נוֹתָר – מְטַמְּאִין אֶת הַיָּדַיִם, הוֹאִיל וְנַעֲשָׂה בָּסִיס לְדָבָר הָאָסוּר. נְבֵלָה אע"ג דְּאִיכָּא כַּזַּיִת, נִיקְּבָה – אִין, לֹא נִיקְּבָה – לָא. אַבָּיֵי אָמַר: לְעוֹלָם מוֹחַ מִבִּפְנִים מַעֲלֶה אֲרוּכָה מִבַּחוּץ, וְהָכָא בְּמַאי עָסְקִינַן – בְּשֶׁשָּׁפָהּ, וּכְדְרַבִּי אֶלְעָזָר. דא"ר אֶלְעָזָר: קוּלִית שֶׁשָּׁפָהּ לְאָרְכָּהּ – טְמֵאָה, לְרָחְבָּהּ – טְהוֹרָה, וְסִימָנֵיךְ: דִּיקְלָא. וְרַבִּי יוֹחָנָן אָמַר: לְעוֹלָם דְּאִיכָּא כַּזַּיִת, ג וּמוֹחַ מִבִּפְנִים מַעֲלֶה אֲרוּכָה מִבַּחוּץ, וּמַאי "נוֹגֵעַ" דְּקָתָנֵי – מַאֲהִיל. וְאִי מוֹחַ מִבִּפְנִים מַעֲלֶה אֲרוּכָה מִבַּחוּץ, קוּלִית נְבֵלָה וְקוּלִית הַשֶּׁרֶץ כִּי לֹא נִיקְּבוּ אַמַּאי טְהוֹרִים? אָמַר רַבִּי בִּנְיָמִין בַּר גִּידֵּל, אָמַר ר' יוֹחָנָן: ד הָכָא בְּמַאי עָסְקִינַן – כְּגוֹן דְּאִיכָּא כַּזַּיִת מוֹחַ הַמִּתְקַשְׁקֵשׁ, גַּבֵּי מֵת – טוּמְאָה בּוֹקַעַת וְעוֹלָה, נְבֵלָה כֵּיוָן דְּמִתְקַשְׁקֵשׁ הוּא, נִיקְּבָה – אִין, לֹא נִיקְּבָה – לָא. א"ר אָבִין וְאִיתֵּימָא ר' יוֹסֵי בַּר אָבִין, אַף אֲנַן נַמִּי תְּנֵינָא: *הַנּוֹגֵעַ ה בְּכַחֲצִי זַיִת וּמַאֲהִיל עַל חֲצִי זַיִת, אוֹ חֲצִי זַיִת מַאֲהִיל עָלָיו – טָמֵא. אִי אָמְרַתְּ בִּשְׁלָמָא חַד שְׁמָא הוּא – מִשּׁוּ"ה מִצְטָרֵף. אֶלָּא אִי אָמְרַתְּ תְּרֵי שְׁמֵי נִינְהוּ, מִי מִצְטָרֵף? ו וְהָתְנַן: ז זֶה הַכְּלָל, כָּל שֶׁהוּא מִשּׁוּם אֶחָד – מִצְטָרֵף וְטָמֵא, מִשְּׁנֵי שֵׁמוֹת – טָהוֹר! אֶלָּא מַאי, חַד שְׁמָא הוּא? אֵימָא סֵיפָא: ז אֲבָל הַנּוֹגֵעַ

רש"י

וְקוּלִית הַמּוּקְדָּשִׁים. בְּמַסֶּכֶת פְּסָחִים (דף קכ:) תְּנַן: הַפִּגּוּל וְהַנּוֹתָר – מְטַמְּאִין אֶת הַיָּדַיִם. דְּגָזְרֵי בְּהוּ רַבָּנַן מִשּׁוּם חֲשָׁדֵי כְהוּנָּה וְעַצְלֵי כְהוּנָּה, כִּדְמְפָרֵשׁ הָתָם. וְגָזְרוּ אַף בָּעֲצָמוֹת שֶׁשִּׁימְּשׁוּ נוֹתָר. נְבֵלָה. אֵין עַצְמוֹתֶיהָ מְטַמְּאִים, דִּכְתִיב (ויקרא יא): "בְּנִבְלָתָהּ" – וְלֹא בַּעֲצָמוֹת,* וְכֵן שֶׁרֶץ. הִלְכָּךְ, סְתוּמִים [illegible], וְכ"ש מַגָּע, דְּאִי אֶפְשָׁר לוֹ לִיגַּע. וְאַע"ג דְּ"שׁוֹמֵר" מַכְנִיס וּמוֹצִיא טוּמְאָה – ה"מ בְּדָבָר שֶׁאֶפְשָׁר לִיגַּע בַּטּוּמְאָה עַצְמָהּ, וַאֲפִילּוּ לֹא נָגַע בָּהּ, אֶלָּא בַּ"שּׁוֹמֵר" – טָמֵא. אֲבָל הֵיכָא דְּאִי אֶפְשָׁר לִיגַּע בַּטּוּמְאָה עַצְמָהּ – אֵין "שׁוֹמֵר" מְטַמֵּא. נְקוּבִים כָּל שֶׁהוּא. אֲפִילּוּ כְּחוּט הַשַּׂעֲרָה, שֶׁאֶפְשָׁר לְהַכְנִיס בּוֹ חוּט הַשַּׂעֲרָה שֶׁל רֹאשׁוֹ אוֹ זְקָנוֹ, וַהֲרֵי הוּא מְטַמֵּא בְּכָךְ, כִּדְלְקַמָּן.

גמ' וְאִי דְּאִיכָּא כַּזַּיִת מוֹחַ מִבִּפְנִים טוּמְאָה בּוֹקַעַת וְעוֹלָה. קוּשְׁיָא הִיא: אַמַּאי אֵין מְטַמֵּא בְּאֹהֶל? הֲרֵי אֵין לָהּ חָלָל טֶפַח, וְקַיְימָא לָן בִּבְרָכוֹת (דף יט:): כָּל חָלָל שֶׁאֵין בּוֹ טֶפַח – אֵינוֹ חוֹצֵץ בִּפְנֵי הַמֵּת. וְאִי. קָסָבַר: מוֹחַ שֶׁבִּפְנִים מַעֲלֶה אֲרוּכָה לַבָּשָׂר מִבַּחוּץ, אע"ג דְּלֵיכָּא מוֹחַ, הוֹאִיל וּבִמְחוּבָּר לְאַחַי סוֹף הַמּוֹחַ לָבֹא. שֶׁהֲרֵי פְּעָמִים שֶׁהַמּוֹחַ כּוּלּוֹ כָּלֶה וְחוֹזֵר, וְע"י הַמּוֹחַ גָּדֵל הַבָּשָׂר מִלְמַעְלָה – א"כ, בְּלֹא בָּשָׂר וּבְלֹא מוֹחַ חָשִׁיב אֵבֶר כָּל עֶצֶם חָלוּל, וּתְנַן ג] (אהלות פ"א מ"ז): הָאֵבָרִים אֵין לָהֶן שִׁיעוּר, אֲפִילּוּ פָּחוֹת מִכַּזַּיִת מִן הַמֵּת, וּפָחוֹת מִכַּעֲדָשָׁה מִן הַשֶּׁרֶץ. קָסָבַר אֵין מוֹחַ שֶׁבִּפְנִים מַעֲלֶה אֲרוּכָה לַבָּשָׂר מִבַּחוּץ. וְהָכָא, הוֹאִיל וְלֵיכָּא בָּשָׂר – אֵין סוֹפוֹ לְהַעֲלוֹת אֲרוּכָה בַּחַי, וְלֹא "אֵבֶר" מִיקְרֵי. **א"ה בְּמוּקְדָּשִׁין אַמַּאי טְמֵאִים.** הֲרֵי לֹא שִׁימְּשׁוּ נוֹתָר, דְּאֵין נוֹתָר בְּפָחוֹת מִכַּזַּיִת! כִּי נִקְּבוּ **אַמַּאי** טְמֵאִין. הָא אָמְרַתְּ דְּאֵין שׁוֹמְרִין מִצְטָרְפִין לְטוּמְאָה חֲמוּרָה! רֵישָׁא. דְּקוּלִית הַמֵּת. דְּלֵיכָּא כַּזַּיִת. לְפִיכָךְ, אֵין מְטַמֵּא בְּאֹהֶל. **סֵיפָא.** מוּקְדָּשִׁים וְשֶׁרֶץ וּנְבֵלָה. **דְּאִיכָּא כַּזַּיִת.** לְפִיכָךְ, גַּבֵּי מוּקְדָּשִׁין אִיכָּא ג] שִׁיעוּר נוֹתָר, וְגַבֵּי נְבֵלָה וְשֶׁרֶץ אִיכָּא שִׁיעוּר לְטַמֵּא. **וּמַאי קמ"ל.** כֵּיוָן דְּרֵישָׁא לֵיכָּא כַּזַּיִת, ד] אַכַּתִּי לָא אַשְׁמַעִינַן דְּעֶצֶם כִּשְׂעוֹרָה מְטַמֵּא בְּמַגָּע וְלֹא בְּאֹהֶל, וְכַזַּיִת מִן הַנְּבֵלָה מְטַמֵּא. מִילֵּי מִילֵּי. כָּל דָּבָר ה] שֶׁשָּׁנָה בְּמִשְׁנָתֵנוּ אַשְׁמַעִינַן טַעְמָא בְּכָל חַד וְחַד, מַה שֶּׁהֶרְאָה זֶה לֹא הֶרְאָה זֶה. רֵישָׁא. אַשְׁמַעִינַן: מִדְּלֹא טִימֵּא בְּאֹהֶל, עַל כָּרְחֵיךְ שְׁמַעַתְּ מִינָּהּ דְּמוֹחַ שֶׁבִּפְנִים אֵין מַעֲלֶה אֲרוּכָה מִבַּחוּץ. דְּאִי מַעֲלֶה, בֵּין אִית בֵּיהּ בֵּין לֵית ו] בֵּיהּ – מְטַמֵּא. מִילְּתָא הִיא. כְּנוֹתָר עַצְמוֹ. וְאִיצְטְרִיךְ לְאַשְׁמוּעִינַן דְּקָדֵי הוּא. כִּדְרַב מָרִי, מִשּׁוּם דְּבִפְסָחִים (דף קכ:) לֹא תְּנַן אֶלָּא "הַפִּגּוּל וְהַנּוֹתָר", אֲבָל שִׁמּוּשׁוֹ לֹא תְּנַן. וְאַשְׁמַעִינַן מַתְנִיתִין דְּמִשּׁוּם ז] דְּשִׁימְּשׁוּ כַּזַּיִת נוֹתָר, מְטַמְּאָה אֲפִי' כְּשֶׁהִיא סְתוּמָה וְלֹא נָגַע בַּמּוֹחַ – טָמֵא מִשּׁוּם עֶצֶם שֶׁשִּׁימֵּשׁ אֶת הַנּוֹתָר. לֹא נִיקְּבָה לָא. דְּבָעֵינַן אֶפְשָׁר לִיגַּע, טַעְמָא כְּהֶדְיָא לְקַמָּן. אַבָּיֵי אָמַר לְעוֹלָם מוֹחַ מַעֲלֶה אֲרוּכָה. וּמַתְנִיתִין בְּשֶׁשָּׁפָהּ – נִקְרָהּ בְּמַגָּל אוֹ בְּסַכִּין, דְּתוּ לֹא מַעֲלֶה אֲרוּכָה. וְהִלְכָּךְ, כֵּיוָן דְּלֵיכָּא מוֹחַ דִּמְטַמֵּא בְּאֹהֶל מִשּׁוּם שִׁיעוּר – לֹא ח] מְטַמֵּא (א) אֵבֶר. וּבְמוּקְדָּשִׁין נְבֵלָה וְשֶׁרֶץ – בִּדְאִיכָּא כַּזַּיִת, כִּדְאוֹקִימְנָא. וְאַבָּיֵי לָא פָּלֵיג אֶלָּא בְּמַעֲלֶה אֲרוּכָה. לְאָרְכָּהּ. דְּעַכְשָׁיו שַׁיָּיר בָּהּ רְצוּעָה שֶׁלֹּא שִׁיפָהּ. טְמֵאָה. וַאֲפִילּוּ אֵין בָּהּ לֹא בָּשָׂר וְלֹא מוֹחַ, דְּמוֹחַ שֶׁהָיָה עָתִיד לָבֹא מִבִּפְנִים מַעֲלֶה אֲרוּכָה דִּכְוָותָהּ (ב) בְּבַעֲלֵי חַיִּים מַעֲלֶה אֲרוּכָה, הַשְׁתָּא נַמִּי אֵבֶר הוּא, וְלֹא בָּעֵי שִׁיעוּר. לְרָחְבָּהּ. סָבִיב סָבִיב, וַאֲפִילּוּ בְּמָקוֹם אֶחָד. דֶּקֶל. אִם תִּטּוֹל מִמֶּנּוּ רְצוּעָה סָבִיב – הוּא מִתְיַבֵּשׁ, שֶׁלֹּא הִנַּחְתָּ דֶּרֶךְ לַשָּׂרָף לַעֲלוֹת מִן הַקַּרְקַע לְמַעְלָה מִמָּקוֹם שֶׁנִּקְלַף. וְאִם תַּקְלִיפֶנּוּ לְאָרְכּוֹ, וְתִשְׁיֵיר לוֹ אֶחָד – יֵשׁ דֶּרֶךְ לַשָּׂרָף לַעֲלוֹת. לְעוֹלָם. רֵישָׁא דְּאִיכָּא כַּזַּיִת, דְּלֹא מוֹקְמִינַן מַתְנִיתִין בִּתְרֵי טַעֲמֵי. וְא"כ לֵיכָּא כַּזַּיִת הָוְיָא מְטַמֵּא בְּאֹהֶל, דְּמוֹחַ שֶׁבִּפְנִים מַעֲלֶה אֲרוּכָה. וּמַאי נוֹגֵעַ מַאֲהִיל. מַאֲהִיל נַמִּי בְּמַשְׁמַע, כִּדְמְפָרֵשׁ וְאָזֵיל, דְּאִיכָּא תַּנָּא דְּקָרֵי לְמַאֲהִיל "נוֹגֵעַ". **אַמַּאי טְהוֹרִים.** עֶצֶם גּוּפֵיהּ – אֵבֶר הוּא, וּבְלֹא מוֹחַ נַמִּי מְטַמֵּא, וּסְתִימָה מַאי אַהַנְיָא? הַמִּתְקַשְׁקֵשׁ. יָבֵשׁ וְנֶעֱקַר בְּתוֹךְ הֶחָלָל ט], דְּהוּא לֹא מַעֲלֶה אֲרוּכָה. גַּבֵּי מֵת. אַף עַל גַּב דְּאֵינוֹ מַעֲלֶה אֲרוּכָה – מְטַמֵּא בְּאֹהֶל, דְּהָא בְּלֹא חֲשִׁיבוּת אֵבֶר, הָא אִיכָּא שִׁיעוּר. וּסְתִימָה לָא מְהַנְּיָא בֵּיהּ – דְּטוּמְאָה בּוֹקַעַת וְעוֹלָה, וּמוּקְדָּשִׁים – הֲרֵי שִׁמְּשׁוּ נוֹתָר. נְבֵלָה כֵּיוָן דְּמִתְקַשְׁקֵשׁ הוּא. וְשׁוּב אֵינוֹ מַעֲלֶה אֲרוּכָה – לָאו אֵבֶר הוּא. הִלְכָּךְ, נִיקְּבוּ – דְּאֶפְשָׁר לִיגַּע, מְטַמְּאִים מִשּׁוּם שִׁיעוּר. לֹא נִיקְּבוּ – לֹא, דְּלָאו אֵבֶר הוּא. דְּהַשְׁתָּא גָּרַע מִקּוּלִית שֶׁיֵּשׁ בָּהּ בְּכַעֲדָשָׁה מוֹחַ לַח, דְּהַהוּא מַעֲלֶה אֲרוּכָה הוּא. **אַף אֲנַן נַמִּי תְּנֵינָא.** דְּקָרֵי לְמַאֲהִיל "נוֹגֵעַ".

הַנּוֹגֵעַ

תוספות

נוגע אין מאהיל לא. וא"ת: מנא ליה למידק "מאהיל, לא"? אי משום דלא קתני לה – הא לא קתני נמי משא, אע"ג דעלם כשעורה מטמא במשא! וי"ל: דמשא לא אלטריך (ג) למתני, אבל אהל הוה ליה למתני, כיון דאין עלם מטמא באהל. אע"ג דלא מתני ליה במוקדשין, מ"מ הוה ליה למתני באתי ותיזיה אחח [illegible] אע"ג דלא הוי אהל דומיא דנוגע: דנוגע בכל מקום טמא, אבל מאהיל לא מטמא אלא כנגד המוח – מ"מ במאי דהוי, לתנייה. ואם תאמר: ולשני ליה "הא מני רבי יוסי, דלית ליה טומאה בוקעת ועולה" לקמן בשמעתין! ושמא לא מסתבר ליה לאוקמה כר' יוסי. **ואי** מוח שבפנים מעלה ארוכה מבחוץ. פירש הקונטרס: אע"ג דליכא מוח כלל. וזה דחקו: מדלא מוקי לה דלית ביה מוח. ונכנס דחק – דמדנקט "קולית" משמע דמיירי דאיכא מוח קלת. **אי** הכי מוקדשים כו'. פירוש: בשלמא אי איירי בדאיכא כזית – א"ש מוקדשין, אפי' למ"ד ב"ערבי פסחים" (פסחים קכא.): נותר בכבילה, דכל חד איירי בשיעור דידיה. אלא כיון דבמת איירי בדליכא שיעור – מוקדשין אמאי כו'. תימה: דמאי קמ"ל רב מרי, מתניתין היא! ועוד: דבפ' "כילד לולין" (שם דף פג.) מייתי סייעתא לרב מרי, ודחי לה, לייתי הך מתניתין דהכא! ונראה דרב מרי אשמועינן: עלמות ששמשו נותר כבר, אפי' אין בהן עכשיו כלום. ומתני' איכא לאוקומי בדאיכא אכתי כזית. ומ"מ חדוש הוא דאיכא שימוש נותר בעולם. ובפסחים דבעי לאתויי מעלמות פסח, דקאמר: אלא לאו דאית ביה מוח – היינו, שהיה בה מוח כבר. דעכשיו לא קאמר, דפשיטא דטעונין שרפה משום מוח. **הכא** במאי עסקינן בששיפה. דתו לא מעלה ארוכה. והלכך, כיון דליכא כזית מוח – לא מטמא באהל, דליכא שיעור, ולא הוי נמי אבר. ואשמועינן דשיפה אינו מטמא באהל. **ומאי** נוגע דקתני מאהיל. וקמ"ל ד"נוגע" היינו מאהיל, ומלטרפין. וא"ת: ליתני "כזית מן המת, הנוגע בו – טמא", ואנא ידענא ד"נוגע" היינו מאהיל! וי"ל: דלא הוה שמעינן ליה חהכא אלא משום דקים לן בעלמא דכזית מן המת מטמא באהל. אבל השתא דקתני "קולית מן המת", וקתני "נוגע" – מוכיח ד"נוגע" היינו מאהיל. דאי אפשר ליגע במוח ממש בתוך הקולית, אלא ע"י אהל. **הכא** במאי עסקינן בכזית מוח המתקשקש. הא דלא קאמר "כששיפה", כדאמר לעיל – אפשר דסבירא ליה דשיפה מעלה ארוכה מבחוץ.

[נ"ל רב מרי]

עין משפט נר מצוה

נז א מיי' פ"ח מהלכות אבות הטומאות הל' ז:

נח ב מיי' פ"א שם הל' ז:

נט ג ד מיי' פ"ב מהל' טומאת מת הל' ה ופ"ב מהל' אבות הטומאות הל' יא ופ"ד הלכה ט:

ס ה ו ז מיי' פ"ג מהל' טומאת מת הל' יד:

שיטה מקובצת

א] מוקדשין קמ"ל שימוש: בן חלול ותנן בנדה פ' יוצא דופן [דף מג] ב) האברים אין להם שיעור אפי' פחות מכזית מן המת ופחות מכעדשה: ג] איכא שמוש נותר וגבי שרץ ונבלה איכא שיעור: ד] ליכא כזית וכי אכתי לא שמעינן: ה] מילי מילי כל דבר ודבר ששנה במשנתינו אשמועינן טעמא בכל חד מה: ו] בין לית ביה הוה מטמא: ז] דמשום דשמשה כזית נותר מטמאה: ח] לא מטמא משום אבר במוקדשין: ט] ונעקר בתוך החלל דההוא לא מעלה: י] דקתני קולית המת וקתני:

א) באמת הוא משנה באהלות (פ"ג מ"ז) אבל מייתי לה גם בנדה שם ובמעילה (דף י"ז).

הגהות הב"ח

(א) רש"י ד"ה אביי וכו' לא מטמא משום אבר: (ב) ד"ה טמאה וכו' בבעלי חיים: (ג) תוס' ד"ה נוגע וכו' לא אלטריך ליה למתני:

גליון הש"ס

גמ' וקולית השרץ. לאו דוקא דהא שרץ טמאה כעדשה אלא לעיקר מנבלה והשרץ נקט אגב גררא לישנא הוא. רש"י בתוס' [illegible] ד"ה אין אותיות:

עין משפט
נר מצוה

סא א מיי' פ"ב מהל' טומאת מת הל' יא:
סב ב מיי' פי"ח שם הלכה ד:

הַנּוֹגֵעַ בְּכַחֲצִי זַיִת, וְדָבָר אַחֵר מַאֲהִיל עָלָיו וְעַל כַּחֲצִי זַיִת – טָהוֹר. וְאִי חַד שְׁמָא הוּא, אַמַּאי טָהוֹר? אֶלָּא קַשְׁיָא רֵישָׁא! אָמַר רַבִּי זֵירָא: בְּטוּמְאָה רְצוּצָה בֵּין ב' מִגְדָּלִים עָסְקִינַן, וְאֵין בֵּינֵיהֶן פּוֹתֵחַ טֶפַח, דְּכוּלָּהּ נְגִיעָה הִיא. **וּמַאן תַּנָּא** דְּקָרֵי לְאֹהֶל "נוֹגֵעַ" – ר' יוֹסֵי הִיא, *דְּתַנְיָא, ר' יוֹסֵי אוֹמֵר: מְלֹא תַּרְווֹד רָקָב – מְטַמֵּא בְּמַגָּע וּבְמַשָּׂא וּבְאֹהֶל, בִּשְׁלָמָא בְּמַשָּׂא וּבְאֹהֶל, הָא – קָא טָעֵין לֵיהּ לְכוּלֵּיהּ, וְהָא – קָא מַאֲהִיל אַכּוּלֵּיהּ. אֶלָּא נוֹגֵעַ, הָא לָא נָגַע בְּכוּלֵּיהּ! אֶלָּא לָאו ש"מ: מַאי "נוֹגֵעַ" – מַאֲהִיל. וְהָא קָתָנֵי "נוֹגֵעַ", וְהָא קָתָנֵי מַאֲהִיל! אָמַר אַבַּיֵי: לְמַטָּה מִטֶּפַח – אֹהֶל נְגִיעָה, לְמַעְלָה מִטֶּפַח – אֹהֶל גְּרֵידָא. רָבָא אָמַר: אֲפִילּוּ לְמַעְלָה מִטֶּפַח נַמִי אֹהֶל נְגִיעָה הוּא. וְהֵיכִי דָּמֵי אֹהֶל גְּרֵידָא – בְּהַמְשָׁכָה. אָמַר רָבָא, מְנָא אֲמִינָא לַהּ? *דְּתְנַן, *ר' יוֹסֵי אוֹמֵר: חֲבִילֵי מִטָּה וּסְרִיגֵי חַלּוֹנוֹת – חוֹצְצִין בֵּין הַבַּיִת לָעֲלִיָּיה שֶׁלֹּא לְהַכְנִיס טוּמְאָה לְצַד שֵׁנִי. פְּרָסָן עַל פְּנֵי הַמֵּת בָּאֲוִיר, הַנּוֹגֵעַ כְּנֶגֶד הַנֶּקֶב – טָמֵא, שֶׁלֹּא כְּנֶגֶד הַנֶּקֶב – טָהוֹר. ה"ד, אִילֵימָא לְמַטָּה מִטֶּפַח – שֶׁלֹּא כְּנֶגֶד הַנֶּקֶב אַמַּאי טָהוֹר? מֵת בִּכְסוּתוֹ הִיא, וּמֵת בִּכְסוּתוֹ מְטַמֵּא! אֶלָּא לָאו לְמַעְלָה מִטֶּפַח, וְקָא קָרֵי לֵיהּ "נוֹגֵעַ". אָמַר אַבַּיֵי: לְעוֹלָם לְמַטָּה מִטֶּפַח, וּדְקָאָמְרַתְּ: מֵת בִּכְסוּתוֹ הוּא – מֵת בִּכְסוּתוֹ, מְבַטֵּל לֵיהּ. הַאי, לָא מְבַטֵּל לֵיהּ. וְתֶהֱוֵי *כְּטוּמְאָה טְמוּנָה בּוֹקַעַת וְעוֹלָה! קָסָבַר רַבִּי יוֹסֵי: טוּמְאָה טְמוּנָה אֵינָהּ בּוֹקַעַת. וּמְנָא תֵּימְרָא? *דִּתְנַן: תֵּיבַת הַמִּגְדָּל שֶׁיֵּשׁ בָּהּ פּוֹתֵחַ טֶפַח וְאֵין בִּיצִיאָתָהּ פּוֹתֵחַ טֶפַח, טוּמְאָה בְּתוֹכָהּ – הַבַּיִת טָמֵא. טוּמְאָה בַּבַּיִת – מַה שֶּׁבְּתוֹכָהּ טָהוֹר. מִפְּנֵי שֶׁדֶּרֶךְ טוּמְאָה לָצֵאת, וְאֵין דֶּרֶךְ טוּמְאָה לִיכָּנֵס. וְרַבִּי יוֹסֵי מְטַהֵר, מִפְּנֵי שֶׁיָּכוֹל הוּא לְהוֹצִיאָהּ לַחֲצָאִין אוֹ לְשׂוֹרְפָהּ בִּמְקוֹמָהּ. וְקָתָנֵי סֵיפָא: הֶעֱמִידָהּ בַּפֶּתַח וּפִתְחָהּ לַחוּץ, טוּמְאָה בְּתוֹכָהּ – הַבַּיִת טָהוֹר. טוּמְאָה בַּבַּיִת – מַה שֶּׁבְּתוֹכָהּ טָהוֹר, וְתָנֵי

הנוגע בחצי זית. ומאהיל על חצי זית בבת אחת, ידו א] נוגעת כאן, והשניה מאהלת כאן. או חצי זית מאהיל עליו. כגון שנתון בקיסם ותחוב בכותל, וזה עומד תחתיו א] ודבר אחר מאהיל עליו ועל כחצי זית. כגון חצי זית מוטל ע"ג קרקע, והוא עומד אצלו, ודף אחד מאהיל על שניהם. **אמאי טהור.** הלא זה אהל גמור! ועיקר אהל האמור בתורה זה הוא: "כל הבא אל האהל" (במדבר יט) – שהבית מאהיל עליו ועל מת כאחד. **רצוצה.** כל דבר שאין לו מקום ריוח קרי "רצוץ". ופחות מטפח – לאו חלל הוא, ונקרא מה שבתוכו "רצוץ". **מגדלים.** של עץ. **דכולה נגיעה היא.** אפילו הוא מאהיל למעלה מן הבשר הרבה. כגון שהיו המגדלים גבוהים, והטומאה למטה, והוא מאהיל סמוך לראשיהן – קרי נגיעה. דכיון דהלמ"מ היא דטומאה רצוצה בוקעת, הוי כמאן דמליא טומאה כל חלל שבין שני המגדלים. ומהא לא תסייעיה לרבי יוחנן. **ומאן תנא.** דמתניתין לרבי יוחנן דאוקי ד"הנוגע ב] היינו מאהיל"? **תרווד.** כף. **רקב.** עפר הנמלה מארון של מת, שהוא רקבובית של מת, ושיעור "מלא תרווד" הלמ"מ. **הא לא נגע בכוליה.** דהא כל העפר אינו מחובר יחד, והנוגע בצד זה – לא נגע בצד זה, וכל חד וחד עפרא באפי נפשיה הוא. **אמר אביי.** המאהיל למטה מטפח, שאין טפח בין ידו לטומאה קרי לה אהל נגיעה. ולאביי לא מיתוקמא מתניתין כרבי יוחנן, דלא מיקרי מאהיל "נוגע" אלא למטה מטפח, דהוי כנגיעה. ואכתי הדר דוקיין קמא לדוכתיה: נוגע – אין, אבל מאהיל אהל גרידא למעלה מטפח – לא. ואי דאיכא כזית – באהל נמי ליטמא! אביי לא מהדר לאוקמא לדרבי יוחנן, דהא אביי אוקמא למתניתין בשאין בה כזית ובשפיה. והכא קא מהדר לתרוצי מילתיה דרבי יוסי דקתני גבי רקב מגע ואהל, וקשיא לן: הא לא נגע בכוליה? ומוקי ליה אביי באהל נגיעה. **רבא אמר אפי'** למעלה מטפח אהל נגיעה. מיקרי, ושפיר מיתוקמא מתני' כר' יוחנן, ורבי יוסי היא. **בהמשכה.** דבר אחר מאהיל עליו ועל הטומאה. דהוא אינו מאהיל על הטומאה, ולא הטומאה מאהלת עליו, אלא דבר אחר ממשיך את הטומאה עליו. **מנא אמינא לה.** דאפילו למעלה מטפח קרי ליה רבי יוסי אהל נגיעה? **חבלי מטה המסורגים.** ג] שמסרגים מטות כמין קליעה. וכן סריגי חלונות, שעושים עלים דקים או עשי ברזל בחלונות בסירוג בקליעה, שלא יכנס אדם בהן. **חוצצין בין בית לעלייה.** אם ד] *שטחו מקורה לחברתה – נעשו תקרה, ובטלו. ואין מקבלין טומאה, וחוצצין בפני הטומאה שלא תכנס טומאה לצד שני שעלייה. כלומר, לעלייה. ואע"פ שנקובים – הרי אין בנקבים פותח טפח. וכל נקב שאין בין בית לבית או בין בית לעלייה – שיעורו בפותח טפח, ואף הנוגע כנגד הנקב – טהור. ה] **היו פורסים על המת באויר.** שנטלו מן המטה כמו שהן מסורגות, ופורסן על המת באויר. **הנוגע כנגד הנקב טמא.** דעכשיו לא נעשו תקרה להיות הכל כסתום. לפיכך הנוגע כנגד הנקב – טמא, שהרי מאהיל על המת. **שלא כנגד הנקב** – טהור, דהבלים בלא מטה אינן מקבלין טומאה, הילכך חוצצין. **אילימא.** ששוטחן על המת למטה מטפח, שאין מהן ולמת טפח. **לא מבטל ליה.** להיות כסותו של מת. **ותהוי בטומאה טמונה.** אי למטה מטפח עסקינן – נהי נמי דלא מבטל ליה, תיהוי מיהא טומאה טמונה שאין לה חלל טפח, דקי"ל (אהלות פי"ד מ"ו): בוקעת ועולה עד לרקיע, אא"כ תמצא חלילה למעלה מטפח. **תיבת.** מגדל של עץ, מסטיי"ר. ועושין ו] אותו תיבות תיבות קטנות, להצניע בהן ז] כלים ומשקין. **שיש בה.** בחלל פותח טפח. ה"ג לה במשנה דאהלות: שיש בה פותח טפח, דלא הויא טומאה טמונה. **ואין ביציאתה.** בחור פתח אין בו טפח. **טומאה בתוכה הבית טמא.** ואע"פ שפתחה קטן, כדמפרש טעמא: "מפני שדרך טומאה לצאת" – על כרחך סופה לצאת דרך פתח זה. לפיכך, מטמאה מיד דרך יציאתה, ומדרבנן. **מה שבתוכה טהור.** הואיל ואין ביציאתה פותח טפח, והרי אין סופו להכנים לה מת. **רבי יוסי מטהר.** כדמפרש: דשמא אין סופה לצאת דרך פתח זה שיהא בה שיעור טומאה, שיכול להוציאה לחצאין או לשורפה במקומה. **וקתני סיפא העמידה בפתח.** וכולה בבית, אלא שפתחה לחוץ. **טומאה בתוכה הבית טהור.** דמשום מאי איכא לטמויי? הא טומאת אהל ליכא – דיש בה פותח טפח, ולא טמונה היא. ומשום יציאה נמי לא מטמיא – דהא אין יציאתה לפנים.

ה"ג

אמר ר' זירא רישא בטומאה רצוצה בין ב' מגדלים עסקינן. הוה מצי למימר "בטומאה למטה מטפח עסקינן", כדאמרינן בסמוך, אלא משמעות "אהל" משמע ליה למעלה מטפח. אי נמי: לית ליה סברא דלקמן. וא"ת: אי בטומאה רצוצה דווקא עסקינן, אמאי נקט בסיפא "המסכך ע"י דבר אחר, טהור", ה"ל למינקט "אבל אם אינה רצוצה, טהור"! וי"ל: דאתא לאשמועינן דאפילו בין שני מגדלים דומיא דרישא – לא הוי טומאה רצוצה בהמסכך ע"י דבר אחר. דתרתי בעינן: בין ב' מגדלים, וגם שהוא עצמו מאהיל על הטומאה או הטומאה עליו. **ומאן** תנא דקרי לאהל נוגע רבי יוסי היא. פי' בקונט' דלא מייתי ראיה אלא אליבא דרבא. וכן עיקר, דהא לאביי מאי משני, דע"כ צריך לאוקומי מתניתין בכל ענין. דאם לא כן, מאי דחה רבי זירא לעיל "בטומאה בין שני מגדלים", נוקי נמי מתניתין בכה"ג! אלא ע"כ צריך לפרש בכל ענין, דלא תקשה: אכתי, נוגע – אין, מאהיל בלא טומאה רצוצה – לא! הילכך, אליבא דאביי לא מיתוקמא, כיון דאיכא אהל למעלה מטפח, דלא הוי נגיעה. אבל רבא, דלא מפיק אלא אהל דהמסכך, ליכא למיפרך מידי. דמתני' לא איירי בהמסכך, מדקתני "הנוגע" – משמע: אהל דומיא ד"נוגע", דאיהו גופיה, ולא ע"י דבר אחר. ואביי ורבא לית להו דרבי זירא דשני לעיל "בטומאה בין שני מגדלים", דאי אית להו – מנא ח] לן לפרש כדמפרש, דלמא בטומאה רצוצה בין שני מגדלים עסקינן! אלא ודאי לית להו. וא"ת: וכיון דלית להו דרבי זירא, וההוא דלעיל מתוקמא לאביי כדאית ליה ולרבא כדאית ליה. ואתיא טפי שפיר לרבא, דמתוקמא בפשיטות דרישא מצטרפין – דכאילו נגיעה היא, כיון שאין בהמסכך. ובסיפא דאין מצטרפין – כיון דע"י המסכך היא. וא"כ, אמאי איצטריך להביא מהכא, מההיא דלעיל יכול להביא ראיה, דקרי לאהל "מגע", לפי סברת רבא! וי"ל: דניחא ליה טפי לאתויי מהכא, שנזכר בה שם חכם. **שלא** כנגד הנקב טהור. וא"ת: כיון דלא מבטל להו, כדפי' בקונטרס, יהא טמא אפילו שלא כנגד הנקב. כדאמרינן פרק "לא יחפור" (ב"ב דף יט:) דכל מידי דלא מבטל ליה, אין חוצץ בפני הטומאה! ומיהו שם פירש דכל דבר שסותם כל החלון, א"צ בטול. ושם (כ. ד"ה "היא") מפורש. **קסבר** רבי יוסי טומאה אינה בוקעת ועולה. וא"ת: היכי מוקמינן לעיל מתניתין כוותיה, והא מתניתין סבר דבוקעת ועולה. דקתני בקולית סתומה "הנוגע בה, טמא", ואוקמינן דמאי "נוגע" מאהיל! וי"ל: אע"ג דסבר רבי יוסי טומאה טמונה אינה בוקעת, מודה בקולית סתומה שמטמאה באהל. כמו במת בכסותו, דמודה רבי יוסי דמטמא. **טומאה** בבית מה שבתוכה טהור. שהמגדל חוצץ בין הטומאה ובין מה שבתוכו, דאינו מקבל טומאה, דעשוי לנחת הוא. **יכול** הוא להוציאה ולשורפה במקומה. נראה דמודה רבי יוסי בהא דאמרינן בבילה (דף י.): המת בבית ולו פתחים הרבה – כולן טמאים, מפני שסוף טומאה לצאת דרך שם. דהתם במת שלם, דאין דרך לשורפו ולנתחו פחות מכזית.

אס

[צ"ל דתניא]

שיטה מקובצת

א] בבת אחת ידו אחת נוגעת כאן: ב] דהנוגע היינו נמי מאהיל: ג] המסורגין כעין שמסרגין המטות: ד] אם שטחן מקורה לחברתה נעשו תקרה ובטלן: ה] היו פרוסים על המת באויר שנטלן וכו' ופרסן על המת: ו] ועושין אותה תיבות תיבות: ז] להצניע בהן אוכלים ומשקים: ח] דאי אית להו מנא להו לפרש:

מסורת הש"ס

שייך לעיל

ע"כ

(נזיר מט: אהלות פ"ב [תוספתא ריש פ"ד דאהלות]

[תוספתא דאהלות פ"ב ע"ש]

[כריתות כח:]

אהלות פ"ד משנה ב

גליון הש"ס

גמ' קסבר ר' יוסי טומאה טמונה. עי' עירובין דף עט ע"א תוס' ד"ה הרי הוא:

שטחו בין קורה לחברתה מהרש"ל

הגהות מהר"ב רנשבורג

א] רש"י ד"ה או חצי זית וכו' וזה עומד תחתיו כל הס"ד ואח"כ מה"ד ודבר אחר:

ותני עלה: רבי יוסי מטהר. אהייא? אילימא אסיפא – ת"ק נמי טהורי קא מטהר! אלא, דקאמר ת"ק, טומאה בתוכה – הבית טמא, אי משום דדרך טומאה לצאת ואי משום דטומאה טמונה בוקעת. וקא"ל רבי יוסי: ?דקאמרת? דרך טומאה לצאת – יכול הוא להוציאה לחצאין או לשורפה במקומה, ודקאמרת טומאה טמונה בוקעת – טומאה טמונה אינה בוקעת. ורמי דר' יוסי אדר' יוסי. דתנן: *הכלב שאכל בשר מת, ומת הכלב ומוטל על האסקופה. ר"מ אומר: אם יש בצוארו פותח טפח – מביא את הטומאה, ואם לאו – אינו מביא את הטומאה. ר' יוסי אומר: א] רואין, מכנגד השקוף ולפנים – הבית טמא, מכנגד השקוף ולחוץ – הבית טהור. רבי אלעזר אומר: פיו לפנים – הבית טהור, פיו לחוץ – הבית טמא, מפני שטומאה יוצאה דרך שוליו. רבי יהודה בן בתירא אומר: בין כך ובין כך – הבית טמא. מאי לאו א"אין בצוארו פותח טפח" קאי רבי יוסי, וש"מ: טומאה טמונה בוקעת! אמר רבא: "רואין את חלל הטומאה" קתני, ורבי יוסי בתרתי פליג, וקא"ל לר' מאיר: דקאמרת כי יש בצוארו פותח טפח – מביא את הטומאה, אנן בתר חללה אזלינן. ודקא אמרת ב] *(הבית) כולו טמא. מכנגד השקוף ולפנים – הבית טמא, מכנגד השקוף ולחוץ – הבית טהור. רב אחא בריה דרבא מתני לה בהדיא, רבי יוסי אומר: רואין את חלל הטומאה. ומאן תנא דפליג עליה? ג] רבי שמעון הוא, דתניא, ר"ש אומר: שלש

ה"ג: ותני עלה: ורבי יוסי מטהר. אהייא? אי נימא אסיפא – תנא קמא נמי טהורי מטהר! אלא ד] דקאמר ת"ק "הבית טמא" – אי משום דדרך טומאה לצאת" כו'. ולא גרסינן "אלא לאו ארישא" – דהא ברישא בהדיא תנן בה "ורבי יוסי מטהר". אי נימא אסיפא. ולדקתני – הא ת"ק נמי מטהר! אלא. שמעיה לת"ק דקאמר "הבית טמא" כל היכא דמשכחת חדא מהנך תרי טעמי, אי משום דרך טומאה לצאת, כגון רישא דיש בה פותח טפח, דאין כאן טומאה טמונה אלא משום דסופה לצאת. ואי משום דטומאה טמונה בוקעת, מדנקט רישא "יש בה פותח טפח", ותנא סיפא עלה "העמידה בפתח ופתחה לחוץ – הבית טהור", ושמעינן מינה: טעמא דיש בה פותח טפח, דאין כאן אהל טומאה טמונה. הא אין בה פותח טפח – אפילו העמידה בפתח ופתחה לחוץ הבית, טמא. מפני שטומאה טמונה בוקעת, והוי כאילו מוטלת בקרקע הבית, והבית מאהיל עליה. וקא"ל ר' יוסי. ברישא דקאמרת גבי "יש בה פותח טפח, הבית טמא", מפני שדרך טומאה לצאת – יכול הוא להוציאה לחצאין. ודקאמרת. בסיפא "הבית טהור", וטעמא ה] משום דנקט ברישא "יש בה פותח טפח", הא אין בה פותח טפח – הבית טמא, משום דטומאה טמונה בוקעת לאו מילתא היא, דטומאה טמונה אינה בוקעת. הכלב שאכל בשר המת ומת הכלב. דאילו חי, אפילו נכנס לבית – הבית טהור, כדאמר ב"בהמה המקשה" (לעיל דף עא.) דטומאה הבלועה בבעלי חיים אינה מטמאה. ומוטל על האסקופה. וצוארו לפנים. אם יש בצוארו פותח טפח. רוחב טפח בצוארו. מביא את הטומאה. ו] משום דדופנו העליון מאהיל על הטומאה, וראשו השני ממשיך האהל לבית ויוצאה דרך פיו לבית. ואע"ג דאין לה אהל שחללו טפח, סבר ר"מ דממשיך, הואיל ורחבו טפח. ואם לאו אין מביא את הטומאה. דכל שאין בו רוחב טפח – אינו אהל, כדתנן (אהלות פ"ג מ"ז): טפח על טפח על רום טפח מרובע, מביא את הטומאה. רבי יוסי אומר רואים. את הטומאה. קס"ד, דה"ק: בודקין בגופו את מקום הטומאה, אם היה מן המשקוף ולפנים. הבית טמא. השתא קס"ד ז]: אד"אין בצוארו טפח" קאי, דקאמר ר"מ: הבית טהור. וקא"ל רבי יוסי: אם הטומאה מן המשקוף ולפנים, אע"פ שאין בצוארו רוחב להיות הוא אהל – הרי יש כאן אהל גדול, שהבית מאהיל על הטומאה. ושם חלל הגרון אין בו טפח, והויא לה טומאה טמונה. מן המשקוף ולחוץ הבית טהור. שהרי אין כאן לא בית מאהיל, ולא אהל טפח, שיהא ממשיכה לתוך הבית. פיו לפנים. ונקב זנבו לחוץ – הבית טהור, אם טומאה מבחוץ. ומשום המשכה לא מטמאינן ליה – שהרי אין דרך מאכל לצאת דרך הפה, אלא דרך השוליים, נקב הריעי. פיו לחוץ. ושוליו לפנים. הבית טמא. שהרי דרך פתח קטן הזה על כרחך היה סופה לצאת. בין כך ובין כך. פיו לפנים או פיו לחוץ, בין טומאה מכנגד המשקוף ולפנים בין שהוא לחוץ, בין שבצוארו טפח בין אין בצוארו טפח, ואע"פ שאין סופו לצאת דרך כאן – קסבר: ח] אף בדרך כניסתה היא מוציאה טומאתה. אי נמי: פעמים שהיה מקיא. וכן שוליו לפנים – מפני שדרכה לצאת דרך זה. מאי לאו אאין בצוארו טפח קאי רבי יוסי. וקאמר דאם טומאה מן המשקוף ולפנים – טמא, ואע"פ שאין כאן המשכה – מטמא ליה, משום שהבית מאהיל על טומאה טמונה. אמר רבא. ר' יוסי לאו א"אין בצוארו טפח" קאי, ולחומרא. דהתם, אפי' טומאה בפנים הבית טהור, דטומאה טמונה אינה בוקעת. אלא א"יש בצוארו פותח טפח" קאי, ולקולא. דקאמר ר"מ: אהל הצואר ממשיך הטומאה לבית, הואיל ורחבו טפח, ואע"פ שאין חללו טפח. וקאמר ליה רבי יוסי: רואין את חלל הטומאה, חלל הצואר, אם יש בחללו טפח – ממשיך, ואם לאו אינו ממשיך. והאי "רואין את הטומאה" – לאו רואין את מקום שכיבת הטומאה קאמר. דאמקום שכיבתה לא חיישינן, דלא שני לן אם בבית אם לחוץ לבית, שאין טומאת הבית אלא משום המשכה. אלא "רואין את חללה" קאמר. ודקמסיים בסיפא "אם מכנגד המשקוף ולפנים" כו' – מילתא אחריתי היא. והכי קא"ל לר"מ: דקאמרת לענין המשכה, אם יש בצוארו כולו עם עובי דפנותיו רוחב טפח ממשיך – אנן, חלל טפח בעינן. ודקאמרת. על האסקופה כולה – הבית טמא, ואע"פ שאין פיו מן השקוף ולפנים. דקחשבת כל האסקופה כלפנים. והאסקופה רחבה, ושקוף מחופף בה, שהדלת נוקף ושוקף בו כשסוגרין אותו. ומחצית שקוף ולפנים הוי כלפנים. שקוף. בטור"ל בלע"ז, כמו שאנו עושין למפתן ולמשקוף העליון, מקום שהדלת נוקש עליהן. ולשון שקיפה היא הכאה, שנוקש דבר על חבירו. כדמתרגמינן "חבורה" (שמות כא): משקופי. "עלה נדף" (ויקרא כו): טרפא דשקיף. "שדופות קדים" (בראשית מא): שקיפן קידום, חבוטות ברוח. מאן תנא. דלעיל (דף קכה:): דהנוגע בכחצי זית ודבר אחר מאהיל עליו ועל חצי זית, דקתני "טהור", דלא מצטרפי. אלמא, מגע ואהל – לאו חד שמא הוא, ופליג אדר' יוסי דקרי לאהל "נוגע"?
שלש

אם יש בצוארו פותח טפח כו'. תימה: אי צוארו של כלב חשיב דבר שאין מקבל טומאה – כי יש בצוארו פותח טפח, מאי הוי? נהי דרבי מאיר אית ליה חוקקים להשלים, מ"מ הא ממעט הבשר את האויר מטפח, ואינה יכולה טומאה לבא. ואי חשיב דבר המקבל טומאה – היכי קאמר ר' יוסי "רואים את חלל הטומאה", הא אם אין בחללה טפח – אינו מביא. ואמאי, והא אינו יכול לחוץ, והרי הוא כפתוח לבית! ומיהו אפשר דמ"מ לרבי יוסי הבית טהור, דכיון שאין בחלל טפח – אין כאן אהל שימשוך טומאה לבית, ופוסקת הטומאה בחוץ. אך קשה: נהי דבשר אפשר שאינו חוצץ, עצמות אמאי אין חוצצים? וי"ל: כיון דאית ליה לר"מ חוקקין, ויש בהם אויר קצת, דהעצמות אין סותמים כל הנקב אלא ממעטין, ומסתמא אין מבטלין וסופו להוציאם משם – לא חיילי, כדפרישית פ' "לא יחפור" (ב"ב דף יט:). מאי לאו אאין בצוארו פותח טפח. "ורואין" היינו רואין את הטומאה אם היא כנגד השקוף או לא. אמר רבא ה"ק כו'. לא הוה מצי למימר דא"יש בצוארו פותח טפח" קאי, ולא בא לחלוק, אלא דלא חשיב לשקוף אהל. ו"רואין" אצואר כלב קאי – דלא שייך למימר לשון "רואין" אהא, דהא מונח קמן. אלא אטומאה שהיא בפנים או אחלל שייך לומר "רואין". אנן בתר חלל אזלינן. ור"מ דלא בעי חלל טפח, לטעמיה דאית ליה בפ"ק דשבת (דף ז:) דחוקקין להשלים, גבי "זרק ונח בחור כל שהוא". ונהי דבפ"ק דערובין (דף יא:) גבי "כיפה" לא אמר חוקקין להשלים אלא כשיש ברגליה ארבע – ה"מ גבי מזוזה, דכתיב (דברים יא): "ובשעריך", ובעינן שער חשוב. אבל בעלמא, אפי' אין שם ד' – חוקקין. וע"ע שם. *ונראה: דהך שמעתא מיירי כשאין טפח מן השקוף ולחוץ, וכשסוגרים הדלת – הוא כאהל בפני עצמו, ואין אהל פחות מטפח. *ור' אלעזר אמר: פיו לפנים – הבית טהור, לחוץ – הבית טמא, מפני שטומאה יוצאה דרך שוליו. ונראה: דר' אלעזר לאו א"כלב" דרבי יוסי קאי, דר' יוסי – בכלב שיש בצוארו חלל פותח טפח איירי, ורבי אלעזר – שאין בחלל פותח טפח. מדקאמר "פיו לפנים, הבית טהור" – *אלמא בסתם כלבים איירי, שאין בצוארם פותח טפח. מאן תנא דפליג עליה דרבי יוסי ר"ש היא. פ"ה: מאן תנא דאמר לעיל נוגע בחצי זית, ודבר אחר מאהיל עליו ועל חצי זית – טהור, דלא מצטרף. אלמא, תרי שמי נינהו, דאהל לאו היינו נגיעה. וקשה: דהתם אפי' רבי יוסי מודה, בין לאביי בין לרבא, דהא למעלה מטפח – אהל בהמשכה הוא! ונראה לפרש: דאמאי דקאמר לעיל "מאן האי תנא דחשיב לאהל נגיעה? ר' יוסי", מכלל דאיכא דפליג עליה, וקאמר: מאן הוי האי תנא?
עלס

סג א מיי' פכ"א מהל' טומאת מת הל"ז:

אהלות פי"א מ"ז

נ"ל על האסקופה כולה כו' רש"א

זה הוא דבור בפני עצמו. מהר"ס

ג"ז הוא דבור בפני עצמו. מהר"ס

נ"ל אלא רש"א

שיטה מקובצת

א] ר' יוסי אומר רואין את הטומאה מכנגד השקוף: ב] ודקא אמרת על האסקופה כולה טמא: ג] דפליג עליה דר' יוסי ר"ש הוא: ד] טהורי מטהר אלא דשמעיה דקאמר ת"ק: ה] וטעמא משום דנקטת ברישא: ו] משום דדופנו העליון נ"ב נ"א בס"י משום דדופנו ראשו מאהיל וכו': ז] השתא קס"ד דאדאין בצוארו טפח קאי: ח] אף בדרך כניסתה היא מוציאה טומאתה. (נ"ב וה"נ תניא) א"נ פעמים שהוא מקיא וכן שוליו וכו' כן מצאתי בס"י אחר:

סד א מיי' פ"ב מהל' שאר אבות הטומאות הל' יב וע"ש בכ"מ:
סה ב מיי' פ"ד מהל' שאר אבות הטומאות הלכה י:
סו ג ד מיי' שם הל' יח:

שָׁלֹשׁ טוּמְאוֹת פּוֹרְשׁוֹת מִן הַמֵּת, שְׁתַּיִם בְּכָל אַחַת א] וּשְׁלִישִׁית אֵין בָּהֶן, וְאֵלּוּ הֵן: מְלֹא תַרְוָוד רָקָב, וְעֶצֶם כִּשְׂעוֹרָה, וְגוֹלֵל וְדוֹפֵק. מְלֹא תַרְוָוד רָקָב מְטַמֵּא בְּמַשָּׂא וּבְאֹהֶל, וְאֵינוֹ מְטַמֵּא בְּמַגָּע. וְהֵיכָן מַגָּעוֹ ב] — עִם אַחַת מֵהֶן. עֶצֶם כִּשְׂעוֹרָה מְטַמֵּא בְּמַשָּׂא וּבְמַגָּע, וְאֵינוֹ מְטַמֵּא בְּאֹהֶל. וְהֵיכָן אֳהָלוֹ ג] — עִם אַחַת מֵהֶן. גּוֹלֵל וְדוֹפֵק מְטַמֵּא בְּמַגָּע וּבְאֹהֶל, וְאֵינוֹ מְטַמֵּא בְּמַשָּׂא. וְהֵיכָן מַשָּׂאוֹ — ד] עִם אֶחָד מֵהֶן.§ "קוֹלִית נְבֵלָה וְקוֹלִית הַשֶּׁרֶץ" וכו'.§ ת"ר: °"בְּנִבְלָתָהּ" — וְלֹא בְּקוֹלִית סְתוּמָה. יָכוֹל אֲפִילּוּ נִיקְּבָה? ת"ל: "הַנּוֹגֵעַ... יִטְמָא", אֶת שֶׁאֶפְשָׁר לִיגַּע — טָמֵא, וְאֶת שֶׁאִי אֶפְשָׁר לִיגַּע — טָהוֹר. א"ל רַבִּי זֵירָא לְאַבָּיֵי: אֶלָּא מֵעַתָּה, בְּהֵמָה בְּעוֹרָהּ לֹא תְּטַמֵּא! פּוֹק חֲזֵי כַּמָּה נְקָבִים יֵשׁ בָּהּ. א"ל רַב פָּפָּא לְרָבָא: אֶלָּא מֵעַתָּה, כּוּלְיָא בְּחֶלְבָּהּ לֹא תְּטַמֵּא! תָּא חֲזֵי כַּמָּה חוּטִין נִמְשָׁכִין הֵימֶנָּה. בָּעֵי רַב אוֹשַׁעְיָא: חִישֵּׁב עָלֶיהָ לְנוֹקְבָהּ וְלֹא נִיקְּבָהּ, מַהוּ? מְחוּסַּר נְקִיבָה כִּמְחוּסַּר מַעֲשֶׂה דָּמֵי, אוֹ לָא? הֲדַר פַּשְׁטָהּ: ה] מְחוּסַּר נְקִיבָה לָאו כִּמְחוּסַּר מַעֲשֶׂה דָּמֵי.§ **מתני'** *בֵּיצַת הַשֶּׁרֶץ הַמְרוּקֶּמֶת — טְהוֹרָה, נִיקְּבָה כָּל שֶׁהוּא — טְמֵאָה. עַכְבָּר שֶׁחֶצְיוֹ בָּשָׂר וְחֶצְיוֹ אֲדָמָה, הַנּוֹגֵעַ בַּבָּשָׂר — טָמֵא, בָּאֲדָמָה — טָהוֹר. רַבִּי יְהוּדָה אוֹמֵר: אַף הַנּוֹגֵעַ בָּאֲדָמָה שֶׁכְּנֶגֶד הַבָּשָׂר — טָמֵא.§ **גמ'** ת"ר: °"הַטְּמֵאִים" — לְרַבּוֹת בֵּיצַת הַשֶּׁרֶץ וְקוֹלִית הַשֶּׁרֶץ. יָכוֹל אֲפִי' לֹא רִיקְמָה — ת"ל: °"הַשֶּׁרֶץ", מָה שֶּׁרֶץ שֶׁרִקֵּם, אַף בֵּיצַת הַשֶּׁרֶץ שֶׁרִקְּמָה. יָכוֹל אֲפִי' לֹא נִיקְבוּ — ת"ל: "הַנּוֹגֵעַ... יִטְמָא", אֶת שֶׁאֶפְשָׁר לִיגַּע — טָמֵא, וְאֶת שֶׁאִי אֶפְשָׁר לִיגַּע — טָהוֹר. וְכַמָּה נְקִיבָתָהּ — כְּחוּט הַשַּׂעֲרָה, שֶׁאֶפְשָׁר לִיגַּע כְּחוּט הַשַּׂעֲרָה.§ "עַכְבָּר שֶׁחֶצְיוֹ" [וכו'].§ אָמַר רַבִּי יְהוֹשֻׁעַ בֶּן לֵוִי: וְהוּא שֶׁהִשְׁרִיץ עַל פְּנֵי כוּלּוֹ. אִיכָּא דְּמַתְנֵי לָהּ אַסֵּיפָא, רַבִּי יְהוּדָה אוֹמֵר: אַף הַנּוֹגֵעַ בָּאֲדָמָה שֶׁכְּנֶגֶד בָּשָׂר — טָמֵא. אָמַר ר' יְהוֹשֻׁעַ בֶּן לֵוִי: וְהוּא שֶׁהִשְׁרִיץ עַל פְּנֵי כוּלּוֹ. מַאן דְּמַתְנֵי לָהּ אַרֵישָׁא — כָּל שֶׁכֵּן אַסֵּיפָא. וּמַאן דְּמַתְנֵי לָהּ אַסֵּיפָא, אֲבָל רֵישָׁא — אע"ג דְּלָא הִשְׁרִיץ. ת"ר: מִתּוֹךְ שֶׁנֶּאֱמַר "עַכְבָּר" שׁוֹמֵעַ אֲנִי אֲפִילּוּ עַכְבָּר שֶׁבַּיָּם, שֶׁשְּׁמוֹ "עַכְבָּר". וְדִין הוּא: טִימֵּא בַּחוּלְדָּה וְטִימֵּא בְּעַכְבָּר, מָה חוּלְדָּה — מִין הַגָּדֵל עַל הָאָרֶץ, אַף עַכְבָּר — מִין הַגָּדֵל עַל הָאָרֶץ. אוֹ כְּלֵךְ לְדֶרֶךְ זוֹ: טִימֵּא בַּחוּלְדָּה וְטִימֵּא בְּעַכְבָּר, מָה חוּלְדָּה — כָּל שֶׁשְּׁמָהּ חוּלְדָּה, אַף עַכְבָּר — כָּל שֶׁשְּׁמוֹ עַכְבָּר, ו] אֲפִי' עַכְבָּר שֶׁבַּיָּם שֶׁשְּׁמוֹ "עַכְבָּר". ת"ל: °"עַל הָאָרֶץ". ז] אִי "עַל הָאָרֶץ", יָכוֹל: עַל הָאָרֶץ — יִטְמָא, יָרַד לַיָּם — לֹא יִטְמָא, ת"ל

(ועיין תוס' שם ד"ה ולא) | (לעיל קיח:) | (תוספתא פ"ח) | דלא הוי כצ"ל רש"ל | ויקרא יא | שם | שם | שם

עצם כשעורה מטמא במגע ובמשא אבל לא באהל. פי' בקונטרס דהלמ"מ הוא. ואי אפשר לומר כן, דמקראי ילפינן לה בנזיר פרק "כהן גדול" (דף נג:), ולא הוי הלכה אלא מה שהנזיר מגלח עליו אע"ג דלא מטמא באהל. יט] **גולל** ודופק מטמא במגע ובאהל ואין מטמא במשא. למ"ד בפרק "בהמה המקשה" (לעיל דף עב.) דגולל ודופק הוו מהלכה, איכא למימר דהכי גמירי לה. אלא למאן דמייתי לה מ"על פני השדה" קשה: מנא לן? ונראה משום דההוא קרא ד"כל אשר יגע על פני השדה" מוקמינן בנזיר (דף נג:) באהל, הילכך מטמא באהל. ובמגע נמי מטמא — משום דאפקיה בלשון נגיעה, אבל במשא לא מצינו שיטמא. **בנבלתה** ולא בקולית סתומה. מהאי קרא נמי ממעטינן בפ' "בהמה המקשה" (לעיל עז.) עצמות וגידין. וקשה: דא"כ, היכי נמעט מיניה קולית סתומה? ומיהו כיון דלא מרבינן "שומר" אלא בנקובה שיכול ליגע, ממילא כי ממעיטו עצמות, ממעיט נמי קולית סתומה. אע"פ ד"שומר" הוי כסתום, כגון חטה בקליפתה* — התם מרבינן מקרא ד"זרע אשר יזרע", כדרך שבני אדם מוציאים לזריעה. אבל הכא גלי קרא ד"שומר" לא הוי אלא בשאפשר ליגע. וכן גבי שרצים מרבינן לקמן מ"טמא" דשרצים קולית השרץ נקובה. ואע"ג דמ"הטמאים" דרשינן לקמן לרבות קולית השרץ וביצת השרץ — עיקר קרא לא אתא אלא לביצת השרץ, אבל קולית נפקא מ"טמא". ואע"ג דמ"הטמאים" דרשינן דרשות טובא — אפשר דדרשינן מ"טמא" "טמאים" "הטמאים". או טובא "טמאים" כתיב התם. **יכול** אפילו לא רקמה ת"ל השרץ. ואת"ת: ולרקמה למה לי קרא לענין טומאה? הא לענין אכילה פשיטא לן בלא קרא, בפרק "אלו טרפות" (לעיל דף סד.) שאם רקמה ואכלה — לוקה משום "השרץ השורץ על הארץ". אלמא, "שרץ" איקרי! ויש לומר: דודאי רקמה "שרץ" איקרי, אבל "לב ועכבר" לא איקרי. וכה"ג אמרינן בפ' "בהמה המקשה" (לעיל עה.) גבי חלב, דלא איקרי חלב "שור כשב ועז", עד שילא העובר לאויר העולם. אי נמי: מקרא דהכא קים לן ב"אלו טרפות" לענין אכילה שלוקה.

שָׁלֹשׁ טוּמְאוֹת פּוֹרְשׁוֹת כו'. טוּמְאוֹת הַרְבֵּה פּוֹרְשׁוֹת מִן הַמֵּת, כְּגוֹן: כְּזַיִת בָּשָׂר, וְשִׁדְרָה וְגֻלְגֹּלֶת שֶׁלֹּא חָסְרוּ, וְרוֹבַע עֲצָמוֹת, וּמְלֹא תַרְוָוד רָקָב, וְעֶצֶם כִּשְׂעוֹרָה, וְרוֹב הַמִּנְיָן וְהַבִּנְיָן. אֶלָּא שָׁלֹשׁ טוּמְאוֹת פּוֹרְשׁוֹת מִמֶּנּוּ, שֶׁשָּׁוֹות בְּדָבָר זֶה שֶׁיֵּשׁ בְּכָל אַחַת שְׁתַּיִם מִטּוּמְאוֹתָיו שֶׁל מֵת: אוֹ מַגָּע וּמַשָּׂא בְּלֹא אֹהֶל, אוֹ מַגָּע וְאֹהֶל בְּלֹא מַשָּׂא, אוֹ מַשָּׂא וְאֹהֶל בְּלֹא מַגָּע, וְהַשְּׁלִישִׁית אֵין בָּהּ. וְאֵלּוּ הֵן. הַג' הַפּוֹרְשׁוֹת, שֶׁהַמִּשְׁפָּט הַזֶּה נוֹהֵג בָּהֶן. מְלֹא תַרְוָוד רָקָב וְעֶצֶם כִּשְׂעוֹרָה וְגוֹלֵל וְדוֹפֵק. "גּוֹלֵל" — זֶה כִּסּוּי הָעֶלְיוֹן דַּף שֶׁנּוֹתְנִין עַל הַמֵּת. "דּוֹפֵק" — זֶה דַּף הַנִּיתָּן בַּצְּדָדִין. וְרַבִּינָן לְהוּ מִקְּרָאֵי בְּפֶ' "בְּהֵמָה הַמַּקְשָׁה" (לעיל דף עב.). וְהָנָךְ תְּרֵי — חֲדָא טוּמְאָה נִינְהוּ, שֶׁשְּׁנֵיהֶם יוֹצְאִים מִקְּרָא אֶחָד, וְטוּמְאָתָן שָׁוָה. אֲבָל שְׁאָר פּוֹרְשִׁין מִן הַמֵּת — כָּל ג' טוּמְאוֹת הַמֵּת נוֹהֲגִים בָּהֶם. מְלֹא תַרְוָוד רָקָב מְטַמֵּא בְּמַשָּׂא וּבְאֹהֶל. שֶׁהֲרֵי נוֹשֵׂא אֶת כּוּלּוֹ ח]. וְאֵינוֹ מְטַמֵּא בְּמַגָּע. שֶׁאֵין נוֹגֵעַ בְּכוּלּוֹ. וְהַיְינוּ פְּלִיגְתָּא דְּר' יוֹסֵי דְּאָמַר: מְלֹא תַרְוָוד רָקָב מְטַמֵּא בְּמַגָּע, דְּקָרְיֵיהּ לְאֹהֶל מַגָּע. וְהֵיכָן מַגָּעוֹ. שֶׁל מֵת. בְּאַחַת מֵהֶן. בְּכָל אַחַת מֵאֵלּוּ הַשְּׁתַּיִם הַנּוֹתָרוֹת. עֶצֶם כִּשְׂעוֹרָה. הלמ"מ דְּמַגָּע וּמַשָּׂא אִית לֵיהּ, וְלֹא אֹהֶל. כִּדְאָמְרִינַן בְּנָזִיר (דף נג.): עֶצֶם כִּשְׂעוֹרָה — הֲלָכָה. וְהֵיכָן אֳהָלוֹ. שֶׁל מֵת? גּוֹלֵל וְדוֹפֵק. נַמִּי הֲלָכָה גְּמִירֵי לָהּ בִּ"בְהֵמָה הַמַּקְשָׁה" (לעיל דף עב.). וּלְמַאן דְּנָפְקָא לֵיהּ הָתָם מִקְּרָא, לָא יָדְעָנָא מֵהֵיכָן אִימְעִיט מַשָּׂא. ט] יָכוֹל אֲפִי' נִקְבָה. *לָא הָוֵי טָמֵא? ת"ל הַנּוֹגֵעַ יִטְמָא. יו"ד יְתֵירָא דָּרֵישׁ. אֶת שֶׁאֶפְשָׁר לִיגַּע טָמֵא. שָׁם טוּמְאָה עָלָיו. הִילְכָּךְ, אע"פ דְּלָא נָגַע אֶלָּא בָּעֶצֶם — טָמֵא, דְּ"שׁוֹמֵר" מַכְנִיס וּמוֹצִיא טוּמְאָה. בְּהֵמָה בְּתוֹךְ עוֹרָהּ. כָּל זְמַן שֶׁלֹּא הוּפְשְׁטָה כְּלָל. לֹא תְטַמֵּא. דְּהָא אִי אֶפְשָׁר לִיגַּע בַּבָּשָׂר. כַּמָּה נְקָבִים יֵשׁ בָּהּ. הַפֶּה וְהַחוֹטֶם וְהָעֵינַיִם. חָלָב. אֵינוֹ טָמֵא, כִּדְכְתִיב: "יֵעָשֶׂה לְכָל מְלָאכָה", וְתַנְיָא בַּגְּמָרָא דְּ"כָל שָׁעָה" בִּפְסָחִים (דף כג.): "מְלָאכָה" — מַה ת"ל "לְכָל מְלָאכָה"? שֶׁיָּכוֹל לִמְלֶאכֶת הֶדְיוֹט יְהֵא טָהוֹר, לִמְלֶאכֶת גָּבוֹהַּ יְהֵא טָמֵא — ת"ל "לְכָל מְלָאכָה". כּוּלְיָא. הַמְכוּסָּה בַּחֲלָבָהּ לֹא תְטַמֵּא, הוֹאִיל וְאִי אֶפְשָׁר לִיגַּע בָּהּ. נִמְשָׁכִין הֵימֶנָּה. בְּאֶמְצָעִיתָהּ, י] וְהֵן בָּשָׂר. **מתני'** בֵּיצַת הַשֶּׁרֶץ. יֵשׁ שֶׁרֶץ שֶׁהוּא מֵטִיל בֵּיצִים: לְבָ, וְהַלְּטָאָה, וְחוֹמֶט. הַמְרוּקֶּמֶת. שֶׁנּוֹלַד בָּהּ אֶפְרוֹחַ. טְהוֹרָה. לְפִי שֶׁאִי אֶפְשָׁר לִיגַּע בָּהּ. נִיקְבָה כָּל שֶׁהוּא טְמֵאָה. וְאע"פ שֶׁלֹּא נָגַע, אֶלָּא יא] שֶׁהַ"שׁוֹמֵר" מוֹצִיא טוּמְאָה. יֵשׁ מִין עַכְבָּר שֶׁאֵינוֹ פָּרֶה וְרָבֶה אֶלָּא מֵעַצְמוֹ נוֹצָר מֵאֲדָמָה, יב] כַּאֲשְׁפָּה הַמַּשְׁרֶצֶת תּוֹלָעִים. וְאִם עֲדַיִין לֹא נִבְרָא הָעַכְבָּר, אֶלָּא לְדוֹ אֶחָד יג] הַיְמָנִי אוֹ הַשְּׂמָאלִי, הַנּוֹגֵעַ בַּבָּשָׂר — טָמֵא, בָּאֲדָמָה שֶׁכְּנֶגְדּוֹ — טָהוֹר. **גמ'** הַטְּמֵאִים. "אֵלֶּה הַטְּמֵאִים", יד] הֵ"א יְתֵירָא נִדְרֶשֶׁת לְכַמָּה דְּרָשׁוֹת: לֶאֱסוֹר צִירָן וְרוֹטְבָן (לעיל דף קיב:), וּלְעוֹרוֹתֵיהֶן כִּבְשָׂרָן (לעיל דף קכב:), וּלְבֵיצַת הַשֶּׁרֶץ. ת"ל הַשֶּׁרֶץ. "הַטְּמֵאִים לָכֶם בְּכָל הַשָּׁרֶץ". כְּחוּט הַשַּׂעֲרָה. שְׂעַר רֹאשׁוֹ וּזְקָנוֹ, טו] אִם יַכְנִיסוּ לְתוֹכוֹ — הֲרֵי נָגַע, וְטָמֵא. שֶׁהַשֵּׂעָר הַמְחוּבָּר הֲרֵי הוּא כְּבָשָׂר, בֵּין שֵׂעָר טָהוֹר הַנּוֹגֵעַ בְּטוּמְאָה, בֵּין שֵׂעָר טָמֵא שֶׁנָּגַע בּוֹ הַטָּהוֹר — טָמֵא. דְּתַנְיָא בְּת"כ: הַנּוֹגֵעַ בִּבְשַׂר הַזָּב, וְלֹא בְּלוֹאָה שֶׁעָלָיו טז], וְלֹא בְּקִילְקְלִין, הוּא עִירְבּוּב שֵׂעָר תָּלוּשׁ הַמִּתְקַשֶּׁה *וְנֶאֱסָף בִּשְׂעָרוֹ שֶׁעַל הֶחָזֶה וְשֶׁעַל הַשֶּׁחִי. פולטרי"ן בְּלַעַ"ז, וְאֵינָם מְחוּבָּרִין לַבָּשָׂר. לְהָכִי קָרֵי לֵיהּ "קִילְקְלִין" — מַה קִּילְקְלִין זֶה מְקוּשָּׁר כְּנֶגֶד הַחוּץ, אַף הָנֵי שְׂעָרוֹת קְשׁוּרִין וּמְכוּסִּין שָׁם. כָּךְ מָצָאתִי בְּדִבְרֵי רַב הַאי: יָכוֹל שֶׁאֲנִי מוֹצִיא אֶת הַשֵּׂעָר וְאֶת הַצִּפּוֹרֶן? ת"ל: "טָמֵא" — הָא לָמַדְתָּ שֶׁשֵּׂעָר הַטָּמֵא הֲרֵי הוּא כִּבְשָׂרוֹ. וְשֵׂעָר הַטָּהוֹר נַמִּי תַּנְיָא הָתָם: "וְכֹל אֲשֶׁר יִגַּע בּוֹ הַזָּב", "בּוֹ" — וְלֹא בְּלוֹאָה שֶׁעָלָיו, וְלֹא בְּקִילְקְלִין שֶׁעָלָיו. יָכוֹל שֶׁאֲנִי מוֹצִיא אֶת הַשֵּׂעָר וְאֶת הַצִּפּוֹרֶן? ת"ל: "יִטְמָא". וְהוּא שֶׁהִשְׁרִיץ. חֶצְיוֹ עַל פְּנֵי יז] אָרְכּוֹ שֶׁל שֶׁרֶץ, מֵרֹאשׁוֹ וְעַד רַגְלָיו. כְּלוֹמַר, שֶׁמִּצַּד א' הוּא נַעֲשָׂה בָּשָׂר. וּלְהָכִי טָמֵא אִם נָגַע בַּבָּשָׂר, דַּחֲשִׁיב "שֶׁרֶץ" הוּא. מַאן דְּמַתְנֵי לָהּ. לְהָא דְּר' יְהוֹשֻׁעַ אַרֵישָׁא, דְּמַיְירֵי בְּנוֹגֵעַ בַּבָּשָׂר, וְאפ"ה מְטַהֵר לֵיהּ ריב"ל אִם לֹא הִשְׁרִיץ עַל פְּנֵי כוּלּוֹ. כ"ש אַסֵּיפָא. חַדְּר' יְהוּדָה, דְּמַיְירֵי בְּנוֹגֵעַ בָּאֲדָמָה. דְּאַשְׁמַעִינַן דְּלָא טִימֵּא ר' יְהוּדָה בֶּעָפָר אֶלָּא אִם כֵּן הִשְׁרִיץ עַל פְּנֵי כוּלּוֹ א), דְּהָכִי מִסְתַּבֵּר שַׁפִּיר. *וּלְקַמָּן תָּנָא: כָּל שֶׁיֵּשׁ בַּיַּבָּשָׁה יֵשׁ בַּיָּם, חוּץ מִן הַחוּלְדָּה. עַכְבָּר שֶׁבַּיָּם. דָּג הוּא דּוֹמֶה לְעַכְבָּר, וְ"עַכְבָּר" שְׁמוֹ. וְדִין הוּא. מִדִּינָא נָפְקָא לֵיהּ דְּלָא מְטַמֵּא, וְלָא צְרִיכָא קְרָא. מָה חוּלְדָּה מִין הַגָּדֵל עַל הָאָרֶץ. וְלֹא שֶׁבַּיָּם, שֶׁהֲרֵי אֵין חוּלְדָּה בַּיָּם. אַף עַכְבָּר. אַף עַל פִּי שֶׁיֵּשׁ מִמִּינוֹ בַּיָּם, לֹא טִימֵּא אֶלָּא מִין הָאָרֶץ יח]. אִי עַל הָאָרֶץ יָכוֹל עַל הָאָרֶץ יִטָּמֵא. כְּלוֹמַר, אוֹמֵר אֲנִי: לֹא אֶדְרְשֶׁנּוּ לְךָ בְּמִדָּה זוֹ, אֶלָּא לְכָךְ בָּא לוֹמַר: עַל הָאָרֶץ יִטְמָא, בֵּין עַכְבָּר הַיָּם בֵּין עַכְבָּר הַיַּבָּשָׁה, אִם עַל הָאָרֶץ נָגַע בַּטָּהוֹר — יְטַמְּאֶנּוּ, וְאִם נָפַל לַיָּם וְשָׁם נָגַע בַּטָּהוֹר — לֹא יְטַמֵּא. ת"ל

א) [נ"ל דהכי מסתבר שפיר לקמן בסמוך]

ס"א ונאסף בשערות פולטרי"ן בלע"ז כו' ונמתק שעל החזה ושעל השחי

[דבור זה ולקמן תנא שייך אחר ד"ה מה חולדה כו' שהרי אין חולדה בים]

שיטה מקובצת

א] השלישית אין בהן: ב] והיכן מגעו באחת מהן: ג] והיכן אהלו בא' מהן: ד] והיכן משאו בא' מהם: ה] הדר פשטה מחוסר נקיבה כמחוסר מעשה דמי כצ"ל ונ"ב שכך נמצא בפסקי הר' ישעיה מטראני ובקצת ספרים ישנים לא נמצא הדר פשטה כלל וכך היתה גרסתו של הרמב"ם ז"ל עיין פרק שני מהלכות שאר אבות הטומאות והתוספות גורסי' כגרסת הר"י מטראני ז"ל עיין תוס' בבא קמא דף כה ע"בא): ו] כל ששמו עכבר אביא עכבר שבים: ז] אי על הארץ נ"ב נ"א בספר כתב יד ישן או אינו אומר על הארץ אלא על הארץ יטמא וכו' וכן כתוב ברש"י כ"י: ח] שהרי נושא את כולו ומאהיל על כולו הס"ד: ט] יכול אפי' ניקבה לא הוי טמא כצ"ל ונ"ב נ"א ברש"י כ"י אחד יכול אפי' ניקבה ת"ל הנוגע ה"א דהנוגע דריש נוגע מצי למיכתב וכתב הנוגע משמע כל הנוגעין שתמצא נגע אלא אפשר הוא ש"מ את שאפשר ליגע וכו': י] הימנה באמצעיתה מתוך הכוליא והן בשר: יא] ואע"פ שלא נגע אלא בקליפתה שהשומר: יב] נוצר מאדמה ומין אדמה יש המשריץ עכברים כאשפה המשרצת תולעים: יג] הימני או השמאלי נמחקו שלשת תיבות אלו: יד] ה"א יתירא נדרשת נ"ב תוס' בכורות דף ו' ע"ב: טו] שער ראשו וזקנו המחובר לו אם יכניסנו לתוכו הרי נגע ונטמא שהשער המחובר לו הרי הוא כבשר בין שיער הטהור שנגע בטומאה בין שיער הטמא שנגע בו הטהור דתניא בת"כ הנוגע וכו' כצ"ל. ונ"ב נ"א שנגע בטהור דתניא וכו'. עוד נ"ב עיין תוס' ב"ק דף כה ע"ב: טז] ולא בקלקלין שעליו קלקלין הוא ערבוב: יז] חציו על פני כולו כל ארכו של שרץ: יח] או אינו אומר על הארץ אלא על הארץ יטמא כלומר אומר אני לא. ונ"ב נ"א כלומר או אני לא וכו': יט] גולל ודופק מטמא במגע ובאהל ואין מטמא במשא וצ"ע מנא לן הא דבשלמא למ"ד בפ' בהמה המקשה דגולל כצ"ל:

א) וכן משמע עוד להדיא בתוס' שבת דף פ"ד ע"ב ד"ה שטהורין דגרסי הכא דמחוסר נקיבה כמחוסר מעשה דמי ע"ש.

גמרא

ת"ל "הַשּׁוֹרֵץ" – כָּל מָקוֹם שֶׁשּׁוֹרֵץ. אוֹ אֵינוֹ א] אֶלָּא "הַשּׁוֹרֵץ" – (יָכוֹל) כָּל הַמַּשְׁרִיץ יִטַּמֵּא, שֶׁאֵין מַשְׁרִיץ – לֹא יִטַּמֵּא, אוֹצִיא עַכְבָּר, שֶׁחֶצְיוֹ בָּשָׂר וְחֶצְיוֹ אֲדָמָה שֶׁאֵין פָּרֶה וְרָבֶה! וְדִין הוּא: טִימֵּא בְּחוּלְדָּה וְטִימֵּא בְּעַכְבָּר, מַה חוּלְדָּה – כָּל שֶׁשְּׁמָהּ חוּלְדָּה, אַף עַכְבָּר – כָּל שֶׁשְּׁמוֹ עַכְבָּר. אָבִיא עַכְבָּר שֶׁחֶצְיוֹ בָּשָׂר וְחֶצְיוֹ אֲדָמָה. אוֹ כְּלָךְ לְדֶרֶךְ זוֹ: מַה חוּלְדָּה – פָּרָה וְרָבָה, אַף עַכְבָּר – פָּרֶה וְרָבֶה. ת"ל "בַּשֶּׁרֶץ". אָמַר לֵיהּ הַהוּא מֵרַבָּנַן לְרָבָא: אֵימָא – "בַּשֶּׁרֶץ" – לְאַתּוּיֵי עַכְבָּר שֶׁחֶצְיוֹ בָּשָׂר וְחֶצְיוֹ אֲדָמָה, "הַשּׁוֹרֵץ" – כָּל שֶׁהוּא שׁוֹרֵץ, וַאֲפִילּוּ עַכְבָּר שֶׁבַּיָּם. וְאִי מִשּׁוּם "עַל הָאָרֶץ" – עַל הָאָרֶץ – יִטַּמֵּא, יָרַד לַיָּם – לֹא יִטַּמֵּא! אָמַר לֵיהּ: וּמֵאַחַר דְּשַׁוִּיתֵיהּ לַיָּם מְקוֹם טוּמְאָה, מַה לִּי הָכָא, מַה לִּי הָכָא? וְהַאי "עַל הָאָרֶץ" מִיבָּעֵי לֵיהּ לְהוֹצִיא סָפֵק טוּמְאָה צָפָה. *דא"ר יִצְחָק בַּר אַבְדִּימִי: "עַל הָאָרֶץ" – לְהוֹצִיא סָפֵק טוּמְאָה צָפָה! תַּרְתֵּי "עַל הָאָרֶץ" כְּתִיבִי. ב] ת"ר: "הַצָּב לְמִינֵהוּ" – לְהָבִיא ג] הֶעָרוֹד, *וּבֶן הַנְּפִילִים, וְסָלָמַנְדְּרָא. וּכְשֶׁהָיָה ר"ע מַגִּיעַ לְפָסוּק זֶה *אוֹמֵר: "מָה רַבּוּ מַעֲשֶׂיךָ ה'"! יֵשׁ לְךָ בְּרִיּוֹת גְּדֵלוֹת בַּיָּם וְיֵשׁ לְךָ בְּרִיּוֹת גְּדֵלוֹת בַּיַּבָּשָׁה, שֶׁבַּיָּם – אִילְמָלֵי עוֹלוֹת בַּיַּבָּשָׁה מִיָּד מֵתוֹת, שֶׁבַּיַּבָּשָׁה – אִילְמָלֵי יוֹרְדוֹת לַיָּם מִיָּד מֵתוֹת. יֵשׁ לְךָ בְּרִיּוֹת גְּדֵלוֹת בָּאוּר, וְיֵשׁ לְךָ בְּרִיּוֹת גְּדֵלוֹת בָּאֲוִיר, שֶׁבָּאוּר – אִילְמָלֵי עוֹלוֹת לָאֲוִיר מִיָּד מֵתוֹת, שֶׁבָּאֲוִיר – אִילְמָלֵי יוֹרְדוֹת לָאוּר מִיָּד מֵתוֹת. "מָה רַבּוּ מַעֲשֶׂיךָ ה'". תָּנוּ רַבָּנַן: *כָּל שֶׁיֵּשׁ בַּיַּבָּשָׁה יֵשׁ בַּיָּם, חוּץ מִן הַחוּלְדָּה. אָמַר ר' זֵירָא: מַאי קְרָאָה – "הַאֲזִינוּ כָּל יוֹשְׁבֵי חָלֶד". אָמַר רַב הוּנָא בְּרֵיהּ דְּרַב יְהוֹשֻׁעַ: בִּיבְרֵי דְּנֶרֶשׁ אֵינָן מִן הַיִּשּׁוּב. אָמַר רַב פָּפָּא: בְּשַׁמְתָּא נֶרֶשׁ, תַּרְבֵּיהּ מַשְׁכֵיהּ וְאַלְיְתֵיהּ. "אֶרֶץ אֶרֶץ אֶרֶץ שִׁמְעִי דְּבַר ה'", אָמַר רַב פָּפָּא: לֹא אָבָה נֶרֶשׁ שְׁמוֹעַ דְּבַר ה'. אָמַר רַב גִּידֵּל, אָמַר רַב: נַרְשָׁאָה נַשְׁקָךְ – מְנֵי כַּכָּךְ. נְהַר פְּקוֹדָאָה לַוְיָךְ – מִגְּלִימָא שְׁפִירָא דַּחֲזֵי עֲלָךְ. פּוּמְבְּדִיתָאָה לַוְיָךְ – אַשְׁנִי אוּשְׁפִּיזָךְ. אָמַר רַב הוּנָא בַּר תּוֹרְתָא: פַּעַם אַחַת הָלַכְתִּי לַוּוֹעַד וְרָאִיתִי נָחָשׁ שֶׁהוּא כָּרוּךְ עַל הַצָּב, לְיָמִים יָצָא עָרוֹד מִבֵּינֵיהֶם. וּכְשֶׁבָּאתִי לִפְנֵי ר' שִׁמְעוֹן הֶחָסִיד, אָמַר לִי: אָמַר הקב"ה: הֵם הֵבִיאוּ בְּרִיָּה שֶׁלֹּא בָּרָאתִי בְּעוֹלָמִי, אַף אֲנִי אָבִיא עֲלֵיהֶם בְּרִיָּה שֶׁלֹּא בָּרָאתִי בְּעוֹלָמִי. וְהָאָמַר מָר: *כָּל שֶׁתַּשְׁמִישָׁן וְעִיבּוּרָן שָׁוֶה – יוֹלְדִין וּמְגַדְּלִין זֶה מִזֶּה, וְכָל שֶׁאֵין תַּשְׁמִישָׁן וְעִיבּוּרָן שָׁוֶה – אֵין יוֹלְדִין וּמְגַדְּלִין זֶה מִזֶּה! אָמַר רַב: *נֵס בְּתוֹךְ נֵס. הַאי פּוּרְעָנוּתָא הוּא! מַאי "נֵס בְּתוֹךְ נֵס" – לְפוּרְעָנוּת. §

מתני' א הָאֵבֶר וְהַבָּשָׂר הַמְדוּלְדָּלִין בַּבְּהֵמָה – מְטַמְּאִין טוּמְאַת אוֹכָלִין בִּמְקוֹמָן, וּצְרִיכִין הֶכְשֵׁר,

רש"י

ת"ל הַשּׁוֹרֵץ. הֲוָה לֵיהּ לְמֵימַר "וְזֶה לָכֶם הַטָּמֵא בַּשֶּׁרֶץ הָאָרֶץ", וּכְתִיב "בַּשֶּׁרֶץ הַשּׁוֹרֵץ עַל הָאָרֶץ" – אִייתַּר לֵיהּ "הַשּׁוֹרֵץ" לִדְרוֹשׁ: כָּל מָקוֹם שֶׁהוּא יָכוֹל לִשְׁרוֹץ לִרְחוֹשׁ וְלָנוּעַ, וַהֲרֵי אַף בַּיָּם הוּא שָׁט ד] שֶׁמִּינוֹ עַכְבַּר הָאָרֶץ. הִלְכָּךְ, ע"כ "עַל הָאָרֶץ" לְמִין הָאָרֶץ הוּא דְּאָתָא, וְלָאו לְמַעוּטֵי יָרַד לַיָּם. אוֹ אֵינוֹ. אוֹמֵר "הַשּׁוֹרֵץ" לִדְרָשָׁה זוֹ אֶלָּא לְמַעוּטֵי עַכְבָּר הַנּוֹלָד מֵאֲדָמָה? שֶׁאֵין פָּרֶה וְרָבֶה. כְּלוֹמַר, שֶׁלֹּא הָיָה מִפְּרִיָּה וּרְבִיָּה שֶׁל עַכְבָּר, לְפִי שֶׁנּוֹלָד מֵאֵלָיו. הוֹאִיל שֶׁאֵינוֹ מַשְׁרִיץ – טָהוֹר. דְּהַאי "שׁוֹרֵץ" לְשׁוֹן "פָּרוּ וַיִּשְׁרְצוּ" הוּא (שמות א), וְלָא לְשׁוֹן רִיחוּשׁ וְנִיעֲנוּעַ. וּלְעוֹלָם יָרַד לַיָּם – לֹא יִטַּמֵּא. דְּהָכִי קָאָמַר: "עַל הָאָרֶץ" – ה] וַאֲפִילּוּ עַכְבַּר הַיָּם. יָרַד לַיָּם – לֹא יִטַּמֵּא, וַאֲפִילּוּ שֶׁל יַבָּשָׁה. וְהַשּׁוֹרֵץ וּפָרֶה וְרָבֶה – יִטַּמֵּא, שֶׁאֵינוֹ שׁוֹרֵץ – לֹא יִטַּמֵּא. וְדִין הוּא. דְּלָא נִימְעֲטֵיהּ מִכְּלַל טוּמְאָה, וְלָא נִדְרוֹשׁ הָכִי – דְּהָא טִימֵּא כָּל שֶׁשְּׁמוֹ עַכְבָּר. וְנִיחָא ו] לֵיהּ לְמִדְרַשׁ "הַשּׁוֹרֵץ" – לְרַבּוּיֵי יָרַד לַיָּם, וְלָא לְמַעוּטֵי הַאי. וּלְקַמֵּיהּ פָּרֵיךְ: הָא מְטַהֵר עַכְבַּר הַיָּם מִמִּיעוּטָא דְ"עַל הָאָרֶץ", וּמַאי חָזֵית דְּמִיעוּטָא לְעַכְבַּר הַיָּם וְרִבּוּיָא לְיָרַד לַיָּם? בַּשֶּׁרֶץ. קְרָא יְתֵירָא הוּא, דְּהָא כְּתִיב *בַּתְרַיְיהוּ: "אֵלֶּה הַטְּמֵאִים לָכֶם בְּכָל הַשָּׁרֶץ". וְאֵימָא הַשּׁוֹרֵץ. לָא דָּרְשִׁינַן לֵיהּ הָכִי: כָּל מָקוֹם שֶׁהוּא רוֹחֵשׁ, וּלְרַבּוֹת עַכְבַּר הָאָרֶץ שֶׁיָּרַד לַיָּם. אֶלָּא הָכִי דָּרְשִׁינַן: "הַשּׁוֹרֵץ" – *כָּל שֶׁהוּא פָּרֶה וְרָבֶה, לְרַבּוֹת עַכְבַּר הַיָּם. וּמִיעוּט דְ"עַל הָאָרֶץ" דְּמַשְׁמַע: עַל הָאָרֶץ יִטַּמֵּא וְלָאו שֶׁרֶץ הַיָּם, אָתָא לְאוֹרוּיֵי: דְּאֶחָד זֶה וְאֶחָד זֶה עַל הָאָרֶץ – יִטַּמְּאוּ, יָרְדוּ לַיָּם – אֵין מְטַמְּאִין. א"ל וּמֵאַחַר דְּשַׁוִּיתֵיהּ לַיָּם מְקוֹם טוּמְאָה. דְּמַרְבֵּית ז] מִין הַיָּם לְטוּמְאָה. מה לי. בְּעוֹדוֹ בַּיָּם מַה לִּי יָצָא לַחוּץ? אֵין נוֹהַג לִדְרוֹשׁ הַמִּקְרָאוֹת בְּמִדָּה זוֹ, אֶלָּא לוֹמַר דָּבָר הַמִּתְקַבֵּל. וּפָרְכִינַן: הַאי "עַל הָאָרֶץ" מִיבָּעֵי לֵיהּ לְהוֹצִיא סָפֵק טוּמְאָה צָפָה. שֶׁרֶץ מֵת צָף עַל הַמַּיִם, סָפֵק נָגַע סָפֵק לֹא נָגַע אַף בִּרְשׁוּת הַיָּחִיד סְפֵקוֹ טָהוֹר. וּמֵהַאי קְרָא נָפְקָא לָן בְּפֶרֶק בַּתְרָא דְּנָזִיר (דף סד.): כְּתִיב ח] "הַשֶּׁרֶץ" – כָּל מָקוֹם שֶׁשּׁוֹרֵץ, וַאֲפִילּוּ עַל הַמַּיִם. וּכְתִיב "עַל הָאָרֶץ", הָא כֵּיצַד? כָּאן – בְּטוּמְאַת וַדַּאי, כָּאן – בְּטוּמְאַת סָפֵק. עָרוֹד. מִן הַצָּב וּמִן הַנָּחָשׁ הוּא בָּא, כִּדְלְקַמָּן. וּבֵן הַנְּפִילִים. שֶׁרֶץ מִין צָב. וְסָלָמַנְדְּרָא. שֶׁרֶץ הַנּוֹלָד מִן הָאוּר, מֵעֲצֵי הֲדַס עַל יְדֵי כְּשָׁפִים. וְהַסָּךְ מִדָּמוֹ – אֵין הָאוּר שׁוֹלֵט בּוֹ, וְקִים לֵיהּ לְר"ע דְּמִינָא דְּצָב הוּא. ט] מִשּׁוּם דְּמַיְירֵי בְּסָלָמַנְדְּרָא. לְפָסוּק זֶה. יֵשׁ לְךָ בְּרִיּוֹת גְּדֵלוֹת בָּאוּר. סָלָמַנְדְּרָא. יוֹשְׁבֵי הָאָרֶץ. יוֹשְׁבֵי חָלֶד. שֶׁהוּא מָקוֹם מְיוּשָּׁב לַחוּלְדּוֹת. בִּיבְרֵי דְּנֶרֶשׁ. י] חַיּוֹת הַמְּצוּיוֹת בְּאוֹתוֹ מָקוֹם. בִּיבְרוֹנ"שׂ בְּלַעַ"ז. אֵינָן מִן הַיִּשּׁוּב. אֵינָן גְּדֵלוֹת אֶלָּא בַּמַּיִם. בְּשַׁמְתָּא נֶרֶשׁ. כְּלוֹמַר, כָּל יוֹשְׁבֶיהָ רְשָׁעִים, כּוּלָּם יִהְיוּ בְּשַׁמְתָּא. תַּרְבֵּיהּ מַשְׁכֵיהּ וְאַלְיְתֵיהּ. הַחֵלֶב וְהָעוֹר עִם הַבָּשָׂר וְהָאַלְיָה. כְּלוֹמַר, כּוּלָּן כְּקָטָן כְּגָדוֹל. לֹא אָבָה נֶרֶשׁ כו'. לְפִי שֶׁכּוּלָּן הָיוּ רְשָׁעִים. נַרְשָׁאָה נַשְׁקָךְ מְנֵי כַּכָּךְ. אִם נְשָׁקְךָ אֶחָד מִיּוֹשְׁבֵי נֶרֶשׁ – מְנֵה שִׁנֶּיךָ אִם תִּמְצָאֵם כּוּלָּם, כִּי מוּחְזָק גַּנָּב הוּא. נְהַר פְּקוֹדָאָה. אִם מִיּוֹשְׁבֵי נְהַר פְּקוֹד. לַוְיָךְ. נִתְלָוָה עִמְּךָ בַּדֶּרֶךְ. מִגְּלִימָא שְׁפִירָא דַּחֲזֵי עֲלָךְ. מֵחֲמַת שֶׁרָאָה לְךָ טַלִּית נָאָה, וְדַעְתּוֹ לְגוֹנְבוֹ, נִתְחַבֵּר עִמְּךָ. אַשְׁנֵי אוּשְׁפִּיזָךְ. שֶׁלֹּא יֵדַע הֵיכָן תִּשְׁכַּב, שֶׁגַּנָּבִים מוּמְחִין הֵם. לַוּוֹעַד. מְקוֹם רְשָׁעִים וּמַרְבִּיעֵי כִּלְאַיִם. כָּרוּךְ עַל הַצָּב. כָּל שָׁעָה הָיָה מָלוּי אֶצְלוֹ, וְהָיָה נִזְקָק עִמּוֹ, כִּדְאָמְרִינַן בְּקִדּוּשִׁין (דף עט:): בִּכְרוּכִין אַחֲרֶיהָ. וּבִבְכוֹרוֹת (דף כד.): חֲזִיר שֶׁכָּרוּךְ אַחַר רָחֵל. כְּלוֹמַר, נִמְשָׁךְ וְשׁוֹכֵן אֶצְלוֹ תָּמִיד. יָצָא עָרוֹד מִבֵּינֵיהֶם. וְהָיָה נוֹשֵׁךְ בְּנֵי אָדָם וּמְמִיתָם. כִּדְאָמְרִינַן בִּבְרָכוֹת (דף לג.) גַּבֵּי עָרוֹד דְּרַבִּי חֲנִינָא בֶּן דּוֹסָא. אַנְשֵׁי וַעַד הֵן הֵבִיאוּ כו'. יא] מְזַוְּוגֵי כִּלְאַיִם הָיוּ. אַף אֲנִי אָבִיא עֲלֵיהֶם בְּרִיָּה כו'. וְהַיְינוּ עָרוֹד. תַּשְׁמִישָׁן שָׁוֶה. שֶׁמְּשַׁמְּשִׁין שְׁנֵיהֶם פָּנִים כְּנֶגֶד פָּנִים, כְּגוֹן אָדָם. אוֹ פָּנִים כְּנֶגֶד עוֹרֶף, כְּגוֹן בְּהֵמָה. וְעִיבּוּרָן. יְמֵי עִיבּוּר. יוֹלְדִים זֶה מִזֶּה. מִתְעַבְּרִים זֶה מִזֶּה. וּמְגַדְּלִין. מְנִיקִים זֶה בְּנוֹ שֶׁל זֶה. וִימֵי עִיבּוּרוֹ שֶׁל נָחָשׁ אֵינוֹ שָׁוֶה לֹא לְשֶׁרֶץ וּבְהֵמָה וְחַיָּה, כִּדְאָמְרִינַן בפ"ק דִּבְכוֹרוֹת (דף ח.): שׁוּעָל וְכָל מִינֵי שְׁרָצִים – לִשְׁשָׁה חֳדָשִׁים, וְנָחָשׁ – לְשֶׁבַע שָׁנִים. וְאָמְרִינַן הָתָם: וּלְאוֹתוֹ רָשָׁע נָחָשׁ לֹא מָצִינוּ חָבֵר יב], וְהֵיאַךְ יָצָא אוֹתוֹ עָרוֹד מִצָּב וּמִנָּחָשׁ? נֵס בְּתוֹךְ נֵס לְפוּרְעָנוּת. כְּדֵי לִיפָּרַע מִן הָרְשָׁעִים. **מתני'** הַמְדוּלְדָּלִין בַּבְּהֵמָה. נִתְלַשׁ מִמֶּנָּה אֵבֶר בָּשָׂר גִּידִים וַעֲצָמוֹת, אוֹ נִתְלַשׁ מִמֶּנָּה בָּשָׂר לְבַדּוֹ, וַעֲדַיִין הֵן מְעוֹרִים בָּהּ בְּמִקְצָת. וְיֵשׁ הֶפְרֵשׁ בֵּין אֵבֶר מִן הַחַי לְבָשָׂר מִן הַחַי: שֶׁהָאֵבֶר – מְטַמֵּא אָדָם וְכֵלִים כִּנְבֵלָה, וְהַבָּשָׂר שֶׁאֵינוֹ אֵבֶר – טָהוֹר מִכְּלוּם, כִּדְיָלְפִינַן לְקַמָּן בְּפִירְקִין (דף קכח:). בִּמְקוֹמָן. אע"פ שֶׁהֵן מְחוּבָּרִין, אִם חִישֵּׁב עֲלֵיהֶן לַאֲכִילָן *לְגוֹי – הָוֵי אוֹכֶל לְקַבֵּל טוּמְאָה, וּלְטַמֵּא אֲחֵרִים. דְּטוּמְאַת עַצְמָן אֵין בָּהֶן עַד שֶׁיִּתָּלְשׁוּ כּוּלָּן, כִּדְיָלְפִינַן בַּגְּמָרָא. אֲבָל מְקַבְּלִים טוּמְאָה מִן הַשֶּׁרֶץ, וּמְטַמְּאִין בָּהּ אֶת אֲחֵרִים. וּצְרִיכִין הֶכְשֵׁר. לָאו בְּמַיִם פַּעַם אַחַת לְאַחַר שֶׁנִּדַּלְדְּלוּ, וְשׁוּב מְקַבְּלִים טוּמְאָה עוֹלָמִית. וְלֵיכָּא לְמֵימַר כְּהַאי אֵבֶר שֶׁסּוֹפוֹ לְטַמֵּא טוּמְאָה חֲמוּרָה – דְּאֵינוֹ מְטַמֵּא טוּמְאַת אֵבֶר מִן הַחַי עַד שֶׁיָּמוּת, וְשֶׁמָּא לֹא יָבֹא לִידֵי טוּמְאָה חֲמוּרָה, דְּשֶׁמָּא יִשְׁחָטֶנָּה, וְאֵין שְׁחִיטָה עוֹשָׂה נִיפּוּל.
נִשְׁחֲטָה

תוספות

תלמוד לומר בשרץ. וא"ת: למה לי קרא ד"בשרץ", ממילא כיון דאיכא לאוקמי לקולא ולחומרא – לחומרא מקשינן. דהא לעיל, אי לא "על הארץ" למעוטי עכבר שבים, הוה אזלינן לחומרא! ואומר רבינו יצחק: דאצטריך "בשרץ" לעכבר שחציו בשר וחציו אדמה, משום ד"השורץ" משמע טפי כל שהוא משריץ. **מה** לי הכא ומה לי הכא. ומ"מ אצטריך "השורץ", כל מקום ששורץ – דלא נמעט מ"על הארץ" תרוייהו, ירד לים ועכבר שבים. **הני** בירבי דנרש אינן מן הישוב. פירש בקונטרס: יג] בירבונ"ש בלע"ז, שאין לוקים עליהן משום "השרץ השורץ", שהן גדלות במים. ור"ת אומר: דגרסינן "בירבי ונרש", ועיירות הן, כדמשמע ב"כילד מעברין" (עירובין דף נו.): הני מעלות ומורדות *דבירבי ונרש אזקינן. ובפ"ק דסוטה (דף י.) גבי "וירד שמשון תמנתה", "ויעל יהודה תמנתה", אמר רב פפא: תרתי תמנת הואי, דמהאי גיסא סלקי ומהאי נחתי, *כמו [שם] ורדיניא ובירבי [ושוקא] דנרש. וקאי הכא אקרא דאייתי לעיל "האזינו כל יושבי חלד". וקאמר: "דהני אינן מן הישוב" – כלומר, בכלל "יושבי חלד", כי רשעים הם. וכיוצא בזה אמר פ"ק דקדושין (דף מ:): כל שאינו לא במקרא ולא במשנה ולא בדרך ארץ – אינו מן הישוב. והיינו דאמר רב פפא בסמוך: בשמתא נרש כו'.

עין משפט נר מצוה

סז א מיי' פ"ב מהל' שאר אבות הטומאות הל' ה.

מסורת הש"ס

ויקרא יא | שם | [נזיר סד.] | [נ"ל בתרייהו] | שם | עיין מהר"מ | תהלים קד | [נ"ל היה אומר] | [נ"ל הוי מה רבו מעשיך ה' כ"א בילקוט] | [תוספתא כלאים פ"ה] | שם מט | ירמיהו כב | [בכורות ח.] | [שבת לג. פסחים קיח:] | עיין תוי"ט

[נ"ל דבי בירבי]

[ובסוטה שם איתא גנון ורדוניא ובי בארי ושוקא דנרש]

[נ"ל ובן הנפילין כ"א בערוך ערך בן הנפל וע"ש גרסא זו ויתיישב תמיהת המהרש"א בח"א ע"ש]

שיטה מקובצת

א] כל מקום ששורץ או אינו אומר השורץ אלא השורץ כל המשריץ: ב] ת"ר הצב למינהו. נ"ב עיין ר"ש ריש מס' כלים: ג] להביא הערוד וכו' יצא ערוד כך צריך להיות מנוקד: ד] אף בים הוא שט עכבר הארץ: ה] דה"ק על הארץ יטמא ואפילו עכבר הים: ו] עכבר וניחא לן למדרש: ז] דמרבית מן הים לטומאה: ח] כתיב השורץ דמשמע כל מקום ששורץ: ט] לפסוק זה דצב למינהו משום דמיירי בסלמנדרא: י] חיות המצויות באותו מקום. נ"ב בקצת פירושי רש"י ז"ל כ"י כתוב בירבי דנרש חיות המצויות בנרש ע"כ: יא] אנשי וועד הן הביאו וכו' דאותן של וועד מזווגי כלאים היו לישנא אחרינ' וועד אינו מקום רשעים אלא רב הונא היה מתמה שראה ערוד יוצא מנחש א"ל ר"ש החסיד אין לתמוה בדבר שכך אמר הקב"ה הם הביאו וכו' אבריות קאי אני לא בראתי כלאים והם הבריות בימי ענה הרביעו כלאים ויצא מהם פרד ובאותו יום גזרתי עליהם גזרה להרבות להם מזיקים והכי דריש ליה בבראשית רבה [פרשה פ"ב] מה עשה הקב"ה בימי ענה הביא חכינא נחש חוווגו לחרדון צב ויצא מהן ערוד: לא היה אדם שהכתו פרדה לבנה וחיה לא היה אדם שנשכו ערוד חיה: יב] והאיך יצא אותו ערוד מצב ומנחש נס בתוך נס הוא שמניח את מינו וכרוך על שאינו מינו ועוד שאין יולדין זה מזה הס"ד: יג] פי' בקונטרס מין חיות שקורין בירבונאש:

*א נִשְׁחֲטָה הַבְּהֵמָה – הוּכְשְׁרוּ בְּדָמֶיהָ, דִּבְרֵי רַבִּי מֵאִיר. רַבִּי שִׁמְעוֹן אוֹמֵר: לֹא הוּכְשְׁרוּ. *במֵתָה הַבְּהֵמָה – הַבָּשָׂר צָרִיךְ הֶכְשֵׁר. גהָאֵבֶר מְטַמֵּא מִשּׁוּם אֵבֶר מִן הַחַי, וְאֵינוֹ מְטַמֵּא מִשּׁוּם אֵבֶר נְבֵלָה, דִּבְרֵי ר' מֵאִיר. וְר' שִׁמְעוֹן מְטַהֵר.§ **גמ'** טוּמְאַת אוֹכָלִין – אִין, טוּמְאַת נְבֵלָה – לָא. הֵיכִי דָּמֵי, אִי דְּמַעֲלִין אֲרוּכָה – אֲפִילּוּ טוּמְאַת אוֹכָלִין נָמֵי לָא לִיטַמּוּ. וְאִי דְּאֵין מַעֲלִין אֲרוּכָה – טוּמְאַת נְבֵלָה נָמֵי לִיטַמּוּ! דלְעוֹלָם דְּאֵין מַעֲלִין אֲרוּכָה, וְשָׁאנֵי טוּמְאַת נְבֵלָה, דְּרַחֲמָנָא אָמַר: °"כִּי יִפּוֹל" – עַד שֶׁיִּפּוֹל. תַּנְיָא נָמֵי הָכִי: הָאֵבֶר וְהַבָּשָׂר הַמְדוּלְדָּלִין בַּבְּהֵמָה וּמְעוֹרִין בְּחוּט הַשַּׂעֲרָה, יָכוֹל יְטַמְּאוּ טוּמְאַת נְבֵלָה – תַּלְמוּד לוֹמַר: "יִפּוֹל" – עַד שֶׁיִּפּוֹל. וַאֲפִילּוּ הָכִי, טוּמְאַת אוֹכָלִין מִיטַמּוּ. מְסַיֵּיעַ לֵיהּ לְרַב חִיָּיא בַּר אַשִׁי, דְּאָמַר רַב חִיָּיא בַּר אַשִׁי, אָמַר שְׁמוּאֵל: התְּאֵנִים שֶׁצָּמְקוּ בְּאִיבֵיהֶן – מְטַמְּאוֹת טוּמְאַת אוֹכָלִין, ווְהַתּוֹלֵשׁ מֵהֶן בַּשַּׁבָּת – חַיָּיב חַטָּאת. לֵימָא מְסַיֵּיעַ לֵיהּ: *זיְרָקוֹת שֶׁצָּמְקוּ בְּאִיבֵיהֶן, כְּגוֹן הַכְּרוּב וְהַדְּלַעַת – אֵין מְטַמְּאִין טוּמְאַת אוֹכָלִין. קְצָצָן וִיבְשָׁן – מְטַמְּאִין טוּמְאַת אוֹכָלִין. קְצָצָן וִיבְשָׁן ס"ד? עֵץ בְּעָלְמָא הוּא! וְא"ר יִצְחָק: חבְּעַל מְנָת לְיַבְּשָׁן. טַעְמָא דִּכְרוּב וּדְלַעַת הוּא, כֵּיוָן דְּיָבְשָׁן – לָאו בְּנֵי אֲכִילָה נִינְהוּ, הָא שְׁאָר פֵּירוֹת – מְטַמְּאִי! הֵיכִי דָּמֵי, אִי דְּיָבְשָׁן הֵן וְעוּקְצֵיהֶן – פְּשִׁיטָא, אֶלָּא לָאו: בְּלֹא עוּקְצֵיהֶן. לְעוֹלָם הֵן וְעוּקְצֵיהֶן, וּקְצָצָן עַל מְנָת לְיַבְּשָׁן אִיצְטְרִיכָא לֵיהּ. ת"ש: טאִילָן שֶׁנִּפְשַׁח וּבוֹ פֵּירוֹת – הֲרֵי הֵן כִּתְלוּשִׁין, יָבְשׁוּ – הֲרֵי הֵן כִּמְחוּבָּרִין. מַאי לָאו, מָה תְּלוּשִׁין – לְכָל דִּבְרֵיהֶן, אַף מְחוּבָּרִין – לְכָל דִּבְרֵיהֶן! מִידֵי אִירְיָא? הָא כִּדְאִיתָא, וְהָא כִּדְאִיתָא.§ "נִשְׁחֲטָה הַבְּהֵמָה" [וכו'].§ בְּמַאי קָא מִיפַּלְגִי? אָמַר רַבָּה: בִּבְהֵמָה נַעֲשֵׂית יָד לָאֵבֶר קָמִיפַּלְגִי. מָר סָבַר: אֵין בְּהֵמָה נַעֲשֵׂית יָד לָאֵבֶר. וּמָר סָבַר: בְּהֵמָה נַעֲשֵׂית יָד לָאֵבֶר. אַבַּיֵי אָמַר: בְּאוֹחֵז בְּקָטָן וְאֵין גָּדוֹל עוֹלֶה עִמּוֹ קָמִיפַּלְגִי. מָר סָבַר: אוֹחֵז בְּקָטָן וְאֵין גָּדוֹל עוֹלֶה עִמּוֹ – הֲרֵי הוּא כָּמוֹהוּ. וּמָר סָבַר: אֵינוֹ כָּמוֹהוּ. וְאַף ר' יוֹחָנָן סָבַר בְּאוֹחֵז בְּקָטָן וְאֵין גָּדוֹל עוֹלֶה עִמּוֹ קָא מִיפַּלְגִי. דְּרַבִּי יוֹחָנָן רָמֵי דר"מ אדר"מ: מִי אָמַר ר' מֵאִיר אוֹחֵז בְּקָטָן וְאֵין גָּדוֹל עוֹלֶה עִמּוֹ הֲרֵי הוּא כָּמוֹהוּ? וּרְמִינְהוּ: *אוֹכֶל שֶׁנִּפְרַס וּמְעוֹרֶה בְּמִקְצָת, רַבִּי

תורה אור: °ויקרא יא

נשחטה הבהמה. נטהרו מלטמא עוד משום נבלה, ואע"פ שאסורין באכילה, כדאמרינן ב"בהמה המקשה" (לעיל דף עג:) מ"ובשר בשדה טרפה" (א). ומידי נבלה טהרו דאין שחיטה עושה ניפול, והוכשרו בדמיה לקבל טומאה בלא הכשר אחר. **מתה הבהמה הבשר.** שנדלדל צריך הכשר לקבל טומאה מן השרץ, אם לא הוכשר משנדלדל. דטומאת נבלה אין בו, כדאמר ב"בהמה המקשה" (שם דף עג:) דמיתה עושה ניפול, ואינו כמתנבל עמה במיתתה, אלא כפרוש מחיים, ובשר הפורש מן החי – טהור. **האבר מטמא משום אבר מן החי כו'.** כדפרישית טעמא. דמיתה עושה ניפול, כמו שנופל סמוך למיתה, ואינו נבלה. הלכך, אינו מטמא משום נבלה. ובגמרא מפרש מאי איכא בין אבר מן החי לאבר מן הנבלה. **ור"ש מטהר.** בגמרא מפרש טעמיה. **גמ' טומאת נבלות לא.** דלא הוי כתלושין לגמרי דליטמא האבר כשאר אבר מן החי, דאמר לקמן שהוא מטמא אדם וכלים. א] **כי יפול** מנבלתם. אינו קרוי "נבלה" עד שיפול לגמרי. וגבי שרצים כתיב, דאבר מן החי דידהו נמי מטמא, כדלקמן. ובתרי קראי כתיב גבי שרצים "כי יפול": חד, ב] "כי יפול מנבלתם עליו יטמא" (ויקרא יא), וכתיב (שם): "וכי יפול מנבלתם על כל זרע" וגו' – חד לאבר מן הבהמה, דמיתה עושה ניפול אתא. **ואפ"ה טומאת אוכלין מטמו.** בניחותא. כלומר, ואע"ג דמחוברין חשיבי לענין טומאת נבלות, קתני מתניתין דלענין טומאת אוכלין תלושין נינהו, ומקבלין טומאה כשאר אוכלין. **מסייע ליה כו' שצמקו באיביהן.** שיבשו באילן. **חייב חטאת.** אם לא יבשו עוקציהן. אלמא, אע"ג דלענין שבת מחוברין נינהו, מטמאין טומאת אוכלין. ג] **לימא מסייע ליה.** לשמואל. **כגון הכרוב והדלעת.** שלאחר שהן יבשים הרי הן כעץ, ואינן ראויין לאכילה. **אין מטמאין טומאת אוכלין.** דהא לאו אוכל נינהו. וקא ס"ד דהיא גופה לא איצטריך, דעץ לא יטמא. אלא למימרא: דהני הוא דכי צמקו באיביהן טהורין, אבל שאר פירות הנאכלין בצימוקן – ד] מקבלין טומאה, ואשמעינן דכתלושין דמו. **קצצן.** לחין, על מנת ליבשן, אע"פ שאין עומדין למאכל אלא לעץ, כגון דלעת לעשות הימנה כלי וכרוב להסקה – אפ"ה, כל זמן שהן לחין מטמאין. קתני רישא מיהת – ירקות שצמקו באיביהן, כגון הכרוב והדלעת, טעמא דהני כי יבשו לאו אוכלין נינהו, הא שאר פירות – מטמאין באיביהן. **והיכי דמי.** הך מתניתא דקתני דכרוב ודלעת הוא דלא מטמו, הא אחריני מטמו. **אי דיבשו הן ועוקציהן.** דאף לענין שבת תלושין הן. **פשיטא.** דמטמו, למה ליה למתנייה? לא איהי גופה איצטריך לאשמועינן דעץ לא יטמא, ולאו דיוקא דידיה איצטריך לאשמועינן דאחריני מטמו, דהא תלושין גמורין הן. **אלא לאו בלא** עוקציהן. ומשום דוקיא דידיה אצטריך למתנייה, דאע"פ דלענין שבת מחוברין הן, לענין טומאה תלושין הן, כדשמואל. והיינו מסייע ליה. **לעולם** הן ועוקציהן. ודקא קשיא לן: מאי קמ"ל? משום סיפא תנייה. דאשמועינן קללן לחין ע"מ ליבשן – מטמאין טומאת אוכלים. **שנפשח.** נתלש ממנו ענף, ובאותו ענף יש פירות. **הרי הן כתלושין.** ואפילו הן לחין. **יבשו.** פירות האילן שלא נפשח – הרי הן כמחוברין. **מאי לאו אף** מחוברין. דקאמר, לכל דבריהם קאמר, ואפילו לענין טומאה, וקשיא לשמואל. **הא כדאיתא והא כדאיתא.** תלושין שנפשח לכל דבריהם הוו תלושין – בין לענין חיוב טומאה בין לענין שבת, ומחוברין דקתני גבי יבשו – לשבת קאמר, ולא לטומאה. והיינו כשמואל. **במאי קא מיפלגי.** ר' מאיר ור' שמעון לגבי הכשר? **אמר רבה בבהמה נעשית יד לאבר קמיפלגי.** ותרווייהו אית להו יש יד להכשר. ומיהו רבי שמעון סבר: אין בהמה כולה נעשית יד לאבר אחד. הלכך, לא הביאה לו הכשר. ורבי מאיר סבר: בהמה נעשית יד לאבר. **אביי אמר.** ה] אין טעמייהו משום יד, דכ"ע: אין בהמה נעשית יד לאבר אחד. אלא טעמא דרבי מאיר: משום דכולה חדא חשיב ליה. ואע"ג דכי אוחז ו] את הקטן באבר ובשר המדולדל, אין גדול עולה עמו אלא נתלש מיד. הואיל וכשאוחז בגדול עולה קטן עמו – חד הוא. ור' שמעון סבר: אינו כמוהו. **אוכל.** תרומה. **שנפרם.** לשון פרוסה ז], נשבר. **הרי הוא כמוהו.** ואם נגע טבול יום באחד ח] מן השברים – פסל את חבירו. ואם

דרחמנא אמר כי יפול עד שיפול. תימה: מאי משמע "כי יפול" לענין זה דאבר המדולדל? ועוד: דהאי קרא, בשרצים כתיב! ונראה דהכי דריש: "כי יפול מהם במותם", ואמר בפרק "בהמה המקשה" (לעיל דף עד.): מיתה עושה ניפול, וא"כ ממילא שמעינן דקודם מיתה אינה ט] עושה ניפול. ואבהמה דרשי ליה, דאמר התם: מיתה עושה ניפול, ואין שחיטה עושה ניפול. ופירש בקונטרס: דמקרא יתירא דרשינן, ואם אינו ענין לשרצים, תנהו ענין לבהמה, דבת שחיטה היא. **טומאת** נבלה. שמזכיר כאן התלמוד – לאו דוקא, אלא היינו טומאת אבר מן החי.

מסייע ליה לרב חייא כו'. וא"ת: ואמאי מייתי ליה סייעתא? אי נהי דאמר "תאנים שצמקו באיביהן מטמאין טומאת אוכלין" – טפי הוה ליה למסייעיה ממתניתין! ונראה דמייתי סייעתא אמאי דקאמר "התולש מהן בשבת חייב חטאת", דמשמע נמי מברייתא דלאו לכל מילי הוה כתלוש, מדקא ממעט טומאת נבלה, כלומר טומאת אבר מן החי, ומקרא ממעט ליה. ובמתניתין ליתיה בפירוש אלא מדיוקא שמעינן ליה: טומאת אוכלין – אין, טומאת נבלות – לא.

לימא מסייע ליה ירקות שצמקו. הא מייתי שפיר אפילו אטומאת אוכלין, ומייתי סייעתא אהא דלמקו הוי כמדולדלים.

וקצצן על מנת ליבשן איצטריכא ליה. וא"ת: ליתני הכי "כרוב ודלעת שקצצן על מנת ליבשן, מטמאה טומאת אוכלין", למה ליה למתני רישא "שצמקו באיביהן"? וי"ל: דהכי מתני ליה טפי שפיר "הכרוב והדלעת שצמקו כו'" ואם לא צמקו אלא קצצן ע"מ ליבשן כו'.

ומר סבר אין בהמה נעשית יד לאבר. נראה דרבה מלי סבר דלר"ש שחיטה מכשרת ולא דם, וה"ק: אין בהמה נעשית יד לאבר, הא אם נעשית יד לאבר – היה מוכשר משחיטת בהמה, אע"פ שהוא אסור באכילה מדרבנן. וכן סברי כולהו אמוראי דמפרשי מתניתין, לבר מר' אחא דאמר: בנתקנח הדם בין סימן לסימן קמיפלגי. דלדידיה דם מכשיר לר"ש. וי"ל: דלרב אחא לא שמיע ליה ברייתא ד"השוחט" (לעיל דף לו.) דשמעינן מיניה דלר' שמעון שחיטה מכשיר, ולא דם. אבל שאר אמוראי דהכא הוו ידעי לה שפיר. דהא רב פפא נמי מפרש לה לפלוגתייהו בסמוך. ובפרק "השוחט" (גז"ש) אמר רב פפא עלה דברייתא: הכל מודים היכא דאיתיה לדם כו', אלמא ידע לה.

סח א ב ג ד מיי' פ"ב מהל' שאר אבות הטומאות הל"ה:
סט ה מיי' פ"ב מהל' טומאת אוכלין הל"ה:
ע ו מיי' פ"ח מהל' שבת הל"ד:
עא ז ח מיי' פ"ב מהל' טומאת אוכלין הל"ג:
עב ט מיי' שם הל"ד:
עג י מיי' שם הל"ו:

שיטה מקובצת

א] וכי יפול מנבלתם אינו קרוי: ב] ובתרי קראי כתיב גבי שרצים כי יפול חד וכל אשר יפול מנבלתם עליו יטמא וכתיב וכי יפול וכו' וממלת ובתרי עד סוף אותו דבור נרשם עליו ונ"ב שלא נמצא בפי' כ"י ואולי הוא הגהה של אחד מן האחרונים: ג] לימא מסייע ליה לשמואל מלות אלו נמחקו וכצ"ל מטמאים טומאת אוכלים הואיל ואין מחוברין כל צרכן והסו"ד: כגון הכרוב וכו' כך נמצא בפירושי רש"י ז"ל כ"י הישנים: ד] הנאכלין בצמוקן צמוקו באיביהן מקבלים טומאה: ה] אביי אמר אי טעמייהו: ו] דכולה חדא חשיב ליה ואע"ג דכי אוחז בקטן דהיינו באבר ובשר המדולדל אין גדול עולה עמו אלא הבהמה נתלש מיד הואיל: ז] לשון פרוסה שנשבר: ח] ואם נגע טבול יום באחד מהם פסל את חברו: ט] דקודם מיתה אינה יפול ואבהמה דרשי כו':

לעיל עג: עו:
לעיל עג:

הגהות הב"ח

(א) רש"י ד"ה נשחטה וכו' מובשר בשדה טרפה מידי נבלה וא"ו ו' נמחק:

תוספתא פ"ב דעוקצין

גליון הש"ס

גמ' והתולש מהן. עי' שבת דף קנ ע"ב תוס' ד"ה במחובר:

טבול יום פ"ג משנה א

רַבִּי מֵאִיר אוֹמֵר: אִם אוֹחֵז בְּקָטָן וְגָדוֹל עוֹלֶה עִמּוֹ – הֲרֵי הוּא כָּמוֹהוּ, וְאִם לָאו – אֵינוֹ כָּמוֹהוּ. וְאָמַר רַבִּי יוֹחָנָן: מוּחְלֶפֶת הַשִּׁיטָה. וּמַאי קוּשְׁיָא? דִּילְמָא שָׁנֵי לֵיהּ לְר"מ בֵּין טְבוּל יוֹם לִשְׁאָר טוּמְאוֹת? תַּנְיָא, רַבִּי אוֹמֵר: אֶחָד טְבוּל יוֹם וְאֶחָד שְׁאָר טוּמְאוֹת. וְדִילְמָא: לְרַבִּי לָא שָׁנֵי לֵיהּ, ולר' מֵאִיר שָׁנֵי לֵיהּ? אָמַר ר' יֹאשִׁיָּה, הָכִי אָמַר ר' יוֹחָנָן: לְדִבְרֵי רַבִּי מוּחְלֶפֶת הַשִּׁיטָה. רָבָא אָמַר: בְּיֵשׁ יָד לְטוּמְאָה וְאֵין יָד לְהֶכְשֵׁר קָמִיפַּלְגִי. מָר סָבַר: יֵשׁ יָד לְטוּמְאָה וְאֵין יָד לְהֶכְשֵׁר, וּמָר סָבַר: יֵשׁ יָד לְטוּמְאָה וּלְהֶכְשֵׁר. א] רַב פַּפָּא אָמַר: בְּהֶכְשֵׁר קוֹדֶם מַחֲשָׁבָה קָמִיפַּלְגִי. ב] *דִּתְנַן, *אָמַר ר' יְהוּדָה: כָּךְ הָיָה רַבִּי עֲקִיבָא שׁוֹנֶה, חֵלֶב שְׁחוּטָה בַּכְּפָרִים – צָרִיךְ מַחֲשָׁבָה, וְאֵין צָרִיךְ הֶכְשֵׁר, שֶׁכְּבָר הוּכְשַׁר בִּשְׁחִיטָה. אָמַרְתִּי לְפָנָיו: לִמַּדְתָּנוּ רַבֵּינוּ, *עוֹלְשִׁין שֶׁלְּקָטָן וְהִדִּיחָן לִבְהֵמָה וְנִמְלַךְ עֲלֵיהֶן לְאָדָם – *צְרִיכוֹת הֶכְשֵׁר שֵׁנִי! וְחָזַר רַבִּי עֲקִיבָא לִהְיוֹת שׁוֹנֶה כְּרַבִּי יְהוּדָה. מָר סָבַר לָהּ כְּמֵעִיקָּרָא, וּמָר סָבַר לָהּ כַּחֲזָרָה. רַב אַחָא בְּרֵיהּ דְּרַב אִיקָא אָמַר: בְּנִתְקַנַּח הַדָּם בֵּין סִימָן לְסִימָן קָמִיפַּלְגִי. מָר סָבַר: *יֶשְׁנָהּ לִשְׁחִיטָה מִתְּחִלָּה וְעַד סוֹף, וְהַאי דַּם שְׁחִיטָה הוּא. וּמָר סָבַר: אֵינָהּ לִשְׁחִיטָה אֶלָּא לַסּוֹף, וְהַאי דַּם מַכָּה הוּא. רַב אָשֵׁי אָמַר: בִּשְׁחִיטָה מַכְשֶׁרֶת וְלֹא דָּם קָמִיפַּלְגִי. בָּעֵי רַבָּה: בְּהֵמָה בְּחַיֶּיהָ, מַהוּ שֶׁתֵּעָשֶׂה יָד לָאֵבֶר? תֵּיקוּ. אָמַר אַבַּיֵי: הֲרֵי אָמְרוּ *ג קִישׁוּת שֶׁנְּטָעָהּ בְּעָצִיץ, וְהִגְדִּילָה וְיָצְאת חוּץ לֶעָצִיץ – טְהוֹרָה. אָמַר ר"ש: וְכִי מַה טִּיבָהּ לִטְהַר? אֶלָּא הַטָּמֵא בְּטוּמְאָתוֹ, וְטָהוֹר בְּטָהֳרָתוֹ. בָּעֵי אַבַּיֵי: מַהוּ שֶׁתֵּעָשֶׂה יָד לַחֲבֶרְתָּהּ? תֵּיקוּ. אָמַר רַבִּי יִרְמְיָה: הֲרֵי אָמְרוּ הַמִּשְׁתַּחֲוֶה לַחֲצִי דְּלַעַת – אֲסָרָהּ. בָּעֵי ר' יִרְמְיָה:
מהו

ואם לאו. חֲבֵרוֹ טָהוֹר, וְאע"פ שֶׁנּוֹגְעִין זֶה בָּזֶה – אֵין שְׁלִישִׁי עוֹשֶׂה רְבִיעִי בִּתְרוּמָה, וּגְבֵי טְבוּל יוֹם תְּנֵינָא לָהּ (א) ג] בְּמַסֶּכֶת יוֹמָא (דף יט.). מוחלפת השיטה. כָּאן הֶחְלִיף ר"מ שִׁיטָתוֹ, אֲבָל בְּעָלְמָא ס"ל: אוֹחֵז בְּקָטָן וְאֵין גָּדוֹל עוֹלֶה עִמּוֹ – הֲרֵי הוּא כָּמוֹהוּ. וּמִדְּקָאָמַר רַבִּי יוֹחָנָן הָכִי, ש"מ: דס"ל דִּבְאוֹחֵז בְּקָטָן וְאֵין גָּדוֹל עוֹלֶה עִמּוֹ קָא מִיפַּלְגִי. וּמְהַדַּר הַתַּלְמוּד: ומאי קושיא. לֵיהּ לְרַבִּי יוֹחָנָן? דִּלְמָא אע"ג דְּמֵיקֵל ר"מ בִּטְבוּל יוֹם, שֶׁהוּא טוּמְאָה דְּרַבָּנַן, מַחְמִיר הוּא בְּטוּמְאָה חֲמוּרָה! תניא רבי אומר. מִירוּשַׁלְמָא הוּא. כְּלוֹמַר, הָא תָּנֵי רַבִּי דְּלָא שָׁנֵי לֵיהּ. אחד טבול יום ואחד שאר טומאות. אֵין חִילּוּק בִּנְגִיעָתָם, דְּהַקְּרוּיָה בִּשְׁאָר טוּמְאוֹת נְגִיעָה, הָוֵי בִּטְבוּל יוֹם נַמִי נְגִיעָה. לדברי רבי דלא שני ליה. הֶחְלִיף ר"מ שִׁיטָתוֹ, ד] דְּהָא כָּל הֵיכָא דְּהָוְיָא נְגִיעָה בִּטְבוּל יוֹם, הָוְיָא נְגִיעָה בִּשְׁאָר טוּמְאוֹת. וְהָא שָׁמְעִינַן לְר"מ דְּמַתְנִיתִין דְּאע"ג דְּאֵין גָּדוֹל עוֹלֶה עִמּוֹ, חִבּוּר הוּא. רבא אמר ביש יד להכשר. כִּי הֵיכִי דִּילְפִינַן "יָד" לְטוּמְאָה בְּרֵישׁ פִּרְקִין (דף קיח.) קָמִיפַּלְגִי, וּדְכ"ע בְּהֵמָה נַעֲשֵׂית "יָד" לָאֵבֶר. בהכשר קודם מחשבה קמיפלגי. וּדְכ"ע: יֵשׁ "יָד" לְטוּמְאָה וּלְהֶכְשֵׁר, אֶלָּא שֶׁשְּׁחָטָהּ קוֹדֶם שֶׁחִישֵּׁב לְהַאֲכִילוֹ לְגוֹי, דְּקָדַם הֶכְשֵׁר לְמַחֲשָׁבָה. ר"ש סָבַר: כֵּיוָן דִּבְשָׁעַת הֶכְשֵׁר אַכַּתִּי לָאו בַּר קַבּוֹלֵי טוּמְאָה הוּא, דִּסְתָמֵיהּ לָאו לַאֲכִילָה קָאֵי, שֶׁאַף לְבֶן נֹחַ אָסוּר הוּא – הֶכְשֵׁר נַמִי לֹא מְקַבֵּל. חלב. אֵין דַּרְכָּן לְאוֹכְלוֹ בַּכְּפָרִים, מִפְּנֵי שֶׁהָעָם מוּעָט, וְיֵשׁ לָהֶם בָּשָׂר הַרְבֵּה לְצוֹרֶךְ סִיפּוּקָן. אֲבָל בַּכְּרַכִּים, הָעָם מְרוּבֶּה, וְאֵין לָהֶם בָּשָׂר לְכָל הַצּוֹרֶךְ, אוֹכְלִין אוֹתוֹ ע"י הַדְּחָק. א"נ: מִשּׁוּם הָכִי אֵין דַּרְכָּן לְאוֹכְלוֹ בַּכְּפָרִים – מִשּׁוּם עֲנִיִּים הֵם, אֲבָל בְּנֵי כְּרַכִּים שֶׁהֵם עֲשִׁירִים – אוֹכְלִין אוֹתוֹ. הוכשר בשחיטה. וְאע"ג דְּקָדַם הֶכְשֵׁר לְמַחֲשָׁבָה. עולשים. עֵשֶׂב שֶׁקּוֹרִין קרישפל"א ה]. שלקטן לבהמה. וְהוּכְשְׁרוּ, וְאח"כ נִמְלַךְ עֲלֵיהֶם לְאָדָם – צְרִיכִין הֶכְשֵׁר שֵׁנִי, מִפְּנֵי שֶׁקָּדַם הֶכְשֵׁר לְמַחֲשָׁבָה ו]. ור"מ סבר לה: כִּי הֵיכִי דְּהָוֵי ר"ע מֵעִיקָּרָא מַאֲכַל בְּהֵמָה אֵינוֹ מְקַבֵּל טוּמְאָה. בנתקנח הדם כו'. וּדְכ"ע: אֵין "יָד" לְהֶכְשֵׁר, אֲבָל יֵשׁ "יָד" לְטוּמְאָה. וּפְלוּגְתַּיְיהוּ: כְּשֶׁנִּיתַּז הַדָּם עַל הָאֵבֶר, וְקִינְּחוֹ בֵּין סִימָן לְסִימָן. דם מכה. אֵינוֹ מַכְשִׁיר. ז] דַּם חֲלָלִים קָרוּי "מַשְׁקֶה", וְלֹא דַּם מַכָּה. רב אשי אמר. דְּכ"ע ח] אִית "יָד" לְהֶכְשֵׁר, וְהַאי אֵבֶר אִית לֵיהּ "יָד", דִּבְהֵמָה נַעֲשֵׂית "יָד" לָאֵבֶר. א"נ: ס"ל, אוֹחֵז בְּקָטָן וְאֵין גָּדוֹל עוֹלֶה עִמּוֹ ט] הֲרֵי הוּא כָּמוֹהוּ, *וּכְשֶׁנִּיתַּז הַדָּם עַל הָאֵבֶר וְלֹא נִתְקַנַּח קָא מִיפַּלְגִי. ר"מ סָבַר: דָּם מַכְשִׁיר, וַהֲרֵי הוּכְשַׁר. ור"ש – לְטַעְמֵיהּ, דְּאָמַר בְּפֶרֶק שֵׁנִי (לעיל לו.): שְׁחִיטָה מַכְשֶׁרֶת, וְלֹא דָּם. וְהַאי אֵבֶר, כֵּיוָן דְּלָא מְהַנְּיָא לֵיהּ שְׁחִיטָה לְהַתִּירוֹ בַּאֲכִילָה, אע"ג דִּמְהַנְּיָא לֵיהּ לְטַהוֹרֵיהּ מִידֵי נְבֵלָה – לָא מַכְשְׁרָא לֵיהּ לְטוּמְאָה. דְּטַעְמָא דִּשְׁחִיטָה מַכְשֶׁרֶת: הַיְינוּ, מִשּׁוּם דְּכֵיוָן דִּמְשַׁוְּיָא לֵיהּ אוֹכְלָא לְעִנְיַן הֶיתֵּר אֲכִילָה, מְשַׁוְּיָא לֵיהּ נַמִי אוֹכְלָא לְעִנְיַן טוּמְאָה. וְהָכָא לֵיכָּא לְמֵימַר הָכִי. בעי רבה כו'. רָבָא אוֹקִים פְּלוּגְתַּיְיהוּ לְעֵיל בִּבְהֵמָה נַעֲשֵׂית "יָד" לָאֵבֶר. בָּעֵי רַבָּה: לְר"מ, דְּאָמַר בְּהֵמָה נַעֲשֵׂית "יָד" לָאֵבֶר בִּשְׁחִיטָה לְעִנְיַן הֶכְשֵׁר, בְּחַיֶּיהָ, מַהוּ שֶׁתֵּעָשֶׂה י] "יָד" לְהַכְנִיס וּלְהוֹצִיא טוּמְאָה. הֵיכָא דְּהוּכְשַׁר בְּמַיִם לְאַחַר דִּלְדּוּלוֹ, דְּאָמְרִינַן בְּמַתְנִיתִין דִּמְקַבְּלִין טוּמְאָה בִּמְקוֹמָן, וְאִם נָגַע טוּמְאָה בַּבְּהֵמָה – מַהוּ שֶׁתֵּעָשֶׂה "יָד", לְהָבִיא טוּמְאָה לָאֵבֶר? מִי אָמְרִינַן: כֵּיוָן דְּבַעֲלֵי חַיִּים לָא מְקַבְּלֵי טוּמְאָה, "יָד" נַמִי לָא הָווּ. אוֹ דִּילְמָא, נְהִי דְּאִיהִי גּוּפָהּ טְהוֹרָה, "יָד" לָאֵבֶר מִיהָא הָוְיָא. כִּי הֵיכִי דְּאָמְרִינַן גַּבֵּי עֶצֶם דְּבָשָׂר וְאוֹכֶל עָלָיו, שֶׁהוּא "יָד" לַבָּשָׂר לְהַכְנִיס וּלְהוֹצִיא טוּמְאָה, אע"פ שֶׁאֵין עֶצֶם בְּלֹא בָּשָׂר מְקַבֵּל טוּמְאָה. קישות שנטעה בעציץ. שֶׁאֵינוֹ נָקוּב – כִּתְלוּשָׁה דָּמְיָא, וּמְקַבֶּלֶת טוּמְאָה כִּשְׁאָר אוֹכָלִין, אוֹ אִם הָיְתָה טְמֵאָה – הֲרֵי הִיא בְּטוּמְאָתָהּ. וְאִם הִגְדִּילָה וְיָצְאָה נוֹפָהּ לַחוּץ וְנוֹטָה עַל הָאָרֶץ, וְיוֹנֵק מֵרֵיחַ הָאָרֶץ דֶּרֶךְ אֲוִיר – כִּמְחוּבָּר דָּמְיָא, וְטָהֲרָה כָּל הַקִּישׁוּת שֶׁבֶּעָצִיץ, לְפִי יא] שֶׁחוֹזְרִים וְיוֹנְקִין מִן הַנּוֹף הַנּוֹטֶה חוּץ לֶעָצִיץ. הטמא בטומאתו. מַה שֶּׁבְּתוֹךְ הֶעָצִיץ מְקַבֵּל טוּמְאָה, לְפִי שֶׁהוּא כְּתָלוּשׁ. והטהור. מַה שֶּׁחוּץ לֶעָצִיץ, שֶׁיּוֹנֵק מִן הָאָרֶץ דֶּרֶךְ אֲוִיר – כִּמְחוּבָּר, וּטְהוֹרָה. לר"ש – מַהוּ שֶׁיַּעֲשֶׂה נוֹף הַטָּהוֹר "יָד" לַקִּישׁוּת, לְהָבִיא לָהּ טוּמְאָה? המשתחוה לחצי דלעת אסרה. בַּהֲנָאָה, מִשּׁוּם עֲבוֹדָה זָרָה. וְלר"ש אִיסּוּרֵי הֲנָאָה אֵין מְטַמְּאִין טוּמְאַת אוֹכָלִין, דְּנָפְקָא לֵיהּ לְקַמָּן (דף קכט.) מִ"כָּל הָאוֹכֶל אֲשֶׁר יֵאָכֵל", יב] שֶׁאַתָּה יָכוֹל לְהַאֲכִילוֹ לַאֲחֵרִים, וְהָא הַדְּלַעַת אִיסּוּרֵי הֲנָאָה הִיא, וְתוּ לָא מְטַמְּאָה טוּמְאַת אוֹכָלִין. וּכְדִי דְּטוּמְאָה יוֹצְאָה לָהּ מִגּוּפָהּ, דְּהָא עֲבוֹדָה זָרָה מְטַמְּאָה כַּשֶּׁרֶץ, שֶׁנֶּאֱמַר (דברים ז): "שַׁקֵּץ תְּשַׁקְּצֶנּוּ". וּלר"ע מְטַמְּאָה כְּנִדָּה, שֶׁנֶּאֱמַר (ישעיהו ל): "תִּזְרֵם כְּמוֹ דָוֶה". מיהו הַהִיא טוּמְאָה – דְּרַבָּנַן הִיא, כִּדְאָמְרִינַן בְּפֶרֶק "ר"ע" (שבת דף פג:), וּקְרָא – אַסְמַכְתָּא בְּעָלְמָא הוּא.
מהו

רבי מאיר אומר אם אוחז בקטן וגדול עולה עמו. ה"ג בספרים, ובפי' ר"ת ובמסכת טבול יום (פ"ג מ"א) אינו כן, דגרסינן: "ר"מ אומר: אם אוחז בגדול, וקטן עולה עמו – הרי הוא כמוהו. רבי יהודה אומר: אם אוחז בקטן, וגדול עולה עמו – הרי הוא כמוהו". ולהך גירסא תימה: מאי פריך הכא דר"מ אדר"מ? *ולא מסתבר לפרש: דר' יוחנן דאמר באוחז בקטן ואין גדול עולה עמו אליבא דר"מ, לאו דוקא, אלא גם הקטן אין עולה עם הגדול – דלא משמע הכי.

בהמה בחייה מהו שתעשה יד לאבר. תימה: מאי מבעיא ליה? אי משום דבהמה בחייה לאו בת קבולי טומאה היא – כל ידות שבעולם נמי לא מקבלי טומאה, אלא שמכניסות ומוציאות טומאה! וי"ל: דלא דמי לשאר ידות, דמאי דלא מקבלי טומאה, משום שאינן אוכל. אבל בעלי חיים, כי נמי הוי אוכל, כגון בן פקועה, איכא למ"ד פרק "בהמה המקשה" (לעיל דף עה.) דלא מקבל טומאה. קישות שנטעה בעציץ והגדילה ויצאה חוץ לעציץ טהורה. ואע"ג יג] דאמר בפרק "המביא גט" (גיטין כב. ע"ש): אילן בארץ, ונופו נוטה בחוצה לארץ, בתר עיקרו אזלינן – התם, מרובה יניקתו במקום העיקר. אבל עיקרו בעציץ, אין יניקת השרשים מרובה, ואין הנופות יונקות מן העציץ. אלא הטמא בטומאתו והטהור בטהרתו. ואע"ג דבעציץ נקוב אמרינן ב"המצניע" (שבת לה:) דלרבי שמעון הוי כמחובר לענין הכשר זרעים, ומסתמא הוא הדין לענין טומאה – התם, ע"י הנקב הוי כמחובר. אבל הכא, ע"י מה שיוצא לחוץ לא יהא מה שבפנים כמחובר.

הרי אמרו המשתחוה לחצי דלעת אסרה בעי רבי זירא מהו שתעשה יד לחברתה. לפי' שבקונטרס, דמבעיא ליה אי הויא תליה שלא השתחוה לה יד להוציא טומאה או לא, כלום נעשה יד אוכל לאוכל אחר או לא – תימה: דבכולה שמעתין מוכח דאוכל נעשה יד לאוכל, לקמן: כוליא של נבלה בחלבה נעשה החלב יד לכוליא, ולעיל נמי לא פליגי אלא בבהמה אם נעשית יד לאבר, משום שהבהמה דבר גדול ואינה ראויה להיות יד, אבל אם היו שוין הבהמה והאבר – הויא יד לכ"ע! ועוד: אמאי נקט "דלעת"? ליבעי בשתי חתיכות בשר המדובקין בעור, וטמאה אחת מהן בשרץ! ואין לומר נמי: דבדלעת מחוברת איירי, והאי טמא, מידי דהוה אאשרה. וקא מבעיא ליה אי הוי יד אידך להוציא טומאה, כיון שהוא מחובר, כדמבעיא ליה בקישות שנטעה בעציץ – דאכתי אמאי נקט "דלעת"? לימא "המשתחוה לחצי אילן"! ונראה כלשון ראשון שפירש בקונטרס, דבעי: אם נגע שרץ בחצי שהשתחוה, אם נעשית יד לחצי האחר, הואיל ואין ראוי לקבל טומאה לר"ש דאמר: אוכל שאין יכול להאכילו לאחרים – אינו אוכל. ולא דמי לשאר ידות: דהתם – אין מקבלות טומאה, לפי שאינן ראויות לאכילה, ועץ בעלמא הן. אבל הכא – אוכל גמור הוא, אבל דבר אחר גורם לו שאין ראוי להאכילו לאחרים, כדפרישית לעיל גבי "בהמה בחייה מהו" כו'.
רבי

עד א מיי' פ"ו מהלכות טומאת אוכלין הלכה ט ופסק כחכמים:

[ועיין תוס' טבול יום מ"ג שם]

עה ב מיי' פ"ג שם הלכה ג:

עו ג מיי' פ"ב שם הלכה ט:

[תוספתא דעוקצין פ"ג]

[צ"ל דתניא]

[עיין תוס' נדה נ. ד"ה שזרעון]

[לעיל כט: וש"נ]

עוקצין פ"ב מ"ט

שיטה מקובצת

א] רב פפא אמר בהכשר. נ"ב ע"י תוס' בכורות דף י ע"א ד"ה נבלת בהמה: ב] דתניא אמר רבי יהודה: ג] תנינא לה במס' טבול יום הס"ד: ד] החליף ר"מ שיטתו דאמר כל היכא דהויא: ה] שלקטן לבהמה והוכשרו ואח"כ וכו'. נ"ב נ"א בפירושי כ"י שלקטן למאכל בהמה והוכשרו אין מקבל טומאה: עולשין שלקטן והדיחן למאכל בהמה גרס' רחצן במים ועשה בהן הדחה מן העפר הנתלש עם העשבים כדי שיהו יפים להאכילן לבהמתו ואח"כ נמלך עליהם וכו'. כן כתוב בפירושים ישנים ונראה דהיינו מהדורא קמא: ו] ור"מ ס"ל כדמעיקרא כי היכי וכו'. ונ"ב בפירוש ישנים כ"י כתוב ור"ש סבר לה כחזרה דקתני מאכל בהמה אינו מקבל טומאה ואותו הכשר אינו מועיל עד שיוכשר פעם אחרת הס"ד: ז] אינו מכשיר דדם חללים: ח] דכ"ע אין יד להכשר א"נ יש יד להכשר האי אבר לית ליה יד דאין נעשה: ט] ואין גדול עולה עמו אינו כמוהו וכשניתזו הדם: י] מהו שתעשה לה יד להכניס: יא] שבעציץ לפי שחוזרים ויונקת מן הנוף הנוטה: יב] דבעינן אוכל שאתה יכול להאכילו: יג] ואע"ג דאמרינן בפ' המביא תניין אילן בארץ ונופו:

הגהות הב"ח

(א) רש"י ד"ה ואם לאו וכו' במס' יומא. נ"ב אין זה במסכת יומא וצ"ל דהוא ט"ס וצ"ל במסכת טבול יום פ"ג מ"א:

(ב) נ"א או כשניתז וגירסת ר"מ או נמי ס"ל דכ"ע אין יד להכשר וכשניתז הדם על האבר וכו':

גליון הש"ס

גמ' צריכות הכשר שני. עיין נדה דף נ' ע"א תוס' ד"ה שזרעון: רש"י ד"ה ומהדר וכו' שהוא טומאה דרבנן. תמוה לי הא ט"י הוא טמא לאורייתא לפסול תרומה בנגיעה. עיין סוטה דף כט ע"א: תוס' ד"ה והו"ל לכ"ש לומר דט"י קלים טומאתו וצ"ע גדול:

עז א ב מיי' פ"ב מהל' טומאת אוכלין הל' ב:

עח ג ד מיי' פט"ו מהל' טומאת צרעת הלכה ה:

עט ה מיי' פ"ב מהל' אבות הטומאה הלכה ה:

פ ו מיי' שם הלכה ג:

פא ז מיי' פ"ד שם הלכה ה:

רבי יהודה מטהר. הא דאמר לעיל (דף קכז:): תאנים שלמקו באיביהן מטמא טומאת אוכלין, אתיא דלא כרבי יהודה. א"נ: למקו לא הוי אפילו כמעורה. **כוליא** וניב שפתים **איכא** בינייהו. פירוש: כוליא שלמה, וניב שפתים שלם. אבל חצי כוליא וחצי ניב שפתים – אע"פ שאין עושה חליפין, אינו מטמא. דגמרינן מבהמה מתה שהיא דבר חשוב, אף אבר שהוא חשוב. ואע"ג דרבי יוסי הגלילי לא יליף מ"בהמה", לענין דבעי חשיבות קצת יליף. אבל אין לומר שאפילו חצי כוליא וחצי ניב שפתים, הואיל ואין עושין חליפין, מטמו – דהא עלם אין עושה חליפין, ואם נשבר ונפל מבהמה בחייה, מסתמא לא מטמא. דלא עדיף עלם מן החי מעלם דנבלה, דאמר "בנבלתה" ולא בעלמות. ועלם כשעורה מן המת מטמא, אבל פחות – לא, אע"ג דאין עושה חליפין. וא"ת: דהכא אמר דבשר עושה חליפין חוץ מכוליא וניב שפתים, ובפרק "דם הנדה" (דף נה.) אמר: מה עלם שאין גזעו מחליף, ופריך: והרי בשר? כו', ומשני: דמקומו נעשה צלקת! וי"ל: דהכא מענייה דקרא, והתם מענייה. התם – דומיא דעלם, שמתרפא קצת אבל אין מתרפא כבתחלה, ובשר נמי נעשה צלקת. והכא – דומיא דמיתה, שאינה עושה חליפין כלל. ולכך נקט הכא לשון "חליפין", והתם נקט "גזעו מחליף". **בין** רבי לר"ע **איכא** בינייהו בשר. אית ספרים דגרסי "רכובה", וכן נראה. דמשום הכי לא בעי ר"ע בשר – דאיכא אבר בבהמה, דהיינו רכובה, שאין עליו בשר. ורבי לא אזיל אלא בתר רוב אברים, ולא מטמא אפילו ברכובה גופה. אבל אי לאו רכובה, לא הוה ידעינן טעמא דר"ע מ"ט לא דריש נמי מ"בהמה" דנבעי בשר. דטעמא דר' יוסי הגלילי ניחא – דלא דריש מידי מ"בהמה". וריב"א פי': דברכובה כ"ע לא פליגי. כיון שנבראת כך בלא בשר, לא גרעה משאר איברים. ולא פליגי אלא דוקא באבר שהיה עליו בשר והוסר.

וטומאת

מַהוּ שֶׁתֵּעָשֶׂה יָד לַחֲבֶרְתָּהּ? תֵּיקוּ. אָמַר רַב פַּפָּא, הֲרֵי אָמְרוּ: *יִחוּר שֶׁל תְּאֵנָה שֶׁנִּפְשַׁח וּמְעוֹרֶה בִּקְלִיפָּתָהּ – ר' יְהוּדָה מְטַהֵר, וַחֲכָמִים אוֹמְרִים: אאִם יָכוֹל לִחְיוֹת – טָהוֹר, וְאִם לָאו – טָמֵא. בָּעֵי רַב פַּפָּא: במַהוּ שֶׁיֵּעָשֶׂה יָד לַחֲבֵירוֹ? תֵּיקוּ. אָמַר רַבִּי זֵירָא, הֲרֵי אָמְרוּ: *גאֶבֶן שֶׁבַּזָּוִית, כְּשֶׁהוּא חוֹלֵץ – חוֹלֵץ אֶת כּוּלָּהּ, וּכְשֶׁהוּא נוֹתֵץ – נוֹתֵץ אֶת שֶׁלּוֹ וּמַנִּיחַ אֶת שֶׁל חֲבֵירוֹ. בָּעֵי רַבִּי זֵירָא: מַהוּ דשֶׁתֵּעָשֶׂה יָד לַחֲבֶרְתָּהּ? תֵּיקוּ.§ "מֵתָה הַבְּהֵמָה".§ מַאי אִיכָּא בֵּין אֵבֶר מִן הַחַי לְאֵבֶר שֶׁל הַנְּבֵלָה? אִיכָּא בֵּינַיְיהוּ: הבָּשָׂר הַפּוֹרֵשׁ א] מִמֶּנּוּ מֵאֵבֶר בְּהֵמָה, דְּאִילּוּ בָּשָׂר הַפּוֹרֵשׁ מֵאֵבֶר מִן הַחַי – לֹא מְטַמֵּא, מֵאֵבֶר מִן הַנְּבֵלָה – מְטַמֵּא. אֵבֶר מִן הַחַי דִּמְטַמֵּא, מַאי קְרָא? אָמַר רַב יְהוּדָה, אָמַר רַב: ב] °"וְכִי יָמוּת מִן הַבְּהֵמָה". וְהַאי מִיבְּעֵי לֵיהּ לְכִדְרַב יְהוּדָה, אָמַר רַב, *דְּאָמַר רַב יְהוּדָה, אָמַר רַב, וְאָמְרִי לָהּ בְּמַתְנִיתָא תָּנָא: "וְכִי יָמוּת מִן הַבְּהֵמָה" ג] – מִקְצָת בְּהֵמָה מְטַמְּאָה, וּמִקְצָת בְּהֵמָה אֵינָהּ מְטַמְּאָה. וְאֵיזוֹ זוֹ – זוֹ טְרֵפָה שֶׁשְּׁחָטָהּ. אִם כֵּן, לִכְתּוֹב רַחֲמָנָא "מִבְּהֵמָה", מַאי "מִן הַבְּהֵמָה" – ש"מ תַּרְתֵּי. אִי הָכִי, אֲפִילּוּ בָּשָׂר נָמֵי! לָא ס"ד, דְּתַנְיָא: יָכוֹל יְהֵא בָּשָׂר הַפּוֹרֵשׁ מִן הַחַי טָמֵא? ת"ל: "וְכִי יָמוּת מִן הַבְּהֵמָה", מַה מִּיתָה – שֶׁאֵינָהּ עוֹשָׂה חֲלִיפִין, אַף כֹּל – שֶׁאֵינוֹ עוֹשֶׂה חֲלִיפִין, דִּבְרֵי *ר' יוֹסֵי. ר' עֲקִיבָא אוֹמֵר: "בְּהֵמָה", מַה בְּהֵמָה – גִּידִים וַעֲצָמוֹת, אַף כֹּל – גִּידִים וַעֲצָמוֹת. רַבִּי אוֹמֵר: "בְּהֵמָה", מַה בְּהֵמָה – בָּשָׂר גִּידִים וַעֲצָמוֹת, אַף כֹּל – בָּשָׂר גִּידִים וַעֲצָמוֹת. ד] מַאי אִיכָּא בֵּין רַבִּי לר"ע? אִיכָּא בֵּינַיְיהוּ: אַרְכּוּבָה. בֵּין ר"ע לר' יוֹסֵי הַגְּלִילִי מַאי אִיכָּא ה] בֵּינַיְיהוּ? אָמַר רַב פַּפָּא: כּוּלְיָא וְנִיב שְׂפָתַיִם אִיכָּא בֵּינַיְיהוּ. תַּנְיָא נָמֵי גַּבֵּי שְׁרָצִים כְּהַאי גַּוְונָא: יָכוֹל בָּשָׂר הַפּוֹרֵשׁ מִן הַשְּׁרָצִים יְהֵא טָמֵא? ת"ל: °"בְּמוֹתָם", מַה מִּיתָה – שֶׁאֵינָהּ עוֹשָׂה חֲלִיפִין, אַף כֹּל – שֶׁאֵינָהּ עוֹשָׂה חֲלִיפִין, דִּבְרֵי רַבִּי יוֹסֵי הַגְּלִילִי. ר"ע אוֹמֵר: "שֶׁרֶץ", מַה שֶּׁרֶץ – גִּידִים וַעֲצָמוֹת, אַף כֹּל – גִּידִים וַעֲצָמוֹת. רַבִּי אוֹמֵר: "שֶׁרֶץ", מַה שֶּׁרֶץ – בָּשָׂר גִּידִים וַעֲצָמוֹת, אַף כֹּל – בָּשָׂר גִּידִים וַעֲצָמוֹת. בֵּין רַבִּי לְר"ע – אִיכָּא בֵּינַיְיהוּ אַרְכּוּבָה. בֵּין ר"ע לְר' יוֹסֵי הַגְּלִילִי מַאי אִיכָּא בֵּינַיְיהוּ? אָמַר רַב פַּפָּא: כּוּלְיָא וְנִיב שְׂפָתַיִם אִיכָּא בֵּינַיְיהוּ. וּצְרִיכָא, דְּאִי אַשְׁמַעִינַן "בְּהֵמָה" – הַיְינוּ טַעְמָא דְּלֹא מְטַמֵּא מֵחַיִּים, מִשּׁוּם דְּלֹא מְטַמֵּא בְּכַעֲדָשָׁה. אֲבָל שֶׁרֶץ דִּמְטַמֵּא בְּכַעֲדָשָׁה, אֵימָא לְטַמֵּא מֵחַיִּים! וְאִי אַשְׁמוּעִינַן "שֶׁרֶץ" – מִשּׁוּם דְּלֹא מְטַמֵּא בְּמַשָּׂא לֹא מְטַמֵּא מֵחַיִּים, אֲבָל בְּהֵמָה דִּמְטַמֵּא בְּמַשָּׂא, אֵימָא תְּטַמֵּא מֵחַיִּים, צְרִיכָא. א] ת"ר: הַחוֹתֵךְ כַּזַּיִת בָּשָׂר מֵאֵבֶר מִן הַחַי, חֲתָכוֹ וְאח"כ חִישֵּׁב עָלָיו – טָהוֹר. חִישֵּׁב עָלָיו וְאח"כ חֲתָכוֹ – טָמֵא. רַבִּי אַסִּי לָא עַל לְבֵי מִדְרְשָׁא, אַשְׁכְּחֵיהּ לְרַבִּי זֵירָא. א"ל: מַאי אֲמוּר בְּבֵי מִדְרְשָׁא? א"ל: מַאי קַשְׁיָא לָךְ? אֲמַר לֵיהּ: דְּקָתָנֵי "חִישֵּׁב וְאח"כ חֲתָכוֹ – טָמֵא".

טוּמְאַת

מַהוּ שֶׁתֵּעָשֶׂה יָד לַחֲבֶרְתָּהּ. לְעִנְיַן טוּמְאָה דְּאוֹרַיְיתָא, לְקַבֵּל טוּמְאָה מִן הַשֶּׁרֶץ כְּדֵי לַהֲבִיאָהּ לַחֲבֶרְתָּהּ, לִהְיוֹת חֲבֶרְתָּהּ "רִאשׁוֹנָה", כְּאִילּוּ נָגַע עַצְמָהּ בַּטּוּמְאָה. "שְׁנִיָּה לַטּוּמְאָה" פְּשִׁיטָא לָן דְּלָא הָוְיָא הַהִיא חֲבֶרְתָּהּ, שֶׁהֲרֵי זוֹ לֹא קִבְּלָה טוּמְאָה לְעַצְמָהּ. לִישָּׁנָא אַחֲרִינָא: לְעִנְיַן טוּמְאַת עֲבוֹדָה זָרָה קָמִיבַּעְיָא לֵיהּ. דְּזוֹ שֶׁנַּעֲשֵׂית עֲבוֹדָה זָרָה – הֲרֵי הִיא כַּשֶּׁרֶץ, וְהֶלְיָהּ הַשֵּׁנִי מִי הָוֵה לָהּ "יָד", וְהַנּוֹגֵעַ בָּהּ – כְּנוֹגֵעַ בַּעֲבוֹדָה זָרָה? אוֹ דִּילְמָא לָא הָוֵי לָהּ "יָד", וְטָהוֹר הַנּוֹגֵעַ בָּהּ. כְּגוֹן אִם לֹא הוּכְשְׁרָה, דְּאֵין עָלֶיהָ תּוֹרַת "אוֹכֶל" לְקַבֵּל טוּמְאָה מֵחֲבֶרְתָּהּ. אִי נַמִּי: הוּכְשְׁרָה, הָוְיָא לָהּ אִיהִי "רִאשׁוֹן", וְהַנּוֹגֵעַ בָּהּ הָוֵי "שֵׁנִי". ו] נַעֲשָׂה הָאוֹכֶל "יָד" לְאוֹכֶל אַחֵר, אוֹ לֹא? יִחוּר. נוֹף. רַבִּי יְהוּדָה מְטַהֵר. דַּאֲכַתִּי מְחוּבָּר הוּא. אִם יָכוֹל לִחְיוֹת. הָוֵי מְחוּבָּר, וְטָהוֹר ז]. וְאִם לָאו. הֲרֵי הוּא כְּתָלוּשׁ, וְטָמֵא. מַהוּ שֶׁיֵּעָשֶׂה יָד לַחֲבֵירוֹ. אִם נִפְשַׁח מִיחוּר זֶה יִחוּר אַחֵר, וּמְעוּרֶה בּוֹ בִּקְלִיפָּתוֹ, וְאֵינוֹ יָכוֹל לִחְיוֹת, וְהָוֵי תָּלוּשׁ, וְהָרִאשׁוֹן יָכוֹל לִחְיוֹת. מַהוּ שֶׁיֵּעָשֶׂה זֶה שֶׁיָּכוֹל לִחְיוֹת, וְאֵינוֹ מְקַבֵּל טוּמְאָה, "בֵּית יָד" לָזֶה הַתָּלוּשׁ וּמֵבִיא לוֹ טוּמְאָה? א"נ: אִם יִחוּר זֶה אֵינוֹ יָכוֹל לִחְיוֹת, מַהוּ שֶׁיֵּעָשֶׂה לוֹ הָאִילָן "יָד" לְהָבִיא טוּמְאָה עַל פֵּירוֹת שֶׁבַּיִּחוּר? אֶבֶן. הַמְנוּגַּעַת. שֶׁבַּזָּוִית. שֶׁנִּרְאֶה בְּבַיִת זֶה וּבְבַיִת זֶה. שֶׁכֵּן דֶּרֶךְ הַזָּוִיּוֹת לָתֵת שָׁם אֲבָנִים גְּדוֹלוֹת הַמַּחֲזִיקִים אֶת כָּל עוֹבִי הַכּוֹתֶל ח], וְנִרְאֶה מִשְּׁנֵי צְדָדִים. כְּשֶׁהוּא חוֹלֵץ. לְסוֹף שָׁבוּעַ שֶׁל הֶסְגֵּר, כִּדִכְתִיב (ויקרא יד): "וְחִלְּצוּ אֶת הָאֲבָנִים". חוֹלֵץ אֶת כּוּלּוֹ. דְּהָא "אֶבֶן" כְּתִיב, כְּמוֹת שֶׁהִיא, אוֹ גְּדוֹלָה אוֹ קְטַנָּה. וּכְשֶׁהוּא נוֹתֵץ. אִם הוּחְלַט הַבַּיִת, וּבָא לְנוֹתְצוֹ. נוֹתֵץ אֶת שֶׁלּוֹ. חוֹלֵץ אֶת הָאֶבֶן, וְנוֹתֵץ אֶת צַד שֶׁלּוֹ. וּמַנִּיחַ אֶת חֵלֶק חֲבֵירוֹ. דְּהָא כְּתִיב (שם): "וְנָתַץ אֶת הַבַּיִת" – וְלֹא שְׁתֵּי בָּתִּים. מַהוּ שֶׁיֵּעָשֶׂה. חֵלֶק הַטָּהוֹר "בֵּית יָד" לָזֶה, לְהַכְנִיס טוּמְאָה לְבֵית חֲבֵירוֹ? דְּהָא אֶבֶן הַמְנוּגַּעַת מְטַמְּאָה בְּאֹהֶל, כִּדִכְתִיב (שם): "וְהַבָּא אֶל הַבַּיִת". אִיכָּא בֵּינַיְיהוּ בָּשָׂר הַפּוֹרֵשׁ מִן הָאֵבֶר. לְאַחַר זְמַן. בָּשָׂר הַפּוֹרֵשׁ מִן הַחַי לֹא מְטַמֵּא, אא"כ הָוֵי אֵבֶר עִם הַגִּידִים וְהָעֲצָמוֹת, כִּדְיָלֵיף לְקַמָּן. וכ"ש בָּשָׂר הַפּוֹרֵשׁ מִן אֵבֶר מִן הַחַי. מֵאֵבֶר מִן הַנְּבֵלָה מְטַמֵּא. דְּהָא אִיכָּא כַּזַּיִת נְבֵלָה. מִן הַבְּהֵמָה מִמִּקְצָת בְּהֵמָה. כְּגוֹן אֵבֶר מִמֶּנָּה, מִדִּכְתִיב: "וְכִי יָמוּת ט] מִן" – דְּמַשְׁמַע כְּעֵין מִיתָה שֶׁאֵינָהּ עוֹשָׂה חֲלִיפִין, וְהַיְינוּ אֵבֶר. וְסֵיפֵיהּ דִּקְרָא "הַנּוֹגֵעַ בְּנִבְלָתָהּ יִטְמָא". וּמִקְצָת בְּהֵמָה אֵינָהּ מְטַמְּאָה. וְאַף עַל פִּי שֶׁהִיא כְּמֵתָה, כְּגוֹן טְרֵפָה שֶׁשְּׁחָטָהּ. וְכִי יָמוּת. מִינֵּיהּ נָפְקָא לָן אֵבֶר, כִּדְאָמְרִינַן. וְקַרְיֵיהּ "מֵתָה" – אַלְמָא, כְּעֵין מִיתָה בָּעֵינַן, שֶׁאֵינָהּ י] חוֹזֶרֶת. עוֹשָׂה חֲלִיפִין. חוֹזֶרֶת לְקַדְמוּתָהּ. וּבָשָׂר עוֹשֶׂה חֲלִיפִין, אִם יִתְלוֹשׁ בָּשָׂר מִן הַבְּהֵמָה – אַחֵר עוֹלֶה תַּחְתָּיו. מַה בְּהֵמָה גִּידִין וַעֲצָמוֹת. לְקַמֵּיהּ מְפָרֵשׁ מַאי בֵּינַיְיהוּ. ה"ג: "רַבִּי אוֹמֵר בְּהֵמָה מַה בְּהֵמָה בָּשָׂר גִּידִים וַעֲצָמוֹת" כו'. בֵּין רַבִּי לְר"ע א"ב רְכוּבָה. רְכוּבָה הַנִּמְכֶּרֶת עִם הָרֹאשׁ אֵין בָּהּ בָּשָׂר כְּלָל, אֶלָּא גִּידִים וַעֲצָמוֹת. לְר"ע – אֵבֶר הוּא, וכ"ש לְרַבִּי יוֹסֵי הַגְּלִילִי, דְּהָא אֵינוֹ עוֹשֶׂה חֲלִיפִין. וּלְרַבִּי – לָאו אֵבֶר מִן הַחַי הוּא, דְּהָא אֵין בּוֹ בָּשָׂר. בֵּין ר"ע לְרַבִּי יוֹסֵי הַגְּלִילִי אִיכָּא בֵּינַיְיהוּ כּוּלְיָא וְנִיב שְׂפָתַיִם. דְּאֵין עוֹשִׂין חֲלִיפִין, וְאֵין בָּהֶן עֶצֶם. לְרַבִּי יוֹסֵי – הָווּ אֵבֶר, לְר"ע – לָאו אֵבֶר נִינְהוּ. בָּשָׂר הַפּוֹרֵשׁ מִן הַשְּׁרָצִים. מִן הַחַי, דְּאֵבֶר מִן הַחַי נוֹהֵג בָּהֶן. דְּאִי אַשְׁמוּעִינַן בְּהֵמָה הַיְינוּ טַעְמָא דְּלָא מְטַמֵּא. בָּשָׂר מִן הַחַי דִּידַהּ, מִשּׁוּם דְּלָא מְטַמְּאָה בְּכַעֲדָשָׁה. שֶׁרֶץ. לָא כְּתִיב בֵּיהּ מַשָּׂא, בְּהֵמָה כְּתִיב בָּהּ מַשָּׂא. הַחוֹתֵךְ כַּזַּיִת בָּשָׂר מֵאֵבֶר מִן הַחַי. בַּתּוֹסֶפְתָּא לָא גָּרְסִינַן "כַּזַּיִת" אֶלָּא "הַחוֹתֵךְ בָּשָׂר מֵאֵבֶר מִן הַחַי", וּכְגוֹן דְּאִיכָּא כַּבֵּיצָה. חֲתָכוֹ וְאח"כ חִישֵּׁב עָלָיו. לְהַאֲכִילוֹ לְגוֹי. טָהוֹר. דְּהָא בָּשָׂר הַפּוֹרֵשׁ מֵאֵבֶר מִן הַחַי – טָהוֹר. הִלְכָּךְ, טוּמְאַת עַצְמוֹ אֵין בּוֹ. וּמִשֶּׁחִישֵּׁב יא] עָלָיו – לֹא נָגַע בַּטּוּמְאָה שֶׁיְּקַבְּלֶנָּה. אֲבָל חִישֵּׁב עָלָיו וְהוֹרִידוֹ בְּאָבִיו בָּאֵבֶר לְתוֹרַת "אוֹכֶל", וְאַחַר כָּךְ חֲתָכוֹ – קִבֵּל טוּמְאָה מֵאָבִיו קוֹדֶם לָכֵן, מִטּוּמְאָה חֲמוּרָה שֶׁהָיְתָה עָלָיו בְּעוֹדוֹ אֵבֶר שָׁלֵם יב]. כְּשֶׁחֲתָכוֹ, וְהָלְכָה לָהּ טוּמְאָה חֲמוּרָה, נִשְׁאֲרָה עָלָיו הַקַּלָּה שֶׁלֹּא הָיָה לוֹ עַד עַתָּה. (מַאי קַשְׁיָא לָךְ) א"ל יג]. הָכִי קַשְׁיָא לִי: דְּקָתָנֵי בְּהַהִיא בָּרַיְיתָא "חִישֵּׁב" כו', וְאַמַּאי יד] הִיא טְמֵאָה? כו'.

טוּמְאַת

תורה אור

ויקרא יא

שם

עוקצין פ"ג משנה ח [לקמן קכט:]

נגעים פי"ג משנה ב

לעיל עד. פה: זבחים סט:

[נ"ל רבי יוסי הגלילי]

שיטה מקובצת

א] בשר הפורש ממנו מאבר בהמה דאילו נמחק מלת ממנו ונ"ב נ"א בשר הפורש ממנו דאילו: ב] אמר רב דכתיב וכי ימות: ג] וכי ימות מן הבהמה וגו' מקצת בהמה: ד] ועצמות מאי איכא בין נמחקו מלות מאי איכא: ה] בינייהו אמר רב פפא נמחק מלת בינייהו: ו] והנוגע בה הוי שני כלום נעשה האוכל: ז] הוי מחובר וטהור הנוגע בה ונראות משני צדדין: ח] עובי הכותל הס"ד: ט] מדכתיב וכי ימות דמשמע: י] אלמא כעין מיתה בעינן שאינה עושה חליפין חוזרת וכו' כצ"ל ונ"ב נ"א כעין חוזרת: יא] ומשחשב עליו לא נגע בטומאה שקבלנה אבל חשב עליו והורידו לאביו לתורת אוכל ואח"כ חתכו קבל טומאת אוכל מאביו לבד מטומאה חמורה: יב] וכשחתכו והלכה לה טומאה חמורה נשארה עליו הקלה שלא היה לה עד עתה: יג] א"ל הא קשיא לי: יד] ואמאי הא טומאת וכו':

הגהות מהר"ב רנשבורג

א] גמ' ת"ר החותך כזית בשר. נ"ב מיי' פ"ג מהל' טומאת אוכלין הלכה ה ועי"ש בכ"מ:

תורה אור

*טוּמְאַת בֵּית הַסְּתָרִים הִיא, וְטוּמְאַת בֵּית הַסְּתָרִים לֹא מְטַמֵּא! אֲמַר לֵיהּ: אַף לְדִידִי קַשְׁיָא לִי, וּשְׁאִילְתֵּיהּ לְרַבִּי אַבָּא בַּר מָמֵל וַאֲמַר לִי: *הָא מַנִּי – רַבִּי מֵאִיר הִיא, דְּאָמַר טוּמְאַת בֵּית הַסְּתָרִים מְטַמֵּא. אֲמַר לֵיהּ: וְלָאו זִימְנִין סַגִּיאִין אֲמַרְהּ קַמַּאי, וְאָמְרִי לֵיהּ: שָׁנֵי לֵיהּ לְר' מֵאִיר בֵּין טוּמְאָה דִּבְעֲיָא הֶכְשֵׁר וּבֵין טוּמְאָה דְּלָא בָּעֲיָא הֶכְשֵׁר! אָמַר רָבָא: וּמַאי קוּשְׁיָא? דִּלְמָא בְּשֶׁהוּכְשַׁר? אֲמַר לֵיהּ רַבָּה בַּר רַב חָנָן, לְרָבָא: לָמָּה לִי הֶכְשֵׁר? הֲרֵי מְטַמֵּא טוּמְאָה חֲמוּרָה אַגַּב אָבִיו! אָמַר לֵיהּ: כְּשֶׁשִּׁימֵּשׁ, מַעֲשֵׂה עֵץ שִׁימֵּשׁ. אָמַר אַבָּיֵי, הֲרֵי אָמְרוּ: *כּוּפַת שְׂאוֹר שֶׁיִּחֲדָהּ לִישִׁיבָה – בָּטְלָה טוּמְאָתָהּ. לָאו דְּאוֹרַיְיתָא – דְּאִי סָלְקָא דַּעְתָּךְ דְּאוֹרַיְיתָא, מָצִינוּ לָאוֹכָלִין שֶׁמְּטַמְּאִין טוּמְאָה חֲמוּרָה. כְּשֶׁשִּׁימֵּשׁ, מַעֲשֵׂה עֵץ שִׁימֵּשׁ. *אָמַר אַבָּיֵי, הֲרֵי אָמְרוּ: *תִּקְרוֹבֶת עֲבוֹדָה זָרָה שֶׁל אוֹכָלִין – מְטַמְּאִין בְּאֹהֶל. טוּמְאָתָהּ לָאו דְּאוֹרַיְיתָא – דְּאִי סָלְקָא דַּעְתָּךְ דְּאוֹרַיְיתָא, מָצִינוּ לָאוֹכָלִין שֶׁמְּטַמְּאִין טוּמְאָה חֲמוּרָה! כְּשֶׁשִּׁימֵּשׁ, מַעֲשֵׂה עֵץ שִׁימֵּשׁ. אָמַר אַבָּיֵי, הֲרֵי אָמְרוּ: חִבּוּרֵי אוֹכָלִין כְּכֵלִים דָּמוּ. טוּמְאָתָן לָאו דְּאוֹרַיְיתָא – דְּאִי סָלְקָא דַּעְתָּךְ דְּאוֹרַיְיתָא, מָצִינוּ לָאוֹכֶל שֶׁמְּטַמֵּא טוּמְאָה חֲמוּרָה! כְּשֶׁשִּׁימֵּשׁ, מַעֲשֵׂה עֵץ שִׁימֵּשׁ. א"ל רַב פָּפָּא לְרָבָא, הָא *דְּתַנְיָא: *חֵלֶב נְבֵלָה בִּכְפָרִים צָרִיךְ מַחֲשָׁבָה וְהֶכְשֵׁר. טוּמְאָתוֹ אַגַּב כּוּלְיָא לָאו דְּאוֹרַיְיתָא – דְּאִי סָלְקָא דַּעְתָּךְ דְּאוֹרַיְיתָא, מָצִינוּ לָאוֹכֶל שֶׁמְּטַמֵּא טוּמְאָה חֲמוּרָה! כְּשֶׁשִּׁימֵּשׁ, מַעֲשֵׂה עֵץ שִׁימֵּשׁ. אָמַר רַב מַתְּנָה, הֲרֵי אָמְרוּ: בַּיִת שֶׁסִּכְּכוֹ בְּזֵרָעִים – טָהֲרוּ. טוּמְאָתוֹ לָאו דְּאוֹרַיְיתָא – דְּאִי סָלְקָא דַּעְתָּךְ דְּאוֹרַיְיתָא, מָצִינוּ לַזֵּרָעִים שֶׁמְּטַמְּאִין טוּמְאָה חֲמוּרָה! כְּשֶׁשִּׁימֵּשׁ, מַעֲשֵׂה עֵץ שִׁימֵּשׁ. § "ר"ש מְטַהֵר". § מַה נַּפְשָׁךְ, *אִי מִיתָה עוֹשָׂה נִיפּוּל – לִיטַמֵּא מִשּׁוּם אֵבֶר מִן הַחַי! אִי אֵין מִיתָה עוֹשָׂה נִיפּוּל – לִיטַמֵּא מִשּׁוּם אֵבֶר מִן הַנְּבֵלָה! ר"ש אַרֵישָׁא קָאֵי, הָאֵבֶר וְהַבָּשָׂר הַמְדוּלְדָּלִין בִּבְהֵמָה – מְטַמֵּא טוּמְאַת אוֹכָלִין בִּמְקוֹמָן וּצְרִיכִין הֶכְשֵׁר. וְרַבִּי שִׁמְעוֹן מְטַהֵר. *אָמַר רַבִּי אַסִּי, אָמַר רַבִּי יוֹחָנָן: מ"ט דר"ש – אָמַר קְרָא °"מִכָּל הָאוֹכֶל אֲשֶׁר יֵאָכֵל", (ויקרא יא) אוֹכֶל שֶׁאַתָּה יָכוֹל לְהַאֲכִילוֹ לַאֲחֵרִים – קָרוּי אוֹכֶל, אוֹכֶל שֶׁאִי אַתָּה יָכוֹל לְהַאֲכִילוֹ לַאֲחֵרִים

טומאת בית הסתרים היא. היאך קבל טומאה א] במחובר? והלא מגעו בסתר, וקיי"ל בנדה (דף מא:) מקרא דטומאת בית הסתרים לא מטמיא. **ר"מ היא.** ב"בהמה המקשה" (לעיל עג:): הוציא עובר את ידו, ושחט את אמו, ואח"כ חתכו, בשר העובר מגע נבילה שקבל טומאה מאבר היוצא שהיה מחובר לו, והוא מטמא כאבר מן החי. **א"ל.** רבי אסי לר' זירא: הכא דר' אבא בר ממל לא איכפת לי, דהא זימנין סגיאין אמרה להאי טעמא קמאי, ואמרי ליה הכא. **שני ליה לר"מ בין טומאה דבעיא הכשר כו'.** הכיא ד"בהמה המקשה" – הוכשר העובר בשחיטת אמו, ועדיין האבר הטמא מחובר בו וטמאו. אבל משנתינו תנן "הבשר צריך הכשר", וכיון דצריך הכשר – לא הוכשר קודם חתיכה, והיאך קבל טומאה מאביו? **בשהוכשר.** קודם חתיכה קתני הא ברייתא דטמאה. **הרי מטמא טומאה חמורה אגב אביו.** בעודו מחובר כאבר היה אב הטומאה לטמא אדם וכלים, ותנא דבי ר' ישמעאל לעיל בפירקין (דף קכח.): מה זרעים שאין סופן לטמא טומאה חמורה – צריך הכשר, אף כל שאין סופו לטמא טומאה חמורה – צריך הכשר. אבל מי שסופו לטמא טומאה חמורה, כגון נבלת עוף טהור – לא. וכ"ש, זה שכבר טימא ב]. **כששימש.** אותו שמוש טומאה חמורה – לאו בתורת אוכל שימשה, ג] שאין האבר מטמא כלום ע"י אותו בשר. אלא בתורת עץ שימש – שנחשב ונמנה עם הגידין והעצמות ליעשות אבר, והן כעץ. והשתא אתעביד ליה אוכל, ופנים חדשות באו לכאן. ולא דמי לנבלת עוף טהור שהיא מטמאה אדם על ידי אכילה. **הרי אמרו.** בפסחים ב"אלו עוברין" (דף מה:). **כופת שאור.** מוטיי"ל בלע"ז. **שיחדה לישיבה בטלה.** מתורת חמץ, ואינו עובר עליו בפסח משום "שאור לא ימצא בבתיכם" – אלמא, לאו אוכל הוא, ונעשית כלי, ומטמאה מושב הזב. שהרי אין אומרין לו "עמוד ונעשה מלאכתנו", שהרי יחדה ד] לכך. ואומר אני דטומאה שאנו מטמאין אותו משום מושב הזב – לאו דאורייתא אלא דרבנן היא, דאמור רבנן: בטלה ונעשית כלי. **דאי ס"ד דאורייתא.** א"כ מצינו אוכלין שסופן לטמא טומאה חמורה, מאחר שירדו לתורת אוכלים. והנן אמרינן: מה זרעים שאין סופן לטמא טומאה חמורה כו'. ומשני: ה] לעולם טומאתם דאורייתא. ודקאמרת: מצינו לאוכלים שמטמאים כו' – כששימש אותו שימוש טומאה חמורה, לאו בתורת אוכל שימשה, אלא "מעשה עץ שימש" – ע"י מעשה עץ הוא עושה אותה, שבטל מתורת אוכל ונעשה עץ. **הרי אמרו תקרובת עבודה זרה של אוכלין מטמא באהל.** ו] וקאמר אביי: אומר אני טומאה זו לאו דאורייתא, וקרא – אסמכתא בעלמא. **דאי דאורייתא.** מצינו אוכלין שסופן לטמא אדם. **מעשה עץ.** שאסורים בהנאה, ובטלו מאכילה, ונעשו כעצים הנעבדים. **הרי אמרו.** ב"אלו עוברין" (פסחים מה:). **חבורי אוכלים.** שבכלים, הרי הם ככלים. ואם נגעה טומאה באוכל – נטמא הכלי. דתנן (שם): בצק שבסדקי עריבה, אם רוצה בקיומו, הרי הן כעריבה. ואומר אני: טומאתו זו שהוא נעשה כלי, ואם נגע במת הוזר ומטמא אדם – לאו דאורייתא. **חלב נבלה.** דבהמה טהורה אינו מטמא כנבלה, דנפקא לן מ"יעשה לכל מלאכה", ולענין לקבל טומאה מן הנבלה או מן השרץ. **בכפרים.** שעמם מועטין, וחלב לאו בר אכילה הוא אפילו לגוי, אלא ע"י הדחק. **צריך מחשבה.** והוי אוכל. וכיון דחלב יורד לתורת אוכל, אומר אני: טומאתו אגב כוליא – מה שהוא מטמא אדם, משום מגע נבלה, ז] שהוא שומר הכוליא כשהכוליא טמונה בו, כדקאמר לעיל (דף קכו:): כמה הוטין נמשכים הימנה – לאו דאורייתא. דאי דאורייתא – מצינו דבר שיורד לתורת אוכל, כגון חלב שחישב עליו ועדיין הכוליא טמונה בו ח]. **מטמא טומאה חמורה.** והנן תנן: כל שסופו לטמא טומאה חמורה – אין צריך הכשר. ט] וזה לענין טומאת אוכלין, אוכל הוא, וקתני "צריך הכשר"! **מעשה עץ שימש.** לאו בתורת אוכל הוא מטמא, אלא בתורת שומר לאוכל, כעצים וכקרנים וכטלפים. **הרי אמרו בית שסככו בזרעים.** י] כלומר, הרי הזכירו בית המסוכך בזרעים דהוי בית. ולא ידענא היכן אמרו. **המסכך בזרעים.** כגון שסיכך ביתו בשבלים, ובהם הזרעים. וכיון שעשה מהם סכך – יא] בטל הזרעים, ונעשה אהל חשוב. ואם פרחה צרעת באותו בית – הרי כל הבית טמא, כתליו ואהל שלו יב], לטמא אדם וכלים. **טומאתו לאו דאורייתא.** אותה טומאה שהבית חשוב אהל לטמא אדם יג] לאו דאורייתא היא. ואית דגרסי: "בית שסיככו בזרעים, טהרו" – כלומר, טהרו מטומאת אוכלים ונעשו עץ, דבטלו אצל הסיכוך. "טומאתו לאו דאורייתא" – כדפרישית. **אי אין מיתה עושה ניפול.** והרי נתנבל עמה לטמא משום נבלה. **מ"ט דרבי שמעון.** דמטהר המעורה בבעלי חיים? לאחרים

וטומאת בית הסתרים **לא מטמא.** פירוש בפרק "בהמה המקשה" (לעיל עג: ד"ה "בשעת") דבעי הכשר כו'. **ולא** שני ליה לר' מאיר בין טומאה דבעי הכשר כו'. הלשון אין מיושב, דלא ה"ל למימר טפי אלא "הכא לא הוכשר". **למה** לי הכשר והא מטמא טומאה חמורה אגב אביו. תימה: אמאי לא פריך, למה ליה לאוקומיה כר"מ, הא מטמא טומאה חמורה אגב אביו, ואין צריך לא הכשר מים ולא הכשר שרץ, כדאמר פרק "בא סימן" (נדה דף נ:)?*

כששימש מעשה עץ שימש. פירוש: מאותו שם שהיה מטמא טומאה חמורה. דהיינו, משום אבר מן החי, עתה אין אבר מן החי – שאין בו אלא בשר, ואין קרוי אבר. וצ"ל דנבלת עוף טהור ופרים הנשרפים – שבשחיטתה[?], טומאה חמורה היא, משום שורף פרים, והשתא נמי הם פרים. וה"פ: "כששימש מעשה עץ שימש" – לא מתורת אוכל כמו שהוא עתה, אלא מתורת עץ בעלמא. וא"ת: אע"ג דמעשה עץ שימש, ליטמא. דנגמר מזרעים שאין סופן לטמא טומאה חמורה בשום ענין! וי"ל: דזרעים נמי סופן לטמא טומאה חמורה ע"י שמוש עץ, כדאמר בסמוך "כופת שאור שיחדה לישב עליה – בטלה, ומטמאה טומאת מדרס".

טומאתה לאו דאורייתא. תימה: דאי לאו מדאורייתא בטלה, אמאי מותר להניחה בביתו?

בית שסככו בזרעים טהרו. מכאן קשה על פירוש רבינו שמואל בפ"ק דסוכה (דף יג:) דאמר: ירקות שאדם יוצא בהן ידי חובתו בפסח – אין סוככין בהן בפני הטומאה, אבל מבדילין הטומאה, ופוסלין הסוכה משום אויר. פירוש: ולא משום סכך פסול, דסכך פסול – בארבעה, ואויר – בשלשה. ואמר התם: מאי טעמא? כיון דכי יבשי נפלי, כמאן דמפרשי דמו. ופירש רבינו שמואל: דהא דקאמר "מאי טעמא" – לאו א"אין סוככין בפני הטומאה" קאי, משום דהוי אוכל ומקבל טומאה, ואין חוצץ בפני הטומאה. אלא א"פוסלים את הסוכה" קאי. וקשה לפירושו: דהכא משמע דבטלי לגבי בית, ולא מקבלי טומאה! ומיהו יש לומר לפירושו: דמילי מילי קתני, ו"אין סוככין" – לאו כשסכך בהם קאמר. אבל מכל מקום לא היה צריך לפרש כן, דאיכא לפרושי: כשסיכך בהן ולא מקבלי טומאה. והאי ד"אין סוככין" – כדמפרש התם: משום דכי יבשי, נפלי. וכן פירש בקונטרס שם.

כזית

[לעיל עג: נדה מא:]
[עיין תוס' לעיל עג: ד"ה בשעת]
[פסחים מה:]
[עיין תוס' לעיל עג: ד"ה תקרובות ותוס' פסחים עג. ד"ה תיקון]
[נ"ל דתנן]
עוקצין פ"ג מ"ג נדה נ: ע"ש
[לעיל עג: עד.]
בכורות ע: מנחות קח.
[ועיין תוס' ב"ק עז. ד"ה פרה]

שיטה מקובצת

א] היאך קבל טומאה מאביו במחובר: ב] וכ"ש זה שכבר טימא לאבר שמטמא כנבלה הס"ד כששימש וכו' וכן כתוב בספרי כ"י: ג] שאין האבר מטמא כלום ע"י אותו בשר. נ"ב שבספר כ"י לא נמצאו מלות אלו: ד] שהרי יחדה לכך ולא להחמיץ שאר עיסות ואומר אני: ה] ומשני תלמודא לעולם וכו': ו] הרי אמרו תקרובת ע"ז של אוכלין מטמא באהל דילפינן לה מויאכלו זבחי מתים מה מת מטמא באהל אף תקרובת ע"ז מטמא באהל וקאמר אביי אומר אני דטומאה זו: ז] משום מגע נבלה אגב כוליא כשהכוליא טמונה: ח] טמונה בו ומטמאה והד"א: ט] (אין צריך הכשר וזה לענין טומאת אוכלין אוכל הוא וקתני צריך הכשר הס"ד כך מצאתי בכ"י ישן): י] הרי אמרו בית שסככו בזרעים דהוי בית כלומר הרי: יא] בטלו הזרעים ונעשה אהל: יב] כותליו ואהל שלו ומטמא אדם וכלים: יג] לטמא אדם וכלים לאו דאורייתא היא ואית דגרסי בית שסככו בזרעים טהרו כלומר טהרו מטומאת אוכלים ונעשו עץ:

גליון הש"ס

גמ' אמר אביי הרי אמרו. ע"ל דף יג ע"ב תוס' ד"ה תקרובת:

פב א ב ג ד מיי' פ"ב מהלכות טומאת מת הלכה ו:

לַאֲחֵרִים. לְגוֹי. קָרוּי אוֹכֶל. לְעִנְיַן טוּמְאַת אוֹכָלִין, וְאֵבֶר מִן הַחַי אֵין אַתָּה יָכוֹל לְהַאֲכִילוֹ לַאֲחֵרִים בְּהֶיתֵּר. וְדִילְמָא טַעֲמָא דְּר' שִׁמְעוֹן. וְלָמָּה לִי קְרָא לְהָכִי? הוֹאִיל וּמְעוֹרֶה. בְּבַעֲלֵי חַיִּים שֶׁאֵין טוּמְאָה נוֹהֶגֶת בָּהֶם, כִּדְאָמְרִינַן לְגַבֵּי יִחוּר, דְּהוֹאִיל וְהַתְּאֵנָה מְעוֹרָה בַּיִּחוּר – חִיבּוּר הוּא, אע"פ שֶׁהַיִּחוּר נִפְשָׁח מִן הָאִילָן – שֶׁהַקְּלִיפָּה מוֹעֶלֶת בּוֹ לַעֲשׂוֹת חִבּוּר. הָכָא נַמִי, הוֹאִיל וְהָאֵבֶר מְעוֹרֶה בַּבְּהֵמָה ג] כָּל דְּהוּ – טָהוֹר הוּא. נִשְׁחֲטָה הַבְּהֵמָה. אֵין הַמְדוּלְדָּל נִיתָּר, לֹא לְיִשְׂרָאֵל וְלֹא לִבְנֵי נֹחַ. לֹא הוּכְשְׁרוּ. וְקָמְפָרֵשׁ *רַבִּי יוֹחָנָן: מִשּׁוּם דְּלָאו בְּנֵי קַבּוּלֵי טוּמְאָה נִינְהוּ, דְּלָא מְשַׁוְּיָא לְהוּ שְׁחִיטָה אוֹכְלָא, הוֹאִיל שֶׁאֵינוֹ קָרוּי אוֹכֶל. וְדִלְמָא. לְעוֹלָם בְּנֵי קַבּוּלֵי טוּמְאָה נִינְהוּ, וְטַעְמָא דְּר"ש: אִי *כִּדְרָבָא, דִּמְפָרֵשׁ לְעֵיל (דף קכז:) טַעְמָא דְּר"ש מִשּׁוּם דְּאֵין בְּהֵמָה נַעֲשֵׂית יָד לְהַכְשִׁיר הָאֵבֶר. אִי כִּדְרַבִּי יוֹחָנָן, דְּאָמַר ג] נַמִי לְעֵיל: אֵין יָד לְהֶכְשֵׁר, וּכְשֶׁאוֹחֵז בַּקָּטָן וְאֵין גָּדוֹל עוֹלֶה עִמּוֹ פְּלִיגִי, וּמִשּׁוּם הֶכְשֵׁר. אֶלָּא לְעוֹלָם. אִי אִיתְּמַר דְּר' *אַסִּי – אַסֵּיפָא דְּמַתְנִיתִין אִיתְּמַר, אַ"מֵתָה הַבְּהֵמָה". וְר' שִׁמְעוֹן מְטַהֵר, אֲפִילּוּ הוּכְשַׁר הַבָּשָׂר – אֵין מְקַבֵּל טוּמְאָה. וְכ"ש דִּפְלִיג אַרֵישָׁא כְּשֶׁהֵן מְחוּבָּרִין. וּמִיהוּ קְרָא לָא אִיצְטְרִיךְ לֵיהּ אֶלָּא מִשּׁוּם סֵיפָא, דְּאִי מִשּׁוּם רֵישָׁא – הָא אִית לֵיהּ טַעַם אַחֵר, כִּדְאָמְרִינַן. מתני' הַמְדוּלְדָּלִין בָּאָדָם טְהוֹרִים. ד"כִּי יָמוּת" כְּתִיב ד]. מֵת הָאָדָם הַבָּשָׂר. הַמְדוּלְדָּל טָהוֹר, דְּמִיתָה עוֹשָׂה נִיפּוּל ה]. וּבָשָׂר הַפּוֹרֵשׁ מִן הַחַי – טָהוֹר, וּכְרַבִּי יְהוֹשֻׁעַ וְר' נְחוּנְיָא בֶּן הַקָּנָה מִיתּוֹקְמָא, דִּמְטַהֲרִים לְקַמָּן בָּשָׂר הַפּוֹרֵשׁ מֵאָדָם חַי. הָאֵבֶר מְטַמֵּא מִשּׁוּם אֵבֶר מִן הַחַי כו'. בַּגְּמָרָא מְפָרֵשׁ מַאי אִיכָּא בֵּין אֵבֶר מִן הַחַי לְאֵבֶר מִן הַמֵּת: אֵבֶר מֵאָדָם חַי – מְטַמֵּא בְּמַגָּע וּבְמַשָּׂא וּבְאֹהֶל, אֲבָל כַּזַּיִת בָּשָׂר וְעֶצֶם כַּשְּׂעוֹרָה הַפּוֹרֵשׁ מֵאֵבֶר מִן הַחַי – אֵינוֹ מְטַמֵּא. וּמֵאֵבֶר מִן הַמֵּת – מְטַמֵּא. גמ' בְּעָלְמָא קָאֵי. וַאֲפִילּוּ אַאֵבֶר מִן הַמֵּת דְּעָלְמָא פְּלִיגִי. דְּלָא מְטַמֵּא אֶלָּא אִם כֵּן יֵשׁ בּוֹ כַּזַּיִת בָּשָׂר, דִּמְטַמֵּא מִשּׁוּם בָּשָׂר. א"ל ר' יְהוֹשֻׁעַ. וְכִי מִפְּנֵי שֶׁשָּׁמַעְתָּ מִן הַחַי סָבוּר אַתָּה לוֹמַר מִן הַחַי דַּוְקָא, וְלֹא מֵת? בִּתְמִיָּה. וַהֲלֹא כְּתִיב בִּמְגִילַּת תַּעֲנִית "פִּסְחָא זְעִירָא" כו' – פֶּסַח שֵׁנִי שֶׁבְּאִיָּיר. הָא רַבָּה. פֶּסַח נִיסָן. לְמִסְפַּד. בִּתְמִיָּה. ה"נ כָּל דְּכֵן. שָׁמַעְתָּ. א"ל כָּךְ שָׁמַעְתִּי. שֶׁאֵבֶר מִן הַחַי מְטַמֵּא, וְלֹא אֵבֶר מִן הַמֵּת ו]. ה"ג: "וּמַאי אִיכָּא בֵּין אֵבֶר מִן הַחַי לְאֵבֶר מִן הַמֵּת" וְאַמַּתְנִיתִין קָאֵי. כַּזַּיִת בָּשָׂר וְעֶצֶם כַּשְּׂעוֹרָה הַפּוֹרֵשׁ מֵאֵבֶר מִן הַחַי אִיכָּא בֵּינַיְיהוּ. תַּנָּא דְּמַתְנִיתִין סְבִירָא לֵיהּ כְּר' יְהוֹשֻׁעַ דִּמְטַהֵר לְקַמָּן, בֵּין

לַאֲחֵרִים – אֵין קָרוּי אוֹכֶל. אֲמַר לֵיהּ רַבִּי זֵירָא לְרַבִּי אַסִּי: דִּילְמָא טַעֲמָא דְּרַבִּי שִׁמְעוֹן הָתָם – הוֹאִיל וּמְעוֹרֶה מְעוֹרֶה? *דְּתַנְיָא: *יִחוּר שֶׁל תְּאֵנָה שֶׁנִּפְשַׁח, וּמְעוֹרֶה בִּקְלִיפָּה – ר' יְהוּדָה מְטַהֵר, וַחֲכָמִים אוֹמְרִים: אִם יָכוֹל לִחְיוֹת – טָהוֹר, וְאִם לָאו – טָמֵא. וְאָמְרִינַן לָךְ: מַאי טַעֲמָא דְּרַבִּי יְהוּדָה? וְאָמְרַתְּ לָן: הוֹאִיל וּמְעוֹרֶה מְעוֹרֶה! א] אֲמַר לֵיהּ: אַמְּצִיעֲתָא, "נִשְׁחֲטָה הַבְּהֵמָה – הוּכְשְׁרָה בְּדָמֶיהָ, דִּבְרֵי ר' מֵאִיר. ר' שִׁמְעוֹן אוֹמֵר: לֹא הוּכְשְׁרוּ". (אָמַר ר' אַסִּי) אָמַר רַבִּי יוֹחָנָן: מַאי טַעֲמָא דְּרַבִּי שִׁמְעוֹן – אָמַר קְרָא: "מִכָּל הָאוֹכֶל אֲשֶׁר יֵאָכֵל", אוֹכֶל שֶׁאַתָּה יָכוֹל לְהַאֲכִילוֹ לַאֲחֵרִים – קָרוּי אוֹכֶל, אוֹכֶל שֶׁאֵין אַתָּה יָכוֹל לְהַאֲכִילוֹ לַאֲחֵרִים – אֵין קָרוּי אוֹכֶל. וְדִילְמָא טַעֲמָא דְּר' שִׁמְעוֹן בְּהַהִיא אִי *כִּדְרָבָא אִי כִּדְרַבִּי יוֹחָנָן? אֶלָּא, לְעוֹלָם אַסֵּיפָא, וְלָאו אַאֵבֶר אֶלָּא אַבָּשָׂר: "מֵתָה הַבְּהֵמָה – הַבָּשָׂר צָרִיךְ הֶכְשֵׁר, וְר' שִׁמְעוֹן מְטַהֵר". אָמַר ר' יוֹחָנָן: מ"ט דְּרַבִּי שִׁמְעוֹן – אָמַר קְרָא: "מִכָּל הָאוֹכֶל אֲשֶׁר יֵאָכֵל", אוֹכֶל שֶׁאַתָּה יָכוֹל לְהַאֲכִילוֹ לַאֲחֵרִים – קָרוּי אוֹכֶל, אוֹכֶל שֶׁאִי אַתָּה יָכוֹל לְהַאֲכִילוֹ לַאֲחֵרִים – אֵין קָרוּי אוֹכֶל.§ מתני' אהָאֵבֶר וְהַבָּשָׂר הַמְדוּלְדָּלִין בָּאָדָם – טְהוֹרִים, מֵת הָאָדָם – הַבָּשָׂר טָהוֹר. הָאֵבֶר מְטַמֵּא מִשּׁוּם אֵבֶר מִן הַחַי, וְאֵינוֹ מְטַמֵּא מִשּׁוּם אֵבֶר מִן הַמֵּת, דִּבְרֵי ר' מֵאִיר, וְרַבִּי שִׁמְעוֹן מְטַהֵר.§ גמ' וְרַבִּי שִׁמְעוֹן מַה נַּפְשָׁךְ, *אִי מִיתָה עוֹשָׂה נִיפּוּל – לִיטַמֵּא מִשּׁוּם אֵבֶר מִן הַחַי! וְאִי אֵין מִיתָה עוֹשָׂה נִיפּוּל – לִיטַמֵּא מִשּׁוּם אֵבֶר מִן הַמֵּת! ר' שִׁמְעוֹן בְּעָלְמָא קָאֵי, דְּקָאָמַר תַּנָּא קַמָּא "הָאֵבֶר מְטַמֵּא מִשּׁוּם אֵבֶר מִן הַחַי וְאֵין מְטַמֵּא מִשּׁוּם אֵבֶר מִן הַמֵּת", אַלְמָא: אֵבֶר הַמֵּת בְּעָלְמָא – מְטַמֵּא. וְאָמַר לֵיהּ ר"ש: אֵבֶר הַמֵּת בְּעָלְמָא לֹא מְטַמֵּא. דְּתַנְיָא, אָמַר ר' אֱלִיעֶזֶר: שָׁמַעְתִּי שֶׁאֵבֶר מִן הַחַי מְטַמֵּא. אָמַר לוֹ ר' יְהוֹשֻׁעַ: מִן הַחַי וְלֹא מִן הַמֵּת? וְקַל וָחוֹמֶר, וּמַה חַי שֶׁהוּא טָהוֹר – אֵבֶר הַפּוֹרֵשׁ מִמֶּנּוּ טָמֵא, מֵת שֶׁהוּא טָמֵא – לֹא כָּל שֶׁכֵּן? כָּתוּב בִּמְגִילַּת תַּעֲנִית, פִּסְחָא זְעִירָא – דְּלָא לְמִסְפַּד, הָא רַבָּה לְמִסְפַּד? אֶלָּא – כָּל דְּכֵן. הָכָא נַמִי – כָּל דְּכֵן! אֲמַר לֵיהּ: כָּךְ שָׁמַעְתִּי. וּמַאי אִיכָּא בֵּין אֵבֶר מִן הַחַי לְאֵבֶר מִן הַמֵּת? כַּזַּיִת בָּשָׂר וְעֶצֶם כַּשְּׂעוֹרָה הַפּוֹרֵשׁ מֵאֵבֶר מִן הַחַי אִיכָּא בֵּינַיְיהוּ. *דִּתְנַן: בכַּזַּיִת בָּשָׂר הַפּוֹרֵשׁ מֵאֵבֶר מִן הַחַי – ר' אֱלִיעֶזֶר מְטַמֵּא, וְר' נְחוּנְיָא בֶּן הַקָּנָה וְר' יְהוֹשֻׁעַ גמְטַהֲרִין. עֶצֶם כַּשְּׂעוֹרָה הַפּוֹרֵשׁ מֵאֵבֶר מִן הַחַי – ר' נְחוּנְיָא מְטַמֵּא, רַבִּי אֱלִיעֶזֶר ור' יְהוֹשֻׁעַ דמְטַהֲרִין. הַשְׁתָּא דְּאָתֵית לְהָכִי, בֵּין תַּנָּא קַמָּא לְרַבִּי שִׁמְעוֹן נַמִי: כַּזַּיִת בָּשָׂר וְעֶצֶם כַּשְּׂעוֹרָה, אִיכָּא בֵּינַיְיהוּ.§

כזית בשר הפורש מאבר מן החי ר' אליעזר מטמא. לכאורה נראה דאבר האדם מן החי, מבינן אנ דשרלים ובהמה אתי. אבל במשנה לא משמע כן, מדאמרו ליה לר' אליעזר: השוה מדותיך, וקא יהיב טעמא אמאי מרבה בשר וממעט עלם. ולריך לומר: מקרא אחד דרשינן, מר מוקי ליה בבשר, ומר מוקי ליה בעלם, כדיהיב טעמא, ומר דריש לדרשא אחרינא. אבל אי מבניינא דשרלים ובהמה אתי – אמאי אמרו ליה לר' אליעזר: מאי טעמא מרבה בשר וממעט עלם? בין תנא קמא לר' שמעון נמי כזית בשר ועצם כשעורה איכא בינייהו. פירוש: או עלם כשעורה. דהא תרוייהו ליכא למימר לת"ק טמא – דאם כן, מאי איכא בין אבר מן המת לאבר מן החי?

הדרן עלך העור והרוטב

הדרן עלך העור והרוטב

הַבָּשָׂר הַפּוֹרֵשׁ ז] (א) בֵּין קְוֻלַּת הַפּוֹרֵשׁ מִן הַחַי קָמָא מְטַהֲרִין ר' יְהוֹשֻׁעַ הוּא, דִּקְמוּתָא דְּאֵבֶר מִן הַמֵּת דִּילָךְ, דְּאֵבֶר מִן הַחַי וְאֵבֶר מִן הַחַי שֶׁאֵינוֹ אֵבֶר נַמִי כְּרַבִּי יְהוֹשֻׁעַ סְבִירָא לֵיהּ. טַעֲמָא דְּרַבִּי אֱלִיעֶזֶר וְר' יְהוֹשֻׁעַ וְר' נְחוּנְיָא מְפָרֵשׁ בְּעֵדִיּוֹת (פ"ו מ"ג) מָה רָאָה כָּל אֶחָד לְטַמֵּא בָּזֶה וּלְטַהֵר בָּזֶה, וּמָה רָאָה ר' יְהוֹשֻׁעַ לְטַהֵר בִּשְׁנֵיהֶם. דִּתְנַן הָתָם: אָמְרוּ לוֹ לְר' אֱלִיעֶזֶר: הַשְׁוֵה מִדּוֹתֶיךָ, אוֹ תְּטַמֵּא בִּשְׁנֵיהֶם אוֹ תְּטַהֵר בִּשְׁנֵיהֶם. אָמַר לָהֶם: מַרְבֶּה אֲנִי טוּמְאַת בָּשָׂר מִטּוּמְאַת עֲצָמוֹת – שֶׁהַבָּשָׂר נוֹהֵג בִּנְבֵלוֹת וּבִשְׁרָצִים, מַה שֶּׁאֵין כֵּן בַּעֲצָמוֹת. אָמְרוּ לוֹ לְר' נְחוּנְיָא: הַשְׁוֵה מִדּוֹתֶיךָ. אָמַר לָהֶם: מַרְבֶּה אֲנִי טוּמְאַת עֲצָמוֹת מִטּוּמְאַת בָּשָׂר – שֶׁהַבָּשָׂר הַפּוֹרֵשׁ מִן הַחַי טָהוֹר, וְאֵבֶר הַפּוֹרֵשׁ מִמֶּנּוּ וְהוּא כִּבְרִיָּיתוֹ טָמֵא. אָמְרוּ לוֹ לְר' יְהוֹשֻׁעַ: מָה רָאִיתָ לְטַהֵר בִּשְׁנֵיהֶם? וַהֲלֹא שְׁנֵיהֶם בְּמֵת טְמֵאִין! אָמַר לָהֶם: לֹא אִם אֲמַרְתֶּם בְּמֵת, שֶׁהֲרֵי יֵשׁ בּוֹ רוֹבַע וְרוֹב וְקַב, דְּרוֹבַע הַקַּב עֲצָמוֹת מֵת ח] טְמֵאִים בְּאֹהֶל, וְרוֹב בִּנְיָינוֹ אוֹ רוֹב מִנְיָינוֹ מְטַמֵּא, וּמְלֹא תַּרְוָוד רָקָב מְטַמֵּא בְּאֹהֶל – תֹּאמְרוּ בְּחַי, שֶׁאֵין בּוֹ רוֹבַע וְרוֹב וְרָקָב כו'. הַשְׁתָּא דְּאָתֵית לְהָכִי. דְּאַדְכַּרְתָּן עֶצֶם כַּשְּׂעוֹרָה וּבָשָׂר הַפּוֹרֵשׁ, מֵהַשְׁתָּא אֵימָא לָךְ: דְּר"ש לָאו אַאֵבֶר מִן הַמֵּת פָּלֵיג. אֶלָּא בֵּין תַּנָּא קַמָּא לְר"ש דְּמַתְנִיתִין נַמִי כַּזַּיִת בָּשָׂר וְעֶצֶם כַּשְּׂעוֹרָה אִיכָּא בֵּינַיְיהוּ. בְּהָא פְּלִיגִי: אִם אֵבֶר מִן הַחַי חָלוּק מֵאֵבֶר מִן הַמֵּת בִּשְׁתֵּיהֶן, אוֹ בְּאַחַת מֵהֶן. דְּלְתַנָּא קַמָּא אֵינוֹ חָלוּק אֶלָּא בְּאַחַת מֵהֶן, דְּת"ק סָבַר: אִי כְּרַבִּי אֱלִיעֶזֶר, דִּמְטַמֵּא בְּבָשָׂר הַפּוֹרֵשׁ מֵאֵבֶר מִן הַחַי, וּבְעֶצֶם כַּשְּׂעוֹרָה הַפּוֹרֵשׁ מִמֶּנּוּ מְטַהֵר. אִי כְּר' נְחוּנְיָא דְּאָמַר אִיפְּכָא. וְהָכִי קָאָמַר: הָאֵבֶר טָמֵא מִשּׁוּם אֵבֶר מִן הַחַי, וּבָשָׂר הַפּוֹרֵשׁ מִמֶּנּוּ טָמֵא. וְהָעֶצֶם טָהוֹר כְּר' אֱלִיעֶזֶר. אוֹ הָעֶצֶם טָמֵא, וְהַבָּשָׂר טָהוֹר, כְּרַבִּי נְחוּנְיָא. וְלֹא מִשּׁוּם אֵבֶר מִן הַמֵּת, דִּשְׁנֵיהֶם טְמֵאִין בּוֹ. וְר' שִׁמְעוֹן מְטַהֵר בֵּין בָּעֶצֶם בֵּין בַּבָּשָׂר הַפּוֹרֵשׁ מִמֶּנּוּ, דְּסָבַר כְּר' יְהוֹשֻׁעַ דִּמְטַהֵר בִּשְׁנֵיהֶם. אֲבָל אֵבֶר עַצְמוֹ – ה"נ דִּמְטַמֵּא לְר"ש.

הדרן עלך העור והרוטב

תורה אור: ויקרא יא

נ"א ר' אסי | [נ"ל דתנן] | כס"י כדרבה | [עוקצין פ"ג מ"ח לעיל קכח:] | נ"א ר' יוחנן | רש"ל מ"ז | כס"י כדרבה | [לעיל עג: עד.] | עדיות פ"ו מ"ג

הגהות הב"ח

(א) רש"י ד"ה כזית וכו' בבשר הפורש מן החי בין בעלם:

שיטה מקובצת

א] הואיל ומעורה מעורה אלא אמציעתא: ב] הכא נמי הואיל והאבר מעורה בבהמה דהוא בעלי חיים טהור הוא: ג] אי כדר' יוחנן דאמר לעיל יש יד להכשר: ד] המדולדלין באדם טהורין דכי ימות כתיב וכל זמן שהוא חי מציל עליהן מלטמא הס"ד: ה] עושה ניפול והו"ל כבשר הפורש מן החי ובשר הפורש מן החי טהור: ו] ולא אבר מן המת קמיירי כגון דליכא באותו אבר מן המת לא כזית בשר ולא עצם כשעורה דעצם כשעורה הל"מ הוא וכזית מן המת דברי הכל מטמא והא דתנן האברים אין להם שיעור אפי' פחות מכזית מן המת ההיא לאו רבי אליעזר היא הס"ד: ז] דמטהר לקמן בין בבשר הפורש מן החי בין בעצם: ח] דרובע הקב עצמות מת מטמאים באהל:

Koren Talmud Bavli

THE NOÉ EDITION

ḤULLIN

KOREN TALMUD BAVLI

THE NOÉ EDITION

ḤULLIN

Daf 103b through Daf 129b

COMMENTARY BY

Rabbi Adin Even-Israel Steinsaltz

EDITOR-IN-CHIEF

Rabbi Dr Tzvi Hersh Weinreb

SENIOR CONTENT EDITOR

Rabbi Dr Shalom Z Berger

EXECUTIVE EDITOR

Rabbi Joshua Schreier

•

STEINSALTZ CENTER

KOREN PUBLISHERS JERUSALEM

Supported by the Matanel Foundation

Koren Talmud Bavli, The Noe Edition
Vol. 31f: Tractate Ḥullin, Daf 103b through Daf 129b
Paperback, ISBN, 978-965-7767-34-4

First Hebrew/English paperback edition, 2026

Koren Publishers Jerusalem Ltd.
PO Box 4044, Jerusalem 91040, ISRAEL
PO Box 8531, New Milford, CT 06776, USA
www.korenpub.com

Steinsaltz Center

Steinsaltz Center is the parent organization of institutions established by Rabbi Adin Even-Israel Steinsaltz

PO Box 45187, Jerusalem 91450 ISRAEL
Telephone: +972 2 646 0900, Fax +972 2 624 9454
www.steinsaltz-center.org

This book was published in cooperation with the Israel Institute for Talmudic Publications.

הִנֵּה יָמִים בָּאִים, נְאֻם אֲדֹנָי יֱהֹוִה, וְהִשְׁלַחְתִּי רָעָב בָּאָרֶץ,
לֹא־רָעָב לַלֶּחֶם וְלֹא־צָמָא לַמַּיִם, כִּי אִם־לִשְׁמֹעַ אֵת דִּבְרֵי יהוה.

Behold, days are coming – says the Lord God – I will send a hunger to the land, not a hunger for bread nor a thirst for water, but to hear the words of the Lord. (AMOS 8:11)

The Noé edition of the Koren Talmud Bavli
with the commentary of Rabbi Adin Even-Israel Steinsaltz
is dedicated to all those who open its covers
to quench their thirst for Jewish Knowledge,
in our generation of Torah renaissance.

This beautiful edition is for the young, the aged,
the novice and the savant alike,
as it unites the depth of Torah knowledge
with the best of academic scholarship.

Within its exquisite and vibrant pages,
words become worlds.

It will claim its place in the library of classics,
in the bookcases of the Beit Midrash,
the classrooms of our schools,
and in the offices of professionals and business people
who carve out precious time to grapple with its timeless wisdom.

For the Student and the Scholar

DEDICATED BY LEO AND SUE NOÉ

Executive Director, Steinsaltz Center

Rabbi Meni Even-Israel

Managing Editor

Rabbi Jason Rappoport

Senior Content Editor

Rabbi Dr. Shalom Z. Berger

Editors

Rabbi Dr. Joshua Amaru, *Coordinating Editor*
Rabbi Yehoshua Duker, *Final Editor*
Rabbi Yedidya Naveh, *Content Curator*
Rabbi Avishai Magence, *Content Curator*
Menucha Chwat
Rabbi Yonatan Shai Freedman
Rabbi Ayal Geffon
Noam Harris
Yisrael Kalker
Rabbi Tzvi Chaim Kaye
Rabbi Adin Krohn
Catriel Lev
Elisha Loewenstern
Rabbi Jonathan Mishkin
Rabbi Eli Ozarowski
Rabbi David Sedley
Rabbi Jonathan Shulman
Rabbi Michael Siev
Aryeh Sklar
Avi Steinhart
Rabbi Yitzchak Twersky

Hebrew Edition Editors

Rabbi Yehonatan Eliav
Rabbi Avraham Gelbstein
Rabbi Gershon Kitsis

Copy Editors

Aliza Israel, *Coordinator*
Ita Olesker
Debbie Ismailoff
Shira Finson
Ilana Sobel
Deena Nataf
Eliana Kurlantzick Yorav
Erica Hirsch Edvi
Sara Henna Dahan
Oritt Sinclair

Language Consultants

Dr. Stéphanie E. Binder, *Greek & Latin*
Rabbi Yaakov Hoffman, *Arabic*
Dr. Shai Secunda, *Persian*
Shira Shmidman, *Aramaic*

Design & Typesetting

Dena Landowne Bailey, *Typesetting*
Tomi Mager, *Typesetting*
Tani Bayer, *Jacket Design*
Raphaël Freeman, *Design & Typography*

Images

Eliahu Misgav, *Illustration & Image Acquisition*
Daniel Gdalevich, *Illustration & Image Acquisition*

Introduction by the Publisher

The Talmud has sustained and inspired Jews for thousands of years. Throughout Jewish history, an elite cadre of scholars has absorbed its learning and passed it on to succeeding generations. The Talmud has been the fundamental text of our people.

Beginning in the 1960s, Rabbi Adin Even-Israel Steinsaltz שליט״א created a revolution in the history of Talmud study. His translation of the Talmud, first into modern Hebrew and then into other languages, as well the practical learning aids he added to the text, have enabled millions of people around the world to access and master the complexity and context of the world of Talmud.

It is thus a privilege to present the *Koren Talmud Bavli*, an English translation of the talmudic text with the brilliant elucidation of Rabbi Steinsaltz. The depth and breadth of his knowledge are unique in our time. His rootedness in the tradition and his reach into the world beyond it are inspirational.

Working with Rabbi Steinsaltz on this remarkable project has been not only an honor, but a great pleasure. Never shy to express an opinion, with wisdom and humor, Rabbi Steinsaltz sparkles in conversation, demonstrating his knowledge (both sacred and worldly), sharing his wide-ranging interests, and, above all, radiating his passion. I am grateful for the unique opportunity to work closely with him, and I wish him many more years of writing and teaching.

Our intentions in publishing this new edition of the Talmud are threefold. First, we seek to fully clarify the talmudic page to the reader – textually, intellectually, and graphically. Second, we seek to utilize today's most sophisticated technologies, both in print and electronic formats, to provide the reader with a comprehensive set of study tools. And third, we seek to help readers advance in their process of Talmud study.

To achieve these goals, the *Koren Talmud Bavli* is unique in a number of ways:

- The classic *tzurat hadaf* of Vilna, used by scholars since the 1800s, has been reset for great clarity, and opens from the Hebrew "front" of the book. Full *nikkud* has been added to both the talmudic text and Rashi's commentary, allowing for a more fluent reading with the correct pronunciation; the commentaries of *Tosafot* have been punctuated. Upon the advice of many English-speaking teachers of Talmud, we have separated these core pages from the translation, thereby enabling the advanced student to approach the text without the distraction of the translation. This also reduces the number of volumes in the set. At the bottom of each *daf*, there is a reference to the corresponding English pages. In addition, the Vilna edition was read against other manuscripts and older print editions, so that texts which had been removed by non-Jewish censors have been restored to their rightful place.
- The English translation, which starts on the English "front" of the book, reproduces the *menukad* Talmud text alongside the English translation (in bold) and commentary and explanation (in a lighter font). The Hebrew and Aramaic text is presented in logical paragraphs. This allows for a fluent reading of the text for the non-Hebrew or non-Aramaic reader. It also allows for the Hebrew reader to refer easily to the text alongside. Where the original text features dialogue or poetry, the English text is laid out in a manner appropriate to the genre. Each page refers to the relevant *daf*.

- Critical contextual tools surround the text and translation: personality notes, providing short biographies of the Sages; language notes, explaining foreign terms borrowed from Greek, Latin, Persian, or Arabic; and background notes, giving information essential to the understanding of the text, including history, geography, botany, archaeology, zoology, astronomy, and aspects of daily life in the talmudic era.
- Halakhic summaries provide references to the authoritative legal decisions made over the centuries by the rabbis. They explain the reasons behind each halakhic decision as well as the ruling's close connection to the Talmud and its various interpreters.
- Photographs, drawings, and other illustrations have been added throughout the text – in full color in the Standard and Electronic editions, and in black and white in the Daf Yomi edition – to visually elucidate the text.

This is not an exhaustive list of features of this edition, it merely presents an overview for the English-speaking reader who may not be familiar with the "total approach" to Talmud pioneered by Rabbi Steinsaltz.

Several professionals have helped bring this vast collaborative project to fruition. My many colleagues are noted on the Acknowledgments page, and the leadership of this project has been exceptional.

RABBI MENACHEM EVEN-ISRAEL, DIRECTOR OF THE STEINSALTZ CENTER, was the driving force behind this enterprise. With enthusiasm and energy, he formed the happy alliance with Koren and established close relationships among all involved in the work.

RABBI DR. TZVI HERSH WEINREB שליט״א, EDITOR-IN-CHIEF, brought to this project his profound knowledge of Torah, intellectual literacy of Talmud, and erudition of Western literature. It is to him that the text owes its very high standard, both in form and content, and the logical manner in which the beauty of the Talmud is presented.

RABBI JOSHUA SCHREIER, EXECUTIVE EDITOR, assembled an outstanding group of scholars, translators, editors, and proofreaders, whose standards and discipline enabled this project to proceed in a timely and highly professional manner.

RABBI MEIR HANEGBI, EDITOR OF THE HEBREW EDITION OF THE STEINSALTZ TALMUD, lent his invaluable assistance throughout the work process, supervising the reproduction of the Vilna pages.

RAPHAËL FREEMAN, EXECUTIVE EDITOR OF KOREN, created this Talmud's unique typographic design which, true to the Koren approach, is both elegant and user friendly.

It has been an enriching experience for all of us at Koren Publishers Jerusalem to work with the Steinsaltz Center to develop and produce the *Koren Talmud Bavli*. We pray that this publication will be a source of great learning and, ultimately, greater *avodat Hashem* for all Jews.

Matthew Miller, Publisher
Koren Publishers Jerusalem
Jerusalem 5772

Contents

For the vocalized Vilna Shas layout, please open as a Hebrew book.

Introduction to **Perek VIII**

The choicest first fruits of your land you shall bring into the house of the Lord your God. You shall not cook a kid in its mother's milk.

(Exodus 23:19)

The choicest first fruits of your land you shall bring into the house of the Lord your God. You shall not cook a kid in its mother's milk.

(Exodus 34:26)

You shall not eat of any animal carcass; you may give it to the resident alien who is within your gates, that he may eat it; or you may sell it to a foreigner; for you are a sacred people to the Lord your God. You shall not cook a kid in its mother's milk.

(Deuteronomy 14:21)

The Torah proscribes cooking meat in milk on three separate occasions. In all three instances, the prohibition is formulated in terms of cooking a kid in its mother's milk. The halakhic tradition passed down from generation to generation as a *halakha* transmitted to Moses from Sinai is that these verses are all referring to a general prohibition against cooking meat and milk together. The Torah's repetition of the injunction three times teaches that not only is the act of cooking the two substances together prohibited, but also that if one did so, the cooked dish is then prohibited for both consumption and benefit.

The wording of the prohibition gives rise to several questions with regard to the scope of the prohibition. One can ask whether the Torah is referring to the meat of all animals, including undomesticated animals and birds, and perhaps even fish, or whether it is referring only to the meat of domesticated animals like kids, the animal mentioned in the verse. It must also be determined whether only milk itself is included in the prohibition or if derivative milk products are included as well.

A unique aspect of the prohibition against cooking meat in milk is that each ingredient is permitted for consumption by itself; only when they are cooked together are they prohibited. Consequently, even placing the two substances side by side is considered problematic, as it could lead to transgression. This chapter discusses the extent to which meat must be kept separate from milk in order to prevent people from unwittingly violating the prohibition.

The chapter discusses other significant issues relating to this prohibition as well. What is the definition of cooking in this context? What is the requisite ratio between the two substances that renders them prohibited? In which cases are mixtures of meat and milk considered forbidden? Another issue that requires clarification is whether it is permissible to consume animal udders, which contain both meat and milk, and what is the correct manner of preparing them. In addition, the chapter deals with whether it is permissible and how to properly curdle milk, since it was typically curdled by using congealed milk from a nursing animal's stomach or even skin of the stomach itself as a coagulant. These issues constitute the main topics of this chapter.

Perek **VIII**
Daf **103** Amud **b**

מתני׳ כָּל הַבָּשָׂר אָסוּר לְבַשֵּׁל בְּחָלָב – חוּץ מִבְּשַׂר דָּגִים וַחֲגָבִים. וְאָסוּר לְהַעֲלוֹת עִם הַגְּבִינָה עַל הַשֻּׁלְחָן – חוּץ מִבְּשַׂר דָּגִים וַחֲגָבִים.

MISHNA It is **prohibited to cook**[N] **any meat** of domesticated and undomesticated animals and birds **in milk, except for the meat of fish and grasshoppers,**[BH] whose halakhic status is not that of meat. **And** likewise, the Sages issued a decree that it is **prohibited to place** any meat together **with** milk products, e.g., **cheese, on one table.**[H] The reason for this prohibition is that one might come to eat them after they absorb substances from each other. This prohibition applies to all types of meat, **except for the meat of fish and grasshoppers.**

NOTES

It is prohibited to cook – אָסוּר לְבַשֵּׁל: There are three prohibitions concerning meat with milk: Cooking meat together with milk, eating the meat or milk that was cooked with the other, and deriving benefit from the meat or milk that was cooked with the other. Cooking meat together with milk is counted as a Torah prohibition (Rambam *Sefer HaMitzvot*, prohibition 186; *Smag*, prohibition 140; *Sefer HaḤinnukh*, positive mitzva 92), and one who cooks meat together with milk is liable to receive lashes, just like one who transgresses any other regular prohibition (see 108b; *Tosefta*, *Makkot* 4:7; Rambam *Sefer Kedusha*, *Hilkhot Ma'akhalot Assurot* 9:1).

HALAKHA

Except for the meat of fish and grasshoppers – חוּץ מִבְּשַׂר דָּגִים וַחֲגָבִים: The prohibition of meat cooked in milk does not apply to the meat of fish and grasshoppers even by rabbinic law, and therefore they may be eaten together with milk. This ruling is in accordance with the Rambam's interpretation of the mishna, that when the mishna excludes the meat of fish and grasshoppers, it excludes them from the prohibition of eating them when cooked with milk. The mishna uses the term cooking due to the wording of the verse (Exodus 23:19): "You shall not cook a kid in its mother's milk" (Rambam *Sefer Kedusha*, *Hilkhot Ma'akhalot Assurot* 9:5, and see *Maggid Mishne* there; *Shulḥan Arukh*, *Yoreh De'a* 87:3).

And it is prohibited to place meat with cheese on one table – וְאָסוּר לְהַעֲלוֹת עִם הַגְּבִינָה עַל הַשֻּׁלְחָן: One may not place the meat of animals on the same table upon which he is eating cheese, lest he come to consume them together. This restriction also applies to meat of birds, despite the fact that the prohibition against consuming such meat with milk is by rabbinic law only, and the Sages do not issue one decree to prevent violation of another decree (Rambam). One may arrange the two dishes side by side on a table used for preparing them but on which one does not intend to eat them (Rambam *Sefer Kedusha*, *Hilkhot Ma'akhalot Assurot* 9:20; *Shulḥan Arukh*, *Yoreh De'a* 88:1).

BACKGROUND

Grasshoppers [*ḥagavim*] – חֲגָבִים: Although in the Bible *ḥagavim* refers to a particular species of grasshopper, in the language of the Sages it is used as an umbrella term for a large group of grasshoppers with long hind legs, short antennae, and a body that is flattened on the sides. The narrow and hard upper wings of these creatures cover its wider, softer lower wings. These animals move primarily by means of gentle hops and occasionally fly. As indicated by their name, grasshoppers live mainly among weeds, from which they receive their sustenance. Some grasshoppers are permitted for consumption, as it states: "Yet these you may eat of all winged swarming things that go upon all fours, which have jointed legs above their feet, with which to leap upon the earth" (Leviticus 11:21). These include "the locust after its kinds, and the bald locust after its kinds, and the cricket after its kinds, and the grasshopper after its kinds" (Leviticus 11:22), although the identity of these creatures is uncertain (see also 59a, 65a).

Perek **VIII**
Daf **104** Amud **a**

הַנּוֹדֵר מִן הַבָּשָׂר – מוּתָּר בִּבְשַׂר דָּגִים וַחֲגָבִים.

And **one who takes a vow** that **meat** is prohibited to him **is permitted** to eat **the meat of fish and grasshoppers.**

גמ׳ הָא עוֹף אָסוּר מִדְּאוֹרַיְיתָא, כְּמַאן – דְּלָא כְּרַבִּי עֲקִיבָא, דְּאִי רַבִּי עֲקִיבָא, הָאָמַר: חַיָּה וָעוֹף אֵינוֹ מִן הַתּוֹרָה.

GEMARA Since the mishna does not distinguish between the meat of animals and that of birds, it may **consequently** be inferred that the meat of **birds** cooked in milk is **prohibited by Torah law,** just like the meat of animals. **In accordance with whose** opinion is this ruling? It is **not in accordance with** the opinion of **Rabbi Akiva, as, if** you say it is in accordance with the opinion of **Rabbi Akiva, didn't he say** that the prohibition of the meat of **undomesticated animals and birds** cooked in milk **is not by Torah law?**

אֵימָא סֵיפָא: הַנּוֹדֵר מִן הַבָּשָׂר – מוּתָּר בִּבְשַׂר דָּגִים וַחֲגָבִים. הָא עוֹף – אָסוּר, אֲתָאן לְרַבִּי עֲקִיבָא, דְּאָמַר: כָּל מִילֵּי דְּמִימְּלִיךְ עֲלֵיהּ שָׁלִיחַ – בַּר מִינֵּיהּ הוּא.

The Gemara continues: But **say the latter clause** of the mishna: **One who takes a vow** that **meat** is forbidden to him[H] is **permitted to** eat **the meat of fish and grasshoppers.** It may **consequently** be inferred that it is **prohibited** for him to eat **birds.** If so, here **we arrive at** the opinion of **Rabbi Akiva, who said: Anything about which an agent** sent to purchase a given item **would inquire,** being unsure whether it qualifies as that type of item, **is considered its type.**[N]

HALAKHA

One who takes a vow that meat is forbidden to him – הַנּוֹדֵר מִן הַבָּשָׂר: With regard to one who takes a vow that meat is forbidden to him, it is prohibited for him to eat the meat of birds but it is permitted for him to eat the meat of grasshoppers. If the circumstances of his vow indicate that he had only the meat of animals in mind, it is permitted for him to eat the meat of fish and the meat of birds (Rambam *Sefer Hafla'a*, *Hilkhot Nedarim* 9:6, and see *Kesef Mishne*, *Leḥem Mishne*, and Radbaz there; *Shulḥan Arukh*, *Yoreh De'a* 217:8, and in the comment of Rema).

NOTES

Anything about which an agent would inquire whether it is its type – כָּל מִילֵּי דְּמִימְּלִיךְ עֲלֵיהּ שָׁלִיחַ בַּר מִינֵּיהּ הוּא: Some of the early commentaries limit the application of this principle to those cases where the one appointing the agent referred to a general term, similar to vegetables, as in the example in the mishna.

BACKGROUND

Gourds – דְּלוּעִין: The term gourds includes a large number of plants that generally grow in warm regions, the best known being zucchini, pumpkin, and watermelon.

The Ran cites two explanations for the fact that gourds are not considered vegetables. One approach is that the term vegetables in this context refers to leaves or other edible parts of a plant, and not its fruit; gourds are fruits. Later commentaries discuss whether edible roots and bulbs are in the category of vegetables. A second explanation is that vegetables are eaten raw, while gourds are eaten only cooked. There are certain difficulties with each of these explanations, and some commentaries combine the two approaches into a single definition. The Rid explains that in common parlance, the term vegetables refers to both edible leaves, whether eaten raw, e.g., lettuce, or cooked, e.g., spinach, and to fruits of plants that grow in the ground and are eaten uncooked. Gourds are fruits that are eaten exclusively after cooking and therefore are not in that category. In the Jerusalem Talmud, it is stated that this applies only to the Egyptian gourd, which is not eaten raw at all. However, even the Rabbis concede that the Greek gourd, which is softer and eaten raw, is included in the category of vegetables.

Legumes – קִטְנִית: The legume, from the family Fabaceae, includes peas, beans, and chickpeas. The term legumes is also used generally to refer to the small produce of many plants, such as lentils.

דְּתַנְיָא: הַנּוֹדֵר מִן הַיָּרָק – מוּתָּר בִּדְלוּעִין, וְרַבִּי עֲקִיבָא אוֹסֵר. אָמְרוּ לוֹ לְרַבִּי עֲקִיבָא: וַהֲלֹא אוֹמֵר אָדָם לִשְׁלוּחוֹ ״קַח לָנוּ יָרָק״, וְהוּא אוֹמֵר ״לֹא מָצָאתִי אֶלָּא דְּלוּעִין״!

As it is taught in a mishna (*Nedarim* 54a): **One who takes a vow** that **vegetables** are forbidden to him[H] **is permitted to** eat **gourds,**[B] as people do not typically consider gourds a type of vegetable, **but Rabbi Akiva deems** it **prohibited** for him to eat gourds. The Rabbis **said to Rabbi Akiva: But** it is a common occurrence that **a person says to his agent: Purchase vegetables for us, and** the agent, after failing to find vegetables, returns and **says: I found only gourds.** This indicates that gourds are not considered vegetables.

אָמַר לָהֶן: כֵּן הַדָּבָר, כְּלוּם אוֹמֵר ״לֹא מָצָאתִי אֶלָּא קִטְנִית״? אֶלָּא שֶׁדְּלוּעִין בִּכְלַל יָרָק, וְאֵין קִטְנִית בִּכְלַל יָרָק. רֵישָׁא רַבָּנַן וְסֵיפָא רַבִּי עֲקִיבָא!

Rabbi Akiva **said to them: The matter is so,** and that proves that my opinion is correct. **Does** the agent return and **say: I found only legumes?**[B] **Rather,** it is evident **that gourds are included in** the category of **vegetables,** although they differ from other vegetables, and therefore, the agent explains that he found only gourds, and asks whether he should purchase them. **But legumes are not included in** the category of **vegetables,** and that is why an agent would not even ask about them. Therefore, Rabbi Akiva should also hold that one who takes a vow that meat is forbidden to him is prohibited from eating birds. And if so, **the first clause** of the mishna is in accordance with the opinion of **the Rabbis,** who disagree with Rabbi Akiva, **and the latter clause** is in accordance with the opinion of **Rabbi Akiva.**

אָמַר רַב יוֹסֵף: רַבִּי הִיא, וּנְסַיב לַהּ אַלִּיבָּא דְּתַנָּאֵי, בִּנְדָרִים – סְבַר לַהּ כְּרַבִּי עֲקִיבָא, בְּבָשָׂר בְּחָלָב – סְבַר לַהּ כְּרַבָּנַן.

Rav Yosef said: That is not difficult. The entire mishna **is** in accordance with the opinion of **Rabbi** Yehuda HaNasi, **and he formulates** the mishna **according to** the opinions of different ***tanna'im***. In the latter clause, **with regard to vows, he holds in accordance with** the opinion of **Rabbi Akiva,** whereas in the first clause, **with regard to meat** cooked **in milk, he holds in accordance with** the opinion of **the Rabbis.**

רַב אַשִׁי אָמַר: כּוּלָּהּ רַבִּי עֲקִיבָא הִיא, וְהָכִי קָאָמַר: כָּל הַבָּשָׂר אָסוּר לְבַשֵּׁל בְּחָלָב, מֵהֶן מִדִּבְרֵי תוֹרָה, וּמֵהֶן מִדִּבְרֵי סוֹפְרִים, חוּץ מִבְּשַׂר דָּגִים וַחֲגָבִים – שֶׁאֵינָם לֹא מִדִּבְרֵי תוֹרָה וְלֹא מִדִּבְרֵי סוֹפְרִים.

Rav Ashi said a different explanation: **The entire** mishna **is in accordance with** the opinion **of Rabbi Akiva,** as indicated by the latter clause, concerning vows. **And** as for the first part of the mishna, **this** is what it **is saying:** It is **prohibited to cook any meat** cooked **in milk, some** types **of** meat **by Torah law,**[H] i.e., that of domesticated animals, **and some** types **of** meat **by rabbinic law,**[H] i.e., that of undomesticated animals and birds. This prohibition applies to all types of meat **except for the meat of fish and grasshoppers, which are** not prohibited, **neither by Torah law nor by rabbinic law.**

״וְאָסוּר לְהַעֲלוֹת״ [וכו׳]. אָמַר רַב יוֹסֵף: שְׁמַע מִינַּהּ, בְּשַׂר עוֹף בְּחָלָב – דְּאוֹרָיְיתָא, דְּאִי סָלְקָא דַּעְתָּךְ דְּרַבָּנַן – אֲכִילָה גּוּפַהּ גְּזֵירָה, וַאֲנַן נִגְזוֹר הַעֲלָאָה אַטּוּ אֲכִילָה?!

§ The mishna teaches further: **And** it is **prohibited to place** any meat with cheese on one table. **Rav Yosef said: Conclude from** this clause that eating the **meat of birds** cooked **in milk** is prohibited **by Torah law. As, if it enters your mind** that the prohibition against eating it applies merely **by rabbinic law,** this would be because the **consumption** of the meat of birds cooked in milk is **itself a** rabbinic **decree,** lest one come to eat the meat of an animal in milk. **And** would **we decree** against **placing** birds together with cheese on one table **due to** the possibility of **consumption,** which is itself a decree? The Sages do not enact one decree to prevent the violation of another decree.

HALAKHA

One who takes a vow that vegetables are forbidden to him – הַנּוֹדֵר מִן הַיָּרָק: One who takes a vow that vegetables are forbidden to him is permitted to eat gourds, as the *halakha* is not in accordance with the opinion of Rabbi Akiva with regard to this matter (Rambam *Sefer Hafla'a, Hilkhot Nedarim* 9:10, and see *Kesef Mishne*, *Leḥem Mishne*, and Radbaz there; *Shulḥan Arukh*, *Yoreh De'a* 217:4).

Some types of meat by Torah law – מֵהֶן מִדִּבְרֵי תוֹרָה: By Torah law the prohibition of meat cooked in milk applies only to the meat of a kosher domesticated animal cooked in the milk of a kosher domesticated animal, as indicated by the verse: "You shall not cook a kid in its mother's milk" (Exodus 23:19). Although the Torah refers to a kid, this includes the offspring of a cow, a sheep, and a goat. It is permitted to cook the meat of a kosher domesticated animal in the milk of a non-kosher domesticated animal, and the meat of a non-kosher domesticated animal in the milk of a kosher domesticated animal. It is permitted to derive benefit from these mixtures, and one who eats them does not violate the prohibition of meat cooked in milk. The *halakha* is in accordance with the opinion of Rabbi Akiva as explained by Rav Ashi (Rambam *Sefer Kedusha, Hilkhot Ma'akhalot Assurot* 9:3; *Shulḥan Arukh, Yoreh De'a* 87:2).

And some types of meat by rabbinic law – וּמֵהֶן מִדִּבְרֵי סוֹפְרִים: It is permitted to cook the meat of undomesticated animals and birds even in the milk of a kosher domesticated animal, and it is also permitted to derive benefit from the mixture. By rabbinic law, it is prohibited to eat the mixture (Rambam *Sefer Kedusha, Hilkhot Ma'akhalot Assurot* 9:4; *Shulḥan Arukh, Yoreh De'a* 87:3).

וּמְנָא תֵּימְרָא דְּלָא גָּזְרִינַן גְּזֵירָה לִגְזֵירָה – דִּתְנַן: חַלַּת חוּצָה לָאָרֶץ

The Gemara asks: **And from where do you say that we do not issue** one rabbinic **decree to** prevent violation of another rabbinic **decree?** The source is **as we learned** in a mishna (*Ḥalla* 4:8): ***Ḥalla*[B] from outside of Eretz** Yisrael, which must be eaten by a priest,

BACKGROUND

Ḥalla – חַלָּה: The Torah commands that in the production of bread one must separate a portion of dough, which is given to the priests (Numbers 15:20). This portion is called *ḥalla* and is governed by all the *halakhot* pertaining to *teruma*, the produce set aside for the priests. *Ḥalla* must be taken from all dough of the five principal types of grain: Wheat, spelt, barley, oats, and rye, provided that the quantity of flour is at least a tenth of an ephah in volume. If *ḥalla* has not been separated, the dough has the status of *tevel*, untithed produce, and may not be eaten. While the Torah does not specify a measure for *ḥalla*, the Sages required an individual baking for personal use to give one twenty-fourth of his dough as *ḥalla*, and a commercial baker to give one forty-eighth.

Nowadays, all Jews have the status of being ritually impure. Therefore, *ḥalla* is governed by *halakhot* similar to impure *teruma* and must be burned. Accordingly, these measures no longer apply. Only a small portion is separated from the dough and burned, and the rest of the dough may then be used. A blessing is recited for the separation of *ḥalla*. The *halakhot* of this mitzva, which is one of the mitzvot performed particularly by women, are discussed comprehensively in tractate *Ḥalla*.

Perek **VIII**
Daf **104** Amud **b**

נֶאֱכֶלֶת עִם הַזָּר עַל הַשֻּׁלְחָן, וְנִיתֶּנֶת לְכָל כֹּהֵן שֶׁיִּרְצֶה.

may be eaten with a non-priest present **at the same table.**[H] The Sages did not issue a decree prohibiting this lest the non-priest partake of the *ḥalla*, as the separation of *ḥalla* outside of Eretz Yisrael is itself a rabbinic decree. This proves that the Sages do not issue one decree to prevent violation of another decree. **And** similarly, *ḥalla* from outside of Eretz Yisrael **may be given to any priest that** one **wishes**, even an uneducated priest who would not guard its state of ritual purity. This is in contrast to *ḥalla* from Eretz Yisrael, which may be given only to priests who observe the *halakhot* of ritual purity.

אָמַר לֵיהּ אַבָּיֵי: בִּשְׁלָמָא אִי אַשְׁמוּעִינַן חַלַּת חוּצָה לָאָרֶץ בָּאָרֶץ, דְּאִיכָּא לְמִיגְזַר מִשּׁוּם חַלַּת הָאָרֶץ דְּאוֹרָיְיתָא וְלָא גָּזְרִינַן – אִיכָּא לְמִשְׁמַע מִינָּהּ.

Abaye said to Rav Yosef: **Granted,** your inference would be valid **if** the mishna in tractate *Ḥalla* had **taught us** this with regard to ***ḥalla* from outside of Eretz** Yisrael that had been brought **into Eretz** Yisrael. **As in** that case, **there** could be reason **to decree** against eating it while a non-priest is at the same table, despite the fact that the non-priest eating it is prohibited only by rabbinic law, **due to** the concern that one might come to eat ***ḥalla* from Eretz** Yisrael, which is prohibited to the non-priest **by Torah law,** at the same table as a non-priest; **and** yet **we do not decree** against this practice. If so, **there** would be grounds **to learn from** this mishna that the Sages do not issue one decree to prevent violation of another decree.

אֶלָּא חוּצָה לָאָרֶץ מִשּׁוּם דְּלֵיכָּא לְמִיגְזַר הוּא, אֲבָל הָכָא – אִי שָׁרֵית לֵיהּ לְאַסּוֹקֵי עוֹף וּגְבִינָה, אָתֵי לְאַסּוֹקֵי בָּשָׂר וּגְבִינָה, וּמֵיכַל בָּשָׂר בְּחָלָב דְּאוֹרָיְיתָא.

But the mishna actually teaches this *halakha* with regard to *ḥalla* from **outside of Eretz** Yisrael[N] that remains there. It therefore proves nothing about compound decrees, as it can be claimed that the practice **is** permitted only **because there is no** reason **to decree.** Since by Torah law the obligation of *ḥalla* does not apply outside of Eretz Yisrael, there is no chance that such behavior will lead to transgression of Torah law. **But here, if you permit one to place** the meat of **birds and cheese** on the same table, some might **come to place** the **meat** of domesticated animals **and cheese** on a single table **and to eat** this **meat** cooked **in milk,** thereby transgressing a prohibition **by Torah law.**

NOTES

Ḥalla from outside of Eretz Yisrael – חַלַּת חוּצָה לָאָרֶץ: The mitzva to separate *ḥalla* from dough does not apply by Torah law outside of Eretz Yisrael, but the Sages obligated one to separate *ḥalla* even from dough outside of Eretz Yisrael. The reason for this decree was to ensure that the Jewish people do not forget the concept and practice of the mitzva of *ḥalla* (Ramban on 136b; Rambam *Sefer Zera'im*, *Hilkhot Bikkurim* 5:7).

The commentaries write that the Sages decreed that *ḥalla* should be separated in all places, even in those lands that are distant from Eretz Yisrael. One justification for this is that *ḥalla* is similar to an obligation of the body, which applies both within and outside of Eretz Yisrael, as opposed to an obligation that applies to produce that grows from the earth. In addition, this mitzva applies to all people, even if they own no land of their own, unlike other mitzvot that apply only in Eretz Yisrael, which depend on ownership of land (*Tosafot* and *Tosefot HaRosh* on *Kiddushin* 36b).

By contrast, some of the early commentaries maintain that the mitzva of *ḥalla* applies outside of Eretz Yisrael only in places close to Eretz Yisrael, similar to the mitzvot of *teruma* and tithes (*Sefer HaIttur*; Maharam Halawa; Meiri; Ran; Ritva; *Nimmukei Yosef*). With regard to the practical *halakha*, most early commentaries agree that even nowadays one should separate *ḥalla* in all places (*Encyclopedia Talmudit*).

HALAKHA

May be eaten with a non-priest present at the same table – נֶאֱכֶלֶת עִם הַזָּר עַל הַשֻּׁלְחָן: *Ḥalla* from outside of Eretz Yisrael, which is permitted to a priest who does not have impurity from a seminal emission, may be eaten by such a priest with a non-priest present at the same table. The reason is that if this *ḥalla* fell into non-sacred produce it does not render the mixture forbidden, even if there was as much *ḥalla* as non-sacred produce in the mixture (see Rema). The Rema cites a conflicting opinion, according to which the mixture is prohibited unless there is one hundred times as much non-sacred produce as *ḥalla*, if the two substances are of the same type, or sixty times as much, if they are of different types (Rambam *Sefer Zera'im*, *Hilkhot Bikkurim* 5:12; *Shulḥan Arukh*, *Yoreh De'a* 323:1).

מַתְקִיף לַהּ רַב שֵׁשֶׁת: סוֹף סוֹף, צוֹנֵן בְּצוֹנֵן הוּא! אָמַר אַבָּיֵי: גְּזֵירָה שֶׁמָּא יַעֲלֶה בְּאִילְפָּס רוֹתֵחַ.

Rav Sheshet objects to the premise of Rav Yosef's inference: Even if one were to posit that the meat of birds in milk is prohibited by Torah law, **ultimately** this is still a decree issued due to another decree, as **it is** a case of **cold** food **in** another **cold** food, consumption of which is itself prohibited by rabbinic law. **Abaye said:** It is a rabbinic **decree, lest one place** the meat with cheese **in a boiling stewpot,**[B] which is a manner of cooking and therefore prohibited by Torah law.

סוֹף סוֹף כְּלִי שֵׁנִי הוּא, וּכְלִי שֵׁנִי אֵינוֹ מְבַשֵּׁל! אֶלָּא: גְּזֵירָה שֶׁמָּא יַעֲלֶה בְּאִילְפָּס רִאשׁוֹן.

The Gemara counters: **Ultimately,** even a stewpot is only **a secondary vessel,** i.e., not the vessel that was on the fire, **and** as a rule, **a secondary vessel does not cook. Rather,** one must say that it is a rabbinic **decree, lest one place** the meat with cheese **in a stewpot** that is **a primary** vessel, i.e., that was on the fire. This is certainly cooking meat in milk, and it is prohibited by Torah law.

מתני׳ הָעוֹף עוֹלֶה עִם הַגְּבִינָה עַל הַשּׁוּלְחָן, וְאֵינוֹ נֶאֱכָל, דִּבְרֵי בֵּית שַׁמַּאי. וּבֵית הִלֵּל אוֹמְרִים: לֹא עוֹלֶה וְלֹא נֶאֱכָל, אָמַר רַבִּי יוֹסֵי: זוֹ מִקּוּלֵּי בֵּית שַׁמַּאי וּמֵחוּמְרֵי בֵּית הִלֵּל.

MISHNA **The** meat of **birds may be placed with cheese on one table**[H] **but** may **not be eaten** together with it; this is **the statement of Beit Shammai. And Beit Hillel say:** It may **neither be placed** on one table **nor be eaten** with cheese. **Rabbi Yosei said: This is** one **of the** disputes involving **leniencies of Beit Shammai and stringencies of Beit Hillel.**

בְּאֵיזֶה שׁוּלְחָן אָמְרוּ – בְּשׁוּלְחָן שֶׁאוֹכֵל עָלָיו, אֲבָל בְּשׁוּלְחָן שֶׁסּוֹדֵר עָלָיו אֶת הַתַּבְשִׁיל – נוֹתֵן זֶה בְּצַד זֶה, וְאֵינוֹ חוֹשֵׁשׁ.

The mishna elaborates: **With regard to which table are** these *halakhot* **stated?** It is **with regard to a table upon which one eats. But on a table upon which one prepares the cooked food,**[H] **one** may **place this** meat **alongside that** cheese or vice versa, **and** need **not be concerned** that perhaps they will be mixed and one will come to eat them together.

גמ׳ רַבִּי יוֹסֵי הַיְינוּ תַּנָּא קַמָּא! וְכִי תֵּימָא, אֲכִילָה גּוּפָהּ אִיכָּא בֵּינַיְיהוּ, וְקָאָמַר תַּנָּא קַמָּא: בְּהַעֲלָאָה קָא מִיפַּלְגִי, בַּאֲכִילָה לָא פְּלִיגִי, וַאֲמַר לֵיהּ רַבִּי יוֹסֵי: אֲכִילָה גּוּפָהּ מִקּוּלֵּי בֵּית שַׁמַּאי וּמֵחוּמְרֵי בֵּית הִלֵּל.

GEMARA The Gemara challenges: The opinion of **Rabbi Yosei is** identical to that of **the first *tanna*. And if you would say** that there is a difference **between them** with regard to the permissibility of **eating itself, as the first *tanna*** says that Beit Shammai and Beit Hillel **disagree with regard to placing** meat of birds with cheese on one table, which indicates that **with regard to eating they do not disagree, and Rabbi Yosei said** in response **to** this that they also disagree with regard to the permissibility of **eating** meat of birds in milk, and this is **itself** one **of the** disputes involving **leniencies of Beit Shammai and stringencies of Beit Hillel,** one can refute this claim.

וְהָתַנְיָא, רַבִּי יוֹסֵי אוֹמֵר: שִׁשָּׁה דְּבָרִים מִקּוּלֵּי בֵּית שַׁמַּאי וּמֵחוּמְרֵי בֵּית הִלֵּל, וְזוֹ אַחַת מֵהֶן – עוֹף עוֹלֶה עִם הַגְּבִינָה עַל הַשּׁוּלְחָן וְאֵינוֹ נֶאֱכָל, דִּבְרֵי בֵּית שַׁמַּאי. וּבֵית הִלֵּל אוֹמְרִים: לֹא עוֹלֶה וְלֹא נֶאֱכָל!

The refutation is as follows: **Isn't it taught** in a *baraita* that **Rabbi Yosei says** that **six matters** are included **as the** disputes involving **leniencies of Beit Shammai and stringencies of Beit Hillel, and this is one of them:** The meat of **birds is placed with cheese on one table, but** it **may not be eaten** together with it; this is **the statement of Beit Shammai. And Beit Hillel say:** It may **neither be placed** on one table **nor be eaten** with cheese. Evidently, Rabbi Yosei agrees that even according to Beit Shammai the meat of birds may not be eaten with cheese.

אֶלָּא, הָא קָמַשְׁמַע לָן: מַאן תַּנָּא קַמָּא – רַבִּי יוֹסֵי, כָּל הָאוֹמֵר דָּבָר בְּשֵׁם אוֹמְרוֹ מֵבִיא גְאוּלָּה לָעוֹלָם, שֶׁנֶּאֱמַר ״וַתֹּאמֶר אֶסְתֵּר לַמֶּלֶךְ בְּשֵׁם מָרְדֳּכָי״.

Rather, this is what the mishna **teaches us: Who is the first *tanna*?** It is **Rabbi Yosei.** The identification is important, since **whoever reports a statement in the name of the one who said it brings redemption to the world. As it is stated** with respect to the incident of Bigthan and Teresh: **"And Esther reported it to the king in the name of Mordecai"** (Esther 2:22), and Mordecai was later rewarded for saving the king's life, paving the way for the miraculous salvation.

תָּנָא אַגְרָא חֲמוּהּ דְּרַבִּי אַבָּא: עוֹף וּגְבִינָה נֶאֱכָלִין בְּאַפִּיקוֹרֶן. הוּא תָּנֵי לַהּ וְהוּא אָמַר לַהּ: בְּלֹא נְטִילַת יָדַיִם וּבְלֹא קִינּוּחַ הַפֶּה.

§ The Gemara continues discussing the consumption of poultry cooked in milk. The Sage **Agra, the father-in-law of Rabbi Abba, taught:** The meat of **birds and cheese may be eaten freely [*apikoren*],** i.e., there is no need to be strict in this matter. The Gemara notes: **He,** Agra, **teaches it and he says it,** i.e., explains his statement: The meat of birds and cheese may be eaten **without washing** one's **hands and without wiping the mouth**[H] between the consumption of each.

BACKGROUND

Stewpot [*ilpas*] **– אִילְפָּס:** The *ilpas* was apparently an earthenware vessel with a broad base, straight sides, and a wide opening. The sides of an *ilpas* were thinner than those of a regular pot. It also differed from a pot in that it came with a cover, which had a pointed end and was sometimes perforated. An *ilpas* was probably used to cook all types of foods, like a pot, but it was used particularly for foods that required speedy preparation, or to warm food that had already been cooked in a pot.

HALAKHA

The meat of birds may be placed with cheese on one table – הָעוֹף עוֹלֶה עִם הַגְּבִינָה עַל הַשּׁוּלְחָן: It is prohibited to place meat of birds with cheese on a table at which one is eating the cheese, lest one come to eat them together. This is the *halakha* despite the fact that poultry cooked in milk is prohibited by rabbinic law. Later authorities note that the same applies to the reverse case, i.e., one may not place cheese on a table at which one is eating the meat of birds or undomesticated animals. This ruling is in accordance with the opinion of Beit Hillel. Nevertheless, it is customary to place bread between those eating meat and those eating cheese, and this is sufficient to render it permitted to eat these foods at the same table (Rambam *Sefer Kedusha, Hilkhot Ma'akhalot Assurot* 9:20 and *Haggahot Maimoniyyot* there; *Shulḥan Arukh, Yoreh De'a* 88:1 and *Shakh* there).

On a table upon which one prepares the cooked food – הַשּׁוּלְחָן שֶׁסּוֹדֵר עָלָיו אֶת הַתַּבְשִׁיל: Although it is prohibited to place poultry with cheese on a table at which one is eating the cheese, one may place them side by side on a table at which one is merely arranging the food (*Shulḥan Arukh, Yoreh De'a* 88:1).

Without washing hands and without wiping the mouth – בְּלֹא נְטִילַת יָדַיִם וּבְלֹא קִינּוּחַ הַפֶּה: If one wishes to eat birds after cheese he may do so immediately and need not even wash his hands or wipe his mouth, in accordance with the opinion of Agra, the father-in-law of Rabbi Abba. Some authorities write that there is a custom to be stringent and to wait in the case of eating meat after cheese (Rema, citing Maharam). The Rema adds that this is the proper custom in a case where the cheese is hard, which is assumed to apply to cheese that was aged for six months or more (*Shakh*). Therefore, one may not eat even birds after consuming that cheese for the same amount of time as one waits to eat cheese after meat (see *Zohar*). Others are lenient with regard to eating meat after cheese, and one need not object to those who follow this practice, but they should wipe and rinse their mouths and wash their hands. Nevertheless, it is preferable to be stringent. The Maharshal disagrees with this stringent practice, though the *Shakh* supports it (Rambam *Sefer Kedusha, Hilkhot Ma'akhalot Assurot* 9:27; *Shulḥan Arukh, Yoreh De'a* 89:2).

רַב יִצְחָק בְּרֵיהּ דְּרַב מְשַׁרְשִׁיָּא אִיקְּלַע לְבֵי רַב אָשֵׁי, אַיְיתוּ לֵיהּ גְּבִינָה – אֲכַל, אַיְיתוּ לֵיהּ בִּשְׂרָא אֲכַל, וְלָא מְשָׁא יְדֵיהּ. אָמְרִי לֵיהּ: וְהָא תָּאנֵי אַגְרָא חֲמוּהּ דְּרַבִּי אַבָּא עוֹף וּגְבִינָה נֶאֱכָלִין בָּאַפִּיקוֹרֶן, עוֹף וּגְבִינָה – אִין, בָּשָׂר וּגְבִינָה – לָא!

The Gemara relates: **Rav Yitzhak, son of Rav Mesharshiyya, happened** to come **to the house of Rav Ashi. They brought him cheese,** and **he ate** it. Next **they brought him meat,** and **he ate** it **without** first **washing his hands.** The members of Rav Ashi's household **said to him: But didn't Agra, the father-in-law of Rabbi Abba, teach** only that the meat of **birds and cheese may be eaten freely?** One can infer that with regard to the meat of **birds and cheese, yes,** one may eat them without washing one's hands in between, but with regard to the **meat** of domesticated animals **and cheese, no,** one may not.

אֲמַר לְהוּ: הָנֵי מִילֵּי – בְּלֵילְיָא, אֲבָל בִּימָמָא – הָא חָזֵינָא.

Rav Yitzhak **said to them: This statement** of Agra applies only if one eats them **at night,** as one cannot see whether some of the food of the previous dish still remains on his hands, and he must therefore wash them. **But** if one eats **by day, I can see** that no food remains on his hands, and consequently there is no need to wash them.

תַּנְיָא, בֵּית שַׁמַּאי אוֹמְרִים: מְקַנֵּחַ. וּבֵית הִלֵּל אוֹמְרִים: מֵדִיחַ. מַאי מְקַנֵּחַ וּמַאי מֵדִיחַ?

It is taught in a *baraita*: **Beit Shammai say:** Between the consumption of meat and milk one must **wipe** out his mouth, **and Beit Hillel say** that he must **rinse** his mouth. The Gemara asks: **What** is the meaning of the word: **Wipe** [*mekane'ah*], **and what** is the meaning of the word: **Rinse** [*mediah*]?

אִילֵימָא בֵּית שַׁמַּאי אוֹמְרִים מְקַנֵּחַ וְלָא בָּעֵי מֵדִיחַ, וּבֵית הִלֵּל אוֹמְרִים מֵדִיחַ וְלָא בָּעֵי מְקַנֵּחַ, אֶלָּא הָא דַּאֲמַר רַבִּי זֵירָא: אֵין קִינּוּחַ פֶּה אֶלָּא בְּפַת, כְּמַאן – כְּבֵית שַׁמַּאי?!

If we **say** that **Beit Shammai say** that one **wipes** out his mouth with solid food **and does not need** to **rinse**[N] his mouth with water, since they maintain that wiping is more effective than rinsing, **and Beit Hillel say** that he **rinses**[N] his mouth in water **and does not need** to **wipe** his mouth, as rinsing is more effective, one can respond: **But** as for **that which Rabbi Zeira said: Wiping of** the **mouth** can be performed **only with bread, in accordance with whose** opinion is it? It is apparently **in accordance with** the opinion of **Beit Shammai,** since Beit Hillel do not require wiping. Yet, it is unlikely that Rabbi Zeira would rule in accordance with the opinion of Beit Shammai rather than Beit Hillel.

אֶלָּא, בֵּית שַׁמַּאי אוֹמְרִים: מְקַנֵּחַ וְלָא בָּעֵי מֵדִיחַ, וּבֵית הִלֵּל אוֹמְרִים: אַף מֵדִיחַ – הָוֵי לֵיהּ מִקּוּלֵּי בֵּית שַׁמַּאי וּמֵחוּמְרֵי בֵּית הִלֵּל, וְלִתְנְיֵיהּ גַּבֵּי קוּלֵּי בֵּית שַׁמַּאי וְחוּמְרֵי בֵּית הִלֵּל!

Rather, one must explain the dispute as follows: **Beit Shammai say** that one **wipes** his mouth after eating meat **and does not need to rinse** his mouth as well, **and Beit Hillel say** that in addition to wiping one must **also rinse.** This interpretation is difficult as well, since if so, this **constitutes** one **of the** disputes between them that involve **leniencies of Beit Shammai and stringencies of Beit Hillel, and** consequently, **let** the *tanna* of tractate *Eduyyot* **teach it alongside** the other disputes listed there that involve **leniencies of Beit Shammai and stringencies of Beit Hillel.**

אֶלָּא, בֵּית שַׁמַּאי אוֹמְרִים: מְקַנֵּחַ, וְהוּא הַדִּין לְמֵדִיחַ. וּבֵית הִלֵּל אוֹמְרִים: מֵדִיחַ, וְהוּא הַדִּין לִמְקַנֵּחַ. מָר אָמַר חֲדָא, וּמָר אָמַר חֲדָא, וְלָא פְּלִיגִי.

Rather, one must interpret their statements as follows: **Beit Shammai say** that one **wipes** his mouth after eating meat, **and the same is true of rinsing,** i.e., one must rinse his mouth as well. **And Beit Hillel say** that one **rinses** his mouth, **and the same is true of wiping.** And **one Sage said one** statement **and one Sage said** another statement, **and they do not disagree.**

גּוּפָא, אָמַר רַבִּי זֵירָא: אֵין קִינּוּחַ הַפֶּה אֶלָּא בְּפַת. וְהָנֵי מִילֵּי – בִּדְחִיטֵּי, אֲבָל בִּדְשַׂעֲרֵי – לָא.

§ After citing Rabbi Zeira's statement tangentially, the Gemara discusses **the** matter **itself. Rabbi Zeira says: Wiping of the mouth** can be performed **only with bread.** The Gemara explains: **And this statement** applies only **to** bread prepared **from wheat** flour. **But with regard to** bread prepared **from barley** flour, one may **not** use it for wiping, as barley bread crumbles in the mouth and does not wipe thoroughly.

NOTES

Beit Shammai say that one wipes and does not need to rinse – **בֵּית שַׁמַּאי אוֹמְרִים מְקַנֵּחַ וְלָא בָּעֵי מֵדִיחַ**: The early commentaries disagree about whether wiping or rinsing is a more effective method of cleansing one's mouth. Some write that wiping is preferable, and therefore Beit Shammai maintain that once one has already wiped there is no further need for rinsing. Conversely, Beit Hillel rule that cleansing thoroughly with wiping is unnecessary; rather, it is enough merely to rinse one's mouth (Rashi). Others contend that rinsing is a more thorough procedure than wiping. Accordingly, Beit Shammai maintain that wiping one's mouth is sufficient, whereas Beit Hillel rule that only rinsing is effective. Admittedly, according to this interpretation the Gemara could have raised the same difficulty here as it does afterward, that this case should have been listed alongside the other leniencies of Beit Shammai and stringencies of Beit Hillel, but it did not do so, as in any case the Gemara raises a difficulty from Rabbi Zeira's statement (*Tosafot*).

Wipes…rinses – **מֵדִיחַ...מְקַנֵּחַ**: Most of the early commentaries maintain that both wiping and rinsing refer to one's mouth (Ritva; see Rashi and *Tosafot*). Others claim that wiping refers to the mouth and rinsing applies to the hands (Ra'ah). The *Rosh Yosef* contends that this is the Rambam's opinion, and the *Hatam Sofer* claims that it is the opinion of Rabbeinu Tam in *Sefer HaYashar*.

וּדְחִיטֵּי נַמִי, לָא אֲמָרָן אֶלָּא בִּקְרִירָא, אֲבָל בַּחֲמִימָא – מִשְׁטַר שָׁטְרִי. וְהָנֵי מִילֵּי בְּרַכִּיכָא, אֲבָל בְּאַקּוּשָׁא – לָא. וְהִלְכְתָא: בְּכָל מִילֵּי הָוֵי קִינּוּחַ, לְבַר מִקִּמְחָא תַּמְרֵי וְיַרְקָא.

The Gemara adds: **And even** in the case of bread prepared **from wheat** flour, **we said** the *halakha* **only with regard to cold** bread, **but** as **for warm** bread, it is ineffective for wiping even if made of wheat, as it softens and **sticks** to the palate, and it does not wipe the mouth properly. **And** furthermore, even if the bread is cold, **this statement** applies only **with regard to soft** bread, **but** one may **not** wipe **with hard** bread, as it also does not clean effectively. The Gemara concludes: **And the *halakha*** is that the use **of all items constitutes** effective **wiping,**[H] **except for flour, dates, and vegetables.**

בְּעָא מִינֵּיהּ רַב אַסִי מֵרַבִּי יוֹחָנָן: כַּמָּה יִשְׁהֶה בֵּין בָּשָׂר לִגְבִינָה? אָמַר לוֹ: וְלֹא כְלוּם. אִינִי, וְהָא אָמַר רַב חִסְדָּא: אָכַל בָּשָׂר – אָסוּר לֶאֱכוֹל גְּבִינָה, גְּבִינָה – מוּתָּר לֶאֱכוֹל בָּשָׂר! אֶלָּא, כַּמָּה יִשְׁהֶה בֵּין גְּבִינָה לְבָשָׂר? אֲמַר לֵיהּ: וְלֹא כְלוּם.

§ **Rav Asi posed a dilemma to Rabbi Yoḥanan: How much** time **should one wait between** eating **meat and** eating **cheese?** Rabbi Yoḥanan **said to him: No** time **at all.** The Gemara asks: **Is that so? But doesn't Rav Ḥisda say:** If one **ate meat,** it is **prohibited** for him **to eat cheese**[H] immediately, but if he ate **cheese** it is **permitted** for him **to eat meat**[H] without delay? **Rather,** Rav Asi actually asked Rabbi Yoḥanan the following question: **How much** time **should one wait between** eating **cheese and** eating **meat?** In response to this question, Rabbi Yoḥanan **said to him: No** time **at all.**

גּוּפָא, אָמַר רַב חִסְדָּא: אָכַל בָּשָׂר – אָסוּר לֶאֱכוֹל גְּבִינָה. גְּבִינָה – מוּתָּר לֶאֱכוֹל בָּשָׂר. אֲמַר לֵיהּ רַב אַחָא בַּר יוֹסֵף לְרַב חִסְדָּא: בָּשָׂר שֶׁבֵּין הַשִּׁינַּיִם מַהוּ?

After tangentially citing a statement of Rav Ḥisda, the Gemara discusses **the** matter **itself. Rav Ḥisda says:** If one **ate meat,** it is **prohibited** for him **to eat cheese** immediately, as the meat contains fatty substances that stick to one's mouth and preserve the flavor of meat. But if he ate **cheese** it is **permitted** for him **to eat meat** without delay. **Rav Aḥa bar Yosef said to Rav Ḥisda:** In the case of **meat that is between the teeth, what is the** *halakha*? Are these remnants considered meat to the extent that one may not eat cheese as long as they are in his mouth?

קָרֵי עֲלֵיהּ ״הַבָּשָׂר עוֹדֶנּוּ בֵּין שִׁנֵּיהֶם״.

In response, Rav Ḥisda **read about him** the following verse: **"While the meat was yet between their teeth"** (Numbers 11:33). This verse indicates that even when the meat is between one's teeth it is still considered meat, and therefore one may not partake of cheese until that meat has been removed.

אֲמַר מָר עוּקְבָא: אֲנָא, לְהָא מִלְּתָא, חַלָּא בַּר חַמְרָא לְגַבֵּי אַבָּא, דְּאִילּוּ אַבָּא – כִּי הֲוָה אָכֵיל בִּשְׂרָא הָאִידָּנָא, לָא הֲוָה אָכֵל גְּבִינָה עַד לְמָחָר עַד הַשְׁתָּא. וְאִילּוּ אֲנָא – בְּהָא סְעוּדְתָא הוּא דְּלָא אָכֵילְנָא, לִסְעוּדְתָא אַחֲרִיתָא – אָכֵילְנָא.

Mar Ukva said: I am, with regard to this matter, like **vinegar, son of wine, with respect to Father,** i.e., my practice is inferior to that of my father. **As Father, if he were to eat meat at this time, would not eat cheese until tomorrow at this time. But as for me,** only **at this meal,** during which I ate meat, **do I not eat** cheese; **at a different meal** on the same day I will **eat** cheese.

HALAKHA

The use of all items constitutes wiping – בְּכָל מִילֵּי הָוֵי קִינּוּחַ: One who has eaten cheese may eat meat immediately afterward, provided that he first examines his hands to ensure that no cheese is stuck to them. If it is too dark to examine his hands properly, he must wash them. He must wipe and rinse his mouth, both when eating at night and when eating during the day. Wiping is performed by chewing a piece of bread and using it to wipe out one's mouth. But one may also wipe with any food item he wishes, apart from flour, dates, and vegetables, as these stick to the gums and do not wipe properly. Afterward, he should rinse out his mouth with water or wine, although there is no need to be particular about the order of wiping and rinsing (Maharam). The *Haggahot Maimoniyyot* states that after rinsing his hands and mouth, Rabbi Yitzḥak ben Avraham would insert a finger into his mouth to examine carefully that nothing was left inside, after which he would wipe with bread. By contrast, Rabbeinu Yitzḥak of Dampierre would soak bread in water and eat it, and count this action as both wiping and rinsing, or he would eat an item that can be used for wiping and would then drink water or wine for rinsing (Rambam *Sefer Kedusha, Hilkhot Ma'akhalot Assurot* 9:26; *Shulḥan Arukh, Yoreh De'a* 89:2).

If one ate meat it is prohibited to eat cheese immediately – אָכַל בָּשָׂר אָסוּר לֶאֱכוֹל גְּבִינָה: One who ate meat, even of birds or undomesticated animals, should not eat cheese immediately afterward, in accordance with the opinion of Rav Ḥisda. Rather, he should wait six hours, which is the time between meals, as stated by Mar Ukva (Rambam). Even in a case where one waited this long, if he still has meat between his teeth he must remove that meat before partaking of cheese. Some commentaries write that if one found meat between his teeth after the waiting period, in addition to removing it he must rinse out his mouth before eating cheese (Rema). Others maintain that there is no need to wait six hours. Instead, once one has finished eating meat and recited Grace after Meals he may perform wiping and rinsing and proceed to eat cheese. The Rema adds that the custom in his region was to wait one hour after eating meat and then to eat cheese. In this case, one must recite Grace after Meals to indicate that this is a different meal; if one does not recite Grace after Meals, waiting an hour is not sufficient. It makes no difference if he waited an hour and then recited Grace after Meals or first recited Grace after Meals and then waited an hour. If he found meat between his teeth after that hour, he must remove it all thoroughly. Some maintain that one should not recite Grace after Meals solely in order to be able to eat cheese *ab initio*, as this is not considered a valid end of the meal (Gra), but people are not careful in this regard. Many are particular to wait six hours after meat before eating cheese, which is the proper custom that has been accepted by the majority of the Jewish people (Rambam *Sefer Kedusha, Hilkhot Ma'akhalot Assurot* 9:28; *Shulḥan Arukh, Yoreh De'a* 89:1).

If he ate cheese it is permitted to eat meat – גְּבִינָה מוּתָּר לֶאֱכוֹל בָּשָׂר: One who ate cheese may eat meat immediately afterward, provided that he examines his hands to ensure that no cheese is stuck to them. If it is at night, or if it is too dark to examine them properly, he must wash his hands. Furthermore, even during the day, one must wipe and rinse his mouth. This applies only with regard to the meat of undomesticated and domesticated animals. If he wants to eat birds after cheese, he does not need to wipe his mouth or wash his hands. The Rema writes that some are particular to wait for some time even before eating meat of birds after cheese (Rambam *Sefer Kedusha, Hilkhot Ma'akhalot Assurot* 9:26; *Shulḥan Arukh, Yoreh De'a* 89:2).

אֲמַר שְׁמוּאֵל: אֲנָא, לְהָא מִלְּתָא, חֲלָא בַּר חַמְרָא לְגַבֵּי אַבָּא, דְּאִילּוּ אַבָּא – הֲוָה סָיֵיר נִכְסֵיהּ תְּרֵי זִמְנֵי בְּיוֹמָא, וַאֲנָא לָא סָיֵירְנָא אֶלָּא חֲדָא זִימְנָא. שְׁמוּאֵל לְטַעְמֵיהּ, דַּאֲמַר שְׁמוּאֵל: מַאן דְּסָיֵיר נִכְסֵיהּ כָּל יוֹמָא – מַשְׁכַּח אִסְתֵּירָא.

Similarly, **Shmuel said: I am, with regard to this** other **matter,** like **vinegar, son of wine, with respect to Father. As Father**[P] **would patrol his property** to examine it **twice daily, but I patrol** it **only once** a **day.**[N] The Gemara notes: In this regard **Shmuel** conforms **to** his line of **reasoning, as Shmuel said: One who patrols his property every day will find an** ***asteira***[B] coin.

אַבַּיֵי הֲוָה סָיֵיר נִכְסֵיהּ כָּל יוֹמָא וְיוֹמָא, יוֹמָא חַד פָּגַע בַּאֲרִיסֵיהּ דְּדָרֵי פַּתְכָא דְּאוּפֵי. אֲמַר לֵיהּ: הָנֵי לְהֵיכָא? אֲמַר לֵיהּ: לְבֵי מָר. אֲמַר לֵיהּ: כְּבָר קְדָמוּךְ רַבָּנַן.

The Gemara relates that **Abaye would patrol his property each and every day. One day he encountered his sharecropper carrying a load of wood** that the sharecropper intended to take for himself. Abaye **said to him: To where** are you taking **these** logs of wood? The sharecropper **said to him: To the Master's house.** Abaye, who knew that the sharecropper had intended to take the wood for himself, **said to him: The Sages already preempted you** when they said that one should patrol his property regularly, and they thereby prevented you from stealing the wood.

רַב אַסִי הֲוָה סָיֵיר נִכְסֵיהּ כָּל יוֹמָא, אֲמַר: הֵיכָא נִינְהוּ כָּל הָנֵי אִסְתִּירֵי דְּמָר שְׁמוּאֵל? יוֹמָא חַד חֲזָא צִינּוֹרָא דִּבְדָקָא בְּאַרְעֵיהּ, שְׁקַלֵיהּ לִגְלִימֵיהּ, כָּרְכֵיהּ אוֹתְבֵיהּ בְּגַוֵּהּ. רְמָא קָלָא, אָתוּ אֱינָשֵׁי סַכְרוּהָ. אַשְׁכַּחְתִּינְהוּ לְכוּלְּהוּ אִיסְתְּרֵי דְּמָר שְׁמוּאֵל.

The Gemara likewise relates that **Rav Asi would patrol his property every day. He said: Where are all these** ***asteira*** coins mentioned **by Mar Shmuel?** This patrol is not reaping me any benefit. **One day he saw** a water **channel that overflowed,** causing water to flood **onto his land. He took off his cloak, wrapped it, and placed it inside** the pipe to block the flow of water. **He** then **raised** his **voice,** and **people came** and **sealed** the hole. He said: **I have** just **found all the** ***asteira*** coins mentioned **by Mar Shmuel,** as I would have suffered a great loss had I not patrolled my fields.

אָמַר רַב אִידִי בַּר אָבִין, אָמַר רַב יִצְחָק בַּר אָשְׁיָין: מַיִם רִאשׁוֹנִים – מִצְוָה, וְאַחֲרוֹנִים – חוֹבָה.

§ Having mentioned the manner of washing hands during a meal, the Gemara discusses another matter concerning washing hands. **Rav Idi bar Avin says** that **Rav Yitzḥak bar Ashyan says:** The **first waters,** i.e., washing of the hands before eating bread, are **a mitzva**[H] by rabbinic law, **but** the **final** waters, washing of the hands upon conclusion of the meal and before reciting Grace after Meals, are **an obligation,**[H] a more stringent requirement.

מֵיתִיבֵי: מַיִם רִאשׁוֹנִים וְאַחֲרוֹנִים – חוֹבָה, אֶמְצָעִיִּים – רְשׁוּת! מִצְוָה לְגַבֵּי רְשׁוּת – ״חוֹבָה״ קָרֵי לָהּ.

The Gemara **raises an objection** to this ruling from a *baraita*: The **first waters and** the **final** waters are **an obligation,** whereas the **middle** waters, between courses during the meal, are **optional.**[H] Apparently, the first waters are also an obligation, not a mitzva. The Gemara responds: Although the first waters are in fact a mitzva, the *tanna* **calls a mitzva an obligation** when **compared to an optional** requirement.

גּוּפָא: מַיִם רִאשׁוֹנִים וְאַחֲרוֹנִים – חוֹבָה, אֶמְצָעִיִּים – רְשׁוּת, רִאשׁוֹנִים – נוֹטְלִין בֵּין בִּכְלִי בֵּין עַל גַּבֵּי קַרְקַע, אַחֲרוֹנִים – אֵין נוֹטְלִין אֶלָּא בִּכְלִי. וְאָמְרִי לָהּ: אֵין נוֹטְלִין עַל גַּבֵּי קַרְקַע.

The Gemara analyzes **the** matter **itself.** The full text of the *baraita* is as follows: **First waters and final waters are an obligation,** whereas **middle** waters **are optional.** For **first** waters, **one may wash either** by spilling the water **into a vessel or onto the ground.**[H] But for **final** waters, **one washes only** by pouring the water **into a vessel.**[H] **And some say** a slightly different version of the *baraita*: For final waters, **one may not wash** by pouring the water **onto the ground.**

NOTES

I patrol it only once a day – וַאֲנָא לָא סָיֵירְנָא אֶלָּא חֲדָא זִימְנָא: The commentaries note that Shmuel's behavior was considered to be for the sake of Heaven, as one who takes care of his possessions honors God, Who gave them to him. This is the reason the righteous are careful about their money, as the Gemara stated on 91a (*Ben Yehoyada*). Some explain homiletically that Shmuel is referring to one's account of his deeds: Shmuel's father would examine his ways twice each day, whereas Shmuel himself, who was on a less exalted level, would take stock of his actions only once a day (*Ḥafetz Ḥayyim*; *Shem Olam*).

BACKGROUND

Asteira – אִסְתֵּירָא: This is the name of a Roman coin, known in Greek as στατήρ, *statēr*. When made of gold, these coins were worth a *sela*, or four dinars. In this case the reference is to the provincial *asteira* coin, a copper coin that was of lesser value, worth one-eighth of the larger Tyrian coins, i.e., half a dinar.

HALAKHA

The first waters are a mitzva – מַיִם רִאשׁוֹנִים מִצְוָה: It is a rabbinic obligation to wash one's hands before a meal and before the recitation of *Shema* and the *Amida* prayer. This ritual is called a mitzva, as the verse states: "According to the Torah that they shall teach you" (Deuteronomy 17:11), which indicates that one must obey the commands of the Sages (Rambam *Sefer Ahava*, *Hilkhot Berakhot* 6:2).

But final waters are an obligation – וְאַחֲרוֹנִים חוֹבָה: Washing one's hands for the final waters of a meal is an obligation. This is because the Sages required that one use salt at every meal, and there is a certain salt, called Sodomite salt, that blinds the eyes, as explained by Rav Yehuda, son of Rabbi Ḥiyya (Rambam *Sefer Ahava*, *Hilkhot Berakhot* 6:2–3; *Shulḥan Arukh*, *Oraḥ Ḥayyim* 181:1 and *Taz* there).

Middle waters are optional – אֶמְצָעִיִּים רְשׁוּת: Middle waters are optional, i.e., one may wash his hands if he chooses. This applies only between one cooked dish and another cooked dish, but between a cooked dish and cheese, it is obligatory, in accordance with the opinion of Rav Naḥman (Rambam *Sefer Ahava*, *Hilkhot Berakhot* 6:3; *Shulḥan Arukh*, *Oraḥ Ḥayyim* 173:1 and *Mishna Berura* there).

For first waters one may wash either into a vessel or onto the ground – רִאשׁוֹנִים נוֹטְלִין בֵּין בִּכְלִי בֵּין עַל גַּבֵּי קַרְקַע: One may pour first waters either into a vessel or onto the ground, as stated in the *baraita* (Rambam *Sefer Ahava*, *Hilkhot Berakhot* 6:16).

For final waters one washes only into a vessel, etc. – אַחֲרוֹנִים אֵין נוֹטְלִין אֶלָּא בִּכְלִי וכו׳: One may not pour final waters onto the ground, but only into a vessel. This is due to the evil spirit that rests upon them, which makes it dangerous to walk over them (*Mishna Berura*). If one does not have a vessel available, he should wash over slivers of wood and the like, in accordance with the second version of the *baraita* (see *Kesef Mishne* and *Beur HaGra*, citing Rambam). Some claim that in a place where people do not pass by it is permitted to pour final waters on the ground (*Magen Avraham*). According to this opinion, it is permitted to pour the water under the table; this is the *halakha* even if the table is occasionally moved, as it can be assumed that the water would have dried by then (Rambam *Sefer Ahava*, *Hilkhot Berakhot* 6:16; *Shulḥan Arukh*, *Oraḥ Ḥayyim* 181:2).

PERSONALITIES

Shmuel's father – אֲבִי שְׁמוּאֵל: Shmuel's father was the *amora* Rabbi Abba bar Abba the Priest, of the first generation of *amora'im*. In the Babylonian Talmud he is called after his famous son, as the name Abba was very common. In the Jerusalem Talmud he is referred to as Rabbi Ba bar Va.

Rabbi Abba bar Abba, a distinguished personality in many respects, was one of the greatest Sages in Babylonia and a leader of the Jewish community there. When Rav came to Babylonia, he refused to accept leadership during Rabbi Abba bar Abba's lifetime. The Sages of Eretz Yisrael had great respect for Rabbi Abba bar Abba, and after he returned to Babylonia they would send him letters with questions. Rabbi Abba bar Abba's Torah statements appear throughout both the Babylonian Talmud and the Jerusalem Talmud.

Rabbi Abba bar Abba apparently studied under the Babylonian Sages of the previous generation, including Rabbi Yehuda ben Beteira, and under Rabbi Yehuda HaNasi in Eretz Yisrael, to whom he asked many questions, both in person and via correspondence. He also had a close relationship with the Sage Levi ben Sisi, who moved from Eretz Yisrael to Babylonia. They studied together in the study hall of Neharde'a and traveled together, and they shared a similar halakhic methodology. When Levi ben Sisi died, Rabbi Abba bar Abba delivered a lengthy eulogy for him.

Rabbi Abba bar Abba was a cotton merchant, and his commercial activities led him to many cities. A wealthy man and a landowner, he was very active in charity and the performance of kind deeds, e.g., redeeming hostages. Although he was not appointed to any official position, he was the most significant personage in his city Neharde'a, where he was responsible for municipal matters. In addition to Shmuel he had another son, Rav Pineḥas, who was also a Torah scholar.

מַאי בֵּינַיְיהוּ? אִיכָּא בֵּינַיְיהוּ – קִינְסָא.

The Gemara interjects: **What is** the difference **between** these two versions? The Gemara answers: **There is** a practical difference **between them** with regard to pouring the water on thin wood **slivers** on the ground. According to the first version, which requires that the water be poured into a vessel, one may not use such slivers for this purpose, whereas according to the second version, which merely prohibits pouring the water onto the ground, one may use wood slivers.

מַיִם רִאשׁוֹנִים – נוֹטְלִין בֵּין בְּחַמִּין בֵּין בְּצוֹנֵן, אַחֲרוֹנִים – אֵין נוֹטְלִין אֶלָּא בְּצוֹנֵן, מִפְּנֵי שֶׁחַמִּין מְפַעְפְּעִין אֶת הַיָּדַיִם, וְאֵין מַעֲבִירִין אֶת הַזּוּהֲמָא. ״מַיִם רִאשׁוֹנִים נוֹטְלִין בֵּין בְּחַמִּין בֵּין בְּצוֹנֵן״. אָמַר רַב יִצְחָק בַּר יוֹסֵף, אָמַר רַבִּי יַנַּאי: לֹא שָׁנוּ אֶלָּא שֶׁאֵין הַיָּד

The *baraita* continues: With regard to **first waters, one may wash either with hot** water **or with cold** water. But for **final** waters, **one may wash only with cold** water, **because hot** water **softens the hands and does not remove the dirt** from them. The Gemara analyzes the statement that for **first waters one may wash either with hot** water **or with cold** water: **Rav Yitzḥak bar Yosef** says that **Rabbi Yannai says: They taught** this *halakha* **only** in a case **where the hand does not**

Perek **VIII**
Daf **105** Amud **b**

סוֹלֶדֶת בָּהֶן, אֲבָל הַיָּד סוֹלֶדֶת בָּהֶן – אֵין נוֹטְלִין בָּהֶן.

recoil [*soledet*][L] **from** the water's heat. **But if the hand recoils from it, one may not wash with it.**[N]

וְאִיכָּא דְּמַתְנֵי לָהּ אַסֵּיפָא: אַחֲרוֹנִים אֵין נוֹטְלִין אֶלָּא בְּצוֹנֵן, אֲבָל בְּחַמִּין – לֹא. אָמַר רַב יִצְחָק בַּר יוֹסֵף, אָמַר רַבִּי יַנַּאי: לֹא שָׁנוּ אֶלָּא שֶׁהַיָּד סוֹלֶדֶת בָּהֶן, אֲבָל אֵין הַיָּד סוֹלֶדֶת בָּהֶן – נוֹטְלִין. מִכְּלָל דְּרִאשׁוֹנִים, אַף עַל פִּי שֶׁהַיָּד סוֹלֶדֶת בָּהֶן – מוּתָּר.

And there are those who teach a version of **this** statement **with regard to the latter clause** of the *baraita*: For **final** waters, **one may wash only with cold water,**[H] **but** one may **not** wash **with hot** water. **Rav Yitzḥak bar Yosef says** that **Rabbi Yannai says: They taught** that one may not use hot water **only** in a case **where** the water is so hot that **the hand recoils from it, but if the hand does not recoil from it, one may wash** with it. The Gemara comments: One can learn **by inference** from this version of the statement **that** in the case of **first** waters, **even if the** water is so hot that **the hand recoils from it,** it **is permitted**[H] to use it for washing.

״אֶמְצָעִיִּים רְשׁוּת״. אָמַר רַב נַחְמָן: לֹא שָׁנוּ אֶלָּא בֵּין תַּבְשִׁיל לְתַבְשִׁיל, אֲבָל בֵּין תַּבְשִׁיל לִגְבִינָה – חוֹבָה.

§ The *baraita* states that **middle** waters are **optional. Rav Naḥman says: They taught** this **only** with regard to washing the hands **between** one **cooked dish and** another **cooked dish**[N] served at a meal. **But between a cooked dish and cheese** there is **an obligation** to wash one's hands.

LANGUAGE

Recoil [*soledet*] – סוֹלֶדֶת: Rashi translates this word as recoil based upon his understanding of an ambiguous phrase in the book of Job (6:10): "I would tremble in terror [*asalleda beḥila*]." By contrast, the Radak interprets the verse in Job in light of its usage in the Gemara here as heated or boiling. Rabbeinu Ḥananel understands this phrase in accordance with the equivalent expression in the Jerusalem Talmud: The hand can control [*sholetet*] it. If so, the phrase means the opposite of the other interpretations: As long as the hand is capable of holding the water

HALAKHA

For final waters one may wash only with cold water – אַחֲרוֹנִים אֵין נוֹטְלִין אֶלָּא בְּצוֹנֵן: For final waters, one may not wash with hot water that would burn the hands, as such water softens the hands and causes them to absorb the remainders of food (Rashi), and it does not cleanse the hands of dirt. One may use lukewarm water for final waters. Some rule that one may use only cold water for final waters (Maharshal). Nevertheless, if one has only lukewarm water available there is certainly no reason to be stringent. The author of the *Mishna Berura* adds that he is inclined to permit hot water that has cooled down (Rambam *Sefer Ahava*, *Hilkhot Berakhot* 6:16; *Shulḥan Arukh*, *Oraḥ Ḥayyim* 181:3).

By inference that in the case of first waters, even if the hand recoils from it, it is permitted – מִכְּלָל דְּרִאשׁוֹנִים אַף עַל פִּי שֶׁהַיָּד סוֹלֶדֶת בָּהֶן מוּתָּר: One may use water heated by fire for first waters, even if it is so hot that one's hand recoils from it, i.e., water that could cause a baby's stomach to be scalded (see *Shabbat* 40b). The *halakha* is in accordance with the second version of Rav Yitzḥak bar Yosef's statement citing Rabbi Yannai (Rambam *Sefer Ahava*, *Hilkhot Berakhot* 6:16; *Shulḥan Arukh*, *Oraḥ Ḥayyim* 160:6).

NOTES

But if the hand recoils from it one may not wash with it – אֲבָל הַיָּד סוֹלֶדֶת בָּהֶן אֵין נוֹטְלִין בָּהֶן: The reason is that this water is considered to have changed from its normal state, and it is therefore no longer defined as regular water (Rashi).

Between one cooked dish and another cooked dish, etc. – בֵּין תַּבְשִׁיל לְתַבְשִׁיל וכו׳: Some commentaries explain that the phrase: Between one cooked dish and another cooked dish, is referring to two cooked dishes of the same type, i.e., both are either dishes cooked with meat in a pot or dishes cooked with cheese in a pot. By contrast, the phrase: Between a cooked dish and cheese, means after eating cheese and before eating a dish cooked with meat. In that case, middle waters are obligatory, just like any case of eating meat after eating cheese, where one is obligated to wash one's hands. One may not eat cheese after eating a dish cooked with meat until the next meal, even if he washes his hands (*Tosafot*, citing Rashbam).

Others explain that the phrase: Between one cooked dish and another cooked dish, is referring to eating a dish cooked with meat and then eating a dish cooked with cheese. In this case, Rav Naḥman maintains that middle waters are optional since neither dish contains actual pieces of meat or cheese, but only their flavor due to having been cooked with either the meat or cheese. The clause: Between a cooked dish and cheese, is referring to eating a dish cooked with meat and subsequently eating cheese. Since one wishes to eat cheese, it is obligatory to wash his hands first (Rabbeinu Tam).

The Rema reports that the custom is to be stringent in accordance with the opinion of the Rashbam and not to eat cheese after eating a dish cooked with meat. This formulation indicates that it would be permitted to eat a dish cooked with cheese following a dish cooked with meat, but later authorities state that the common custom is to refrain from this (Rabbi Akiva Eiger). The Rema also states that the custom is to wash one's hands between eating a dish cooked with cheese and a dish cooked with meat (*Shulḥan Arukh*, *Yoreh De'a* 89:3 in the comment of Rema).

אָמַר רַב יְהוּדָה בְּרֵיהּ דְּרַבִּי חִיָּיא: מִפְּנֵי מָה אָמְרוּ מַיִם אַחֲרוֹנִים חוֹבָה – שֶׁמֶּלַח סְדוֹמִית יֵשׁ, שֶׁמְּסַמֵּא אֶת הָעֵינַיִם. אֲמַר אַבַּיֵי: וּמִשְׁתַּכַּח כִּי קוּרְטָא בְּכוֹרָא. אֲמַר לֵיהּ רַב אַחָא בְּרֵיהּ דְּרָבָא לְרַב אַשִׁי: כָּל מִלְחָא מַאי? אֲמַר לֵיהּ: לָא מִבַּעְיָא.

§ The *baraita* further teaches that final waters are an obligation. **Rav Yehuda, son of Rabbi Ḥiyya, says: For what** reason did the Sages **say that final waters are an obligation?** It is **because Sodomite salt**[B] **is** sometimes **present,** a small amount of **which blinds the eyes.** Since Sodomite salt could remain on one's hands, one must wash them after eating. **Abaye said: And** this type of dangerous salt **is present** in the proportion of **a pinch** [*korta*][L] **in an entire** *kor*[L] of regular salt. **Rav Aḥa, son of Rava, said to Rav Ashi:** If one **measured salt** between meals, **what** is the *halakha*? Must he wash his hands afterward? **He said to him: It is not necessary** to say this; he is certainly obligated to do so.

אֲמַר אַבַּיֵי: מֵרֵישׁ הֲוָה אָמִינָא הַאי דְּלָא מְשׁוּ מַיָּא בַּתְרָאֵי עַל אַרְעָא – מִשּׁוּם זוּהֲמָא. אֲמַר לִי מָר: מִשּׁוּם דְּשָׁרְיָא רוּחַ רָעָה עֲלַיְיהוּ.

§ **Abaye said: At first I would say** that **this** *halakha* **that** one may **not wash** his hands with **final waters over the ground is due to messiness.** But the **Master,** Rabba, **said to me** that it is **because an evil spirit rests upon** the water and passersby are liable to be afflicted.

וַאֲמַר אַבַּיֵי: מֵרֵישׁ הֲוָה אָמִינָא, הַאי דְּלָא שָׁקֵיל מִידֵּי מִפְּתוֹרָא כִּי נָקֵיט אִינִישׁ כָּסָא לְמִשְׁתֵּי – שֶׁמָּא יֶאֱרַע דְּבַר קַלְקָלָה בַּסְּעוּדָה. אֲמַר לִי מָר: מִשּׁוּם דְּקָשֵׁי לְרוּחַ צְרָדָא.

And Abaye also **said: At first I would say** that the reason for **this** statement of the Sages **that one should not take anything from the table when a person is holding a cup to drink,** is **lest a mishap occur at the meal,** i.e., the one holding the cup might have wanted the item that was taken, and since he is unable to speak he will choke in his anger. But **the Master** subsequently **said to me** that it is **because it is bad for** one's health, causing **a spirit of** pain in **half** his head,[N] i.e., a migraine.

וְלָא אֲמָרַן – אֶלָּא דְּשָׁקֵיל וְלָא מַהֲדַר, אֲבָל מִשְׁקַל וְאַהֲדוּרֵי – לֵית לָן בָּהּ. וְלָא אֲמָרַן – אֶלָּא חוּץ לְאַרְבַּע אַמּוֹת, אֲבָל תּוֹךְ אַרְבַּע אַמּוֹת – לֵית לָן בָּהּ. וְלָא אֲמָרַן – אֶלָּא מִידֵּי דִּצְרִיךְ לִסְעוּדְתָא, אֲבָל מִידֵּי דְּלָא צְרִיךְ לִסְעוּדְתָא – לֵית לָן בָּהּ.

And we said that this practice is prohibited **only if one takes** an item from the table **and does not put** it **back. But** as for **taking and putting back, we have no** problem **with it. And** likewise, **we said** it is prohibited **only** if one takes the item **beyond four cubits** of the table. **But** if one leaves it **within four cubits, we have no** problem **with it. And** furthermore, **we said** this *halakha* **only** with regard to **an item that is necessary for the meal. But** in the case of **an item that is not necessary for the meal, we have no** problem **with it.**

מָר בַּר רַב אַשִׁי קָפֵיד אֲפִילּוּ אַאֲסִיתָא וּבוּכְנָא דְּתַבְלֵי – מִידֵּי דִּצְרִיכִי לִסְעוּדְתָא.

The Gemara relates that **Mar bar Rav Ashi was particular** not to remove any object from the table when someone was holding his cup in hand, **even with regard to a mortar** [*asita*][L] **and pestle** [*bukhna*][L] **for spices,** like all **items that are necessary for the meal.**

וַאֲמַר אַבַּיֵי: מֵרֵישׁ הֲוָה אָמִינָא, הַאי דְּכַנְשִׁי נַשְׁוָורָאָה – מִשּׁוּם מְנַקִּירוּתָא. אֲמַר לִי מָר: מִשּׁוּם דְּקָשֵׁי לַעֲנִיּוּתָא.

And Abaye further **said: At first I would say** that **this** practice **that** people **collect the crumbs** of bread after a meal **is due to cleanliness.** But **the Master** subsequently **said to me** that it is **because** leaving them **is bad for,** i.e., it can increase, a person's vulnerability **to poverty.**[H]

BACKGROUND

Sodomite salt – **מֶלַח סְדוֹמִית:** This salt is probably magnesium chloride, $MgCl_2$, which is found in extremely high concentrates in the Dead Sea, which is consistent with the name Sodomite salt, as that was the location of Sodom. Magnesium chloride can easily become intermingled with regular salt, which is extracted in great quantities along the shores of the Dead Sea. Since magnesium chloride is poisonous, there is a danger that its introduction into the eye by unwashed hands could lead to an eye infection.

Salt crystal formation at the Dead Sea

NOTES

Bad for a spirit of pain in half his head – **דְּקָשֵׁי לְרוּחַ צְרָדָא:** Commentaries offer numerous interpretations of this phrase. These include that it causes one to become confused or feel faint, that it causes a headache affecting half the head, i.e., a migraine (Rashash, Rashi, and Rashbam on *Pesaḥim* 111b), and that it causes epilepsy (Rabbeinu Gershom). Nevertheless, later commentaries conclude that whatever the illness, it is a product of the forces of impurity, which are no longer in existence, and one need not be concerned with this issue today (*Ben Yehoyada*).

HALAKHA

Because it is bad for poverty – **מִשּׁוּם דְּקָשֵׁי לַעֲנִיּוּתָא:** Although it is permitted to eradicate crumbs that are smaller than an olive-bulk it is improper to do so, because this practice leads to poverty. Some say that this applies only if one treads on them, but it is permitted to throw them into water (*Magen Avraham*). If the crumbs are an olive-bulk or larger one should not dispose of them, even by using methods other than treading on them. *Sha'arei Teshuva* cites the Mahara Galanti, who states in his introduction to the *Zohar* that there is no prohibition if all the crumbs together do not amount to an olive-bulk (*Shulḥan Arukh, Oraḥ Ḥayyim* 180:4).

LANGUAGE

Pinch [*korta*] – **קוּרְטָא:** A *korta* is a small piece or a crumb, similar to the Greek **κεράτιον**, *keration*. Apparently the measurement used for the weight of diamonds, a carat, is from the same Greek source, although these words might have a Semitic origin. Some sources assert that the word *koret* is a slight variation of *keretz*, which means a slice or small piece.

Kor – **כּוֹרָא:** The *kor*, the largest measurement of volume that appears in the sources, equals thirty *se'a*. Estimates of its size range from 240 to 480 ℓ; the large difference in estimates is due to disputes with regard to smaller halakhic measurements.

Mortar [*asita*] – **אֲסִיתָא:** Probably of Aramaic origin. It refers to a mortar, especially one used for preparing beer from barley.

Pestle [*bukhna*] – **בּוּכְנָא:** This word is of unclear origin, and although some associate it with a similar Greek term, it does not bear the same meaning. In any case, the basic meaning of the word is a vessel, from which it came to refer to elongated vessels with round ends. The same word, spelled slightly differently, has the identical meaning in Hebrew.

ההוא גברא, דהוה מהדר עליה שרא דעניותא, ולא הוה יכיל ליה – דקא זהיר אנשוורא טובא. יומא חד כרך ליפתא איבלי. אמר: השתא ודאי נפל בידאי. בתר דאכיל, אייתי מרא, עקרינהו ליבלי, שדינהו לנהרא. שמעיה דקאמר: ווי, דאפקיה ההוא גברא מביתיה!

The Gemara relates: There was **a certain man who was pursued by the ministering angel of poverty, but** the angel **was unable to** impoverish **him, as he was exceptionally careful with regard to crumbs. One day** that man **broke** his **bread over grass,** and some crumbs fell among the blades of grass. The angel **said: Now he will certainly fall into my hands,** as he cannot collect all the crumbs. **After** the man **ate, he brought a hoe, uprooted the grass,** and **threw it into the river.** He subsequently **heard** the ministering angel of poverty **say: Woe** is me, **as that man has removed me from my house,** i.e., my position of comfort.

ואמר אביי: מריש הוה אמינא, האי דלא שתי אופיא – משום מאיסותא. אמר לי מר: משום דקשי לכרסם. מישתיה – קשה לכרסם, מינפח ביה – קשיא לרישא, מדחייה – קשיא לעניותא. מאי תקנתיה? לשקעיה שקועי.

And Abaye said: At first I would say that **this** practice **that** people **do not drink the foam** from the top of a beverage is followed **because** it is **repulsive.** But **the Master said to me** that it is followed **because it is bad for** one's vulnerability to **catarrh.** The Gemara comments: **Drinking it is bad for catarrh,** while **blowing** off the foam from the drink **is bad for head** pains, and **removing it** with one's hand **is bad for poverty.** If so, **what is its remedy?** How may one drink? He **should sink** the foam inside the beverage and then drink it.

לכרסם דחמרא – שיכרא, דשיכרא – מיא, דמיא – לית ליה תקנתא. והיינו דאמרי אינשי: בתר עניא אזלא עניותא.

The Gemara notes: The treatment **for catarrh** caused by the foam **of wine** is **beer;** the treatment for catarrh caused by the foam **of beer** is **water;** and for catarrh caused by the foam **of water there is no remedy. And this** is in accordance with the adage **that people say: Poverty follows the poor.** Not only does a pauper have nothing to drink other than water, but there also is no treatment for the disease caused by his beverage.

ואמר אביי: מריש הוה אמינא, האי דלא אכלי ירקא מכישא דאסר גינאה – משום דמיחזי כרעבתנותא. אמר לי מר: משום דקשי לכשפים.

And Abaye said: At first I would say that the reason for **this** practice **that** people **do not eat vegetables from a bundle tied by the gardener** is **because it has the appearance of gluttony,** as he does not wait to untie the bundle to eat. But **the Master said to me** that it is **because** it **is bad for** one's vulnerability to **witchcraft.**

רב חסדא ורבה בר רב הונא הוו קאזלי בארבא. אמרה להו ההיא מטרוניתא: אותבן בהדייכו! לא אותבוה, אמרה מלתא – אסרתה לארבא. אמרו אינהו מילתא – שריוה. אמרה להו: מאי איעביד לכו, דלא מקנח לכו בחספא, ולא קטיל לכו כינה אמנייכו, ולא אכיל לכו ירקא מכישא דאסר גינאה.

The Gemara relates: **Rav Ḥisda and Rabba bar Rav Huna were traveling on a boat. A certain matron said to them: Seat me together with you** on the boat, but **they did not seat her** alongside them. **She said something,** an incantation, and thereby **tied the boat** to its spot so that it could not move. **They** too **said something** and thereby **released it.**[N] That matron **said to them: What can I do to you?** Witchcraft has no power over you, **as** after attending to your bodily functions, **you do not wipe yourselves with an earthenware shard, and you do not kill a louse** that you find **on your garments, and you do not eat vegetables from a bundle tied by the gardener.**

ואמר אביי: מריש הוה אמינא, האי דלא אכלי ירקא דנפל אתכא – משום מאיסותא, אמר לי מר: משום דקשה לריח הפה. ואמר אביי: מריש הוה אמינא, האי דלא יתבי תותי מרזיבא – משום שופכים. אמר לי מר: משום דשכיחי מזיקין.

And Abaye said: At first I would say as follows: The reason for **this** practice **that** people **do not eat vegetables that fell on the table** is **because** it is **replusive.** But **the Master said to me** that it is **because it is bad for halitosis. And Abaye said: At first I would say** that the reason for **this** practice **that** people **do not sit under a gutter** is **because** of the **waste water** that pours out of it. But **the Master said to me** that it is **because demons are** commonly **found** there.

הנהו שקולאי דהוו דרו חביתא דחמרא. בעו לאיתפוחי, אותבוה תותי מרזיבא, פקעה. אתו לקמיה דמר בר רב אשי, אפיק שיפורי, שמתיה. אתא לקמיה, אמר ליה: אמאי תעביד הכי? אמר ליה: היכי איעביד, כי אותביה באונאי?

The Gemara relates: There were **certain porters who were carrying a barrel of wine. When they wanted to rest, they placed it under a gutter and the barrel burst. They came before Mar bar Rav Ashi,** who **brought out horns and** had them blown as he **excommunicated** the demon of that place. The demon **came before** Mar bar Rav Ashi, and the Sage **said to it: Why did you do this?** The demon **said to him: How** else **should I act, when** these men **place** a barrel **on my ear?**

NOTES

They too said something and thereby released it – אמרו אינהו מילתא שריוה: Like most prohibitions, the prohibition against engaging in witchcraft does not apply when one does so in order to release himself from a dangerous situation. Alternatively, Rav Ḥisda and Rabba did not engage in witchcraft but pronounced one of the sacred names of God (Rashi).

אֲמַר לֵיהּ: אַתְּ בְּדוּכְתָּא דִּשְׁכִיחִי רַבִּים מַאי בָּעֵית? אַתְּ הוּא דְּשָׁנֵית, זִיל שַׁלֵּים! אֲמַר לֵיהּ: הָשְׁתָּא נַמִי לִיקְבַּע לִי מָר זִימְנָא, וְאֶפְרַע. קְבַע לֵיהּ זִימְנָא. כִּי מְטָא זִימְנָא, אִיעַכַּב. כִּי אֲתָא אֲמַר לֵיהּ: אַמַּאי לָא אָתֵית בְּזִמְנָךְ? אֲמַר לֵיהּ: כָּל מִילֵּי דְּצָיֵיר וְחָתֵים וְכָיֵיל וּמָנֵי – לֵית לָן רְשׁוּתָא לְמִשְׁקַל מִינֵּיהּ, עַד דְּמַשְׁכְּחִינַן מִידֵּי דְּהֶפְקֵרָא.

Mar bar Rav Ashi **said to it: What are you doing in a place where many** people **are found? You are the one who deviated** from the norm; **go and pay** them the value of the barrel of wine. The demon **said to him: Let the Master now set a time for me,** so that I can find the money, **and I will pay.** Mar bar Rav Ashi **set a time for** his payment. **When** that **time arrived,** the demon **delayed** in coming to pay. **When** the demon eventually **came,** Mar bar Rav Ashi **said to it: Why did you not come at** the **time** set for **you?** The demon **said to him:** With regard to **any item that is tied up, or sealed, or measured, or counted, we have no authority to take it.** We are unable to obtain money **until we find an ownerless item.** For this reason, it took him a long time to find enough money to pay for the barrel.

וְאָמַר אַבַּיֵי: מֵרֵישׁ הֲוָה אָמִינָא, הַאי דְּשָׁדֵי מַיָּא מִפּוּמָא דְּחַצְבָּא – מִשּׁוּם צִיבְתָּא. אֲמַר לִי מָר: מִשּׁוּם דְּאִיכָּא מַיִם הָרָעִים.

And Abaye said: At first I would say that **this** practice **that** people **pour out** a little **water from the mouth of a pitcher**[B] before drinking from it is followed **because of twigs** it might contain. But **the Master said to me** that it is followed **because there are foul waters** in the pitcher.

הַהוּא בַּר שִׁידָא דַּהֲוָה בֵּי רַב פָּפָּא, אֲזַל לְאַתוּיֵי מַיָּא מִנַּהֲרָא, אִיעַכַּב. כִּי אֲתָא, אֲמַרוּ לֵיהּ: אַמַּאי אִיעַכַּבְתְּ? אֲמַר לְהוּ: עַד דְּחָלְפִי מַיִם הָרָעִים. אַדְּהָכִי,

The Gemara relates: There was **a certain son of a demon that was in Rav Pappa's house** as a servant. It **went to bring water from the river,** and **it delayed** in returning. **When it came,** the members of Rav Pappa's household **said to it: Why did you delay? It said to them:** I waited **until the foul waters passed. In the meantime,**

BACKGROUND

Pitcher [*ḥatzva*] – חַצְבָּא: A *ḥatzva* is a large earthenware vessel with various functions. Sometimes it was used as a bucket for drawing water, while on other occasions it was used as a storage container for liquids or for soaking items inside it.

Ceramic pitcher from the Second Temple period

Perek **VIII**
Daf **106** Amud **a**

חָזְנְהוּ דְּקָא שָׁדוּ מַיָּא מִפּוּמָא דְּחַצְבָא, אֲמַר: אִי הֲוָה יָדַעְנָא דִּרְגִילִיתוּ לְמֶיעֱבַד הָכִי – לָא אִיעַכְּבִי.

the demon **saw** the members of Rav Pappa's household **pouring water from the mouth of the pitcher** before drinking from it. The demon **said** to them: **If I had known that you regularly do this, I would not have delayed.** I would have brought the water straight from the river, knowing you would pour out the foul waters.

כִּי אֲתָא רַב דִּימִי אֲמַר: מַיִם הָרִאשׁוֹנִים – הֶאֱכִילוּ בְּשַׂר חֲזִיר,

§ **When Rav Dimi came** from Eretz Yisrael **he said:** Due to the failure to wash with **the first waters,** they ultimately **fed** a Jew **pig meat.** This case involved a storekeeper who would sell different meat to his Jewish and gentile customers. When a Jew who came to eat with him neglected to wash before eating, the storekeeper assumed he was a gentile and fed him pig meat.

אַחֲרוֹנִים – הוֹצִיאוּ אֶת הָאִשָּׁה מִבַּעְלָהּ.

And due to the failure to wash with **final** waters **a woman** was ultimately **divorced from her husband.** In this incident, a host who had stolen his guests' money had lentils on his mustache from a previous meal because he had not washed his hands and mouth after eating. Realizing he had eaten lentils that day, his victims approached the man's wife and said that her husband had instructed them to tell her to return their money. They then claimed that the man told them to tell her that he had eaten lentils that day as proof that they were telling the truth. They thereby fooled his wife into thinking he wanted her to give their money back. Out of anger, the host divorced his wife.

כִּי אֲתָא רָבִין אֲמַר: רִאשׁוֹנִים – הֶאֱכִילוּ בְּשַׂר נְבֵלָה, אַחֲרוֹנִים – הָרְגוּ אֶת הַנֶּפֶשׁ. אֲמַר רַב נַחְמָן בַּר יִצְחָק, וְסִימָנֵיךְ: אֲתָא רַב דִּימִי – אַפְקַהּ, אֲתָא רָבִין – קְטָלָהּ.

When Ravin came from Eretz Yisrael **he said** the statement slightly differently: Due to the failure to wash with **first** waters, they **fed** a Jew meat from **an animal carcass,** and the failure to wash with **final** waters **killed a person,** as in the second incident the host was so angry with his wife that he killed her. **Rav Naḥman bar Yitzḥak said: And your mnemonic** to remember which Sage said which version is: **Rav Dimi came** and **divorced her** from her husband, i.e., according to his version she was divorced, and **Ravin came** and **killed her,** since in his version the husband killed his wife.

רַבִּי אַבָּא מַתְנֵי חֲדָא מֵהָנֵי וַחֲדָא מֵהָנֵי לְחוּמְרָא.

Rabbi Abba would teach one of these versions involving first waters **and one of them** with regard to final waters, and in both cases he taught **the more severe** version, i.e., he specified the meat of a pig and that the husband killed his wife.

אִיתְּמַר, חַמֵּי הָאוּר. חִזְקִיָּה אָמַר: אֵין נוֹטְלִים מֵהֶן לַיָּדַיִם, וְרַבִּי יוֹחָנָן אָמַר: נוֹטְלִין מֵהֶם לַיָּדַיִם. אָמַר רַבִּי יוֹחָנָן: שָׁאַלְתִּי אֶת רַבָּן גַּמְלִיאֵל בְּנוֹ שֶׁל רַבִּי, וְאוֹכֵל טְהָרוֹת, וְאָמַר לִי: כָּל גְּדוֹלֵי גָלִיל עוֹשִׂין כֵּן.

A disagreement **was stated** with regard to **water heated by fire: Ḥizkiyya says** that **one may not wash** his **hands with** such water, **and Rabbi Yoḥanan says** that **one may wash** his **hands with it.**[N] **Rabbi Yoḥanan said: I asked Rabban Gamliel, son of Rabbi** Yehuda HaNasi, about this *halakha,* **and** he was one who would **eat** only in a state of **ritual purity** and was therefore careful about washing his hands; **and he said to me** that **all the great men of the Galilee would do so,** i.e., wash their hands in heated water.

חַמֵּי טְבֶרְיָא, חִזְקִיָּה אָמַר: אֵין נוֹטְלִין מֵהֶם לַיָּדַיִם, אֲבָל מַטְבִּילִין בָּהֶם הַיָּדַיִם. וְרַבִּי יוֹחָנָן אָמַר: כָּל גּוּפוֹ טוֹבֵל בָּהֶן, אֲבָל לֹא פָּנָיו יָדָיו וְרַגְלָיו.

Likewise, with regard to **the hot springs of Tiberias,**[NBH] **Ḥizkiyya says** that **one may not wash** his **hands with** water from them before eating, **but** if there are forty *se'a,* the requisite size of a ritual bath, then **one may immerse the hands** directly **in them,** and this is effective for the ritual of washing the hands before a meal. **And Rabbi Yoḥanan says** that an impure person **may immerse his entire body in** such water to become pure, **but** one may still **not** use it for the immersion of part of his body, such as **his face, hands, and feet,** as this immersion is not considered equivalent to washing the hands.

הַשְׁתָּא כָּל גּוּפוֹ טוֹבֵל בָּהֶם, פָּנָיו יָדָיו וְרַגְלָיו לֹא כָּל שֶׁכֵּן?! אֲמַר רַב פַּפָּא: בִּמְקוֹמָן – דְּכוּלֵּי עָלְמָא לָא פְּלִיגִי דְּשָׁרֵי. מִשְׁקַל מִינַּיְיהוּ בְּמָנָא – דְּכוּלֵּי עָלְמָא לָא פְּלִיגִי דַּאֲסִיר. כִּי פְּלִיגִי – דְּפַסְקִינְהוּ בְּבַת בִּירְתָא, מָר סְבַר: גָּזְרִינַן בַּת בִּירְתָא אַטּוּ מָנָא וּמָר סְבַר: לָא גָּזְרִינַן.

The Gemara asks: **Now** that it has been said that one **may immerse his entire body in** the hot springs of Tiberias, is it **not all the more** so permitted for **his face, hands, and feet? Rav Pappa said:** When the water in the hot springs stands **in place, everyone,** both Ḥizkiyya and Rabbi Yoḥanan, **agrees that it is permitted** to immerse one's hands in it. Likewise, **everyone agrees that** to **take from** these waters **in a vessel** and wash one's hands from it **is prohibited. They disagree when one draws** the waters **through a ditch.** One **Sage,** Rabbi Yoḥanan, **holds** that **we decree** against the use of **ditch** water **due to** the concern that one might come to use water in **a vessel, and** one **Sage,** Ḥizkiyya, **holds** that **we do not decree** against it.

כְּתַנָּאֵי: מַיִם שֶׁנִּפְסְלוּ מִשְּׁתִיַּית בְּהֵמָה, בְּכֵלִים – פְּסוּלִים, בַּקַּרְקַע – כְּשֵׁרִין. רַבִּי שִׁמְעוֹן בֶּן אֶלְעָזָר אוֹמֵר: אַף בַּקַּרְקַע, טוֹבֵל בָּהֶן כָּל גּוּפוֹ, אֲבָל לֹא פָּנָיו יָדָיו וְרַגְלָיו.

The Gemara comments: This dispute is **like** a dispute between *tanna'im,* as it was taught: When **water that has ceased to be fit for drinking** even **by an animal**[H] is **in vessels,** it is **unfit** for washing the hands, but when it is **in the ground** it is **fit** for immersion, like a ritual bath. **Rabbi Shimon ben Elazar says: Even** when the water is **in the ground,** one **may immerse his entire body in it, but** he may **not** immerse **his face, hands, and feet.**

NOTES

One may wash [*notlin*] his hands with it – נוֹטְלִין מֵהֶם לַיָּדַיִם: Some explain that washing of the hands is called *netila* based on the verse: "And he bore them [*va'yenatlem*], and carried them all the days of old" (Isaiah 63:9), where this verb means lifting. Since the washing of the hands includes raising them afterward, as alluded to in the verse: "Lift up your hands to the Sanctuary" (Psalms 134:2), it was referred to using this word (Rav Hai Gaon). Others suggest that the term is derived from *anatil,* the name of a vessel in the Temple that had the capacity of a quarter *log* (Ritva; *Torat HaBayit*).

The hot springs of Tiberias – חַמֵּי טְבֶרְיָא: With regard to Ḥizkiyya's opinion that one may not wash his hands in the hot springs of Tiberias, the commentaries explain that it is because the water is so bitter it is unfit to be drunk by a dog. Others add that as this water was initially unsuitable for drinking due to its heat, it remains unfit for washing even after it has cooled (*Kesef Mishne* on Rambam *Sefer Ahava, Hilkhot Berakhot* 6:9).

BACKGROUND

The hot springs of Tiberias – חמי טבריא: The Tiberias hot springs, near the Sea of Galilee, contain geothermally heated groundwater at a constant temperature of 60°C. In general, the temperature of rocks within the earth increases with depth. When water percolates deeply enough into the crust, it is heated as it comes into contact with hot rocks. Much of the earth's internal heat is produced by the decay of naturally radioactive elements, which is not considered fire in the normal sense of the term.

HALAKHA

The hot springs of Tiberias, etc. – חַמֵּי טְבֶרְיָא וכו׳: One may immerse his hands in the hot springs of Tiberias, as it is like any other spring, in which it is permitted to immerse even if it does not contain forty *se'a.* One may not wash his hands with this water utilizing a vessel. The *halakha* is in accordance with the opinion of Ḥizkiyya, as he was Rabbi Yoḥanan's teacher. If one drew the water away from the spring through a ditch on the ground, which does not render it as drawn water and consequently unfit for a ritual bath; or if one drew it through a gutter, which is not considered a vessel, and then cut the connection to the spring, one may immerse his hands in the water if there are the requisite forty *se'a* of a ritual bath. If the water in this ditch is connected to the hot spring, some commentaries maintain that one may not immerse his hands in it (Rashi; Rashba), while others, such as Rabbeinu Yona, rule that one may do so (Rambam *Sefer Ahava, Hilkhot Berakhot* 6:9; *Shulḥan Arukh, Oraḥ Ḥayyim* 160:7, and *Magen Avraham* and *Mishna Berura* there).

Water that has ceased to be fit for drinking by an animal – מַיִם שֶׁנִּפְסְלוּ מִשְּׁתִיַּית בְּהֵמָה: Water that is too salty, foul, or bitter for a dog to drink is invalid for washing hands, despite the fact that it is fit for use in a ritual bath, in accordance with the opinion of Rabbi Shimon ben Elazar. In a case where the water is dirtied by clay, if a dog would drink from it then it is valid both for washing the hands and a ritual bath. If a dog would not drink it, it is invalid for both purposes (Rambam *Sefer Ahava, Hilkhot Berakhot* 6:9; *Shulḥan Arukh, Oraḥ Ḥayyim* 160:9).

הַשְׁתָּא כָּל גּוּפוֹ טוֹבֵל בָּהֶן, יָדָיו וְרַגְלָיו לֹא כׇּל שֶׁכֵּן? אֶלָּא לָאו דְּפַסְקִינְהוּ בְּבַת בִּירְתָא, וּבְהָא פְּלִיגִי: דְּמָר סָבַר – גָּזְרִינַן בַּת בִּירְתָא אַטּוּ מָנָא, וּמָר סָבַר – לָא גָּזְרִינַן.

As above, one might ask: **Now** that one **may immerse his entire body in** the water, is it **not all the more so** the case that one may immerse **his hands and feet** in it? **Rather,** must it **not** be referring to a case **when one draws** the waters **through a ditch? And** if so, **they disagree about this:** One **Sage,** Rabbi Shimon ben Elazar, **holds** that **we decree** against the use of **ditch** water **due to** concern that one may come to use **a vessel, and** one **Sage,** the first *tanna* of that *baraita*, **holds** that **we do not decree** against it.

אָמַר רַב אִידִי בַּר אָבִין, אָמַר רַב יִצְחָק בַּר אַשְׁיָאן: נְטִילַת יָדַיִם לְחוּלִּין מִפְּנֵי סְרָךְ תְּרוּמָה,

§ **Rav Idi bar Avin says** that **Rav Yitzḥak bar Ashiyan says:** The obligation of **washing hands** before eating **non-sacred** food is **due to an ancillary** decree on account of ***teruma***, the portion of produce designated for the priest, which must be consumed in a state of ritual purity. By rabbinic decree, one's hands are considered impure with second-degree ritual impurity, as they may have touched impure items. Therefore, they render *teruma* impure. Consequently, priests who partake of *teruma* are obligated to wash their hands first. The Sages therefore decreed that all must wash their hands even before eating non-sacred food, so that people not become accustomed to eating without washing their hands, which would in turn lead the priests to partake of *teruma* without washing their hands.

וְעוֹד מִשּׁוּם מִצְוָה. מַאי ״מִצְוָה״? אָמַר אַבָּיֵי: מִצְוָה לִשְׁמוֹעַ דִּבְרֵי חֲכָמִים. רָבָא אָמַר: מִצְוָה לִשְׁמוֹעַ דִּבְרֵי רַבִּי אֶלְעָזָר בֶּן עֲרָךְ, דִּכְתִיב ״וְכֹל אֲשֶׁר יִגַּע בּוֹ הַזָּב וְיָדָיו לֹא שָׁטַף בַּמָּיִם״ – אָמַר רַבִּי אֶלְעָזָר בֶּן עֲרָךְ: מִכָּאן סָמְכוּ חֲכָמִים לִנְטִילַת יָדַיִם מִן הַתּוֹרָה.

And the obligation is **further due to** its being **a mitzva.** The Gemara asks: **What mitzva** does it involve? **Abaye says:** It is **a mitzva to listen to** and obey **the statements of the Sages,** who instituted this washing of the hands. **Rava says: It is a mitzva to listen to the statement of Rabbi Elazar ben Arakh, as it is written** with regard to a man who experiences a gonorrhea-like discharge [*zav*]: **"And whomever he that has the issue touches, without having rinsed his hands in water,"** he contracts ritual impurity (Leviticus 15:11), and **Rabbi Elazar ben Arakh says: From here the Sages based washing of the hands** upon a verse **from the Torah.**

אֲמַר לֵיהּ רָבָא לְרַב נַחְמָן: מַאי מַשְׁמַע – דִּכְתִיב ״וְיָדָיו לֹא שָׁטַף בַּמָּיִם״ – הָא שָׁטַף טָהוֹר? הָא טְבִילָה בָּעֵי! אֶלָּא הָכִי קָאָמַר: וְאַחֵר שֶׁלֹּא שָׁטַף – טָמֵא.

Rava said to Rav Naḥman: From where is this **inferred?** How can this verse, which concerns a *zav*, be interpreted as referring to washing the hands before a meal? Rava explains: **As it is written: "Without having rinsed his hands in water." Consequently,** one could infer that if he **rinsed** his hands the *zav* becomes **ritually pure. But** this cannot be correct, as verses elsewhere prove that a *zav* **requires** the **immersion** of his entire body. **Rather, this** is what the verse **is saying: And** there is **another** type of person **who,** if he **has not rinsed** his hands in water, is considered like one who is **impure.** The verse thereby serves as the basis for washing the hands.

אָמַר רַבִּי אֶלְעָזָר, אָמַר רַבִּי אוֹשַׁעְיָא: לֹא אָמְרוּ נְטִילַת יָדַיִם לְפֵירוֹת אֶלָּא מִשּׁוּם נְקִיּוּת. סְבוּר מִינַּהּ: חוֹבָה הוּא דְּלֵיכָּא, הָא מִצְוָה אִיכָּא. אֲמַר לְהוּ רָבָא: לֹא חוֹבָה וְלֹא מִצְוָה אֶלָּא רְשׁוּת. וּפְלִיגָא דְּרַב נַחְמָן, דְּאָמַר רַב נַחְמָן: הַנּוֹטֵל יָדָיו לְפֵירוֹת – אֵינוֹ אֶלָּא מִגַּסֵּי הָרוּחַ.

Rabbi Elazar says that **Rabbi Oshaya says:** The Sages **said** that **washing of the hands** before eating **fruit** is mandatory **only due to cleanliness.** The Gemara comments: **They understood from this** statement that **there is no** true **obligation** to wash the hands before eating fruit, **but there is a mitzva** to do so. **Rava said to them:** This practice is **not an obligation nor a mitzva, but** merely **optional. And** the Gemara notes that Rava **disagrees with Rav Naḥman** in this regard, **as Rav Naḥman said: One who washes his hands** before eating **fruit is nothing other than** one **of the arrogant,** i.e., it is actually prohibited to do so.

אָמַר רַבָּה בַּר בַּר חָנָה: הֲוָה קָאֵימְנָא קַמֵּיהּ דְּרַבִּי אַמֵּי וְרַבִּי אַסִּי, אַיְיתוּ לְקַמַּיְיהוּ כַּלְכָּלָה דְּפֵירֵי, וְאָכְלוּ וְלָא מְשׁוּ יְדַיְיהוּ, וְלָא יָהֲבוּ לִי מִידֵּי, וּבָרִיךְ חַד חַד לְחוּדֵיהּ. שְׁמַע מִינַּהּ תְּלָת: שְׁמַע מִינַּהּ, אֵין נְטִילַת יָדַיִם לְפֵירוֹת. וּשְׁמַע מִינַּהּ, אֵין מְזַמְּנִין עַל הַפֵּירוֹת. וּשְׁמַע מִינַּהּ, שְׁנַיִם שֶׁאָכְלוּ – מִצְוָה לֵיחָלֵק.

Rabba bar bar Ḥana said: I was standing before Rabbi Ami and Rabbi Asi when attendants **brought a basket of fruit**[B] **before them, and they ate and did not wash their hands. And they did not give me anything** to eat, to enable me to join the *zimmun*, the quorum required for communal Grace after Meals, **and they each recited a blessing** after eating, **separately.** One may **learn three** *halakhot* **from** this incident. **Learn from it** that **there is no washing of the hands** before **fruit.**[H] **And learn from it** that **one does not issue a *zimmun* on fruit,**[H] i.e., the *halakha* that when three people eat together, one leads the Grace after Meals does not apply when they ate fruit. **And** finally, **learn from it** that if only **two** people **ate,** it is **a mitzva** for them **to separate,**[H] i.e., each should recite the blessing after eating for himself.

BACKGROUND

A basket of fruit – כַּלְכָּלָה דְּפֵירֵי: This refers to a woven basket that was ordinarily made from willow or palm branches but occasionally from other materials. The basket had a wide opening on top and raised sides, although it was not especially deep. It was used for soft fruits, such as dates, grapes, and the like.

Roman fresco of a basket of figs

HALAKHA

One who washes his hands for fruit – הַנּוֹטֵל יָדָיו לְפֵירוֹת: One does not wash his hands either before or after eating non-sacred fruit. Whoever does wash his hands in this case is considered among the haughty of spirit. This applies only if he washes his hands as an obligation, but if he washes for purposes of cleanliness, e.g., if his hands were dirty, there is no problem with it (Rema). The *halakha* is in accordance with the opinion of Rav Naḥman, as he is the later Sage, and in addition, the discussion in tractate *Ḥagiga* follows his ruling (Rambam *Sefer Ahava, Hilkhot Berakhot* 6:3; *Shulḥan Arukh, Oraḥ Ḥayyim* 158:5).

One does not issue a *zimmun* on fruit – אֵין מְזַמְּנִין עַל הַפֵּירוֹת: The blessing after eating fruit should be recited by each individual separately, as there is no *zimmun* on fruit (*Shulḥan Arukh, Oraḥ Ḥayyim* 213:1).

If two people ate it is a mitzva to separate – שְׁנַיִם שֶׁאָכְלוּ מִצְוָה לֵיחָלֵק: Two people who ate together should each recite Grace after Meals independently. If one of them does not know how to recite Grace after Meals, the other should recite it aloud and fulfill the obligation on his behalf. The listener must pay attention to every word and have its meaning in mind, while the one reciting the blessings must intend to fulfill the obligation of the listener (Rema). If the listener does not understand the words, he does not fulfill his obligation through the recitation of the other (Rambam *Sefer Ahava, Hilkhot Berakhot* 5:15; *Shulḥan Arukh, Oraḥ Ḥayyim* 193:1).

HALAKHA

In washing of the hands for non-sacred food pour water until the joint of the fingers – **נְטִילַת יָדַיִם לְחוּלִּין עַד הַפֶּרֶק**: Washing of the hands must be performed on the entire hand until the wrist. Some say that it need be performed only up to the joints of the fingers to the hand. It is proper to act in accordance with the opinion of Shmuel on 106b (Rambam *Sefer Ahava*, *Hilkhot Berakhot* 6:4; *Shulḥan Arukh*, *Oraḥ Ḥayyim* 161:4 and *Mishna Berura* there).

תַּנְיָא נַמִּי הָכִי: שְׁנַיִם שֶׁאָכְלוּ – מִצְוָה לֵיחָלֵק. בַּמֶּה דְּבָרִים אֲמוּרִים – שֶׁהָיוּ שְׁנֵיהֶם סוֹפְרִים, אֲבָל אֶחָד סוֹפֵר וְאֶחָד בּוּר – סוֹפֵר מְבָרֵךְ וּבוּר יוֹצֵא.

The Gemara notes: **This** *halakha* **is also taught** in a *baraita*: If only **two** individuals **ate,** it is **a mitzva** for them **to separate. In what** case **is this statement said?** It is said **when they were both scribes,** i.e., Torah scholars, who know how to recite Grace after Meals properly. **But** if **one** of them was **a scribe and one** was **an ignoramus,** the **scribe recites Grace** after Meals **and** the **ignoramus fulfills** his obligation by listening to the scribe.

תָּנוּ רַבָּנַן: נְטִילַת יָדַיִם לְחוּלִּין – עַד הַפֶּרֶק, לִתְרוּמָה

The Sages taught in a *baraita*: In **washing of the hands for** consumption of **non-sacred** food, one must pour the water on the area that extends **until the joint** of the fingers.[H] In washing hands **for** consumption of ***teruma***,[B]

BACKGROUND

Teruma – **תְּרוּמָה**: Whenever the term *teruma* appears without qualification it refers to the great *teruma*, the portion of the produce designated for the priest after the first fruits have been separated. The Torah (Deuteronomy 18:4; see Numbers 18:12) commands that "the first fruit of your grain, of your wine, and of your oil" be given to a priest, and the Sages extended the scope of this mitzva to include all produce. This mitzva applies only in Eretz Yisrael. Although the Torah does not specify the amount of *teruma* that must be separated, and one may theoretically fulfill his obligation by separating even a single kernel of grain from the entire crop, the Sages instituted a recommended measure: One-fortieth for a generous gift, one-fiftieth for an average gift, and one-sixtieth for a miserly gift. One may not set aside the other tithes before separating *teruma*. *Teruma* is sacred and may be eaten only by a priest and his household while they are in a state of ritual purity (see Leviticus 22:9–15). *Teruma* that becomes impure may no longer be eaten and must be burned, but it remains the property of the priest, who may derive benefit from its burning. Although today *teruma* is not given to priests, as there is no definitive proof of priestly lineage, the obligation to separate *teruma* remains, and a small portion of the produce must be separated before the produce may be eaten.

Perek **VIII**
Daf **106** Amud **b**

BACKGROUND

Until the joint – **עַד הַפֶּרֶק**:

Third joint

Second joint

First joint

Joints of the hand

עַד הַפֶּרֶק, קִידּוּשׁ יָדַיִם וְרַגְלַיִם בַּמִּקְדָּשׁ – עַד הַפֶּרֶק, וְכׇל דָּבָר שֶׁחוֹצֵץ בִּטְבִילָה בַּגּוּף – חוֹצֵץ בִּנְטִילַת יָדַיִם לְחוּלִּין, וּבְקִידּוּשׁ יָדַיִם וְרַגְלַיִם בַּמִּקְדָּשׁ.

he must pour on the area extending **until the joint.**[BH] **In sanctifying the hands and feet in the Temple** before the service, he must pour the water **until** another **joint,** where the palm meets the wrist. **And any item that** is considered to **interpose** between one's skin and the water **with regard to immersion of the body**[H] in a ritual bath, disqualifying the immersion, likewise **interposes with regard to washing the hands for** eating **non-sacred** food **and with regard to sanctification of the hands and feet in the Temple.**[H]

אָמַר רַב: עַד כָּאן – לְחוּלִּין, עַד כָּאן – לִתְרוּמָה. וּשְׁמוּאֵל אָמַר: עַד כָּאן – בֵּין לְחוּלִּין בֵּין לִתְרוּמָה, לְחוּמְרָא. וְרַב שֵׁשֶׁת אָמַר: עַד כָּאן – בֵּין לְחוּלִּין בֵּין לִתְרוּמָה, לְקוּלָּא.

Rav said this *halakha* to his students while indicating with his hand the joints to which the *baraita* is referring: One washes **until here,** the second joint of the fingers, **for non-sacred** food,[N] and **until there,** the third joint, where the fingers join the palm, **for *teruma*. And Shmuel** disagreed and **said:** One washes **until here both for** eating **non-sacred** food **and for *teruma*,** indicating **the more stringent** location, the third joint where the fingers join the palm. **And Rav Sheshet said: Until here both for** the consumption of **non-sacred** food **and for *teruma*,** indicating **the more lenient** location, the second joint.

NOTES

For non-sacred food **לְחוּלִּין**: The dispute here between Rav and Shmuel is referring to the first waters, the washing of the hands before a meal. With regard to the final waters, the washing of the hands after a meal, the *halakha* is that one is obligated to wash only until the second joint of the fingers (Rashba; *Shulḥan Arukh*, *Oraḥ Ḥayyim* 181:4). The later commentaries explain that since the entire purpose of this washing is to remove the residue of food and the Sodomite salt it might contain, one need wash only those areas of the hand where such residue is generally found (*Magen Avraham*).

HALAKHA

Until the joint – **עַד הַפֶּרֶק**: Whoever partakes of *teruma*, even fruit that is *teruma*, must wash his hands, regardless of whether his hands are ritually impure (Rambam *Sefer Zera'im*, *Hilkhot Teruma* 11:7).

And any item that is considered to interpose with regard to immersion of the body, etc. – **וְכׇל דָּבָר שֶׁחוֹצֵץ בִּטְבִילָה בַּגּוּף וכו׳**: Any item that interposes with regard to ritual immersion also interposes with regard to the hands, whether one immerses them or washes them (Rambam *Sefer Tahara*, *Sefer Mikvaot* 11:2; *Shulḥan Arukh*, *Oraḥ Ḥayyim* 161:1).

And with regard to sanctification of the hands and feet in the Temple – **וּבְקִידּוּשׁ יָדַיִם וְרַגְלַיִם בַּמִּקְדָּשׁ**: Any item that interposes with regard to ritual immersion likewise interposes with regard to the sanctification of the hands and feet (Rambam *Sefer Avoda*, *Hilkhot Biat HaMikdash* 5:16).

אֲמַר בַּר הֶדְיָא: הֲוָה קָאֵימְנָא קַמֵּיהּ דְּרַבִּי אַמִי, וַאֲמַר: עַד כָּאן – בֵּין לְחוּלִּין בֵּין לִתְרוּמָה, לְחוּמְרָא. וְלָא תֵּימָא: רַבִּי אַמִי – מִשּׁוּם דְּכֹהֵן הוּא, דְּהָא רַבִּי מְיָישָׁא בַּר בְּרֵיהּ דְּרַבִּי יְהוֹשֻׁעַ בֶּן לֵוִי – הוּא לֵיוָאִי, וַאֲמַר: עַד כָּאן – בֵּין לְחוּלִּין בֵּין לִתְרוּמָה, לְחוּמְרָא.

Bar Hedya said: I was standing before Rabbi Ami, and he said: One washes **until here both for non-sacred** food **and for** ***teruma***, indicating **the more stringent** location, the third joint. **And do not say** that **Rabbi Ami** acted this way only **because he is a priest** and acted stringently to avoid confusing *teruma* and non-sacred food. This cannot be, **as Rabbi Meyasha, son of the son of Rabbi Yehoshua ben Levi, is a Levite, and** yet he too **said: Until here both for non-sacred** food **and for** ***teruma***, indicating **the more stringent** location.

אָמַר רַב: נוֹטֵל אָדָם אֶת שְׁתֵּי יָדָיו שַׁחֲרִית וּמַתְנֶה עֲלֵיהֶן כׇּל הַיּוֹם כּוּלּוֹ. אֲמַר לְהוּ רַבִּי אָבִינָא לִבְנֵי

§ **Rav says: A person may wash both of his hands in the morning and stipulate with regard to them** that he may eat on the basis of that washing throughout **the entire day,**[H] provided he guards his hands from dirt and ritual impurity. It is likewise related that **Rabbi Avina said to the inhabitants of**

HALAKHA

A person may wash both of his hands in the morning and stipulate with regard to them throughout the entire day – נוֹטֵל אָדָם אֶת שְׁתֵּי יָדָיו שַׁחֲרִית וּמַתְנֶה עֲלֵיהֶן כׇּל הַיּוֹם כּוּלּוֹ: One may wash his hands in the morning and stipulate with regard to them that he may eat during the entire day on the basis of that washing. It is permitted to do so even when one is not in exigent circumstances, provided he does not lose focus from preventing them from getting dirty by touching filthy objects. Since the washing of the hands is a mitzva by rabbinic law, the *halakha* is lenient in this regard (Rambam *Sefer Ahava*, *Hilkhot Berakhot* 6:17; *Shulḥan Arukh*, *Oraḥ Ḥayyim* 164:1 and in the comment of Rema, and *Mishna Berura* there).

פַּקְתָּא דַּעֲרָבוֹת: כְּגוֹן אַתּוּן, דְּלָא שְׁכִיחִי לְכוּ מַיָּא, מְשׁוּ יְדַיְיכוּ מִצַּפְרָא וְאַתְנוּ עֲלַיְיהוּ לְכוּלָּא יוֹמָא. אִיכָּא דְּאָמְרִי: בִּשְׁעַת הַדְּחָק – אִין, שֶׁלֹּא בִּשְׁעַת הַדְּחָק – לָא, וּפְלִיגָא דְּרַב. וְאִיכָּא דְּאָמְרִי: אֲפִילּוּ שֶׁלֹּא בִּשְׁעַת הַדְּחָק נָמֵי, וְהַיְינוּ דְּרַב.

the valley of Aravot [***pakta da'aravot***],[L] where there was a shortage of water: People **such as you, for whom water is scarce,** should **wash your hands in the morning and stipulate with regard to them for the entire day. Some say** that Rabbi Avina maintains that **in exigent circumstances, yes,** one should act in this manner, but when one is **not in exigent circumstances,** he should **not** do so. **And** according to this explanation, Rabbi Avina **disagrees with** the opinion of **Rav,** who permitted this practice to all. **And some say** that Rabbi Avina ruled that one may do so **even** when **not in exigent circumstances, and** Rabbi Avina's opinion **is** identical to that **of Rav.**

אֲמַר רַב פָּפָּא: הַאי אַרִיתָא דְּדָלָאֵי – אֵין נוֹטְלִין מִמֶּנּוּ לַיָּדַיִם, דְּלָא אָתוּ מִכֹּחַ גַּבְרָא. וְאִי מִיקָּרַב לְגַבֵּי דּוּלָא, דְּקָאָתוּ מִכֹּחַ גַּבְרָא – נוֹטְלִין מִמֶּנּוּ לַיָּדַיִם.

Rav Pappa said: With regard to **this irrigation channel** [***arita dedalla'ei***], into which water is poured from a river using buckets, and which then transports the water to the fields, **one may not wash** his **hands in** it. The reason is that this water **does not come from a person's force,**[H] i.e., it is not poured on the hands by a direct act, as it moves by force of the current in the channel. **But if one draws his hands near the bucket** itself, in such a manner **that** the water poured on his hands **comes from a person's force** before it begins to flow in the channel, then **one may wash** his **hands with it.**

וְאִי בְּזִיעַ דּוּלָא בְּכוֹנֵס מַשְׁקֶה, מֵילַף לַיְיפֵי – וּמַטְבִּיל בָּהּ אֶת הַיָּדַיִם. וְאָמַר רָבָא: כְּלִי שֶׁנִּיקַּב בְּכוֹנֵס מַשְׁקֶה – אֵין נוֹטְלִין מִמֶּנּוּ לַיָּדַיִם.

And if the bucket in which the water is drawn from the river **is perforated** with a hole large enough **to enable liquid to enter** the vessel[N] when it is placed in the river, the presence of this hole **connects** the water in the channel to the water in the river, as they touch through that hole. **And** therefore, **one may immerse** his **hands in** that channel as he would in the river itself. Yet the perforated bucket is invalid for the washing of the hands by pouring, since it is no longer considered a vessel. As **Rava says:** With regard to **a vessel that is perforated** with a hole large enough **to enable liquid to enter,**[H] **one may not wash** his **hands with it.**

LANGUAGE

Valley of Aravot [*pakta da'aravot*] – פַּקְתָּא דַּעֲרָבוֹת: The word *pakta* is another form of *bakta*, meaning valley or plain. From other sources, it is known that people worked and lived in such places, despite the fact that they did not have ready access to sources of water. Although it was possible to earn money by selling water in these valleys, one was able to earn only a small profit in the process.

HALAKHA

From a person's force – מִכֹּחַ גַּבְרָא: The water for the washing of the hands must be poured by the direct action of a person. Therefore, if one pours water into a channel from where it flows and irrigates his field, he may not place his hands into the channel for the water to flow on them, as the force of the one who originally poured the water has stopped. If he places his hands close to the spot where the water is poured, the washing is effective, even if he does not position them directly under the flow. This is because the water is considered to flow from the person's action while it is near the source of the flow. If one immersed his hands in this channel they are not considered purified as a result of immersing one's hands in a ritual bath or spring (see 106a), as the water is considered drawn and is therefore invalid for use as a ritual bath (Rambam *Sefer Ahava*, *Hilkhot Berakhot* 6:14; *Shulḥan Arukh*, *Oraḥ Ḥayyim* 159:7).

A vessel that is perforated to enable liquid to enter – כְּלִי שֶׁנִּיקַּב בְּכוֹנֵס מַשְׁקֶה: A vessel with a hole large enough to enable liquid to enter if it is placed upon a liquid is no longer defined as a vessel. One may not use this vessel for washing of the hands, even if it contains a quarter-*log* from below the hole (see Rambam *Sefer Ahava*, *Hilkhot Berakhot* 6:11 and *Kesef Mishne* there; *Shulḥan Arukh*, *Oraḥ Ḥayyim* 159:1 and *Taz* there).

NOTES

Large enough to enable liquid to enter the vessel – בְּכוֹנֵס מַשְׁקֶה: Even if a vessel has a hole in it through which liquid seeps out, if the hole is not large enough to allow water to come in, it is still classified as a vessel.

וְאָמַר רָבָא: כְּלִי שֶׁאֵין בּוֹ רְבִיעִית – אֵין נוֹטְלִין מִמֶּנּוּ לַיָּדַיִם. אִינִי, וְהָאָמַר רָבָא: כְּלִי שֶׁאֵין מַחֲזִיק רְבִיעִית – אֵין נוֹטְלִין מִמֶּנּוּ לַיָּדַיִם. הָא מַחֲזִיק – אַף עַל גַּב דְּלֵית בֵּיהּ!

And Rava says: With regard to **a vessel that does not have a quarter-*log***[B] of water **in it, one may not wash his hands with it.** The Gemara asks: **Is that so? But doesn't Rava say:** With regard to **a vessel that cannot contain a quarter-*log***[H] of water, **one may not wash his hands with it.** It may be **consequently** inferred that as long as the vessel **can contain** a quarter-*log*, one may use it **even if it does not** currently **have** a quarter-*log* **in it.**

לָא קַשְׁיָא, הָא – לְחַד, הָא – לִתְרֵי. דְּתַנְיָא: מֵי רְבִיעִית נוֹטְלִין לַיָּדַיִם לְאֶחָד, וַאֲפִילּוּ לִשְׁנַיִם.

The Gemara answers: This is **not difficult; this** former statement, requiring a quarter-*log* of actual water, is referring to washing **for one** person, whereas **that** latter statement, requiring only that the vessel have a capacity of a quarter-*log*, is referring to washing **for two** people. If a vessel originally contained a quarter-*log* of water, then even if less than that amount remains after one person has washed his hands, a second individual may use the remainder, which is considered fit based on the water's original volume. **As it is taught** in a *baraita*: With **a quarter-*log* of water, one may wash the hands of one** individual, **and even** those **of two.**

אֲמַר לֵיהּ רַב שֵׁשֶׁת לְאַמֵּימָר: קָפְדִיתוּ אָמָנָא? אֲמַר לֵיהּ: אִין. אַחֲזוּתָא? אֲמַר לֵיהּ: אִין. אַשִּׁיעוּרָא? אֲמַר לֵיהּ: אִין.

Rav Sheshet said to Ameimar: Are you particular about the vessel used for washing hands, that it be wholly intact?[N] Ameimar **said to him: Yes.** Rav Sheshet further inquired: Are you also particular **about the appearance** of the water, that it be normal? Ameimar again **said to him: Yes.** Rav Sheshet further asked: Are you particular **about the measure** of water, that it be no less than one quarter-*log*? Ameimar **said to him: Yes.**

אִיכָּא דְּאָמְרִי, הָכִי אֲמַר לֵיהּ: אָמָנָא וְאַחֲזוּתָא – קָפְדִינַן, אַשִּׁיעוּרָא – לָא קָפְדִינַן. דְּתַנְיָא: מֵי רְבִיעִית נוֹטְלִין לַיָּדַיִם לְאֶחָד, וַאֲפִילּוּ לִשְׁנַיִם.

Some say that **this** is what Ameimar **said to him: We are particular about** the wholeness of **the vessel and about** the water's **appearance,**[N] but **we are not particular about** the water's **measure, as it is taught** in a *baraita*: With **a quarter-*log* of water one may wash the hands of one** individual, **and even** those **of two.** The *baraita* indicates that there is no need for a quarter-*log* for each individual.

וְלָא הִיא, שָׁאנֵי הָתָם – מִשּׁוּם דְּקָאָתוּ מִשְּׁיָרֵי טׇהֳרָה.

The Gemara notes: **And it is not so,** i.e., one cannot derive from the *baraita* that the measure of water is immaterial. **It is different there because** there the water **comes from the remainder of** a measure initially sufficient for **purity.** If there was not initially a quarter-*log*, the water is unfit for even one person.

אַתְקֵין רַב יַעֲקֹב מִנְּהַר פְּקוֹד נַטְלָא בַּת רְבִיעֲתָא. אַתְקֵין רַב אַשִׁי בְּהוּצַל כּוּזָא בַּת רְבִיעֲתָא.

The Gemara relates: **Rav Ya'akov from Nehar Pekod**[B] **prepared a glass vessel that could contain a quarter-*log*** of water for washing his hands. **Rav Ashi in Huzal**[B] likewise **prepared an earthenware vessel that could contain a quarter-*log*.**

BACKGROUND

Quarter-*log* – רְבִיעִית: The quarter-*log* is used as the basis for various liquid measurements. Its precise measure is a matter of dispute, with opinions ranging from 80 to 150 cc.

Nehar Pekod – נְהַר פְּקוֹד: Nehar Pekod, a city on the Tigris River slightly northwest of *Meḥoza*, was a commercial center known for its shrewd and aggressive businessmen. Nehar Pekod was also one of the most ancient Jewish cities in Babylonia, possibly dating back to the time of the exile of Jeconiah during the First Temple period. Prior to the bar Kokheva rebellion, Rabbi Akiva visited the city and Rabbi Ḥananya, son of the brother of Rabbi Yehoshua, tried to use that opportunity to establish a rabbinic court in exile with the power to proclaim leap years. Even following the talmudic period, Nehar Pekod remained an important Torah center, and some of the Sages who lived there became heads of yeshivot and *ge'onim*.

Huzal – הוּצָל: Huzal was a small city in Babylonia, south of the city of Neharde'a. This was a very old settlement, and apparently the Jews that resided there belonged to the exiled tribe of Binyamin. In Huzal there was a famous synagogue that was described as a place where the Divine Spirit rests. A few Sages are known to have lived in that city.

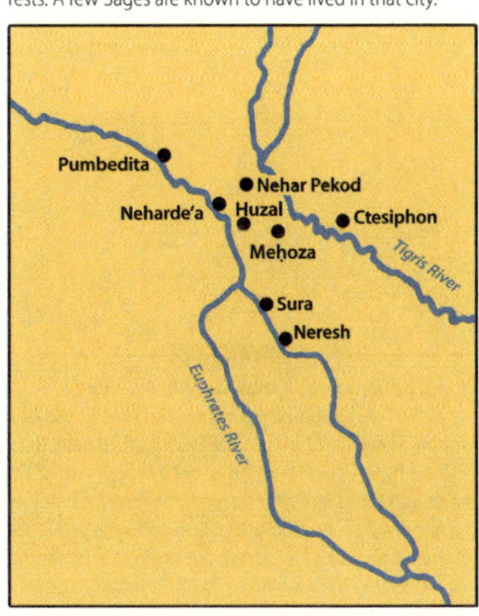

Location of Nehar Pekod and Huzal

HALAKHA

A vessel that cannot contain a quarter-*log* – כְּלִי שֶׁאֵין מַחֲזִיק רְבִיעִית: The vessel used for washing of the hands must have the capacity of a quarter-*log*, in accordance with the opinion of Rava (Rambam *Sefer Ahava, Hilkhot Berakhot* 6:12; *Shulḥan Arukh, Oraḥ Ḥayyim* 159:1).

NOTES

Are you particular about the vessel that it be wholly intact – קָפְדִיתוּ אָמָנָא: The *ge'onim* explain that the reason the Sages required the washing of the hands to be performed with a vessel is that they modeled it after the ritual of the waters of purification of the red heifer and the sanctification of the hands and feet for the Temple service. Just as a vessel must be used for the waters of purification and the sanctification of the hands and feet, the same applies to the washing of the hands (Ramban, citing Rav Aḥa of Shavḥa and *Halakhot Gedolot*).

We are particular about the vessel and about its appearance – וְאַחֲזוּתָא קָפְדִינַן: The water must not have the appearance of ink, or be dirty from other dyes, soot, smoke, or certain other substances that affect the appearance of water when mixed with it. But if the appearance of the water was changed by dust or mud, the water is not invalidated for washing of the hands (*Zevaḥim* 22a). The commentaries suggest that this is because water in its natural place is often mingled with dust and mud (*Shulḥan Arukh HaRav*). Furthermore, if one leaves that water alone, the mud and dust will eventually settle to the bottom of the vessel and the water will once again become clear. Consequently, this change in appearance is merely temporary (*Peri Megadim*; see also *Mishna Berura*).

וְאָמַר רָבָא: מְגוּפַת חָבִית שֶׁתִּקְּנָהּ – נוֹטְלִין מִמֶּנָּה לַיָּדַיִם. תַּנְיָא נַמִּי הָכִי: מְגוּפַת חָבִית שֶׁתִּקְּנָהּ – נוֹטְלִין מִמֶּנָּה לַיָּדַיִם. חֵמֶת וּכְפִישָׁה שֶׁתִּקְּנָן – נוֹטְלִין מֵהֶם לַיָּדַיִם. שַׂק וְקוּפָּה, אַף עַל פִּי שֶׁמְּקַבְּלִים – אֵין נוֹטְלִין מֵהֶם לַיָּדַיִם.

And Rava says: If **one prepared the stopper of a barrel**[B] for use as a vessel by hollowing it out until it contained a quarter-*log*, **one may wash** his **hands with it,** even though it was not originally designated for this function. **This** ruling **is also taught** in a *baraita*: **If one prepared the stopper of a barrel** for this purpose, **one may wash** his **hands with it.** Likewise, with regard to **a *ḥemet*[B] and a *kefisha*,** types of leather wineskins, **that one prepared** for this purpose, **one may wash** his **hands with them,** as they were initially designed to hold liquids. But with regard to **a sack**[B] **and a basket,**[B] **even if they can contain** water, **one may not wash** his **hands with them,** as no sack or basket is designed to hold water, and most cannot.

אִיבַּעְיָא לְהוּ: מַהוּ לֶאֱכוֹל בְּמַפָּה? מִי חָיְישִׁינַן דִּלְמָא נָגַע, אוֹ לָא?

A dilemma was raised before the Sages: **What is the** *halakha* **with regard to eating with a cloth** [*mappa*][L] on one's hands, rather than washing them to purify them? **Are we concerned** that **perhaps** he will **touch** the food with his hands, **or not?**

תָּא שְׁמַע: וּכְשֶׁנָּתְנוּ לוֹ לְרַבִּי צָדוֹק אוֹכֶל פָּחוֹת מִכְּבֵיצָה – נוֹטְלוֹ בְּמַפָּה, וְאוֹכְלוֹ חוּץ לַסּוּכָּה, וְאֵין מְבָרֵךְ אַחֲרָיו. מַאי לָאו, הָא כְּבֵיצָה – בָּעֵי נְטִילַת יָדַיִם!

The Gemara suggests: **Come** and **hear** proof from a mishna (*Sukka* 26b): **And when they gave Rabbi Tzadok**[P] on the festival of *Sukkot* **less than an egg-bulk**[B] **of food, he took** the food **in a cloth, and he ate it outside the** ***sukka*,** as he held one is not obligated to eat food of this amount in a *sukka*. **And he did not recite a blessing after** eating **it,** since less than an egg-bulk does not satisfy the verse: "And you shall eat and be satisfied and bless the Lord your God" (Deuteronomy 8:10). **What, is it not** to be inferred that **consequently,** if one eats **an egg-bulk,** it **requires washing of the hands,** even if one uses a cloth?

דִּלְמָא – הָא כְּבֵיצָה בָּעֵי סוּכָּה וּבָעֵי בְּרָכָה.

The Gemara rejects this: **Perhaps** one can conclude from that mishna only that **consequently,** if one eats **an egg-bulk** he **needs** to do so in **a** ***sukka*** **and needs** to recite **a blessing** after eating; but he can still use a cloth instead of washing his hands.

תָּא שְׁמַע, דִּשְׁמוּאֵל אַשְׁכְּחֵיהּ לְרַב דְּקָאָכֵיל בְּמַפָּה, אֲמַר לֵיהּ:

The Gemara suggests: **Come** and **hear** proof from an incident **where Shmuel found Rav eating with a cloth** rather than washing his hands, and Shmuel **said to him:**

LANGUAGE

Cloth [*mappa*] – מַפָּה: From the Latin mappa, referring to a piece of cloth used for cleaning and covering objects or as a standard or flag.

PERSONALITIES

Rabbi Tzadok – רַבִּי צָדוֹק: The reference is apparently to Rabbi Tzadok the priest, who in his later years, at the time of the destruction of the Temple, was one of the greatest Sages of the Jewish people. It is said that he fasted frequently in prayer that the Temple not be destroyed, during the forty years prior to its destruction. The leader of that generation, Rabbi Yoḥanan ben Zakkai, held Rabbi Tzadok in such high regard that he requested from the emperor Vespasian to procure a special doctor to care for him, as he had become emaciated by his fasts. Several sources attest to Rabbi Tzadok's expertise in engineering and mathematics.

Rabbi Elazar, son of Rabbi Tzadok, was one of the most prominent Sages of the subsequent generation, and was respected in the house of the *Nasi*. Rabbi Elazar often cites customs of his father's house and of the household of the *Nasi*.

BACKGROUND

Stopper of a barrel – מְגוּפַת חָבִית: The stopper of a wine barrel was generally made of earthenware and placed in the narrow mouth of the barrel. This stopper was effectively a vessel in its own right. When wine was transported from one place to another or placed in storage for an extended period, mud would be pasted around the stopper to seal the mouth of the barrel entirely. In order to open the barrel they would break the mud cover.

Sketch of an earthenware barrel

Ḥemet – חֵמֶת: The *ḥemet* was a leather vessel used for containing liquids, i.e., a wineskin. The *ḥemet*, which was light enough to be carried on one's back, was generally made from the hide of an animal's legs. The animal was skinned carefully, after which the holes of the legs were sewn up. A *ḥemet* served for the extended storage of liquids and for convenient drinking.

Sack – שַׂק: The sack mentioned in the Bible and by the Sages is generally coarse woven from goat hair. This term is used whether the woven article is in the shape of a sack or some other item. Since the hair of goats was usually black, sacks were typically black as well.

Basket [*kuppa*] – קוּפָּה: A *kuppa* is a vessel that was generally used for the storage of valuable items. It came in various shapes, e.g., a small cupboard or a box, as well as a basket in which objects can be safeguarded.

Egg-bulk – בֵּיצָה: The egg-bulk, i.e., the volume of the average egg of a chicken with its shell, is one of the most common measurements in the Talmud and is used for rulings in various areas of *halakha*. The egg-bulk is the basis for many measurements, including the *kav*, *se'a*, ephah, and *kor*. Opinions as to the size of an egg-bulk range from 58 to 100 cc.

Man carrying jug fashioned from a whole hide

עָבְדִין כְּדֵין? אֲמַר לֵיהּ: דַּעְתִּי קְצָרָה עָלַי.

Do we act in this manner? Rav **said to** Shmuel: I did wash my hands, but as **I am delicate** I do not wish to hold food in my bare hands; therefore I covered them with a cloth.

כִּי סְלֵיק רַבִּי זֵירָא, אַשְׁכַּחִינְהוּ לְרַבִּי אַמִי וְרַבִּי אַסִי דְּקָאָכְלִי בִּבְלָאֵי חֲמָתוֹת. אֲמַר: תְּרֵי גַּבְרֵי רַבְרְבֵי כְּוָותַיְיכוּ לִיטְעוּ בִּדְרַב וּשְׁמוּאֵל! הָא ״דַּעְתִּי קְצָרָה״ קָאָמַר.

The Gemara further relates: **When Rabbi Zeira left** Babylonia for Eretz Yisrael, **he found Rabbi Ami and Rabbi Asi eating** bread while covering their hands **with worn** pieces of **wineskins,** rather than washing them. Rabbi Zeira **said** to them: Could **two great men such as yourselves err with regard to** the incident of **Rav and Shmuel** related above? After all, Rav **said** to Shmuel: I am using a cloth because **I am delicate;** he did wash his hands beforehand.

אִשְׁתְּמִיטְתֵיהּ הָא דְּאָמַר רַב תַּחְלִיפָא בַּר אֲבִימִי אָמַר שְׁמוּאֵל: הִתִּירוּ מַפָּה לְאוֹכְלֵי תְרוּמָה, וְלֹא הִתִּירוּ מַפָּה לְאוֹכְלֵי טְהָרוֹת, וְרַבִּי אַמִי וְרַבִּי אַסִי כֹּהֲנִים הָווּ.

The Gemara notes: **It escaped** Rabbi Zeira's **mind that Rav Taḥlifa bar Avimi said** that **Shmuel said:** The Sages **permitted** the consumption of bread while the hands are wrapped with **a cloth** rather than washed, specifically **to** priests **who partake of** ***teruma***, as they are careful not to touch the bread with their hands. **But they did not permit** the use of **a cloth** in this manner **to** non-priests, even those **who** are particular to **eat** non-sacred food in a state of **ritual purity,** as they do not maintain the same level of diligence as priests. **And** since **Rabbi Ami and Rabbi Asi were priests,** it was permitted for them to eat with a cloth.

אִיבַּעְיָא לְהוּ: אוֹכֵל מֵחֲמַת מַאֲכִיל, צָרִיךְ נְטִילַת יָדַיִם אוֹ לֹא? תָּא שְׁמַע, דְּרַב הוּנָא בַּר סְחוֹרָה הֲוָה קָאֵי קַמֵּיהּ דְּרַב הַמְנוּנָא, בְּלַם לֵיהּ אוּמְצָא וְאָכֵיל, אֲמַר לֵיהּ: אִי לָאו דְּרַב הַמְנוּנָא אַתְּ, לָא סָפֵינָא לָךְ.

A dilemma was raised before the Sages: If one **eats by means of** another **feeding** him, without himself touching the food, does he **need to wash hands** before eating **or not?** The Gemara suggests: **Come** and **hear** proof from the following incident **where Rav Huna bar Seḥora was standing before Rav Hamnuna** and serving him. Rav Huna bar Seḥora **cut a slice of meat for** Rav Hamnuna[N] and placed it in his mouth, **and he ate** it. Rav Huna bar Seḥora **said to** Rav Hamnuna: **Were you not Rav Hamnuna, I would not feed you** in this fashion.

מַאי טַעְמָא, לָאו מִשּׁוּם דְּזָהִיר וְלָא נָגַע? לָא, דְּזָרִיז קָדֵים, וּמָשֵׁי יְדֵיהּ מֵעִיקָּרָא.

The Gemara infers from this episode: **What is the reason** that it was permitted for Rav Hamnuna to eat in such a manner? Is it **not because he was careful not to touch** the food with his hands? This indicates that someone may be fed even without washing his hands. The Gemara rejects this: **No,** one can say **that he was vigilant** and **went ahead and washed his hands at the outset.**

תָּא שְׁמַע, דְּאָמַר רַבִּי זֵירָא אָמַר רַב: לֹא יִתֵּן אָדָם פְּרוּסָה לְתוֹךְ פִּיו שֶׁל שַׁמָּשׁ, אֶלָּא אִם כֵּן יוֹדֵעַ בּוֹ שֶׁנָּטַל יָדָיו, וְהַשַּׁמָּשׁ מְבָרֵךְ עַל כׇּל כּוֹס וָכוֹס, וְאֵינוֹ מְבָרֵךְ עַל כׇּל פְּרוּסָה וּפְרוּסָה. וְרַבִּי יוֹחָנָן אָמַר: מְבָרֵךְ עַל כׇּל פְּרוּסָה וּפְרוּסָה.

The Gemara suggests: **Come** and **hear** proof from that **which Rabbi Zeira said** that **Rav said: A person may not place a slice** of bread **into the mouth** of the **attendant**[H] serving at a meal **unless he knows that he has washed his hands. And** it was also stated that **the attendant recites a blessing over each and every cup**[H] of wine presented to him at a meal. This is because he never knows if he will receive another cup, and he cannot intend that his initial blessing apply to a cup he does not know he will receive. **But** he **does not recite a blessing over each and every slice** of bread given to him. **And Rabbi Yoḥanan says** that he must **recite a blessing over each and every slice** he receives.

אָמַר רַב פָּפָּא: בִּשְׁלָמָא דְּרַב וְרַבִּי יוֹחָנָן לָא קַשְׁיָא, הָא – דְּאִיכָּא אָדָם חָשׁוּב, הָא – דְּלֵיכָּא אָדָם חָשׁוּב.

Rav Pappa said: Granted, the apparent contradiction between the opinions **of Rav and Rabbi Yoḥanan** is **not difficult;** one can resolve it by saying that **this** statement of Rav, that the attendant need not recite a blessing for every slice of bread, is referring to a case **where there is an important person**[H] at the meal. Since the attendant is confident that the important person will ensure the attendant receives enough to eat, his initial blessing applies to each slice he receives. And **that** statement of Rabbi Yoḥanan is referring to a meal **where there is no important person.** Since the attendant is not confident that he will receive another slice, he must recite a new blessing whenever he does receive one.

NOTES

Cut [*belam*] a slice of meat for Rav Hamnuna – בְּלַם לֵיהּ אוּמְצָא: The early commentaries explain that although the Gemara states that Rav Huna bar Seḥora gave Rav Hamnuna a slice of meat, he actually gave him bread as well. Otherwise, for the consumption of meat without bread, there would have been no obligation of washing the hands (*Tosafot*; Rashba). Some later commentaries contend that the text should read *balas*, mixed, i.e., he gave him a mixture of meat and bread (Ya'avetz; Gra).

HALAKHA

A person may not place a slice of bread into the mouth of the attendant, etc. – לֹא יִתֵּן אָדָם פְּרוּסָה לְתוֹךְ פִּיו שֶׁל שַׁמָּשׁ וכו׳: It is prohibited to give a slice of bread to an attendant at a meal, unless one knows that the attendant has washed his hands. Later authorities explain that this concern that the recipient might not have washed his hands applies only to an attendant, as he is occupied, but no one else is suspected of neglecting the obligation. Some are stringent even with regard to others (Rambam *Sefer Ahava, Hilkhot Berakhot* 6:19; *Shulḥan Arukh, Oraḥ Ḥayyim* 169:1 and *Magen Avraham* there).

And the attendant recites a blessing over each and every cup – וְהַשַּׁמָּשׁ מְבָרֵךְ עַל כׇּל כּוֹס וָכוֹס: Although an attendant standing before diners should not eat with them, it is proper practice to place in his mouth some of each dish so that he does not suffer from watching others eat. If he is given wine, he must recite a blessing over each and every cup he receives, as he does not know how many cups will be given to him (Rambam *Sefer Ahava, Hilkhot Berakhot* 7:7; *Shulḥan Arukh, Oraḥ Ḥayyim* 169:3).

Where there is an important person, etc. – דְּאִיכָּא אָדָם חָשׁוּב וכו׳: If an attendant is serving at a meal at which an important person is present, so that the attendant is confident he will receive all the food he requires, he does not recite a blessing over every slice of bread he is given. If there is no important person present, then the attendant must recite a blessing over each and every slice, as is the case with regard to cups of wine (Rambam *Sefer Ahava, Hilkhot Berakhot* 7:7; *Shulḥan Arukh, Oraḥ Ḥayyim* 169:3).

מִכָּל מָקוֹם הָא קָאָמַר ״אֶלָּא אִם כֵּן יוֹדֵעַ שֶׁנָּטַל יָדָיו״! שָׁאנֵי שַׁמָּשׁ, דְּטָרִיד.

In any case, Rav first **says** that one should not place a slice into the attendant's mouth **unless he knows that he has washed his hands.** This indicates that one who is fed by another must wash his hands. The Gemara responds: The case of **an attendant is different, as he is occupied** with his duties and may touch the food inadvertently. Therefore, he specifically may not eat without washing his hands.

תָּנוּ רַבָּנַן: לֹא יִתֵּן אָדָם פְּרוּסָה לַשַּׁמָּשׁ, בֵּין שֶׁהַכּוֹס בְּיָדוֹ בֵּין שֶׁהַכּוֹס בְּיָדוֹ שֶׁל בַּעַל הַבַּיִת, שֶׁמָּא יֶאֱרַע דָּבָר קַלְקָלָה בַּסְּעוּדָה. וְהַשַּׁמָּשׁ שֶׁלֹּא נָטַל יָדָיו – אָסוּר לִיתֵּן פְּרוּסָה לְתוֹךְ פִּיו.

§ **The Sages taught** in a *baraita*: **A person** who is a guest **may not give a slice** of bread from the meal in front of him **to the attendant** serving, **whether a cup is in** the attendant's **hand**[H] **or a cup is in the host's hand, lest a mishap occur at the meal.** The host might become angry or distracted by the concern that there will not remain enough food for his guests, and the cup will fall from his hand. If the cup is in the attendant's hand, he might drop it while accepting food from the guest. **And** with regard to **an attendant who has not washed his hands, it is prohibited to place a slice of** bread **into his mouth.**

אִיבַּעְיָא לְהוּ: מַאֲכִיל, צָרִיךְ נְטִילַת יָדַיִם אוֹ אֵינוֹ צָרִיךְ?

§ **A dilemma was raised before** the Sages: **Does one who feeds** another **need to wash** his **hands,** since his hands are touching the food? **Or** perhaps **he does not need** to wash his hands, as he himself is not eating.

תָּא שְׁמַע, דְּתָנֵי דְּבֵי מְנַשֶּׁה, רַבָּן שִׁמְעוֹן בֶּן גַּמְלִיאֵל אוֹמֵר: אִשָּׁה מְדִיחָה אֶת יָדָהּ אַחַת בַּמַּיִם, וְנוֹתֶנֶת פַּת לִבְנָהּ קָטָן. אָמְרוּ עָלָיו עַל שַׁמַּאי הַזָּקֵן שֶׁלֹּא רָצָה לְהַאֲכִיל בְּיָדוֹ אַחַת, וְגָזְרוּ עָלָיו שֶׁיַּאֲכִיל בִּשְׁתֵּי יָדָיו.

The Gemara suggests: **Come** and **hear** a resolution to the dilemma from **that** which **the school of Menashe taught** that **Rabban Shimon ben Gamliel says: A woman may rinse one hand in water** on Yom Kippur, so that she does not touch food before she has washed her hands in the morning, **and give bread to her minor son,**[H] without concern about violating the prohibition against bathing on Yom Kippur. **They said about Shammai the Elder that he did not want to feed** his children **with** even **one hand** on Yom Kippur, to avoid having to wash it. **But** due to concerns about the health and well-being of his children, **they decreed that he must feed** them **with two hands,** forcing him to wash both. Apparently one who feeds another must wash his hands, even though he himself is not eating.

אָמַר אַבַּיֵי: הָתָם מִשּׁוּם שִׁיבְתָּא.

Abaye said: The reason for the washing **there** is not on account of the food specifically. Rather, it is **due to** an evil spirit named **Shivta,**[B] who contaminates hands that have not been washed in the morning. As long as one washes his hands in the morning, perhaps he need not wash them again to feed another.

תָּא שְׁמַע: דַּאֲבוּהּ דִּשְׁמוּאֵל אַשְׁכְּחֵיהּ לִשְׁמוּאֵל דְּקָא בָּכֵי. אֲמַר לֵיהּ: אַמַּאי קָא בָּכֵית? דְּמַחְיַין רַבַּאי. אַמַּאי? דַּאֲמַר לִי: קָא סָפֵית לִבְרַאי וְלָא מָשֵׁית יְדֵיהּ. וְאַמַּאי לָא מָשֵׁית? אֲמַר לֵיהּ: הוּא אָכֵיל וַאֲנָא מָשֵׁינָא?!

The Gemara further suggests: **Come** and **hear** a resolution to the dilemma from the following incident, **as Shmuel's father found** the young **Shmuel crying,** and **said to him: Why are you crying?** Shmuel replied: **Because my teacher struck me.** His father asked: **Why** did he strike you? Shmuel responded: My teacher **said to me: You are feeding my son, but you did not wash your hands.** His father asked: **And why did you not wash** your hands? Shmuel **said to him:** Only **he,** the teacher's son, **is eating, and I** must **wash my hands?**

אֲמַר לֵיהּ: לָא מִיסְתַּיֵּיהּ דְּלָא גָּמֵיר, מִימְחָא נָמֵי מָחֵי! וְהִלְכְתָא: אוֹכֵל מֵחֲמַת מַאֲכִיל – צָרִיךְ נְטִילַת יָדַיִם, מַאֲכִיל – אֵינוֹ צָרִיךְ נְטִילַת יָדַיִם.

Shmuel's father **said to him: Is it not enough that** your teacher **did not learn** the *halakha* properly, **that he even strikes you** on account of his error? One who feeds another need not wash his hands if he himself is not eating. The Gemara concludes: **And the *halakha*** is that one who **eats by means of** another **feeding** him **needs to wash** his **hands,**[H] even though he does not touch the food. But **one who feeds** another **does not need to wash** his **hands.**

מתני׳ צוֹרֵר אָדָם בָּשָׂר וּגְבִינָה בְּמִטְפַּחַת אַחַת, וּבִלְבַד שֶׁלֹּא יְהוּ נוֹגְעִין זֶה בָּזֶה. רַבָּן שִׁמְעוֹן בֶּן גַּמְלִיאֵל אוֹמֵר: שְׁנֵי אַכְסְנָאִין אוֹכְלִין עַל שֻׁלְחָן אֶחָד זֶה בָּשָׂר וְזֶה גְּבִינָה, וְאֵין חוֹשְׁשִׁין.

MISHNA **A person may bind meat and cheese in one cloth,**[H] **provided that they do not come into contact with each other. Rabban Shimon ben Gamliel says:** Two unacquainted **guests** [*akhsena'in*][L] **may eat** together **on one table, this** one eating **meat and that** one eating **cheese,**[H] **and they** need **not be concerned** lest they come to violate the prohibition of eating meat and milk by partaking of the food of the other.

HALAKHA

Whether a cup is in the attendant's hand, etc. – בֵּין שֶׁהַכּוֹס בְּיָדוֹ וכו׳: With regard to any food brought to the table that has an appetizing aroma, a portion of it must be given to the attendant without delay. It is an attribute of piety to give the attendant some of each and every dish as soon as it is brought. Nevertheless, one should not give him food while a cup is in his hand or the host's hand (*Shulḥan Arukh, Oraḥ Ḥayyim* 169:1).

A woman may rinse one hand in water and give bread to her minor son – אִשָּׁה מְדִיחָה אֶת יָדָהּ אַחַת בַּמַּיִם וְנוֹתֶנֶת פַּת לִבְנָהּ קָטָן: A woman may wash one hand with water on Yom Kippur and give bread to her child, in accordance with the opinion of Rabban Shimon ben Gamliel (Rambam *Sefer Zemanim, Hilkhot Shevitat Asor* 3:2).

One who eats by means of another feeding him needs to wash his hands – אוֹכֵל מֵחֲמַת מַאֲכִיל צָרִיךְ נְטִילַת יָדַיִם: One who is fed by another must wash his hands before eating, despite the fact that he does not touch the food. The same applies to one who eats with a fork. The Rema writes that it is prohibited to feed someone who has not washed his hands, due to the prohibition (Leviticus 19:14): "You shall not put a stumbling block before the blind" (Rambam *Sefer Ahava, Hilkhot Berakhot* 6:18; *Shulḥan Arukh, Oraḥ Ḥayyim* 163:2).

A person may bind meat and cheese in one cloth – צוֹרֵר אָדָם בָּשָׂר וּגְבִינָה בְּמִטְפַּחַת אַחַת: One may eat meat and cheese that have come into contact with each other, but he must first rinse the place of the contact. This is required only if one of the food items was moist; if both foods were dry then it is not necessary even to rinse them. It is permitted to bind them in one cloth, and one need not be concerned that they might come into contact with each other (Rambam *Sefer Kedusha, Hilkhot Ma'akhalot Assurot* 9:17; *Shulḥan Arukh, Yoreh De'a* 91:1 and *Shakh* there).

Two unacquainted guests may eat on one table, this one meat and that one cheese – שְׁנֵי אַכְסְנָאִין אוֹכְלִין עַל שֻׁלְחָן אֶחָד זֶה בָּשָׂר וְזֶה גְּבִינָה: Although it is prohibited to place meat and cheese on the same table, this applies only if the two diners know each other, even if they are particular not to eat each other's food. By contrast, in the case of two unacquainted guests it is permitted (Rambam *Sefer Kedusha, Hilkhot Ma'akhalot Assurot* 9:21; *Shulḥan Arukh, Yoreh De'a* 88:2).

BACKGROUND

Shivta – שִׁיבְתָּא: Rashi states that Shivta is an evil spirit that rests upon hands that were not washed in the morning. In the Responsa of the *Ge'onim*, *shivta* is described as an illness generally found among young children. According to the latter explanation, it was an infectious disease that could be transmitted by handling food with unclean hands.

LANGUAGE

Guests [*akhsena'in*] – אַכְסְנָאִין: From the Greek ξένος, *xenos*, meaning a stranger. In the usage of the Sages as well, its basic meaning is a stranger or visitor, particularly a guest at an inn or hotel.

LANGUAGE

Baitos – בַּייתוֹס: Baitos is the Greek name Βοηθός, Boēthos, meaning helper or aide. It may be a translation of the Hebrew name Ezra.

BACKGROUND

Shirt [*ḥaluk*] – חָלוּק: A *ḥaluk* is a garment worn on the upper body whose upper half is divided [*meḥulak*] into two. The opening of the *ḥaluk* was tied together with lacing.

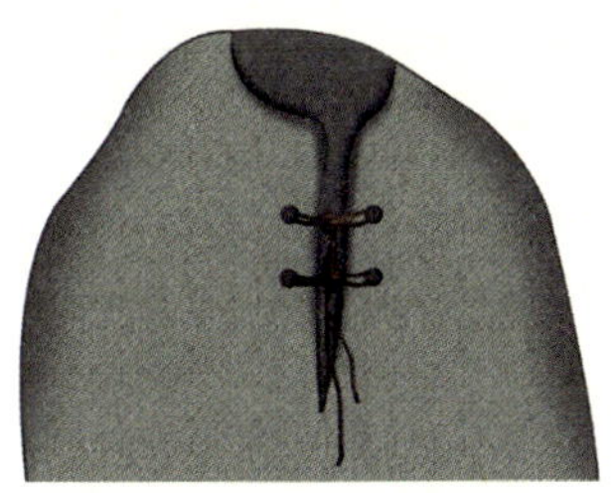

Opening of a *ḥaluk*

גמ׳ וְכִי נוֹגֵעַ זֶה בָּזֶה מַאי הָוֵי? צוֹנֵן בְּצוֹנֵן הוּא! אָמַר אַבָּיֵי: נְהִי דִּקְלִיפָה לָא בָּעֵי, הֲדָחָה מִי לָא בָּעֵי!

GEMARA The mishna teaches that one may bind meat and cheese together in one cloth, provided that they do not come into contact with each other. The Gemara asks: **And if they come into contact with each other, what of it? It is** a case of one **cold** food **in** contact with another **cold** food, and they would not absorb substances from one another. **Abaye said: Granted that** cold foods **do not require** the **peeling** of the place where they came into contact, as they do not absorb substances from one another. Nevertheless, **don't they require rinsing** in water? The Sages therefore decreed against the contact of even cold meat and cheese, lest one come to eat them without rinsing them first.

״רַבָּן שִׁמְעוֹן בֶּן גַּמְלִיאֵל אוֹמֵר שְׁנֵי אַכְסְנָאִין אוֹכְלִין עַל שׁוּלְחָן״ וכו׳. אָמַר רַב חָנָן בַּר אַמִי, אָמַר שְׁמוּאֵל: לֹא שָׁנוּ – אֶלָּא שֶׁאֵין מַכִּירִין זֶה אֶת זֶה, אֲבָל מַכִּירִין זֶה אֶת זֶה – אָסוּר.

§ The mishna teaches that **Rabban Shimon ben Gamliel says: Two guests may eat** together **on** one **table,** this one eating meat and that one eating cheese. **Rav Ḥanan bar Ami says** that **Shmuel says: They taught** this *halakha* **only** in a case **where** the guests **do not know each other,** as they will not eat of each other's food. **But** in a situation where **they know each other,** it is **prohibited** for them to eat together at the same table.

תַּנְיָא נַמִי הָכִי, רַבָּן שִׁמְעוֹן בֶּן גַּמְלִיאֵל אוֹמֵר: שְׁנֵי אַכְסְנָאִים שֶׁנִּתְאָרְחוּ לְפוּנְדָּק אֶחָד, זֶה בָּא מִן הַצָּפוֹן וְזֶה בָּא מִן הַדָּרוֹם, זֶה בָּא בַּחֲתִיכָתוֹ, וְזֶה בָּא בִּגְבִינָתוֹ – אוֹכְלִין עַל שֻׁלְחָן אֶחָד זֶה בָּשָׂר וְזֶה גְּבִינָה, וְאֵין חוֹשְׁשִׁין.

That opinion **is also taught** in a *baraita*: **Rabban Shimon ben Gamliel says:** If **two guests roomed in one inn, this one coming from the north and that one coming from the south, this one coming with his piece** of meat **and that one coming with his cheese, they may eat** together **on one table, this one** eating **meat and that one cheese, and they** need **not be concerned.**

וְלֹא אָסְרוּ אֶלָּא בִּתְפִיסָה אַחַת. תְּפִיסָה אַחַת סָלְקָא דַּעְתָּךְ? אֶלָּא: כְּעֵין תְּפִיסָה אַחַת.

The *baraita* adds: **And** the Sages **prohibited** this practice **only** if they both eat **from one parcel.** The Gemara adds: Can it **enter your mind** that the *baraita* is actually referring to a case where they eat from **one parcel**? This is obviously prohibited. **Rather,** it prohibits eating even in a manner **as though** they were eating from **one parcel,** i.e., when the diners are somewhat acquainted with each other, since neither would mind if the other ate from his food.

אֲמַר לֵיהּ רַב יֵימַר בַּר שֶׁלֶמְיָא לְאַבָּיֵי: שְׁנֵי אַחִין וּמַקְפִּידִין זֶה עַל זֶה, מַהוּ?

§ It was stated above that if two diners are acquainted with each other they may not eat meat and cheese on the same table. **Rav Yeimar bar Shelemya said to Abaye:** If these diners are **two brothers, but they are** each **particular** not to let **one another** eat of his food, **what is** the *halakha*? May they eat separate dishes of meat and cheese at a single table?

אֲמַר לֵיהּ: יֹאמְרוּ כׇּל הַסְּרִיקִין אֲסוּרִין וּסְרִיקֵי בַּייתוֹס מוּתָּרִין.

Abaye **said to him:** Your question evokes that of Baitos ben Zunin. The Sages prohibited the baking of elaborately decorated Syrian cakes for Passover, lest people tarry in their preparation and the cakes become leavened. Baitos wished to prepare the cakes in a way that would not lead to a violation of any prohibition, and yet the Sages prohibited it, because people **will say: All the** decorated **Syrian cakes are forbidden, but the Syrian cakes of Baitos**[L] **are permitted?** Here too, to avoid confusion, we will not allow exceptions to the rule.

וּלְטַעְמִיךְ, הָא דְּאָמַר רַבִּי אַסִּי, אָמַר רַבִּי יוֹחָנָן: מִי שֶׁאֵין לוֹ אֶלָּא חָלוּק אֶחָד – מוּתָּר לְכַבְּסוֹ בְּחוּלּוֹ שֶׁל מוֹעֵד, יֹאמְרוּ:

Rav Yeimar responded: **But according to your reasoning,** one may refute **that which Rabbi Asi said** that **Rabbi Yoḥanan said:** Although the Sages prohibited laundering on the intermediate days of a Festival, **one who has only one shirt**[BH] **is permitted to launder it on the intermediate days of a Festival.** Here too, one can claim: People **will say** metaphorically:

HALAKHA

One who has only one shirt – מִי שֶׁאֵין לוֹ אֶלָּא חָלוּק אֶחָד: One who has only one shirt may launder it in an ordinary manner during the intermediate days of a Festival, and he may even use different types of soap and launder it in public. Nevertheless, he may launder only one garment at a time. Some commentaries maintain that this *halakha* permitting laundering in this case applied only in the Talmudic period, when it was clear that the individual had only one shirt, as when he took it off he would have to tie his belt on his outer robe rather than on a shirt. Since today people do not tie their belts on their shirts, one should not be lenient. Nevertheless, in the case of a linen shirt one need not be stringent. One may wash items such as children's clothes or diapers, if they are soiled, in larger quantities (Rambam *Sefer Zemanim*, *Hilkhot Yom Tov* 7:21; *Shulḥan Arukh*, *Oraḥ Ḥayyim* 534:1 and *Mishna Berura* there).

כָּל הַסְּרִיקִין אֲסוּרִין, וּסְרִיקֵי בַּיְיתוֹס מוּתָּרִין! הָתָם, הָא אֲמַר מָר בַּר רַב אָשֵׁי: אֵיזוֹרוֹ מוֹכִיחַ עָלָיו.

All the Syrian cakes are prohibited, but the Syrian cakes of Baitos are permitted? The Gemara responds: With regard to the case **there, Mar, son of Rav Ashi, said: His belt is proof for him,** as in those days people commonly had one belt, which was worn over the shirt. If a person had more than one shirt, then whenever he laundered one he would remove the belt and wear it over the second. If one saw a shirt being washed with its belt, he would know that the owner had only one shirt.

מתני׳ טִיפַּת חָלָב שֶׁנָּפְלָה עַל הַחֲתִיכָה, אִם יֵשׁ בָּהּ בְּנוֹתֵן טַעַם בְּאוֹתָהּ חֲתִיכָה – אָסוּר. נִיעֵר אֶת הַקְּדֵרָה, אִם יֵשׁ בָּהּ בְּנוֹתֵן טַעַם בְּאוֹתָהּ קְדֵרָה – אָסוּר.

MISHNA In the case of **a drop of milk that fell on a piece** of meat,[N] **if** the drop **contains** enough milk **to impart flavor to that piece** of meat, i.e., the meat is less than sixty times the size of the drop, the meat is **forbidden.** If **one stirred** the contents of **the pot**[N] and the piece was submerged in the gravy before it absorbed the milk, **if** the drop **contains** enough milk **to impart flavor to** the contents of **that** entire **pot,** the contents of the entire pot are **forbidden.**

גמ׳ אֲמַר אַבַּיֵי: טַעְמוֹ וְלֹא מַמָּשׁוֹ בְּעָלְמָא – דְּאוֹרָיְיתָא,

GEMARA **Abaye said:** The principle that **the flavor** of a forbidden food renders prohibited the substance in which it is absorbed, **and** it is **not** necessary for there to be **actual** forbidden substance, applies **by Torah law in general,** and not just to the prohibition of meat cooked in milk.

דְּאִי סָלְקָא דַּעְתָּךְ דְּרַבָּנַן, מִבָּשָׂר בְּחָלָב מַאי טַעְמָא לָא גָּמְרִינַן – דְּחִדּוּשׁ הוּא, אִי חִדּוּשׁ הוּא, אַף עַל גַּב דְּלֵיכָּא נוֹתֵן טַעַם נָמֵי!

As, if it enters your mind that the principle applies to other prohibited foods **by rabbinic law,** one can claim: **What is the reason** that **we do not learn** that it applies by Torah law **from** the analogous case of **meat** cooked **in milk?** It must be **because** the prohibition of meat cooked in milk **is a novelty** that is not derived through logical reasoning, as each substance is separately permitted, and they are prohibited only when cooked together. No analogies can be drawn to a novelty. But **if** the prohibition **is a novelty,** then **even if there is not** enough milk to **impart flavor,** the meat and milk should **also** be prohibited. Since the measure of the prohibition follows the standard principles of mixtures, the prohibition itself is apparently not a novelty. One may therefore draw an analogy to other mixtures, inferring that this measure applies to them by Torah law as well.

NOTES

That fell on a piece of meat – שֶׁנָּפְלָה עַל הַחֲתִיכָה: The mishna does not specify the precise location of the piece of meat in the pot. According to some commentaries, the entire piece is outside of the gravy (*Tosafot*). Therefore, only that piece is considered with regard to the nullification of the milk, as the milk affects the other pieces only if one stirs the contents of the pot or covers the pot. The commentaries note that although food that does not contain gravy or fats usually absorbs a forbidden substance only in its outer edge, the heat and vapors of the pot cause the drop to be absorbed by the entire piece (Ran).

Other commentaries, including Rashi, maintain that the piece of meat is partly inside and partly outside of the gravy. The later commentaries dispute whether according to Rashi the other pieces also become forbidden in a case where one did not remove that piece from the pot immediately. Some say that ultimately all the pieces of meat in the pot are rendered forbidden, as the upper part of the piece upon which the milk fell renders the lower part forbidden, and the lower part in turn renders all the other pieces forbidden. This is the *halakha* despite the fact that the gravy in the pot is not taken into account with regard to nullifying the drop of milk (*Taz*). Others claim that whichever way you look at it, the other pieces of meat in the pot should be permitted: If the taste of the milk spreads throughout the pot then it is nullified by all the meat, which is at least sixty times the size of the drop. If it does not spread throughout the pot then there is no reason to render the other pieces forbidden, unless one stirred or covered the pot, which is considered like a fresh act of cooking that renders all the pieces prohibited (*Derisha*).

If one stirred the pot – נִיעֵר אֶת הַקְּדֵרָה: The commentaries explain that this stirring is performed immediately, before the piece absorbs the taste of the milk. Consequently, the drop of milk becomes mixed with the entire contents of the pot (Rashi). Some infer from here that it takes a minimum time for a forbidden substance to be absorbed, and therefore if one removed the substance within that period the permitted item upon which it fell is not rendered forbidden (*Pithei Teshuva*, citing *Ḥamudei Daniel*; see Radbaz). Others disagree and suggest that this minimum time is necessary with regard to the principle of: The piece itself becomes non-kosher meat in its own right, described in the Gemara, but the forbidden substance is nevertheless absorbed immediately within the piece of meat. Even if one removed the substance immediately, the item upon which it fell is still forbidden (*Peri Megadim*, *Peri Toar*).

אֲמַר לֵיהּ רָבָא: דֶּרֶךְ בִּשּׁוּל אָסְרָה תּוֹרָה.

Rava said to Abaye: This is not a valid proof. The prohibition of meat cooked in milk is in fact a novelty and differs from other prohibited mixtures. Nevertheless, its measure is the imparting of flavor only because the action **the Torah prohibited** is in **the manner of cooking,** and cooking involves the imparting of flavor.

אָמַר רַב: כֵּיוָן שֶׁנָּתַן טַעַם בַּחֲתִיכָה – חֲתִיכָה עַצְמָהּ נַעֲשֵׂית נְבֵלָה, וְאוֹסֶרֶת כָּל הַחֲתִיכוֹת כּוּלָּן, מִפְּנֵי שֶׁהֵן מִינָהּ.

§ The mishna teaches that if the piece of meat acquires the flavor of milk, it is forbidden. **Rav says: Once** the milk **imparts flavor to the piece** of meat, the **piece itself becomes non-kosher** meat in its own right. **And** therefore, if one did not immediately remove the piece from the pot, **it renders all the pieces** of meat in the pot **forbidden,** even if they are together more than sixty times the size of that forbidden piece. This is **because they are** the same **type** as the forbidden piece, and as a rule, a substance in contact with the same type of substance cannot be nullified.

אֲמַר לֵיהּ מָר זוּטְרָא בְּרֵיהּ דְּרַב מָרִי לְרָבִינָא: מִכְּדֵי רַב כְּמַאן אֲמַר לִשְׁמַעְתֵּיהּ – כְּרַבִּי יְהוּדָה, דַּאֲמַר: מִין בְּמִינוֹ לָא בָּטֵיל, לֵימָא פְּלִיגָא אַדְּרָבָא,

Mar Zutra, son of Rav Mari, said to Ravina: Now consider, **in accordance with whose** opinion did **Rav say his *halakha*?** It is **in accordance with** the opinion of **Rabbi Yehuda, who said** that a **type** of food mixed with food **of** its **own type is not nullified.** If so, **shall we say** that Rav **disagrees with Rava's** interpretation of Rabbi Yehuda's opinion?

דַּאֲמַר רָבָא: קָסָבַר רַבִּי יְהוּדָה, כָּל שֶׁהוּא מִין וּמִינוֹ וְדָבָר אַחֵר – סַלֵּק אֶת מִינוֹ כְּמִי שֶׁאֵינוֹ, וְשֶׁאֵינוֹ מִינוֹ רַבֶּה עָלָיו וּמְבַטְּלוֹ!

As Rava said: Rabbi Yehuda holds with regard to **any** tripartite mixture **consisting of** a forbidden **type** of food, a permitted food of **the same type, and another** food **item** that is permitted, one **disregards** the permitted food that is its **own type as though it were not there, and** if the permitted food **that is not** of **its own type is more than** the forbidden food, the permitted food **nullifies** the forbidden food. In the case Rav describes, although the other pieces of meat are of the same type as the piece that has become forbidden, the gravy in the pot is not of the same type, and it should nullify the forbidden piece. Since Rav does not mention this principle, he apparently disagrees with it.

אֲמַר לֵיהּ: אִי דִּנְפַל בְּרוֹטֶב רַכָּה – הָכִי נַמִי, הָכָא בְּמַאי עָסְקִינַן – דִּנְפַל בְּרוֹטֶב עָבָה.

Ravina **said to him: If** the forbidden substance **fell into thin gravy,** Rav would concede that the gravy would **indeed** nullify the piece of meat, since the two substances are of different types. **But here we are dealing with** a case **where it fell into thick gravy,** which is composed of meat residue. Since the gravy is of the same substance as the meat, the forbidden piece is not nullified.

וּמַאי קָסָבַר, אִי קָסָבַר: אֶפְשָׁר לְסוֹחֲטוֹ מוּתָּר – חֲתִיכָה אַמַּאי נַעֲשֵׂית נְבֵלָה? אֶלָּא קָסָבַר: אֶפְשָׁר לְסוֹחֲטוֹ אָסוּר.

The Gemara returns to Rav's statement that the piece of meat upon which the milk fell is considered a non-kosher item in its own right. **And what does** Rav **maintain** in this regard? **If he maintains** that an item **that can be wrung** to remove the forbidden substance it contains becomes **permitted** again after wringing, then it follows that only the absorbed substance is truly forbidden. If so, **why** should this **piece** of meat itself **become non-kosher?** Once it has been mixed into the stew, the milk it has absorbed should be evenly distributed throughout the pot and be nullified. **Rather,** Rav must **maintain** that even an item **that can be wrung** to remove the forbidden substance is **forbidden.**

דְּאִיתְּמַר, רַב וְרַבִּי חֲנִינָא וְרַבִּי יוֹחָנָן דְּאָמְרִי: אֶפְשָׁר לְסוֹחֲטוֹ – אָסוּר, שְׁמוּאֵל וְרַבִּי שִׁמְעוֹן בַּר רַבִּי וְרֵישׁ לָקִישׁ דְּאָמְרִי: אֶפְשָׁר לְסוֹחֲטוֹ – מוּתָּר.

The Gemara elaborates: **As it was stated: Rav and Rabbi Ḥanina and Rabbi Yoḥanan say** that even an item **that can be wrung** to remove the forbidden substance is **forbidden,** whereas **Shmuel, and Rabbi Shimon, son of Rabbi** Yehuda HaNasi, **and Reish Lakish say:** An item **that can be wrung** to remove the forbidden substance is **permitted.**

וְסָבַר רַב אֶפְשָׁר לְסוֹחֲטוֹ – אָסוּר? וְהָאִיתְּמַר, כַּזַּיִת בָּשָׂר שֶׁנָּפַל לְתוֹךְ יוֹרָה שֶׁל חָלָב, אָמַר רַב: בָּשָׂר – אָסוּר, וְחָלָב – מוּתָּר. וְאִי סָלְקָא דַּעְתָּךְ אֶפְשָׁר לְסוֹחֲטוֹ אָסוּר,

The Gemara asks: **And does Rav** really **maintain** that an item **that can be wrung** to remove the forbidden substance is **forbidden? But wasn't it stated:** If **an olive-bulk of meat fell into a pot of milk** so large that the meat did not impart flavor to it, **Rav says:** The **meat is forbidden,** as it absorbed the taste of the milk, **but** the **milk is permitted,** since it did not absorb the taste of the meat. **But if it enters your mind** that according to Rav an item **that can be wrung is forbidden,**

חָלָב אַמַּאי מוּתָּר? חָלָב נְבֵלָה הוּא!

why is the milk permitted? All the milk that the meat absorbed **is** rendered **non-kosher milk** in and of itself. When it seeps back out of the meat, it cannot be nullified by the rest of the milk, which is the same substance, as Rav holds in accordance with Rabbi Yehuda that a type of food mixed with food of its own type is not nullified. Therefore, the whole pot of milk should be prohibited.

לְעוֹלָם קָסָבַר רַב אֶפְשָׁר לְסוֹחֲטוֹ – אָסוּר, וְשָׁאנֵי הָתָם דַּאֲמַר קְרָא: ״לֹא תְבַשֵּׁל גְּדִי בַּחֲלֵב אִמּוֹ״ – גְּדִי אָסְרָה תּוֹרָה, וְלֹא חָלָב.

The Gemara answers: **Rav actually maintains** that an item **that can be wrung** to remove the forbidden substance is **prohibited, and there,** the pot of milk mentioned above **is different, as the verse states: "You shall not cook a kid in its mother's milk"** (Deuteronomy 14:21). The verse teaches that **the Torah prohibits** only the **kid,** i.e., the meat, that was cooked in milk, **but not** the **milk** that was cooked in meat. The milk is not itself rendered non-kosher.

וְסָבַר רַב גְּדִי אָסְרָה תּוֹרָה וְלֹא חָלָב? וְהָא אִיתְּמַר, חֲצִי זַיִת בָּשָׂר וַחֲצִי זַיִת חָלָב שֶׁבִּשְּׁלָן זֶה עִם זֶה, אָמַר רַב: לוֹקֶה עַל אֲכִילָתוֹ, וְאֵינוֹ לוֹקֶה עַל בִּשּׁוּלוֹ. וְאִי סָלְקָא דַּעְתָּךְ גְּדִי אָסְרָה תּוֹרָה וְלֹא חָלָב, אַאֲכִילָה אַמַּאי לוֹקֶה? חֲצִי שִׁיעוּר הוּא!

The Gemara challenges: **And does Rav** really **maintain** that **the Torah prohibits** only the **kid but not** the **milk** cooked with it? **But isn't it stated:** If **half an olive-bulk of meat and half an olive-bulk of milk were cooked together, Rav says:** One **is flogged for consuming** the combined olive-bulk, as he has eaten a whole olive-bulk of forbidden food. **But he is not flogged for cooking** the two half olive-bulks, as he did not cook items of the minimum size. **And if** it should **enter your mind** that Rav holds that **the Torah prohibits** only the **kid but not** the **milk, why is** this individual **flogged for consuming** only half an olive-bulk of meat? **It is** only **half** the prohibited **measure.**

אֶלָּא, לְעוֹלָם קָסָבַר רַב: חָלָב נַמִּי אָסוּר, וְהָכָא בְּמַאי עָסְקִינַן – כְּגוֹן שֶׁנָּפַל לְתוֹךְ יוֹרָה רוֹתַחַת, דְּמִבְלַע בָּלַע, מִפְלַט לָא פָּלַט.

Rather, Rav actually maintains that **milk** cooked in meat **is also prohibited, and** the reason Rav permits the pot of milk mentioned above is that **here we are dealing with** a case **where** the olive-bulk of meat **fell into a boiling pot** of milk. In such a case the meat **absorbs** milk, but **it does not expel** it, and therefore the prohibited milk does not mix with the rest.

סוֹף סוֹף כִּי נָיֵיח הֲדַר פָּלֵיט! כְּשֶׁקָּדַם וְסִילְּקוֹ.

The Gemara challenges: **Ultimately, when** the pot **cools** from boiling, the meat **then expels** the prohibited milk. The Gemara answers: It is referring to a case **where he first removed** the meat[H] before the pot cooled.

גּוּפָא, חֲצִי זַיִת בָּשָׂר וַחֲצִי זַיִת חָלָב שֶׁבִּשְּׁלָן זֶה עִם זֶה, אָמַר רַב: לוֹקֶה עַל אֲכִילָתוֹ, וְאֵינוֹ לוֹקֶה עַל בִּשּׁוּלוֹ. מַה נַּפְשָׁךְ, אִי מִצְטָרְפִין – אַבִּשּׁוּל נַמִּי לִילְקֵי! אִי לָא מִצְטָרְפִין – אַאֲכִילָה נַמִּי לָא לִילְקֵי!

The Gemara turns to **the** matter **itself** mentioned above: If **half an olive-bulk of meat and half an olive-bulk of milk were cooked together, Rav says:** One **is flogged for consuming** the mixture, **but he is not flogged for cooking it.** The Gemara objects: **Whichever way you** look at it, this ruling is problematic. **If** these two halves of olive-bulks **combine** to form the requisite measure, then **let him be flogged for cooking** them **as well.** And **if they do not combine,** then **let him not be flogged for** their **consumption either.**

לְעוֹלָם לָא מִצְטָרְפִי, וּבְבָא מִיּוֹרָה גְּדוֹלָה.

The Gemara answers: **Actually,** half an olive-bulk of meat and half an olive-bulk of milk **do not combine** to form the requisite measure, **and** when Rav says that one is flogged for consuming them, he is referring **to a** case where they **come from a large pot,** in which a sizable amount of meat and cheese had been cooked. The mixture is now considered a single prohibited entity, such that half an olive-bulk of the cheese and the meat can combine to constitute the requisite measure to be held liable for consumption.

וְלֵוִי אָמַר: אַף לוֹקֶה עַל בִּשּׁוּלוֹ. וְכֵן תָּנֵי לֵוִי בְּמַתְנִיתִין: כְּשֵׁם שֶׁלּוֹקֶה עַל אֲכִילָתוֹ, כָּךְ לוֹקֶה עַל בִּשּׁוּלוֹ. וּבְאֵי זֶה בִּשּׁוּל אָמְרוּ – בְּבִשּׁוּל שֶׁאֲחֵרִים אוֹכְלִין אוֹתוֹ מֵחֲמַת בִּשּׁוּלוֹ.

And Levi disagrees with Rav on this matter, and **says:** Half an olive-bulk of meat and half an olive-bulk of milk can combine to form the requisite measure, and therefore one **is also flogged for cooking** the mixture. **And so Levi teaches in** his collection of ***baraitot*: Just as one is flogged for consuming it, so too he is flogged for cooking it. And for what** degree of **cooking did they say** that one is liable to be flogged? It is **for** a degree of **cooking** that produces food **that others,** gentiles, would **eat due to its cooking,** i.e., cooking that renders it fit for consumption.

HALAKHA

Where he first removed the meat – כְּשֶׁקָּדַם וְסִילְּקוֹ: If an olive-bulk of meat fell into a pot of milk, the contents are given to a gentile to taste. If he says that the milk has the flavor of meat, it is prohibited. If he says it does not, it is permitted even if there is less than sixty times the ratio of milk to meat. Either way, the piece of meat is prohibited. This is the *halakha* only if one removed the piece of meat from the pot before it could expel the milk it absorbed, which occurs before the pot cools from its boiling. But if one was unable to remove the piece of meat before it could expel the milk, the contents of the pot are forbidden even if a gentile says it does not have the flavor of meat, unless there is sixty times more milk than meat. The Rema maintains that the accepted practice is not to rely on a gentile to taste the milk, but to require sixty times more milk than meat in all such cases (Rambam *Sefer Kedusha, Hilkhot Ma'akhalot Assurot* 9:8; *Shulhan Arukh, Yoreh De'a* 92:1, and in the comment of Rema here and in 98:1).

ואפשר לסוחטו עצמו תנאי היא, דתניא: טפת חלב שנפלה על החתיכה, כיון שנתנה טעם בחתיכה – החתיכה עצמה נעשת נבלה, ואוסרת כל החתיכות כולן מפני שהן מינה, דברי רבי יהודה.

§ The Gemara returns to the issue previously discussed: **And the** case of an item **that can be wrung** to remove an absorbed prohibited substance **is itself** the subject of a dispute between ***tanna'im*, as it is taught** in a *baraita*: If **a drop of milk fell onto a piece** of meat,[H] **once it imparts flavor to the piece, the piece itself is rendered non-kosher** in its own right. **And** it therefore **renders all the** other **pieces** of meat in the pot **prohibited,** even if they combine to more than sixty times its size; this is **because they are of the same type,** and a type of food mixed with food of its own type is not nullified. This is **the statement of Rabbi Yehuda.**

וחכמים אומרים: עד שתתן טעם ברוטב ובקיפה ובחתיכות,

And the Rabbis say that even the original piece of meat is not prohibited **unless** there is enough milk to **impart flavor** even **to the gravy and to the spices and to the** other **pieces** of meat in the pot, since the milk is assumed to diffuse from the first piece until it is evenly distributed throughout the pot.

אמר רבי: נראין דברי רבי יהודה – בשלא ניער ושלא כסה, ודברי חכמים – בשניער וכסה.

With regard to this dispute, **Rabbi** Yehuda HaNasi **said: The statement of Rabbi Yehuda appears** to be correct in a case **where one did not stir** the contents of the pot **and where he did not cover** it,[N] both of which would promote the diffusion of the milk throughout the pot. **And the statement of the Rabbis** appears to be correct in a case **where one stirred** the contents of the pot **and covered** it.

מאי "לא ניער ולא כסה"? אילימא לא ניער כלל, ולא כסה כלל, מבלע בלע מפלט לא פלט!

The Gemara asks: **What** is the meaning of the clause: Where **one did not stir** the pot **and did not cover** it? **If we say** that he **did not stir** the contents of the pot **at all and did not cover** it **at all,** in this case the piece of meat onto which the milk fell **absorbs** the drop of milk but **does not expel** it.[N] Therefore, even according to the opinion of Rabbi Yehuda there is no reason to prohibit the other pieces of meat.

ואלא, לא ניער – בתחלה אלא בסוף, ולא כסה – בתחלה אלא בסוף, אמאי, הא בלע והא פלט!

And if you say **rather** that **he did not stir** the contents of the pot **at the beginning,** immediately after the milk fell in, **but** stirred **at the end,** afterward, **and** likewise **he did not cover** the pot **at the beginning but at the end,** one must ask: **Why** are all the pieces in the pot prohibited? The same milk that the piece **absorbs** it subsequently **expels,** and once the milk diffuses throughout the pot it should be nullified.

קסבר: אפשר לסוחטו – אסור.

The Gemara responds: Evidently, Rabbi Yehuda HaNasi **maintains** that an item **that can be wrung** remains **prohibited.** Once the first piece of meat absorbs the milk, it is considered non-kosher in its own right, and even after the milk itself is nullified, the flavor of the forbidden meat renders the rest of the pieces prohibited. The flavor of the meat cannot be nullified by the other meat in the pot, since a substance in contact with the same type of substance is not nullified, according to the opinion of Rabbi Yehuda.

HALAKHA

If a drop of milk fell onto a piece of meat – טפת חלב שנפלה על החתיכה: If a drop of milk fell into a pot of meat, the piece of meat onto which the drop fell is given to a gentile cook to taste. If it does not have the flavor of milk, it is all permitted, and if it does have the flavor of milk then that piece of meat is prohibited. Some authorities rule that one may not rely on the opinion of a gentile cook, while others say that his claim is accepted only if he speaks offhandedly, i.e., if he is not asked by Jews about the status of the meat (see Rema on *Shulḥan Arukh*, *Yoreh De'a* 98:1, and *Shakh* there). According to the opinion that one cannot accept the opinion of the gentile cook, it is permitted if there is sixty times more meat than milk in the piece; otherwise, the piece of meat is prohibited.

With regard to the rest of the pot, if all the other substances, including other pieces of meat, vegetables, gravy, and spices total sixty times the size of the forbidden piece, then it alone remains prohibited, while the rest of the contents of the pot are permitted. This ruling is in accordance with the opinion of Rav, who maintains that if the milk imparts flavor to the piece of meat, that piece is itself considered non-kosher and renders the other pieces prohibited, as they are of the same type. This ruling is also in accordance with the opinion of Rabbi Yoḥanan that even an item that can be wrung to remove the forbidden substance is prohibited.

These rulings apply only if one did not stir the contents of the pot as soon as the milk fell in but rather stirred it afterward, and he also did not cover the pot, in accordance with the opinion of Rabbi Yehuda, as Rabbi Yehuda HaNasi rules in accordance with his opinion with regard to this point. But if one stirred continuously the entire time, or covered the pot the entire time from the moment the milk fell in, the entire contents of the pot combine to nullify the milk. This ruling is in accordance with the opinion of the Rabbis, as Rabbi Yehuda HaNasi rules in accordance with their opinion with regard to this point. The Rema writes that even in a case where one did not stir at all, and did not cover the pot at all, if the contents of the pot are sixty times more than the amount of milk that fell in, only the piece on which the milk fell is prohibited, while the rest of the contents of the pot remain permitted. If one stirred the pot or covered it immediately, even if one did not stir or cover the pot again afterward, all the contents of the pot still combine to nullify the milk.

If the milk fell into soup or onto several pieces of meat, and it is unknown onto which piece it fell, one stirs the entire contents of the pot until the milk is mixed with all of it. If at this stage the taste of milk is not discernible in the contents of the pot, the contents of the pot are all permitted. If no gentile cook is available to taste the contents, one estimates whether the contents of the pot are sixty times greater than the milk. The Rema writes that some authorities disagree and maintain that stirring the pot is of no effect unless one stirs immediately after the forbidden substance fell inside, and this is the accepted practice (Rambam *Sefer Kedusha*, *Hilkhot Ma'akhalot Assurot* 9.8, 10; *Shulḥan Arukh*, *Yoreh De'a* 92.2).

NOTES

Where one did not stir and where he did not cover it – בשלא ניער ושלא כסה. The commentaries explain that covering is considered equivalent to stirring because it prevents the vapors from leaving the pot, causing the flavor to spread throughout it (Responsa of the Rivash).

Absorbs it but does not expel it – מבלע בלע מפלט לא פלט: The meaning of this statement is unclear. Some early commentaries explain that the piece of meat that absorbed milk can render the other pieces prohibited only if the flavor of the milk reaches them as well. Therefore, although the piece of meat is rendered non-kosher and its own flavor diffuses throughout the pot, since the flavor of the milk itself does not spread throughout the pot in this case, the other pieces are not prohibited (Ran, citing *Tosafot*).

Other commentaries hold that once the first piece of meat is rendered non-kosher, its flavor must be capable of rendering the other pieces prohibited unaided. They therefore explain that the statement here, that the piece absorbs milk but does not expel it, applies only according to the opinion that an item that can be wrung to remove the forbidden substance is permitted, i.e., that the meat alone is not considered a forbidden item that can render the other pieces prohibited, and that the flavor of the milk does not diffuse if one does not stir the pot or cover it. The *halakha* is in accordance with the opinion that even an item that can be wrung is prohibited. Therefore, the piece of meat is itself considered a forbidden item, which imparts flavor and renders the other pieces of meat in the pot prohibited even without covering or stirring the pot (Ran; Ramban; Ra'avad).

מִכְּלָל דְּרַבִּי יְהוּדָה סָבַר: כִּי נִיעֵר מִתְּחִלָּה וְעַד סוֹף וְכִסָּה מִתְּחִלָּה וְעַד סוֹף – אָסוּר. אַמַּאי, הָא לָא בָּלַע כְּלָל?

The Gemara objects: From Rabbi Yehuda HaNasi's acceptance of Rabbi Yehuda's opinion only when one did not stir or cover the pot, one can conclude **by inference that Rabbi Yehuda** himself **maintains** that even **when one stirred** the contents of the pot continuously **from beginning to end,** i.e., before and after the drop of milk was absorbed, **or covered** the pot continuously **from beginning to end,** all the contents of the pot are **prohibited.** But **why** should this be so? The first piece of meat **did not absorb any** more milk than the others. Since the milk definitely diffused evenly through the pot immediately, it should be nullified, assuming that the pot's contents amount to more than sixty times the milk.

אֵימָא "לֹא נִיעֵר יָפֶה יָפֶה, וְלֹא כִּסָּה יָפֶה יָפֶה".

The Gemara responds: **Say** that Rabbi Yehuda is stringent because one might **not** have **stirred thoroughly, or** he might **not** have **covered** the pot **thoroughly,** and therefore initially the milk might have been absorbed only by the first piece, rendering it prohibited. Afterward, when he does stir thoroughly, that piece of meat renders the other pieces prohibited. Rabbi Yehuda HaNasi does not share this concern.

אָמַר מָר: "וְדִבְרֵי חֲכָמִים כְּשֶׁנִּיעֵר וְכִסָּה", מַאי "נִיעֵר" וּמַאי "כִּסָּה"? אִילֵימָא נִיעֵר בַּסּוֹף וְלֹא נִיעֵר בַּתְּחִלָּה, וְכִסָּה בַּסּוֹף וְלֹא כִּסָּה בַּתְּחִלָּה – הָאָמַרְתְּ "נִרְאִין דִּבְרֵי רַבִּי יְהוּדָה בְּהָא"? אֶלָּא, נִיעֵר – מִתְּחִלָּה וְעַד סוֹף, וְכִסָּה – מִתְּחִלָּה וְעַד סוֹף.

§ The Gemara returns to Rabbi Yehuda HaNasi's statement: **The Master said** above: **And the statement of the Rabbis** appears correct in a case **where one stirred** the pot **and covered** it. The Gemara asks: **What** is the meaning of the term: **Stirred, and what** is the meaning of the term: **Covered? If we say** that he **stirred at the end,** after the first piece absorbed the milk, **and did not stir at the beginning,** beforehand, **and** likewise he **covered at the end and did not cover at the beginning,** one may respond: **Didn't you** already **say** on the previous *amud* that **the statement of Rabbi Yehuda appears** to be correct **in this** case? **Rather,** it must be a case where he **stirred** continuously **from beginning to end or covered** the pot continuously **from beginning to end.**

מִכְּלָל דְּרַבָּנַן סָבְרִי: נִיעֵר בַּסּוֹף וְלֹא נִיעֵר בַּתְּחִלָּה, כִּסָּה בַּסּוֹף וְלֹא כִּסָּה בַּתְּחִלָּה – מוּתָּר.

If so, one can conclude **by inference** from Rabbi Yehuda HaNasi's qualified acceptance of the Rabbis' opinion **that the Rabbis** themselves **maintain** that even when one **stirred** only **at the end and did not stir at the beginning,** and similarly if he **covered** the pot only **at the end and did not cover at the beginning,** all the contents of the pot are **permitted.** Even the first piece is permitted, as they hold that the milk it absorbed diffused out of it and throughout the pot.

אַלְמָא קָסָבְרִי – אֶפְשָׁר לְסוֹחֲטוֹ – מוּתָּר.

Evidently, the Rabbis **maintain** that an item **that can be wrung** to remove the forbidden substance is **permitted.** This illustrates that *tanna'im* dispute this issue, as according to Rabbi Yehuda and Rabbi Yehuda HaNasi, an item that can be wrung to remove the forbidden substance is prohibited.

אֲמַר לֵיהּ רַב אַחָא מִדִּיפְתִּי לְרָבִינָא: מִמַּאי דְּבְאֶפְשָׁר לְסוֹחֲטוֹ פְּלִיגִי, דִּלְמָא, אֶפְשָׁר לְסוֹחֲטוֹ – דִּבְרֵי הַכֹּל אָסוּר. וְהָכָא בְּמִין בְּמִינוֹ קָא מִיפַּלְגִי, וְרַבִּי יְהוּדָה לְטַעְמֵיהּ דְּאָמַר מִין בְּמִינוֹ לָא בָּטֵיל, וְרַבָּנַן לְטַעְמַיְיהוּ דְּאָמְרִי מִין בְּמִינוֹ בָּטֵיל!

Rav Aḥa of Difti said to Ravina: From where is it derived **that** Rabbi Yehuda and the Rabbis **disagree with regard to** an item **that can be wrung? Perhaps** even if an item **can be wrung, everyone agrees** that it remains **prohibited, and here they disagree with regard to** whether a **type** of food mixed **with** food **of its own type** can be nullified. **And Rabbi Yehuda** conforms **to his** standard line of **reasoning, as he said** that **a type** of food mixed **with** food **of its own type cannot be nullified. And** likewise, **the Rabbis** conform **to their** standard line of **reasoning, as they said** that **a type** of food mixed **with** food **of its own type can be nullified.** This is why they maintain that all the meat in the pot is permitted.

הַאי מַאי? אִי אָמְרַתְּ בִּשְׁלָמָא דְּרַבָּנַן בְּמִין בְּמִינוֹ הָכָא כְּרַבִּי יְהוּדָה סְבִירָא לְהוּ וּבְאֶפְשָׁר לְסוֹחֲטוֹ פְּלִיגִי – הַיְינוּ דְּקָאָמַר רַבִּי "נִרְאִין דִּבְרֵי רַבִּי יְהוּדָה בְּהָא וְדִבְרֵי חֲכָמִים בְּהָא".

Ravina responded: **What is this** reasoning? **Granted, if you say that the Rabbis here hold in accordance with** the opinion of **Rabbi Yehuda with regard to** the issue of **a type** of food mixed **with** food of **its own type, and they disagree with regard to** an item **that can be wrung, that is** why **Rabbi** Yehuda HaNasi **says: The statement of Rabbi Yehuda appears** to be correct **in this** case, when one did not initially stir or cover the pot, **and the statement of the Rabbis** appears to be correct **in that** case, when one did initially stir or cover it, since the issue of when one stirred or covered the pot is relevant to the dispute, as explained above.

אֶלָּא אִי אָמְרַתְּ אֶפְשָׁר לְסוֹחֲטוֹ דִּבְרֵי הַכֹּל אָסוּר, וְהָכָא בְּמִין בְּמִינוֹ קָמִיפַּלְגִי, הַאי "נִרְאִין דִּבְרֵי רַבִּי יְהוּדָה וְאֵין נִרְאִין" מִבְּעֵי לֵיהּ, וְתוּ לָא מִידֵּי.

But if you say: Everyone agrees that an item **that can be wrung is prohibited, and here they disagree** only **with regard to a type** of food mixed **with** food of **its** own **type,** Rabbi Yehuda HaNasi should not phrase his statement as a qualified acceptance of both opinions, which seems arbitrary. Rather, **he should have** said **this:** I accept that a type of food is not nullified by a food of its own type. Therefore, **the statement of Rabbi Yehuda appears** correct where one did not stir initially, as the flavor of the prohibited first piece cannot be nullified; **but** it **does not appear** correct where one stirred immediately, since in that case, even the first piece is not prohibited, and I do not share Rabbi Yehuda's concern that perhaps one did not stir thoroughly. **And nothing more** need be said.

מתני׳ הַכְּחָל – קוֹרְעוֹ וּמוֹצִיא אֶת חֲלָבוֹ, לֹא קְרָעוֹ – אֵינוֹ עוֹבֵר עָלָיו. הַלֵּב – קוֹרְעוֹ וּמוֹצִיא אֶת דָּמוֹ, לֹא קְרָעוֹ – אֵינוֹ עוֹבֵר עָלָיו.

MISHNA One who wants to eat **the udder** of a slaughtered animal **tears it**[H] **and removes its milk,** and only then is it permitted to cook it. If **he did not tear** the udder[H] before cooking it, **he does not violate** the prohibition against cooking and eating meat and milk and does not receive lashes **for it,** as the halakhic status of the milk in the udder is not that of milk. One who wants to eat **the heart** of a slaughtered animal **tears it**[H] **and removes its blood,**[BN] and only then may he cook and eat it. If **he did not tear** the heart[H] before cooking and eating it, **he does not violate** the prohibition against consuming blood and is not liable to receive *karet* **for it.**

BACKGROUND

The blood of the heart – דַּם הַלֵּב: The heart acts as a pump, sending blood rich in oxygen through the arteries from the lungs and around the body, and returning blood from the body to the lungs through the veins. The blood found inside the heart can consequently be termed blood that enters from outside. At the same time, the heart itself requires a steady supply of blood, like any other limb. This blood is located in the heart's system of blood vessels, the coronary circulation, which are in the muscles of the heart. Such blood is called: Its blood.

HALAKHA

One who wants to eat the udder of a slaughtered animal tears it, etc. – הַכְּחָל קוֹרְעוֹ וכו׳: The udder of an animal that still contains milk is prohibited by rabbinic law. But if one tears the udder and removed its milk, it is permitted to roast and eat it. If one tears it lengthwise and widthwise and smears it against a wall until no trace of milk remains, one may cook it with meat. Nevertheless, the custom is not to cook it with meat. If one did cook it with meat, it is permitted after the fact if it had been torn, if being stringent will result in a significant financial loss (Rambam *Sefer Kedusha, Hilkhot Ma'akhalot Assurot* 9:12; *Shulḥan Arukh, Yoreh De'a* 90:1, and see the comment of Rema).

If he did not tear the udder, etc. – לֹא קְרָעוֹ וכו׳: If one did not tear the udder it is prohibited to cook it, whether it was the udder of a young animal that never nursed offspring or that of an adult. If one did cook it by itself without tearing it, it is permitted to eat it, and is all the more so permitted if he roasted it. The Rema holds that it is forbidden if it was cooked without tearing (Rambam *Sefer Kedusha, Hilkhot Ma'akhalot Assurot* 9:12; *Shulḥan Arukh, Yoreh De'a* 90:1, and see the comment of Rema).

One who wants to eat the heart tears it, etc. – הַלֵּב קוֹרְעוֹ וכו׳: Since blood collects in the heart at the time of slaughter, one must tear the heart and remove that blood before salting the heart. After removing the blood and salting the heart, one may cook it. Some commentaries rule that even after these procedures one should be stringent and roast the heart rather than cook it (Rambam *Sefer Kedusha, Hilkhot Ma'akhalot Assurot* 6:6; *Shulḥan Arukh, Yoreh De'a* 72:1).

If he did not tear the heart, etc. – לֹא קְרָעוֹ וכו׳: If one salted a heart without first tearing it, he should tear it after salting and it is then permitted, despite the fact that it was salted with the blood inside. This ruling is in accordance with the principle: As it absorbs it so it emits it, i.e., the same process that causes the blood to be absorbed in the meat suffices to discharge it as well. The same *halakha* applies if one roasted the heart without first tearing it: One tears it afterward and it is permitted. But if one cooked it without first tearing it, it is prohibited unless there is sixty times more of the other ingredients than the heart, as it is not known how much blood was emitted from it into the dish.

Some authorities maintain that even if the volume of the other ingredients is sixty times more than that of the heart, the heart itself is prohibited, and one should scrape a layer of the other contents of the pot around the heart (Rema). Yet others are stringent even with regard to salting and prohibit the rest of the meat that was salted with the heart, as they maintain that one does not apply the principle: As it absorbs it so it emits it, with regard to blood collected in the heart, as this blood is not emitted. The accepted practice is to be lenient in this regard. Some maintain that one should scrape a layer from the spot where the heart was touching the other meat, and it is proper to do so. There is no difference between the flesh with the heart and the heart itself, and it does not matter whether the heart is closed or open above. There is a custom to cut the sealed part of the heart and the sinews inside *ab initio*, but this is a mere stringency and an overly cautious practice (Rambam *Sefer Kedusha, Hilkhot Ma'akhalot Assurot* 6:6; *Shulḥan Arukh, Yoreh De'a* 72:2).

NOTES

One who wants to eat the heart of a slaughtered animal tears it and removes its blood – הַלֵּב קוֹרְעוֹ וּמוֹצִיא אֶת דָּמוֹ: It is explained in tractate *Karetot* that the heart contains two types of blood: The first type is blood that is absorbed in the flesh of the heart itself. This blood is similar to blood in any other limb and is called: The blood of the limbs, or: Its own blood. The second type is blood that collects in the chambers of the heart, which is called: Blood that enters it from outside. The tearing of the heart is designed to remove the second type, i.e., the blood that collects in the chambers of the heart, which is not expelled by salting (Meiri). Conversely, the first type, the blood absorbed in the flesh of the heart, is removed only by salting, not through tearing.

גמ׳ אָמַר רַבִּי זֵירָא, אָמַר רַב: אֵינוֹ עוֹבֵר עָלָיו, וּמוּתָּר. וְהָא אֲנַן תְּנַן ״אֵינוֹ עוֹבֵר עָלָיו״ – מִיעֲבַר הוּא דְּלָא עָבַר, הָא אִיסּוּרָא אִיכָּא!

GEMARA The mishna teaches that if one did not tear the udder of a slaughtered animal before cooking it he does not violate the biblical prohibition against eating meat and milk. **Rabbi Zeira says** that **Rav says: He does not violate** the prohibition, **and** it is altogether **permitted** to eat the cooked product *ab initio*. The Gemara objects: **But didn't we learn** in the mishna: **He does not violate** the prohibition, i.e., he is not held liable after the fact. One can infer from here as follows: **He does not violate** a prohibition by Torah law, **but there is** nevertheless **a prohibition** *ab initio* by rabbinic law.

בְּדִין הוּא דְּאִיסּוּרָא נָמֵי לֵיכָּא, וְאַיְּידֵי דְּבָעֵא לְמִיתְנָא סֵיפָא ״הַלֵּב קוֹרְעוֹ וּמוֹצִיא אֶת דָּמוֹ, לֹא קְרָעוֹ אֵינוֹ עוֹבֵר עָלָיו״, הָתָם – מִיעֲבַר הוּא דְּלָא עָבַר, הָא אִיסּוּרָא אִיכָּא, תְּנָא נָמֵי רֵישָׁא ״אֵינוֹ עוֹבֵר עָלָיו״.

The Gemara explains: **By right** the mishna **should have** taught **that there is no prohibition** here by rabbinic law **either. But** the *tanna* of the mishna uses this language **since he wants to teach** in **the latter clause:** One who wants to eat **the heart** of a slaughtered animal **tears it and removes its blood,** but if **he did not tear** the heart before cooking and eating it, **he does not violate** the prohibition. **There** it is true that although **he does not violate** a prohibition by Torah law **there is a prohibition** by rabbinic law. To preserve linguistic symmetry, **he teaches the first clause** in this manner **as well,** stating: **He does not violate** the prohibition.

לֵימָא מְסַיֵּיע לֵיהּ: הַכְּחָל – קוֹרְעוֹ וּמוֹצִיא אֶת חֲלָבוֹ, לֹא קְרָעוֹ – אֵינוֹ עוֹבֵר עָלָיו. הַלֵּב – קוֹרְעוֹ וּמוֹצִיא אֶת דָּמוֹ, לֹא קְרָעוֹ – קוֹרְעוֹ לְאַחַר בִּשּׁוּלוֹ, וּמוּתָּר. לֵב הוּא דְּבָעֵי קְרִיעָה, אֲבָל כְּחָל – לָא בָּעֵי קְרִיעָה.

The Gemara suggests: **Let us say** that the following *baraita* **supports** this opinion: One who wants to eat **the udder** of a slaughtered animal **tears it and removes its milk.** If **he did not tear** the udder before cooking it, **he does not violate** the prohibition against cooking and eating meat and milk and does not receive lashes **for it.** One who wants to eat **the heart** of a slaughtered animal **tears it and removes its blood.** If **he did not tear** the heart before cooking and eating it, **he tears it after its cooking, and it is permitted.** One can infer from the *baraita* that **it is** only the **heart that requires tearing** after cooking if it was not torn beforehand. **But** the **udder does not require tearing** after being cooked unlawfully. Evidently, it is permitted as is.

דִּלְמָא: לֵב הוּא דְּסַגִּי לֵיהּ בִּקְרִיעָה, אֲבָל כְּחָל – לָא סַגִּי לֵיהּ בִּקְרִיעָה.

The Gemara rejects this: **Perhaps** one should infer the opposite, that **tearing** after cooking **is sufficient** only **to** render the **heart** permitted, as the heart does not absorb blood through cooking. **But tearing** after cooking **is not sufficient to** render the **udder** permitted, as the meat of the udder absorbs the milk through cooking, and tearing will not remove the absorbed milk.

וְאִיכָּא דְּאָמְרִי, אָמַר רַבִּי זֵירָא אָמַר רַב: אֵינוֹ עוֹבֵר עָלָיו, וְאָסוּר. לֵימָא מְסַיַּיע לֵיהּ: ״אֵינוֹ עוֹבֵר עָלָיו״ – מִיעֲבַר הוּא דְּלָא עָבַר, הָא אִיסּוּרָא אִיכָּא.

And some say a different version of the above exchange, based on a different version of Rav's statement: **Rabbi Zeira says** that **Rav says:** If one does not tear the udder of a slaughtered animal before cooking it, **he does not violate** the Torah prohibition, **but** it is **prohibited** to eat the cooked product by rabbinic law. The Gemara suggests: **Let us say** that the mishna **supports** this opinion, as it states: **He does not violate** the prohibition, indicating that although **he does not violate** a Torah prohibition and is not flogged, **there is** nevertheless **a prohibition** by rabbinic law.

בְּדִין הוּא דְּאִיסּוּרָא נָמֵי לֵיכָּא, וְאַיְּידֵי דְּבָעֵא לְמִיתְנָא סֵיפָא ״הַלֵּב קוֹרְעוֹ וּמוֹצִיא אֶת דָּמוֹ, לֹא קְרָעוֹ אֵינוֹ עוֹבֵר עָלָיו״, דְּהָתָם – מִיעֲבַר הוּא דְּלָא עָבַר, הָא אִיסּוּרָא אִיכָּא, תְּנָא נָמֵי רֵישָׁא ״אֵינוֹ עוֹבֵר עָלָיו״.

The Gemara responds: **By right** the mishna **should have** taught **that there is not even a prohibition** by rabbinic law. **But** the *tanna* of the mishna uses this language **since he wants to teach the latter clause:** One who wants to eat **the heart** of a slaughtered animal **tears it and removes its blood,** but if **he did not tear** the heart before cooking and eating it, **he does not violate** the prohibition **for it. There,** it is true that although **he does not violate** a Torah prohibition **there is a prohibition** by rabbinic law. **He** therefore **teaches** in **the first clause** in this manner **as well,** stating: **He does not violate** the prohibition **for it.**

NOTES

An udder that one cooked [*shebishelo*] in its milk – כְּחָל שֶׁבִּשְּׁלוֹ בַּחֲלָבוֹ: Although the Gemara here utilizes a term of cooking [*bishul*], Rashi explains that in reality this term means roasted throughout this passage when used with regard to udders. Rashi notes that a term of cooking [*vayvashelu*] is employed, where it means roasting, in a verse in II Chronicles (35:13) with regard to roasting the Paschal offering.

HALAKHA

The stomach that one cooked with the milk it contains – קֵבָה שֶׁבִּשְּׁלָהּ בַּחֲלָבָהּ: Milk found in the stomach of a lamb or calf is not considered milk with regard to the prohibition of meat cooked in milk. Consequently, one may cook meat together with the milk. Some authorities prohibit cooking meat with this milk, and the Rema writes likewise that this is the accepted practice (Rambam *Sefer Kedusha, Hilkhot Ma'akhalot Assurot* 9:15; *Shulḥan Arukh, Yoreh De'a* 87:9, and in the comment of Rema).

LANGUAGE

Lengthwise and widthwise [*sheti va'erev*] – שְׁתִי וָעֵרֶב: This expression comes from the craft of weaving. The basic threads woven into a cloth are the threads of the warp [*sheti*], placed lengthwise to the loom. The widthwise threads of the woof [*erev*] are woven into them. Due to the pattern of the threads of the warp and the woof, their names are used here as synonyms for lengthwise and widthwise.

Loom showing the lengthwise threads of the warp and the widthwise threads of the wool

תָּא שְׁמַע: הַכְּחָל – קוֹרְעוֹ וּמוֹצִיא אֶת חֲלָבוֹ, לֹא קְרָעוֹ – אֵינוֹ עוֹבֵר עָלָיו. הַלֵּב – קוֹרְעוֹ וּמוֹצִיא אֶת דָּמוֹ, לֹא קְרָעוֹ – קוֹרְעוֹ לְאַחַר בִּשּׁוּלוֹ, וּמוּתָּר. לֵב הוּא דְּבָעֵי קְרִיעָה, אֲבָל כְּחָל – לָא בָּעֵי קְרִיעָה!

The Gemara suggests: **Come** and **hear** a proof from a *baraita*: One who wants to eat **the udder** of a slaughtered animal **tears it and removes its milk. If he did not tear** the udder before cooking it, **he does not violate** the prohibition **for it.** One who wants to eat **the heart** of a slaughtered animal **tears it and removes its blood. If he did not tear** the heart before cooking and eating it, **he tears it after its cooking, and it is permitted.** One can infer from the *baraita* that it is only the **heart that requires tearing** after cooking if it was not torn beforehand, **but** the **udder does not require tearing** after being cooked unlawfully. Evidently, it is permitted as is.

דִּלְמָא: לֵב הוּא דְּסַגִּי לֵיהּ בִּקְרִיעָה, אֲבָל כְּחָל – לָא סַגִּי לֵיהּ בִּקְרִיעָה.

The Gemara rejects this: **Perhaps** one should infer the opposite, that **tearing** after cooking **is sufficient** only **to** render the **heart** permitted, as the heart does not absorb blood through cooking. **But tearing** it after cooking **is not sufficient to** render the **udder** permitted, as the meat of the udder absorbs the milk through cooking, and tearing will not remove the absorbed milk. This concludes the second version of the Gemara's discussion.

תַּנְיָא כְּלִישָּׁנָא קַמָּא דְּרַב: כְּחָל שֶׁבִּשְּׁלוֹ בַּחֲלָבוֹ – מוּתָּר, קֵבָה שֶׁבִּשְּׁלָהּ בַּחֲלָבָהּ – אָסוּר,

The Gemara comments: **It is taught** in a *baraita* **in accordance with the first version of Rav's** statement: **An udder that one cooked,** i.e., roasted, **in its milk**[N] **is permitted.** By contrast, the **stomach** of a suckling lamb or calf **that one cooked,** i.e., roasted, together **with the milk** it contains[H] is **prohibited** for consumption.

וּמָה הֶפְרֵשׁ בֵּין זֶה לָזֶה – זֶה כָּנוּס בְּמֵעָיו, וְזֶה אֵין כָּנוּס בְּמֵעָיו.

The *baraita* explains: **And what** is the **distinction between this** stomach **and that** udder? The milk **this** calf suckled was considered milk the moment it left the mother's teat, and it was merely **collected in** the calf's **innards. But that** milk in the udder is not defined as milk, since it was **never collected in** the animal's **innards** from outside but is found in the flesh. Consequently, this meat of the udder is not prohibited if it is roasted with the milk it contains, although one should still tear it by rabbinic law *ab initio*

כֵּיצַד קוֹרְעוֹ? אָמַר רַב יְהוּדָה: קוֹרְעוֹ שְׁתִי וָעֵרֶב וְטָחוֹ בְּכוֹתֶל. אֲמַר לֵיהּ רַבִּי אֶלְעָזָר לְשַׁמָּעֵיהּ: קְרַע לִי וַאֲנָא אֵיכוּל. מַאי קָא מַשְׁמַע לָן? מַתְנִיתִין הִיא! הָא קָא מַשְׁמַע לָן: דְּלָא בָּעֵינַן שְׁתִי וָעֵרֶב וְטָחוֹ בְּכוֹתֶל.

§ The Gemara inquires: **How must one tear** an udder before cooking it? **Rav Yehuda says: One tears it lengthwise and widthwise** [*sheti va'erev*][L] **and smears it against a wall** to remove all the milk. The Gemara relates: **Rabbi Elazar said to his attendant: Tear** an udder **for me** before you roast it, **and I will eat** it. The Gemara asks: **What is** this episode **teaching us? It is** explicitly stated in **the mishna** that one must do this. The Gemara answers: **This** story **teaches us that** according to Rabbi Elazar **we do not require** one to tear it **lengthwise and widthwise and smear it against a wall.** Rather, it is enough simply to tear it once, either lengthwise or widthwise.

אֲמַרָה לֵיהּ יַלְתָּא לְרַב נַחְמָן: מִכְּדִי, כָּל דַּאֲסַר לָן רַחֲמָנָא שְׁרָא לָן כְּוָותֵיהּ, אֲסַר לָן דָּמָא – שְׁרָא לָן כַּבְדָּא, נִדָּה – דַּם טוֹהַר,

§ **Yalta**[P] **said to** her husband **Rav Naḥman: Now** as a rule, for **any** item **that the Merciful One prohibited to us, He permitted to us a similar** item. He **prohibited to us** the consumption of **blood,** yet **He permitted to us** the consumption of **liver,** which is filled with blood and retains the taste of blood. Likewise, God prohibited sexual intercourse with **a menstruating woman,** but permitted sexual intercourse with one's wife while she discharges **the blood of purity.** During a particular period after giving birth, even if she experiences a flow of blood she is not rendered ritually impure and remains permitted to her husband by Torah law.

PERSONALITIES

Yalta – יַלְתָּא: Yalta, Rav Naḥman's wife, was from the family of the Exilarch and may have been the daughter of the Exilarch himself. Some say she was the daughter of Rabba bar Avuh, who was a member of the family of the Exilarch. As can be inferred from several incidents recounted in the Talmud, Yalta was confident in her opinions, partly due to her lineage from a distinguished and wealthy family. Her husband treated her with deference, and she herself demanded respect from various Sages. She would listen and join in many of Rav Naḥman's conversations and disputes with other Sages, and apparently had extensive knowledge of Torah.

חֵלֶב בְּהֵמָה – חֵלֶב חַיָּה, חֲזִיר – מוֹחָא דְשִׁיבּוּטָא, גִּירוּתָא – לִישָּׁנָא דְּכַוְורָא,

Furthermore, the Torah prohibits the consumption of the forbidden **fat of a domesticated animal,** but permitted the **fat of an undomesticated animal,** which has the same flavor. It is prohibited to eat **pork,** but one may eat **the brain of a** ***shibuta***[B] fish, which has a similar taste. One may not eat ***giruta,*** a non-kosher fish, but one may eat the **tongue of a fish,** which tastes similar.

אֵשֶׁת אִישׁ – גְּרוּשָׁה בְּחַיֵּי בַעְלָהּ, אֵשֶׁת אָח – יְבָמָה, גּוֹיָה – יְפַת תֹּאַר, בָּעֵינַן לְמֵיכַל בִּשְׂרָא בְּחַלְבָּא!

Likewise, the Torah prohibits sexual intercourse with **the wife of** another **man** but permitted one to marry **a divorced woman in her** previous **husband's lifetime.** The Torah prohibits sexual intercourse with one's **brother's wife,** and yet it permits one to marry his ***yevama,*** i.e., his brother's widow when the brother dies childless. Finally, the Torah prohibits sexual intercourse with **a gentile woman** but permitted one to marry **a beautiful woman** who is a prisoner of war (see Deuteronomy 21:10–14). Yalta concluded: The Torah prohibits the consumption of meat cooked in milk; **I wish to eat** a dish that tastes like **meat** cooked **in milk.**

אֲמַר לְהוּ רַב נַחְמָן לְטַבָּחֵי: זְוִיקוּ לַהּ כַּחְלֵי. וְהָאֲנַן תְּנַן ״קוֹרְעוֹ״? הַהוּא לִקְדֵרָה.

Upon hearing this, **Rav Naḥman said to** his **cooks: Roast udders on a spit for her.** The Gemara asks: **But didn't we learn** in the mishna that one must **tear** the udder first? Rav Naḥman did not tell his cooks to tear the udders. The Gemara answers: **That** requirement was stated only **with regard to** cooking in **a pot,** not roasting.

וְהָא קָתָנֵי ״שֶׁבִּשְּׁלוֹ״ – דִּיעֲבַד – אִין, לְכַתְּחִלָּה – לָא! הוּא הַדִּין דַּאֲפִילּוּ לְכַתְּחִלָּה, וְאַיְּידֵי דְּקָא בָּעֵי לְמִיתְנָא סֵיפָא קֵיבָה,

The Gemara asks: **But isn't it taught** in the *baraita* cited above: An udder **that one cooked** in its milk is permitted? This indicates that **after the fact, yes,** it is permitted, but one may **not** roast it ***ab initio*** without tearing it. The Gemara answers: **The same is true even** of roasting ***ab initio,*** i.e., it is permitted, **and** the *tanna* of the *baraita* uses this language **since he wants to teach** in **the latter clause: A stomach**

BACKGROUND

Shibuta – **שִׁיבּוּטָא:** This is probably a reference to the shabout, *Barbus grypus*, from the Cyprinidae family, a large freshwater carp from rivers in Iraq and Iran. This edible fish, which to this day is called by a similar name in Arabic, the شابوط, *shabbūt*, can grow to a length of almost 2 m.

Drawing of a shabout

Perek **VIII**
Daf **110** Amud **a**

שֶׁבִּשְּׁלָהּ בַּחֲלָבָהּ – אֲסוּרָה, דַּאֲפִילּוּ דִּיעֲבַד נָמֵי לָא, תְּנָא נָמֵי רֵישָׁא שֶׁבִּשְּׁלָהּ.

of a suckling lamb or calf **that one cooked** together **with the milk** it contains **is prohibited.** There, **even** if one roasted it he may **not** eat it **after the fact.** To preserve symmetry, the *tanna* of the *baraita* **taught** in **the first clause** in this manner **as well,** stating: An udder **that one cooked** in its milk is permitted.

כִּי סְלֵיק רַבִּי אֶלְעָזָר אַשְׁכְּחֵיהּ לִזְעֵירִי, אֲמַר לֵיהּ: אִיכָּא תַּנָּא דְּאַתְנְיֵיהּ לְרַב כַּחַל? אַחְוְויֵהּ לְרַב יִצְחָק בַּר אֲבוּדִימִי. אֲמַר לֵיהּ: אֲנִי לֹא שָׁנִיתִי לוֹ כַּחַל כׇּל עִיקָּר, וְרַב – בִּקְעָה מָצָא וְגָדַר בָּהּ גָּדֵר.

§ The Gemara above cited a second version of Rav's opinion, according to which an udder that was roasted without being torn is prohibited for consumption. The Gemara relates: **When Rabbi Elazar ascended** from Babylonia to Eretz Yisrael **he found Ze'eiri** and **said to him: Is there a** ***tanna*** **who taught** Rav that **an udder** roasted without first being torn is prohibited? Ze'eiri **showed him Rav Yitzḥak bar Avudimi.** Rav Yitzḥak bar Avudimi **said to** Rabbi Elazar: **I did not teach** Rav that **an udder** is prohibited **at all;** rather, **Rav found** an unguarded **valley and fenced it in.**[B] Rav taught this stringent ruling as an additional safeguard in Babylonia, where Jews were not careful about the prohibition of meat cooked in milk.

BACKGROUND

Rav found an unguarded valley and fenced it in – רַב בִּקְעָה מָצָא וְגָדַר בָּהּ גָּדֵר: When Rav returned from Eretz Yisrael to Babylonia in order to teach Torah and settle there, he found many ignorant people in the various Jewish settlements who treated prohibitions lightly. Therefore, he instituted additional prohibitions as safeguards, to prevent them from violating the principal prohibitions. This situation was compared to an unguarded valley, which one fences in to protect the land (see Rashi on *Eiruvin* 6a).

BACKGROUND

Tatlefush – טַטְלְפוּשׁ: Although the precise location of Tatlefush is unknown, it was apparently in the region of the city of Sura, perhaps near Kafri, Rav's birthplace.

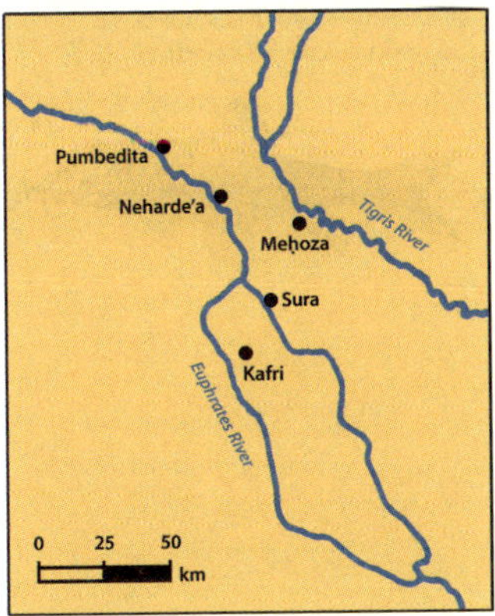

Possible vicinity of Tatlefush

Wine used for a libation to idolatry – יֵין נֶסֶךְ: It is prohibited to drink or derive benefit from wine used in rites of idolatry (see Deuteronomy 32:38). The Sages extended the scope of this prohibition to include drinking any wine touched by gentiles, even wine that was not used or intended for idolatry.

PERSONALITIES

Bereaved Ravin – רָבִין תַּכְלָא: Ravin, also known as Rabbi Avin, or Rabbi Bun in the Jerusalem Talmud, was called bereaved due to the deaths that coincided with his birth, as his father died before he was born and his mother passed away during childbirth (see Jerusalem Talmud, *Kiddushin* 1:7). Elsewhere it is claimed that his father, after whom he is named, passed away on the day of his birth (*Bereshit Rabba* 58). Alternatively, Rashi on *Pesaḥim* 70b explains that he was called by this name because many of his children died in his lifetime.

LANGUAGE

Grape seeds [*purtzenei*] – פּוּרְצְנֵי: This is the ancient Aramaic term for pits or the seeds of a plant. *Purtzenei* is used as a general term for the leftover parts of grapes after they have been squeezed into wine, including their seeds (see Rashi here and on *Avoda Zara* 34b). The same term is applied to all leftover parts, because after much crushing and squashing it is hard to differentiate between the skins and seeds of grapes, as they are all merged together into a thick mixture. When this waste matter dries it can be used for kindling, as Rami bar Tamrei does here.

HALAKHA

These were old seeds, after twelve months – לְאַחַר שְׁנֵים עָשָׂר חֹדֶשׁ הֲווּ: It is prohibited to derive benefit from grape seeds and skins belonging to gentiles, as well as from the sediments of their wines, for twelve months. After that time, they are permitted even for consumption (Rambam *Sefer Kedusha*, *Hilkhot Ma'akhalot Assurot* 11:14; *Shulḥan Arukh*, *Yoreh De'a* 123:14).

There was certainly despair of the owners – יֵאוּשׁ בְּעָלִים הֲוָה: One who transgressed and ate stolen food after the owner had already despaired of recovering it is exempt from repayment (Rambam *Sefer Nezikin*, *Hilkhot Gezeila VaAveda* 5:4).

דְּרַב אִיקְלַע לְטַטְלְפוּשׁ, שְׁמָעָהּ לְהַהִיא אִיתְּתָא דְּקָאָמְרָה לַחֲבֶירְתָּהּ: רִיבְעָא דְּבִשְׂרָא כַּמָּה חֲלָבָא בָּעֵי לְבַשּׁוּלֵי? אֲמַר: לָא גְּמִירִי דְּבָשָׂר בְּחָלָב אָסוּר! אִיעַכַּב וְקָאָסַר לְהוּ כָּחְלֵי.

The Gemara elaborates: **As** when **Rav arrived in Tatlefush,**[B] **he heard a certain woman saying to another: How much milk does it require to cook a quarter** weight **of meat? Rav said:** Evidently, these people **are not learned** enough in *halakha* to know **that meat** cooked **in milk is prohibited.** Rav **tarried** in that place, **and prohibited** even **udders to them,** so that they would not come to violate the prohibition of meat cooked in milk.

רַב כָּהֲנָא מַתְנֵי הָכִי. רַבִּי יוֹסֵי בַּר אַבָּא מַתְנֵי: אֲנָא כְּחָל שֶׁל מֵנִיקָה שָׁנִיתִי לוֹ, וּמִפִּלְפּוּלוֹ שֶׁל רַב חִיָּיא שָׁנָה לֵיהּ כְּחָל סְתָם.

Rav Kahana teaches that Rav Yitzḥak bar Avudimi replied to Rabbi Elazar in **that** manner described above. By contrast, **Rabbi Yosei bar Abba teaches** that Rav Yitzḥak bar Avudimi said: **I taught** Rav only that **the udder of** an animal **nursing** offspring is prohibited, as its udder contains much milk. **And due to the sharp** mind **of Rav Ḥiyya,** Rav's teacher, he assumed that Rav too would understand this without his saying so explicitly. Therefore, he **taught** this *halakha* to Rav with regard to **an unspecified udder.** Rav mistakenly thought that the ruling applies to all animals.

רָבִין וְרַב יִצְחָק בַּר יוֹסֵף אִיקְלְעוּ לְבֵי רַב פַּפִּי, אַיְיתוּ לְקַמַּיְיהוּ תַּבְשִׁילָא דִּכְחָל. רַב יִצְחָק בַּר יוֹסֵף – אֲכַל, רָבִין – לָא אֲכַל. אֲמַר אַבָּיֵי: רָבִין תַּכְלָא, אַמַּאי לָא אֲכַל? מִכְּדֵי, דְּבִיתְהוּ דְּרַב פַּפִּי – בְּרַתֵּיהּ דְּרַבִּי יִצְחָק נַפָּחָא הֲוַאי, וְרַבִּי יִצְחָק נַפָּחָא – מָרֵיהּ דְּעוּבְדָא הֲוָה, אִי לָאו דִּשְׁמִיעַ לָהּ מִבֵּי נָשָׁא, לָא הֲוָה עָבְדָא!

The Gemara relates that **Ravin and Rav Yitzḥak bar Yosef arrived at the house of Rav Pappi.** The servants **brought before them a dish** made **of udder. Rav Yitzḥak bar Yosef ate** of it, but **Ravin did not eat. Abaye said: Bereaved Ravin,**[P] **why do you not eat? After all, Rav Pappi's wife is the daughter of Rabbi Yitzḥak Nappaḥa, and Rabbi Yitzḥak Nappaḥa was a master of** good **deeds,** who was meticulous in his performance of mitzvot. **Had** Rav Pappi's wife **not heard in her father's house** that such a dish is permitted, **she would not have made** it.

בְּסוּרָא לָא אָכְלִי כָּחְלֵי, בְּפוּמְבְּדִיתָא אָכְלִי כָּחְלֵי. רָמִי בַּר תַּמְרֵי, דְּהוּא רָמִי בַּר דִּיקוּלֵי מִפּוּמְבְּדִיתָא, אִיקְלַע לְסוּרָא בְּמַעֲלֵי יוֹמָא דְּכִיפּוּרֵי, אַפְּקִינְהוּ כּוּלֵּי עָלְמָא לְכָחְלַיְיהוּ שְׁדֵינְהוּ. אֲזַל אִיהוּ, נַקְטִינְהוּ, אֲכַלִינְהוּ.

The Gemara relates: **In Sura they would not eat udders** at all, even torn and roasted. But **in Pumbedita they would eat udders. Rami bar Tamrei, who is** also called **Rami bar Dikulei, from Pumbedita, arrived in Sura on the eve of Yom Kippur.** Since it is a mitzva to eat and drink then, large quantities of meat were cooked, and **everyone brought out their udders** from the animals they had slaughtered and **threw them** away. Rami bar Tamrei **went** and **gathered** the udders, roasted them, and **ate them,** in accordance with his custom.

אַיְיתוּהּ לְקַמֵּיהּ דְּרַב חִסְדָּא. אֲמַר לֵיהּ: אַמַּאי תַּעֲבֵיד הָכִי? אֲמַר לֵיהּ: מֵאַתְרָא דְּרַב יְהוּדָה אֲנָא, דְּאָכֵיל. אֲמַר לֵיהּ: וְלֵית לָךְ ״נוֹתְנִין עָלָיו חוּמְרֵי הַמָּקוֹם שֶׁיָּצָא מִשָּׁם וְחוּמְרֵי הַמָּקוֹם שֶׁהָלַךְ לְשָׁם״? אֲמַר לֵיהּ: חוּץ לַתְּחוּם אֲכַלְתִּינְהוּ.

The residents of Sura **brought** Rami bar Tamrei **before Rav Ḥisda,** who **said to him: Why did you do this?** Rami bar Tamrei **said to** Rav Ḥisda: **I am from the place of Rav Yehuda, who eats** udders, and this is the accepted custom in Pumbedita. Rav Ḥisda **said to him: And do you not hold** by the principle that the Sages **impose** upon a traveler **the stringencies of the place that he left and** also **the stringencies of the place to which he went?** You should have accepted the stringency of Sura and not eaten the udders. Rami bar Tamrei **said to** Rav Ḥisda: That principle applies only to one who remains in the place he is visiting, but **I ate** the udders **outside the boundaries** of Sura.

וּבַמֶּה טְוֵיתִינְהוּ? אֲמַר לֵיהּ: בְּפוּרְצְנֵי. וְדִלְמָא מִיֵּין נֶסֶךְ הֲוַיָא? אֲמַר לֵיהּ: לְאַחַר שְׁנֵים עָשָׂר חֹדֶשׁ הֲווּ.

Rav Ḥisda further asked Rami bar Tamrei: **And with what did you roast** the udders? Rami bar Tamrei **said to him:** I roasted them **with grape seeds** [*purtzenei*][L] I found in the vines there. Rav Ḥisda objected: **But** how could you roast the udders with grape seeds, as **perhaps they were from wine** used for **a libation** to idolatry,[B] from which it is prohibited to derive benefit. Rami bar Tamrei **said to him:** These were old seeds that still lay there **after twelve months**[H] had passed since the grapes were used, and any prohibition had expired, as by that point they are assumed to have lost any prohibited liquid that previously remained inside (see *Avoda Zara* 34a).

וְדִלְמָא דְּגָזֵל הֲוָה? אֲמַר לֵיהּ: יֵאוּשׁ בְּעָלִים הֲוָה, דְּקָדְחוּ בְּהוּ חִילְפֵי.

Rav Ḥisda further objected: **But perhaps** these seeds **were from stolen** property, i.e., they belonged to someone and it was prohibited for you to take them. Rami bar Tamrei **said to him:** Even so, in this case **there was** certainly **despair of the owners**[H] of recovering them, **as grass was growing among them.** Since the owners had allowed them to lie there for so long, they had clearly given up all hope of retrieving them.

חַזְיֵיהּ דְּלָא הֲוָה מַנַּח תְּפִילִּין, אֲמַר לֵיהּ: מַאי טַעְמָא לָא מַנַּחַת תְּפִילִּין? אֲמַר לֵיהּ: חוֹלֵי מֵעַיִין הוּא, וְאָמַר רַב יְהוּדָה, חוֹלֵי מֵעַיִין – פָּטוּר מִן הַתְּפִילִּין.

Rav Ḥisda **saw that** Rami bar Tamrei **had not donned phylacteries,** and **said to him: What is the reason that you have not donned phylacteries?** Rami bar Tamrei **said to him: He,** i.e., I, am suffering from **intestinal illness, and Rav Yehuda said** that one who has **intestinal illness is exempt from the** mitzva of **phylacteries,**[H] which require a clean body, because he would have to remove them constantly to defecate.

חַזְיֵיהּ דְּלָא הֲוָה קָא רָמֵי חוּטֵי, אֲמַר לֵיהּ: מַאי טַעְמָא לֵית לָךְ חוּטֵי? אֲמַר לֵיהּ: טַלִּית שְׁאוּלָה הִיא, וְאָמַר רַב יְהוּדָה:

Rav Ḥisda further **saw that** Rami bar Tamrei **had not placed** the **threads** of ritual fringes on his garment and **said to him: What is the reason that you do not have** the **threads** of ritual fringes? Rami bar Tamrei **said to him: It is a borrowed robe, and Rav Yehuda said:**

HALAKHA

One who has intestinal illness is exempt from the mitzva of phylacteries – חוֹלֵי מֵעַיִין פָּטוּר מִן הַתְּפִילִּין: One who is afflicted with an intestinal illness is exempt from the mitzva of phylacteries, even if he is not suffering any pain (Rambam *Sefer Ahava, Hilkhot Tefillin UMezuza VeSefer Torah* 4:13; *Shulḥan Arukh, Oraḥ Ḥayyim* 38:1, and in the comment of Rema).

Perek **VIII**
Daf **110** Amud **b**

טַלִּית שְׁאוּלָה, כָּל שְׁלֹשִׁים יוֹם – פְּטוּרָה מִן הַצִּיצִית.

With regard to **a borrowed robe,** during **all** of the first **thirty days**[H] that one borrows it, one is **exempt from** performing the mitzva of **ritual fringes** with it.

אַדְּהָכִי, אַיְיתוּהּ לְהַהוּא גַּבְרָא דְּלָא הֲוָה מוֹקַר אֲבוּהּ וְאִמֵּיהּ, כַּפְתוּהוּ.

Meanwhile, as Rav Ḥisda and Rami bar Tamrei were talking, the attendants **brought** in **a certain man** to Rav Ḥisda's court **who would not honor his father and mother,**[H] and **they tied him** to a pillar in order to flog him.

אֲמַר לְהוּ: שִׁבְקוּהוּ, דְּתַנְיָא: כָּל מִצְוַת עֲשֵׂה שֶׁמַּתַּן שְׂכָרָהּ בְּצִדָּהּ – אֵין בֵּית דִּין שֶׁלְּמַטָּה מוּזְהָרִין עָלֶיהָ. אֲמַר לֵיהּ: חָזֵינָא לָךְ דַּחֲרִיפַת טוּבָא! אֲמַר לֵיהּ: אִי הָוֵית בְּאַתְרֵיהּ דְּרַב יְהוּדָה, אַחֲוֵינָא לָךְ חוּרְפַאי!

Rami bar Tamrei **said to them: Leave him** alone,[N] **as it is taught** in a *baraita*: With regard to **any positive mitzva whose reward** is stated **alongside it** in the Torah, **the** earthly **court below is not warned to** enforce **it** through punishments such as flogging. And it is stated after the mitzva of honoring one's father and mother: "That your days may be long, and that it go well with you" (Deuteronomy 5:16). Rav Ḥisda **said to** Rami bar Tamrei: **I see that you are very sharp.** Rami bar Tamrei **said to** Rav Ḥisda: **If you were in the place where Rav Yehuda** resides, **I would** be able to **show you my sharpness** of mind far better than here.

אֲמַר לֵיהּ אַבָּיֵי לְרַב סָפְרָא: כִּי סָלְקַתְּ לְהָתָם בְּעִי מִינַּיְיהוּ, כַּבְדָּא מָה אַתּוּן בֵּיהּ? כִּי סְלֵיק, אַשְׁכְּחֵיהּ לְרַב זְרִיקָא, אֲמַר לֵיהּ: אֲנָא שְׁלָקִי לֵיהּ לְרַבִּי אַמִי, וְאָכַל.

§ Pursuant to the discussion of different local customs, **Abaye said to Rav Safra: When you ascend there,** to Eretz Yisrael, **ask** the Sages there: With regard to **liver, how do you treat it? When** Rav Safra **ascended** to Eretz Yisrael **he found Rav Zerika** and asked him this question. Rav Zerika **said to him: I cooked** liver **for Rabbi Ami and he ate** it.

כִּי אֲתָא לְגַבֵּיהּ, אֲמַר לֵיהּ: לְמֵיסַר נַפְשַׁהּ – לָא קָא מִיבַּעְיָא לִי, כִּי קָמִבַּעְיָא לִי – לְמֵיסַר חֲבֵירְתָהּ.

When Rav Safra returned to Babylonia and **came before** Abaye and reported what Rav Zerika had said, Abaye **said to him: I do not raise the dilemma** as to whether liver **renders itself prohibited** if cooked alone. It is clear to me that the blood that diffuses out of the liver is not absorbed again while it cooks. **When I raise the dilemma,** it is **with regard to** whether liver **renders prohibited another** piece of meat cooked with it. Rav Zerika's statement therefore has no bearing on my question.

HALAKHA

A borrowed robe during all thirty days, etc. – טַלִּית שְׁאוּלָה כָּל שְׁלֹשִׁים יוֹם וכו׳: One who borrows a garment that does not have ritual fringes is exempt from placing ritual fringes on it for the first thirty days. After thirty days have passed he must attach ritual fringes to the garment by rabbinic law, as it appears to belong to him, and he recites a blessing upon donning those ritual fringes (Rambam *Sefer Ahava, Hilkhot Tzitzit* 3:4; *Shulḥan Arukh, Oraḥ Ḥayyim* 14:3 and *Mishna Berura* there).

Who would not honor his father and mother, etc. – דְּלָא הֲוָה מוֹקַר אֲבוּהּ וְאִמֵּיהּ וכו׳: One who verbally disparages his father or mother even by intimation is cursed by God, and the court has the authority to administer to him lashes for rebelliousness and to punish him as they see fit (Rambam *Sefer Shofetim, Hilkhot Mamrim* 5:15).

NOTES

Rami bar Tamrei said to them, leave him alone – אֲמַר לְהוּ שִׁבְקוּהוּ: The commentaries write that if a court wants to enforce the fulfillment of positive mitzvot, including those whose reward is stated alongside them in the Torah, they have the right to do so, but they are not obligated in this matter (Responsa of the Ramban 88, citing Jerusalem Talmud, *Bava Batra*; comment of Rema on *Shulhan Arukh, Ḥoshen Mishpat* 97:16, and *Beit Yosef* there). The later commentaries note that according to this explanation, it is difficult to understand why Rami bar Tamrei instructed the court to leave the man alone, if the court has the right to flog him. Some explain that the right of the court to enforce the fulfillment of positive mitzvot applies only to positive mitzvot that are fulfilled in a clear, specific way that can be enforced immediately. But positive mitzvot such as honoring one's parents cannot necessarily be enforced immediately, as their fulfillment involves other factors (*Sma* on *Ḥoshen Mishpat* 97:16, and see *Taz* there).

מַאי שְׁנָא לְמֵיסַר נַפְשָׁהּ דְּלָא מִיבָּעֲיָא לָךְ – דִּתְנַן: אֵינָהּ נֶאֱסֶרֶת, לְמֵיסַר חֲבֵירְתָּהּ נָמֵי לָא תִּבְּעֵי לָךְ – דִּתְנַן: הַכָּבֵד אוֹסֶרֶת וְאֵינָהּ נֶאֱסֶרֶת, מִפְּנֵי שֶׁהִיא פּוֹלֶטֶת וְאֵינָהּ בּוֹלַעַת! אֲמַר לֵיהּ: דִּילְמָא הָתָם בְּכַבְדָּא דְּאִיסּוּרָא,

Rav Safra asked Abaye: **What is different** about the issue of the liver **rendering itself prohibited, that you did not raise the dilemma** with regard to this case? It is presumably because the answer is obvious to you, **as we learned** in a mishna (*Terumot* 10:11) that liver **is not rendered prohibited** by its own cooking. But if so, **you should not raise the dilemma with regard to** whether it **renders the other** piece of meat **prohibited either, as we learned** in that same mishna: **Liver renders** food cooked with it in the same pot **prohibited but is not prohibited** itself,[H] **because** while it does **expel** blood as it cooks, it **does not absorb** this blood again, since the blood diffuses only outward. Abaye **said to** Rav Safra: That mishna does not answer my question, as **perhaps there** it is referring specifically **to forbidden liver,** e.g., the liver of a non-kosher animal.

HALAKHA

Liver renders prohibited but is not prohibited itself – הַכָּבֵד אוֹסֶרֶת וְאֵינָהּ נֶאֱסֶרֶת: Due to the large amount of blood present in liver, one should not cook it after salting *ab initio*. Instead, one should tear it lengthwise and widthwise, and position its tear downward. At this point he should roast it until it is edible, and after that he may cook it. All this applies to a whole liver; if it is cut into pieces, these stages are unnecessary. When one cooks the liver after roasting, he should wash it first, but if he cooked it without washing, it is permitted (Rema). If the liver was not roasted, it is nevertheless permitted after the fact, provided the liver was cooked in a pot by itself. The pot is rendered non-kosher due to the blood emitted by the liver. Some prohibit the liver as well in this case, and the Rema states that according to the accepted custom, a liver that was not roasted is prohibited, even if it was salted before it was cooked (Rambam *Sefer Kedusha*, *Hilkhot Ma'akhalot Assurot* 6:7; *Shulḥan Arukh*, *Yoreh De'a* 73:1).

Perek **VIII**
Daf **111** Amud **a**

וּמִשּׁוּם שַׁמְנוּנִיתָא, מִשּׁוּם דָּמָא מַאי?

And the other food is not forbidden due to the liver's blood, **but** rather **due to the fat** of the liver it absorbed. But if permitted liver is cooked with another piece of meat, and the concern is only that the meat might be prohibited **due to** the meat absorbing excess **blood** from the liver, **what** is the *halakha*? Perhaps blood is absorbed less easily than fat.

כִּי הֲדַר סְלֵיק אַשְׁכְּחֵיהּ לְרַבִּי זְרִיקָא. אֲמַר לֵיהּ: הַאי נָמֵי לָא תִּבְּעֵי לָךְ, דַּאֲנָא וְיַנַּאי בְּרֵיהּ דְּרַבִּי אַמֵּי אִיקְּלְעַן לְבֵי יְהוּדָה בְּרֵיהּ דְּרַבִּי שִׁמְעוֹן בֶּן פָּזִי, וְקָרִיבוּ לַן קָנְיָא בְּקוֹפֵיהּ – וַאֲכַלְנָא.

When Rav Safra **again ascended** to Eretz Yisrael, **he found Rabbi Zerika** once more and asked him about liver cooked with another piece of meat. Rabbi Zerika **said to him: You** need **not ask this** question **either, as I and Yannai, son of Rabbi Ami, arrived at the house of Yehuda, son of Rabbi Shimon ben Pazi, and they brought before us the windpipe** of an animal **with** all the parts **attached to it,**[B] i.e., the lungs, heart, and liver, all of which had been cooked together, **and we ate** it. This proves that the blood emitted from the liver does not render prohibited other pieces of meat cooked with it.

מַתְקִיף לַהּ רַב אַשִׁי, וְאִיתֵּימָא רַבִּי שְׁמוּאֵל מִזְּרוֹקִינְיָא: וְדִלְמָא פִּי קָנֶה חוּץ לַקְּדֵרָה הֲוָה? אִי נָמֵי, מִיחְלַט הֲוָה חָלְיט לֵיהּ מֵעִיקָּרָא? כִּי הָא, דְּרַב הוּנָא – חָלְטִי לֵיהּ בְּחָלָא, וְרַב נַחְמָן – חָלְטִי לֵיהּ בְּרוֹתְחִין.

Rav Ashi, and some say Rabbi Shmuel from Zerokinya, objects to this conclusion: **But perhaps** in that incident **the mouth of the windpipe was** positioned **outside of the pot,**[N] allowing the liver's excess blood to run out of the pot rather than being absorbed by the other pieces of meat. **Alternatively,** perhaps they **poured boiling liquid on** the liver **at the outset,** before it was cooked with the lung and heart, **like that** custom **of Rav Huna,** for whom **they would pour boiling vinegar on** liver, **and** that of **Rav Naḥman,** for whom **they would pour boiling water on** liver.[H] This would cook the excess blood into the liver and prevent it from diffusing into the other pieces. Abaye's question remains unresolved.

BACKGROUND

The windpipe with all the parts attached to it – קָנְיָא בְּקוֹפֵיהּ: It is common to remove the windpipe of a slaughtered animal with the lungs, heart, and liver attached. This unit is referred to as a pluck, and one can hold up the windpipe with those organs suspended from it. It is not unusual to cook them together in traditional dishes.

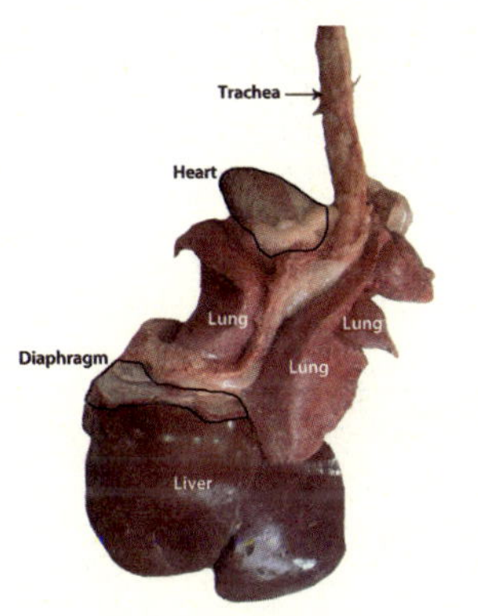

Pluck

HALAKHA

They would pour boiling water on liver – חָלְטִי לֵיהּ בְּרוֹתְחִין: If one pours vinegar or boiling water on a liver, in accordance with the practices of Rav Huna and Rav Naḥman, respectively, and then perforates and removes the blood from the liver, according to the strict *halakha* it is permitted to cook this liver, but the *ge'onim* prohibited cooking it. If one did cook liver in this manner, it is permitted after the fact (Rambam *Sefer Kedusha*, *Hilkhot Ma'akhalot Assurot* 6:7; *Shulḥan Arukh*, *Yoreh De'a* 73:2 and *Beur HaGra* there).

NOTES

But perhaps the mouth of the windpipe was positioned outside of the pot – וְדִלְמָא פִּי קָנֶה חוּץ לַקְּדֵרָה הֲוָה: Rashi says this positioning enabled the arteries of the liver to carry the blood to the windpipe and out of the pot. The Meiri adds that since the blood finds a direct way of exiting it does so and does not travel through the meat of the liver. The Rashba further adds that for this reason, even the blood that was in the liver itself exits through the windpipe out of the pot and not into the boiling water that is in the pot. Rashi indicates that the large windpipe of the lung splits into three secondary windpipes that carry the blood (see also Rashi on 45b and 49a). According to his explanation, one of these leads to the lung, the second to the heart, while the third goes to the liver. In actuality, though, the large windpipe is a tube that allows for the passage of air, and it enters the lung, whereas the tubes that enter the heart and lung are blood vessels. Some explain that Rashi agrees that blood from the liver would not flow naturally to the mouth of the windpipe. But this is referring to a case where the tubes of the liver, heart, and lung, which are positioned alongside one another, were perforated with a knife. This enables the flow of blood from the blood vessels of the heart and the liver to continue through the windpipe and out of the pot. This process is necessary because the blood vessels of the heart and the liver are relatively short, whereas the longer windpipe stretches out of the pot (*Kehillot Ya'akov*).

וְסָבַר רַב פַּפָּא קַמֵּיהּ דְּרָבָא לְמֵימַר: חָלָא אֲסִיר, אֲמַר לֵיהּ: אִי חָלָא אֲסִיר – אִיהוּ נַמִּי אֲסִיר, כִּי הֵיכִי דְּפָלֵיט הֲדַר בָּלַע.

And with regard to the pouring of boiling vinegar on the liver, **Rav Pappa,** when he was a student **before Rava, thought to say** that the **vinegar** becomes **prohibited** for consumption in the process, since it absorbs blood from the liver. Rava **said to** Rav Pappa: **If** you claim that the **vinegar is prohibited,** then the liver **itself** should **also** be **prohibited,** since **just as** the liver **expels** blood and prohibits the vinegar, so too **it then absorbs** the blood back from the forbidden vinegar. Rather, one must say that no blood is expelled from the liver during this process at all, which is why the liver is permitted afterward.

רַב בַּר שַׁבָּא אִיקְלַע לְבֵי רַב נַחְמָן, אַיְיתוּ לֵיהּ כַּבְדָּא שְׁלִיקָא וְלָא אֲכַל, אָמְרוּ לֵיהּ: בַּר בֵּי רַב דִּלְגָיו לָא אָכֵיל! וּמַנּוּ? רַב בַּר שַׁבָּא, אֲמַר לְהוּ רַב נַחְמָן: גָּאמוּ לְשַׁבָּא.

The Gemara relates that **Rav bar Shabba visited the house of** Rav Naḥman. **They brought him cooked liver, but** Rava bar Shabba **did not partake** of it. The members of the household **said to** Rav Naḥman: There is **a student** of Torah **inside** who **is not eating. And who is he? Rav bar Shabba. Rav Naḥman said to them: Feed Shabba** against his will.

כְּתַנָּאֵי, רַבִּי אֱלִיעֶזֶר אוֹמֵר: הַכָּבֵד אוֹסֶרֶת וְאֵינָהּ נֶאֱסֶרֶת, מִפְּנֵי שֶׁפּוֹלֶטֶת וְאֵינָהּ בּוֹלַעַת. רַבִּי יִשְׁמָעֵאל בְּנוֹ שֶׁל רַבִּי יוֹחָנָן בֶּן בְּרוֹקָה אוֹמֵר: מְתוּבֶּלֶת – אוֹסֶרֶת וְנֶאֱסֶרֶת, שְׁלוּקָה – אוֹסֶרֶת וְנֶאֱסֶרֶת.

The Gemara notes: Abaye's question above with regard to liver cooked with other meat is **subject to** a dispute between *tanna'im*, as it is taught in a *baraita*: **Rabbi Eliezer says: The liver** that was cooked with other pieces of meat **prohibits** them, **but** it itself **is not prohibited, because it expels** blood as it cooks **but does not absorb** it again. **Rabbi Yishmael, son of Rabbi Yoḥanan ben Beroka, says:** If the liver was **spiced** when cooking, it **prohibits** the other meat **and** it becomes **prohibited** as well, as the spices cause the liver to reabsorb the blood that was expelled. Likewise, if the liver was **stewed,** i.e., heavily cooked, it **renders** the other pieces **prohibited and** is itself **prohibited.**

רַבָּה בַּר רַב הוּנָא אִקְלַע לְבֵי רַבָּה בַּר רַב נַחְמָן, אַיְיתִי לְקַמֵּיהּ תְּלָת סָאוֵי טְחַאי. אֲמַר לְהוּ: מִי הֲוָה יָדְעִיתוּ דְּאָתֵינָא? אֲמַרוּ לֵיהּ: מִי עֲדִיפַתְּ לָן מִינָּהּ דִּכְתִיב "וְקָרָאתָ לַשַּׁבָּת עֹנֶג"?!

The Gemara relates: **Rabba bar Rav Huna visited the house of Rabba bar Rav Naḥman** and dined with him on Shabbat. **They brought before him three** ***se'a***[B] of fine bread that had been **kneaded** in oil and honey. Rabba bar Rav Huna **said to** the members of Rabba bar Rav Naḥman's household: **Did you know that I was coming,** that you prepared such superior food? **They said to him: Are you more distinguished than** Shabbat, **as it is written** with regard to Shabbat: **"If you proclaim Shabbat a delight,** the sacred day of God honored" (Isaiah 58:13).

אַדְּהָכִי, אַשְׁכַּח הַהוּא כַּבְדָּא דַּהֲוָה בָּהּ סִמְפּוֹנָא דִּבְלִיעָא דָּמָא. אֲמַר לְהוּ: אַמַּאי עָבְדִיתוּ הָכִי? אֲמַרוּ לֵיהּ: אֶלָּא הֵיכִי נַעֲבֵיד? אֲמַר לְהוּ: קִרְעוּ שְׁתִי וָעֵרֶב וְחִיתּוּכָא לְתַחַת.

Meanwhile, Rabba bar Rav Huna **found** among the dishes before him **a certain liver that contained an artery suffused with blood. He said to** the members of the household: **Why do you do this?** Although the blood absorbed in the liver is permitted, that which is collected in the blood vessels is prohibited. The members of the household **said to him: Rather, what should we do** in order to prepare the liver? Rabba bar Rav Huna **said to them:** First **tear** the liver **lengthwise and widthwise, and** position the side with **the tear downward,** so that the blood will flow out when you place it on the fire.

וְהָנֵי מִילֵּי – כַּבְדָּא, אֲבָל טַחְלָא – שׁוּמָנָא בְּעָלְמָא הוּא. כִּי הָא דִּשְׁמוּאֵל עָבְדִי לֵיהּ תַּבְשִׁילָא דְּטַחְלֵי בְּיוֹמָא דַּעֲבֵיד מִלְּתָא.

The Gemara comments: **And this statement** applies only to **liver,** due to the blood that collects in its blood vessels; **but** there is no need to tear the **spleen** in this manner, as it **merely** contains **fat.**[H] And this ruling **accords with that** which is reported **about Shmuel,** that his attendants **would prepare a dish of spleens for him on the day that he performed the practice** of bloodletting.

אִתְּמַר: כַּבְדָּא עִילָּוֵי בִּשְׂרָא – שָׁרֵי, דָּמָא מִשְׁרַק שָׁרֵיק. כַּחְלָא עִילָּוֵי בִּשְׂרָא – אָסוּר, מַאי טַעְמָא – חָלָב סְרוּכֵי מַסְרִיךְ.

§ **It was stated:** If liver and other meat are roasted on spits in an oven such that **the liver** is positioned **on top of the meat,** the meat is **permitted** even though blood from the liver flows onto it. This is because **the blood** that flows from an item roasting in the oven **slides** over meat located underneath it and is not absorbed. But if **an udder** is positioned **on top of the meat** when roasted in the oven, the meat is **prohibited. What is the reason?** It is that the **milk** expelled by the roasting udder **adheres to** and is absorbed by the meat.

BACKGROUND

Se'a – **סְאָה:** A *se'a*, which consists of six *kav*, is a measurement of volume used in many areas of *halakha*. The size of a *se'a* ranges from 8.3 to 14.3 ℓ, according to the opinions of the various halakhic authorities. Therefore, three *se'a* is somewhere between 25 and 43 ℓ.

HALAKHA

The spleen merely contains fat – טַחְלָא שׁוּמָנָא בְּעָלְמָא הוּא: Although the spleen has a reddish appearance and appears to be full of blood, its halakhic status is like that of other meat, and it is permitted for consumption through salting alone (Rambam *Sefer Kedusha, Hilkhot Ma'akhalot Assurot* 6:9; *Shulḥan Arukh, Yoreh De'a* 74:1).

רב דימי מנהרדעא מתני איפכא: כחלא עילוי בשרא – שרי, מאי טעמא – חלב שחוטה דרבנן, כבדא עילוי בשרא – אסור, דם דאורייתא.

Rav Dimi from Neharde'a would **teach the opposite:** Whenever **an udder** is positioned **on top of the meat,** the meat is **permitted. What is the reason?** The prohibition of meat cooked in **milk of a slaughtered** animal applies **by rabbinic law,** and is treated less stringently. But if **liver** is positioned **on top of the meat,** the meat is **prohibited,** as the prohibition of **blood** applies **by Torah law,** and one must be concerned that perhaps the meat will absorb blood from the liver.

דרש מרימר, הלכתא: בין כבדא בין כחלא, תותי בשרא – שרי. עילוי בשרא, דיעבד – אין, לכתחלה – לא.

Mareimar taught in public: The ***halakha*** is: **Whether** in the case of **liver or** in the case of **an udder,** if it is **underneath the meat,** the meat is **permitted,**[H] but if it is **on top of the meat,** then **after the fact, yes,** the meat is permitted, but ***ab initio*****, no,** one may not situate them in this manner.

רב אשי איקלע לבי רמי בר אבא חמוה, חזייה לבריה דרמי בר אבא דקא

The Gemara relates: **Rav Ashi arrived at the house of his father-in-law Rami bar Abba,** and **he saw that the son of Rami bar Abba was**

HALAKHA

Whether in the case of liver or in the case of an udder, if it is underneath the meat, the meat is permitted, etc. – בין כבדא בין כחלא תותי בשרא שרי וכו׳: It is prohibited to roast liver placed on a spit with other meat *ab initio*, even if the liver is placed underneath the meat. The Rema writes that if the liver has already been salted, then it is permitted to roast it with meat, even if the liver is placed on top of the meat, as its blood has been reduced to the extent that it is considered like an ordinary piece of meat placed on top of another. With regard to this issue, the *halakha* of roasting an udder is the same as that of roasting a liver (Rambam *Sefer Kedusha, Hilkhot Ma'akhalot Assurot* 6:8; *Shulḥan Arukh, Yoreh De'a* 73:4, 90:4).

Perek **VIII**
Daf **111** Amud **b**

שפיד כבדא עילוי בשרא, אמר: כמה יהיר האי מרבנן! אימר דאמור רבנן – דיעבד, לכתחלה מי אמור?

skewering liver on top of meat for roasting. **Rav Ashi said: How haughty is this Sage! Even if you say that the Sages stated** that one may eat meat roasted under liver **after the fact, did they say** that one may roast them in this manner ***ab initio*****?**

ואי איכא בי דוגי – בשרא עילוי כבדא נמי אסיר.

The Gemara adds: **And if there is a receptacle** under the spit **for the drippings** of fat, then even if the **meat** is **on top of** the **liver** it is **also prohibited** to roast the meat, as the blood from the liver will fall into the fat in the vessel, and one might come to eat the mixture.

ומאי שנא מדמא דבשרא? דמא דבשרא – שכן, דמא דכבדא – קפי.

The Gemara asks: **And** in **what** way is this case **different from** roasting a piece of meat by itself over such a vessel, which is permitted? Here too the **blood of the meat** drips into the fat in the vessel. The Gemara answers: **Blood of** most **meat sinks** to the bottom of the vessel, while the fat floats on top. Since the fat can be separated from the blood, it is permitted. By contrast, the **blood of the liver floats** above the fat and cannot be removed from it, and therefore the entire mixture is prohibited.

אמר רב נחמן, אמר שמואל: סכין ששחט בה – אסור לחתוך בה רותח. צונן – אמרי לה: בעיא הדחה, ואמרי לה: לא בעיא הדחה.

§ **Rav Naḥman says** that **Shmuel says:** The **knife with which one slaughtered** an animal absorbs blood due to its heat, and it is therefore **prohibited to cut** any **boiling food**[H] **with it,** since that food will in turn absorb the blood from the knife. If one cut **cold** food with this knife, **some say** that the piece he cut **requires rinsing**[HN] before one may eat it, **and some say** that it **does not require rinsing.**

HALAKHA

The knife with which one slaughtered it absorbs blood and it is prohibited to cut boiling food – סכין ששחט בה אסור לחתוך בה רותח: A knife that has been used for ritual slaughter is fit for use for another ritual slaughter, even if it is bloodied. Nevertheless, one may not cut boiling food with it. The Rambam writes that if one did cut boiling food with it, that food is permitted after the fact (Rambam *Sefer Kedusha, Hilkhot Ma'akhalot Assurot* 6:20, and see *Maggid Mishne* there; *Shulḥan Arukh, Yoreh De'a* 10:2).

If one cut cold food with this knife some say the piece he cut requires rinsing, etc. – צונן אמרי לה בעיא הדחה וכו׳: With regard to a knife that has been used for ritual slaughter, one may cut cold food with it after rinsing it first (Rambam *Sefer Kedusha, Hilkhot Ma'akhalot Assurot* 6:20; *Shulḥan Arukh, Yoreh De'a* 10:2).

NOTES

If one cut cold food with this knife some say that the piece he cut requires rinsing – צונן אמרי לה בעיא הדחה: Rashi explains that this passage is referring to a case where one did not rinse the knife. Therefore, if it was subsequently used to cut hot food, Shmuel rules that the food is prohibited, whereas if the food was cold one opinion requires rinsing, which Rashi interprets as referring to rinsing the food, and the other opinion permits it without rinsing. If one did rinse the knife, then since there is no requirement to purge the knife despite the heat of the place of the slaughter on the animal's neck, it may be used to cut even hot foods (Ran; Ba'al HaMaor).

Others maintain that when the Gemara refers to rinsing, it is referring to rinsing the knife rather than the food. Therefore, the Gemara is saying that if one cuts a cold food with this knife, some maintain that one must rinse the knife first, while others contend that rinsing is not necessary, and one need only wipe the knife a little. But if one wishes to use this knife to cut boiling food, it must be purged or rendered white hot (Ramban). The reason is that although the place of the slaughter is not that hot, since the knife presses onto it the Sages ruled that rinsing is insufficient (Rashba).

אָמַר רַב יְהוּדָה, אָמַר שְׁמוּאֵל: קְעָרָה שֶׁמָּלַח בָּהּ בָּשָׂר – אָסוּר לֶאֱכוֹל בָּהּ רוֹתֵחַ. וּשְׁמוּאֵל לְטַעְמֵיהּ, דְּאָמַר שְׁמוּאֵל: מָלִיחַ – הֲרֵי הוּא כְּרוֹתֵחַ, וְכָבוּשׁ – הֲרֵי הוּא כִּמְבוּשָּׁל.

§ The Gemara cites other statements of Shmuel. **Rav Yehuda says** that **Shmuel says:** With regard to **a bowl in which meat was salted**[H] to remove its blood before cooking, it is **prohibited to eat** any **boiling** food placed **in it,** as that food absorbs blood of the meat from the bowl. **And** in this **Shmuel** conforms **to his** standard line of **reasoning, as Shmuel said: A salted** food imparts its flavor **like a boiling** food, **and** a food item **marinated** in vinegar, brine, or the like absorbs flavor from the liquid or vessel **as** would **a cooked** food.

כִּי אֲתָא רָבִין אָמַר רַבִּי יוֹחָנָן: מָלִיחַ – אֵינוֹ כְּרוֹתֵחַ, וְכָבוּשׁ – אֵינוֹ כִּמְבוּשָּׁל. אָמַר אַבָּיֵי: הָא דְּרָבִין לֵיתָא, דְּהַהִיא פִּינְכָא דַּהֲוָה בֵּי רַבִּי אַמִי דִּמְלַח בֵּיהּ בִּשְׂרָא – וּתְבַרֵיהּ. מִכְּדִי רַבִּי אַמִי תַּלְמִיד דְּרַבִּי יוֹחָנָן הֲוָה, מַאי טַעְמָא תַּבְרֵיהּ? לָאו מִשּׁוּם דִּשְׁמִיעָא לֵיהּ מִינֵּיהּ דְּרַבִּי יוֹחָנָן דְּאָמַר: מָלִיחַ – הֲרֵי הוּא כְּרוֹתֵחַ!

When Ravin came from Eretz Yisrael to Babylonia he said that **Rabbi Yoḥanan said: A salted** food **is not** considered **like a boiling** food, **and a marinated** food **is not** considered **like a cooked** food. **Abaye said:** I can prove that **this** ruling **that Ravin** cited **is not** correct, **as there was a certain bowl** [*pinka*][L] **in Rabbi Ami's house in which meat was salted, and** Rabbi Ami **broke it** so that it would no longer be used. **Now Rabbi Ami was a student of Rabbi Yoḥanan. What is the reason he broke** that bowl? Is it **not because he heard that Rabbi Yoḥanan said: A salted** food **is** considered **like a boiling** food? Ravin's citation was evidently in error.

יְתִיב רַב כַּהֲנָא אֲחוּהּ דְּרַב יְהוּדָה קַמֵּיהּ דְּרַב הוּנָא, וִיתִיב וְקָאָמַר: קְעָרָה שֶׁמָּלַח בָּהּ בָּשָׂר – אָסוּר לֶאֱכוֹל בָּהּ רוֹתֵחַ, וּצְנוֹן שֶׁחֲתָכוֹ בְּסַכִּין – מוּתָּר לְאׇכְלוֹ בְּכוּתָּח.

Rav Kahana, the brother of Rav Yehuda, sat before Rav Huna, and he sat and said: With regard to **a bowl in which meat was salted, it is prohibited to eat** any **boiling** food placed **in it. And** he added: With regard to **a radish that one cut with a knife** used for cutting meat, it is **permitted to eat it with *kutaḥ*,**[B] a food that contains milk, even though the sharpness of the radish causes it to absorb the fat of the meat from the knife.

מַאי טַעְמָא? אָמַר אַבָּיֵי: הַאי – הֶיתֵּרָא בָּלַע, וְהַאי – אִיסּוּרָא בָּלַע.

The Gemara asks: **What is the reason** to distinguish between blood absorbed in a bowl and fat absorbed by the radish? **Abaye said: This** radish **absorbed a permitted** substance, as the fat on the knife is permitted for consumption by itself, **but that** bowl in which meat was salted **absorbed a prohibited** substance, i.e., blood.

אֲמַר לֵיהּ רָבָא: כִּי בָּלַע הֶיתֵּרָא, מַאי הָוֵי! סוֹף סוֹף, הַאי הֶיתֵּרָא דְּאָתֵי לִידֵי אִיסּוּרָא הוּא, דְּאִיסּוּרָא קָאָכֵיל! אֶלָּא אָמַר רָבָא: הַאי – אֶפְשָׁר לְמִטְעֲמֵיהּ, וְהַאי – לָא אֶפְשָׁר לְמִטְעֲמֵיהּ.

Rava said to Abaye: And **if** the radish **absorbed a permitted** substance, **what of it? Ultimately,** if one desires to eat the radish with *kutaḥ*, **it is a permitted** substance **that leads to a prohibition, as he** will **eat a prohibited** substance. **Rather, Rava said:** The distinction is that with regard to **this** radish, it is **possible** for a Jew **to taste it** before eating it with milk to see if it has acquired the flavor of meat. **But** with regard to **that** bowl, it is **not possible** for a Jew **to taste its** contents to see whether they have absorbed blood.

אֲמַר לֵיהּ רַב פָּפָּא לְרָבָא: וְלִיטְעֲמֵיהּ קְפִילָא אֲרַמָּאָה, מִי לָא תְּנַן, קְדֵרָה שֶׁבִּישֵּׁל בָּהּ בָּשָׂר – לֹא יְבַשֵּׁל בָּהּ חָלָב, וְאִם בִּישֵּׁל – בְּנוֹתֵן טַעַם. בִּישֵּׁל בָּהּ תְּרוּמָה – לֹא יְבַשֵּׁל בָּהּ חוּלִּין, וְאִם בִּישֵּׁל בְּנוֹתֵן טַעַם.

Rav Pappa said to Rava: But let a gentile cook taste the contents of the bowl to see whether they have the taste of blood. **Didn't we learn** in the *Tosefta* (*Terumot* 8:12): With regard to **a pot in which one cooked meat, one may not cook milk in it, and if he cooked** milk in it, the meat absorbed in the pot renders the milk forbidden if it **imparts flavor** to the milk. Likewise, if one **cooked *teruma* in** the pot, **he may not cook non-sacred** food **in it, and if he cooked** non-sacred food in it, the non-sacred food is prohibited if there is sufficient *teruma* absorbed in the pot **to impart flavor** to the non-sacred food.

וְאָמְרִינַן: בִּשְׁלָמָא תְּרוּמָה – טָעֵים לַהּ כֹּהֵן, אֶלָּא בָּשָׂר בְּחָלָב – מַאן טָעֵים לַהּ? וַאֲמַר לַן לִיטְעֲמֵיהּ קְפִילָא. הָכִי נַמִי – לִיטְעֲמֵיהּ קְפִילָא! הָכִי נַמִי, כִּי קָאָמֵינָא – דְּלֵיכָּא קְפִילָא.

And we said with regard to this *baraita*: **Granted,** one can know whether the non-sacred food has acquired the flavor of ***teruma*,** as **a priest can taste it. But** with regard to the prohibition of **meat** cooked **in milk, who can taste it? And** you, Rava, **said to us: Let** a gentile **cook taste it. So too** here, with regard to the food in the bowl, **let** a gentile **cook taste it.** Rava responded: **Indeed,** a gentile cook can discover whether the food in the bowl has absorbed the taste of blood. **When I said** my statement I was referring to a case **where there is no** gentile **cook** available.

אִיתְּמַר, דָּגִים שֶׁעָלוּ בִּקְעָרָה, רַב אָמַר: אָסוּר לְאׇכְלָן בְּכוּתָּח, וּשְׁמוּאֵל אָמַר: מוּתָּר לְאׇכְלָן בְּכוּתָּח.

§ **It was stated:** If **a fish was removed** from the fire and placed, still hot, **in a bowl** in which meat had been eaten, **Rav says: It is prohibited to eat** the fish **with** the milk dish ***kutaḥ*,** since the fish has absorbed meat from the bowl. **And Shmuel says: It is permitted to eat** the fish **with *kutaḥ*.**

HALAKHA

A bowl in which meat was salted – קְעָרָה שֶׁמָּלַח בָּהּ בָּשָׂר: If one salted meat in a vessel that was not perforated, one may not place boiling food into that vessel, even if the vessel was rinsed. Some say that one may not use that vessel even for cold food without first rinsing it. If one did use that vessel without rinsing it, one should rinse the food placed in it (Rambam *Sefer Kedusha, Hilkhot Ma'akhalot Assurot* 6:21; *Shulḥan Arukh, Yoreh De'a* 69:16 and *Shakh* there).

LANGUAGE

Bowl [*pinka*] – פִּינְכָא: Possibly from the Greek πίναξ, *pinax*, one of whose meanings is a large dish.

BACKGROUND

***Kutaḥ* – כּוּתָּח:** *Kutaḥ* was a dip for bread served as an appetizer. It was made from whey, salt, and bread that had fermented to the point of moldiness. This dip was so sharp that it could be eaten only by the Babylonians, who were accustomed to it. In the Mishna, it is referred to as Babylonian *kutaḥ*.

רב אמר אסור – נותן טעם הוא, ושמואל אמר מותר – נותן טעם בר נותן טעם הוא.

The Gemara explains: **Rav says** that it is **prohibited** to eat the fish with *kutaḥ* because this **is** a case of **imparted flavor,** i.e., from the meat to the fish. **And Shmuel says** that it is **permitted** because the flavor is first imparted to the bowl, and only then from the bowl to the fish. This **is** therefore a case of **imparted flavor derived from imparted flavor.**[N]

והא דרב, לאו בפירוש איתמר אלא מכללא איתמר. דרב איקלע לבי רב שימי בר חייא בר בריה, חש בעיניו, עבדו ליה שייפא בצעא. בתר הכי רמו ליה בשולא בגווה, טעים ליה טעמא דשייפא, אמר: יהיב טעמא כולי האי! ולא היא, שאני התם – דנפיש מררה טפי.

The Gemara notes: **And this** opinion **of Rav was not stated explicitly; rather, it was stated by inference. As Rav arrived at the house of Rav Shimi bar Ḥiyya, the son of his son. He felt** pain **in his eyes, and they prepared for him an ointment in an earthenware bowl**[L] as a remedy. **Later they placed a dish for him in** that same bowl. Rav **tasted** in that dish **the flavor of the ointment** and **said: It imparts so much flavor!** Those present inferred that according to Rav, imparted flavor derived from imparted flavor is strong enough itself to impart flavor. The Gemara rejects this: **But** that **is not so,** and one cannot reach any general conclusions from this story. **It is different there,** as the ointment was **very bitter.**

רבי אלעזר הוה קאים קמיה דמר שמואל, אייתו לקמיה דגים שעלו בקערה וקא אכיל בכותח, יהיב ליה ולא אכל. אמר ליה: לרבך יהיבי ליה – ואכל, ואת לא אכלת? אתא לקמיה דרב, אמר ליה: הדר ביה מר משמעתיה? אמר ליה: חס ליה לזרעיה דאבא בר אבא דליספי לי מידי ולא סבירא לי.

The Gemara relates: **Rabbi Elazar was standing before Mar Shmuel,** and **they brought before** Shmuel **a fish that had been removed** directly from the fire and placed **into a bowl** used previously for meat, **and he ate** it together **with *kutaḥ*.** Shmuel **gave** Rabbi Elazar some of this dish, **but** Rabbi Elazar **did not eat** it, as he was a student of Rav, who prohibited such mixtures. Shmuel **said to him: To your teacher,** Rav, **I gave** this dish **and he ate** from it, **yet you will not eat?** Later Rabbi Elazar **came before Rav,** and **said to him: Did** the **Master retract this *halakha*?** Do you permit this? Rav **said to him: God forbid that the progeny of Abba bar Abba,** i.e., Shmuel, **would feed me something that I do not hold** to be permitted.[N] Shmuel never fed me such a dish.

רב הונא ורב חייא בר אשי הוו יתבי, חד בהאי גיסא דמברא דסורא, וחד בהאי גיסא דמברא. למר אייתו ליה דגים שעלו בקערה ואכל בכותח, למר אייתו ליה תאנים וענבים בתוך הסעודה ואכל ולא בריך.

The Gemara relates that **Rav Huna and Rav Ḥiyya bar Ashi were sitting** down to eat. **One** of them was sitting **on this side of the ford of the Sura River, and the other one** was sitting **on that side of the ford. They brought** one Sage **a fish that had been removed** from the fire and placed **into a bowl** previously used for meat, **and he ate** it together **with *kutaḥ*. They** also **brought** the other Sage **figs and grapes during the meal, and he ate** them **but did not recite** a separate **blessing** over them, even though these foods were usually consumed following the main portion of the meal before reciting Grace after Meals, and a separate blessing was made on them.

מר אמר ליה לחבריה: יתמא! עבד רבך הכי?! ומר אמר ליה לחבריה: יתמא! עבד רבך הכי?! מר אמר ליה לחבריה: אנא כשמואל סבירא לי, ומר אמר ליה לחבריה: אנא כרבי חייא סבירא לי. דתני רבי חייא: פת פוטרת כל מיני מאכל, ויין פוטר כל מיני משקין.

One **Sage said to his colleague: Orphan!** Student without a teacher! **Would your teacher do this,** i.e., eat such fish with *kutaḥ*? **And** the other **Sage said to his colleague: Orphan! Would your teacher do this,** i.e., eat these fruits during a meal without reciting a blessing over them? One **Sage said to his colleague: I hold in accordance with** the opinion of **Shmuel,** who permits eating such fish with *kutaḥ*. **And** the other **Sage said to his colleague: I hold in accordance with** the opinion of **Rabbi Ḥiyya, as Rabbi Ḥiyya teaches:** The blessing over the **bread exempts all** the other **types of food**[H] eaten during a meal, including those usually eaten separately following bread, **and** likewise the blessing over **wine exempts all types of drinks.**[H]

NOTES

Imparted flavor derived from imparted flavor – טעם בר נותן טעם הוא נותן: Some early commentaries explain that Shmuel is lenient only in a case where both the first imparting of flavor, e.g., from the meat to the bowl, and the second, e.g., from the bowl to the fish, involve no prohibited substance or mixture. The flavor is then so weak that even when mixed with milk it cannot give rise to a newly forbidden product. Foods that are already forbidden, such as non-kosher meat, render prohibited all foods to which they give flavor, even via other foods and vessels (Ran; *Tosafot* on *Zevaḥim* 96a).

God forbid that the progeny of Abba bar Abba would feed me something that I do not hold to be permitted – חס ליה לזרעיה דאבא בר אבא דליספי לי מידי ולא סבירא לי: The commentaries explain that when Shmuel claimed to Rabbi Elazar to have fed Rav this dish, he was exaggerating somewhat, and meant that had he fed Rav the dish, Rav certainly would have eaten it. Alternatively, some commentaries suggest that when Shmuel told Rabbi Elazar that he fed Rabbi Elazar's teacher the dish, he was referring not to Rav, which is the interpretation of Rashi, but to a different teacher (Ritva; *Be'er Sheva*).

The commentaries state that if two Sages disagree as to whether a particular food item is permitted or forbidden, the one who permits it may serve it to the one who forbids it without notifying him of the questionable halakhic status of the food. Nevertheless, it must be self-evident to the recipient what type of food he is receiving. If the nature of the food cannot be discerned, one may not feed it to another who is of the opinion that it is forbidden without informing him, even with regard to food that is forbidden by rabbinic law, just as Rav stated emphatically that Shmuel would not have fed him an item that Rav himself believed was forbidden (Ritva on *Sukka* 26a).

LANGUAGE

Earthenware bowl [*tze'a*] – צעא: The *tze'a*, *tze'i* in plural, is an earthenware vessel that is similar to a plate or a flat dish.

HALAKHA

Bread exempts all the types of food – פת פוטרת כל מיני מאכל: Foods that are eaten as integral parts of a meal, e.g., cooked dishes that are eaten together with bread, require no blessing at all, as they are exempted by the blessing over bread: Who brings forth bread from the earth. Likewise, they do not require their own blessing after their consumption, as they are exempted by Grace after Meals. Fruits and the like, which are supplementary to a meal, require a blessing before, but not after, eating them (Rambam, *Sefer Ahava*, *Hilkhot Berakhot* 4:6; *Shulḥan Arukh*, *Oraḥ Ḥayyim* 177:1).

And wine exempts all types of drinks – ויין פוטר כל מיני משקין: The blessing recited over wine exempts all other drinks from the requirement to recite a blessing either before or after drinking them, provided they were before him when he recited the blessing before drinking (*Shulḥan Arukh*, *Oraḥ Ḥayyim* 174:2 and in the comment of Rema, and *Taz* there).

אָמַר חִזְקִיָּה מִשּׁוּם אַבָּיֵי, הִלְכְתָא: דָּגִים שֶׁעָלוּ בִּקְעָרָה – מוּתָּר לְאוֹכְלָן בְּכוּתָּח, צְנוֹן שֶׁחֲתָכוֹ בְּסַכִּין שֶׁחָתַךְ בָּהּ בָּשָׂר – אָסוּר לְאוֹכְלוֹ בְּכוּתָּח.

Ḥizkiyya says in the name of Abaye: The ***halakha*** is: **If a fish was removed** from the fire and placed **into a bowl** used for meat, **it is permitted to eat** it together **with *kutaḥ*.**[H] But with regard to **a radish that one cut with a knife with which he had cut meat,**[H] **it is prohibited to eat** that radish **with *kutaḥ*,** contrary to Rav Kahana's statement above.

וְהָנֵי מִילֵּי צְנוֹן,

The Gemara notes: **And this statement** applies only **to a radish,**

HALAKHA

If a fish was removed and placed into a bowl used for meat, it is permitted to eat it with *kutaḥ* – דָּגִים שֶׁעָלוּ בִּקְעָרָה מוּתָּר לְאוֹכְלָן בְּכוּתָּח: If a fish was cooked or roasted in a meat pot that was washed thoroughly so that no fat adhered to it, one may eat it with *kutaḥ*. The reason is that this is a case involving imparted flavor of permitted food derived from imparted flavor of permitted food. According to the Rema, in this case one should be stringent and not eat the fish with dairy, and the leniency given here applies only to fish placed in a meat bowl. In a situation where the container was not washed thoroughly, if the fat on it is more than one-sixtieth of the volume of the fish, the fish may not be eaten with *kutaḥ* (Rambam *Sefer Kedusha, Hilkhot Ma'akhalot Assurot* 9:23; *Shulḥan Arukh, Yoreh De'a* 95:1).

A radish that one cut with a knife with which he had cut meat – צְנוֹן שֶׁחֲתָכוֹ בְּסַכִּין שֶׁחָתַךְ בָּהּ בָּשָׂר: With regard to a radish that one cut with a knife that had been used to cut meat within twenty-four hours, or that had not been cleaned, it is prohibited to eat it with milk. If he removes the thickness of a thumb's width or if he tastes the radish and it does not have the taste of meat, it is permitted after rinsing. Some say that the same is true even if it had not been used within twenty-four hours and had been cleaned. If one did not remove a thickness of a thumb's width or taste the radish, and then cooked it in milk, if the rest of the food is sixty times the area touched by the knife, the radish is permitted; otherwise it is prohibited. This *halakha* is in accordance with the opinion of Ḥizkiyya, citing Abaye (Rambam *Sefer Kedusha, Hilkhot Ma'akhalot Assurot* 9:24; *Shulḥan Arukh, Yoreh De'a* 96:1).

Perek **VIII**
Daf **112** Amud **a**

דְּאַגַּב חוּרְפֵּיהּ בָּלַע, אֲבָל קִישּׁוּת – גָּרֵיר לְבֵי פִּסְקֵיהּ וְאָכֵיל.

as due to its sharpness it absorbs[N] the fat on the knife. **But** if one cut **a cucumber**[B] with the same knife, it does not absorb the fat to the same extent. One may therefore simply **scrape the place of the cut** to remove any fat residue, **and then one may eat**[H] the cucumber with *kutaḥ*.

קִילְחֵי דְּלִיפְתָּא – שָׁרֵי, דְּסִילְקָא – אֲסִירִי. וְאִי פָּתַךְ בְּהוּ דְּלִיפְתָּא – שַׁפִּיר דָּמֵי.

Likewise, **turnip stalks** cut with such a knife are **permitted** for consumption with *kutaḥ*. But **chard**[BH] cut with such a knife is **prohibited** for consumption with *kutaḥ*, as it absorbs flavor from the knife. **And if one alternated between** cutting chard **and turnip** stalks it is **permitted,**[H] as the turnip stalks nullify the taste of the meat in the knife.

BACKGROUND

Cucumber – קִישּׁוּת: The cucumber, *Cucumis chate*, is a summer fruit of the Cucurbitaceae family, and is a species of gourd. It is called *melafefon* in modern Hebrew. The fruit is up to 80 cm long, narrow, and it can be bent or twisted.

Chard – סִילְקָא: Chard, *Beta vulgaris*, is a common, garden-variety vegetable from the Chenopodiaceae family. Growing annually, its large, succulent leaves that grow from 15 to 20 cm in length are eaten cooked and have a similar taste to spinach. Each time a portion of its leaves are trimmed they grow back larger. Today, its leaves are commonly used as bird feed.

Chard

NOTES

As due to its sharpness it absorbs – דְּאַגַּב חוּרְפֵּיהּ בָּלַע: Rashi explains that whereas the fish absorbs only meat flavor from the bowl, the knife has actual meat fat on it. This is because bowls that contained congealed fat are generally cleaned thoroughly, which is not the case with regard to a knife. Therefore, when one cuts a radish with that knife, the radish absorbs the actual fat on the knife. Rashi adds another difference between the two cases: The knife cuts via the exertion of pressure, which causes the radish to absorb to a greater extent than the absorption caused by the contact between the bowl and the fish.

HALAKHA

Cucumber, one may scrape the place of the cut and then one may eat – קִישּׁוּת גָּרֵיר לְבֵי פִּסְקֵיהּ וְאָכֵיל: If one cut a cucumber with a knife that had been used for cutting meat, it is permitted to eat the cucumber with milk by simply scraping the place of the cut, which is less than the amount removed when one is required to peel it (Rambam *Sefer Kedusha, Hilkhot Ma'akhalot Assurot* 9:24; *Shulḥan Arukh, Yoreh De'a* 96:5 and *Shakh* there).

Chard – סִילְקָא: If one cut chard with a knife that had been used to cut meat within twenty-four hours, or with a knife that had not been cleaned, it is prohibited to eat the chard with milk, unless one removes the thickness of a thumb's width from the chard, or he tastes the chard and it does not have the flavor of meat. In those cases, the chard is permitted after rinsing. Some say that the *halakha* is the same even if had not been used within twenty-four hours and had been cleaned. If one did not remove the thickness of a thumb's width or taste it, and cooked the chard in milk, the chard must be sixty times the size of the portion of the knife blade that touched the chard; otherwise it is prohibited (Rambam *Sefer Kedusha, Hilkhot Ma'akhalot Assurot* 9:24; *Shulḥan Arukh, Yoreh De'a* 96:1).

And if one alternated between cutting chard and turnip stalks it is permitted, etc. – וְאִי פָּתַךְ בְּהוּ דְּלִיפְתָּא שַׁפִּיר דָּמֵי וכו׳: If one cut a turnip with a knife that had been used for cutting meat, it is not even necessary to scrape the place of the cut. Rather, one merely rinses the turnip. Furthermore, if one cut a radish after the turnip, one may eat that radish after rinsing, like the turnip, as the taste of the turnip negates the flavor emitted by the knife. The Rema writes that even in that case, one may use it to cut a radish only once, unless he cuts the turnip between each and every slicing of radish (Rambam *Sefer Kedusha, Hilkhot Ma'akhalot Assurot* 9:24; *Shulḥan Arukh, Yoreh De'a* 96:1).

BACKGROUND

Kamka – כַּמְכָּא: Apparently from the Middle Persian kamak, meaning a type of gruel or soup. The Sages use it as another name for *kutaḥ*.

Pashronya – פַּשְׁרוֹנְיָא: This is a Babylonian city renowned for its Sages, especially Rava of Pashronya. This Rava is not the famous *amora* of the same name, who was from Meḥoza, which was probably not far from Pashronya. Rava of Pashronya's sons include Rav Hamnuna and Rav Ḥinnana, mentioned here. It is also known that Rav Ika would discuss matters of *halakha* with Rava of Pashronya.

LANGUAGE

Cracks [*pilei*] – פִּילֵי: Apparently from the Hebrew word *pilḥei*. In Babylonian Aramaic, many guttural letters are dropped, and the word took on this form. Its meaning is crevices or cracks.

בְּעָא מִינֵּיהּ רַב דִּימִי מֵרַב נַחְמָן: מַהוּ לְאַנּוּחֵי כַּדָּא דְּמִלְחָא גַּבֵּי כַּדָּא דְּכַמְכָּא? אֲמַר לֵיהּ: אָסוּר. דְּחַלָּא מַאי? אֲמַר לֵיהּ: שָׁרֵי.

§ **Rav Dimi inquired of Rav Naḥman: What is the** *halakha* with regard **to placing a jug of salt,** used to salt meat, **alongside a jug of** ***kamka,***[B] i.e., *kutaḥ*,[H] a milk dish? Need one be concerned lest some of the *kutaḥ* fall on the salt without his knowledge and ultimately contaminate his meat? Rav Naḥman **said to him: It is prohibited** to place the two jugs next to each other. Rav Dimi further inquired: **What** is the *halakha* with regard to a similar case involving a jug **of vinegar** used to season meat?[H] Need one be concerned lest the *kutaḥ* fall into the vinegar? Rav Naḥman **said to him: It is permitted** to place these two jugs next to each other.

וּמַאי שְׁנָא? לְכִי תֵּיכוּל עֲלֵהּ כּוֹרָא דְּמִלְחָא! מַאי טַעְמָא – הָאי אִיתֵיהּ אִיסּוּרָא בְּעֵינֵיהּ, וְהָאי לֵיתֵיהּ אִיסּוּרָא בְּעֵינֵיהּ.

Rav Dimi asked: **And what is different** about the vinegar? Rav Naḥman responded: **When you** have thought **about it** long enough **to eat a** ***kor*** **of salt,** you will know the reason. The Gemara clarifies: **What is the reason** then? In **this** case of the salt, **the prohibited** substance **is substantive,** as the traces of *kutaḥ* are discernible and not nullified by the salt. **But** in **that** case of the vinegar, **the prohibited** substance **is not substantive,** since the *kutaḥ* melts away in the vinegar and will no longer impart flavor.

הַהוּא בַּר גּוֹזָלָא דִּנְפַל לְכַדָּא דְּכַמְכָּא, שָׁרְיֵיהּ רַב חִינָּנָא בְּרֵיהּ דְּרָבָא מִפַּשְׁרוֹנְיָא. אֲמַר רָבָא: מַאן חָכִים לְמִישְׁרֵי כִּי הַאי גַּוְונָא, אִי לָאו רַב חִינָּנָא בְּרֵיהּ דְּרָבָא מִפַּשְׁרוֹנְיָא! קָסָבַר: כִּי אָמַר שְׁמוּאֵל מָלִיחַ הֲרֵי הוּא כְּרוֹתֵחַ, הָנֵי מִילֵּי – הֵיכָא דְּאֵינוֹ נֶאֱכָל מֵחֲמַת מִלְחוֹ, אֲבָל הַאי כּוּתְחָא – הֲרֵי נֶאֱכָל מֵחֲמַת מִלְחוֹ.

The Gemara relates: There was **a certain young bird that fell into a jug of** ***kamka,*** i.e., *kutaḥ*. **Rav Ḥinnana, son of Rava of** the city of **Pashronya,**[B] **permitted** the bird. **Rava said** about this: **Who is wise** enough **to** discern reasons to **permit** the food in difficult **cases like this, if not Rav Ḥinnana, son of Rava of Pashronya? He maintains** that **when Shmuel said** that **a salted** food imparts flavor **like a boiling** food, **that statement** applies only to a food so salty **that it is not eaten due to its salt,**[H] **but this** ***kutaḥ*** can still be **eaten due to,** i.e., despite, **its salt.** Therefore, it is as if both foods are cold and unsalted, and they do not impart flavor to one another, provided one rinses the area of contact.

וְהָנֵי מִילֵּי – חַי, אֲבָל צָלִי – בָּעֵי קְלִיפָה. וְאִי אִית בֵּיהּ פִּילֵי – כּוּלֵּיהּ אָסוּר, וְאִי מְתַבַּל בְּתַבְלִין – כּוּלֵּיהּ אָסוּר.

The Gemara adds: **And this statement applies only if the bird is raw, but** if it is **roasted,**[H] **it requires peeling** to remove the outer layer, since roasting softens the meat and causes it to absorb more flavor. **And if it has cracks** [*pilei*],[L] **it is entirely forbidden,** because the milk is absorbed into the cracks. **And if it has been flavored with spices it is** likewise **entirely forbidden,** because the spices soften the meat and render it absorbent.

HALAKHA

Placing a jug of salt used to salt meat alongside a jug of ***kamka*** **–** **לְאַנּוּחֵי כַּדָּא דְּמִלְחָא גַּבֵּי כַּדָּא דְּכַמְכָּא:** One should not place a vessel that contains *kutaḥ* alongside a jug of salt, in accordance with the opinion of Rav Naḥman. The Rema writes that this *halakha* applies only if the vessels are uncovered, due to the concern that some of the *kutaḥ* might fall on the salt and one will later use that salt for a meat dish. This ruling is in accordance with the explanation of this passage given by the majority of the early commentaries, and is not in accordance with the interpretation of the Ramban, who says that the concern is that the flavor of the *kutaḥ* is drawn by the container of salt. If one did place the two types of vessels alongside one another, they are permitted, and one need not be concerned that some *kutaḥ* might have fallen on the salt (Rambam *Sefer Kedusha, Hilkhot Ma'akhalot Assurot* 9:25; *Shulḥan Arukh, Yoreh De'a* 95:5).

Of vinegar – דְּחַלָּא: It is permitted to place a vessel that contains *kutaḥ* alongside a vessel in which there is vinegar (Rambam *Sefer Kedusha, Hilkhot Ma'akhalot Assurot* 9:25; *Shulḥan Arukh, Yoreh De'a* 95:5).

That it is not eaten due to its salt, etc. – הֵיכָא דְּאֵינוֹ נֶאֱכָל מֵחֲמַת מִלְחוֹ וכו׳: Excessively salted raw meat has the halakhic status of a boiling item, which will absorb substances from and impart substances to a food item with which it comes in contact. Meat has this status when it is so salty that it cannot be eaten. Some commentaries maintain that once the meat has been left salted for the amount of time it takes for salt to draw out blood, it no longer has this status (Rema, citing *Tosafot* and Rosh). The Rema writes that in a situation of great need, e.g., if one would suffer a great loss and the food is required for a mitzva celebration, one may rely on the lenient opinion.

Even if the meat was not salted on both sides but on one side alone, if it is too salty to be eaten, then it has the same status as a boiling dish. If it is less salted than that, it is considered like a cold dish, even if it was salted on both sides. According to some commentaries, people today are not experts in this matter, and therefore even a dish salted lightly in preparation for roasting should be treated as a boiling dish. The Rema states that it is proper to be stringent unless this would result in a great loss (Rambam *Sefer Kedusha, Hilkhot Ma'akhalot Assurot* 9:18; *Shulḥan Arukh, Yoreh De'a* 91:5).

And this statement applies only if the bird is raw but if it is roasted, etc. – וְהָנֵי מִילֵּי חַי אֲבָל צָלִי וכו׳: The difference in *halakha* between meat that can be eaten despite its saltiness and a dish that is too salty to be eaten applies only to raw meat. By contrast, if boiling hot, roasted meat fell into a salted dish, even if the salted dish is fit to be eaten, it requires peeling. If it has cracks, or is flavored with spices, and is a boiling hot roasted, baked, or cooked dish (Rema), it is entirely forbidden. The Rema notes that according to some authorities this is the *halakha* even if the meat is cold, and one should be stringent in this regard unless he would suffer a great loss (Rambam *Sefer Kedusha, Hilkhot Ma'akhalot Assurot* 9:19; *Shulḥan Arukh, Yoreh De'a* 91:7).

אֲמַר רַב נַחְמָן, אָמַר שְׁמוּאֵל: כִּכָּר שֶׁחָתַךְ עָלֶיהָ בָּשָׂר – אָסוּר לְאָכְלָהּ. וְהָנֵי מִילֵּי – דְּאַסְמִיק, וְהָנֵי מִילֵּי – דְּאַבְרֵיהּ, וְהָנֵי מִילֵּי – דְּאַסְמְכֵיהּ, אֲבָל קְלִישְׁתָּא – לֵית לַן בַּהּ.

Rav Naḥman said that Shmuel says: **It is prohibited to eat a loaf** of bread **upon which one cut** unsalted roasted **meat,**[H] since the blood expelled from the roasted meat is absorbed in the loaf. The Gemara adds: **And this statement** applies only **if** the meat **is ruddy** from the blood it contains. **And** furthermore, **this statement** applies only **if** so much blood was absorbed in the loaf that **it passed through** from one side of the loaf to the other and was visible from both sides. **And** furthermore, **this statement** applies only **if** the liquid emitted by the roasted meat **is viscous. But** if it is **runny, we have no** problem **with it,** i.e., the loaf is permitted.

שְׁמוּאֵל שָׁדֵי לֵיהּ לְכַלְבֵּיהּ, רַב הוּנָא יָהֵיב לֵיהּ לְשַׁמָּעֵיהּ. מַה נַּפְשָׁךְ, אִי שָׁרֵי – לְכוּלֵּי עָלְמָא שָׁרֵי, אִי אָסוּר – לְכוּלֵּי עָלְמָא אָסוּר! שָׁאנֵי רַב הוּנָא – דַּאֲנִינָא דַּעְתֵּיהּ. רָבָא אָכֵיל לֵיהּ, וְקָרֵי לֵיהּ "חֲמַר בָּשָׂר".

The Gemara relates: **Shmuel would throw to his dog** such a loaf of bread that he held was prohibited. **Rav Huna** would not eat the loaf himself but **would** rather **give it to his attendant.** The Gemara objects: **Whichever way you** look at it, Rav Huna's behavior is problematic: **If** the loaf **is permitted, it is permitted for everyone,** including Rav Huna himself. And **if it is prohibited, then it is prohibited for everyone,** and he should not give it to his attendant. The Gemara explains: In fact, the loaf is permitted for consumption, and **Rav Huna is different, as he is of delicate constitution** and did not want to eat the loaf himself. The Gemara further relates: **Rava would eat** a loaf of this type, **and he would call** the red liquid **meat wine.**

אָמַר רַב נַחְמָן, אָמַר שְׁמוּאֵל: אֵין מַנִּיחִין כְּלִי תַּחַת בָּשָׂר, עַד שֶׁיִּכְלֶה כָּל מַרְאֵה אַדְמוּמִית שֶׁבּוֹ. מְנָא יָדְעִינַן? מָר זוּטְרָא מִשְּׁמֵיהּ דְּרַב פַּפָּא אֲמַר: מִשֶּׁתַּעֲלֶה תִּימְרָתוֹ.

Rav Naḥman says that **Shmuel says: One may not place a vessel under** roasting **meat** to catch the drippings of fat **until all the ruddiness of** the meat's **appearance has dissipated.**[H] Beforehand, though, one must be concerned that blood will fall with the drippings into the vessel, rendering the mixture and the vessel prohibited. The Gemara asks: **How do we know** when all the meat's redness has disappeared? **Mar Zutra said in the name of Rav Pappa: As soon as its smoke rises,**[N] one can be sure that all the blood has been expelled from the meat.

מַתְקִיף לַהּ רַב אַשִׁי: וְדִלְמָא, תַּתָּאָה מְטָא, עִילָּאָה לָא מְטָא? אֶלָּא אֲמַר רַב אַשִׁי: לֵית לֵיהּ תַּקַּנְתָּא אֶלָּא – מִשְׁדָּא בֵּיהּ תַּרְתֵּי גַּלְלֵי מִלְחָא,

Rav Ashi objects to this: But perhaps the underside of the meat, which is closest to the coals, has been fully **roasted,** but its **upper** part is still **not roasted** and still expels blood at this stage. **Rather, Rav Ashi said:** One who wishes to collect the drippings **has no remedy except** to **place two lumps of salt in it,** i.e., one in the receptacle under the meat and one on top, in the meat itself.

Perek **VIII**
Daf **112** Amud **b**

וּמְשַׁפְּיֵיהּ.

Doing this will allow the blood dripping from the meat to stick to the salt on the sides of the vessel, while the fat will float to the top. **And** when emptying the receptacle, he should **tilt it** gently to pour the fat into another vessel without it mixing with the blood.

אֲמַר לֵיהּ רַב אַחָא בְּרֵיהּ דְּרַב אִיקָא לְרַב אַשִׁי: וּמִי אֲמַר שְׁמוּאֵל הָכִי? וְהָאֲמַר שְׁמוּאֵל כִּכָּר שֶׁחָתַךְ עָלֶיהָ בָּשָׂר – אָסוּר לְאָכְלָהּ! שָׁאנֵי הָתָם, דַּאֲגַב דּוּחְקָא דְּסַכִּינָא פָּלֵיט.

Rav Aḥa, son of Rav Ika, said to Rav Ashi: And did Shmuel really **say this,** that once the meat's ruddiness has dissipated it is permitted to place a receptacle underneath it? **But didn't Shmuel say: It is prohibited to eat a loaf** of bread **upon which one cut** roasted **meat?** Apparently he holds that meat contains blood even after it has finished roasting. Rav Ashi replied: Shmuel holds that the meat no longer emits blood after its ruddiness has dissipated. And as for his ruling with regard to a loaf of bread, it **is different there, as due to the pressure of the knife** the meat **expels** more blood.

HALAKHA

A loaf of bread upon which one cut roasted meat – כִּכָּר שֶׁחָתַךְ עָלֶיהָ בָּשָׂר: If roasted, unsalted meat was cut over a loaf of bread, even if the bread has a ruddy appearance, it is permitted if the meat was roasted to the extent that it was fit to be eaten by most people, i.e., half-roasted. The juice that comes out of such meat is likewise permitted, even if it is not absorbed by bread (Rema). This ruling is in accordance with the opinion of Rava (Rambam *Sefer Kedusha, Hilkhot Ma'akhalot Assurot* 6:16; *Shulḥan Arukh, Yoreh De'a* 76:5).

Until all the ruddiness of the meat's appearance has dissipated – עַד שֶׁיִּכְלֶה כָּל מַרְאֵה אַדְמוּמִית שֶׁבּוֹ: With regard to meat that is roasted without first being salted, one may not place a vessel under such meat to catch the fat that drips from it, unless it has already roasted to the extent that it is fit to be eaten (Rambam *Sefer Kedusha, Hilkhot Ma'akhalot Assurot* 6:15; *Shulḥan Arukh, Yoreh De'a* 76:6).

NOTES

As soon as its smoke rises – מִשֶּׁתַּעֲלֶה תִּימְרָתוֹ: According to some commentaries, the smoke is referring to the steam rising from the roasting meat after it has expelled all the blood (Rashi). Alternatively, the Gemara is referring to smoke rising from the coals upon which the meat is roasting. As long as the blood drips onto the coals, they do not produce smoke, but when all the blood has been expelled from the meat and it starts to emit its fats, their dripping assists the burning of the coals and causes smoke to rise (Rashi, citing his teacher).

If one salted fish and birds together the fish are prohibited – דגים ועופות שמלחן זה עם זה אסורין: The early commentaries dispute the extent of this prohibition of the fish. Some say that the fish are entirely prohibited (Ramban), while others claim that one must remove a thumb's width of the part that came into contact with the birds, but the rest of the fish is permitted (Ra'ah). Yet others are even more lenient and claim that one is merely required to peel off a layer from the fish (Rosh; *Shulḥan Arukh*, *Yoreh De'a* 70:1). If the scales of the fish had not been removed when they were salted with the birds, then the fish are entirely permitted.

The unclean, to prohibit their juice and their gravy and their spices – הטמאים לאסור צירן ורוטבן וקיפה שלהן: This prohibition does not apply to the juice, gravy, and spices of non-kosher fish, as they are not called "unclean" but "detestable" (*Kehillot Ya'akov*; see Leviticus 11:12). Some of the early commentaries maintain that even the juices of an unslaughtered animal carcass and a *tereifa* are prohibited by rabbinic law, not Torah law (Mordekhai; *Shita Mekubbetzet*).

אמר רב נחמן: דגים ועופות שמלחן זה עם זה – אסורין. היכי דמי? אי בכלי שאינו מנוקב – אפילו עופות ועופות נמי אסירי! אי בכלי מנוקב – אפילו דגים ועופות נמי שרי!

§ **Rav Naḥman says: If one salted fish and birds together,**[H] the fish **are prohibited**[N] for consumption due to the blood they absorb from the birds. The Gemara asks: **What are the circumstances** of this ruling? **If** they were placed **in an unperforated vessel,** in which the blood emitted by the birds will pool, then **even** if one salted **a bird and** another **bird** together they should be **prohibited,** as the blood expelled from one bird will be absorbed by the other. And **if** the case involves **a perforated vessel,** out of which the blood can flow, then **even** if **fish** are salted with **birds** the fish should be **permitted.**

לעולם – בכלי מנוקב, ודגים משום דרפו קרמייהו קדמי ופלטי, ועופות קמיטי, בתר דניחי דגים פליטי עופות, והדר בלעי מיניה.

The Gemara answers: **Actually,** the ruling is referring **to a perforated vessel. And** the **fish** are prohibited **because their skin is soft,** and therefore when they are salted **they expel** their blood **first, whereas** the skin of **birds** is **hard. After** the **fish finish** expelling their blood, the **birds** continue to **expel** their blood, **and then** the fish **absorb** blood **from them.** If one salts two birds together, they expel their blood simultaneously, and neither will absorb blood from outside while expelling its own.

רב מרי בר רחל אימלח ליה בשר שחוטה בהדי בשר טרפה, אתא לקמיה דרבא.

The Gemara relates: **Meat of a slaughtered** animal **was salted for Rav Mari bar Raḥel**[P] **together with** prohibited **meat of an animal that had a wound that would have caused it to die within twelve months** [*tereifa*], in a perforated vessel, as meat is generally salted. **He came before Rava** to ask whether the kosher meat was prohibited, as perhaps it would not have absorbed flavor from the non-kosher meat while itself expelling blood.

אמר ליה: "הטמאים" – לאסור צירן ורוטבן וקיפה שלהן.

Rava **said to him:** When the verse states, with regard to forbidden foods: "These are **the unclean** to you" (Leviticus 11:31), the added definite article serves **to prohibit** not only their flesh but also **their juice** emitted by salting, **and their gravy, and their spices**[NH] with which they are cooked. Even while the kosher meat is emitting its blood, it still absorbs the juices of the non-kosher meat, which are absorbed more easily than blood.

HALAKHA

If one salted fish and birds together – דגים ועופות שמלחן זה עם זה: It is prohibited to salt fish together with meat, including the meat of birds, as fish expel all their juices before the birds expel their blood. If one did salt them together, the birds are permitted but the outer layer of the fish must be removed. If the scales of the fish had not been removed when they were salted, the fish are permitted, as the scales are considered like their outer layer. Some prohibit the fish entirely unless they were sixty times the size of the birds, and this is the accepted *halakha*. Even according to this opinion, if they have scales they are permitted, as they do not expel immediately and therefore they do not absorb blood from the birds (Rambam *Sefer Kedusha*, *Hilkhot Ma'akhalot Assurot* 6:16; *Shulḥan Arukh*, *Yoreh De'a* 70:1 and in the comment of Rema, and Gra there).

To prohibit their juice and their gravy and their spices לאסור צירן ורוטבן וקיפה שלהן: If meat of a slaughtered animal was salted with meat of a *tereifa*, or if salted meat of a *tereifa* and unsalted kosher meat were touching each other, one must remove the outer layer from the kosher meat. The reason is that the kosher meat absorbs juices from the *tereifa* meat. If the kosher meat was salted and the meat of the *tereifa* unsalted, the kosher meat is permitted after rinsing, whether it was on top or underneath the meat of the *tereifa*. Some prohibit the kosher meat if the two pieces of meat were in actual contact, and permit the kosher meat only if the pieces were not touching, but were close enough for their emissions to touch each other. In that case, the kosher meat is permitted even without rinsing. According to this opinion, even if they were not touching, the kosher meat is prohibited if the meat of the *tereifa* was salted and the kosher meat unsalted (Rema). With regard to the practical *halakha*, some are stringent in accordance with the second opinion, and allow ruling leniently only if a great loss were to result, whereas the *Shulḥan Arukh* rules leniently in accordance with the first opinion (Rambam *Sefer Kedusha*, *Hilkhot Ma'akhalot Assurot* 15:34; *Shulḥan Arukh*, *Yoreh De'a* 70:3 and *Shakh* there).

PERSONALITIES

Rav Mari son of the daughter of Shmuel – רב מרי בריה דבת שמואל: This is a fourth-generation Babylonian *amora*, Rav Mari, the son of Raḥel, who was the daughter of the *amora* Shmuel. His unconventional appellation is explained by the history of Shmuel's family. The daughters of the *amora* Shmuel were taken into captivity. One of them, Raḥel, was captured by a gentile soldier, who later converted and married her. He became known as Issur Giyora, Issur the Convert, and he served as a confidant of the prominent Jewish leaders of the generation in Babylonia.

Even though his father had already converted before he was born, Rav Mari is generally mentioned without a patronymic because his mother came from a very prestigious family. There are several instances in the Talmud where Sages are called by the names of their famous mothers who hail from distinguished families, even when their father's identity would cast no aspersion on their lineage. Rav Mari was apparently wealthy and engaged in commerce. He was also a significant Torah scholar and was appointed to a lofty position in the court in Babylonia. Rav Mari had three sons, all of whom were Torah scholars: Rav Aḥa Sava, Mar Zutra, and Rava bar Rav Mari.

וְלֵימָא לֵיהּ מִדִּשְׁמוּאֵל, דְּאָמַר שְׁמוּאֵל: מָלִיחַ – הֲרֵי הוּא כְּרוֹתֵחַ, וְכָבוּשׁ – הֲרֵי הוּא כִּמְבוּשָּׁל!

The Gemara objects: **But let** Rava **say to** him the same ruling by instead citing the seemingly more relevant statement **of Shmuel, as Shmuel said: A salted** food imparts its flavor **like a boiling** food, **and a marinated** food **is** as absorbent **as a cooked** food. Clearly, the kosher meat absorbed flavor from the meat of the *tereifa* as it would have had they been cooked together.

אִי מִדִּשְׁמוּאֵל, הֲוָה אָמֵינָא: הָנֵי מִילֵּי – דָּמָן, אֲבָל צִירָן וְרוֹטְבָן – לָא, קָמַשְׁמַע לַן.

The Gemara explains: **Had** Rava based his ruling only **on Shmuel's** statement, **I would say** in response: **This statement** applies only to the absorption of **the blood of** the meat, **but** kosher meat is **not** prohibited if it absorbs only **the juices and gravy of** the meat of the *tereifa*. Since in this case the meat is salted in a perforated vessel, the blood from each piece runs out and is not absorbed by the other, and one might think that the kosher meat remains permitted. Rava's interpretation of the verse in Leviticus **teaches us** that the juices and gravy of the meat of the *tereifa* must also be taken into account.

מֵיתִיבֵי: דָּג טָהוֹר שֶׁמְּלָחוֹ עִם דָּג טָמֵא – מוּתָּר, מַאי לָאו שֶׁהָיוּ שְׁנֵיהֶן מְלוּחִין? לָא, כְּגוֹן שֶׁהָיָה טָהוֹר מָלִיחַ וְטָמֵא תָּפֵל.

The Gemara **raises an objection** from a *baraita*: **A kosher fish that one salted** together **with a non-kosher fish is permitted. What, is it not** referring to a case **where they were both salted** and expel juices? This indicates that the kosher fish is not prohibited by the juices of the non-kosher fish, contrary to Rava's statement. The Gemara responds: **No,** this is referring to a case **where** the **kosher** fish was **salted and** the **non-kosher** fish was **unsalted.** Since an unsalted fish does not emit juices, the kosher fish does not absorb the flavor of the non-kosher fish.

וְהָא מִדְּקָתָנֵי סֵיפָא אֲבָל אִם הָיָה טָהוֹר מָלִיחַ וְטָמֵא תָּפֵל, מִכְּלָל דְּרֵישָׁא בִּשְׁשְׁנֵיהֶם מְלוּחִין עָסְקִינַן! פֵּרוּשֵׁי קָא מְפָרֵשׁ, טָהוֹר שֶׁמְּלָחוֹ עִם דָּג טָמֵא – מוּתָּר. כֵּיצַד – שֶׁהָיָה טָהוֹר מָלִיחַ וְטָמֵא תָּפֵל.

The Gemara challenges: **But from** the fact **that the latter clause teaches: But if** the **kosher** fish **was salted and** the **non-kosher** fish was **unsalted** the kosher fish remains permitted, **it may be inferred that** in **the first clause we are dealing with** a case **where they are both salted.** The Gemara responds: The latter clause **is explaining** the *halakha* of the first clause. The *baraita* should be read as follows: **A kosher** fish **that one salted** together **with a non-kosher fish is permitted. How so?** This is the *halakha* **if** the **kosher** fish **was salted and** the **non-kosher** fish was **unsalted.**

הָכִי נָמֵי מִסְתַּבְּרָא, דְּאִי סָלְקָא דַּעְתָּךְ רֵישָׁא שְׁנֵיהֶם מְלוּחִים, הַשְׁתָּא שְׁנֵיהֶם מְלוּחִים – שָׁרֵי, טָהוֹר מָלִיחַ וְטָמֵא תָּפֵל מִיבַּעְיָא!

The Gemara notes: **So, too, it is reasonable** that this is the meaning of the *baraita*, **as if it enters your mind** that **the first clause** is referring to a case where **both of them are salted,** one can claim: **Now** that the *baraita* has stated that even if **both of them are salted** the kosher fish is **permitted, is** it **necessary** to state that the same applies in the less problematic case where the **kosher** fish was **salted and** the **non-kosher** fish was **unsalted?**

אִי מִשּׁוּם הָא – לָא אִירְיָא, תָּנָא סֵיפָא לְגַלּוֹיֵי רֵישָׁא, דְּלָא תֵּימָא: רֵישָׁא טָהוֹר מָלִיחַ וְטָמֵא תָּפֵל, אֲבָל שְׁנֵיהֶם מְלוּחִין – אָסוּר. תָּנָא סֵיפָא טָהוֹר מָלִיחַ וְטָמֵא תָּפֵל, מִכְּלָל דְּרֵישָׁא שְׁנֵיהֶן מְלוּחִין, וַאֲפִילּוּ הָכִי שָׁרֵי.

The Gemara rejects this: **If it is due to that** reason, there **is no** conclusive **argument.** It is possible that the first clause of the *baraita* is indeed referring to a case where both fish are salted, and the *tanna* of the *baraita* nevertheless **taught the latter clause to shed light on the first clause,** so **that you** should **not say: The first clause** is referring only to a case where the **kosher** fish was **salted and** the **non-kosher** fish was **unsalted, but** if they were **both salted,** then the kosher fish is **prohibited.**[N] To rule this out, he **taught the latter clause,** which explicitly makes reference to a case where the **kosher** fish was **salted and** the **non-kosher** fish **unsalted,** which **by inference** indicates **that the first clause** is referring to a case where they are **both salted, and** teaches that **even so** the kosher fish is **permitted.**

תָּא שְׁמַע מִסֵּיפָא דְּסֵיפָא: אֲבָל אִם הָיָה טָמֵא מָלִיחַ וְטָהוֹר תָּפֵל – אָסוּר, טָמֵא מָלִיחַ וְטָהוֹר תָּפֵל – הוּא דְּאָסוּר, הָא שְׁנֵיהֶן מְלוּחִין – שָׁרֵי!

The Gemara further suggests: **Come** and **hear** proof against Rava's ruling **from the latter clause of the latter clause,** i.e., the third clause of that *baraita*: **But if** the **non-kosher** fish **was salted and** the **kosher** fish was **unsalted,** the kosher fish is **prohibited.** One can infer from here that **it is** only if the **non-kosher** fish is **salted and** the **kosher** fish is **unsalted that** the kosher fish is **prohibited. But** if they were **both salted,** then the kosher fish is **permitted,** contrary to Rava's ruling.

NOTES

But if they were both salted then the kosher fish is prohibited – אֲבָל שְׁנֵיהֶם מְלוּחִין אָסוּר: Some commentaries write that according to this suggestion of the Gemara, the kosher fish is entirely prohibited, as it is considered like a boiling dish due to the abundance of salt. Therefore, just as cooking the two kinds of fish together renders the kosher fish prohibited in its entirety, so too, salting the two kinds of fish together renders the kosher fish entirely prohibited (Ramban). Others maintain that one must remove only a thumb's width of the portion that touched the other fish (Ra'ah). A third explanation is that it requires only the removal of the outer layer (Ran).

אֵיידֵי דִּתְנָא רֵישָׁא טָהוֹר מָלִיחַ וְטָמֵא תָּפֵל, תְּנָא נַמִי סֵיפָא טָמֵא מָלִיחַ וְטָהוֹר תָּפֵל.

The Gemara rejects this: Perhaps the last section of the *baraita* uses this language only **since it teaches in the former clause,** i.e., the second clause: If the **kosher** fish was **salted and the non-kosher** fish **unsalted,** etc. The *baraita* therefore **taught the last clause as well** using parallel language: If the **non-kosher** fish was **salted and** the **kosher** fish **unsalted,** etc. But nothing can be derived from here with regard to a case where both fish were salted.

(סִימָן: בִּישְׂרָא דְּמַנַּח נַפְקוּתָא).

§ The Gemara provides **a mnemonic** for remembering the three *halakhot* stated by Shmuel below: The manner in which blood is expelled from **meat;** salted meat **that is placed** on a vessel; an animal whose neck is broken before its soul **departs.**

אָמַר שְׁמוּאֵל: אֵין הַבָּשָׂר יוֹצֵא מִידֵי דָמוֹ אֶלָּא אִם כֵּן מוֹלְחוֹ יָפֶה יָפֶה, וּמְדִיחוֹ יָפֶה יָפֶה. אִתְּמַר, רַב הוּנָא אָמַר: מוֹלֵחַ וּמֵדִיחַ, בְּמַתְנִיתָא תָּנָא: מֵדִיחַ וּמוֹלֵחַ וּמֵדִיחַ. וְלָא פְּלִיגִי, הָא – דַּחֲלַלֵיהּ בֵּי טַבָּחָא, הָא – דְּלָא חֲלַלֵיהּ בֵּי טַבָּחָא. רַב דִּימִי מִנְּהַרְדְּעָא מָלַח לֵיהּ בְּמִילְחָא גְלָלְנִיתָא, וּמְנַפֵּיץ לֵיהּ.

Shmuel says: Meat cannot be rid of its blood unless one salts it thoroughly[H] **and rinses it thoroughly** in water. **It was stated: Rav Huna says:** One must **salt and rinse** the meat in water. And it **was taught in a** ***baraita***: One must **rinse** the meat, **and salt** it, **and** then **rinse** it again.[N] The Gemara adds: **And** these two rulings **do not disagree. This** ruling of Rav Huna is referring to a case **where one** already **washed** the meat **in the slaughterhouse** before salting, whereas **that** ***baraita*** is referring to a case **where one did not wash** the meat **in the slaughterhouse.** The Gemara relates: **Rav Dimi of Neharde'a would salt** meat **with coarse**[L] **salt and** then **shake** the salt off the meat.[H]

אָמַר רַב מְשַׁרְשְׁיָא: אֵין מַחֲזִיקִין דָּם בִּבְנֵי מֵעַיִים, תַּרְגְּמָא – אַכְּרֶכְשָׁא וּמֵעַיָּיא וְהַדְרָא דִּכַנְתָּא.

Rav Mesharshiyya says: One does not presume that there is **blood in the intestines,**[NH] and therefore they are not prohibited if they have not been salted. The Gemara comments: The Sages **interpreted** this statement as referring **to the rectum, the intestines, and the spiral colon.**[B]

NOTES

One must rinse and salt and then rinse again – מֵדִיחַ וּמוֹלֵחַ וּמֵדִיחַ: The purpose of the second rinsing, after the salting, is to remove the last traces of blood from the meat (Ran). With regard to the reason for the rinsing before salting, some say that it serves to expel actual blood that remains on the meat after the slaughter. This is because the salt expels only the moist blood that is inside the meat, but is not effective with regard to removing dried blood on the surface of the meat. Consequently, if the meat is not rinsed before washing there is a concern that after expelling its blood, it will reabsorb the blood on its surface, which has melted due to the salt (Ra'ah).

By contrast, according to those early commentaries who maintain that one must be careful not to leave the salt in the meat until it has expelled all its blood and juices, but one must remove the salt slightly before this stage, there is no concern that the blood on the surface of the meat will be absorbed inside the meat. Rather, the purpose of the first rinsing is to soften the meat so that the salt can remove its blood effectively (Ran).

One does not presume that there is blood in the intestines – אֵין מַחֲזִיקִין דָּם בִּבְנֵי מֵעַיִים: The primary purpose of salting is to remove the blood from the meat that would be expelled during the cooking process. The intestines contain little blood and do not expel blood during cooking. Consequently, this blood is considered like blood of the limbs that has not separated from the limb, which is permitted (Ran). Any blood that does come out of the intestines as they are cooked is nullified due to its small quantity (*Peri Megadim*).

LANGUAGE

Coarse [*gelalnita*] – גְּלָלְנִיתָא: Apparently from the word *galal*, meaning a rock. If so, it is referring to coarse salt produced from chunks of salt mined from hills, as opposed to soft salt from the sea.

BACKGROUND

Rectum, intestines, and spiral colon – אַכְּרֶכְשָׁא וּמֵעַיָּיא וְהַדְרָא דִּכַנְתָּא:

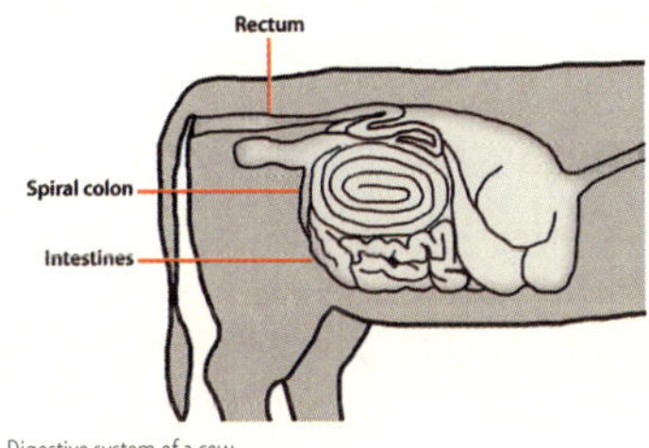

Digestive system of a cow

HALAKHA

Meat cannot be rid of its blood unless one salts it thoroughly, etc. – אֵין הַבָּשָׂר יוֹצֵא מִידֵי דָמוֹ אֶלָּא אִם כֵּן מוֹלְחוֹ יָפֶה יָפֶה וכו׳: Meat remains prohibited due to its blood unless one salts it thoroughly and rinses it thoroughly. One must also rinse the meat before salting to soften it so that its blood will be expelled in the salting process (Ran). The Mordekhai cites this opinion as well, but concludes that the purpose of the first rinsing is to remove the dirt adhering to the meat, as otherwise the salt will adhere to the dirt and will not remove the blood from the meat. If the butcher has already rinsed the meat there is no need to do so once again in one's home (*Tur*). As for the manner of rinsing the meat, the Rema writes that one should proceed as follows *ab initio*: He should soak it for half an hour and rinse it well in the water in which it was soaked. If he did not soak it but merely rinsed it thoroughly, this is sufficient. Afterward he should wait a little for the water to drip off before he salts it, so that the salt does not melt in the water and become incapable of drawing out the blood. Nevertheless, one should not wait until it is completely dry (Rambam *Sefer Kedusha*, *Hilkhot Ma'akhalot Assurot* 6:10; *Shulḥan Arukh*, *Yoreh De'a* 69:1, and *Darkhei Moshe*, *Shakh*, and Gra there).

Would salt meat with coarse salt and then shake the salt off the meat – מָלַח לֵיהּ בְּמִילְחָא גְלָלְנִיתָא וּמְנַפֵּיץ לֵיהּ: One should not salt meat with salt that is fine as flour, nor with very coarse salt that would fall off the meat, but rather with salt that is as thick as coarse sand (Rambam). This ruling is in accordance with the custom of Rav Dimi, which is recorded in order to teach the practical *halakha* (*Maggid Mishne*). If the only salt one has is as fine as flour, it is permitted to use it (Rema). Before placing the meat in a vessel in which it will be rinsed, one should shake the salt off it, or rinse it in water (Rambam *Sefer Kedusha*, *Hilkhot Ma'akhalot Assurot* 6:11; *Shulḥan Arukh*, *Yoreh De'a* 69:6).

One does not presume that there is blood in the intestines – אֵין מַחֲזִיקִין דָּם בִּבְנֵי מֵעַיִים: There is no presumption that there is blood in the intestines, e.g., the rumen, the abomasum, the small intestines, and the rectum, when their fat has already been removed. Consequently, if one cooked them in a pot without first salting them they are permitted, unless their appearance is ruddy. The Rema writes that these parts require salting in a perforated vessel and rinsing beforehand *ab initio*, like other meat. Some disagree with regard to the rumen, claiming that there is a presumption that it does contain blood, and it is therefore prohibited even after the fact if it is not salted. All agree that the reticulum is considered like all other meat in this regard. Likewise, the fat on the intestines are considered like all other meat. Consequently, when one salts the rectum and other parts of the intestines, one does not salt their inner parts where the food passes through, but the outer part upon which the fat adheres. If one salted the rectum on the inner part rather than on its outer part it is as though it has not been salted at all. Therefore, if it is cooked in this state it is non-kosher if there is fat on its outside. If the rectum has yet to be cooked, one should salt it again on the outside in the proper manner, and then it is permitted (Rambam *Sefer Kedusha*, *Hilkhot Ma'akhalot Assurot* 6:18; *Shulḥan Arukh*, *Yoreh De'a* 75:1, and in the comment of Rema).

אָמַר שְׁמוּאֵל: אֵין מַנִּיחִין בָּשָׂר מָלִיחַ אֶלָּא עַל גַּבֵּי כְּלִי מְנוּקָּב.

Shmuel says: One may place salted meat only on a perforated vessel,[H] so that the expelled blood can run out. But if the vessel is not perforated then the blood will pool and be reabsorbed by the meat.

רַב שֵׁשֶׁת מָלַח לֵיהּ גַּרְמָא גַּרְמָא. תְּרֵי מַאי טַעְמָא לָא – מִשּׁוּם דְּפָרֵישׁ מֵהַאי וּבָלַע הַאי. חַד נַמִי, פָּרֵישׁ מֵהַאי גִּיסָא וּבָלַע הַאי גִּיסָא! אֶלָּא: לָא שְׁנָא.

The Gemara relates: **Rav Sheshet would salt** meat **one bone,** i.e., one piece, **at a time.**[H] The Gemara asks: **What is the reason** that he would **not** salt **two** together? Could it be **because** the blood **leaves this** piece **and that** piece **absorbs** it? If so, with regard to **one** piece **as well,** one could claim that the blood **leaves this side** of the piece **and that side absorbs it. Rather,** there **is no difference** between one piece and two pieces, and one may salt even several pieces together.

אָמַר שְׁמוּאֵל מִשּׁוּם רַבִּי חִיָּיא: הַשּׁוֹבֵר מַפְרַקְתָּהּ שֶׁל בְּהֵמָה קוֹדֶם שֶׁתֵּצֵא נַפְשָׁהּ – הֲרֵי זֶה מַכְבִּיד אֶת הַבָּשָׂר, וְגוֹזֵל אֶת הַבְּרִיּוֹת, וּמַבְלִיעַ דָּם בָּאֵבָרִים.

Shmuel says in the name of Rabbi Ḥiyya: One who breaks the neck of an animal[B] after it is slaughtered but **before its soul departs thereby makes the meat heavy.** The meat expels blood at the time of slaughter, but if one breaks the animal's neck, excess blood is trapped inside and weighs down the meat. **And** by this action **he robs people,** as **he causes blood to be absorbed in the** animal's **limbs,** and since he sells the meat by weight, people will pay extra to acquire the same amount of edible meat.

אִיבַּעְיָא לְהוּ: הֵיכִי קָאָמַר מַכְבִּיד אֶת הַבָּשָׂר וְגוֹזֵל אֶת הַבְּרִיּוֹת מִשּׁוּם דְּמַבְלִיעַ דָּם בָּאֵבָרִים, הָא לְדִידֵיהּ – שַׁפִּיר דָּמֵי, אוֹ דִּלְמָא – לְדִידֵיהּ נַמִי אָסוּר? תֵּיקוּ.

A dilemma was raised before the Sages: With regard to **what** case **is he speaking?** Does Shmuel mean that there is only one problem with this practice, namely, that it **renders the meat heavy and robs people since he causes blood to be absorbed in the** animal's **limbs?** If so, it may be inferred that if one wishes to keep the meat **for himself,**[H] one may **well** do so, since he is robbing no one. **Or perhaps** Shmuel is referring to two prohibitions, first, that the blood trapped in the meat renders it prohibited for consumption, and second, that of robbery. If so, then even if one wants to keep the meat **for himself,** it is **also prohibited.** The Gemara concludes: The dilemma **shall stand** unresolved.

מתני׳ הַמַּעֲלֶה אֶת הָעוֹף עִם הַגְּבִינָה עַל הַשֻּׁלְחָן אֵינוֹ עוֹבֵר בְּלֹא תַעֲשֶׂה.

MISHNA **One who places** the meat of **birds with cheese on the table** upon which he eats **does not** thereby **violate** a Torah **prohibition.**

BACKGROUND

Neck of an animal – מַפְרַקְתָּהּ שֶׁל בְּהֵמָה:

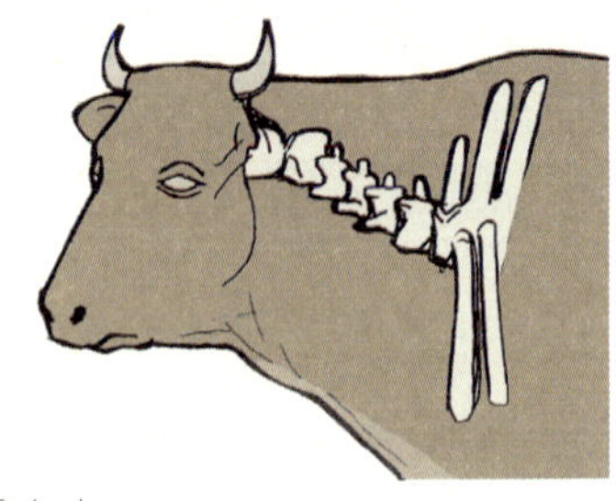

Cow's neck

HALAKHA

One may place salted meat only on a perforated vessel – אֵין מַנִּיחִין בָּשָׂר מָלִיחַ אֶלָּא עַל גַּבֵּי כְּלִי מְנוּקָּב: One may salt meat only upon a perforated vessel or on straw or twigs, or on an incline on which water would immediately flow down. One should take care that the holes of the perforated vessel are open *ab initio*, and therefore one should not place it on the ground, as in that case it is considered like an unperforated vessel. Some maintain that one should preferably put straw or twigs inside the vessel, as otherwise the meat might block the holes, but one need not be concerned about this matter after the fact (Rema). If one did salt meat in an unperforated vessel, it is prohibited to use that vessel for any boiling food. The Rema writes that if one nevertheless used the vessel for a dry boiling food, one must peel the outer layer of the food. If one used the vessel for a boiling liquid, the liquid is permitted only if there was sixty times more of it than the size of the outer layer of the vessel. Some say that one may not use this vessel even for cold food items without first rinsing it, and if one did, he should rinse the food that was placed in it (Rambam *Sefer Kedusha, Hilkhot Ma'akhalot Assurot* 6:11; *Shulḥan Arukh, Yoreh De'a* 69:16).

Would salt meat one bone at a time, etc. – מָלַח לֵיהּ גַּרְמָא גַּרְמָא וכו׳: One may salt numerous pieces of meat together, one on top of the other. Although a lower piece of meat finishes expelling its blood before an upper piece, one does not say that it will subsequently absorb blood from the upper piece, as the lower piece continues to expel its juices for a long time, during which it will not absorb. Even if a large amount of juice accumulates between the pieces, the meat is permitted. This ruling applies to all cases of salting meat together with other types of meat, including the meat of an ox with that of kids and lambs or with the meat of birds, as they do not finish expelling all their juices before the ox finishes expelling its blood. This ruling is in accordance with the conclusion of the Gemara, and not in accordance with the opinion of Rav Sheshet. The Rema writes that it is customary to be stringent *ab initio* to turn over every piece of the animal that has a receptacle, e.g., a whole side of an animal, so that the blood should flow out, but one need not be concerned about this matter after the fact (*Shulḥan Arukh, Yoreh De'a* 70:1).

For himself – לְדִידֵיהּ: It is prohibited for one who breaks the neck of an animal before its soul departs to eat its meat raw unless he first salts it thoroughly. This ruling is in accordance with the principle that the *halakha* is stringent with regard to any case that involves a Torah prohibition that is left as an uncertainty by the Gemara. If one salts the meat it is permitted even to cook it in a pot. It is permitted to roast the meat without salting, but the custom is to cut it and salt it even if one wants to roast it (Rema; *Ateret Zahav*). The *Baḥ* maintains that this is not merely a custom; rather, the *halakha* is that one must salt the meat before roasting it (Rambam *Sefer Kedusha, Hilkhot Ma'akhalot Assurot* 6:9; *Shulḥan Arukh, Yoreh De'a* 67:3 and *Shakh* there).

HALAKHA

The meat of a kosher animal in the milk of any kosher animal – בְּשַׂר בְּהֵמָה טְהוֹרָה בַּחֲלֵב בְּהֵמָה טְהוֹרָה: The prohibition of meat cooked in milk applies only to the meat of a kosher animal cooked in the milk of a kosher animal. The meat of a kosher animal cooked in the milk of a non-kosher animal and the meat of a non-kosher animal cooked in the milk of a kosher animal are permitted with regard to cooking and with regard to deriving benefit, even by rabbinic law (Rambam *Sefer Kedusha, Hilkhot Ma'akhalot Assurot* 9:3; *Shulḥan Arukh, Yoreh De'a* 87:3 and *Shakh* there).

Cooking the meat of an undomesticated animal or bird in milk is not prohibited by Torah law – חַיָּה וְעוֹף אֵינָם מִן הַתּוֹרָה: It is permitted to cook the meat of an undomesticated animal or a bird in milk and to derive benefit from that dish. Its consumption is prohibited by rabbinic law, in accordance with the opinion of Rabbi Akiva. Some commentaries maintain that the meat of an undomesticated animal or of a bird cooked in milk has the same status as the meat of a domesticated animal cooked in milk (Maharshal; *Baḥ*). The *Shakh* agrees with the opinion that it is prohibited by rabbinic law. As proof, he cites the statement of the Rambam in the *Mishne Torah* (*Sefer Shofetim, Hilkhot Mamrim* 2:9) that if a court states that bird meat is included in the "kid" mentioned by the Torah and it is therefore prohibited to cook it in milk, that court has violated the prohibition: Do not add to mitzvot (Rambam *Sefer Kedusha, Hilkhot Ma'akhalot Assurot* 9:4; *Shulḥan Arukh, Yoreh De'a* 87:3).

גמ׳ הָא אוֹכְלוֹ – עוֹבֵר בְּלֹא תַעֲשֶׂה, שְׁמַע מִינַּהּ: בְּשַׂר עוֹף בְּחָלָב דְּאוֹרָיְיתָא! אֵימָא: הַמַּעֲלֶה אֶת הָעוֹף עִם הַגְּבִינָה עַל הַשּׁוּלְחָן אֵינוֹ בָּא לִידֵי לֹא תַעֲשֶׂה.

GEMARA The Gemara suggests: Since the mishna mentions only that placing meat of birds and milk on one table does not violate a Torah prohibition, one may **consequently** infer that if one **eats** them together he does **violate** a Torah **prohibition.** If so, **learn from** the mishna that **meat of birds in milk** is prohibited **by Torah law,** contrary to the opinion of Rabbi Akiva, who maintains that it applies by rabbinic law. The Gemara responds: **Say** that the mishna should be understood as follows: **One who places bird meat with cheese on the table will not** thereby **come to** violate a Torah **prohibition,** since eating the two together is a rabbinic prohibition, as Rabbi Akiva maintains.

מתני׳ בְּשַׂר בְּהֵמָה טְהוֹרָה בַּחֲלֵב בְּהֵמָה טְהוֹרָה – אָסוּר לְבַשֵּׁל וְאָסוּר בַּהֲנָאָה. בְּשַׂר בְּהֵמָה טְהוֹרָה בַּחֲלֵב בְּהֵמָה טְמֵאָה, בְּשַׂר בְּהֵמָה טְמֵאָה בַּחֲלֵב בְּהֵמָה טְהוֹרָה – מוּתָּר לְבַשֵּׁל וּמוּתָּר בַּהֲנָאָה. רַבִּי עֲקִיבָא אוֹמֵר: חַיָּה וְעוֹף אֵינָם מִן הַתּוֹרָה, שֶׁנֶּאֱמַר ״לֹא תְבַשֵּׁל גְּדִי בַּחֲלֵב אִמּוֹ״ שָׁלֹשׁ פְּעָמִים, פְּרָט לְחַיָּה וּלְעוֹף וּבְהֵמָה טְמֵאָה.

MISHNA It is **prohibited to cook the meat of a kosher animal in the milk of** any **kosher animal,**[H] not merely the milk of its mother, **and** deriving **benefit** from that mixture is **prohibited.** It is **permitted to cook the meat of a kosher animal in the milk of a non-kosher animal,** or **the meat of a non-kosher animal in the milk of a kosher animal, and** deriving **benefit** from that mixture is **permitted. Rabbi Akiva says:** Cooking the meat of **an undomesticated animal or bird** in milk is **not** prohibited **by Torah law,**[H] **as it is stated: "You shall not cook a kid in its mother's milk"** (Exodus 23:19, 34:26; Deuteronomy 14:21) **three times.** The repetition of the word "kid" three times **excludes an undomesticated animal, a bird, and a non-kosher animal.**

רַבִּי יוֹסֵי הַגְּלִילִי אוֹמֵר: נֶאֱמַר ״לֹא תֹאכְלוּ כׇל נְבֵלָה״, וְנֶאֱמַר ״לֹא תְבַשֵּׁל גְּדִי בַּחֲלֵב אִמּוֹ״, אֶת שֶׁאָסוּר מִשּׁוּם נְבֵלָה – אָסוּר לְבַשֵּׁל בְּחָלָב, עוֹף שֶׁאָסוּר מִשּׁוּם נְבֵלָה, יָכוֹל יְהֵא אָסוּר לְבַשֵּׁל בְּחָלָב – תַּלְמוּד לוֹמַר: ״בַּחֲלֵב אִמּוֹ״ – יָצָא עוֹף שֶׁאֵין לוֹ חֲלֵב אֵם.

Rabbi Yosei HaGelili says that **it is stated: "You shall not eat of any animal carcass"** (Deuteronomy 14:21), **and** in the same verse **it is stated: "You shall not cook a kid in its mother's milk."** This indicates that meat of an animal **that** is subject to be **prohibited due** to the prohibition of eating **an unslaughtered carcass** is **prohibited** for one **to cook in milk.** Consequently, with regard to meat of **birds, which** is subject to be **prohibited due to** the prohibition of eating **an unslaughtered carcass,** one **might** have thought that it **would be prohibited to cook** it **in milk.** Therefore, **the verse states: "In its mother's milk," excluding a bird, which has no mother's milk.**

גמ׳ מְנָא הָנֵי מִילֵּי? אָמַר רַבִּי אֶלְעָזָר, אָמַר קְרָא: ״וַיִּשְׁלַח יְהוּדָה אֶת גְּדִי הָעִזִּים״.

GEMARA The Gemara asks: **From where are these matters** derived? **Rabbi Elazar said: The verse states: "And Judah sent the kid of the goats"** (Genesis 38:20).

Perek **VIII**
Daf **113** Amud **b**

HALAKHA

It means even a cow or a ewe – אֲפִילּוּ פָּרָה וְרָחֵל בְּמַשְׁמַע: Although the Torah states: You shall not cook a kid in its mother's milk, the same applies to an ox, lamb, or goat. Likewise, there is no difference between the milk of that animal's mother or any other milk, as the verse is referring to the common case (Rambam *Sefer Kedusha, Hilkhot Ma'akhalot Assurot* 9:3; *Shulḥan Arukh, Yoreh De'a* 87:2).

כָּאן – גְּדִי עִזִּים, הָא כׇּל מָקוֹם שֶׁנֶּאֱמַר ״גְּדִי״ סְתָם – אֲפִילּוּ פָּרָה וְרָחֵל בְּמַשְׁמַע.

One may infer that **here,** since this verse specifies that it is referring **to a kid of the goats, consequently, anywhere** the word **"kid" is stated without specification, it means even a cow or a ewe.**[H] Accordingly, the prohibition of meat cooked in milk applies to all kosher domesticated animals.

וְלֵילַף מִינֵּיהּ! כְּתִיב קְרָא אַחֲרִינָא ״וְאֵת עֹרֹת גְּדָיֵי הָעִזִּים״, כָּאן גְּדָיֵי הָעִזִּים, הָא כׇּל מָקוֹם שֶׁנֶּאֱמַר ״גְּדִי״ סְתָם – אֲפִילּוּ פָּרָה וְרָחֵל בְּמַשְׁמַע.

The Gemara asks: **But** why not **derive from** that verse that in general, every instance of the word "kid" is referring to a goat, including the prohibition of meat cooked in milk? The Gemara answers: This cannot be, as **another verse is written: "And the skins of the kids of the goats"** (Genesis 27:16). This indicates that only **here** they are **kids of the goats, but anywhere** the word **"kid" is stated without specification, it means even a cow or a ewe.**

וְלֵילַף מִינַּיהּ! הָווּ לְהוּ שְׁנֵי כְתוּבִין הַבָּאִין כְּאֶחָד, וְכָל שְׁנֵי כְתוּבִים הַבָּאִים כְּאֶחָד אֵין מְלַמְּדִין.

The Gemara objects: **But let us derive from** this verse as well that on the contrary, the word "kid" is always referring to a goat. The Gemara explains: These two examples **are two verses that come as one,**[B] i.e., to teach the same matter, **and** as a rule, **any two verses that come as one do not teach** their common element to other cases.

הָנִיחָא לְמַאן דְּאָמַר אֵין מְלַמְּדִין, אֶלָּא לְמַאן דְּאָמַר מְלַמְּדִין, מַאי אִיכָּא לְמֵימַר? תְּרֵי מִיעוּטֵי כְּתִיבִי "עִזִּים" "הָעִזִּים".

The Gemara asks: **This works out well according to the one who says** this principle that two verses that come as one **do not teach** their common element to other cases, **but according to the one who says** that two verses that come as one do **teach** their common element to other cases, **what is there to say?** The Gemara answers: **Two exclusions are written,** as both of the verses cited use the term "the goats." The verses could have stated simply: **Goats,** but state **"the goats,"** with the definite article, teaching that it is only in these cases that the reference is specifically to a goat.

אָמַר שְׁמוּאֵל: "גְּדִי" – לְרַבּוֹת אֶת הַחֵלֶב, "גְּדִי" – לְרַבּוֹת אֶת הַמֵּתָה, "גְּדִי" – לְרַבּוֹת אֶת הַשָּׁלִיל,

§ **Shmuel says:** Each of the Torah's three mentions of the prohibition of not cooking a kid in its mother's milk serves to include a different case. The first mention of the word **"kid"** serves **to include** liability for cooking in milk and eating forbidden **fats,**[H] beyond the liability for eating forbidden fat per se. The second mention of the word **"kid"** likewise serves **to include** additional liability for cooking in milk and eating the meat of **a dead** animal carcass.[H] Finally, the third mention of the word **"kid"** serves **to include** liability for cooking in milk and eating an animal **fetus.**[H]

"גְּדִי" – לְהוֹצִיא אֶת הַדָּם, "גְּדִי" – לְהוֹצִיא אֶת הַשִּׁלְיָא, "גְּדִי" – לְהוֹצִיא אֶת הַטְּמֵאָה.

Each mention excludes a case as well: The first mention of the word **"kid"** serves **to exclude** liability for cooking in milk and consuming **blood.**[H] The second mention of the word **"kid"** serves **to exclude** liability for cooking in milk and eating **the placenta**[H] of an animal. The third mention of the word **"kid"** serves **to exclude** liability for cooking in milk and eating the meat of **a non-kosher** animal.

"בַּחֲלֵב אִמּוֹ" – וְלֹא בַּחֲלֵב זָכָר, "בַּחֲלֵב אִמּוֹ" – וְלֹא בַּחֲלֵב שְׁחוּטָה, "בַּחֲלֵב אִמּוֹ" – וְלֹא בַּחֲלֵב טְמֵאָה.

Furthermore, the first instance of the phrase **"in its mother's milk"** indicates that one is **not** liable for cooking meat **in the milk of a male** animal,[H] in the rare case that a male might produce milk. The second instance of the phrase **"in its mother's milk"** indicates that one is **not** liable for cooking meat **in the milk of** an already **slaughtered** animal,[NH] since it is considered milk only if given while the animal is alive. The third instance of the phrase **"in its mother's milk"** indicates that one is **not** liable for cooking meat **in the milk of a non-kosher** animal.[H]

BACKGROUND

Two verses that come as one – שְׁנֵי כְתוּבִין הַבָּאִים כְּאֶחָד: A *halakha* written in one context may serve as a general model for many other contexts, in the absence of a restriction limiting the *halakha* to that context. This is the hermeneutical technique called analogy [*binyan av*]. An exception to this is if the same *halakha* appears in two different contexts. Since the Torah wrote it in the second context, it is apparent that it cannot have been derived from the first context by way of analogy. Therefore, it cannot be derived by way of analogy to other contexts either. If it is possible to explain why the analogy could not have been applied specifically to the second context, thereby necessitating the writing of the *halakha* there, the analogy can be applied to other contexts.

NOTES

In its mother's milk, not in the milk of a slaughtered animal – בַּחֲלֵב אִמּוֹ וְלֹא בַּחֲלֵב שְׁחוּטָה: This refers to milk found in the udder of a slaughtered animal. The prohibition of meat cooked in milk does apply to milk found in the stomach of a slaughtered animal, which it suckled from its mother before it died.

HALAKHA

To include forbidden fats – לְרַבּוֹת אֶת הַחֵלֶב: One who cooks forbidden fat in milk is flogged for violating the prohibition of meat cooked in milk for the act of cooking, but not for eating that dish. The reason is that the prohibition of meat cooked in milk does not take effect in addition to the prohibition of forbidden fat. This is not a case of a more inclusive prohibition, i.e., one that adds additional aspects to the prohibition for the same individual, nor an expanded prohibition, i.e., one that incorporates additional people into the list of those prohibited to the original item, nor do the prohibitions come into effect at the same time, which are the exceptions to the principle that a prohibition does not take effect where another prohibition already exists (Rambam *Sefer Kedusha, Hilkhot Ma'akhalot Assurot* 9:6).

To include the meat of a dead animal carcass – לְרַבּוֹת אֶת הַמֵּתָה: One who cooks the meat of a dead animal carcass in milk is flogged for violating the prohibition of meat cooked in milk for the act of cooking, but not for eating that dish. The reason is that the prohibition of meat cooked in milk does not take effect in addition to the prohibition of an animal carcass, and this is not a case of a more inclusive prohibition, nor an expanded prohibition, nor do the prohibitions come into effect at the same time (Rambam *Sefer Kedusha, Hilkhot Ma'akhalot Assurot* 9:6).

To include an animal fetus – לְרַבּוֹת אֶת הַשָּׁלִיל: One who cooks an animal fetus in milk and one who eats that dish are liable for violating the prohibition of meat cooked in milk (Rambam *Sefer Kedusha, Hilkhot Ma'akhalot Assurot* 9:7; *Shulḥan Arukh, Yoreh De'a* 87:7).

To exclude blood – לְהוֹצִיא אֶת הַדָּם: One who cooks blood in milk is exempt, and if he eats the dish he is not flogged for violating the prohibition of meat cooked in milk (Rambam *Sefer Kedusha, Hilkhot Ma'akhalot Assurot* 9:6; *Shulḥan Arukh, Yoreh De'a* 87:6).

To exclude the placenta – לְהוֹצִיא אֶת הַשִּׁלְיָא: One who cooks a placenta in milk as well as one who eats a placenta cooked in milk is exempt from lashes (Rambam *Sefer Kedusha, Hilkhot Ma'akhalot Assurot* 9:7; *Shulḥan Arukh, Yoreh De'a* 87:7).

Not in the milk of a male animal – לֹא בַּחֲלֵב זָכָר: One who cooks meat in the milk of a male animal is exempt from lashes (Rambam *Sefer Kedusha, Hilkhot Ma'akhalot Assurot* 9:6; *Shulḥan Arukh, Yoreh De'a* 87:6).

Not in the milk of a slaughtered animal – לֹא בַּחֲלֵב שְׁחוּטָה: One who cooked meat in the milk of a dead animal, whether it died of its own accord or was slaughtered, is exempt from lashes (Rambam *Sefer Kedusha, Hilkhot Ma'akhalot Assurot* 9:6; *Shulḥan Arukh, Yoreh De'a* 87:6 and *Shakh* there).

Not in the milk of a non-kosher animal – לֹא בַּחֲלֵב טְמֵאָה: It is permitted to cook the meat of a kosher animal in the milk of a non-kosher animal, and to derive benefit from the dish (Rambam *Sefer Kedusha, Hilkhot Ma'akhalot Assurot* 9:3; *Shulḥan Arukh, Yoreh De'a* 87:3).

HALAKHA

An impure priest who partakes of impure *teruma* – כֹּהֵן טָמֵא שֶׁאָכַל תְּרוּמָה טְמֵאָה: An impure priest who ate impure *teruma* is not flogged, although he has violated a prohibition, as this *teruma* is not sacred (Rambam *Sefer Zera'im*, *Hilkhot Terumot* 7:1).

הָא תְּלָתָא "גְּדִי" כְּתִיבֵי, וַאֲנַן שִׁיתָּא דָּרְשִׁינַן! קָסָבַר שְׁמוּאֵל: אִיסּוּר חָל עַל אִיסּוּר, וְאִיסּוּר חֵלֶב וּמֵתָה – מֵחַד קְרָא נָפְקִי, דָּם נַמִּי – לָאו גְּדִי הוּא, וְשִׁלְיָא נַמִּי – פִּירְשָׁא בְּעָלְמָא הוּא. פָּשׁוּ לְהוּ תְּרֵי, חַד – לְרַבּוֹת אֶת הַשָּׁלִיל, וְחַד – לְמַעוּטֵי בְּהֵמָה טְמֵאָה.

The Gemara challenges: The word **"kid" is written** only **three** times, **and** yet **we expound** it to teach **six** different *halakhot*. The Gemara responds: **Shmuel maintains that a prohibition takes effect** even where another **prohibition** already exists, **and** therefore the **prohibition of** forbidden **fat** in milk **and** the prohibition of **a dead** animal carcass in milk **are both derived from one verse,**[N] as both are applications of the prohibition to an already prohibited item. The exclusion of **blood** from the prohibition **also** does not require its own verse, as blood **is not** considered **a kid** at all, **and likewise** there is no need for a verse to exclude **a placenta** from the prohibition, as it **is merely a secretion** of the animal, rather than a kind of meat. **Therefore, two** mentions of "kid" **are left; one** serves **to include a fetus, and one** serves **to exclude a non-kosher animal.**

וְסָבַר שְׁמוּאֵל אִיסּוּר חָל עַל אִיסּוּר? וְהָאָמַר שְׁמוּאֵל מִשּׁוּם רַבִּי אֶלְעָזָר: מִנַּיִן לְכֹהֵן טָמֵא שֶׁאָכַל תְּרוּמָה טְמֵאָה שֶׁאֵינוֹ בְּמִיתָה – שֶׁנֶּאֱמַר "וּמֵתוּ בוֹ כִּי יְחַלְּלֻהוּ" – פְּרָט לָזוֹ שֶׁמְּחוּלֶּלֶת וְעוֹמֶדֶת!

The Gemara asks: **And does Shmuel** really **maintain** that **a prohibition takes effect** where another **prohibition** already exists? **But didn't Shmuel say in the name of Rabbi Elazar: From where** is it derived that **an impure priest who partakes of impure *teruma*,**[H] i.e., the portion of produce designated for the priest, **is not** punished **with death** at the hand of Heaven as he would had the *teruma* been ritually pure? It is derived from a verse, **as it is stated,** with regard to the prohibition of an impure priest partaking of *teruma*: **"And die therein if they desecrate it"** (Leviticus 22:9), **to the exclusion of this** case of *teruma* that is impure, **which was already desecrated** before the priest ate it. Here, it seems, since impure *teruma* is already prohibited for consumption, the added prohibition of an impure priest partaking of *teruma* does not take effect.

אִיבָּעֵית אֵימָא: בְּעָלְמָא – אִיסּוּר חָל עַל אִיסּוּר, וְשָׁאנֵי הָתָם – דְּמִיעֵט רַחֲמָנָא "וּמֵתוּ בוֹ". אִיבָּעֵית אֵימָא: בְּעָלְמָא קָסָבַר שְׁמוּאֵל אֵין אִיסּוּר חָל עַל אִיסּוּר, וְשָׁאנֵי הָכָא דְּרַבִּי רַחֲמָנָא "גְּדִי".

The Gemara answers: **If you wish, say** that **in general** Shmuel maintains that **a prohibition takes effect** where another **prohibition** already exists, and it **is different there,** with regard to *teruma*, **as the Merciful One** expressly **excludes** impure *teruma* by the phrase **"and die therein** if they desecrate it," and in this case the *teruma* is already desecrated. And **if you wish, say** that **in general Shmuel maintains** that **a prohibition does not take effect** where another **prohibition** already exists, **and here,** the case of meat cooked in milk, **is different, as the Merciful One** expressly **includes** the meat of an animal carcass and forbidden fat by the repetition of the word **"kid."**

וְאִיבָּעֵית אֵימָא: הָא – דִּידֵיהּ, הָא – דְּרַבֵּיהּ.

And if you wish, say that **this** statement of Shmuel with regard to meat cooked in milk is **his** own opinion, as he maintains that a prohibition takes effect where another prohibition already exists, and **that** statement with regard to *teruma* **is his teacher's,** i.e., Rabbi Elazar's, opinion, as he holds that a prohibition does not take effect where another prohibition already exists.

בְּעָא מִינֵּיהּ רַב אַחַדְבוֹי בַּר אַמִּי מֵרַב: הַמְבַשֵּׁל בַּחֲלֵב גְּדִי שֶׁלֹּא הֵנִיקָה, מַהוּ? אָמַר לֵיהּ: מִדְּאִיצְטְרִיכָא לִשְׁמוּאֵל לְמֵימַר "בַּחֲלֵב אִמּוֹ" – וְלֹא בַּחֲלֵב זָכָר, זָכָר הוּא – דְּלָא אָתֵי לִכְלַל אֵם, אֲבָל הַאי כֵּיוָן דְּבָא לִכְלַל אֵם – אָסוּר.

§ **Rav Aḥadvoi bar Ami raised a dilemma to Rav:** If **one cooks** meat **in milk of a goat that has not** yet **nursed,** but that is about to give birth and already has milk, **what is** the *halakha*? Rav **said to him: From** the fact that **it was necessary for Shmuel to say** that the phrase **"in its mother's milk"** teaches: **And not in the milk of a male** animal, one can infer that **it is** only the milk of **a male** that is excluded, as the male **cannot attain the status of a mother. But in this case, since** the goat **will attain the status of a mother,** it is **prohibited** to cook meat in its milk.

NOTES

The prohibition of forbidden fat and a dead animal are both derived from one verse – וְאִיסּוּר חֵלֶב וּמֵתָה מֵחַד קְרָא נָפְקִי: This claim is puzzling, since if Shmuel maintains as a principle that a prohibition takes effect even where another prohibition already exists, why is even one verse necessary to include these two prohibitions? Rashi initially suggests that the Gemara means that one of the mentions of the word "kid" is required to teach the actual prohibition of meat cooked in milk, and neither of the other prohibitions is included from the verse. But Rashi questions this interpretation, as the Gemara on 116a states that Rabbi Akiva agrees with Shmuel that a prohibition takes effect even where another prohibition already exists and therefore no verse is needed for the prohibitions of forbidden fat and a dead animal. This is problematic, as according to the Gemara there, three verses are expounded, not two, as indicated here. Rashi therefore claims that no mention of the word "kid" is required to teach the actual prohibition of meat and milk, as the verse could simply have stated: You shall not cook in a mother's milk. He further contends that the clause: Shmuel maintains that a prohibition takes effect even where another prohibition already exists, should be omitted from the Gemara here, as that clause indicates that Shmuel derives this principle from elsewhere. Rather, Rashi explains that it is from this very mention of "kid" that Shmuel derives that principle. Therefore, only one verse is needed for both prohibitions, since once the principle is accepted it applies equally to the prohibition of forbidden fat and the prohibition of a dead animal (see also *Tosafot*).

אִתְּמַר, הַמְבַשֵּׁל חֵלֶב בְּחָלָב – רַבִּי אַמֵּי וְרַבִּי אַסִי, חַד אָמַר: לוֹקֶה, וְחַד אָמַר: אֵינוֹ לוֹקֶה. לֵימָא בְּהָא קָמִיפַּלְגִי, דְּמַאן דְּאָמַר לוֹקֶה קָסָבַר: אִיסּוּר חָל עַל אִיסּוּר, וּמַאן דְּאָמַר אֵינוֹ לוֹקֶה, קָסָבַר: אֵין אִיסּוּר חָל עַל אִיסּוּר!

It **was stated:** With regard to **one who cooks** forbidden **fat in milk, Rabbi Ami and Rabbi Asi** disagree as to the *halakha*. **One says** that he **is flogged** for violating the prohibition of meat cooked in milk, **and one says** that he **is not flogged.** The Gemara suggests: **Let us say** that **they disagree about this: That the one who says** he **is flogged maintains** that **a prohibition takes effect** where another **prohibition** already exists, **and the one who says** he **is not flogged maintains** that **a prohibition does not take effect** where another **prohibition** already exists.

לָא, דְּכוּלֵּי עָלְמָא אֵין אִיסּוּר חָל עַל אִיסּוּר, אֲכִילָה – דְּכוּלֵּי עָלְמָא לָא פְּלִיגִי דְּלָא לָקֵי, כִּי פְּלִיגִי – אַבִּישּׁוּל, מַאן דְּאָמַר לוֹקֶה – חַד אִיסּוּרָא הוּא. וּמַאן דְּאָמַר אֵינוֹ לוֹקֶה – לְהָכִי אַפְּקַהּ רַחֲמָנָא לַאֲכִילָה בִּלְשׁוֹן בִּישּׁוּל,

The Gemara responds: **No; everyone** agrees that **a prohibition does not take effect** where another **prohibition** already exists, and therefore **everyone agrees that** one **is not flogged for eating** the mixture. **When they disagree,** it is **with regard to cooking. The one who says** he **is flogged** holds that one who cooks violates only **one prohibition,** that of cooking meat in milk, since it is permitted to cook forbidden fat without eating it. Consequently, this is not a case of a prohibition taking effect where another prohibition already exists. **And the one who says** he **is not flogged** holds that it was **for this** reason that **the Merciful One expressed** the prohibition of **eating** meat cooked in milk in the Torah using **the language of cooking:** "You shall not cook a kid in its mother's milk."

כֵּיוָן דְּעַל אֲכִילָה לָא לָקֵי – אַבִּישּׁוּל נַמִי לָא לָקֵי.

This link between cooking and eating indicates that **since one is not flogged for eating**[N] forbidden fat cooked in milk, as agreed upon above, one **also is not flogged for cooking** the two together.

וְאִיכָּא דְּאָמְרִי: אַבִּישּׁוּל – כּוּלֵּי עָלְמָא לָא פְּלִיגִי דְּלָקֵי, כִּי פְּלִיגִי – אַאֲכִילָה. מַאן דְּאָמַר אֵינוֹ לוֹקֶה – דְּהָא אֵין אִיסּוּר חָל עַל אִיסּוּר. וּמַאן דְּאָמַר לוֹקֶה – לְהָכִי אַפְּקַהּ רַחֲמָנָא לַאֲכִילָה בִּלְשׁוֹן בִּישּׁוּל, כֵּיוָן דְּאַבִּישּׁוּל לָקֵי – אַאֲכִילָה נַמִי לָקֵי.

And some say the opposite: **With regard to cooking, everyone agrees that** one **is flogged** for this act, since the principle of a prohibition not taking effect where another prohibition already exists is not relevant. **When they disagree,** it is **with regard to eating. The one who says he is not flogged** applies the principle **that a prohibition does not take effect** where another **prohibition** already exists, and the fat was already prohibited for consumption in its own right before being cooked with milk. **And the one who says he is flogged** holds that it was **for this** reason that **the Merciful One expressed** the prohibition of **eating** meat cooked in milk using **the language of cooking,** to teach that **since one is flogged for cooking** forbidden fat in milk, one **also is flogged for eating** the product.

וְאִיבָּעֵית אֵימָא: מָר אָמַר חֲדָא וּמָר אָמַר חֲדָא, וְלָא פְּלִיגִי.

The Gemara suggests a third explanation of the dispute between Rabbi Ami and Rabbi Asi: **And if you wish, say** that **one Sage said one** statement **and one Sage said another** statement, **and they do not disagree,** as they are referring to different cases. The Sage who said that one is flogged is referring to the transgression of cooking forbidden fat with milk, whereas the one who said one is not flogged is referring to the consumption of forbidden fat with milk. Everyone agrees that a prohibition does not take effect where another prohibition already exists, and therefore one is flogged only for cooking forbidden fat in milk, but not for eating the two together.

מֵיתִיבִי: הַמְבַשֵּׁל בְּמֵי חָלָב – פָּטוּר, דָּם שֶׁבִּשְּׁלוֹ בְּחָלָב – פָּטוּר. הָעֲצָמוֹת וְהַגִּידִים וְהַקְּרָנַיִם וְהַטְּלָפַיִם שֶׁבִּשְּׁלָן בְּחָלָב – פָּטוּר.

The Gemara **raises an objection** from a *Tosefta* (8:3): **One who cooks** meat **in whey,**[H] the liquid leftover after milk has been curdled, is **exempt** from lashes, as whey is not defined as milk for purposes of the prohibition. Likewise, for **blood that one cooked in milk,**[H] he is **exempt,** as blood is not considered meat. Similarly, with regard to **the bones, the tendons, the horns, and the hooves that one cooked in milk,**[H] he is **exempt.**

NOTES

One is not flogged for eating – עַל אֲכִילָה לָא לָקֵי: The intention is that one is not flogged for eating forbidden fat cooked in milk with regard to violating the prohibition of meat cooked in milk. But one is flogged for violating the prohibition of eating forbidden fat.

HALAKHA

One who cooks meat in whey – הַמְבַשֵּׁל בְּמֵי חָלָב: One who cooks meat in whey is exempt from lashes for violating the prohibition of meat cooked in milk (Rambam *Sefer Kedusha, Hilkhot Ma'akhalot Assurot* 9:6; *Shulḥan Arukh, Yoreh De'a* 87:6).

Blood that one cooked in milk – דָּם שֶׁבִּשְּׁלוֹ בְּחָלָב: One who cooks blood in milk is exempt from lashes for violating the prohibition of meat cooked in milk (Rambam *Sefer Kedusha, Hilkhot Ma'akhalot Assurot* 9:6; *Shulḥan Arukh, Yoreh De'a* 87:6).

The bones, the tendons, the horns, and the hooves that one cooked in milk – הָעֲצָמוֹת וְהַגִּידִים וְהַקְּרָנַיִם וְהַטְּלָפַיִם שֶׁבִּשְּׁלָן בְּחָלָב: One who cooks skin, bones, tendons, or the soft roots of horns and hooves in milk is exempt from lashes. Likewise, one who eats this dish is exempt from lashes (Rambam *Sefer Kedusha, Hilkhot Ma'akhalot Assurot* 9:7; *Shulḥan Arukh, Yoreh De'a* 87:7).

הַפִּגּוּל וְהַנּוֹתָר וְהַטָּמֵא שֶׁבִּשְּׁלָן בְּחָלָב – חַיָּיב!

The *Tosefta* continues: By contrast, with regard to prohibited ***piggul***[B] meat, i.e., meat from an offering that was sacrificed with the intent to sprinkle its blood or partake of its meat beyond its designated time, **and** similarly prohibited ***notar***,[B] meat from an offering whose period for consumption has expired, **and** the prohibited **impure** meat of an offering, **that one cooked in milk,** he is **liable** to be flogged for violating the prohibition of meat cooked in milk. This indicates that the prohibition applies to items already prohibited for consumption, contrary to the above opinion attributed to Rabbi Ami and Rabbi Asi.

הַאי תַּנָּא סָבַר אִיסּוּר חָל עַל אִיסּוּר.

The Gemara answers: **This *tanna*** of the *baraita* **maintains** in general that **a prohibition takes effect** where another **prohibition** already exists, whereas Rabbi Ami and Rabbi Asi are of the opposite opinion. It is conceivable that these Sages, who are *amora'im*, disagree with that *tanna*, as the issue of whether a prohibition takes effect where another prohibition already exists is a well-known dispute among the *tanna'im* themselves.

"הַמְבַשֵּׁל בְּמֵי חָלָב פָּטוּר". מְסַיַּיע לֵיהּ לְרֵישׁ לָקִישׁ, דִּתְנַן: מֵי חָלָב – הֲרֵי הֵן כְּחָלָב, וְהַמּוֹחַל הֲרֵי הוּא כְּשֶׁמֶן. אָמַר רֵישׁ לָקִישׁ: לֹא שָׁנוּ אֶלָּא לְהַכְשִׁיר אֶת הַזְּרָעִים, אֲבָל לְעִנְיַן בִּישּׁוּל בָּשָׂר בְּחָלָב – מֵי חָלָב אֵינוֹ כְּחָלָב.

§ It was stated in the above *baraita*: **One who cooks** meat **in whey is exempt** from lashes. The Gemara comments: This ruling **supports** the opinion **of Reish Lakish, as we learned** in a mishna, with regard to liquids that render food susceptible to ritual impurity (*Makhshirin* 6:5): The halakhic status of **whey is like** that of **milk,**[H] which is one of the liquids that render food susceptible to impurity, **and** the halakhic status of olive **secretion is like** that of **oil,**[H] which also renders food susceptible to impurity. With regard to this mishna, **Reish Lakish says: They taught** this *halakha* **only** with regard to **rendering seeds,** i.e., produce, **susceptible** to impurity. **But with regard to cooking meat in milk,** the halakhic status of **whey is not like** that of **milk.**

תָּנוּ רַבָּנַן: "בַּחֲלֵב אִמּוֹ" – אֵין לִי אֶלָּא בַּחֲלֵב אִמּוֹ, בַּחֲלֵב פָּרָה וְרָחֵל מִנַּיִן?

§ **The Sages taught** in a *baraita*: From the phrase **"in its mother's milk" I have** derived **only** that the prohibition applies to the **mother** goat's **milk. From where** do I derive that it also applies **to the milk of a cow and a ewe?**

אָמַרְתָּ, קַל וָחוֹמֶר: וּמָה אִמּוֹ שֶׁלֹּא נֶאֶסְרָה עִמּוֹ בְּהַרְבָּעָה – נֶאֶסְרָה עִמּוֹ בְּבִשּׁוּלוֹ. פָּרָה וְרָחֵל שֶׁנֶּאֶסְרוּ עִמּוֹ בְּהַרְבָּעָה – אֵינוֹ דִּין שֶׁנֶּאֶסְרוּ עִמּוֹ בְּבִשּׁוּלוֹ! תַּלְמוּד לוֹמַר "בַּחֲלֵב אִמּוֹ".

You can say an *a fortiori* inference: **Just as** a kid's **mother, which is not prohibited for mating with** the kid, as they are of the same species, **is** nevertheless **prohibited for cooking with it,** as stated in the verse, **is it not right that a cow or a ewe, which are prohibited for mating with it,** as they are of different species, **should be prohibited for cooking with it?** Therefore, **the verse states** elsewhere: **"In its mother's milk,"** a second time, to include a cow and a ewe.

וְהָא לָמָּה לִי קְרָא? הָא אָתְיָא לֵיהּ!

The Gemara challenges the conclusion of the *baraita*. **But why do I** need **a verse? It was** just **derived** through the *a fortiori* inference.

BACKGROUND

Piggul – **פִּגּוּל**: The *halakha* of *piggul* is based on the verse: "And if any of the flesh of the sacrifice of his peace offerings be at all eaten on the third day, it shall not be accepted, neither shall it be imputed unto him that offers it; it shall be a detestable thing [*piggul*]; the person who eats from it shall bear his iniquity" (Leviticus 7:18). The Sages interpreted the verse as referring to one who had the intent during the performance of the sacrificial rites in the Temple to eat from the offering or offer it on the altar after its appointed time. That disqualifies the offering, and one who eats it is liable to excision from the World-to-Come [*karet*]. In order for it to take effect, *piggul* intention must take place during one of the four sacrificial rites: Slaughtering the offering, receiving the blood, carrying the blood, and sprinkling the blood. Some early authorities hold that an offering is *piggul* only when the individual expresses *piggul* intent aloud.

Leftover [*notar*] – **נוֹתָר**: Any offering whose meat is eaten has a set deadline in the Torah for its consumption. For a thanks offering and a sin offering, for example, the meat may be eaten until the morning after its sacrifice, whereas a peace offering may be eaten for two days. After the deadline has passed, the leftover meat is called *notar*, and it may not be eaten nor may any benefit be derived from it. One who eats *notar* is liable to receive *karet*.

HALAKHA

The halakhic status of whey is like that of milk, etc. – **מֵי חָלָב הֲרֵי הֵן כְּחָלָב וכו׳**: Whey of milk has the status of milk with regard to rendering food susceptible to impurity, as explained by Reish Lakish (Rambam *Sefer Tahara*, *Hilkhot Tumat Okhalin* 10:4).

The halakhic status of olive secretion is like that of oil, etc. – **הַמּוֹחַל הֲרֵי הוּא כְּשֶׁמֶן וכו׳**: Olive secretion has the status of oil with regard to rendering food susceptible to impurity, as explained by Reish Lakish (Rambam *Sefer Tahara*, *Hilkhot Tumat Okhalin* 10:13).

אָמַר רַב אַשִׁי: מִשּׁוּם דְּאִיכָּא לְמֵימַר, מֵעִיקָּרָא דִּדִינָא פִּירְכָא. מֵהֵיכָא קָא מַיְיתִית לַהּ – מֵאִמּוֹ, מָה לְאִמּוֹ – שֶׁכֵּן נֶאֶסְרָה עִמּוֹ בִּשְׁחִיטָה, תֹּאמַר בְּפָרָה שֶׁלֹּא נֶאֶסְרָה עִמּוֹ בִּשְׁחִיטָה! תַּלְמוּד לוֹמַר ״בַּחֲלֵב אִמּוֹ״.

Rav Ashi said: It is needed **because one can say that** the **refutation of the** *a fortiori* **inference** is present **from the outset,** i.e., there is a difficulty with the comparison: **From where do you derive** the inference? It is derived **from its mother** goat, which the *baraita* presents as being treated more leniently than a cow or ewe since it may be mated with a kid. But there is a stringent aspect of the mother goat not shared by a cow or ewe: **What** is unique **about its mother?** It is unique **in that it is prohibited for slaughter with it,** since one may not slaughter an animal and its mother on the same day (see Leviticus 22:28). **Will you say** the same **about a cow, which is not prohibited for slaughter with it?** Therefore, **the verse states: "In its mother's milk,"** to include a cow and a ewe.

תַּנְיָא אִידָךְ: ״בַּחֲלֵב אִמּוֹ״ – אֵין לִי אֶלָּא בַּחֲלֵב אִמּוֹ, בַּחֲלֵב אֲחוֹתוֹ גְּדוֹלָה מִנַּיִן?

§ The above *baraita* accounts for two of the Torah's three mentions of the phrase "in its mother's milk." The Gemara now addresses the third. It **is taught** in **another** *baraita*: From one instance of the phrase **"in its mother's milk" I have** derived **only** that the prohibition applies **to the milk of its mother,** if the mother is less than a year old and has not yet entered the pen for the purpose of its owner's separating the annual animal tithe. **From where** do I derive that it also applies **to the milk of its older sister,** i.e., one that is more than a year old that has already entered the pen for the animal tithe in the previous year?

אָמַרְתָּ, קַל וָחוֹמֶר: וּמָה אִמּוֹ שֶׁנִּכְנֶסֶת עִמּוֹ לַדִּיר לְהִתְעַשֵּׂר – נֶאֶסְרָה עִמּוֹ בְּבִשּׁוּל. אֲחוֹתוֹ שֶׁלֹּא נִכְנְסָה עִמּוֹ לַדִּיר לְהִתְעַשֵּׂר – אֵינוֹ דִּין שֶׁנֶּאֶסְרָה עִמּוֹ בְּבִשּׁוּל! תַּלְמוּד לוֹמַר ״בַּחֲלֵב אִמּוֹ״.

You can **say an** *a fortiori* inference: **Just as** a kid's **mother, which enters the pen to be tithed with it,**[B] is nevertheless **prohibited for cooking with it, is it not right that its sister, which does not enter the pen to be tithed with it, should be prohibited for cooking with it?** Therefore, **the verse states** elsewhere: **"In its mother's milk,"** a third time, to include the older sister in the prohibition.

וְהָא לָמָּה לִי קְרָא? הָא אָתְיָא לֵיהּ! אָמַר רַב אַשִׁי: מִשּׁוּם דְּאִיכָּא לְמֵימַר, מֵעִיקָּרָא דִּדִינָא פִּירְכָא, מֵהֵיכָא קָא מַיְיתִית לַהּ – מֵאִמּוֹ, מָה לְאִמּוֹ – שֶׁכֵּן נֶאֶסְרָה עִמּוֹ בִּשְׁחִיטָה, תֹּאמַר בַּאֲחוֹתוֹ גְּדוֹלָה – שֶׁלֹּא נֶאֶסְרָה עִמּוֹ בִּשְׁחִיטָה! תַּלְמוּד לוֹמַר ״בַּחֲלֵב אִמּוֹ״.

The Gemara asks: **But why do I need a verse? It was** just **derived** from the *a fortiori* inference. **Rav Ashi said:** It is needed **because one can say** that the **refutation of** that *a fortiori* **inference** is present **from the outset. From where do you derive** the inference? It is derived **from its mother.** But one may respond: **What** is unique **about its mother?** It is unique **in that it is prohibited for slaughter with it** on the same day. **Will you say** the same *halakhot* apply **to its older sister, which is not prohibited for slaughter with it? Therefore, the verse states: "In its mother's milk,"** including the older sister.

אַשְׁכְּחַן אֲחוֹתוֹ גְּדוֹלָה, אֲחוֹתוֹ קְטַנָּה מִנַּיִן? אָתְיָא מִבֵּינַיָּא.

The Gemara continues: **We have found** a source for the *halakha* that **its older sister** is included in the prohibition of meat cooked in milk. **From where** is it derived that the same applies to **its younger sister,** one that has not yet entered the pen for the tithe? The Gemara responds: **It is derived from between them,** i.e., from the combination of the mother and the older sister.

מֵהֵי תֵּיתֵי? תֵּיתֵי מֵאִמּוֹ – מָה לְאִמּוֹ שֶׁכֵּן נֶאֶסְרָה עִמּוֹ בִּשְׁחִיטָה! אֲחוֹתוֹ גְּדוֹלָה תּוֹכִיחַ. מָה לַאֲחוֹתוֹ גְּדוֹלָה שֶׁלֹּא נִכְנְסָה עִמּוֹ לַדִּיר לְהִתְעַשֵּׂר! אִמּוֹ תּוֹכִיחַ.

The Gemara elaborates on the need for both cases in order to derive the third: **From which** of the two cases **should it be derived? If it should be derived from its mother,** one can claim: **What** is unique **about its mother?** It is unique **in that it is prohibited for slaughter with it** on the same day, unlike the younger sister. One may respond: **Its older sister can prove** the point, since it is not prohibited for slaughter with the kid, but it is still included in the prohibition of meat cooked in milk. But this can be refuted as well: **What** is unique **about its older sister?** It is unique **in that it does not enter the pen to be tithed with it,** unlike the younger sister. One may respond that **its mother can** then **prove** the point, as it can enter the pen to be tithed with the kid and is still included in the prohibition.

BACKGROUND

Animal tithe – מַעְשַׂר בְּהֵמָה: On three occasions each year, the owner of a herd of kosher animals was required to gather into an enclosure all the young born during the preceding period and to let them out one by one. These animals were passed "under the shepherd's rod" (Leviticus 27:32), i.e., counted one by one, and every tenth animal that emerged from the pen was marked with red paint to indicate that it was sacred. The consecrated calves, kids, and lambs are called animal tithes. If it was fit to be sacrificed, the animal tithe was brought to the Temple and sacrificed in a manner similar to that of a peace offering: Its blood was sprinkled on the altar, and its meat was eaten by its owner. The details of the animal tithe are elucidated in tractate *Bekhorot*.

וְחָזַר הַדִּין, לֹא רְאִי זֶה כִּרְאִי זֶה, וְלֹא רְאִי זֶה כִּרְאִי זֶה. הַצַּד הַשָּׁוֶה שֶׁבָּהֶן: שֶׁהוּא בָּשָׂר, וְאָסוּר לְבַשֵּׁל בְּחָלָב. אַף אֲנִי אָבִיא אֲחוֹתוֹ קְטַנָּה, שֶׁהוּא בָּשָׂר, וְאָסוּר לְבַשֵּׁל בְּחָלָב.

And consequently, **the inference has reverted** to its starting point: **The aspect of this** case **is not like the aspect of that** case **and the aspect of that** case **is not like the aspect of this** case;[B] **their common element is that** both the mother and older sister are **meat and** it is **prohibited to cook** them **in milk.** If so, **I will also include its younger sister** in the prohibition, **since it is** also **meat, and** therefore it is **prohibited to cook** it **in milk.**

אִי הָכִי, אֲחוֹתוֹ גְּדוֹלָה נַמִי, תֵּיתֵי מִבֵּינַיָּא!

The Gemara challenges: **If so,** the inclusion of **its older sister** in the prohibition can **also be derived from between them,** i.e., from the combination of the kid's mother and a cow. Although both a cow and the mother possess unique stringencies not shared by the older sister, i.e., the prohibition of mating and of slaughtering with the kid, respectively, neither possesses both stringencies, and the *halakha* with regard to the older sister can be derived from their common element, i.e., that they are both meat and prohibited to cook in milk, as stated above. If so, what need is there to derive this *halakha* from the verse?

אִין הָכִי נַמִי, אֶלָּא "בַּחֲלֵב אִמּוֹ" לָמָּה לִי? מִבָּעֵי לֵיהּ לְכִדְתַנְיָא: "בַּחֲלֵב אִמּוֹ" – אֵין לִי אֶלָּא בַּחֲלֵב אִמּוֹ,

The Gemara responds: **Yes,** it **is indeed so;** the *halakha* with regard to the older sister is derived from the common denominator of the mother and a cow. **Rather, why do I** need the verse's additional mention of the phrase **"in its mother's milk?" It is necessary for that which is taught** in a *baraita*: When the verse states: **"In its mother's milk," I have** derived **only** the prohibition to cook the kid **in its mother's milk;**

BACKGROUND

The aspect of this case is not like the aspect of that case and the aspect of that case is not like the aspect of this case – לֹא רְאִי זֶה כִּרְאִי זֶה וְלֹא רְאִי זֶה כִּרְאִי זֶה: This expression is used in halakhic midrash in formulating an analogy where a principle is derived on the basis of two *halakhot* in two different verses. First, the midrash articulates the difference between the two *halakhot*. Then it mentions the characteristic common to both. Any other case with that common element will be subject to the same ruling.

Perek **VIII**
Daf **114** Amud **b**

הִיא עַצְמָהּ בַּחֲלָבָהּ מִנַּיִן? אָמַרְתָּ, קַל וָחוֹמֶר: וּמָה בְּמָקוֹם שֶׁלֹּא נֶאֱסַר פְּרִי עִם פְּרִי בִּשְׁחִיטָה – נֶאֱסַר פְּרִי עִם הָאֵם בִּשְׁחִיטָה. מָקוֹם שֶׁנֶּאֱסַר פְּרִי עִם פְּרִי בְּבִשּׁוּל, אֵינוֹ דִּין שֶׁנֶּאֱסַר פְּרִי עִם הָאֵם בְּבִשּׁוּל! תַּלְמוּד לוֹמַר "בַּחֲלֵב אִמּוֹ".

from where is it derived that the meat of a mother animal may not **itself** be cooked **in its own milk? Say an *a fortiori*** inference: **Just as** with regard to an issue **where the fruit is not prohibited with the fruit,** i.e., **slaughter,** as it is permitted to slaughter two offspring of one mother on one day, the **fruit is** nevertheless **prohibited for slaughter with the mother, is it not right that** with regard to an issue **where the fruit is prohibited with** the **fruit,** i.e., **cooking,** as it is prohibited to cook a mother's offspring with its milk, the **fruit,** i.e., the milk, **should be prohibited for cooking with the mother?** Therefore, **the verse states: "In its mother's milk,"** to prohibit the cooking of the meat of the mother in its own milk.

הָא לָמָּה לִי קְרָא? הָא אָתְיָא לָהּ! אֲמַר רַב אַחַדְבוֹי בַּר אַמִי: מִשּׁוּם דְּאִיכָּא לְמֵימַר, סוּס בֶּן סוּסְיָא אֲחִי פִּרְדָּה יוֹכִיחַ, שֶׁאָסוּר פְּרִי עִם פְּרִי, וּמוּתָּר פְּרִי עִם הָאֵם!

The Gemara asks: **Why do I** need **a verse? It was** just **derived** *a fortiori*. **Rav Aḥadvoi bar Ami said:** The verse is necessary **because one can say** that the case of **a horse born of** both a stallion and **mare** but which is **the brother of a mule,** i.e., its mother also bore a mule after being impregnated by a donkey, **proves** this *a fortiori* inference invalid. **As** here the **fruit is prohibited with the fruit, but the fruit is permitted with the mother.** One may not mate a horse with a mule, but one may mate a horse with its mother.

הָתָם זֶרַע הָאָב הוּא דְּקָא גָּרֵים,

The Gemara rejects this: **There it is the seed of the father that effects** the prohibition of mating the mule with the daughter horse. The two may not be paired for reasons unrelated to their status as offspring of one mother. This ruling therefore proves nothing about the hypothesis that if two fruit cannot be paired, one can learn by *a fortiori* inference that the fruit cannot be paired with the mother.

דְּהָא פֶּרֶד בֶּן סוּסְיָא אֲחִי פִּרְדָּה יוֹכִיחַ, שֶׁמּוּתָּר פְּרִי עִם פְּרִי, וְאָסוּר פְּרִי עִם הָאֵם.

And this explanation must be true, **as** the case of **a mule born of** a donkey and **a mare** and which is **the brother of a female mule proves. As** here one **fruit is permitted with** the other **fruit,** i.e., one may mate the male and female mules since they are of the same species, **and** yet the **fruit is prohibited** to be mated **with the mother,** i.e., the mare. This case illustrates that the prohibition of crossbreeding is contingent on paternity, and does not rest solely on the relation between the mother and the fruit.

אֶלָּא אֲמַר מָר בְּרֵיהּ דְּרָבִינָא: מִשּׁוּם דְּאִיכָּא לְמֵימַר, עֶבֶד בֶּן שִׁפְחָה אֲחִי מְשׁוּחְרֶרֶת יוֹכִיחַ, שֶׁאָסוּר פְּרִי עִם פְּרִי, וּמוּתָּר פְּרִי עִם הָאֵם!

Rather, Mar, son of Ravina, said: The *a fortiori* inference is invalid **because one can say that** the case of a male Canaanite **slave born of a female slave** and who is **the brother of a female freed** slave **proves** it invalid. **As** here the **fruit is prohibited with** the **fruit,** i.e., the slave may not engage in sexual intercourse with his freed sister, **and** yet the **fruit is permitted with** his slave **mother.**[N]

הָתָם גֵּט שִׁיחְרוּר הוּא דְּקָא גָּרֵים, דְּהָא עֶבֶד בֶּן מְשׁוּחְרֶרֶת אֲחִי שִׁפְחָה יוֹכִיחַ, שֶׁמּוּתָּר פְּרִי עִם פְּרִי, וְאָסוּר פְּרִי עִם הָאֵם.

The Gemara rejects this as well: **There it is the bill of manumission that effects** the prohibition. The slave is prohibited to his sister only because she has been freed, not because they are both fruit of one mother, **as** the case of a male **slave, son of a female freed** slave, and **the brother of a female slave proves. As** here the **fruit is permitted with** the **fruit,** i.e., he is permitted to his sister, since they are both slaves, **and** yet the **fruit is prohibited with** his released **mother,** as she is now considered a full-fledged Jew. Clearly the prohibition is entirely contingent on the emancipation of one of the slaves, irrespective of their relationship.

אֶלָּא אֲמַר רַב אִידִי בַּר אָבִין: מִשּׁוּם דְּאִיכָּא לְמֵימַר, כִּלְאֵי זְרָעִים יוֹכִיחוּ, שֶׁאָסוּר פְּרִי עִם פְּרִי, וּמוּתָּר פְּרִי עִם הָאֵם! כְּלוּם נֶאֱסַר פְּרִי עִם פְּרִי אֶלָּא עַל יְדֵי הָאֵם, דְּהָא חִיטֵּי וְשַׂעֲרֵי בְּכַדָּא, וְלָא מִיתַּסְרוּ.

Rather, Rav Idi bar Avin said: The *a fortiori* inference is invalid **because one can say** that the case of **diverse kinds of seeds proves** it invalid. **As** it **is prohibited** to sow **fruit** of one species **with fruit** of another species, **and** yet it is **permitted** to sow all types of **fruit with the mother,** i.e., the ground, from which all fruit grows. The Gemara rejects this as well: **Isn't fruit** of one species **with fruit** of another species **prohibited only by means of the mother,** i.e., the ground? The prohibition of sowing diverse seeds applies only when they are both sown in the ground, **as wheat and barley** can be placed **in** a single **jug and they are not prohibited.**

אֶלָּא אֲמַר רַב אַשִׁי: מִשּׁוּם דְּאִיכָּא לְמֵימַר, מַה לִּפְרִי עִם פְּרִי שֶׁכֵּן שְׁנֵי גוּפִים, תֹּאמַר בִּפְרִי עִם הָאֵם שֶׁכֵּן גּוּף אֶחָד, מִשּׁוּם הָכִי אִיצְטְרִיךְ קְרָא.

Rather, Rav Ashi said: The *a fortiori* inference is invalid **because one can say: What** is unique **about fruit with fruit,** e.g., the kid and its mother's milk, which are prohibited for cooking together? They are unique **in that** they are **two** separate **bodies** that were never unified. Must **you say** the same prohibition of pairing applies **to** the **fruit with the mother,** i.e., the mother's meat and its milk, **which** were once **one body? Due to this** reason, **the** extra **verse** stating: "In its mother's milk," **was necessary** to include the meat and milk of the same animal in the prohibition.

אָמַר רַב אַשִׁי: מִנַּיִן לְבָשָׂר בְּחָלָב שֶׁאָסוּר בַּאֲכִילָה? שֶׁנֶּאֱמַר "לֹא תֹאכַל כָּל תּוֹעֵבָה" – כָּל שֶׁתִּעַבְתִּי לְךָ, הֲרֵי הוּא בְּ"בַל תֹּאכַל".

§ **Rav Ashi says: From where** is it derived **that meat** cooked **in milk is prohibited for consumption,** even though the verse explicitly prohibits only cooking? It is derived from a verse, **as it is stated** elsewhere: **"You shall not eat any abominable thing"** (Deuteronomy 14:3). This verse teaches that with regard to **any** practice **that I have made abominable,** i.e., forbidden, **to you,** the product **is prohibited for consumption.**

NOTES

The fruit is permitted with his slave mother – וּמוּתָּר פְּרִי עִם הָאֵם: The straightforward interpretation of the Gemara appears to be that it is permitted for a slave to engage in intercourse with his own mother while she is a slave. This interpretation is in accordance with the Gemara in tractate *Sanhedrin* (58b). But Rashi here apparently does not accept the notion that it is permitted for a slave to engage in intercourse with his mother. Rashi instead interprets this statement to mean that it is permitted for a slave to engage in intercourse with another female Canaanite slave, who has the same status as his mother.

וְאֵין לִי אֶלָּא בַּאֲכִילָה, בַּהֲנָאָה מִנַּיִן? כִּדְרַבִּי אַבָּהוּ, דְּאָמַר רַבִּי אַבָּהוּ, אָמַר רַבִּי אֶלְעָזָר: כׇּל מָקוֹם שֶׁנֶּאֱמַר ״לֹא יֹאכַל״, ״לֹא תֹאכַל״, ״לֹא תֹאכְלוּ״ – אֶחָד אִיסּוּר אֲכִילָה וְאֶחָד אִיסּוּר הֲנָאָה בְּמַשְׁמַע, עַד שֶׁיְּפָרֵט לְךָ הַכָּתוּב כְּדֶרֶךְ שֶׁפֵּרֵט לְךָ בִּנְבֵלָה – לַגֵּר בִּנְתִינָה וְלַגּוֹי בִּמְכִירָה.

And I have derived **only** that meat cooked in milk is prohibited **with regard to consumption; from where** do I derive that it is also prohibited **with regard to benefit?** It is derived **in accordance with** the statement **of Rabbi Abbahu, as Rabbi Abbahu says** that **Rabbi Elazar says: Wherever it is stated, "He shall not eat,"** or **"you,"** in the singular, **"shall not eat,"** or **"you,"** in the plural, **"shall not eat,"**[H] **both a prohibition** against **eating and a prohibition** against deriving **benefit** are indicated. This is so **unless the verse specifies for you** that one may derive benefit, **in the manner that it specified for you with regard to an animal carcass,** from which the verse explicitly permits one to derive benefit, as it states: "You may sell it to a foreigner" (Deuteronomy 14:21). Accordingly, one may provide such meat **to a** gentile **resident alien** in Eretz Yisrael **by giving** it to him as a gift, **and to** any other **gentile by sale.**[H]

דְּתַנְיָא: ״לֹא תֹאכְלוּ כׇל נְבֵלָה לַגֵּר אֲשֶׁר בִּשְׁעָרֶיךָ תִּתְּנֶנָּה וַאֲכָלָהּ אוֹ מָכֹר לְנׇכְרִי״ – אֵין לִי אֶלָּא לַגֵּר בִּנְתִינָה, וְלַגּוֹי בִּמְכִירָה, לַגֵּר בִּמְכִירָה מִנַּיִן? תַּלְמוּד לוֹמַר ״לַגֵּר...תִּתְּנֶנָּה... אוֹ מָכֹר״.

As it is taught in a *baraita*: The verse states: **"You shall not eat of any unslaughtered animal carcass; you may give it to the resident alien who is within your gates, that he may eat it; or you may sell it to a foreigner;** for you are a sacred people to the Lord your God." From this verse **I have** derived **only** that it is permitted to provide such meat **to a resident alien through giving and to a gentile through selling. From where** is it derived that it is permitted to transfer an unslaughtered animal **to a resident alien through selling** as well? **The verse states: "You may give it to the stranger…or you may sell it,"** indicating that one has the option to do either of these.

לַגּוֹי בִּנְתִינָה מִנַּיִן? תַּלְמוּד לוֹמַר ״תִּתְּנֶנָּה... אוֹ מָכֹר לְנׇכְרִי״. נִמְצָא, אֶחָד גֵּר וְאֶחָד גּוֹי – בֵּין בִּמְכִירָה בֵּין בִּנְתִינָה, דִּבְרֵי רַבִּי מֵאִיר. רַבִּי יְהוּדָה אוֹמֵר: דְּבָרִים כִּכְתָבָן, לַגֵּר – בִּנְתִינָה, וְלַגּוֹי – בִּמְכִירָה.

The *baraita* continues: **From where** is it derived that it is permitted **to a gentile through giving** as well? **The verse states: "You may give it… or you may sell it to a foreigner."** Consequently, **one finds** that he may transfer an animal carcass to **both a resident alien and a gentile, both through selling or through giving.** This is **the statement of Rabbi Meir. Rabbi Yehuda says:** These **matters are** to be understood **as they are written;** one may transfer an unslaughtered animal carcass **to a resident alien** only **through giving, and to a gentile** only **through selling.**

מַאי טַעֲמָא דְּרַבִּי יְהוּדָה? אִי סָלְקָא דַּעְתָּךְ כִּדְקָאָמַר רַבִּי מֵאִיר, לִכְתּוֹב רַחֲמָנָא ״לֹא תֹאכְלוּ כׇל נְבֵלָה לַגֵּר אֲשֶׁר בִּשְׁעָרֶיךָ תִּתְּנֶנָּה וַאֲכָלָהּ וּמָכֹר״, ״אוֹ״ לָמָּה לִי? שְׁמַע מִינָּהּ: לִדְבָרִים כִּכְתָבָן הוּא דַּאֲתָא, לַגֵּר – בִּנְתִינָה, וְלַגּוֹי בִּמְכִירָה.

The Gemara asks: **What is the reason for** the opinion of **Rabbi Yehuda?** The Gemara responds: Rabbi Yehuda holds that **if it enters your mind** to understand the verse **in accordance** with that which **Rabbi Meir says,** then **let the Merciful One write: You shall not eat of any animal carcass, you may give it to the resident alien who is within your gates that he may eat it and** also **you may sell it** to a foreigner. **Why do I** need the word **"or"** between these two options? **Learn from it that it comes to** teach that the **matters are** to be understood **as they are written: To a resident alien through giving** alone, **and to** any other **gentile through selling.**

וְרַבִּי מֵאִיר אָמַר לָךְ: הַאי ״אוֹ״ – לְהַקְדִּים נְתִינָה דְּגֵר לִמְכִירָה דְּגוֹי. וְרַבִּי יְהוּדָה – לְהַקְדִּים נְתִינָה דְּגֵר לִמְכִירָה דְּגוֹי לָא צְרִיךְ קְרָא, סְבָרָא הוּא: זֶה אַתָּה מְצוּוֶּה לְהַחֲיוֹתוֹ, וְזֶה אִי אַתָּה מְצוּוֶּה לְהַחֲיוֹתוֹ.

The Gemara asks: **And** how does **Rabbi Meir** explain the wording of the verse? The Gemara answers: Rabbi Meir could **say to you** that **this** word **"or"** teaches one **to prioritize to giving to a resident alien over selling to a gentile. And Rabbi Yehuda** holds that the **priority of giving to a resident alien over selling to a gentile does not require a verse,** as it is based on **logical reasoning: You are commanded** by the Torah **to sustain this** resident alien, **but you are not commanded to sustain that** gentile.

HALAKHA

Wherever it is stated, he shall not eat, or you, singular, shall not eat, or you, plural, shall not eat – כׇּל מָקוֹם שֶׁנֶּאֱמַר לֹא יֹאכַל לֹא תֹאכַל לֹא תֹאכְלוּ: Wherever the Torah states one of the expressions: "He shall not eat"; "you," in the singular, "shall not eat"; or "you," in the plural, "shall not eat," it means that one may neither eat nor derive benefit from the prohibited item, unless the verse explicitly permits deriving benefit (Rambam *Sefer Kedusha, Hilkhot Ma'akhalot Assurot* 8:15).

To a resident alien by giving it as a gift, and to any other gentile by sale – לַגֵּר בִּנְתִינָה וְלַגּוֹי בִּמְכִירָה: One may not give a gift, such as an animal carcass, to a gentile if it is undeserved. Rather, one may only sell such items to him. But one may give an undeserved gift to a resident alien (Rambam *Sefer HaMadda, Hilkhot Avoda Zara* 10:4).

(סִימָן: שַׁבָּת חוֹרֵשׁ וְכִלְאֵי זְרָעִים אוֹתוֹ וְאֶת בְּנוֹ וְשִׁילּוּחַ הַקֵּן).

§ The Gemara provides **a mnemonic** device for the topics that will be discussed: **Shabbat; plows; and diverse kinds of seeds; a mother and its offspring; and sending** away of the mother bird from **the nest.**

אֶלָּא מֵעַתָּה

Rav Ashi stated above that the product of any practice described in the Torah as abominable is prohibited for consumption. The Gemara asks: **If that is so,**

Perek **VIII**
Daf **115** Amud **a**

מַעֲשֵׂה שַׁבָּת לִיתַּסְרוּ, דְּהָא ״תִּיעַבְתִּי לְךָ״ הוּא!

then **let** the product of **an action** that desecrates **Shabbat,** e.g., food cooked on Shabbat, **be prohibited** for consumption, **as** desecration of Shabbat **is** a practice of which God states: **I have made** it **abominable to you,** in that it is prohibited to cook on Shabbat. How can this food be prohibited only to the one who cooked it as a penalty by rabbinic law, but be permitted to others (see 15a)?

אֲמַר קְרָא: ״כִּי קֹדֶשׁ הִיא לָכֶם״ – הִיא קֹדֶשׁ, וְאֵין מַעֲשֶׂיהָ קֹדֶשׁ.

The Gemara answers: A product of the desecration of Shabbat is an exception to the rule, as **the verse states** with regard to Shabbat: "**For it is sacred to you**" (Exodus 31:14). One may infer: **It,** Shabbat itself, **is sacred, but** the products of **actions** that desecrate **it are not sacred,** i.e., not prohibited.

חוֹרֵשׁ בְּשׁוֹר וּבַחֲמוֹר, וְחוֹסֵם פִּי פָרָה וְדָשׁ בָּהּ לִיתַּסְרוּ, דְּהָא ״תִּיעַבְתִּי לְךָ״ הוּא!

The Gemara raises another difficulty: If **one plows with an ox and with a donkey** together, thereby violating the prohibition in Deuteronomy 22:10, **or** if **one muzzles**[B] **the mouth of a cow and threshes with it,** thereby violating the prohibition in Deuteronomy 25:4, the seeds or threshed grain **should be prohibited** for consumption according to the above principle, **as** these are both practices **I have made abominable to you.**

הַשְׁתָּא, וּמַה שַּׁבָּת דַּחֲמִירָא – מַעֲשֶׂיהָ מוּתָּרִים, הָנֵי – לֹא כׇּל שֶׁכֵּן?

The Gemara responds: **Now** that it has been established that products of desecration of Shabbat are permitted, one can derive the following using an *a fortiori* inference: **Just as** with regard to **Shabbat, which is** treated more **stringently,** the products of prohibited **actions are permitted;** is it **not all the more so** with regard to **these** prohibitions of plowing with an ox and a donkey and threshing with a muzzled animal, which are treated less stringently, that the products of prohibited actions should be permitted?

כִּלְאֵי זְרָעִים לִיתַּסְרוּ, דְּהָא ״תִּיעַבְתִּי לְךָ״ הוּא! מִדְּגַלֵּי רַחֲמָנָא גַּבֵּי כִּלְאֵי הַכֶּרֶם: ״פֶּן תִּקְדַּשׁ״ – פֶּן תּוּקַד אֵשׁ, מִכְּלָל דְּכִלְאֵי זְרָעִים שָׁרוּ.

The Gemara challenges: **Diverse kinds of seeds** sown together **should be prohibited** for consumption, **as** this **is** a matter whose practice **I have made abominable to you.** The Gemara explains: One learns otherwise **from** the fact **that the Merciful One revealed with regard to diverse kinds in a vineyard:** "You shall not sow your vineyard with two kinds of seed; **lest** the growth of the seed that you will sow **be forfeited** [*pen tikdash*]" (Deuteronomy 22:9). The Sages read the phrase "be forfeited [*pen tikdash*]" as though it states: **Lest it be burned** [*pen tukad esh*], indicating that diverse kinds in a vineyard must be destroyed so that no benefit is derived from them. Since this is stated specifically with regard to a vineyard, one can conclude **by inference that** other **diverse kinds of seeds are permitted.**

BACKGROUND

Muzzles – חוֹסֵם: It is prohibited for one to employ an animal for any labor associated with food, e.g., threshing, while preventing it from eating the food during its work (Deuteronomy 25:4). Violation of this prohibition is punishable by lashes.

וְאֵימָא: כִּלְאֵי כֶרֶם – אֲסוּרִין בֵּין בַּאֲכִילָה בֵּין בַּהֲנָאָה, כִּלְאֵי זְרָעִים – בַּאֲכִילָה אֲסִירִי, בַּהֲנָאָה שָׁרוּ! אִיתְקוּשׁ לְכִלְאֵי בְהֵמָה דִּכְתִיב "בְּהֶמְתְּךָ לֹא תַרְבִּיעַ כִּלְאַיִם שָׂדְךָ לֹא תִזְרַע כִּלְאָיִם". מַה בְּהֶמְתְּךָ – הַיּוֹצֵא מִמֶּנָּה מוּתֶּרֶת, אַף שָׂדְךָ – הַיּוֹצֵא מִמֶּנּוּ מוּתָּר.

The Gemara objects: **But say** instead that the uniqueness of **diverse kinds in a vineyard** is that they **are prohibited both for consumption and for benefit,** whereas **diverse kinds of seeds are prohibited for consumption** but **are permitted for benefit.** The Gemara responds: One cannot say that diverse kinds of seeds are prohibited for consumption, as **they are juxtaposed** in the Torah **to diverse kinds of animals,** whose offspring are permitted. **As it is written: "You shall not let your cattle mate with a diverse kind; you shall not sow your field with two kinds of seed"** (Leviticus 19:19). The juxtaposition teaches that **just as** with regard to **your cattle,** the animal **that comes from** diverse species **is permitted, so too,** with regard to **your field, that** produce **that comes from** diverse seeds **is permitted.**

וְכִלְאֵי בְהֵמָה גּוּפַיְיהוּ מְנָא לַן? מִדַּאֲסַר רַחֲמָנָא כִּלְאַיִם לַגָּבוֹהַּ – מִכְּלָל דִּלְהֶדְיוֹט שָׁרֵי.

The Gemara asks: **And** with regard to **diverse kinds of animals themselves, from where do we** derive that their offspring is permitted? The Gemara answers: **From** the fact **that the Merciful One prohibits** the offspring of **diverse kinds** of animals for sacrifice **to the Most High** upon the altar (see 38b), learn **by inference that they are permitted to ordinary** people for consumption.

אוֹתוֹ וְאֶת בְּנוֹ לִיתְסַר! מִדַּאֲסַר רַחֲמָנָא מְחוּסַּר זְמַן לַגָּבוֹהַּ – מִכְּלָל דִּלְהֶדְיוֹט שָׁרֵי.

The Gemara raises another difficulty: **A mother and its offspring** slaughtered on the same day **should be prohibited** for consumption, as this too is a practice made abominable. The Gemara answers: **From** the fact **that the Merciful One prohibits** an animal **whose time has not yet** arrived, i.e., that is less than eight days old, as an offering **to the Most High** (Leviticus 22:27), learn **by inference that** such animals are **permitted to ordinary** people for consumption. The offspring of a mother slaughtered that day is also considered an animal whose time has not yet arrived, since the prohibition against slaughtering it is limited to that day.

שִׁילּוּחַ הַקֵּן לִיתְסַר! לֹא אָמְרָה תּוֹרָה שַׁלַּח לְתַקָּלָה.

The Gemara raises a final difficulty: If one violated the mitzva that mandates **sending** away the mother bird from **the nest,** as it is stated: "You shall not take the mother with the young. You shall in any way let the mother go" (Deuteronomy 22:6–7), and the court instructed him to set the mother bird free, that mother bird **should be prohibited** to all, as this practice is also abominable. The Gemara responds: **The Torah did not say: Send** it away, if doing so could lead **to a mishap.** If the bird were prohibited, the Torah would not have commanded one to send it away, as others might eat it unwittingly.

אָמַר רֵישׁ לָקִישׁ: מִנַּיִן לְבָשָׂר בְּחָלָב שֶׁאָסוּר – תַּלְמוּד לוֹמַר: "אַל תֹּאכְלוּ מִמֶּנּוּ נָא וּבָשֵׁל מְבֻשָּׁל". שֶׁאֵין תַּלְמוּד לוֹמַר "מְבֻשָּׁל", מַה תַּלְמוּד לוֹמַר "מְבֻשָּׁל" – לוֹמַר לְךָ: יֵשׁ לְךָ בִּשּׁוּל אַחֵר שֶׁהוּא כָּזֶה, וְאֵי זֶה – זֶה בָּשָׂר בְּחָלָב.

§ **Reish Lakish says: From where** is it derived **that meat** cooked **in milk is prohibited** for consumption? **The verse states** with regard to the Paschal offering: **"You shall not eat it partially roasted, nor boiled in any way"** (Exodus 12:9). **As** there is **no** need for **the verse to state:** "Boiled **in any way,**" since it could simply have stated: "Boiled." **What** is the meaning when **the verse states:** "Boiled **in any way?"** It is included **to tell you** that **there is another** manner of **cooking,** the product of **which** is prohibited **like this one. And which** cooking **is this? This is meat** cooked **in milk.**

אָמַר לוֹ רַבִּי יוֹחָנָן:

Rabbi Yoḥanan said to Reish Lakish:

Perek **VIII**
Daf **115** Amud **b**

כְּעוּרָה זוֹ שֶׁשָּׁנָה רַבִּי: "לֹא תֹּאכְלֶנּוּ" – בְּבָשָׂר בְּחָלָב הַכָּתוּב מְדַבֵּר.

Is that derivation **that Rabbi** Yehuda HaNasi **taught ugly,** that you derive a new one? The verse states with regard to an animal's blood: "You shall not eat it; you shall pour it upon the earth as water" (Deuteronomy 12:24), and the next verse adds: **"You shall not eat it;** that it may go well with you, and with your children after you." Rabbi Yehuda HaNasi teaches that the redundant second verse is not referring to the prohibition of blood. Rather, **the verse is speaking of** the prohibition of **meat** cooked **in milk,** teaching that it is prohibited for consumption.

אַתָּה אוֹמֵר – בְּבָשָׂר בְּחָלָב הַכָּתוּב מְדַבֵּר, אוֹ אֵינוֹ אֶלָּא בְּאֶחָד מִכׇּל הָאִיסּוּרִין שֶׁבַּתּוֹרָה? אָמַרְתָּ: צֵא וּלְמַד מִשְּׁלֹשׁ עֶשְׂרֵה מִדּוֹת שֶׁהַתּוֹרָה נִדְרֶשֶׁת בָּהֶן, דָּבָר הַלָּמֵד מֵעִנְיָנוֹ. בַּמֶּה הַכָּתוּב מְדַבֵּר – בִּשְׁנֵי מִינִין, אַף כָּאן – בִּשְׁנֵי מִינִין?

Do you say that **the verse is speaking of** the prohibition of **meat** cooked **in milk? Or** perhaps **it is only** referring **to one of the** other **prohibitions in the Torah? You say: Go out and learn from the thirteen hermeneutical principles,** one of which is: **A matter that is derived from its context.**[N] **To what are the** adjacent **verses referring?** They are referring **to** consecrated animals that were redeemed, which are a combination of **two types:**[N] They are non-sacred in that they may be eaten, but they are prohibited for shearing and work, like consecrated animals. **Here too,** one may conclude that the verse is referring **to** a prohibition that involves **two types** of food, i.e., the prohibition of meat cooked in milk.

אִי מֵהָהִיא – הֲוָה אָמֵינָא: הָנֵי מִילֵּי – בַּאֲכִילָה, אֲבָל בַּהֲנָאָה – לָא, קָמַשְׁמַע לַן.

Reish Lakish replied to Rabbi Yoḥanan: My exposition is still necessary, since **if** the source for the prohibition of eating meat cooked in milk were **from that** verse cited by Rabbi Yehuda HaNasi alone, **I would say** that **this statement** applies only **to** the prohibition of **eating** meat cooked in milk, **but not to** that of deriving **benefit** from it. The verse cited with regard to the Paschal offering **teaches us** that even deriving benefit is prohibited, just as it is prohibited to derive benefit from a disqualified Paschal offering.

וְרַבִּי, בַּהֲנָאָה, מְנָא לֵיהּ? נָפְקָא לֵיהּ מֵהָכָא, נֶאֱמַר כָּאן: ״כִּי עַם קָדוֹשׁ אַתָּה לַה׳״ וְנֶאֱמַר לְהַלָּן: ״וְלֹא יִהְיֶה קָדֵשׁ בִּבְנֵי יִשְׂרָאֵל״. מָה לְהַלָּן – בַּהֲנָאָה, אַף כָּאן – בַּהֲנָאָה.

The Gemara asks: **And Rabbi** Yehuda HaNasi, **from where** does he derive that meat cooked in milk is prohibited **for benefit?** The Gemara responds: **He derives it from here,** as **it is stated here: "For you are a sacred** [*kadosh*] **people unto the Lord** your God. You shall not cook a kid in its mother's milk" (Deuteronomy 14:21). **And it is stated below: "Neither shall there be a sodomite** [*kadesh*] **of the sons of Israel"** (Deuteronomy 23:18). The similar expressions teach that **just as below,** the prohibition of sodomy is a prohibition that involves enjoyment, i.e., deriving **benefit,** not eating, **so too here,** meat cooked in milk is prohibited **with regard to** deriving **benefit.**

דְּבֵי רַבִּי אֱלִיעֶזֶר תָּנָא: ״לֹא תֹאכְלוּ כׇל נְבֵלָה״ [וגו׳] אָמְרָה תּוֹרָה – כְּשֶׁתִּמְכְּרֶנָּה, לֹא תְּבַשְּׁלֶנָּה וְתִמְכְּרֶנָּה.

The school of Rabbi Eliezer taught: The verse states: **"You shall not eat of any animal carcass;** you may give it to the stranger who is within your gates, that he may eat it; or you may sell it to a foreigner; for you are a sacred people to the Lord your God; you shall not cook a kid in its mother's milk" (Deuteronomy 14:21). **The Torah stated** the prohibition of meat cooked in milk after the *halakha* of an animal carcass to teach that **when you sell** a carcass to a gentile, **you shall not cook it** in milk **and** then **sell it,** i.e., meat cooked in milk is prohibited for benefit and may not be sold.

דְּבֵי רַבִּי יִשְׁמָעֵאל תָּנָא: ״לֹא תְבַשֵּׁל גְּדִי בַּחֲלֵב אִמּוֹ״ שָׁלֹשׁ פְּעָמִים, אֶחָד – לְאִיסּוּר אֲכִילָה, וְאֶחָד – לְאִיסּוּר הֲנָאָה, וְאֶחָד – לְאִיסּוּר בִּשּׁוּל.

The school of Rabbi Yishmael taught: The Torah states **three times: "You shall not cook a kid in its mother's milk"** (Exodus 23:19, 34:26; Deuteronomy 14:21). **One** verse serves **to** teach **the prohibition** against **eating** meat cooked in milk, **and one** serves **to** teach **the prohibition** against deriving **benefit** from it, **and one** serves **to** teach **the prohibition** against **cooking**[H] meat in milk.

תַּנְיָא, אִיסִי בֶּן יְהוּדָה אוֹמֵר: מִנַּיִן לְבָשָׂר בְּחָלָב שֶׁאָסוּר – נֶאֱמַר כָּאן: ״כִּי עַם קָדוֹשׁ אַתָּה״, וְנֶאֱמַר לְהַלָּן ״וְאַנְשֵׁי קֹדֶשׁ תִּהְיוּן לִי וּבָשָׂר בַּשָּׂדֶה טְרֵפָה לֹא תֹאכֵלוּ״. מָה לְהַלָּן – אָסוּר, אַף כָּאן – אָסוּר.

It is taught in a *baraita*: **Isi ben Yehuda says: From where** is it derived **that it is prohibited** to eat **meat** cooked **in milk? It is stated here: "For you are a sacred people** unto the Lord your God. You shall not cook a kid in its mother's milk" (Deuteronomy 14:21). **And it is stated below: "And you shall be sacred men unto Me; therefore you shall not eat any flesh that is torn of animals in the field** [*tereifa*]; you shall cast it to the dogs" (Exodus 22:30). **Just as below it is prohibited** to eat a *tereifa*, **so too here it is prohibited** to eat meat cooked in milk.

וְאֵין לִי אֶלָּא בַּאֲכִילָה, בַּהֲנָאָה מִנַּיִן? אָמַרְתָּ: קַל וָחוֹמֶר, וּמָה עׇרְלָה שֶׁלֹּא נֶעֶבְדָה בָּהּ עֲבֵירָה – אֲסוּרָה בַּהֲנָאָה, בָּשָׂר בְּחָלָב שֶׁנֶּעֶבְדָה בּוֹ עֲבֵירָה – אֵינוֹ דִּין שֶׁאָסוּר בַּהֲנָאָה!

And from this **I have** derived **only** that it is prohibited **for consumption. From where** do I derive that it is prohibited **for benefit** as well? **You** can **say** it can be derived by **an** ***a fortiori*** inference: **Just as** with regard to the prohibition against eating **the fruit of a tree during the first three years after its planting** [*orla*],[B] which is treated less stringently **as no sin has been committed in** the planting of the tree and its production of fruit, **it is prohibited for benefit, is it not right that meat** cooked **in milk, with regard to which a sin has been committed, should be prohibited for benefit?**

NOTES

From the thirteen hermeneutical principles, one of which is a matter that is derived from its context – מִשְּׁלֹשׁ עֶשְׂרֵה מִדּוֹת שֶׁהַתּוֹרָה נִדְרֶשֶׁת בָּהֶן דָּבָר הַלָּמֵד מֵעִנְיָנוֹ: The principle: A matter that is derived from its context, dictates that the meaning of an ambiguous verse in the Torah should be derived from the adjacent passage. This principle is included in the seven hermeneutical principles listed by Hillel the Elder (Introduction to *Torat Kohanim*; *Tosefta Sanhedrin* 7; *Avot deRabbi Natan* 37), as well as Rabbi Yishmael's thirteen hermeneutical principles (Introduction to *Torat Kohanim*; see 63a and *Sanhedrin* 87a).

To two types – בִּשְׁנֵי מִינִין: The early commentaries disagree as to the meaning of this statement. Some say that consecrated animals that became disqualified and were redeemed are considered a combination of two types: In certain respects they are like non-sacred animals, as they are permitted for consumption to everyone, whereas in other aspects they are like consecrated animals, as it is prohibited to shear and work them (Rashi). Others claim that the reference is to the juxtaposition of redeemed consecrated animals to the gazelle and the hart (see Deuteronomy 12:22; see 28a). Since the gazelle and the hart are two different species, consecrated animals that were redeemed are treated as a combination of two species with regard to various *halakhot* (*Tosafot*).

HALAKHA

One to teach the prohibition against eating and one to teach the prohibition against deriving benefit and one to teach the prohibition against cooking – אֶחָד לְאִיסּוּר אֲכִילָה וְאֶחָד לְאִיסּוּר הֲנָאָה וְאֶחָד לְאִיסּוּר בִּשּׁוּל: The Torah states three times: "You shall not cook a kid in its mother's milk" (Exodus 23:19; Exodus 34:26; Deuteronomy 14:21). One verse serves to teach the prohibition against cooking meat in milk, one verse serves to teach the prohibition against eating meat cooked in milk, and one verse serves to teach the prohibition against deriving benefit from meat cooked in milk. The Torah formulates all three prohibitions using the term "cook" in order to teach that by Torah law only meat and milk that are cooked together are prohibited. By rabbinic law it is prohibited to eat any combination of meat and milk (Rambam *Sefer Kedusha*, *Hilkhot Ma'akhalot Assurot* 9:1; *Shulḥan Arukh*, *Yoreh De'a* 87:1).

BACKGROUND

Orla – עׇרְלָה: It is prohibited to eat or derive benefit from fruit that grows during the first three years after a tree has been planted (see Leviticus 19:23). This prohibition applies only to the fruit but not to the other parts of the tree. In addition, the prohibition does not apply to trees planted as a fence for property or as a wind buffer rather than for their fruit.

מַה לְּעׇרְלָה – שֶׁכֵּן לֹא הָיְתָה לָהּ שְׁעַת הַכּוֹשֶׁר.

The Gemara rejects this, as *orla* exhibits a unique stringency: **What** is unique **about *orla*?** It is unique **in that it never had a time when it was fit.** The same cannot be said about meat and milk, which were each permitted on their own before being cooked together.

חָמֵץ בְּפֶסַח יוֹכִיחַ – שֶׁהָיְתָה לוֹ שְׁעַת הַכּוֹשֶׁר, וְאָסוּר בַּהֲנָאָה. מַה לְּחָמֵץ בְּפֶסַח – שֶׁכֵּן עָנוּשׁ כָּרֵת!

The Gemara suggests: **Let leavened bread on Passover prove** the point, **as it had a time when it was fit,** before Passover, **and yet it is prohibited for benefit.** The Gemara rejects this inference as well: **What** is unique **about** consumption of **leavened bread on Passover?** It is unique **in that it is punishable by *karet*,** unlike the prohibition of meat cooked in milk.

כִּלְאֵי הַכֶּרֶם יוֹכִיחוּ – שֶׁאֵין עָנוּשׁ כָּרֵת, וְאָסוּר בַּהֲנָאָה.

The Gemara comments: **Let** the prohibition of **diverse kinds in a vineyard prove** the point, as it **is not punishable by *karet*, and** yet **it is prohibited to** derive **benefit** from the product.

לָמָּה לִי גְּזֵירָה שָׁוָה? לֵיתֵי כּוּלָּהּ בְּקַל וָחוֹמֶר מֵעׇרְלָה, וּמָה עׇרְלָה שֶׁלֹּא נֶעֶבְדָה בָּהּ עֲבֵירָה – אֲסוּרָה בֵּין בַּאֲכִילָה בֵּין בַּהֲנָאָה, בָּשָׂר בְּחָלָב שֶׁנֶּעֶבְדָה בּוֹ עֲבֵירָה – אֵינוֹ דִּין שֶׁאָסוּר בֵּין בַּאֲכִילָה בֵּין בַּהֲנָאָה!

The Gemara asks: **Why do I** need both Isi ben Yehuda's **verbal analogy** to teach the prohibition of consumption and the *a fortiori* inference to teach the prohibition of benefit? **Let all of it,** both the prohibition of consumption and the prohibition against deriving benefit, **be derived** by an ***a fortiori*** inference **from *orla*: Just as *orla*,** which is treated less stringently, **as no sin has been committed in** the tree's planting, is nevertheless **prohibited both for consumption and for benefit; is it not right that meat** cooked **in milk, with regard to which a sin has been committed,** should be **prohibited both for consumption and for benefit?**

מִשּׁוּם דְּאִיכָּא לְמֵימַר: חוֹרֵשׁ בְּשׁוֹר וּבַחֲמוֹר, וְחוֹסֵם פִּי פָרָה וְדָשׁ בָּהּ יוֹכִיחַ, שֶׁנֶּעֶבְדָה בָּהֶם עֲבֵירָה – וּשְׁרוּ!

The Gemara responds: That inference would be invalid **because one could say:** The cases of one **who plows with an ox and with a donkey, and** one **who muzzles the mouth of a cow and threshes with it prove** it invalid. **As** in those cases, **a sin has been committed through them, and** yet benefit from the products of these actions is **permitted.** One cannot refute a verbal analogy with logical reasoning.

לָמָּה לִי לְמֵימַר כִּלְאֵי הַכֶּרֶם יוֹכִיחוּ, לֵימָא: עׇרְלָה תּוֹכִיחַ, וְלִיהֲדַר דִּינָא, וְלֵיתֵי בְּמָה הַצַּד!

The Gemara asks further: **Why do I** need **to say,** as was stated above, that the case of **diverse kinds in a vineyard proves** that benefit from meat and milk is prohibited? At that point, two other cases, *orla* and leavened bread on Passover, had already been offered as proof. Although they were rejected because they both possess a unique stringency, each lacks the stringency possessed by the other. Therefore, **let us say** that the case of ***orla* proves** that the stringency for consumption of leavened bread on Passover, i.e., the penalty of *karet*, is irrelevant, and vice versa. **And let the inference revert** to its starting point, **and let** the *halakha* with regard to meat cooked in milk **be derived by** analogy from **the common element** of the two sources, i.e., the prohibition against both consumption and benefit.

אֲמַר רַב אַשִׁי: מִשּׁוּם דְּאִיכָּא לְמֵימַר, נְבֵלָה תּוֹכִיחַ – שֶׁאֲסוּרָה בַּאֲכִילָה וּמוּתֶּרֶת בַּהֲנָאָה.

Rav Ashi said: Such a derivation cannot be suggested, **because one can say** that the case of an unslaughtered **animal carcass proves** it invalid, as an animal carcass **is prohibited for consumption and yet it is permitted for benefit.**

אֲמַר לֵיהּ רַב מׇרְדְּכַי לְרַב אַשִׁי, הָכִי אָמְרִינַן מִשְּׁמֵיהּ דְּרֵישׁ לָקִישׁ: כׇּל מָה הַצַּד – מִגּוּפוֹ פָּרְכִינַן, מֵעָלְמָא – לָא פָּרְכִינַן.

Rav Mordekhai[P] **said to Rav Ashi: We say in the name of Reish Lakish as follows:** For **any** analogy derived from **the common element** of two sources, **one can refute** the analogy only **by** invoking conflicting details of the two sources **themselves,** e.g., here, some stringency shared by *orla* and leavened bread, but not by meat cooked in milk. **One cannot refute** the analogy **from an external** case, as you do.

אִי הָכִי, תֵּיתֵי בְּמָה הַצַּד! מִשּׁוּם דְּאִיכָּא לְמִיפְרַךְ: מַה לְּהַצַּד הַשָּׁוֶה שֶׁבָּהֶן – שֶׁכֵּן גִּדּוּלֵי קַרְקַע.

The Gemara asks: **If so,** then the question remains: Why not **let** the *halakha* **be derived by** analogy from **the common element** of *orla* and leavened bread on Passover? The Gemara responds: **Because** the analogy **can be refuted** as follows: **What** is unique **about the common element of** *orla* and leavened bread? It is unique **in that** they both involve produce **that grows from the ground,** whereas meat and milk do not grow from the ground.

PERSONALITIES

Rav Mordekhai – רַב מָרְדְּכַי: Rav Mordekhai was a Babylonian *amora* of the sixth and seventh generations, and a student of Rav Ashi. There was also an *amora* of this name who was a student of Rava, but he was presumably a different Sage. Although Rav Mordekhai engaged in talmudic discussions with Rav Ashi, apparently Rav Ashi was not his primary source of Torah knowledge. Rather, he possessed many earlier traditions that he received from other Sages. Rav Mordekhai would report these traditions to Rav Ashi, sometimes in order to resolve difficulties that Rav Ashi had with the traditions he had received, as is the case here. Rav Mordekhai outlived Rav Ashi, and he served as a source for clarifying the statements of Rav Ashi in the following generation.

אִי הָכִי, הָשְׁתָּא נַמִּי אִיכָּא לְמִיפְרַךְ: מַה לְּכִלְאֵי הַכֶּרֶם שֶׁכֵּן גִּדּוּלֵי קַרְקַע!

The Gemara counters: **If so,** then **even now** that the Gemara has invoked diverse kinds in a vineyard to prove the point, the derivation **can be refuted** in the same manner: **What** is unique **about** the prohibition of **diverse kinds in a vineyard?** It is unique **in that** it involves produce **that grows from the ground.**

אֲמַר לֵיהּ רַב מָרְדְּכַי לְרַב אַשִׁי, הָכִי אָמְרִינַן מִשְּׁמֵיהּ דְּרֵישׁ לָקִישׁ: כׇּל מָה הַצַּד – פָּרְכִינַן כׇּל דְּהוּ, לֹא אִם אָמַרְתָּ חֲדָא מֵחֲדָא – קַל וָחוֹמֶר פָּרְכִינַן, כׇּל דְּהוּ לָא פָּרְכִינַן.

Rav Mordekhai said to Rav Ashi: We say in the name of Reish Lakish as follows: For **any** analogy derived from **the common element** of two sources, **one can refute** the analogy by invoking **any** factor shared by the two source cases but not by the target case. But this is insufficient to refute an analogy to **a single** source **from a single** source using the standard formulation: **No, if you say** the *halakha* applies to the source case, which possesses a unique factor X, must you say the same of the target case, which does not? **One can refute** such analogies using this formulation only by way of **an** ***a fortiori*** inference, i.e., if the unique factor X is a stringency. But **one cannot refute** it by simply mentioning **any** unique factor, e.g., that diverse kinds in a vineyard grow from the ground.

וְלִיפְרוֹךְ לְכוּלְּהוּ: מַה לְּכוּלְּהוּ שֶׁכֵּן גִּדּוּלֵי קַרְקַע!

The Gemara counters: **But** one need not invoke the case of diverse kinds in a vineyard by itself, since it is invoked in addition to the cases of *orla* and leavened bread. Consequently, this is effectively a derivation from the common element of all three sources, not from one single case to another. If so, **let us refute** the derivation from **all of them: What** is unique **about all of** the cases? They are unique **in that** they involve produce **that grows from the ground.**

אֶלָּא, אֲמַר לֵיהּ רַב מָרְדְּכַי לְרַב אַשִׁי, הָכִי אָמְרִינַן מִשְּׁמֵיהּ דְּרֵישׁ לָקִישׁ:

Rather, Rav Mordekhai said to Rav Ashi: We say in the name of Reish Lakish as follows:

Perek **VIII**
Daf **116** Amud **a**

חֲדָא מֵחֲדָא – קוּלָּא וְחוּמְרָא פָּרְכִינַן, כׇּל דְּהוּ – לָא פָּרְכִינַן. חֲדָא מִתַּרְתֵּי – אֲפִילּוּ כׇּל דְּהוּ פָּרְכִינַן.

As stated above, for any *a fortiori* inference of **a single** source **from a single** source, **one can refute** the derivation by invoking a unique **leniency** in the supposedly stringent case **and a stringency** in the lenient one, but **one cannot refute** it by simply mentioning **any** aspect unique to the first source. And for inferences of **one** source from **two other** sources **one can even refute** the derivation by mentioning **any** aspect unique to the first source.

חֲדָא מִתְּלָת, אִי הֲדַר דִּינָא וְאָתֵי בְּמָה הַצַּד – פָּרְכִינַן כׇּל דְּהוּ, וְאִי לָא – קוּלָּא וְחוּמְרָא פָּרְכִינַן, כׇּל דְּהוּ – לָא פָּרְכִינַן.

For inferences of **one** source **from three** other sources, as suggested here, only **if the inference reverts** to its starting point, as each source possesses its own unique stringency, **and** the *halakha* **is** then **derived by** analogy from **the common element** of all of them, **can one refute** the inference by mentioning **any** factor unique to the source cases. **But if** the inference does **not** revert, **one can refute** the derivation only by invoking **a leniency and a stringency,** but **one cannot refute** it by mentioning **any** unique factor. The suggested inference does not revert, since the prohibition of diverse kinds in a vineyard possesses no stringent element that the other sources lack. Therefore, the fact that all the source cases involve produce is immaterial, and the inference from diverse kinds in a vineyard stands.

וְלִפְרוֹךְ: מַה לְּכִלְאֵי הַכֶּרֶם – שֶׁכֵּן לֹא הָיְתָה לָהֶן שְׁעַת הַכּוֹשֶׁר! אָמַר רַב אַדָּא בַּר אַהֲבָה, זֹאת אוֹמֶרֶת: כִּלְאֵי הַכֶּרֶם עִיקָּרָן נֶאֱסָר, וְהָיְתָה לָהֶן שְׁעַת הַכּוֹשֶׁר קוֹדֶם הַשְׁרָשָׁה.

The Gemara suggests: **But let one refute** the inference as follows: **What** is unique **about diverse kinds in a vineyard?** They are unique **in that they had no time that they were fit.** The produce is forbidden as soon as it begins to grow, whereas meat and milk are prohibited only when they are cooked together. **Rav Adda bar Ahava said:** If this suggestion was not employed, **that is to say that** even **the roots of diverse kinds in a vineyard are prohibited,** including the seeds and saplings from which the hybrid plants grow. **And they** too **had a time when they were fit, before taking root.** Consequently, the premise of the question must be false.

מֵתִיב רַב שְׁמַעְיָה בַּר זְעֵירָא: הַמַּעֲבִיר עָצִיץ נָקוּב בְּכֶרֶם – אִם הוֹסִיף מָאתַיִם אָסוּר. הוֹסִיף – אִין, לֹא הוֹסִיף – לָא!

Rav Shemaya bar Zeira raises an objection to this conclusion from a mishna (*Kilayim* 7:8): If **one transfers a perforated pot**[BL] with seeds in it **into a vineyard,**[N] **if** the size of the plant growing in the pot **increases** by one **two-hundredth** of its previous size, such that the permitted original plant is less than two hundred times the amount of the prohibited growth and insufficient to nullify it, the produce is **prohibited,** due to the prohibition against planting diverse kinds in a vineyard. One may infer: If it **increases, yes,** it is prohibited; but if it **does not increase, no,** it is permitted. Apparently, only the additional growth is prohibited, not the planted seeds or saplings.

אָמַר אַבָּיֵי: תְּרֵי קְרָאֵי כְּתִיבִי, כְּתִיב ״פֶּן תִּקְדַּשׁ הַמְּלֵאָה״, וּכְתִיב ״הַזֶּרַע״.

Abaye said: Two verses are written, i.e., two separate terms in one verse indicate two separate prohibitions: The verse states: "You shall not sow your vineyard with two kinds of seed, lest the growth of the seed that you will sow be forfeited together with the increase of the vineyard" (Deuteronomy 22:9). **It is written: "Lest the growth be forfeited,"** indicating that it is prohibited only if it has grown, **and it is written: "Of the seed,"** from which it can be inferred that it is prohibited immediately when it is planted and takes root.

הָא כֵּיצַד? זָרוּעַ מֵעִיקָּרוֹ – בְּהַשְׁרָשָׁה, זָרוּעַ וּבָא, הוֹסִיף – אִין, לֹא הוֹסִיף – לָא.

How can **these** texts be reconciled? Abaye explains: If it was **planted initially** in the vineyard, it becomes prohibited immediately **upon taking root.**[H] But in a case where it was **planted** elsewhere **and brought** into the vineyard later, e.g., in a perforated pot, then one must distinguish: If its size **increases** in the vineyard, **yes,** the growth is prohibited; if its size **does not increase, no,**[H] it is not prohibited.

מַתְנִיתִין דְּלָא כִּי הַאי תַּנָּא, דְּתַנְיָא, רַבִּי שִׁמְעוֹן בֶּן יְהוּדָה אוֹמֵר מִשּׁוּם רַבִּי שִׁמְעוֹן: בָּשָׂר בְּחָלָב אָסוּר בַּאֲכִילָה וּמוּתָּר בַּהֲנָאָה, שֶׁנֶּאֱמַר ״כִּי עַם קָדוֹשׁ אַתָּה״, וְנֶאֱמַר לְהַלָּן ״וְאַנְשֵׁי קֹדֶשׁ תִּהְיוּן לִי״.

The Gemara notes: **The mishna,** which states that meat cooked in milk is prohibited for benefit, **is not in accordance with** the opinion of **this** *tanna*, **as it is taught** in a *baraita*: **Rabbi Shimon ben Yehuda says in the name of Rabbi Shimon:** It is **prohibited to eat meat** cooked **in milk but** it is **permitted to** derive **benefit** from it, **as it is stated: "For you are a holy people** to the Lord your God; you shall not cook a kid in its mother's milk" (Deuteronomy 14:21). And the verse **states elsewhere: "And you shall be holy people to Me;** therefore you shall not eat any flesh that is torn by animals [*tereifa*] in the field; you shall throw it to the dogs" (Exodus 22:30).

מָה לְהַלָּן – אָסוּר בַּאֲכִילָה וּמוּתָּר בַּהֲנָאָה, אַף כָּאן – אָסוּר בַּאֲכִילָה וּמוּתָּר בַּהֲנָאָה.

The use of the word "holy" in both verses indicates that **just as there,** with regard to a *tereifa*, it **is prohibited to eat** it **but** one **is permitted to** derive **benefit** from it, as one may give it to the dogs, **so too here,** with regard to meat cooked in milk, it **is prohibited to eat** it **but** one is **permitted to** derive **benefit** from it.

״רַבִּי עֲקִיבָא אוֹמֵר חַיָּה וְעוֹף״ וכו׳. הָנֵי, הָא אַפְּקִינְהוּ לִכְדִשְׁמוּאֵל!

§ The mishna states: **Rabbi Akiva says:** Cooking the meat of **an undomesticated animal or a bird** in milk is not prohibited by Torah law, as it is stated: "You shall not cook a kid in its mother's milk" (Exodus 23:19, 34:26; Deuteronomy 14:21), three times, excluding an undomesticated animal, a bird, and a non-kosher animal. The Gemara raises a difficulty: Other *halakhot* have already **been derived from these** mentions of the word "kid," **in accordance with** the statement **of Shmuel** (see 113b).

BACKGROUND

Pot [*atzitz*] – **עָצִיץ**: The descriptions of the sources indicate that the reference is to a ceramic or wooden vessel, usually unfinished or not completely fired in a kiln. This type of vessel was used for purposes that required a simple receptacle, not one with exacting craftsmanship. An *atzitz* was often used either for potted plants, as a chamber pot, or for the storage of food items. Sometimes it was crafted from the bottom of a broken jug.

Mosaic from the mishnaic period depicting a vase filled with vine shoots

LANGUAGE

Pot [*atzitz*] – **עָצִיץ**: Similar to the Arabic اصيص, *'aṣīṣ*, which bears the same meaning. It is likely that the form *atzitz*, spelled with an *ayin*, was employed because these pots were typically used for plants and trees, or *etzim*, also spelled with an *ayin*.

HALAKHA

If it was planted initially in the vineyard it becomes prohibited immediately upon taking root – **זָרוּעַ מֵעִיקָּרוֹ בְּהַשְׁרָשָׁה**: If grain or plants are sown in a vineyard, it is prohibited to derive benefit from them once they take root (Rambam *Sefer Zera'im*, *Hilkhot Kilayim* 5:13; *Shulḥan Arukh*, *Yoreh De'a* 296:9).

If its size increases, yes, it is prohibited, if its size does not increase, no – **הוֹסִיף אִין לֹא הוֹסִיף לָא**: If one transferred a perforated pot to a vineyard and left it there, and it grew so that it increased by at least one two-hundredth of its previous size, then it is prohibited to derive benefit from it due to the prohibition of diverse kinds in a vineyard (Rambam *Sefer Zera'im*, *Hilkhot Kilayim* 5:23; *Shulḥan Arukh*, *Yoreh De'a* 296:17).

NOTES

A perforated pot with seeds in it into a vineyard – **עָצִיץ נָקוּב בְּכֶרֶם**: The mishna (*Demai* 5:10) teaches that the *tanna'im* disagree with regard to the *halakha* of a perforated pot. According to the Rabbis, if the hole in this pot is large enough for a small root to penetrate, the roots of the plant placed inside it draw nutrients from the earth through the holes, connecting the plant to the ground. Consequently, if one sowed produce or vegetables in such a perforated pot located in a vineyard, or in the four cubits that are classified as the vineyard's work area, it is prohibited to derive benefit from them as though they were sown directly in the soil of the vineyard. As for an unperforated pot, although there is no prohibition against sowing seeds in it within a vineyard by Torah law, the Sages prohibited this practice. According to the opinion of Rabbi Shimon, the same prohibition applies to a perforated and an unperforated pot: In both cases it is prohibited to sow produce or vegetables in a vineyard, but if one did, they are not rendered prohibited, as a pot does not have the status of the ground. The *halakha* is in accordance with the opinion of the Rabbis, and that is the assumption of the Gemara here as well in discussing the case of transferring a perforated pot.

קָסָבַר רַבִּי עֲקִיבָא אִיסּוּר חָל עַל אִיסּוּר, חֵלֶב וּמֵתָה – לָא צְרִיכִי קְרָא, שָׁלִיל – גְּדִי מְעַלְיָא הוּא, אַיְיתְרוּ לְהוּ כּוּלְּהוּ, פְּרָט לְחַיָּה וְעוֹף וְלִבְהֵמָה טְמֵאָה.

The Gemara answers: **Rabbi Akiva maintains** in general that **a prohibition takes effect** even where another **prohibition** already exists, **and** therefore forbidden **fat and** the meat of **a dead** animal, which are already prohibited, **do not require a verse** to teach that the prohibition of meat and milk applies to them. Furthermore, there is no need to derive from a verse that **a fetus** is included, as **it is a full-fledged kid.** Consequently, **all** three mentions of the word **remain for him** to expound that they serve **to exclude an undomesticated animal and a bird and a non-kosher animal.**

רַבִּי יוֹסֵי הַגְּלִילִי אוֹמֵר: נֶאֱמַר "לֹא תֹאכְלוּ". מַאי אִיכָּא בֵּין רַבִּי יוֹסֵי הַגְּלִילִי לְרַבִּי עֲקִיבָא?

§ The mishna further teaches that **Rabbi Yosei HaGelili says: It is stated: "You shall not eat** of any animal carcass" (Deuteronomy 14:21), and in the same verse it is stated: "You shall not cook a kid in its mother's milk." This indicates that the meat of an animal that is subject to be prohibited due to the prohibition of eating an unslaughtered carcass is prohibited to cook in milk. Consequently, one might have thought it is prohibited to cook in milk the meat of a bird, which is subject to this prohibition. Therefore, the verse states: "In its mother's milk," to exclude a bird, which has no mother's milk. The Gemara asks: **What** difference **is there between** the opinion of **Rabbi Yosei HaGelili,** who excludes a bird from the prohibition of meat and milk due to the phrase "in its mother's milk," **and** the opinion of **Rabbi Akiva,** who comes to the same conclusion as Rabbi Yosei HaGelili based upon the phrase "You shall not cook a kid"?

אִיכָּא בֵּינַיְיהוּ חַיָּה. רַבִּי יוֹסֵי הַגְּלִילִי סָבַר: חַיָּה דְּאוֹרָיְיתָא, וְרַבִּי עֲקִיבָא סָבַר: חַיָּה דְּרַבָּנַן.

The Gemara explains: **There is** a difference **between them** with regard to **an undomesticated animal. Rabbi Yosei HaGelili maintains** that the prohibition of cooking the meat of **an undomesticated animal** in milk applies **by Torah law,** as an undomesticated animal has mother's milk, **but Rabbi Akiva maintains** that the prohibition of cooking the meat of **an undomesticated animal** in milk applies only **by rabbinic law,** as it is excluded by the phrase: "You shall not cook a kid."

אִיבָּעֵית אֵימָא: עוֹף אִיכָּא בֵּינַיְיהוּ, רַבִּי עֲקִיבָא סָבַר: חַיָּה וְעוֹף אֵינָן מִן הַתּוֹרָה – הָא מִדְּרַבָּנַן אֲסִירִי. וְרַבִּי יוֹסֵי הַגְּלִילִי סָבַר: עוֹף אֲפִילּוּ מִדְּרַבָּנַן נָמֵי לָא אָסִיר.

If you wish, say instead that there is a difference **between them** with regard to the meat of **a bird** itself: **Rabbi Akiva maintains** that the prohibitions of **an undomesticated animal and a bird do not apply by Torah law;**[N] **but** it may be inferred from his statement that **they are prohibited by rabbinic law. And Rabbi Yosei HaGelili maintains** that **a bird is not prohibited even by rabbinic law.**

תַּנְיָא נָמֵי הָכִי: בִּמְקוֹמוֹ שֶׁל רַבִּי אֱלִיעֶזֶר הָיוּ כּוֹרְתִין עֵצִים, לַעֲשׂוֹת פֶּחָמִין לַעֲשׂוֹת בַּרְזֶל. בִּמְקוֹמוֹ שֶׁל רַבִּי יוֹסֵי הַגְּלִילִי הָיוּ אוֹכְלִין בְּשַׂר עוֹף בְּחָלָב.

The Gemara notes: **That** distinction **is also taught** in a *baraita*: **In the locale of Rabbi Eliezer,** where his ruling was followed, **they would cut down trees** on Shabbat **to prepare charcoal** from them with which to light a fire **to fashion iron** tools with which to circumcise a child on Shabbat. In Rabbi Eliezer's opinion, not only does the mitzva of circumcision override Shabbat, but also any action required for the preparation of the tools necessary for the circumcision likewise overrides Shabbat. The *baraita* adds: **In the locale of Rabbi Yosei HaGelili they would eat bird meat** cooked **in milk.** Evidently, Rabbi Yosei HaGelili maintains that the prohibition of meat cooked in milk does not include birds.

לֵוִי אִיקְּלַע לְבֵי יוֹסֵף רִישְׁבָּא, אַיְיתוּ לְקַמֵּיהּ רֵישָׁא דְּטַיְוסָא בְּחַלְבָא, וְלָא אֲמַר לְהוּ וְלָא מִידֵּי. כִּי אֲתָא לְקַמֵּיהּ דְּרַבִּי, אֲמַר לֵיהּ: אַמַּאי לָא תְּשַׁמְּתִינְהוּ?

The Gemara relates: **Levi happened** to come **to the house of Yosef the bird hunter** [*rishba*].[L] **They served him the head of a peacock** [*tayvasa*][L] **in milk and he did not say anything to them. When** Levi **came before Rabbi** Yehuda HaNasi, Rabbi Yehuda HaNasi **said to him: Why did you not excommunicate** these people who eat bird meat cooked in milk, contrary to the decree of the Sages?

אֲמַר לֵיהּ: אַתְרֵיהּ דְּרַבִּי יְהוּדָה בֶּן בְּתֵירָא הוּא, וְאָמֵינָא, דָּרֵשׁ לְהוּ כְּרַבִּי יוֹסֵי הַגְּלִילִי דַּאֲמַר יָצָא עוֹף שֶׁאֵין לוֹ חֲלֵב אֵם.

Levi **said to him: It was** in **the locale** of **Rabbi Yehuda ben Beteira, and I said:** Perhaps **he taught them** that the *halakha* is **in accordance with** the opinion of **Rabbi Yosei HaGelili, who said** that the phrase "in its mother's milk" serves to **exclude a bird, which does not have mother's milk.** If so, I could not prohibit it to them, and I certainly could not excommunicate them for following their ruling.

NOTES

Rabbi Akiva maintains that the prohibitions of an undomesticated animal and a bird do not apply by Torah law – **רַבִּי עֲקִיבָא סָבַר חַיָּה וְעוֹף אֵינָן מִן הַתּוֹרָה**: The later commentaries explain that according to Rabbi Akiva the Sages decreed that it is prohibited to cook the meat of an undomesticated animal in milk due to the similarity between that meat and the meat of a domesticated animal. Once they instituted that decree, they extended that decree to include the meat of birds, despite the fact that there is no concern that one might confuse bird meat with that of a domesticated animal. Rabbi Yosei HaGelili holds that the Sages did not apply their decree to bird meat (*Porat Yosef*).

LANGUAGE

Bird hunter [*rishba*] – **רִישְׁבָּא**: According to Rashi, *rishba* is identical to the Aramaic *nishba*, which means a net. If so, *rishba* or *nishba* means the man who spreads the nets, i.e., a bird and animal hunter. Some explain that *rishba* is an acronym for *reish beit abba*, the head of a paternal household. Accordingly, it is a term of honor for the most prominent member of a family (*Ge'onim*; see *Arukh*).

Peacock [*tayvasa*] – **טַיְוסָא**: From the Greek ταώς, *taos*, which refers to the bird known in modern Hebrew as *tavas*. The Hebrew word is a cognate of the Aramaic *tayvasa*, which is a peacock.

Peacock displaying its plumage

מתני' קבת גוי ושל נבלה – הרי זו אסורה. המעמיד בעור של קבה כשרה,

MISHNA

The congealed milk in **the stomach** of the animal **of a gentile and of an** unslaughtered **animal carcass is prohibited.** With regard to **one who curdled milk** by using **the skin of the stomach of a kosher** animal[NH] as a coagulant to make cheese, which may then have the taste of meat cooked in milk,

NOTES

With regard to one who curdled milk by using the skin of the stomach of a kosher animal – המעמיד בעור של קבה כשרה: The wording of the mishna indicates that this is not permitted *ab initio*, but only after the fact, if there is insufficient skin to impart flavor to the milk. The later commentaries explain that one may not do so because this is considered like the nullification of a prohibition *ab initio*. They further note that if the skin of the stomach has been salted and dried it is permitted to curdle milk with it *ab initio* (comment of Rema on *Shulḥan Arukh, Yoreh De'a* 87:10). The reason is that once the skin has dried it no longer contains enough taste to prohibit the milk (*Noda BiYehuda*). Some authorities infer from the ruling of the *Noda BiYehuda* that if the skin was soaked for a twenty-four hour period, it is permitted, which is not in accordance with the opinion of the *Peri Megadim* (*Iggerot Moshe*; *Pitḥei Teshuva*). There is no concern with regard to violating the prohibition of partaking of blood in these situations, as there is no assumption that the skin of the stomach of a kosher animal contains blood, as stated earlier with regard to the intestines (Responsa of the Rambam 319).

HALAKHA

With regard to one who curdled milk by using the skin of the stomach of a kosher animal – המעמיד בעור של קבה כשרה: It is prohibited to curdle milk with the skin of the stomach of a kosher animal. If one did curdle milk with the skin of the stomach of a kosher animal, the cheese should be given to a gentile to taste: If it has the flavor of meat it is prohibited, and if not, it is permitted. The reason is that the mixture is prohibited only if there is enough skin to impart flavor to the milk. The commentaries note that according to the opinion of the Rema one does not rely on the taste of a gentile cook; rather, the meat is nullified by sixty times its volume of milk (*Shakh*). But if one curdles milk with the skin of the stomach of an animal carcass or a *tereifa*, since the coagulant itself is prohibited, the cheese is forbidden no matter what the ratio is. It is due to this concern that the Sages prohibited the cheese of gentiles (Rambam *Sefer Kedusha, Hilkhot Ma'akhalot Assurot* 9:16 and Ra'avad there; *Shulḥan Arukh, Yoreh De'a* 87:11, and in the comment of Rema).

Perek **VIII**
Daf **116** Amud **b**

אם יש בנותן טעם – הרי זו אסורה. כשרה שינקה מן הטרפה – קבתה אסורה, טרפה שינקה מן הכשרה – קבתה מותרת, מפני שכנוס במעיה.

if the measure of the skin is enough **to impart flavor** to the milk, **that** cheese **is prohibited.** In the case of a **kosher** animal **that suckled** milk **from a *tereifa*,** the milk in **its stomach is prohibited,** as the milk is from the *tereifa*. If it was **a *tereifa* that suckled** milk **from a kosher** animal, the milk in **its stomach is permitted,** as the milk is from the kosher animal. In both cases, the milk that an animal suckles has the status of the animal from which it was suckled, and not that of the animal which suckled, **because** the milk **is collected in its innards** and is not an integral part of its body.

גמ' אטו קבת גוי לאו נבלה היא? אמר רב הונא: הכא, בלוקח גדי מן הגוי עסקינן, וחיישינן שמא ינק מן הטרפה.

GEMARA

The mishna makes reference to the stomach of the animal of a gentile and that of an unslaughtered carcass. The Gemara asks: **Is that to say** that **the stomach of** an animal slaughtered by **a gentile is not** itself **a carcass?** Why does the *tanna* of the mishna differentiate between them? **Rav Huna said: The** mishna **here is not referring** to an animal slaughtered by a gentile. Rather, **we are dealing with** a Jew who **purchases a kid from a gentile** and slaughters it himself. Therefore, the kid is not prohibited as a carcass, **but we are concerned** that **perhaps it suckled from a *tereifa*** animal, and it is therefore prohibited.

ומי חיישינן שמא ינק מן הטרפה? והתנן: לוקחים ביצים מן הגוים, ואין חוששין לא משום נבלה ולא משום טרפה! אלא אימא: חיישינן שמא ינק מן הטמאה.

The Gemara asks: **And are we concerned** that **perhaps it suckled from** an animal that is **a *tereifa*? But didn't we learn** in a *baraita* (*Tosefta* 3:8): **One may purchase eggs from gentiles, and we are not concerned** that perhaps the eggs came **from a carcass nor** that they came **from a *tereifa*.** The Gemara answers: Indeed, there is no concern that the kid might have suckled from a *tereifa*. **Rather, say** that **we are concerned** that **perhaps it suckled from a** non-kosher animal, and therefore the milk in its stomach is prohibited.

ומאי שנא טרפה – דלא חיישינן, ומאי שנא טמאה – דחיישינן? טרפה – לא שכיחא, טמאה – שכיחא.

The Gemara asks: **And what is different** about **a *tereifa* that we are not concerned** that perhaps the animal suckled from it, **and what is different** about **a non-kosher** animal **that we are concerned?** The Gemara answers: **A *tereifa*** animal **is not common,** whereas **a non-kosher** animal **is common,** and it is therefore more likely that the young animal suckled from one.

אִי שְׁכִיחָא – אֲפִילּוּ גַּבֵּי דִּידָן נֵיחוּשׁ! אֲנַן דְּבַדְלִינַן מִינַּיְיהוּ, וְכִי חָזֵינַן לְהוּ מַפְרְשִׁינַן לְהוּ – לָא גְּזַרוּ בְּהוּ רַבָּנַן. אִינְהוּ דְּלָא בְּדִילִי מִינַּיְיהוּ, וְכִי חָזוּ לְהוּ לָא מַפְרְשֵׁי לְהוּ – גְּזַרוּ בְּהוּ רַבָּנַן.

The Gemara raises a difficulty: **If** suckling from a non-kosher animal is **common,** then **let us be concerned even with regard to our** own animals. The Gemara responds: **We** Jews, **who separate ourselves from** non-kosher animals, **when we see them we** immediately **distance** our suckling animals from them. Therefore, **the Sages did not issue a decree with regard to** animals purchased from Jews. But as for the gentiles, **who do not separate themselves from** non-kosher animals, **when they see them they do not distance** their kosher animals from them. Consequently, **the Sages issued a decree with regard to** animals purchased from a gentile.

וּשְׁמוּאֵל אֲמַר: חֲדָא קָתָנֵי, קֵבַת שְׁחִיטַת גּוֹי נְבֵלָה.

And Shmuel said a different explanation of the mishna's language: The *tanna* of the mishna **is teaching** only **one** *halakha*: The congealed milk in **the stomach of** an animal **slaughtered by a gentile is** like **a carcass,** and it is therefore prohibited.

וּמִי אֲמַר שְׁמוּאֵל הָכִי? וְהָאֲמַר שְׁמוּאֵל: מִפְּנֵי מָה אָסְרוּ גְּבִינַת הַגּוֹיִם – מִפְּנֵי שֶׁמַּעֲמִידִין אוֹתָהּ בְּעוֹר קֵבַת נְבֵלָה, הָא קֵבָה גּוּפָהּ שַׁרְיָא!

The Gemara asks: **And did Shmuel** actually **say this?** Does he hold that the milk in the stomach of an unslaughtered animal is prohibited as if it were part of its body? **But didn't Shmuel say: For what** reason did the Sages **prohibit the cheese of gentiles?** It is **because they curdle it with the skin of the stomach of a carcass.** One may infer **consequently** that congealed milk, or rennet, from the **stomach** of a gentile's animal **is itself permitted** and would not render the cheese prohibited if used as a coagulant.

לָא קַשְׁיָא, כָּאן – קוֹדֶם חֲזָרָה, כָּאן – לְאַחַר חֲזָרָה.

The Gemara answers: That is **not difficult.** Elsewhere (*Avoda Zara* 29b), Rabbi Yehoshua teaches two reasons for the prohibition on gentile cheese. Initially, he held it to be prohibited because it is curdled using rennet from the stomach of an animal carcass. He later adopted the opinion that such rennet is permitted, and that the cheese is prohibited because it is curdled using rennet from the stomach of calves used for idol worship, which is prohibited. Therefore, the mishna **here,** which states that the rennet in a carcass's stomach is itself prohibited, was taught **before** Rabbi Yehoshua's **retraction,** while Shmuel's statement **there,** that the Sages prohibited gentile cheese only because it is curdled with the skin of the stomach of a carcass, was **after** Rabbi Yehoshua's **retraction.**[N]

"כְּשֵׁרָה שֶׁיָּנְקָה מִן הַטְּרֵפָה" [וכו׳]. וְהָא קָתָנֵי רֵישָׁא "קֵבַת גּוֹי וְשֶׁל נְבֵלָה – הֲרֵי זוֹ אֲסוּרָה"!

§ The mishna teaches: In the case of **a kosher** animal **that suckled** milk **from a *tereifa*,** the milk in its stomach is prohibited, whereas if a *tereifa* suckled milk from a kosher animal, the milk in its stomach is permitted. The Gemara raises a difficulty: **But doesn't the first clause** of the mishna **teach:** The congealed milk in **the stomach** of the animal **of a gentile and of a carcass is prohibited?** What is the difference between the milk found in the stomach of a *tereifa* in the second clause and the milk found in the stomach of an unslaughtered carcass in the first clause?

אֲמַר רַב חִסְדָּא: רֵישָׁא – נִרְאֶה כְּאוֹכֵל נְבֵלוֹת, הָכָא אִיכָּא שְׁחִיטָה.

Rav Ḥisda said: In fact, milk found in the stomach of a carcass is not itself prohibited. **The first clause** of the mishna prohibits it only because one who partakes of it **looks like one who eats carcasses,** which is repulsive. By contrast, **here,** with regard to a *tereifa*, the consumption of milk found in its stomach is less repulsive, as here **there is** at least **slaughter** of the animal.

NOTES

Here it is before Rabbi Yehoshua's retraction, there it is after Rabbi Yehoshua's retraction – כָּאן קוֹדֶם חֲזָרָה כָּאן לְאַחַר חֲזָרָה: *Tosafot* (on *Avoda Zara* 34b) state that although Rabbi Yehoshua stated in his second explanation that gentile cheese is prohibited because it is curdled with rennet from calves used for idol worship, he did not truly hold this to be the reason. Rather, he said this merely to refute a difficulty posed to him by Rabbi Yishmael. That cannot be the actual reason, as only a minority of calves are used for idol worship, and it is known that Rabbi Yehoshua is not concerned for a minority. The Gemara later on in *Avoda Zara* (35a) explains that Rabbi Yehoshua did not want to reveal the actual reason for this decree to Rabbi Yishmael, as it had been instituted only a short time before and needed to be guarded from public scrutiny until it was well established.

HALAKHA

One may not curdle milk with the skin of the stomach of a carcass – **אֵין מַעֲמִידִין בְּעוֹר קֵבַת נְבֵלָה**: If one curdles milk with the skin of the stomach of a carcass, a *tereifa*, or a non-kosher animal, the milk is prohibited regardless of the ratio of milk to meat. This is because in a case where the coagulant is itself prohibited, it is not nullified even by one part in a thousand (Rema). This applies only if the forbidden substance was the sole coagulant. But if the milk was curdled jointly by both prohibited and permitted substances, it is permitted if the entire mixture contains sixty times more permitted substances than prohibited ones (Rambam *Sefer Kedusha, Hilkhot Ma'akhalot Assurot* 4:19, 9:16; *Shulḥan Arukh, Yoreh De'a* 87:11, and in the comment of Rema).

One may curdle milk with rennet from the stomach of a carcass and with rennet from the stomach of an animal slaughtered by a gentile – **מַעֲמִידִין בְּקֵבַת נְבֵלָה וּבְקֵבַת שְׁחִיטַת גּוֹי**: It is permitted to curdle milk with rennet from the stomach of an animal slaughtered by a gentile (Rambam *Sefer Kedusha, Hilkhot Ma'akhalot Assurot* 4:19).

With rennet from the stomach of a kosher animal that suckled from a *tereifa*, etc. – **בְּקֵבַת כְּשֵׁרָה שֶׁיָּנְקָה מִן הַטְּרֵפָה וכו׳**: With regard to a kosher animal that suckled from a *tereifa*, the milk found in its stomach is permitted, and all the more so in the case of a *tereifa* that suckled from a kosher animal. This is because milk collected in a stomach is merely secretion. Some prohibit liquid, uncongealed milk found in the stomach of a kosher animal that suckled from a *tereifa*, and the Rema writes that such is the custom. But unless established otherwise there is no concern that a kosher animal might have suckled from a *tereifa* or a non-kosher animal. Some authorities prohibited curdling milk with rennet collected from a *tereifa* that suckled from a kosher animal ab initio, due to the appearance of prohibition, as people might think he is eating a *tereifa*, and this is the accepted practice. Nevertheless, if one did curdle cheese with rennet from a *tereifa*, or if such rennet was mixed with rennet from kosher animals, it is permitted after the fact (see Rambam *Sefer Kedusha, Hilkhot Ma'akhalot Assurot* 9:15; *Shulḥan Arukh, Yoreh De'a* 81:6).

אֲמַר לֵיהּ רָבָא: וְלָאו כׇּל דְּכֵן הוּא? וּמָה נְבֵלָה דְּמָאִיסָה, דְּאִי שָׁרֵית לֵיהּ קֵבָתָהּ, לָא אָתֵי לְמֵיכַל מִינַּהּ – אָמְרַתְּ לָא. טְרֵפָה שְׁחוּטָה, דְּאִי שָׁרֵית אָתֵי לְמֵיכַל מִינַּהּ – לֹא כׇּל שֶׁכֵּן!

Rava said to Rav **Ḥisda: But is it not** possible to claim ***a fortiori*** that milk found in the stomach of a *tereifa* should be prohibited? **Just as** with regard to **a carcass, which is** so **repulsive that** even **if you permit** the milk in **its stomach** people **will not come to partake of** the meat, **you** nevertheless **said** the milk is **not** permitted for consumption, is it **not all the more so** with regard to **a *tereifa*** that has been **slaughtered,** which is not as repulsive, **such that if you permit** the milk in its stomach people might **come to partake of it?**

אֶלָּא אָמַר רַב יִצְחָק, אָמַר רַבִּי יוֹחָנָן: לָא קַשְׁיָא, כָּאן – קוֹדֶם חֲזָרָה, כָּאן – לְאַחַר חֲזָרָה, וּמִשְׁנָה לֹא זָזָה מִמְּקוֹמָהּ.

Rather, Rav Yitzḥak said that **Rabbi Yoḥanan says:** This question is **not difficult.** The first clause of the mishna **here,** which teaches that the milk in the stomach of a carcass is prohibited, was taught **before** Rabbi Yehoshua's **retraction** cited above, whereas the latter clause **there,** that milk from the stomach of a *tereifa* is permitted, was taught **after** Rabbi Yehoshua's **retraction.** A mishna can sometimes preserve an older ruling and then immediately teach a contradictory later ruling, because **a mishna does not move from its place.** Since the first clause of the mishna was already canonized, it was not removed, despite Rabbi Yehoshua's change of opinion.

אָמַר רַבִּי חִיָּיא בַּר אַבָּא, אָמַר רַבִּי יוֹחָנָן: מַעֲמִידִין בְּקֵבַת נְבֵלוֹת, וְאֵין מַעֲמִידִין בְּקֵבַת שְׁחִיטַת גּוֹי. אָמַר לְפָנָיו רַבִּי שִׁמְעוֹן בַּר אַבָּא: כְּמַאן – כְּרַבִּי אֱלִיעֶזֶר, דְּאָמַר: סְתָם מַחְשֶׁבֶת גּוֹי – לַעֲבוֹדָה זָרָה!

§ **Rabbi Ḥiyya bar Abba says** that **Rabbi Yoḥanan says: One may curdle** milk **with** rennet extracted from **the stomach of carcasses, but one may not curdle** milk **with** rennet from **the stomach of** animals **slaughtered by a gentile. Rabbi Shimon bar Abba said before** Rabbi Ḥiyya bar Abba: **In accordance with whose** opinion is this ruling? It is **in accordance with** the opinion of **Rabbi Eliezer, who said: A gentile's presumed intention** during slaughter **is for idol worship.** Therefore, the prohibition against deriving benefit from an animal slaughtered in idol worship applies to it, and this prohibition includes the contents of its stomach that are not actually part of its body. By contrast, a carcass is prohibited only for consumption, and the prohibition does not extend to the contents of its stomach.

אֲמַר לֵיהּ: וְאֶלָּא כְּמַאן?

Rabbi Ḥiyya bar Abba **said to** Rabbi Shimon bar Abba: **Rather, in accordance with whose** opinion could this ruling be? Of course it is the opinion of Rabbi Eliezer.

כִּי אֲתָא רַב שְׁמוּאֵל בַּר רַב יִצְחָק, אָמַר רַבִּי יוֹחָנָן: מַעֲמִידִין בֵּין בְּקֵבַת נְבֵלָה בֵּין בְּקֵבַת שְׁחִיטַת גּוֹי, שֶׁלֹּא לָחוּשׁ לְדִבְרֵי רַבִּי אֱלִיעֶזֶר.

The Gemara relates: **When Rav Shmuel bar Rav Yitzḥak came** from Eretz Yisrael to Babylonia, he said that **Rabbi Yoḥanan said: One may curdle** milk **both with** rennet from **the stomach of a carcass and with** rennet from **the stomach of** an animal **slaughtered by a gentile, as** there is **no** need **to be concerned for the statement of Rabbi Eliezer.** According to this account, Rabbi Yoḥanan does not maintain that a gentile's presumed intention is for idol worship.

וְהִלְכְתָא: אֵין מַעֲמִידִין בְּעוֹר קֵבַת נְבֵלָה, אֲבָל מַעֲמִידִין בְּקֵבַת נְבֵלָה וּבְקֵבַת שְׁחִיטַת גּוֹי, וּבְקֵבַת כְּשֵׁרָה שֶׁיָּנְקָה מִן הַטְּרֵפָה, וְכׇל שֶׁכֵּן בְּקֵבַת טְרֵפָה שֶׁיָּנְקָה מִן הַכְּשֵׁרָה. מַאי טַעְמָא – חָלָב הַמְכוּנָּס בָּהּ, פִּירְשָׁא בְּעָלְמָא הוּא.

The Gemara concludes: **And the *halakha* is: One may not curdle** milk **with the skin of the stomach of a carcass,**[H] **but one may curdle** milk **with** rennet from **the stomach of a carcass and with** rennet from **the stomach of** an animal **slaughtered by a gentile,**[H] **and with** rennet from **the stomach of a kosher** animal **that suckled from a *tereifa*,**[H] **and all the more so with** rennet from **the stomach of a *tereifa*** animal **that suckled from a kosher** animal. **What is the reason** for these lenient rulings? **The milk collected in** a stomach **is merely secretion** and is not considered food that can be prohibited.

מתני׳ חוֹמֶר בְּחֵלֶב מִבְּדָם, וְחוֹמֶר בְּדָם מִבְּחֵלֶב. חוֹמֶר בְּחֵלֶב – שֶׁהַחֵלֶב

MISHNA Although animal fats and blood are similar in that they are both prohibited by Torah law and punishable by *karet*, there are elements more **stringent in** the prohibition of **fat than in** that of **blood, and** likewise there are elements more **stringent in** the prohibition of **blood than in** that of **fat.** The elements more **stringent in** the prohibition of **fat are** the following: The first is **that** with regard to **fat** of an offering,

מוֹעֲלִין בּוֹ, וְחַיָּיבִין עָלָיו מִשּׁוּם פִּיגּוּל, וְנוֹתָר, וְטָמֵא, מַה שֶּׁאֵין כֵּן בְּדָם.

one who derives benefit **from it** is liable for **misuse** of consecrated property. **And** second, one is **liable for eating it due to** violation of the prohibition of ***piggul***, if it was from an offering that was slaughtered with the intent to sprinkle its blood or partake of it beyond its designated time, **and** due to the prohibition of ***notar***, if it was from an offering whose period for consumption has expired. **And** third, if one is ritually impure, he is liable due to the prohibition of partaking of it while **impure.**[H] **This is not so with regard to blood,**[H] as one is not liable in these cases for violating the prohibitions of *piggul*, *notar*, and partaking of offerings while impure, but rather is liable only for violating the prohibition of consuming blood.

וְחוֹמֶר בְּדָם - שֶׁהַדָּם נוֹהֵג בִּבְהֵמָה וְחַיָּה וָעוֹף, בֵּין טְמֵאִים וּבֵין טְהוֹרִים, וְחֵלֶב אֵינוֹ נוֹהֵג אֶלָּא בִּבְהֵמָה טְהוֹרָה בִּלְבַד.

And the more **stringent** element **in** the prohibition of **blood** is **that** the prohibition of **blood applies to domesticated animals, undomesticated animals, and birds, both kosher and non-kosher, but** the prohibition of forbidden **fat applies only to a kosher domesticated animal.**

גמ׳ מְנָא הָנֵי מִילֵּי? אָמַר רַבִּי יַנַּאי: דְּאָמַר קְרָא ״כַּאֲשֶׁר יוּרַם מִשּׁוֹר זֶבַח הַשְּׁלָמִים״. וְכִי מָה לָמַדְנוּ מִ״שּׁוֹר זֶבַח הַשְּׁלָמִים״ מֵעַתָּה?

GEMARA According to the mishna, one who consumes forbidden fat of an offering is liable for misuse of consecrated property. The Gemara asks: **From where are these matters** derived? **Rabbi Yannai said:** They are derived from a verse, **as the verse states** that the sacrificial portions of a bull brought for an unwitting sin of the anointed priest must be burned upon the altar: **"As it is taken off from the bull of the peace offering"** (Leviticus 4:10). **But what, then, do we learn from the bull of the peace offering?** Everything that is specified with regard to a peace offering is stated with regard to this bull as well (see Leviticus 4:8–9).

הֲרֵי זֶה בָּא לְלַמֵּד וְנִמְצָא לָמֵד, מַקִּישׁ ״שׁוֹר זֶבַח הַשְּׁלָמִים״ לְפַר כֹּהֵן מָשִׁיחַ, מַה פַּר כֹּהֵן מָשִׁיחַ - יֵשׁ בּוֹ מְעִילָה, אַף שׁוֹר זֶבַח הַשְּׁלָמִים - יֵשׁ בּוֹ מְעִילָה.

Rather, **this** phrase initially **comes to teach** a *halakha* about the bull brought as an offering for an unwitting sin of the anointed priest, **but it turns out** that **it** actually **derives** a *halakha* from that case, as the verse **juxtaposes the bull of the peace offering to the bull of the anointed priest.** It teaches that **just as the bull of the anointed priest,** as an offering of the most sacred order, **is subject to** the prohibition on **misuse** of consecrated property, as offerings of the most sacred order are called "the sacred items of the Lord" (see Leviticus 5:15), **so too** the sacrificial portions of **the bull of the peace offering,** including its forbidden fat, are **subject to misuse** of consecrated property, even though it is an offering of lesser sanctity and is considered the property of the owner before slaughter.

אֲמַר לֵיהּ רַבִּי חֲנִינָא: כְּעוּרָה זוֹ שֶׁשָּׁנָה רַבִּי ״כׇּל חֵלֶב לַה׳״ - לְרַבּוֹת אֵימוּרֵי קֳדָשִׁים קַלִּים לִמְעִילָה!

Rabbi Ḥanina said to Rabbi Yannai: **Is that** derivation **that Rabbi** Yehuda HaNasi **taught unattractive,** that you derive a new one? He taught that when the Torah states with regard to peace offerings, which are of lesser sanctity: **"All the fat is the Lord's"** (Leviticus 3:16), it serves **to include the sacrificial portions**[L] **of offerings of lesser sanctity in** the prohibition against **misuse** of consecrated property, even though the prohibition is stated explicitly only with regard to offerings of the most sacred order.

HALAKHA

Due to *piggul*, *notar*, and partaking of it while impure – מִשּׁוּם פִּיגּוּל וְנוֹתָר וְטָמֵא: One who eats an olive-bulk of the blood of an offering that had been rendered *piggul* is not liable for the consumption of *piggul*. Likewise, one who eats an olive-bulk of the blood of an offering while he is in a state of ritual impurity or of the blood of a *notar* offering is not liable for eating an offering while impure or for eating *notar* (Rambam *Sefer Avoda*, *Hilkhot Pesulei HaMukdashin* 18:7, 17, 24).

This is not so with regard to blood – מַה שֶּׁאֵין כֵּן בְּדָם: One is not liable for misuse of consecrated property when deriving benefit from blood of a slaughtered offering, either before or after atonement, until the remainder of the blood flows to the Kidron River, in accordance with a mishna in tractate *Me'ila*. Once that blood has reached the Kidron River, one is liable by rabbinic law for its misuse (Ra'avad). In Temple times, gardeners paid for this water for use as fertilizer and thereby redeemed the remainder of blood from its sanctity (see *Yoma* 58b), and the proceeds of the sale belonged to the Temple (Rambam *Sefer Avoda*, *Hilkhot Me'ila* 2:11).

LANGUAGE

Portions [*eimurim*] – אֵימוּרִים: There are various explanations with regard to the source of this word, which refers to those portions of an offering burned and consumed upon the altar. Based on the Gemara in *Sukka* (55b), its root is *alef*, *mem*, *reish*, which means: Say. According to this, the word is used to indicate that these are the portions of which it is said that they must be sacrificed upon the altar (*Tosefot Yom Tov* on *Pesaḥim* 5:10). Following this interpretation, some claim that the term should be pronounced *amurim*. Alternatively, it is based on the word master [*mar*] (*Arukh*). If so, *eimurim* refers to the most important parts of an offering, or the master portions that are sacrificed upon the altar. Yet others relate it to the term *he'emarta*, as in the verse: "You have avouched [*he'emarta*] the Lord this day to be Your God" (Deuteronomy 26:17; *Mishne LaMelekh*). According to many linguists, the word *eimurim* comes from the Greek μῆρα, *mēra*, or μηρία, *mēpia*, meaning thigh bones, both of which refer to the portions of an offering that are burned along with their fatty parts.

BACKGROUND

Sheep tail [*alya*] – **אַלְיָה**: The *alya* is the long, thick, fatty tail of the breed of sheep that was common in Eretz Yisrael and the surrounding areas during the Temple era.

Fat-tailed sheep

NOTES

It should be prohibited for consumption – **תִּיתְּסַר בַּאֲכִילָה**: The Karaites accepted this conclusion and deemed the tail prohibited as forbidden fat. The Ibn Ezra discusses this issue at length in his commentary on Leviticus 7:20, as does the Ramban (on Leviticus 3:9).

אָמַר אַבָּיֵי: אִיצְטְרִיךְ, דְּאִי כְּתַב רַחֲמָנָא ״חֵלֶב״, הֲוָה אָמֵינָא חֵלֶב – אִין, יוֹתֶרֶת וּשְׁתֵּי כְלָיוֹת – לָא, כְּתַב רַחֲמָנָא ״כַּאֲשֶׁר יוּרַם״.

Abaye said: Rabbi Yannai's derivation **was necessary, as, if the Merciful One had written** only the verse "All **the fat** is the Lord's," **I would say** that the **fat** of offerings of lesser sanctity, **yes,** they are included in the prohibition, but the **diaphragm and** the **two kidneys** of such offerings are **not,** even though they are also burned upon the altar. Therefore, **the Merciful One writes: "As it is taken off** from the bull of the peace offering," to teach that even these portions are subject to the prohibition of misuse.

וְאִי כְּתַב רַחֲמָנָא ״כַּאֲשֶׁר יוּרַם״, הֲוָה אָמֵינָא חֵלֶב אַלְיָה דְּלֵיתָא בְּשׁוֹר – לָא, כְּתַב רַחֲמָנָא ״כָּל חֵלֶב״.

And conversely, **if the Merciful One had written** only the phrase: **"As it is taken off** from the bull," **I would say** that the prohibition applies only to those portions that are found in a bull, and that **the fat of** a sheep **tail,**[B] **which is not** found **in a bull,** is **not** included. Therefore, **the Merciful One writes: "All the fat** is the Lord's," to teach that the prohibition of misuse applies to all portions of offerings of lesser sanctity, including a sheep tail, which is referred to as fat in Leviticus 3:9.

אֲמַר לֵיהּ רַב מָרִי לְרַב זְבִיד: אִי אַלְיָה אִיקְּרַאי ״חֵלֶב״, תִּיתְּסַר בַּאֲכִילָה! אֲמַר לֵיהּ: עָלֶיךָ אָמַר קְרָא ״כָּל חֵלֶב שׁוֹר וְכֶשֶׂב וָעֵז״ – דָּבָר הַשָּׁוֶה בְּשׁוֹר וְכֶשֶׂב וָעֵז.

Rav Mari said to Rav Zevid: If a sheep **tail is called "fat," it should be prohibited for consumption,**[N] like forbidden fat. Rav Zevid **said to** Rav Mari: **With regard to your** claim, **the verse states:** "You shall eat no **fat, of ox, or sheep, or goat"** (Leviticus 7:23). This teaches that the Torah designates as forbidden fat only **an item that is** found **equally in an ox, and a sheep, and a goat.** Since the ox and goat do not have a tail that consists of a large amount of fat, the sheep's fatty tail is not prohibited.

רַב אַשִׁי אָמַר: ״חֶלְבּוֹ הָאַלְיָה״ – אִיקְּרַאי, ״חֵלֶב״ סְתָמָא לָא אִיקְּרַאי. אֶלָּא מֵעַתָּה לָא יִמְעֲלוּ בָּהּ! אֶלָּא, מְחַוַּורְתָּא כִּדְרַב זְבִיד.

Rav Ashi said a different explanation: **It is called "the fat tail,"** but **it is not called** simply: **Fat, without specification.** The Gemara objects: **If that is so** that the addition of a modifier indicates that the tail is not truly fat, then one who derives benefit **from** the tail **should not be** liable for **misuse** of consecrated property either. **Rather, it is clear** that the correct answer is **as** stated **by Rav Zevid.**

״מָה שֶׁאֵין כֵּן בְּדָם״. מְנָא הָנֵי מִילֵּי? אָמַר עוּלָּא, דְּאָמַר קְרָא: ״לָכֶם״ – שֶׁלָּכֶם יְהֵא. דְּבֵי רַבִּי יִשְׁמָעֵאל תָּנָא: ״לְכַפֵּר״ – לְכַפָּרָה נְתַתִּיו וְלֹא לִמְעִילָה.

§ The mishna teaches: **This is not so with regard to blood,** as one who derives benefit from blood is not liable for misuse of consecrated property. The Gemara asks: **From where are these matters** derived? **Ulla said: The verse states** with regard to blood: "For the life of the flesh is in the blood, and I have given it **to you** upon the altar to make atonement for your souls" (Leviticus 17:11). The term "to you" indicates that **it shall be yours,** rather than consecrated property, and is therefore not subject to the prohibition of misuse of consecrated property. **The school of Rabbi Yishmael taught** a different derivation. By using the term **"to make atonement,"** the verse teaches that God is saying: **I gave it to** achieve **atonement, but** not to be subject **to** the prohibition against **misuse** of consecrated property.

וְרַבִּי יוֹחָנָן אָמַר: אָמַר קְרָא ״הוּא״ – הוּא לִפְנֵי כַפָּרָה כִּלְאַחַר כַּפָּרָה, מָה לְאַחַר כַּפָּרָה אֵין בּוֹ מְעִילָה, אַף לִפְנֵי כַפָּרָה אֵין בּוֹ מְעִילָה.

And Rabbi Yoḥanan says that this *halakha* is derived from the latter part of **the verse,** which **states:** "For **it is** the blood that makes atonement for the soul" (Leviticus 17:11). The term "it is" teaches that the status of the blood remains as it is, i.e., **it is before atonement as** it is **after atonement.** As the Gemara will state, there is a principle that once the mitzva involving a consecrated item has been performed, the item is no longer subject to the prohibition of misuse of consecrated property. Accordingly, the term "it is" teaches that **just as after atonement,** i.e., after the blood has been sprinkled upon the altar, it is **not subject to** the prohibition against **misuse** of consecrated property, as the mitzva has already been performed, **so too, before atonement,** i.e., before the blood has been sprinkled upon the altar, it is **not subject to** the prohibition against **misuse** of consecrated property.

וְאֵימָא: ״הוּא״ – לְאַחַר כַּפָּרָה כִּלְפְנֵי כַפָּרָה, מָה לִפְנֵי כַפָּרָה יֵשׁ בּוֹ מְעִילָה, אַף לְאַחַר כַּפָּרָה יֵשׁ בּוֹ מְעִילָה! אֵין לְךָ דָּבָר שֶׁנַּעֲשָׂה מִצְוָתוֹ וּמוֹעֲלִין בּוֹ.

The Gemara objects: **But** if the term "it is" teaches that the status of the blood remains the same before and after atonement, one can **say** just the opposite: **It is after atonement as** it is **before atonement. Just as before atonement** the blood **is subject to** the prohibition of **misuse** of consecrated property, **so too, after atonement it is subject to** the prohibition of **misuse** of consecrated property. The Gemara responds: This cannot be the case, since as a rule, **there is no item whose mitzva has been performed and** is still subject to the prohibition of **misusing** of consecrated property.

וְלָא? וַהֲרֵי תְּרוּמַת הַדֶּשֶׁן דְּנַעֲשָׂה מִצְוָתוֹ וּמוֹעֲלִין בּוֹ, דִּכְתִיב ״וְשָׂמוֹ אֵצֶל הַמִּזְבֵּחַ״!

The Gemara asks: **And** is there **no** such case? **But there is** the mitzva of the daily **removal of the ashes**[B] of offerings burned on the altar, **the mitzva of which has been performed, and** yet one who derives benefit **from it** is liable for **misuse** of consecrated property, **as it is written:** "And he shall take up the ashes of what the fire has consumed of the burnt offering on the altar, **and he shall put them beside the altar**" (Leviticus 6:3). The ashes must be left there, where they are absorbed into the ground, and one who removes and derives benefit from them violates the prohibition against misuse of consecrated property, even though their mitzva has been performed. This contradicts the principle posited above.

מִשּׁוּם דַּהֲוַאי תְּרוּמַת הַדֶּשֶׁן וּבִגְדֵי כְהוּנָּה שְׁנֵי כְתוּבִין הַבָּאִין כְּאֶחָד, וְכׇל שְׁנֵי כְתוּבִין הַבָּאִין כְּאֶחָד אֵין מְלַמְּדִין.

The Gemara answers: The principle does not apply in that case, **because** the mitzva of **the removal of the ashes and the** matter of the four white **priestly vestments**[B] worn by the High Priest on Yom Kippur, which may not be used again, are both specified as exceptions to the *halakha* that the prohibition of misuse of consecrated property does not apply after their mitzva has been performed. Consequently, they **are two verses that come as one,** i.e., they share a unique *halakha* not found elsewhere. **And** as a rule, **any two verses that come as one do not teach** their common element to apply to other cases. The principle therefore remains in place.

הָנִיחָא לְרַבָּנַן דְּאָמְרִי: ״וְהִנִּיחָם שָׁם״ – מְלַמֵּד שֶׁטְּעוּנִין גְּנִיזָה. אֶלָּא לְרַבִּי דּוֹסָא דְּאָמַר: שֶׁלֹּא יִשְׁתַּמֵּשׁ בָּהֶן לְיוֹם הַכִּפּוּרִים אַחֵר, מַאי אִיכָּא לְמֵימַר?

The Gemara raises a further difficulty: **This works out well according to** the opinion of **the Rabbis, who say** that the verse: "And he shall take off the linen garments, which he wore when he went into the Sanctuary, **and shall leave them there**" (Leviticus 16:23), **teaches that** these four white garments worn by the High Priest on Yom Kippur are not fit for further use, and **they require interment.**[H] **But according to** the opinion of **Rabbi Dosa, who said** that the verse teaches only **that** the High Priest **may not use** the vestments **on Yom Kippur** in **a different** year, but they are fit for an ordinary priest and do not require interment, **what is there to say?** If the priestly vestments are not an exception to the *halakha* that there is no prohibition of misuse of consecrated property after the performance of a mitzva, the removal of the ashes remains as the only exception. Why, then, does it not serve as a paradigm for other instances in the Torah?

אֶלָּא, מִשּׁוּם דַּהֲוַאי תְּרוּמַת הַדֶּשֶׁן וְעֶגְלָה עֲרוּפָה שְׁנֵי כְתוּבִים הַבָּאִין כְּאֶחָד, וְכׇל שְׁנֵי כְתוּבִים הַבָּאִין כְּאֶחָד אֵין מְלַמְּדִין.

The Gemara responds: **Rather,** it is **because** the cases of the **removal of the ashes and the heifer whose neck is broken** to atone for an unsolved murder (Deuteronomy 21:1–9) **are two verses that come as one,** as it is also prohibited to derive benefit from the heifer after its mitzva is performed. **And any two verses that come as one do not teach** their common element to apply to other cases.

הָנִיחָא לְמַאן דְּאָמַר אֵין מְלַמְּדִין, אֶלָּא לְמַאן דְּאָמַר מְלַמְּדִין מַאי אִיכָּא לְמֵימַר? תְּרֵי

The Gemara asks: **This works out well according to the one who says** that two verses that come as one **do not teach** their common element to apply to other cases, **but according to the one who says** that two verses that come as one do **teach** their common element to apply to other cases, **what is there to say?** The Gemara answers: **Two**

HALAKHA

Teaches that they require interment – מְלַמֵּד שֶׁטְּעוּנִין גְּנִיזָה: The worn-out garments of the High Priest must be buried. The same applies to the white garments in which he serves on Yom Kippur. It is prohibited to derive any benefit from them, in accordance with the opinion of the Rabbis (Rambam *Sefer Avoda, Hilkhot Kelei HaMikdash* 8:5).

BACKGROUND

Removal of the ashes – תְּרוּמַת הַדֶּשֶׁן: There is a positive mitzva to remove some of the ashes from the altar each morning and bring them to the floor of the courtyard. The verse states: "And he shall take up the ashes to which the fire has reduced the burnt offering on the altar, and place them beside the altar" (Leviticus 6:3). This was the first of the daily rites performed in the Temple. In addition, from time to time, when the ashes accumulated, they would be removed from the Temple to a designated place outside Jerusalem called the Place of the Ashes. The fact that the ashes were placed in a designated location indicates that they retained some measure of sanctity, and were therefore subject to misuse (Rabbeinu Gershom on *Me'ila* 11b). Rashi explains that the purpose of storing the ashes away was to prevent people from deriving benefit from them. According to this interpretation as well, it follows that there exists a prohibition against the misuse of consecrated property with regard to them.

Priestly vestments – בִּגְדֵי כְּהוּנָּה: An ordinary priest serves in four vestments: Tunic, trousers, mitre, and belt. These garments are made of white linen, except the belt, which is made of linen and wool, and their thread is sixfold. The High Priest wears the four garments of a common priest plus four additional garments: Robe, ephod, breastplate, and frontplate.

Eight vestments of the High Priest

HALAKHA

Any item that has permitting factors, either with regard to a person or with regard to the altar, one is liable for eating it due to *piggul* – כָּל שֶׁיֵּשׁ לוֹ מַתִּירִין בֵּין לָאָדָם וּבֵין לַמִּזְבֵּחַ חַיָּיבִין עָלָיו מִשּׁוּם פִּגּוּל: One is liable to receive *karet* for rendering an offering *piggul* only for partaking of items that were rendered permitted either for human consumption or for the altar. If one ate from the permitting factor itself, he is not liable to receive *karet* but is flogged, like one who eats other consecrated items that were disqualified but that do not have *piggul* status. Consequently, one who partakes of blood is not liable for eating *piggul*, as the presentation of the blood on the altar permits the sacrificial portions to be burned upon the altar (Rambam *Sefer Avoda*, *Hilkhot Pesulei HaMukdashin* 18:7).

מִיעוּטֵי כְּתִיבִי, הָכָא כְּתִיב ״וְשָׂמוֹ״, הָתָם כְּתִיב ״הָעֲרוּפָה״.

exclusions are written in these two cases, which indicate that this *halakha* applies to them alone. **Here,** with regard to the removal of ashes, **it is written: “And he shall put it”** (Leviticus 6:3), indicating that this *halakha* applies to “it,” and nothing else. **There,** with regard to the heifer whose neck is broken, **it is written: “Whose neck was broken”** (Deuteronomy 21:6). This superfluous description teaches that the *halakha* that the prohibition of misuse of consecrated property is in effect even after the performance of a mitzva applies solely to this case and should not be extended to others.

וּתְלָתָא קְרָאֵי לָמָּה לִי בְּדָם?

The Gemara returns to the three phrases from Leviticus 17:11 cited above as teaching that the blood of offerings is not subject to the prohibition of misuse of consecrated property: **And why do I need** all **three verses** stated **with regard to blood?**

חַד לְמַעוּטֵי מִנּוֹתָר, וְחַד לְמַעוּטֵי מִמְּעִילָה, וְחַד לְמַעוּטֵי מִטּוּמְאָה.

The Gemara answers: **One** term serves **to exclude** blood **from** the prohibition of ***notar***. If one consumed the blood of such an offering, he is not liable for consuming *notar* as one who consumed the flesh would be. Rather, he is liable for violating only the prohibition against consuming blood. **And one** term serves **to exclude** blood **from** the prohibition against **misuse** of consecrated property, **and one** other term serves **to exclude** it **from** the prohibition of consumption of offerings in a state of **ritual impurity.** If one consumed this blood in a state of ritual impurity, he is liable only for consuming blood, but not for consuming consecrated food while ritually impure.

אֲבָל מִפִּגּוּל לָא צְרִיךְ קְרָא, דִּתְנַן: כָּל שֶׁיֵּשׁ לוֹ מַתִּירִין בֵּין לָאָדָם וּבֵין לַמִּזְבֵּחַ חַיָּיבִין עָלָיו מִשּׁוּם פִּגּוּל, וְדָם גּוּפֵיהּ מַתִּיר הוּא.

But no verse is required to exclude this blood **from** the *halakha* of ***piggul***, an offering sacrificed with intention to consume it beyond its designated time, consumption of which is punishable by *karet*, as this exception is already derived from another source. **As we learned** in a mishna (*Zevaḥim* 43a): Concerning **any** item **that has permitting factors, either with regard to** consumption by **a person or with regard to** burning on **the altar, one is liable for** eating **it due to** violation of the prohibition of ***piggul***.[H] **But** the permitting factor itself is not subject to *piggul*, and the **blood** of an offering **is itself a permitting factor,** as consumption of the offering by a person or by the altar is only permitted after the blood has been sprinkled on the altar. Therefore, the blood is not subject to the prohibition of *piggul*.

הדרן עלך כל הבשר

Summary of **Perek VIII**

This chapter primarily delineated the details of the prohibition of meat cooked in milk. These *halakhot* were discussed both with regard to the definition of the prohibition itself as well as with regard to practical guidelines.

It is accepted that the phrase: "You shall not cook a kid in its mother's milk" (Exodus 23:19, 34:26; Deuteronomy 14:21), is a general prohibition that includes the meat of both large and small animals, and that the milk need not be that of the animal's mother. The Gemara concludes, though, that by Torah law, only the meat and milk of domesticated animals are prohibited, but not the meat and milk of undomesticated animals or birds. Nevertheless, since the meat of undomesticated animals, and even that of birds, is generally considered meat, it is prohibited by rabbinic law to cook them in milk, as is the case with the meat of domesticated animals. The flesh of other animals, such as fish and grasshoppers, is not classified as meat, and it is permitted to cook them in milk *ab initio*.

The Sages taught that the prohibition of meat cooked in milk includes three separate prohibitions: One may not cook meat in milk, one may not eat meat and milk cooked together, and one may not derive benefit from such a dish.

Since it is permitted to eat both meat and milk when they are separate from one another, the Sages were concerned that people might treat the prohibition lightly, and they enacted several decrees to distance people from sin. These include the prohibition against placing cooked dishes of meat and milk together on the table upon which one eats unless there is a clear separation between them. Additionally, one must wait a period of time between eating meat and consuming milk. The Gemara does not specify the length of this period, and to this day there are disparate customs with regard to the amount of time one must wait between eating meat and milk.

The prohibition against mixing meat and milk does not apply by Torah law to the udders of animals and the milk they contain. Nevertheless, in practice one must remove the milk inside the udder before consuming the meat. The chapter also examined the similarly complicated case of curdling milk to make cheese using skin or rennet from an animal's stomach. Although the skin is considered meat, rennet is considered a mere secretion and cannot itself render the cheese prohibited as would prohibited food.

With regard to the scope of the prohibition of meat cooked in milk, the Gemara established that although the two are each permitted when separate, after they have been cooked together the mixture becomes prohibited in its own right, to the extent that if it is mixed into other dishes it renders them prohibited as well. In the terminology of the Gemara, the mixture is itself considered non-kosher meat. This led to a discussion of cases where a small quantity of milk was cooked with a piece of meat: Can that piece render an entire pot of meat prohibited due to the milk cooked

with it? A similar inquiry was raised with regard to other items rendered prohibited by foreign substances.

These are the main topics of the chapter. Numerous other matters were also examined concerning local customs, desirable habits, and table manners, all of which are related, to a greater or lesser extent, to the central *halakhot* addressed in the chapter.

Introduction to **Perek IX**

This chapter discusses issues related to the ritual impurity of dead animals. Ostensibly, it would have been more fitting for the chapter to be situated in one of the tractates of *Seder Teharot*, which discuss impurity, and not here in *Seder Kodashim*, which discusses sacrificial offerings. Nevertheless, this chapter is located in tractate *Ḥullin* due to its thematic connection to issues discussed in the tractate: Slaughter, flaying an animal's hide, severing an animal's limbs, and other themes that have implications with regard to impurity.

When discussing the impurity of animals, it is necessary to define which parts of an animal are susceptible to impurity. The animal's flesh is clearly susceptible to impurity, but what is the *halakha* with regard to its hide and bones? Can the hide or bones assume the status of flesh, e.g., if flesh is attached to them, or if they are soft enough?

In addition, it is necessary to determine the *halakha* with regard to marrow and eggs, edible substances that are completely covered. Is a completely sealed food item susceptible to impurity, or must there be a perforation for impurity to be transmitted?

These and many other questions concerning impurity are discussed in this chapter.

מתני׳ הָעוֹר וְהָרוֹטֶב וְהַקִּיפָה וְהָאֲלַל וְהָעֲצָמוֹת וְהַגִּידִין וְהַקְּרָנַיִם וְהַטְּלָפַיִם

MISHNA All foods that became ritually impure through contact with a source of impurity transmit impurity to other food and liquids only if the impure foods measure an egg-bulk. In that regard, the Sages ruled that even if a piece of meat itself is less than an egg-bulk, **the** attached **hide,** even if it is not fit for consumption, joins together with the meat to constitute an egg-bulk. **And** the same is true of **the** congealed **gravy** attached to the meat, although it is not eaten; **and** likewise **the spices** added to flavor the meat, although they are not eaten; **and the meat residue** attached to the hide after flaying; **and the bones; and the tendons;**[N] **and** the lower section of **the horns,** which remains attached to the flesh when the rest of the horn is removed; **and** the upper section of **the hooves,** which remains attached to the flesh when the rest of the hoof is removed.

מִצְטָרְפִין לְטַמֵּא טוּמְאַת אוֹכָלִין, אֲבָל לֹא טוּמְאַת נְבֵלוֹת.

All these items **join together** with the meat to constitute the requisite egg-bulk **to impart the impurity of food.**[H] Although if any of them was an egg-bulk they would not impart impurity of food, when attached to the meat they complete the measure. **But** they do **not** join together to constitute the measure of an olive-bulk required to impart **the impurity of animal carcasses.**[H]

כַּיּוֹצֵא בּוֹ, הַשּׁוֹחֵט בְּהֵמָה טְמֵאָה לְגוֹי וּמְפַרְכֶּסֶת – מְטַמְּאָה טוּמְאַת אוֹכָלִין, אֲבָל לֹא טוּמְאַת נְבֵלוֹת, עַד שֶׁתָּמוּת אוֹ עַד שֶׁיַּתִּיז אֶת רֹאשָׁהּ. רִיבָּה לְטַמֵּא טוּמְאַת אוֹכָלִין מִמַּה שֶּׁרִיבָּה לְטַמֵּא טוּמְאַת נְבֵלוֹת.

Similarly, there is another item that imparts impurity of food but not impurity of animal carcasses: In the case of **one who slaughters a non-kosher animal for a gentile and** the animal **is still twitching**[NH] and comes into contact with a source of impurity, the animal becomes impure with impurity of food and **imparts impurity of food** to other food, **but** does **not** impart **impurity of animal carcasses until** it **dies, or until one severs its head.**[H] The mishna summarizes: The Torah **included** certain items **to impart impurity of food beyond those which it included to impart impurity of animal carcasses.**

רַבִּי יְהוּדָה אוֹמֵר: הָאֲלַל הַמְכוּנָּס, אִם יֵשׁ בּוֹ כַּזַּיִת בְּמָקוֹם אֶחָד – חַיָּיב עָלָיו.

Rabbi Yehuda says: With regard to **the meat residue** attached to the hide after flaying **that was collected, if there is an olive-bulk of it in one place** it imparts impurity of an animal carcass, and one who contracts impurity from it and then eats consecrated foods or enters the Temple is **liable** to receive *karet*.[B] By collecting it in one place, the person indicates that he considers it as meat.

HALAKHA

All these items join together with the meat to impart the impurity of food – מִצְטָרְפִין לְטַמֵּא טוּמְאַת אוֹכָלִין: The hide attached to the meat; the gravy; the spices; the meat residue attached to the hide after flaying, some of which he intended to eat and some of which he did not, some of which was severed with a knife and some by an animal; the bones attached to the meat; the tendons; the lower sections of the horns, the hooves, the wings, the feathers, the beak, and the talons adjacent to the flesh are all susceptible to impurity, transmit impurity, and join together with the meat to constitute the requisite measure of an egg-bulk or one half of a half-loaf of bread to transmit impurity of food (Rambam *Sefer Tahara*, *Hilkhot Tumat Okhalin* 4:4).

But they do not join together to impart the impurity of animal carcasses – אֲבָל לֹא טוּמְאַת נְבֵלוֹת: With regard to an animal carcass, the hide, the meat residue attached to the hide after flaying, the bones, the tendons, the lower section of the horns that remains attached to the flesh when the rest of the horn is removed, and the hooves, including the section that remains attached to the flesh after the hoof is removed, all transmit impurity when they are attached to an olive-bulk of the meat. But they do not join together to constitute the measure of an olive-bulk required to transmit the impurity of animal carcasses (Rambam *Sefer Tahara*, *Hilkhot She'ar Avot HaTumot* 1:7).

One who slaughters a non-kosher animal for a gentile and the animal is still twitching – הַשּׁוֹחֵט בְּהֵמָה טְמֵאָה לְגוֹי וּמְפַרְכֶּסֶת: If one slaughters a non-kosher animal for a gentile and the animal is still twitching and comes into contact with a source of impurity, the animal becomes impure with impurity of food (Rambam *Sefer Tahara*, *Hilkhot Tumat Okhalin* 3:4, 2:6).

But does not impart impurity of animal carcasses until it dies, or until one severs its head – אֲבָל לֹא טוּמְאַת נְבֵלוֹת עַד שֶׁתָּמוּת אוֹ עַד שֶׁיַּתִּיז אֶת רֹאשָׁהּ: If one slaughters a non-kosher animal for a gentile and the animal is still twitching and comes into contact with a source of impurity, the animal does not impart impurity of a carcass until it stops twitching and dies, or until one severs its head (Rambam *Sefer Tahara*, *Hilkhot She'ar Avot HaTumot* 2:1).

NOTES

And the tendons – וְהַגִּידִין: The tendons, like the other parts of the animal mentioned in the mishna, join together with the flesh to constitute the requisite egg-bulk to transmit impurity of food, but they do not join together to constitute the measure of an olive-bulk required to transmit impurity of a carcass. Rashi explains that the reason for the latter principle is that it is written: "Its carcass [*benivlatah*]" (Leviticus 11:39), indicating that this impurity applies only to one who touches its carcass, but not its hide, its bones, or its tendons. The later commentaries question this explanation of the mishna's ruling with regard to tendons, based on Rashi's comment in tractate *Pesahim* (22a) that the tendons are considered part of the carcass. If tendons are considered part of the carcass, they should not be excluded from transmitting impurity of a carcass by the term "its carcass." The Rashash explains that despite the fact that tendons are included in the term carcass, the extra letter *heh* at the end of the term *benivlatah* excludes tendons from transmitting impurity of a carcass.

One who slaughters a non-kosher animal for a gentile and the animal is still twitching – הַשּׁוֹחֵט בְּהֵמָה טְמֵאָה לְגוֹי וּמְפַרְכֶּסֶת: Rashi states that there are four specific conditions with regard to this *halakha*: The slaughter must be performed by a Jew, it must be a kosher slaughter, it must be a non-kosher animal that is being slaughtered, and the animal must be slaughtered for the sake of a gentile. Rashi explains the need for these conditions as follows: Ritual slaughter permits consumption of a kosher animal for a Jew immediately, even if it is still twitching. Therefore, although consumption of the animal is forbidden in this case, the intention of the one slaughtering the animal deems the animal as food during the time while the animal is still twitching, for the purpose of the *halakha* of transmitting the impurity of food. By contrast, an animal that is slaughtered improperly is fit for consumption by a gentile only when it stops twitching and is fully dead. Therefore, if the slaughter was invalid, either because it was performed by a gentile or the animal was killed via a method other than ritual slaughter, the animal is not deemed as food during the time of twitching. In addition, if the non-kosher animal was slaughtered for the sake of a Jew it cannot be considered food because it is unfit for consumption by a Jew. As for the reason that the mishna specifically discusses a non-kosher animal as opposed to a kosher animal, Rashi explains that once this *halakha* has been established with regard to a non-kosher animal, it certainly is applicable to a kosher animal as well.

BACKGROUND

Karet – כָּרֵת: *Karet* is a divine punishment for serious transgressions. The precise nature of this punishment is a matter of dispute among the commentaries. The various interpretations include premature or sudden death, barrenness and the death of the sinner's children, and excision of the soul from the World-to-Come. *Karet* applies only to one who intentionally commits a transgression. If one transgresses a prohibition that is punishable by *karet* in the presence of witnesses, he is subject either to the penalty of lashes or execution by an earthly court, depending upon the prohibition. One who inadvertently transgresses one of the prohibitions punishable by *karet* must bring a sin offering as atonement. Thirty-six transgressions punishable by *karet* are listed in tractate *Karetot*. All of these are violations of prohibitions, with two exceptions: Neglecting to sacrifice the Paschal offering and failure to ensure that one is circumcised.

BACKGROUND

Wheat...and barley in its shell – **חִטָּה...וּשְׂעוֹרָה בִּקְלִיפָּתָהּ**: Grain seeds are composed of two coverings: An outer shell or husk that covers the kernel while it is on the stalk, and an inner shell that falls off when the grain is ground. The outer shell serves as protection, but the inner shell is considered part of the food (Rashi).

Wheat kernels and husk

גמ׳ תְּנֵינָא לְהָא, דְּתָנוּ רַבָּנַן: שׁוֹמְרִים – לְטוּמְאָה קַלָּה, וְלֹא שׁוֹמְרִים לְטוּמְאָה חֲמוּרָה.

GEMARA The mishna teaches that the attached hide joins together with the meat to constitute the requisite egg-bulk to impart the impurity of food even though it is not fit for consumption. This is because the hide acts as a protective cover for the meat. But it does not join to constitute the measure of an olive-bulk required to impart the impurity of animal carcasses. The Gemara notes: **We learn** in the mishna **that which the Sages taught** explicitly in a *baraita*: An appendage that serves as **protection** joins together with food **with regard to a light** level of **impurity,** such as the impurity of food, which can be transmitted only to food but not to people or vessels. **But protection** attached to food does **not** join together with food **with regard to a severe** level of **impurity,** such as the impurity of an animal carcass, which can be transmitted even to people and vessels.

שׁוֹמְרִים לְטוּמְאָה קַלָּה מְנָלַן? דְּתָנָא דְּבֵי רַבִּי יִשְׁמָעֵאל: ״עַל כׇּל זֶרַע זֵרוּעַ״ – כְּדֶרֶךְ שֶׁבְּנֵי אָדָם מוֹצִיאִין לִזְרִיעָה, חִטָּה בִּקְלִיפָּתָהּ, וּשְׂעוֹרָה בִּקְלִיפָּתָהּ, וַעֲדָשִׁים בִּקְלִיפָּתָן.

The Gemara asks: **From where do we** derive that **protection** joins together with food **with regard to a light** level of **impurity?** The Gemara answers that it is derived from a verse, **as the school of Rabbi Yishmael taught:** With regard to the *halakhot* of imparting impurity of food, the verse states: "And if anything falls from their carcass **upon any sowing seed** that is sown, it is pure. But if water is put upon the seed, and any of the carcass falls on it, it is impure for you" (Leviticus 11:37–38). The phrase "upon any sowing seed" indicates that the entire seed is susceptible to impurity when it is in a state where it is **typical for people to take it out** to the field **for sowing:** This applies to **wheat in its shell, and barley in its shell,**[B] **and lentils in their shells.** This demonstrates that shells and other components that protect the food are considered part of the food with regard to a light level of impurity.

וְלֹא שׁוֹמְרִים לְטוּמְאָה חֲמוּרָה מְנָלַן? דְּתָנוּ רַבָּנַן: ״בְּנִבְלָתָהּ״ – וְלֹא בְּעוֹר שֶׁאֵין עָלָיו כַּזַּיִת בָּשָׂר.

The Gemara asks: **From where do we** derive that **protection does not** join together with the food **with regard to a severe** level of **impurity?** The Gemara answers that it is **as the Sages taught** in a *baraita*: With regard to the impurity of a carcass, the verse states: "And if any animal of which you may eat dies, one who touches **its carcass** shall be impure until the evening" (Leviticus 11:39). This indicates that only one who touches the flesh of the carcass becomes impure, **but** one who touches the **hide** of the carcass **upon which there is not an olive-bulk of flesh** does **not** become impure.

יָכוֹל הַנּוֹגֵעַ כְּנֶגֶד בָּשָׂר מֵאֲחוֹרָיו לֹא יְהֵא טָמֵא? תַּלְמוּד לוֹמַר ״יִטְמָא״.

One **might** have thought that only one who touches the flesh of the carcass becomes impure, but **one who touches the external** side of the hide of the carcass that is **aligned with the flesh,** but does not touch the flesh itself, **does not become impure.** Therefore, **the verse states:** "One who touches its carcass **shall be impure** until the evening" (Leviticus 11:39). It is derived from the term "shall be impure" that even one who touches the hide in this manner becomes impure.

מַאי קָאָמַר? אָמַר רָבָא, וְאָמְרִי לַהּ כְּדִי: חַסּוּרֵי מִיחַסְּרָא וְהָכִי קָתָנֵי, ״בְּנִבְלָתָהּ״ – וְלֹא בְּעוֹר שֶׁאֵין עָלָיו כַּזַּיִת בָּשָׂר וְעוֹר מַשְׁלִימוֹ לְכַזַּיִת.

The Gemara asks: **What is** the *baraita* **saying?** The first clause of the *baraita* teaches that the hide does not impart impurity of a carcass while the latter clause teaches that one who touches the hide does become impure with the impurity of a carcass. **Rava said, and some say it unattributed:** The *baraita* **is incomplete and this** is what **it is teaching:** The term **"its carcass"** teaches that one who touches the flesh of a carcass becomes impure **but** one who touches the **hide** of a carcass **upon which there is not an olive-bulk of flesh** does **not** become impure. **And** even if the volume of the **hide** together with the flesh **adds up to an olive-bulk,** the hide does not join together with the flesh to constitute the measure of an olive-bulk required to impart impurity of an animal carcass.

יָכוֹל שֶׁאֲנִי מוֹצִיא אַף עוֹר שֶׁיֵּשׁ עָלָיו כַּזַּיִת בָּשָׂר, הַנּוֹגֵעַ כְּנֶגֶד בָּשָׂר מֵאֲחוֹרָיו, יָכוֹל לֹא יְהֵא טָמֵא, וַאֲפִילּוּ מַעֲשֶׂה יָד נָמֵי לָא עָבֵיד?

One **might** have thought **that I remove** from the category of impurity of a carcass **even a hide upon which there is an olive-bulk of flesh** with regard to **one who touches the external** side of the hide of the carcass that is **aligned with the flesh** but does not touch the flesh itself. One **might** have thought that **he does not become impure** in such a case, **and** that the hide in this case **does not even constitute a handle**[N] of the flesh, which would render one who touches it impure as though he touched the flesh itself.

תַּלְמוּד לוֹמַר ״יִטְמָא״.

Therefore, **the verse states: "Shall be impure,"**[H] from which it is derived that even though an appendage that serves as protection for the flesh does not join together with the flesh to constitute the measure of an olive-bulk required to impart the impurity of animal carcasses, it is considered a handle of the flesh, which does impart impurity. Therefore, if there is an olive-bulk of flesh attached to the hide, one who touches the outside of the hide becomes impure, even if he did not touch the flesh.

תְּנַן הָתָם: כׇּל שֶׁהוּא יָד וְלֹא שׁוֹמֵר – טָמֵא וּמְטַמֵּא וְאֵינוֹ מִצְטָרֵף.

§ The Gemara discusses the transmission of impurity of food with regard to accessories that serve as a handle and that provide protection. **We learned** in a mishna **there** (*Okatzin* 1:1): With regard to **any** appendage **that** serves as **a handle,** i.e., a part that one holds while eating the food, **but** does **not** provide **protection,**[H] the attached food becomes **impure** if the handle comes into contact with a source of impurity, **and** the handle **transmits impurity** from the attached food to other foods that come into contact with the handle. **But** the handle **does not join together** with the food to constitute the requisite measure to impart impurity.

שׁוֹמֵר, וְאַף עַל פִּי שֶׁאֵינוֹ יָד – טָמֵא וּמְטַמֵּא וּמִצְטָרֵף. לֹא יָד וְלֹא שׁוֹמֵר – לֹא טָמֵא וְלֹא מְטַמֵּא.

With regard to any appendage that provides **protection, even if** it does **not** serve as **a handle,** the attached food becomes **impure** if the protection comes into contact with an impure item, **and** the protection **imparts impurity, and it** also **joins together** with the food to constitute the requisite measure to impart impurity. With regard to an appendage that does **not** serve as **a handle nor** as **protection,** the attached food does **not** become **impure** if the appendage comes into contact with a source of impurity, **nor** does the appendage **impart impurity.** In addition, it does not join together with the food to constitute the requisite measure to impart impurity.

יָדוֹת הֵיכָא כְּתִיבִי? דִּכְתִיב ״וְכִי יֻתַּן מַיִם עַל זֶרַע וְנָפַל מִנִּבְלָתָם עָלָיו טָמֵא הוּא לָכֶם״. ״לָכֶם״ – לְכֹל שֶׁבְּצׇרְכֵיכֶם, לְרַבּוֹת אֶת הַיָּדוֹת.

The Gemara asks: **Where** is this *halakha* that **handles** are susceptible to and impart impurity **written?** The Gemara answers: **As it is written** with regard to the impurity of food: **"But if water is put on the seed, and any of the carcass falls on it, it is impure for you"** (Leviticus 11:38). It is derived from the term **"for you"** that **any** part **needed for your** use of the food is susceptible to impurity and imparts impurity, **including the handles** that facilitate the consumption of the food.

NOTES

Handle – יָד: The term handle refers to any part of a person, animal, vessel or food that facilitates usage of the item to which it is attached. Therefore, even a carcass can have a handle that is susceptible to impurity, such as its bones, horns and hooves. Likewise, one who touches the handle of a carcass is susceptible to impurity as if he touched the animal itself (Rambam *Sefer Tahara, Hilkhot She'ar Avot HaTumot* 1:7, 6:13).

HALAKHA

Therefore the verse states: Shall be impure – תַּלְמוּד לוֹמַר יִטְמָא: With regard to the hide of a carcass that is attached to an olive-bulk of flesh, a fiber attached to the hide or hair on the outside of the hide is susceptible to impurity because the hide, along with its hair, is considered an appendage that protects the flesh. This *halakha* applies only if the flesh was detached from the carcass by an animal, but if it was detached by a knife, then if the flesh is shallow, it is insignificant (Rambam *Sefer Tahara, Hilkhot She'ar Avot HaTumot* 1:11).

Any appendage that serves as a handle but does not provide protection, etc. – כׇּל שֶׁהוּא יָד וְלֹא שׁוֹמֵר וכו׳: With regard to any appendage that serves as a handle but does not provide protection, the attached food becomes impure if the handle comes into contact with a source of impurity. In addition, the handle transmits impurity from the attached food to other foods that come into contact with the handle, but the handle does not join together with the food to constitute the requisite measure to impart impurity. With regard to any appendage that provides protection but does not serve as a handle, the attached food becomes impure if the protection comes into contact with a source of impurity. Moreover, the protection imparts impurity, and it also joins together with the food to constitute the requisite measure to impart impurity. An appendage that does not serve as a handle nor as protection is not susceptible to impurity, nor does it impart impurity, and it does not join together with the food to constitute the requisite measure to impart impurity (Rambam *Sefer Tahara, Hilkhot Tumat Okhalin* 5:2, 5).

וּכְתִיב ״וְכִי יָמוּת מִן הַבְּהֵמָה אֲשֶׁר הִיא לָכֶם״, ״לָכֶם״ – לְכָל שֶׁבִּצְרָכֵיכֶם, לְרַבּוֹת אֶת הַיָּדוֹת, יָד לְהַכְנִיס וּלְהוֹצִיא.

And furthermore **it is written** with regard to the impurity of a carcass: **"And if any animal which is for you** to consume **dies,** one who touches its carcass shall be impure until the evening" (Leviticus 11:39). The term **"for you"** indicates that **any** part **needed for your** use of the carcass imparts impurity, **including the handles.** One who touches the handle of an item that is impure with impurity of a carcass becomes impure as though he touched the carcass itself. These two verses teach that **a handle** transmits impurity both **with regard to importing** impurity into the attached food **and with regard to exporting** impurity from the attached food.

שׁוֹמֵר לְהַכְנִיס וּלְהוֹצִיא לָא צְרִיךְ קְרָא, קַל וָחוֹמֶר, מִיָּד אָתֵי: וּמַה יָּד שֶׁאֵינָהּ מְגִינָּה – מַכְנֶסֶת וּמוֹצִיאָה, שׁוֹמֵר – לֹא כָּל שֶׁכֵּן!

A verse is not needed to derive that **protection** both **imports and exports** impurity. This *halakha* **is inferred *a fortiori* from** the *halakha* of **a handle: If a handle, which** is treated more leniently than protection because it **does not protect** the food, nevertheless both **imports and exports** impurity, then with regard to **protection,** which is treated more stringently than a handle because it protects the food, should it **not all the more so** import and export impurity?[N]

שׁוֹמֵר דִּכְתַב רַחֲמָנָא לָמָּה לִי – שְׁמַע מִינָּהּ: לְצָרֵף.

Since this is so, **why do I** need the verse **that the Merciful One writes** from which it is derived that **protection** is considered part of the food with regard to ritual impurity, i.e., the verses: "Upon any sowing seed that is sown… It is impure for you" (Leviticus 11:37–38)? **Conclude from** these verses that protection not only imparts impurity, but even **joins together** with the food to constitute the requisite measure to impart impurity.

וְאֵימָא: יָד – לְהַכְנִיס וְלֹא לְהוֹצִיא, שׁוֹמֵר – לְהַכְנִיס וּלְהוֹצִיא, אֲבָל יָד לְהוֹצִיא, וְשׁוֹמֵר לְצָרֵף – לָא!

The Gemara challenges: **But say** that these verses should be interpreted differently: **A handle,** which is treated more leniently than protection, is considered part of the food such that it **imports but does not export** impurity. **Protection,** which is treated more stringently than a handle, is considered like food **to import and export** impurity. **But** it is **not** derived that **a handle exports** impurity nor that **protection joins together** with the food to constitute the requisite measure to impart impurity.

יָד לְהַכְנִיס וְלֹא לְהוֹצִיא לָא מָצֵית אָמְרַתְּ, הָשְׁתָּא עַיּוּלֵי מְעַיְּילָא, אַפּוּקֵי מִיבַּעְיָא?!

The Gemara explains: **You cannot say** that **a handle** is considered part of the food such that it **imports but does not export** impurity for the following reason: **Now** that the handle is considered part of the food with regard to **importing** impurity into the food, **is it necessary** to state that it **exports** impurity?[N] If a handle can cause ritually pure food attached to it to become impure, certainly it can transmit the impurity of impure food attached to it to other foods. Consequently, since a handle both imports and exports impurity, it is inferred *a fortiori* that protection also imports and exports impurity. It is therefore derived from the verse concerning appendages that serve as protection that protection joins together with the food to constitute the requisite measure to impart impurity.

וְאֵימָא. יָד – לְהוֹצִיא וְלֹא לְחַכְנִיס, שׁוֹמֵר לְהוֹצִיא וּלְהַכְנִיס, אֲבָל יָד לְהַכְנִיס וְשׁוֹמֵר לְצָרֵף – לָא!

The Gemara challenges: **But say** instead that **a handle,** which is treated more leniently than protection, is considered part of the food such that it **exports but does not import** impurity. **Protection,** which is treated more stringently than a handle, both **exports and imports** impurity. **But** it is **not** derived that **a handle imports** impurity **nor** that **protection joins together** with the food to constitute the requisite measure to impart impurity.

NOTES

Protection, should it not all the more so import and export impurity – שׁוֹמֵר לֹא כָּל שֶׁכֵּן: Protection serves a more important role than that of a handle, as without protection the object would be destroyed. A handle facilitates using the object but is not essential to the existence of the object. Therefore, if a handle is considered a necessary component of the object, then all the more so protection is considered a necessary component of the object (*Yosef Da'at*).

Now that the handle is importing impurity, is it necessary to state that it exports impurity – הָשְׁתָּא עַיּוּלֵי מְעַיְּילָא אַפּוּקֵי מִיבַּעְיָא: The early commentaries explain that if a handle imports impurity from an external source into the object to which it is attached, this indicates that the status of the object follows that of its handle. If that is so, then it is logical that the status of the handle also follows that of the object, and the handle exports impurity from that object and imparts the impurity to an external object that it touches (Ran). The later commentaries disagree with this explanation and understand that exporting impurity does not mean that impurity is exported from one object to another object via the handle. Rather, it means that the handle itself becomes impure if the object to which it is attached is impure (*Torat Ḥayyim*).

יַד יְתֵירָא כְּתִיב ״תַּנּוּר וְכִירַיִם יֻתָּץ״ וגו׳.

The Gemara explains: There is **an additional** derivation with regard to **a handle,** as **it is written** with regard to the impurity of vessels: "And everything upon which any part of their carcass falls shall be impure; whether **an oven, or a range for pots, it shall be broken** in pieces; they are impure, and shall be impure for you" (Leviticus 11:35).

״לָכֶם״ – לְכָל שֶׁבְּצׇרְכֵיכֶם, לְרַבּוֹת אֶת הַיָּדוֹת.

It is derived from the term **"for you"** that **any** part **needed for your** use of a vessel has the impurity status of the vessel itself, **including the handles.** Therefore, if the vessel comes into contact with a source of impurity, the handle is considered part of the vessel and is also rendered impure. Consequently, there are two derivations with regard to a handle: One teaches that a handle imports impurity into the object to which it is attached, and the other teaches that a handle exports impurity from the object. It is derived through *a fortiori* inference from the *halakha* of a handle that protection both imports and exports impurity, and therefore the verse that states "Upon any sowing seed" teaches that protection joins together with the food to constitute the requisite measure to impart impurity.

הִי מִינַּיְיהוּ מְיַיתַּר?

The Gemara asks: With regard to these three verses that are interpreted as referring to handles, one of which discusses the impurity of food, one of which discusses the impurity of vessels, and one of which discusses the impurity of carcasses, **which of them is superfluous** such that one can derive from it that a handle does not merely export impurity from the food but imports impurity to the food as well? All of these verses are necessary to teach that a handle exports impurity.

לִכְתּוֹב רַחֲמָנָא בִּזְרָעִים, וְלֵיתוּ הָנָךְ מִינַּיְיהוּ, מָה לִזְרָעִים שֶׁכֵּן טוּמְאָתָן מְרוּבָּה!

The Gemara elaborates on the question: **Let the Merciful One write** that a handle exports impurity **with regard to** the impurity of **seeds,** i.e., food, **and let those** matters, i.e., that it exports the impurity of vessels and animal carcasses, **be derived from it.** But one cannot infer from the impurity of food that a handle exports the impurity of vessels, as **what** is notable **about seeds?** It is notable **in that they have a greater** susceptibility to **impurity.** Food is susceptible to even second-degree impurity, whereas vessels are susceptible to only first-degree impurity. Likewise, one cannot derive from the impurity of food that a handle exports the impurity of an animal carcass because the impurity of food applies to more items, as is taught in the mishna that some items are susceptible to the impurity of food but not to the impurity of animal carcasses.

לִכְתּוֹב רַחֲמָנָא בְּתַנּוּר, וְלֵיתֵי הָנָךְ מִינֵּיהּ – מָה לְתַנּוּר שֶׁכֵּן מְטַמֵּא מֵאֲוִירוֹ!

Let the Merciful One write that a handle exports impurity **with regard to** the impurity of **an oven,** i.e., vessels, **and let those** matters, i.e., that it exports the impurity of food and the impurity of an animal carcass, **be derived from it.** But this inference is also not valid, as **what** is notable **about** the impurity of **an oven?** It is notable **in that** a vessel **transmits impurity** to foods not only through contact but also **through its airspace,** whereas those other types of impurity do not share this element of stringency.

לִכְתּוֹב רַחֲמָנָא בִּנְבֵלָה, וְלֵיתֵי הָנָךְ מִינָּהּ – מָה לִנְבֵלָה שֶׁכֵּן מְטַמְּאָה אָדָם, וּמְטַמְּאָה בְּמַשָּׂא, וְטוּמְאָה יוֹצְאָה מִגּוּפָהּ!

Let the Merciful One write that a handle exports impurity **with regard to** the impurity of an animal **carcass, and let those** matters, i.e., that it exports the impurity of food and of vessels, **be derived from it.** But this inference is also not valid, as **what** is notable **about** the impurity of **a carcass?** It is notable **in that** a carcass **transmits impurity to a person, and transmits impurity to** one **carrying** the carcass even if he is not touching it, **and** its **impurity emanates from its body** and does not originate from an external source. Those other types of impurity do not share these elements of stringency.

חֲדָא מֵחֲדָא לָא אָתְיָא, תֵּיתֵי חֲדָא מִתַּרְתֵּי.

The Gemara answers: The *halakha* of **one** of these three types of ritual impurity **cannot be derived from** the *halakha* of any **one** of the others. Yet, one of the verses is still superfluous because one can **derive** the *halakha* of **one** of these three types **from** the other **two.**

NOTES

Produce that is not rendered susceptible is equivalent to an oven whose construction is not complete – **פֵּירוֹת שֶׁלֹּא הוּכְשְׁרוּ כְּתַנּוּר שֶׁלֹּא נִגְמְרָה מְלַאכְתּוֹ דָּמֵי**: Produce is rendered susceptible to impurity only after coming into contact with one of seven liquids. Although this is a Torah edict, the commentaries provide a reason for it: Laws of the Torah are applicable to objects only after their construction is complete. So too, produce becomes susceptible to impurity only after the dirt is washed off with liquid and the produce is rendered edible food. For the same reason, the owner of the produce must want the liquid to come into contact with the produce, because only in this way is contact with liquid considered an act that transforms the produce into food. Alternatively, the Ramban explains that residue of creeping animals and other sources of impurity sticks to wet produce but not to dry produce, and therefore the Torah is concerned with produce that is wet. Moreover, even after the produce dries it is still susceptible to impurity, because the Torah did not render its laws subject to circumstance (see Rashi, Rashbam, Ramban, and *Sefer HaḤinnukh* on Leviticus 11:38).

What is notable about those? They are notable in that they become impure even without contact, etc. – **מַה לְּהָנָךְ שֶׁכֵּן מִטַּמְּאִין שֶׁלֹּא בִּנְגִיעָה וכו׳**: The Gemara here is contrasting the cases discussed in the verses and not the *halakhot* of impurity. The *halakha* is that foods can also become impure in a manner other than contact, e.g., through being carried or being in a tent together with a source of impurity. But the verse with regard to seeds is discussing a case of food becoming impure through contact, whereas the verses discussing carcasses and vessels include cases of becoming impure without contact. Since the distinction between these impurities is based on a reading of the verses and not on *halakhot*, Rashi points out that any manner of objection is sufficient in this discussion to reject a proposed derivation. Alternatively, other commentaries read the Gemara differently: What is notable about those cases of impurity of carcasses and vessels? They are notable in that they both impart impurity even without contact. Shall you state the same *halakha* with regard to seeds, which impart impurity only through contact? According to this reading there is a fundamental difference between these *halakhot* of impurity, because food imparts impurity only through contact, which is not the case for a carcass and a vessel (Rashash).

הֵי תֵּיתֵי? לָא לִכְתּוֹב רַחֲמָנָא בִּזְרָעִים וְתֵיתֵי מֵהָנָךְ – מַה לְּהָנָךְ שֶׁכֵּן מִטַּמְּאִין שֶׁלֹּא בְּהֶכְשֵׁר, תֹּאמַר בִּזְרָעִים שֶׁאֵין מִטַּמְּאִין אֶלָּא בְּהֶכְשֵׁר!

The Gemara asks: **Which** can one **derive** from the other two? **Let the Merciful One not write** that a handle exports impurity **with regard to** the impurity of **seeds,** i.e., food, **and derive** this *halakha* **from those** two other cases, the impurity of carcasses and of vessels. But this inference is not valid, as **what** is notable **about those** cases? They are notable **in that they become ritually impure without** first being **rendered susceptible** to impurity by coming into contact with liquid. **Shall you say** the same *halakha* **with regard to seeds, which** do not share this element of stringency, as food **can become impure only** after first being **rendered susceptible** to impurity by coming into contact with liquid?

אֲמַר רַב הוּנָא בְּרֵיהּ דְּרַב יְהוֹשֻׁעַ: פֵּירוֹת שֶׁלֹּא הוּכְשְׁרוּ, כְּתַנּוּר שֶׁלֹּא נִגְמְרָה מְלַאכְתּוֹ דָּמֵי.

Rav Huna, son of Rav Yehoshua, said: This element of leniency is not unique to the impurity of food. **Produce that is not rendered susceptible** to impurity by coming into contact with liquid **is equivalent to an oven whose construction is not complete.**[N] An oven whose construction is incomplete is also not susceptible to impurity.

אֶלָּא פְּרֵיךְ הָכִי: מַה לְּהָנָךְ שֶׁכֵּן מִטַּמְּאִין שֶׁלֹּא בִּנְגִיעָה, תֹּאמַר בִּזְרָעִים שֶׁאֵין מִטַּמְּאִין אֶלָּא בִּנְגִיעָה!

Rather, refute this derivation **in the following manner: What** is notable **about those** cases of impurity of carcasses and vessels? They are notable **in that they become impure** even **without contact.**[N] An oven becomes impure if a creeping animal is within its airspace, and the impurity of an animal carcass originates from its own body without contact with an external source. **Shall you state** the same *halakha* **with regard to seeds, which become impure only through contact?**

לָא לִכְתּוֹב רַחֲמָנָא בְּתַנּוּר וְתֵיתֵי מֵהָנָךְ – מַה לְּהָנָךְ שֶׁכֵּן אוֹכֶל!

Let the Merciful One not write that a handle exports impurity **with regard to** the impurity of **an oven,** i.e., vessels, **and derive** this *halakha* **from those** cases, the impurity of food and carcasses. But this derivation is not valid, as **what** is notable **about those** cases of the impurity of food and carcasses? They are notable **in that they are food.** Therefore, their *halakhot* cannot necessarily be applied to an oven and other vessels that are not food.

לָא לִכְתּוֹב רַחֲמָנָא בִּנְבֵלָה וְתֵיתֵי מֵהָנָךְ – אִין הָכִי נַמִי. אֶלָּא יָד דִּנְבֵלָה לָמָּה לִי? אִם אֵינוֹ עִנְיָן לְיַד נְבֵלָה, תְּנֵהוּ עִנְיָן לְיָד דְּעָלְמָא,

Let the Merciful One not write that a handle exports impurity **with regard to a carcass and derive** this *halakha* **from those** cases of the impurity of food and vessels. The Gemara responds: **Yes, it is indeed so. Rather,** since one can derive in such a manner that a handle attached to a carcass imparts impurity, **why do I** need the verse to state the *halakha* of **a handle** with regard to the impurity **of a carcass? If it is not** needed for the **matter of a handle** with regard to the impurity of **a carcass, apply it** to the **matter of a handle in general** with regard to food, and derive from it that a handle imports impurity to the food.

יָד – לְהַכְנִיס, יָד – לְהוֹצִיא, שׁוֹמֵר – לְצָרֵף.

Therefore, in summary, one can derive that **a handle imports** impurity and that **a handle exports** impurity, and one can infer that protection imports and exports impurity *a fortiori* from the *halakha* of a handle. It is therefore derived from the verse concerning protection that **protection joins together** with the food to constitute the requisite measure to impart impurity.

וְאַכַּתִּי יָד דִּנְבֵלָה אִצְטְרִיךְ, דְּאִי לָא כְּתַב רַחֲמָנָא בִּנְבֵלָה הֲוָה אָמִינָא: דַּיּוֹ לַבָּא מִן הַדִּין לִהְיוֹת כַּנִּדּוֹן, מָה הָנָךְ לֹא מְטַמֵּא אָדָם אַף נְבֵלָה לֹא מְטַמְּאָה אָדָם!

The Gemara challenges: **But it is still necessary** for the verse to state the *halakha* that **a handle** exports impurity with regard to the impurity **of a carcass; as, if the Merciful One had not written** the *halakha* of a handle **with regard to** impurity of **a carcass, I would say: It is sufficient for the** conclusion that **emerges from** an *a fortiori* **inference to be like** its **source.** In this case, a *halakha* with regard to the impurity of carcasses which is inferred *a fortiori* from the cases of impurity of food and impurity of vessels is no more stringent than the source from which it is derived. **Just as** handles in **these** cases of impurity of food and vessels **do not transmit impurity to a person, so too** the handle of **a carcass does not transmit impurity to a person.** Therefore, the verse from which it is derived that a handle exports the impurity of a carcass **is** necessary, and cannot be applied to the matter of importing impurity.

אֶלָּא, יַד דִּנְבֵלָה מִיצְרַךְ צְרִיךְ, וְשׁוֹמֵר דִּנְבֵלָה הוּא דְּלָא צְרִיךְ, לְמַאי הִלְכְתָא כְּתָבֵיהּ רַחֲמָנָא? אִי לְאִיצְטְרוּפֵי – אָמְרַתְּ: לֹא מִצְטָרֵף, וּלְהוֹצִיא – קַל וָחוֹמֶר מִיָּד אָתֵי,

The Gemara answers: **Rather, it is necessary** for the verse to state the *halakha* of **a handle** with regard to the impurity **of a carcass, but it is not necessary** for the verse to state the *halakha* of **protection** with regard to the impurity **of a carcass. With regard to what *halakha* does the Merciful One write** that verse? **If** it is teaching that protection **joins together** with the carcass to constitute the requisite measure to impart impurity, **you said** that protection **does not join together** with the carcass to constitute the requisite measure to impart impurity. **And** if it is teaching that protection **exports** the impurity of a carcass, it is not necessary to teach that, because that *halakha* **is inferred *a fortiori*** **from** the *halakha* of **a handle.**

אֶלָּא, אִם אֵין עִנְיָן לְשׁוֹמֵר דִּנְבֵלָה – תְּנֵהוּ עִנְיָן לְיַד דִּנְבֵלָה, וְאִם אֵינוֹ עִנְיָן לְיַד דִּנְבֵלָה – תְּנֵהוּ עִנְיָן לְיַד דְּעָלְמָא, יָד – לְהוֹצִיא, יָד – לְהַכְנִיס, וְשׁוֹמֵר – לְצָרֵף.

Rather, if it is not needed for the **matter of protection of a carcass, apply it** to the **matter of the handle of a carcass. And if it is not** needed for the **matter of a handle of a carcass, apply it** to the **matter of a handle in general,** and derive from it that a handle imports impurity. Therefore, in summary, one can derive that **a handle exports** impurity and that **a handle imports** impurity, **and** one can derive from the verse concerning protection with regard to the impurity of food that **protection joins together** with the food to constitute the requisite measure to impart impurity.

Perek **IX**
Daf **118** Amud **b**

וְאֵימָא: אִם אֵינוֹ עִנְיָן לְשׁוֹמֵר דִּנְבֵלָה – תְּנֵהוּ עִנְיָן לְשׁוֹמֵר דְּעָלְמָא, שׁוֹמֵר לְהַכְנִיס וְשׁוֹמֵר לְצָרֵף, אֲבָל יָד לְהַכְנִיס – לָא!

The Gemara asks: Why is it assumed that if the verse is not needed for the matter of protection of a carcass, it should be applied to the matter of a handle in general? **Say** that **if** the verse **is not** needed for the **matter of protection of a carcass, apply it** to the **matter of protection in general** with regard to food. Although it is already written: "Upon any sowing seed" (Leviticus 11:37), two verses are necessary to teach the *halakha* of protection with regard to food: One verse to teach that **protection imports** impurity **and** one to teach that **protection joins together** with the food to constitute the requisite measure to impart impurity. **But** there is **no** source from which to derive that **a handle imports** impurity.

אֶלָּא, מֵעִיקָּרָא כִּי כְּתִיבָא יָד – אַהַכְנָסָה כְּתִיבָא.

The Gemara answers: The *halakha* that a handle imports impurity is not derived from the superfluous verse written with regard to the impurity of a carcass. **Rather,** it is necessary to return to the explanation that was initially proposed, i.e., that it is written with regard to the impurity of food: "It is impure for you" (Leviticus 11:38), from which it is derived that any part needed for your use of the food imparts impurity, including handles. It was asked with regard to this derivation: Say that this verse teaches that a handle exports impurity but not that it imports impurity. The Gemara suggests: That question is not difficult. **From the outset, when** the *halakha* of **a handle is written:** "But if water is put upon the seed, and any of their carcass falls on it, it is impure for you" (Leviticus 11:38), **it is written** in the context **of importing** impurity. Therefore, it is inferred *a fortiori* that a handle exports impurity from the *halakha* that it imports impurity, and it is derived *a fortiori* from the *halakhot* of a handle that protection both imports and exports impurity. It is also derived that protection joins together with the food to constitute the requisite measure to impart impurity from that which is written: "On any sowing seed."

אֶלָּא שׁוֹמֵר דִּנְבֵלָה לָמָּה לִי? לְגוּפֵיהּ.

The Gemara asks: **But** if that is so, **why do I** need the verse to teach the *halakha* of **protection with regard to a carcass,** as it is written: "Shall be impure" (Leviticus 11:39)? The Gemara answers: It is necessary **for the matter itself,** to teach that the *halakha* of protection is applicable to the impurity of a carcass.

NOTES

The protrusion [*pitma*] of a pomegranate – הַפִּיטְמָא שֶׁל רִמּוֹן: According to one opinion the *pitma* is the calyx, also known as the crown. Some commentaries explain that the *pitma* is referring to the flower above the fruit, similar to the flower that grows on the top of an apple (Rashi on *Berakhot* 36b). Others explain that the *pitma* is referring to the protuberance underneath the stamen (Rambam's Commentary on the Mishna).

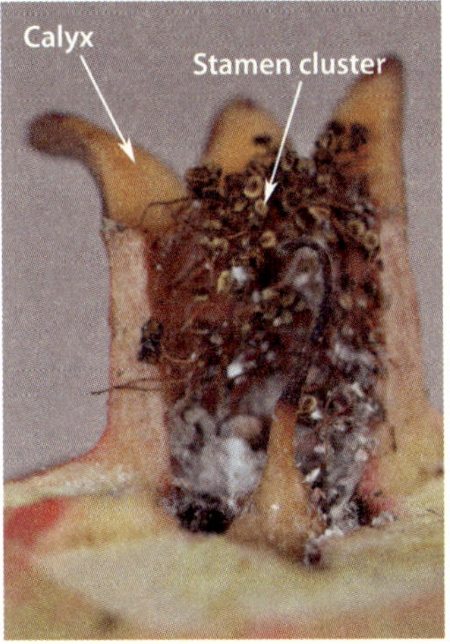

Cross section of the top of a pomegranate

וּלְמַאי? אִי לְאִצְטָרוֹפֵי – אָמְרַתְּ: לֹא מִצְטָרֵף. אִי לְהַכְנִיס וּלְהוֹצִיא – קַל וָחוֹמֶר מִיָּד אָתְיָא! מִילְּתָא דְּאָתְיָא בְּקַל וָחוֹמֶר טָרַח וּכְתַב לַהּ קְרָא.

The Gemara asks: **And with regard to what** *halakha* is this taught? **If** it teaches that protection **joins together** with the carcass to constitute the requisite measure to impart impurity, **you said** in the mishna that protection **does not join together** with the carcass to constitute the requisite measure to impart impurity. **If** it teaches that protection **imports and exports** the impurity of a carcass, it is not necessary for the verse to teach this *halakha* because **it is inferred *a fortiori* from** the *halakhot* of **a handle.** The Gemara answers: Sometimes there is **a matter that** could be **inferred *a fortiori*,** and **the verse** nevertheless **takes the trouble and writes it** explicitly.

אִי הָכִי, שׁוֹמֵר דְּעָלְמָא אֵימָא לָךְ – לְהַכְנִיס, וּמִילְּתָא דְּאָתֵי בְּקַל וָחוֹמֶר טָרַח וּכְתַב לַהּ קְרָא!

The Gemara objects: **If so,** one may ask: With regard to **protection in general,** i.e., with regard to food, it was established that the verse is not necessary to teach that it imports and exports impurity, and therefore the verse teaches that protection joins together with the food to constitute the requisite measure to impart impurity. **I will say to you** instead that the verse teaches that protection **imports** impurity, **and** the reason that the verse teaches this *halakha* even though it could be inferred *a fortiori* is because sometimes there is **a matter that** could **be inferred *a fortiori*** and **the verse** nevertheless **takes the trouble and writes it** explicitly.

הֵיכָא דְּאִיכָּא לְמִידְרַשׁ, דָּרְשִׁינַן.

The Gemara answers: **Where it is** possible **to interpret** the verse in a manner that a novelty is derived, **we interpret** it in such a manner and do not maintain that the verse teaches that which could be inferred *a fortiori*.

רַב חֲבִיבָא אָמַר: שָׁאנֵי שׁוֹמֵר דִּנְבֵלָה, כֵּיוָן דְּמַעֲשֵׂה יָד קָא עָבֵיד – אַיָּד שָׁדֵינַן לֵיהּ.

The Gemara returns to the previous proposal to derive that a handle imports impurity from the verse concerning protection of a carcass based on the reasoning that if the verse is not needed for the matter of protection of a carcass, it should be applied to the matter of a handle in general. Previously, the Gemara challenged this derivation: If the verse is not needed for the matter of protection for the impurity of a carcass, it should be applied to the matter of protection in general. **Rav Ḥaviva said** in response: The *halakha* of **protection of a carcass is different** because it imports and exports impurity but does not join together with the carcass to constitute the requisite measure to impart impurity. **Since** the protection **serves as a handle** in that it only imports and exports impurity, **we apply its** novelty **to** the *halakhot* of **a handle** and not to the *halakhot* of protection.

מַתְקִיף לַהּ רַב יְהוּדָה בַּר יִשְׁמָעֵאל, הָא דִּתְנַן: הַפִּיטְמָא שֶׁל רִמּוֹן – מִצְטָרֶפֶת, וְהַנֵּץ שֶׁלּוֹ – אֵין מִצְטָרֵף.

§ Previously it was derived that protection joins together with the food to constitute the requisite measure to impart impurity from that which is written: "On any sowing seed that is sown" (Leviticus 11:37), indicating that the entire seed is susceptible to ritual impurity when it is in a state where it is typical for people to take it out to the field for sowing, e.g., wheat and barley in their shells. **Rav Yehuda bar Yishmael objects to this** from **that which we learned** in a mishna (*Okatzin* 2:3): **The protrusion of a pomegranate**[N] **joins together** with the pomegranate to constitute the measure of an egg-bulk that is required to impart impurity, because it provides protection for the fruit. **But its flower does not join together**[H] with the pomegranate in that regard because it does not provide protection for the fruit; rather, it provides protection for the protection of the fruit.

HALAKHA

The protrusion of a pomegranate joins together but its flower does not join together – הַפִּיטְמָא שֶׁל רִמּוֹן מִצְטָרֶפֶת וְהַנֵּץ שֶׁלּוֹ אֵין מִצְטָרֵף: The protrusion of a pomegranate joins together with the pomegranate to constitute the measure of an egg-bulk that is required to impart impurity. But its flower does not join together with the pomegranate in that calculation (Rambam *Sefer Tahara*, *Hilkhot Tumat Okhalin* 5:21).

וְאַמַּאי? קְרִי כָּאן "עַל כָּל זֶרַע זֵרוּעַ", וְלֵיכָּא!

Rav Yehuda bar Yishmael asks: **And why** does the protrusion join together with the pomegranate to constitute an egg-bulk? **Read here** that the verse states: **"On any sowing seed,"** indicating that the entire seed is susceptible to ritual impurity when it is in a state where it is typically taken out to the field for sowing. **But** pomegranates **are not** typically taken out to the field for sowing with their protrusions, since they are usually planted in the field as seedlings.

וְתוּ, הָא דִּתְנַן: הָעוֹר וְהָרוֹטֶב וְהַקִּיפָה וכו׳ – מִצְטָרֵף לְטַמֵּא טוּמְאַת אוֹכָלִים, מְנָלַן?!

And furthermore, one can object to this derivation from **that which we learned** in the mishna: **The hide and the** congealed **gravy** attached to the meat, **and the spices,** and the meat residue, and the bones, and the tendons, and the lower section of the horns, and the section of the hooves, all **join together** with the meat to constitute the requisite egg-bulk **to impart impurity of food. From where do we** derive that these protections, although they are not sown together with the food, join together with the food to constitute the requisite measure to impart impurity?

אֶלָּא, תְּלָתָא קְרָאֵי כְּתִיבִי: "עַל כָּל זֶרַע זֵרוּעַ אֲשֶׁר יִזָּרֵעַ", חַד – לְשׁוֹמֵר דִּזְרָעִים, וְחַד – לְשׁוֹמֵר דְּאִילָנוֹת, אִידָךְ – לְשׁוֹמֵר בָּשָׂר וּבֵיצִים וְדָגִים.

Rather, three terms with the root *zayin, reish, ayin* **are written** in the verse with regard to protection: **"On any sowing [*zerua*] seed [*zera*] that is sown [*yizzare'a*]." One** term is written **to** teach the *halakha* of **protection with regard to seeds,**[N] **and one** is written **to** teach the *halakha* of **protection with regard to trees,** and **the other** term is written **to** teach the *halakha* of **protection with regard to meat, and eggs, and fish.** Accordingly, this *halakha* is not limited to protection that is sown together with the food.

אָמַר רַב חִיָּיא בַּר אַשִׁי אָמַר רַב: יֵשׁ יָד לְטוּמְאָה וְאֵין יָד לְהֶכְשֵׁר.

§ It is written: "And if anything falls from their carcass upon any sowing seed that is sown, it is pure. But if water is put upon the seed, and any of the carcass falls on it, it is impure for you" (Leviticus 11:37–38). Previously, the Gemara derived from this verse that an appendage that serves as a handle both imports impurity to and exports impurity from the food. In addition, the simple understanding teaches that food can become impure only after first being rendered susceptible to impurity by coming into contact with liquid. With regard to these two *halakhot*, **Rav Ḥiyya bar Ashi says** that **Rav says: There is** significance to **a handle with regard to** importing and exporting **impurity,** i.e., a handle imports impurity to and exports impurity from to the attached food, **but there is no** significance to **a handle with regard to rendering** the attached food **susceptible** to impurity.[BN] Rather, the food itself must come into contact with liquid directly.

וְרַבִּי יוֹחָנָן אָמַר: יֵשׁ יָד לְטוּמְאָה וּלְהֶכְשֵׁר.

And Rabbi Yoḥanan says: There is significance to **a handle with regard to** importing impurity to and exporting **impurity** from the attached food, **and with regard to rendering** the attached food **susceptible** to impurity[H] even if only the handle came into contact with liquid.

בְּמַאי קָמִיפַּלְגִי? אִיבָּעֵית אֵימָא – סְבָרָא, אִיבָּעֵית אֵימָא קְרָא.

The Gemara clarifies: **With regard to what do** Rav and Rabbi Yoḥanan **disagree? If you wish, say** that they disagree with regard to **a logical argument. If you wish, say** that they disagree with regard to the interpretation of **a verse.**

BACKGROUND

Rendering susceptible to impurity – הֶכְשֵׁר: In order for agricultural produce to become capable of contracting ritual impurity, it must be detached from the earth and then come into contact with water or certain other liquids. The owner of the produce must approve of the fact that the produce became wet. If the owner was not pleased, the produce still cannot contract ritual impurity. The Talmud contains numerous discussions about specific instances in which there is uncertainty as to whether or not these conditions have been fulfilled.

HALAKHA

There is a handle with regard to impurity and with regard to rendering the food susceptible to impurity – יֵשׁ יָד לְטוּמְאָה וּלְהֶכְשֵׁר: Just as a handle can become impure and imports and exports impurity with regard to the attached food, so too a handle renders the attached food susceptible to impurity even if only the handle came into contact with liquid. This ruling is in accordance with the opinion of Rabbi Yoḥanan (Rambam *Sefer Tahara, Hilkhot Tumat Okhalin* 5:3).

NOTES

One term to teach the *halakha* of protection with regard to seeds, etc. – חַד לְשׁוֹמֵר דִּזְרָעִים וכו׳: The verses teach these three types of protections in order of increasing novelty. The first verse teaches that since the protective shell of a seed is planted with the seed, it also joins together with the seed that it protects to constitute the requisite measure to impart impurity. The second verse teaches a greater novelty: Even protection of produce that is not normally planted with the produce joins together with the produce to constitute the requisite measure to impart impurity. The third verse teaches an even greater novelty: This *halakha* is applicable not only to protection of produce, which can be planted together with the produce, but even to protection of a food that is not planted at all, such as the hide of an animal, the scales of fish, and the shell of an egg.

But there is no significance to a handle with regard to rendering the attached food susceptible to impurity – וְאֵין יָד לְהֶכְשֵׁר: The early commentaries explain that Rav and Rabbi Yoḥanan disagree only with regard to whether liquid that comes into contact with a handle renders the attached food susceptible to impurity. But if liquid comes into contact with an appendage serving as protection, they both agree that it renders the attached food susceptible to impurity. This is because the *halakha* that liquid renders food susceptible to impurity is derived from that which is written: "But if water is put on the seed," and the term seed is interpreted in that verse to include any protection with which it is sown (Ramban; Rashba; Ran; *Tosefot HaRosh*).

אִיבָּעֵית אֵימָא קְרָא – מָר סְבַר: מִקְרָא נִדְרָשׁ לְפָנָיו, וְלֹא לִפְנֵי פָנָיו.

The Gemara explains: **If you wish, say** that they disagree with regard to the interpretation of **a verse. One Sage,** Rav, **holds** that **a verse is interpreted homiletically** based on juxtaposition to the term immediately **preceding it and not** based on juxtaposition to the term **before the one preceding it.** In this case, the verse states: "For you," indicating inclusion of a handle with regard to the matter of imparting impurity, which is stated in the preceding phrase: "It is impure," but not with regard to the matter of rendering the attached food susceptible to impurity through contact with liquid which is stated before the preceding phrase: "If water is put."

וּמָר סְבַר: מִקְרָא נִדְרָשׁ לְפָנָיו וְלִפְנֵי פָנָיו.

And one **Sage,** Rabbi Yoḥanan, **holds** that **a verse is interpreted homiletically** based on juxtaposition to the term immediately **preceding it, as well as** to the term **before the one preceding it.** Therefore, he maintains that a handle can also render the attached food susceptible to impurity.

אִיבָּעֵית אֵימָא סְבָרָא – מָר סְבַר: הֶכְשֵׁר תְּחִלַּת טוּמְאָה הוּא. וּמָר סְבַר: הֶכְשֵׁר לָאו תְּחִלַּת טוּמְאָה הוּא.

If you wish, say that they disagree with regard to **a logical argument.** One **Sage,** Rabbi Yoḥanan, **holds** that **rendering** food **susceptible** to impurity **is the initial stage of** the process of imparting **impurity**[N] to it. Therefore, just as a handle imparts impurity, it can also render the food susceptible to impurity. **And** one **Sage,** Rav, **holds** that **rendering** food **susceptible** to impurity **is not the initial stage of** the process of imparting **impurity.**

תַּנְיָא כְּוָותֵיהּ דְּרַבִּי יוֹחָנָן: כְּשֵׁם שֶׁיֵּשׁ יָד לְטוּמְאָה, כָּךְ יֵשׁ יָד לְהֶכְשֵׁר. וּכְשֵׁם שֶׁאֵין מְקַבְּלִין טוּמְאָה אֶלָּא לִכְשֶׁיִּתָּלְשׁוּ, כָּךְ אֵין מְקַבְּלִין הֶכְשֵׁר אֶלָּא עַד שֶׁיִּתָּלְשׁוּ.

It is taught in a *baraita* **in accordance with** the opinion **of Rabbi Yoḥanan: Just as there is** significance to **a handle with regard to** imparting **impurity** to food, **so too there is** significance to **a handle with regard to rendering** the attached food **susceptible** to impurity. **And just as** produce is susceptible to **contracting impurity only when it is detached** from the soil,[H] **so too** produce **cannot be rendered susceptible** to impurity through contact with liquid **until it is detached** from the soil.[H]

אָמַר רַב: אֵין יָד לְפָחוֹת מִכַּזַּיִת, וְאֵין שׁוֹמֵר לְפָחוֹת מִכְּפוֹל.

§ The Gemara cites another disagreement between Rav and Rabbi Yoḥanan. **Rav says: There is no** *halakha* of **a handle** with regard to imparting impurity **for** a handle that is attached to **less than an olive-bulk** of food. **And there is no** *halakha* of **protection** with regard to imparting impurity **for** protection that is attached to **less than a bean-bulk**[N] of food. In addition, the protection does not join together with the food to constitute the measure of an egg-bulk required to impart the impurity of food.

וְרַבִּי יוֹחָנָן אָמַר: יֵשׁ יָד לְפָחוֹת מִכַּזַּיִת, וְיֵשׁ שׁוֹמֵר לְפָחוֹת מִכְּפוֹל.

And Rabbi Yoḥanan says: There is a *halakha* of **a handle** with regard to imparting impurity **for** a handle that is attached to **less than an olive-bulk** of food. **And there is** a *halakha* of **protection** with regard to imparting impurity **for** protection that is attached to **less than a bean-bulk**[NH] of food. In addition, it joins together with the food to constitute the measure of an egg-bulk required to impart the impurity of food.

NOTES

Rendering food susceptible to impurity is the initial stage of impurity – **הֶכְשֵׁר תְּחִלַּת טוּמְאָה הוּא**: The later commentaries question this principle, as it appears contrary to that which was previously taught: Produce that is not rendered susceptible to impurity by coming into contact with liquid is considered equivalent to an oven whose construction is not complete. They answer as follows: Since some produce needs to be washed with liquid in order to be edible, the Torah decreed that contact with liquid is considered the completion of the produce with regard to it becoming edible. Although this is not true with regard to all produce, the Torah nevertheless applies this *halakha* to all produce because the Merciful One does not distinguish between different cases. Therefore, it is possible to view rendering food susceptible to impurity as the beginning of the process of becoming impure (*Beit Yishai*).

Rav says: There is no handle for less than an olive-bulk, and there is no protection for less than a bean-bulk – **אָמַר רַב אֵין יָד לְפָחוֹת מִכַּזַּיִת וְאֵין שׁוֹמֵר לְפָחוֹת מִכְּפוֹל**: The early commentaries explain the reason for Rav's opinion that a handle attached to less than an olive-bulk of food is not considered a handle with regard to imparting impurity, while protection attached to less than a bean-bulk of food is not considered protection with regard to imparting impurity. According to Rashi, Rav applies these two measures because they are considered significant amounts. According to the Ramban, Rav holds that an olive-bulk is the minimum measure with regard to a handle because this is the measure that imparts impurity with regard to a carcass and a corpse. With regard to protection, a bean-bulk is the minimum measure because the *halakha* of protection is derived from the verse: "On any sowing seed," and the largest type of seed is a bean.

And Rabbi Yoḥanan says: There is a handle for less than an olive-bulk, and there is protection for less than a bean-bulk – **וְרַבִּי יוֹחָנָן אָמַר יֵשׁ יָד לְפָחוֹת מִכַּזַּיִת וְיֵשׁ שׁוֹמֵר לְפָחוֹת מִכְּפוֹל**: According to the Ramban, Rabbi Yoḥanan referred to the measures of an olive-bulk and bean-bulk only in response to Rav, but he himself holds that there is no minimum measure with regard to a handle or protection. By contrast, according to Rashi, Rabbi Yoḥanan concedes that a handle that is attached to less than a bean-bulk of food is not considered a handle with regard to imparting impurity because a measure of food smaller than a bean-bulk is not significant enough to have a handle.

HALAKHA

And just as produce is susceptible to contracting impurity only when it is detached from the soil – **וּכְשֵׁם שֶׁאֵין מְקַבְּלִין טוּמְאָה אֶלָּא לִכְשֶׁיִּתָּלְשׁוּ**: Produce that grows from the soil is not susceptible to impurity until it is detached. As long as the produce is attached to the soil via any root that is capable of sustaining the life of the produce, that produce is not susceptible to impurity (Rambam *Sefer Tahara, Hilkhot Tumat Okhalin* 2:1).

Produce cannot be rendered susceptible to impurity until it is detached from the soil – **אֵין מְקַבְּלִין הֶכְשֵׁר אֶלָּא עַד שֶׁיִּתָּלְשׁוּ**: Produce does not become susceptible to impurity through contact with one of the seven liquids until it is detached from the soil. This must be the case, because it is known that all produce comes into contact with liquid while attached to the soil (Rambam *Sefer Tahara, Hilkhot Tumat Okhalin* 12:1).

There is a handle for less than an olive-bulk, and there is protection for less than a bean-bulk – **יֵשׁ יָד לְפָחוֹת מִכַּזַּיִת וְיֵשׁ שׁוֹמֵר לְפָחוֹת מִכְּפוֹל**: A handle that is attached to less than an olive-bulk of food is considered a handle with regard to imparting impurity. Likewise, protection that is attached to less than a bean-bulk of food is considered protection with regard to imparting impurity, in accordance with the opinion of Rabbi Yoḥanan (Rambam *Sefer Tahara, Hilkhot Tumat Okhalin* 5:3).

מֵיתִיבֵי: שְׁתֵּי עֲצָמוֹת וַעֲלֵיהֶן שְׁנֵי חֲצָאֵי זֵיתִים וְהִכְנִיס רָאשֵׁיהֶן שְׁנֵיהֶם לַבַּיִת, וְהַבַּיִת מַאֲהִיל עֲלֵיהֶן – הַבַּיִת טָמֵא.

The Gemara **raises an objection** to the opinions of both Rav and Rabbi Yoḥanan from that which is taught in a *Tosefta* (*Oholot* 4:8): In a case of **two bones** that have **two halves of an olive**-bulk of flesh of a dead person **upon them,**[H] i.e., half an olive-bulk of flesh is attached to one end of each bone, **and one placed the ends of both** bones that are not directly attached to the flesh **inside a house** in such a manner that **the house overlies those** ends of the bones but not the ends of the bones attached to the flesh, it is considered as though the house is overlying the flesh itself, and **the house is impure.**

יְהוּדָה בֶּן נְקוֹסָא אוֹמֵר מִשּׁוּם רַבִּי יַעֲקֹב: הֵיאַךְ שְׁנֵי עֲצָמוֹת מִצְטָרְפִין לְכַזַּיִת?

Yehuda ben Nekosa[P] **says in the name of Rabbi Ya'akov: How can two bones join together to** constitute **an olive-bulk** if the flesh attached to each bone is less than the measure of an olive-bulk?

HALAKHA

Two bones that have two halves of an olive-bulk upon them, etc. – **שְׁתֵּי עֲצָמוֹת וַעֲלֵיהֶן שְׁנֵי חֲצָאֵי זֵיתִים וכו׳**: With regard to two bones that have on them two halves of an olive-bulk of flesh of a dead person, if one placed the ends of both bones inside a house, the house becomes impure. This *halakha* does not apply if a person actively attached the pieces of flesh to the bones (Rambam *Sefer Tahara, Hilkhot Tumat Met* 4:9).

PERSONALITIES

Yehuda ben Nekosa – **יְהוּדָה בֶּן נְקוֹסָא**: Rabbi Yehuda ben Nekosa, sometimes referred to without his title, lived in the generation of Rabbi Yehuda HaNasi and, like many Sages of his generation, studied under his tutelage. He also transmitted statements in the name of other Sages who lived in the previous generation, who it seems were his primary teachers. The statements of Rabbi Yehuda ben Nekosa are taught in both the Jerusalem Talmud and the Babylonian Talmud. The *midrash* relates that he debated the heretics of his day and was victorious in his disputes with them.

Perek **IX**
Daf **119** Amud **a**

וְרַב, הַאי בְּמַאי אוֹקִים לַהּ? אִי בְּיָד – קַשְׁיָא רֵישָׁא,

The Gemara explains the objection: **And** according to **Rav,** who holds that a handle that is attached to less than an olive-bulk of food or protection that is attached to less than a bean-bulk of food is not considered a handle or protection with regard to imparting impurity, **in what** manner **does he interpret this** *baraita*? **If** the *baraita* is discussing the case of a bone without marrow, and therefore the bone constitutes merely **a handle** for the flesh, which measures less than an olive-bulk, then **the first clause** of the *baraita* **is difficult,** because it indicates that a handle that is attached to less than an olive-bulk of food is considered a handle with regard to imparting impurity.

אִי בְּשׁוֹמֵר – קַשְׁיָא סֵיפָא!

If the *baraita* is discussing the case of a bone containing marrow, and therefore the bone constitutes **protection** for food measuring less than an olive-bulk, then **the last clause** of the *baraita* **is difficult** because Yehuda ben Nekosa apparently holds that protection that is attached to less than an olive-bulk of food is not considered protection with regard to imparting impurity, contrary to the opinion of Rav, who holds that it is protection unless it is attached to less than a bean-bulk of food.

אִיבָּעֵית אֵימָא בְּשׁוֹמֵר, אִיבָּעֵית אֵימָא בְּיָד.

The Gemara answers: **If you wish, say** that Rav interprets the *baraita* as discussing the case of a bone that constitutes **protection. If you wish, say** instead that Rav interprets the *baraita* as discussing the case of a bone that constitutes **a handle.**

אִיבָּעֵית אֵימָא בְּיָד, וְהוּא דַּאֲמַר – כְּרַבִּי יְהוּדָה בֶּן נְקוֹסָא. וְאִיבָּעֵית אֵימָא בְּשׁוֹמֵר, וְהוּא דַּאֲמַר – כְּתַנָּא קַמָּא.

The Gemara explains its answers: **If you wish, say** that the *baraita* is discussing the case of a bone that constitutes **a handle, and** Rav **stated** his opinion **in accordance with** the opinion of **Rabbi Yehuda ben Nekosa,** who maintains that the house does not become impure because he holds that a handle that is attached to less than an olive-bulk of flesh does not impart impurity. **And If you wish, say** that the *baraita* is discussing the case of a bone that constitutes **protection, and** Rav **stated** his opinion **in accordance with** the opinion of **the first *tanna*,** who maintains that the house is impure because he holds that protection attached to less than an olive-bulk of flesh imparts impurity if the flesh measures at least a bean-bulk.

BACKGROUND

Femur – קוּלִית:

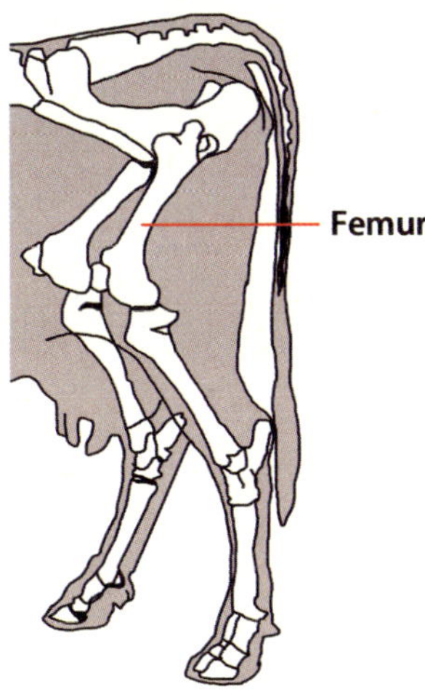

Hind legs of a cow

NOTES

And Rabbi Yoḥanan said that the entire *baraita* is referring to protection – וְרַבִּי יוֹחָנָן אָמַר כּוּלָּהּ בְּשׁוֹמֵר: Later commentaries explain that Rabbi Yoḥanan could have interpreted the *baraita* as referring to either the case of protection or the case of a handle because Rabbi Yoḥanan holds that there is no minimum measure with regard to either. Rabbi Yoḥanan chose to interpret the *baraita* as referring to a case of protection and not a handle based on the precision of the language of the *baraita*, as the Gemara points out later (*Yosef Da'at*).

וְרַבִּי יוֹחָנָן אָמַר: כּוּלָּהּ בְּיָד, וְהוּא דְּאָמַר – כְּתַנָּא קַמָּא.

And Rabbi Yoḥanan could have **said** that **the entire** *baraita* is discussing the case of a bone that constitutes **a handle, and** Rabbi Yoḥanan **stated** his opinion **in accordance with** the opinion of **the first** ***tanna***, who maintains that the house becomes impure because he holds that a handle that is attached to less than an olive-bulk of food imparts impurity. But he did not state his opinion in accordance with the opinion of Yehuda ben Nekosa, who maintains that the house does not become impure.

תָּא שְׁמַע, רַבִּי יְהוּדָה אוֹמֵר: קוּלִית שֶׁיֵּשׁ עָלֶיהָ כַּזַּיִת בָּשָׂר – גּוֹרֶרֶת כּוּלָּהּ לְטוּמְאָה. אֲחֵרִים אוֹמְרִים: אֲפִילּוּ אֵין עָלֶיהָ אֶלָּא כְּפוֹל – גּוֹרֶרֶת כּוּלָּהּ לְטוּמְאָה.

Come and **hear** another objection to the opinions of Rav and Rabbi Yoḥanan from the *Tosefta* (*Okatzin* 2:5): **Rabbi Yehuda says:** With regard to **a femur**[B] **that has an olive-bulk of flesh upon it,** the flesh **draws the entire** femur **into ritual impurity** if any part of the femur comes into contact with a dead creeping animal. The Sage referred to as **Aḥerim says: Even** if **there is only a bean-bulk** of flesh **upon** the femur,[H] **it draws the entire** femur **into impurity.**

וְרַב, הַאי בְּמַאי מוֹקֵים לַהּ? אִי בְּיָד – קַשְׁיָא סֵיפָא, אִי בְּשׁוֹמֵר – קַשְׁיָא רֵישָׁא!

The Gemara asks: **In what** manner **does Rav interpret this** *baraita*? **If** the *baraita* is discussing the case of a femur that constitutes merely **a handle** for the flesh, then **the latter clause** of the *baraita* **is difficult,** because Aḥerim apparently maintains that a handle that is attached to less than an olive-bulk of flesh imparts impurity, contrary to the opinion of Rav. **If** the *baraita* is discussing the case of a femur that constitutes **protection,** then **the first clause** of the *baraita* **is difficult,** because Rabbi Yehuda apparently holds that protection that is attached to less than an olive-bulk of flesh does not impart impurity, contrary to the opinion of Rav.

אִיבָּעֵית אֵימָא בְּיָד – וְהוּא דְּאָמַר כְּרַבִּי יְהוּדָה, וְאִיבָּעֵית אֵימָא בְּשׁוֹמֵר – כַּאֲחֵרִים.

The Gemara answers: **If you wish, say** that the *baraita* is discussing the case of a femur that constitutes **a handle, and** Rav **stated** his opinion **in accordance with** the opinion of **Rabbi Yehuda,** who maintains that a handle attached to less than an olive-bulk of flesh does not impart impurity. **And if you wish, say** instead that the *baraita* is discussing the case of a femur that constitutes **protection, and** Rav **stated** his opinion **in accordance with** the opinion introduced with the words: **Aḥerim** says, according to which even protection attached to less than an olive-bulk of flesh imparts impurity.

וְרַבִּי יוֹחָנָן אָמַר: כּוּלָּהּ בְּשׁוֹמֵר, וְהוּא דְּאָמַר – כַּאֲחֵרִים.

And Rabbi Yoḥanan could have **said** that **the entire** *baraita* is referring to case of a femur that constitutes **protection,**[N] **and** Rabbi Yoḥanan **stated** his opinion **in accordance with** the opinion referred to as: **Aḥerim** says, according to which even protection that is attached to a bean-bulk of flesh imparts impurity.

אֲחֵרִים? הָא כְּפוֹל קָא אָמְרִי!

The Gemara asks: How is Rabbi Yoḥanan's opinion consistent with the opinion referred to as: **Aḥerim** says? **Don't** they **say** that protection that is attached to **a bean-bulk** of flesh imparts impurity, and Rabbi Yoḥanan holds that even protection that is attached to less than a bean-bulk of food imparts impurity?

אַיְּידֵי דְּקָאָמַר תַּנָּא קַמָּא שִׁיעוּרָא, קָאָמְרִי אִינְהוּ נַמִי שִׁיעוּרָא.

The Gemara answers: Aḥerim agrees that even protection that is attached to less than a bean-bulk imparts impurity. Nevertheless, **since the first** ***tanna*** **states** the specific **measure** of an olive-bulk, Aḥerim **also states** the specific **measure** of a bean-bulk even though he maintains his opinion with regard to a measure of less than a bean-bulk as well.

אָמַר רָבָא: דַּיְקָא נַמִי דִּבְשׁוֹמֵר עָסְקִינַן, דְּקָתָנֵי קוּלִית, שְׁמַע מִינַּהּ.

Rava said: The language of the *baraita* **is also precise,** indicating **that we are dealing with protection** and not a handle, **as it teaches** the case of **a femur,** which contains marrow, and therefore the bone provides protection for the food inside. If the *baraita* were discussing a handle, it would have taught this *halakha* with regard to any other bone that is attached to flesh and not specifically a femur. **Conclude from it** that the *baraita* is discussing the *halakha* of protection.

HALAKHA

Even if there is only a bean-bulk of flesh upon the femur, etc. – אֲפִילּוּ אֵין עָלֶיהָ אֶלָּא כְּפוֹל וכו׳: If a femur is attached to even a bean-bulk of flesh, the flesh causes the entire femur to become impure, in accordance with the opinion of Aḥerim (Rambam *Sefer Tahara*, *Hilkhot Tumat Okhalin* 5:16).

HALAKHA

Where it is typical for people to take it out, etc. – כְּדֶרֶךְ שֶׁבְּנֵי אָדָם מוֹצִיאִין וכו׳: From where is it derived that an appendage that constitutes protection for food becomes impure together with the food? The verse states: "On any sowing seed," indicating that the entire seed is susceptible to ritual impurity when it is in a state where it is typical for people to take it out to the field for sowing. This includes wheat in its shell, barley in its shell, and lentils in their shells. It is derived from here that shells and other appendages that protect the food are considered part of the food with regard to the *halakhot* of impurity (Rambam *Sefer Tahara, Hilkhot Tumat Okhalin* 5:4).

אִיתְּמַר, רַבִּי חֲנִינָא אָמַר: זֶהוּ שִׁיעוּר. וְרַבִּי יוֹחָנָן אָמַר: אֵין זֶה שִׁיעוּר.

§The *baraita* cited above teaches that Aḥerim says: Even if there is only a bean-bulk of flesh attached to the femur it causes the entire femur to become impure. A dispute **was stated** with regard to this opinion. **Rabbi Ḥanina says:** When Aḥerim stated the measure of a bean-bulk, **this is** a specific **measure,** and Aḥerim holds that the *halakha* of protection applies to an appendage only if a bean-bulk of food is attached to it. **And Rabbi Yoḥanan says: This is not** a specific **measure.** Aḥerim holds that the *halakha* of protection applies even if it is attached to less than a bean-bulk of food.

אֵין זֶה שִׁיעוּר? וְהָא קָתָנֵי ״כְּפוֹל״! אַיְּידֵי דְּקָאָמַר תַּנָּא קַמָּא שִׁיעוּרָא, קָאָמְרִי אִינְהוּ נַמִי שִׁיעוּרָא.

The Gemara asks: How is it possible for Rabbi Yoḥanan to hold that **this is not** a specific **measure? But doesn't** the *baraita* explicitly **teach** the measure of **a bean-bulk?** The Gemara answers: Indeed, Aḥerim holds that protection that is attached to even less than a bean-bulk of food imparts impurity. But **since the first *tanna* states** the specific **measure** of an olive-bulk, Aḥerim **also states** the specific **measure** of a bean-bulk even though he maintains his opinion with regard to a measure of less than a bean-bulk as well.

תָּא שְׁמַע: רַבִּי אֶלְעָזָר בֶּן עֲזַרְיָה מְטַהֵר בְּשֶׁל פּוֹל, וּמְטַמֵּא בְּשֶׁל קִטְנִית, מִפְּנֵי שֶׁרוֹצֶה בְּמַשְׁמִישָׁן!

The Gemara suggests: **Come** and **hear** proof against the opinion of Rav from that which is taught in a mishna (*Okatzin* 1:5): **Rabbi Elazar ben Azarya deems** a pod containing **beans** that came in contact with a dead creeping animal **ritually pure.** Since beans are large and do not require the protection of the pod, the pod is not considered protection for the beans and therefore does not impart impurity. **But he deems** a pod containing smaller **legumes** that came in contact with a dead creeping animal **ritually impure** if even only one grain is attached to the pod, **because one desires** the use of the pod **when handling** the legumes so that he will not damage them, and it is therefore considered protection, which imparts impurity. Apparently, Rabbi Elazar ben Azarya holds that even protection that is attached to less than a bean-bulk of food imparts impurity, contrary to the opinion of Rabbi Ḥanina and Rav.

כִּדְאָמַר רַב אַחָא בְּרֵיהּ דְּרָבָא: בְּקוּלְחָא, וּמִשּׁוּם יָד,

The Gemara rejects this proof: The explanation of that mishna is **in accordance with that which Rav Aḥa, son of Rava, said** in the context of a different discussion: That mishna is discussing a case **where** a dead creeping animal came into contact with **the stalk** to which the pod is attached, but not with the pod itself. **And** therefore the *halakha* in the mishna is not with regard to the matter of protection; rather, it is **with regard to** the matter of **a handle,** as the stalk serves as a handle for the pod and its attached grain.

הָכָא נַמִי: בְּקוּלְחָא וּמִשּׁוּם יָד וּמַאי ״בְּמַשְׁמִישָׁן״ – בְּתַשְׁמִישָׁן.

Here, too, with regard to this proof one can respond that the mishna is discussing a case **where** a dead creeping animal came in contact with **the stalk and** therefore the *halakha* in the mishna is **with regard to** the matter of **a handle.** Since the mishna is referring to a stalk, and the stalk has many pods on it, it serves as a handle to more than an olive-bulk of food, and is consistent with the opinions of Rabbi Ḥanina and Rav. **And what** does Rabbi Elazar ben Azarya mean when he says that in the case of legumes, the stalk is impure because one desires the use of the stalk **when handling** [***bemashmishan***] the legumes? He is referring **to using** [***betashmishan***], i.e., carrying, the legumes with the stalk.

תָּא שְׁמַע, דְּתָנָא דְּבֵי רַבִּי יִשְׁמָעֵאל: ״עַל כָּל זֶרַע זֵרוּעַ אֲשֶׁר יִזָּרֵעַ״ – כְּדֶרֶךְ שֶׁבְּנֵי אָדָם מוֹצִיאִין – חִטָּה בִּקְלִיפָּתָהּ, וּשְׂעוֹרָה בִּקְלִיפָּתָהּ, וַעֲדָשִׁים בִּקְלִיפָּתָן!

Come and **hear** proof from that **which the school of Rabbi Yishmael taught:** With regard to the impurity of food the verse states: **"On any sowing seed that is sown"** (Leviticus 11:37), indicating that the entire seed is susceptible to impurity when it is in a state where it is **typical for people to take it out**[H] to the field for sowing: This applies to **wheat in its shell, and barley in its shell, and lentils in their shells.** It is derived from here that shells and other appendages that protect the food are considered part of the food. Since wheat, barley, and lentil grains are smaller than a bean-bulk, this statement indicates that even protection that is attached to less than a bean-bulk of food imparts impurity, contrary to the opinion of Rabbi Ḥanina and Rav.

בְּרִיָּה שָׁאנֵי.

The Gemara rejects this proof: A grain is a distinct **entity,** and therefore its status **is different.** The *halakha* of protection is applicable to a distinct entity even if it measures less than a bean-bulk.

בָּעֵי רַב אוֹשַׁעְיָא:

§**Rav Oshaya raises a dilemma:**

Perek **IX**
Daf **119** Amud **b**

שְׁנֵי שׁוֹמְרִין מַהוּ שֶׁיִּצְטָרְפוּ?

As the Gemara stated, protection joins together with the food to constitute the requisite measure to impart impurity. **What is** the *halakha* with regard to **two protections joining together** with the food to constitute the measure of an egg-bulk required to impart impurity?

הֵיכִי דָּמֵי, אִילֵימָא בְּזֶה עַל גַּב זֶה – וּמִי אִיכָּא שׁוֹמֵר עַל גַּב שׁוֹמֵר?

The Gemara asks: **What are the circumstances** of the dilemma? **If we say** that it is referring to a case **where** a food item has two layers of protection, and **this** outer protection **is on top of that** inner protection, **is** the *halakha* of protection applicable with regard to **protection** that is **on top of** another **protection?**[H]

וְהָתְנַן, רַבִּי יְהוּדָה אוֹמֵר: שָׁלֹשׁ קְלִיפּוֹת בְּבָצָל, פְּנִימִית, בֵּין שְׁלֵמָה בֵּין קְדוּרָה – מִצְטָרֶפֶת. אֶמְצָעִית, שְׁלֵמָה – מִצְטָרֶפֶת, קְדוּרָה – אֵין מִצְטָרֶפֶת. חִיצוֹנָה בֵּין כָּךְ וּבֵין כָּךְ טְהוֹרָה!

But didn't we learn in a mishna (*Okatzin* 2:4) that **Rabbi Yehuda says:** There are **three peels** surrounding **an onion.**[H] The **inner** peel is considered like the food itself, and therefore, **whether whole or punctured, it joins together** with the onion to constitute the requisite measure to impart the impurity of food. With regard to the **middle** peel, when it is **whole** it provides protection and therefore **joins together** with the onion, but when it is **punctured** it does not provide protection and therefore **does not join together**[N] with the onion. The **outer** peel does not join together with the onion at all, and **both** in **this** case, when it is whole, **and** in **that** case, when it is punctured, it remains **ritually pure.** Evidently, the *halakha* of protection is not applied to a protection that surrounds another protection.

רַב אוֹשַׁעְיָא שׁוֹמֵר אוֹכֶל שֶׁחִלְּקוֹ קָמִיבַּעְיָא לֵיהּ.

The Gemara explains the dilemma: **Rav Oshaya** does not raise the dilemma with regard to a food item that has two layers of protection. Rather, he **raises the dilemma** with regard to **protection of food that one divided**[H] such that the food is whole but the protection is divided into separate sections.

כֵּיוָן דְּהַאי לָא מָגֵין אַהַאי, וְהַאי לָא מָגֵין אַהַאי – לָא מִצְטָרֶפֶת.

The dilemma is as follows: **Since this** section of the protection is protecting this part of the food but **does not provide protection for that** other part of the food, **and that** other section of the protection is protecting another part of the food but **does not provide protection for this** part of the food, must one conclude that the two protections **do not join together** to constitute the requisite measure for the impurity of food?

אוֹ דִּלְמָא, כֵּיוָן דְּהַאי מָגֵין אַדִּידֵיהּ, וְהַאי מָגֵין אַדִּידֵיהּ – מִצְטָרְפִין?

Or perhaps, should one reason that **since this** section of the protection **provides protection for its** part of the food, **and that** section of the protection **provides protection for its** part of the food, and the two parts of the food are joined together, therefore the entire entity is considered unified and the two sections of the protection **join together** to constitute the requisite measure?

HALAKHA

Protection on top of another protection – שׁוֹמֵר עַל גַּב שׁוֹמֵר: The *halakha* of protection with regard to transmitting impurity does not apply to a protection that is on top of another protection. Only the inner protection closest to the food is considered protection with regard to impurity (Rambam *Sefer Tahara, Hilkhot Tumat Okhalin* 5:10).

Three peels surrounding an onion – שָׁלֹשׁ קְלִיפּוֹת בְּבָצָל: There are three peels surrounding an onion. The inner peel, whether whole or punctured, joins together with the onion to constitute the requisite measure to transmit the impurity of food. The middle peel joins together with the onion when it is whole, but not when it is punctured. The outer peel in all cases does not join together with the onion and remains ritually pure. This ruling is in accordance with the opinion of Rabbi Yehuda in the mishna in *Okatzin*. Although the Rabbis disagree with Rabbi Yehuda, the Rambam rules in accordance with Rabbi Yehuda because the Gemara cites and explains his opinion. Alternatively, it is possible that there is no dispute between Rabbi Yehuda and the Rabbis in the mishna, and that Rabbi Yehuda is explaining the intention of the Rabbis (Rambam *Sefer Tahara, Hilkhot Tumat Okhalin* 5:11 and *Kesef Mishne* there).

Protection of food that one divided – שׁוֹמֵר אוֹכֶל שֶׁחִלְּקוֹ: Protection that is divided does not join together with the food to constitute the requisite measure to transmit impurity (Rambam *Sefer Tahara, Hilkhot Tumat Okhalin* 5:3).

NOTES

The middle peel, when it is whole it joins together, but when it is punctured it does not join together – אֶמְצָעִית שְׁלֵמָה מִצְטָרֶפֶת קְדוּרָה אֵין מִצְטָרֶפֶת: The later commentaries point out that the mishna specifically chose to teach this *halakha* with regard to an onion because an onion is unique in that its peel does not provide any protection once it is punctured or cut, but rather shrivels and falls off. By contrast, the peels and outer layers of other species of produce continue to provide protection even if they are cut or punctured (*Ḥazon Ish*).

תָּא שְׁמַע: רַבִּי אֶלְעָזָר בֶּן עֲזַרְיָה מְטַהֵר בְּשֶׁל פּוֹל, וּמְטַמֵּא בְּשֶׁל קִטְנִית, מִפְּנֵי שֶׁרוֹצֶה בְּמַשְׁמִישָׁן.

Come and hear a resolution to the dilemma from that which is taught in a mishna cited previously (*Okatzin* 1:5): **Rabbi Elazar ben Azarya deems** a pod containing **beans** that came in contact with a dead creeping animal **ritually pure. But he deems** a pod containing **legumes** that came in contact with a dead creeping animal **impure because one desires** the use of the pod **when handling** the legumes so that he will not damage them. Since the requisite volume for a food item to be susceptible to impurity is an egg-bulk, and the volume of one pod and its legumes is less than an egg-bulk, this statement must be discussing multiple pods joined together. Evidently, protection of food that is divided into separate sections joins together to constitute the requisite measure to impart impurity.

אֲמַר רַב אַחָא בְּרֵיהּ דְּרָבָא: בְּקוּלְחָא, וּמִשּׁוּם יָד, וּמַאי "בְּמַשְׁמִישָׁן" – בְּתַשְׁמִישָׁן.

Rav Aḥa, son of Rava, said in rejection of this resolution: That mishna is discussing a case **where** a creeping animal touched **the stalk** to which the pods are attached but not the pods themselves. **And** the *halakha* in that mishna is not referring to the matter of protection; rather, it is **with regard to** the matter of **a handle,** as the stalk serves as a handle for the pod and its attached grain. **And what** does Rabbi Elazar ben Azarya mean when he says that in the case of legumes, the stalk is impure because one desires the use of the stalk **when handling** [*bemashmishan*] the legumes? He is referring **to using** [*betashmishan*], i.e., carrying, the legumes with the stalk.

תָּא שְׁמַע, דְּתָנָא דְּבֵי רַבִּי יִשְׁמָעֵאל: "עַל כָּל זֶרַע זֵרוּעַ (אֲשֶׁר יִזָּרֵעַ)" – כְּדֶרֶךְ שֶׁבְּנֵי אָדָם מוֹצִיאִין לִזְרִיעָה, חִטָּה בִּקְלִיפָּתָהּ, וּשְׂעוֹרָה בִּקְלִיפָּתָהּ, וַעֲדָשִׁים בִּקְלִיפָּתָן.

Come and hear a resolution from that **which the school of Rabbi Yishmael taught:** With regard to the impurity of food the verse states: **"On any sowing seed that is sown"** (Leviticus 11:37), indicating that the entire seed is susceptible to ritual impurity when it is in a state where it is **typical for people to take it out** to the field **for sowing:** This applies to **wheat in its shell, and barley in its shell, and lentils in their shells.** It is derived from here that shells and other appendages that protect the food join together with the food to constitute the requisite measure to impart impurity. Since the measure of one grain and its shell is less than an egg-bulk, this statement must be discussing multiple grains and their shells joined together. Evidently, protection of food that is divided into separate sections joins together to impart impurity.

כִּדְאָמַר רַב אַחָא בְּרֵיהּ דְּרָבָא: בְּקוּלְחָא, וּמִשּׁוּם יָד.

The Gemara rejects this resolution: One can explain this statement **in accordance with** that **which Rav Aḥa, son of Rava, said** with regard to the statement of Rabbi Elazar ben Azarya that was cited previously: The mishna is discussing a case **where** a creeping animal came in contact with **the stalk** to which the pods are attached but not the pods themselves. **And** therefore, the *halakha* in the mishna is not referring to the matter of protection; rather, it is **with regard to** the matter of **a handle.**

הָכָא נַמִי: בְּשִׁדְרָה, וּמִשּׁוּם שׁוֹמֵר.

Here too, the statement of the school of Rabbi Yishmael is not referring to independent grains of wheat and barley, but rather **to the stem**[B] to which the grains are attached, **and it is with regard to** the status of all the shells of the grains on one stem as **protection.** All of the grains surrounding the stem protect each other, since if one shell with its grain falls it causes all of the other shells and their grains to fall as well. Therefore, this case is not similar to Rav Oshaya's dilemma, where each protection protects only part of the food.

בִּשְׁלָמָא עִילָּיְתָא צְרִיכִי לְתַתָּיְתָא, אֶלָּא תַּתָּיְתָא מַאי צְרִיכִי לְעִילָּיְתָא? בְּחַד דָּרָא.

The Gemara asks: **Granted,** the grains located **higher** on the stem **need** the grains located **lower** on the stem to remain in place in order to not fall. **But** for **what** purpose do the grains located **lower** on the stem **need** the grains located **higher** on the stem? The Gemara answers: The case is one where the grains are all positioned tightly around the stem **in one row** in such a manner that if even one located higher up on the stem were to fall, the remaining grains would fall too.

מִי אִיכָּא כְּבֵיצָה אוֹכָלִין בְּחַד דָּרָא? בְּחִטֵּי דְּשִׁמְעוֹן בֶּן שָׁטָח.

The Gemara asks: **Is there** a volume of **an egg-bulk of food in one row** of grain? The Gemara answers: Yes, this *baraita* is stated **with regard to** large grains of **wheat,** such as those grown in the time **of Shimon ben Shataḥ.**[NP]

BACKGROUND

Stem – שִׁדְרָה:

Grain-bearing part of a stem of wheat

NOTES

With regard to wheat grown in the time of Shimon ben Shataḥ – בְּחִטֵּי דְּשִׁמְעוֹן בֶּן שָׁטָח: The Gemara here is referring to that which is related elsewhere (*Ta'anit* 23a): As we found in the days of Shimon ben Shataḥ that rain invariably fell for them on Wednesday eves and on Shabbat eves, until wheat grew as big as kidneys, and barley as big as olive pits, and lentils as golden dinars. And they bundled up some of these crops as an example for future generations, to convey to them how much damage sin causes, as it is stated: "The Lord our God, Who gives rain, the former rain and the latter rain, in its season that keeps for us the appointed weeks of the harvest. Your iniquities have turned away these things, and your sins have withheld the good from you" (Jeremiah 5:24–25).

PERSONALITIES

Shimon ben Shataḥ – שִׁמְעוֹן בֶּן שָׁטָח: Shimon ben Shataḥ served as the *Nasi* of the Sanhedrin during the rule of King Alexander Yannai. He was a distinguished leader and a central force in the preservation of the Oral Torah, who insisted on enforcing every aspect of Torah law and tradition. He enacted a number of decrees that eradicated sorcery; he strengthened the marriage contract; he even summoned the king to court and demanded that he respect the court like a common citizen. In fact, his conflicts with King Yannai even forced him on occasion to go into hiding in order to avoid the wrath of the king, but he never yielded to fear or a desire for honor. His sister was Queen Salome, the wife of King Yannai. Queen Salome ruled after the death of Yannai, a period of rule upon which Shimon ben Shataḥ had a significant influence, and a time generally acknowledged as one of prosperity for the Jews. Shimon ben Shataḥ worked as a tanner.

הַשְׁתָּא דְּאָתֵית לְהָכִי, חֲדָא חִטָּה נַמִי – בְּחִטֵּי דְּשִׁמְעוֹן בֶּן שָׁטָח.

The Gemara points out: **Now that you have arrived at this** conclusion, it is not necessary to interpret the *baraita* as referring to many grains tightly packed around the stem. It is **even** possible to explain that the *baraita* is discussing the case of **one** grain of **wheat,** such as the large grains of **wheat** grown in the time **of Shimon ben Shataḥ.**

גּוּפָא, שְׁנֵי עֲצָמוֹת וַעֲלֵיהֶן שְׁנֵי חֲצָאֵי זֵיתִים, וְהִכְנִיס רָאשֵׁיהֶן שְׁנֵיהֶם לַבַּיִת, וְהַבַּיִת מַאֲהִיל עֲלֵיהֶן – הַבַּיִת טָמֵא.

§ The Gemara proceeds to discuss the *Tosefta* **itself** that was cited earlier (118b): In a case of **two bones upon which there are two halves of an olive-bulk** of flesh of a corpse, i.e., half an olive-bulk of flesh is attached to one end of each bone, **and one placed the ends of both** bones that are not directly attached to the flesh **inside the house** in such a manner that **the house overlies those** ends of the bones but not the ends of the bones attached to the flesh, it is considered as though the house is overlying the flesh itself and **the house is impure.**

יְהוּדָה בֶּן נְקוֹסָא אוֹמֵר מִשּׁוּם רַבִּי יַעֲקֹב: הֵיאַךְ שְׁנֵי עֲצָמוֹת מִצְטָרְפִין לְכַזַּיִת?

Yehuda ben Nekosa says in the name of Rabbi Ya'akov: How can two bones join together to constitute **an olive-bulk** if the flesh attached to each bone is less than the measure of an olive-bulk? It may be inferred from here that according to all, if the end of a bone that is attached to an olive-bulk of flesh is outside the house, and the other end that is not directly attached to any flesh is inside the house, the house becomes impure with the ritual impurity of a corpse.

אֲמַר רֵישׁ לָקִישׁ: לֹא שָׁנוּ אֶלָּא עֶצֶם דְּהָוֵי יָד, אֲבָל נִימָא – לָא הָוְיָא יָד. וְרַבִּי יוֹחָנָן אֲמַר: אֲפִילּוּ נִימָא נַמִי הָוְיָא יָד.

With regard to this matter **Reish Lakish said:** The Sages **taught** this *halakha* **only** with regard to **a bone, as it constitutes a handle** vis-à-vis the flesh, **but** if one **hair** of a corpse is attached to an olive-bulk of flesh at one end, and the other end of the hair is inside a house, it does not render the house impure, because the hair **does not constitute a handle** vis-à-vis the flesh. **And Rabbi Yoḥanan said: Even a hair constitutes a handle** vis-à-vis the flesh, and therefore the house is rendered impure.

אֵיתִיבֵיהּ רַבִּי יוֹחָנָן לְרֵישׁ לָקִישׁ: עוֹר שֶׁיֵּשׁ עָלָיו כַּזַּיִת בָּשָׂר, הַנּוֹגֵעַ בַּצִּיב הַיּוֹצֵא מִמֶּנּוּ וּבַשְּׂעָרָה שֶׁכְּנֶגְדּוֹ – טָמֵא. מַאי לָאו מִשּׁוּם יָד?

Rabbi Yoḥanan raised an objection to the opinion of **Reish Lakish** from the mishna taught later (124a): In the case of the **hide** of an unslaughtered animal carcass **upon which there is an olive-bulk of flesh, one who touches a strand** of flesh **emerging from** the flesh, **or** touches **a hair that is** on the side of the hide **opposite** the flesh, **is ritually impure** with the impurity of an unslaughtered carcass, even though he did not touch an olive-bulk of the flesh. **What** is the reason that one who touches the strand of flesh or the hair becomes impure? **Is it not because** they constitute **a handle** for the flesh, contrary to the opinion of Reish Lakish with regard to a hair?

לָא, מִשּׁוּם שׁוֹמֵר. וּמִי אִיכָּא שׁוֹמֵר עַל גַּבֵּי שׁוֹמֵר? חַלְחוּלֵי מְחַלְחֵל

The Gemara answers: **No,** the ruling of that mishna is not **because** the hair serves as a handle for the flesh. Rather, it is **because** the hair serves as **protection** for the flesh. The Gemara asks: **But** the hide protects the flesh, and the hair is on top of the hide; **is** the *halakha* of protection applicable with regard to **protection** that is **on top of** another **protection?** The Gemara answers: The hair **penetrates through** the hide and touches the flesh, thereby providing protection directly for the flesh.

מַתְקִיף לַהּ רַב אַחָא בַּר יַעֲקֹב: אֶלָּא מֵעַתָּה תְּפִילִּין הֵיכִי כָּתְבִינַן? הָא בָּעֵינַן כְּתִיבָה תַּמָּה, וְלֵיכָּא!

Rav Aḥa bar Ya'akov objects to this answer: **If that is so,** that there are perforations in the hide through which the hairs penetrate, **how can we write phylacteries? Don't we require** phylacteries to be written with **a perfect writing,**[H] with no perforations in the letters? **And** that **is not** possible if there are perforations in the hide.

HALAKHA

We require phylacteries to be written with a perfect writing, etc. – בָּעֵינַן כְּתִיבָה תַּמָּה וכו׳: Parchment used for the writing of phylacteries must be perfect and devoid of holes that would cause a break in the ink such that the letter would appear to be divided into two sections. But if the hole is small enough that the ink passes over it and the letter does not appear to be divided, the parchment is fit (Rambam *Sefer Ahava, Hilkhot Tefillin UMezuza VeSefer Torah* 1:20; *Shulḥan Arukh, Oraḥ Ḥayyim* 32:13).

אִשְׁתְּמִיטְתֵיהּ הָא דְּאָמְרִי בְּמַעַרְבָא: כָּל נֶקֶב שֶׁהַדְּיוֹ עוֹבֵר עָלָיו – אֵינוֹ נֶקֶב.

The Gemara answers: Rav Aḥa bar Ya'akov **overlooked that** *halakha* **which they say in the West,** Eretz Yisrael: **Any perforation over which the ink passes** and which it covers **is not** considered **a perforation** that invalidates the writing.

וְאִיבָּעֵית אֵימָא: כּוּלֵּיהּ מִשּׁוּם יָד, כְּדַאֲמַר רַבִּי אֶלְעָא בִּמְלַאי שֶׁבֵּין הַמְלָאִים,

And if you wish, say instead a different answer to Rabbi Yoḥanan's objection to Reish Lakish: **The entire** mishna teaches that one who touches either a strand of flesh or a hair becomes impure **because** these appendages serve the flesh as **a handle** and not as protection. Nevertheless, that statement does not contradict the opinion of Reish Lakish that a hair does not constitute a handle for the flesh, because one can explain this mishna **as Rabbi Ela stated** with regard to a different mishna: It is stated **with regard to** the case of **an awn among** many **awns.**

הָכִי נַמִי: בְּנִימָא שֶׁבֵּין הַנִּימִין.

So too, the mishna taught later is stated **with regard to** the case of **a hair among** many **hairs** and not the case of a single hair. Therefore, the hair constitutes a handle for the flesh because one can hold the hair and lift the flesh without the hair becoming detached.

וְהֵיכָא אִתְּמַר דְּרַבִּי אֶלְעָא? אַהָא: מְלַאי שֶׁבַּשִּׁבֳּלִים – מִיטַּמְּאִין וּמְטַמְּאִין וְאֵינָן מִצְטָרְפִין. מְלַאי לְמַאי חֲזֵי? אֲמַר רַבִּי אֶלְעַאי – בִּמְלַאי שֶׁבֵּין הַמְלָאִים.

And where was the opinion **of Rabbi Ela stated?** It was stated **with regard to that** which is taught in a mishna (*Okatzin* 1:3): **An awn** [*melai*][L] **that is on top of a stalk**[H] constitutes a handle for the stalk. Therefore, **it can become impure and impart impurity, but it does not join together** with the grains to constitute the requisite measure to impart impurity. It was asked: **For what** function **is an awn fit** such that it is considered to be a handle for the stalk? **Rabbi Ilai,** i.e., Rabbi Ela, **said:** That mishna is stated **with regard to** the case of **an awn among** many **awns** and not the case of a single awn. Therefore, the awns constitute a handle for the stalk because one can hold the awns and lift the stalk without the awns becoming detached from it.

לִישָּׁנָא אַחֲרִינָא אָמְרִי לַהּ.

Some say another version of this dispute between Rabbi Yoḥanan and Reish Lakish and the ensuing discussion with regard to the status of hairs vis-à-vis the flesh: Rabbi Yoḥanan and Reish Lakish agree that a single hair does not constitute a handle vis-à-vis the flesh connected to it, but they disagree with regard to several hairs. Rabbi Yoḥanan raises an objection to Reish Lakish's opinion that hair is not considered a handle from the mishna taught later, which states that one who touches a hair emerging from the hide of an animal carcass opposite the flesh is impure, indicating that hair constitutes a handle.

הָכִי נַמִי מִסְתַּבְּרָא דְּמִשּׁוּם שׁוֹמֵר, דְּאִי סָלְקָא דַּעְתָּךְ מִשּׁוּם יָד, נִימָא אַחַת לְמַאי חֲזֵי?

Reish Lakish answers that one who touches the hair is impure not because it is considered a handle, but rather because it is considered protection for the flesh. The Gemara adds: **So too it is reasonable** to explain that the person is impure **because** hair is considered **protection** and not because it is considered a handle, **as, if it enters your mind** that it is **because** hair is considered **a handle, for what** function **is one hair fit** such that it is considered a handle?

כְּדַאֲמַר רַבִּי אֶלְעָא בִּמְלַאי שֶׁבֵּין הַמְלָאִין, הָכָא נַמִי – בְּנִימָא שֶׁבֵּין הַנִּימִין.

The Gemara responds: One can explain that that mishna considers hair to constitute a handle, **as Rabbi Ela stated** in explanation of a different mishna: It is stated **with regard to** the case of **an awn among** many **awns. Here too,** that mishna is stated **with regard to** the case of **a hair among** many **hairs** and not the case of a single hair.

וְהֵיכָא אִיתְּמַר דְּרַבִּי אֶלְעַאי? אַהָא. דִּתְנַן: הַמְלַאי שֶׁבַּשִּׁבֳּלִים – מִיטַּמְּאִין וּמְטַמְּאִין וְאֵין מִצְטָרְפִין. מְלַאי לְמַאי חֲזֵי? אֲמַר רַבִּי אֶלְעַאי: בִּמְלַאי שֶׁבֵּין הַמְלָאִים.

And where was the opinion **of Rabbi Ela stated?** It was stated **with regard to that which we learned** in a mishna: **An awn that is on top of a stalk can become impure and impart impurity, but it does not join together** with the grains to constitute the requisite measure to impart impurity. It was asked: **For what** function **is an awn fit** such that it is considered to be a handle for the stalk? **Rabbi Ilai said:** That mishna is stated **with regard to** the case of **an awn among** many **awns.**

וְאִיכָּא דְּמַתְנֵי לַהּ

And there are those **who teach** another version of this dispute between Rabbi Yoḥanan and Reish Lakish,

LANGUAGE

Awn [*melai*] – **מְלַאי:** Awns are hair-like appendages protruding from the kernels on a stalk of grain. The word *melai* is spelled here with an *alef*, but is spelled elsewhere with an *ayin*. Some opinions maintain that the singular form of the word is *mela*, and the term *melai* that appears here is plural, an opinion consistent with the Gemara's explanation of the mishna.

HALAKHA

An awn that is on top of a stalk – מְלַאי שֶׁבַּשִּׁבֳּלִים: The awns that are on top of a stalk can become impure and impart impurity, but they do not join together with the food to constitute the requisite measure to impart impurity (Rambam *Sefer Tahara, Hilkhot Tumat Okhalin* 5:20).

אַמַּתְנִיתִין: הָעוֹר וְהָרוֹטֶב וְהַקִּיפָה וכו׳ מִצְטָרְפִין לְטַמֵּא טוּמְאַת אוֹכָלִין.

maintaining that the dispute is **with regard to** that which is taught in **the mishna: The** attached **hide, and the** congealed **gravy** attached to the meat, **and the spices,** and the meat residue, and the bones, and the tendons, and the horns, and the hooves all **join together** with the meat to constitute the requisite egg-bulk **to impart the impurity of food.**

אֲמַר רֵישׁ לָקִישׁ: לֹא שָׁנוּ אֶלָּא עֶצֶם דְּהָוֵי שׁוֹמֵר, אֲבָל נִימָא לָא הָוְיָא שׁוֹמֵר. וְרַבִּי יוֹחָנָן אָמַר: אֲפִילּוּ נִימָא נַמִּי הָוְיָא שׁוֹמֵר.

Reish Lakish said: The Sages **taught** that **only a bone** and the other items mentioned in the mishna join together with the meat to constitute the requisite measure to impart impurity **because** they **constitute protection** for the meat. **But a hair** does not join together with the meat to constitute the requisite measure to impart impurity because it **is not protection** for the meat. **And Rabbi Yoḥanan said: Even a hair is protection** for the meat and therefore joins together with the meat to constitute the requisite measure to impart impurity.

אֲמַר לֵיהּ רֵישׁ לָקִישׁ לְרַבִּי יוֹחָנָן: וּמִי אִיכָּא שׁוֹמֵר עַל גַּבֵּי שׁוֹמֵר? חִלְחוּלֵי מְחַלְחֵל.

Reish Lakish said to Rabbi Yoḥanan: But the hide protects the flesh, and the hair is on top of the hide. **Is** the *halakha* of protection applicable with regard to **protection** that is **on top of** another **protection?** Rabbi Yoḥanan answered: The hair **penetrates through** the hide and touches the flesh, thereby providing protection directly for the flesh.

מַתְקִיף לַהּ רַב אַחָא: אֶלָּא מֵעַתָּה תְּפִילִּין הֵיכִי כָּתְבִינַן? הָא בָּעֵינַן כְּתִיבָה תַּמָּה, וְלֵיכָּא!

Rav Aḥa objects to this answer: **If that is so,** that there are perforations in the hide through which the hairs penetrate, **how can we write phylacteries? Don't we require** phylacteries to be written with **a perfect writing** with no perforations in the letters? **And** that **is not** possible if there are perforations in the hide.

אִישְׁתְּמִיטְתֵיהּ הָא דְּאָמְרִי בְּמַעַרְבָא: כָּל נֶקֶב שֶׁהַדְּיוֹ עוֹבֵר עָלָיו – אֵינוֹ נֶקֶב.

The Gemara answers: **That** *halakha* **which they say in the West,** Eretz Yisrael, **escaped** Rav Aḥa: **Any perforation over which the ink passes** and which it covers **is not** considered **a perforation** that invalidates the writing.

אֵיתִיבֵיהּ רַבִּי יוֹחָנָן לְרֵישׁ לָקִישׁ: עוֹר שֶׁיֵּשׁ עָלָיו כְּזַיִת בָּשָׂר, הַנּוֹגֵעַ בְּצִיב הַיּוֹצֵא מִמֶּנּוּ וּבְשַׂעֲרָה שֶׁכְּנֶגְדּוֹ – טָמֵא. מַאי לָאו מִשּׁוּם שׁוֹמֵר? לָא, מִשּׁוּם יָד.

Rabbi Yoḥanan raised an objection to the opinion of **Reish Lakish** opinion from the mishna taught later (124a): In the case of the **hide** of an animal carcass **upon which there is an olive-bulk of flesh, one who touches a strand** of flesh **emerging from** the flesh **or** touches **a hair that is** on the side of the hide **opposite** the flesh **is ritually impure,** even though he did not touch an olive-bulk of the flesh. **What** is the reason that one who touches the strand of flesh or the hair becomes impure? **Is it not because** they constitute **protection** for the flesh? The Gemara answers: **No,** it is **because** the hair constitutes **a handle** for the flesh.

נִימָא אַחַת לְמַאי חַזְיָא? כִּדְאָמַר רַבִּי אֶילְעָא: בְּמַלְאֵי שֶׁבֵּין הַמַּלְאִין, הָכִי נַמִּי: בְּנִימָא שֶׁבֵּין הַנִּימִין.

The Gemara asks: **For what** function **is one hair fit** such that it constitutes a handle? The Gemara answers: One can explain that mishna **as Rabbi Ela said** in explanation of a different mishna: It is stated **with regard to** the case of **an awn among** many **awns. Here too,** the mishna is stated **with regard to** the case of **a hair among** many **hairs** and not the case of a single hair. The hair serves as a handle for the flesh because one can hold the hair and lift the flesh without the hair becoming detached.

וְהֵיכָא אִיתְּמַר דְּרַבִּי אֶילְעָא? אַהָא, דִּתְנַן: הַמַּלְאֵי שֶׁבַּשִּׁבֳּלִין – מְטַמְּאִין וּמִיטַמְּאִין וְאֵין מִצְטָרְפִין. מַלְאֵי לְמַאי חַזְיָא? אָמַר רַבִּי אֶילְעָא: בְּמַלְאֵי שֶׁבֵּין הַמַּלְאִין.

And where was the opinion **of Rabbi Ela stated?** It **was stated with regard to that which we learned** in a mishna: **An awn that is on top of a stalk can become impure and impart impurity, but it does not join together** with the grains to constitute the requisite measure to impart impurity. It was asked: **For what** function **is an awn fit** such that it is considered to be a handle for the stalk? **Rabbi Ela said:** The mishna is stated **with regard to** the case of **an awn among** many **awns.**

"וְהָרוֹטֶב". מַאי רוֹטֶב? אֲמַר רָבָא: שׁוּמְנָא.

§The mishna teaches: **The gravy** [*rotev*] joins together with the meat to constitute the requisite egg-bulk to impart the impurity of food, but an egg-bulk of gravy itself is not susceptible to impurity. The Gemara asks: To **what** is the term ***rotev*** referring? **Rava said:** The term *rotev* is referring to **the fat** that floats on top of a soup of cooked meat.

אֲמַר לֵיהּ אַבַּיֵי: הוּא עַצְמוֹ יִטְמָא טוּמְאַת אוֹכָלִין! אֶלָּא, חֵלֶב דִּקְרִישׁ.

Abaye said to Rava: That fat **itself** is eaten and **is** therefore susceptible to **impurity of food. Rather,** the term *rotev* is referring to **fat that** oozed out of the meat and **congealed.** That fat is not eaten, but it does join together with the meat to constitute the requisite egg-bulk to impart the impurity of food.

מַאי אִירְיָא קְרִישׁ כִּי לָא קְרִישׁ נַמִי, דַּאֲמַר רֵישׁ לָקִישׁ: צִיר שֶׁעַל גַּבֵּי יָרָק מִצְטָרֵף לְכַכּוֹתֶבֶת בְּיוֹם הַכִּפּוּרִים!

The Gemara asks: **Why** is the mishna referring **specifically** to **congealed** fat? **Even** in a case **where the fat did not congeal** it joins together with the meat to constitute the requisite egg-bulk to impart the impurity of food, **as Reish Lakish said: Brine on a vegetable,** even though it is a liquid, **combines** with the vegetable **to** constitute **a large date-bulk** [***kakotevet***][B] with regard to rendering one liable for violating the prohibition against eating **on Yom Kippur.**[H] Similarly, liquid fat should combine with the meat to constitute the requisite volume to impart the impurity of food.

הָתָם מִשּׁוּם יַתּוּבֵי דַּעְתָּא הוּא – בְּכׇל דְּהוּ מִיַּתְבָא דַּעְתֵּיהּ.

The Gemara answers: Liquids and solids do not join together to constitute the requisite egg-bulk to impart the impurity of food. The reason for the *halakha* **there,** with regard to Yom Kippur, **is because** one is liable even for the consumption of a liquid that is not characterized as food if the **mind** of the one who consumes it is **settled.** This is because with regard to the fast of Yom Kippur the Torah is concerned with a person's affliction, as the verse states: "You shall afflict your souls" (Leviticus 23:27). Therefore, one is liable on Yom Kippur for **any** eating that **settles his mind.**

הָכָא מִשּׁוּם אִיצְטָרוּפֵי הוּא, אִי קְרִישׁ – מִצְטָרֵף, אִי לָא קְרִישׁ – לָא מִצְטָרֵף.

But that is not the case **here with regard to** impurity. For two substances to join together to impart impurity, **a combination** between substances that have a common requisite measure for imparting impurity **is** necessary. Liquid and solid foods do not have the same requisite measure. Therefore, **if** the fat **is congealed, it joins together** with the meat. **If it is not congealed, it does not join together** with the meat.

"וְהַקִּיפָה". מַאי קִיפָה? אֲמַר רַבָּה: פִּירְמָא.

§The mishna teaches: **The spices** [***kifa***] join together with the meat to constitute the requisite egg-bulk to impart the impurity of food, but an egg-bulk of *kifa* itself is not susceptible to impurity. The Gemara asks: To **what** is the term ***kifa*** referring? **Rabba said:** The term *kifa* is referring to a congealed **hash** of cooked meat that settled to the bottom of the pot.

אֲמַר לֵיהּ אַבַּיֵי: הוּא עַצְמוֹ יִטְמָא טוּמְאַת אוֹכָלִין! אֶלָּא אֲמַר רַב פַּפָּא: תַּבְלִין.

Abaye said to Rabba: That hash **itself is** eaten and is therefore susceptible to **the impurity of food. Rather, Rav Pappa said:** The term *kifa* is referring to **spices,** which are not eaten themselves but do join together with the meat to constitute the requisite egg-bulk to impart the impurity of food.

תְּנַן הָתָם: הִקְפָּה אֶת הַדָּם וַאֲכָלוֹ, אוֹ שֶׁהִמְחָה אֶת הַחֵלֶב וּגְמָעוֹ – חַיָּיב.

§Since the mishna mentions *kifa*, which, according to Rabba, is referring to a congealed substance, the Gemara discusses the *halakha* of one who congealed a forbidden substance and consumed it. **We learned** in a *baraita* **there:** One who **caused blood to coagulate and ate it or melted** forbidden **fat and swallowed it is liable.**

בִּשְׁלָמָא הִקְפָּה אֶת הַדָּם וַאֲכָלוֹ – כֵּיוָן דְּאַקְפֵּיהּ, אַחְשׁוּבֵי אַחְשְׁבֵיהּ. אֶלָּא, הִמְחָה אֶת הַחֵלֶב וּגְמָעוֹ, אֲכִילָה כְּתִיבָא בֵּיהּ, וְהָא לָאו אֲכִילָה הִיא!

The Gemara objects: **Granted,** one who **caused blood to coagulate and ate it** is liable. Although blood is not normally eaten in such a manner, **since he caused** the blood **to coagulate, he ascribed** the **significance** of food **to it,** and the Torah prohibits the eating of blood, as it is written: "You shall eat neither fat nor blood" (Leviticus 3:17). **But** why is one who **melted** forbidden **fat and swallowed it** liable? **Eating,** and not drinking, **is stated** in the Torah with regard to the prohibition against the consumption of forbidden fat, as it is written: "You shall eat no fat of ox or sheep or goat" (Leviticus 7:23), **and this** swallowing of a liquid **is not eating.**[N]

BACKGROUND

Large date-bulk [*kakotevet*] – כַּכּוֹתֶבֶת: The term *kotevet* refers to a date that is in the beginning stage of the drying process. The term *kakotevet* is used to refer to the volume of a large date, which is larger than an olive-bulk but smaller than an egg-bulk. Halakhic opinions as to the exact volume of a *kotevet* range between 40 and 50 cc.

HALAKHA

Brine on a vegetable combines to constitute a large date-bulk with regard to eating on Yom Kippur – צִיר שֶׁעַל גַּבֵּי יָרָק מִצְטָרֵף לְכַכּוֹתֶבֶת בְּיוֹם הַכִּפּוּרִים: Brine on a vegetable combines with the vegetable to constitute a large date-bulk with regard to rendering one liable for violating the prohibition against eating on Yom Kippur. Since the brine improves the food it is considered to be part of the food (Rambam *Sefer Zemanim*, *Hilkhot Shevitat Asor* 2:7; *Shulḥan Arukh*, *Oraḥ Ḥayyim* 612:2).

NOTES

And this swallowing of a liquid is not eating – וְהָא לָאו אֲכִילָה הִיא: The early commentaries find this question difficult, as it is derived in the Gemara (*Shevuot* 23a) that drinking is included in eating from the following verse, which refers to the drinking of wine as eating: "And you shall eat before the Lord your God, in the place where he shall choose to cause His name to dwell there, the tithe of your grain, of your wine, and of your oil" (Deuteronomy 14:23). *Tosafot* suggest that there is a distinction between drinking a substance whose natural state is liquid and drinking a solid substance that has been melted: Only the former manner of drinking is considered eating, but not the latter.

אֲמַר רֵישׁ לָקִישׁ: אֲמַר קְרָא ״נֶפֶשׁ״ – לְרַבּוֹת אֶת הַשּׁוֹתֶה.

Reish Lakish said: One is liable even for drinking the melted forbidden fat of an animal. **The verse states:** "For all who eat the fat of the animal that one could offer from it a fire offering to the Lord, the soul that eats it shall be cut off from his people" (Leviticus 7:25). The term **"soul"** is interpreted homiletically **to include** in the prohibition **one who drinks** the fat.

תַּנְיָא נַמִי גַּבֵּי חָמֵץ כְּהַאי גַּוְנָא: הִמְחָהוּ וּגְמָעוֹ, אִם חָמֵץ הוּא – עָנוּשׁ כָּרֵת, אִם מַצָּה הִיא – אֵין אָדָם יוֹצֵא בָּהּ יְדֵי חוֹבָתוֹ בְּפֶסַח.

The Gemara comments: A novelty **of this kind is also taught** in a *baraita* **with regard to** the prohibition against eating **leavened bread** on Passover: If one took bread, **dissolved it** in water, **and swallowed** this mixture[H] on Passover, the *halakha* is as follows: **If it is leavened bread, he is punished with *karet*; if it is *matza*,[H]** then **a person does not fulfill his obligation** to eat *matza* **on Passover with** this food.

בִּשְׁלָמָא אִם מַצָּה הִיא אֵין אָדָם יוֹצֵא בָּהּ יְדֵי חוֹבָתוֹ בְּפֶסַח ״לֶחֶם עֹנִי״ אֲמַר רַחֲמָנָא, וְהַאי לָאו ״לֶחֶם עֹנִי״ הוּא, אֶלָּא אִם חָמֵץ הוּא עָנוּשׁ כָּרֵת, אֲכִילָה כְּתִיבָא בֵּיהּ!

The Gemara objects: **Granted, if it is *matza*, a person does not fulfill his obligation** to eat *matza* **on Passover with** this food, as **the Merciful One states** with regard to the prohibition against eating leavened bread on Passover: "You shall eat no leavened bread with it; seven days you shall eat unleavened bread with it, even **the bread of affliction**" (Deuteronomy 16:3), indicating that one must eat the bread of affliction, **but this** bread dissolved in water **is not** considered **the bread of affliction. But if** the bread **is leavened bread,** why **is he punished with *karet*? Eating is written with regard to** the prohibition against leavened bread, and in this case he did not eat it but rather drank it.

אֲמַר רֵישׁ לָקִישׁ: אֲמַר קְרָא ״נֶפֶשׁ״ – לְרַבּוֹת אֶת הַשּׁוֹתֶה.

Reish Lakish said: One is liable even for drinking leavened bread. **The verse states:** "For all who eat leavened bread from the first day until the seventh day, that soul shall be cut off from Israel" (Exodus 12:15). The term **"soul"** is interpreted homiletically **to include** in the prohibition **one who drinks** leavened bread.

וְתַנְיָא נַמִי גַּבֵּי נִבְלַת עוֹף טָהוֹר כְּהַאי גַּוְנָא: הִמְחָהוּ בָּאוּר – טָמֵא, בַּחַמָּה – טָהוֹר, וְהָוֵינַן בָּהּ, אֲכִילָה כְּתִיב בֵּיהּ!

The Gemara comments: A novelty **of this kind is also taught** in the *Tosefta* (*Zavim* 5:9) **with regard to** one who eats **the** unslaughtered **carcass of a kosher bird:[B] One who liquefied** the carcass of an unslaughtered kosher bird **in fire** and drank the substance **is impure.** But one who liquefied it **in the sun** and drank it **is pure.[H] And we discussed it: Eating** and not drinking **is stated** with regard to the impurity of a carcass, as it is written: "And every soul that eats an unslaughtered carcass or that which is mauled by an animal, whether he is native or stranger, he shall wash his garments, bathe in water, and shall be impure until the evening" (Leviticus 17:15). Why, then, does one who drinks a kosher bird carcass become impure?

אֲמַר רֵישׁ לָקִישׁ: אֲמַר קְרָא ״נֶפֶשׁ״ – לְרַבּוֹת אֶת הַשּׁוֹתֶה. אִי הָכִי בַּחַמָּה נַמִי! בַּחַמָּה אִיסְרוּחֵי מִסְרַח.

Reish Lakish said: He becomes impure because **the verse states:** "And every **soul.**" The term "soul" is interpreted homiletically **to include one who drinks.** The Gemara objects: **If so,** one who drinks a carcass that is melted **in the sun** should **also** become impure. The Gemara explains: A carcass takes a long time to melt **in the sun.** Therefore, the liquid **becomes rotten** and unfit for consumption.

וּצְרִיכִי, דְּאִי כְּתַב רַחֲמָנָא חֵלֶב – חָמֵץ לָא אָתֵי מִינֵּיהּ, שֶׁכֵּן לֹא הָיְתָה לוֹ שְׁעַת הַכּוֹשֶׁר. נְבֵלָה לָא אָתֵי מִינֵּיהּ – שֶׁכֵּן עָנוּשׁ כָּרֵת.

The Gemara cited three instances in which Reish Lakish interpreted the term "soul" as including one who drinks. The Gemara explains: All three mentions of the term "soul" **are necessary. As, if the Merciful One had written** the term "soul" only with regard to forbidden **fat,** liability for drinking liquefied **leavened bread could not have been derived from it, since** the prohibition against the consumption of forbidden fat has an element of stringency that does not apply to leavened bread in that the forbidden fat **had no period of fitness** for consumption. Leavened bread, on the other hand, may be consumed before Passover. Likewise, impurity contracted by drinking a liquefied **carcass could not be derived from** the *halakha* of forbidden fat **because** the consumption of forbidden fat is **punishable by *karet*,** which is not the case with regard to the consumption of a carcass.

HALAKHA

If one dissolved it in water and swallowed it, etc. – הִמְחָהוּ וּגְמָעוֹ וכו׳: In a case where one consumed an olive-bulk of leavened bread on Passover, from the evening of the fifteenth of Nisan until the end of the twenty-first day of the month, the *halakha* is as follows: If he consumed it intentionally, he is liable to receive *karet*; if he consumed it unintentionally, he is liable to bring a sin offering. The same *halakha* applies to one who took leavened bread, dissolved it in water, and swallowed this mixture on Passover (Rambam *Sefer Zemanim*, *Hilkhot Ḥametz UMatza* 1:1).

If one dissolved it in water and swallowed it…if it is *matza*, etc. – הִמְחָהוּ וּגְמָעוֹ...אִם מַצָּה הִיא וכו׳: One who takes *matza*, dissolves it in water, and swallows the mixture does not fulfill his obligation to eat *matza* on Passover (*Shulḥan Arukh*, *Oraḥ Ḥayyim* 461:4).

One who liquefied the carcass…in the sun and drank it is pure – הִמְחָהוּ...בַּחַמָּה טָהוֹר: If one liquefied a kosher bird in the sun and drank it, he is pure because it became rotten (Rambam *Sefer Tahara*, *Hilkhot She'ar Avot HaTumot* 3:10).

BACKGROUND

Carcass of a kosher bird – נִבְלַת עוֹף טָהוֹר: The carcass of a kosher bird has a unique halakhic status, to which the Gemara here is referring. Although it is ritually impure because it was not slaughtered properly, it does not impart impurity by being touched or carried, as the carcass of any other animal would, but only by being eaten. When a piece of the carcass enters a person's esophagus, he contracts ritual impurity, rendering impure not only his body but also the clothes he is wearing at the time.

וְאִי כְּתַב רַחֲמָנָא חָמֵץ – חֵלֶב לָא אָתֵי מִינֵּיהּ, שֶׁכֵּן לֹא הוּתַּר מִכְּלָלוֹ. וּנְבֵלָה לָא אָתְיָא מִינֵּיהּ, שֶׁכֵּן עָנוּשׁ כָּרֵת.

And if the Merciful One had written the term "soul" only with regard to **leavened bread,** liability for drinking melted forbidden **fat could not be derived from it, as** there are **no** circumstances in which **the general prohibition** against eating leavened bread **was permitted.** The consumption of forbidden fat, on the other hand, is permitted with regard to the fat of an undomesticated animal. **And** similarly, impurity contracted by drinking a liquefied **carcass could not be derived from** the *halakha* of leavened bread, **because** the *halakha* of leavened bread has an element of stringency that does not apply to a carcass in that its consumption is **punishable by** ***karet.***

וְאִי כְּתַב רַחֲמָנָא בִּנְבֵלָה – הָנָךְ לָא אָתְיָא מִינָּהּ, שֶׁכֵּן מְטַמְּאָה.

And if the Merciful One had written the term "soul" only **with regard to a carcass, those** prohibitions against drinking melted fat and liquefied leavened bread **could not be derived from it, because** a carcass has an element of stringency that does not apply to those prohibitions in that **it transmits impurity** to one who eats it. Therefore, all three mentions of the term "soul" are necessary.

חֲדָא מֵחֲדָא לָא אָתְיָא, תֵּיתֵי חֲדָא מִתַּרְתֵּי! הֵי תֵּיתֵי? לָא לִכְתּוֹב רַחֲמָנָא בִּנְבֵלָה וְתֵיתֵי מֵהָנָךְ – מָה לְהָנָךְ שֶׁכֵּן עָנוּשׁ כָּרֵת!

The Gemara objects: It is true that **one** *halakha* **cannot be derived from** either **one** of the others, as detailed above. Nevertheless, one can **derive** the *halakha* of **one** of them **from** the other **two.** The Gemara responds: This is not possible, as **which** *halakha* can one **derive** from the others? **Let the Merciful One not write** this *halakha* **with regard to** a liquefied **carcass and derive** it **from these** other prohibitions against eating forbidden fat and leavened bread. One can refute this derivation: **What** is notable **about these** other prohibitions? They are notable **in that** one who transgresses them **is punished with** ***karet,*** contrary to one who eats a carcass.

לָא לִכְתּוֹב רַחֲמָנָא בְּחָמֵץ וְתֵיתֵי מֵהָנָךְ – מָה לְהָנָךְ שֶׁכֵּן לֹא הָיְתָה לָהֶן שְׁעַת הַכּוֹשֶׁר!

The Gemara suggests: **Let the Merciful One not write** this *halakha* **with regard to** dissolved **leavened bread and derive** it **from these** *halakhot* of forbidden fat and a carcass. The Gemara refutes the derivation: **What** is notable **about these** *halakhot*? They are notable **in that they had no period of fitness** for consumption, as opposed to leavened bread, which was fit for consumption before Passover.

לָא לִכְתּוֹב רַחֲמָנָא בְּחֵלֶב וְתֵיתֵי מֵהָנָךְ – מָה לְהָנָךְ שֶׁכֵּן לֹא הוּתַּר מִכְּלָלָן, תֹּאמַר בְּחֵלֶב שֶׁהוּתַּר מִכְּלָלוֹ!

The Gemara suggests: **Let the Merciful One not write** this *halakha* **with regard to** forbidden **fat and derive** it **from these** *halakhot* of consuming leavened bread and a carcass. The Gemara refutes the derivation: **What** is notable **about these** *halakhot*? They are notable **in that** there are **no** circumstances in which **their general prohibition was permitted. Shall you say** the same **with regard to** forbidden **fat, whose general prohibition was permitted** in certain circumstances? Therefore, all three mentions of the term "soul" are necessary.

וּמַאי נִיהוּ? אִילֵּימָא חֵלֶב בְּהֵמָה לְגָבוֹהַּ – נְבֵלָה נָמֵי אִשְׁתְּרַאי מְלִיקַת עוֹף לְגָבוֹהַּ!

The Gemara asks: **And what is** the case in which forbidden fat is permitted? **If we say** that it is the **fat of a domesticated animal** that is permitted to be sacrificed in the Temple **to the Most High,** a bird **carcass is also permitted** to be sacrificed in the Temple. Although **pinching** the nape of the neck of **a bird** renders it an unslaughtered carcass and forbidden for consumption, bird offerings are sacrificed **to the Most High** in such a manner.

וְאֶלָּא חֵלֶב חַיָּה לְהֶדְיוֹט – נְבֵלָה נָמֵי אִשְׁתְּרַאי, מְלִיקָה דְּחַטַּאת הָעוֹף לַכֹּהֲנִים!

And if the reference is **rather** to **the** forbidden **fat of an undomesticated animal,** which is permitted **to an ordinary** person, one may respond that **a carcass is also permitted** for a person's consumption in a certain case, as **the pinching of** the nape of the neck of **a bird sin offering** renders it fit **for** consumption of **the priests.**

לְעוֹלָם חֵלֶב חַיָּה לְהֶדְיוֹט, וּדְקָא קַשְׁיָא לָךְ כֹּהֲנִים – כֹּהֲנִים מִשֻּׁלְחַן גָּבוֹהַּ קָא זָכוּ.

The Gemara answers: **Actually,** the reference is to **the** forbidden **fat of an undomesticated animal,** which is permitted **to an ordinary** person. **And that which** is **difficult for you** with regard to the fact that the **priests** eat the carcass of a bird which is brought as a sin offering is not difficult, as the **priests receive** their portion **from the table of the Most High.** Since this carcass is permitted as an offering to God, it is permitted to the priests as well. Therefore, this does not qualify as a case of an unslaughtered carcass permitted to ordinary people.

וְהָא דְּתַנְיָא: "הַטְּמֵאִים" – לֶאֱסוֹר צִירָן וְרוֹטְבָן וְקִיפָה שֶׁלָּהֶן, לָמָּה לִי? לִיגְמַר מֵהָנֵי!

§ The Gemara challenges: **But that which is taught** in the following *baraita* is difficult. The Torah states with regard to the prohibition against eating creeping animals: "These are they **that are impure** [***hatteme'im***] to you among all the creeping animals" (Leviticus 11:31). The Sages interpret the letter *heh* in the term "*hatteme'im*" **to forbid their juice** that oozes from their carcasses, **and their gravy** that is produced when they are cooked, **and sediments** of **their** flesh that congeal at the bottom of the dish when cooked. The Gemara explains the challenge: **Why do I** need a verse to teach this *halakha*? **Let** this *halakha* **be learned from these** *halakhot* of melted forbidden fat, a liquefied bird carcass, and dissolved leavened bread.

צְרִיכִי, דְּאִי לָא כְּתַב רַחֲמָנָא, הֲוָה אָמֵינָא: דַּיּוֹ לַבָּא מִן הַדִּין לִהְיוֹת כַּנִּדּוֹן, מָה הָתָם עַד דְּאִיכָּא כְּזַיִת, אַף הָכָא נָמֵי עַד דְּאִיכָּא כְּזַיִת.

The Gemara answers: **It is necessary** for this *halakha* to be written, **as if the Merciful One had not written** this *halakha* with regard to creeping animals and instead the *halakha* was derived from the other *halakhot*, **I would say: It is sufficient for the** conclusion that **emerges from** an *a fortiori* **inference to be like** its **source.** Accordingly, **just as there,** one who consumes melted forbidden fat, a liquefied carcass, or dissolved leavened bread is not liable **until** he consumes **an olive-bulk, so too here,** with regard to consuming the juice, gravy, and sediments of creeping animals, one is not liable **until** he consumes **an olive-bulk.** Therefore, a separate verse is necessary to teach that one is liable even for consuming a lentil-bulk of the juice, gravy, or sediments of a creeping animal, just as one is liable for consuming this measure of the creeping animal itself.

וְלִיכְתּוֹב רַחֲמָנָא בִּשְׁרָצִים, וְלֵיתוּ הָנָךְ וְלִיגְמְרוּ מִינַּיְיהוּ!

The Gemara objects: **Let the Merciful One write** the prohibition against consuming the juice, gravy, and sediments **of creeping animals and let these** *halakhot* of consuming liquefied forbidden fat, dissolved leavened bread, and a melted carcass of a bird **come and be learned from** it.[N] The Torah does not need to state those *halakhot* explicitly.

מִשּׁוּם דְּאִיכָּא לְמִיפְרַךְ: מָה לִשְׁרָצִים – שֶׁכֵּן טוּמְאָתָן בְּמַשֶּׁהוּ.

The Gemara explains: It is not possible to derive those *halakhot* in such a manner **because** that derivation **can be refuted: What** is notable **about creeping animals?** They are notable **in that their impurity** is imparted **in any amount.**[N] Those other *halakhot*, on the other hand, do not apply to less than an olive-bulk.

NOTES

And let these come and be learned from it – וְלֵיתוּ הָנָךְ וְלִיגְמְרוּ מִינַּיְיהוּ: The phrase: And let these, indicates that the Gemara is suggesting that one derive all three prohibitions previously mentioned from the case of creeping animals: Consumption of liquefied forbidden fat, a melted carcass of a bird, and dissolved leavened bread. Some early commentaries explain that the Gemara is actually suggesting that one derive only the prohibition against consuming a melted carcass of a bird from the case of a creeping animal. The other two prohibitions cannot be derived from a creeping animal because this derivation can be refuted in a manner previously discussed: The prohibition against consuming creeping animals is notable in that there are no circumstances in which it was relaxed, while the consumption of forbidden fats is permitted in certain cases. Similarly, the prohibition against consuming creeping animals is notable in that there was no time in which they were fit for consumption, while leavened bread was fit for consumption before Passover (Rashba).

Their impurity is imparted in any amount – טוּמְאָתָן בְּמַשֶּׁהוּ: The term: Any amount, here refers to a lentil-bulk, the smallest of all Torah measures. The Gemara derives this measure as follows (*Nazir* 52a): The verse states with regard to creeping animals: "Whoever touches them when they are dead shall be impure" (Leviticus 11:31). One might have thought this *halakha* applies only to complete creatures. Therefore, the verse states: "And upon whatever any of them, when they are dead, fall, it shall be impure" (Leviticus 11:32), which indicates that part of these creatures also imparts impurity. The Gemara reconciles the two verses by explaining that one does not become ritually impure unless he touches at least part of them that is equal in measure to all of them, i.e., a large part. The Sages calculated this as being the volume of a lentil-bulk, as the skink, one of the eight impure animals, is the size of a lentil-bulk at the beginning of its life cycle.

וְהָא דְּתַנְיָא: הַטֶּבֶל וְהֶחָדָשׁ וְהַהֶקְדֵּשׁ וְהַשְּׁבִיעִית וְהַכִּלְאַיִם, כּוּלָּן – מַשְׁקִין הַיּוֹצְאִין מֵהֶן כְּמוֹתָן, מְנָלַן?

§ The Gemara continues to examine the source for the status of liquids with regard to various *halakhot* based on **that which is taught** in a *baraita*: With regard to **untithed produce; and the new crop** of grain of the year, which is forbidden until after the *omer* offering is brought on the sixteenth of Nisan (see Leviticus 23:14); **and consecrated** produce; **and** the produce of **the Sabbatical** Year[B] after the designated time when it must be removed from one's house; **and diverse kinds,** i.e., the produce of a vineyard in which grains were sown; with regard to **all of them,** it is prohibited to consume **liquid that emerges from them just as** it is prohibited to consume them **themselves.**[H] The Gemara asks: **From where do we** derive this *halakha*?

וְכִי תֵּימָא: לִיגְמַר מֵהָנָךְ, מָה לְהָנָךְ שֶׁכֵּן אִיסּוּר הַבָּא מֵאֵלָיו הָווּ.

And if you would say: Let those prohibitions **be learned from these** prohibitions of consuming the liquid that seeps from creeping animals, liquefied fat, dissolved leavened bread, and liquefied bird carcasses, one can respond that this derivation can be refuted. **What** is notable **about these** prohibitions? They are notable **in that** each of them is **a prohibition that develops on its own** without any human intervention, as opposed to the prohibitions in the *baraita*, which do not necessarily share this element of stringency.

תֵּינַח הֵיכָא דְּאִיסּוּר בָּא מֵאֵלָיו, הֵיכָא דְּלָאו אִיסּוּר הַבָּא מֵאֵלָיו, מְנָלַן?

Therefore, **it works out well** to derive the prohibition against consuming liquids that emerged from a solid **where the prohibition** is one that **develops on its own,** such as untithed produce, the new crop, Sabbatical Year produce and diverse kinds. But with regard to consecrated produce, **where the prohibition does not develop on its own** but rather only after a person consecrates the produce, **from where do we** derive that it is prohibited to consume the liquid that emerges from the produce just as it is prohibited to consume the produce itself?

גָּמְרִינַן מִבִּכּוּרִים. וּבִכּוּרִים גּוּפַיְיהוּ מְנָלַן?

The Gemara answers: **We learn** this *halakha* **from** the case of **first fruits.**[B] Consumption of first fruits is a prohibition that does not develop on its own, because the owner must set aside the first fruits. And consumption of the liquid that emerges from first fruits is prohibited like consumption of the fruit itself. The Gemara asks: **And from where do we** derive this *halakha* with regard to **first fruits themselves?**

דְּתָנֵי רַבִּי יוֹסֵי: "פְּרִי" – פְּרִי אַתָּה מֵבִיא, וְאִי אַתָּה מֵבִיא מַשְׁקֶה. הֵבִיא עֲנָבִים וּדְרָכָן, מִנַּיִן? תַּלְמוּד לוֹמַר: "תָּבִיא".

The Gemara answers that first fruits can be brought as wine, **as Rabbi Yosei teaches:** The verse states with regard to first fruits: "You shall take of the first of all the **fruit** of the ground, which you shall bring in from your land" (Deuteronomy 26:2). Since the verse mentions fruit, this indicates that **you must bring** actual **fruit, and you may not bring** the first fruits in the form of **beverages.**[H] But if one **brought grapes and** he had already **pressed them** into wine,[N] **from where** is it derived that he has fulfilled his obligation? **The verse states: "You shall bring in** from your land." This superfluous term serves to teach that if one brings wine for the mitzva of first fruits, he has fulfilled his obligation.

אִיכָּא לְמִיפְרַךְ: מָה לְבִכּוּרִים – שֶׁכֵּן טְעוּנִין קְרִיָּיה וְהַנָּחָה!

But this derivation from the case of first fruits **can be refuted: What** is notable **about first fruits?** They are notable **in that they require reciting** the passage which begins: "My father was a wandering Aramean" (Deuteronomy 26:5), **and placing** the fruits in the Temple, whereas no such requirements exists with regard to consecrated produce.

NOTES

One brought grapes and he had already pressed them into wine – הֵבִיא עֲנָבִים וּדְרָכָן: The early commentaries disagree with regard to the interpretation of this case in the *baraita*. According to *Tosafot*, the case is where one designated grapes or olives as first fruits when they were whole, after which one may extract wine or oil from them and bring it to the Temple. By contrast, Rambam's Commentary on the Mishna (tractate *Ḥalla*) explains that that case is a subject of dispute among *tanna'im*. Rabbi Yehoshua holds that one may bring first fruits of wine and oil, but the Rabbis hold that one must bring the whole fruit. The *baraita* is discussing a case where one brought the first fruits in the form of fruit and then later crushed the grapes or olives in the Temple courtyard. In such a case, the wine or oil retains the status of first fruits, and a non-priest may not consume it.

BACKGROUND

Sabbatical Year – שְׁבִיעִית: A Sabbatical cycle lasts seven years. The seventh year is known as the Sabbatical Year, or the year of abandonment or release [*shemitta*]. The Sabbatical Year is based on Torah law (see Leviticus 25:1–7 and Deuteronomy 15:1–6), but most authorities maintain that the conditions for the applicability of the biblical mitzva have lapsed, and its present-day observance is based on rabbinic decree. During the Sabbatical Year all agricultural land in Eretz Yisrael must be left to lie fallow. It is prohibited to work the land, except for what is necessary to keep existing crops alive. All produce that does grow is ownerless and must be left unguarded in the fields for ready access to any creature, including wild animals and birds. As long as produce can still be found in the fields it may be eaten, although it may not be bought and sold in the normal manner or used for purposes other than food. Following that time, one must remove the produce of the Sabbatical Year from his house. It is prohibited by rabbinic decree to consume produce that grew from seeds during the Sabbatical Year, even if it grew by itself. According to some authorities, this prohibition applies by Torah law.

First fruits – בִּיכּוּרִים: The first fruits of the new harvest were given to the priests (Deuteronomy 26:1–11). When the Temple stood, a farmer would select the first fruits of the seven types of produce with which Eretz Yisrael is specially favored: Wheat, barley, grapes, figs, pomegranates, olives, and dates (Deuteronomy 8:8). By rabbinic decree, at least one-sixtieth of the harvest must be brought as first fruits. The farmer would bring these fruits to the Temple in a basket, place them before the altar, and recite a prayer of appreciation to God (Deuteronomy 26:3–10). Afterward, the fruit was given to the priests and eaten under the same provisions that govern *teruma*. The first fruits were brought to the Temple between the festivals of *Shavuot* and *Sukkot*. If they were not brought within this period, an extension was granted until Hanukkah. An entire tractate of the Mishna, *Bikkurim*, discusses the *halakhot* and practices governing this mitzva.

HALAKHA

It is prohibited to consume liquid that emerges from them just as it is prohibited to consume them themselves – מַשְׁקִין הַיּוֹצְאִין מֵהֶן כְּמוֹתָן: With regard to untithed produce, the new crop, consecrated produce, produce that comes from *orla*, produce of the Sabbatical Year, and the produce of diverse kinds, it is prohibited to consume liquid that emerges from them just as it is prohibited to consume the produce itself. Nevertheless, one receives lashes only for the consumption of wine and oil of *orla* and the wine of diverse kinds. This ruling is in accordance with the *baraita* here and the mishna in tractate *Terumot* (Rambam *Sefer Kedusha, Hilkhot Ma'akhalot Assurot* 10:22).

You must bring fruit and you may not bring beverages – פְּרִי אַתָּה מֵבִיא וְאִי אַתָּה מֵבִיא מַשְׁקֶה: One may not bring first fruits in the form of beverages except for olives and grapes. If one brought first fruits in the form of beverages they are not accepted, in accordance with the opinion of Rabbi Yosei (Rambam *Sefer Zera'im, Hilkhot Bikkurim* 2:4).

BACKGROUND

Infer from it and again from it – דּוּן מִינָּהּ וּמִינָּהּ: A *halakha* derived via the exegetical method of a verbal analogy, i.e., a tradition that two cases are connected as indicated by similar words, is considered a Torah edict. Although there is a principle that verbal analogies apply beyond the specific detail under discussion, there is a dispute with regard to the extent of the details derived by verbal analogy. According to the method of: Infer from it and derive the details from it, all the details of the source *halakha* are applied to the other case. By contrast, according to the method of: Infer from it but interpret the *halakha* according to its own place, the verbal analogy applies only to the particular detail to which it refers.

אֶלָּא, גָּמַר מִתְּרוּמָה.

Rather, one can **derive** the prohibition against consuming the liquid that emerges from consecrated produce **from** the prohibition against consuming liquid that emerges from *teruma*, i.e., the portion of produce designated for the priest.

וּתְרוּמָה גּוּפָהּ מְנָלַן? דְּאִיתְקַשׁ לְבִכּוּרִים. דַּאֲמַר מָר: "וּתְרוּמַת יָדֶךָ" – אֵלּוּ בִּכּוּרִים.

The Gemara asks: **And from where do we** derive this *halakha* with regard to ***teruma* itself?** the Gemara answers: It is derived from the fact **that *teruma* is compared to first fruits, as** it is written: "You may not eat within your gates the tithe of your grain, or of your wine, or of your oil, or the firstborn of your cattle and of your flocks, or any of your vows that you will vow, or your pledges, nor the offering of your hand" (Deuteronomy 12:17), and **the Master said** with regard to the phrase "**nor the offering** [*teruma*] **of your hand**" that **these are** the **first fruits.** Since the verse uses the term "*teruma*" with regard to first fruits, the *halakha* of *teruma* is compared to the *halakha* of first fruits: Just as liquid that emerges from first fruits is forbidden like the fruit itself, so too liquid that emerges from *teruma* is forbidden like the produce itself. Consequently, the prohibition against consuming the liquid that emerges from consecrated produce can be derived from *teruma*.

מַה לִּתְרוּמָה – שֶׁכֵּן חַיָּיבִין עָלֶיהָ מִיתָה וְחוֹמֶשׁ!

The Gemara refutes this derivation from *teruma*: **What** is notable **about *teruma*?** It is notable **in that** a non-priest **is liable** to receive the punishment of **death** at the hand of Heaven **for** consuming *teruma*, **and** he must restore the value of the produce he ate, adding **one-fifth** of its value as a fine. This element of stringency does not exist with regard to one who consumes consecrated produce.

אֶלָּא גָּמַר מִתַּרְוַיְיהוּ מִתְּרוּמָה וּבִכּוּרִים. מַה לִּתְרוּמָה וּבִכּוּרִים – שֶׁכֵּן חַיָּיבִין עֲלֵיהֶם מִיתָה וְחוֹמֶשׁ!

Rather, one can **learn** the prohibition against consuming the liquid that emerges from consecrated produce **from both *teruma* and first fruits.** The Gemara refutes this derivation: **What** is notable **about *teruma* and first fruits?** They are notable **in that** a non-priest **is liable** to receive the punishment of **death** at the hand of Heaven **for** consuming *teruma* or first fruits, **and** he must restore the value of the produce he ate, adding **one-fifth** of its value as a fine. This is not true with regard to one who consumes consecrated produce.

אֶלָּא, אָתְיָא מִתְּרוּמָה וְחַד מֵהָנָךְ, אוֹ מִבִּכּוּרִים וְחַד מֵהָנָךְ.

Rather, the prohibition against consuming the liquid that emerges from consecrated produce **is derived from *teruma* and one of these** prohibitions, i.e., a liquefied carcass of a bird or dissolved leavened bread; **or** it can be derived **from first fruits and one of these** prohibitions.

וְהָא דִּתְנַן: דְּבַשׁ תְּמָרִים וְיֵין תַּפּוּחִים וְחוֹמֶץ סִיתְוָונִיּוֹת וּשְׁאָר מִינֵי פֵּירוֹת שֶׁל תְּרוּמָה רַבִּי אֱלִיעֶזֶר מְחַיֵּיב קֶרֶן וְחוֹמֶשׁ, וְרַבִּי יְהוֹשֻׁעַ פּוֹטֵר.

§ The Gemara elaborates on the comparison between *teruma* and first fruits with regard to the *halakha* that the status of liquid that emerges from produce is like that of the produce itself, **and** it explains **that which we learned** in a mishna (*Terumot* 11:2): If a non-priest ate **date honey, or apple wine, or vinegar** made **from grapes of autumn**[H] that grow stunted at the end of the season and are unfit for wine production, **or** any of the **other types of** juice made from **fruits of *teruma*, Rabbi Eliezer deems him obligated** to repay **the principal and** an additional **fifth,** like the penalty for one who ate the *teruma* produce itself. **And Rabbi Yehoshua deems** him **exempt** from payment.

בְּמַאי פְּלִיגִי? בְּדוּן מִינָּהּ וּמִינָּהּ, וּבְדוּן מִינָּהּ וְאוֹקֵי בְּאַתְרָהּ קָמִיפַּלְגִי.

The Gemara explains: **With regard to what** principle do Rabbi Eliezer and Rabbi Yehoshua **disagree? They disagree with regard to** the principles governing the process of deriving one *halakha* from another *halakha*. One maintains the exegetical principle: **Infer from it, and** again **from it,**[B] i.e., when one case is derived from another all the details of the source case are applied to the other case; **and** one maintains the principle: **Infer from it but interpret** the *halakha* **according to its own place,** i.e., one derives only the basic principle of the source case, whereas all other aspects of the source case are not applied to the case at hand.

HALAKHA

Date honey or apple wine or vinegar from grapes of autumn – דְּבַשׁ תְּמָרִים וְיֵין תַּפּוּחִים וְחוֹמֶץ סִיתְוָונִיּוֹת: With regard to a non-priest who drank honey from dates, wine from apples, or any other type of beverage made from produce of *teruma*, the *halakha* is as follows: If he consumed it unintentionally he is not obligated to pay, but if he consumed it intentionally he receives lashes for rebelliousness (Rambam *Sefer Zera'im*, *Hilkhot Terumot* 11:2).

דְּרַבִּי אֱלִיעֶזֶר סָבַר: דּוּן מִינָּהּ וּמִינָּהּ, מַה בִּכּוּרִים – מַשְׁקִין הַיּוֹצֵא מֵהֶן כְּמוֹתָן, אַף תְּרוּמָה נַמִּי – מַשְׁקִין הַיּוֹצֵא מֵהֶן כְּמוֹתָן. וּמִינָּהּ, מַה בִּכּוּרִים – אֲפִילּוּ שְׁאָר מִינִין, אַף תְּרוּמָה נַמִּי – אֲפִילּוּ שְׁאָר מִינִין.

As Rabbi Eliezer holds: Infer from it, and again from it. Just as with regard to first fruits, the status of the liquid that emerges from them is like that of the produce itself, so too with regard to *teruma*, the status of the liquid that emerges from it is like that of the produce itself. And again infer from it: Just as the *halakha* of first fruits includes not only olives and grapes but even other types of produce from the seven species for which Eretz Yisrael is praised, and the status of liquid that emerges from that produce is like that of the produce itself, so too with regard to *teruma*, although oil and wine are the only liquids from which one is obligated to separate *teruma*, even liquid that emerges from other types of produce designated as *teruma* besides olives and grapes has the same status as the produce itself.

וְרַבִּי יְהוֹשֻׁעַ סָבַר: דּוּן מִינָּהּ, מַה בִּכּוּרִים – מַשְׁקִין הַיּוֹצְאִין מֵהֶן כְּמוֹתָן, אַף תְּרוּמָה – מַשְׁקִין הַיּוֹצְאִין מֵהֶן כְּמוֹתָן. וְאוֹקֵי בְּאַתְרָהּ, מַה מַשְׁקִין דְּקָדָשִׁים בִּתְרוּמָה תִּירוֹשׁ וְיִצְהָר – אִין, מִידֵּי אַחֲרִינָא – לָא. אַף מַשְׁקִין הַיּוֹצְאִין מֵהֶן כְּמוֹתָן, תִּירוֹשׁ וְיִצְהָר – אִין, מִידֵּי אַחֲרִינָא – לָא.

And Rabbi Yehoshua holds: Infer from it that just as with regard to first fruits the status of the liquid that emerges from them is like that of the produce itself, so too with regard to *teruma*, the status of the liquid that emerges from it is like that of the produce itself. But interpret the *halakha* according to its own place: Just as in the case of liquids that are consecrated as *teruma*, with regard to wine and oil, yes, they are included, but other types are not included, so too in the case of liquid that emerges from *teruma*, as with regard to wine and oil, yes, they are like the produce itself, but any other type of liquid that emerges from *teruma* is not like the produce itself. Therefore, Rabbi Yehoshua deems exempt a non-priest who consumed any of the beverages mentioned in the mishna.

וְהָא דִּתְנַן: אֵין מְבִיאִין בִּכּוּרִים מַשְׁקֶה אֶלָּא הַיּוֹצֵא מִן הַזֵּיתִים וּמִן הָעֲנָבִים מַנִּי?

The Gemara cites that which we learned in a mishna (*Terumot* 11:3): One may bring beverages made from first fruits to the Temple only in the case of that which emerges from the olives, i.e., oil, or from the grapes, i.e., wine. The Gemara asks: In accordance with whose opinion is that mishna?

רַבִּי יְהוֹשֻׁעַ הִיא, דְּאָמַר: דּוּן מִינָּהּ וְאוֹקֵי בְּאַתְרָהּ, וּגְמַר לְהוּ לְבִכּוּרִים מִתְּרוּמָה.

The Gemara answers: It is in accordance with the opinion of Rabbi Yehoshua, who says: Infer from it but interpret the *halakha* according to its own place. He derives the *halakha* of liquid that emerges from *teruma* from first fruits only with regard to wine and oil, and in the opposite direction, he derives the *halakha* of liquid that emerges from first fruits from *teruma*. Therefore, even with regard to first fruits the status of liquid that emerges from the produce is like that of the produce itself only with regard to wine and oil. But according to the opinion of Rabbi Eliezer, who holds that the *halakha* of liquid that emerges from *teruma* is derived from first fruits even with regard to other types of produce besides grapes and olives, contrary to the statement of that mishna, one may bring beverages extracted from other first fruits besides wine and oil to the Temple.

וְהָא דִּתְנַן: אֵין סוֹפְגִין אֶת הָאַרְבָּעִים מִשּׁוּם עָרְלָה, אֶלָּא עַל הַיּוֹצֵא מִן הַזֵּיתִים וּמִן הָעֲנָבִים מַנִּי?

The Gemara cites that which we learned in the same mishna (*Terumot* 11:3): One incurs the forty lashes due to drinking the juice squeezed from *orla*, i.e., the fruit of a tree during the first three years after its planting, only for that which emerges from the olives or from the grapes.[H] The Gemara asks: In accordance with whose opinion is that mishna?

רַבִּי יְהוֹשֻׁעַ הִיא, דְּאָמַר: דּוּן מִינָּהּ וְאוֹקֵי בְּאַתְרָהּ, וּגְמַר לְהוּ לְבִכּוּרִים מִתְּרוּמָה

The Gemara answers: It is in accordance with the opinion of Rabbi Yehoshua, who says: Infer from it but interpret the *halakha* according to its own place, and he derives the *halakha* of liquid that emerges from first fruits from *teruma*. Therefore, even with regard to first fruits, the status of liquid that emerges from the produce is like that of the produce itself only with regard to wine and oil.

HALAKHA

One incurs the forty lashes due to *orla* only for that which emerges from the olives or from the grapes – אֵין סוֹפְגִין אֶת הָאַרְבָּעִים מִשּׁוּם עָרְלָה אֶלָּא עַל הַיּוֹצֵא מִן הַזֵּיתִים וּמִן הָעֲנָבִים: It is prohibited to consume liquid that is extracted from *orla*, just as it is prohibited to consume the fruit itself. Nevertheless, one incurs forty lashes due to drinking the liquid squeezed from *orla* fruits only in the cases of oil and wine. This ruling is in accordance with the mishna in tractate *Terumot* (Rambam *Sefer Kedusha*, *Hilkhot Ma'akhalot Assurot* 10:22).

BACKGROUND

Nuchal ligament [*marteka*] – מַרְטְקָא: The term *marteka* refers to the nuchal ligament, a strong band of tissue that aids in holding the head erect. Alternatively, the *Arukh* cites a version of the text with the word *mardeka*. He explains that the term is referring to dead flesh, similar to the Middle Persian word murdag, meaning death.

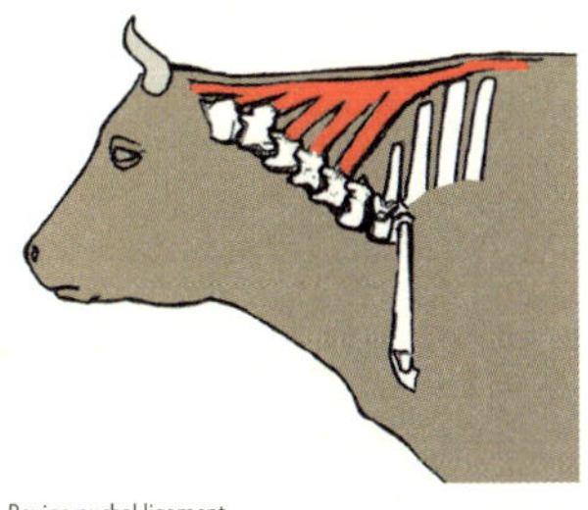

Bovine nuchal ligament

וַהֲדַר מַיְיתֵי לַהּ לְעׇרְלָה, ״פְּרִי״ ״פְּרִי״ מִבִּכּוּרִים.

And then he derives the *halakha* **of** liquid that emerges from ***orla*** **from first fruits** via a verbal analogy between one instance of the word **fruit** and another instance of the word **fruit.**[N] With regard to *orla* the verse states: "And you shall count the fruit thereof as forbidden" (Leviticus 19:23), and with regard to first fruits the verse states: "And you shall take of the first of all the fruit of the ground" (Deuteronomy 26:2). Therefore, just as with regard to first fruits the status of liquid that emerges from the produce is like that of the produce only with regard to grapes and olives, so too with regard to *orla* one receives lashes only for drinking the liquid of grapes and olives, but not for drinking the liquid of other types of produce.

״וְהָאָלָל״. מַאי ״אָלָל״? רַבִּי יוֹחָנָן אָמַר: מַרְטְקָא, וְרֵישׁ לָקִישׁ אָמַר: בָּשָׂר שֶׁפְּלָטָתוֹ סַכִּין.

§ The mishna teaches that **the *alal*** joins together with the flesh to constitute the requisite egg-bulk to impart the impurity of food, despite not being considered food itself. The Gemara asks: To **what** is the term ***alal*** referring? **Rabbi Yoḥanan says:** It is referring to **the nuchal ligament** [***marteka***].[BN] **And Reish Lakish says:** It is referring to the **meat** residue **that** is attached to the hide after **the knife has flayed** the flesh.

מֵיתִיבֵי: ״וְאוּלָם אַתֶּם טֹפְלֵי שָׁקֶר רֹפְאֵי אֱלִל כֻּלְּכֶם״, בִּשְׁלָמָא לְמַאן דְּאָמַר מַרְטְקָא – הַיְינוּ דְּלָאו בַּר רְפוּאָה הוּא, אֶלָּא לְמַאן דְּאָמַר בָּשָׂר שֶׁפְּלָטָתוֹ סַכִּין, בַּר רְפוּאָה הוּא!

The Gemara **raises an objection** to the explanation of Reish Lakish from that which is written: **"But you are plasterers of lies, you are all physicians of no value [*elil*]"** (Job 13:4). The term "no value [*elil*]" stems from the same linguistic root as the word *alal*. **Granted, according to the one who says** that the word *alal* is referring to **the nuchal ligament,** i.e., Rabbi Yoḥanan, **that is** why Job accused his companions of giving advice without merit by making an analogy to a physician who attempts to heal the nuchal ligament, **which cannot be healed. But according to the one who says** that the word *alal* is referring to the **meat** residue **that** is attached to the hide after **the knife has flayed** the flesh, i.e., Reish Lakish, flesh that is hanging from the hide **is able to be healed.**

בָּאֱלִל דִּקְרָא – דְּכוּלֵּי עָלְמָא לָא פְּלִיגִי, כִּי פְּלִיגִי – בְּאָלָל דְּמַתְנִיתִין.

The Gemara answers: **With regard to** the term ***elil* in the verse, everyone agrees** that it is referring to the nuchal ligament. **When** Rabbi Yoḥanan and Reish Lakish **disagree,** it is **with regard to** the definition of the term ***alal*** employed by the Sages **in the mishna.**

תָּא שְׁמַע, רַבִּי יְהוּדָה אוֹמֵר: הָאָלָל הַמְכוּנָּס, אִם יֵשׁ כַּזַּיִת בְּמָקוֹם אֶחָד – חַיָּיבִין עָלָיו. וַאֲמַר רַב הוּנָא: וְהוּא שֶׁכְּנָסוֹ.

Come and **hear** a resolution from that which is taught in the mishna: **Rabbi Yehuda says:** With regard to **the *alal* that** was **collected, if there is an olive-bulk** of it **in one place** it imparts the impurity of animal carcasses. Therefore, one who eats it or touches it and then eats consecrated food or enters the Temple **is liable** to receive *karet* **for it. And Rav Huna said:** This *halakha* is applicable only **when** a halakhically competent person **collected** the *alal* in one place, but not if the *alal* was collected by a child or without human intervention. By collecting it in one place, the person indicates that he considers it to be food.

NOTES

And then he derives the *halakha* of *orla* from first fruits via a verbal analogy between fruit and fruit – וַהֲדַר מַיְיתֵי לַהּ לְעׇרְלָה פְּרִי פְּרִי מִבִּכּוּרִים: According to Rabbi Yehoshua, just as with regard to first fruits the status of liquid that emerges from the produce is like that of the produce, the same is true with regard to *teruma*. Yet, he limits the application of this *halakha* to the liquid of grapes and olives. Rabbi Yehoshua then derives this limitation from *teruma* back to the *halakhot* of first fruits.

The nuchal ligament [*marteka*] – מַרְטְקָא: The early commentaries disagree about the definition of the word *marteka*. Rashi holds that it is referring to a thick, white, hard, and inedible tendon in the neck. *Tosafot* question Rashi's explanation based on the Gemara (*Zevaḥim* 35a) that states that the *marteka* exists in birds even though the tendons in the necks of birds are not thick and hard. Another explanation, suggested by Rabbeinu Ḥananel, is that the word *marteka* is referring to dead flesh that is hard and inedible in an animal.

בִּשְׁלָמָא לְמַאן דְּאָמַר בָּשָׂר שֶׁפְּלָטָתוֹ סַכִּין – הַיְינוּ דְּכִי אִיכָּא כַּזַּיִת מִיחַיַּיב, אֶלָּא לְמַאן דְּאָמַר מַרְטָקָא – כִּי אִיכָּא כַּזַּיִת מַאי הָוֵי? עֵץ בְּעָלְמָא הוּא!

Granted, according to the one who says that the word *alal* is referring to the **meat** residue **that** is attached to the hide after **the knife has flayed** the flesh, i.e., Reish Lakish, **that is** why Rabbi Yehuda says **that one is rendered liable when there is an olive-bulk** of *alal* collected in one place, because the person who collected it considers it to be food. **But according to the one who says** that the word *alal* is referring to **the nuchal ligament**, i.e., Rabbi Yoḥanan, even in a case **when there is an olive-bulk** of *alal* collected in one place, **what of it? It is merely wood**, i.e., it is unfit for consumption.

אַלִּיבָּא דְּרַבִּי יְהוּדָה לָא פְּלִיגִי, כִּי פְּלִיגִי אַלִּיבָּא דְּרַבָּנַן. רַבִּי יוֹחָנָן אָמַר: מַרְטָקָא נַמִי מִצְטָרֵף, וְרֵישׁ לָקִישׁ אָמַר: דַּוְקָא בָּשָׂר שֶׁפְּלָטָתוֹ סַכִּין, אֲבָל מַרְטָקָא לָא מִצְטָרֵף.

The Gemara answers: **According to** the opinion **of Rabbi Yehuda,** Rabbi Yoḥanan and Reish Lakish **do not disagree;** they agree that the term *alal* is referring to the meat residue attached to the hide after the knife has flayed the flesh. **When they disagree,** it is with regard to the definition of the word alal according to the opinion of the Rabbis. Rabbi Yoḥanan says: The Rabbis maintain that the nuchal ligament also joins together with the meat to constitute the requisite measure of an egg-bulk to impart the impurity of food. And Reish Lakish says: The Rabbis maintain that **specifically** the **meat** residue **that** is attached to the hide after **the knife has flayed** the meat joins together with the flesh, **but the nuchal ligament does not join together.**

הַאי בָּשָׂר שֶׁפְּלָטָתוֹ סַכִּין הֵיכִי דָּמֵי? אִי דְּחָשֵׁיב עֲלֵיהּ – אֲפִילּוּ בְּאַנְפֵּי נַפְשֵׁיהּ מִיטַּמֵּא! וְאִי דְּלָא חָשֵׁיב עֲלֵיהּ – בַּטּוֹלֵיהּ בָּטְלֵיהּ!

What are the circumstances of that which is taught in the mishna, that the **meat** residue **that** is attached to the hide after **the knife flayed** the flesh joins together with the meat to constitute the measure of an egg-bulk required to impart the impurity of food? **If** it is a case **where one intends** to eat this meat residue, then it **can become impure** not only by joining together with the meat, but **even by itself,** like any other food.[H] **And if** it is a case **where one does not intend** to eat this meat residue, why should it be susceptible to impurity at all? One has completely **nullified** its status as food.

רַבִּי אָבִין וְרַבִּי מְיָישָׁא. חַד אֲמַר: מִקְּצָתוֹ חִישֵּׁב עָלָיו,

Rabbi Avin and Rabbi Meyasha answered this dilemma. **One said:** It is a case where **one intends** to eat **part of** the meat residue,[H] but it is uncertain which part. Therefore, the meat residue is not susceptible to impurity by itself because it is not entirely considered to be food, but the part that he intends to eat joins together with the meat to constitute the measure of an egg-bulk.

וְחַד אֲמַר: מִקְּצָתוֹ פְּלָטָתוֹ חַיָּה וּמִקְּצָתוֹ פְּלָטָתוֹ סַכִּין.

And one said: It is a case where one does not intend to eat any part of the meat residue. Rather, **an animal severed part of** the meat residue attached to the hide, and therefore that part of the meat residue retains its status as food. **And the knife severed part of** the meat residue, and one therefore nullified its status as food with regard to that part. Since it is uncertain which part was severed by a knife and which part by an animal, the meat residue itself is not susceptible to impurity, but the part that was severed by an animal joins together with the meat to constitute the measure of an egg-bulk.

תְּנַן הָתָם: הַחַרְטוֹם וְהַצִּפָּרְנַיִם – מִיטַּמְּאִין וּמְטַמְּאִין וּמִצְטָרְפִין. חַרְטוֹם – עֵץ בְּעָלְמָא הוּא!

§ The mishna stated that the horns join together with the flesh to constitute the requisite egg-bulk to impart the impurity of food. The Gemara comments that **we learned** in a mishna **elsewhere** (*Teharot* 1:2): **The beak and the talons** of a bird[H] that come into contact with a creeping animal can **become impure, and transmit impurity** to food, **and join together** with the attached flesh to constitute the requisite measure to impart impurity. The Gemara asks: Why does **a beak** join together with the flesh to impart impurity? **It is merely wood,** i.e., it is unfit for consumption.

אָמַר רַבִּי אֶלְעָזָר: בְּחַרְטוֹם תַּחְתּוֹן. תַּחְתּוֹן נַמִי עֵץ בְּעָלְמָא הוּא! אָמַר רַב פַּפָּא: תַּחְתּוֹן שֶׁל עֶלְיוֹן.

Rabbi Elazar says: The mishna is stated **with regard to the lower** half of the **beak,** i.e., the lower mandible.[B] The Gemara objects: **The lower** mandible **is also merely wood. Rav Pappa says:** The mishna is discussing **the lower** section **of the upper** mandible and is referring to the membrane inside the mouth that is attached to the beak.

HALAKHA

If it is a case where one intends to eat this meat, it can become impure even by itself – אִי דְּחָשֵׁיב עֲלֵיהּ אֲפִילּוּ בְּאַנְפֵּי נַפְשֵׁיהּ מִיטַּמֵּא: If one intends to eat the meat residue, then it is susceptible to the impurity of food. If one does not intend to eat it, then it is like wood and is not susceptible to impurity (Rambam *Sefer Tahara, Hilkhot Tumat Okhalin* 3:3).

One intends to eat part of the meat residue – מִקְּצָתוֹ חִישֵּׁב עָלָיו: The meat residue is susceptible to impurity, imparts impurity, and joins together with the meat to constitute the measure of an egg-bulk or the measure of half a *peras*. This is the *halakha* even if one considered part of it to be food and part of it not to be food, or if part was severed by an animal and part was severed by a knife. This ruling is in accordance with the statements of Rabbi Avin and Rabbi Meyasha, who do not disagree but rather state different cases (Rambam *Sefer Tahara, Hilkhot Tumat Okhalin* 4:4 and *Kesef Mishne* there).

The beak and the talons of a bird – הַחַרְטוֹם וְהַצִּפָּרְנַיִם: In order for the soft tissue sections of the talons and the beak that are subsumed within the flesh to become susceptible to impurity, one must consider them as food and they must be rendered susceptible to impurity through contact with liquid (Rambam *Sefer Tahara, Hilkhot Tumat Okhalin* 3:3).

BACKGROUND

Lower and upper mandible – חַרְטוֹם תַּחְתּוֹן וְעֶלְיוֹן:

Underside of a chick's upper mandible

NOTES

The carcass of a kosher bird, etc. – נִבְלַת עוֹף טָהוֹר וכו׳: The impurity of the carcass of a kosher bird is different than that of other animal carcasses. Other animal carcasses impart impurity through contact, while the carcass of a kosher bird imparts impurity only to one who consumes it, when the meat enters his throat.

״צִפָּרְנַיִם״ – אָמַר רַבִּי אֶלְעָזָר: מְקוֹם הַמּוּבְלָעִים בַּבָּשָׂר.

Similarly, with regard to the **talons** mentioned in that mishna, **Rabbi Elazar says:** That mishna is not discussing the talons themselves, but rather **the place** at the base of the talon **that is subsumed within the flesh.**

״קַרְנַיִם״ – אָמַר רַב פָּפָּא: בְּמָקוֹם שֶׁחוֹתְכִין וְיוֹצֵא מֵהֶן דָּם.

Similarly, with regard to the **horns** mentioned in the mishna, **Rav Pappa says:** The mishna is not discussing the hard substance of the horn, but rather is referring **to the place** at the base of the horns **where one severs** the horns **and blood flows from them.**

״כַּיּוֹצֵא בּוֹ הַשּׁוֹחֵט בְּהֵמָה״.

§ The mishna teaches: **Similarly,** in the case of **one who slaughters** a non-kosher **animal** for a gentile and the animal is still twitching and comes into contact with a source of impurity, it imparts impurity of food, but does not impart impurity of an animal carcass.

אָמַר רַבִּי אַסִי, שׁוֹנִין: יִשְׂרָאֵל בִּטְמֵאָה וְגוֹי בִּטְהוֹרָה – צְרִיכִין מַחֲשָׁבָה וְהֶכְשֵׁר מַיִם מִמָּקוֹם אַחֵר.

Rabbi Asi says: Some Sages **teach** that when **a Jew** slaughters **a non-kosher** animal **or a gentile** slaughters **a kosher** animal,[H] in order for it to be susceptible to impurity of food, it is **necessary** that the **intention** of the one performing the slaughter be that the flesh be designated as food while it is still twitching. **And** furthermore, in order for the animal to be **rendered susceptible** to impurity, it requires contact with **water** or another liquid that renders food susceptible to impurity that comes **from another place.** The blood of this slaughter is not considered a liquid that renders food susceptible to impurity because it flowed from a valid slaughter.

הֶכְשֵׁר לָמָּה לִי? סוֹפוֹ לְטַמֵּא טוּמְאָה חֲמוּרָה, וְכׇל שֶׁסּוֹפוֹ לְטַמֵּא טוּמְאָה חֲמוּרָה לָא בָּעֵי הֶכְשֵׁר.

The Gemara asks: **Why do I** need the animal to come in contact with liquid in order for it to be **rendered susceptible** to impurity of food? The flesh of the animal **will eventually become impure** with a more **severe** level of **impurity** when it dies, i.e., impurity of an animal carcass. **And any** food **that will eventually become impure** with a more **severe** level of **impurity does not require** contact with liquid to be **rendered susceptible** to impurity of food.

דְּתָנֵי דְּבֵי רַבִּי יִשְׁמָעֵאל: ״וְכִי יֻתַּן מַיִם עַל זֶרַע״ מָה זְרָעִים שֶׁאֵין סוֹפָן לְטַמֵּא טוּמְאָה חֲמוּרָה צְרִיכִין הֶכְשֵׁר, אַף כׇּל שֶׁאֵין סוֹפוֹ לְטַמֵּא טוּמְאָה חֲמוּרָה צָרִיךְ הֶכְשֵׁר.

The Gemara now explains the source of this principle. **As the school of Rabbi Yishmael teaches:** With regard to rendering food susceptible to impurity through contact with liquid, the verse states: **"But if water is put upon the seed,** and any of the carcass falls on it, it is impure for you" (Leviticus 11:38). **Just as seeds, which will never contract** a more **severe** level of **impurity,** because no form of severe impurity applies to foods other than meat, **require** contact with liquid to **render** them **susceptible** to their less severe level of impurity, **so too any** food **that will never contract** a more **severe** level of **impurity requires** contact with liquid to be **rendered susceptible** to impurity of food. By contrast, any food that will become impure with a more severe level of impurity does not require contact with liquid to be rendered susceptible to impurity of food.

וְתַנְיָא, אָמַר רַבִּי יוֹסֵי: מִפְּנֵי מָה אָמְרוּ נִבְלַת עוֹף טָהוֹר צְרִיכָה מַחֲשָׁבָה וְאֵינָהּ צְרִיכָה הֶכְשֵׁר – מִפְּנֵי

And similarly, **it is taught** in a *baraita* that **Rabbi Yosei says: For what reason did the Sages say that in order for the carcass of a kosher bird**[N] to become susceptible to impurity it **requires** that the **intention** of the one performing the slaughter be to designate the animal as food, **but it is not required** for the bird to be **rendered susceptible** to impurity through contact with liquid? The reason is **because**

HALAKHA

A Jew slaughters a non-kosher animal or a gentile slaughters a kosher animal – יִשְׂרָאֵל בִּטְמֵאָה וְגוֹי בִּטְהוֹרָה: If a Jew slaughtered a non-kosher animal for a gentile, the animal is susceptible to the impurity of food while it is still twitching. The animal is considered as food because the Jew slaughtered it for the sake of the gentile's consumption. There is no need for the animal to be rendered susceptible to impurity through contact with liquid because it will eventually become impure with a more severe impurity. Similarly, if a gentile slaughtered a kosher animal for a Jew, the animal is susceptible to impurity of food while it is still twitching. There is no need for the meat to be rendered susceptible to impurity through contact with liquid (Rambam *Sefer Tahara, Hilkhot Tumat Okhalin* 3:4, and see 2:6).

שֶׁסּוֹפָהּ לְטַמֵּא טוּמְאָה חֲמוּרָה!

eventually the carcass of the bird **will impart** a more **severe impurity** when it is in the throat of the person who consumes it. Therefore, it is not necessary for the carcass of a kosher bird to come in contact with liquid in order for it to be susceptible to impurity.

אָמַר חִזְקִיָּה: הוֹאִיל וְיָכוֹל לְגוֹרְרָהּ וּלְהַעֲמִידָהּ עַל פָּחוֹת מִכַּזַּיִת.

Ḥizkiyya says in response: The reason for the opinion of the Sages stated by Rabbi Asi is **since** the slaughterer **is able to chop** the animal into small pieces **and** thereby **establish** the volume of every piece of the animal **as less than an olive-bulk.**[N] In such a scenario, the animal would not be susceptible to impurity. Therefore, it is not certain that the animal will eventually become impure with a more severe impurity.

אֲמַר לֵיהּ רַבִּי יִרְמְיָה לְרַבִּי זֵירָא: וּמִי אֲמַר חִזְקִיָּה הָכִי? וְהָא אִיתְּמַר, שָׁחַט בָּהּ שְׁנַיִם אוֹ רוֹב שְׁנַיִם וַעֲדַיִין הִיא מְפַרְכֶּסֶת. חִזְקִיָּה אָמַר: אֵינָהּ לְאֵבָרִים, רַבִּי יוֹחָנָן אָמַר: יֶשְׁנָהּ לְאֵבָרִים.

Rabbi Yirmeya said to Rabbi Zeira: And did Ḥizkiyya actually **say such** a statement? **But wasn't it stated:** If one **slaughtered** a non-kosher animal in a valid manner by cutting the **two** *simanim*, i.e., the windpipe and the gullet, **or the majority of** the **two** *simanim*, **and** the animal **is still twitching, Ḥizkiyya says: There is no** prohibition against eating the **limbs** from such a twitching animal. Therefore, a gentile, who is prohibited from consuming a limb from a living animal, may consume this animal. **Rabbi Yoḥanan says: There is** a prohibition against eating the **limbs**[N] of such an animal.

חִזְקִיָּה אָמַר אֵינָהּ לְאֵבָרִים – מֵתָה הִיא. רַבִּי יוֹחָנָן אָמַר יֶשְׁנָהּ לְאֵבָרִים – לָאו מֵתָה הִיא!

The Gemara explains the opinions: **Ḥizkiyya says** that **there is no** prohibition against eating the **limbs** of such an animal, as since it was slaughtered in a valid manner **it is** considered **dead. Rabbi Yoḥanan says** that **there is** a prohibition against eating the **limbs** of such an animal, as since it is twitching **it is not** yet **dead.** Therefore, since Ḥizkiyya maintains that a twitching animal is considered dead, it should have the impurity of a carcass, contrary to the opinion of the Sages cited by Rabbi Asi, as well as the mishna.

אֲמַר לֵיהּ: יָצְתָה מִכְּלַל חַיָּה, וְלִכְלַל מֵתָה לֹא בָּאת.

Rabbi Zeira **said to** Rabbi Yirmeya in response: Ḥizkiyya maintains that such an animal has **left the category of a living** animal, **but has not entered the category of a dead** animal. Therefore, it is not prohibited for a gentile to consume such an animal, but the animal does not have the impurity of a carcass.

גּוּפָא, שָׁחַט בָּהּ שְׁנַיִם אוֹ רוֹב שְׁנַיִם וַעֲדַיִין הִיא מְפַרְכֶּסֶת. חִזְקִיָּה אָמַר: אֵינָהּ לְאֵבָרִים. רַבִּי יוֹחָנָן אָמַר: יֶשְׁנָהּ לְאֵבָרִים. אֲמַר רַבִּי אֶלְעָזָר: נְקוֹט לְהָא דְּרַבִּי יוֹחָנָן בִּידָךְ, דְּתָנֵי רַב אוֹשַׁעְיָא כְּוָותֵיהּ.

§ The Gemara discusses **the** matter **itself** of the dispute between Ḥizkiyya and Rabbi Yoḥanan: If one **slaughtered** a non-kosher animal by cutting the **two** *simanim*, **or the majority of** the **two** *simanim*, **and** the animal **is still twitching, Ḥizkiyya says: There is no** prohibition against eating its **limbs. Rabbi Yoḥanan says: There is** a prohibition against eating its **limbs. Rabbi Elazar said: Take that** opinion **of Rabbi Yoḥanan in your hand** and accept it, **as Rav Oshaya teaches** a *baraita* **in accordance with his** opinion.

NOTES

And establish the volume as less than an olive-bulk – וּלְהַעֲמִידָהּ עַל פָּחוֹת מִכַּזַּיִת: *Tosafot* raise the following question: The *halakha* states that small pieces of flesh of a carcass join together to constitute the requisite measure to impart the impurity of carcasses. If so, even when one cuts up the flesh of the animal into small pieces each measuring less than an olive-bulk, the pieces join together. Therefore, the animal will still ultimately impart the more severe impurity of carcasses. *Tosafot* answer that pieces of flesh of a carcass join together to impart the impurity of carcasses in a case where that impurity already took effect before the pieces were cut. In a case where the pieces were cut before the impurity took effect, then the pieces of flesh do not join together to impart the impurity of carcasses.

Ḥizkiya says: There is no prohibition against eating the limbs; Rabbi Yoḥanan says: There is a prohibition against eating the limbs – חִזְקִיָּה אָמַר אֵינָהּ לְאֵבָרִים, רַבִּי יוֹחָנָן אָמַר יֶשְׁנָהּ לְאֵבָרִים: Some later commentaries maintain that Rabbi Yoḥanan and Ḥizkiyya disagree only with regard to the case of a twitching animal after a valid slaughter, either in the case of a non-kosher animal slaughtered by a Jew or a kosher animal slaughtered by a gentile. But everyone agrees that a twitching animal following an invalid slaughter is subject to the prohibition of a limb from a living animal (Rabbi Akiva Eiger; Rashash). By contrast, others maintain that Rabbi Yoḥanan and Ḥizkiyya disagree with regard to any twitching animal, including one twitching after an invalid slaughter. According to this understanding, Rabbi Yoḥanan and Ḥizkiyya's dispute relates to whether a twitching animal is considered dead or alive (*Ḥazon Ish*).

דְּתָנֵי רַב אוֹשַׁעְיָא: יִשְׂרָאֵל שֶׁשָּׁחַט בְּהֵמָה טְמֵאָה לְגוֹי, שָׁחַט בָּהּ שְׁנַיִם אוֹ רוֹב שְׁנַיִם וּמְפַרְכֶּסֶת – מְטַמְּאָה טוּמְאַת אוֹכָלִין, אֲבָל לֹא טוּמְאַת נְבֵלוֹת.

As Rav Oshaya teaches (*Tosefta, Oholot* 2:1): In the case of **a Jew who slaughtered a non-kosher animal for** the consumption of **a gentile,** if **he slaughtered** it by cutting **two** *simanim* **or the majority of two** *simanim*, **and** the animal is still **twitching,**[H] the animal **imparts impurity of food; but** so long as it is twitching it does **not** impart **the impurity of** animal **carcasses.**

אֵבֶר הַפּוֹרֵשׁ מִמֶּנָּה – כְּפוֹרֵשׁ מִן הַחַי, וּבָשָׂר הַפּוֹרֵשׁ מִמֶּנָּה – כְּבָשָׂר הַפּוֹרֵשׁ מִן הַחַי, וְאָסוּר לִבְנֵי נֹחַ, וַאֲפִילּוּ לְאַחַר שֶׁתֵּצֵא נַפְשָׁהּ.

A limb that separates from this twitching animal is considered **like** a limb that **separates from a living** animal, and as such it imparts the impurity of a carcass. **And flesh that separates from** this twitching animal is considered **like flesh that separates from a living** animal, and as such it does not impart impurity. **And it is prohibited for the descendants of Noah** to consume the flesh that separates from this twitching animal, **and** this prohibition applies **even after its soul departs.** This ruling of Rav Oshaya is in accordance with the opinion of Rabbi Yoḥanan.

שָׁחַט בָּהּ אֶחָד אוֹ רוֹב אֶחָד – אֵינָהּ מְטַמְּאָה טוּמְאַת אוֹכָלִין, נְחָרָהּ – אֵין בָּהּ טוּמְאָה שֶׁל כְּלוּם.

The Gemara cites the continuation of the *Tosefta*: In the case where a Jew slaughtered a non-kosher animal for a gentile's consumption, if **he slaughtered** it by cutting only **one** *siman* **or the majority of one** *siman*,[H] and the animal is still twitching, the animal **does not impart the impurity of food** because the slaughter was invalid. Similarly, if he did not perform a valid slaughter but rather **stabbed** the animal, the animal **has no impurity whatsoever** while it is still twitching.

וְגוֹי שֶׁשָּׁחַט בְּהֵמָה טְהוֹרָה לְיִשְׂרָאֵל וּמְפַרְכֶּסֶת – מְטַמְּאָה טוּמְאַת אוֹכָלִין, אֲבָל לֹא טוּמְאַת נְבֵלָה.

And similarly, in the case of **a gentile who slaughtered a kosher animal for** the consumption of **a Jew, and** the animal **is** still **twitching,**[H] the animal **imparts the impurity of food** because it is considered to be food, **but** so long as it is twitching it does **not** impart **the impurity of an animal carcass.**

אֵבֶר הַפּוֹרֵשׁ מִמֶּנָּה – כְּפוֹרֵשׁ מִן הַחַי, וּבָשָׂר הַפּוֹרֵשׁ מִמֶּנָּה – כְּפוֹרֵשׁ מִן הַחַי. וְאָסוּר לִבְנֵי נֹחַ, וַאֲפִילּוּ לְאַחַר שֶׁתֵּצֵא נַפְשָׁהּ.

A limb that separates from this twitching animal is considered **like** a limb that **separates from a living** animal, and as such it imparts the impurity of a carcass. **And flesh that separates from** this twitching animal is considered **like** flesh that **separates from a living** animal, and as such it does not impart the impurity of food. **And it is prohibited for the descendants of Noah** to consume the flesh that separates from this twitching animal, **and** this prohibition applies **even after its soul departs.**

שָׁחַט בָּהּ אֶחָד אוֹ רוֹב אֶחָד – אֵינָהּ מְטַמְּאָה טוּמְאַת אוֹכָלִין. נְחָרָהּ – אֵין בָּהּ טוּמְאָה שֶׁל כְּלוּם.

If the gentile **slaughtered** the kosher animal by cutting only **one** *siman* **or the majority of one** *siman*, and the animal is still twitching, the animal **does not impart impurity of food** because the slaughter was not valid. Similarly, if he **stabbed** the animal rather than slaughtering it properly, **it has no impurity whatsoever.**

HALAKHA

A Jew who slaughtered a non-kosher animal for a gentile and the animal is still twitching – **יִשְׂרָאֵל שֶׁשָּׁחַט בְּהֵמָה טְמֵאָה לְגוֹי...וּמְפַרְכֶּסֶת**: If a Jew slaughtered a non-kosher animal for a gentile's consumption in a valid manner by cutting two *simanim* or the majority of two *simanim*, and the animal is still twitching, the animal is susceptible to the impurity of food (Rambam *Sefer Tahara, Hilkhot Tumat Okhalin* 3:4, and see 2:6).

If he slaughtered it by cutting only one ***siman*** **or the majority of one** ***siman*****, etc.** – **שָׁחַט בָּהּ אֶחָד אוֹ רוֹב אֶחָד וכו׳**: If a Jew slaughtered a non-kosher animal for a gentile's consumption by cutting only one *siman* or the majority of one *siman*, and the animal is still twitching, the animal is not susceptible to the impurity of food because the slaughter was invalid. Similarly, if he did not slaughter the animal but rather stabbed the animal, there is no impurity with regard to the animal (Rambam *Sefer Tahara, Hilkhot Tumat Okhalin* 3:4, and see Ra'avad and *Kesef Mishne* there).

A gentile who slaughtered a kosher animal for the consumption of a Jew, and the animal is still twitching – **גּוֹי שֶׁשָּׁחַט בְּהֵמָה טְהוֹרָה לְיִשְׂרָאֵל וּמְפַרְכֶּסֶת**: If a gentile slaughtered a kosher animal for a Jew's consumption in a valid manner by cutting two *simanim* or the majority of two *simanim*, and the animal is still twitching, the animal is susceptible to impurity of food. If the gentile slaughtered the kosher animal by cutting only one *siman* or the majority of one *siman*, or if he stabbed the animal, and the animal is still twitching, the animal is not susceptible to impurity of food (Rambam *Sefer Tahara, Hilkhot Tumat Okhalin* 3:4).

שָׁחַט גּוֹי בְּמָקוֹם שֶׁאֵין עוֹשֶׂה אוֹתָהּ טְרֵפָה, וּבָא יִשְׂרָאֵל וְגָמְרָה – כְּשֵׁרָה.

If **a gentile** partially **slaughtered** a kosher animal **in a place that does not render** the animal **a** ***tereifa***, i.e., unfit for consumption due to a mortal wound, e.g., he cut half of the windpipe, **and** then **a Jew came and completed** the slaughter,[H] the animal is **fit** for consumption.

שָׁחַט יִשְׂרָאֵל, בֵּין בְּמָקוֹם שֶׁעוֹשֶׂה אוֹתָהּ טְרֵפָה וּבֵין בְּמָקוֹם שֶׁאֵין עוֹשֶׂה אוֹתָהּ טְרֵפָה, וּבָא גּוֹי וְגָמַר – שְׁחִיטָתוֹ פְּסוּלָה.

But if **a Jew slaughtered** the animal, **either in a place that renders** the animal **a** ***tereifa***, e.g., he cut the majority of the windpipe, **or in a place that does not render** the animal **a** ***tereifa***, e.g., he only partially cut the windpipe, **and** then **a gentile came and completed** the slaughter, **his slaughter is not valid.**

הָרוֹצֶה שֶׁיֹּאכַל מִבְּהֵמָה קוֹדֶם שֶׁתֵּצֵא נַפְשָׁהּ – חוֹתֵךְ כְּזַיִת בָּשָׂר מִבֵּית שְׁחִיטָתָהּ, וּמוֹלְחוֹ יָפֶה יָפֶה וּמְדִיחוֹ יָפֶה יָפֶה, וּמַמְתִּין לָהּ עַד שֶׁתֵּצֵא נַפְשָׁהּ, וְאוֹכְלוֹ. אֶחָד גּוֹי וְאֶחָד יִשְׂרָאֵל מוּתָּרִין בּוֹ.

The *baraita* continues: **One who wishes to eat from** the meat of a slaughtered **animal before its soul departs**[H] **may cut an olive-bulk of meat from the area of its slaughter,** the neck, **and salt it very well,** i.e., more than is normally required, **and rinse it very well** in water to remove the salt and blood, **and** then **wait until** the animal's **soul departs, and** then **eat it.**[N] **Both a gentile and a Jew are permitted to** eat **it** because the prohibition against eating a limb from a living animal is not applicable in such a case.

מְסַיֵּיעַ לֵיהּ לְרַב אִידִי בַּר אָבִין, דְּאָמַר רַב אִידִי בַּר אָבִין אָמַר רַב יִצְחָק בַּר אַשְׁיָין: הָרוֹצֶה שֶׁיַּבְרִיא – חוֹתֵךְ כְּזַיִת בָּשָׂר מִבֵּית שְׁחִיטָה, וּמוֹלְחוֹ יָפֶה יָפֶה וּמְדִיחוֹ יָפֶה יָפֶה, וּמַמְתִּין לָהּ עַד שֶׁתֵּצֵא נַפְשָׁהּ, אֶחָד גּוֹי וְאֶחָד יִשְׂרָאֵל מוּתָּרִים בּוֹ.

The Gemara notes: This *baraita* **supports** the opinion of **Rav Idi bar Avin, as Rav Idi bar Avin said** that **Rav Yitzḥak bar Ashyan said: One who wants to be healthy should cut an olive-bulk of meat from the area of the slaughter, and salt it very well and rinse it very well, and** then **wait until** the animal's **soul departs,** and then **both a gentile and a Jew are permitted to** eat **it.**

בָּעֵי רַבִּי אֶלְעָזָר: שָׁהָה בָּהּ, דָּרַס בָּהּ, מַהוּ?

§It was previously taught in the *baraita* that if a Jew slaughtered a non-kosher animal for a gentile's consumption, or a gentile slaughtered a kosher animal for a Jew's consumption, that animal imparts impurity of food when it is twitching after the slaughter. With regard to that *halakha*, **Rabbi Elazar raises a dilemma: What is** the *halakha* in such a case if **one interrupted** the slaughter or **pressed** on the knife during the slaughter? Do these acts, which normally invalidate slaughter, also invalidate this slaughter, or does the slaughter in this case not have to fulfill all of the halakhic requirements of valid slaughter in order to render the slaughtered animal as food with regard to imparting the impurity of food?

אֲמַר לֵיהּ הַהוּא סָבָא: הָכִי אָמַר רַבִּי יוֹחָנָן, צְרִיכָה הֶכְשֵׁר שְׁחִיטָה כִּבְהֵמָה טְהוֹרָה. הֶכְשֵׁר לְמַאי? אָמַר רַב שְׁמוּאֵל בַּר יִצְחָק: בְּדִיקַת סַכִּין.

A certain elder resolved this dilemma and **said to him: Rabbi Yoḥanan said as follows:** This case **requires a valid slaughter** in every detail, **just like** a Jew slaughtering **a kosher animal.** The Gemara clarifies: **To what** requirement does **valid** slaughter just like a kosher animal refer? **Rav Shmuel bar Yitzḥak said:** It is referring to the requirement of **examining the knife** before the slaughter.

בְּעָא מִינֵּיהּ רַבִּי זֵירָא מֵרַב שֵׁשֶׁת: מַהוּ שֶׁתַּצִּיל עַל הַבְּלוּעִין שֶׁבְּתוֹכָהּ?

Rabbi Zeira asked Rav Sheshet: If a non-kosher animal slaughtered by a Jew is twitching under the same roof as a corpse, and the animal swallowed items before being slaughtered, **what is** the *halakha* **with regard to** those swallowed items that are inside the animal? Is the animal considered to be living and therefore **it should save** these items **that are swallowed inside it** from the impurity transmitted by the corpse to all items under the same roof? Or is the animal considered to be dead and therefore the items become impure?

NOTES

And then wait until the animal's soul departs and then eat it – **וּמַמְתִּין לָהּ עַד שֶׁתֵּצֵא נַפְשָׁהּ וְאוֹכְלוֹ:** Even after the slaughter is performed, it is prohibited to consume the flesh until the animal's soul departs, as it is stated (Leviticus 19:26): "You shall not eat with the blood" (see *Sanhedrin* 63a).

HALAKHA

If a gentile slaughtered in a place that does not render the animal a ***tereifa***, **and a Jew came and completed the slaughter** – **שָׁחַט גּוֹי בְּמָקוֹם שֶׁאֵין עוֹשֶׂה אוֹתָהּ טְרֵפָה וּבָא יִשְׂרָאֵל וְגָמְרָה:** If a gentile slaughtered a kosher animal in a place that does not render the animal a *tereifa*, e.g., he cut half of the windpipe, and then a Jew came and completed the slaughter, the animal is fit for consumption because a Jew performed the slaughter. If a Jew began the slaughter by cutting half of the windpipe and then a gentile completes the slaughter, or if a gentile began the slaughter by cutting the majority of the windpipe, the animal is not fit for consumption (Rambam *Sefer Kedusha, Hilkhot Sheḥita* 4:13; *Shulḥan Arukh, Yoreh De'a* 2:10).

One who wishes to eat from a slaughtered animal before its soul departs – **הָרוֹצֶה שֶׁיֹּאכַל מִבְּהֵמָה קוֹדֶם שֶׁתֵּצֵא נַפְשָׁהּ:** If one cuts an olive-bulk of meat from the area of the slaughter of the animal and salts it very well and rinses it very well in water to remove the salt and blood, and then waits until the animal's soul departs, both a gentile and a Jew are permitted to eat it (Rambam *Sefer Kedusha, Hilkhot Sheḥita* 1:2; *Shulḥan Arukh, Yoreh De'a* 27:1).

אֲמַר לֵיהּ: מְטַמְּאָה טוּמְאַת אוֹכָלִין, וּמַצֶּלֶת? אֲמַר לֵיהּ: אֵינָהּ מְטַמְּאָה טוּמְאַת נְבֵלוֹת, וְלֹא תַּצִּיל?

Rav Sheshet said to Rabbi Zeira: Since it is established that such an animal is considered to be dead and **imparts impurity of food,** is it possible that it **saves** those items inside it from impurity? Certainly it does not. Rabbi Zeira **said to him** in response: It is also established that such an animal **does not impart impurity of carcasses and** is considered to be a living animal in that regard. How is it possible that the animal **does not save** those items inside it from impurity?

אֲמַר אַבָּיֵי: אֵינָהּ מַצֶּלֶת עַל הַבְּלוּעִים שֶׁבְּתוֹכָהּ – דְּהָא מְטַמְּאָה טוּמְאַת אוֹכָלִין, וְהָרוֹבְעָהּ חַיָּיב – דְּהָא אֵינָהּ מְטַמְּאָה טוּמְאַת נְבֵלָה.

Abaye resolved the dilemma and **said:** It is proper to treat this case stringently. Therefore, such an animal **does not save** the items **that are swallowed inside it**[HN] **because it imparts impurity of food. But one who engages in bestiality with** such an animal **is liable**[H] **because** the animal **does not impart impurity of a carcass** and is considered to be living in that regard.

״רַבִּי יְהוּדָה אוֹמֵר הָאֲלָל״ [וכו׳]. אָמַר רַב הוּנָא: וְהוּא שֶׁכְּנָסוֹ.

§ The mishna teaches that **Rabbi Yehuda says:** With regard to **the meat residue** attached to the hide after flaying that was collected, if there is an olive-bulk of it in one place it imparts impurity of an animal carcass, and one who contracts impurity from it and eats consecrated foods or enters the Temple is liable to receive *karet* for it. **Rav Huna says** in explanation: This *halakha* **is** applicable only when a halakhically competent person **collected** the meat residue in one place,[H] but not if the meat residue was collected by a child or without human intervention. By collecting it in one place, the person indicates that he considers it to be food.

וְאָמַר רַב הוּנָא: שְׁנֵי חֲצָאֵי זֵיתִים שֶׁיְּשָׁנָן עַל גַּבֵּי הָעוֹר – הָעוֹר מְבַטְּלָן.

And Rav Huna says: In a case of **two** pieces of flesh of an animal carcass, each measuring **half an olive**-bulk, **that are** attached **to the hide,**[H] **the hide nullifies them,** as the hide does not impart the impurity of a carcass. Consequently, these pieces do not impart impurity either.

HALAKHA

Does not save the items that are swallowed inside it – אֵינָהּ מַצֶּלֶת עַל הַבְּלוּעִים שֶׁבְּתוֹכָהּ: If one performed a valid slaughter by cutting the majority of one *siman* for a bird or the majority of two *simanim* for an animal, and the animal is still twitching under the same roof as a corpse, the animal does not save items swallowed prior to its slaughter from impurity imparted in a tent, as it is considered to be dead (Rambam *Sefer Tahara, Hilkhot Tumat Met* 20:3)

One who engages in bestiality with such an animal is liable – הָרוֹבְעָהּ חַיָּיב: One who engages in bestiality with an animal that was slaughtered in a valid manner and is still twitching is liable until the animal stops twitching or its head is severed (Rambam *Sefer Kedusha, Hilkhot Issurei Bia* 1:12).

This *halakha* is applicable only when he collected the meat residue in one place – וְהוּא שֶׁכְּנָסוֹ: Disparate pieces of meat residue attached to the hide do not join together to constitute the measure of an olive-bulk unless one collected them together. In that case, the meat residue joins together to constitute the measure of an olive-bulk and imparts impurity (Rambam *Sefer Tahara, Hilkhot She'ar Avot HaTumot* 1:8, and see Ra'avad and *Kesef Mishne* there).

Two pieces, each half an olive-bulk, that are attached to the hide – שְׁנֵי חֲצָאֵי זֵיתִים שֶׁיְּשָׁנָן עַל גַּבֵּי הָעוֹר: If two pieces of flesh of an animal carcass, each measuring half an olive-bulk, are attached to the hide, the hide nullifies both of these pieces of flesh. Therefore, they do not impart impurity of carcasses either by contact or by carrying, as any carcass that does not impart impurity by contact also does not impart impurity by carrying (Rambam *Sefer Tahara, Hilkhot She'ar Avot HaTumot* 1:12).

NOTES

Does not save the items that are swallowed inside it – אֵינָהּ מַצֶּלֶת עַל הַבְּלוּעִים שֶׁבְּתוֹכָהּ: The early commentaries disagree with regard to the meaning of Abaye's statement. Rashi explains that the dilemma is fundamentally unresolved, and Abaye is saying that such a case of a twitching animal is a case of uncertainty. The *halakha* is therefore decided stringently in all cases, and with regard to the transmission of impurity, the animal is considered dead and the impurity is imparted to the objects inside the animal. By contrast, with regard to bestiality, the animal is considered alive and the perpetrator is liable. Others question this explanation, because if the case of a twitching animal is fundamentally one of uncertainty, the perpetrator of bestiality should not be liable but instead exempt due to the uncertainty. *Tosafot* therefore suggest another explanation: Abaye is stating that the twitching animal is considered living, and therefore the perpetrator of bestiality is liable. But since the animal is considered food it does not save those items inside it from becoming impure. Some early commentaries explain that according to Rashi, Abaye does not hold that a twitching animal is fundamentally a case of uncertainty. Rather, Abaye holds that a twitching animal is considered living, and therefore one who commits bestiality with such an animal is liable. Nevertheless, the status of a twitching animal is uncertain with regard to imparting impurity because the animal imparts impurity of food but not impurity of carcasses. Therefore, Abaye states that with regard to the transmission of impurity a twitching animal is an uncertain case, and, as such, it is treated stringently (see *Tosefot HaRosh* and *Kehillot Ya'akov*).

אַלִּיבָּא דְּמַאן?

The Gemara asks: **In accordance with whose** opinion is the statement of Rav Huna? It is taught in the mishna (124a) that in a case where the hide of an unslaughtered carcass was attached to two half olive-bulks of flesh, Rabbi Yishmael says that the hide imparts the impurity of an unslaughtered carcass by means of carrying but not by means of contact with the flesh, because one touches them separately whereas one carries them together. Rabbi Akiva says: One contracts impurity neither by means of contact with the hide nor by means of carrying it.

אִי אַלִּיבָּא דְּרַבִּי יִשְׁמָעֵאל – הָאָמַר לֹא מְבַטֵּל עוֹר! וְאִי אַלִּיבָּא דְּרַבִּי עֲקִיבָא – פְּשִׁיטָא, הָאָמַר מְבַטֵּל עוֹר!

If one maintains that Rav Huna's statement is **in accordance with** the opinion **of Rabbi Yishmael, didn't** Rabbi Yishmael **say** that the **hide does not nullify** the attached flesh and therefore the one who carries it becomes impure with the impurity of a carcass? **And if** one maintains that Rav Huna's statement is **in accordance with** the opinion **of Rabbi Akiva,** then it is **obvious,** as **didn't** Rabbi Akiva **say** that **the hide nullifies** the flesh and therefore one who carries it does not become impure?

לְעוֹלָם אַלִּיבָּא דְּרַבִּי יִשְׁמָעֵאל, וְכִי אֲמַר רַבִּי יִשְׁמָעֵאל לֹא מְבַטֵּל עוֹר – הָנֵי מִילֵּי שֶׁפְּלָטָתוֹ חַיָּה, אֲבָל פְּלָטָתוֹ סַכִּין – בָּטֵיל.

The Gemara answers: **Actually,** the statement of Rav Huna is **in accordance with** the opinion **of Rabbi Yishmael. And when Rabbi Yishmael said** that **the hide does not nullify** the flesh, **that statement** applies to a case **where an animal severed** the hide. **But** in a case where a person used **a knife** to **flay** the hide, the hide **nullifies** the attached flesh.

תָּא שְׁמַע, רַבִּי יְהוּדָה אוֹמֵר: הָאֲלָל הַמְכוּנָּס, אִם יֵשׁ כַּזַּיִת בְּמָקוֹם אֶחָד – חַיָּיבִין עָלָיו. וְאָמַר רַב הוּנָא: וְהוּא שֶׁכְּנָסוֹ.

The Gemara suggests: **Come** and **hear** a refutation to this explanation of the statement of Rav Huna from that which is taught in the mishna: **Rabbi Yehuda says:** With regard to **the meat residue** attached to the hide after flaying **that was collected, if there is an olive-bulk** of it **in one place** it imparts impurity of an animal carcass, and one who contracts impurity from it and eats consecrated foods or enters the Temple **is liable** to receive *karet* **for it. And Rav Huna says** in explanation of this statement of Rabbi Yehuda: This *halakha* **is** applicable only when a halakhically competent person **collected** the meat residue in one place, but not if the meat residue was collected by a child or without human intervention.

אִי אָמְרַתְּ בִּשְׁלָמָא פְּלָטָתוֹ סַכִּין לְרַבִּי יִשְׁמָעֵאל נַמִי לָא בָּטֵיל – רַב הוּנָא דַּאֲמַר כְּרַבִּי יִשְׁמָעֵאל.

Since Rav Huna interprets the statement of Rabbi Yehuda as referring to a case where a halakhically competent person collected the pieces of flesh, the mishna must be discussing a case where such a person flayed the hide with a knife in multiple places and then collected the pieces of flesh attached to the hide. Evidently, the hide does not nullify the flesh because if the hide did nullify the flesh, that flesh would not impart the impurity of a carcass even if it were later collected. Therefore, the Gemara challenges: **Granted, if you say** that **according to Rabbi Yishmael, even** in a case where a person used **a knife** to **flay** the hide, the hide **does not nullify** the flesh, accordingly, **Rav Huna said** his statement **in accordance with** the opinion of **Rabbi Yishmael** that a hide flayed by a knife does not nullify the flesh, and therefore the flesh imparts the impurity of a carcass if a person collected the pieces.

אֶלָּא אִי אָמְרַתְּ פְּלָטָתוֹ סַכִּין לְרַבִּי יִשְׁמָעֵאל בָּטֵיל – רַב הוּנָא דַּאֲמַר כְּמַאן?

But if you say that **according to Rabbi Yishmael,** in a case where a person used **a knife** to **flay** the hide, the hide **nullifies** the flesh and therefore the flesh does not impart the impurity of a carcass even if a halakhically competent person collected the pieces, then **in accordance with whose** opinion **did Rav Huna say** that the hide does not nullify the flesh and that the pieces of flesh that one collected impart the impurity of a carcass?

אֶלָּא, לְעוֹלָם פְּלָטָתוֹ סַכִּין לְרַבִּי יִשְׁמָעֵאל לָא בָּטֵיל, וְרַב הוּנָא דַּאֲמַר כְּרַבִּי עֲקִיבָא.

The Gemara responds: **Rather,** it is necessary to explain the opinion of Rabbi Yishmael differently. **Actually, according to Rabbi Yishmael** even a hide **flayed by a knife does not nullify** the attached flesh. **And Rav Huna said** his statement that the hide nullifies attached pieces of flesh **in accordance with** the opinion of **Rabbi Akiva.**

פְּשִׁיטָא! מַהוּ דְּתֵימָא: כִּי קָאָמַר רַבִּי עֲקִיבָא – הָנֵי מִילֵּי פְּלָטָתוֹ סַכִּין, אֲבָל פְּלָטָתוֹ חַיָּה – לָא בָּטֵיל,

The Gemara asks: Isn't it **obvious** that the hide nullifies the flesh according to Rabbi Akiva? Rav Huna's statement is unnecessary. The Gemara answers: Rav Huna's statement is necessary **lest you say: When Rabbi Akiva said** that the hide nullifies the attached pieces of flesh, **that statement** applies only to a case where a person used a **knife** to **flay** the animal. **But** if **an animal severed** the hide, the hide **does not nullify** the flesh.

קָא מַשְׁמַע לָן טַעֲמָא דְּרַבִּי עֲקִיבָא מִפְּנֵי שֶׁהָעוֹר מְבַטְּלָן, לָא שְׁנָא פְּלַט חַיָּה, וְלָא שְׁנָא פְּלַט סַכִּין. כִּדְקָתָנֵי סֵיפָא: מִפְּנֵי מָה רַבִּי עֲקִיבָא מְטַהֵר בָּעוֹר – מִפְּנֵי שֶׁהָעוֹר מְבַטְּלָן.

Therefore, Rav Huna **teaches us** that **the reason** for the opinion of Rabbi Akiva is **because the hide nullifies** the flesh, and there **is no difference** whether **an animal severed** the hide, **and** there **is no difference** whether a person used **a knife** to **flay** the hide. This statement of Rav Huna is therefore **in accordance with that which the latter clause** of that mishna **teaches: For what** reason **does Rabbi Akiva deem** one ritually **pure in** a case where he moved both half olive-bulks with **the hide?** It is **because the hide** separates between them and **nullifies them.**

מתני׳ אֵלּוּ שֶׁעוֹרוֹתֵיהֶן כִּבְשָׂרָן: עוֹר הָאָדָם, וְעוֹר חֲזִיר שֶׁל יִשּׁוּב. רַבִּי יְהוּדָה אוֹמֵר: אַף עוֹר חֲזִיר הַבָּר.

MISHNA **These** are the entities **whose skin** has the same halakhic status **as their flesh:**[H] **The skin of** a dead **person,** which imparts impurity like his flesh; **and the skin of a domesticated pig,** which is soft and eaten by gentiles, and imparts the impurity of an animal carcass like its flesh. **Rabbi Yehuda says: Even the skin of a wild boar** has the same status.

וְעוֹר חֲטוֹטֶרֶת שֶׁל גָּמָל הָרַכָּה, וְעוֹר הָרֹאשׁ שֶׁל עֵגֶל הָרַךְ, וְעוֹר הַפְּרָסוֹת, וְעוֹר בֵּית הַבּוֹשֶׁת, וְעוֹר הַשָּׁלִיל, וְעוֹר שֶׁל תַּחַת הָאַלְיָה, וְעוֹר הָאֲנָקָה וְהַכֹּחַ וְהַלְּטָאָה וְהַחוֹמֶט. רַבִּי יְהוּדָה אוֹמֵר: הַלְּטָאָה כַּחוּלְדָּה.

And the halakhic status of the skin of all of the following animals is also like that of their flesh: **The skin of the hump of a young camel** that did not yet toughen; **and the skin of the head of a young calf; and the hide of the hooves; and the skin of the womb; and the skin of** an animal **fetus** in the womb of a slaughtered animal; **and the skin beneath the tail** of a ewe; **and the skin of the gecko** [*anaka*],[NB] **and the desert monitor** [*ko'aḥ*],[B] **and the lizard** [*leta'a*],[B] **and the skink** [*ḥomet*],[B] four of the eight creeping animals that impart ritual impurity after death. **Rabbi Yehuda says:** The halakhic status of the skin of **the lizard** is **like** that of the skin of **the weasel** and is not like that of its flesh.

HALAKHA

These are the entities whose skin has the same halakhic status as their flesh – אֵלּוּ שֶׁעוֹרוֹתֵיהֶן כִּבְשָׂרָן: These are the entities whose skin has the same halakhic status as their flesh: The skin of a dead person, the skin of a domesticated pig, the skin of the hump of a young camel that is still soft due to the fact that it did not yet carry a burden and has not yet reached the appropriate age to carry a burden, the skin of the womb, and the skin of an animal fetus in the womb of a slaughtered animal, the skin beneath the tail of a ewe; and the skin of the gecko, the desert monitor, the lizard, and the skink. The halakhic status of all of these soft skins is like that of the flesh with regard to the prohibition against consumption and the transmission of impurity (Rambam *Sefer Tahara, Hilkhot She'ar Avot HaTumot* 1:9 and *Sefer Kedusha, Hilkhot Ma'akhalot Assurot* 4:21).

NOTES

The skin of the gecko [*anaka*] – עוֹר הָאֲנָקָה: Rashi explains that the term *anaka* is referring to a hedgehog and that this animal has hair as sharp as needles. The reference to the skin of the *anaka* is referring to these sharp hairs, which people tie around the udders of cows to prevent animals from drinking the milk (see Rashi on *Shabbat* 54b and on *Bava Batra* 4a).

BACKGROUND

***Anaka* – אֲנָקָה:** There are many different opinions with regard to the identity of the *anaka*. The statement of the mishna that their skin has the same status as their flesh indicates that the skin is soft. Accordingly, it would seem that the *anaka* is most likely a type of reptile, as reptiles have soft skin. The name *anaka* seems to indicate that the animal is a type of gecko, a member of the Gekkonidae family, that makes chirping or clicking sounds similar to the sighing or sobbing [*anaḥa*] of a sick person. The Gekkonidae are a family of lizards ranging in size from small to medium that live in hot climates and eat insects. Many species developed special finger pads that enable them to walk along vertical surfaces and even suspend themselves upside down. Other identifications of the *anaka* include the leech and the hedgehog.

Mediterranean house gecko

***Ko'aḥ* – כֹּחַ:** Some identify this animal as the agama. This identification is difficult, as the agama's skin is tough and rough. The identifying factors would seem to indicate that a *ko'aḥ* is a large, flesh-eating lizard from the Varanus family, likely the desert monitor (*Varanus griseus*). The desert monitor is one of the largest types of lizards, measuring 1.5 m long and weighing up to 3 kg. It eats snakes, lizards and small mammals.

Desert monitor

***Leta'a* – לְטָאָה:** The *leta'a* is almost certainly from the Lacertidae family of lizards, a group comprising a number of physically similar species. Fully grown lizards in this family reach up to 25 cm. Their limbs develop to allow them to run quickly. Their skin is rather loose and tends to wrinkle, although not all species in this family share this characteristic; some have skin that adheres tightly to their body.

Small-spotted lizard

***Ḥomet* – חוֹמֶט:** The *ḥomet* is a skink, a reptile similar in appearance to a lizard. Its legs are short and often vestigial. Skinks usually live in the sand, and their skin adheres tightly to their body.

Bridled skink

וְכוּלָּן שֶׁעִיבְּדָן, אוֹ שֶׁהִילֵּךְ בָּהֶן כְּדֵי עֲבוֹדָה – טְהוֹרִין, חוּץ מֵעוֹר הָאָדָם. רַבִּי יוֹחָנָן בֶּן נוּרִי אוֹמֵר: שְׁמוֹנָה שְׁרָצִים יֵשׁ לָהֶן עוֹרוֹת.

And with regard to **all of** these skins, in a case **where one tanned them or** spread them on the ground and **trod upon them for the period of time required for tanning,** they are no longer classified as flesh and are **ritually pure, except for the skin of a person,** which maintains the status of flesh. **Rabbi Yoḥanan ben Nuri says:** All **eight creeping animals**[N] enumerated in the Torah **have skins** whose halakhic status is not that of flesh.

גמ׳ אָמַר עוּלָּא: דְּבַר תּוֹרָה עוֹר אָדָם טָהוֹר, וּמַה טַּעַם אָמְרוּ טָמֵא – גְּזֵירָה שֶׁמָּא יַעֲשֶׂה אָדָם עוֹרוֹת אָבִיו וְאִמּוֹ שְׁטִיחִין.

GEMARA The first clause of the mishna teaches that the skin of a dead person imparts impurity like his flesh. With regard to this, **Ulla says: The skin of** a dead **person is pure by Torah law; and what** is the **reason** that the Sages **said** that it is **impure?** It is a rabbinic **decree lest a person fashion mats** from **the skins of his** deceased **father and mother.**[N]

וְאִיכָּא דְּמַתְנֵי לַהּ אַסֵּיפָא, וְכוּלָּן שֶׁעִיבְּדָן אוֹ שֶׁהִילֵּךְ בָּהֶן כְּדֵי עֲבוֹדָה – טְהוֹרִין, חוּץ מֵעוֹר אָדָם. אָמַר עוּלָּא: דְּבַר תּוֹרָה עוֹר אָדָם שֶׁעִבְּדוֹ – טָהוֹר, וּמַה טַּעַם אָמְרוּ טָמֵא – גְּזֵירָה שֶׁמָּא יַעֲשֶׂה אָדָם עוֹרוֹת אָבִיו וְאִמּוֹ שְׁטִיחִין.

And there are those who teach this statement of Ulla **with regard to the latter clause** of the mishna: **And** with regard to **all of** these skins, in a case **where one tanned them or** spread them on the ground and **trod upon them for the period of time required for tanning,** they are no longer classified as flesh and are **ritually pure, except for the skin of a person,** which maintains the status of flesh. With regard to that clause, **Ulla says: The skin of** a dead **person that one tanned is pure by Torah law; and what** is the **reason** that the Sages **said** that it is **impure?** It is a rabbinic **decree lest a person fashion mats** from **the skins of his** deceased **father and mother.**

מַאן דְּמַתְנֵי לַהּ אַרֵישָׁא – כׇּל שֶׁכֵּן אַסֵּיפָא, וּמַאן דְּמַתְנֵי אַסֵּיפָא, אֲבָל אַרֵישָׁא – טוּמְאָה דְּאוֹרָיְיתָא.

The Gemara comments: **The one who teaches** the statement of Ulla that the skin of a corpse is pure by Torah law **with regard to the first clause** of the mishna, which discusses a softer hide that is not tanned, **all the more so** would teach it **with regard to the latter clause** of the mishna. **But the one who teaches** this statement **with regard to the latter clause** of the mishna holds that only the tanned skin of a corpse is pure by Torah law, **but** does not teach it **with regard to the first clause** of the mishna because he holds that the **impurity** of the skin of a corpse that is not tanned is **by Torah law.**[N]

״וְעוֹר חֲזִיר״ [וכו׳]. בְּמַאי קָמִיפַּלְגִי? מָר סָבַר: הַאי אָשׁוּן וְהַאי רַכִּיךְ, וּמָר סָבַר: הַאי נָמֵי רַכִּיךְ.

§The mishna teaches that according to the first *tanna*, **the skin of** a domesticated **pig** imparts impurity of an animal carcass like its flesh, indicates that the skin of a wild boar does not impart impurity of a carcass. Rabbi Yehuda disagrees and holds that even the skin of a wild boar has the same status as its flesh. The Gemara asks: **With regard to what do** the first *tanna* and Rabbi Yehuda **disagree?** The Gemara answers: One **Sage,** the first *tanna*, **holds** that **this** skin of a wild boar **is tough** and therefore its status is not that of flesh, **but that** skin of a domesticated pig **is soft** and therefore its status is that of flesh. **And** one **Sage,** Rabbi Yehuda, **holds** that **this** skin of a wild boar **is also soft** and therefore its status is that of flesh.

״עוֹר חַטּוֹרֶת שֶׁל גָּמָל הָרַכָּה״. וְכַמָּה גָּמָל הָרַכָּה? אָמַר עוּלָּא אָמַר רַבִּי יְהוֹשֻׁעַ בֶּן לֵוִי: כׇּל זְמַן שֶׁלֹּא טָעֲנָה.

§The mishna teaches that the **skin of the hump of a young camel** that did not yet toughen imparts impurity of a carcass like its flesh. The Gemara asks: **And for how long is a camel** considered **young** and the status of the skin considered like that of the flesh? **Ulla says** that **Rabbi Yehoshua ben Levi says: As long as** the camel **has not carried** a burden.

בָּעֵי רַבִּי יִרְמְיָה: הִגִּיעַ זְמַנָּהּ לִטְעוֹן וְלֹא טָעֲנָה, מַהוּ? בָּעֵי אַבָּיֵי: לֹא הִגִּיעַ זְמַנָּהּ לִטְעוֹן וְטָעֲנָה, מַהוּ? תֵּיקוּ.

Rabbi Yirmeya raises a dilemma: What is the *halakha* with regard to the skin of a camel **whose time,** i.e., age, **to carry** a burden **has arrived, but it has not** yet **carried** one? **Abaye raises a dilemma: What is** the *halakha* with regard to the skin of a camel **whose time to carry** a burden **has not arrived, but it has** nevertheless **carried** one? The Gemara answers: These dilemmas **shall stand** unresolved.

יְתֵיב רֵישׁ לָקִישׁ וְקָמִיבַּעְיָא לֵיהּ: כַּמָּה גָּמָל הָרַכָּה? אָמַר לֵיהּ רַבִּי יִשְׁמָעֵאל בַּר אַבָּא, הָכִי אָמַר רַבִּי יְהוֹשֻׁעַ בֶּן לֵוִי: כׇּל זְמַן שֶׁלֹּא טָעֲנָה. אָמַר לֵיהּ: תִּיב לְקִבְלִי.

Reish Lakish sat and raised a dilemma: For **how long is a camel** considered **young? Rabbi Yishmael bar Abba said to him: This is what Rabbi Yehoshua ben Levi said: As long as** the camel **has not carried** a burden. In response to his answer, Reish Lakish honored him and **said to him: Sit opposite me.**

NOTES

Eight creeping animals – שְׁמוֹנָה שְׁרָצִים: There are eight creeping animals that impart impurity when they die, as it is written: "And these are they which are impure for you among the creeping animals that creep upon the earth: The weasel [*holed*], and the mouse [*akhbar*], and the great lizard [*tzav*] after its kinds, and the gecko [*anaka*], and the desert monitor [*ko'aḥ*], and the lizard [*leta'a*], and the skink [*ḥomet*], and the chameleon [*tinshamet*]" (Leviticus 11:29–30). The Sages relate that even Moses had difficulty identifying these eight creeping animals. The Maharsha explains that it is difficult to identify these creeping animals because there are many species that are very similar in appearance to them. Ibn Ezra therefore states that one can identify these creeping animals only by way of tradition.

Lest a person fashion mats from the skins of his deceased father and mother – שֶׁמָּא יַעֲשֶׂה אָדָם עוֹרוֹת אָבִיו וְאִמּוֹ שְׁטִיחִין: Rashi explains that such mats were used as upholstery for beds and expensive chairs. Elsewhere, the Gemara says (*Nidda* 55a): Lest a person fashion mats for a donkey from the skins of his deceased father and mother, indicating that the skins were used in a degrading manner. Some early commentaries explain that the intention of this practice was to honor one's parents by keeping their memory alive. There are two prohibitions involved in such a practice: Not burying the dead body and degrading the deceased (Ritva; Ramban). Alternatively, some commentaries explain that this practice was connected to sorcery, and that the use of skins of a close relative provided for a more powerful sorcery (Responsa of the Radbaz). With regard to this rabbinic decree, commentaries ask the following question: Since it is prohibited to derive benefit from a corpse, why is a rabbinic decree necessary to prohibit this practice? One possible answer is that people treat issues of impurity more stringently than other prohibitions (see *Nidda* 55a and *Tosafot* there). Another explanation is that the skin is not included along with the flesh in the prohibition against deriving benefit from a corpse (*Tosafot* on *Nidda* 55a). Alternatively, fashioning mats from the skin of a corpse is not a normal method of deriving benefit from it (*Mei Nidda*).

But with regard to the first clause he holds that the impurity is by Torah law – אֲבָל אַרֵישָׁא טוּמְאָה דְּאוֹרָיְיתָא: The Rambam and the later authorities rule that the skin of a corpse imparts impurity by Torah law, but once the skin begins the tanning process it is pure by Torah law (Rambam *Sefer Tahara*, *Hilkhot Tumat Met* 3:11). Based on this ruling, *Iggerot Moshe* rules that the flesh of a corpse that one nullified is also pure by Torah law. Therefore, it is permitted for a priest to receive a skin or flesh transplant from a corpse, and there is no prohibition against contact with the impurity imparted by a corpse.

NOTES

Ravin bar Ḥinnana repeated his answer – הֲוָה קָתָנֵי לָהּ: The Ya'avetz explains that Ravin bar Ḥinnana saw that Rabbi Zeira did not afford him the same honor for his answer as Reish Lakish afforded Rabbi Yishmael bar Abba. Therefore, Ravin bar Ḥanina assumed that Rabbi Zeira had not heard him and repeated his answer.

יְתִיב רַבִּי זֵירָא וְקָמִיבַּעְיָא לֵיהּ: כַּמָּה גָּמָל הָרַכָּה? אֲמַר לֵיהּ רָבִין בַּר חִינָּנָא, הָכִי אֲמַר עוּלָּא אֲמַר רַבִּי יְהוֹשֻׁעַ בֶּן לֵוִי: כָּל זְמַן שֶׁלֹּא טָעֲנָה. הֲוָה קָתָנֵי לָהּ. אֲמַר לֵיהּ: חֲדָא הָוְיָא לָךְ אָמְרַתְּ.

Rabbi Zeira sat and raised a dilemma: For **how long is a camel** considered **young? Ravin bar Ḥinnana said to him: This is what Ulla said** that **Rabbi Yehoshua ben Levi said: As long as** the camel **has not carried** a burden. Ravin bar Ḥinnana then **repeated** his answer[N] to Rabbi Zeira. Rabbi Zeira **said to him: Do you have** only **one** *halakha* to **say,** and that is why you are repeating it?

תָּא חֲזֵי מַה בֵּין תַּקִּיפֵי אַרְעָא דְיִשְׂרָאֵל לַחֲסִידֵי דְבָבֶל.

The Gemara points out: **Come** and **see what** the difference is **between the harsh** scholars **of Eretz Yisrael,** such as Reish Lakish, **and the saintly ones of Babylonia,** such as Rabbi Zeira. Although Reish Lakish was known for his harsh nature, he was the one who honored the Sage who resolved his dilemma, whereas Rabbi Zeira responded sharply to the one who taught him this *halakha*.

״וְעוֹר הָרֹאשׁ״ וכו׳. וְכַמָּה עֵגֶל הָרַךְ? עוּלָּא אָמַר: בֶּן שְׁנָתוֹ. רַבִּי יוֹחָנָן אָמַר: כָּל זְמַן שֶׁיּוֹנֵק. אִיבַּעְיָא לְהוּ: הֵיכִי קָאָמַר עוּלָּא, בֶּן שְׁנָתוֹ, וְהוּא שֶׁיּוֹנֵק,

§ The mishna teaches: **And the skin of the head** of a young calf has the same halakhic status as the flesh with regard to impurity. The Gemara asks: **And** for **how long is a calf** considered **young? Ulla says:** It is considered young in **its** first **year of age. Rabbi Yoḥanan says:** For **as long as** the calf is **suckling. A dilemma was raised before** the Sages: With regard to **what** case **is Ulla speaking?** Is he referring to a calf that is in **its** first **year of age and is** still **suckling,**

Perek **IX**
Daf **122** Amud **b**

וַאֲמַר לֵיהּ רַבִּי יוֹחָנָן: כָּל זְמַן שֶׁיּוֹנֵק.

and Rabbi Yoḥanan disagreed with Ulla and **said to him:** A calf is considered young **as long as it is suckling,** even after its first year of age? According to this explanation, Ulla considers a calf to be young only when it is both in its first year and suckling, and Rabbi Yoḥanan considers a calf that is suckling to be young even if it is beyond its first year.

אוֹ דִלְמָא: עוּלָּא בֶּן שְׁנָתוֹ קָאָמַר, בֵּין יוֹנֵק וּבֵין שֶׁאֵינוֹ יוֹנֵק, וַאֲמַר לֵיהּ רַבִּי יוֹחָנָן: בֶּן שְׁנָתוֹ – וְהוּא שֶׁיּוֹנֵק?

Or perhaps, does Ulla say that a calf is considered young if it is in **its** first **year of age, whether it is suckling or whether it is no** longer **suckling, and Rabbi Yoḥanan said to him:** The calf must be in **its** first **year of age and it** must also be **suckling** in order to be considered young?

תָּא שְׁמַע: רַבִּי יוֹחָנָן אָמַר, כָּל זְמַן שֶׁיּוֹנֵק. וְאִם אִיתָא, ״וְהוּא שֶׁיּוֹנֵק״ מִיבָּעֵי לֵיהּ. שְׁמַע מִינָּהּ.

Come and **hear** a resolution to this dilemma: **Rabbi Yoḥanan says:** The calf is considered young **the entire time that it is suckling. And if it is so** that Rabbi Yoḥanan requires a calf to be both in its first year and suckling to be considered young, Rabbi Yoḥanan **should have** said: **And** provided the calf **is suckling,** indicating an additional condition. **Conclude from it** that Rabbi Yoḥanan considers a calf that is suckling to be young even if it is beyond its first year, and that Ulla considers only a calf that is both in its first year and suckling to be young.

בְּעָא מִינֵּיהּ רֵישׁ לָקִישׁ מֵרַבִּי יוֹחָנָן: עוֹר הָרֹאשׁ שֶׁל עֵגֶל הָרַךְ מַהוּ שֶׁיְּטַמֵּא? אֲמַר לֵיהּ: אֵינוֹ מְטַמֵּא.

§ The Gemara continues to discuss the skin of the head of a young calf. **Reish Lakish asked Rabbi Yoḥanan: What is** the *halakha* with regard to whether **the skin of the head of a young calf** that is still fit to be eaten **imparts impurity?** Is the status of the skin like that of flesh or not? Rabbi Yoḥanan **said to him: It does not impart impurity.**

אֲמַר לֵיהּ: לִימַּדְתָּנוּ רַבֵּינוּ ״אֵלּוּ שֶׁעוֹרוֹתֵיהֶן כִּבְשָׂרָן, וְעוֹר הָרֹאשׁ שֶׁל עֵגֶל הָרַךְ״! אֲמַר לֵיהּ: אַל תַּקְנִיטֵנִי, בִּלְשׁוֹן יָחִיד אֲנִי שׁוֹנֶה אוֹתָהּ.

Reish Lakish **said to him:** But didn't **you teach us, our teacher,** that it says in the mishna: **These** are the entities **whose skin** has the same halakhic status **as their flesh, and the skin of the head of a young calf** is included among them? Rabbi Yoḥanan **said to** Reish Lakish: **Do not provoke me** by asking such a question. **I teach that** mishna **in the singular,** i.e., that mishna is in accordance with an individual opinion and is contrary to the majority opinion. Therefore, the *halakha* is not in accordance with it.

דְּתַנְיָא: הַשּׁוֹחֵט אֶת הָעוֹלָה לְהַקְטִיר כַּזַּיִת מֵעוֹר שֶׁתַּחַת הָאַלְיָה, חוּץ לִמְקוֹמוֹ – פָּסוּל וְאֵין בּוֹ כָּרֵת, חוּץ לִזְמַנּוֹ – פִּיגּוּל וְחַיָּיבִין עָלָיו כָּרֵת.

As it is taught in a *baraita*: **One who slaughters a burnt offering**[N] with the intention **to burn an olive-bulk of the skin beneath the tail outside its** designated **area,** i.e., outside the Temple courtyard, renders the offering **unfit, but there is no** liability for ***karet*** for one who partakes of the offering. If he intended to burn it **beyond its** designated **time,** i.e., not on that day, then it is rendered ***piggul*, and one is liable** to receive ***karet*** **for** partaking of **it.** Since this particular area of the skin is soft, its status is therefore like that of flesh. This is the opinion of the Rabbis.

אֶלְעָזָר בֶּן יְהוּדָה אִישׁ אֲבֵלוּם אוֹמֵר מִשּׁוּם רַבִּי יַעֲקֹב, וְכֵן הָיָה רַבִּי שִׁמְעוֹן בֶּן יְהוּדָה אִישׁ כְּפַר עִיכּוֹם אוֹמֵר מִשּׁוּם רַבִּי שִׁמְעוֹן: אֶחָד עוֹר פְּרָסוֹת, וְאֶחָד עוֹר הָרֹאשׁ שֶׁל עֵגֶל הָרַךְ, וְאֶחָד עוֹר שֶׁל תַּחַת הָאַלְיָה, וְכָל שֶׁמָּנוּ חֲכָמִים גַּבֵּי טוּמְאָה שֶׁעוֹרוֹתֵיהֶן כִּבְשָׂרָן, לְהָבִיא עוֹר שֶׁל בֵּית הַבּוֹשֶׁת,

Elazar ben Yehuda of Aveilum[B] **says in the name of Rabbi Ya'akov, and so Rabbi Shimon ben Yehuda of Kefar Ikom**[B] **says in the name of Rabbi Shimon:** This *halakha* applies **both to the hide of the hooves, and the skin of the head of a young calf, and the skin beneath the tail, and all** of the entities **that the Sages listed with regard to ritual impurity** that the halakhic status of **their skin is like that of their flesh, including the skin of the womb.**[N]

חוּץ לִמְקוֹמוֹ – פָּסוּל וְאֵין בּוֹ כָּרֵת, חוּץ לִזְמַנּוֹ – פִּיגּוּל וְחַיָּיבִין עָלָיו כָּרֵת.

Therefore, one who sacrifices a burnt offering with the intention to burn an olive-bulk of any of these skins **outside its** designated **area** renders the offering **unfit, but there is no** liability for ***karet*** for one who partakes of the offering. If he intended to burn it **beyond its** designated **time,** then it is rendered ***piggul*, and one is liable** to receive ***karet*** **for** eating **it.** Therefore, the mishna is in accordance with the individual opinion of Elazar ben Yehuda, who holds that all of the skins listed in the mishna have the status of flesh, and not in accordance with the Rabbis' opinion that only the skin beneath the tail has the status of flesh.

״וְעוֹר בֵּית הַפְּרָסוֹת״. מַאי ״בֵּית הַפְּרָסוֹת״? רַב אָמַר: בֵּית הַפְּרָסוֹת מַמָּשׁ. רַבִּי חֲנִינָא אָמַר: רְכוּבָה הַנִּמְכֶּרֶת עִם הָרֹאשׁ.

§The mishna teaches: **And the hide of the hooves**[B] has the status of flesh with regard to imparting impurity. The Gemara asks: To **what is the** term **hooves** referring? **Rav says:** It is **literally** referring to **the hooves. Rabbi Ḥanina says:** It is referring to the skin of the section of **the knee** at the top of the lower bone, **which is sold with the head.** This skin of the knee, and of the lower bone attached to it, has the status of flesh.

״וְעוֹר הָאֲנָקָה״. תָּנוּ רַבָּנַן: ״הַטְּמֵאִים״ – לְרַבּוֹת עוֹרוֹתֵיהֶן כִּבְשָׂרָן.

§The mishna teaches: **And** the halakhic status of **the skin of the gecko,** and the desert monitor, and the lizard, and the skink, four of the eight creeping animals that impart ritual impurity after death, is like that of their flesh with regard to imparting impurity. **The Sages taught** in a *baraita*: It is written: "And these are they which are impure for you among the creeping animals that creep upon the earth: The weasel, and the mouse, and the great lizard after its kinds. And the gecko, and the desert monitor, and the lizard, and the skink, and the chameleon. These are **they which are impure** for you among all that swarm; whosoever touches them, when they are dead, shall be impure until the evening" (Leviticus 11:29–32). The term "they which are" in the expression "they which are impure" seems superfluous, and serves **to include the skins of** these animals as having the same halakhic status **as their flesh.**

יָכוֹל אֲפִילּוּ כּוּלָּן – תַּלְמוּד לוֹמַר ״אֵלֶּה״.

One **might** have thought that this *halakha* applies **even** to **all** of the creeping animals listed in the verses. Therefore, **the verse states: "These,"** indicating that this *halakha* applies only to these animals mentioned in the mishna, i.e., the gecko, the desert monitor, the lizard, and the skink.

NOTES

One who slaughters a burnt offering – הַשּׁוֹחֵט אֶת הָעוֹלָה: One who performs a sacrificial rite with the intention to burn the offering on the altar after its designated time thereby renders the offering *piggul*, and one who partakes of that offering is liable to receive *karet*. One who performs a sacrificial rite with the intention to burn the offering outside the Temple courtyard invalidates the offering, but one who eats of that offering is not liable to receive *karet*. Both of these intentions invalidate the offering only with regard to a part of the animal that is fit to be burned on the altar. The skin, which is distributed to the priests and is not sacrificed on the altar, does not render the offering *piggul* and does not invalidate the offering unless it is soft and considered like flesh.

Including the skin of the womb – לְהָבִיא עוֹר שֶׁל בֵּית הַבּוֹשֶׁת: The skin of the womb is mentioned separately because it is not relevant to all offerings, but only to those brought from female animals.

BACKGROUND

Aveilum – אֲבֵלוּם: Aveilum was a town in Eretz Yisrael, which is sometimes referred to as Avalin, Aveilin, Avulin and Ha'uvlin. The Arab village Avlin derives its name from this ancient Jewish settlement. Aveilum was an important town due to its location along the trade route from Egypt to Damascus and Babylon, and a military fortress was built in the town to protect the trade route. The town was the home of the *tanna'im* Rabbi Elazar ben Yehuda and Rabbi Yosef ben Pereida. Nowadays, the town is home to the ruins of a synagogue from the talmudic period with Aramaic writing on the lintel.

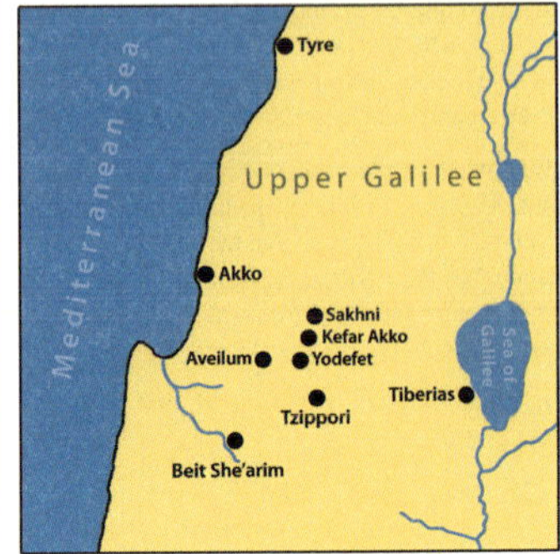

Location of Aveilum and Kefar Akko

Kefar Ikom – כְּפַר עִיכּוֹם: This village is identified with the settlement named Kefar Akko, which was located between Sakhni and Yodefet (see map). Despite the geographic distance between Kfar Akko and the city of Akko, it was nevertheless considered to be within the same region, as few Jews inhabited the Galilee at that time. Josephus mentions that this village was one of the fortified areas of the lower Galilee during the great rebellion of 67 BCE. In addition, the Gemara (*Ta'anit* 21a) mentions that Kefar Akko was like a small city in that it would send out five hundred infantrymen, which is perhaps a reference to the number of individuals that were drafted into the army from there. Based on this, it is conjectured that the general population at that time would have numbered around 2,500 people.

Hide of the hooves – עוֹר בֵּית הַפְּרָסוֹת:

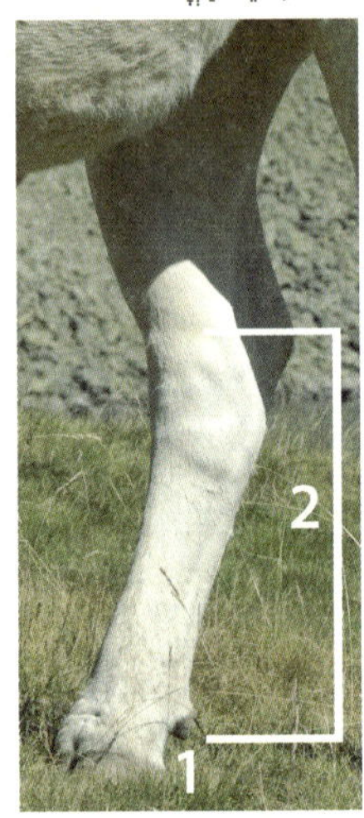

Hide of the hooves according to (1) Rav, and (2) Rabbi Ḥanina

BACKGROUND

Rav has the status of a *tanna* – רַב תַּנָּא הוּא: Some commentaries interpret this to mean that Rav is as eminent as one of the *tanna'im*. Consequently, he can even disagree with the statement of a *baraita*. It is likely that the statement means that Rav was actually considered a *tanna*, as there is a tradition attributed to Rav Hai Gaon that three *baraitot* in the Gemara include statements of Rav, referring to him as Rabbi Abba. In practical terms, this statement indicates that one cannot raise an objection to Rav's opinion from any tannaitic source, as he is cited as a *tanna* in *baraitot*. It is well known that the Sages employed this answer only as a last resort. In any case, Rav is also considered an *amora*, because Shmuel and Rabbi Yoḥanan, who are not *tanna'im*, have disputes with him in various cases, and the *halakha* is occasionally decided in accordance with their opinions.

***Mil* – מִיל:** This is a talmudic unit of distance related to, but not identical to, the Roman mile, from which it received its name. One *mil* is equivalent to two thousand cubits. This is equivalent to 960 m according to Rav Ḥayyim Na'e, and 1,150 m according to the *Ḥazon Ish*. Four *mil* is therefore equal to between 3.8 and 4.6 km.

וְהָא ״אֵלֶּה״ אַכּוּלְּהוּ כְּתִיב! אָמַר רַב: ״לְמִינֵהוּ״ הִפְסִיק הָעִנְיָן.

The Gemara asks: **But isn't** the term **"these" written with regard to all** eight of the creeping animals listed in the verse? **Rav says:** After mentioning the weasel, the mouse, and the great lizard the verse states: **"After its kinds."** Therefore, the verse **interrupted the** previous **matter** and taught that the status of the skin is like that of the flesh only with regard to the creeping animals mentioned in the latter part of the verse.

וְלִיחְשׁוֹב נַמִי תִּנְשֶׁמֶת! אָמַר רַב שְׁמוּאֵל בַּר יִצְחָק: רַב תַּנָּא הוּא, וְתָנֵי תִּנְשֶׁמֶת.

The Gemara objects: **But** since the chameleon is listed in the latter part of the verse, **let** the **chameleon also be counted** among the animals whose skin has the status of flesh. **Rav Shmuel bar Yitzḥak said: Rav,** who interprets the verse in this manner, has the status of **a *tanna*,**[B] **and** unlike the mishna, **he teaches** that the skin of the **chameleon** has the status of flesh.

וְהָא תַּנָּא דִּידַן לָא תָּנֵי תִּנְשֶׁמֶת!

The Gemara asks: **But the *tanna* of our** mishna **does not teach** this *halakha* with regard to the **chameleon.** According to his opinion, why doesn't the skin of the chameleon have the status of flesh?

אָמַר רַב שֵׁשֶׁת בְּרֵיהּ דְּרַב אִידִי: תַּנָּא דִּידַן סָבַר לַהּ כְּרַבִּי יְהוּדָה, דְּאָזֵיל בָּתַר גִּישְׁתָּא,

Rav Sheshet, son of Rav Idi, said: The *tanna* of our mishna **holds in accordance with** the opinion of **Rabbi Yehuda that** the halakhic status of the skin of the lizard, even though it is mentioned in the latter part of the verse, is like that of the skin of the weasel and is not like that of its flesh. Rabbi Yehuda does not derive that the status of the skin is like that of flesh from the verse that states: "They which are impure." Rather, he **follows the texture** of the skin of each creeping animal when deciding whether the status of its skin is like that of its flesh.

וּבְגִישְׁתָּא דְּהַלְּטָאָה קָמִיפַּלְגִי.

The first *tanna* of the mishna and Rabbi Yehuda agree that the texture of the skin of the gecko, the desert monitor, and the skink is soft and therefore the status of their skin is like that of their flesh; **and they disagree with regard to the texture** of the skin **of the lizard.** Rabbi Yehuda classifies its skin as tough, and the first *tanna* of the mishna classifies its skin as soft.

״וְכוּלָּן שֶׁעִיבְּדָן״ [וכו׳]. הִילֵּךְ – אִין, לָא הִילֵּךְ – לָא. וְהָא תָּנֵי רַבִּי חִיָּיא: אוֹזֶן חֲמוֹר שֶׁתְּלָאָהּ לְקוּפָּתוֹ – טְהוֹרָה. תְּלָאָהּ – אַף עַל גַּב דְּלָא הִילֵּךְ!

§The mishna teaches: **And all of these** skins, in a case **where one tanned them** or spread them on the ground and trod upon them, are no longer classified as flesh and are ritually pure. The Gemara objects: The mishna indicates that if one **trod** upon them they **are** no longer classified as flesh, but if one **did not tread** upon them they do **not** cease being classified as flesh. **But doesn't Rabbi Ḥiyya teach: The ear of a donkey that one sewed into his basket is pure**[H] and is no longer classified as flesh. Just as the ear is no longer classified as flesh once it is **sewed** into a basket, so too skin that is spread on the ground, **even if** one **did not tread** upon it, should no longer be classified as flesh.

לָא, תְּלָאָהּ. הִילֵּךְ – אִין, לָא הִילֵּךְ – לָא.

The Gemara explains: **No,** this is not difficult. **Sewing** the ear is an action that nullifies the ear's classification as flesh. But spreading skin on the ground is not an action that nullifies the skin's classification as flesh unless one trod upon the skin. Therefore, if one **trod** upon the skin it **is** no longer classified as flesh, but if one **did not tread** upon it, it does **not** cease being classified as flesh.

כַּמָּה כְּדֵי עִבּוּד? אָמַר רַב הוּנָא אָמַר רַבִּי יַנַּאי: אַרְבַּעַת מִילִין.

The mishna states that the skin must be trodden upon for the period required for tanning. The Gemara clarifies: **How long is the period** required **for tanning? Rav Huna says** that **Rabbi Yannai says:** The time which it takes one to walk **four *mil*.**[BH]

HALAKHA

The ear of a donkey that one sewed into his basket is pure – אוֹזֶן חֲמוֹר שֶׁתְּלָאָהּ לְקוּפָּתוֹ טְהוֹרָה: The ear of a donkey carcass that one sewed into a basket is pure and is no longer classified as flesh (Rambam *Sefer Tahara, Hilkhot She'ar Avot HaTumot* 1:9).

How long is the period required for tanning…four *mil* – כַּמָּה כְּדֵי עִבּוּד...אַרְבַּעַת מִילִין: If one tanned or trod on the skin of an animal carcass that has the same halakhic status as its flesh for the period required for tanning, the skin is pure and is no longer classified as flesh. How long is the period required for tanning? It is the time that it takes one to walk four *mil* (Rambam *Sefer Tahara, Hilkhot She'ar Avot HaTumot* 1:9).

רַבִּי אַבָּהוּ מִשּׁוּם דְּרֵישׁ לָקִישׁ אָמַר: לְגַבָּל,

§ Since the period of time it takes to walk four *mil* was mentioned, the Gemara lists *halakhot* that employ this period of time. **Rabbi Abbahu says in the name of Reish Lakish: With regard to** a professional **kneader** who is careful to maintain the ritual purity of the dough that he kneads for others, he must walk up to four *mil* in order to purify the vessel he is using by immersing it in a ritual bath. He is not required to walk farther than this unless the person hiring him pays for him to do so.

וְלִתְפִלָּה, וְלִנְטִילַת יָדַיִם – אַרְבַּעַת מִילִין.

And similarly, **with regard to prayer,** one who is traveling may not pray where he is if there is a synagogue within four *mil* ahead of him, but rather must continue traveling in order to pray in the synagogue. **And** similarly, **with regard to washing** one's **hands** before eating, one who is traveling may not eat without washing his hands if there is water within **four *mil***[H] ahead of him.[H]

אָמַר רַב נַחְמָן בַּר יִצְחָק:

With regard to this statement of Reish Lakish, **Rav Naḥman bar Yitzḥak said:**

HALAKHA

With regard to a kneader…four *mil* – לְגַבָּל...אַרְבַּעַת מִילִין: One should not knead dough while in a state of impurity, but rather strive to purify himself and his kneading vessels in order to separate pure *ḥalla*. If the ritual bath is farther than four *mil*, he may knead his dough in a state of impurity and separate impure *ḥalla* (Rambam *Sefer Zera'im*, *Hilkhot Bikkurim* 8:11).

And with regard to prayer…Four *mil* ahead of him – וְלִתְפִלָּה...אַרְבַּעַת מִילִין: One must wash one's hands before praying. If he is traveling and does not have water, he must walk up to a parasang, which is the equivalent of four *mil*, in the direction of his journey to find water, in accordance with the Rambam's interpretation of the ruling of Rabbi Abbahu. He is required to search for water only up to one *mil* in the opposite direction of his journey. If he is worried that he will miss the time for prayer, he may rub his hands on stones, dirt, or any substance that cleans. The *Mishna Berura* explains that according to the opinion of the Rambam one must wash or clean one's hands before prayer, and failure to do so invalidates one's prayer. The *Beur Halakha* rules that after the fact, if one did not clean one's hands before praying, one does not need to pray again (Rambam *Sefer Ahava*, *Hilkhot Tefilla* 4:1–2; *Shulḥan Arukh*, *Oraḥ Ḥayyim* 92:4).

Perek **IX**
Daf **123** Amud **a**

אַיְבוּ אֲמָרָהּ, וְאַרְבָּעֵי אֲמַר בָּהּ, וַחֲדָא מִינַּיְיהוּ עֲבוֹדָה.

It was **Aivu** who **said** this statement in the name of Reish Lakish and not Rabbi Abbahu, **and he said four** *halakhot*, not three, with regard to the measure of four *mil*, **and** the fourth **one of them** is the *halakha* mentioned in the mishna: Skins that one spread on the ground and trod upon for the period required for **tanning,** i.e., the amount of time it takes to walk four *mil*, are no longer classified as flesh and are ritually pure.

אָמַר רַבִּי יוֹסֵי בְּרַבִּי חֲנִינָא: לֹא שָׁנוּ אֶלָּא לְפָנָיו, אֲבָל לְאַחֲרָיו – אֲפִילּוּ מִיל אֶחָד אֵינוֹ חוֹזֵר. רַב אַחָא בַּר יַעֲקֹב אָמַר: וּמִינָּהּ, מִיל הוּא – דְּאֵינוֹ חוֹזֵר, הָא פָּחוֹת מִמִּיל – חוֹזֵר.

Rabbi Yosei, son of Rabbi Ḥanina, says: With regard to prayer and washing one's hands, the Sages **taught** that one must travel four *mil* to find a synagogue or water **only** if the synagogue or the water is **ahead of him,** in the direction that he is traveling. **But** if it is **behind him, he** need **not return even one *mil*. Rav Aḥa bar Yaakov said: From** this statement one may infer that **it is** specifically **a *mil* that** one need **not return; but one must return** for a synagogue or water that is at a distance of **less than** one ***mil***.

תָּנוּ רַבָּנַן: לִיגְיוֹן הָעוֹבֵר מִמָּקוֹם לְמָקוֹם וְנִכְנַס לַבַּיִת – הַבַּיִת טָמֵא, שֶׁאֵין לְךָ כָּל לִיגְיוֹן וְלִיגְיוֹן שֶׁאֵין לוֹ כַּמָּה קַרְקְפָלִין. וְאַל תִּתְמַהּ – שֶׁהֲרֵי קַרְקְפָלוֹ שֶׁל רַבִּי יִשְׁמָעֵאל מוּנָּח בְּרֹאשׁ מְלָכִים.

§ The mishna states that the skin of a human corpse is impure like its flesh. **The Sages taught** in the *Tosefta* (8:16): In the case of **a legion**[B] **traveling** for warfare **from place to place, and** one member of the legion **enters a house, the house is impure, as there is no legion that does not have several scalps** that its soldiers carry around for witchcraft. **And you should not be surprised** that they do so, **as the scalp** [***karkefal***][L] **of Rabbi Yishmael**[P] was **placed on the heads of kings.**

מתני׳ הַמַּפְשִׁיט בִּבְהֵמָה וּבְחַיָּה, בִּטְהוֹרָה וּבִטְמֵאָה, בְּדַקָּה וּבְגַסָּה,

MISHNA The halakhic status of the hide of an animal after it was flayed is no longer like its flesh in terms of becoming impure and imparting impurity. Nevertheless, in the case of **one who flays** either **a domesticated animal or an undomesticated animal; a ritually pure** animal that was slaughtered properly and afterward came in contact with impurity, e.g., the one flaying it is impure, **or a ritually impure**[N] unslaughtered carcass; **a small animal,** e.g., sheep, **or a large animal,** e.g., cattle; and even after flaying the animal's hide is still partially attached to the flesh, the hide's halakhic status remains that of flesh in some circumstances.

BACKGROUND

Legion – לִיגְיוֹן: A legion was the largest unit in the Roman army, numbering around ten thousand men.

LANGUAGE

Scalp [*karkefal*] – קַרְקְפָל: Although the precise root of the word *karkefal* is unclear, the word is related to the Greek κεφαλή, *kefalē*, meaning head, and refers to the scalp.

PERSONALITIES

Rabbi Yishmael – רַבִּי יִשְׁמָעֵאל: Rabbi Yishmael ben Elisha served as High Priest during the first generation of *tanna'im*, during the final days of the Second Temple. Tradition relates that he knew the ineffable name of God and obtained great mystical insights. He and his colleague Rabban Shimon ben Gamliel the Elder were killed together by the Romans as two of the ten martyrs whose execution by the Romans is described in liturgy. The Sages relate that he was one of the seven most beautiful people in the world, and that when he was brought to be killed, the daughter of the Caesar desired his beauty. She asked her father to flay the skin of his face while he was still alive. It is related that his facial skin was embalmed in persimmon oil and was worn as a mask on a Roman holiday that was celebrated once every seventy years.

NOTES

Ritually pure or ritually impure – בִּטְהוֹרָה וּבִטְמֵאָה: The commentaries disagree with regard to the interpretation of the mishna. Rashi explains that the term: Pure, is describing a kosher animal slaughtered in a valid manner, where the one flaying the animal is impure. The term: Impure, is describing a kosher animal that died in a manner other than slaughter, where the one flaying the carcass is pure. By contrast, the Rambam explains that the term: Pure, is describing a kosher animal, and the term: Impure, is describing a non-kosher animal such as a donkey (Rambam *Sefer Tahara*, *Hilkhot She'ar Avot HaTumot* 1:10).

HALAKHA

For using as a carpet…and for crafting a leather jug – לְשָׁטִיחַ...וּלְחֵמֶת: If one is flaying a domesticated animal or an undomesticated animal, a pure animal or an impure animal, a large animal or a small animal, for the purpose of using the hide as a carpet, its halakhic status remains that of flesh until he has flayed the measure of grasping the hide, i.e., two handbreadths. If he is flaying the animal for the purpose of crafting a leather jug, its halakhic status remains that of flesh until he removes the hide covering the animal's entire breast (Rambam *Sefer Tahara, Hilkhot She'ar Avot HaTumot* 1:10).

One who begins flaying from the legs – הַמַּרְגִּיל: If one begins flaying the hide of a carcass from the legs, the hide is considered connected to the flesh until he removes the animal's hide in its entirety. Until then, its halakhic status remains that of flesh with regard to becoming impure and imparting impurity (Rambam *Sefer Tahara, Hilkhot She'ar Avot HaTumot* 1:10).

If one removed the entire hide except for the hide over the neck – עוֹר שֶׁעַל הַצַּוָּאר: If one removed the entire hide except for the hide over the neck, it is considered to have a connection to the flesh until he removes the animal's hide in its entirety (Rambam *Sefer Tahara, Hilkhot She'ar Avot HaTumot* 1:10).

לְשָׁטִיחַ – כְּדֵי אֲחִיזָה,

These circumstances are: If he is flaying the animal **for** the purpose of using the hide as **a carpet,** a tablecloth, or to drape over a couch, in which case he would cut the hide along the length of the animal from head to tail and then remove the hide from both sides, its halakhic status remains that of flesh until he has flayed **the measure of grasping** the hide, i.e., two handbreadths.

וּלְחֵמֶת – עַד שֶׁיַּפְשִׁיט אֶת הֶחָזֶה.

And if he is flaying the animal **for** the purpose of crafting a leather **jug,**[H] in which case he cuts a circle near the animal's neck and removes the hide in a downward movement, its halakhic status remains that of flesh **until he flays the** animal's entire **breast.**

הַמַּרְגִּיל – כּוּלּוֹ חִבּוּר לְטוּמְאָה, לִיטַּמֵּא וּלְטַמֵּא. עוֹר שֶׁעַל הַצַּוָּאר – רַבִּי יוֹחָנָן בֶּן נוּרִי אוֹמֵר: אֵינוֹ חִבּוּר. וַחֲכָמִים אוֹמְרִים: חִבּוּר, עַד שֶׁיַּפְשִׁיט אֶת כּוּלּוֹ.

In the case of **one who** seeks to fashion a jug and begins **flaying from the legs,**[HB] until he removes the animal's hide in **its entirety,** the entire hide is considered as having **a connection** with the flesh and its halakhic status remains that of flesh **with regard to impurity,** i.e., with regard **to becoming impure and with regard to imparting impurity.** If one removed the entire hide except for **the hide over the neck,**[H] **Rabbi Yoḥanan ben Nuri says: It is not** considered to have **a connection** to the flesh, **and the Rabbis say:** It is considered to have **a connection** to the flesh **until he removes the** animal's **hide in its entirety,** including the neck.

גמ׳ מִכָּאן וְאֵילָךְ מַאי?

GEMARA The mishna teaches: If one flays an animal for the purpose of making a carpet out of it, the halakhic status of the hide remains that of flesh until he has flayed the measure of grasping the hide. The Gemara asks: **From that** point **forward,** i.e., when one has flayed more than the measure of grasping of the hide, **what** is the status of the hide?

אָמַר רַב: טָהוֹר הַמּוּפְשָׁט. רַבִּי אַסִי אָמַר: טֶפַח הַסָּמוּךְ לַבָּשָׂר טָמֵא.

Rav says: The entire section of the hide **that has been flayed is pure** because it no longer serves the flesh as a handle. But the hide that is still attached to the flesh serves the flesh as protection, and therefore it transmits impurity to the flesh and from the flesh, and joins together with the flesh to constitute the requisite measure to impart the impurity of food. **Rabbi Asi says: One handbreadth**[B] of the flayed hide **that is next to the flesh is susceptible to impurity.** Since the one who flays the hide holds this handbreadth of the hide while flaying, this section of the hide serves the flesh as a handle.

מֵיתִיבֵי: הַמַּפְשִׁיט כְּשִׁיעוּר הַזֶּה, מִכָּאן וְאֵילָךְ – הַנּוֹגֵעַ בַּמּוּפְשָׁט טָהוֹר. מַאי לָאו אֲפִילּוּ בְּטֶפַח הַסָּמוּךְ לַבָּשָׂר? לָא, לְבַר מִטֶּפַח הַסָּמוּךְ לַבָּשָׂר.

The Gemara **raises an objection** to the statement of Rabbi Asi from a *baraita*: In the case of **one who flays** an unslaughtered animal carcass, once he has cut the hide along the length of the animal from head to tail and then removed **this measure** of the hide from both sides, then **from that** point **forward,** a person **who touches the flayed** hide **is pure,** because the flayed hide does not impart impurity of a carcass. **What, is it not** discussing **even the handbreadth** of hide **next to the flesh,** contrary to the opinion of Rabbi Asi? The Gemara answers: **No,** there is no proof from this *baraita,* as it may be discussing the flayed hide **except for the handbreadth next to the flesh.**

תָּא שְׁמַע: בָּעוֹר שֶׁכְּנֶגֶד הַבָּשָׂר – טָמֵא. עוֹר שֶׁכְּנֶגֶד הַבָּשָׂר – טָמֵא, הָא בְּטֶפַח הַסָּמוּךְ לַבָּשָׂר – טָהוֹר! תְּנָא, כׇּל טֶפַח הַסָּמוּךְ לַבָּשָׂר – ״עוֹר שֶׁכְּנֶגֶד הַבָּשָׂר״ קָרֵי לֵיהּ.

Come and **hear** a refutation of the opinion of Rabbi Asi from a *baraita*: Once an animal carcass has been flayed more than the measure of grasping the hide, if one touches **the hide opposite the flesh** before that hide was flayed **he is impure.** This statement indicates that the attached **hide opposite the flesh is impure, but one handbreadth** of the flayed hide **that is next to the flesh is pure,** contrary to the opinion of Rabbi Asi. The Gemara answers: There is no proof from this *baraita.* **The *tanna*** who taught this *baraita* was referring to **the entire handbreadth** of flayed hide **next to the flesh** by **calling it the hide opposite the flesh.**

BACKGROUND

Flaying from the legs – מַרְגִּיל: One flaying an animal would usually make an incision along the length of the belly of the animal, from the throat to the tail. In order to fashion a jug, one must flay the animal without making such an incision. Therefore, one flays the animal starting from the legs and moving upward.

Handbreadth – טֶפַח: This measure represents the width of a clenched fist. One handbreadth is equal to four fingerbreadths, which is equivalent to five times the width of the middle finger, or six times the width of the little finger. According to the measurements of Rabbi Ḥayyim Na'e, a handbreadth is 8 cm. According to the measurements of the Ḥazon Ish, it is 9.6 cm.

תָּא שְׁמַע: הַמַּפְשִׁיט בִּבְהֵמָה וּבְחַיָּה, בִּטְהוֹרָה וּבִטְמֵאָה, בְּדַקָּה וּבְגַסָּה, לְשָׁטִיחַ – כְּדֵי אֲחִיזָה, וְטֶפַח הַסָּמוּךְ לְבָשָׂר טָהוֹר!

Come and **hear** a refutation of the opinion of Rabbi Asi from a *baraita* (*Tosefta* 8:18): In the case of **one who flays a domesticated animal or an undomesticated animal, a ritually pure** animal **or a ritually impure** unslaughtered carcass, **a small animal or a large animal,** if he is flaying the animal **for** the purpose of using the hide as **a carpet,** the halakhic status of the hide remains that of flesh until he has flayed **the measure of grasping** it, **and** one who touches **one handbreadth** of the flayed hide **next to the flesh** remains **pure,** contrary to the opinion of Rabbi Asi.

הָכָא בְּמַאי עָסְקִינַן – בְּטֶפַח רִאשׁוֹן.

The Gemara answers: **Here we are dealing with the first handbreadth** of hide that is flayed in addition to the measure of grasping. In a case where only one handbreadth of hide has been flayed in addition to the measure of grasping, it is more comfortable for the one flaying the hide to grasp the edge of the hide rather than the handbreadth of hide that is nearest to the flesh. Furthermore, the most comfortable way to continue flaying is to do so with a knife without grasping the flayed hide at all. Therefore, Rabbi Asi concedes that the hide in this case does not serve the flesh as a handle and consequently does not impart impurity. But afterward, when one has already flayed more than three handbreadths of hide, one holds the handbreadth of hide next to the flesh while continuing to flay the animal, and since it serves the flesh as a handle it imparts impurity.

תָּנָא: כַּמָּה ״כְּדֵי אֲחִיזָה״ – טֶפַח. וְהָא תַּנְיָא טְפָחַיִים!

§ The mishna teaches that the hide's halakhic status remains that of flesh until he has flayed the measure of grasping the hide. It was **taught** in a *baraita*: **How much is the measure of grasping?** It is **one handbreadth.** The Gemara asks: **But isn't it taught** in another *baraita*: The measure of grasping is **two handbreadths?**

אָמַר אַבָּיֵי: טֶפַח כָּפוּל. תַּנְיָא נַמִי הָכִי: כַּמָּה ״כְּדֵי אֲחִיזָה״ – טֶפַח כָּפוּל.

Abaye says: The first *baraita* is referring to one who grasps **a double handbreadth** by folding the first two handbreadths together and grasping them. **This** explanation of Abaye **is also taught** in the *Tosefta* (8:18): **How much is the measure of grasping?** It is **a double handbreadth.**

תְּנַן הָתָם: טַלִּית שֶׁהִתְחִיל בָּהּ לְקוֹרְעָהּ, כֵּיוָן שֶׁנִּקְרַע רוּבָּהּ – שׁוּב אֵינוֹ חִבּוּר, וּטְהוֹרָה.

§ The Gemara discusses a matter similar to the previous discussion of a partially flayed hide. **We learned** in a mishna **elsewhere** (*Kelim* 28:8): A ritually impure garment that tears is rendered pure because it is no longer considered a useable garment. In the case of a ritually impure **garment that one began to tear,**[NH] **once the majority of** the garment **is torn,** the two sections are **no longer** considered as having **a connection, and** since it is no longer considered a useable garment, it **is pure.**

אָמַר רַב נַחְמָן אָמַר רַבָּה בַּר אֲבוּהּ: לֹא שָׁנוּ אֶלָּא בְּטַלִּית טְבוּלַת יוֹם,

Rav Naḥman says that **Rabba bar Avuh says:** The Sages **taught** this *halakha* **only with regard to** an impure **garment that was** already **immersed** in a ritual bath **that day,** but one must wait until nightfall for the purification process to be completed in order to wear the garment while eating ritually pure food. In such a case, tearing the majority of the garment renders it pure, and the Sages did not apply the requirement that the entire garment be torn.

NOTES

A ritually impure garment that one began to tear – **טַלִּית שֶׁהִתְחִיל בָּהּ לְקוֹרְעָהּ**: Rabbi Ovadya Bartenura has an alternate version of the text of the Gemara here: A garment that one began to tear, once the majority of the garment is torn, the two sections are not considered as having a connection, and the garment is pure. According to this version, which omits the term: No longer, from the text, the mishna is not discussing an impure garment that is rendered pure after being torn. Rather, the mishna is discussing a case where one section of a torn garment became impure. Since the majority of the garment is torn and there is no connection between the pieces, the other section remains pure.

HALAKHA

A ritually impure garment that one began to tear – **טַלִּית שֶׁהִתְחִיל בָּהּ לְקוֹרְעָהּ**: If one immersed a garment that is impure with impurity imparted by treading in a ritual bath, and he then began tearing the garment before nightfall, the entire garment is rendered pure once he has torn the majority of the garment. The garment is rendered pure in such a case even if a measure of cloth fit to wrap around one's head as a scarf remains untorn, because he is continuing to tear the garment. This *halakha* applies only with regard to a garment that he immersed in a ritual bath, since by immersing the garment he has shown that he does not care about it and will not hesitate to tear the entire garment (Rambam *Sefer Tahara*, *Hilkhot Kelim* 23:11).

דְּמִיגּוֹ דְּלָא חָס עֲלָהּ וְאַטְבְּלָהּ, לָא חָיֵיס עֲלָהּ וְקָרַע לָהּ רוּבָּהּ. אֲבָל טַלִּית שֶׁאֵינָהּ טְבוּלַת יוֹם – לָא, גְּזֵירָה דִּלְמָא לָא אָתֵי לְמִיקְרְעָהּ רוּבָּהּ.

This is **because** the reason for this rabbinic decree is lest one tear only half of it out of concern for the damage to the garment. And **since** in this case, the owner of the garment showed **that he was not concerned about** damage to the garment by **immersing it** in a ritual bath, an act which damages the garment, so too **he is** presumably **not concerned about** the garment with regard to tearing **it, and he will** certainly **tear the majority of it. But a garment that was not immersed that day is not** rendered pure by tearing the majority of the garment due to a rabbinic **decree lest one come to not tear the majority** of the garment but only half of it.

אֲמַר רַבָּה: שְׁתֵּי תְּשׁוּבוֹת בַּדָּבָר, חֲדָא – שֶׁמָּא יֹאמְרוּ טְבִילָה בַּת יוֹמָא עוֹלָה, וְעוֹד,

Rabba said: There are **two refutations of** this **statement. One** is that the decree should apply even to a garment that was immersed that day, **lest** people who see one eating ritually pure food while wearing such a garment **say** that **immersion** of a garment **on the** same **day is sufficient** for the garment to be worn while eating ritually pure food, and there is no need to wait until nightfall. **And furthermore,** if a garment that was not immersed that day is rendered pure only by tearing the entire garment and not by tearing merely a majority of the garment, due to a decree lest one tear less than a majority of the garment,

עוֹלַת הָעוֹף לְרַבִּי אֶלְעָזָר בְּרַבִּי שִׁמְעוֹן, לִיגְזַר דִּילְמָא לָא אָתֵי לְמֶעֱבַד רוֹב שְׁנַיִם!

so too, with regard to **a bird burnt offering according to** the opinion of **Rabbi Elazar, son of Rabbi Shimon,**[N] who holds that one is required to pinch merely a majority of two *simanim* in the nape of the neck in order to prepare it for sacrifice, **let him decree** against pinching the majority of two *simanim* **lest one come to not perform** the pinching on **the majority of two** *simanim*, but rather on merely half of them.

אֲמַר לֵיהּ רַב יוֹסֵף: דְּקָא אָמְרַתְּ גְּזֵירָה שֶׁמָּא יֹאמְרוּ טְבִילָה בַּת יוֹמָא עוֹלָה – קְרְעָהּ מוֹכִיחַ עָלֶיהָ.

Rav Yosef responded to Rabba's two refutations and **said to him:** With regard to **that which you said,** that a rabbinic **decree** is necessary even with regard to a garment that was immersed that day **lest** onlookers **say** that **immersion** of a garment **on that** same **day is sufficient,** there is no reason for such a concern. This is because **its tear proves** that the garment is pure due to the tear, and not because one is allowed to wear an immersed garment while eating pure food before sunset.

NOTES

A bird burnt offering according to Rabbi Elazar, son of Rabbi Shimon – עוֹלַת הָעוֹף לְרַבִּי אֶלְעָזָר בְּרַבִּי שִׁמְעוֹן: The opinion of Rabbi Elazar, son of Rabbi Shimon, is explained in detail in the Gemara earlier in the tractate (21b): With regard to a sliding-scale offering, in which a poor person who cannot afford an animal sin offering brings two doves or two pigeons, one as a sin offering and one as a burnt offering, it is written: "And he shall prepare the second as a burnt offering, according to the ordinance" (Leviticus 5:10). Rabbi Elazar, son of Rabbi Shimon, says: "According to the ordinance" means according to the ordinance that is written with regard to a bird sin offering. Just as there, after the pinching, the priest holds the head and the body of the bird and sprinkles the blood on the altar, so too here, with regard to the bird burnt offering, he holds the head and the body and sprinkles the blood on the altar. The Gemara explains that this is what Rabbi Elazar, son of Rabbi Shimon, is saying: Just as there, with regard to the bird sin offering, when the head is attached to the body, the priest sprinkles the blood on the altar, so too here, with regard to the bird burnt offering, when the head is attached to the body, the priest sprinkles the blood on the altar. This is what is cited in the name of Rabbi Elazar, son of Rabbi Shimon, that one cuts a majority of two *simanim* in a burnt offering and not the two *simanim* in their entirety.

וּדְקָא אָמְרַתְּ, עוֹלַת הָעוֹף לְרַבִּי אֶלְעָזָר בְּרַבִּי שִׁמְעוֹן לִיגְזַר – כֹּהֲנִים זְרִיזִים הֵן.

And with regard to **that which you said,** that with regard to **a bird burnt offering according to** the opinion of **Rabbi Elazar, son of Rabbi Shimon, let him decree** against pinching the majority of the *simanim* lest one fail to pinch the majority, in fact there is no reason for such a concern. Rav Yosef explains: The reason there is no concern is that pinching is performed by **the priests, who are vigilant**[N] with regard to mitzvot.

תָּא שְׁמַע: הַמַּפְשִׁיט בִּבְהֵמָה וּבַחַיָּה, בִּטְמֵאָה וּבִטְהוֹרָה, בַּדַּקָּה וּבַגַּסָּה, לְשָׁטִיחַ – כְּדֵי אֲחִיזָה,

The Gemara suggests: **Come** and **hear** a refutation to Rabba bar Avuh's explanation of the mishna in tractate *Kelim* from the mishna here: In the case of **one who flays a domesticated animal or an undomesticated animal, a ritually impure** animal **or a ritually pure** animal, **a small** animal **or a large** animal, if he is flaying the animal **for** the purpose of using the hide as **a carpet,** the halakhic status of the hide remains that of flesh until he has flayed **the measure of grasping** the hide.

הָא יָתֵר מִכְּדֵי אֲחִיזָה – טָהוֹר, אַמַּאי? לִיגְזַר דִּילְמָא לָא אָתֵי לְמֶעֱבַד אֶלָּא כְּדֵי אֲחִיזָה, וְקָא נָגַע בְּטוּמְאָה, וְקָא מְטַהֲרִינַן לֵיהּ!

The Gemara infers: **But** after one has flayed **more than a measure of grasping** the hide, the hide is **pure. Why** is this so? **Let** the Sages **decree** that even a hide that was flayed more than the measure of grasping is susceptible to impurity **lest** one who intends to flay more than a measure of grasping **come to complete only a measure of grasping, and he is** thereby **touching** a source of **impurity, and we** might mistakenly **deem him pure.**

אִי בְּטוּמְאָה דְּאוֹרָיְיתָא – הָכִי נַמִי, הָכָא בְּמַאי עָסְקִינַן – בְּטוּמְאָה דְּרַבָּנַן.

The Gemara answers: **If** the mishna were discussing **impurity by Torah law, indeed** the Sages would issue such a decree. But **here we are dealing with impurity by rabbinic law,** and therefore the Sages did not issue such a decree.

תֵּינַח טָמֵא בִּטְהוֹרָה, טָהוֹר בִּטְמֵאָה טוּמְאָה דְּאוֹרָיְיתָא הִיא! בִּטְרֵפָה.

The Gemara objects: According to this answer, the case in the mishna of **an impure** person who flays **a pure** animal **works out well.** That could be referring to a case of impurity by rabbinic law. But in every case of **a pure** person who flays **an impure** animal, i.e., an unslaughtered animal carcass, the **impurity** of the animal **is by Torah law.** Therefore, in such a case the Sages should have issued a decree. The Gemara explains: The case taught in the mishna of a person who flays an impure animal is referring **to** a pure animal that was properly slaughtered, but after the slaughter the animal was found to have a wound that would have caused it to die within twelve months, thereby rendering it **a *tereifa*.** Such an animal imparts impurity by rabbinic law.

טְרֵפָה בַּת טַמּוּיֵי הִיא? אִין, כְּדַאֲבוּהּ דִּשְׁמוּאֵל. דַּאֲמַר אֲבוּהּ דִּשְׁמוּאֵל: טְרֵפָה שֶׁשְּׁחָטָהּ מְטַמְּאָה בְּמוּקְדָּשִׁין.

The Gemara asks: **Is** a pure animal that is found to be **a *tereifa* capable of imparting impurity?** The Gemara answers: **Yes, in accordance with** the opinion **of Shmuel's father, as Shmuel's father said: A *tereifa* that one slaughtered imparts impurity** by rabbinic law **if** it is **a sacrificial** animal.[N] Accordingly, the mishna is referring to the case of a sacrificial animal that was found to be a *tereifa*.

תָּא שְׁמַע: רַבִּי דּוֹסְתַּאי בֶּן יְהוּדָה מִשּׁוּם רַבִּי שִׁמְעוֹן אוֹמֵר: הַמַּפְשִׁיט בִּשְׁרָצִים – חִבּוּר, עַד שֶׁיַּפְשִׁיט אֶת כּוּלּוֹ.

The Gemara suggests: **Come** and **hear** a refutation of Rabba bar Avuh's explanation of the mishna in tractate *Kelim* from a *baraita* (*Tosefta* 8:19): **Rabbi Dostai ben Yehuda says in the name of Rabbi Shimon:** With regard to **one who flays creeping animals,**[H] its hide is considered to have **a connection** with the flesh, and it imparts impurity of a creeping animal **until he flays** the animal in **its entirety.**

הָא בְּגָמָל – אֵינוֹ חִבּוּר!

The Gemara infers: This *halakha* applies only with regard to creeping animals, **but with regard to a camel** or other non-kosher animals, when the hide is flayed more than a measure of grasping it **is not** considered to have **a connection** with the flesh and is pure, even though when the measure of grasping is flayed it is impure. Apparently, there is no rabbinic decree that even a hide that was flayed more than the measure of grasping imparts impurity lest one who intends to flay more than a measure of grasping come to flay only a measure of grasping, contrary to the opinion of Rabba bar Avuh.

NOTES

The priests, who are vigilant – כֹּהֲנִים זְרִיזִים הֵן: The priests are experts in *halakha* and vigilant in performing mitzvot with precision and care. With regard to the priests, the verse states: "They shall teach Yaakov Your ordinances" (Deuteronomy 33:10), indicating that the priests understand, and have reverence for, the laws of the Torah (see Rashi on *Shabbat* 114b). The later commentaries ask why Rabba did not base his question on the slaughter of a non-sacred animal. That slaughter is not performed by a priest and is nevertheless valid if one cut the majority of two *simanim*. The commentaries answer that Rabba bar Avuh's explanation that the Sages' decree against allowing one to complete the majority of such actions lest he complete only a minority applies only in a case where there is reason to be concerned that one will not complete the majority. With regard to tearing a garment, since one cares for his garment, there is a reason to be concerned that one will tear only a minority of the garment. But in a case of slaughtering a non-sacred animal, where there is no loss if one cuts the majority of the *simanim*, such a decree is unnecessary because there is no reason to be concerned that one will not completely cut the majority. With regard to pinching the nape of the neck of a sacrificial bird, there is a concern that one will pinch less than the majority because he wants to avoid transgressing the prohibition against completely severing the head of the bird (Maharam).

A *tereifa* that one slaughtered imparts impurity if it is a sacrificial animal – טְרֵפָה שֶׁשְּׁחָטָהּ מְטַמְּאָה בְּמוּקְדָּשִׁין: The early commentaries offer different explanations with regard to this statement. Rashi and the *Ba'al HaMaor* explain that a sacrificial animal that is found to be a *tereifa* imparts impurity, even if it was slaughtered in a valid manner. The Rambam explains that any animal that is found to be a *tereifa* imparts impurity to sacrificial animals but not to *teruma* or non-sacred items (Rambam *Sefer Tahara, Hilkhot She'ar Avot HaTumot* 2:8).

HALAKHA

One who flays creeping animals – הַמַּפְשִׁיט בִּשְׁרָצִים: If one flays the hide of creeping animals, the hide is considered to have a connection with the flesh. Consequently, its halakhic status remains that of flesh, and it imparts impurity of a creeping animal until he flays the animal's hide in its entirety (Rambam *Sefer Tahara, Hilkhot She'ar Avot HaTumot* 1:10).

לָא תֵּימָא: הָא בְּגָמָל אֵינוֹ חִבּוּר, אֶלָּא אֵימָא: בְּעוֹר שֶׁעַל הַצַּוָּאר אֵינוֹ חִבּוּר, וְרַבִּי יוֹחָנָן בֶּן נוּרִי הִיא.

The Gemara rejects this proof: **Do not say** that **this** statement indicates that **with regard to a camel,** when the hide is flayed more than a measure of grasping it **is not** considered to have **a connection** with the flesh. **Rather, say** that this statement indicates that only with regard to a creeping animal is the hide considered to have a connection with the flesh until one flays the animal in its entirety. But **with regard to** a camel carcass and other non-kosher animals, in a case where one seeks to fashion a jug and begins flaying from the legs, if he removed the entire hide except for **the hide over the neck, it is not** considered to have **a connection** to the flesh, **and** this statement **is** in accordance with the opinion of **Rabbi Yoḥanan ben Nuri** stated in the mishna.

אָמַר רַב הוּנָא מִשּׁוּם רַבִּי שִׁמְעוֹן בְּרַבִּי יוֹסֵי: לֹא שָׁנוּ אֶלָּא שֶׁלֹּא שִׁיֵּיר בָּהּ כְּדֵי מַעְפּוֹרֶת, אֲבָל שִׁיֵּיר בָּהּ כְּדֵי מַעְפּוֹרֶת – חִבּוּר.

§ The Gemara returns to discuss, and limit the scope of, the previously cited mishna (*Kelim* 28:8): In the case of a ritually impure garment that one began to tear, once the majority of the garment is torn, the two sections are no longer considered to have a connection, and the garment is pure. **Rav Huna says in the name of Rabbi Shimon, son of Rabbi Yosei:** The mishna **taught** that an impure garment, most of which has been torn, is no longer impure **only when one did not leave** untorn a part of the garment that is **the measure of a scarf. But** if **he left** an untorn piece that is **the measure of a scarf, it is** considered to have **a connection,** and the garment remains ritually impure.

אֲמַר רֵישׁ לָקִישׁ: לֹא שָׁנוּ אֶלָּא טַלִּית, אֲבָל עוֹר – חָלֵים. וְרַבִּי יוֹחָנָן אֲמַר: אֲפִילּוּ עוֹר נַמִי לָא חָלֵים.

Reish Lakish said: The mishna **taught only** with regard to an impure **garment,** most of which has been torn, that it is no longer impure, **but** an impure **hide** that was torn in such a manner remains impure because it is **repairable. And Rabbi Yoḥanan said: Even a hide** that was torn in such a manner is no longer impure because it **is not repairable.**

אֵיתִיבֵיהּ רַבִּי יוֹחָנָן לְרֵישׁ לָקִישׁ: עוֹר טְמֵא מִדְרָס, חִישֵּׁב עָלָיו לִרְצוּעוֹת וְסַנְדָּלִים, כֵּיוָן שֶׁנָּתַן בּוֹ אִיזְמֵל – טָהוֹר, דִּבְרֵי רַבִּי יְהוּדָה. וַחֲכָמִים אוֹמְרִים: עַד שֶׁיְּמַעֲטֶנּוּ מֵחֲמִשָּׁה טְפָחִים, כִּי מְמַעֵיט לֵיהּ מִיהָא טָהוֹר, אַמַּאי? לֵימָא חָלֵים!

Rabbi Yoḥanan raised an objection to the opinion of **Reish Lakish** from a mishna (*Kelim* 26:9): In the case of **a hide** that is **impure** with impurity imparted by **treading,**[HB] if the owner **intended with regard to** the hide to make it **into straps and sandals,**[B] **when he applies a scalpel** [*izmel*][L] **to** the hide, the hide becomes **pure;** this is **the statement of Rabbi Yehuda. And the Rabbis say:** The hide does not become pure **until he reduces** the size of the hide to a measure of less **than five handbreadths. In any event, when he reduces** the hide to a measure of less than five handbreadths, everyone agrees that it becomes **pure. Why** is this so? **Let us say** according the opinion of Reish Lakish that the hide should not become pure, as it is **repairable.**

כִּי קָאָמְרִי דְּחָלֵים – הֵיכָא דְּקָא צָרֵי לֵיהּ לְהֶדְיָא. הָכָא בְּמַאי עָסְקִינַן – בִּמְקַצֵּעַ וּבָא לוֹ דֶּרֶךְ סְבִיבוֹתָיו.

Reish Lakish responded to Rabbi Yoḥanan: **When I said that** a torn hide is **repairable,** I was referring to a case **where one cut** the hide in a **straight** line.[N] By contrast, **here we are dealing with** a case **where one cut** the hide **in a circular manner.** In such a case, the hide is not repairable.

מְתִיב רַבִּי יִרְמְיָה: הַמַּפְשִׁיט בַּבְּהֵמָה וּבַחַיָּה, בַּטְּהוֹרָה וּבַטְּמֵאָה, בַּדַּקָּה וּבַגַּסָּה, לְשָׁטִיחַ – כְּדֵי אֲחִיזָה. הָא יָתֵר מִכְּדֵי אֲחִיזָה – טָהוֹר. וְאַמַּאי? לֵימָא חָלֵים! תַּרְגְּמָה רַבִּי אָבִין: רִאשׁוֹן רִאשׁוֹן עוֹשֶׂה נִיפּוּל.

Rabbi Yirmeya raises an objection to the opinion of Reish Lakish from the mishna: In the case of **one who flays** either **a domesticated animal or an undomesticated animal, a ritually pure** animal **or a ritually impure** animal, **a small** animal **or a large** animal, if he is flaying the animal **for** the purpose of using the hide as **a carpet,** the halakhic status of the hide remains that of flesh until he has flayed **the measure of grasping.** Rabbi Yirmeya infers: **But** once one has flayed **more than the measure of grasping,** the hide is **pure. But** according to Reish Lakish, **why** is this so? **Let us** say that the hide is **repairable,** i.e., it can be sewn back on. **Rabbi Avin interpreted** the mishna and explained that **one** piece after **one** piece, i.e., each piece that is flayed is **rendered fallen** and disconnected from the flesh, as it will never be reattached to the flesh, unlike the case of a torn hide, which may be sewn back together.

HALAKHA

Hide that is impure with impurity imparted by treading, etc. – עוֹר טְמֵא מִדְרָס וכו׳: If the owner of a hide that is impure with impurity imparted by treading intended to cut it to make straps and sandals, the hide does not become pure until he decreases the size of each piece of the hide to a measure of less than five handbreadths. This *halakha* is in accordance with the mishna in tractate *Kelim* (Rambam *Sefer Tahara, Hilkhot Kelim* 24:8).

BACKGROUND

Ritual impurity imparted by treading – טוּמְאַת מִדְרָס: A utensil contracts ritual impurity imparted by treading when either a *zav*, a *zava*, a woman after childbirth, or a menstruating woman sits or treads upon it. This is a stringent form of impurity, as the utensil becomes a primary source of impurity, like the impure person who sat or trod upon it, and renders impure people or vessels that come into contact with it. Not all objects are equally susceptible to all forms of ritual impurity. In order to contract this impurity, the vessel must be designated primarily for treading, sitting, or lying upon, like a chair or a bed. If that is not its primary designation, it does not become a primary source of ritual impurity through impurity imparted by treading, but it assumes first-degree impurity.

Sandal – סַנְדָּל:

Ancient Roman leather sandal

LANGUAGE

Scalpel [*izmel*] – אִיזְמֵל: From the Greek σμίλη, *smilē*, meaning a knife for cutting and carving, a surgeon's knife, or a knife for pruning branches.

NOTES

When I said that a torn hide is repairable, I was referring to a case where one cut the hide in a straight line – כִּי קָאָמְרִי דְּחָלֵים הֵיכָא דְּקָא צָרֵי לֵיהּ לְהֶדְיָא: According to this version of the text, which is the version of Rashi, Reish Lakish states that there is a difference between a hide cut in a straight line, which is repairable, and one cut in a circular manner, which is not repairable. Other early commentaries have a version of the text that states: There, in that case, one cut the hide in a straight line. According to this version of the text, Reish Lakish is stating the opposite: A hide cut in a circular manner is repairable, but that cut in a straight line is not (Responsa of the Rosh).

מתיב רב יוסף: עור שעל הצואר, רבי יוחנן בן נורי אומר אינו חבור, אמאי? הא חלים וקאי!

Rav Yosef raises an objection to the opinion of Reish Lakish from another ruling in the mishna: With regard to **the hide over the neck, Rabbi Yoḥanan ben Nuri says: It is not** considered to have **a connection** to the flesh, as the hide is merely loosely connected to the neck itself, and it is pure. According to Reish Lakish, **why** is this so? **Doesn't** the hide **exist** in its **repaired** state, i.e., isn't it still connected to the neck itself? If an impure hide that was torn and can be repaired remains impure, this should certainly be the *halakha* with regard to hide that was never moved from its initial state.

אמר ליה אביי: אימא סיפא וחכמים אומרים: חבור.

Abaye said to Rav Yosef: Instead of objecting to the opinion of Reish Lakish due to the statement of Rabbi Yoḥanan ben Nuri, **say the latter clause** of the mishna: **And the Rabbis say:** The hide covering the neck is considered to have **a connection** to the flesh, a statement that supports the opinion of Reish Lakish according to your reasoning.

אלא אמר אביי: בשומר העשוי לנתק מאליו קא מיפלגי, מר סבר הוי שומר, ומר סבר לא הוי שומר.

Rather, Abaye said: The dispute between Reish Lakish and Rabbi Yoḥanan is irrelevant to the dispute in the mishna between Rabbi Yoḥanan ben Nuri and the Rabbis. In the mishna, **they disagree with regard to** whether an appendage, such as the hide of the neck, that **protects** the flesh but is **prone to become detached by itself** is considered to be protection. One **Sage**, i.e., the Rabbis, **holds** that **it is** considered to be **protection, and** one **Sage**, Rabbi Yoḥanan ben Nuri, **holds** that **it is not** considered to be **protection.**

מתיב רבי ירמיה: תנור שנטמא כיצד מטהרין אותו – חולקו לשלשה, וגורר את הטפילה.

Rabbi Yirmeya raises an objection to the opinion of Reish Lakish from a mishna (*Kelim* 5:7): With regard to **an oven**[B] **that has become impure, how does one purify it?**[H] **One divides** the oven **into three** parts **and scrapes off the** layer of **plaster** that surrounds the oven

BACKGROUND

Oven – תנור:

Clay oven from late antiquity

HALAKHA

With regard to an oven that has become impure, how does one purify it – תנור שנטמא כיצד מטהרין אותו: With regard to an oven that has become impure, how does one purify it? One divides the oven into three pieces and scrapes off the layer of plaster that constitutes the foundation of the oven until all of the clay is resting directly on the ground, in accordance with the first *tanna* in the mishna in tractate *Kelim* (Rambam *Sefer Tahara*, *Hilkhot Kelim* 16:2).

Perek **IX**
Daf **124** Amud **a**

עד שיהא בארץ. רבי מאיר אומר: אינו צריך לא לגרור את הטפילה, ולא עד שיהא בארץ, אלא ממעטו מבפנים מארבע טפחים.

until the oven itself merely rests **on the ground**[N] and is not held in place by plaster. Breaking the oven in such a manner renders the oven pure because it is no longer considered a vessel. **Rabbi Meir says: It is unnecessary to scrape off the** layer of **plaster, and** it is certainly **not** necessary to remove it **until** the oven rests **on the ground. Rather, one** makes cuts in the oven itself, **reducing** its size **from within** the layer of plaster, i.e., without removing the layer of plaster, until the unbroken part is less **than four handbreadths.**

כי ממעט לה מארבע מיהא טהור, אמאי? לימא הא חלים וקאי!

Rabbi Meir holds that although breaking off a minority of the structure of the oven is insufficient, **in any event when one reduces** the size of the oven to less **than four** handbreadths in height the oven is rendered **pure. Why** is this so, according to the opinion of Reish Lakish? **Let us say** that **this** oven **exists** in **a repairable** state, as the plaster holds it together, and according to Reish Lakish it should therefore be considered connected and remain impure.

NOTES

Until the oven itself rests on the ground – עד שיהא בארץ: This mishna is discussing a portable oven that has walls but no base and looks like a large, upside down pot. When one wishes to set up such an oven, one must first place a layer of stones on the ground as a base and then place the oven on top. He then must add a layer of plaster [*tefeila*] in order to stabilize and insulate the oven's base. The reason this layer of plaster is called *tefeila*, meaning secondary, is because it is an external addition to the body of the oven. One who wishes to purify such an oven must remove the layer of plaster and the stone base such that the body of the oven rests directly on the ground (*Arukh*). Other commentaries do not mention a stone base at all. Rather, some of these commentaries explain that according to the Rabbis, one must both remove the layer of plaster, as well as split the oven itself, until the ground. Rabbi Meir, as the repetitiveness of his statement indicates, disagrees with regard to both of these matters and maintains that one need neither remove the layer of plaster nor split the oven all the way to the ground (Rabbi Shimshon of Saens; Rosh). Rashi explains that the Rabbis are referring only to the layer of plaster, which must be removed all the way to the ground. According to this interpretation, Rabbi Meir and the Rabbis disagree with regard to only one issue: The need to remove the layer of plaster. Accordingly, Rashi explains the repetition in Rabbi Meir's response to the Rabbis as follows: Not only does one not need to remove the layer of plaster to the degree that the oven rests on the ground, one does not need to remove a layer of plaster at all.

אֲמַר לֵיהּ רָבָא: וְאֵימָא מִדְּרַבָּנַן, גּוֹרֵר אֶת הַטְּפִילָה עַד שֶׁיְּהֵא בָּאָרֶץ!

Rava said to Rabbi Yirmeya: Instead of objecting to the opinion of Reish Lakish from the statement of Rabbi Meir, **state** a proof for his opinion **from** the statement **of the Rabbis** who disagree with Rabbi Meir and hold that the oven becomes pure only if **one scrapes off the** layer of **plaster until** the oven rests **on the ground.** Apparently, the Rabbis hold that the oven is rendered pure only if it is completely and irreparably broken, which supports the opinion of Reish Lakish according to your reasoning.

אֶלָּא אֲמַר רָבָא, הָכִי קָאָמַר: תַּנּוּר שֶׁנִּטְמָא, כֵּיצַד מְטַהֲרִין אוֹתוֹ? דִּבְרֵי הַכֹּל חוֹלְקוֹ לִשְׁלֹשָׁה, וְגוֹרֵר אֶת הַטְּפִילָה, עַד שֶׁיְּהֵא בָּאָרֶץ.

Rather, Rava said: Not only is there no proof against the opinion of Reish Lakish from this mishna, as the statement of the Rabbis supports his opinion, but Rabbi Meir may even accept the opinion of Reish Lakish; as **this** is what the mishna **is saying: How does one purify an oven that became impure? Everyone,** even Rabbi Meir, **agrees** that one **divides it into three** parts **and scrapes off the** layer of **plaster until** the oven rests **on the ground.**

וְהָרוֹצֶה שֶׁלֹּא יָבֹא תַּנּוּרוֹ לִידֵי טוּמְאָה, כֵּיצַד הוּא עוֹשֶׂה – חוֹלְקוֹ לִשְׁלֹשָׁה, וְגוֹרֵר אֶת הַטְּפִילָה עַד שֶׁיְּהֵא בָּאָרֶץ. רַבִּי מֵאִיר אוֹמֵר: אֵינוֹ צָרִיךְ לֹא לִגְרוֹר אֶת הַטְּפִילָה וְלֹא עַד שֶׁיְּהֵא בָּאָרֶץ, אֶלָּא מְמַעֲטוֹ מִבִּפְנִים מֵאַרְבַּע טְפָחִים.

And anyone **who wishes that his oven not become** susceptible to **impurity, how does he act?** The Rabbis hold that he goes through the same process as is necessary in order to purify an impure oven: From the outset, **he divides** the oven **into three** parts **and scrapes off the** layer of **plaster until** the oven rests **on the ground. Rabbi Meir says:** With regard to an oven that has not yet become impure, **it is unnecessary to scrape off the** layer of **plaster, and** it is certainly **not** necessary to remove it **until** the oven rests **on the ground. Rather, one reduces** the size of the oven **from within** the layer of plaster until the unbroken part is less **than four handbreadths** in height.

אֲמַר מָר: חוֹלְקוֹ לִשְׁלֹשָׁה,

§ The Gemara discusses the mishna in tractate *Kelim* cited above. **The Master said:** An impure oven is rendered pure when one **divides it into three** parts, such that no one part contains the majority of the oven. But one cannot purify the oven by dividing it into two parts because one of the parts would contain the majority of the oven.

וּרְמִינְהוּ: תַּנּוּר תְּחִלָּתוֹ אַרְבָּעָה וּשְׁיָרָיו אַרְבָּעָה, דִּבְרֵי רַבִּי מֵאִיר.

The Gemara **raises a contradiction** to this mishna from another mishna (*Kelim* 5:1): A clay **oven** in **its original state,** once it is finished being built, is susceptible to ritual impurity if it is **four** handbreadths tall. **And** with regard to an oven that became impure and was subsequently broken, if **its remains** include a piece **four** handbreadths tall, that piece remains impure. This is **the statement of Rabbi Meir.**

וַחֲכָמִים אוֹמְרִים: בַּמֶּה דְּבָרִים אֲמוּרִים – בְּגָדוֹל, אֲבָל בְּקָטָן – תְּחִלָּתוֹ כָּל שֶׁהוּא. מִשֶּׁתִּגָּמֵר מְלַאכְתּוֹ, שְׁיָרָיו – בְּרוּבּוֹ.

And the Rabbis say: In what case **is this statement said?** It is said **in the case of a large** oven,[H] **but in the case of a small** oven,[H] **in its original state, any size** is sufficient for it to be susceptible to impurity. **Once its construction is completed,** if the oven became impure and was subsequently broken, **its remains** are still impure **in** a case where they contain **the majority of** the oven.

HALAKHA

In the case of a large oven, etc. – בְּגָדוֹל וכו׳: The remains of a large oven measuring four handbreadths are considered significant. How so? A broken piece measuring four handbreadths is susceptible to impurity, but a piece smaller than that is not susceptible to impurity. Similarly, if an oven became impure, and one broke it into pieces that are smaller than four handbreadths, it is rendered pure. But if any remaining piece measures four handbreadths, those pieces remain impure (Rambam *Sefer Tahara*, *Hilkhot Kelim* 16:1).

But in the case of a small oven, etc. – אֲבָל בְּקָטָן וכו׳: With regard to a small oven, any remaining piece that contains the majority of the oven is considered significant. How so? A remaining piece that contains the majority of the oven is susceptible to impurity, but a piece smaller than this size is not susceptible to impurity. Similarly, if one broke an impure oven into pieces that are smaller than the majority of the oven, it is rendered pure, but any remaining piece that contains the majority of the oven remains impure (Rambam *Sefer Tahara*, *Hilkhot Kelim* 16:1).

וְכַמָּה כָּל שֶׁהוּא? אָמְרִי דְּבֵי רַבִּי יַנַּאי: טֶפַח, שֶׁכֵּן עוֹשִׂים תַּנּוּרִים בְּנוֹת טֶפַח.

The Gemara explains: **And how** small is the size defined by the mishna as **any size? The school of Rabbi Yannai says:** One **handbreadth, as** people **make** toy **ovens one handbreadth tall.**

טַעֲמָא דְּאִיכָּא שְׁיָרָיו אַרְבַּע, הָא לֵיכָּא שְׁיָרָיו אַרְבַּע – טָהוֹר!

The Gemara infers: The Rabbis in that mishna hold that with regard to a large impure oven that breaks, any remaining piece that measures four handbreadths remains impure. Evidently, **the reason** that the oven remains impure is **because there are** pieces of **its remains** that measure **four** handbreadths, **but** if **there are no remains** of the oven measuring **four** handbreadths, even if a piece contains the majority of the oven, the oven is rendered **pure.** This opinion is not consistent with the opinion of the Rabbis in the previously cited mishna.

אָמְרִי: הָתָם – דְּצַלְקֵיהּ מִצְלָק, הָכָא – דַּעַבְדֵיהּ גִּיסְטְרָא.

The Sages **said** in response: **There,** with regard to the opinion of the Rabbis that if there are no remains measuring four handbreadths then the oven is pure, that mishna is discussing a case **where one cut** the oven horizontally such that the pieces do not stand one on top of the other in a stable manner. **Here,** with regard to the opinion of the Rabbis that an impure oven is rendered pure only when no one piece constitutes the majority of the oven, the mishna is discussing a case **where one rendered** the oven **a shard** [*gistera*][L] by cutting it in half vertically, in which case a piece that contains the majority of the oven can stand on its own.

אֲמַר מָר: שְׁיָרָיו בְּרוּבּוֹ, רוּבּוֹ דְּטֶפַח לְמַאי הָוֵי?

§The Gemara discusses the previously cited mishna in tractate *Kelim*. **The Master said:** In the case of a small oven, in its original state, any size is sufficient for it to be susceptible to impurity. And once its construction is completed, if the oven became impure and was subsequently broken, **its remains** are still impure if they contain **the majority** of the oven. The Gemara asks: Rabbi Yannai explained that the phrase: Any size, is referring to a measure of one handbreadth. **For what** purpose **is** a piece of an oven the size of **the majority of** one **handbreadth** usable? Since such a small piece is not functional; why should it remain impure?

אֲמַר אַבַּיֵּי: שְׁיָרֵי גָּדוֹל בְּרוּבּוֹ. וְהָאָמְרִי רַבָּנַן אַרְבָּעָה! לָא קַשְׁיָא, הָא – בְּתַנּוּרָא בַּר תִּשְׁעָה, הָא – בְּתַנּוּרָא בַּר שִׁבְעָה.

Abaye said: The statement of the mishna: Its remains are still impure if they contain the majority of the oven, is not discussing a small oven, but rather is teaching that **the remains of a large** oven remain impure if they contain **the majority of** the oven. The Gemara asks: **But didn't the Rabbis say** in the mishna that any remaining piece of a large oven measuring **four** handbreadths remains impure? The Gemara answers: That is **not difficult. That** statement of the Rabbis that the remains of a large oven remain impure if they contain the majority of the oven is referring **to an oven** measuring **nine** handbreadths. **That** statement of the Rabbis that any remaining piece of a large oven measuring four handbreadths remains impure is referring **to an oven** measuring **seven** handbreadths.

לִישָּׁנָא אַחֲרִינָא אָמְרִי לָהּ, אֲמַר רַב הוּנָא מִשּׁוּם רַבִּי יִשְׁמָעֵאל בְּרַבִּי יוֹסֵי: וַאֲפִילּוּ שִׁיֵּיר בָּהּ כְּדֵי מַעְפּוֹרֶת.

§The Gemara returns to discuss the mishna in tractate *Kelim* (28:8) previously mentioned in the Gemara (123a–b): In the case of a ritually impure garment that one begins to tear, once the majority of the garment is torn, the two sections are no longer considered to have a connection, and the garment is pure. Rav Huna said in the name of Rabbi Shimon, son of Rabbi Yosei, that even if the majority of the garment is torn, if a part of the garment the measure of a scarf is left intact, the garment remains impure. **Some say another version** of Rav Huna's statement: **Rav Huna said in the name of Rabbi Yishmael, son of Rabbi Yosei:** If the majority of the garment is torn, the garment is rendered pure **even** if one **left** an untorn piece **the measure of a scarf.**

אֲמַר רֵישׁ לָקִישׁ: לֹא שָׁנוּ אֶלָּא טַלִּית, אֲבָל עוֹר – חָשֵׁיב. וְרַבִּי יוֹחָנָן אֲמַר: אֲפִילּוּ עוֹר נַמִּי לָא חָשֵׁיב.

With regard to that statement of Rav Huna, **Reish Lakish said:** The Sages **taught** that the garment is pure even if one left an untorn piece the measure of a scarf **only** with regard to a torn **garment. But** with regard to **a hide,** if the majority was torn and a piece the measure of a scarf remains, the piece is considered **significant** and the hide remains impure. **And Rabbi Yoḥanan said: Even** with regard to a torn **hide,** if a piece the size of a scarf remains it is **not** considered **significant** and the hide is therefore rendered pure.

LANGUAGE

Shard [*gistera*] – גִּיסְטְרָא: Apparently from the Greek γάστρα, *gastra*, referring to the lower part of a vessel bulging out like a paunch. The Sages use this word to refer to a broken shard of a clay vessel, such as a handle. The word came to refer to any shard, or the breaking of an item into two pieces.

אֵיתִיבֵיהּ רַבִּי יוֹחָנָן לְרֵישׁ לָקִישׁ: עוֹר טְמֵא מִדְרָס, חִישֵּׁב עָלָיו לִרְצוּעָה וְסַנְדָּלִין – כֵּיוָן שֶׁנָּתַן בּוֹ אִיזְמֵל, טָהוֹר, דִּבְרֵי רַבִּי יְהוּדָה. וַחֲכָמִים אוֹמְרִים: עַד שֶׁיְּמַעֲטֶנּוּ מֵחֲמִשָּׁה טְפָחִים.

Rabbi Yoḥanan raised an objection to the opinion of **Reish Lakish** from that which is taught in the mishna (*Kelim* 26:9): With regard to **a hide** that is **impure** with impurity imparted by **treading,** if the owner **intended with regard to** the hide **to** fashion it into **straps and sandals,** then **when he applies a scalpel to** the hide, the hide becomes **pure;** this is **the statement of Rabbi Yehuda. And the Rabbis say:** The hide does not become pure **until he reduces** the hide to a measure of less **than five handbreadths.**

כִּי מְמַעֵט מִיהָא טָהוֹר, אַמַּאי? לֵימָא חָשִׁיב! הָכָא בְּמַאי עָסְקִינַן – דְּקָא בָּעֵי לֵיהּ לְמוֹשַׁב זָב.

In any event, when one reduces the hide to a measure of less than five handbreadths, everyone agrees that it becomes **pure. Why** is this so? **Let us say** that the hide is considered **significant** and therefore remains impure. Reish Lakish answered: **Here, we are dealing with** a case **where one needs** the cut hide **for a seat** that he wishes to designate for **a man who experiences a gonorrhea-like discharge** [*zav*]. Since a piece of hide measuring less than five handbreadths cannot be used for a seat, it is not considered significant in such a case.

מתני׳ עוֹר שֶׁיֵּשׁ עָלָיו כַּזַּיִת בָּשָׂר, הַנּוֹגֵעַ בַּצִּיב הַיּוֹצֵא מִמֶּנּוּ, וּבַשְּׂעָרָה שֶׁכְּנֶגְדּוֹ – טָמֵא.

MISHNA In the case of **a hide** of an unslaughtered carcass **upon which there is an olive-bulk of flesh, one who touches a strand** of flesh **emerging from** the flesh[H] **or a hair** that is on the side of the hide **opposite** the flesh **is ritually impure.** Although he did not touch an olive-bulk of the flesh, he is rendered impure with the impurity of an unslaughtered carcass. The reason is that the strand of flesh has the same status as the flesh itself, and the hair is considered protection to the flesh, which also has the same status as the flesh with regard to one who touches it.

הָיוּ עָלָיו כִּשְׁנֵי חֲצָאֵי זֵיתִים – מְטַמֵּא בְּמַשָּׂא וְלֹא בְּמַגָּע, דִּבְרֵי רַבִּי יִשְׁמָעֵאל. רַבִּי עֲקִיבָא אוֹמֵר: לֹא בְּמַגָּע וְלֹא בְּמַשָּׂא. וּמוֹדֶה רַבִּי עֲקִיבָא בִּשְׁנֵי חֲצָאֵי זֵיתִים שֶׁתְּחָבָן בְּקֵיסָם וֶהֱסִיטָן שֶׁהוּא טָמֵא, וּמִפְּנֵי מָה רַבִּי עֲקִיבָא מְטַהֵר בָּעוֹר – מִפְּנֵי שֶׁהָעוֹר מְבַטְּלָן.

If **upon** the hide **there were two half olive-bulks,**[H] the hide **imparts the impurity** of an unslaughtered carcass **by means of carrying,** because one moves them together, **but not by means of contact** with the flesh, because one touches them separately; this is **the statement of Rabbi Yishmael. Rabbi Akiva says:** The hide does not impart impurity, **neither by means of contact nor by means of carrying. And Rabbi Akiva concedes in** the case of **two half olive-bulks where one skewered them with a wood chip and moved them**[H] **that he is impure. And for what** reason **does Rabbi Akiva deem** one **ritually pure** in a case where he moved both half olive-bulks with **the hide,** as in that case, too, he moved them together? **It is because the hide** separates between them and **nullifies them.**

גמ׳ אֲמַר עוּלָּא, אֲמַר רַבִּי יוֹחָנָן: לֹא שָׁנוּ אֶלָּא פְּלָטָתוֹ חַיָּה, אֲבָל פְּלָטָתוֹ סַכִּין – בָּטֵיל.

GEMARA The mishna teaches that in the case of a hide of an unslaughtered carcass upon which there is an olive-bulk of flesh, the flesh is not nullified by the hide, and therefore one who touches a strand of flesh emerging from the flesh is ritually impure. With regard to this section of the mishna, **Ulla said** that **Rabbi Yoḥanan said:** The Sages **taught** this *halakha* **only** in a case where **an animal severed** the piece of flesh, e.g., a dog bite. **But** if a person used **a knife** to **sever** the flesh, the flesh **is nullified** by the hide because the person nullified the flesh via his action.

HALAKHA

One who touches a strand of flesh emerging from the flesh, etc. – הַנּוֹגֵעַ בַּצִּיב הַיּוֹצֵא מִמֶּנּוּ וכו׳: In the case of a hide of an unslaughtered carcass upon which there is an olive-bulk of flesh, if one touches a strand emerging from the hide, or touches a hair that is on the side of the hide opposite the flesh, he is ritually impure. The reason is that both the hair and the hide serve the flesh as protection. This *halakha* applies only in a case where an animal severed the flesh, but if a person severed the flesh with a knife, the flesh is nullified by the hide (Rambam *Sefer Tahara, Hilkhot She'ar Avot HaTumot* 1:11 and *Kesef Mishne* there).

If upon the hide there were two half olive-bulks – הָיוּ עָלָיו כִּשְׁנֵי חֲצָאֵי זֵיתִים: If there were two half olive-bulks of the flesh of an animal carcass upon the hide, the hide nullifies them and they do not impart impurity, neither by means of contact nor by means of carrying, in accordance with the opinion of Rabbi Akiva (Rambam *Sefer Tahara, Hilkhot She'ar Avot HaTumot* 1:12).

Two half olive-bulks where one skewered them with a wood chip and moved them – שְׁנֵי חֲצָאֵי זֵיתִים שֶׁתְּחָבָן בְּקֵיסָם וֶהֱסִיטָן: One who moves two half olive-bulks that are skewered with a wood chip is impure because he carried an olive-bulk of impurity. By contrast, one who touches them is pure because a man-made connection between two pieces of flesh is not considered a connection. This ruling is in accordance with the opinion of Rabbi Akiva. Furthermore, one becomes impure in such a case only when the two pieces were touching and he moved them as though they were one piece, but if the two pieces were not touching, one who moves them remains pure, in accordance with the explanation of Rav Pappa (Rambam *Sefer Tahara, Hilkhot She'ar Avot HaTumot* 1:12).

אמר ליה רב נחמן לעולא: אמר רבי יוחנן אפילו כתרטא? אמר ליה: אין. ואפילו כנפיא? אמר ליה: אין. אמר ליה: האלהים! אם אמר לי רבי יוחנן מפומיה, לא צייתנא ליה!

Rav Naḥman said to Ulla: Did Rabbi Yoḥanan say this *halakha* **even** with regard to a large piece of flesh the size of **a *tarta*,** i.e., a quarter of a *kav*? Ulla **said to him: Yes.** Rav Naḥman was surprised and asked: **And** did he say it **even** with regard to a piece of flesh the size of **a sifter?** Ulla **said to him: Yes.** Rav Naḥman swore and **said to him: By God!** Even **if Rabbi Yoḥanan had said** this statement **to me** directly **from his mouth, I would not have listened to him.**

כי סליק רב אושעיא אשכחיה ליה לרבי אמי, אמרה לשמעתיה קמיה: הכי אמר עולא והכי אהדר ליה רב נחמן. אמר ליה: ומשום דרב נחמן חתניה דבי נשיאה הוא, מזלזל בשמעתיה דרבי יוחנן?

When Rav Oshaya ascended from Babylonia to Eretz Yisrael **he found Rabbi Ami,** and **he said this *halakha* before him: This is what Ulla said and this is what Rav Naḥman responded to him.** Rav Oshaya **said to** Rabbi Ami: **And** just **because Rav Naḥman**[P] **is the son-in-law of the family of the *Nasi*, can he demean the halakhic statement of Rabbi Yoḥanan?**

זמנין אשכחיה דיתיב וקאמר לה אסיפא: היו עליו שני חצאי זיתים – מטמאים במשא ולא במגע, דברי רבי ישמעאל. רבי עקיבא אומר: לא במגע ולא במשא.

Another **time** Rav Oshaya **found** Rabbi Ami **sitting and saying this** *halakha* **with regard to the latter clause** of the mishna: If **upon** the hide **there were two half olive-bulks,** the hide **imparts** the **impurity** of an unslaughtered carcass **by means of carrying but not by means of contact** with the flesh, because he touches them separately and moves them together; this is **the statement of Rabbi Yishmael. Rabbi Akiva says:** It imparts impurity **neither by means of contact nor by means of carrying.**

אמר רבי יוחנן: לא שנו אלא פלטתו חיה, אבל פלטתו סכין – בטיל.

With regard to this section of the mishna, **Rabbi Yoḥanan said:** The Sages **taught** Rabbi Yishmael's opinion that the hide imparts the impurity of an unslaughtered carcass by means of carrying **only** in a case where **an animal severed** the half olive-bulks of flesh from the animal. **But** if a person used **a knife** to **sever** the half olive-bulks of flesh, the flesh **is nullified.** If Rav Naḥman had heard that the statement of Rabbi Yoḥanan was stated with regard to a case of half olive-bulks of flesh, he would not have been surprised that this *halakha* also applies to pieces of flesh that amount together to the size of a *tarta* or a sifter.

אמר ליה: מר אסיפא מתני לה? אמר ליה: אין, ואלא עולא ארישא אמרה ניהליכו? אמר ליה: אין. אמר ליה: האלהים! אי אמר לי יהושע בן נון משמיה, לא צייתנא ליה!

Rav Oshaya **said to** Rabbi Ami: **Does the Master teach** this *halakha* **with regard to the latter clause** of the mishna but not with regard to the first section of the mishna that discusses the case of a complete olive-bulk of flesh? Rabbi Ami **said to him: Yes. But did Ulla say to you** this halakhic statement of Rabbi Yoḥanan in Babylonia **with regard to the first clause** of the mishna? Rav Oshaya **said to him: Yes.** Rabbi Ami **said to him:** If so, Rav Naḥman was justified in his surprise at the *halakha* of Rabbi Yoḥanan. **By God,** even **if Joshua, son of Nun, had said** this *halakha* **to me in his name,** i.e., from his own mouth, **I would not have listened to him.**[N]

כי אתא רבין וכל נחותי אמרוה ארישא. ואלא קשיא! כדאמר רב פפא

When Ravin and all those descending from Eretz Yisrael **came** to Babylonia, **they stated** this *halakha* of Rabbi Yoḥanan **with regard to the first clause** of the mishna. The Gemara objects: **But** the matter is **difficult.** If an olive-bulk of flesh is nullified by being severed with a knife, the same should be true for larger measurements, such as a *tarta*, which is unreasonable, as people would not usually disregard such a large amount. The Gemara resolves this difficulty **in accordance with that which Rav Pappa said** with regard to a different matter:

PERSONALITIES

Rav Naḥman – רב נחמן: The Gemara is referring to Rav Naḥman bar Yaakov, one of the great *amora'im* of the second and third generation of scholars in Babylon. Rav Naḥman was the preeminent disciple of Rabba bar Avuh, who was a member of the family of the Exilarch, i.e., the *Nasi*. Some commentaries say that Rabba bar Avuh was himself the Exilarch. Rav Naḥman married Rabba bar Avuh's daughter, Yalta. Since Rav Naḥman was present for the legal proceedings that were held in the house of the Exilarch, Rav Huna said that the *halakha* is decided in accordance with his opinion because he was an expert judge.

NOTES

If Joshua son of Nun had said this *halakha* to me in his name, I would not have listened to him – אי אמר לי יהושע בן נון משמיה לא צייתנא ליה: The commentaries question why Rabbi Ami mentioned Joshua and not Moses. Some note that the early commentaries (*Orḥot Ḥayyim*) rule that if one says to another: I would not listen to you even if you were Moses, the speaker is liable to receive lashes for his act of degradation to Moses, the greatest prophet who ever lived. Therefore, Rabbi Ami mentions Joshua and not Moses (*Beit Yosef*, *Yoreh De'a* 242). Some later commentaries disagree with this ruling and hold that one who mentions Moses in such a manner is not liable to receive lashes because such a statement is not an act of degradation but rather an exaggeration employed to convey a point. These later authorities conclude that one who made such a statement should nevertheless at least fast for two non-consecutive days (*Yam shel Shlomo*).

Others explain this line of the Gemara according to the statement of the Rambam: Prophecy plays no role in the halakhic process. Therefore, Rabbi Ami is stating that even if Joshua decided the matter via prophecy, he would not heed his words. This principle is true only with regard to prophets other than Moses, because the prophecy of Moses constitutes the Torah itself (*Yosef Da'at*; *Megadim Ḥadashim* on tractate *Berakhot*).

NOTES

Here, too, Rabbi Yoḥanan is referring to a thin layer – הָכָא נַמִי בִּמְרוּדָּד: Rashi explains that the Gemara is referring to a thin layer of flesh spread out over a large area of the hide. Although a measure greater than an olive-bulk is present, no one wishes to exert themselves to extract such a piece of flesh from the hide, and therefore such a thin piece of flesh is nullified. This is only true if a human flayed the hide, but if an animal severed a hide attached to such a thin layer of flesh measuring more than an olive-bulk, it is not nullified because the person did not actively nullify it.

If one touches an impure item and again touches another impure item – יֵשׁ נוֹגֵעַ וְחוֹזֵר וְנוֹגֵעַ: Rashi explains bar Padda's distinction between one who touches the outside of the hide and one who touches the flesh inside the hide: The one who touches the outside of the hide does not touch the flesh directly, and since no one piece of flesh measures an olive-bulk, the hide is not considered to be a handle or protection for the flesh. Rashi points out: It was taught earlier (118b) that an appendage providing protection for the measure of a bean-bulk is considered protection with regard to imparting impurity; if so, the hide should be considered protection for a piece of flesh measuring less than an olive-bulk. Rashi answers that bar Padda is explaining the opinion of Rabbi Yishmael in accordance with the opinion that an appendage providing protection for a measure of less than an olive-bulk is not considered protection with regard to imparting impurity.

HALAKHA

Any part of a corpse that imparts impurity in a tent that was divided into two pieces, etc. – הַמְטַמְּאִין בְּאֹהֶל שֶׁנֶּחְלְקוּ וכו׳: If any part of a corpse that imparts impurity in a tent is divided into two pieces, each measuring less than an olive-bulk, but together constituting an olive-bulk, and one placed both pieces inside the house, the two pieces of the corpse join together to constitute an olive-bulk, and therefore everything inside the house is impure. This ruling is in accordance with the opinion of the Rabbis in the *mishna* in tractate *Oholot*, which also appears in tractate *Eduyyot* (Rambam *Sefer Tahara*, *Hilkhot Tumat Met* 4:8).

בִּמְרוּדָּד, הָכָא נַמִי: בִּמְרוּדָּד.

The reference is **to a thin** layer of flesh attached to the hide. **Here, too,** the Gemara concludes that Rabbi Yoḥanan's statement is referring **to a thin** layer[N] of flesh attached to the hide. When a person severs such a piece of flesh along with the hide, even if the total volume of the flesh is an olive-bulk, or even a much larger measure, it is insignificant and is nullified by the hide.

"הָיוּ עָלָיו".

§The mishna teaches: If **upon** the hide **there were** two half olive-bulks, the hide imparts the impurity of an unslaughtered carcass by means of carrying but not by means of contact with the flesh; this is the statement of Rabbi Yishmael.

אָמַר בַּר פַּדָּא: לֹא שָׁנוּ אֶלָּא מֵאֲחוֹרָיו, אֲבָל מִלְּפָנָיו – יֵשׁ נוֹגֵעַ וְחוֹזֵר וְנוֹגֵעַ.

Bar Padda says: The Sages **taught** that Rabbi Yishmael holds that hide does not impart impurity by means of contact **only** with regard to one who touched the hide **on the outside. But** if one directly touched the pieces of flesh **inside** the hide, even though he did not touch any one piece measuring an olive-bulk, he is impure. This is because **there is** a principle that if one **touches** an impure item measuring less than an olive-bulk **and again touches** another impure item[N] measuring less than an olive-bulk, he becomes impure, as the two instances of contact join together to constitute contact with the requisite measure of an olive-bulk.

וְרַבִּי יוֹחָנָן אָמַר: אֵין נוֹגֵעַ וְחוֹזֵר וְנוֹגֵעַ. וְאָזְדָא רַבִּי יוֹחָנָן לְטַעְמֵיהּ, דְּאָמַר רַבִּי יוֹחָנָן: רַבִּי יִשְׁמָעֵאל וְרַבִּי דוֹסָא בֶּן הָרְכִּינַס אָמְרוּ דָּבָר אֶחָד.

And Rabbi Yoḥanan says: There is no such principle that if one **touches** an impure item **and again touches** another impure item that the two instances of contact join together to constitute contact with the requisite measure of an olive-bulk. **And Rabbi Yoḥanan follows his** line of **reasoning, as Rabbi Yoḥanan said: Rabbi Yishmael and Rabbi Dosa ben Harkinas said the same thing,** i.e., maintained the same principle.

רַבִּי יִשְׁמָעֵאל – הָא דַּאֲמַרַן, רַבִּי דוֹסָא בֶּן הָרְכִּינַס, דִּתְנַן: כׇּל הַמְטַמְּאִין בְּאֹהֶל שֶׁנֶּחְלְקוּ, וְהִכְנִיסָן לְתוֹךְ הַבַּיִת – רַבִּי דוֹסָא בֶּן הָרְכִּינַס מְטַהֵר, וַחֲכָמִים מְטַמְּאִים.

The statement of **Rabbi Yishmael is that which we said:** Two instances of contact do not join together to constitute contact with the requisite measure of impurity. The statement of **Rabbi Dosa ben Harkinas is** that **which we learned** in a mishna (*Oholot* 3:1): With regard to **any** part of a corpse that **imparts impurity in a tent,** i.e., that imparts impurity to any other item that is under the same roof, if that body part was **divided** into two pieces,[H] each measuring less than an olive-bulk, but together they constitute an olive-bulk, **and one placed** both pieces **inside the house, Rabbi Dosa ben Harkinas** rules that the two pieces do not join together to constitute the requisite measure of an olive-bulk. Therefore, he **deems** everything inside the house **pure. And the Rabbis** rule that the two pieces of the corpse join together to constitute an olive-bulk, and therefore they **deem** everything inside the house **impure.**

לָאו אָמַר רַבִּי דוֹסָא בֶּן הָרְכִּינַס הָתָם: אֵין מַאֲהִיל וְחוֹזֵר וּמַאֲהִיל, הָכָא נַמִי: אֵין נוֹגֵעַ וְחוֹזֵר וְנוֹגֵעַ.

Didn't Rabbi Dosa ben Harkinas say in that mishna **there** that **there is no** such principle that a tent **overlies** an impure item **and again overlies** another impure item such that the two instances join together to constitute the requisite measure for impurity imparted in a tent? **Here, too,** Rabbi Dosa ben Harkinas would agree with Rabbi Yishmael that **there is no** such principle that if one **touches** an impure item **and again touches** another impure item that the two instances join together to constitute contact with the requisite measure of an olive-bulk.

וּמִדְּרַבִּי דוֹסָא בֶּן הָרְכִּינַס כְּרַבִּי יִשְׁמָעֵאל, רַבָּנַן – כְּרַבִּי עֲקִיבָא. וְהָא רַבִּי עֲקִיבָא טְהוֹרֵי קָא מְטַהֵר!

The Gemara objects to the statement of Rabbi Yoḥanan: **Since** the opinion of **Rabbi Dosa ben Harkinas is in accordance with** the opinion of **Rabbi Yishmael,** so too, the opinion of **the Rabbis** who disagree with Rabbi Dosa ben Harkinas must be **in accordance with** the opinion of **Rabbi Akiva,** who disagrees with Rabbi Yishmael. **But doesn't Rabbi Akiva** rule more leniently than Rabbi Yishmael, as he **deems** one **pure** in both cases of contact and carrying, whereas the Rabbis rule more stringently than Rabbi Dosa ben Harkinas and deem everything in the house impure?

עד כאן לא קא מטהר רבי עקיבא אלא בעור אבל בעלמא מטמא. כדקתני סיפא, ומודה רבי עקיבא בשני חצאי זיתים שתחבן בקיסם והסיטן שהוא טמא, ומפני מה רבי עקיבא מטהר בעור – מפני שהעור מבטלן.

The Gemara answers: **Rabbi Akiva deems** one who touches or carries the pieces of flesh **pure only** because they are nullified **by the hide. But in general** he holds that items join together to **impart impurity, as the latter clause** of the mishna **teaches: And Rabbi Akiva concedes in** the case of **two half olive-bulks where one skewered them with a wood chip and moved them that he is impure. And for what** reason **does Rabbi Akiva deem one ritually pure in** a case where he moved both half olive-bulks with **the hide?** It is **because the hide** separates between them and **nullifies them.**

מתיב רב עוקבא בר חמא: "בנבלתם" – ולא בעור שיש עליו שני חצאי זיתים.

Rav Ukva bar Ḥama raises an objection to the statement of bar Padda that Rabbi Yishmael maintains that two instances of contact with two pieces measuring less than an olive-bulk join together to constitute contact with the requisite measure of an olive-bulk. His objection is based on that which is taught in a *baraita*: It is written: "And by these you shall become impure; whoever touches **their carcass** shall be impure until evening. And whoever carries the carcass of them shall wash his clothes and be impure until evening" (Leviticus 11:24–25). It is derived from the term "their carcass" that one who touches the carcass itself becomes impure, **but** one who touches **a hide that has upon it two half olive-bulks** of flesh does **not** become impure.

יכול אף במשא? תלמוד לומר: "והנושא... יטמא" – דברי רבי ישמעאל. רבי עקיבא אומר: "הנוגע...והנושא", את שבא לכלל מגע – בא לכלל משא, לא בא לכלל מגע – לא בא לכלל משא.

One **might** have thought that a hide that has upon it two half olive-bulks of flesh does not impart impurity **even by means of carrying.** Therefore, the continuation of **the verse states: "And whoever carries** the carcass of them **shall** wash his clothes and **be impure** until evening," from which it is derived that one who carries a carcass, even by means of the hide, becomes impure; this is **the statement of Rabbi Yishmael. Rabbi Akiva says:** The verse juxtaposes **"whoever touches"** with **"and whoever carries,"** indicating that **that which enters the category of** impurity via **contact, enters the category of** impurity via **carrying; that which does not enter the category of** impurity via **contact, does not enter the category of** impurity via **carrying.**

ואם איתא, הרי בא לכלל מגע מלפניו!

Based on this *baraita*, one can object to the statement of bar Padda: **And if it is so** that Rabbi Yishmael maintains that two instances of contact with two pieces of flesh measuring less than an olive-bulk join together to constitute contact with the requisite measure of an olive-bulk, then the case of a hide that has upon it two half olive-bulks of flesh also **enters the category of** impurity transmitted by means of **contact** when one directly touches the flesh **inside** the hide. Therefore, why does Rabbi Akiva disagree with Rabbi Yishmael by stating that in this case there is no transmission of impurity by means of carrying because there is no transmission of impurity by means of contact?

אמר רבא, הכי קאמר: את שבא לכלל מגע בכל צד – בא לכלל משא, לא בא לכלל מגע בכל צד – לא בא לכלל משא.

Rava said that **this** is what Rabbi Akiva **is saying: That which enters the category of** impurity via **contact in every manner,** even by touching the hide on the outside, **enters the category of** impurity via **carrying; that which does not enter the category of** impurity via **contact in every manner, does not enter the category of** impurity via **carrying.**

בעא מיניה רב אויא סבא מרבה בר רב הונא: קולית סתומה לרבי ישמעאל, מהו שתטמא?

§ The Gemara continues to discuss the opinion of Rabbi Yishmael. **Rav Avya the Elder asked Rabba bar Rav Huna:**[P] The mishna below teaches that with regard to **a sealed thigh bone** of an unslaughtered carcass and of a creeping animal, where the bone is intact to the extent that there is no access to the marrow, which contains marrow inside but no flesh outside, one who touches it remains ritually pure because it does not enter the category of impurity via contact. **According to** the opinion of **Rabbi Yishmael, what is** the *halakha* as to whether it **imparts impurity** via carrying?

PERSONALITIES

Rabba bar Rav Huna – רבה בר רב הונא: A third-generation Babylonian *amora*, Rabba bar Rav Huna studied under Rav and transmitted several statements in his name. He was a preeminent disciple of his father, Rav Huna, and there are several instances in the Talmud where Rav Huna offers him practical halakhic guidance. Rabba bar Rav Huna was a disciple-colleague of Rav Ḥisda, and a colleague of Rav Naḥman and Rabba, as well as a judge in the city of Sura after the death of his father. His son Abba was the *amora* Rava, whose statements are cited throughout the Talmud.

NOTES

Let me lean against the stout trunks – אֲנִי הַיּוֹם סַמְּכוּנִי בָּאֲשִׁישׁוֹת: The incident in the Gemara took place during the Shabbat of a pilgrimage Festival, and Rabba bar Rav Huna was exhausted from his public speaking engagements (Rashi).

Rav Pappa says: The mishna is discussing a case where a thin layer was attached to the hide – אָמַר רַב פַּפָּא בִּמְרוּדָּד: Rashi explains the answer of Rav Pappa: The mishna is discussing a case where there are two half olive-bulks of flesh connected by a thin strip of flesh. Since the two pieces of flesh are connected in this manner, there is an olive-bulk of flesh being carried all at once, and therefore the flesh imparts impurity by carrying. The early commentaries question why the two half olive-bulks of flesh that are connected by a thin strip of flesh are considered one piece with regard to imparting impurity via carrying and not via contact. They answer that Rav Pappa holds that with regard to imparting impurity via contact, two pieces are considered to have a connection only if they remain connected when one of the sections is lifted. If one lifts one piece and the other is not lifted along with it, then they are not considered to have a connection. This is true only with regard to impurity imparted via contact, but with regard to impurity imparted via carrying, it is sufficient for an olive-bulk of flesh to be present all at once (*Tosafot*).

אִית לֵיהּ לְרַבִּי יִשְׁמָעֵאל אֶת שֶׁבָּא לִכְלַל מַגָּע – בָּא לִכְלַל מַשָּׂא, לֹא בָּא לִכְלַל מַגָּע – לֹא בָּא לִכְלַל מַשָּׂא, וְהָכָא הַיְינוּ טַעְמָא – מִשּׁוּם דְּבָא לִכְלַל מַגָּע מִלְּפָנָיו.

Perhaps **Rabbi Yishmael maintains** the principle: **That which enters the category of** impurity via **contact, enters the category of** impurity via **carrying; that which does not enter the category of** impurity via **contact, does not enter the category of** impurity via **carrying. And** therefore, **here,** in the *baraita* cited above, **this is the reason** that Rabbi Yishmael taught that one who carries a hide that has upon it two half olive-bulks of flesh becomes impure even though it does not enter the category of impurity via contact if one touched the outside of the hide: It is **because it enters the category of** impurity via **contact** if one directly touched the flesh **inside** the hide. Therefore, a sealed thigh bone, which does not enter the category of impurity via contact in any manner, does not enter the category of impurity via carrying either.

אוֹ דִּלְמָא: לֵית לֵיהּ?

Or perhaps Rabbi Yishmael **does not maintain** this principle, and he would maintain that one who carries a hide that has upon it two half olive-bulks of flesh becomes impure even if it were not the case that it enters the category of impurity via contact if one directly touched the flesh inside the hide. And therefore, Rabbi Yishmael holds that a sealed thigh bone imparts impurity via carrying even though it does not enter the category of impurity via contact in any manner.

אֲמַר לֵיהּ: עוּרְבָא פָּרַח!

In an effort to evade the question, Rabba bar Rav Huna distracted Rav Avya the Elder and **said to him:** Look, **a raven flies** in the sky.

אֲמַר לֵיהּ רָבָא בְּרֵיהּ: וְלָאו הַיְינוּ רַב אַוְיָא סָבָא מִפּוּמְבְּדִיתָא דִּמְשַׁבַּח לַן מָר בְּגַוֵּיהּ, דְּגַבְרָא רַבָּה הוּא? אֲמַר לֵיהּ: אֲנִי הַיּוֹם ״סַמְּכוּנִי בָּאֲשִׁישׁוֹת״, וּבְעָא מִינַּאי מִילְּתָא דִּבְעֵי טַעֲמָא.

Rava, son of Rabba bar Rav Huna, **said to** his father: **But isn't this Rav Avya the Elder of Pumbedita, whom the Master would praise to us,** saying **that he is a great man?** If so, why did you treat him in that manner and evade his question? Rabba bar Rav Huna **said to him: Today I am** in a state best described by the verse: **"Let me lean against the stout trunks;**[N] let me couch among the apple trees" (Song of Songs 2:5), meaning: I am tired, **and he asked me** about **a matter that requires reasoning** and careful examination, and therefore I could not provide an immediate answer.

אָמַר עוּלָּא: שְׁנֵי חֲצָאֵי זֵיתִים שֶׁתְּחָבָן בְּקֵיסָם, אֲפִילּוּ מוֹלִיךְ וּמֵבִיא כׇּל הַיּוֹם כּוּלּוֹ – טָהוֹר.

§**Ulla says:** With regard to **two half olive-bulks that one skewered with a wood chip, even** if one **moves them back and forth the entire day,** he does not contract impurity via carrying, and **he is pure.**

מַאי טַעְמָא – כְּתִיב ״וְנִשָּׂא״ וְקָרֵינַן ״נוֹשֵׂא״, בְּעֵינַן נוֹשֵׂא – וְהוּא דְּנִישָּׂא בְּבַת אַחַת.

The Gemara explains: **What is the reason?** With regard to impurity transmitted by carrying **it is written:** "And one who carries [*vahannosei*] its carcass shall wash his clothes and be impure until evening" (Leviticus 11:40). The words "and who carries" in the term "and one who carries" is **written** *vav, nun, sin, alef,* which can be read ***venisa,*** meaning: Is carried; **but** according to the traditional vocalization **we read** the word as ***nosei,*** meaning: Carries. From here it is derived that with regard to impurity transmitted by carrying **we require** that one **carry** [***nosei***] the requisite measure of impurity of a carcass, i.e., an olive-bulk, **and that** that olive-bulk **be capable of being carried** [***nissa***] **all at once,** without the assistance of a utensil. This requirement is not met with regard to two half olive-bulks that one skewered with a wood chip, which are carried only with the assistance of a utensil.

תְּנַן: הָיוּ עָלָיו שְׁנֵי חֲצָאֵי זֵיתִים מְטַמְּאִין בְּמַשָּׂא וְלֹא בְּמַגָּע, דִּבְרֵי רַבִּי יִשְׁמָעֵאל. אַמַּאי? וְהָא לָאו נִישָּׂא הוּא!

The Gemara objects to Ulla's statement: **We learned** in the mishna that if **upon** the hide **there were two half olive-bulks,** the hide **imparts the impurity** of an unslaughtered carcass **by means of carrying but not by means of contact** with the flesh; this is **the statement of Rabbi Yishmael. Why** does it impart impurity by means of carrying? **This** case **does not** fulfill the requirement that an olive-bulk of impure flesh **be capable of being carried** all at once without the assistance of a utensil, as the hide is needed to carry them.

אָמַר רַב פַּפָּא: בִּמְרוּדָּד.

Rav Pappa says: The mishna is discussing a case **where a thin** layer of flesh was attached to the hide.[N] Despite the fact that there is not one piece of flesh the size of an olive-bulk, the two half olive-bulks are connected by a strip of thin flesh which enables the two pieces to be carried at once without the assistance of the hide. Therefore, the pieces impart impurity by means of carrying but not by means of contact.

תָּא שְׁמַע: מוֹדֶה רַבִּי עֲקִיבָא בִּשְׁנֵי חֲצָאֵי זֵיתִים שֶׁתְּחָבָן בְּקֵיסָם וֶהֱסִיטָן שֶׁהוּא טָמֵא, אַמַּאי? וְהָא לָאו נִישָּׂא הוּא! הָכִי נַמִּי בִּמְרוּדָּד.

The Gemara suggests: **Come and hear** a refutation to the opinion of Ulla from that which is stated in the mishna: **Rabbi Akiva concedes in** the case of **two half olive-bulks where one skewered them with a wood chip and moved them that he is impure. Why? This** case **does not** fulfill the requirement that an olive-bulk of impure flesh **be capable of being carried** all at once without the assistance of a utensil. The Gemara rejects this refutation: **Here too,** with regard to the statement of Rabbi Akiva, the mishna is discussing a case **of a thin** layer of flesh connecting the two pieces.

כְּתַנָּאֵי: אֶחָד הַנּוֹגֵעַ וְאֶחָד הַמֵּסִיט, רַבִּי אֱלִיעֶזֶר אוֹמֵר: אַף הַנּוֹשֵׂא. אַטּוּ נוֹשֵׂא לָאו מֵסִיט הוּא?

The Gemara suggests: The opinion of Ulla is **like** one side of a dispute between ***tanna'im***, as it is taught in a *baraita*: With regard to two pieces of flesh, neither of which measures an olive-bulk, both **one who touches and one who moves** the pieces is impure. **Rabbi Eliezer says: Even one who carries** the pieces is impure. The Gemara asks: What is added by the statement of Rabbi Eliezer? **Is that to say** that **carrying is not** the same as **moving?**

אֶלָּא לָאו הָכִי קָאָמַר: אֶחָד הַנּוֹגֵעַ וְאֶחָד הַמֵּסִיט בְּלָא נִישָּׂא, וַאֲתָא רַבִּי אֱלִיעֶזֶר לְמֵימַר: וְהוּא דְּנִישָּׂא, וּמַאי "אַף"? אֵימָא: וְהוּא דְּנִישָּׂא.

Rather, isn't this what the *baraita* **is saying:** Both **one who touches and one who moves** pieces of flesh is impure even if an olive-bulk of flesh **is not capable of being carried** without the assistance of a utensil? **And Rabbi Eliezer comes to say:** One becomes impure only if an olive-bulk of flesh **is capable of being carried** without the assistance of a utensil. The Gemara asks: **But** if the intention of Rabbi Eliezer's statement is to qualify the statement of the Rabbis, **what** is the meaning of the word **even?** Rather, **say** the statement of Rabbi Eliezer differently: One is impure only if an olive-bulk of flesh **is capable of being carried** without the assistance of a utensil.

מתני׳ קוּלִית הַמֵּת

MISHNA With regard to **the thigh bone of** a human **corpse,**

Perek **IX**
Daf **125** Amud **a**

וְקוּלִית הַמּוּקְדָּשִׁין, הַנּוֹגֵעַ בָּהֶן, בֵּין סְתוּמִים בֵּין נְקוּבִים – טָמֵא.

and the thigh bone of a sacrificial animal[H] that was rendered unfit as *piggul*, i.e., an offering that was sacrificed with the intent to consume it after its designated time, or *notar*, i.e., part of an offering left over after the time allotted for its consumption, **whether** these thigh bones were **sealed** and there was no access to the marrow, or **whether** they were **perforated** and there was access to the marrow, **one who touches them is ritually impure.**[N] The reason is that a piece of bone of a corpse the size of a barley grain imparts impurity, and the bone of a sacrificial animal that was disqualified in this manner imparts impurity by rabbinic decree via contact.

HALAKHA

The thigh bone of a sacrificial animal – קוּלִית הַמּוּקְדָּשִׁין: If one touches the thigh bone of a sacrificial animal that was disqualified as *piggul* or *notar*, which render those who touch them impure by rabbinic decree, he is ritually impure, even if the bone was sealed and there was no access to the marrow (Rambam *Sefer Tahara*, *Hilkhot She'ar Avot HaTumot* 8:4).

NOTES

And the thigh bone of a sacrificial animal…one who touches them is ritually impure – וְקוּלִית הַמּוּקְדָּשִׁין הַנּוֹגֵעַ בָּהֶן...טָמֵא: Rabbi Ovadya Bartenura explains that the mishna is not referring exclusively to the thigh bone, but rather to any bone containing marrow. In addition, he explains that there is a distinction between the bone of a corpse and that of a sacrificial offering. The bone of a corpse imparts impurity even if it does not contain marrow because the bone itself imparts impurity, as it is written: "And whoever in the open field touches one who was slain with a sword, or one who died of himself, or a bone of a man, or a grave, shall be impure seven days" (Numbers 19:16). By contrast, it is by rabbinic decree that bones of offerings that contained *notar* and *piggul* render hands impure, and therefore they impart impurity only if they contain marrow or flesh.

קוּלִית נְבֵלָה וְקוּלִית הַשֶּׁרֶץ, הַנּוֹגֵעַ בָּהֶם סְתוּמִים – טְהוֹרִים, נְקוּבִים כָּל שֶׁהוּא – מְטַמֵּא בְּמַגָּע, מִנַּיִן שֶׁאַף בְּמַשָּׂא – תַּלְמוּד לוֹמַר ״הַנֹּגֵעַ...וְהַנֹּשֵׂא״, אֶת שֶׁבָּא לִכְלַל מַגָּע – בָּא לִכְלַל מַשָּׂא, לֹא בָּא לִכְלַל מַגָּע – לֹא בָּא לִכְלַל מַשָּׂא.

With regard to **the thigh bone of an unslaughtered carcass and the thigh bone of a creeping animal,**[N] **one who touches them** when they are **sealed** remains **ritually pure.** If one of these thigh bones was **perforated at all, it imparts impurity via contact,** as in that case contact with the bone is tantamount to contact with the marrow. **From where** is it derived **that even with regard to** impurity transmitted via **carrying**[N] there is a distinction between sealed and perforated thigh bones? It is derived from a verse, as **the verse states: "One who touches** the carcass thereof shall be impure until the evening; **and one who carries** the carcass thereof shall be impure until the evening" (Leviticus 11:39–40), indicating: **That which enters the category of** impurity via **contact, enters the category of** impurity via **carrying; that which does not enter the category of** impurity via **contact, does not enter the category of** impurity via **carrying.**

גמ׳ נוֹגֵעַ – אִין, אֲבָל מַאֲהִיל – לָא.

GEMARA The mishna teaches that one who touches the thigh bone of a human corpse is ritually impure, whether or not it was sealed. The Gemara infers that with regard to one who **touches** the bone, **yes,** he is impure, **but** one who **overlies** the thigh bone is **not** impure, as it does not transmit impurity to that which is above it or under the same roof.

הֵיכִי דָּמֵי? אִי דְּאִיכָּא כְּזַיִת בָּשָׂר – בְּאֹהֶל נַמִי לִיטַמֵּא! דְּלֵיכָּא כְּזַיִת בָּשָׂר.

The Gemara asks: **What are the circumstances? If there is an olive-bulk of flesh** attached to the bone then **it should transmit impurity in a tent,** i.e., to that which is under the same roof, **as well.** The Gemara answers: The mishna is discussing a case **where there is not an olive-bulk of flesh** attached to the bone.

וְאִי דְּאִיכָּא כְּזַיִת מוֹחַ מִבִּפְנִים – טוּמְאָה בּוֹקַעַת וְעוֹלָה, בְּאֹהֶל נַמִי לִיטַמֵּא! דְּלֵיכָּא כְּזַיִת מוֹחַ בִּפְנִים.

The Gemara objects: **But if there is an olive-bulk of marrow inside** the bone,[H] **the impurity breaks through** the bone, so to speak, **and ascends** beyond it. Therefore, **it should transmit impurity in a tent as well.** The Gemara explains: The mishna is discussing a case **where there is not an olive-bulk of marrow inside** the bone.

HALAKHA

But if there is an olive-bulk of marrow inside the bone – וְאִי דְּאִיכָּא כְּזַיִת מוֹחַ מִבִּפְנִים: The halakhic status of marrow is like that of flesh. Therefore, an olive-bulk of marrow from an animal carcass imparts impurity to a person and vessels via contact and to a clay vessel via its airspace. It also imparts impurity to a person via carrying and thereby imparts impurity to garments, similar to the riding seat of a *zav* (Rambam *Sefer Tahara, Hilkhot She'ar Avot HaTumot* 1:1, 4).

NOTES

The thigh bone of an unslaughtered carcass and the thigh bone of a creeping animal – קוּלִית נְבֵלָה וְקוּלִית הַשֶּׁרֶץ: The bones of an animal carcass and a creeping animal, unlike the bones of a human corpse, do not impart impurity unless they are attached to flesh or contain marrow. Therefore, one who touched the sealed bone of a carcass or a creeping animal remains pure. Rashi questions why the bone is not considered as protection that imparts impurity, as it provides protection for the marrow. Rashi answers that an appendage that provides protection is considered protection with regard to imparting impurity only in a case where it is possible to come in contact with the flesh directly. In the case of a sealed thigh bone, where it is impossible to come in contact with the marrow directly, the bone does not impart impurity by carrying or contact.

From where is it derived that even with regard to impurity transmitted via carrying – מִנַּיִן שֶׁאַף בְּמַשָּׂא: The commentaries point out that this question in the mishna is referring to a carcass, which imparts impurity via carrying, but not to a creeping animal, which does not impart impurity via carrying (Rabbi Ovadya Bartenura).

וְאִי מוֹחַ מִבִּפְנִים מַעֲלֶה אֲרוּכָה מִבַּחוּץ, אֵבֶר מְעַלְּיָא הִיא, בְּאֹהֶל נַמִּי לִיטַמֵּא! אָמַר רַב יְהוּדָה בְּרֵיהּ דְּרַבִּי חִיָּיא: זֹאת אוֹמֶרֶת, מוֹחַ בִּפְנִים אֵינוֹ מַעֲלֶה אֲרוּכָה מִבַּחוּץ.

The Gemara objects: **But if** the mishna maintains that **marrow inside** the bone of a living person **heals** the flesh **outside** the bone,[H] then since the marrow could replenish itself and catalyze the growth of flesh on the bone **it is a proper limb.** Therefore, as is the case with any piece of a proper limb, even one less than the size of an olive-bulk, **it should transmit impurity in a tent as well. Rav Yehuda, son of Rabbi Ḥiyya, says: That is to say** that the mishna maintains that **marrow inside** the bone **does not heal** the flesh **outside** the bone.

בְּמַאי אוֹקִימְתָּא – דְּלֵיכָּא כְּזַיִת, אִי הָכִי, בְּמוּקְדָּשִׁים אַמַּאי מְטַמֵּא?

The Gemara asks: **To what** case **did you interpret** the mishna to be referring? It is a case **where there is not an olive-bulk** of marrow. **If so,** in the case of **a sacrificial animal, why does** the thigh bone **impart impurity?** The Sages issued a decree that the bones of a sacrificial animal that are attached to flesh or contain marrow that became *piggul* or *notar* render those who touch them impure, as they serve as handles or protection for the flesh or marrow. By contrast, in this case there can be no *piggul* or *notar* because there is less than an olive-bulk of flesh or marrow.

וְתוּ, קוּלִית נְבֵלָה וְקוּלִית הַשֶּׁרֶץ כִּי נִיקְבוּ אַמַּאי מְטַמְּאוּ?

And furthermore, if the mishna is discussing a case where there is not an olive-bulk of marrow, **why do the thigh bone of an unslaughtered carcass and the thigh bone of a creeping animal impart impurity** in a case **when they were perforated?**

הָא לָא קַשְׁיָא, רֵישָׁא – דְּלֵיכָּא כְּזַיִת, סֵיפָא – דְּאִיכָּא כְּזַיִת, וּמַאי קָא מַשְׁמַע לַן? מִילֵּי מִילֵּי קָא מַשְׁמַע לַן.

The Gemara answers: **That** is **not difficult. The first clause** of the mishna, which discusses the thigh bone of a corpse, is referring to a case **where there is not an olive-bulk** of marrow. **The latter clause** of the mishna, which discusses the thigh bones of a sacrificial animal, an unslaughtered carcass, and a creeping animal, is referring to a case **where there is an olive-bulk** of marrow. **And** accordingly, **what is** the *tanna* of the mishna **teaching us? He is teaching us several** distinct **matters** separately, as follows.

רֵישָׁא קָא מַשְׁמַע לַן – דְּמוֹחַ מִבִּפְנִים אֵינוֹ מַעֲלֶה אֲרוּכָה מִבַּחוּץ. מוּקְדָּשִׁין מַאי קָא מַשְׁמַע לַן? שִׁימּוּשׁ נוֹתָר מִילְּתָא הִיא. דְּאָמַר מָרִי בַּר אֲבוּהּ, אָמַר רַבִּי יִצְחָק: עַצְמוֹת קָדָשִׁים שֶׁשִּׁימְּשׁוּ נוֹתָר – מְטַמְּאִין אֶת הַיָּדַיִם, הוֹאִיל וְנַעֲשָׂה בָּסִיס לְדָבָר הָאָסוּר.

In **the first clause he is teaching us that the marrow inside** the bone **does not heal** the flesh **outside** the bone. With regard to the thigh bone of **sacrificial** animals, **what is he teaching us?** He is teaching us that a bone that **serves** as a handle or protection for flesh or marrow that became ***notar*** **is significant** and imparts impurity, **as Mari bar Avuh said** that **Rabbi Yitzḥak said: Bones of sacrificial** animals **that served** as a handle for ***notar,*** meaning that they have leftover meat on them or inside them after the allotted time for its consumption, **transmit impurity to the hands** of those who handle them, just as the leftover sacrificial meat itself transmits impurity to the hands. **Since** the bones **have become a base for** an intrinsically **forbidden object,** they are treated in the same manner as the forbidden object itself.

נְבֵלָה אַף עַל גַּב דְּאִיכָּא כְּזַיִת, נִיקְּבָה – אִין, לֹא נִיקְּבָה – לָא.

Next, the *tanna* of the mishna teaches that with regard to the thigh bone of **an unslaughtered carcass, even if there is an olive-bulk** of marrow inside, if it **was perforated** it **does** impart impurity, but if it **was not perforated,** it does **not** impart impurity.

אַבָּיֵי אָמַר: לְעוֹלָם מוֹחַ מִבִּפְנִים מַעֲלֶה אֲרוּכָה מִבַּחוּץ, וְהָכָא בְּמַאי עָסְקִינַן – בְּשֶׁשָּׁפָהּ,

Abaye said: Actually, the *tanna* of the mishna maintains that **marrow inside** the bone **heals** the flesh **outside** the bone. **And** with regard to the consequent assertion: If so, the thigh bone should impart impurity in a tent as well, the explanation is that **here we are dealing with** a case **where one scraped** the bone. Therefore, the flesh and the marrow can no longer heal, and the bone is not considered a proper limb that imparts impurity in a tent.

וְכִדְרַבִּי אֶלְעָזָר. דְּאָמַר רַבִּי אֶלְעָזָר: קוּלִית שֶׁשָּׁפָהּ לְאׇרְכָּהּ – טְמֵאָה, לְרׇחְבָּהּ – טְהוֹרָה, וְסִימָנֵיךְ: דִּיקְלָא.

And this mishna is **in accordance with** the opinion **of Rabbi Elazar, as Rabbi Elazar said: A thigh bone that one scraped lengthwise is impure** like a limb. Even if it is not attached to flesh or marrow, a bone scraped in such a manner still has the ability to heal. But if one scraped it **widthwise** it will not heal and is therefore **pure. And your mnemonic** to remember which can heal and which cannot is **a palm tree,** because if one sawed a strip off of a palm tree lengthwise it can heal, but if one did so widthwise, i.e., one sawed a strip off of the circumference of the tree, the flow of sap is disrupted and the tree cannot heal.

HALAKHA

Marrow inside the bone heals the flesh outside the bone – מוֹחַ מִבִּפְנִים מַעֲלֶה אֲרוּכָה מִבַּחוּץ: Marrow inside the bone heals the flesh outside the bone. Therefore, a thigh bone containing enough marrow to heal the flesh is considered a limb of a corpse and imparts impurity via contact, carrying, and via impurity in a tent. Similarly, such a thigh bone of an animal carcass imparts impurity via contact and carrying, and such a thigh bone of a creeping animal imparts impurity via contact. This ruling is in accordance with the opinion of Rabbi Yoḥanan (Rambam *Sefer Tahara, Hilkhot Tumat Met* 2:5 and *Hilkhot She'ar Avot HaTumot* 2:11, 4:9).

NOTES

Here we are dealing with a case where there is an olive-bulk of marrow that is rattling – הָכָא בְּמַאי עָסְקִינַן כְּגוֹן דְּאִיכָּא כַּזַּיִת מוֹחַ הַמִּתְקַשְׁקֵשׁ: Commentaries ask why Rabbi Yoḥanan did not accept the explanation of Abaye that the mishna is discussing a case where one scraped the bone. They answer that perhaps Rabbi Yoḥanan disagrees with Abaye and holds that even after one scraped the bone, the bone is still able to be healed by the flesh and marrow. By contrast, when the marrow inside the bone is detached and rattling around, it is clear that the bone cannot be healed by the flesh and marrow (*Tosafot*).

HALAKHA

One who touches half an olive-bulk and overlies half an olive-bulk, etc. – הַנּוֹגֵעַ בְּכַחֲצִי זַיִת וּמַאֲהִיל עַל חֲצִי זַיִת וכו׳: If one touches with one hand half an olive-bulk of a corpse while his other hand overlies half an olive-bulk, or while half an olive-bulk of a flesh from a corpse overlies him, remains pure. The reason is that impurity via contact does not join together with impurity imparted in a tent to constitute the requisite measure (Rambam *Sefer Tahara, Hilkhot Tumat Met* 4:14).

Any impure items that are of one concept…of two concepts – כָּל שֶׁהוּא מִשֵּׁם אֶחָד...מִשְּׁנֵי שֵׁמוֹת: Impurity transmitted via contact, via carrying, and imparted in a tent are three separate concepts or categories of impurity. Any impure items lacking the requisite volume to have impure status on their own that are of one concept join together and are impure; if they are of two concepts, they do not join together and remain pure (Rambam *Sefer Tahara, Hilkhot Tumat Met* 4:14).

וְרַבִּי יוֹחָנָן אָמַר: לְעוֹלָם דְּאִיכָּא כַּזַּיִת, וּמוֹחַ מִבִּפְנִים מַעֲלֶה אֲרוּכָה מִבַּחוּץ, וּמַאי "נוֹגֵעַ" דְּקָתָנֵי – מַאֲהִיל.

And Rabbi Yoḥanan said: Actually, the mishna is discussing a case **where there is an olive-bulk** of marrow in the bone. **And** the *tanna* of the mishna also holds that **marrow inside** the bone **heals** the flesh **outside** the bone. And as for the consequent assertion: If so, the bone should transmit impurity in a tent, in fact the bone does impart impurity in a tent. **And** to **what** is the mishna referring **when it teaches** that one who **touches** the bone is ritually impure? It is also referring to one who **overlies** the bone.

וְאִי מוֹחַ מִבִּפְנִים מַעֲלֶה אֲרוּכָה מִבַּחוּץ, קוּלִית נְבֵלָה וְקוּלִית הַשֶּׁרֶץ כִּי לֹא נִקְבוּ אַמַּאי טְהוֹרִים?

The Gemara asks: **But if the marrow inside** the bone **heals** the flesh **outside** the bone, **why** does the mishna teach that **the thigh bone of a carcass and the thigh bone of a creeping animal are pure when they were not perforated?**

אָמַר רַבִּי בִּנְיָמִין בַּר גִּידֵּל, אָמַר רַבִּי יוֹחָנָן: הָכָא בְּמַאי עָסְקִינַן – כְּגוֹן דְּאִיכָּא כַּזַּיִת מוֹחַ הַמִּתְקַשְׁקֵשׁ, גַּבֵּי מֵת – טוּמְאָה בּוֹקַעַת וְעוֹלָה, נְבֵלָה כֵּיוָן דְּמִתְקַשְׁקֵשׁ הוּא, נִיקְבָה – אִין, לֹא נִיקְבָה – לָא.

Rabbi Binyamin bar Giddel said that **Rabbi Yoḥanan said: Here we are dealing with** a case **where there is an olive-bulk of marrow that** has become detached and **is rattling**[N] inside the bone. **With regard to** impurity imparted by **a corpse, the impurity breaks through** the bone **and ascends,** and it therefore transmits impurity in a tent. But with regard to the impurity of **a carcass, since** the marrow **is** loose and **rattling,** it will not heal. Therefore, if the bone **was perforated** and it is possible to touch the marrow, the bone **does** impart impurity. But if the bone **was not perforated** it does **not** impart impurity.

אָמַר רַבִּי אָבִין וְאִיתֵּימָא רַבִּי יוֹסֵי בַּר אָבִין, אַף אֲנַן נָמֵי תְּנֵינָא: הַנּוֹגֵעַ בְּכַחֲצִי זַיִת וּמַאֲהִיל עַל חֲצִי זַיִת, אוֹ חֲצִי זַיִת מַאֲהִיל עָלָיו – טָמֵא.

According to Rabbi Yoḥanan, overlying is referred to as touching in the mishna. **Rabbi Avin said, and some say** it was **Rabbi Yosei bar Avin** who said: **We learn** in a mishna **as well** (*Oholot* 3:1): In the case of **one who touches** with one hand **half an olive-bulk** of a corpse **and** simultaneously his other hand **overlies half an olive-bulk**[H] **or half an olive-bulk** of flesh from a corpse **overlies him, he is impure.**

אִי אָמְרַתְּ בִּשְׁלָמָא חַד שְׁמָא הוּא – מִשּׁוּם הָכִי מִצְטָרֵף.

Granted, if you say that impurity via contact and impurity transmitted in a tent or to one overlying a part of the corpse are **one concept,** it **is due to that** reason that the half olive-bulk of impurity that he touched and the half olive-bulk of impurity that he overlaid **join together** to constitute the requisite measure of an olive-bulk.

אֶלָּא אִי אָמְרַתְּ תְּרֵי שְׁמֵי נִינְהוּ, מִי מִצְטָרֵף? וְהָתְנַן: זֶה הַכְּלָל, כָּל שֶׁהוּא מִשֵּׁם אֶחָד – מִצְטָרֵף וְטָמֵא, מִשְּׁנֵי שֵׁמוֹת – טָהוֹר!

But if you say that **they are two concepts,** how **can they join together? But didn't we learn** in that mishna (*Oholot* 3:1): **This is the principle: Any** impure items lacking the requisite volume to have impure status on their own **that are of one concept join together and are impure;** if they are **of two concepts,**[H] they do not join together and remain **pure?** Apparently, touching and overlying a corpse create the same type of impurity, and therefore overlying is referred to as touching in the mishna here.

אֶלָּא מַאי, חַד שְׁמָא הוּא? אֵימָא סֵיפָא: אֲבָל

The Gemara challenges: **Rather, what** is the alternative? **Is it one concept** that comprises both touching and overlying? **Say the latter clause** of the mishna in tractate *Oholot*: **But**

Perek **IX**
Daf **125** Amud **b**

HALAKHA

One who touches half an olive-bulk of flesh and another item overlies him and half an olive-bulk – הַנּוֹגֵעַ בְּכַחֲצִי זַיִת וְדָבָר אַחֵר מַאֲהִיל עָלָיו וְעַל כַּחֲצִי זַיִת: If one touches or carries half an olive-bulk of flesh from a corpse and simultaneously another item overlies him and half an olive-bulk of flesh from a corpse, he remains pure (Rambam *Sefer Tahara, Hilkhot Tumat Met* 4:14).

הַנּוֹגֵעַ בְּכַחֲצִי זַיִת, וְדָבָר אַחֵר מַאֲהִיל עָלָיו וְעַל כַּחֲצִי זַיִת – טָהוֹר.

in the case of **one who touches half an olive-bulk** of flesh from a corpse **and** simultaneously **another item overlies** both **him and half an olive-bulk**[H] of flesh from a corpse, he remains **pure.**[N]

NOTES

One who touches half an olive-bulk and another item overlies him and half an olive-bulk, he remains pure – הַנּוֹגֵעַ בְּכַחֲצִי זַיִת וְדָבָר אַחֵר מַאֲהִיל עָלָיו וְעַל כַּחֲצִי זַיִת טָהוֹר: The mishna (*Oholot* 3:1) teaches an additional case: If a person overlies half an olive-bulk of the flesh of a corpse and simultaneously another item overlies him and half an olive-bulk of the flesh of a corpse, he remains pure despite the fact that imparting impurity via contact is not present in this case. The reason is that although both half olive-bulks impart impurity in a tent, they are two different categories of imparting impurity in a tent.

וְאִי חַד שְׁמָא הוּא, אַמַּאי טָהוֹר? אֶלָּא קַשְׁיָא רֵישָׁא!

But if impurity via contact and via a tent are considered **one concept, why** does he remain **pure? Rather,** based on the latter clause of the mishna, **the first clause** of the mishna **is difficult,** because it indicates that these two categories of impurity are considered one concept and join together to constitute the requisite measure for impurity.

אָמַר רַבִּי זֵירָא: בְּטוּמְאָה רְצוּצָה בֵּין שְׁנֵי מִגְדָּלִים עָסְקִינַן, וְאֵין בֵּינֵיהֶן פּוֹתֵחַ טֶפַח, דִּכְוּלָּהּ נְגִיעָה הִיא.

Rabbi Zeira said: In the first clause of the mishna **we are dealing with** a case where the source of **impurity is pressed**[N] **between two** wooden **chests**[N] **and there is no opening of** one **handbreadth in between** the chests. When the hand of a person overlies the chests, the impurity of the pressed item rises beyond the chests and it transmits impurity to the person. Therefore, his interaction with **all** the sources **of** impurity is considered **as though** he **is touching** them simultaneously. Consequently, there is no proof in the mishna for the opinion of Rabbi Yoḥanan that imparting impurity via contact and via a tent are considered the same concept.

וּמַאן תַּנָּא דְּקָרֵי לְאֹהֶל "נוֹגֵעַ" – רַבִּי יוֹסֵי הִיא, דְּתַנְיָא, רַבִּי יוֹסֵי אוֹמֵר: מְלֹא תַּרְוָוד רָקָב – מְטַמֵּא בְּמַגָּע וּבְמַשָּׂא וּבְאֹהֶל,

Therefore, the Gemara asks: **Who is the** ***tanna*** **who refers to** impurity imparted in **a tent** as one who **touches** [*noge'a*]? The Gemara answers: **It is Rabbi Yosei, as it is taught** in a *baraita* (*Tosefta, Oholot* 4:1): **Rabbi Yosei says: A full ladle** [***tarvad***][B] **of dust** from a corpse **imparts impurity** like the corpse itself in three ways: **By contact** [***bemagga***], **and by carrying, and in a tent.**[H]

בִּשְׁלָמָא בְּמַשָּׂא וּבְאֹהֶל, הָא – קָא טָעֵין לֵיהּ לְכוּלֵּיהּ, וְהָא – קָא מַאֲהִיל אַכּוּלֵּיהּ. אֶלָּא נוֹגֵעַ, הָא לָא נָגַע בְּכוּלֵּיהּ! אֶלָּא לָאו שְׁמַע מִינָּהּ: מַאי "נוֹגֵעַ" – מַאֲהִיל.

Granted, the dust of a corpse imparts impurity **via carrying and in a tent; this** one who carries it **carries the entire** amount of dust **and that** one who overlies the dust **overlies all of it. But** with regard to one who **touches** it, **one does not touch all of** the dust, and it should therefore be impossible for one to become impure via contact. **Rather, isn't it** correct to **conclude from** this *baraita*: To **what** is the term *noge'a* referring? It is referring to one who **overlies** the dust.

וְהָא קָתָנֵי "נוֹגֵעַ", וְהָא קָתָנֵי מַאֲהִיל! אָמַר אַבָּיֵי: לְמַטָּה מִטֶּפַח – אֹהֶל נְגִיעָה, לְמַעְלָה מִטֶּפַח – אֹהֶל גְּרֵידָא.

The Gemara asks: How is it possible to explain the *baraita* in such a manner? **But doesn't** Rabbi Yosei **teach** the case of one who **touches** separately, **and doesn't he teach** the case of one who **overlies** separately? Therefore, the term *noge'a* cannot be referring to overlying. **Abaye said:** That is not difficult because there are two types of overlying. With regard to a tent that overlies impurity at a height of **below** one **handbreadth,** that **tent** is referred to as **touching.** But a tent that overlies impurity at a height of **above** one **handbreadth** is referred to as **merely a tent.**

רָבָא אָמַר: אֲפִילּוּ לְמַעְלָה מִטֶּפַח נַמִי אֹהֶל נְגִיעָה הוּא. וְהֵיכִי דָּמֵי אֹהֶל גְּרֵידָא – בְּהַמְשָׁכָה.

Rava said: According to Rabbi Yosei, **even a tent** that overlies impurity at a height **above** one **handbreadth is** referred to as **touching. And what are the circumstances of** a tent that is referred to as **merely a tent** and not as touching? The term tent is referring to the case of a structure that overlies both a person and a source of impurity, thereby **spreading** the impurity from its source to the person.

אָמַר רָבָא, מְנָא אָמֵינָא לַהּ? דִּתְנַן, רַבִּי יוֹסֵי אוֹמֵר: חֲבִילֵי מִטָּה וּסְרִיגֵי חַלּוֹנוֹת – חוֹצְצִין בֵּין הַבַּיִת לָעֲלִיָּיה שֶׁלֹּא לְהַכְנִיס טוּמְאָה לְצַד שֵׁנִי.

Rava said: From where do I say my opinion? It is **as we learned** in a *baraita* (*Tosefta, Oholot* 9:4) that **Rabbi Yosei says:** With regard to **bundles** that serve as **a bed and grilles** taken from **windows,** if one placed them between the ground floor and the upper floor of the house such that they serve as a ceiling, since they have become part of the building they are not susceptible to impurity. Therefore, even if there are holes in the bundles and the grilles, **they serve as a barrier between the house and the upper floor such that the impurity** of a corpse present in the area of the house **cannot enter the other side,** i.e., the upper floor.

NOTES

Impurity is pressed – בְּטוּמְאָה רְצוּצָה: As the Gemara explains, a case where impurity is pressed is where the source of impurity is present in a space measuring less than a cubic handbreadth. Any space this small is not considered a cavity sufficient to impart impurity in a tent. Instead, the impurity ascends and descends without limits. It does not impart impurity to the sides (see Rambam *Sefer Tahara, Hilkhot Tumat Met* 7:5).

Between two wooden chests – בֵּין שְׁנֵי מִגְדָּלִים: Rashi explains that the Gemara is discussing a case where two wooden chests are standing opposite each other less than one handbreadth apart and the source of impurity is resting on the ground in between them. Since the impurity is resting on a surface area measuring less than one square handbreadth, even though the height of the cavity is greater than one handbreadth, the impurity is considered to be pressed and ascends upward without limits, filling the entire airspace between the chests as if it is touching everything above it. Alternatively, the Rambam explains that the Gemara is discussing a case where the two chests are placed on top of another, and the source of impurity is in between them resting in a space measuring less than one cubic handbreadth. A person who is above the chests is as if he is touching the source of impurity because pressed impurity breaks through and ascends (Rambam's Commentary on the Mishna, tractate *Oholot*).

BACKGROUND

Ladle [*tarvad*] – תַּרְוָוד: This word appears also in Syriac and Aramaic. The origin of the term is unknown. A *tarvad* is shaped like a large spoon and was used to ladle liquid from a pot. Since there is no definite size for this instrument, the Gemara in tractate *Nazir* (50b) discusses the exact halakhic size indicated by this term.

HALAKHA

A full ladle of dust imparts impurity by contact, and by carrying, and in a tent – מְלֹא תַּרְוָוד רָקָב מְטַמֵּא בְּמַגָּע וּבְמַשָּׂא וּבְאֹהֶל: A full ladle of dust from a corpse whose bones decomposed imparts impurity like a corpse itself via carrying and in a tent, in accordance with the opinion of Rabbi Yosei. But the dust does not impart impurity via contact because it is impossible to touch all of the particles of dust simultaneously, and the dust is not considered one unit even if one mixed the dust with water, in accordance with the conclusion of the Gemara on 126a (Rambam *Sefer Tahara, Hilkhot Tumat Met* 2:11).

HALAKHA

A compartment in a chest in which the open space has one cubic handbreadth, etc. – **תֵּיבַת הַמִּגְדָּל שֶׁיֵּשׁ בָּהּ פּוֹתֵחַ טֶפַח וכו׳**: If a compartment in a chest that is inside a house contains a source of impurity, the house is impure if the cavity of the compartment itself measures at least one cubic handbreadth, even if the opening of the compartment to the house does not measure one handbreadth. Nevertheless, if the source of impurity is inside the house but outside the chest, whatever is inside the compartment remains pure. The reason is that it is typical for a source of impurity to exit from its location, but it is not typical for a source of impurity to enter a location (Rambam *Sefer Tahara, Hilkhot Tumat Met* 18:4).

פְּרָסָן עַל פְּנֵי הַמֵּת בָּאֲוִיר, הַנּוֹגֵעַ כְּנֶגֶד הַנֶּקֶב – טָמֵא, שֶׁלֹּא כְּנֶגֶד הַנֶּקֶב – טָהוֹר.

And if **one spread out** the bundles and grilles outside the house in an impermanent manner by hanging them **over a corpse in the air** like a net, **one who touches,** i.e., overlies the corpse, **opposite a hole** in the netting becomes **impure.** By contrast, one who overlies it **not opposite a hole** remains **pure.**

הֵיכִי דָּמֵי, אִילֵימָא לְמַטָּה מִטֶּפַח – שֶׁלֹּא כְּנֶגֶד הַנֶּקֶב אַמַּאי טָהוֹר? מֵת בִּכְסוּתוֹ הִיא, וּמֵת בִּכְסוּתוֹ מְטַמֵּא!

Rava explains his proof: **What are the circumstances? If we say** that he spread out the netting **below** the height of one **handbreadth** above the corpse, **why** does one who overlies the corpse **not opposite a hole** in the netting remain **pure?** In such a case, the netting is close enough to the corpse to be considered part of the clothing of the corpse. Therefore, the case is tantamount to one where the **corpse is** dressed **in its clothing, and a corpse** dressed **in its clothing imparts impurity** to one who overlies it because the clothing does not act as a barrier.

אֶלָּא לָאו לְמַעְלָה מִטֶּפַח, וְקָא קָרֵי לֵיהּ ״נוֹגֵעַ״.

Rather, is it not the case that he spread out the netting more than one **handbreadth above** the corpse? **And** Rabbi Yosei **refers to** overlying the corpse **as touching.** Apparently, contrary to the opinion of Abaye, Rabbi Yosei refers to overlying as touching even when the overlying item is more than one handbreadth above the source of impurity.

אָמַר אַבָּיֵי: לְעוֹלָם לְמַטָּה מִטֶּפַח, וּדְקָאָמְרַתְּ: מֵת בִּכְסוּתוֹ הוּא – מֵת בִּכְסוּתוֹ, מְבַטֵּל לֵיהּ. הַאי, לָא מְבַטֵּל לֵיהּ.

Abaye rejected Rava's proof and **said: Actually,** the case is one where one spread the netting out **below** the height of one **handbreadth** above the corpse. **And** with regard to **that which you say:** If so, one who overlies the corpse not opposite a hole in the netting should also become impure as it **is** tantamount to a case of **a corpse** dressed **in its clothing,** this case is not similar to the case of a corpse dressed in its clothing. In the case of **a corpse** dressed **in its clothing** the clothing does not act as a barrier to the impurity because the one who dressed the corpse **nullified** the clothing by rendering its status as though it is a part of the corpse. But in **this** case in the *baraita*, the one who spread out the netting over the corpse intended to remove the bundles and grilles afterward and **he did not nullify** them.

וְתֶהֱוֵי כְּטוּמְאָה טְמוּנָה בּוֹקַעַת וְעוֹלָה! קָסָבַר רַבִּי יוֹסֵי: טוּמְאָה טְמוּנָה אֵינָהּ בּוֹקַעַת.

The Gemara objects with regard to Abaye's explanation: **But** if the case is one where he spread out the netting less than one handbreadth above the corpse, even if it is not considered the clothing of the corpse, **let it be** considered **like** a source of **impurity hidden** underneath an overlying structure at a distance of less than one handbreadth. In such a case, the impurity **breaks through and ascends,** and therefore it should transmit impurity even to one who overlies it not opposite a hole in the netting. The Gemara explains: **Rabbi Yosei holds** that **hidden impurity does not break through** and ascend.

וּמְנָא תֵּימְרָא? דִּתְנַן: תֵּיבַת הַמִּגְדָּל שֶׁיֵּשׁ בָּהּ פּוֹתֵחַ טֶפַח וְאֵין בִּיצִיאָתָהּ פּוֹתֵחַ טֶפַח, טוּמְאָה בְּתוֹכָהּ – הַבַּיִת טָמֵא. טוּמְאָה בַּבַּיִת – מַה שֶּׁבְּתוֹכָהּ טָהוֹר.

And from where do you say that this is the opinion of Rabbi Yosei? It is **as we learned** in a mishna (*Oholot* 4:2): In the case of **a compartment** in **a chest** that is inside a house, in which the **open space** of the compartment itself **has** at least one cubic **handbreadth**[H] in volume, **but** the **opening** of the compartment to the house does **not have** the area of one square **handbreadth,** and the volume of the entire chest is forty *se'a*, in that case, if there is a source of **impurity inside** the compartment, the compartment does not act as a barrier and **the house is impure.** If the source of **impurity is inside the house** but outside the chest, **whatever is inside** the compartment remains **pure,** because the opening of the compartment is less than one handbreadth.

מִפְּנֵי שֶׁדֶּרֶךְ טוּמְאָה לָצֵאת, וְאֵין דֶּרֶךְ טוּמְאָה לִיכָּנֵס.

This differentiation exists **because it is typical for** a source of **impurity to exit** from its location, and therefore impurity can be transmitted out of the compartment and into the house. **But it is not typical for** a source of **impurity to enter** a location, and therefore an impure item that lies in the house does not transmit impurity into the compartment. Since the volume of the chest is forty *se'a* it constitutes a separate tent, and the compartment that is part of the chest is also considered part of this tent.

וְרַבִּי יוֹסֵי מְטַהֵר, מִפְּנֵי שֶׁיָּכוֹל הוּא לְהוֹצִיאָהּ לַחֲצָאִין אוֹ לְשׂוֹרְפָהּ בִּמְקוֹמָהּ.

And Rabbi Yosei deems the house **pure**[N] when the impure item is in the compartment. The item will not necessarily impart impurity outside of the compartment **because one can remove** the source of impurity from the compartment **in halves,** i.e., in pieces that each measure less than the requisite amount to impart impurity. **Or,** alternatively, one can **burn** the source of impurity while it still remains **in its place** inside the compartment.

וְקָתָנֵי סֵיפָא: הֶעֱמִידָהּ בַּפֶּתַח וּפִתְחָהּ לַחוּץ, טוּמְאָה בְּתוֹכָהּ – הַבַּיִת טָהוֹר. טוּמְאָה בַּבַּיִת – מַה שֶּׁבְּתוֹכָהּ טָהוֹר,

And the latter clause of that mishna **teaches:** If one **placed** the chest **in the entrance** to the house **and the opening of** the compartment is facing **out** of the house, if there is a source of **impurity inside** the chest, **the house** remains **pure** because the impure item will typically exit the house. If there is a source of **impurity in the house, whatever is inside** the chest remains **pure,** because the source of impurity will not enter the chest.

NOTES

And Rabbi Yosei deems the house pure – וְרַבִּי יוֹסֵי מְטַהֵר: Some later commentaries infer from the reason given by Rabbi Yosei, that one can burn the source of impurity while it remains inside the compartment, that it is permitted to burn part of a corpse and there is no obligation to bury a piece of flesh or a limb from a corpse, even if it measures an olive-bulk. Nevertheless, they point out that this is the *halakha* only if the piece of the corpse is present in a covered place where there is no disgrace to the deceased. Other commentaries disagree with this opinion; they hold that one must always bury every portion of a corpse and that Rabbi Yosei is referring to one who is not familiar with this *halakha* (see *Mishne LaMelekh* on Rambam *Sefer Shofetim, Hilkhot Evel*; *Tosefot Yom Tov*; and *Ḥazon Ish*).

Perek **IX**
Daf **126** Amud **a**

וְתָנֵי עֲלַהּ: רַבִּי יוֹסֵי מְטַהֵר. אַהֵיָּיא? אִילֵימָא אַסֵּיפָא – תַּנָּא קַמָּא נַמִּי טְהוּרֵי קָא מְטַהֵר!

And it is taught with regard to that *halakha* in the mishna that **Rabbi Yosei deems** it **pure. To which** *halakha* in the mishna is this referring? **If we say** that it is referring **to the latter clause** of the mishna, which discusses a chest placed in the entrance of the house, **the first** ***tanna*** **also deems** it **pure** in that case.

אֶלָּא, דְּקָאָמַר תַּנָּא קַמָּא, טוּמְאָה בְּתוֹכָהּ – הַבַּיִת טָמֵא, אִי מִשּׁוּם דְּדֶרֶךְ טוּמְאָה לָצֵאת וְאִי מִשּׁוּם דְּטוּמְאָה טְמוּנָה בּוֹקַעַת. וְקָאָמַר לֵיהּ רַבִּי יוֹסֵי: וּדְקָאָמְרַתְּ דֶּרֶךְ טוּמְאָה לָצֵאת – יָכוֹל הוּא לְהוֹצִיאָהּ לַחֲצָאִין אוֹ לְשׂוֹרְפָהּ בִּמְקוֹמָהּ, וּדְקָאָמְרַתְּ טוּמְאָה טְמוּנָה בּוֹקַעַת – טוּמְאָה טְמוּנָה אֵינָהּ בּוֹקַעַת.

Rather, it is clear **that the first** ***tanna*** **says** that if a source of **impurity** is **inside** the compartment of a chest that is inside the house, **the house is impure, either because it is typical for** a source of **impurity to exit** its location, **or because** he holds that **a hidden** source of **impurity breaks through** and ascends.[N] **And Rabbi Yosei** disagrees and **says to him:** With regard to **that which you say** that **it is typical for** a source of **impurity to exit** its location, it is not necessarily so. **One can remove** the impure item **in halves or burn it in its place** inside the compartment. **And** with regard to **that which you say** that **a hidden** source of **impurity breaks through** and ascends, **a hidden** source of **impurity does not break through.** Consequently, Rabbi Yosei must hold that a hidden source of impurity does not break through and ascend.

וְרָמֵי דְּרַבִּי יוֹסֵי אַדְּרַבִּי יוֹסֵי.

§ Based on the previous statement of Rabbi Yosei, the Gemara established that Rabbi Yosei holds that a hidden source of impurity does not break through and ascend. **And** the Gemara **raises a contradiction** between that previous statement **of Rabbi Yosei and** another statement **of Rabbi Yosei.**

NOTES

Or because a hidden impurity breaks through and ascends – וְאִי מִשּׁוּם דְּטוּמְאָה טְמוּנָה בּוֹקַעַת: Rashi explains that Rabbi Yosei derives from the statements of the first *tanna* in the mishna that he holds both that it is typical for a source of impurity to exit its location and that a hidden source of impurity breaks through and ascends. In the first clause of the mishna, the first *tanna* rules that if the compartment has a cubic handbreadth in volume and is inside the house, the house is impure because it is typical for impurity to exit its location. And in the latter clause of the mishna, the first *tanna* rules that the house remains pure if the opening of the compartment with a volume of one cubic handbreadth is facing out of the house. This statement indicates that in a case where the volume of the compartment is less than one cubic handbreadth, then even if the opening of the compartment were facing toward the outside of the house, the house is impure. This is because a hidden source of impurity breaks through and ascends, and therefore the source of impurity inside the compartment is as though it is lying on the floor of the house, which overlies it and imparts impurity to the rest of the house.

דְּתְנַן: הַכֶּלֶב שֶׁאָכַל בְּשַׂר מֵת, וּמֵת הַכֶּלֶב וּמוּטָּל עַל הָאַסְקוּפָּה. רַבִּי מֵאִיר אוֹמֵר: אִם יֵשׁ בְּצַוָּארוֹ פּוֹתֵחַ טֶפַח – מֵבִיא אֶת הַטּוּמְאָה, וְאִם לָאו – אֵינוֹ מֵבִיא אֶת הַטּוּמְאָה.

As we learned in a mishna (*Oholot* 11:7): In the case of **a dog that ate the flesh of a corpse, and the dog** then **died**[N] **and is lying on the threshold**[HB] in such a manner that its neck and mouth are facing toward the inside of the house, **Rabbi Meir says: If there is an opening** the size of one cubic **handbreadth inside the neck of** the dog, i.e., the neck itself constitutes this measure, the dog **imports impurity** into the house because the upper portion of the dog's body overlies the impure item inside the dog and the impurity is transmitted through the neck and mouth of the dog into the house. **But if** there is **not** such a large cavity in the neck of the dog, then there is no *halakha* of a tent, and the dog **does not import the impurity** into the house.

רַבִּי יוֹסֵי אוֹמֵר: רוֹאִין, מִכְּנֶגֶד הַשָּׁקוֹף וְלִפְנִים – הַבַּיִת טָמֵא, מִכְּנֶגֶד הַשָּׁקוֹף וְלַחוּץ – הַבַּיִת טָהוֹר.

Rabbi Yosei says: One looks to determine exactly where on the threshold the dog is located. If the impure item inside the dog is located anywhere **from opposite,** i.e., under, **the lintel and toward the inside** of the house, **the house is impure.** If the dog is located anywhere **from opposite the lintel and toward the outside** of the house, **the house** remains **pure.**

רַבִּי אֶלְעָזָר אוֹמֵר: פִּיו לִפְנִים – הַבַּיִת טָהוֹר, פִּיו לַחוּץ – הַבַּיִת טָמֵא, מִפְּנֵי שֶׁטּוּמְאָה יוֹצְאָה דֶּרֶךְ שׁוּלָיו.

Rabbi Elazar says: One must determine the exact manner in which the dog is lying on the threshold. If **its mouth** is located **inside** the house, but its rear is located outside the house, **the house** remains **pure.** If **its mouth** is located **outside** the house but its rear is located inside the house, **the house is impure.** This is **because** the source of **impurity exits** the dog's body **through its edge,** i.e., its rear.

רַבִּי יְהוּדָה בֶּן בְּתֵירָא אוֹמֵר: בֵּין כָּךְ וּבֵין כָּךְ – הַבַּיִת טָמֵא.

Rabbi Yehuda ben Beteira says: In both **this** case **and that** case, i.e., whether the dog is lying such that its mouth is inside the house or outside the house, **the house is impure.** The reason is that the impure item can exit through either the mouth or the rear.

מַאי לָאו אַ״אֵין בְּצַוָּארוֹ פּוֹתֵחַ טֶפַח״ קָאֵי רַבִּי יוֹסֵי,

The Gemara analyzes the statement of Rabbi Yosei that if the dog is located anywhere from under the lintel and toward the inside of the house, the house is impure. **What, is** the statement of **Rabbi Yosei not referring to** a case where **there is not an opening** the size of one cubic **handbreadth inside** the dog's **neck,** with regard to which Rabbi Meir says that the house remains pure? Accordingly, Rabbi Yosei is responding to Rabbi Meir and saying: Even if the neck of the dog is not the size of one cubic handbreadth, as long as the impure item inside the dog is located from under the lintel and toward the house, the house is impure because it overlies the impure item.

וּשְׁמַע מִינַּהּ: טוּמְאָה טְמוּנָה בּוֹקַעַת!

And therefore **learn from it** that Rabbi Yosei holds that **a hidden** source of **impurity breaks through** and ascends, contrary to Rabbi Yosei's opinion as understood from his previous statement.

אָמַר רָבָא: ״רוֹאִין אֶת חֲלַל הַטּוּמְאָה״ קָתָנֵי, וְרַבִּי יוֹסֵי בִּתַרְתֵּי פְּלִיג, וְקָאָמַר לֵיהּ לְרַבִּי מֵאִיר: דְּקָאָמְרַתְּ כִּי יֵשׁ בְּצַוָּארוֹ פּוֹתֵחַ טֶפַח – מֵבִיא אֶת הַטּוּמְאָה, אֲנַן בָּתַר חֲלָלָה אָזְלִינַן.

Rava said: Rabbi Yosei holds that a hidden source of impurity does not break through and ascend. As for that which Rabbi Yosei teaches: One looks whether the impure item inside the dog is located opposite the lintel and toward the inside of the house, Rabbi Yosei actually **teaches: One looks at the empty space** adjacent to the source of **impurity. And Rabbi Yosei disagrees** with Rabbi Meir **with regard to two** matters, **and says to Rabbi Meir:** As for **that which you say** that if **there is the width of** one cubic **handbreadth in the neck** of the dog, **it imports the impurity** into the house, that is not so. Rather, **we follow** the measure of **the empty space,**[N] i.e., the neck of the dog imports impurity into the house only if it contains a cubic handbreadth of space in addition to the thickness of the flesh of the neck itself.

וּדְקָא אָמְרַתְּ הַבַּיִת כּוּלּוֹ טָמֵא. מִכְּנֶגֶד הַשָּׁקוֹף וְלִפְנִים – הַבַּיִת טָמֵא, מִכְּנֶגֶד הַשָּׁקוֹף וְלַחוּץ – הַבַּיִת טָהוֹר.

And with regard to **that which you say** that even if the dog is located on the outer portion of the threshold of the house, **the entire house is impure,** that is not so. Rather, if the impurity inside the dog is located anywhere **from opposite the lintel and toward the inside** of the house, **the house is impure.** If the impurity inside the dog is located anywhere **from opposite the lintel and toward the outside** of the house, **the house** remains **pure.**

NOTES

A dog that ate the flesh of a corpse and the dog died, etc. – הַכֶּלֶב שֶׁאָכַל בְּשַׂר מֵת וּמֵת הַכֶּלֶב וכו׳: The reason the mishna refers to a case where the dog is dead is that impurity is not transmitted when located inside living people and animals (see 71a). Rashi explains in tractate *Oholot* that this is the *halakha* because a source of impurity that is swallowed and inside a living animal is digested and therefore no longer significant. Alternatively, a source of impurity that is swallowed is nullified because it becomes part of the body of the living animal (Meiri; Rabbi Shimshon of Saens on *Mikvaot* 10:8). Others understand the Rambam as holding that the body of a living animal is a barrier that prevents the imparting of impurity (*Ḥiddushei Rabbeinu Ḥayyim HaLevi al HaRambam, Sefer Tahara Hilkhot Tumat Met* 22:2; *Ḥiddushei HaGriz* on *Bekhorot* 22a).

We follow the measure of the empty space – אֲנַן בָּתַר חֲלָלָה אָזְלִינַן: Rabbi Yosei concedes that an enclosed airspace measuring one cubic handbreadth imparts impurity in a tent even if the height of the cavity inside is less than one handbreadth. In such a case, Rabbi Yosei views the bottom layer of the enclosure as if it is absent and the upper layer as overlying the source of impurity located inside the airspace.

HALAKHA

A dog that ate the flesh of a corpse, and the dog died and is lying on the threshold – הַכֶּלֶב שֶׁאָכַל בְּשַׂר מֵת וּמֵת הַכֶּלֶב וּמוּטָּל עַל הָאַסְקוּפָּה: If a dog ate the flesh of a corpse and died within three days and is lying on the threshold, one looks to determine exactly where on the threshold the dog is located. If it is located anywhere from under the lintel and toward the inside of the house, the house is impure. If it is located anywhere from under the lintel and toward the outside of the house, the house remains pure. This ruling is in accordance with the opinion of Rabbi Yosei (Rambam *Sefer Tahara, Hilkhot Tumat Met* 25:7).

BACKGROUND

Threshold – אַסְקוּפָּה: The entrance to a house is composed of three components: The threshold, which is the floor of the doorway; the lintel, which is the upper frame of the doorway; and the posts, which are the two sides of the doorway's frame.

Components of a doorway

רַב אַחָא בְּרֵיהּ דְּרָבָא מַתְנֵי לָהּ בְּהֶדְיָא, רַבִּי יוֹסֵי אוֹמֵר: רוֹאִין אֶת חֲלַל הַטּוּמְאָה.

Rav Aḥa, son of Rava, teaches that Rava's explanation is **explicit** in the mishna itself, as follows: **Rabbi Yosei says: One looks at the empty space** adjacent to the source **of impurity.**

וּמַאן תַּנָּא דִּפְלִיג עֲלֵיהּ? רַבִּי שִׁמְעוֹן הוּא, דְּתַנְיָא, רַבִּי שִׁמְעוֹן אוֹמֵר:

§Previously the Gemara established that Rabbi Yosei holds that with regard to the *halakhot* of impurity, overlying is referred to as touching, as the transmission of impurity via contact and via overlying are considered one category. But the mishna (*Oholot* 3:1) cited earlier (125b) states that in the case of one who touches half an olive-bulk of flesh of a corpse, if a tent simultaneously overlies him and another half an olive-bulk of flesh he remains pure. Evidently, there is a *tanna* who disagrees with Rabbi Yosei and holds that these two methods of transmitting impurity are not the same category. The Gemara asks: **Who is the *tanna* who disagrees with** Rabbi Yosei? The Gemara answers: **It is Rabbi Shimon, as it is taught** in a *baraita*: **Rabbi Shimon says:**

שָׁלֹשׁ טוּמְאוֹת פּוֹרְשׁוֹת מִן הַמֵּת, שְׁתַּיִם בְּכָל אַחַת וּשְׁלִישִׁית אֵין בָּהֶן. וְאֵלּוּ הֵן: מְלֹא תַּרְווֹד רָקָב, וְעֶצֶם כִּשְׂעוֹרָה, וְגוֹלֵל וְדוֹפֵק.

Parts of a corpse that impart impurity include an olive-bulk of flesh, a complete limb, the majority of a corpse's bones, and the majority of the essential bones of its skeleton, namely, its legs, spine, and ribs. All of these impart impurity via contact, carrying, and in a tent. There are also **three** sources of **impurity** that **derive from a corpse, each one** of which imparts impurity in **two** ways **but** does **not** impart impurity in a **third** way. **And they are the following: A full ladle of dust** from a corpse, **and a bone** the size of **a barley grain, and a grave cover [*golel*] and a grave wall [*dofek*]**[BN] upon which the cover rests.

מְלֹא תַּרְווֹד רָקָב מְטַמֵּא בְּמַשָּׂא וּבְאֹהֶל, וְאֵינוֹ מְטַמֵּא בְּמַגָּע. וְהֵיכָן מַגָּעוֹ – עִם אַחַת מֵהֶן.

A full ladle of dust imparts impurity via carrying and in a tent, but it does not impart impurity via contact,[N] as it is impossible for one to touch all of the particles of dust simultaneously. **And where** among these sources of impurity is the imparting of impurity via **contact** applicable? It is applicable **with one of those** other two sources of impurity, i.e., a bone the size of a barley grain and the cover or wall of a grave.

BACKGROUND

A grave cover [*golel*] and a grave wall [*dofek*] – גּוֹלֵל וְדוֹפֵק: It was common practice to bury corpses inside caves. After placing the dead in a compartment inside a cave, they would roll a large stone called a *golel* into the mouth of the cave to seal it. They would then place a triangle-shaped stone called a *dofek* under the *golel* to keep it in place. As mentioned in the Notes, some commentaries interpret the reference in the Gemara to *golel* and *dofek* to mean these stones used for burials within caves.

Stone used to seal a burial cave

NOTES

A grave cover [*golel*] and a grave wall [*dofek*] – גּוֹלֵל וְדוֹפֵק: The early commentaries dispute the meaning of the terms *golel* and *dofek*. Some commentaries explain that the *baraita* is discussing parts of a coffin: *Dofek* is the wall of a coffin and *golel* is the coffin's cover (Rashi; Meiri, *Sefer HaEshkol*). Others explain that after the grave was dug, two stones would be placed as walls inside the hole. The wall was called a *dofek* because it was the side, or rib [*dofek*], of the grave. A stone called a *golel* was then placed on top of these grave walls (Ramban; *Arukh*; Ra'avad; see also Rambam's Commentary on the Mishna). Alternatively, some commentaries explain that the *baraita* is discussing a grave inside of a cave. After placing the deceased in a compartment inside a cave, they would roll a large stone called a *golel* into the mouth of the cave to seal it. They would then place a triangle-shaped stone called a *dofek* under the *golel* to keep it in place (*Or Zarua*).

A full ladle of dust imparts impurity via carrying and in a tent, but it does not impart impurity via contact – מְלֹא תַּרְווֹד רָקָב מְטַמֵּא בְּמַשָּׂא וּבְאֹהֶל וְאֵינוֹ מְטַמֵּא בְּמַגָּע: Rashi explains that the reason dust does not impart impurity via contact is that one cannot touch all the particles of dust simultaneously. But since one can carry all the particles of dust simultaneously and a tent can overlie all the particles of dust simultaneously, dust imparts impurity via carrying and in a tent. Therefore, it is evident that Rabbi Shimon does not hold in accordance with the opinion of Rabbi Yosei that imparting impurity in a tent is also called touching.

Other commentaries disagree with Rashi and maintain that Rabbi Yosei concedes that dust does not impart impurity via contact. Rather, the proof that Rabbi Shimon does not agree with Rabbi Yosei is derived from that which Rabbi Shimon says: And where among these sources of impurity is the imparting of impurity via contact applicable? It is applicable with one of those other two sources of impurity. Therefore, Rabbi Shimon holds that there is no case of dust imparting impurity via contact. This opinion is not in accordance with Rabbi Yosei, who holds that impurity imparted in a tent is also called touching (Ramban).

עֶצֶם כִּשְׂעוֹרָה מְטַמֵּא בְּמַשָּׂא וּבְמַגָּע, וְאֵינוֹ מְטַמֵּא בְּאֹהֶל. וְהֵיכָן אֲהָלוֹ – עִם אַחַת מֵהֶן.

A bone the size of a barley grain[N] **imparts impurity via carrying and contact, but it does not impart impurity in a tent.** This *halakha* was transmitted to Moses from Sinai. **And where** among these sources of impurity is impurity imparted in **a tent?** It is **with one of those** other two sources of impurity.

גּוֹלֵל וְדוֹפֵק מְטַמֵּא בְּמַגָּע וּבְאֹהֶל, וְאֵינוֹ מְטַמֵּא בְּמַשָּׂא. וְהֵיכָן מַשָּׂאוֹ – עִם אֶחָד מֵהֶן.

A grave cover and a grave wall impart impurity via contact and in a tent, but they do not impart impurity via carrying. This *halakha* too was transmitted to Moses from Sinai. **And where** among these sources of impurity is impurity transmitted via **carrying?** It is **with one of those** other two sources of impurity. It may be inferred from Rabbi Shimon's statement that a full ladle of dust imparts impurity in a tent but not via contact that he disagrees with Rabbi Yosei and holds that overlying is not the same category as touching.

״קוּלִית נְבֵלָה וְקוּלִית הַשֶּׁרֶץ״ וכו׳. תָּנוּ רַבָּנַן: ״בְּנִבְלָתָהּ״ – וְלֹא בְּקוּלִית סְתוּמָה.

§ The mishna teaches: With regard to **the thigh bone of an unslaughtered carcass and the thigh bone of a creeping animal,** one who touches them when they are sealed remains ritually pure, because the bone itself does not impart impurity. With regard to this topic, **the Sages taught** in a *baraita*: The verse states: "One who touches the carcass thereof shall be impure until the evening" (Leviticus 11:39). The word **"carcass"** indicates that one who touches the carcass is impure, **but** one who touches **a sealed thigh bone is not.**

יָכוֹל אֲפִילּוּ נִיקְבָה? תַּלְמוּד לוֹמַר: ״הַנֹּגֵעַ... יִטְמָא״, אֶת שֶׁאֶפְשָׁר לִיגַּע – טָמֵא, וְאֶת שֶׁאִי אֶפְשָׁר לִיגַּע – טָהוֹר.

One **might** have thought that **even** one who touches **a perforated** thigh bone remains pure. Therefore, **the verse states: "One who touches** the carcass thereof [*benivlatah*] **shall be impure,"** indicating that one who touches a part of the animal through **which it is possible to touch** the flesh, which has the halakhic status of an unslaughtered carcass [*neveila*], is **impure, but** one who touches a part of the animal through **which it is impossible to touch** the flesh remains **pure.** Therefore, one who touches a protective layer such as the outside of a sealed thigh bone does not become impure, as it is impossible to touch the marrow.

אֲמַר לֵיהּ רַבִּי זֵירָא לְאַבַּיֵי: אֶלָּא מֵעַתָּה, בְּהֵמָה בְּעוֹרָהּ לֹא תְּטַמֵּא! פּוֹק חֲזֵי כַּמָּה נְקָבִים יֵשׁ בָּהּ.

Rabbi Zeira said to Abaye: If that is so, that one who touches the protective layer of a carcass via which it is impossible to touch the flesh of the carcass itself does not become impure, **an animal** still **in its hide should not impart impurity,** as one can touch the hide, which constitutes a protective layer, but not the flesh. Abaye answered: **Go out** and **see how many orifices there are in** the body of an animal via which one can touch the flesh, e.g., the eyes, the nostrils, and the mouth.

אֲמַר לֵיהּ רַב פַּפָּא לְרָבָא: אֶלָּא מֵעַתָּה, כּוּלְיָא בְּחֶלְבָּהּ לֹא תְּטַמֵּא! תָּא חֲזֵי כַּמָּה חוּטִין נִמְשָׁכִין הֵימֶנָּה.

Similarly, **Rav Pappa said to Rava: If that is so,** that one who touches the protective layer of a carcass via which it is impossible to touch the flesh of the carcass itself does not become impure, **the kidney** of a carcass that is completely covered **in its fat should not impart impurity** via contact. Rava answered: **Come** and **see how many sinews emerge from** the kidney that one is able to touch.

בָּעֵי רַב אוֹשַׁעְיָא: חִישֵּׁב עָלֶיהָ לְנוֹקְבָהּ וְלֹא נִיקְּבָהּ, מַהוּ? מְחוּסַּר נְקִיבָה כִּמְחוּסַּר מַעֲשֶׂה דָּמֵי, אוֹ לֹא?

§ The mishna taught that the *halakha* distinguishes between a sealed and a perforated thigh bone of a carcass or a creeping animal. With regard to this topic, **Rav Oshaya raises a dilemma: What is the** *halakha* **if one intended to perforate** the thigh bone **but did not** yet **perforate it?**[H] This is the dilemma: Is a thigh bone **lacking perforation considered to be lacking** the necessary **action** for it to impart impurity, and it therefore retains its status as a sealed thigh bone, **or not?**

NOTES

A bone the size of a barley grain – עֶצֶם כִּשְׂעוֹרָה: The early commentaries disagree with regard to the source of this *halakha*. Rashi holds that it is a *halakha* transmitted to Moses from Sinai that a bone the size of a barley grain imparts impurity via carrying and contact but does not impart impurity in a tent (see *Nazir* 53b). *Tosafot* disagree with Rashi and explain that the Gemara derives this *halakha* from that which the verse states: "And upon him that touched the bone or the slain" (Numbers 19:18).

HALAKHA

One intended to perforate the thigh bone but did not yet perforate it – חִישֵּׁב עָלֶיהָ לְנוֹקְבָהּ וְלֹא נִיקְּבָהּ: If one intended to perforate the thigh bone but did not yet perforate it, it is uncertain if one who touches the bone becomes impure, because it is uncertain whether a bone lacking perforation is considered to be lacking the necessary action for it to impart impurity or not. The *Kesef Mishne* explains that although the Gemara rules that such a bone is not considered to be lacking the necessary action, the Rambam apparently had an alternative version of the text that leaves the dilemma of Rav Oshaya unresolved (Rambam *Sefer Tahara, Hilkhot She'ar Avot HaTumot* 2:12, and see Mahari Kurkus there).

הֲדַר פְּשָׁטָהּ: מְחוּסַּר נְקִיבָה לָאו כִּמְחוּסַּר מַעֲשֶׂה דָּמֵי.

Rabbi Oshaya **then resolves** the dilemma: A thigh bone **lacking perforation is not considered to be lacking** the necessary **action**[N] for it to impart impurity. If one intends to perforate it, it imparts impurity immediately.

מתני׳ בֵּיצַת הַשֶּׁרֶץ הַמְרוּקֶּמֶת – טְהוֹרָה, נִיקְּבָה כָּל שֶׁהוּא – טָמֵא. עַכְבָּר שֶׁחֶצְיוֹ בָּשָׂר וְחֶצְיוֹ אֲדָמָה, הַנּוֹגֵעַ בַּבָּשָׂר – טָמֵא, בָּאֲדָמָה – טָהוֹר. רַבִּי יְהוּדָה אוֹמֵר: אַף הַנּוֹגֵעַ בָּאֲדָמָה שֶׁכְּנֶגֶד הַבָּשָׂר – טָמֵא.

MISHNA The egg of a creeping animal[H] in which tissue of an embryo developed[N] and one who comes into contact with the egg are **ritually pure,** as the impure creeping animal is hermetically sealed. But if **one perforated** the egg with a hole of **any size,** one who comes in contact with the egg is **ritually impure.** In the case of **a mouse that** grows from the ground and **is half-flesh half-earth,**[NH] **one who touches the** half that is **flesh is impure;** one who touches **the** half that is **earth is pure. Rabbi Yehuda says: Even one who touches the** half that is **earth where it is adjacent to the flesh is ritually impure.**

גמ׳ תָּנוּ רַבָּנַן: ״הַטְּמֵאִים״ – לְרַבּוֹת בֵּיצַת הַשֶּׁרֶץ וְקוּלִית הַשֶּׁרֶץ.

GEMARA The mishna states that in the case of an egg of a creeping animal in which tissue of an embryo developed, if it is perforated then one who touches it is ritually impure. With regard to this matter **the Sages taught** in a *baraita*: The verse states: "These are the impure ones to you among all that creep; whoever touches them when they are dead shall be impure until the evening" (Leviticus 11:31). The term **"the impure ones"** is interpreted as **including the egg of a creeping animal and the thigh bone of a creeping animal** in the category of sources of impurity.

יָכוֹל אֲפִילּוּ לֹא רִיקְּמָה – תַּלְמוּד לוֹמַר: ״הַשָּׁרֶץ״, מַה שֶּׁרֶץ שֶׁרִקֵּם, אַף בֵּיצַת הַשֶּׁרֶץ שֶׁרִקְּמָה.

One **might** have thought that **even** an egg **in which tissue** of an embryo **has not developed** imparts impurity. Therefore, **the verse states: "That creep,"** indicating that **just as a creeping animal has developed tissue, so too** only **the egg of a creeping animal in which tissue** of an embryo **has developed** imparts impurity.

יָכוֹל אֲפִילּוּ לֹא נִיקְּבוּ – תַּלְמוּד לוֹמַר: ״הַנֹּגֵעַ...יִטְמָא״, אֶת שֶׁאֶפְשָׁר לִיגַּע – טָמֵא, וְאֶת שֶׁאִי אֶפְשָׁר לִיגַּע – טָהוֹר.

One **might** have thought that in the case of an egg in which tissue of an embryo has developed, it imparts impurity **even** if it **was not perforated.** Therefore, **the verse states: "Whoever touches** them when they are dead **shall be impure,"** indicating that **when it is possible to touch** the flesh, contact renders one **impure; but when it is impossible to touch** the flesh, one remains **pure.**

וְכַמָּה נְקִיבָתָהּ – כְּחוּט הַשַּׂעֲרָה, שֶׁאֶפְשָׁר לִיגַּע כְּחוּט הַשַּׂעֲרָה.

And how large must **its perforation** be to render one touching the egg or thigh bone impure? Its width must be the size of **a strand of hair, as it is possible** for one **to touch** the inside of an egg or thigh bone **with a strand of** his **hair.**

״עַכְבָּר שֶׁחֶצְיוֹ״ [וכו׳]. אָמַר רַבִּי יְהוֹשֻׁעַ בֶּן לֵוִי: וְהוּא שֶׁהִשְׁרִיץ עַל פְּנֵי כּוּלּוֹ. אִיכָּא דְּמַתְנֵי לָהּ אַסֵּיפָא, רַבִּי יְהוּדָה אוֹמֵר: אַף הַנּוֹגֵעַ בָּאֲדָמָה שֶׁכְּנֶגֶד בָּשָׂר – טָמֵא. אָמַר רַבִּי יְהוֹשֻׁעַ בֶּן לֵוִי: וְהוּא שֶׁהִשְׁרִיץ עַל פְּנֵי כּוּלּוֹ.

§ The mishna teaches: In the case of **a mouse that** grows from the ground and **is half-flesh** half-earth, one who touches the half that is flesh is impure. **Rabbi Yehoshua ben Levi says** in this regard: One becomes impure in such a case **only** if the flesh of the mouse has **developed along the entire** length[H] of the mouse, from head to foot. **Some teach** the statement of Rabbi Yehoshua ben Levi **with regard to the latter clause** of the mishna: **Rabbi Yehuda says: Even one who touches** the half that is **earth where it is adjacent to the flesh is ritually impure. Rabbi Yehoshua ben Levi says:** One becomes impure in such a case **only** if the flesh of the mouse has **developed along the entire** length of the mouse.

NOTES

Lacking perforation is not considered to be lacking action – מְחוּסַּר נְקִיבָה לָאו כִּמְחוּסַּר מַעֲשֶׂה דָּמֵי: There are many examples in the Gemara of similar rulings (see, e.g., 103b, *Gittin* 21b, *Yoma* 63a, and *Zevaḥim* 19b). An alternative version of the text reads: Lacking perforation is considered to be lacking the necessary action. Accordingly, a bone that one wishes to perforate is not considered perforated until he actually perforates it (*Shita Mekubbetzet*). Another alternative version of the text leaves the dilemma of Rav Oshaya unresolved (*Kesef Mishne*; *Sidrei Tohora*). Even according to the versions of the text that say the dilemma of Rav Oshaya is in fact resolved, the Gemara does not offer any explanation, and the later commentaries attempt to fill this void by explaining the logic behind the Gemara's answer (*Shoshannim LeDavid*).

The egg of a creeping animal in which tissue of an embryo developed – בֵּיצַת הַשֶּׁרֶץ הַמְרוּקֶּמֶת: A number of the eight creeping animals listed in the Torah lay eggs, including the great lizard, lizard, and skink (Rabbi Ovadya Bartenura). The Rambam describes this stage of development of the embryo referred to in the mishna as being one where the embryo has developed a recognizable form and limbs (Rambam's Commentary on the Mishna).

A mouse that is half-flesh half-earth – עַכְבָּר שֶׁחֶצְיוֹ בָּשָׂר וְחֶצְיוֹ אֲדָמָה: Post-talmudic sages, ranging from the Rambam to Rabbi Samson Raphael Hirsch, have asserted that the Sages' beliefs about the natural world were often derived from prevailing contemporary views. Their understanding of the natural world, including details that have halakhic implications, is sometimes inconsistent with modern science. In the case of the creature discussed here, the Sages may have heard tell of such a creature, or may even have themselves observed a rodent which superficially appeared to have the characteristics described in this passage. Some commentaries (Rashi; Meiri) understand that this creature was spontaneously generated from the earth. Spontaneous generation from inanimate matter is now discredited, but it was a widely accepted explanation of how creatures came into being, seemingly from nothing, until well into the nineteenth century. Only with the advent of microscopes and the discovery of microscopic creatures and eggs was it rejected. Rabbi Yosef Kapaḥ explains that the Sages are referring to creatures that live in and around mud and accumulate a thick layer of mud on their lower bodies, giving the appearance of being made from mud.

HALAKHA

The egg of a creeping animal, etc. – בֵּיצַת הַשֶּׁרֶץ וכו׳: The egg of a creeping animal in which tissue of an embryo developed is ritually pure, as is one who touches the egg, since the impure creeping animal is hermetically sealed. But if one perforated the egg with a perforation of any size, one who comes in contact with the egg is ritually impure (Rambam *Sefer Tahara*, *Hilkhot She'ar Avot HaTumot* 4:10).

A mouse that is half-flesh half-earth – עַכְבָּר שֶׁחֶצְיוֹ בָּשָׂר וְחֶצְיוֹ אֲדָמָה: One who touches a creeping animal that is half-flesh half-earth on the half that is flesh is impure. By contrast, one who touches the half that is earth is ritually pure (Rambam *Sefer Tahara*, *Hilkhot She'ar Avot HaTumot* 4:11).

Only if the flesh of the mouse has developed along the entire length – וְהוּא שֶׁהִשְׁרִיץ עַל פְּנֵי כּוּלּוֹ: One who touches a creeping animal that is half-flesh half-earth becomes impure even if he touches the half that is earth, provided the flesh of the creeping animal has developed along the entire length of the mouse (Rambam *Sefer Tahara*, *Hilkhot She'ar Avot HaTumot* 4:11, and see *Kesef Mishne* and Mahari Kurkus there).

מַאן דְּמַתְנֵי לַהּ אַרֵישָׁא – כׇּל שֶׁכֵּן אַסֵּיפָא. וּמַאן דְּמַתְנֵי לַהּ אַסֵּיפָא, אֲבָל רֵישָׁא – אַף עַל גַּב דְּלָא הִשְׁרִיץ.

The one who teaches the statement of Rabbi Yehoshua ben Levi **with regard to the first clause** of the mishna, **all the more so** he teaches this same *halakha* **with regard to the latter clause** of the mishna. **But the one who teaches** the statement of Rabbi Yehoshua ben Levi **with regard to the latter clause** of the mishna holds that it applies only to that clause, with regard to one who touches the half that is earth where it is adjacent to the flesh according to Rabbi Yehuda. **But** according to the opinion of the first *tanna*, stated in **the first clause** of the mishna, **even if** the flesh of the mouse **has not developed** along the entire length of the mouse, one who touches the half of the mouse that is flesh is impure.

תָּנוּ רַבָּנַן: מִתּוֹךְ שֶׁנֶּאֱמַר "עַכְבָּר" שׁוֹמֵעַ אֲנִי אֲפִילּוּ עַכְבָּר שֶׁבַּיָּם, שֶׁשְּׁמוֹ "עַכְבָּר". וְדִין הוּא: טִימֵּא בַחוּלְדָּה וְטִימֵּא בָעַכְבָּר, מָה חוּלְדָּה – מִין הַגָּדֵל עַל הָאָרֶץ, אַף עַכְבָּר – מִין הַגָּדֵל עַל הָאָרֶץ.

§ **The Sages taught** in a *baraita* concerning the following verse: "And these are they which are impure to you among the creeping animals that creep upon the earth: The weasel, and the mouse, and the great lizard after its kinds" (Leviticus 11:29). **Since "mouse" is stated** among the creeping animals that impart impurity, **I** would **derive** that **even a sea mouse,** i.e., a sea creature that has an appearance similar to a mouse, imparts impurity **because its name is** also **mouse. But** ostensibly, the opposite conclusion could be derived through **logical inference:** The verse **deems a weasel impure and deems a mouse impure.** Therefore, **just as a weasel is a species that grows on land, so too** the **mouse** to which the verse is referring is **a species that grows on land;** a sea mouse does not impart impurity.

אוֹ כְּלָךְ לְדֶרֶךְ זוֹ: טִימֵּא בַחוּלְדָּה וְטִימֵּא בָעַכְבָּר, מָה חוּלְדָּה – כׇּל שֶׁשְּׁמָהּ חוּלְדָּה, אַף עַכְבָּר – כׇּל שֶׁשְּׁמוֹ עַכְבָּר, אֲפִילּוּ עַכְבָּר שֶׁבַּיָּם שֶׁשְּׁמוֹ "עַכְבָּר". תַּלְמוּד לוֹמַר: "עַל הָאָרֶץ".

Or, perhaps **go this way:** The verse **deems a weasel impure and deems a mouse impure;** accordingly, **just as** "**weasel**" is referring to **any** animal **whose name is weasel, so too,** "**mouse**" is referring to **any** animal **whose name is mouse, even a sea mouse, as its name** is also **mouse.** Therefore, **the verse states: "Upon the earth,"** indicating that a land mouse imparts impurity, but a sea mouse does not.

אִי "עַל הָאָרֶץ", יָכוֹל: עַל הָאָרֶץ – יְטַמֵּא, יָרַד לַיָּם – לֹא יְטַמֵּא,

If this *halakha* is derived only from the phrase **"upon the earth,"** one **might** have thought that the verse means that any mouse, whether a land mouse or a sea mouse, **imparts impurity** when it is **upon the earth,** but if **it descended to the sea it does not impart impurity.**

Perek **IX**
Daf **127** Amud **a**

תַּלְמוּד לוֹמַר "הַשֹּׁרֵץ" – כׇּל מָקוֹם שֶׁשּׁוֹרֵץ.

Therefore, **the verse states: "That creep,"** indicating that creeping animals impart impurity **anywhere that** they **creep,** including the sea, as these animals can float in the sea. Consequently, the phrase "upon the earth" is understood as indicating that a sea mouse does not impart impurity.

אוֹ אֵינוֹ אֶלָּא "הַשֹּׁרֵץ" יָכוֹל כׇּל הַמַּשְׁרִיץ יְטַמֵּא, שֶׁאֵין מַשְׁרִיץ – לֹא יְטַמֵּא, אוֹצִיא עַכְבָּר שֶׁחֶצְיוֹ בָּשָׂר וְחֶצְיוֹ אֲדָמָה, שֶׁאֵין פָּרֶה וְרָבֶה!

The *baraita* raises an alternative interpretation: **Or** perhaps the term **"that creep** [*hashoretz*]**"** should **not** be interpreted in this manner, as it **could** rather be interpreted to mean that **any** creeping animal **that breeds** [*hammashritz*] **imparts impurity,** but a creeping animal **that does not breed does not impart impurity. I shall** therefore **exclude a mouse that is half-flesh half-earth,** i.e., that generates spontaneously from the earth, **as it does not breed** and therefore does not impart impurity.

וְדִין הוּא: טִימֵּא בַחוּלְדָּה וְטִימֵּא בָעַכְבָּר, מָה חוּלְדָּה – כׇּל שֶׁשְּׁמָהּ חוּלְדָּה, אַף עַכְבָּר – כׇּל שֶׁשְּׁמוֹ עַכְבָּר. אָבִיא עַכְבָּר שֶׁחֶצְיוֹ בָּשָׂר וְחֶצְיוֹ אֲדָמָה.

But ostensibly, the *halakha* of a mouse that is half-flesh half-earth is subject to **logical inference:** Since the verse **deems a weasel impure and deems a mouse impure,** then **just as** "**weasel**" is referring to **any** animal **whose name is weasel, so too,** "**mouse**" is referring to **any** animal **whose name is mouse, even a mouse that is half-flesh half-earth.**

אוֹ כַּלֵּךְ לְדֶרֶךְ זוֹ: מָה חוּלְדָּה – פָּרָה וְרָבָה, אַף עַכְבָּר – פָּרֶה וְרָבֶה. תַּלְמוּד לוֹמַר ״בַּשֶּׁרֶץ״.

Or perhaps **go this way:** One might think that **just as a weasel breeds, so too, "mouse"** is referring to a mouse that **breeds,** excluding one that generates from the earth, which does not impart impurity. Therefore, **the verse states:** "And these are they which are impure to you **among the creeping animals**[N] that creep upon the earth." The term "among the creeping animals" is interpreted as including a spontaneously generated mouse. Therefore, the term "that creep" is interpreted as indicating that creeping animals impart impurity on land and in the sea, and the phrase "upon the earth" teaches that a sea mouse is not included in the category of mouse and does not impart impurity.

אֲמַר לֵיהּ הַהוּא מִדְּרַבָּנַן לְרָבָא: אֵימָא – ״בַּשֶּׁרֶץ״ – לְאַתּוֹיֵי עַכְבָּר שֶׁחֶצְיוֹ בָּשָׂר וְחֶצְיוֹ אֲדָמָה, ״הַשֹּׁרֵץ״ – כָּל שֶׁהוּא שׁוֹרֵץ, וַאֲפִילּוּ עַכְבָּר שֶׁבַּיָּם. וְאִי מִשּׁוּם ״עַל הָאָרֶץ״ – עַל הָאָרֶץ – יְטַמֵּא, יָרַד לַיָּם – לֹא יְטַמֵּא!

One of the Sages said to Rava: Say the interpretation of the verse differently. The term **"among the creeping animals"** serves **to include a mouse that is half-flesh half-earth** among those that impart impurity. The term **"that creep"** teaches that **any** animal **that creeps** imparts impurity, **and even a sea mouse. And if** one should reject this interpretation **due to** the phrase **"upon the earth,"** which seems to indicate that a sea mouse does not impart impurity, that phrase teaches that a creeping animal **imparts impurity** only when it is **on land,** but if it **descended to the sea** it **does not impart impurity.**

אֲמַר לֵיהּ: וּמֵאַחַר דְּשַׁוִּיתֵיהּ לַיָּם מְקוֹם טוּמְאָה, מַה לִּי הָכָא, מַה לִּי הָכָא?

Rava **said to him:** Your suggestion is not logical. According to your opinion, a sea mouse, which is in the sea, imparts impurity. **And since you consider the sea a location of impurity,** it is impossible to suggest that a mouse does not impart impurity when it is located in the sea. Since both land and sea are places of impurity, **what** difference does it make **for me** if the mouse is located **here** on land, and **what** difference does it make **for me** if it is located **there** in the sea?

וְהַאי ״עַל הָאָרֶץ״ מִיבָּעֵי לֵיהּ לְהוֹצִיא סְפֵק טוּמְאָה צָפָה! דַּאֲמַר רַב יִצְחָק בַּר אַבְדִּימִי: ״עַל הָאָרֶץ״ – לְהוֹצִיא סְפֵק טוּמְאָה צָפָה!

The Gemara asks: How can the *baraita* interpret the phrase "upon the earth" as teaching that a sea mouse does not impart impurity? Isn't **this** phrase: **"Upon the earth," necessary to exclude** a case of **uncertainty** involving **a floating** source of **impurity?** If a person is uncertain whether he touched a source of impurity that is floating in the water, he remains pure even if the incident took place in a private domain, where a case of uncertain impurity is generally deemed impure. **As Rav Yitzḥak bar Avdimi said:** The phrase **"upon the earth"** is written **to exclude** a case of **uncertainty** involving **a floating** source of **impurity.**

תַּרְתֵּי ״עַל הָאָרֶץ״ כְּתִיבִי.

The Gemara answers: The phrase **"upon the earth" is written two** times in the passage. One instance is written to exclude a case of uncertainty involving a source of impurity that is floating, and the other instance teaches that a sea mouse does not impart impurity.

תָּנוּ רַבָּנַן: ״הַצָּב לְמִינֵהוּ״ – לְהָבִיא הָעֲרוֹד, וְכֵן הַנְּפִילִים, וְסַלְמַנְדְּרָא.

§ With regard to the topic of the eight creeping animals mentioned in the Torah, **the Sages taught** in a *baraita*: The verse: **"The great lizard after its kinds"** (Leviticus 11:29) **includes** in the category of creeping animals **the *arvad*,** a type of snake, **and also** the creeping animals called ***nefilim* and salamander** [*salamandera*].[LN]

LANGUAGE

Salamander [*salamandera*] – סַלְמַנְדְּרָא: From the Greek σαλαμάνδρα, *salamandra*, a tailed amphibian. Ancient Greeks also ascribed powers of extinguishing fire to this creature.

NOTES

The verse states: Among the creeping animals – תַּלְמוּד לוֹמַר בַּשֶּׁרֶץ: The commentaries offer different explanations as to the interpretation of the verse. Rashi explains that the verse states: "And these are they which are impure to you among the creeping animals that creep upon the earth…These are they which are impure to you among all that creep" (Leviticus 11:29–31). The repetition of the terms "among the creeping animals [*basheretz*]" and "among all that creep [*bekhol hasharetz*]" indicates inclusion of a mouse that is half-flesh half-earth. Others explain that the term "among" indicates inclusion of a partial animal, i.e., one that is formed as half-flesh half-earth (*Kol HaRemez*).

Salamander [*salamandera*] – וְסַלְמַנְדְּרָא: Rashi explains that a *salamandera* is an animal created from a fire burning myrtle wood, via sorcery. Anyone who anoints himself with the blood of this creature is immune to fire. Rabbi Akiva received via tradition that this animal was a type of great lizard. Elsewhere (*Sanhedrin* 63b), Rashi explains that the *salamandera* is an animal created in a fire that is kept burning for a period of seven years. The later commentaries question why Rashi did not mention here that it takes seven years of fire to create the *salamandera*. Some explain that a *salamandera* is created in an active volcano, but it is also possible to create one via sorcery by burning a fire of myrtle wood for seven years (*Arukh*, Maharatz Ḥayyut, *Ḥatam Sofer*).

BACKGROUND

Beavers [*beivari*] – **בִּיבָרֵי**: Beavers are large rodents of the genus *Castor*. They can grow to more than one meter in length and are covered in fur. They spend most of their time in water and build a type of wood house there, which often forms a dam and creates a small lake. Nevertheless, they are also capable of walking on land, and they subsist on bark and young branches. They live in groups, enabling them to build large structures.

Eurasian beaver

Neresh, Nehar Pekod, and Pumbedita – **נֶרֶשׁ, נְהַר פְּקוֹדָאָה, פּוּמְבְּדִיתָא**:

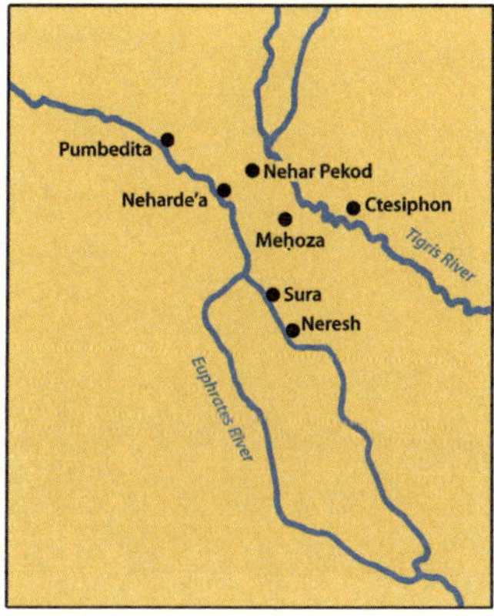

Jewish centers in Babylonia

וּכְשֶׁהָיָה רַבִּי עֲקִיבָא מַגִּיעַ לְפָסוּק זֶה אוֹמֵר: ״מָה רַבּוּ מַעֲשֶׂיךָ ה׳״! יֵשׁ לְךָ בְּרִיּוֹת גְּדֵלוֹת בַּיָּם וְיֵשׁ לְךָ בְּרִיּוֹת גְּדֵלוֹת בַּיַּבָּשָׁה, שֶׁבַּיָּם – אִילְמָלֵי עוֹלוֹת בַּיַּבָּשָׁה מִיָּד מֵתוֹת, שֶׁבַּיַּבָּשָׁה – אִילְמָלֵי יוֹרְדוֹת לַיָּם מִיָּד מֵתוֹת.

Apropos the salamander, which was thought to generate from fire, the *baraita* continues: **When Rabbi Akiva would reach this verse** in Leviticus, he would **say** in exclamation: **"How great are Your works, O Lord"** (Psalms 104:24). **You have creatures** that **grow in the sea and you have creatures** that **grow on land. If those in the sea would ascend to the land they would immediately die. If those that are on land would descend to the sea they would immediately die.**

יֵשׁ לְךָ בְּרִיּוֹת גְּדֵלוֹת בָּאוּר, וְיֵשׁ לְךָ בְּרִיּוֹת גְּדֵלוֹת בַּאֲוִיר, שֶׁבָּאוּר – אִילְמָלֵי עוֹלוֹת לָאֲוִיר מִיָּד מֵתוֹת, שֶׁבָּאֲוִיר – אִילְמָלֵי יוֹרְדוֹת לָאוּר מִיָּד מֵתוֹת. ״מָה רַבּוּ מַעֲשֶׂיךָ ה׳״.

Similarly, **you have creatures** that **grow in the fire and you have creatures** that **grow in the air. If those in the fire would ascend to the air they would immediately die. If those in the air would descend to the fire they would immediately die.** Therefore, **"how great are Your works, O Lord."**

תָּנוּ רַבָּנַן: כׇּל שֶׁיֵּשׁ בַּיַּבָּשָׁה יֵשׁ בַּיָּם, חוּץ מִן הַחוּלְדָּה. אֲמַר רַבִּי זֵירָא: מַאי קְרָאָה – ״הַאֲזִינוּ כׇּל יֹשְׁבֵי חָלֶד״.

§ The Gemara continues to discuss creatures living in a particular environment. **The Sages taught** in a *baraita* (*Tosefta, Kilayim* 5:10): For **every** animal **that exists on land there is** an equivalent animal **in the sea, except for the weasel,** which exists only on land. **Rabbi Zeira said: What is the verse** from which it is derived? It is written: **"Listen all you inhabitants of the world** [*heled*]**"** (Psalms 49:2). Dry land is called *ḥeled* because it is the sole habitat for the weasel [*ḥulda*].

אֲמַר רַב הוּנָא בְּרֵיהּ דְּרַב יְהוֹשֻׁעַ: בֵּיבָרֵי דְּנֶרֶשׁ אֵינָן מִן הַיִּשּׁוּב.

In continuation of the discussion of creatures living in a particular environment, **Rav Huna the son of Rav Yehoshua said: The beavers**[B] of the region **of Neresh are not from the settled area,** because they live only in the water and not on dry land. Consequently, one who eats their meat is not liable to receive lashes for violating the prohibition: "And every creeping animal that creeps upon the earth is a detestable thing; it shall not be eaten" (Leviticus 11:41).

אֲמַר רַב פַּפָּא: בְּשַׁמְתָּא נֶרֶשׁ, תַּרְבֵּיהּ מַשְׁכֵּיהּ וַאֲלִיתֵיהּ. ״אֶרֶץ אֶרֶץ אָרֶץ שִׁמְעִי דְּבַר ה׳״, אֲמַר רַב פַּפָּא: לֹא אָבָה נֶרֶשׁ שְׁמוֹעַ דְּבַר ה׳.

§ Apropos the region surrounding Neresh, **Rav Pappa said:** The people of the city of **Neresh** shall be placed **under excommunication,** as they are all wicked, including **its fat, its hide, and its tail,** i.e., all types of people, both old and young. The Gemara continues to discuss Neresh. The verse states: **"Oh land, land, land hear the word of the Lord"** (Jeremiah 22:29). **Rav Pappa said:** This verse is appropriate with regard to the inhabitants of Neresh, as **Neresh does not want to listen to the word of the Lord.**

אֲמַר רַב גִּידֵּל, אֲמַר רַב: נַרְשָׁאָה נַשְׁקָךְ – מְנִי כַּכָּךְ. נְהַר פְּקוֹדָאָה לַוְיָיךְ – מִגְּלִימָא שַׁפִּירָא דְּחָזֵי עֲלָךְ. פּוּמְבְּדִיתָאָה לַוְיָיךְ – אַשְׁנֵי אוּשְׁפִּיזָךְ.

Furthermore, **Rav Giddel said** that **Rav said:** If **a resident of Neresh kisses you, count your teeth** to make sure he did not steal one. And if **a resident of** the city of **Nehar Pekod accompanies you** on a journey, it is **because of the beautiful jacket that he sees on you** and wants to steal from you. If **a resident of Pumbedita**[B] **accompanies you** on a journey, **change your lodging place** because there is a concern that he will rob you.

אֲמַר רַב הוּנָא בַּר תּוֹרְתָא: פַּעַם אַחַת הָלַכְתִּי לַוַּעַד וְרָאִיתִי נָחָשׁ שֶׁהוּא כָּרוּךְ עַל הַצָּב, לְיָמִים יָצָא עַרְוָד מִבֵּינֵיהֶם.

§ The Gemara returns to discussing different types of creatures. **Rav Huna bar Torta said: Once I went to** the city of **Va'ad and I saw** that the locals were in the practice of placing **a snake wrapped around a great lizard** in order to breed the two. **After a period of time, an** *arvad*, a snake that bites and kills people, **emerged from between them.**

וּכְשֶׁבָּאתִי לִפְנֵי רַבִּי שִׁמְעוֹן הֶחָסִיד, אָמַר לִי: אָמַר הַקָּדוֹשׁ בָּרוּךְ הוּא: הֵם הֵבִיאוּ בְּרִיָּה שֶׁלֹּא בָּרָאתִי בְּעוֹלָמִי, אַף אֲנִי אָבִיא עֲלֵיהֶם בְּרִיָּה שֶׁלֹּא בָּרָאתִי בְּעוֹלָמִי.

And when I came before Rabbi Shimon the Righteous, he explained why this crossbreeding created an *arvad* and **said to me: The Holy One, Blessed be He, said:** These residents of Va'ad **caused the emergence of a creature that I did not create in My world** by crossbreeding a snake and a great lizard; **so too, I will bring upon them** a punishment, the hazard of this uniquely dangerous **creature that I did not create in My world,** i.e., an *arvad*.

וְהָאָמַר מָר: כׇּל שֶׁתַּשְׁמִישָׁן וְעִיבּוּרָן שָׁוֶה – יוֹלְדִין וּמְגַדְּלִין זֶה מִזֶּה, וְכׇל שֶׁאֵין תַּשְׁמִישָׁן וְעִיבּוּרָן שָׁוֶה – אֵין יוֹלְדִין וּמְגַדְּלִין זֶה מִזֶּה!

The Gemara objects: **But didn't the Master say: All** different animals **whose** method of **procreation and** period of **gestation are the same** are able to **reproduce and raise offspring together. But all** animals **whose** method of **procreation and** period of **gestation are not the same cannot reproduce and raise offspring together.** And the gestation period for a great lizard and a snake are not equal.

אָמַר רַב: נֵס בְּתוֹךְ נֵס. הַאי פּוּרְעָנוּתָא הוּא! מַאי "נֵס בְּתוֹךְ נֵס" – לְפוּרְעָנוּת.

Rav says: It was **a miracle within a miracle** that they were able to reproduce and a new creature was born. The Gemara asks: Why is **this** considered a miracle? **It was a calamity** because an *arvad* was born. The Gemara answers: **What** is meant by **a miracle within a miracle?** It was a miraculous **calamity** for the wicked people, to punish them for their actions.

מתני׳ הָאֵבֶר וְהַבָּשָׂר הַמְדוּלְדָּלִין בַּבְּהֵמָה – מְטַמְּאִין טוּמְאַת אוֹכָלִין בִּמְקוֹמָן, וּצְרִיכִין הֶכְשֵׁר,

MISHNA **The limb** of an animal, with flesh, sinews, and bones, **and the flesh** of an animal, **that were** partially severed and remain **hanging from the animal**[H] do not have the halakhic status of a limb severed from a living animal, which imparts impurity like an unslaughtered carcass, or of flesh severed from a living animal, which is ritually pure, respectively. If one had intent to eat the limb or the flesh, the limb or flesh becomes impure if it comes in contact with a source of impurity, and they **impart impurity as food** to other foods and liquids, although they remain **in their place** attached to the animal. **But** in order for them to become impure, **they need** to be **rendered susceptible** to impurity through contact with one of the seven liquids that facilitate susceptibility.

HALAKHA

The limb and the flesh that were hanging from the animal – **הָאֵבֶר וְהַבָּשָׂר הַמְדוּלְדָּלִין בַּבְּהֵמָה**: The limb of an animal and the flesh of an animal that were partially severed and will not heal and which remain hanging from the animal do not have the halakhic status of a limb severed from a living animal, which imparts impurity like an unslaughtered carcass. Rather, they have the status of food and impart impurity as food to other foods and liquids. In order for the limb to become impure, it needs to be rendered susceptible to impurity through contact with one of the seven liquids that facilitate susceptibility (Rambam *Sefer Tahara, Hilkhot She'ar Avot HaTumot* 2:5).

Perek **IX**
Daf **127** Amud **b**

נִשְׁחֲטָה הַבְּהֵמָה – הוּכְשְׁרוּ בְּדָמֶיהָ, דִּבְרֵי רַבִּי מֵאִיר. רַבִּי שִׁמְעוֹן אוֹמֵר: לֹא הוּכְשְׁרוּ.

If **the animal was slaughtered,**[H] although this act of slaughter does not render it permitted for consumption by a Jew (see 73b), the limb and the flesh **were** thereby **rendered susceptible** to impurity by coming in contact **with the blood of** the slaughtered animal,[N] as blood is one of the seven liquids; this is **the statement of Rabbi Meir. Rabbi Shimon says: They were not rendered susceptible** to impurity through the animal's own blood; they are rendered susceptible only once they have been wet with another liquid.

מֵתָה הַבְּהֵמָה – הַבָּשָׂר צָרִיךְ הֶכְשֵׁר. הָאֵבֶר מְטַמֵּא מִשּׁוּם אֵבֶר מִן הַחַי, וְאֵינוֹ מְטַמֵּא מִשּׁוּם אֵבַר נְבֵלָה, דִּבְרֵי רַבִּי מֵאִיר. וְרַבִּי שִׁמְעוֹן מְטַהֵר.

If **the animal died**[H] without slaughter, **the** hanging **flesh needs** to be **rendered susceptible** to impurity in order to become impure, as its halakhic status is that of flesh severed from a living animal, which is ritually pure and does not have the status of an unslaughtered carcass. **The** hanging **limb imparts impurity as a limb** severed **from a living** animal **but does not impart impurity as the limb of** an unslaughtered **carcass;** this is **the statement of Rabbi Meir. And Rabbi Shimon deems** the limb **ritually pure.**

גמ׳ טוּמְאַת אוֹכָלִין – אִין, טוּמְאַת נְבֵלָה – לָא.

GEMARA The mishna states that the limb of an animal that was partially severed and remains hanging from the animal imparts impurity as food if one had intent to eat it. The Gemara infers: It imparts **impurity as food, yes,** but it does **not** impart **the impurity of a carcass,** which can be transmitted to people and utensils in addition to food.

NOTES

The limb and the flesh were rendered susceptible to impurity with the blood of the slaughtered animal – **הוּכְשְׁרוּ בְּדָמֶיהָ**: The slaughter of an animal does not permit one to consume a partially severed limb. This *halakha* is derived from the verse: "And any flesh torn of animals in the field you shall not eat" (Exodus 22:30), indicating that even a partially severed limb of an animal is forbidden for consumption because it is included in the prohibition against eating a torn animal. Nevertheless, slaughter does affect a partially severed limb in two ways: First, the limb is not considered an unslaughtered carcass after the slaughter, and second, the slaughter renders the limb susceptible to impurity because it has come into contact with the blood of the slaughter (Rashi).

HALAKHA

If the animal was slaughtered – **נִשְׁחֲטָה הַבְּהֵמָה**: With regard to the limb of an animal and the flesh of an animal, if they were partially severed and will not heal, and they remain hanging from the animal, they do not have the halakhic status of a limb severed from a living animal, which imparts impurity like an unslaughtered carcass. If the animal is slaughtered, the limb and the flesh are rendered susceptible to impurity as food, but they do not impart the impurity of a carcass because, unlike a limb that falls from a living animal, they do not have the status of an unslaughtered carcass (Rambam *Sefer Tahara, Hilkhot She'ar Avot HaTumot* 2:5).

If the animal died, etc. – **מֵתָה הַבְּהֵמָה וכו׳**: If the animal died, any hanging flesh needs to be rendered susceptible to impurity in order to become impure, as its halakhic status is that of flesh severed from a living animal, which is ritually pure. A hanging limb imparts impurity due to its status as a limb severed from a living animal and does not impart impurity due to the status of the limb of an unslaughtered carcass. What is the difference between the impurity of a limb severed from a living animal and that of an unslaughtered carcass? Flesh that comes from a limb severed from a living animal is pure, but flesh that is severed from a limb severed from a carcass imparts impurity via contact and carrying. Both types of impurity are equivalent with regard to the requisite measure of an olive-bulk. This ruling is in accordance with the opinion of Rabbi Meir (Rambam *Sefer Tahara, Hilkhot She'ar Avot HaTumot* 2:5).

BACKGROUND

Gourd – דְּלַעַת: This is referring to the bottle gourd, *Lagenaria vulgaris*, a pale-green summer vegetable shaped like a bottle. It grows on vines that generally lie on the ground but are occasionally suspended on trees. The gourd is a large vegetable, measuring 40–50 cm long and 25–30 cm wide. Young gourds are usually eaten cooked, and their seeds are roasted.

Bottle gourd

הֵיכִי דָּמֵי, אִי דְּמַעֲלִין אֲרוּכָה – אֲפִילּוּ טוּמְאַת אוֹכָלִין נָמֵי לָא לִיטַמּוּ. וְאִי דְּאֵין מַעֲלִין אֲרוּכָה – טוּמְאַת נְבֵלָה נָמֵי לִיטַמּוּ!

The Gemara asks: **What are the circumstances? If** the limb **can heal** and reattach to the animal's body then **it should not be susceptible even to impurity as food. And if it cannot heal, it should impart the impurity of a carcass as well.**

לְעוֹלָם דְּאֵין מַעֲלִין אֲרוּכָה, וְשָׁאנֵי טוּמְאַת נְבֵלָה, דְּרַחֲמָנָא אֲמַר: ״כִּי יִפֹּל״ – עַד שֶׁיִּפּוֹל.

The Gemara answers: **Actually,** the mishna is discussing a case **where** the limb **will not heal, and** the reason that the limb does not impart impurity of a carcass is that **the impurity of a carcass is different** and unique, **as the Merciful One states** with regard to the impurity of a carcass: "And **if** any of their carcass **fall** upon any sowing seed" (Leviticus 11:37), indicating that the severed limb of an animal is not considered a carcass **until it** completely **falls** from the animal.

תַּנְיָא נָמֵי הָכִי: הָאֵבֶר וְהַבָּשָׂר הַמְדוּלְדָּלִין בִּבְהֵמָה וּמְעוֹרִין בְּחוּט הַשַּׂעֲרָה, יָכוֹל יְטַמְּאוּ טוּמְאַת נְבֵלָה – תַּלְמוּד לוֹמַר: ״יִפֹּל״ – עַד שֶׁיִּפּוֹל. וַאֲפִילּוּ הָכִי, טוּמְאַת אוֹכָלִין מִיטַּמּוּ.

This explanation **is also taught** in a *baraita*: With regard to **the limb and the flesh** of an animal **that** were partially severed and remain **hanging from the animal and are connected** to the animal **by a** connector the size of **a strand of hair,** one **might** have thought that **they impart the impurity of a carcass.** Therefore, **the verse states:** "And if any of the carcass **fall,**" indicating that a severed limb does not impart the impurity of a carcass **until it** completely **falls** from the animal. **And nevertheless,** despite the fact that it is not considered severed with regard to the impurity of a carcass, such a limb is considered severed with regard to **being susceptible to impurity as food.**

מְסַיֵּיעַ לֵיהּ לְרַב חִיָּיא בַּר אָשֵׁי, דְּאָמַר רַב חִיָּיא בַּר אָשֵׁי, אָמַר שְׁמוּאֵל: תְּאֵנִים שֶׁצָּמְקוּ בְּאִיבֵּיהֶן – מְטַמְּאוֹת טוּמְאַת אוֹכָלִין, וְהַתּוֹלֵשׁ מֵהֶן בְּשַׁבָּת – חַיָּיב חַטָּאת.

This explanation **supports** the opinion of **Rav Ḥiyya bar Ashi, as Rav Ḥiyya bar Ashi said** that **Shmuel said:** With regard to **figs that dried** while still attached to **their tree,**[H] despite the fact that they are still attached, they are considered as if they have been picked and **are susceptible to impurity as food. But** with regard to **one who picks them on Shabbat**[H] they are considered attached, and **he is liable** to bring **a sin offering.** Just as a partially severed limb of an animal is considered both attached and severed with regard to different *halakhot*, so too this dried fruit is considered both attached and detached with regard to different *halakhot*.

לֵימָא מְסַיֵּיעַ לֵיהּ: יְרָקוֹת שֶׁצָּמְקוּ בְּאִיבֵּיהֶן, כְּגוֹן הַכְּרוּב וְהַדְּלַעַת – אֵין מְטַמְּאִין טוּמְאַת אוֹכָלִין. קְצָצָן וִיבְּשָׁן – מְטַמְּאִין טוּמְאַת אוֹכָלִין.

Let us say that a *baraita* (*Tosefta*, *Okatzin* 2:11) **supports** the opinion of Shmuel, who holds that dried figs still attached to the tree are considered as if they are detached with regard to susceptibility to impurity as food: **Vegetables that dried** while they are attached to **their plant, such as cabbage and gourd,**[BH] which become hard as wood and inedible when dried, **are not susceptible to impurity as food.** But if **one cut them** when they were still moist **and** then **dried them** in order to use them for fuel, or, in the case of gourds, to make utensils out of them, **they are susceptible to impurity as food.**

HALAKHA

Figs that dried while still attached to their tree – תְּאֵנִים שֶׁצָּמְקוּ בְּאִיבֵּיהֶן: Figs that dried while still attached to their tree are susceptible to contract impurity as food. This ruling is in accordance with the opinion of Rav Ḥiyya bar Ashi in the name of Shmuel (Rambam *Sefer Tahara*, *Hilkhot Tumat Okhalin* 2:5).

One who picks them on Shabbat – וְהַתּוֹלֵשׁ מֵהֶן בְּשַׁבָּת: With regard to figs that dried while still attached to their tree, one who picks them on Shabbat is liable to bring a sin offering, despite the fact that with regard to susceptibility to contracting impurity they are considered as if they had been picked. This ruling is in accordance with the opinion of Rav Ḥiyya bar Ashi in the name of Shmuel (Rambam *Sefer Zemanim*, *Hilkhot Shabbat* 8:4).

Vegetables that dried while attached to their plant such as cabbage and gourd – יְרָקוֹת שֶׁצָּמְקוּ בְּאִיבֵּיהֶן כְּגוֹן הַכְּרוּב וְהַדְּלַעַת: Vegetables that dried while attached to their plant, such as cabbage and gourd, are not susceptible to impurity as food (Rambam *Sefer Tahara*, *Hilkhot Tumat Okhalin* 2:3).

קְצָצָן וִיבְּשָׁן סָלְקָא דַּעְתָּךְ? עֵץ בְּעָלְמָא הוּא! וְאָמַר רַבִּי יִצְחָק: בְּעַל מְנָת לְיַבְּשָׁן.

The Gemara asks: **Does it enter your mind** that if **one cut them and dried them** they are susceptible to impurity as food? Such a vegetable **is merely wood,** and it is inedible. **And Rabbi Yitzḥak says:** The *baraita* is discussing a case **where** one cut the vegetables when they were still moist **in order to dry them.**[H] The novelty of the *baraita* is that even though one intends to dry the vegetables and render them inedible, as long as they are still moist they are susceptible to impurity as food.

טַעֲמָא דִּכְרוּב וּדְלַעַת הוּא, כֵּיוָן דְּיִבְּשָׁן – לָאו בְּנֵי אֲכִילָה נִינְהוּ, הָא שְׁאָר פֵּירוֹת – מְטַמְּאִי!

The Gemara infers: **The reason** for this *halakha* in the *baraita* is **that it is** discussing **cabbage and gourd: Since one dried them, they are inedible** and consequently are not susceptible to impurity as food. **But other** types of **produce,** which are edible when dried, **are susceptible to impurity.**

הֵיכִי דָּמֵי, אִי דְּיִבְּשָׁן הֵן וְעוּקְצֵיהֶן – פְּשִׁיטָא, אֶלָּא לָאו: בְּלָא עוּקְצֵיהֶן.

The Gemara explains the suggested support to Shmuel: **What are the circumstances? If one dried** both the produce **itself and its stems,** isn't it **obvious** that the produce is no longer considered attached to the plant and is susceptible to impurity? If so, it would be unnecessary for the *baraita* to teach this. **Rather, isn't** the *baraita* discussing a case where one dried the produce **without** drying **its stems?** Accordingly, in such a case the produce is considered detached with regard to impurity even though it is considered attached with regard to Shabbat, in accordance with the statement of Shmuel.

לְעוֹלָם הֵן וְעוּקְצֵיהֶן, וּקְצָצָן עַל מְנָת לְיַבְּשָׁן אִיצְטְרִיכָא לֵיהּ.

The Gemara rejects this interpretation: The *baraita* is not necessarily discussing that case. **Actually,** the *baraita* is discussing a case where both the produce **itself and its stems** were dried. **And** although it appears that the *halakha* is obvious in such a case, **it was necessary for** the *baraita* to mention it in order to teach the latter clause of the *baraita*: In a case where one **cut** the cabbage and gourd when they were still moist **in order to dry them,** they are susceptible to impurity as long as they are still moist.

תָּא שְׁמַע: אִילָן שֶׁנִּפְשַׁח וּבוֹ פֵּירוֹת – הֲרֵי הֵן כִּתְלוּשִׁין, יָבְשׁוּ – הֲרֵי הֵן כִּמְחוּבָּרִין. מַאי לָאו, מָה תְּלוּשִׁין – לְכָל דִּבְרֵיהֶן, אַף מְחוּבָּרִין – לְכָל דִּבְרֵיהֶן!

The Gemara suggests: **Come** and **hear** a challenge to the opinion of Shmuel from a *baraita*: In the case of **a tree from which a branch broke off, and** the branch **has fruit** attached to it,[H] even if the fruit is still moist **it is considered detached** from the tree. But if the branch did not break off, and the fruit **dried** on the tree, **it is considered attached. What, isn't** the ruling of the *baraita* that **just as** in the first clause the fruit on the detached branch is considered **detached with regard to all matters,** the *halakhot* of both Shabbat and impurity, **so too** in the latter clause the fruit that dried on the tree is considered **attached** to the tree **with regard to all matters,** even the transmission of impurity, contrary to the opinion of Shmuel?

מִידֵּי אִירְיָא? הָא כִּדְאִיתָא, וְהָא כִּדְאִיתָא.

The Gemara rejects this challenge: **Are the cases comparable? This** case is **as it is, and that** case is **as it is.** In the first clause of the *baraita*, the fruit on the detached branch is considered detached with regard to all matters. In the latter clause of the *baraita*, the dried fruit on the tree is considered attached with regard to Shabbat but detached with regard to impurity.

״נִשְׁחֲטָה הַבְּהֵמָה״ [וכו׳]. בְּמַאי קָא מִיפַּלְגִי?

§The mishna teaches: If **the animal was slaughtered,** Rabbi Meir holds that with the blood of the slaughtered animal the limb and the flesh were rendered susceptible to impurity. Rabbi Shimon says that they were not rendered susceptible with the animal's own blood. The Gemara asks: **With regard to what** principle **do** Rabbi Meir and Rabbi Shimon **disagree?**

HALAKHA

In order to dry them – עַל מְנָת לְיַבְּשָׁן: If one cut vegetables in order to dry them, as long as they are still moist, the vegetables are susceptible to impurity as food (Rambam *Sefer Tahara, Hilkhot Tumat Okhalin* 2:3).

A tree from which a branch broke off and has fruit attached to it – אִילָן שֶׁנִּפְשַׁח וּבוֹ פֵּירוֹת: If fruit is attached to a branch that was cut from a tree, the fruit is considered detached from the tree (Rambam *Sefer Tahara, Hilkhot Tumat Okhalin* 2:4).

אֲמַר רַבָּה: בִּבְהֵמָה נַעֲשֵׂית יָד לְאֵבֶר קָמִיפַּלְגִי. מָר סְבַר: אֵין בְּהֵמָה נַעֲשֵׂית יָד לְאֵבֶר. וּמָר סְבַר: בְּהֵמָה נַעֲשֵׂית יָד לְאֵבֶר.

Rabba said: The mishna is discussing a case where the blood of the slaughtered animal came into contact with the body of the animal but not with the partially severed limb. The *tanna'im* agree that if an appendage that constitutes a handle is rendered susceptible to impurity, the food to which it is attached is also rendered susceptible. But **they disagree with regard to** whether **an animal constitutes a handle for** its **limb.** One **Sage,** Rabbi Shimon, **holds** that **an animal does not constitute a handle for** its **limb,** and therefore the limb is not rendered susceptible to contract impurity along with the body of the animal. **And** one **Sage,** Rabbi Meir, **holds** that **an animal constitutes a handle for** its **limb,**[H] and therefore the limb is rendered susceptible along with the body of the animal.

אַבַּיֵי אֲמַר: בְּאוֹחֵז בְּקָטָן וְאֵין גָּדוֹל עוֹלֶה עִמּוֹ קָמִיפַּלְגִי.

Abaye said a different explanation of the dispute between Rabbi Meir and Rabbi Shimon: The mishna is discussing a case where the blood of the slaughtered animal came into contact with the body of the animal but not with the partially severed limb, and both *tanna'im* agree that an animal does not constitute a handle for its limb. But they also agree that if the liquid comes into contact with only part of the food it renders the entire item susceptible to impurity. Therefore, if the partially severed limb is considered part of the animal it is rendered susceptible to impurity along with the animal. Rabbi Meir and Rabbi Shimon **disagree with regard to** whether the limb is considered part of the animal, and generally speaking, with regard to any case where a small part of an item is hanging off the larger part such that if one **grasps** and lifts the **small** part the **large** part **does not ascend with it.**

מָר סְבַר: אוֹחֵז בְּקָטָן וְאֵין גָּדוֹל עוֹלֶה עִמּוֹ – הֲרֵי הוּא כָּמוֹהוּ. וּמָר סְבַר: אֵינוֹ כָּמוֹהוּ.

One **Sage,** Rabbi Meir, **holds** that although if one **grasps** and lifts the **small** part the **large** part **does not ascend with it,** the small part **is** still considered one and **the same** with the large part. Therefore, a partially severed limb is rendered susceptible to impurity along with the body of the animal. **And** one **Sage,** Rabbi Shimon, **holds** that the small part **is not** considered one and **the same** with the large part in such a case, and therefore the partially severed limb is not rendered susceptible to impurity along with the body of the animal.

וְאַף רַבִּי יוֹחָנָן סְבַר בְּאוֹחֵז בְּקָטָן וְאֵין גָּדוֹל עוֹלֶה עִמּוֹ קָא מִיפַּלְגִי.

And Rabbi Yoḥanan also holds in accordance with the explanation of Abaye that the *tanna'im* **disagree with regard to** the status of a small part of an item that is hanging off the larger part such that one **grasps** the **small** part **and** the **large** part **does not ascend with it.**

דְּרַבִּי יוֹחָנָן רָמֵי דְּרַבִּי מֵאִיר אַדְּרַבִּי מֵאִיר: מִי אֲמַר רַבִּי מֵאִיר אוֹחֵז בְּקָטָן וְאֵין גָּדוֹל עוֹלֶה עִמּוֹ הֲרֵי הוּא כָּמוֹהוּ?

As **Rabbi Yoḥanan raises a contradiction** between one statement **of Rabbi Meir** and another statement **of Rabbi Meir: Did Rabbi Meir** actually **say** that even in a case where one **grasps** the **small** part of an item **and** the **large part does not ascend with it,** the small part **is** still considered one and **the same** with the large part?

וּרְמִינְהוּ: אוֹכֶל שֶׁנִּפְרַס וּמְעוֹרֶה בְּמִקְצָת,

One can **raise a contradiction** to this statement from a mishna (*Tevul Yom* 3:1): With regard to a piece of **food that was sliced** from a larger piece of food **and** remains **partially connected** to the larger piece,[H] the entire item is considered one and the same with regard to impurity. If one who was previously ritually impure and immersed that day and is waiting for nightfall for the purification process to be completed touched either piece of the item, the entire item becomes impure.

HALAKHA

An animal constitutes a handle for its limb – בְּהֵמָה נַעֲשֵׂית יָד לְאֵבֶר: An animal constitutes a handle for its limb. Therefore, if an animal is slaughtered, a partially severed limb is rendered susceptible to impurity along with the body of the animal. This ruling is in accordance with the opinion of Rabbi Meir (Rambam *Sefer Tahara, Hilkhot Tumat Okhalin* 2:6, and see *Kesef Mishne* there).

Food that was sliced and remains partially connected – אוֹכֶל שֶׁנִּפְרַס וּמְעוֹרֶה בְּמִקְצָת: In the case of a piece of food that was sliced from a larger piece of food and remains partially connected to the larger piece, if one of the pieces was rendered impure and one grasped that piece, if the other piece ascends with it, they are considered connected and share the same level of impurity. But if when one lifts the impure piece the other falls off, they are not considered connected, and the other piece is only considered as if it touched the impure piece. This ruling is in accordance with the opinion of Rabbi Meir as cited in the Gemara here, which is identical to the opinion of the Sages as cited in the mishna in tractate *Tevul Yom* (Rambam *Sefer Tahara, Hilkhot Tumat Okhalin* 6:9).

רַבִּי מֵאִיר אוֹמֵר: אִם אוֹחֵז בְּקָטָן וְגָדוֹל עוֹלֶה עִמּוֹ – הֲרֵי הוּא כְּמוֹהוּ, וְאִם לָאו – אֵינוֹ כְּמוֹהוּ.

Rabbi Meir says: If when one **grasps the small** piece, the **large** piece **ascends with it,** it is considered one and **the same;**[N] **but if** it does **not** ascend with it, it **is not** considered one and **the same.** This statement of Rabbi Meir is not in accordance with his statement in the mishna that a partially severed limb is part of the body of the animal and is rendered susceptible to impurity along with the body even if one lifts the partially severed limb and the body of the animal does not ascend with it.

וְאָמַר רַבִּי יוֹחָנָן: מוּחְלֶפֶת הַשִּׁיטָה.

And Rabbi Yoḥanan resolves the contradiction and **says: The** attribution of the **opinions** in tractate *Tevul Yom* **is reversed.**[N] Indeed, Rabbi Meir holds that even if when one lifts the smaller piece, the larger piece does not ascend with it, it is still the same item. Therefore, it is apparent that Rabbi Yoḥanan explains the dispute between Rabbi Meir and Rabbi Shimon in the mishna in accordance with the explanation of Abaye.

וּמַאי קוּשְׁיָא? דִּילְמָא שָׁנֵי לֵיהּ לְרַבִּי מֵאִיר בֵּין טְבוּל יוֹם לִשְׁאָר טוּמְאוֹת?

With regard to the contradiction between the two statements of Rabbi Meir, the Gemara asks: **What is the difficulty? Perhaps Rabbi Meir distinguishes between** the impurity of **one who immersed that day and other types of impurity.** The impurity of one who immersed that day is a more lenient type of impurity, because he has already immersed and need only wait until the end of the day in order to consume sacrificial offerings. Therefore, there is reason to be more lenient when he touches a partially severed piece of food and to rule that the entire food item does not become impure.

תַּנְיָא, רַבִּי אוֹמֵר: אֶחָד טְבוּל יוֹם וְאֶחָד שְׁאָר טוּמְאוֹת.

The Gemara answers: One cannot make such a distinction between different types of impurity because it **is taught** in a *baraita* that **Rabbi** Yehuda HaNasi **says:** With regard to **both** the impurity of **one who immersed that day and other types of impurity,** the *halakhot* of contact are the same; whatever is considered contact that transmits impurity with regard to one type of impurity transmits impurity for all types of impurity.

וְדִילְמָא: לְרַבִּי לָא שָׁנֵי לֵיהּ, וּלְרַבִּי מֵאִיר שָׁנֵי לֵיהּ?

The Gemara asks: **But perhaps Rabbi** Yehuda HaNasi **does not distinguish** between the impurity of one who immersed that day and other types of impurity **and Rabbi Meir does distinguish** in such a manner. Therefore, there is no contradiction between the statements of Rabbi Meir.

אָמַר רַבִּי יֹאשִׁיָּה, הָכִי אָמַר רַבִּי יוֹחָנָן: לְדִבְרֵי רַבִּי מוּחְלֶפֶת הַשִּׁיטָה.

Rabbi Yoshiya said: This is what Rabbi Yoḥanan meant to **say: According to the statement of Rabbi** Yehuda HaNasi, who does not distinguish between the impurity of one who immersed that day and other types of impurity, there is a contradiction between the two statements of Rabbi Meir, and **the** attribution of the **opinions** in the mishna in tractate *Tevul Yom* **is reversed.**

NOTES

If when one grasps the small piece, the large piece ascends with it, it is considered one and the same – אִם אוֹחֵז בְּקָטָן וְגָדוֹל עוֹלֶה עִמּוֹ הֲרֵי הוּא כְּמוֹהוּ: *Tosafot* point out that the contradiction between the two statements of Rabbi Meir is based on the text of the mishna in tractate *Tevul Yom* that the Gemara cites. But the version of that mishna that appears in tractate *Tevul Yom* reads differently: Rabbi Meir says: If when one grasps the large piece, the small piece ascends with it, it is considered one and the same. Rabbi Yehuda says: If when one grasps the small piece, the large piece ascends with it, it is considered one and the same. Based on this version of the mishna there is no contradiction between the two statements of Rabbi Meir.

The attribution of the opinions is reversed – מוּחְלֶפֶת הַשִּׁיטָה: The early commentaries disagree about the nature of the reversal of Rabbi Meir's opinion. *Tiferet Yisrael* explains that Rabbi Meir holds that even if when one grasps the smaller piece, the larger piece does not ascend with it, it is still considered part of one item. Therefore, Rabbi Meir's opinion in the mishna in tractate *Tevul Yom* is changed accordingly. By contrast, Rashi explains that the Gemara is not proposing to change the statement of Rabbi Meir. Rather, the Gemara is explaining that Rabbi Meir generally holds that even if when one grasps and lifts the smaller piece, the larger piece does not ascend with it, it is still considered part of one item. Nevertheless, Rabbi Meir deviates from his general opinion in his ruling in *Tevul Yom*.

HALAKHA

Fat from an animal slaughtered in the villages – חֵלֶב שְׁחוּטָה בִּכְפָרִים: In order that forbidden fat from a kosher animal slaughtered in the villages be rendered susceptible to impurity, the Jew must first have intention to use it as food. It must then come into contact with a liquid that renders it susceptible to impurity, even though it had previously come into contact with the blood of slaughter prior to the intention to use it as food. This ruling is in accordance with the opinion of Rabbi Yehuda as well as Rabbi Akiva, as Rabbi Akiva retracted his own ruling and taught the *halakha* in accordance with the opinion of Rabbi Yehuda (Rambam *Sefer Tahara, Hilkhot Tumat Okhalin* 3:3).

Endives that one picked and rinsed in water for an animal – עוֹלָשִׁין שֶׁלְּקָטָן וֶהֱדִיחָן לַבְּהֵמָה: If one picked endives and rinsed them in water in order to give them to an animal, and later he reconsidered and decided to designate them for human consumption, the endives need to come into contact with liquid a second time in order to be rendered susceptible to impurity. This ruling is in accordance with the opinion of both Rabbi Yehuda and Rabbi Akiva (Rambam *Sefer Tahara, Hilkhot Tumat Okhalin* 3:3).

BACKGROUND

Endives – עוֹלָשִׁין: The mishna is referring to *Cichorium endivia*, a winter vegetable similar to lettuce. There are several varieties of endives, including curly endive and broad-leaf endive. The leaves, which are clustered together tightly around the base of the plant, have a pleasant taste when they are young but become bitter as the plant matures. The flower of the plant is usually blue, but sometimes pink and white. Today the endive is mainly harvested for the chicory root, which is used as a substitute for coffee.

Endive plants

רָבָא אֲמַר: בְּיֵשׁ יָד לְטוּמְאָה וְאֵין יָד לְהֶכְשֵׁר קָמִיפַּלְגִי.

Rava said a different explanation of the dispute between Rabbi Meir and Rabbi Shimon: The mishna is discussing a case where the blood from the slaughter came into contact with the body of the animal but not with the partially severed limb, and both *tanna'im* agree that an animal constitutes a handle for its limb. **They disagree with regard to** the principle that **there is** a status of **a handle,** i.e., a handle is considered part of the item itself, **with regard to** transmitting **impurity** to the attached food, **but there is no** status of **a handle with regard to rendering** the attached food **susceptible** to impurity, as in that regard the handle is considered a separate item.

מָר סָבַר: יֵשׁ יָד לְטוּמְאָה וְאֵין יָד לְהֶכְשֵׁר, וּמָר סָבַר: יֵשׁ יָד לְטוּמְאָה וּלְהֶכְשֵׁר.

One **Sage,** Rabbi Shimon, **holds** that **there is** a status of **a handle with regard to** transmitting **impurity, but there is no** status of **a handle with regard to rendering** the attached food **susceptible** to impurity. Therefore, although the body of the animal constitutes a handle vis-à-vis the limb, it does not render the limb susceptible to impurity. **And** one **Sage,** Rabbi Meir, **holds** that **there is** a status of **a handle** both **with regard to** transmitting **impurity and with regard to rendering** the attached food susceptible to impurity. Therefore, the body of the animal renders the limb susceptible to impurity.

רַב פַּפָּא אֲמַר: בְּהֶכְשֵׁר קוֹדֶם מַחֲשָׁבָה קָמִיפַּלְגִי.

Rav Pappa said a different explanation of the dispute: Both *tanna'im* hold that a handle renders the attached food susceptible to impurity. Yet, the mishna is discussing a case where the slaughter took place before the owner of the animal designated its meat for the consumption of a gentile. Rabbi Meir and Rabbi Shimon **disagree with regard to** whether an item can be **rendered susceptible** to impurity **before intention,** i.e., before one intends to use it as food. Rabbi Shimon holds that since the animal came in contact with the blood of the slaughter before the owner intended to use it as food, it is not rendered susceptible to impurity. Rabbi Meir holds that the susceptibility to impurity takes effect such that when the owner considers it as food it will be susceptible to impurity.

דִּתְנַן, אָמַר רַבִּי יְהוּדָה: כָּךְ הָיָה רַבִּי עֲקִיבָא שׁוֹנֶה, חֵלֶב שְׁחוּטָה בִּכְפָרִים – צָרִיךְ מַחֲשָׁבָה, וְאֵין צָרִיךְ הֶכְשֵׁר, שֶׁכְּבָר הוּכְשַׁר בִּשְׁחִיטָה.

This dispute is also found in that **which we learned** in a *baraita* (*Tosefta, Okatzin* 3:2): **Rabbi Yehuda says** that **Rabbi Akiva would teach this** *halakha*: **Fat** forbidden in consumption for a Jew from an animal **slaughtered in the villages**[HN] **requires intention,** i.e., designation, for consumption, for it to become susceptible to impurity. This is because the population in such places is small and there is an abundance of meat, so people do not generally consume the fat. Consequently, unless the Jewish owner intends for a gentile to consume it, it is not considered food. **But** the fat **does not require** contact with a liquid in order to be **rendered susceptible** to impurity, **as it was already rendered susceptible by the** blood of **slaughter** even though it came into contact with the blood before the Jew designated it for consumption.

אָמַרְתִּי לְפָנָיו: לִמַּדְתָּנוּ רַבֵּינוּ, עוֹלָשִׁין שֶׁלְּקָטָן וֶהֱדִיחָן לַבְּהֵמָה וְנִמְלַךְ עֲלֵיהֶן לָאָדָם – צְרִיכוֹת הֶכְשֵׁר שֵׁנִי! וְחָזַר רַבִּי עֲקִיבָא לִהְיוֹת שׁוֹנֶה כְּרַבִּי יְהוּדָה.

Rabbi Yehuda continues: **I said before him: You taught us, our teacher,** that in a case of **endives**[B] **that one picked and rinsed** in water **for** the consumption of **an animal,**[H] **and** one later **reconsidered** and decided to designate **them for human** consumption, the endives **need** to come into contact with liquid a **second** time in order to be **rendered susceptible** to impurity, as food designated for animal consumption does not contract impurity. Evidently, for a food item to become susceptible to impurity, its contact with liquid must occur after one designated it as food. **And Rabbi Akiva** then **retracted** his previous statement and **taught** the *halakha* **in accordance with** the statement of **Rabbi Yehuda.**

NOTES

Fat from an animal slaughtered in the villages – חֵלֶב שְׁחוּטָה בִּכְפָרִים: Rashi offers two explanations. The first is that people prefer not to eat the fat. Since there are few residents in the villages, there is sufficient meat for everyone and no one consumes the fat. Consequently, a Jew must specifically designate the fat as food in order for it to be rendered susceptible to impurity. The second explanation is that only wealthy people can afford to eat the fat. Since the people in the villages are poor, they do not normally eat it.

מָר סָבַר לַהּ כְּמֵעִיקָּרָא, וּמָר סָבַר לַהּ כַּחֲזָרָה.

Rav Pappa concludes: Rabbi Meir and Rabbi Shimon disagree in the same manner. One **Sage,** Rabbi Meir, **holds in accordance with** that which Rabbi Akiva taught **originally, and** one **Sage,** Rabbi Shimon, **holds in accordance with** that which Rabbi Akiva taught after his **retraction** of his original statement.

רַב אַחָא בְּרֵיהּ דְּרַב אִיקָא אָמַר: בְּנִתְקַנֵּחַ הַדָּם בֵּין סִימָן לְסִימָן קָמִיפַּלְגִי.

Rav Aḥa, son of Rav Ika, said another explanation of the dispute: The mishna is discussing a case where the blood of slaughter came into contact with a partially severed limb, and the blood of slaughter is one of the liquids that render food susceptible to impurity. But slaughter is valid only if one cuts the two *simanim*, the windpipe and the gullet, or the majority of the two *simanim*, and the *tanna'im* **disagree with regard to** a case where **the blood** in question **was wiped off between** the cutting of the first ***siman*** **and** the second ***siman.***

מָר סָבַר: יֶשְׁנָהּ לִשְׁחִיטָה מִתְּחִלָּה וְעַד סוֹף, וְהַאי דַּם שְׁחִיטָה הוּא. וּמָר סָבַר: אֵינָהּ לִשְׁחִיטָה אֶלָּא לַסּוֹף, וְהַאי דַּם מַכָּה הוּא.

One **Sage,** Rabbi Meir, **holds** that **slaughter is** defined **from** the **beginning to** the **end** of its performance, **and this** blood that splashed on the limb **is** considered **blood of slaughter. And** one **Sage,** Rabbi Shimon, **holds** that **slaughter is** defined **only** as **the conclusion** of its performance, **and this** blood from the first *siman* **is** considered the **blood of a wound** and does not render the limb susceptible to impurity.

רַב אַשִׁי אָמַר: בִּשְׁחִיטָה מַכְשֶׁרֶת וְלֹא דָּם קָמִיפַּלְגִי.

Rav Ashi said[N] another explanation of the dispute: The case is where the blood of slaughter came in contact with the partially severed limb, but Rabbi Meir and Rabbi Shimon **disagree with regard to** the principle that the **slaughter** itself **renders** the limb **susceptible** to impurity, **and not** the **blood** of slaughter. Rabbi Shimon holds that the blood of slaughter is not one of the liquids that render food susceptible to impurity. But the slaughter itself renders the meat of the animal susceptible to impurity, because it prepares the meat for consumption. Therefore, since a partially severed limb is not prepared for consumption by the slaughter, as it remains forbidden, the slaughter does not render it susceptible to impurity. Rabbi Meir maintains that the blood of slaughter is one of the liquids that render food susceptible to impurity, and therefore, the limb is rendered susceptible.

בָּעֵי רַבָּה: בְּהֵמָה בְּחַיֶּיהָ, מַהוּ שֶׁתֵּעָשֶׂה יָד לָאֵבֶר? תֵּיקוּ.

§Earlier (127b), Rabba explained that Rabbi Meir and Rabbi Shimon disagree with regard to whether the body of an animal constitutes a handle for its limb. With regard to the opinion of Rabbi Meir, who holds that it does constitute a handle, **Rabba raises a dilemma: What is** the *halakha* if **an animal** with a partially severed limb came into contact with a source of impurity **during its lifetime?** In such a case, where the animal is not susceptible to contract impurity because it is alive but the partially severed limb is susceptible to contract impurity as food, does the animal **constitute a handle for** its **limb** and transmit the impurity to the limb? The Gemara concludes: The dilemma **shall stand** unresolved.

אָמַר אַבָּיֵי: הֲרֵי אָמְרוּ קִישּׁוּת שֶׁנְּטָעָהּ בְּעָצִיץ, וְהִגְדִּילָה וְיָצְאת חוּץ לֶעָצִיץ – טְהוֹרָה.

The Gemara introduces a similar dilemma. **Abaye says:** The Sages **said** in the mishna (*Okatzin* 2:9): In the case of an impure **cucumber**[B] **that one planted in** an unperforated **flowerpot,**[H] such that the cucumber is considered detached from the ground and susceptible to impurity as food, **and** the cucumber **grew and went out beyond** the edge of **the flowerpot** such that part of the cucumber is overlying the ground, the entire cucumber is considered attached to the ground and therefore becomes **pure.**

NOTES

Rav Ashi said, etc. – רַב אַשִׁי אָמַר וכו׳: The Gemara offers six explanations in total with regard to the disagreement between Rabbi Meir and Rabbi Shimon. According to the first three explanations, the mishna is discussing a case where the blood of the slaughtered animal came into contact with the body of the animal but not with the partially severed limb. Rabba explains that they disagree with regard to whether an animal becomes a handle for its limb. Abaye explains that Rabbi Meir and Rabbi Shimon disagree with regard to one who grasps a small part of an item such that the large part of the item does not ascend with the small part. Rava explains that they disagree with regard to whether a handle only imparts impurity to the attached food, but does not render the attached food susceptible to impurity, or whether it also renders the attached food susceptible to impurity.

According to the latter three explanations, the mishna is discussing a case where the blood of slaughter came into direct contact with the partially severed limb. Rav Pappa explains that Rabbi Meir and Rabbi Shimon disagree whether one must intend for the item to be used as food before it comes into contact with liquid in order for that item to be rendered susceptible to impurity. Rav Aḥa, son of Rav Ika, explains that the mishna is discussing a case where the blood is wiped off between the cutting of the first *siman* and the second *siman*, and they disagree whether slaughter is defined from the beginning to the end of its performance. Rav Ashi explains that Rabbi Meir and Rabbi Shimon disagree with regard to the fundamental question of whether the slaughter itself, and not the blood of slaughter, renders the limb susceptible to impurity.

HALAKHA

An impure cucumber that one planted in a flowerpot – קִישּׁוּת שֶׁנְּטָעָהּ בְּעָצִיץ: A cucumber that was planted in a perforated flowerpot is not susceptible to impurity, even if it grew and went out beyond the edge of the flowerpot (Rambam *Sefer Tahara, Hilkhot Tumat Okhalin* 2:9 and *Kesef Mishne* there, and see Ra'avad there).

BACKGROUND

Cucumber – קִישּׁוּת: The cucumber, *Cucumis chate*, is a summer fruit of the Cucurbitaceae family and is a species of gourd. It is called *melafefon* in modern Hebrew. The fruit is up to 80 cm and a width of about 3 cm, and sometimes grows bent or twisted. The fruit may be eaten raw or cooked, but it becomes bitter or sour when it is overripe.

אָמַר רַבִּי שִׁמְעוֹן: וְכִי מָה טִיבָהּ לִטַהֵר? אֶלָּא הַטָּמֵא בְּטוּמְאָתוֹ, וְטָהוֹר בְּטָהֳרָתוֹ.

Rabbi Shimon says: What is the nature of the impurity of the cucumber that it **is rendered pure** in such a case? **Rather, the** part of the cucumber that is inside the flowerpot and **impure** remains **in its** state of **impurity, and** the part of the cucumber that is outside the flowerpot and **pure** remains **in its** state **of purity.**

בָּעֵי אַבַּיֵי: מַהוּ שֶׁתֵּעָשֶׂה יָד לַחֲבֶרְתָּהּ? תֵּיקוּ.

Based on this mishna, **Abaye raises a dilemma** according to the opinion of Rabbi Shimon: **What is** the *halakha* if the part of the cucumber outside of the flowerpot comes into contact with a source of impurity? Does the part of the cucumber outside the flowerpot **constitute a handle for its counterpart** inside the flowerpot and transmit impurity to it to it? The Gemara concludes: The dilemma **shall stand** unresolved.

אָמַר רַבִּי יִרְמְיָה: הֲרֵי אָמְרוּ הַמִּשְׁתַּחֲוֶה לַחֲצִי דְּלַעַת – אֲסָרָהּ. בָּעֵי רַבִּי יִרְמְיָה:

The Gemara relates another dilemma based on the opinion of Rabbi Shimon. **Rabbi Yirmeya says:** The Sages **said** that **one who bows down to a half of a gourd,** worshipping it as a divinity, **renders** that half of the gourd **forbidden,** i.e., it is prohibited to derive benefit from it, because it was worshipped as an idol. The other half, though, is not forbidden. Based on this ruling, **Rabbi Yirmeya raises a dilemma:**

Perek **IX**
Daf **128** Amud **b**

מַהוּ שֶׁתֵּעָשֶׂה יָד לַחֲבֶרְתָּהּ? תֵּיקוּ.

According to Rabbi Shimon, an item that is forbidden due to idol worship is not susceptible to impurity as food (see 129a). **What is** the *halakha* if the forbidden part of the gourd comes into contact with a source of impurity? Does the forbidden part **constitute a handle for its** permitted **counterpart** and transmit impurity to it? The Gemara concludes: The dilemma **shall stand** unresolved.

אָמַר רַב פָּפָּא, הֲרֵי אָמְרוּ: יִחוּר שֶׁל תְּאֵנָה שֶׁנִּפְשַׁח וּמְעוֹרֶה בִּקְלִיפָּתָהּ – רַבִּי יְהוּדָה מְטַהֵר, וַחֲכָמִים אוֹמְרִים: אִם יָכוֹל לִחְיוֹת – טָהוֹר, וְאִם לָאו – טָמֵא.

The Gemara discusses a similar dilemma. **Rav Pappa says:** The Sages **said** in a mishna (*Okatzin* 3:8): In the case of **a branch of a fig** tree **that was** mainly **detached**[H] from the tree **and** which remains **attached** only **to the bark of** the tree, **Rabbi Yehuda** holds that the figs on the branch are considered as if they are still attached to the tree. Therefore, he **deems** them **not susceptible to impurity. And the Rabbis say: If** one is **able** to reattach the branch to the tree such that the branch can continue **to live** and produce fruit, then it is considered as if it is attached to the tree and the fruit on it is **not susceptible to impurity. But if not,** then the fruit is **susceptible to impurity.**

בָּעֵי רַב פָּפָּא: מַהוּ שֶׁיֵּעָשֶׂה יָד לַחֲבֵירוֹ? תֵּיקוּ.

With regard to this mishna, **Rav Pappa raises a dilemma:** According to the Rabbis, who distinguish between a branch that can be reattached and one that cannot, **what is** the *halakha* in the case of a branch that is mainly detached from a tree but can be reattached, and a second branch grows out from that branch, and is mainly detached from it and cannot be reattached? In such a case, the branch that can be reattached to the tree is not susceptible to contracting impurity, but the branch attached to it is. If the branch that is not susceptible to contract impurity comes into contact with a source of impurity, does it **constitute a handle for the other** branch[H] and transmit impurity to it? The Gemara concludes: The dilemma **shall stand** unresolved.

HALAKHA

A branch of a fig tree that was detached – יִחוּר שֶׁל תְּאֵנָה שֶׁנִּפְשַׁח: If a branch of a fig tree was detached from the tree and remains attached only to the bark of the tree, the fruit on the branch is susceptible to impurity if one is unable to reattach the branch to the tree such that the branch can continue to live and produce fruit. This ruling is in accordance with the opinion of the Rabbis in the mishna in tractate *Okatzin* (Rambam *Sefer Tahara, Hilkhot Tumat Okhalin* 2:2).

Does it constitute a handle for the other branch – מַהוּ שֶׁיֵּעָשֶׂה יָד לַחֲבֵירוֹ: With regard to a branch of a fig tree that was detached from the tree and remains attached only to the bark of the tree, if one is not able to reattach the branch to the tree such that the branch can continue to live and produce fruit, it is uncertain whether the rest of the tree is considered a handle for this branch in order to impart impurity to the branch, as the Gemara leaves the dilemma unresolved (Rambam *Sefer Tahara, Hilkhot Tumat Okhalin* 2:2).

אָמַר רַבִּי זֵירָא, הֲרֵי אָמְרוּ: אֶבֶן שֶׁבַּזָּוִית, כְּשֶׁהוּא חוֹלֵץ – חוֹלֵץ אֶת כּוּלָּהּ, וּכְשֶׁהוּא נוֹתֵץ – נוֹתֵץ אֶת שֶׁלּוֹ וּמַנִּיחַ אֶת שֶׁל חֲבֵירוֹ.

The Gemara discusses another similar dilemma. **Rabbi Zeira says:** The Sages **said** in a mishna (*Nega'im* 13:2): In the case of a large **stone that** is situated **in the corner**[H] of a wall shared by two houses, where the stone is visible from inside both houses, if a leprous mark appears in one of the houses on the stone, **when one extracts** the stone **he must extract the entire** stone, even the part of the stone that is part of the neighbor's wall. **But when one destroys**[N] his house, after a reappearance of the leprous mark, **he must destroy** only the part of a stone that is in **his** house, **and leaves** the part of a stone **that belongs to his neighbor.**[N]

בָּעֵי רַבִּי זֵירָא: מַהוּ שֶׁתַּעֲשֶׂה יָד לַחֲבֶרְתָּהּ? תֵּיקוּ.

With regard to this mishna **Rabbi Zeira raises a dilemma: What is** the *halakha* in such a case with regard to the transmission of impurity from the leprous house to the adjacent house? Does half of the stone in the adjacent house **constitute a handle for the other** half[H] and impart impurity such that one who enters the neighbor's house becomes impure just as one who enters the leprous house? Or perhaps there is no *halakha* of a handle with regard to the impurity of a leprous house. The Gemara concludes: The dilemma **shall stand** unresolved.

״מֵתָה הַבְּהֵמָה״. מַאי אִיכָּא בֵּין אֵבֶר מִן הַחַי לְאֵבֶר שֶׁל הַנְּבֵלָה?

§ The mishna teaches: If **the animal died,** the hanging flesh needs to be rendered susceptible to impurity via contact with a liquid in order to become impure, as its halakhic status is that of flesh severed from a living animal, which is ritually pure and does not have the status of an unslaughtered carcass. The hanging limb imparts impurity as a limb severed from a living animal but does not impart impurity as the limb of an unslaughtered carcass. The Gemara asks: **What** difference **is there between** the impurity of **a limb from a living** animal **and** the impurity of **a limb from a carcass?**

אִיכָּא בֵּינַיְיהוּ: בָּשָׂר הַפּוֹרֵשׁ מִמֶּנּוּ מֵאֵבֶר בְּהֵמָה, דְּאִילּוּ בָּשָׂר הַפּוֹרֵשׁ מֵאֵבֶר מִן הַחַי – לֹא מְטַמֵּא, מֵאֵבֶר מִן הַנְּבֵלָה – מְטַמֵּא.

The Gemara answers: The difference **between them** is with regard to **flesh that separates from the limb of an animal,**[H] **as flesh that separates from a limb** severed **from the living does not impart impurity,** just like flesh that separates directly from a living animal. By contrast, an olive-bulk of flesh that separates **from the limb of a carcass imparts impurity** like the flesh of a carcass.

HALAKHA

A stone that is situated in the corner, etc. – אֶבֶן שֶׁבַּזָּוִית וכו׳: In the case of a large stone that is situated in the corner of a wall shared by two houses where the stone is visible from inside both houses, if a leprous mark appears in one of the houses on the stone, the owner of that house must extract the entire stone from the house, even the part that is a portion of his neighbor's wall. But in a case when he must destroy the house, he must destroy only the part of the stone that is in his house and leave the part of the stone that belongs to his neighbor (Rambam *Sefer Tahara, Hilkhot Tumat Tzara'at* 15:5).

Does half of the stone in the adjacent house constitute a handle for the other half – שֶׁתַּעֲשֶׂה יָד לַחֲבֶרְתָּהּ: In the case of a large stone that is situated in the corner of a wall shared by two houses where the stone is visible from inside both houses, if a leprous mark appears in one of the houses on the stone such that he must destroy the house, he destroys only the part of the stone that is in his house and leaves the part of the stone which belongs to his neighbor. The Gemara is uncertain if the shared stone constitutes a handle for the other house and imparts impurity such that one who enters the neighbor's house becomes impure just as one who enters the leprous house becomes impure (Rambam *Sefer Tahara, Hilkhot Tumat Tzara'at* 15:5).

Flesh that separates from the limb of an animal – בָּשָׂר הַפּוֹרֵשׁ מִמֶּנּוּ מֵאֵבֶר בְּהֵמָה: What difference is there between the impurity of a limb from a living animal and the impurity of a limb from a carcass? The difference between them is with regard to flesh that separates from the limb of an animal. If flesh separates from a limb severed from a living animal, it does not impart impurity. But flesh that separates from the limb of a carcass imparts impurity via contact and carrying in the measure of an olive-bulk (Rambam *Sefer Tahara, Hilkhot She'ar Avot HaTumot* 2:5).

NOTES

When one extracts…but when one destroys – ...כְּשֶׁהוּא חוֹלֵץ וּכְשֶׁהוּא נוֹתֵץ: A leprous mark found inside a house, which is either green or red in appearance, evolves in three stages that are discussed in the Torah (see Leviticus 14:35–48). Upon first seeing a leprous mark, the priest seals off the house and returns to inspect the leprous mark after one week. If the leprous mark remains, the priest seals off the house for another week. If the leprous mark spread after that first week, or remained in place after the first and second weeks, the stones containing the leprosy are removed and the house is sealed off for another week. If after another week the leprous mark has not spread, the priest deems the house pure. But if the leprous mark has returned and spread, the house must be destroyed.

He must destroy only a stone in his house and leaves the part that belongs to his neighbor – נוֹתֵץ אֶת שֶׁלּוֹ וּמַנִּיחַ אֶת שֶׁל חֲבֵירוֹ: The early commentaries explain the difference between the *halakha* with regard to removing the stone, which applies to the neighbor's house, and the *halakha* with regard to destroying the house, which does not apply to the neighbor's house. Rashi states: With regard to removing the leprous stone the verse is concerned with the stone, as it is written: "They take out the stones in which the plague is" (Leviticus 14:40), indicating that one must remove the entire stone, even that part which is in his neighbor's house. But with regard to destroying the house the verse is concerned with the house and not the stone, as it is written: "And he shall break down the house" (Leviticus 14:45), indicating that one must destroy the entire house but not necessarily the entire stone.

Rabbi Shimshon of Saens explains the verses differently: With regard to removing the leprous stone the verse employs the third-person plural form: "They take out the stones in which the plague is," indicating that more than one person is obligated to remove the stone, i.e., it includes the neighbor. But with regard to destroying the house the verse uses the third-person singular form: "And he shall break down the house," indicating that only one person is responsible for destroying his house.

Other commentaries offer a third reason for the difference: At first, one assumes that the cause of the leprosy is a particular stone, and therefore he must remove the entire stone. But after the leprosy spreads, it is clear that the cause is not a particular stone but rather his house. Therefore, he must destroy all parts of his house, but not sections of the stones that are part of his neighbor's house (Ramban's Commentary on the Torah).

אֵבֶר מִן הַחַי דְּמְטַמֵּא, מַאי קְרָא? אָמַר רַב יְהוּדָה, אָמַר רַב: "וְכִי יָמוּת מִן הַבְּהֵמָה".

The Gemara asks: **What is the verse** from which it is derived **that a limb** severed **from the living imparts impurity? Rav Yehuda says** that **Rav says:** With regard to the impurity of a carcass it is written: **"And if some animal** [*min habehema*] of which you may eat **dies,** he who touches its carcass shall be impure until evening" (Leviticus 11:39). The phrase "some animal [*min habehema*]," which also means: From an animal, is interpreted as indicating that a limb torn from an animal is included in the impurity discussed in the verse.

וְהַאי מִיבְּעֵי לֵיהּ לְכִדְרַב יְהוּדָה, אָמַר רַב, דְּאָמַר רַב יְהוּדָה, אָמַר רַב, וְאָמְרִי לַהּ בְּמַתְנִיתָא תָּנָא: "וְכִי יָמוּת מִן הַבְּהֵמָה" – מִקְצָת בְּהֵמָה מְטַמְּאָה, וּמִקְצָת בְּהֵמָה אֵינָהּ מְטַמְּאָה. וְאֵיזוֹ זוֹ – זוֹ טְרֵפָה שֶׁשְּׁחָטָהּ!

The Gemara asks: How can Rav interpret this verse in such a manner? **This** verse **is necessary for** another *halakha* **that Rav Yehuda** said that **Rav said,** as **Rav Yehuda said** that **Rav said, and some say it was taught in a** *baraita*: In the verse: **"And if some animal** [*min habehema*] of which you may eat **dies,** he who touches its carcass shall be impure until evening," the phrase "some animal [*min habehema*]" indicates that **some** dead **animals impart impurity** as a carcass, **and some** dead **animals do not impart impurity** as a carcass. **And which is that** animal that does not impart impurity as a carcass? **That is an animal with a wound that will cause it to die within twelve months** [*tereifa*] **that one slaughtered.** Even though slaughter does not render the animal permitted to be eaten, it removes the animal from the category of a carcass with regard to impurity.

אִם כֵּן, לִכְתּוֹב רַחֲמָנָא "מִבְּהֵמָה", מַאי "מִן הַבְּהֵמָה" – שְׁמַע מִינַּהּ תַּרְתֵּי.

The Gemara answers: **If so,** if the verse teaches only one of the two *halakhot*, **let the Merciful One write** ***mibehema***, in one Hebrew word. **What** is the verse teaching when it states: ***"Min habehema,"*** with two Hebrew words? It is teaching that one should **conclude two** conclusions **from it.**

אִי הָכִי, אֲפִילּוּ בָּשָׂר נַמִּי! לָא סָלְקָא דַּעְתָּךְ, דְּתַנְיָא: יָכוֹל יְהֵא בָּשָׂר הַפּוֹרֵשׁ מִן הַחַי טָמֵא? תַּלְמוּד לוֹמַר: "וְכִי יָמוּת מִן הַבְּהֵמָה", מָה מִיתָה – שֶׁאֵינָהּ עוֹשָׂה חֲלִיפִין, אַף כֹּל – שֶׁאֵינוֹ עוֹשֶׂה חֲלִיפִין, דִּבְרֵי רַבִּי יוֹסֵי.

The Gemara challenges: **If so,** if this verse teaches that a limb from a living animal imparts impurity, one can **also** derive from it that **even flesh** from a living animal imparts impurity. The Gemara responds: **It should not enter your mind** to derive this, **as it is taught** in a *baraita*: One **might** have thought that **flesh that separates from a living** animal **is impure** like a carcass. Therefore, **the verse states: "And if some animal** of which you may eat **dies."** **Just as death does not generate a replacement,** i.e., life is not regenerated from the dead, **so too any** element of an animal **that** dies and **does not generate a replacement** assumes the impurity of a carcass. An animal does not replace a severed limb but it does replace severed flesh; this is **the statement of Rabbi Yosei.**

רַבִּי עֲקִיבָא אוֹמֵר: "בְּהֵמָה", מָה בְּהֵמָה – גִּידִים וַעֲצָמוֹת, אַף כֹּל – גִּידִים וַעֲצָמוֹת. רַבִּי אוֹמֵר: "בְּהֵמָה", מָה בְּהֵמָה – בָּשָׂר גִּידִים וַעֲצָמוֹת, אַף כֹּל – בָּשָׂר גִּידִים וַעֲצָמוֹת.

Rabbi Akiva says: One can derive this *halakha* from the word **"animal"** in the verse. **Just as an animal** contains **sinews and bones, so too, any** element of an animal that contains **sinews and bones** imparts impurity. Therefore, a limb, which contains sinews and bones, imparts impurity, but flesh, which does not contain sinews and bones, does not impart impurity. **Rabbi** Yehuda HaNasi **says:** One can derive this *halakha* from the word **"animal"** in the verse. **Just as an animal** contains **flesh, sinews, and bones, so too, any** element of an animal that contains **flesh, sinews, and bones** imparts impurity.

מַאי אִיכָּא בֵּין רַבִּי לְרַבִּי עֲקִיבָא? אִיכָּא בֵּינַיְיהוּ: אַרְכּוּבָה.

The Gemara asks: **What** difference **is there between** the opinions of **Rabbi** Yehuda HaNasi **and Rabbi Akiva?** The Gemara answers: The practical difference **between them is** with regard to the **leg joint,** which contains sinews and bones but no flesh. According to Rabbi Yehuda HaNasi it does not impart impurity when it separates from a living animal, but according to Rabbi Akiva it does.

בֵּין רַבִּי עֲקִיבָא לְרַבִּי יוֹסֵי הַגְּלִילִי מַאי אִיכָּא בֵּינַיְיהוּ? אָמַר רַב פַּפָּא: כּוּלְיָא וְנִיב שְׂפָתַיִם אִיכָּא בֵּינַיְיהוּ.

The Gemara asks: **What** practical difference **is there between** the opinions of **Rabbi Akiva and Rabbi Yosei HaGelili? Rav Pappa said:** The practical difference **between them is** with regard to the **kidney and** the **upper lip** that separate from a living animal. According to Rabbi Yosei these parts of the animal impart impurity because the animal does not generate a replacement for them; according to Rabbi Akiva they do not impart impurity, because they do not contain bones.

תַּנְיָא נַמִּי גַּבֵּי שְׁרָצִים כְּהַאי גַּוְונָא: יָכוֹל בָּשָׂר הַפּוֹרֵשׁ מִן הַשְּׁרָצִים יְהֵא טָמֵא? תַּלְמוּד לוֹמַר: ״בְּמֹתָם״, מַה מִּיתָה – שֶׁאֵינָהּ עוֹשָׂה חֲלִיפִין, אַף כֹּל – שֶׁאֵינָהּ עוֹשָׂה חֲלִיפִין, דִּבְרֵי רַבִּי יוֹסֵי הַגְּלִילִי.

The Gemara states a different *halakha* where these three *tanna'im* express the same opinions. **So too, it is taught** in a *baraita* **with regard to creeping animals like this case:** One **might** have thought that **flesh that separates from a creeping animal** during its lifetime **should be impure** like a creeping animal carcass. Therefore, **the verse states** with regard to creeping animal carcasses: "And upon whatever any of them falls **when they are dead** shall be impure" (Leviticus 11:32). The word "dead" teaches that **just as death does not generate a replacement, so too any** element of a creeping animal **that** dies and **does not generate a replacement** imparts the impurity of a creeping animal carcass, excluding flesh; this is **the statement of Rabbi Yosei HaGelili.**

רַבִּי עֲקִיבָא אוֹמֵר: ״שֶׁרֶץ״, מַה שֶּׁרֶץ – גִּידִים וַעֲצָמוֹת, אַף כֹּל – גִּידִים וַעֲצָמוֹת. רַבִּי אוֹמֵר: ״שֶׁרֶץ״, מַה שֶּׁרֶץ – בָּשָׂר גִּידִים וַעֲצָמוֹת, אַף כֹּל – בָּשָׂר גִּידִים וַעֲצָמוֹת.

Rabbi Akiva says: One can derive this *halakha* from the term **"creeping animal." Just as a creeping animal** contains **sinews and bones, so too any** element of a creeping animal that contains **sinews and bones** imparts impurity. **Rabbi** Yehuda HaNasi **says:** One can derive this *halakha* from the term **"creeping animal." Just as a creeping animal** contains **flesh, sinews, and bones, so too, any** element of a creeping animal that contains **flesh, sinews, and bones** imparts impurity.

בֵּין רַבִּי לְרַבִּי עֲקִיבָא – אִיכָּא בֵּינַיְיהוּ אַרְכּוּבָה. בֵּין רַבִּי עֲקִיבָא לְרַבִּי יוֹסֵי הַגְּלִילִי מַאי אִיכָּא בֵּינַיְיהוּ? אֲמַר רַב פַּפָּא: כּוּלְיָא וְנִיב שְׂפָתַיִם אִיכָּא בֵּינַיְיהוּ.

The Gemara comments: The practical difference **between** the opinions of **Rabbi** Yehuda HaNasi **and Rabbi Akiva is** with regard to **the leg joint,** which contains sinews and bones but no flesh. **What** difference **is there between** the opinions of **Rabbi Akiva and Rabbi Yosei HaGelili? Rav Pappa said:** The practical difference **between them is** with regard to **the kidney and the upper lip,** which contain no bones and which are not regenerated by the creeping animal.

וּצְרִיכָא, דְּאִי אַשְׁמַעִינַן בְּהֵמָה – הַיְינוּ טַעְמָא דְּלָא מְטַמֵּא מֵחַיִּים, מִשּׁוּם דְּלָא מְטַמֵּא בְּכַעֲדָשָׁה. אֲבָל שֶׁרֶץ דִּמְטַמֵּא בְּכַעֲדָשָׁה, אֵימָא לְטַמֵּא מֵחַיִּים!

And it is necessary to teach this *halakha* both with regard to flesh that separates from a living animal and with regard to flesh that separates from a creeping animal. **As if** the *baraita* **had taught us** this *halakha* only with regard to **an animal,** one might have said that **this is the reason that** flesh that separates **from a living** animal **does not impart impurity:** It is **because** an animal carcass **does not impart impurity in** the measure of **a lentil-bulk,** but rather only in the measure of an olive-bulk. **But** with regard to **a creeping animal, which imparts impurity** even **in** the measure of **a lentil-bulk, say** that flesh that separates **from** it while it is **living should impart impurity.**

וְאִי אַשְׁמוּעִינַן שֶׁרֶץ – מִשּׁוּם דְּלָא מְטַמֵּא בְּמַשָּׂא לֹא מְטַמֵּא מֵחַיִּים, אֲבָל בְּהֵמָה דִּמְטַמֵּא בְּמַשָּׂא, אֵימָא תְּטַמֵּא מֵחַיִּים, צְרִיכָא.

And if the *baraita* **had taught us** this *halakha* only with regard to **a creeping animal,** one might have said that flesh that separates from a creeping animal does not impart impurity **because** a creeping animal **does not impart impurity via carrying,** and therefore flesh that separates from it **while it is living does not impart impurity. But** with regard to **an animal, which imparts impurity via carrying, say** that flesh that separates from it **while it is living should impart impurity.** Therefore, **it is necessary** to teach this *halakha* in both cases.

תָּנוּ רַבָּנַן: הַחוֹתֵךְ כַּזַּיִת בָּשָׂר מֵאֵבֶר מִן הַחַי, חֲתָכוֹ וְאַחַר כָּךְ חִישֵּׁב עָלָיו – טָהוֹר.

§ The Gemara continues to discuss flesh that separates from a living animal. **The Sages taught** in a *baraita*: In the case of **one who severs an olive-bulk of flesh from a limb** severed **from the living,** the flesh does not impart the impurity of a carcass but it does impart impurity as food if one designated it as food before it came into contact with a source of impurity. Therefore, if **one severed** the flesh from the limb **and afterward intended it** to be used for the consumption of a gentile, the flesh remains **pure** because at the time he designated the flesh as food it was not in contact with a source of impurity.

חִישֵּׁב עָלָיו וְאַחַר כָּךְ חֲתָכוֹ – טָמֵא.

But if **he intended it** to be used for the consumption of a gentile **and afterward severed** the flesh, the flesh is **impure,** because it came into contact with a source of impurity, i.e., the limb, after it was designated as food.

רַבִּי אַסִּי לָא עַל לְבֵי מִדְרְשָׁא, אַשְׁכְּחֵיהּ לְרַבִּי זֵירָא. אֲמַר לֵיהּ: מַאי אֲמוּר בְּבֵי מִדְרְשָׁא? אֲמַר לֵיהּ: מַאי קַשְׁיָא לָךְ? אֲמַר לֵיהּ: דְּקָתָנֵי ״חִישֵּׁב וְאַחַר כָּךְ חֲתָכוֹ – טָמֵא״.

One day **Rabbi Asi did not go to the study hall. He found Rabbi Zeira,** and **said to him: What was said** today **in the study hall?** Rabbi Zeira **said to him: What** matter is **difficult for you** that you think may have been discussed in the study hall? Rabbi Asi **said to him:** I find difficult that **which is taught** in a *baraita*: If **one intended** flesh from a limb that was severed from a living animal to be used for the consumption of a gentile, **and afterward he severed** the flesh from the limb, the flesh is **impure.**

Perek **IX**
Daf **129** Amud **a**

טוּמְאַת בֵּית הַסְּתָרִים הִיא, וְטוּמְאַת בֵּית הַסְּתָרִים לֹא מְטַמֵּא!

Why should the flesh be impure? Since the source of its impurity is the limb, and the location of the contact between the limb and the flesh is hidden and not visible, **it** constitutes contact with a source of **impurity** in **a concealed part** of the body, **and** the principle is that contact with a source of **impurity** in **a concealed part** of the body **does not render** an item **impure.**[N]

אֲמַר לֵיהּ: אַף לְדִידִי קַשְׁיָא לִי, וּשְׁאִילְתֵּיהּ לְרַבִּי אַבָּא בַּר מֶמֶל וַאֲמַר לִי: הָא מַנִּי – רַבִּי מֵאִיר הִיא, דַּאֲמַר טוּמְאַת בֵּית הַסְּתָרִים מְטַמֵּא.

Rabbi Zeira **said to** Rabbi Asi: This matter is **difficult for me as well, and I asked Rabbi Abba bar Memel,**[P] **and he said to me:** In accordance with **whose** opinion **is this** *baraita*? **It is** in accordance with the opinion of **Rabbi Meir,**[N] **who said** that contact with a source of **impurity** in **a concealed part** of the body **renders** an item **impure.**

אֲמַר לֵיהּ: וְלָאו זִימְנִין סַגִּיאִין אֲמַרָהּ קַמַּאי, וַאֲמַרִי לֵיהּ: שָׁנֵי לֵיהּ לְרַבִּי מֵאִיר בֵּין טוּמְאָה דְּבָעְיָא הֶכְשֵׁר וּבֵין טוּמְאָה דְּלָא בָּעְיָא הֶכְשֵׁר!

Rabbi Asi **said to** Rabbi Zeira: But hasn't Rabbi Abba bar Memel **said** this answer **in my presence many times? And I said to him** that this answer does not explain the ruling of the *baraita*. The reason is that with regard to a concealed part of the body imparting impurity, **Rabbi Meir differentiates between** a type of **impurity that requires** an item to be **rendered susceptible** in order to take effect **and** a type of **impurity that does not require** an item to be **rendered susceptible.** The case in the *baraita* is one where the flesh was not yet rendered susceptible to impurity when it was severed from the limb, and Rabbi Meir concedes that in such a case impurity should not apply to a concealed part of the body.

אֲמַר רָבָא: וּמַאי קוּשְׁיָא? דִּלְמָא בְּשֶׁהוּכְשַׁר?

Rava was surprised by Rabbi Asi's statement and **said: But what is the difficulty? Perhaps** the *baraita* is discussing a case **where** the flesh **was rendered** susceptible to impurity before it was severed from the limb.

אֲמַר לֵיהּ רַבָּה בַּר רַב חָנָן, לְרָבָא: לָמָּה לִי הֶכְשֵׁר? הֲרֵי מְטַמֵּא טוּמְאָה חֲמוּרָה אַגַּב אָבִיו!

Rabba bar Rav Ḥanan said to Rava: Why do I need the flesh severed from the limb to be **rendered susceptible** to impurity? Flesh that is upon a limb from a living animal **imparts a severe** form of **impurity due to its original** limb, as it is considered part of the limb that was severed from a living animal, which imparts the impurity of a carcass, a severe form of impurity that is transmitted even to people and vessels. Therefore, it is not necessary to render this flesh susceptible to impurity after its separation from the limb, because the *halakha* is that any food item that will eventually impart a severe form of impurity does not require contact with liquid in order to be rendered susceptible to imparting a lesser form of impurity.

אֲמַר לֵיהּ: כְּשֶׁשִּׁימֵּשׁ, מַעֲשֵׂה עֵץ שִׁימֵּשׁ.

Rava **said to** Rabba bar Rav Ḥanan: This principle applies only when the more severe and more lenient forms of impurity are both impurities of food. But in the case of the *baraita*, the flesh needs to be rendered susceptible to impurity after it is severed from the limb, because **when it** initially **served** as part of the limb, **it performed the role of wood,** i.e., it had the status of flesh of the limb, which is necessary to give the limb the status of a limb severed from the living (see 128b), but it was not impure due to its status as food.

NOTES

And impurity in a concealed part does not render an item impure – וְטוּמְאַת בֵּית הַסְּתָרִים לֹא מְטַמֵּא: The *halakha* is in accordance with the opinion that impurity in a concealed part of the body does not impart impurity to people, food, vessels, and garments. *Tosafot* explain that with regard to all types of impurity, the term touching is stated, and this refers to that which is exposed and fit for touching, but not to that which is concealed (*Nidda* 42a; Rambam *Sefer Tahara, Hilkhot Tumat Met* 1:3, 8).

It is in accordance with the opinion of Rabbi Meir – רַבִּי מֵאִיר הִיא: Rashi explains that this is referring to the opinion of Rabbi Meir in the mishna earlier (72a) with regard to an animal fetus that extended its foreleg from its mother's womb during birth. If one slaughtered the mother and then severed the foreleg, Rabbi Meir holds that all the flesh of the fetus is rendered impure due to its previous connection to the foreleg, which imparted the impurity of an animal carcass.

PERSONALITIES

Rabbi Abba bar Memel – רַבִּי אַבָּא בַּר מֶמֶל: Rabbi Abba bar Memel was part of the second and third generations of *amora'im* living in Eretz Yisrael. Some say that he was called bar Memel not because his father's name was Memel, but because he lived in an area in the western Galilee called Memela. Rabbi Abba bar Memel was a colleague of the students of Rabbi Yoḥanan such as Rabbi Elazar and Rabbi Ami, but he himself was not a student of Rabbi Yoḥanan. It seems that he was a student of Rabbi Yoḥanan's teacher, Rabbi Oshaya the Elder, who lived in Caesarea. The statements of Rabbi Abba bar Memel are mostly taught by the *amora'im* who lived in Eretz Yisrael in the generation after him. Very little is known about his private life and family. He had at least one son, Rabbi Aḥa.

אָמַר אַבַּיֵי, הֲרֵי אָמְרוּ: כּוּפַת שְׂאוֹר שֶׁיִּחֲדָהּ לִישִׁיבָה – בָּטְלָה.

§Rava said that if a food item serves a function other than food, the principle that if it will eventually contract a severe form of impurity it does not require contact with liquid in order to be rendered susceptible to a lesser form of impurity does not apply. The Gemara now relates a number of matters that are explained with the same reasoning. **Abaye said:** The Sages **said** in a *baraita*: **A mass of** hardened **leaven that one designated for** the purpose of **sitting** upon it, not for consumption, **is nullified.**[N] The item is no longer considered food and one may possess it in his house during Passover. But the item is now considered a chair, and it is subject to ritual impurity imparted by treading. It therefore is rendered impure if a *zav* sits on it.

טוּמְאָתָהּ לָאו דְּאוֹרַיְיתָא – דְּאִי סָלְקָא דַּעְתָּךְ דְּאוֹרַיְיתָא, מָצִינוּ לָאוֹכָלִין שֶׁמִּטַּמְּאִין טוּמְאָה חֲמוּרָה. כְּשֶׁשִּׁימֵּשׁ, מַעֲשֵׂה עֵץ שִׁימֵּשׁ.

Abaye explained: **Its impurity** in such a case is clearly **not by Torah law** but by rabbinic law; **as if it enters your mind** that it is impure **by Torah law,** then **we have found** that **food can become susceptible to a severe** type of **impurity.** This cannot be true, because the category of food that requires contact with liquid to be susceptible to impurity is food that will not eventually impart a more severe type of impurity. Based on Rava's reasoning, the Gemara responds: The seat imparts impurity by Torah law. **When** the leaven **served** as a chair it was not considered food, as **it performed the role of wood.**

אָמַר אַבַּיֵי, הֲרֵי אָמְרוּ: תִּקְרוֹבֶת עֲבוֹדָה זָרָה שֶׁל אוֹכָלִין – מְטַמְּאִין בְּאוֹהֶל. טוּמְאָתָהּ לָאו דְּאוֹרַיְיתָא – דְּאִי סָלְקָא דַּעְתָּךְ דְּאוֹרַיְיתָא, מָצִינוּ לָאוֹכָלִין שֶׁמִּטַּמְּאִין טוּמְאָה חֲמוּרָה! כְּשֶׁשִּׁימֵּשׁ, מַעֲשֵׂה עֵץ שִׁימֵּשׁ.

Similarly, **Abaye said:** The Sages **said** in a *baraita*: **An idolatrous offering of food imparts impurity in a tent.** Abaye explained: **Its impurity is not by Torah law** but by rabbinic law; **as if it enters your mind** that it is impure **by Torah law,** then **we have found** that **food can become susceptible to a severe** type of **impurity.** The Gemara responds: The idolatrous offering imparts impurity by Torah law. **When** the food **served** as an idolatrous offering it was not considered food, as **it performed the role of wood.**

אָמַר אַבַּיֵי, הֲרֵי אָמְרוּ: חִבּוּרֵי אוֹכָלִין כְּכֵלִים דָּמוּ. טוּמְאָתָן לָאו דְּאוֹרַיְיתָא – דְּאִי סָלְקָא דַּעְתָּךְ דְּאוֹרַיְיתָא, מָצִינוּ לָאוֹכֶל שֶׁמְּטַמֵּא טוּמְאָה חֲמוּרָה! כְּשֶׁשִּׁימֵּשׁ, מַעֲשֵׂה עֵץ שִׁימֵּשׁ.

Similarly, **Abaye said:** The Sages **said** in a *baraita*: **Foods that are connected** to vessels are considered **like the vessels.** For example, if dough is attached to a kneading bowl and the owner wishes for the dough to remain there, the dough is considered part of the bowl. Therefore, if an olive-bulk of a corpse touches that dough, it becomes impure with the more severe impurity of a vessel, which imparts impurity to people and other vessels. Abaye explained: **Their impurity is not by Torah law** but by rabbinic law; **as if it enters your mind** that it is impure **by Torah law,** then **we have found** that **food can become susceptible to a severe** type of **impurity.** The Gemara responds: Food connected to vessels imparts impurity by Torah law. **When** the food **served** as a connection to the vessel it was not considered food, as **it performed the role of wood.**

אֲמַר לֵיהּ רַב פָּפָּא לְרָבָא, הָא דִּתְנַן: חֵלֶב נְבֵלָה בַּכְּפָרִים צָרִיךְ מַחְשָׁבָה וְהֶכְשֵׁר. טוּמְאָתוֹ אַגַּב כּוּלְיָא לָאו דְּאוֹרַיְיתָא – דְּאִי סָלְקָא דַּעְתָּךְ דְּאוֹרַיְיתָא, מָצִינוּ לָאוֹכֶל שֶׁמְּטַמֵּא טוּמְאָה חֲמוּרָה!

Similarly, **Rav Pappa said to Rava** in explanation of **that which is taught** in a mishna (*Okatzin* 3:3): **Fat** forbidden in consumption for a Jew from **an animal carcass in the villages, requires designation** as food in order for it to become susceptible to contract impurity as food, **and** it must be **rendered susceptible** via contact with liquid. Rav Pappa explained: Although the forbidden fat that covers the kidney of a carcass imparts the impurity of a carcass, **its impurity due to** the impurity of the **kidney is not by Torah law** but by rabbinic law. **As if it enters your mind** that it is impure **by Torah law,** then **we have found** that **food can impart a severe** type of **impurity** and subsequently become susceptible to impurity as food.

NOTES

A mass of hardened leaven that one designated for sitting is nullified – כּוּפַת שְׂאוֹר שֶׁיִּחֲדָהּ לִישִׁיבָה בָּטְלָה: Even if the leaven is still edible, it is now considered a chair and no longer considered food. Therefore, one may possess it in his house during Passover (Rashi; *Tosafot* on *Pesaḥim* 45b). Early commentaries point out that it is taught in a mishna (*Kelim* 25:9) that all vessels are rendered ritually impure by means of intent to be used as vessels, but can become pure only by means of a change resulting from an action. Therefore, once a ritually impure vessel undergoes a physical change, it is no longer ritually impure. Based on this, these early commentaries rule that in order to change the status of the leaven from that of food to a chair, it is not sufficient for one to merely reconsider the item's designation. Rather, one must change its status by means of a change resulting from an action (*Tosafot* on *Bava Batra* 15b; Rambam *Sefer Tahara*, *Hilkhot Kelim* 25:12 and *Sefer Zemanim*, *Hilkhot Ḥametz UMatza* 2:15).

כְּשֶׁשִּׁימֵּשׁ, מַעֲשֵׂה עֵץ שִׁימֵּשׁ.

The Gemara responds: The fat of a carcass imparts impurity by Torah law. **When** the fat **served** the kidney as protection and imparted the impurity of a carcass it did not serve as food, as **it performed the role of wood.**

אֲמַר רַב מַתָּנָה, הֲרֵי אָמְרוּ: בַּיִת שֶׁסְּכָכוֹ בִּזְרָעִים – טְהוֹרָה. טוּמְאָתוֹ לָאו דְּאוֹרַיְיתָא – דְּאִי סָלְקָא דַּעְתָּךְ דְּאוֹרַיְיתָא, מָצִינוּ לִזְרָעִים שֶׁמְּטַמֵּא טוּמְאָה חֲמוּרָה! כְּשֶׁשִּׁימֵּשׁ, מַעֲשֵׂה עֵץ שִׁימֵּשׁ.

Similarly, **Rav Mattana said:** The Sages **said** in a *baraita*: With regard to **a house that one roofed with seeds,** i.e., vegetation, if those seeds were impure, they are rendered **pure** when they are used as the roof of the house. The seeds are no longer considered food but rather part of the house. Therefore, if the house becomes leprous, the entire house becomes impure. Rav Mattana explained: **Its impurity is not by Torah law** but by rabbinic law; **as if it enters your mind** that it is impure **by Torah law,** then **we have found** that **seeds can become susceptible to a severe** type of **impurity.** The Gemara responds: The seeds used for the roof of the house impart impurity by Torah law. **When** the seeds **served** as the roof of the house they were not considered food, but rather **performed the role of wood.**

״רַבִּי שִׁמְעוֹן מְטַהֵר״.

§ The mishna teaches with regard to a hanging limb or flesh of a living animal that if the animal died, the hanging flesh needs to be rendered susceptible to impurity, as its halakhic status is that of flesh severed from a living animal, which is ritually pure. Rabbi Meir then states that the hanging limb imparts impurity as a limb severed from a living animal, but not as an unslaughtered carcass. And **Rabbi Shimon deems** the limb **pure.**

מַה נַּפְשָׁךְ, אִי מִיתָה עוֹשָׂה נִיפּוּל – לִיטַמֵּא מִשּׁוּם אֵבֶר מִן הַחַי! אִי אֵין מִיתָה עוֹשָׂה נִיפּוּל – לִיטַמֵּא מִשּׁוּם אֵבֶר מִן הַנְּבֵלָה!

The Gemara asks: **Whichever** way **you** look at it, the ruling of Rabbi Shimon is difficult. **If death renders** a hanging limb one that has **fallen off,** i.e., if when the animal died of its own accord the hanging limb is considered to have fallen off its body beforehand, the limb **should become impure as a limb from a living** animal. **If death does not render** a hanging limb one that has **fallen off,** the limb **should become impure as a limb from a carcass.** How is it possible for Rabbi Shimon to deem the limb pure?

רַבִּי שִׁמְעוֹן אַרֵישָׁא קָאֵי, הָאֵבֶר וְהַבָּשָׂר הַמְדוּלְדָּלִין בַּבְּהֵמָה – מְטַמֵּא טוּמְאַת אוֹכָלִין בִּמְקוֹמָן וּצְרִיכִין הֶכְשֵׁר. וְרַבִּי שִׁמְעוֹן מְטַהֵר.

The Gemara answers: Rabbi Shimon is not responding to Rabbi Meir's statement in the final clause of the mishna. Rather, **Rabbi Shimon is referring to the first clause** of the mishna, which teaches: **The limb and the flesh** of an animal that were partially severed and remain **hanging from the animal impart impurity as food** although they remain **in their place** attached to the animal. **But** in order for them to become impure, **they need** to be **rendered susceptible** through contact with a liquid. **And Rabbi Shimon deems** them **not susceptible to impurity** at all.

אֲמַר רַבִּי אַסִי, אֲמַר רַבִּי יוֹחָנָן: מַאי טַעֲמָא דְּרַבִּי שִׁמְעוֹן – אֲמַר קְרָא ״מִכָּל הָאֹכֶל אֲשֶׁר יֵאָכֵל״, אוֹכֶל שֶׁאַתָּה יָכוֹל לְהַאֲכִילוֹ לַאֲחֵרִים – קָרוּי אוֹכֶל, אוֹכֶל שֶׁאִי אַתָּה יָכוֹל לְהַאֲכִילוֹ

Rabbi Asi said that **Rabbi Yoḥanan said: What is the reason** for the opinion **of Rabbi Shimon? The verse states** with regard to impurity as food: **"From all food which may be eaten,** that on which water comes shall be impure" (Leviticus 11:34). The repetitive phrase "food which may be eaten" indicates that only **food that you are able to feed to others,** including gentiles, **is called food** with regard to being susceptible to impurity as food, but **food that you are not able to feed**

Perek **IX**
Daf **129** Amud **b**

לַאֲחֵרִים – אֵין קָרוּי אוֹכֶל.

to others, such as the limb and flesh from a living animal, which are forbidden even to gentiles, **is not called food.**

אֲמַר לֵיהּ רַבִּי זֵירָא לְרַבִּי אַסִי: דִּילְמָא טַעֲמָא דְּרַבִּי שִׁמְעוֹן הָתָם – הוֹאִיל וּמְעוֹרֶה מְעוֹרֶה?

Rabbi Zeira questioned the explanation of Rabbi Yoḥanan and **said to Rabbi Asi:** If Rabbi Shimon is discussing the first clause in the mishna, claiming that a hanging limb or flesh is pure during the lifetime of the animal, the reason for his statement is not necessarily that food that is forbidden to all people is not considered food. **Perhaps the reason** for the opinion **of Rabbi Shimon there** is that **since** the flesh or limb is still **attached** to the animal, it is considered **attached.**

דְּתַנְיָא: יְחוֹר שֶׁל תְּאֵנָה שֶׁנִּפְשַׁח, וּמְעוֹרֶה בַּקְּלִיפָּה – רַבִּי יְהוּדָה מְטַהֵר, וַחֲכָמִים אוֹמְרִים: אִם יָכוֹל לִחְיוֹת – טָהוֹר, וְאִם לָאו – טָמֵא. וְאָמְרִינַן לָךְ: מַאי טַעְמָא דְּרַבִּי יְהוּדָה? וְאָמְרַתְּ לַן: הוֹאִיל וּמְעוֹרֶה מְעוֹרֶה!

As it is taught in a mishna (*Okatzin* 3:8): With regard to **a branch of a fig** tree **that was detached** from the tree **and** remains **attached** only **to the bark** of the tree, **Rabbi Yehuda deems** the figs on the branch **not susceptible to impurity,** as they are considered attached to the tree. **And the Rabbis say: If** it is possible to reattach the branch to the tree and the branch **can** continue to **live** and produce fruit, then it is considered attached to the tree, and the fruit **is not susceptible to impurity. But if not,** the fruit is **susceptible to impurity. And we said to you,** Rabbi Asi: **What is the reason** for the opinion **of Rabbi Yehuda? And you said to us: Since** the branch is still **attached** to the bark of the tree, it is considered **attached.** Therefore, the same logic applies to the statement of Rabbi Shimon.

אֲמַר לֵיהּ: אַמְּצִיעֲתָא, ״נִשְׁחֲטָה הַבְּהֵמָה – הוּכְשְׁרָה בְּדָמֶיהָ, דִּבְרֵי רַבִּי מֵאִיר. רַבִּי שִׁמְעוֹן אוֹמֵר: לֹא הוּכְשְׁרוּ״.

Rabbi Asi **said to** Rabbi Zeira: Rabbi Yoḥanan is explaining the reasoning for Rabbi Shimon's opinion in **the middle clause** of the mishna, which teaches: If **the animal was slaughtered,** the limb and the flesh **were rendered** susceptible to impurity **with the blood of** the slaughtered animal; this is **the statement of Rabbi Meir. Rabbi Shimon says: They were not rendered** susceptible[N] with the blood of the slaughtered animal.

(אָמַר רַבִּי אַסִּי) אָמַר רַבִּי יוֹחָנָן: מַאי טַעְמָא דְּרַבִּי שִׁמְעוֹן – אָמַר קְרָא ״מִכָּל הָאֹכֶל אֲשֶׁר יֵאָכֵל״, אוֹכֶל שֶׁאַתָּה יָכוֹל לְהַאֲכִילוֹ לַאֲחֵרִים – קָרוּי אוֹכֶל, אוֹכֶל שֶׁאֵין אַתָּה יָכוֹל לְהַאֲכִילוֹ לַאֲחֵרִים – אֵין קָרוּי אוֹכֶל.

Rabbi Asi said that **Rabbi Yoḥanan said: What is the reason** for the opinion **of Rabbi Shimon?** The reason is that **the verse states** with regard to impurity as food: **"From all food which may be eaten,** that on which water comes shall be impure" (Leviticus 11:34). The phrase "food which may be eaten" indicates that only **food that you can feed to others,** including gentiles, **is called food** in this regard, but **food that you cannot feed to others,** such as the limb and flesh from a living animal, **is not called food.**

וְדִילְמָא טַעְמָא דְּרַבִּי שִׁמְעוֹן בְּהַהִיא

Rabbi Zeira questioned this explanation of Rabbi Yoḥanan as well, and said to Rabbi Asi: If it is with regard to Rabbi Shimon's opinion in the middle clause of the mishna, **perhaps the reason** for the opinion **of Rabbi Shimon in that** clause is not that food that is forbidden to all is not called food.

אִי כִּדְרָבָא אִי כִּדְרַבִּי יוֹחָנָן?

Rather, it is **either in accordance with** the explanation **of Rava or in accordance with** the explanation **of Rabbi Yoḥanan** cited earlier (127b–128a). According to both explanations of Rabbi Shimon's opinion, the mishna is discussing a case where only the body of the animal, but not the partially severed limb, came into contact with the blood of slaughter. According to Rava, the reason for Rabbi Shimon's opinion is that the body of the animal serves the partially severed limb as a handle, and he holds that a handle of a food item transmits impurity to the attached food, but a handle that comes into contact with liquid does not render the attached food susceptible to impurity. And according to Rabbi Yoḥanan, Rabbi Shimon holds that if one grasps a small part of a large item such that the large part does not ascend with the small part, the small part is not considered part of the item with regard to impurity (see 127b).

NOTES

Rabbi Shimon says: They were not rendered susceptible – רַבִּי שִׁמְעוֹן אוֹמֵר לֹא הוּכְשְׁרוּ: Rabbi Yoḥanan explains the reason for this statement of Rabbi Shimon as being that only food that you are permitted to feed to others is called food with regard to being susceptible to impurity as food, but food that you are not permitted to feed to others is not called food. Rashi explains that a partially severed limb is classified as a food you are not permitted to feed to others because it is not permitted to be eaten even by gentiles after the slaughter of the animal. According to the Rambam, this is logical, as the limb is prohibited by Torah law as a limb from a living animal (*Hilkhot Ma'akhalot Assurot* 5:6). But the later commentaries note that some opinions consider this limb to be prohibited by rabbinic law, and some consider it to be permitted to gentiles (see 74b). According to those opinions, since the limb is a food that you are permitted to feed to others at least by Torah law, it is difficult to apply the explanation of Rabbi Yoḥanan here. The later commentaries answer that Rabbi Asi holds like the opinion on 73a that slaughter renders a hanging limb fallen off. Therefore, the hanging limb is considered to have fallen off the body before slaughter, and the limb is forbidden to be consumed even by a gentile, like any limb from a living animal (*Shakh* on *Shulḥan Arukh*, *Yoreh De'a* 55; *Meromei Sadeh*; *Ḥazon Ish*; *Tiferet Ya'akov*; *Yosef Da'at*).

HALAKHA

The limb and the flesh that remain hanging from a person – הָאֵבֶר וְהַבָּשָׂר הַמְדוּלְדָּלִין בְּאָדָם: With regard to the limb and the flesh of a person, if they were partially severed and remain hanging from the person, they are ritually pure, even if there is no potential for healing. If the person died, the hanging flesh is ritually pure. By contrast, the hanging limb imparts impurity due to its status as a limb severed from a living person, but does not impart impurity due to the status of the limb of a corpse. What difference is there between the impurity of a limb from a living person and the impurity of a limb from a corpse? Flesh and bone that separate from the severed limb of a living person are pure, but if they separate from the limb from a corpse they are impure (Rambam *Sefer Tahara, Hilkhot Tumat Met* 2:6).

אֶלָּא, לְעוֹלָם אַסֵּיפָא, וְלָאו אַאֵבֶר אֶלָּא אַבָּשָׂר: "מֵתָה הַבְּהֵמָה – הַבָּשָׂר צָרִיךְ הֶכְשֵׁר, וְרַבִּי שִׁמְעוֹן מְטַהֵר".

Rather, actually, one must explain the statement of Rabbi Shimon as it was explained originally, that he is referring **to the latter clause** of the mishna. **And** he is **not** referring **to** the case of a partially severed **limb, but rather to** the case of partially severed **flesh.** Therefore, the latter clause of the mishna teaches: If **the animal died** without slaughter, Rabbi Meir holds that **the** hanging **flesh needs** to be **rendered susceptible** to impurity in order to impart impurity as food, **and Rabbi Shimon deems** the limb **not susceptible to impurity** even if it came into contact with liquid.

אָמַר רַבִּי יוֹחָנָן: מַאי טַעְמָא דְּרַבִּי שִׁמְעוֹן – אָמַר קְרָא "מִכׇּל הָאֹכֶל אֲשֶׁר יֵאָכֵל", אוֹכֶל שֶׁאַתָּה יָכוֹל לְהַאֲכִילוֹ לַאֲחֵרִים – קָרוּי אוֹכֶל, אוֹכֶל שֶׁאִי אַתָּה יָכוֹל לְהַאֲכִילוֹ לַאֲחֵרִים – אֵין קָרוּי אוֹכֶל.

Rabbi Yoḥanan said: What is the reason for the opinion **of Rabbi Shimon?** The reason is that **the verse states** with regard to impurity as food: **"From all food which may be eaten,** that on which water comes shall be impure" (Leviticus 11:34). The phrase "food which may be eaten" indicates that only **food that you can feed to others,** including gentiles, **is called food** with regard to being susceptible to impurity as food, but **food that you cannot feed to others,** such as flesh from a living animal, which is forbidden even to gentiles, **is not called food.**

מתני׳ הָאֵבֶר וְהַבָּשָׂר הַמְדוּלְדָּלִין בְּאָדָם – טְהוֹרִים, מֵת הָאָדָם – הַבָּשָׂר טָהוֹר. הָאֵבֶר מְטַמֵּא מִשּׁוּם אֵבֶר מִן הַחַי, וְאֵינוֹ מְטַמֵּא מִשּׁוּם אֵבֶר מִן הַמֵּת, דִּבְרֵי רַבִּי מֵאִיר, וְרַבִּי שִׁמְעוֹן מְטַהֵר.

MISHNA **The limb and the flesh** of a person that were partially severed and remain **hanging from a person**[H] **are ritually pure,**[N] although there is no potential for healing. If **the person died, the** hanging **flesh is ritually pure,** as its halakhic status is that of flesh severed from a living person. **The** hanging **limb imparts impurity as a limb** severed **from the living and does not impart impurity as a limb from a corpse;** this is **the statement of Rabbi Meir. And Rabbi Shimon deems** the flesh and the limb **ritually pure.**

גמ׳ וְרַבִּי שִׁמְעוֹן מַה נַּפְשָׁךְ, אִי מִיתָה עוֹשָׂה נִיפּוּל – לִיטַמֵּא מִשּׁוּם אֵבֶר מִן הַחַי! וְאִי אֵין מִיתָה עוֹשָׂה נִיפּוּל – לִיטַמֵּא מִשּׁוּם אֵבֶר מִן הַמֵּת!

GEMARA The Gemara challenges the opinion of Rabbi Shimon in the latter clause of the mishna: **Whichever way you look at it,** the ruling of **Rabbi Shimon** is difficult. **If death renders** a hanging limb **fallen off,** i.e., if after the person dies the hanging limb is considered to have fallen off his body beforehand, the limb **should impart impurity as a limb** severed **from the living. And if death does not render** a hanging limb **fallen off,** and the limb is considered attached to the body at the time of death, then the limb **should impart impurity as a limb from a corpse.**

רַבִּי שִׁמְעוֹן בְּעָלְמָא קָאֵי, דְּקָאָמַר תַּנָּא קַמָּא "הָאֵבֶר מְטַמֵּא מִשּׁוּם אֵבֶר מִן הַחַי וְאֵין מְטַמֵּא מִשּׁוּם אֵבֶר מִן הַמֵּת", אַלְמָא: אֵבֶר הַמֵּת בְּעָלְמָא – מְטַמֵּא. וַאֲמַר לֵיהּ רַבִּי שִׁמְעוֹן: אֵבֶר הַמֵּת בְּעָלְמָא לָא מְטַמֵּא.

The Gemara explains: This statement of Rabbi Shimon is not referring directly to the case in the mishna. Rather, the statement of **Rabbi Shimon is referring** to the matter of a limb that separates from a corpse **in general.** Rabbi Shimon inferred from **that which the first *tanna*,** Rabbi Meir, **said: The** hanging **limb imparts impurity** as a **limb** severed **from the living and does not impart impurity as a limb from a corpse,** that **evidently, in general the limb of a corpse imparts impurity. And** in reference to this **Rabbi Shimon said to him: In general, the limb of a corpse does not impart impurity,** if it does not contain an olive-bulk of flesh.

דְּתַנְיָא, אָמַר רַבִּי אֱלִיעֶזֶר: שָׁמַעְתִּי שֶׁאֵבֶר מִן הַחַי מְטַמֵּא, אָמַר לוֹ רַבִּי יְהוֹשֻׁעַ: מִן הַחַי וְלֹא מִן הַמֵּת? וְקַל וָחוֹמֶר, וּמַה חַי שֶׁהוּא טָהוֹר – אֵבֶר הַפּוֹרֵשׁ מִמֶּנּוּ טָמֵא, מֵת שֶׁהוּא טָמֵא – לֹא כׇּל שֶׁכֵּן?

Another pair of *tanna'im* had the same dispute as Rabbi Meir and Rabbi Shimon, **as it is taught** in a *baraita*: **Rabbi Eliezer says: I heard that a limb** severed **from the living imparts impurity. Rabbi Yehoshua said to him:** May one infer from this statement that a limb **from a living** person imparts impurity **but** a limb **from a corpse does not?** But it can be inferred ***a fortiori*** that a limb from a corpse imparts impurity: **If** with regard to **a living** person, **who is pure** and does not impart impurity, nevertheless **a limb that separates from him is impure,** then with regard to **a corpse, which is impure, all the more so** is it **not** clear that the limb that separates from it is impure?

NOTES

The limb and the flesh hanging from a person are ritually pure – הָאֵבֶר וְהַבָּשָׂר הַמְדוּלְדָּלִין בְּאָדָם טְהוֹרִים: A living person is not a source of impurity, as it is written that impurity applies: "When a man dies" (Numbers 19:14), indicating that only dead people impart impurity (Rashi; *Shita Mekubbetzet*; Meiri; Rambam *Sefer Tahara, Hilkhot Tumat Met* 2:6). The later commentaries explain that the mishna does not need to teach that a hanging limb that will heal and reattach remains pure because that is obvious. Therefore, the mishna must be teaching the novelty that even a hanging limb that will not heal remains pure because it is attached to the person (*Kesef Mishne*).

כְּתוּב בִּמְגִילַּת תַּעֲנִית, פִּסְחָא זְעֵירָא – דְּלָא לְמִסְפַּד, הָא רַבָּה לְמִסְפַּד? אֶלָּא – כׇּל דְּכֵן. הָכָא נַמִי – כׇּל דְּכֵן! אֲמַר לֵיהּ: כָּךְ שָׁמַעְתִּי.

Furthermore, Rabbi Yehoshua adds that **it is written in *Megillat Ta'anit*:**[B] On **Minor Passover,**[B] i.e., the fourteenth of Iyyar, **one does not eulogize.** Should one infer from here **that** on **Major** Passover, i.e., the fourteenth of Nisan, it is permitted **to eulogize?** Clearly that is not the case. **Rather,** if one may not eulogize on the fourteenth of Iyyar, **all the more so** one may not eulogize on the fourteenth of Nisan. **Here too,** if a limb from a living person is impure, **all the more so** a limb from a corpse is impure. Rabbi Eliezer **said to him:** Despite this reasoning, **such** is the ruling **I heard** from my teachers.

וּמַאי אִיכָּא בֵּין אֵבֶר מִן הַחַי לְאֵבֶר מִן הַמֵּת? כְּזַיִת בָּשָׂר וְעֶצֶם כִּשְׂעוֹרָה הַפּוֹרֵשׁ מֵאֵבֶר מִן הַחַי אִיכָּא בֵּינַיְיהוּ.

§ The mishna teaches that Rabbi Meir holds that with regard to a partially severed limb of a person, after the person dies the limb imparts impurity as a limb from a living person but not as a limb from a corpse. The Gemara asks: **What** difference **is there between** the impurity of **a limb from a living** person **and** the impurity of **a limb from a corpse?** The Gemara answers: The practical difference **between them** is with regard to the case of **an olive-bulk of flesh, or a bone** the volume of **a barley grain, that separates from** the severed **limb of a living** person.

דְּתְנַן: כְּזַיִת בָּשָׂר הַפּוֹרֵשׁ מֵאֵבֶר מִן הַחַי – רַבִּי אֱלִיעֶזֶר מְטַמֵּא, וְרַבִּי נְחוּנְיָא בֶּן הַקָּנָה וְרַבִּי יְהוֹשֻׁעַ מְטַהֲרִין. עֶצֶם כִּשְׂעוֹרָה הַפּוֹרֵשׁ מֵאֵבֶר מִן הַחַי – רַבִּי נְחוּנְיָא מְטַמֵּא, רַבִּי אֱלִיעֶזֶר וְרַבִּי יְהוֹשֻׁעַ מְטַהֲרִין.

As we learned in a mishna (*Eduyyot* 6:3): In the case of **an olive-bulk of flesh that separates from a limb** severed **from a living** person, **Rabbi Eliezer deems** it **impure, and Rabbi Neḥunya ben HaKana and Rabbi Yehoshua deem** it **pure.** In the case of **a bone** the volume of **a barley-grain that separates from a limb** severed **from a living** person, **Rabbi Neḥunya deems** it **impure, and Rabbi Eliezer and Rabbi Yehoshua deem** it **pure.**

הַשְׁתָּא דְּאָתֵית לְהָכִי, בֵּין תַּנָּא קַמָּא לְרַבִּי שִׁמְעוֹן נַמִי: כְּזַיִת בָּשָׂר וְעֶצֶם כִּשְׂעוֹרָה, אִיכָּא בֵּינַיְיהוּ.

The Gemara comments: **Now that you have arrived at this** dispute between *tanna'im*, it is possible to say that the difference **between the first *tanna*** in the mishna, i.e., Rabbi Meir, **and Rabbi Shimon** is **also** with regard to the cases of **an olive-bulk of flesh and a bone** the size of **a barley grain.** Rabbi Meir states that the partially severed limb of a person imparts the impurity of a limb from a living person but not the impurity of a limb from a corpse. The difference between these two types of impurity is with regard to a case where either an olive-bulk of flesh or a bone the size of a barley grain was separated from the severed limb; Rabbi Neḥunya holds that flesh that separated from a limb of a living person is pure, but a bone that separated from a limb of a living person is impure, and Rabbi Eliezer holds vice versa. Rabbi Meir consequently holds in accordance with one of these two opinions. Rabbi Shimon holds in accordance with the opinion of Rabbi Yehoshua that both a bone and flesh that separated from a limb of a living person are pure.

הדרן עלך העור והרוטב

BACKGROUND

Megillat Ta'anit – **מְגִילַּת תַּעֲנִית**: This is a scroll that contains primarily a list of joyous dates on which it is prohibited to fast or eulogize. Most of the dates commemorate national events that took place between the time of the Hasmoneans and the destruction of the Second Temple, although some dates are based on earlier and later events. At the end of the scroll, some editions include a list of dates of national tragedies, most of them from the era of the First Temple or earlier, that are commemorated as days of mourning and fasting. The scroll is written primarily in Aramaic with lengthy notes in Hebrew.

Minor Passover – פִּסְחָא זְעֵירָא: One who was ritually impure, on a distant journey, or failed to bring the Paschal offering at its proper time on the fourteenth of Nisan may compensate by bringing the offering on the fourteenth of Iyyar. There is a tannaitic dispute as to whether one who was not obligated to bring a Paschal offering must bring one on the fourteenth of Iyyar. All the *halakhot* that apply to the sacrifice of the Paschal offering apply to the second Paschal offering, with one exception: There is no prohibition against eating or possessing leavened bread on that day. Still, leavened bread may not be eaten together with the second Paschal offering itself.

Summary of **Perek IX**

The central theme of this chapter is ritual impurity. The discussion relates primarily not to the sources of impurity themselves, but to items that are attached to them and are consequently impure. The Gemara discussed the differences with regard to the *halakhot* of ritual impurity between an appendage that serves the impure item as a handle and one that provides protection for the item. Protection attached to a food item is susceptible to impurity, imparts impurity if the food item is impure, and joins together with the food to constitute the requisite measure for impurity. A handle is also susceptible to impurity and can impart impurity, but it does not join together with the food item to constitute the requisite measure for impurity.

The Gemara also explored the status of a limb or flesh from an animal that is partially severed but remains hanging from the animal's body while it is alive. A distinction is made in this context between impurity due to its status as food and impurity due to its status as an animal carcass.

The Gemara in this chapter examined whether the hide of an animal has the status of protection or a handle, and what the status of congealed gravy attached to the meat is. In certain instances these items do not impart the impurity of a carcass but do impart impurity as food because they are edible. Several cases of an animal's hide are discussed, e.g., a partially flayed hide, which is susceptible to impurity as a handle for the flesh, and a flayed hide that is still attached to small pieces of flesh. While in general, a separated hide is not food and is not susceptible to impurity, a soft hide, which is edible, has the status of a food item.

In addition, with regard to edible substances that are completely covered, such as marrow and eggs, the Gemara considered whether a completely sealed food imparts impurity, or if there must be a perforation for impurity to be transmitted.

The Gemara in this chapter also investigated the status of a partially severed limb, a discussion with ramifications for impurity, but also with regard to the prohibition against eating a limb from a living animal. When is a partially severed limb considered to be separated, and therefore susceptible to impurity, and when is it considered to be still attached?

These are the themes that were discussed in this chapter.

Image **Credits**

All images are copyright © Koren Publishers Jerusalem Ltd., except:

p167 © Marie-Lan Nguyen; **p169** ©Andrew Dalby; **p184** ©CristianChirita; **p188** © Rav Jonathan Gabbai of www.orderkoshermeat.com; **p214** © Cimoi; **p215** ©Adrian Pingstone; **p220** © Filip Maljkovic; **p221** © **courtesy of the Temple Institute**, and Koren Publishers Jerusalem Ltd.; **p228** ©CWIS, www.shutterstock.com; **p234** © Tehilla Raanan; **p241** © böhringer friedrich; **p253** © tankist276, www.shutterstock.com; **p260** left image © ZooFari; **p260** center image ©AFPMB; **p260** top right image © gordontour; **p260** bottom right image © Klara Matusevich; **p263** bottom image © Myrabella; **p270** © Clara Amit, Yoram Lehman, Yael Yolovitch, Miki Koren, and Mariana Salzberger, courtesy of the Israel Antiquities Authority; **p271** © Michael Caviglia; **p292** top image © Fritz Geller-Grimm, **p294** © Jamain.